DROIT DES SÛRETÉS 1

DROIT DES SÛRETÉS

Michel CABRILLAC
Professeur à la Faculté de droit
de Montpellier

Christian MOULY
Professeur à la Faculté de droit
de Montpellier

DROIT DES SÛRETÉS

litec
Libraire de la Cour de cassation
27, place Dauphine, 75001 Paris

Dans la même collection :

Introduction au droit, par B. STARCK, 2e éd. par H. ROLAND et L. BOYER.

Droit civil :

Obligations - B. STARCK, 3e éd. par H. ROLAND et L. BOYER :
T. I - Responsabilité délictuelle.
T. II - Contrat.
T. III - Régime général.

Les biens, par C. ATIAS :
T. I - Théorie générale.
T. II - Droit immobilier.

Les personnes, par B. TEYSSIÉ.

Les régimes matrimoniaux, 3e éd. par A. COLOMER.

La famille, 3e éd. par A. BÉNABENT.

Successions, par M. GRIMALDI.

Voies d'exécution et procédures de distribution, 2e éd. par M. DONNIER.

Droit constitutionnel et institutions politiques, 7e éd. par C. LECLERCQ.

Droit commercial :

Acte de commerce, commerçants, fonds de commerce, 2e éd. par Y. REINHARD.

Droit des sociétés, 3e éd. par M. COZIAN et A. VIANDIER.

Droit budgétaire, 2e éd. par J.-C. MARTINEZ et P. DI MALTA.

Droit fiscal contemporain, par J.-C. MARTINEZ et P. DI MALTA :
T. I - L'impôt, le fisc, le contribuable.
T. II - Les impôts, le droit français, le droit comparé.

Droit fiscal international, par B. PLAGNET.

Droit pénal général, par M. PUECH.

Histoire économique de l'Europe des dix, par M.-O. PIQUET-MARCHAL.

Histoire des institutions, 1750-1914, par R. SZRAMKIEWICZ et J. BOUINEAU.

Droit de l'ingénierie financière, par J.-P. BERTREL et M. JEANTIN.

I.S.B.N. 2-7111-1046-X

INTRODUCTION GÉNÉRALE

1. — Présentation générale. — Les sûretés ajoutent aux créances une facette miroitante, la sécurité. Plus pragmatiquement, les juristes ont lentement dessiné les sûretés pour réduire les risques d'un défaut de paiement, en donnant au créancier, sur les biens du débiteur ou d'un tiers, une action prioritaire (sûreté réelle) ou supplémentaire (sûreté personnelle).

Elles sont enchâssées dans les solutions du droit des biens et des obligations et affectent aussi la théorie dite du patrimoine (1) dont elles gauchissent un paramètre : la corrélation affirmée entre les volets actif et passif du diptyque qu'est le concept de patrimoine. Par principe, un créancier, quelles que soient la date et l'origine de sa créance, a vocation à se faire payer sur la valeur de tous les éléments d'actif. Cette vocation est traduite par une expression malencontreuse : « le droit de gage général » (C. civ., art. 2092) ; expression malencontreuse parce que le terme de gage n'y est pas employé dans le sens que lui donne la terminologie juridique. Cette vocation reconnue à chacun place tous les créanciers d'une même personne dans une position d'égalité ; dans l'éventualité où la valeur de l'actif est inférieure au montant du passif, chacun de ceux qui réclament leur paiement ne sera réglé que dans la proportion actif-passif, c'est la règle dite de la loi du concours (C. civ., art. 2093).

La perspective du paiement est ainsi liée à la fois aux fluctuations de l'actif et à celles du passif ; du passage de la valeur du premier volet au-dessous de celle du second naît la situation d'insolvabilité, épée de Damoclès suspendue sur la tête du créancier chirographaire, celui qui n'a pas de sûreté réelle.

L'élimination ou la réduction de cette menace peut être recherchée dans deux voies différentes. L'une est celle de l'adjonction d'un autre débiteur, voire de plusieurs autres ; elle aboutit aux *sûretés dites personnelles*, puisque c'est dans l'établissement de créances sur d'autres

---

(1) Rappr. P. MALAURIE et L. AYNES, 2e éd., n° 3. — G. MARTY, P. RAYNAUD et P. JESTAZ, 1987, n° 1.

personnes et, corrélativement, dans la multiplication des droits de gage général, que le créancier puise une sécurité accrue. Le risque d'insolvabilité n'est pas conjuré, il est réparti.

L'autre voie est celle de l'affectation prioritaire de certains éléments de l'actif du débiteur, voire de tous ; elle aboutit aux *sûretés dites réelles*, parce que la sécurité est fournie au créancier par les prérogatives qui lui sont reconnues sur les biens qui lui sont affectés. Les sûretés réelles l'affranchissent de la loi du concours par le droit de préférence et, dans une mesure variable, le mettent à l'abri de l'amenuisement de l'actif par le droit de suite.

2. — L'introuvable notion de sûreté. — L'idée de sûreté est tout à la fois facile à saisir (il s'agit d'offrir au créancier une sécurité supplémentaire, une chance supplémentaire de paiement) et difficile à définir : le droit cambiaire confère des garanties particulières qui ne sont traditionnellement pas classées parmi les sûretés (2) ; le crédit-bail est-il une sûreté en même temps qu'une opération de financement ? Le droit de rétention est-il une sûreté réelle, ou une situation de fait confortée ? Bien d'autres questions reçoivent des réponses variables, faute d'un critère clair de qualification (3).

La sûreté n'est pas une notion, ce n'est qu'une étiquette qui s'accommode du disparate. L'emploi fréquent du pluriel est significatif de l'impossibilité de réunir dans un concept unique, parce qu'elles reposent sur des techniques trop éloignées, les sûretés personnelles et les sûretés réelles.

A défaut de critère précis, on peut puiser dans une définition descriptive deux idées complémentaires (4) :

— la définition est nécessairement vague : *la sûreté est une prérogative superposée aux prérogatives ordinaires du créancier par le contrat, la loi ou un jugement et qui a pour finalité juridique exclusive de le protéger contre l'insolvabilité de son débiteur* ;

— la première idée tient dans cet objectif directement recherché : l'augmentation des chances d'un paiement à l'échéance. La sûreté offre davantage que le droit commun mal dénommé « droit de gage

---

(2) V. *infra*, n° 536.

(3) L'utilité de la réflexion est plus nécessaire encore lorsque le régime de la sûreté dépend d'une qualification très générale, comme celle de *security interest* en droit américain (U.C.C. art. 9) : v. les interrogations de P. COOGAN, H. KRIPKE et F. WEISS, *The outer fringes of article 9 : subordination agreements, security interest in money and deposits, negative pledge clause and participation agreements* (1965), *Harvard Law Review* 79, p. 229-277, qui dissertent longuement pour savoir si ces quatre procédés sont ou non des sûretés mobilières.

(4) G. MARTY, P. RAYNAUD et P. JESTAZ, 1987, n° 3, du même avis quant à la difficulté d'une définition, relèvent trois traits communs : le caractère annexe, l'affectation à une créance et l'objectif de satisfaction du créancier. Nos conclusions sont proches puisque le deuxième de ces caractères nous semblant englober le premier, nous les regroupons dans notre deuxième idée.

général ». Ce dernier est seulement assorti d'actions permettant au créancier d'éviter le pire :

— actes conservatoires de sa créance ;

— action oblique (C. civ., art. 1166) ;

— action paulienne (C. civ., art. 1167) ;

— action en déclaration de simulation (C. civ., art. 1321), si le prix réel est supérieur au prix déclaré ;

— sanctions de l'organisation frauduleuse de l'insolvabilité (délit de l'art. 404-1 C. pén. instauré par la loi du 8 juill. 1983, mais qui n'est pratiquement jamais poursuivi) ;

— la deuxième idée est celle d'affectation de la valeur d'un bien ou d'un groupe de biens au paiement de la créance. Le créancier non seulement pourra saisir un bien (son droit de gage général le lui permettait déjà) mais en plus il sera l'un des rares à pouvoir le saisir (cas des sûretés personnelles) ou il sera payé sur le bien par priorité (cas des sûretés réelles). Ainsi, l'affectation de la valeur peut concerner soit un bien du débiteur (sûreté réelle), soit le bien d'un tiers (sûreté personnelle). Et les deux techniques peuvent être combinées. De cette affectation découle aussi la relation d'accessoire que la sûreté entretient avec la créance qui est son principal. Cette relation d'accessoire est la solution la plus commune, mais on a cru qu'elle n'était pas la seule et que la sûreté pouvait exceptionnellement avoir une existence autonome. Les garanties indépendantes sont bien des sûretés alors qu'elles sont voulues indépendantes des obligations essentielles du débiteur. Mais ce serait oublier leur fondement et le gage d'espèces qu'elles remplacent : si elles sont indépendantes des obligations essentielles du débiteur, elles restent accessoires de l'obligation de déposer ce gage entre les mains du créancier (*infra*, n° 431 et s.).

Mais ces deux idées ne suffisent pas à créer une notion juridique de sûreté. Tout au plus offrent-elles un guide dans les cas les plus tangents. Aller au-delà relèverait de l'exercice de style, qui pourrait être dangereux car il jetterait la confusion sur les notions distinctes de sûreté réelle et de sûreté personnelle, qui sont elles-mêmes bien malaisées à cerner (5).

3. — *DIRECTIONS DE RECHERCHES*

Le pragmatisme est-il nécessaire dans le droit des sûretés, que n'enrichissent pas les envolées sur la sécurité mais que nourrissent les recherches sur les solutions concrètes ? L'attention mérite d'être portée sur l'ambiguïté des relations entre assurance et sûreté. Les rapprochements économiques qu'engendrent l'usage des calculs de probabilité et de la loi des grands nombres pour équilibrer la gestion ou pour répartir les risques sont-ils suffisamment pris en compte dans la différence juridique de régime (6) ? Un clivage ne passe-t-il pas entre les garants professionnels-

(5) C'est pourquoi le classement des diverses sûretés et les exclusions seront effectués au sein de chacune de ces deux grandes catégories.

(6) Les analyses économiques font déjà le rapprochement : par ex. M. Mouillart, *Hypothèque ou caution (de la garantie à la réassurance), Banque* 1989, p. 906, et surtout la préférence pour le « partenariat de réassurance », p. 914-915.

assureurs et les garants profanes, pour les sûretés personnelles, entre les biens du débiteur et ceux de l'assureur pour les sûretés réelles ?

L'aspect hétéroclite du droit des sûretés est-il vraiment un mal ? Les synthèses ne sont-elles pas vaines, sauf pour unifier certains pans du régime, telle la publicité ? V. sur ce point les réflexions des Américains et des Canadiens qui ont adopté la notion de *secutity interest* pour englober toutes les sûretés mobilières, démarche riche d'enseignements.

La recherche d'un régime commun est aussi séduisante mais aussi stérile que celle des invariants par les structuralistes. Le danger est permanent d'un recours à l'État pour affirmer le nombre limité des sûretés (G. Marty, P. Raynaud et P. Jestaz, *Les sûretés,* Sirey, 1987, n° 8) ou imposer un impératif de parcimonie (R. Le Balle, *Cours de droit civil 3e année,* Les cours de droit, Paris, 1964-1965) qui affirme que l'intérêt général imposerait *au droit positif de ne pas gaspiller le patrimoine du débiteur en largesses inutiles, car il doit répondre à la satisfaction de tous les créanciers* (p. 538). N'y a-t-il pas confusion entre le régime des sûretés légales, qui sont certainement assujetties à ces principes, mais que l'État viole allègrement, et le régime général des sûretés qui en est affranchi par l'équilibre du marché ?

L'affectation de la valeur d'un bien au paiement de la créance n'est-elle pas une forme d'exploitation de ce bien ? Au lieu d'exploiter l'utilité directe du bien, le constituant exploite la valeur qu'il recèle en conférant au créancier un droit sur elle dès qu'elle apparaîtra. La méthode respecte le commandement biblique (7) et le bon sens, en permettant de laisser au constituant, par certaines techniques, des sûretés réelles, l'utilité du bien pendant que le créancier dispose d'un droit sur la valeur.

Aux franges des sûretés, la réflexion portera sur l'*engagement d'honneur*, que son débiteur voudrait hors du droit mais que les juristes réintègrent souvent en lui donnant force exécutoire : v. l'analyse remarquable de B. Oppetit, *L'engagement d'honneur : D.* 1979, chr., p. 107-116, spéc. sur les lettres de patronage (n° 8, p. 110) et le constat de leur « juridicisation » (n° 14, p. 113) par le juge, hors l'intention des parties mais sur la base d'une contrepartie (la considération de *common law*) (n° 19, p. 115-116). Sur les conséquences pour une classification, v. Y. Poullet, in *Les lettres de patronage,* FEDUCI, p. 47.

Dans une prospective des sûretés, la recherche pourrait mesurer l'utilité et les dangers d'une *fongibilité des sûretés réelles*, et de ses deux variantes :

— fongibilité des créances garanties, qui permettrait de faire glisser l'hypothèque ou le gage de la garantie d'une créance payée à une autre non encore échue, maintenant rang et prérogatives sans entraîner de coût nouveau (8). Le compte-courant et le régime des garanties de son solde ne réalisent-ils pas cet objectif, comme le crédit revolving ? Mais que resterait-il du principe protecteur de spécialité des sûretés réelles, dont la tradition montre l'utilité ?

— fongibilité des biens grevés, la sûreté réelle passant d'un bien sur un autre ; l'objectif est-il bien atteint par le bordereau Dailly, par les articles 1285 ou 1279, al. 2, C. civ. dans les cas de remise de dette ou de novation ? Faut-il multiplier ces solutions au détriment de la quiétude ?

4. — Sûretés et garanties. — Certaines règles, certaines institutions, certains mécanismes peuvent protéger le créancier contre l'insolvabilité du débiteur, par exemple la compensation, l'action directe, le compte courant... Sommes-nous en présence de véritables sûretés ?

Schématiquement, deux réponses sont concevables. La première consiste à adopter une conception très large de la notion de sûreté pour

---

(7) « Dieu créa l'homme à son image, ...homme et femme il les créa. Dieu les bénit et leur dit : "Soyez féconds, multipliez, emplissez la terre *et soumettez-la...*", c'était le 6e jour » (Gen., 1, 26 à 30).

(8) L'art. 2082, al. 2, C. civ. admet partiellement cette fongibilité pour le gage.

y faire entrer toute prérogative qui tend à prémunir le créancier contre l'insolvabilité même si elle lui procure d'autres avantages (9). La seconde consiste à recourir à la notion extensive de garantie, notion dont il faut noter qu'elle a été consacrée par le législateur sans qu'il l'ait explicitée (10) et à isoler dans l'ensemble constitué par les garanties (11) le sous-ensemble formé par les sûretés et à reconnaître sa spécificité (12).

Le second parti nous paraît le meilleur. Il est d'abord justifié par une raison d'opportunité. Qualifier de sûreté tout ce qui assure une protection contre l'insolvabilité revient à dilater la notion au point de ne pas pouvoir lui assigner de limites. Par exemple, comment en exclure l'assurance-crédit ? Limites nécessaires, ne serait-ce que parce qu'il est des règles applicables aux sûretés personnelles ou aux sûretés réelles dont on conçoit mal qu'elles soient étendues à toutes les garanties. Il est ensuite justifié par un motif d'ordre fondamental. La raison d'être de la sûreté est de ménager le paiement d'une créance ; il est de son essence de tendre exclusivement et délibérément à ce résultat. Au contraire, des règles ou des mécanismes peuvent produire ce résultat, parmi d'autres, sans qu'ils aient pour objet d'y tendre de façon délibérée ou exclusive ; ils produisent un effet de sûreté, mais cet effet n'est pas de leur essence. Par exemple, la compensation est un mode naturel de paiement qui s'impose pour des raisons de commodité et ce n'est que par une conséquence seconde qu'elle est une protection contre l'insolvabilité. Ainsi, entre les sûretés et les autres garanties, se manifeste la différence entre l'essence d'une institution et les résultats qu'elle peut engendrer, différence qui sera affinée à propos de chacune des deux sortes de sûretés.

5. — **Rôle et importance des sûretés.** — Les sûretés découlent du crédit et, par une riche rétroaction, en permettent le développement. Le crédit naît du décalage entre les deux prestations d'un échange économique. Par exemple, lors de la vente d'un ordinateur, la livraison peut précéder le paiement de plusieurs jours ou plusieurs mois ; une sûreté comme la réserve de propriété peut garantir ce paiement. Plus systématiquement encore les échanges financiers, et notamment le contrat de prêt, sont des sources typiques de décalage entre la mise à disposition des sommes par le prêteur et leur remboursement par l'emprunteur. La prestation du débiteur est affectée d'un terme suspensif et la sûreté vient renforcer le paiement futur. Celle des deux parties qui consent à ne percevoir qu'ultérieurement son dû (le créancier) court en effet le risque que le débiteur refuse le paiement à l'échéance

---

(9) V. notamment Y. CHARTIER, Rapport de synthèse in *L'évolution du droit des sûretés : Rev. jur. com.*, n° spéc. fév. 1982, p. 150, selon lequel la conception large ne peut plus aujourd'hui être rejetée et le droit des sûretés a « éclaté ».

(10) V. L. 25 janv. 1985, art. 34, al. 2, et 78, al. 3, sur les procédures collectives.

(11) On serait tenté d'écrire : la nébuleuse.

(12) V. notamment en ce sens P. MALAURIE et L. AYNÈS, 2e éd., n° 2, à la formule desquels nous souscrivons : « la sûreté est une garantie. Mais toute garantie n'est pas une sûreté ».

ou soit dans l'incapacité de payer. Le créancier, qui a déjà exécuté son obligation, est dépourvu de moyen de pression ou de rétorsion. *Les sûretés ont pour fonction de limiter ces risques inhérents au crédit.* Conçues pour assurer le paiement des créances qui ne sont pas réglées dès leur naissance, elles sont des auxiliaires précieux, voire indispensables, du crédit (13).

Les sûretés permettent de répondre à l'extrême diversité des besoins de crédit. Crédit personnel et familial, pour financer les achats de consommation ou de logement ; crédit professionnel, pour financer l'achat des fournitures, des biens d'équipement, de production, les dépenses de personnel ou de publicité, etc. Ces besoins sont devenus considérables en raison de la croissance économique continue des « 30 glorieuses » (1945-1975) et de celle qui peut être constatée encore aujourd'hui.

En même temps la ponction fiscale devenait elle aussi considérable, privant les agents économiques de la possibilité de réinvestir les bénéfices de leur activité dans son amélioration. Le financement passa donc souvent par des crédits bancaires.

Les particuliers subissent de même les conséquences de l'excessive ponction fiscale de leurs revenus, qui obère les capacités d'épargne. En outre, l'allongement de la durée de la vie (14) fait qu'ils héritent tard et ne disposent donc pas de capitaux au début de leur vie active, au moment pourtant du plus fort besoin. Parallèlement l'énorme développement du salariat a favorisé l'impression d'une sécurité des revenus, facilitant l'endettement.

La confiance, nécessaire au crédit, naîtra des qualités du débiteur, tant qu'il demeure possible de les connaître et de les apprécier. Mais notre société de masse diminue cette connaissance et favorise le développement d'autres procédés d'appréciation ; les sûretés sont l'un des plus efficaces, à côté du « scoring » des débiteurs ou de l'affinement des méthodes de dilution du risque ou de recouvrement.

L'octroi du crédit peut donc être lié à celui des sûretés, ou à leur régime. Une bonne sûreté peut à la limite assurer la survie d'un secteur, comme le fit le warrant viticole, ou le développement d'un type d'investissement, comme le nantissement du matériel en 1951 et le crédit-bail en 1966, l'hypothèse en 1855 et 1955. Les hommes politiques ne peuvent résister à la tentation de l'apprenti sorcier, plus doctement nommée politique économique, et tentent de « relancer » l'investissement ou la demande, quand ce n'est pas de « calmer la surchauffe » en proposant de nouvelles sûretés ou en aménageant le régime d'anciennes. Les diverses lois qui parsèment notre droit des sûretés depuis la seconde moitié du XIXe siècle en témoignent, comme celles sur le régime des publicités, des taxes et autres frais de constitution ou sur les procédures d'exécution, dont les procédures collectives.

---

(13) Au point que, par généralisation, on lie le crédit à la fourniture d'une sûreté (comp. P. Simler et P. Delebecque, 1989, n° 3). Le régime des sûretés agirait sur l'octroi des crédits, et la formule à succès de L.-M. Martin témoigne de la diffusion de l'idée : *Sûretés traquées, crédit détraqué* (*Banque* 1975, p. 1138).

(14) La durée moyenne de la vie était pour les hommes en 1860 de 38 ans, en 1913 de 48 ans et dépasse aujourd'hui les 70 ans (L'O.M.S. donnait, en 1979-1980 en France, 70,4 ans pour les hommes et 78,4 ans pour les femmes).

6. ——— *DIRECTIONS DE RECHERCHES*

Causes de l'utilisation accrue des sûretés. Toutes les sûretés connaissent un très grand développement depuis la Deuxième Guerre mondiale, et en même temps des réactions de limitation par les juristes ou le législateur. Ce développement est le même dans tous les pays occidentaux. Quelles peuvent en être les causes ?

1) Multiplication des débiteurs inconnus ou peu connus. Dans les pays où existent le *ranking* (évaluation de la qualité des émetteurs d'emprunts obligataires) ou le *credit scoring* de débiteurs (évaluation de la capacité de remboursement), ces techniques ne sont néanmoins efficaces que pour les entreprises connues. Pour les autres entreprises et pour les particuliers, ou en l'absence de *ranking*, leur « dignité de crédit » est difficile à apprécier et les sûretés jouent un rôle plus important (15).

2) Multiplication des faillites, qui sont en augmentation permanente et sont favorisées par le législateur en France, à la différence du reste du monde.

3) Multiplication des protections législatives du débiteur (droit de la consommation, droit de la faillite notamment) qui affaiblissent la position du créancier ; celui-ci tente de compenser cet affaiblissement par la prise de sûretés différentes et plus nombreuses encore.

Effets de l'utilisation accrue des sûretés. Deux types de réactions :

— l'État, qui prélève des sommes énormes sur les entreprises et les particuliers et qui est donc un gros créancier, a multiplié les sûretés pour lui-même et les a placées en premier rang : le fisc a plus de 50 privilèges. Quand on laisse une possibilité à l'État, ici celle de créer des privilèges, il en abuse nécessairement. L'inflation des sûretés étatiques alimente celle des sûretés que tentent de constituer les autres créanciers.

— la réglementation où les réactions doctrinales (16) tendent à freiner les prérogatives du créancier : très fort affaiblissement, par le droit des procédures collectives, des sûretés réelles les plus utilisées, à l'exception des sûretés de l'État ; limitation du cautionnement, essentiellement par la jurisprudence et un petit peu par la loi (exigence de mentions manuscrites détaillées, annulation des renonciations à l'art. 2037 C. civ., etc.).

Contrôle fiscal de l'usage des sûretés. Aussi illégitime qu'il soit, ce contrôle d'opportunité est néanmoins pratiqué par le fisc qui recherche les opérations de transfert de bénéfices d'une société excédentaire à une autre qui l'est moins. Les abandons de garanties, soit que le prêteur n'ait pas exigé de garantie, soit qu'il renonce à les faire jouer, sont critiqués par le fisc qui se pose en contrôleur de l'opportunité des actes de gestion et les qualifie d'actes anormaux de gestion. Le Conseil d'État y prête la main (Cons. d'État, 15 mai 1961 ; Cons. d'État, 21 juill. 1980), rejetant trop rarement les prétentions des contrôleurs à s'immiscer ainsi dans la gestion (Cons. d'État, 30 avril 1980, rec. p. 46).

Sûretés actives et passives. Les sûretés « actives » sont celles qui portent sur le résultat futur de l'activité financée. Le créancier espère que le financement engendrera lui-même les capacités de remboursement. Ce pari est risqué et la sûreté de moindre efficacité, mais le débiteur est plus libre. Les financements de grands projets industriels *(project-financing)* sont ainsi dits « sans recours » lorsque les sûretés sont prises sur le pétrole à extraire ou sur les biens à produire.

---

(15) L'étude remarquable de A. SAYAG et C. JAUFFRET-SPINOSI sur l'évaluation des entreprises par les banquiers en Europe, aux fins de financement, est très instructive : *L'entreprise personnelle*, t. I *(Expériences européennes)*, Litec, 1978, n° 51, p. 344 et s.

(16) Sur le thème de l'abus des sûretés, v. P. SIMLER et P. DELEBECQUE, 1989, n° 18. — P. SIMLER, *Le juge et la caution. Excès de rigueur ou excès d'indulgence ? : J.C.P.* 86, éd. N, I, p. 169. — C. MOULY, *Abus de caution ? : Rev. jur. com.* n° spéc. fév. 1982, *L'évolution du droit des sûretés,* p. 13. — J. MESTRE, *Réflexions sur l'abus du droit de recouvrer sa créance, Mélanges Raynaud,* 1985, p. 439.

Même le nantissement de fonds de commerce peut entrer dans cette catégorie, lorsqu'il porte surtout sur la clientèle qu'attirera le débiteur. Par opposition, les sûretés « passives » sont celles qui portent sur autre chose que la capacité du débiteur : un immeuble, un tiers, une somme d'argent, etc. Elles sont plus statiques, mais aussi plus solides. La distinction est assurément utile pour guider le choix du créancier. Elle semble l'être moins pour guider le juriste dans les solutions juridiques, encore que l'idée du risque couru par le créancier choisissant une sûreté active puisse inciter soit à le protéger, soit à le laisser en supporter les conséquences.

Dans quelle mesure la politique économique et sociale affecte-t-elle les sûretés ? S'il est de la nature des sûretés d'être liées au crédit, entendu au sens de terme suspensif, les manipulations du législateur peuvent créer ou développer des sûretés qui sont étrangères à toute idée de crédit. Il le fera d'abord pour lui-même, en garantissant par des privilèges fiscaux les créances sans terme du fisc. Il le fera aussi en avantageant les salariés indépendamment de toute idée de crédit, ou les plus mauvais débiteurs par le redressement judiciaire, au nom d'une curieuse égalité ou en celui de l'organisation sociale. De même tentera-t-il de régler les relations contractuelles synallagmatiques, même stipulées au comptant, par le droit de rétention, le privilège du conservateur ou celui des salariés.

7. — La concurrence entre sûretés personnelles et sûretés réelles. — La concurrence n'exclut pas la complémentarité, mais l'idée d'une compétition entre les deux grandes techniques de garantie est souvent affirmée, notamment à l'époque récente en doctrine française (17). Si l'idée de compétition est fallacieuse, en revanche la comparaison des mérites et faiblesses respectifs est instructive.

Une sûreté n'est bonne qu'au regard des caractéristiques de chaque opération de crédit, et dans chaque opération de crédit au regard des caractéristiques contingentes de chaque débiteur. Mais au-delà du cas d'espèce certains caractères sont communément appréciés, que l'on peut grouper en quatre catégories (18) :

— La simplicité de constitution. Il est certain que les sûretés personnelles, dégagées de tout formalisme et de toute publicité, sont plus simples à constituer (*infra*, n° 15). Y est associé un moindre coût, que certains contestent à raison en comparant le coût d'une hypothèque à celui d'un cautionnement donné par un professionnel, lourdement renchéri par la rémunération annuelle et les contre-garanties qu'il exige (19). En outre, la complexité de constitution est parfois la contrepartie d'une meilleure efficacité, comme l'hypothèque judiciaire conservatoire le démontre.

(17) M. Dagot, *Sûretés réelles contre sûretés personnelles : J.C.P.* 86, éd. N, I, p. 93. — V. une réponse par P. Lancereau, *Les prêts immobiliers cautionnés : Gaz. Pal.* 1987, 2, doctr., p. 687, pour le cas déterminé des prêts à la construction immobilière par les particuliers. — Une analyse plus économique : M. Mouillart, *Hypothèque ou caution (de la garantie à la réassurance) : Banque* 1989, p. 906, qui comme M. Dagot compare seulement l'hypothèque au cautionnement donné par un établissement de crédit, mais à sa différence trouve le cautionnement moins cher pour le débiteur (tableau 3, p. 911).

(18) P. Malaurie et L. Aynès, 2e éd., n° 8, dotent aussi leur « sûreté idéale » de quatre attributs, qui ne sont que légèrement différents : simplicité de constitution, parcimonie, efficacité et enfin simplicité de réalisation.

(19) C'est toute la démonstration de M. Dagot, *Sûretés réelles contre sûretés personnelles, op. cit.* Mais M. Mouillart arrive à des conclusions différentes, *op. cit.*

— La capacité d'évolution en même temps que la ou les créances sur le débiteur. Les sûretés réelles sont soumises à un principe de spécialité qui empêche cette évolution. Au contraire, les sûretés personnelles seront mieux adaptées à la garantie de relations suivies et de créances répétées (*infra*, n° 18). Dans les cas plus fréquents de dette déterminée et unique, les deux techniques sont d'égal mérite.

— L'atteinte parcimonieuse au crédit du constituant. Les deux techniques offrent des possibilités en ce sens, certaines des sûretés ménageant le crédit du constituant, telles le cautionnement, l'hypothèque ou la réserve de propriété, d'autres au contraire gaspillant ce crédit telles le gage, la cession de créances ou la garantie indépendante. Et encore le cautionnement est-il parfois jugé trop ostentatoire et remplacé par un succédané ambigu appelé lettre de patronage.

— L'exécution efficace, simple et à faible coût, c'est-à-dire dégageant pour le créancier un paiement qui couvre créance et frais. Les procédures de vente publique imposées dans la plupart des sûretés réelles sont présentées comme un handicap, mais il n'est guère supérieur aux chicanes procédurales que les cautions et garants peuvent multiplier.

La perte de valeur du gage au jour de l'exécution est un autre souci des créanciers. Là encore les inconvénients respectifs des sûretés personnelles et réelles sont équilibrés. Les biens de la caution peuvent avoir disparu, plus ou moins involontairement (20). Les biens hypothéqués peuvent avoir perdu leur valeur par suite de l'« atonie » ou de la « déprime » des marchés immobiliers (21), ou de la décote à la revente « d'occasion » (22). Les matériels nantis risquent d'être trop spécifiques ou obsolètes, quand ils n'auront pas été détériorés ou détournés. Aucune sûreté ne met à l'abri de ces surprises désagréables lors de l'exécution.

La différence est plus sensible, à l'avantage des sûretés personnelles, dans la résistance à la destruction de la sûreté par les procédures collectives. Le jeu de massacre qu'a effectué le législateur français contre les sûretés réelles traditionnelles favorise indirectement le droit de rétention, qui n'est pas vraiment une sûreté (*infra*, n° 539), et toutes les sûretés personnelles (*infra*, n° 16).

8. — Sûretés, droit privé et procédures collectives. — Une longue tradition doctrinale et scolaire a placé l'étude des sûretés sous le signe exclusif du droit civil. Les traités classiques ont non seulement laissé en dehors de leur champ les sûretés qui portent sur des biens considérés

---

(20) Il est vrai que le créancier dispose alors d'une action paulienne contre les actes d'appauvrissement abusifs que les tribunaux accueillent aisément lorsqu'elle est dirigée contre une caution qui a organisé son insolvabilité par des donations ou des ventes simulées à ses proches.

(21) Les termes sont de M. MOUILLART, et la conclusion qu'il en tire est une préférence avouée pour le cautionnement professionnel.

(22) Principale critique de P. LANCEREAU contre l'hypothèque, qui lui fait préférer aussi le cautionnement professionnel.

comme commerciaux (fonds de commerce, valeurs mobilières, etc.) et celles utilisées par les commerçants, mais encore ils n'ont guère envisagé le sort des sûretés en cas de procédure collective.

Cette tradition, justifiée à l'époque, doit être abandonnée car elle serait par trop réductrice et n'épouserait pas la réalité contemporaine. Celle-ci n'est pas tant dominée par la distinction droit civil-droit commercial que par le clivage entreprises-particuliers (23) ou, si l'on préfère, par un clivage sensiblement équivalent : dettes professionnelles-dettes ménagères. Les sûretés qui garantissent les dettes des entreprises, qui sont les plus vivantes et revêtent le plus d'importance, sont aussi bien des sûretés civiles (cautionnements, hypothèques, etc.) que des sûretés commerciales. Ce serait briser l'unité de la matière et en donner une vue tronquée que de négliger les secondes.

On tomberait dans le même travers si l'on faisait abstraction du cadre dans lequel fonctionnent le plus souvent les sûretés (à moins qu'elles n'y soient paralysées), celui des procédures collectives, cadre qui est depuis peu organisé lui aussi en fonction du clivage entreprises-particuliers.

Le droit des procédures collectives applicables aux entreprises a malmené de plus en plus les sûretés, et en particulier les sûretés réelles. Cette situation, néfaste pour le crédit en général, s'est étendue avec le domaine des procédures collectives du droit des affaires, élargi qu'il a été, par étapes, à toutes les personnes morales de droit privé (1967), aux artisans (1985) et enfin aux agriculteurs depuis la loi du 30 décembre 1988 (24). La compénétration du droit des sûretés et du droit des procédures collectives des entreprises est devenue ainsi un phénomène de portée générale qu'il serait irréaliste de ne pas intégrer dans l'étude du premier.

La personne physique, pour ses dettes non professionnelles, relève maintenant d'une procédure collective dont l'esprit et les aménagements sont bien différents de ceux des procédures collectives du droit des affaires. Elles ne cherchent pas à organiser un état d'insolvabilité mais à résorber une situation de surendettement. Elle ne malmène pas directement les sûretés en ce sens qu'elle ne les élimine pas, n'en restreint pas le jeu et n'en menace pas le rang. Elle les malmène néanmoins, mais indirectement, par le biais du double moratoire successif dont peut bénéficier ce nouveau protagoniste de la scène juridique, le « débiteur surendetté » : moratoire issu de la suspension provisoire des procédures d'exécution, dont le relais est pris par le moratoire issu du report ou du rééchelonnement des échéances.

L'influence de la conception française nouvelle des procédures collectives est délétère pour les sûretés, et au-delà pour le crédit et les activités professionnelles

---

(23) Au sens spécial, qui a succédé au vocabulaire juridique avec la loi du 31 déc. 1989 : personne physique tenue de dettes extra-professionnelles.

(24) Il faut noter la lacune que comporte la trame maintenant serrée des diverses procédures collectives ; elle concerne la personne physique exerçant à titre individuel une profession libérale, pour ses dettes professionnelles. Refusera-t-on longtemps à cette oubliée la faculté de ne pas payer ses dettes à l'échéance ?

en général. La loi du 25 janvier 1985 sur le redressement judiciaire est venue organiser les conséquences fâcheuses d'un parti-pris malsain : « sauver les canards boiteux ». Au prétexte que cela permettrait de sauver des emplois, on s'est imaginé qu'il fallait maintenir les entreprises qui ne sont ni rentables ni efficaces, au détriment des entreprises qui le sont. Dans la logique du « il faut faire quelque chose », on a choisi de faire la pire des choses, sacrifier les entreprises qui créent des emplois à celles qui sont incapables de le faire.

La réglementation de la procédure collective affecte principalement les sûretés réelles, dans leur valeur et parfois dans leur existence.

La valeur d'une sûreté réelle est diminuée par une procédure collective car elle en empêche l'exécution, et plus précisément impose dans le meilleur des cas un paiement tardif (25) et partiel (26). Ce paiement n'est même plus tout à fait préférentiel car l'ouverture d'une procédure collective crée des sûretés spécifiques, telles le super-privilège des salariés ou les privilèges de l'article 40 qui priment les sûretés antérieures. La procédure collective gonfle aussi les créances garanties par les sûretés de premier rang : salaires et indemnités de licenciement ; fisc surtout ; frais de justice de l'administrateur et du liquidateur.

L'existence des sûretés réelles est même mise en péril par les procédures collectives, dans lesquelles une déclaration-guillotine de la créance dans des délais trop brefs (27) sera sanctionnée par la forclusion. Le juge a la possibilité de substitution autoritaire d'une sûreté à une autre (art. 78). Le législateur limite les créances garanties par certaines sûretés (ex. : art. 39 pour le privilège du bailleur) ou affirme vouloir faire disparaître les sûretés lorsque le débiteur est plus insolvable que les autres (28).

Malgré ces mauvais traitements, les sûretés réelles gardent leur intérêt ; mais cette réglementation malencontreuse entraîne un glissement des sûretés réelles élaborées et efficaces vers des sûretés réelles frustes, beaucoup plus gênantes pour le débiteur. Quant aux sûretés personnelles, elles sont encore le meilleur moyen de contourner la procédure collective frappant le débiteur, puisqu'elles permettent de saisir les biens d'une autre personne. Mais encore faut-il faire vite, car certains mandataires multiplient à juste titre les actions en comblement de passif ou en extension de procédure contre les dirigeants sociaux ; or ils sont souvent cautions ! Et toutes ces sûretés s'érodent à l'usage, les réglementations en perturbant l'efficacité lorsqu'elle est trop visible. Les créanciers cherchent alors d'autres techniques de garantie (29).

9. — Droit communautaire. — Les réglementations communautaires, si volumineuses en de nombreuses matières, sont ici curieusement

---

(25) Dans les liquidations judiciaires (95 % des cas) au mieux quelques mois et en général 3 à 5 ans, sans intérêt. Dans les redressements judiciaires le délai sera fonction du plan (L. 25 janv. 1985, art. 74) : en général 8 à 10 ans, sans intérêt.

(26) Dans les liquidations judiciaires et les cessions d'entreprises (L. 25 janv. 1985, art. 92) par la force des choses ; les cessions sont souvent faites à des prix ridicules ou même nuls. Dans les redressements judiciaires, rares à aboutir, lorsque le créancier a oublié de refuser le plan ou lorsqu'il a été victime d'un chantage par le tribunal (L. 25 janv. 1985, art. 75).

(27) L. 25 janv. 1985, art. 53 et art. 66 du décret : deux mois à compter de la publication du jugement au *B.O.D.A.C.C.*, que presque personne ne peut lire.

(28) Cas de la clôture pour insuffisance d'actif, par l'art. 169 de la loi du 25 janv. 1985, heureusement mal rédigé et disant le contraire ; cas de cession de l'entreprise, par l'art. 92 qui renvoie au précédent. — V. C. MOULY, *La situation des créanciers antérieurs : Rev. jur. com.* n° spéc. fév. 1987, *Le redressement judiciaire de l'entreprise,* p. 139 et s., spéc. n° 66, p. 155, troisième interprétation.

(29) La recherche intellectuelle et pratique s'intensifie : P. ANCEL, *Nouvelles sûretés pour créanciers échaudés : J.C.P.* 89, éd. E, suppl. *Cahiers dr. entreprise* n° 5/89, p. 3-9. — P. SIMLER, *Les solutions de substitution au cautionnement : J.C.P.* 90, I, 3427.

absentes. Cette réserve d'un législateur ordinairement prolifique est d'autant plus étonnante que le crédit et les sûretés font partie intégrante de l'activité économique que le Traité de Rome posait en fondement de la C.E.E. et que l'Union économique et monétaire met aujourd'hui au premier plan des objectifs contemporains. Serait-elle la marque d'une confiance dans l'harmonie des solutions nationales ou celle d'une trop grande difficulté ? Plusieurs éléments de réponse peuvent être combinés :

— une assez grande similarité des pratiques bancaires internes et des pratiques communes dans les opérations internationales ; par exemple les sûretés demandées lors des euro-obligations et euro-crédits (30), telles la clause *pari-passu* ou la *negative pledge clause* ;

— l'application sans discussion (31) des principes essentiels du droit communautaire, notamment les libertés fondamentales concernant la circulation des capitaux, celle des marchandises et de l'établissement (32). L'activité de créancier bénéficiaire de sûretés étant le plus souvent liée à la pratique bancaire, c'est le régime de liberté de cette profession qui apparaît au premier plan. Les directives en ce domaine concernent donc, mais indirectement, les sûretés (33) ;

— pour les sûretés personnelles, l'harmonie assez marquée du droit du cautionnement, et la grande difficulté qu'il y a à cerner les autres sûretés personnelles, notamment la garantie indépendante. Cette difficulté a d'ailleurs entraîné l'ajournement *sine die* de l'effort d'harmonisation du droit des sûretés personnelles engagé et relativement avancé en 1981 (34) ;

---

(30) Ce sont des emprunts obligataires émis dans une monnaie forte (surtout le dollar, mais aussi le mark ou le yen) ou en Ecus et proposés dans plusieurs pays d'Europe. Ils ne sont soumis à aucune réglementation particulière et permettent aux grandes entreprises, aujourd'hui imitées par des États, de proposer aux épargnants de l'Europe des obligations à des taux avantageux dans des monnaies sécurisantes.

(31) Cette application est plus spontanée chez les agents économiques, les citoyens et les banques que de la part des États.

(32) Notamment les arrêts *Van Binsbergen et Reyners* des 3 déc. 1974 et 21 juin 1974 sur la libre prestation de services, la liberté d'établissement et le droit au traitement national, ainsi que sur l'effet direct des textes du Traité de Rome qui y sont relatifs ; l'arrêt *Luisi et Carbone* du 31 janv. 1984 sur la libre circulation des capitaux et des paiements et services au sein de la Communauté, interprétant l'art. 106 du traité et affirmant son effet direct depuis la fin de la période de transition (1er janv. 1970 : art. 8 du traité) ; l'arrêt *Cassis de Dijon (Rewe-Zentral AG)* du 20 fév. 1979 sur l'interdiction de toute mesure d'effet équivalant à une restriction quantitative (art. 30 du traité). Tous ces arrêts sanctionnent des États qui violaient les principes essentiels de la Communauté européenne.

(33) La première directive bancaire du Conseil du 12 déc. 1977 ; et la très importante 2e directive sur l'accès à l'activité des établissements de crédit, en date du 15 déc. 1989 (n° 89/646) et publiée au *J.O.C.E.* du 30 déc. 1989, et qui doit être appliquée avant le 1er janv. 1993. Surtout la directive du 24 juin 1988 organisant pour le 1er juill. 1990 la totale liberté de circulation des capitaux.

(34) Deux rapports d'étude très instructifs ont été rédigés à cette occasion : d'abord une analyse comparative des droits des six États fondateurs des Communautés européennes a été menée, en 1969, à la demande de la Commission des C.E., par le Max Plank Institut de Hambourg, sous la direction du Pr DROBNIG. Elle a été publiée en 1971 : *Le cautionnement dans le droit des États membres des Communautés européen-*

— pour les sûretés réelles, les énormes différences des droits de la propriété et des sûretés réelles dans les différentes législations des États membres. Elles découragent les entreprises de rapprochement. Un projet de directive sur le crédit hypothécaire est en panne depuis plusieurs années ;

— l'existence de divers corps de juristes spécialisés dans la constitution des sûretés réelles et leur exécution permet de retarder les tentatives d'harmonisation des droits nationaux. L'étranger comme le national doivent recourir à leurs services et ils assument la responsabilité de ces sûretés.

C'est pourquoi les réflexions ou réglementations communautaires concernent, pour les sûretés réelles comme personnelles, des points de détail et sont peu nombreuses :

— directive du 24 juillet 1973 (n° 73/239) en matière d'assurance dont l'annexe mentionne « la caution » au nombre des activités d'assurance ; les assureurs français, jusque-là privés de l'autorisation de donner des cautionnements professionnels, essentiellement en faveur du fisc ou des administrations, purent alors y procéder (35) ;

— règlement du Conseil du 18 mars 1969 (n° 542/69) plusieurs fois modifié, sur le transit communautaire et son cautionnement (36) ;

— réflexion du Bureau européen des unions de consommateurs sur les conséquences sociales de l'endettement, qui fait une petite place à la situation du codébiteur ou de l'épouse lors de la disparition du lien qui avait justifié le cautionnement ou l'engagement de codébiteur (divorce essentiellement) (37). La directive du Conseil du 22 décembre 1986 (n° 87/102) sur le crédit à la consommation, la seule en la matière, est muette sur le cautionnement (38) ;

— pour les sûretés réelles, seule une proposition de directive sur la liberté d'établissement des banques hypothécaires traite de la matière, organisant la surveillance de ces banques par l'État d'origine (principe du *home country control*) (39).

---

nes, Bruxelles, pub. de la Commission des C.E., Collection Études, Série Concurrence-Rapprochement des législations, n° 14. — Puis, après l'entrée du Royaume-Uni, un rapport complémentaire par T.C. Hartley, *Le droit du cautionnement et de la garantie au Royaume-Uni et en Irlande,* 1974, même collection n° 28. — Un groupe d'experts s'est réuni pendant les années 1970 et a achevé la rédaction d'une proposition de directive qui semble n'avoir pas connu de suite.

(35) V. *infra*, n° 379. — M. Vasseur, *Droit bancaire français et marché commun : Revue Banque* 1981, n° 32, p. 41.

(36) V. *infra*, n° 356. — M. Vasseur, *Droit bancaire français et marché commun,* préc., n° 33, p. 41.

(37) Rapport de U. Reifner, *Consumer credit and indebtedness,* B.E.U.C. Actualités/News, n° 80, janv.-fév. 1989, p. 25 et s., spéc. p. 29.

(38) Et la proposition de directive la modifiant ne concerne que le calcul du taux annuel effectif global (du 18 mai 1988, 88/C155/06) ; dernière modification en date du 22 fév. 1990 [Com. (89) 271 (final)].

(39) Proposition (modifiée) de directive... dans le domaine du crédit hypothécaire du 27 mai 1987 (87/C161/04).

10. — Droit international et conflits de lois. — Le droit international des sûretés est relativement peu nourri, bien qu'il recouvre deux types différents de difficultés :

— Les sûretés assortissant une opération internationale de crédit. Elles peuvent consister en des stipulations contractuelles qui engendrent une certaine garantie mais ne sont pas des sûretés au sens strict. Ainsi les clauses *pari-passu* dans les euro-crédits, ou la *negative pledge clause* dans ces mêmes crédits ou les crédits de la banque mondiale ; de même les droits sur le produit fabriqué que confèrent les *throughput agreements* dans les financements de projets internationaux (*infra*, n° 27). Elles peuvent aussi être prises sur des biens localisés dans le territoire d'un État : elles sont alors constituées selon les règles internes de cet État et soumises à son droit.

— Les conflits de lois relatifs à des sûretés réelles ou personnelles. Les solutions de droit international privé s'appliquent aux sûretés réelles ou personnelles, pour régler les conflits de lois, notamment lorsque le bien grevé par une sûreté réelle est déplacé ou lorsque les parties à une sûreté, réelle ou personnelle, invoquent des lois différentes. Les solutions de principe sont simples et reposent sur une solution générale à laquelle peu d'exceptions sont apportées.

— Pour les sûretés personnelles, le principe d'autonomie est affirmé pratiquement dans tous les droits nationaux ; les parties sont donc libres de régir le cautionnement ou la garantie personnelle par toute loi qu'elles désignent. Toutefois cette situation reste rare. Subsidiairement alors, en cas de silence du contrat, les sûretés personnelles sont présumées être rattachées par les parties à la loi de l'obligation principale (40). Une dérogation, d'ailleurs discutée (41), rattacherait le cautionnement donné par une banque ou par un État à la loi de la banque ou à celle de l'État caution (42). On peine à lui trouver une justification objective (43). Elle trouve une certaine vigueur pour

(40) H. Batiffol et P. Lagarde, *Droit international privé,* Sirey, t. II, 6e éd., 1976, n° 610. — M. Contamine-Raynaud, *Les rapports entre la garantie à première demande et le contrat de base en droit français, Mélanges Roblot,* L.G.D.J., 1984, n° 8, p. 417. — J.-F. Gojon, *Les sûretés en droit international privé,* Congrès des notaires, 1986, *Les garanties du financement,* n° 7 et s., p. 906 et s. — Civ. 1re, juill. 1981 : *Journ. dr. intern. (Clunet)* 1982, p. 148, note P. Bourel ; *Rev. soc.* 1982, p. 878, note J.-L. Bismuth.

(41) Surtout par J. Stoufflet, *L'ouverture de crédit bancaire en droit international privé : Journ. dr. intern. (Clunet)* 1966, p. 582 et s., spéc. nos 29-32. — Seule la relation entre la banque-caution et le débiteur principal, son client, serait soumise à la loi de la banque : *J.-Cl. int.,* fasc. 566 B, n° 101.

(42) J.-F. Gojon, *Les sûretés en droit international privé,* Congrès des notaires, précité, n° 13, p. 910.

(43) L'argument de commodité pour la banque garante n'est guère plus convaincant que pour les autres cautions, par ex. les sociétés commerciales ; celui de regroupement sous une même loi des contrats conclus par un professionnel se heurte à la cohérence opposée, en faveur du créancier garant (et il ne faut pas oublier qu'en général les garanties sont données pour la commodité du créancier) ; quant au souhait implicite des banques, qui n'accepteraient pas sans cela de s'engager, il ne saurait être plus déterminant, en l'absence de clause de droit applicable toujours possible pour le formaliser, que le souhait implicite du créancier.

la garantie indépendante, où le rattachement à l'opération principale semble exclu par l'indépendance de la garantie (44) ; l'on pourrait aussi rechercher la loi propre du contrat ou celle de la prestation caractéristique, ce qui ramènerait souvent à la loi de la banque garante ; l'on pourrait peut-être aussi présumer le rattachement à la loi de l'obligation de consigner le dépôt de garantie, obligation dont nous verrons qu'elle est à l'origine de la garantie indépendante (*infra*, n° 405).

— Pour les sûretés réelles, le principe d'autonomie demeure lorsque la sûreté est conventionnelle mais il est combattu par le principe du rattachement à la loi de situation du bien grevé *(lex rei sitae)*, fortement affirmé en France au XIXe siècle (45) ; on reconnaît à cette loi de situation un domaine très étendu, limité seulement par la loi de la forme *(locus regit actum)* ou par l'injustifiable article 2128 du Code civil qui donne aux notaires français un monopole supplémentaire pour la constitution d'hypothèque sur des immeubles français (46). Les sûretés réelles mobilières posent en outre des problèmes dus au déplacement du bien (conflits mobiles, dit-on) que l'on règle en général par application de la loi de situation du bien lors de la contestation, le plus souvent au moment de la saisie (47). La procédure collective enfin, siège d'incertitudes en droit international privé qu'on ne parvient pas à dissiper par l'élaboration de conventions (48), complique les solutions de droit commun par un interventionnisme dangereux, le législateur du lieu principal de la procédure collective réclamant un droit à l'application de ses « remèdes » (49). Comme si le champ des réflexions n'était pas assez large, les nouvelles sûretés, telles la réserve de propriété (50), la fiducie ou la *floating charge* viennent l'alimenter encore.

---

(44) M. CONTAMINE-RAYNAUD, *Les rapports entre la garantie à première demande et le contrat de base en droit français, Mélanges Roblot,* préc., n° 8, p. 418. — J.-F. GOJON, *Les sûretés en droit international privé,* Congrès des notaires, 1986, *Les garanties du financement,* n° 40, p. 926. La solution a été retenue par les « Règles uniformes pour les garanties contractuelles » de la C.C.I. (brochure 325, 1978), art. 10, mais leur faible succès n'en fait pas vraiment un usage dans la communauté financière internationale.

(45) H. BATIFFOL et P. LAGARDE, *Droit international privé,* Sirey, t. II, 6e éd., 1976, n° 516 *bis* et 517 et s. — J. DERRUPPE, *J.-Cl. int.,* fasc. 555, n° 23 et s. — J.-F. GOJON, *Les sûretés en droit international privé,* Congrès des notaires, 1986, *Les garanties du financement,* n° 55 et s., p. 937 et s. — Civ., 14 mars 1837 : *S.* 1837, 1, 195 ; *D.P.* 1837, 1, 275.

(46) Qu'ils ont l'élégance de ne pas tenter de justifier et d'interpréter restrictivement : J.-F. GOJON, *Les sûretés en droit international privé,* préc., nos 63-69, p. 939-942.

(47) M. CABRILLAC, *La reconnaissance en France des sûretés réelles sans dépossession constituées à l'étranger : Rev. crit. dr. int. privé* 1979, p. 487. — G. KHAIRALLAH, *Les sûretés mobilières en droit international privé,* Économica, 1984, n° 78 ; cet auteur penche toutefois pour la loi de constitution de la sûreté, qui la suivrait dans ses déplacements, n° 101.

(48) Le projet communautaire de convention sur la faillite avance laborieusement.

(49) J.-F. GOJON, *Les sûretés en droit international privé,* préc., nos 142-167, p. 978-991.

(50) Y. LOUSSOUARN, *Les conflits de lois en matière de réserve de propriété, Mélanges Houin,* Dalloz, 1985, p. 275.

Plan de l'ouvrage : Si les sûretés personnelles et réelles ont en commun l'objectif de renforcer la position du créancier, elles ne partagent guère d'autres pièces de leurs régimes respectifs. Leur étude ne peut donc être menée que séparément. Celle des sûretés personnelles (1re partie) précédera arbitrairement celle des sûretés réelles (2e partie).

PREMIÈRE PARTIE

LES SÛRETÉS PERSONNELLES

11. — Le succès des sûretés personnelles. — Le nombre des sûretés personnelles ou des techniques approchantes s'est considérablement développé au XXᵉ siècle et leur utilisation s'est considérablement accrue. Le phénomène n'a cessé de croître pendant la période de développement économique qui a suivi la 2ᵉ Guerre Mondiale et plus encore lorsque ce développement est devenu plus difficile, après 1973. Il n'épargne aujourd'hui aucun secteur d'activité ni aucune forme de crédit. Les particuliers, les entreprises et les gouvernements y ont recours ; ainsi lorsqu'en 1980 le gouvernement américain a voulu sauver Chrysler, 3ᵉ constructeur automobile, sans risquer la stérilité d'une nationalisation, il a accordé sa garantie aux banques qui, sans cela, auraient refusé d'ajouter au passif le nécessaire crédit de 1,5 million de dollars. Quand un État emprunte sur le marché des capitaux ou auprès d'un organisme financier international, c'est souvent avec la garantie de plusieurs banques centrales d'autres pays (1) ; quand une banque ouvre un crédit à une petite société anonyme ou à responsabilité limitée, elle exige systématiquement le cautionnement de ses dirigeants ; quand le fisc accorde un crédit de trois mois pour payer la T.V.A., il pose en condition la fourniture d'une obligation cautionnée. Ces pratiques sont identiques dans tous les pays, qu'ils soient industrialisés ou en voie de développement. Le même recours aux sûretés personnelles se rencontre dans le commerce international, où se multiplient les garanties à première demande de la restitution des acomptes versés par l'acheteur ou de la bonne exécution du marché. En fait le succès des sûretés personnelles présente trois aspects.

C'est d'abord une « renaissance » des sûretés personnelles traditionnelles, essentiellement le cautionnement. Les banques, créancières par profession, sont de grosses consommatrices de garanties en tous genres, parmi lesquelles le cautionnement tient une large place. L'administration fiscale ou l'administration douanière imposent lorsqu'elles octroient un délai la fourniture de cautionnements. La loi a multiplié les hypothèses d'exigence ou de possibilité d'un cautionnement : garantie d'achèvement des immeubles à construire (2) ou des maisons individuelles (3), cautionnements divers de l'entrepreneur exécutant un marché public (C. marchés publ., art. 133, 135 et 136).

---

(1) Un exemple parmi bien d'autres : le crédit accordé au Brésil en 1982 par la Banque de règlements internationaux (B.R.I.), de 1 450 millions de dollars, était garanti par des banques centrales.

(2) C. constr. et hab., art. L. 261-11, al. 1°-d et art. R. 261-21. — V. l'étude très complète qu'en fait M. DAGOT : *La vente d'immeubles à construire,* Litec, 1983, p. 413 et s., spéc. nᵒˢ 1018 à 1125, p. 540 à 590.

(3) L. 16 juill. 1971, art. 45-1 devenu art. L. 231 C. constr. et habit. — M. DAGOT, *op. cit.* nᵒˢ 990 à 1015, p. 528 à 539.

C'est aussi l'apparition de sûretés personnelles « nouvelles » (4). La garantie à première demande, par laquelle le garant s'engage indépendamment du débiteur principal à indemniser le créancier, est apparue dans le courant des années 60 pour se développer, dans les années 70, après le premier choc pétrolier, lorsque les pays en voie de développement, gros importateurs de technologies, ont pris conscience de leur puissance. Les fonds de garantie, qui reposent sur le principe du cautionnement, ont été organisés à grande échelle en France à partir de 1978. Les dettes de confort, par lesquelles les sociétés-mères « patronnent » leurs filiales en mal de crédit, n'ont guère plus d'une trentaine d'années.

C'est enfin une prise de conscience de l'effet de garantie dégagé par des procédés également utilisés pour d'autres avantages. Le *purchase agreement*, par lequel le destinataire principal du produit pour la fabrication duquel un « projet industriel » est conçu s'engage à acheter la totalité ou une large part de la production escomptée, est une garantie inhérente au financement de projets. L'assurance invalidité ou décès (et maintenant chômage en plus) que doit souscrire l'emprunteur dont la force de travail est le bien principal a été généralisée pour les crédits relatifs à des biens immobiliers de consommation. La délégation de débiteur ou la stipulation pour autrui sont plus souvent utilisées comme technique de garantie que comme technique de paiement.

Toutes ces sûretés personnelles ne sont pas également efficaces ; toutes n'offrent pas la même sécurité au créancier. Nombre de cautions, par exemple, tentent l'impossible pour éviter ou retarder le paiement. Malgré ce, le succès des sûretés personnelles ne se dément pas ; comment l'expliquer ?

12. ——— *DIRECTIONS DE RECHERCHES*

Le constat du succès des sûretés personnelles au XXe siècle peut être mieux effectué à la lecture des traités classiques qui, pour le plus grand nombre, soulignent l'avantage des sûretés réelles et les insuffisances des sûretés personnelles. Ainsi Voirin écrit-il : « Faites intervenir deux, trois, dix cautions, les chances d'insolvabilité diminuent sans doute mais ne sont jamais écartées... Pour obtenir une sécurité complète, il faut recourir aux sûretés réelles » (t. XIII, nos 52 *in fine* et 53, p. 62). — Voir aussi H.L.J. Mazeaud et F. Chabas, t. III, vol. 1, n° 4. — G. Marty et P. Raynaud, t. III, vol. 1, 1re éd., n° 7 *in fine* qui liaient l'usage des sûretés personnelles à la solidarité du groupe social et au sens de l'honneur collectif. — A. Weill, *Les sûretés,* Dalloz, n° 5, très nettement.

Certes le concept d'hypothèque, affinement technique du droit réel, offre la satisfaction intellectuelle d'un mécanisme plus complexe que le cautionnement. Est-ce là une raison suffisante à la défaveur dans laquelle les auteurs tenaient les sûretés personnelles ?

La balance entre sûreté réelle et sûreté personnelle a parfois l'occasion d'être maniée *in concreto*. Dans bien des hypothèses, le cautionnement sera proposé en remplacement d'une sûreté réelle, ou l'inverse : v. le Code des marchés publics, art. 131 ; la loi n° 71-584 du 16 juillet 1971 (art. 1er, al. 4) sur les retenues

---

(4) P. Simler, *Les solutions de substitution au cautionnement : J.C.P.* 90, I, 3427.

de garantie en matière de marchés de travaux privés ; la loi du 16 juillet 1971 relative à diverses opérations de construction : retenue de garantie dans le contrat de promotion immobilière, devenue article R. 222-8 du Code de la construction et de l'habitation. Dans tous ces cas, le cautionnement se substitue à la consignation d'une somme d'argent, donc à un gage. Le cautionnement peut aussi remplacer la rétention d'une marchandise (enlèvement des marchandises sous douane avant l'acquittement des droits, en droit interne (5) ou communautaire (6). Le cautionnement peut même remplacer la prestation due, privant le créancier de l'exception d'exécution (avances sur marchés publics : C. march. pub., art. 133). En ces cas, et en bien d'autres, quelle est la voie choisie par la pratique ?

13. — Statistiques. — Faute d'information plus récente, voici les statistiques fournies dans l'étude du Max Plack Institut sur le cautionnement dans les six pays fondateurs de la C.E.E. (Publications de la Commission des C.E., Série Concurrence-Rapprochement des législations, n° 14, Bruxelles, 1971, p. 23).

TABLEAU 1

Volume des obligations contractées sous forme de sûretés personnelles (groupes sélectionnés de donneurs de sûreté ; différentes dates de référence entre 1965 et 1968)

(en millions d'u.c.) (1)

Donneur de sûreté	Pays					
	B	D (*)	F	I	L	N
1. Pouvoirs publics	1 690	14 641	5 160	—	43	3 100
2. Établissements financiers	222	3 890	4 534	3 026	60	460
3. Assurances	—	680	—	—	—	—
4. Fonds de garantie	21	118	1 314	—	—	—

(*) Uniquement République fédérale d'Allemagne (à l'exclusion des Länder et communes).
(1) U.c. = $ E.U.

TABLEAU 2

Volume par habitant des obligations contractées sous forme de sûretés personnelles (calculé sur la base du nombre des habitants et des chiffres du tableau 1)

(En u.c.)

Donneur de sûreté	Pays					
	B	D	F	I	L	N
1. Pouvoirs publics	178	244	103	—	123	248
2. Établissements financiers	23	65	91	57	171	37

(5) C. douanes, art. 114.

(6) Règlement C.E.E. n° 542/69 du Conseil des C.E. du 18 mars 1969 (art. 27 à 38), celui n° 222/77 du 13 déc. 1976 et celui de la Commission n° 223/77 du 22 déc. 1976 réglementant le cautionnement destiné à faciliter le transit des marchandises à travers les États membres.

14. — L'explication économique. — L'augmentation de la productivité individuelle, qui est la conséquence de la croissance économique, entraîne l'augmentation des coûts d'information (7). Le temps nécessaire à la collecte des informations est d'autant plus cher qu'il pourrait être utilisé à une activité de production plus rentable. Plus la valeur de l'activité d'une personne croît, plus le coût du temps passé par cette personne à s'informer sur le débiteur et ses capacités de remboursement devient onéreux. Les prêteurs auront donc tendance à réduire ce temps et à recourir aux sources d'information extérieures, mais gratuites, que constituent les sûretés personnelles.

L'engagement d'un garant est en lui-même rassurant ; il établit qu'un tiers, qui a fait une analyse du risque (plus ou moins scientifique !) accepte de faire confiance au débiteur. C'est une preuve supplémentaire de la dignité de crédit de l'emprunteur.

Ceci peut expliquer l'exigence de cautions personnes physiques qui n'ont souvent ni l'intention ni la possibilité de payer. Ceci peut expliquer aussi l'intervention de cautions professionnelles (sociétés de cautionnement mutuel ; banques ; compagnies d'assurances) qui exigent du débiteur garanti autant, sinon plus, de contre-garanties que le créancier principal n'en aurait demandé. Ceci explique que, dans les relations de commerce international où il est malaisé de connaître son cocontractant, la garantie à la première demande d'une grande banque à ses côtés soit plus prisée que la consignation d'une somme équivalente car cette garantie établit la dignité de crédit du cocontractant.

Ainsi comprendra-t-on mieux qu'une sûreté considérée comme primitive accompagne le développement économique.

15. — Explication juridique. Simplicité. — Quatre raisons majeures, d'ordre plus juridique, complètent l'explication du succès des sûretés personnelles.

La première de ces raisons est la simplicité des sûretés personnelles. Aucune publicité, des vérifications de capacité juridique réduites, pas de forme solennelle (un simple contrat sous seing privé suffit), pas de frais (8) : la simplicité de constitution est une clé du succès. Le garant étant recherché par le débiteur, la garantie n'aura coûté au créancier ni temps ni argent. A cela s'ajoute une simplicité du concept qui rend le mécanisme des sûretés personnelles aisément compréhensible par tous, et universel : il n'y a, en apparence, aucune crainte de mécompte pour les participants à l'opération.

16. — Les sûretés personnelles sont peu sensibles au droit des procédures collectives. — Lorsque le débiteur principal fait l'objet d'une procédure collective de règlement de son passif, les garants, qui sont extérieurs à cette procédure collective, restent tenus intégralement. Les créanciers peuvent poursuivre le garant sans délai car ils ne sont pas soumis à la suspension des poursuites individuelles et n'ont pas à attendre la vérification de leur créance sur le débiteur.

17. — Les sûretés personnelles sont souples car elles peuvent s'adapter à la créance garantie. — L'avantage n'est guère sensible lorsque la créance est déterminée (prêt d'une somme de 150 000 F) : la sûreté

(7) V. la démonstration limpide faite par H. LEPAGE, *Vive le commerce*, Dunod, 1983, à propos de l'activité de consommation, p. 23-26 (avec la référence à L. LEVY-GARBOUA et à G. STIGLER).

(8) Sauf l'enregistrement pour que l'acte puisse être produit en justice et la soumission au droit de timbre (L. 15 mars 1963, art. 34,4).

l'est tout autant. En revanche, la capacité d'adaptation est plus nette lorsque la créance est à montant ou durée indéterminés : créance future, créance de solde de compte courant sont les terrains d'élection de la garantie collective ou du cautionnement illimité. La sûreté personnelle évoluera en même temps que le crédit octroyé au débiteur principal, ce que ne font pas les sûretés réelles conventionnelles. Cette souplesse permet aussi aux sûretés personnelles de rééquilibrer, lors de la décision d'octroi du crédit, l'analyse du risque à moyen ou long terme, là où les autres techniques (analyse financière, évaluation du marché) cessent d'être efficaces car elles sont limitées dans le temps (9).

18. — Les sûretés personnelles, enfin, ménagent le crédit du garant. — Certes, le cautionnement consenti par un commerçant doit figurer dans sa comptabilité, parmi ses engagements hors bilan ; malgré cela, les sûretés personnelles affectent moins la capacité d'emprunt du garant que les sûretés réelles (10), ni même sa capacité de financement : les sûretés personnelles n'impliquent, en général, aucune immobilisation de valeurs patrimoniales (11). Il appartient toutefois au garant de constituer, par lui-même, des provisions en fonction de la prévisibilité des sinistres.

19. — La question du coût des sûretés personnelles. — Certains ajoutent une cinquième qualité aux sûretés personnelles : coûter moins cher que les sûretés réelles. Il y a certes une part de vérité, notamment lorsque la garantie est fournie par une caution profane. Elle demandera rarement une rémunération. Parfois son engagement est jugé intéressé (dirigeant social ou proche du débiteur principal), mais il reste gratuit envers le débiteur ; et s'il y a des rémunérations indirectes, pour tenir compte du risque assumé, elles entrent dans les échanges globaux entre le dirigeant et sa société.

En revanche les cautions professionnelles exigent des commissions élevées (1 à 2,5 %) qui sont perçues tous les ans, et parfois alors que la garantie est considérée comme éteinte par le débiteur principal. En y ajoutant le coût élevé des contre-garanties que le débiteur principal doit fournir à ces cautions, les sûretés personnelles conférées par des professionnels s'avèrent aussi onéreuses que les sûretés réelles (12).

---

(9) V. A. SAYAG et C. JAUFFRET-SPINOSI : *L'entreprise personnelle,* t. I, *Expériences européennes,* Litec, 1978, n°s 51-52, p. 346-347 et n° 64, p. 354-355.

(10) L'avantage est important à une époque où l'on a tenté de développer les prêts participatifs dans le but, justement, de ne pas obérer cette capacité.

(11) Les cautions professionnelles (sociétés de cautionnement, banques, sociétés de caution mutuelle) qui veulent être agréées par des créanciers tels que l'administration fiscale ou douanière, les administrations qui passent des marchés, le Crédit d'équipement des P.M.E. ... sont obligées de déposer, en gage, une somme d'argent (environ 100 000 F) à la Caisse des dépôts et consignations qui permet de répondre de leur solvabilité.

(12) La démonstration en a été brillamment faite par M. DAGOT, *Sûretés réelles contre sûretés personnelles : J.C.P.* 86, éd. N, I, p. 93. — V. une réponse par P. LANCEREAU, *Les prêts immobiliers cautionnés : Gaz. Pal.* 1987, 2, doctr., p. 687, qui démontre que dans le cas déterminé des prêts immobiliers aux particuliers, pour des raisons liées à la perte de valeur des constructions récentes, le cautionnement est plus avantageux.

20. — La précarité de ces caractères. — Ces caractères des sûretés personnelles peuvent être plus ou moins affectés par la réglementation. En général, cette réglementation croît en proportion du succès remporté en pratique par telle ou telle sûreté personnelle car, avec ce succès, se développent quelques abus, souvent liés à l'insouciance des garants ; besoin de protection et appel au législateur se multiplient alors.

Depuis le début des années 80, c'est le juge qui a choisi d'intervenir pour protéger la caution profane. Ainsi la Cour de cassation a diminué l'insensibilité du cautionnement à la procédure collective en soumettant légitimement le créancier à l'obligation de déclarer sa créance avant de poursuivre la caution. Moins légitimement elle a affecté la souplesse du cautionnement en déterminant son étendue d'après la mention manuscrite (le « bon pour ») et non d'après le contenu du contrat et en excluant les accessoires qui n'ont pas été écrits à la main ; mais elle semble revenir sur cette solution en 1989. Un projet législatif de restriction du cautionnement est également en gestation.

Néanmoins l'essentiel de ces caractères est universel, et leur empreinte se retrouve à travers les âges comme à travers les systèmes juridiques.

21. — Histoire. — La connaissance du régime juridique des sûretés personnelles et de leur utilisation pratique par les civilisations qui nous ont précédé reste assez floue. On pense communément qu'elles furent les premières sûretés à apparaître. Les tablettes conservées des civilisations sumériennes (en Mésopotamie, aux sources de la civilisation indo-européenne, 40 siècles avant notre ère) et babyloniennes laissent entrevoir un garant otage, tenu en remplacement temporaire du débiteur principal (13). La légende (14) et l'Ancien Testament (15) portent aussi trace des cautions, semble-t-il des sortes d'otages que l'inexécution transformait en esclaves.

Le droit romain a franchi toutes les étapes. La Rome archaïque ne connaissait pas l'engagement accessoire : les garants n'étaient utilisés que dans le cadre du procès *(vas, praes, vadimonium* et *vindex)* et étaient tenus à titre principal. Hors ce cadre, la solidarité des corps intermédiaires semblait suffire *(familia, consortium* et *gens)*.

Avec la république, il semble que le clientélisme ait suscité un grand usage du cautionnement, le patron développant ainsi son réseau de clients (16). La *spon-*

---

(13) J. GILISSEN, *Esquisse d'une histoire comparée des sûretés personnelles. Essai de synthèse général : Rec. Société Jean Bodin,* t. XXVIII, *Les sûretés personnelles* (1re partie), p. 5 à 127, spéc. p. 119. — E. SZLECHTER, *Les sûretés personnelles dans le droit suméro-akkadien, ibid.,* p. 173 à 221.

(14) Celle de Damon et Denys, tyran de Syracuse, exhumée par J. CARBONNIER (*Flexible droit,* L.G.D.J., 4e éd., p. 261) et P. SIMLER, *Le cautionnement,* Litec, 1982, n° 1.

(15) Les mots caution, cautionner, garant sont employés une quinzaine de fois dans la Bible, principalement dans l'Ancien Testament, avec des conseils aussi contradictoires que « si tu t'es porté caution, sois prêt à payer » (*L'Ecclésiaste,* 8,13) et « si tu t'es porté garant... libère-toi comme du filet la gazelle (*Proverbes,* 6,1 et 5). — V. *Concordance de la Bible de Jérusalem,* éd. Cerf, 1982. — Une explication à ces contradictions peut être cherchée dans l'écart chronologique entre les différents livres, mais aussi dans les diverses facettes du cautionnement dont la Sagesse tient compte.

(16) Cicéron rapporte ainsi des anecdotes intéressantes (*Ad atticum,* 12,14,1 et 16,15,2). En voir l'analyse fort instructive par J. MACQUERON, *Le cautionnement, moyen de pression dans la pratique contemporaine de Cicéron,* Ann. faculté de droit d'Aix, 1958, t. L, p. 101 à 132. — Sur le clientélisme à Rome, v. N. ROULAND, *Pouvoir politique et dépendance personnelle dans l'Antiquité romaine, genèse et rôle des relations de clientèle,* Latomus, Bruxelles, 1979.

sio et la *fidepromissio* (la première pour les citoyens romains, l'autre ouverte en plus aux pérégrins) lient le garant sur le même pied que le débiteur, mais il n'est que rarement appelé à s'exécuter. Les règles s'adoucissent, les protections de la caution se multiplient.

Le développement du commerce, au début de l'empire, appelle une meilleure garantie. La pratique et la doctrine développent une nouvelle technique, la *fidejussio*. Enfantée par ce droit romain classique (Ier-IIIe s.), qui est l'œuvre la plus achevée du legs romain, la fidejussio passera dans notre droit ; mais, auparavant, par l'effet d'un phénomène d'érosion des sûretés personnelles efficaces, mais trop sévères pour le garant, la fidejussio va quelque peu s'effriter durant la survie orientale de l'empire romain (du VIe au XVe s.) ; néanmoins le Digeste et les Institutes de Justinien (VIe s.) nous transmettront le droit de la fidejussio de l'époque classique légèrement amendé par quelques édits impériaux antérieurs à leur rédaction (17).

Pendant cette même période, les Francs et les autres barbares ont apporté avec eux le *wadium*, solidarité qui rend le garant otage du créancier. La *plègerie* féodale qui s'en dégage ensuite conserve une rigueur identique. L'insertion de règles du droit commun de Justinien, et notamment des bénéfices de discussion et de division, après la deuxième renaissance du droit romain en France (XVe et XVIe s.) adoucit le cautionnement (18) ; mais parallèlement sont développés le droit cambiaire et l'aval qui tient lieu de garantie indépendante.

Le Code civil élabore un droit du cautionnement fort souple, protecteur de la caution mais presque entièrement supplétif. Toute renonciation écarte donc les protections, et la solidarité du cautionnement raffermit la garantie. Aucune garantie indépendante n'est réglementée.

Le XIXe siècle, avec le développement de l'industrie, des banques et du capitalisme libéral, verra croître le cautionnement solidaire. Le XXe siècle fera apparaître le cautionnement mutualiste et le cautionnement bancaire, le tout sur la base de quelques articles du Code civil qui, parce qu'ils n'édictent que des règles simples et de bon sens, n'ont pas fait l'objet de modification (19).

Aujourd'hui, la vague consumériste a fait imposer des prescriptions de forme (20), le droit des sociétés contient des règles de capacité et pouvoirs (21), le droit des procédures collectives des obligations d'information (22). Mais les sûretés personnelles restent essentiellement soumises à l'ingéniosité des parties.

Sur cette évolution, deux constats peuvent être faits. L'un d'abord sur le caractère cyclique de la vie de chaque type de sûreté : née rigoureuse et efficace, proche de la solidarité, la sûreté personnelle s'affaiblit au fil des décennies pour devenir un cautionnement souple, moins dangereux pour le garant mais moins satisfaisant pour le créancier. Les besoins de crédit des emprunteurs et les besoins de sécurité des prêteurs conduisent alors au façonnage d'une sûreté personnelle

(17) V. *Institutes,* Livre 3, titre 20 ; *Digeste* 46,1. — *Adde* les *Institutes* de Gaius (du IIIe siècle), livre 3, 115 à 123.

(18) On en trouve même trace dans le Midi de la France, fort en avance à cette époque, dès la fin du XIIe siècle. — J.-P. LEVY, *Histoire des obligations,* Les cours de droit, Lic. 3e année, 1980, p. 301, à consulter plus généralement sur l'évolution de la plègerie, p. 297-303).

(19) La première date du 1er mars 1984, qui vit ajouter à l'art. 2037 C. civ. la nullité des renonciations à son bénéfice.

(20) Ainsi le décret du 24 mars 1978 (n° 78-509) a-t-il imposé un formulaire précis lorsque la caution garantit un emprunt de consommation (v. *infra*, n° 133).

(21) L. 13 juill. 1966, art. 98 ; rappr. aussi art. 106 et 51.

(22) Lorsqu'une personne physique cautionne une entreprise envers une banque, celle-ci doit chaque année informer cette caution du montant de la dette garantie au 31 décembre. Loi du 1er mars 1984 relative à la prévention des difficultés des entreprises, art. 48. Même si la règle est générale et déborde le cadre des entreprises en difficulté, elle trouve sa raison d'être dans le risque que l'approche de la procédure collective fait courir aux cautions.

différente, plus rigoureuse et plus solide : la fidejussio a remplacé la sponsio affaiblie ; la plègerie s'affaiblit en cautionnement, remplacé en pratique par le cautionnement solidaire. Celui-ci, affaibli, sera peut-être remplacé par la garantie indépendante (23).

L'autre constat porte sur la variété des besoins : la souplesse et l'universalité des sûretés personnelles a de tout temps permis leur utilisation dans des transactions de toutes natures. La tradition et le contexte propres à chaque type d'utilisation font que la confiance est plus ou moins grande, que le rapport des richesses ou des compétences est plus ou moins équilibré, en bref, que l'engagement du garant doit être plus ou moins rigoureux. De tout temps coexistent des sûretés personnelles fragiles mais d'obtention aisée et des sûretés personnelles proches de l'engagement indépendant. La part de chacune dans l'utilisation globale sera plus ou moins grande, suivant la période. Les deux dernières décennies ont vu l'irruption en France de la garantie indépendante, qualifiée de nouvelle sûreté au motif que la loi n'en traitait pas. Le principe en est pourtant bien ancien et nombre de droits voisins en gardaient trace.

22. — Droit comparé. — A l'intérieur du système romano-germanique, les juristes des droits non communistes du continent européen ont tous appliqué l'idée des sûretés personnelles. Le cautionnement y a, grossièrement, le même régime juridique et les mêmes utilisations. Les divergences sont dues à une législation plus ou moins protectrice des cautions ; ainsi l'obligation d'un écrit comme condition de validité en Allemagne (B.G.B., § 766), l'obligation d'une mention manuscrite sur les cautionnements non commerciaux dans les pays qui ont adopté le Code Napoléon pour modèle [outre la France (art. 1326), ce sont la Belgique, les Pays-Bas et le Luxembourg], ou l'ensemble de la loi fédérale suisse du 10 décembre 1941 qui a modifié le Code des obligations. Les pays dans lesquels les juristes s'inspirent des théories allemandes ont développé, à l'image de la doctrine de ce pays, la garantie indépendante. En Italie, le résultat est obtenu par une renonciation aux exceptions qui pourraient naître de l'obligation principale *(cauzione fideiussoria)*, aux Pays-Bas par une extension du concept de porte-fort (art. 1352 B.W.). Partout, on retrouve la même préoccupation à l'égard des cautionnements illimités, qui font naître des contentieux importants en nombre et en valeur (24).

La Common law organise le cautionnement *(suretyship* ou *guarantee)* et la garantie indépendante *(indemnity)* à peu près comme les droits continentaux. En Angleterre, le *Statute of Frauds* (1677), art. A, imposait la rédaction d'un écrit et la signature de la caution pour tout cautionnement ; cette solution a été maintenue par la *Law Reform (Enforcement of contracts) Act,* 1954 et le *Hire-purchase Act* (1965) en fait de même pour la garantie indépendante des crédits à la consommation (25). En droit commun, la garantie indépendante n'est pas, pour les Anglais, soumise à l'obligation de l'écrit car elle est extérieure au champ du Statute of Frauds, qui vise les sûretés personnelles accessoires. Les Américains s'en remettent aux législations des États, dont nombre ont adopté les règles du Statute of Frauds (1677) et dont certains seulement exigent l'écrit (26). La pratique des affaires ne conçoit d'ailleurs la garantie, même quand elle s'intitule *bond,*

---

(23) Sur ces cycles historiques, v. C. MOULY, *Les causes d'extinction du cautionnement,* Litec, Paris, 1979, n° 8, p. 12-14. — J.-P. LEVY, *Histoire des obligations,* préc., p. 303. — P. MALAURIE et L. AYNÈS, 2e éd., nos 103-104.

(24) Une analyse comparative des droits des six États fondateurs des Communautés européennes a été menée, en 1969, à la demande de la Commission des C.E., par le Max Plank Institut de Hambourg, sous la direction du Pr DROBNIG. Elle a été publiée en 1971 : *Le cautionnement dans le droit des États membres des Communautés européennes,* Bruxelles, pub. de la Commission des C.E., collection Études, série Concurrence-Rapprochement des législations, n° 14.

(25) V. un bref aperçu *in* R. DAVID et D. PUGSLEY, *Les contrats en droit anglais,* 2e éd., L.G.D.J., 1985, nos 310 et 311, p. 216. Le *Consumer Credit Act* (1974) anglais a repris et généralisé l'obligation d'un écrit dans les crédits à la consommation (s. 105).

(26) *Corpus Juris Secondum, V° Fraud (Statute of)* § 13-21, et *V° Indemnity,* § 4.

que comme un contrat long et précis. Les banquiers et assureurs américains furent les premiers à accepter les garanties indépendantes des marchés internationaux et leur exemple a été ensuite universellement suivi (27).

Un signe de la proximité des solutions offertes par les deux systèmes précédents peut être trouvé dans la parfaite quiétude des droits mixtes abreuvés à ces deux sources. Le Code civil du Québec (28) comme celui de l'île Maurice reprennent les dispositions du Code français et elles y sont appliquées dans le même esprit. Le choix écossais est en harmonie étroite avec la Common law (29) et le Code civil louisianais diffère peu du droit français, malgré la forte influence des pratiques inspirées par la Common law.

Quant au droit du commerce international, qui est indépendant des États et des législations nationales, il contient une série d'usages et de dispositions sur la garantie indépendante qui affirment la diffusion spontanée du concept de sûreté personnelle chez les marchands (30).

DIRECTIONS DE RECHERCHES

23. — Us et coutumes. Traditions du cautionnement à travers l'Ancien Testament. — Les livres les plus anciens de la Bible nous rapportent des avis aussi divers que riches sur les sûretés personnelles, leur rôle social et leurs dangers, avec une réalité qui rend l'enseignement pleinement contemporain et établit la pérennité de la sûreté.

Job, avant d'être sauvé par sa foi, se plaint de tous les maux des humains et notamment du désespoir de l'homme abandonné au point de ne plus trouver un garant qui réponde de lui :

Place donc toi-même ma caution près de toi, puisque nul ne veut toper dans ma main (Job 17, 3).

Job demande à Dieu d'être sa caution ou de lui en donner une (gage ou garant), le garant topant dans la main du débiteur pour arrêter la saisie et se substituer à lui.

Le Livre des Proverbes fourmille de conseils sur le cautionnement, dont la contradiction est le reflet de l'utilité du cautionnement et du risque qu'il fait courir, les deux faces toujours actuelles de cette sûreté.

Le danger (Pr. 11, 15 et 17, 18) :

Celui qui cautionne l'étranger se fait tort,
Qui répugne à toper est en sécurité.
Est court de sens qui tope dans la main et pour son prochain se porte caution.

Les conséquences (Pr. 20, 16 et 22, 26-27) :

Prends-lui son vêtement, car il a cautionné un étranger, au profit d'inconnus, saisis-le !

Ne sois pas de ceux qui topent dans la main, qui se portent caution pour dettes : si tu n'as pas de quoi t'acquitter, on prendra ton lit de dessous toi.

La solution dans la remise de dette (Pr. 6, 1-5) :

Mon fils, si tu t'es porté garant de ton prochain, si tu as dit « Tope ! » en faveur d'un étranger, si tu t'es lié par tes propres lèvres, si tu es pris aux paroles

---

(27) Sur l'ensemble de la Common law européenne, v. le rapport de T.C. HARTLEY, complémentaire de l'étude du Max Plank Institut : *Le droit du cautionnement et de la garantie au Royaume-Uni et en Irlande,* 1974, même collection n° 28. — *Adde* M.-L. ENGELHARD-GROSJEAN, *Le cautionnement en droit anglais,* thèse (dactyl.) Paris, 1974 (183 p.).

(28) La révision de ce code, en chantier depuis 1966, n'a pas encore atteint les art. 1929 et s., siège du cautionnement. Elle a toutefois conduit à la publication d'un intéressant rapport préparatoire (Office de révision du Code civil, Rapport sur le cautionnement n° 33, Montréal, 1975).

(29) V. le rapport préc. de T.C. HARTLEY.

(30) V. *infra* la présentation de la garantie indépendante, n° 397.

de ta bouche, fais donc ceci mon fils pour te tirer d'affaire, puisque tu t'es livré aux mains de ton prochain : va, cours importuner ton prochain, n'accorde ni sommeil à tes yeux ni repos à tes paupières, dégage-toi, comme du filet la gazelle ou comme l'oiseau du piège.

Outre l'information sur la forme du cautionnement (toper dans la main), la distinction entre les cautions « intégrées » à l'opération garantie et celles qui ne le sont pas car elles cautionnent un étranger, ou s'engagent au profit d'inconnus, mérite d'être approfondie.

Ce tour d'horizons divers (31) justifierait la croyance en l'universalité du concept de sûreté personnelle ; il pourrait porter à croire que la notion est policée, étudiée et affinée au point d'en exclure l'incertitude. Si la réalité est moins nette, l'effort vaut au moins d'être entrepris. Ainsi devons-nous tenter de définir la notion de sûreté personnelle (§ 1) pour mieux présenter une rapide typologie des sûretés personnelles (§ 2).

§ 1. — La notion de sûreté personnelle

24. — L'imprécision générale et la nécessité de critères. — Que sont les sûretés personnelles, quels sont leurs caractères spécifiques ? La réponse la plus commune est la plus intuitive : les sûretés personnelles sont accessoires à l'obligation garantie et leur modèle est le cautionnement. La doctrine française a trop oublié l'existence de la garantie indépendante, qui fait du caractère accessoire le caractère le plus commun mais non une pièce essentielle du mécanisme des sûretés. Si le droit du cautionnement est effectivement le plus développé et celui qui s'imprègne le plus des idées fondamentales des sûretés personnelles, encore faut-il savoir ce qu'il contient de général et ce qu'il recèle de particulier, donc ce qui est transposable aux autres sûretés personnelles et ce qui ne l'est pas. Encore faut-il savoir aussi quels autres procédés, parmi toutes les techniques qui génèrent un effet de garantie, sont justiciables de cet enrichissement (32). Cerner la notion de sûreté personnelle et en dégager les critères devient donc utile.

La sûreté personnelle se reconnaît à la réunion de deux caractères essentiels :

— création d'un droit de créance supplémentaire ;
— absence de contribution à la dette par le garant.

(31) Remarquablement fait par ailleurs en droit comparé dans A. Sayag et C. Jauffret-Spinosi, *L'entreprise personnelle,* t. I, *Expériences européennes,* Litec, 1978, partie « Droits nationaux » :
— Allemagne, nos 74 et 75, p. 59 ;
— Angleterre, nos 60 et 61, p. 108 ;
— Belgique, nos 71 et 72, p. 162 ;
— Italie, n° 67, p. 262 ;
— Pays-Bas, n° 64, p. 310 ;
et la synthèse nos 66 et 67, p. 356 et s.

(32) Un exemple, parmi d'autres, de classifications aussi catégoriques que contradictoires : le rapport du Max Planck Institut (cité au n° précédent) affirme (n° 17), à juste titre semble-t-il, que le porte-fort ne répondant pas d'une obligation distincte de la sienne n'est pas une sûreté ; tout au contraire le Comité québécois du cautionnement assimile expressément le porte-fort au cautionnement, art. 1er du rapport sur le cautionnement cité au n° précédent.

25. — Premier critère : adjonction d'une créance (au profit du créancier contre le garant). — Il n'y a de sûreté personnelle que par la multiplication des débiteurs, et donc par la multiplication des biens et ensembles de biens qui répondent de la dette. Le garant ajoute son engagement à celui du débiteur garanti (33).

En conséquence, la *lettre de confort* (dite aussi d'intention ou de patronage) n'est pas une sûreté personnelle tant qu'elle ne confère à son destinataire aucun droit de créance contre son signataire. Elle peut augmenter la confiance du créancier mais s'il ne peut rien exiger du garant, il n'y a pas rapport de droit. Si en revanche la lettre est ainsi rédigée qu'elle fasse naître un engagement direct envers le créancier, il peut alors y avoir sûreté personnelle.

Les engagements de *domiciliation bancaire* du salaire ou des revenus de l'opération financée (pratiqués dans le financement des promotions immobilières ou dans celui des projets industriels), qui produisent les mêmes effets économiques qu'une délégation ou une cession de créances, ne créent aucune obligation à la charge des tiers et ne sont pas des sûretés personnelles.

L'engagement de *porte-fort* (C. civ., art. 1120) n'est pas non plus une sûreté personnelle car il n'ajoute pas un droit personnel contre celui qui s'est porté-fort. Il y a alternative et non cumul des engagements puisque l'acceptation du principal intéressé libère le porte-fort ; mais on rencontre parfois des porte-forts contractés alors que le principal intéressé est déjà engagé. L'opération est bien une sûreté personnelle et doit être requalifiée en ce sens. Elle s'inspire de la garantie néerlandaise ou allemande et les parties recherchent, à travers l'appellation « porte-fort », l'indépendance entre la sûreté personnelle et l'obligation principale.

L'indivisibilité, sur laquelle on s'interroge parfois, n'est pas une sûreté personnelle ; elle évite simplement que la dette ne se divise entre les héritiers du débiteur mais n'ajoute aucun engagement d'un tiers.

L'action oblique, qui permet au créancier d'obtenir l'exécution par un tiers de la dette qu'il avait envers le débiteur, n'est pas non plus une sûreté personnelle car elle ne crée aucun droit nouveau de créance au profit du créancier. Le tiers, d'ailleurs, ne s'exécute pas entre les mains du créancier mais entre celles du débiteur (34).

Les *facilités de garantie* que les banques offrent dans le placement des instruments financiers (actions, obligations, bons et « notes », etc.) ne sont pas des sûretés personnelles. La banque dite « garante » s'engage en réalité à souscrire le solde des valeurs mobilières émises par son client qui n'auraient pas trouvé preneur. Elle prend donc

---

(33) Sur l'utilité de ce critère, rappr. Y. POULLET, in *Les lettres de patronage*, FEDUCI, 1984, n° 75, p. 43.

(34) L'action paulienne, dont le résultat économique est identique puisqu'en faisant disparaître une dette du débiteur elle accroît son patrimoine, n'est pas non plus une sûreté personnelle.

un engagement conditionnel mais de premier rang. Elle n'ajoute pas un droit de créance à un autre qui existait déjà. Pour cette raison, cette « garantie » n'est pas une sûreté personnelle (35).

26. — Second critère : absence de contribution à la dette par le garant. — La sûreté personnelle suppose, de la part du garant, un engagement qui soit exempt de la nécessité d'exécuter une obligation qui trouve ailleurs une contrepartie. Ainsi, la *délégation* d'un débiteur n'est pas une sûreté personnelle : le maître d'ouvrage (qui doit payer les prestations) que l'entrepreneur délègue à son banquier (créancier du prêt servant à financer les prestations) n'est pas un garant car il doit nécessairement payer à quelqu'un. Son engagement envers le banquier trouve sa contrepartie dans les prestations fournies par l'entrepreneur.

Donc le tiers qui a un intérêt personnel au paiement de son obligation, et qui pour cette raison gardera la charge définitive de cette dette (la contribution), ne crée par une sûreté personnelle en s'engageant envers le créancier. Il y a certes un effet de garantie, mais pas sûreté personnelle à proprement parler.

Ainsi *l'action directe*, comme la délégation, ne crée pas une sûreté personnelle. De même la *stipulation pour autrui* : l'assurance-vie contractée sur la tête de l'emprunteur au bénéfice du banquier ne fait qu'orienter vers le créancier l'exécution d'un engagement de payer personnellement contracté par l'assureur.

Aussi nette est la qualification du *crédit documentaire* : le banquier qui s'engage irrévocablement ouvre un crédit à son client et contracte donc un engagement personnel de payer ; que ce paiement soit effectué au tiers créancier n'en change pas la nature. En revanche, l'engagement du banquier de l'exportateur qui confirme le crédit documentaire est une sûreté personnelle car il garantit le paiement par le banquier de l'importateur sans pour autant supporter une contribution définitive à cette obligation.

Sous l'éclairage de ce second critère, deux techniques de garantie prennent un aspect particulier : l'engagement d'achat et la solidarité.

27. — L'engagement d'achat. — Cet engagement, pris par le destinataire d'un produit, d'en acheter tout ou partie de la production, a été imaginé par les financiers anglo-américains pour garantir les financements de projets industriels — d'où son appellation de *purchase agreement* : une entreprise assez importante veut, par l'intermédiaire d'une filiale, construire une usine destinée à la fabrication d'un produit dont elle a besoin. Les débouchés sont donc pratiquement assurés avant même le lancement du produit puisque le plus gros consommateur en sera la maison mère. Pour formaliser ceci, les banquiers qui financent la construction de l'usine demandent à la maison mère de prendre l'engagement d'acheter telle quantité du produit pendant telle

---

(35) Pour une description technique des diverses facilités de garantie, v. les extraits du livre blanc de la Banque de France : *Les risques des nouveaux instruments financiers : Banque* 1987, p. 451-468, spéc. p. 454.

durée, égale à celle du prêt. Ainsi l'écoulement de la production est assuré et par là-même le financement de l'usine. Cette usine étant nécessairement rentable, le remboursement du prêt pourra se faire sans anicroche (ce mécanisme explique l'expression imagée de paiement « à travers » la filiale : *throughput agreement.* Il n'y a pas là sûreté personnelle à proprement parler puisque l'acheteur ne fait que payer la contrepartie de la marchandise reçue.

Le financier peut exiger une garantie plus solide encore en obligeant le destinataire du produit à l'acheter même s'il ne présente pas les qualités attendues (ce qui arrive parfois dans les premiers temps d'exploitation) ou même à verser le prix d'« achat » alors que des retards dans l'exécution du projet ont empêché le début de la fabrication à la date prévue. Ces engagements de prendre ou payer *(take or pay)* se rapprochent de la sûreté personnelle puisque l'« acheteur » ne recevant pas de contrepartie pourra, au moins en théorie, se retourner contre le fabricant. Il ne contribuera pas à la dette qu'il a payée. L'analyse est confirmée par le fait que les paiements sont souvent faits directement au financier, révélant mieux la véritable nature de sûreté personnelle. Toutefois, l'éventualité d'une contribution à la dette, qui existait lors de la conclusion de l'engagement, ne peut manquer d'être prise en considération (36). Ce même élément se retrouve dans la solidarité.

28. — La solidarité. — La contribution partielle à la dette totale qu'assure le codébiteur solidaire a une influence tant sur la qualification de son engagement que sur son régime. Le droit tient compte du fait que celui qui prend définitivement en charge une dette (le plus souvent parce qu'il y trouve un avantage, une contrepartie), porte à son engagement une attention différente de celle portée par le garant qui ne doit supporter aucune contribution définitive. Or, la solidarité réunit ces deux caractères : le codébiteur solidaire est obligé au paiement du tout (là réside la garantie) mais ne contribue définitivement qu'à une fraction, sa part personnelle. La solidarité doit-elle faire l'objet d'une qualification unique — la présence d'une contribution justifiant le rejet d'une qualification de sûreté — ou d'une qualification double — la part non contributive étant qualifiée de sûreté personnelle (37) ?

En fait, le régime de la solidarité n'est guère affecté par celui des sûretés personnelles. Au contraire la rigueur y est de mise, justifiée semble-t-il par le fait que le codébiteur solidaire, qui contribuera définitivement à la dette, s'intéressera à son engagement, y apportera la diligence nécessaire et aura, grâce aux relations d'affaires qui sont à l'origine de sa dette, une information suffisante ainsi que des moyens

(36) V. une description de ces mécanismes de garantie *in* O. SENARD et J. TERRAY, *Le financement de projet : une expérience française : Banque* 1981, p. 1413.

(37) P. ANCEL, qui s'appuie lui aussi sur le critère de la contribution à la dette, opte pour la qualification dualiste ; dette principale pour la part personnelle du codébiteur solidaire, garantie pour le surplus : *Les sûretés personnelles non accessoires,* thèse dactyl., Dijon, 1981, n° 10, p. 10.

d'action ou de pression sur le créancier. C'est pourquoi la solidarité se présume en matière commerciale ; c'est pourquoi le codébiteur solidaire ne peut profiter du bénéfice de subrogation (C. civ., art. 2037), ce qui tend à démontrer que le créancier n'a pas à attacher la même considération à ses intérêts qu'à ceux de la caution. La solidarité n'apparaît donc pas, sous cet angle, comme une sûreté personnelle (38).

Une place à part doit être réservée à *l'engagement du codébiteur solidaire non intéressé à la dette*, qui ne contribuera donc pas à cette dette. Incidemment mentionné par l'article 1216 du Code civil, il ne fait guère l'objet d'applications pratiques. Peut-être faut-il en voir une explication dans l'irréductible antinomie qu'il y a entre un engagement « désintéressé » (c'est-à-dire sans contribution) qui est, par nature, une sûreté personnelle et le régime imposé d'une solidarité qui repose sur l'intérêt, la contribution définitive de la dette. Les attaques portées contre le cautionnement pourraient faire apparaître les avantages de cet engagement de codébiteur.

La *solidarité cambiaire* offre également, sous une unité de régime, une divergence de nature. Le tiré accepteur contribuera à la dette : son engagement n'a donc pas la nature d'une sûreté personnelle. Au contraire, le tireur qui a fourni provision, l'endosseur qui a fourni la valeur, et qui sont pourtant encore tenus envers le porteur, ne supportent aucune nouvelle contribution : s'ils doivent payer (à nouveau), ils auront un recours pour le tout. Leur engagement est bien une sûreté personnelle. Toutefois, l'intérêt qu'ils avaient dans l'opération globale peut justifier l'écart du régime des sûretés personnelles.

29. — Résumé : les deux critères. — Il n'y a donc sûreté personnelle que lorsque l'engagement qu'invoque le créancier lui ouvre un recours qu'il n'aurait pas sans cela et lorsque le débiteur de cet engagement ne doit pas contribuer définitivement à la dette. La réunion de ces deux critères est utile pour distinguer par exemple ce qui relève de l'engagement juridique et ce qui reste du domaine de la morale : la garantie de la moralité du débiteur n'est pas une sûreté et ne tombe pas sous le coup des obligations comptables auxquelles les sûretés personnelles sont assujetties (inscription dans les engagements hors bilan). De même ces critères sont utiles pour conforter le principe du recours en remboursement du garant, surtout dans les situations marginales comme celles ouvertes par des lettres de patronage qui font naître une obligation de paiement ; en revanche, le recours en remboursement que la loi offre à l'assureur-crédit ne peut pas être justifié par la qualification de sûreté puisque l'assureur paie sa propre dette et non celle de l'assuré. Parmi la diversité des techniques qui offrent un effet de garantie, la distinction de celles qui sont des sûretés personnelles est utile (39).

(38) Rappr. M. Cabrillac : *Les accessoires de la créance, Mélanges Weill,* Dalloz-Litec, 1982, n° 23, qui retient la même solution dans l'analyse des accessoires.

(39) Pour d'autres tentatives de distinction, v. Y. Poullet, *La lettre de patronage comme forme originale de sûreté personnelle,* in *Les lettres de patronage,* FEDUCI, 1984, n° 69, p. 47 et les réf. citées.

§ 2. — Typologie des sûretés personnelles

30. — Présentation. Plan des développements. — Parmi les techniques qui permettent au créancier de disposer d'un droit de créance supplémentaire contre un tiers qui n'est pas intéressé à la dette — et qui donc ne doit supporter aucune contribution définitive — le cautionnement a toujours été et est encore le modèle. Depuis sa conception véritable, en droit romain classique, dans la fidejussio, il a été presque toujours le seul étudié au titre des sûretés personnelles. Gaïus et Justinien, dans leurs Institutes, Pothier dans son traité des obligations, le Code civil, les traités de droit civil des XIXᵉ et XXᵉ siècles n'examinent que le cautionnement (40). Son étude sera donc menée à titre principal, comme régime de base.

31. — Le cautionnement : régime de base des sûretés personnelles. — La variété des utilisations du cautionnement ne porte guère atteinte à l'homogénéité de son régime juridique. Les principes qui en fondent l'utilité se retrouvent tout autant dans la garantie de bonne fin d'une opération de construction immobilière que dans le cautionnement du prêt d'un ami, dans l'obligation cautionnée envers le fisc que dans le cautionnement du compte courant d'une société. Ces principes sont l'accessoriété et la protection des recours en remboursement de la caution. Il ne s'agit pas d'éléments intangibles des sûretés personnelles mais de caractères qui innervent le régime juridique du cautionnement sous toutes ces formes.

Le cautionnement n'étant pas la seule sûreté personnelle, sur son modèle d'autres formes se sont développées, jouant des degrés possibles d'indépendance par rapport à l'obligation garantie afin d'augmenter la sécurité du créancier.

32. — Les régimes dérogatoires : sûretés accessoires. — Dans divers secteurs de l'économie, le cautionnement accessoire de droit commun ne peut suffire. Il a été adapté et remodelé selon les besoins spécifiques qui ont suscité une sûreté différente. Parfois, le cautionnement peut même apparaître comme une sûreté d'un autre type. Ainsi, les *fonds de garantie* constitués à l'origine par le Crédit agricole, généralisés il y a peu. Faute de sinistre et d'un contentieux générateur de réflexion, leur régime juridique paraît encore insuffisamment exploré : et pourtant mise à part l'originalité de leur financement, ils fonctionnent sur la base du cautionnement.

Les *garanties professionnelles collectives*, créées par les notaires, les avocats, les agences de voyage et bien d'autres jouent aussi comme un cautionnement. Une différence toutefois : le créancier (en l'espèce la victime de l'insolvabilité d'un professionnel) est inconnu lors de

(40) Seuls les ouvrages publiés dans les années 1980 font une place à la garantie indépendante.

l'instauration de la garantie qui ne repose donc pas sur un contrat mais sur une stipulation pour autrui, à l'imitation de l'assurance pour le compte de qui il appartiendra.

Le *ducroire* (41), sûreté personnelle consentie par l'intermédiaire professionnel (commissionnaire, agent...) envers son mandant est bien proche du cautionnement (42).

Également proche, et assurément sûreté personnelle, *l'assurance-crédit*. Forme hybride de garantie, entre l'assurance et le cautionnement, elle répond aux deux critères que nous avons posés pour la qualification des sûretés personnelles. L'influence des méthodes de l'assurance, la loi des grands nombres et le calcul des risques n'affectent pas une nature juridique de sûreté personnelle qui explique les querelles et la concurrence entre banques et compagnies d'assurances.

33. — Les régimes dérogatoires : sûretés indépendantes. — Pour plus de sécurité, le créancier exige parfois l'abandon par le garant de certains moyens de défense que lui offrent les sûretés accessoires. Si l'engagement du garant est indépendant de l'opération garantie, ce garant devra s'exécuter même si l'obligation garantie est prescrite ou nulle, même si le débiteur principal peut faire valoir une exécution imparfaite de ses obligations par le créancier. Il y a en fait des degrés d'indépendance. La *solidarité cambiaire* est la plus indépendante des sûretés personnelles, le signataire ne pouvant invoquer aucune exception tirée du rapport fondamental (ni l'obligation des autres signataires ni la sienne) ni aucune exception personnelle aux autres signataires.

A mi-chemin, la catégorie des garanties indépendantes offre un large choix. Parmi elles : le *constitut*, engagement de payer pris indépendamment de l'obligation du débiteur, qu'il vaudrait mieux appeler l'obligation garantie (le constitut est hérité du *constitutum debiti alieni* du droit romain, mais fort peu utilisé en tant que tel) ; la *confirmation d'un crédit documentaire*, par laquelle le banquier de l'exportateur s'engage à payer les montants des exportations, sachant que le banquier de l'importateur le remboursera grâce au crédit documentaire qu'il a ouvert à ce dernier (v. *supra*, n° 26) ; les *fausses délégations*, conclues alors que le « délégué » (garant) n'a aucune dette personnelle envers le délégant (débiteur principal) ; les *faux porte-forts*, conclus alors que le principal intéressé est déjà engagé, ce qui supprime le caractère alternatif du droit du créancier (v. *supra*, nos 25 et 26) ; surtout les *garanties à première demande*, connues aujourd'hui grâce à leur utilisation fréquente dans les opérations de commerce international et au contentieux que leur abus a soulevé.

---

(41) De même en droits allemand et italien le mandat d'ouverture de crédit (BGB, § 778 ; Codice civile, art. 1958) est un cautionnement. Celui qui a donné l'ordre au créancier d'ouvrir un crédit au débiteur principal est tenu comme une caution.

(42) La chose est néanmoins discutée. V. par ex. G. Ripert et R. Roblot, t. II, n° 2653. — J. Hamel, G. Lagarde et A. Jauffret, *Traité de droit commercial*, t. II, nos 1204 et 1205.

Toutes ces différentes techniques visent à interdire au garant d'invoquer des exceptions tirées de l'obligation essentielle du débiteur garanti ou nées dans la personne du débiteur principal. On a le tort de les appeler parfois garanties abstraites, pour signifier qu'elles sont coupées de l'opération principale et qu'on ne prend pas celle-ci en considération. Cette qualification jette le trouble car la notion de cause dans la sûreté personnelle est fort mal perçue, semble-t-il parce qu'elle est fort mal étudiée. On oublie aussi, peut-être trop vite, que ces garanties indépendantes ne peuvent être détachées d'une opération principale qu'au risque réel d'engendrer des abus par le créancier, qui peut se faire payer deux fois la somme due, d'abord par le débiteur principal puis par le garant, en toute conformité juridique. Que la garantie s'affiche comme une garantie indépendante, ou qu'elle soit travestie en un porte-fort ou une délégation, elle reste en fait fondée sur une obligation particulière du débiteur principal. Le plus souvent, c'est le remplacement d'une consignation de fonds ; cette obligation de consigner le gage d'espèces entre les mains du créancier devient l'obligation garantie, et les garanties indépendantes ne sont indépendantes que des autres obligations du débiteur, mais non de celle-là (43).

34. — Les inclassables lettres de patronage. — Les sociétés mères prennent souvent l'engagement plus ou moins formel envers le banquier de leur filiale de ne pas rester étrangères au remboursement de ses crédits. Par des lettres dites d'intention, de patronage ou de confort, la société mère peut aussi bien cautionner que faire de vagues déclarations, garantir que s'engager à une obligation de faire. La qualification dépend entièrement des mots employés. Ces lettres de patronage empruntent à toutes les formes de sûretés personnelles.

(43) *Infra*, n° 431 et s.

LIVRE I

LE CAUTIONNEMENT

(Régime de base)

35. — Terminologie. — Comme le mot cautionnement possède plusieurs sens, force est de signaler cette polysémie, facile à clarifier.

Cautionnement est souvent utilisé pour désigner le *dépôt d'une somme d'argent* mise en gage : ainsi le cautionnement que le locataire confie au bailleur, ou le cautionnement des fonctionnaires qui manient des deniers publics. Dans tous ces cas, le mot cautionnement pourrait être avantageusement remplacé par ceux de dépôt de garantie, consignation, gage d'espèces... C'est bien une sûreté réelle.

Il ne faut pas le confondre avec le *cautionnement réel*, contrat par lequel un garant affecte seulement un (ou plusieurs) de ses biens à la garantie de la dette d'un débiteur principal, par constitution d'une hypothèque ou d'un gage. A la fois sûreté réelle et, pour les règles qui sont compatibles, sûreté personnelle, le cautionnement réel se signale surtout par le fait que la garantie est limitée à la valeur du bien.

Reste donc le cautionnement au sens strict, que la pratique dénomme parfois contrat de caution, du terme normalement réservé à la personne du garant. Ainsi, les sociétés de caution mutuelles, terme généralement utilisé, y compris par la loi du 13 mars 1917 qui les réglemente, sont en réalité des sociétés de cautionnement mutuel.

36. — Définition. — Plus descriptif que conceptuel, l'article 2011 du Code civil, le premier du titre consacré au cautionnement, en donne l'approche suivante :

« Celui qui se rend caution d'une obligation se soumet envers le créancier à satisfaire à cette obligation, si le débiteur n'y satisfait pas lui-même ».

Exacte et claire, cette formule doit toutefois être complétée des qualifications permettant de placer le cautionnement au sein des autres institutions ou techniques connues. Visant cet objectif, la *définition* pourrait en être :

« Le cautionnement est une sûreté personnelle accessoire créée par un contrat unilatéral qui oblige la caution à exécuter la dette du débiteur principal et lui donne un recours en remboursement contre ce dernier ».

37. — Cette formule englobe tout aussi bien les règles générales du cautionnement (titre 1) que les règles complémentaires propres à chaque type de cautionnement (titre 2).

Titre I

LES RÈGLES GÉNÉRALES DU CAUTIONNEMENT

38. — Sources de ces règles. — L'essentiel des règles législatives du cautionnement tient dans les articles 2011 à 2043 du Code civil; mais nombre de ces textes sont supplétifs et sont le plus souvent écartés par le contrat ou remplacés par des lois spéciales (sociétés commerciales, crédit à la consommation, cautionnement mutuel...). L'administration a tendance à compléter le droit commun du cautionnement d'une réglementation minutieuse des cautionnements qu'elle exige en garantie: ainsi le Code des marchés publics (art. 133 et s.) ou le « code » du cautionnement fiscal que constitue la volumineuse instruction de la Direction générale des impôts du 10 décembre 1973 (1).

En réalité, les règles générales du cautionnement découlent, en sus de quelques articles du chapitre qui lui est consacré (par ex. art. 2013 pour l'étendue ou art. 2037 pour le bénéfice de subrogation), des règles générales sur la formation et l'exécution des obligations (par ex. les vices du consentement, le paiement ou le terme extinctif) et des notions communes à tous les contrats (force obligatoire, bonne foi ou interprétation en faveur du débiteur, etc.). Ces règles, appliquées au cautionnement, y prennent une acuité particulière car il est de la nature du cautionnement, qui est une sûreté personnelle, d'être un engagement désintéressé, et donc sans contribution définitive de la caution. Ce particularisme éclaire d'un jour spécial les règles générales du droit des obligations qui lui sont applicables.

A ceci il faut ajouter le corps des règles conventionnelles que l'usage du cautionnement a engendrées. Bien que le Code de commerce soit muet et les lois spéciales peu garnies, le cautionnement est l'objet

(1) Instruction n° 3751, *B.O.D.G.I.* 12-A. 17-73, annexe 1.

d'une utilisation très abondante et variée. Le savoir-faire des rédacteurs de contrats a généralisé, à travers les formules privées et la pratique des affaires, des clauses habituelles qui font partie presque intégrante du régime du cautionnement (par ex., outre la solidarité, les clauses sur l'étendue illimitée, sur la renonciation au concours avec le créancier ou sur la résiliation). Certes les stipulations conventionnelles sont illimitées, et les praticiens insistent sur cette souplesse du cautionnement (2), mais les plus communes méritent attention. De même faut-il tenir compte des contrats-types plus ou moins contraignants : ceux du décret du 24 mars 1978 (crédit à la consommation) (3) ou les normes AFNOR de cautionnement fiscal et douanier (4).

39. — Présentation de ces règles. — L'écheveau des règles impératives ou usuelles s'ordonne autour des principes qui les nourrissent et permettent, grâce au raisonnement, de les reconstituer ou de les suppléer. Ces principes sont particulièrement utiles pour l'étude des deux phases cruciales des cautionnements : d'abord la formation qui s'intègre à un contexte plus large (englobant le débiteur principal) et que pour cette raison nous appellerons la phase de liaison de l'opération de cautionnement (chap. 1) ; ensuite, le dénouement du cautionnement, phase très contrastée puisqu'elle peut être parfaitement indolore — paiement normal de la dette cautionnée — ou très agitée — refus de paiement par la caution, tergiversations et arguties (chap. 2).

(2) V. par ex. A. Hachez, *Le cautionnement comme garantie du donneur de crédit : Rev. de la banque* (belge) 1966, 211-223, rappelant combien le cautionnement peut s'adapter à chaque situation concrète (p. 219) et donnant l'exemple d'un cautionnement dans lequel les cautions avaient limité le droit de poursuite du banquier créancier à certains immeubles, dans leur patrimoine.

(3) V. *infra*, n° 133 et s.

(4) NF-K 11-577 (juin 1989), mises à jour tous les 5 ans environ.

CHAPITRE I

LA LIAISON DE L'OPÉRATION DE CAUTIONNEMENT

Analyser la liaison de l'opération de cautionnement impose de s'intéresser bien sûr au contrat de cautionnement lui-même, qui unit seulement le créancier et la caution (§ 2) mais aussi au contexte plus large qui englobe le débiteur principal et les éventuels cofidéjusseurs, la créance garantie et le contrat entre le débiteur et la caution (§ 1). Les relations entre les intervenants et ces contrats ont une influence importante sur le régime juridique du cautionnement car ce contrat unilatéral et désintéressé offre une prise plus grande aux considérations d'équité ou de bonne foi.

SECTION I

LE CONTEXTE DU CAUTIONNEMENT

Forgé des relations entre les contrats, celui de cautionnement et celui qui est né entre la caution et le débiteur principal, ce contexte est éclairé par les relations que les personnes ont liées entre elles.

§ 1. — Les relations entre les personnes

40. — Relations entre le créancier et la caution. — Importantes, à coup sûr, ces relations ne feront pourtant pas l'objet d'un développement spécifique. En effet, elles imprègnent tellement le contrat de cautionnement que, juridiques ou plus psychologiques, elles s'intègrent à son régime juridique et seront traitées avec lui. En principe le créancier est libre de choisir sa caution, mais cette liberté peut être supprimée, comme dans le cautionnement légal (1), ou réduite, comme pour les administrations qui exigent une caution professionnelle et qui ne pourront refuser ni une compagnie d'assurances, ni un établissement de crédit agréé dans l'un des États membres de la C.E.E. (2).

Rappelons simplement ici l'influence de l'absence de contribution de la caution (3). Parce que la caution n'est pas débiteur d'une dette qui lui est personnelle, elle n'est pas en relation économique avec le créancier. Elle ne peut ni connaître le risque garanti ni suivre l'évolution de l'opération garantie aussi utilement qu'elle pourrait le faire si elle participait activement à l'opération. Certes, il est des cautions dont la position au regard du débiteur principal leur donne l'information nécessaire : le mari, caution de sa femme ou le dirigeant social caution de sa société ; mais ces cas mis à part, la caution, faute d'un intérêt suffisant pour l'inciter à intervenir et justifier son intervention, est privée de moyens d'information et d'action.

Les conséquences de cet état de fait sont de plusieurs ordres : la première conséquence concerne l'information de la caution ; certes, le cautionnement n'est généralement pas considéré, à la différence de l'assurance, comme un contrat de bonne foi *(uberrimae fide)* : le créancier n'a donc pas l'obligation de déclarer à la caution l'étendue du risque ; mais aujourd'hui se développe un mouvement tendant à conférer à la caution une protection en cette matière : dol quand le créancier a faussement laissé entendre que la situation du débiteur était saine (4) ; faute du créancier à ne pas informer les héritiers de la caution (5) ; information obligatoire par les banques des cautions garantissant des P.M.E. (6), anticipation de l'obligation légale pour les banques d'informer les personnes physiques qui cautionnent une entreprise (7).

---

(1) *Infra*, n° 334 et s.

(2) Projet de règlement C.E. élaboré par la Commission en 1988 et non encore publié, dont l'art. 1er disposerait : « Une autorité publique qui exige une garantie de paiement d'une dette, actuelle ou potentielle, ou de respect de toute autre obligation, est tenue d'accepter la garantie émise par tout établissement de crédit agréé conformément à l'art. 3 de la Dir. 77/780/C.E.E., ou par toute entreprise d'assurance agréée pour la branche assurance-caution conformément aux art. 6 et 7 de la Dir. 73/230/C.E.E. ».

(3) Les Américains semblent y accorder un peu plus d'attention que les auteurs et tribunaux français. V. par ex. *Corpus Juris Secondum, V° Principal and Surety*, § 9.

(4) Civ. 1re, 21 janv. 1981 : *Bull. civ.* I, n° 25 ; *J.C.P.* 81, IV, 114 ; *D.* 1981, I.R. 503, obs. M. Vasseur. Une telle sanction à l'encontre du créancier reste toutefois peu fréquente.

(5) Des décisions furent rendues en ce sens par certaines cours d'appel afin de libérer les héritiers des dettes postérieures au décès, avant l'admission du décès comme terme extinctif des cautionnements successifs. Par ex. Aix, 15 nov. 1977 : *Bull. arrêts* Aix 1977-4, n° 299, p. 30. — V. *infra*, n° 310.

(6) Recommandation de l'A.F.B. (Association française des banques) du 21 avril 1982, à ses membres (toutes les banques nationalisées et privées).

(7) Loi du 1er mars 1984 (prévention des difficultés des entreprises), art. 48.

La seconde conséquence concerne les recours de la caution. Comme elle n'est pas à même de protéger ses actions en remboursement, il pèse sur le créancier un devoir, inspiré de la bonne foi, de les prendre en compte, et, à tout le moins, de ne pas les supprimer. L'expression juridique de ce devoir est contenue dans le bénéfice de subrogation de l'article 2037 du Code civil, bénéfice totalement original et qui n'a d'équivalent que dans un seul autre contrat : l'assurance (8). L'importance que prend la bonne foi s'explique uniquement par l'absence de contribution à la dette.

DIRECTIONS DE RECHERCHES

En marge du champ juridique, deux thèmes sur le rôle de la caution méritent quelques variations.

41. — Approche économique du rôle de la caution. — Quelle est la part d'information que fournit la caution (V. *supra*, n° 14), quel est le gain de sécurité ? Il est souvent affirmé que la présence d'une sûreté réduit le taux d'intérêt exigé par le banquier : dans quelle mesure est-ce vrai ? Il est toujours nié que la sûreté soit un facteur déterminant de la décision d'octroi du crédit : dans quelle mesure est-ce vrai ? Le cautionnement couvre en général la totalité de la dette et de ses accessoires ; l'assurance au contraire laisse une part du risque à la charge du créancier (de 10 à 35 %) : y a-t-il proportion entre la certitude du paiement par l'assureur et la franchise imposée, et parallèlement y a-t-il relation entre l'incertitude du paiement par les cautions, surtout profanes, et l'étendue de leurs engagements ? Autre question, souvent mal résolue : quelle est l'influence d'une rémunération de la caution par le créancier ? Parce qu'elle est inhabituelle, certains y voient une raison de qualifier l'opération d'assurance-crédit ; le critère, s'il existe, est ailleurs mais point dans la charge de la rémunération.

42. — Approche psychologique du rôle de la caution. — Peut-on voir dans la caution le tiers désintéressé, l'arbitre des conflits qui, pour certains, serait le critère du droit (c'est la théorie d'Alexandre Kojève) ? Par sa seule présence, la caution peut-elle peser sur le rapport créancier-débiteur (c'est la proposition de P. Matet : *Le rôle de la caution. Analyse de droit et de sociologie,* thèse dactyl., Paris II, 1978) et jouer ainsi un rôle social ?

Aux U.S.A., les compagnies d'assurance qui cautionnent les entreprises de construction immobilière auprès des maîtres d'œuvre interviennent dans le contrat principal pour contrôler l'entrepreneur et prévenir les risques d'inexécution. Ce rôle de la caution, qu'elle reprendrait à l'assureur, est-il bénéfique ?

A. — Les relations entre le créancier et le débiteur principal

43. — Cautionnement conventionnel. — a) Le cautionnement, conventionnellement choisi entre créancier et débiteur, est souvent présenté comme une exigence du créancier. Mais n'est-ce pas parfois (souvent ?) le débiteur qui le propose ? Pour éviter de fournir une autre sûreté ? Parce qu'il est peu onéreux, facile à constituer ? Parce qu'il ménage la capacité de crédit des éléments d'actifs ? etc.

b) Le cautionnement est rarement la seule sûreté que demande le créancier. Le débiteur sera amené à fournir aussi des sûretés réelles dès que l'opération garantie prendra une certaine ampleur. En consé-

(8) C. assur., art. L. 121-12, al. 2.

quence de ce cumul de sûretés, le créancier devra éviter que la caution ne puisse lui opposer l'exception de non-subrogation (C. civ., art. 2037). La caution devrait normalement courir un risque moindre d'être poursuivie ; à moins qu'au contraire le créancier n'use d'elle comme d'un moyen pour obtenir un paiement rapide, lui laissant la charge du recouvrement grâce aux sûretés réelles, et donc des lenteurs et des difficultés de l'exécution sur les immeubles ou sur les biens gagés.

c) Ce qu'attend le créancier de la fourniture d'une caution, c'est une meilleure exécution. Son contenu d'abord puisque, si le débiteur principal n'est pas en mesure d'exécuter, la caution se substituera à lui. Aussi son auteur : il n'est pas toujours indifférent au créancier. De certains cautionnements, on sent qu'ils ont été exigés surtout pour obtenir l'exécution par le débiteur principal. Le paradoxe n'est qu'apparent et se dissipe si l'on veut bien admettre que parfois le cautionnement exerce sur le débiteur principal une pression qui l'incitera à s'exécuter. Non pas, bien sûr, quand il n'en a plus les moyens, mais à s'exécuter plus vite quand il le peut, ou à exécuter la dette envers le créancier garanti par préférence à d'autres.

44. — *DIRECTIONS DE RECHERCHES*

Le cautionnement développe, dans certaines situations, les effets d'un moyen de pression dont l'utilité au moins accessoire ne doit pas être négligée.

a) **Pression morale** dans certains cas. Pour les débiteurs personnes physiques, il peut être fort ennuyeux qu'un proche parent ou un ami, qui avait eu l'amabilité de cautionner, soit inquiété (V. les observations de J. Carbonnier : *Flexible droit,* 3e éd., 1976, p. 249). Le clientélisme romain avait multiplié de tels cautionnements, et un patron pouvait ainsi garantir des centaines de débiteurs ; mais il était hors de question qu'une mise en demeure lui soit adressée, tant le débiteur s'échinait à éviter l'opprobre que cette mesure aurait suscité : (V. les merveilleuses observations de Jean Macqueron : *Le cautionnement, moyen de pression dans la pratique contemporaine de Cicéron,* Annales fac. droit Aix-en-Provence, t. L, 1958, p. 101 à 132). Pour les débiteurs commerçants, la pression morale découle de la volonté de préserver l'honorabilité commerciale, la bonne réputation. A ceci s'attache une conséquence financière : l'évaluation par le banquier de la dignité de crédit du commerçant (systématisée dans le « rating » des Américains qui classent les débiteurs en catégories très précises) détermine le taux d'intérêt (de 1,5 à 4 %) ajouté au taux de base pour fixer le coût total du crédit.

b) **Pression financière** dans d'autres cas. La commission exigée par les cautions professionnelles (de 1 à 2,5 % du montant maximum des sommes garanties), annuelle, peut peser sur la trésorerie du débiteur principal. Surtout le débiteur supportera, si la caution est appelée à s'exécuter, un coût de remboursement supérieur au coût originaire : aux intérêts moratoires envers le créancier, augmentés par l'allongement du circuit, s'ajouteront les frais exposés par les cautions, les intérêts moratoires qu'elle-même exigera et parfois une clause pénale (ainsi certaines des banques qui accordent leur garantie de bonne fin aux prêts hypothécaires notariés ont-elles stipulé une clause pénale de 5 % des sommes qu'elles peuvent être amenées à payer).

c) **Pression technique** enfin. Deux situations, fréquentes, l'engendrent. L'exigence d'une caution professionnelle, spécialisée dans certains types de garanties (crédits de T.V.A. ; crédits d'équipement aux P.M.E...). Elle va examiner le dossier, la situation du débiteur, peut-être le conseiller dans sa gestion, surveiller l'évolution de son endettement, bref agir de façon à favoriser le paiement normal de l'obligation garantie. Quand ces cautionnements sont renouvelables (ex. : crédits de T.V.A.), la résiliation du cautionnement pourrait entraîner un refus de renouvellement du crédit, catastrophique pour le débiteur principal. Également efficace, pour d'autres raisons, est le cautionnement fourni par les dirigeants de l'entreprise cautionnée. Personnellement garants des dettes de la société envers le créancier garanti — le plus souvent le banquier — ils vont avoir une propension toute naturelle à faire en sorte que la société paye d'abord ces dettes, de préférence à celles qu'ils ne garantissent pas. La position de la caution dans ses relations avec le débiteur principal revêt ici une importance considérable et a, aux yeux du créancier, une valeur au moins comparable à celle de la fortune personnelle de la caution. Ce contexte doit être pris en considération pour tenter de résoudre le difficile problème du lien entre la perte par la caution de sa qualité de dirigeant et l'extinction de son cautionnement (9).

45. — Cautionnement légal et judiciaire. Notion. — Le cautionnement dit légal ou judiciaire est en réalité un cautionnement conventionnel dont la loi impose la fourniture au débiteur principal. Sa particularité consiste donc à n'être pas exigé par le créancier mais par la loi, et parfois par le juge quand, usant de l'autorisation légale, il l'impose à un plaideur. La loi ou la décision judiciaire ne sont pas ici une source du cautionnement, qui reste contractuel. Elles sont tout au plus la source de l'obligation du débiteur principal de fournir un cautionnement s'il veut accéder à un avantage : par exemple l'usufruitier qui veut enlever les marchandises avant de payer les droits de douane (C. douanes, art. 114) ; le plaideur qui veut obtenir l'exécution provisoire, si le juge soumet son bénéfice à la fourniture de cette sûreté (Nouveau C. proc. civ., art. 517).

Parler de cautionnement légal ou judiciaire, c'est seulement parler d'un cautionnement conventionnel dont la loi a organisé la constitution : dettes garanties, réception par le créancier, étendue de l'engagement, solvabilité de la caution, etc. Son utilité et son régime seront étudiés avec les régimes spéciaux des sûretés personnelles (*infra*, n° 334 et s.).

46. — Conséquences de l'extinction du cautionnement sur l'opération principale. — Le débiteur principal peut être bien en peine lors de l'extinction du cautionnement. C'est d'ailleurs l'une des raisons qui freinent les résiliations des cautionnements successifs par les cautions. Mais le créancier qui perd sa sûreté mérite aussi une protection. L'article 2020 C. civ. ouvre au créancier la possibilité d'exiger une nouvelle caution « lorsque la caution reçue par le créancier, volontairement ou en justice, est ensuite devenue insolvable ». La Cour de cassation a dû rappeler que cette solution valait pour tous les cautionnements et non pas seulement pour les cautionnements légaux ou judiciaires, ce que le texte disait et que la logique indiquait (10). La solution, par le seul effet de la logique, mérite d'être également appliquée hors des cas d'insolvabilité : révocation, nullité ou prescription du cautionnement, etc.

B. — Les relations entre le débiteur principal et la caution

47. — Les cautions professionnelles. Leur activité. — La finalité de l'activité des cautions professionnelles est de réaliser, à travers le service qu'elles rendent, le profit qui est le critère de leur efficacité

(9) V. *infra*, n° 312.

(10) Civ. 3e, 4 janv. 1983 : *Bull. civ.* III, p. 1 ; *D.* 1983, I.R. 170 ; *J.C.P.* 83, IV, p. 86.

et le moteur de leur activité. Ceci confère à leur cautionnement, et aux relations avec le débiteur principal, certains aspects originaux. La rémunération de la caution est ici directe et patrimoniale ; elle consiste en une commission de 1 à 2,5 % par an, assise sur le total des sommes garanties (et même parfois sur le total de la dette alors que la caution n'en garantit qu'un tiers ou un quart). Le coût peut en être lourd (11). La caution professionnelle joue, à l'instar de l'assureur, de la limitation et de la division des risques. Limitation des risques par le tri des débiteurs et l'exigence de contre-garanties importantes (nantissements de valeurs mobilières ou même d'espèces, comptes bloqués, sous-cautionnements, hypothèques). Division des risques par la multiplication des débiteurs (qui permet le jeu de la loi des grands nombres) et la réassurance auprès d'autres organismes : fonds de garantie, compagnie d'assurances, etc.

Parfois la caution professionnelle escompte surtout un profit indirect. L'exemple le plus net est celui des banques fournissant la garantie de bonne fin d'une opération de construction immobilière. Son profit naîtra surtout des crédits promoteurs et des crédits acheteurs dont elle exigera l'exclusivité pour l'ensemble de l'opération. Le cautionnement n'est ici qu'un accessoire des crédits par compte et perd donc le caractère d'opération de crédit.

Le cautionnement professionnel est considéré comme étant un crédit par signature et par cela même une activité dont l'exercice soumet obligatoirement à un contrôle. En France, ce contrôle est exercé par l'État : ne peuvent habituellement octroyer des cautionnements rémunérés que les banques et autres établissements de crédit, ainsi que les compagnies d'assurance (12). Le législateur interventionniste a encore commis l'erreur de créer un monopole et punit toute infraction pour exercice illégal de la profession de banquier (13).

Crédit par signature, le cautionnement est une opération financière dont les banques ont découvert les avantages multiples dans les vingt dernières années. Il a connu une expansion considérable car il n'est pas soumis aux contraintes de l'encadrement du crédit et ne nécessite aucun déboursement de fonds (hormis la consignation d'une somme d'environ 100 000 F, ridiculement faible à cette échelle, pour obtenir l'agrément en matière fiscale, douanière, de marchés publics ou de construction). En 1962, le total des cautionnements fournis par les banques inscrites égalait 14 milliards de francs ; en 1974, presque 10 fois plus : 131 milliards de francs, ce qui représentait 1/4 de l'ensemble des crédits ; en 1982, il égalait presque 800 milliards, soit plus du

(11) D'autant que s'y ajoutent bien des charges financières. V. *supra*, n° 7.

(12) Mais ces dernières ont abandonné le terrain après l'arbitrage Renaudin, en 1952. Sur le détail du contentieux, de l'arbitrage et de l'accord, V. J.-P. WATTIEZ, *Le cautionnement bancaire ; le rôle des banques et des établissements financiers,* Paris, Sirey, 1964, p. 11 et s.

(13) V. M. CABRILLAC et C. MOULY, *Droit pénal de la banque et du crédit,* Masson, 1982, n°s 57 et 90, et loi bancaire du 24 janv. 1984, art. 3 et 10.

tiers des crédits (14) ; à la fin juin 1989, il représentait un peu moins de 1 000 milliards, soit entre un quart et un cinquième des crédits à la clientèle (15).

La caractéristique commune à toutes les cautions professionnelles est d'avoir, envers le cautionnement, une attitude beaucoup plus réaliste que les cautions profanes. Évaluant et limitant le risque, la caution professionnelle exclut tout sentiment de sa relation avec le débiteur principal. Elle exige de lourdes contre-garanties ; elle refuse de s'estimer engagée tant que reste encore la plus petite incertitude sur l'existence de l'engagement ; elle se conduit en créancier potentiel du remboursement et à chaque occasion vérifie la solvabilité du débiteur.

48. — Les différentes sortes de cautions professionnelles. — Outre les *banques*, les *compagnies d'assurances* peuvent intervenir à titre de caution. Toutefois elles semblent avoir abandonné le marché du cautionnement et de l'assurance-crédit. La loi de finances du 7 février 1953 (art. 88) eut beau permettre expressément l'assurance-caution pour toutes les garanties personnelles exigées par quelque créancier que ce soit, la directive de la Commission des Communautés européennes du 24 juillet 1973 eut beau ranger expressément l'assurance-caution au nombre des activités ouvertes aux assureurs sur le territoire de la Communauté, rien n'y fit : les assureurs n'offrent pas à la clientèle de contrats attractifs ! La France se distingue ainsi, en apparence, d'autres pays comme les États-Unis et l'Allemagne où les assureurs prennent une part importante des cautionnements en matière de construction ou de marchés privés ou publics. Un petit nombre d'*établissements de crédit*, filiales de groupes financiers ou de compagnies d'assurances, sont spécialisés dans la fourniture de cautionnements fiscaux ou douaniers (16). La différence d'appellation et l'écran que constituent ces établissements ne sauraient dissimuler le fait qu'ils sont liés à des compagnies d'assurances, moins par le capital que par la réassurance de leurs risques auprès d'elles.

Les *sociétés de caution mutuelle* (S.C.M.) (17), très nombreuses (18), sont de taille et de statut juridique très variables (19). Elles offrent une garantie mutuelle aux entreprises d'un secteur d'activité (20) ou

(14) Constatant cette argumentation, la Commission de contrôle des banques (devenue Commission bancaire en 1984) a d'ailleurs exigé des informations comptables beaucoup plus détaillées sur tous les engagements par signature (Instr. n° 82-01A du 21 janv. 1982).

(15) *Bulletin de la Commission bancaire,* n° 1, nov. 1989, p. 57.

(16) Les trois principaux sont l'Étoile commerciale, Cofincau-C.F.C. (Compagnie française de cautionnement) et la Compagnie générale de caution.

(17) La bibliographie est assez abondante : V. notamment *J.-Cl. Sociétés*, fasc. n° 171 (Sociétés de caution mutuelle).

(18) D'une quinzaine avant la guerre, en 1938, elles sont aujourd'hui environ trois cents.

(19) La loi du 13 mars 1917 sur les sociétés de caution mutuelle n'offre pas de statut spécial ; le plus grand nombre d'entre elles sont des coopératives (loi de 1947), quelques autres des S.A.

(20) Par ex. l'artisanat (les banques populaires ont créé 50 SOCAMI), ou les agents immobiliers (la F.N.A.I.M. est la plus connue), ou les entreprises de travail temporaire (la SOCAMETT fut la première...).

aux particuliers pour les crédits de consommation. Elles sont contrôlées pour la plupart d'entre elles par la Chambre syndicale des banques populaires (depuis 1945, avec une généralisation en 1984 à laquelle il fallut renoncer en 1988). En outre, les quelque 80 S.C.M. qui interviennent dans le financement des marchés publics sont surveillées par le Crédit d'équipement des P.M.E. Ce crédit mutuel, dont les pouvoirs publics ont de tout temps suscité le développement, agit au sein de mécanismes de financement assez complexes (21). Une tentative de renforcement par la création de fonds de garantie est en cours (22).

Le principe communautaire de contrôle des établissements de crédit européen par le pays de leur siège principal, qui devrait être appliqué en 1992, conduit à permettre à toute caution professionnelle agréée dans son pays de fournir ses services sans qu'on puisse lui imposer de satisfaire aux conditions de solvabilité imposées en France. Une administration française par exemple ne peut donc pas imposer ses propres conditions de solvabilité (23).

49. — Les cautions profanes. — Ces cautions sont profanes au sens de non professionnelles. Elles ignorent les subtilités de l'activité ; c'est à travers elles que l'on a tendance à analyser le cautionnement service d'ami, l'acte social et non le service économique. A la différence de la catégorie homogène des cautions professionnelles, les cautions profanes sont d'une grande diversité, de l'agriculteur qui cautionne son voisin à la société holding qui garantit une filiale. Toutefois, un pouvoir les sépare : celui d'agir sur l'activité du débiteur principal.

50. — Les cautions ayant un pouvoir de direction — ou seulement d'information — sur l'activité du débiteur principal. — C'est d'abord, cas le plus fréquent et le plus net, le dirigeant d'une S.A. ou d'une S.A.R.L. qui cautionne sa société. Le banquier exige que le dirigeant courre au moins les mêmes risques que lui et ne s'abrite pas derrière la limitation de responsabilité (24) et use également des pouvoirs de la caution comme d'un moyen de pression sur le débiteur principal (25). Le cautionnement ainsi utilisé diminue l'effet excessif des théories du patrimoine et de la personnalité morale qui font croire que l'entrepreneur dont les activités sont réparties dans diverses sociétés ne détient qu'un seul patrimoine, limité à ses biens personnels, et distinct de celui des sociétés. Grâce au cautionnement, les créanciers importants peuvent faire « sauter » la limitation de responsabilité dans les sociétés,

---

(21) Un schéma en matière de marché public est le suivant : la S.C.M. cautionne l'entreprise emprunteuse envers le Crédit d'équipement des P.M.E. qui lui-même la cautionne envers la banque qui effectue le prêt. Celle-ci pourra ainsi se refinancer auprès du Crédit national qui est lui-même en relation avec la Banque de France.

(22) Au préalable, en avril 1979, un rapport d'étude (le rapport Sarrazin), sur le cautionnement mutuel et le financement des entreprises, avait été déposé : V. *infra*, n° 356.

(23) V. *infra*, n° 353, les hésitations des administrations nationales qui tentent de résister.

(24) Il n'est pas rare de voir des S.A.R.L. avec un capital de 50 000 F et peu d'autres fonds propres solliciter des crédits d'équipement 50 fois plus importants. Le banquier estime anormal de courir 50 fois plus de risques que le dirigeant. Si le raisonnement paraît convaincant, sa simplicité occulte la répartition des rôles entre le financier qui fait fructifier son argent et en reçoit rémunération et le dirigeant qui apporte son industrie.

(25) V. *supra*, n° 44.

écarter la fiction et saisir les biens personnels ou ceux des sociétés du groupe (26).

C'est aussi l'époux, parfois le parent, qui est intéressé à l'activité cautionnée. C'est la société mère ou le holding qui gère les destinées du groupe.

Dans ces cautionnements, la caution connaît la situation du débiteur principal, suit son évolution et peut, grâce à ses pouvoirs de direction, l'infléchir de telle sorte que ses intérêts soient sauvegardés. En faisant payer le créancier par le débiteur principal, elle évite d'être elle-même poursuivie. Si elle ne réussit pas à obtenir ainsi l'extinction de sa dette, elle devra elle-même payer, ce qui sera une sorte de sanction de son incompétence.

51. — Les cautions étrangères à l'activité cautionnée. — Ces cautions constituent une catégorie résiduelle. Leur caractéristique commune tient dans l'impossibilité d'agir efficacement sur le débiteur principal pour éviter que leurs intérêts soient par lui compromis. Ceci se complique souvent d'une ignorance de sa situation et, malheureusement, d'une indifférence à l'égard du risque couru qui ne s'explique pas seulement par la confiance placée dans le débiteur.

Leur typologie est impossible tant leur variété est grande. En font partie de commerçant, l'artisan ou l'agriculteur qui cautionnent une entreprise du même secteur (solidarité de corps et mutualité instinctive, espoir de réciprocité ?) ; le fournisseur qui cautionne ses clients (on aperçoit mieux l'intérêt direct) ou l'inverse ; les amis, les parents ou les alliés ; les filiales entre elles ; par extension, la société qui cautionne son associé contrôlaire est aussi une caution étrangère à l'activité cautionnée car elle n'a que peu d'information et aucun pouvoir d'action sur lui.

Dans ces cautionnements, tout le contexte doit être pris en considération. Le poids des contraintes sociales, les usages et convenances, la crainte de causer, par une demande intempestive, un préjudice inutile au débiteur qu'on veut aider, et bien d'autres raisons peuvent expliquer la passivité de ces cautions. Elle n'est pas en elle-même excusable et ne peut être un argument pour trop de protection ou de faveurs ; mais il est des cas où le créancier abuse de ce contexte au détriment de la caution : il devient alors concevable de rétribuer ces abus par la charge du risque. Toute la difficulté est de trouver la juste proportion, et c'est heureusement ce à quoi s'emploient, semble-t-il, les juges du fond, plus qu'à l'application de règles abstraites qui sont inaptes à résoudre la difficulté.

52. — Nature juridique du rapport caution-débiteur. — Peu étudiée, la qualification de ce rapport est encore sous l'influence du droit romain qui accorde au *fidejussor* l'*actio mandati*, et, semble-t-il, en cas de cautionnement non sollicité par le débiteur principal, l'*actio*

(26) Rappr. A. PIEDELIÈVRE, *Remarques sur l'infléchissement de la notion de personnalité morale par le cautionnement : Gaz. Pal.* 1982, 1, doctr. 85.

negociorum gestorum. On en conclut donc généralement que la caution est le mandataire (ou le gérant d'affaires) du débiteur (27).

Comme le principal intérêt de la qualification est de fournir à la caution un recours de remboursement, le plus large possible, et que ce résultat est atteint par l'article 1028 du Code civil, on conçoit que l'effort n'ait pas été poussé plus loin.

53. ———————— *DIRECTIONS DE RECHERCHES*

La qualification de mandat (de conclure un cautionnement) laisse insatisfait puisque la caution s'engage en son seul nom personnel ; ce serait donc un mandat sans représentation, ce qui, en dépit du soutien de certains (Aubry et Rau, t. VI, par A. Ponsard, § 410, p. 236) paraît anormal (la commission diffère du mandat en cela même qu'elle n'emporte pas représentation) ; de plus, la caution rémunérée n'a point de compte à rendre ensuite au débiteur. Une autre analyse, en mandat de payer en cas de défaillance du débiteur, ne fait pas de place à l'idée de garantie.

La qualification de gestion d'affaires, pour le cas où la caution s'engage à l'insu du débiteur, n'est guère plus heureuse. Au sens strict, elle nécessite une volonté de gérer les affaires d'autrui qui est ici trop ténue ; surtout, elle impliquerait la libération du garant dès l'acceptation de l'opération par le maître de l'affaire (le débiteur), ce qui est inconcevable.

La stipulation pour autrui, souvent invoquée pour expliquer le droit que le créancier tiendrait de la promesse faite par la caution au débiteur principal (28), se heurte à deux obstacles : d'abord la nécessité d'un engagement exprès envers le créancier (le contrat de cautionnement ne se présume pas) et ensuite le fait qu'elle n'explique en rien la nature du contrat entre le débiteur-stipulant et la caution-promettant.

Dire que l'engagement de la caution envers le débiteur principal est une promesse de cautionnement (29) n'ajoute rien dès lors qu'on est amené à analyser cette « promesse » en un contrat parfait. C'est en fait cumuler la confusion du terme et une qualification de contrat *sui generis*. Si l'on doit s'y rendre (30), force est d'admettre que cette qualification n'offre aucune aide pour établir le régime du contrat étudié.

54. — Le « cautionnement-libéralité ». — Quelques décisions maladroites, voyant dans des relations coupables l'indice d'une libéralité par l'amant à sa maîtresse au moyen scabreux du cautionnement, ont relancé l'intérêt pour l'analyse du caractère libéral et donc du régime du contrat entre le débiteur et la caution (31). Souvent la confusion est faite entre ce contrat et le caractère onéreux ou gratuit du cautionnement proprement dit ; il faut l'éviter (32). En réalité ce n'est pas le cautionnement qui est une libéralité, mais le mandat ou autre contrat liant la caution au débiteur principal, et il convient donc d'éviter la dénomination de cautionnement-libéralité.

Entre la caution et le débiteur principal, l'exceptionnelle donation est indirecte, ce qui n'a pas de conséquence sur son régime mais est un argument supplémentaire pour ne pas lui donner de portée sur le cautionnement lui-même. Elle sera le

---

(27) V. M. Planiol, G. Ripert et R. Savatier, *op. cit.*, n° 1540 et les réf. C. Beudant par P. Voirin, *op. cit.*, t. XIII, n° 74. — M. Remond-Guilloud, *L'influence du rapport caution-débiteur sur le contrat de cautionnement : J.C.P.* 77, I, 2850, n° 8.

(28) V. les références données par P. Simler (*ibid.*, spéc. note 7) et l'étude de quelques arrêts contradictoires à laquelle il procède.

(29) Qualification proposée par F. Steinmetz (note au *D.* 1975, 549) pour tenter une conciliation entre cautionnement et régimes matrimoniaux.

(30) C'est la solution de P. Simler (*op. cit.*, n° 12).

(31) V. les « Directions de recherches » n° suivant et F.-X. Testu, *Le cautionnement-libéralité : J.C.P.* 89, I, 3377.

(32) V. *infra*, n° 73.

plus souvent déguisée (33), ce qui renforce cette solution. Elle est conditionnelle, puisqu'il n'y aura donation que si le débiteur défaille et la caution s'exécute (34).

Qu'il y ait vraiment donation par le mari à sa femme, même sous le régime de communauté, ne saurait emporter application de l'article 1422 C. civ. qui exige le consentement des deux époux puisque la raison d'être de ce texte est d'éviter l'appauvrissement de la communauté au bénéfice de tiers et non les donations entre époux. Et bien sûr la donation entre les époux, valable ou non, ne saurait affecter la validité du cautionnement donné par un époux au créancier (35).

S'il y a donation de l'auteur à son héritier, celui-ci devrait faire rapport des sommes payées à la succession et éventuellement subir la réduction (36). Fort heureusement, une telle donation restera discrète et évitera ainsi l'amputation découlant de ces mesures excessives de notre droit successoral, fondées sur un dogmatisme interventionniste et égalitaire aujourd'hui anachronique.

Cette même discrétion évitera la boulimie fiscale qui frappe injustement les actes gracieux de mutation et détourne de la solidarité (37).

55. — Faut-il présumer le caractère gracieux ou l'intention libérale à partir d'indices ambigus (38) ? Dans les relations caution-débiteur principal, la Cour de cassation n'hésite pas à le faire en cas d'adultère lorsque l'amant caution et sa complice se sont disputés et qu'il exige le remboursement de ce qu'il a payé pour elle (39). La caution est ainsi censée faire une libéralité et perd son recours. N'y a-t-il vraiment de donation que dans la fornication, puisque les époux, les parents ou les amis ne sont pas présumés abandonner leur recours (V. les excellentes remarques de L. Aynès) ?

Rappr. la jurisprudence du Conseil d'État sur les transferts indirects de bénéfices à l'étranger par le moyen du cautionnement d'une filiale. Pour écraser les sociétés françaises qui cautionnent leurs filiales étrangères, le Conseil d'État considérait que le simple fait de ne pas exiger de rémunération emportait qualification de transfert de bénéfices à l'étranger et application de l'article 57 C.G.I. qui impose une réintégration, au besoin par évaluation forfaitaire, d'autant plus sévère que ce transfert est la révélation de l'excès du système fiscal français (Cons. d'État, 9 mars 1979 : *Rec. Lebon*, p. 108 ; on notera l'absence totale de motivation de cette solution). Plus récemment, il a adouci sa position en considérant que le fait que la filiale cautionnée ait doublé ses ventes grâce aux emprunts cautionnés écartait la qualification de transferts de bénéfices (Cons. d'État, 3 mars 1989 :

(33) Pour une donation apparente, attestée par une lettre du père caution-donateur, v. Paris (2e ch. B), 15 fév. 1985 : *Juris-Data* n° 24489) ; le fils fut d'ailleurs condamné à effectuer rapport de cette donation à la succession.

(34) F.-X. TESTU, art. préc., nos 32-34.

(35) C'est par la voie détournée et erronée de l'absence de dessaisissement que la Cour de cassation a abouti à la même solution : Civ. 1re, 21 nov. 1973 : *Bull. civ.* I, n° 318 ; *D.* 1975, 549, note F. STEINMETZ. — Civ. 1re, 11 juill. 1978 : *Bull. civ.* I, n° 246, p. 207 ; *D.* 1979, I.R. 73, obs. D. MARTIN. — Civ. 1re, 27 janv. 1982 : *Bull. civ.* I, n° 46. — Civ. 3e, 16 nov. 1988 : *J.C.P.* 89, IV, p. 20.

(36) En voir les modalités d'application par F.-X. TESTU (art. préc., nos 37-42).

(37) Sur son régime : F.-X. TESTU, art. préc., 43-44.

(38) F.-X. TESTU, art. préc., souligne que c'est au contraire l'existence d'un recours en remboursement qui doit être présumée (nos 16-19), sauf dans le cautionnement d'un héritier présomptif (nos 20-25) ; cette exception nous paraît infondée, même si elle est tempérée par le caractère conditionnel de la libéralité (n° 33), car elle réduit la liberté de gratifier au prétendu motif d'une égalité des héritiers qui doit rester subsidiaire.

(39) Civ. 1re, 12 mai 1982 : *Bull. civ.* I, n° 173 ; *D.* 1983, p. 320, note J. MESTRE ; *J.C.P.* 85, II, 20060, note C. AUBERTIN ; *Rép. Defrénois* 1983, p. 394, note J.-L. AUBERT. — Civ. 1re, 17 nov. 1987 : *Bull.* n° 297, p. 213 ; *Gaz. Pal.* 1988, 1, pan. 21 ; *D.* 1988, somm. 275, obs. crit. L. AYNÈS.

Banque 1989, p. 770). Le cautionnement peut donc être onéreux même sans contrepartie financière.

Faut-il modifier le régime de la sûreté parce que la caution est animée d'une intention libérale envers le débiteur ? Si l'on admet que la libéralité prive la caution de son recours contre le débiteur principal (40), ne faut-il pas soulager le créancier de son devoir de préserver les recours pour les transmettre par subrogation à la caution (C. civ., art. 2037) ? De même l'aggravation de l'insolvabilité du débiteur principal aurait moins d'importance. Mais il faut se rendre à la raison. L'intention libérale n'est pas un élément du cautionnement mais seulement du contrat caution-débiteur. La renonciation au remboursement est ignorée du créancier et n'est pas définitive, les libéralités étant fragiles et susceptibles de révocation à certaines conditions (inexécution des charges, survenance d'enfant, etc.). Inclure l'absence de recours en remboursement dans le cautionnement lui-même modifierait la nature du cautionnement, puisque ce recours est un de ses éléments distinctifs (*supra*, n°s 26 et 29). Le bénéfice de subrogation peut donc jouer alors même que la caution n'entend pas être subrogée, puisqu'elle a renoncé à son recours contre le débiteur principal.

C. — Les relations entre cautions

56. — Relations entre cofidéjusseurs. — Plusieurs cautions d'un même débiteur principal sont appelées cofidéjusseurs, sans doute parce que co-cautions manquerait d'élégance et de sérieux. Ce renforcement de la garantie est assez fréquent, surtout lorsque les cautions sont des cautions profanes (41). La multiplication s'explique aisément par le faible coût de cette garantie et la paradoxale insouciance des cautions. Le milieu familial comme le contexte professionnel le favorisent (42).

Les relations se schématisent ainsi :

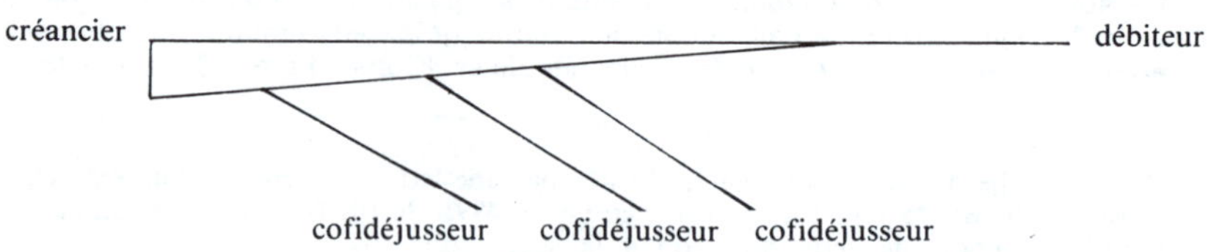

Les cofidéjusseurs peuvent être tenus en des termes différents (montant, solidarité, durée...) car chacun a, envers le créancier, un engagement personnel. Le régime de son engagement dépend donc des stipula-

(40) F.-X. TESTU, *Le cautionnement-libéralité : J.C.P.* 89, I, 3377, en fait même le critère de la libéralité.

(41) P. MATET, d'après l'étude de 500 arrêts de la cour d'appel de Paris et 150 arrêts de la Cour de cassation, expose que dans 75 % des contentieux du cautionnement il y avait pluralité de cautions (sans que ce pluralisme soit nécessairement la cause du litige). *Le rôle de la caution. Analyse de droit et de sociologie.* Thèse dactyl. Paris II, 1978, p. 100.

(42) Ainsi le cas de ce négociant en pailles et fourrages qui avait fourni comme cautions à son banquier quatre agriculteurs de ses clients (Com., 8 mars 1971 : *D.* 1972, 262, note D. CLAIROUIN-TOUCHARD ; *Rev. trim. dr. com.* 1972, 432, obs. M. CABRILLAC et J.-L. RIVES-LANGE).

tions qui lui sont propres. Ainsi un cofidéjusseur peut s'engager solidairement avec un ou plusieurs des autres garants, mais non avec le débiteur principal, ou l'inverse. La solidarité avec le débiteur principal, souvent stipulée, n'emporte donc pas solidarité avec les cofidéjusseurs. Les conséquences en sont la perte du bénéfice de division et du bénéfice de discussion, la charge du risque d'insolvabilité d'un cofidéjusseur, mais non la représentation, comme on l'affirme trop souvent à tort (43). En général les rédacteurs de contrats pensent à stipuler expressément la solidarité, stipulation qui est nécessaire en dehors de la matière commerciale où elle est présumée. Toutefois, il semblerait que les cautions professionnelles refusent de s'engager solidairement entre elles, même envers les administrations.

La présence de plusieurs cautions soulève parfois quelques problèmes lors de l'exécution : la libération de l'une diminue-t-elle la part des autres ? En principe oui. Le créancier doit-il respecter un ordre dans ses poursuites ? Non, car il a le choix dans l'exécution de ses garanties. Comment les recours en remboursement s'organisent-ils ? C'est là un problème, apparu récemment en contentieux, dont la solution est complexe (44).

57. — Coexistence d'une caution et de son certificateur. — Le certificateur de la caution garantit le créancier contre la défaillance de la caution et non contre celle du débiteur principal : il est caution de la caution envers le créancier (C. civ., art. 2014). En fait, la différence paraît assez mince puisque le créancier peut exiger le paiement du certificateur en premier.

Les relations sont les suivantes :

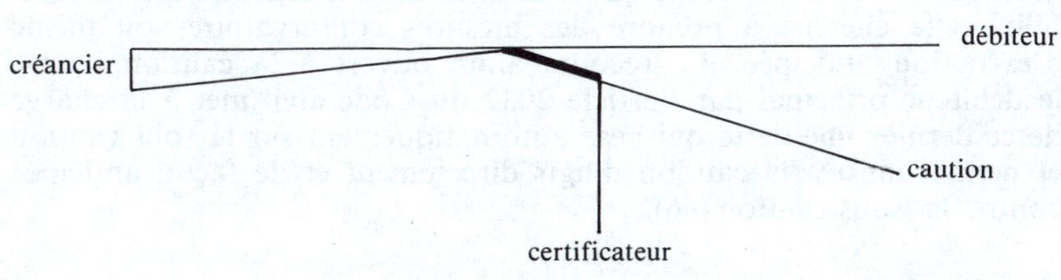

L'exemple le plus connu, en pratique, est celui du certificateur exigé par l'Administration des eaux et forêts. Pour l'exploitation des forêts domaniales, elle passe des marchés de coupes de bois avec de petites entreprises, dépourvues de surface financière ; pour garantir le paiement de ce bois, elle exige de l'exploitant un cautionnement, généralement fourni par un négociant en bois (caution profane). Préférant une caution professionnelle, l'administration exige qu'une banque certifie la caution, et en cas de difficulté elle s'adressera à elle en premier (45).

---

(43) V. *infra*, n° 331.

(44) V. la solution proposée *infra*, n° 240.

(45) Code forestier, art. 25, 46, etc., qui renvoient aux cahiers des charges. — V. J.-P. WATTIEZ, *op. cit.*, p. 83 et s. — P. SIMLER, *op. cit.*, n° 89 et s. — G. PETIT-DUTAILLIS, *Le risque du crédit bancaire,* 1981, n° 507.

En droit toutefois, le régime de la certification varie quelque peu par rapport à celui du cautionnement au 1er degré. Le certificateur, ayant un engagement accessoire de ce cautionnement, ne peut pas invoquer des exceptions attachées au débiteur principal ou à son obligation ; mais il peut invoquer leurs conséquences sur le cautionnement, ce qui revient au même. N'ayant pas de lien direct avec le débiteur principal, il n'a pas de recours personnel contre lui (mais il a le recours subrogatoire à lui transmis par le créancier désintéressé) ; son recours personnel est donc dirigé uniquement contre la caution.

58. — Relations entre caution et sous-caution. — Le sous-cautionnement est un moyen de garantir le remboursement que le débiteur principal doit à la caution qui a payé. Il est très fréquent lorsque la caution est un professionnel, car elle exige que le débiteur principal lui fournisse des contre-garanties. Le plus souvent la sous-caution est le dirigeant de la société débitrice principale.

Le schéma du sous-cautionnement se présente ainsi :

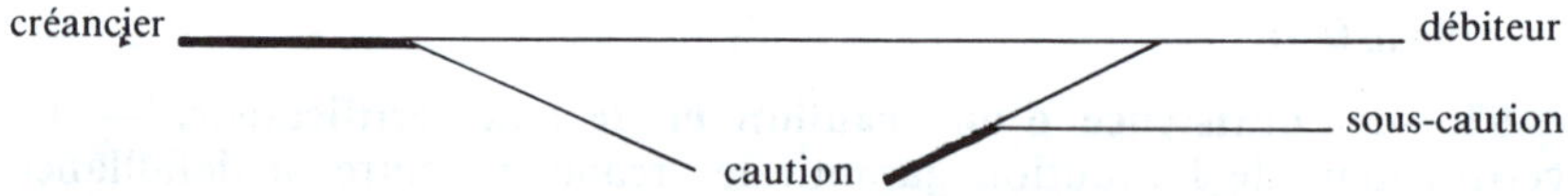

La construction n'est pas, intellectuellement, trop complexe et ne fait naître de difficulté que dans la transposition des règles qui ouvrent à la caution un recours anticipé. Lorsque le débiteur principal vient d'être déclaré en redressement judiciaire, la caution sait qu'elle sera amenée à payer. Pour éviter que la sous-caution n'organise son insolvabilité, elle cherche à prendre des mesures conservatoires ou même d'exécution anticipée. Le recours alors ouvert à la caution contre le débiteur principal par l'article 2032 du Code civil met à la charge de ce dernier une dette qui pèse automatiquement sur la sous-caution et permet ainsi à la caution d'agir directement et de façon anticipée contre la sous-caution (46).

§ 2. — Les relations entre les contrats

59. — Relations entre le contrat principal et le cautionnement : la théorie de l'accessoire. — Cette relation entre l'opération garantie et le contrat de cautionnement est la plus importante car elle organise l'essentiel du régime juridique du cautionnement. Le cautionnement, accessoire de l'opération qu'il garantit, est assujetti à cette opération principale par la règle de l'accessoire. Par cette règle on entend en

(46) Pour l'examen détaillé de cette situation, v. C. Mouly, *Les recours anticipés de la caution contre la sous-caution : J.C.P.* 80, I, 2985. — P. Simler, *Le cautionnement,* n° 91 et s.

fait un régime juridique qui fait que l'existence et l'étendue du contrat principal fixent les limites que l'existence et l'étendue du cautionnement ne peuvent pas dépasser. Il y a, pour partie, emprunt unilatéral de régime juridique (47).

Ce caractère accessoire du cautionnement est pour ce contrat un caractère fondamental. Nous avons vu que les sûretés personnelles peuvent être accessoires ou indépendantes. Le cautionnement est caractérisé par sa qualité d'accessoire de l'opération principale, qui est de son essence ; c'est-à-dire qu'il est impossible de la supprimer sans changer en même temps l'essentiel du contrat et créer donc autre chose qu'un cautionnement (48). Au cas où le contrat qui décrit la sûreté comme un cautionnement contient également une clause qui contredit le caractère accessoire, il faut réduire l'antinomie. Deux voies sont ouvertes : soit considérer la clause comme non écrite, ce qui fait triompher la qualification de cautionnement, soit considérer que cette clause change la nature de la sûreté et en fait une sûreté indépendante mais non un cautionnement.

Ainsi, quand un contrat initial de cautionnement contient une clause de paiement par la caution à première demande du créancier, sans qu'elle ait la possibilité de faire valoir des moyens de défense (par ex. le paiement partiel de la dette garantie), il faut déterminer le régime applicable. La qualification de cautionnement, l'emploi du terme « caution », les références à certains articles du Code civil relatifs au contrat de cautionnement emportent nécessairement la possibilité par la caution de faire valoir l'extinction partielle de la créance garantie et ainsi d'établir que le montant de sa dette est égal à la seule fraction restante (règle de l'accessoire). Au contraire, la qualification de garantie à première demande, sûreté indépendante (c'est-à-dire non accessoire à l'obligation garantie) emporte comme conséquence l'obligation pour le garant de payer le montant initialement prévu, même si la créance garantie a été partiellement payée. Pour choisir la qualification, et donc le régime applicable, le juriste prendra en considération tous les éléments d'information qui sont à sa disposition : le texte du contrat, les relations entre parties, les autres correspondances, les usages ou habitudes en cette matière, ainsi que les habitudes des parties, les précédents judiciaires, les textes de lois, les solutions retenues dans des domaines voisins, etc. Il recherche l'intérêt des parties et appréciera aussi la situation dans son ensemble. La qualification sera donc fonction des éléments de l'espèce. On peut toutefois penser que la qualification de cautionnement a plus de chance d'être retenue, au moins en droit interne, car le cautionnement est un contrat beaucoup plus usuel que la garantie à première demande, car il est rare que les garants saisissent la nuance, enfin car le contrat est souvent rédigé par le créancier, qui ne peut honnêtement glisser une clause de garantie à première demande dans un contrat où tous les autres termes font référence au cautionnement.

Le problème s'est posé, en termes identiques, à toutes les juridictions européennes. Les solutions sont fonction du contexte, et plus particulièrement du cadre national ou international de l'opération garantie. En contrepartie, la garantie à

---

(47) En voir l'étude globale par G. GOUBEAUX, *La règle de l'accessoire en droit privé,* Paris, L.G.D.J., 1969 (*Bibl. dr. privé,* t. 93, préf. D. TALLON).

(48) Ainsi, lorsque l'administration des douanes affirme que la caution doit être à ses yeux assimilée à un codébiteur solidaire (C. douanes, art. 405), elle vide le concept même de cautionnement. De même en est-il de l'administration fiscale dans ses efforts pour atteindre le même résultat. Ces solutions, fussent-elles incorporées dans des décrets ou des lois, sont fausses ; elles manifestent les abus dont l'État se rend aisément coupable lorsqu'on le considère comme la somme du droit.

première demande est plus facilement admise dans les relations de commerce international ; mais même dans ce cadre, la qualification est délicate (49). Pour ce qui concerne le droit commercial interne français, la Cour de cassation a eu l'occasion de juger que le formulaire du contrat d'une grande banque française qui contenait une clause de paiement à première demande était un cautionnement et que la clause contraire à la règle de l'accessoire n'avait pas d'effet (50).

Toutefois ce caractère accessoire est primé en un cas particulier par la finalité même du cautionnement. Il s'agit de l'hypothèse de procédure collective du débiteur principal. Cette procédure collective concrétise la réalité ou l'imminence de l'insolvabilité du débiteur. Or la finalité du cautionnement est de protéger le créancier contre cette insolvabilité. C'est pourquoi l'on décide que les faveurs qui sont faites par les législations récentes au débiteur qui bénéficie d'une procédure collective ne peuvent pas être invoquées par la caution. La caution sera en ce cas amenée à payer plus que ne doit le débiteur principal (hypothèse de remise de dette ou de perte du droit de poursuivre le débiteur) ou à payer plus tôt que le débiteur (hypothèse de délai, dans le plan de redressement, commercial ou civil) (v. *infra*, n°s 156-159). Cette exception au caractère accessoire est légitimée par la raison d'être de la sûreté personnelle.

60. — Conséquences du caractère accessoire du cautionnement. — Le régime juridique du cautionnement est amplement déterminé par la règle de l'accessoire. Un grand nombre de règles sont nourries par cette relation. Un examen attentif du cautionnement suffit à les faire apparaître ; en voici quelques exemples.

La naissance du cautionnement est déterminée par celle de l'obligation principale. Certes le contrat de cautionnement peut être signé avant le contrat principal, certes le cautionnement peut réunir toutes les conditions de validité avant même que la dette principale n'existe, mais il ne sera parfait et ne produira d'effet véritable que lorsque naîtra une dette à garantir (51).

---

(49) V. l'excellente présentation des arguments concevables dans les divers droits nationaux et les solutions retenues, en matière de garantie internationale, faite par Y. POULLET dans deux articles : *Les garanties contractuelles dans le commerce international, Dr. et prat. du com. internat.* 1978, p. 412, et *Le contrat de garantie : examen de quelques problèmes juridiques particuliers* in *Les garanties bancaires dans les contrats internationaux* (Colloque FEDUCI), éd. du Moniteur, Paris, 1981, p. 127. — Sur le sort de la clause en matière de cautionnement interne, v. C. MOULY, *Les causes d'extinction du cautionnement, op. cit.*, n° 22.

(50) Com., 22 mars 1982 : *D.* 1982, I.R. 498, obs. M. VASSEUR, à propos du formulaire de cautionnement de la Société générale. La même clause existe dans les cautionnements de marchés publics (formule AFNOR : NF-K 11-571-1).

(51) Ainsi, à titre d'exemple d'une application au contentieux : Com., 19 janv. 1981 : *Bull. civ.* IV, n° 30, p. 22 ; *Gaz. Pal.* 1981, pan. 161, note A.P. : dans une vente de bois, la commune de Bonhomme (créancier) avait exigé la garantie d'une banque. Celle-ci s'était engagée en qualité de certificateur (v. *supra*, n° 57), mais comme aucun acte de cautionnement n'avait été régularisé, la garantie ne trouvait aucune dette à couvrir (puisque le certificateur garantit la dette de la caution). La banque ne fut donc pas tenue de payer le prix du bois.

Le droit applicable au cautionnement, en cas de conflit de lois, est pour une large part fixé par la règle de l'accessoire. Le principe, pour régler le conflit, est de faire confiance aux parties (créancier et caution) et à leur volonté. Puisque nous sommes en matière contractuelle, la volonté des parties doit servir de guide. Si cette volonté a clairement exprimé son choix d'une loi autonome, celle-ci s'impose à tous les interprètes du contrat et notamment au juge. Mais le plus souvent les parties ne pensent pas à fixer expressément le droit national applicable au cautionnement. Parmi les indices que l'interprète peut trouver pour essayer de déterminer cette volonté évanescente, le droit choisi pour l'obligation principale est communément conçu comme le plus fort. Mais plus souvent même, la solution admise en France est qu'à défaut de volonté contraire nettement établie, il est naturel de présumer que les parties ont entendu soumettre le cautionnement à la loi qui régit l'obligation principale » (52). L'attraction du contrat principal est la conséquence du rapport d'accessoire à principal qui domine le cautionnement.

L'existence du cautionnement dépend de celle de l'opération principale. L'accessoire ne peut exister sans son support et le Code civil en conclut logiquement qu'il est impossible de cautionner une dette nulle (art. 2012).

L'étendue de la garantie due par la caution est parallèlement tributaire de la notion d'accessoire. L'article 2013 du Code civil dispose que le cautionnement « ne peut excéder ce qui est dû par le débiteur, ni être contracté sous des conditions plus onéreuses ». C'est l'idée qui est la plus chère aux cautions, à juste titre car elle exprime tout l'esprit du caractère du cautionnement. Elle doit donc en inspirer l'interprétation.

L'interprétation du contrat met en œuvre la formule de l'article 2013 du Code civil, et les juges en ont fait application non seulement à la conclusion du contrat comme la lettre pourrait y conduire mais aussi à l'ensemble de son régime.

A propos de l'interprétation, l'une des grandes questions est de savoir si, en cas de doute, la liberté dont jouit l'interprète doit être utilisée en faveur de la caution. Dans l'optique d'un cautionnement d'ami, le sentiment (parfois l'idéologie) conduit à favoriser la caution, au moins abstraitement ; mais lorsque la caution est un professionnel du crédit, le sentiment peut changer. Quant à l'équité trop souvent invoquée à tort, elle ne peut naître que du cas d'espèce et il est impossible d'en traiter en termes généraux.

L'extinction du cautionnement enfin est le domaine où la règle de l'accessoire développe le plus nettement son efficacité. Toute cause

---

(52) J. Derrupe, *J.-Cl. dr. int.*, fasc. 555 (également *J.-Cl. civ.*, 2e app., art. 2092 à 2094), 1978, n° 17. — Civ. 1re, 1er juill. 1981 : *Bull. civ.* I, n° 241. — V. aussi, admettant implicitement la présomption : Civ. 1re, 15 fév. 1972 : *Bull. civ.* I, n° 50, p. 44 ; *Rev. crit. dr. int. pub.* 1973, 77, note H. Batiffol ; *Rev. trim. dr. com.* 1973, 417, obs. Y. Loussouarn.

d'extinction totale ou partielle de la dette principale se répercute automatiquement sur la dette de la caution. Les exceptions (moyens de défense) que le débiteur principal pourrait soulever contre la demande en paiement, la caution peut les invoquer de la même façon. L'article 2036 du Code civil exprime l'idée, un peu maladroitement, en disposant que « la caution peut opposer au créancier toutes les exceptions qui appartiennent au débiteur principal, et qui sont inhérentes à la dette » (al. 1er), et en ajoutant (al. 2) que les exceptions purement personnelles du débiteur principal ne peuvent être invoquées par la caution. En fait la règle a été trop abstraitement formulée et, au long de son exégèse et de son application, on a pu lui donner sa véritable portée : la caution peut invoquer toutes les exceptions liées à la dette principale (prescription, paiement, nullité, transaction, remise, etc.) et presque toutes les exceptions liées à la personne du débiteur principal (vice du consentement par exemple) ; seules les diverses causes d'incapacité du débiteur principal ne sont pas ouvertes à la caution, pour des raisons plus historiques et pratiques que logiques (53). La règle de l'accessoire emporte donc l'extinction accessoire du cautionnement lorsque l'opération principale est elle-même éteinte.

61. — Application abusive de l'idée d'accessoire à la cause du cautionnement. — Pour tenter de formuler en un concept plus juridique la règle de l'accessoire, on a parfois tendance à dire que le contrat de cautionnement trouve sa cause dans l'obligation principale. Effectivement, le cautionnement n'existe que parce que l'opération principale existe ; mais cette cause grammaticale ne peut être une cause juridique, au sens de condition de validité des contrats.

La cause dans les contrats est simplement un critère de contrôle de la moralité et d'un certain équilibre des prestations. La moralité est contrôlée à travers l'examen des mobiles des parties : cause subjective et motifs personnels. Ce critère est étranger à l'existence ou l'absence d'opération principale. Quant à l'équilibre relatif des prestations, il ne peut pas être recherché dans le cautionnement, car ce contrat est unilatéral et aléatoire. Le créancier n'a généralement pas d'obligation, et même s'il s'engage à payer une commission à la caution (comparable à une prime d'assurance), l'aléa exclut toute recherche d'équilibre. Le concept juridique de cause des contrats est donc beaucoup plus étroit que la causalité du sens commun. Il ne peut pas s'appliquer à la relation d'accessoire.

62. ——————————— *DIRECTIONS DE RECHERCHES*

Le caractère accessoire du cautionnement ne fait pas trop problème. Certains créanciers voudraient l'écarter pour éviter des moyens de défense. Ainsi les administrations fiscales et douanières cherchent-elles à se faire reconnaître une qualification extraordinaire de créancier pour lequel la sûreté personnelle accessoire n'existerait pas (v. *infra*, nos 215 et 354). De même la notion d'accessoire a-t-elle sus-

(53) C'est par erreur que les tribunaux invoquent le caractère personnel de l'extinction de la dette principale par une procédure collective : *infra*, n° 299.

cité l'intérêt lorsque les garanties à première demande se sont développées. Le droit des sûretés réelles a lui aussi invité à la réflexion sur le caractère accessoire de certaines sûretés, comme la réserve de propriété. On peut proposer deux critères de l'accessoire d'une créance : la vocation à servir la créance et l'exclusivité de cette fonction (M. Cabrillac, *Les accessoires de la créance in Mélanges Weill,* Dalloz-Litec, 1982, p. 107-120). Nombre de difficultés restent à résoudre, notamment à propos de la transmission de l'accessoire *(ibid.)*. C'est un sujet de réflexion commun aux sûretés personnelles et aux sûretés réelles.

63. — Absence de relation entre le cautionnement et le contrat liant le débiteur principal et la caution : principe et atténuation. — Le rapport entre la caution et le débiteur principal est l'objet de peu d'analyses (54). Il est multiforme (gratuit ou onéreux, conventionnel ou unilatéral, amical ou professionnel...) et n'a pas de qualification juridique précise. Plus exactement, il ne peut pas entrer dans les cadres des contrats nommés, bien qu'on dise souvent qu'il y a mandat donné à la caution de s'engager, ou qu'il y a gestion d'affaires si elle le fait de son propre chef. Il ne fait pas l'objet de contentieux et l'analyse superficielle a jusqu'à présent suffi.

En effet, il n'est pas permis à la caution d'invoquer des arguments tenant aux vicissitudes de ses relations avec le débiteur principal. Elle ne peut pas, par exemple, refuser de s'exécuter au motif que le débiteur principal ne lui a pas payé la commission due, ou qu'il l'a trompée. On lui refuse souvent la possibilité de soutenir que sa situation par rapport au débiteur a évolué et qu'en conséquence son engagement a pris fin (par exemple perte de la qualité de directeur de la société cautionnée). L'explication instinctive consiste à montrer combien de telles possibilités, si elles étaient ouvertes à la caution, rendraient la sûreté fragile. Il suffirait d'une entente malhonnête entre débiteur principal et caution pour que celle-ci puisse se libérer. Plus techniquement, on peut expliquer ceci en disant que le rapport débiteur principal-caution et le cautionnement ne forment pas un groupe de contrats et qu'en conséquence il n'y a pas de relation entre eux (55).

On a voulu justifier ce refus des relations entre les deux contrats par la thèse de la cause. L'argument est que, si le rapport débiteur-caution est bien la cause du cautionnement, cette cause n'est exigée qu'à l'instant de la conclusion du contrat. L'évolution ultérieure n'a plus d'importance. C'est, semble-t-il, une erreur. Tout comme nous avons vu que le contrat principal ne peut pas être la cause du cautionnement (n° préc.), le contrat débiteur-caution ne peut non plus être qualifié de cause au sens juridique, pour les mêmes raisons. En fait, nous le verrons, le cautionnement est un acte abstrait : pour renforcer le contrat qui est une sûreté, l'interprète ou le juge sont privés de la possibilité de prendre en considération la cause objective. Si tant est qu'une contrepartie existe (une sorte de *consideration* au sens anglais

(54) V. toutefois M. Remond-Gouilloud, *L'influence du rapport caution-débiteur sur le contrat de cautionnement : J.C.P.* 77, I, 2850.

(55) V. par antithèse B. Teyssié, *Les groupes de contrats,* L.G.D.J., 1975.

de gain pour une partie ou de perte pour l'autre), on n'en veut rien savoir (56). On fait abstraction de la cause objective.

En revanche, la cause subjective (le motif) continue d'exister. La caution ne peut invoquer pour sa défense les motifs personnels qui l'ont poussée à s'engager, même s'ils proviennent de son contrat avec le débiteur principal. Ces motifs servent simplement à contrôler la moralité du contrat. Peu importe que la caution ne reçoive pas les sommes ou avantages à elle promis par le débiteur principal ; ceci ne rend pas le cautionnement immoral.

Une exception, qui n'en est une qu'en apparence. Si le créancier exige l'engagement comme caution d'une personne déterminée, choisie pour certaines de ses qualités (époux du débiteur principal, dirigeant de la société débitrice principale par exemple), alors ce motif sera pris en considération et pourra être invoqué par la caution qui perd la qualification considérée ; en réalité, plus qu'un motif entré dans le champ contractuel, on prend ici en considération la coloration d'*intuitus personae* qu'il confère au cautionnement. En ce sens alors, et dans cette seule limite, la relation débiteur-caution aura une influence sur le cautionnement ; toutefois ce n'est pas vraiment le contrat débiteur-caution, c'est plutôt la qualification de la caution qui est prise en considération.

64. ——— *DIRECTIONS DE RECHERCHES*

Sur les relations débiteur-caution et le refus de les prendre en considération, bien des recherches devraient être menées. Les qualités des cautions professionnelles, leur façon de procéder envers le débiteur principal, notamment les contrats qu'elles rédigent, sont intéressants.

Les arguments que les cautions intégrées à l'activité du débiteur principal (époux, dirigeant de la société cautionnée...) invoquent pour se libérer en cas de perte de leur qualité portent souvent sur la disparition de la cause. La Cour de cassation affirme malheureusement pour elles que la cause était la considération du crédit fourni au débiteur principal par le créancier, formule proche de celle des tribunaux anglais. L'erreur tient à une qualification incorrecte de la situation qui, en réalité, n'entre pas dans le concept de cause. Certaines juridictions du fond, percevant intuitivement le problème, ont cherché des solutions pour libérer les cautions des dettes postérieures à la perte de leur qualification (Trib. com. Seine, 19 juin 1962 : *D.* 1962, 769, note R. Savatier : promesse de contrat ; Rouen, 28 janv. 1972 : *Gaz. Pal.* 1972, 1, 32, note D. Desforges : étendue de l'engagement ; parfois une faute plus ou moins imaginaire du créancier ou une cause de nullité fantomatique). Ces efforts prouvent le besoin d'un vrai régime juridique ; à notre avis c'est dans le concept d'événement supplétif du terme qu'il faut le chercher : v. *infra*, n° 182 et s. (57).

(56) Il faut noter que les Anglais, eux, ont étendu au cautionnement l'exigence d'une considération ; mais pour ce faire ils doivent admettre que la considération existe dès lors que le créancier consent quelque avantage au débiteur principal (terme éloigné, réduction d'intérêt...). Ainsi, dès que la créance garantie est à terme, la considération existe. L'exigence paraît un peu formelle mais elle permet de sauvegarder l'uniformité du système juridique : tous les contrats (autres que ceux conclus sous forme de *deed*, sorte d'acte authentique) doivent reposer sur une considération.

(57) Pour une présentation détaillée des situations de fait et des arguments, ainsi que pour une analyse plus approfondie, v. C. MOULY, *Les causes d'extinction du cautionnement, op. cit.*, n°s 341 à 359.

SECTION II

LE CONTRAT DE CAUTIONNEMENT LUI-MÊME

65. — Aspects particuliers. — Le particularisme du cautionnement se manifeste tout autant dans son régime juridique, flou sur de nombreux points, qu'il s'est manifesté dans son contexte. Même isolé des autres contrats qui l'entourent, le cautionnement appelle la réflexion. Parce qu'il est multiforme, les qualifications sont différentes (A). Parce qu'il est unilatéral et parce qu'il engage lourdement un contractant qui n'a pas d'intérêt à la dette ni de contribution définitive, ses conditions de formation sont quelque peu complexes (B). Parce qu'il est une sûreté, dont l'avantage essentiel est de s'adapter aux dettes garanties, le régime de son étendue soulève de vives controverses (C).

§ 1. — Les caractères principaux du cautionnement

66. — Le cautionnement est une sûreté personnelle. — Qualification de base en la matière, celle de sûreté personnelle emporte deux conséquences importantes, que nous avons déjà vues (*supra*, n° 25 et s.). D'abord le cautionnement offre à son bénéficiaire (le créancier) une action en justice supplémentaire contre la caution qui s'engage. C'est sa finalité première. Toute la difficulté est alors de préciser les conditions auxquelles cette action s'ouvre et les moyens de défense que peut invoquer la caution. C'est en ce domaine que le cautionnement se distingue des sûretés non accessoires, et d'autres sûretés accessoires.

Ensuite, deuxième conséquence de sa nature de sûreté personnelle, le cautionnement permet à la caution de ne pas supporter la contribution définitive à la dette qu'elle a payé. Les inférences positives en sont les recours de la caution, les inférences négatives tiennent à l'absence d'intérêt à la dette, qui prive la caution d'une vocation à l'information ou à la négociation sur les facteurs d'une croissance ou d'une chute de la dette. Des batailles d'arguments ont de tous temps existé pour contrebalancer cet inconvénient par des protections particulières : prescription plus courte (loi *furia de sponsu*, à Rome), prise en charge modérée par le créancier de certains intérêts de la caution (son recours subrogatoire par exemple : C. civ., art. 2037), information systématisée (L. 1er mars 1984, art. 48), en sont des exemples.

67. — Le cautionnement est un contrat. — Ceci implique que les conditions générales de formation des contrats lui sont applicables. Contrat unilatéral, le cautionnement n'est pas un acte unilatéral ; il ne peut naître de la seule volonté de la caution et l'acceptation du créancier est nécessaire. Toutefois le principe est appliqué avec souplesse et l'acceptation du créancier n'a besoin de revêtir aucune forme spéciale. Toute attitude de sa part constituant l'indice d'une volonté d'accepter le cautionnement est suffisant pour permettre au juge d'établir sa volonté réelle. Si par exemple il exige l'exécution par la caution de son engagement, amiablement ou en justice, il y a là preuve suffisante de son acceptation (58).

De même, lorsque le cautionnement est donné en faveur de tout créancier éventuel du débiteur, à l'exemple des garanties professionnelles des agents immobiliers ou des notaires, le créancier ne démontrera son acceptation de la sûreté que lorsqu'il réclamera une indemnisation par le garant.

Il est toutefois des cas où l'intervention positive du créancier est requise ; ce sont ceux de certains cautionnements légaux ou judiciaires. Le créancier pouvant exiger un cautionnement conforme aux prescriptions légales, il peut aussi refuser une caution qui n'y satisfait pas. Inversement, si le créancier ne se manifeste pas, le débiteur peut exiger le bénéfice de l'avantage (délai, remise, passation du contrat...) qui est conditionné par le cautionnement. Néanmoins le Nouveau Code de procédure civile n'a pas repris la procédure spéciale de réception forcée prévue par l'ancien code ; la procédure de droit commun suffira, en référé si la mesure demandée est provisoire ou évidente.

68. — Contrat consensuel. — Depuis qu'au Moyen Age les canonistes ont fait triompher le principe du consensualisme, tout contrat est considéré comme consensuel, à moins qu'il n'en soit autrement disposé par la loi ; et quand une formule légale pourrait apparaître comme une condition de forme ajoutée au consentement, elle est le plus souvent interprétée comme une règle de preuve afin de ne pas altérer le caractère consensuel du contrat. Ainsi entendait-on l'article 2015 du Code civil qui exige que le cautionnement soit *exprès* et l'article 1236 du même code qui exige une reproduction manuscrite de l'essentiel de l'engagement.

Pendant les années 80, au contraire, la tendance se fit jour d'annuler les cautionnements qui ne répondaient pas à ces exigences. Ainsi était indirectement imposée la formalité d'un écrit précis (v. *infra*, n° 103 et s., ces conditions de forme ou de preuve). Le formalisme battit en brèche la théorie du consensualisme souverain. En mars 1989, la Cour de cassation revint à l'analyse traditionnelle des exigences légales en des règles de preuve. Le formalisme, mal intégré à notre monde encore très rationaliste, était venu trop tôt.

La réglementation protectrice du consommateur a été enrichie en 1989 d'une condition formelle de validité des cautionnements donnés par des personnes physiques en garantie d'un crédit à la consommation (59) : la caution doit écrire à la main une formule com-

(58) Req., 28 août 1872 : *D.P.* 1872, 1, 396. — Com., 13 nov. 1972 : *Gaz. Pal.* 1973, 1, 143, note D. MARTIN. — V. aussi P. SIMLER, *op. cit.*, n° 99.

(59) L. 10 janv. 1978, art. 7-1 et 7-2, et L. 13 juill. 1979, art. 9-1 et 9-2.

pliquée, à peine de nullité de son engagement [v. *infra*, n° 111 (conditions de preuve), et n° 134 (cautionnement donné par un consommateur)].

69. — Contrat de bonne foi ? — Cette qualification n'a pas, en droit français, la signification qu'a celle de contrat *uberrimae fide* en Common law où elle impose aux parties des obligations d'information réciproques lors de la conclusion du contrat. Le cautionnement n'est généralement pas considéré comme un contrat de bonne foi. Pourtant l'information de la caution sur l'étendue du risque d'insolvabilité du débiteur principal est un élément important ; mais on n'a pas encore forcé le créancier (par exemple une banque) à dévoiler de lui-même des informations qu'il détient sur la situation ou la moralité du débiteur principal. Les juges et juristes français considèrent généralement qu'il appartient à toute personne de bonne foi qui s'engage comme caution de se renseigner elle-même sur l'étendue du risque qu'elle court, ce qui nous paraît être de bonne politique et parfaitement conforme à l'idéal de responsabilité de chacun. Le droit n'aide que les gens vigilants ! (La caution peut, dans sa recherche d'informations, interroger le créancier ; un silence abusif de celui-ci pourrait alors constituer un dol) (60).

70. — Contrat intuitu personae ? — Il est certain que la considération des personnes joue souvent un rôle dans l'opération de cautionnement. La solvabilité du débiteur principal et celle de la caution, la qualité du créancier, celle de la caution, bien des éléments subjectifs entrent en jeu. Est-ce suffisant pour dire que le cautionnement est un contrat *intuitu personae* ? Assurément pas. Ces qualités sont du même ordre que celles de tout contractant. La personne du débiteur n'est pas « réifiée », elle n'est pas considérée comme un élément de l'exécution (61).

Le problème lié à la considération de la personne du débiteur relève de l'objet du cautionnement plus que de ses caractéristiques. Nous l'étudierons à travers les avatars de la personne du débiteur, parmi les causes d'extinction (*infra*, n° 312 et s.).

Dans les cautionnements sans limite, où la caution garantit toutes les dettes que le débiteur principal pourra avoir envers le créancier bénéficiaire du cautionnement, cette caution n'a pas d'autres points de repères que la personne du débiteur principal et du créancier. Les éléments qui, dans un tel contrat, suppléent à la connaissance du montant de son engagement tiennent dans la connaissance de ceux qui le détermineront. Connaissant le débiteur, connaissant le créancier, connaissant l'obligation garantie, la caution peut déduire les bornes

(60) Retenu par Civ. 1re, 10 mai 1989 : *Bull. civ.* I, n° 187, p. 124 ; *D.* 1989, I.R. 112 ; *Gaz. Pal.* 1989, pan. 146 ; *Banque* 1989, p. 758, obs. J.-L. Rives-Lange.

(61) V. le développement de cette idée de réification de la personne de l'exécutant par M. Contamine-Raynaud, *L'intuitus personae dans les contrats,* thèse dactyl., Paris, 1974, p. 140.

prévisibles du passif couvert. Toute modification de ces paramètres emporte, à notre avis, un bouleversement du contrat justifiable de son extinction pour l'avenir (62).

Enfin il se peut que le créancier exige telle caution particulière, en raison de ses qualités propres ou de sa relation avec le débiteur principal (*supra*, n° 15). Il y a alors certainement une part d'*intuitus personae* pouvant justifier l'extinction pour l'avenir des cautionnements à exécution successive lorsque la caution perd la qualité considérée.

Ainsi, si le cautionnement n'est pas, dans la majorité des cas, un contrat *intuitu personae*, il n'en demeure pas moins que les parties peuvent établir que la considération de telle ou telle personne a joué un rôle important dans l'esprit des parties. Point n'est besoin de formule particulière dans le contrat ; le droit commun des preuves permet que, même en matière civile, la preuve libre soit admise si un commencement de preuve par écrit existe.

71. — Contrat accessoire et non subsidiaire. — C'est là le caractère majeur du cautionnement ; au sein des sûretés personnelles, il est le prototype des sûretés accessoires, de celles qui trouvent leur support et une large part de leur régime juridique dans l'obligation garantie. Nous avons déjà examiné la nature et la portée de ce caractère (*supra*, n° 59).

Précisons ici qu'il ne faut pas confondre accessoire et subsidiaire. Bien que la terminologie ne soit pas claire (63), on peut considérer comme accessoire l'engagement qui n'existe que pour être au service du principal. L'engagement subsidiaire est celui qui ne peut être mis en jeu qu'en second, après le principal. La notion de subsidiarité emporte une idée de rang dans les poursuites : le principal en premier, le subsidiaire en second.

En ce sens on peut affirmer que le cautionnement n'est pas subsidiaire. Le créancier peut poursuivre la caution en premier ou en même temps que le débiteur principal. Dans le cautionnement simple, la caution a une exception de procédure pour obtenir du créancier, à certaines conditions, qu'il discute d'abord les biens du débiteur principal (bénéfice de discussion) ; mais si les conditions de ce bénéfice ne sont pas remplies, le créancier peut obtenir paiement direct de la caution, sans avoir à prouver que le débiteur est insolvable.

Dans certains cas au contraire, la loi fait obligation au créancier de fournir la preuve de l'impossibilité ou de la grande difficulté d'obtenir l'exécution du principal obligé. Par exemple, l'associé dans la société en nom collectif ou dans la société civile n'est responsable des dettes sociales que si des poursuites ont été effectuées contre la société et ont été vaines (L. 24 juill. 1966, art. 10 et C. civ., art. 1858). En ce cas le cautionnement est subsidiaire ; le contrat de cautionnement peut procurer le même résultat par une rédaction appropriée.

---

(62) C. Mouly, *Les causes d'extinction du cautionnement, op. cit.*, n°s 333 à 335.

(63) V. par ex. H.L.J. Mazeaud et M. de Juglart, t. III, vol. 1, qui attachent au caractère subsidiaire qu'ils reconnaissent au cautionnement (n° 29) les conséquences que nous attachons au caractère accessoire.

72. — Contrat unilatéral. — En règle générale, le cautionnement ne fait naître d'obligation qu'à la charge de la caution ; il est pour cela unilatéral. Le fait que la caution n'ait guère de possibilités de défendre elle-même ses intérêts, en raison de son absence de contribution à la dette, entraîne pour le créancier un devoir un peu original : prendre en charge, pour partie, la protection des intérêts de la caution. Ce devoir est fondé d'une part sur la bonne foi renforcée par un intérêt commun dans les droits préférentiels qui peuvent assortir la dette principale et d'autre part sur une « équité » générale renforcée par le caractère accessoire du cautionnement. Il est exprimé, pour le cas d'existence de droits préférentiels, dans le bénéfice de subrogation de l'article 2037 du Code civil (64) ; mais ceci ne suffit pas à rendre tout cautionnement synallagmatique.

Si le cautionnement est donc le plus souvent unilatéral, la qualification est fonction du cas concret et non pas de principes abstraits ; si les parties conviennent d'obligations à la charge du créancier, le cautionnement deviendra synallagmatique. En ce cas, l'exception d'inexécution et la résolution par inexécution pourront être invoquées par la caution.

73. — Contrat onéreux. — L'opposition est grande en doctrine pour la qualification dans l'abstrait. Il y a bien quelque aspect de gratuité dans l'engagement de la caution qui ne reçoit point de contrepartie du créancier ; et la confusion s'accroît si l'on prend en considération la relation débiteur-caution qui est souvent une relation de famille ou d'amitié imprégnée de gratuité.

Il faut d'abord distinguer le cautionnement du contrat entre la caution et le débiteur principal. Le cautionnement, qui lie la caution au créancier, peut être onéreux alors même que la caution s'est engagée pour faire une libéralité au débiteur principal auquel elle ne compte pas demander le remboursement en cas de défaillance (65). Le créancier ignore les motifs qui guident la caution et le régime de la sûreté personnelle n'en est pas modifié (66).

En réalité, la qualification du cautionnement doit être déterminée non par la réalité des relations entre parties mais par le but qu'on veut atteindre grâce à la qualification, c'est-à-dire par le régime juridique auquel on veut soumettre le cautionnement (67). Veut-on imposer aux parties les conditions de formation renforcées des libéralités, parmi

---

(64) Sur ce devoir particulier du créancier, v. C. MOULY, *Les causes d'extinction du cautionnement,* n°s 445 à 455.

(65) Sur cette « libéralité », v. *supra,* n° 54, et F.-X. TESTU, *Le cautionnement-libéralité : J.C.P.* 89, I, 3377.

(66) Notamment il n'y a pas de raison, la libéralité étant ignorée du créancier, que celui-ci soit relevé de son devoir de loyauté et de la charge de conserver les recours de la caution, que sanctionne l'art. 2037 C. civ. : *supra,* n° 54.

(67) C'est d'ailleurs là la finalité normale des opérations de qualification : C. ATIAS, *Le droit civil,* P.U.F., Que sais-je, n° 2161, 1984, p. 53 : « La vertu première d'une qualification n'est pas le réalisme » ; la valeur des qualifications « se mesure uniquement à l'aune de leurs conséquences ».

lesquelles les protections du consentement sont importantes ? En ce cas, l'on qualifie le cautionnement de contrat à titre gratuit. Veut-on au contraire les écarter, la qualification de contrat onéreux s'impose. Ainsi ont fait les juges français en refusant d'inclure le cautionnement au nombre des actes visés par l'article 1422 du Code civil pour lesquels le consentement des deux époux communs en biens est nécessaire (68), ou en refusant de l'inclure au nombre des actes susceptibles d'annulation parce qu'ils ont été consentis dans la période suspecte qui précède une procédure collective (69). Les arguments au soutien de cette solution peuvent être techniques : le cautionnement n'emporte pas dessaisissement immédiat et définitif ; la caution n'est animée d'aucune intention libérale envers le créancier. Mais en fait la fin recherchée est bien plus importante : soumettre le cautionnement au régime normal, celui des actes onéreux. C'est une saine analyse, car faire de ce contrat d'affaires un acte à titre gratuit le rendrait trop fragile (70).

74. — Contrat civil ou commercial. — Ici encore la qualification est bien davantage fonction du régime juridique qu'on veut appliquer à un cautionnement déterminé que d'une analyse technique du contrat. Certes le cautionnement, étudié le plus souvent à travers le service d'ami, a une coloration civile ; mais à l'inverse le cautionnement donné entre commerçants, celui donné par les sociétés et bien d'autres encore exhalent un fort parfum de commercialité.

Les conséquences de la commercialité du cautionnement sont tantôt favorables, tantôt défavorables à la caution. Tout dépend du cas concret :

— un cautionnement commercial relève de la compétence des tribunaux de commerce, ce qui permet de décliner celle des juges civils et, si l'affaire a été engagée devant eux par le créancier, de gagner du temps ;

— une clause attributive de juridiction ne sera efficace que si la caution et le créancier sont commerçants ;

— la prescription extinctive est décennale en matière commerciale au lieu d'être trentenaire ;

---

(68) Civ. 1re, 21 nov. 1973 : *Bull. civ.* I, n° 318 ; *D.* 1975, 549, note F. STEINMETZ. — Civ. 1re, 11 juill. 1978 : *Bull. civ.* I, n° 246, p. 207 ; *D.* 1979, I.R. 73, obs. D. MARTIN. — Civ. 1re, 27 janv. 1982 : *Bull. civ.* I, n° 46. — Civ. 3e, 16 nov. 1988 : *J.C.P.* 89, IV, p. 20. V. *supra*, n° 54.

(69) Com., 14 fév. 1989 : *Bull. civ.* IV, n° 62, p. 40. Malheureusement le rejet est motivé par la « découverte » d'une contrepartie imaginaire au cautionnement dans le fait qu'il « a permis à la S.A. Thébault de poursuivre son activité et à M. Thébault de conserver ses fonctions au sein de cette société ». Mieux eût valu constater simplement que les intentions de la caution envers le débiteur principal sont sans effet sur le caractère onéreux de la sûreté. — V. aussi Paris, 12 fév. 1982 : *D.* 1982, I.R. 295, obs. A. HONORAT. — Com., 20 mai 1968 : *Bull. civ.* IV, n° 161, p. 143. — *Contra* : en raison des faits : Com., 12 juin 1963 : *Bull. civ.* III, n° 298, p. 248 ; *Rev. trim. dr. com.* 1964, 159, obs. R. HOUIN.

(70) Rien n'empêche, au cas concret, de considérer qu'un cautionnement est une libéralité faite au créancier. Rien n'empêche non plus de considérer qu'un cautionnement est une libéralité faite par la caution au débiteur principal (Com., 12 juin 1963, préc. — Com., 12 mai 1982 : *D.* 1983, 320, note J. MESTRE) sans que ceci ait nécessairement une influence sur la qualification du contrat entre la caution et le créancier.

— mais la preuve y est libre et la mention manuscrite de l'article 1326 du Code civil n'est pas nécessaire ;

— la solidarité y est présumée.

Suivant la fin recherchée et suivant le contexte, on peut jouer sur les critères existant ou même, comme l'on fait les tribunaux français, créer un critère suffisamment flou pour bénéficier d'un plus grand arbitraire.

La commercialité par la forme semble s'imposer lorsqu'un effet de commerce est utilisé pour formaliser le cautionnement. Effet de cautionnement, qui est dépourvu de provision au sens classique mais qui est conçu par les parties comme une garantie ; aval, si l'on y voit une forme cambiaire du cautionnement.

La commercialité de fond peut d'abord provenir de l'opération principale et être une commercialité par accessoire. Comme le Code de commerce l'a prévu pour le gage (art. 91, al. 1er), on peut juger que le cautionnement d'une opération principale commerciale est lui-même commercial ; mais encore faut-il savoir pour qui l'opération principale doit être commerciale : pour le créancier, pour le débiteur, pour les deux ? Même avec ce critère, l'interprète garde quelque liberté.

Cette commercialité de fond peut être une commercialité à titre principal, c'est-à-dire qu'elle puise sa raison d'être dans le seul cautionnement. Un critère subjectif (attribué à la personne) présumerait commercial le cautionnement émis par une caution commerciale (présomption de commercialité de l'art. 638, al. 2, C. com.) sauf à elle à prouver qu'il est étranger à son commerce (71). Un critère objectif fera du cautionnement fourni par les établissements de crédit un acte de commerce en application de l'article 632, alinéa 8 du Code de commerce (opérations de banque), d'autant plus aisément aujourd'hui que la loi bancaire du 25 janvier 1984 a expressément rangé le cautionnement au nombre des opérations de crédit. Un autre critère objectif, inspiré des critères généraux de l'acte de commerce que la doctrine recherche perpétuellement, comme un graal introuvable, qualifie commercial le cautionnement parce qu'il serait, soit un acte d'entremise dans la circulation des richesses, soit un acte spécialisé, soit un acte d'entreprise.

On voit donc que les possibilités sont grandes ; mais un juge qui choisirait l'un de ces critères dans une affaire déterminée pour atteindre le but visé (retenir ou décliner sa compétence, déclarer le cautionnement prescrit ou valide, prouvé ou non, solidaire ou non) serait ensuite

(71) A moins qu'on n'annule cette présomption de commercialité par la présomption de « civilité » que la doctrine puise aux usages anciens du cautionnement ; ce que font très nettement les auteurs et les tribunaux belges, alors pourtant que l'art. 2 *in fine* de la loi du 15 déc. 1872 pose une présomption expresse de commercialité des actes d'un commerçant. — V. A. Meinertzhugen-Limpens, *Cautionnement en droit belge,* Bruylant, Bruxelles, 1878, n° 56. — Y. Niedzianagora, *Le contrat de cautionnement et le droit commercial* in *Unité et diversité du droit privé,* Éd. de l'Université de Bruxelles, 1983, p. 544-564, spéc. nos 7 à 10.

lié pour les autres cas par l'obligation implicite de cohérence entre ses décisions ; et si la Cour de cassation retenait l'un de ces critères, tous les juges français ou au moins une large part d'entre eux suivraient, ce qui ne manquerait pas de rigidifier un peu le cautionnement.

Pour conserver une large marge de liberté, les juges français, tant commerciaux que civils, ont lentement dégagé un critère de commercialité original, qui jusqu'à présent n'est appliqué qu'en matière de cautionnement. Ils l'ont fait contre l'avis général de la doctrine, qui en critique le flou et lui préfère le critère de la commercialité accessoire (accessoire de l'opération principale ou de l'activité principale de la caution). Ce critère jurisprudentiel de commercialité est appliqué souvent aux cautions fournies par des associés pour garantir les dettes de leur société. Relevant *l'intérêt indirect* qu'ont ces associés, surtout lorsqu'ils sont également dirigeants, à voir obtenir par la société un crédit qui lui permettra d'exercer son activité, les juges ont bâti sur lui un critère : *est commercial le cautionnement fourni par une caution qui a un intérêt personnel (d'ordre patrimonial) à la réalisation de l'opération principale* (72).

Cet intérêt patrimonial, on le trouvera souvent chez le P.-D.G. qui garantit les dettes de sa S.A. envers son banquier, chez le dirigeant de S.A.R.L. qui fait de même pour sa société ; on le trouvera parfois chez un administrateur, ou un associé qui participe à la gestion ; plus rarement chez les autres associés. On est pourtant allé le trouver chez un employé qui cautionnait son patron, car ceci lui permettait d'éviter la procédure collective de l'employeur et donc de conserver son emploi (73).

DIRECTIONS DE RECHERCHES

75. — Sociologie judiciaire. — Le développement de ce critère mérite l'attention. Pourquoi donc ce besoin d'arbitraire ? La ficelle est grosse, pour le cas du salarié ci-dessus visé autant que lorsque le juge qualifie de direct un intérêt qui n'existe que par un enchaînement de plusieurs causalités (74) ; et peu importe qu'un même cautionnement soit commercial pour certaines cautions (les dirigeants) et civil pour d'autres (les autres associés) (75). Que dire de l'intérêt trouvé chez des associés qui ne participent pas à la gestion dans les sociétés qui ne dégagent jamais de bénéfices ?

---

(72) La jurisprudence est volumineuse et floue. Elle date de plus d'un siècle et devient particulièrement fournie dans les dix dernières années. En voir la recension *in* P. SIMLER, *Le cautionnement, op. cit.*, n°s 73 et 74. — R. CONTIN et H. HOVASSE, note sous Com., 10 fév. 1971 : *D.* 1971, 604. — J. MESTRE, note sous Com., 20 juill. 1981 : *Rev. jurispr. com.* 1982, 59. — C. MOULY, note sous Trib. com. Paris, 22 sept. 1982 : *Rev. jurispr. com.*, 1983, p. 145, spéc. n° 6.

(73) Lyon, 27 juin 1931 : *D.H.* 1931, 531 et, plus récemment, alors pourtant que le motif est moins opérant aujourd'hui ; Chambéry, 24 janv. 1983, inédit, *Banque Vernes et Commerciale* c. *Galle.*

(74) V. par ex. la motivation de Trib. com. Paris, 14 déc. 1983 et son examen in *Rev. jurispr. com.* 1984, p. 305, note C. MOULY et P. DELEBECQUE, spéc. n° 4.

(75) V. par ex. : Civ. 1re, 15 juill. 1981 : *Bull. civ.* I, n° 255, p. 211.

...Y a-t-il en jurisprudence des sous-critères de l'intérêt personnel (détention de parts sociales ? et à partir de quel pourcentage ? profits tirés de la société ? participation à la gestion ? etc.) ou bien ne trouve-t-on que le plus parfait arbitraire sous une motivation de façade ?

...Y a-t-il en jurisprudence un équilibre global entre les solutions favorables aux créanciers et celles favorables aux cautions ?

...Quelles sont les conséquences les plus fréquentes des choix jurisprudentiels : nullité ou validité ? preuve ? prescription ? solidarité ? compétence ?...

...Ce critère de l'intérêt personnel préfigure-t-il celui d'un droit des affaires qui couvrirait des activités profitables, civiles comme commerciales ?

76. — Explication ? — L'utilisation de ce critère de l'intérêt personnel de la caution a au moins deux avantages aux yeux des juges.

Le premier avantage est de leur permettre de juger en équité et de libérer ou de condamner la caution en fonction d'une impression (d'un « hunch » disent les Américains) généralement difficile à exprimer.

Le deuxième avantage est, dans le même sens, de leur permettre de faire en partie rentrer dans la communauté commerciale les dirigeants de S.A. ou de S.A.R.L. Bien qu'en principe ils soient civils et n'effectuent, à titre personnel, que des actes civils, il y a trop de sociétés d'un seul homme (dites péjorativement sociétés de façade) en France pour qu'on ne sache pas que ces sociétés sont des entreprises personnelles pour lesquelles la forme sociale n'est qu'une technique d'organisation de l'activité. Par le biais du critère d'intérêt personnel, le maître de l'affaire se verra personnellement appliquer certaines règles du droit commercial (76).

77. — Contrat aléatoire ? — La distinction entre contrats aléatoires et contrats commutatifs ne s'applique qu'aux contrats synallagmatiques. C'est logique puisqu'elle repose sur l'évaluation des prestations et contreprestations, chose impossible dans un contrat unilatéral où il n'y a pas de contreprestation. Tant qu'il est unilatéral, un cautionnement ne sera donc pas justiciable de l'une ou l'autre qualification.

Si le cautionnement donné est synallagmatique, en raison de l'existence d'obligations à la charge du créancier, il est alors aléatoire, car le risque pour la caution de devoir payer est, exactement comme dans l'assurance, suspendu à des circonstances extérieures à la volonté des parties. De même, si l'on souhaite étendre la qualification de contrat aléatoire au cautionnement unilatéral, on trouvera systématiquement un aléa puisque tout contrat onéreux devient aléatoire dès que « les prestations à fournir dépendent dans leur existence ou leur quotité d'un événement incertain » (77).

(76) Pour une démonstration plus développée, v. C. MOULY, note *Rev. jurispr. com.* 1983, p. 145. — C. MOULY et P. DELEBECQUE, note *Rev. jurispr. com.* 1984, p. 305.

(77) A. COLIN et H. CAPITANT, *Cours élémentaire de droit civil français,* 10e éd., par L. JULLIOT DE LA MORANDIÈRE, t. II, Dalloz, 1948, n° 1250, p. 817. — V. aussi C. MOULY, *Les causes d'extinction du cautionnement,* Litec, Paris, 1979, n° 260, note 2, p. 334.

Cette idée ne peut à elle seule justifier l'annulation d'un cautionnement donné alors que le débiteur est déjà insolvable (au motif qu'il n'y aurait alors aucun aléa dans le risque de paiement), ne serait-ce que parce que la caution peut parier sur son rétablissement avant l'exigibilité de la dette (78). De même, elle est peu utile à la qualification de la créance de remboursement (éventuelle, conditionnelle, aléatoire ?) de la caution contre le débiteur, qualification importante pour lui accorder ou lui refuser des actions en garantie contre ce débiteur principal (79).

En réalité, en cette matière comme dans les matières précédentes, la qualification sera fonction du résultat recherché par l'interprète.

§ 2. — Les conditions de formation du cautionnement

78. — Importance. — Le régime d'une sûreté doit donner au créancier la certitude qu'elle ne sera pas affaiblie par des vices juridiques lorsqu'il sera contraint de la mettre en œuvre, et cette considération plaide en faveur d'une simplicité de constitution. En sens inverse, les expériences dramatiques de cautions imprudemment engagées incitent les législateurs à multiplier les conditions de formation afin de protéger les garants contre les créanciers inquiets, les débiteurs optimistes et leur propre imprévoyance. Le droit français est en ce domaine un peu moins interventionniste que certains de ses voisins mais renforce néanmoins les conditions de formation des cautionnements. Les conditions générales à tous les cautionnements, déjà plus sévères que le droit commun (A), sont parfois complétées pour certains types de cautionnements (B).

A. — Conditions générales

79. — Typologie. — Le premier type de conditions de formation affecte la validité du cautionnement et leur violation est sanctionnable par la nullité du contrat. Ces conditions, empruntées au droit commun des obligations, ne nécessitent que des adaptations au cautionnement. Le second type de conditions de formation affecte la preuve du cautionnement et leur défaut rendra seulement plus difficile la tâche du créancier qui tentera d'obtenir l'exécution du cautionnement ; parfois même, ne pouvant établir l'existence du cautionnement, il sera en fait privé de sa sûreté. Ces conditions de preuve sont à rapprocher des conditions d'opposabilité des sûretés réelles ; elles ont le même but de protection mais ici à l'avantage de la caution.

Il faut toutefois noter que les conséquences ne sont pas toujours les mêmes. Ainsi la publicité des sûretés personnelles n'est assurée

---

(78) En sens contraire, deux arrêts de cours d'appel ont été publiés et il doit en exister d'autres restés ignorés. Les considérations d'espèces et la solution recherchée par les juges peuvent tout aussi bien expliquer la libération de la caution que cette motivation.

(79) V. C. Mouly, *Les recours anticipés de la caution contre sa sous-caution : J.C.P.* 80, I, 2985.

que lorsque le créancier ou la caution sont soumis à l'obligation de tenir une comptabilité commerciale ; les cautionnements doivent alors être inscrits dans des comptes spéciaux en annexe du bilan (80). L'absence de publicité n'est pas sanctionnée par l'inopposabilité mais par des amendes ou par la banqueroute (81). Régulièrement des propositions sont faites pour que les cautionnements soient soumis à publicité obligatoire dans un registre public spécial ; un tel excès de précautions ôterait au cautionnement son avantage de simplicité et d'économie.

1° Conditions de validité

80. — Application. — L'article 1108 du Code civil énumère les conditions qui sont de l'essence de toute obligation et, par conséquent, de tout cautionnement. La matière pourrait n'être que de transposition, n'était la propension de nombreuses cautions à tenter de se libérer en invoquant un vice de l'une des quatre conditions de validité. En soulevant maints arguments et contre-arguments, elles soulignent les multiples facettes du cautionnement et font vivre le droit.

a) Consentement

81. — L'absence de particularité. — Le consentement donné est si lourd de conséquences que sa réalité et son contenu doivent être scrutés. Par exemple, l'engagement signé par une personne qui est mandataire social engage-t-il la société ou le signataire ? Dans le doute, seule la société doit être tenue (82).

La caution non professionnelle a parfois le sentiment, quand le créancier exige le paiement, d'avoir été trompée : la garantie ne devait être que de pure forme, plus morale que juridique ; et tout à coup il lui est demandé de payer, et de payer une somme qui, grossie des pénalités, intérêts et frais de recouvrement, est parfois beaucoup plus élevée que le principal de la dette sur lequel elle avait évalué son risque. L'argument d'un vice du consentement vient alors à l'esprit.

---

(80) Comptes de la classe 8 dans le nouveau plan comptable. — V. A. VIANDIER, *Droit comptable,* Dalloz, 1984, nos 260-261.

(81) A. VIANDIER, *op. cit.*, n° 279 et s., spéc. nos 285, 292, 299.

(82) Rappr. Com., 8 mars 1978 : *Rev. soc.* 1978, p. 83, note Y. CHARTIER, qui a excellemment jugé qu'un associé n'est engagé personnellement par un acte de la société (même en formation) que s'il est prouvé par un acte émanant de lui qu'il s'est personnellement engagé. De même, toute interprétation d'une attitude d'un associé comme cautionnement de la société est contraire à l'art. 2015 C. civ.

Mais les juges peuvent être sévères, comme ceux qui jugèrent que le directeur qui signe comme mandataire social peut se lier personnellement : *Chapleo* v. *Brunswick Perm. Bldg. Soc.* (1881), 6 Q.B.D. 696 (C.A.). Aussi les auteurs de Common law recommandent-ils de bien formaliser la qualité de mandataire social : K.P. MCGUINNESS, *The Law of Guarantee,* Carswell, Toronto, 1986, n° 5.22.

82. — Sens de l'exigence d'un consentement *exprès*. — Le Code civil a pris en considération la situation particulière de la caution dans son article 2015. Toutefois, bien qu'il exige un consentement exprès, il n'impose aucune condition de validité spéciale. L'exigence n'est que de preuve, comme le souligne la double interdiction des présomptions (83).

Le consentement à un cautionnement est trop lourd de conséquences pour qu'on puisse le déduire d'une promesse imprécise ou ambiguë, susceptible de signifier bien d'autres choses qu'une garantie de dettes au sens juridique. De la promesse à l'engagement véritable, il y a chez un grand nombre de personnes une distance que les juristes veulent conserver pour le cautionnement parce que la promesse d'un cautionnement semble d'autant moins coûter qu'elle n'a pas d'effet pécuniaire immédiat. S'y ajoute la pression psychologique à laquelle la caution est soumise puisque le cautionnement lui est souvent présenté comme un engagement qui ne viendra pas à exécution (donc sans danger pour elle) mais qui rend service immédiatement au débiteur. Pour la protéger, un cautionnement qui n'est pas exprès n'est pas établi. Ainsi la clause qui affirme l'égalité de traitement des créanciers ne permet pas d'étendre à l'un d'eux le cautionnement exigé par l'autre (84). Ainsi l'aval de billets à ordre ensuite annulés par leur bénéficiaire ne présume pas le consentement à un cautionnement des dettes matérialisées par les billets à ordre (85).

Un consentement exprès ne signifie pas un consentement formel. Aucun mot sacramentel n'est requis, aucune formule spéciale n'est imposée, pas même le mot de cautionnement. Il suffit que le contrat manifeste l'intention de payer en cas de défaillance du débiteur (86). A travers ce critère doivent être appréciés les vices du consentement.

83. — La violence. — Elle est envisageable mais rare car elle ne peut pas prendre la forme d'une contrainte économique ; en effet,

---

(83) Le style concis du Code civil s'accommode rarement d'une telle répétition : « le cautionnement ne se présume pas » qui interdit toute présomption, suivi de « il doit être exprès » qui impose une manifestation autre que l'ambiguïté qu'engendre un simple comportement.

(84) La cour de Nîmes a excellemment jugé qu'une banque ne pouvait invoquer une clause *pari passu* qui organise l'égalité des sûretés entre créanciers pour se prétendre bénéficiaire d'un cautionnement hypothécaire qu'elle n'avait pas exigé. La banque avait consenti un prêt de 200 000 F en concordance avec un prêt du F.D.E.S. de même montant, sous condition d'un cautionnement hypothécaire à chacun des deux créanciers. Son prêt déclenchait l'octroi du prêt F.D.E.S. Elle octroie son prêt sans exiger le cautionnement hypothécaire ; le F.D.E.S. octroie le sien et demande le cautionnement hypothécaire. Après redressement judiciaire de la société débitrice, la banque essayait de devenir bénéficiaire du cautionnement hypothécaire. La cour de Nîmes souligne justement qu'aucun consentement n'avait été donné à la banque par la caution (*Bonnet* c. *Banque Marze,* 22 fév. 1989).

(85) Com., 24 janv. 1989 : *Bull. civ.* IV, n° 32, p. 19, qui vise l'art. 2015 C. civ. ; la solution doit être approuvée car si l'aval est la forme cambiaire du cautionnement il ne doit pas lui être assimilé. En l'espèce, le créancier bénéficiaire des billets avalisés qu'il avait ultérieurement annulés espérait établir le cautionnement fondamental grâce au document par lequel le donneur d'aval s'engageait à donner son aval.

(86) Un exemple très net est fourni par Com., 28 avril 1987 (*D.* 1988, 341, note D. GRILLET-PONTON) : une société mère donne à une banque l'autorisation de passer au débit de son compte courant toute somme qui serait due par ses filiales à la banque au titre de conventions données. Cette autorisation est qualifiée de cautionnement par les juges et ils en tirent la conséquence qu'elle devait respecter la procédure spéciale aux cautionnements (L. 1966, art. 98).

la crainte de la perte des biens n'est pas équivalente à celle d'un dommage physique (87).

84. — L'erreur (et la solvabilité du débiteur). — L'erreur est une cause d'annulation fréquemment invoquée. La caution se plaint souvent d'avoir mal évalué la solvabilité du débiteur ou, plus finement, de n'avoir pas été en mesure de l'évaluer correctement. Différentes qualifications sont employées, parfois avec un succès que le contexte émotionnel explique mieux que la qualification juridique. L'erreur sur la substance peut ainsi être commise par une caution illétrée et ignare qui aurait confondu l'engagement juridique avec une simple garantie morale (88). L'erreur sur l'étendue de l'engagement serait le fait de celui qui garantit le remboursement des dettes d'un notaire indélicat avant que la totalité du passif ne soit dévoilée (89). L'erreur sur la cause de l'engagement (90) ou même celle sur son motif (91) couvrant une erreur sur la solvabilité du débiteur (92) ont été admises !

Devant un semblable laxisme, deux rappels sont nécessaires :

— l'erreur doit être déterminante (93) ;

---

(87) V. toutefois Com., 4 juin 1973 : *D.* 1973, I.R. 180, qui annule pour violence le cautionnement souscrit par une veuve « sous la contrainte de son beau-père... (car) étant sans ressources, elle n'avait accepté d'être employée dans l'entreprise dudit beau-père qui assurait sa subsistance et celle de ses enfants que pour ne pas quitter la localité où elle avait habité avec son mari ». — Rappr. Com., 15 mai 1968 : *Bull. civ.* IV, n° 155.

(88) Une telle solution a été donnée dans une espèce savoureuse : Civ. 1re, 25 mai 1964 : *Bull. civ.* I, n° 269, p. 210 ; *D.* 1964, 626.

(89) Civ. 1re, 17 juill. 1979 : *Gaz. Pal.* 1979, pan. 16-18 déc.

(90) Avec une motivation dénotant la confusion des genres, les juges ont ainsi libéré une caution de 73 ans, de condition modeste, qui avait cautionné sans limite une S.C.I. parce que « l'erreur a porté non seulement sur l'étendue et les conséquences du cautionnement mais encore sur l'objet et même sur la cause de l'opération envisagée » (Civ., 14 juill. 1979 : *D.* 1979, I.R. 536).

(91) Par ex. Civ. 1re, 1er mars 1972 : *Bull. civ.* I, n° 70, p. 64 ; *D.* 1973, 733, note P. MALAURIE. La Veuve tranquille a dû perdre sa sérénité après l'annulation par la Cour de cassation le 1er mars 1972 du cautionnement garantissant les 4 000 F de prêt par elle consenti au motif que, lors du cautionnement, les débiteurs principaux étaient déjà insolvables car le mari était en redressement judiciaire. — Com., 11 fév. 1986 : *Gaz. Pal.* 1986, 1, pan. 69 ; *Banque* 1986, p. 402, obs. J.-L. RIVES-LANGE, dans lequel la caution souhaitait faciliter le maintien d'un crédit que la banque n'avait plus l'intention de conserver.

(92) Sur la notion d'erreur sur la solvabilité, v. les fines distinctions faites par P. MALAURIE et L. AYNÈS, 2e éd., n° 130. — *Adde* pour une étude de jurisprudence : L.-M. MARTIN, *Difficultés de mise en œuvre du cautionnement. Contentieux de la validité : Banque* 1986, p. 532.

(93) En dépit des exemples précédents, la Cour de cassation le rappelle souvent : Civ. 1re, 25 oct. 1977 : *Bull. civ.* I, n° 388, p. 306. — Civ. 1re, 30 mai 1978 : *Bull. civ.* I, n° 207, p. 165. — Ou encore Com., 2 mars 1982 : *J.C.P.* 82, IV, 177, qui casse l'arrêt d'une cour d'appel qui n'a pas recherché si les cautions avaient fait de leur croyance en la situation prospère du débiteur une condition de leur engagement. Cette formule est comme une litanie : Civ. 1re, 19 mars 1985 (*Bull. civ.* I, n° 98). — Civ. 1re, 11 fév. 1986 (*Bull. civ.* I, n° 22 ; *D.* 1987, somm. 446, obs. L. AYNÈS qui relève combien la formule est « aussi classique qu'irréaliste », signifiant par là qu'elle permet au juge d'écarter l'erreur quand bon lui semble, les cautions n'écrivant jamais dans leur contrat que le débiteur doit être solvable).

— et le créancier ne saurait avoir l'obligation d'informer la caution de faits pour lesquels il est loisible à celle-ci de trouver des renseignements par elle-même (94).

De telles conditions sont parfois remplies (95), suffisamment rarement pour que l'erreur reste le remède à faibles statistiques qu'elle doit être.

85. — Le dol. — Il fut une période où l'argument d'une conduite déloyale du débiteur était souvent invoqué afin de montrer que l'ignorance et l'erreur de la caution n'étaient pas de son fait.

Si la qualification de dol était employée par emphase, l'argument se retournait contre la caution car les tribunaux, soucieux de ne pas affaiblir le cautionnement, appliquèrent littéralement l'article 1116 du Code civil pour refuser tout dol qui n'émanait pas du cocontractant, c'est-à-dire du créancier (96).

DIRECTIONS DE RECHERCHES

86. — Imprécision du dol. — L'erreur et le dol, que tous les systèmes juridiques ne distinguent pas et qu'il est même malaisé de distinguer en France, comptent parmi les arguments favoris des cautions de tous horizons qui ne font pas profession de cautionner autrui. Les juges ont ainsi été conduits à élaborer un cadre de référence au fil des espèces. V. le volumineux case law britannique sur la *misrepresentation* commenté *in* Rowlatt, *Principal and Surety,* 4e éd., Sweet & Maxwell, London, 1982, p. 120-126. Le changement imprévu des circonstances peut libérer la caution, tout comme « l'oubli » par le créancier de révéler des informations sur le contrat ou le débiteur qui sortent de l'ordinaire.

87. — Manœuvres du débiteur principal. — Les manœuvres ou la déloyauté du débiteur sont rarement une cause d'annulation du cautionnement : V. par ex. le *Restatement* américain *on Security,* art. 119 (1re éd., 1941) qui affirme que ni la fraude ni la violence commises par le débiteur à l'encontre de la caution ne peuvent être invoquées par elle contre le créancier de bonne foi.

En droit français, le dol du débiteur aurait techniquement pu être accepté, soit à travers l'erreur qu'il engendre parfois (97), soit en considérant le débiteur comme représentant du créancier, ce qui permettrait d'intégrer dans le cautionnement

(94) La matière mérite réflexion car il est difficile de tracer la limite abstraite entre les faits exceptionnels ou inattendus que le créancier doit révéler et ceux qui relèvent de la seule sagacité de la caution. — V. pour la négation d'une obligation d'information ; Com., 16 fév. 1982 : *J.C.P.* 82, IV, 158 ; en général, quand la caution est associé de la société cautionnée : Civ. 1re, 10 juin 1987 : *D.* 1987, somm. 445, obs. L. AYNES et la jurisprudence citée.

(95) Ex. : Com., 11 fév. 1986 : *D.* 1987, somm. 446, obs. L. AYNES, qui libère la caution qui s'engageait pour obtenir le maintien d'un crédit dont il fut prouvé (!) que la banque n'avait pas l'intention de le maintenir, et ce lors même de la conclusion du cautionnement.

(96) V. Civ. 1re, 27 juin 1973 : *D.* 1973, 733, note P. MALAURIE.

(97) Ce que feraient les Anglais, appliquant la *misrepresentation* au cautionnement car, contrat *uberrimae fidei*, une simple réticence suffit à y constituer l'affirmation inexacte qui emporte *misrepresentation*.

la présence du débiteur principal (98) (99). Des considérations de politique juridique justifient son refus.

88. — Information de la caution. — Périodiquement reviennent en littérature juridique des demandes d'exigence d'une information plus complète de la caution. Elles sont adressées au législateur ou au juge ; elles portent sur une information le plus souvent jugée obligatoire, qui devrait intervenir lors de la formation du contrat mais aussi pendant son exécution, et qui le plus souvent est imposée au créancier professionnel qu'est le banquier.

La loi du 1er mars 1984 a ainsi, au détour d'un article 48, imposé aux banques de fournir annuellement à certaines cautions l'état des dettes garanties (100).

Les tribunaux restent peu sensibles à ces appels (101), mais la position fermement prise en faveur d'une information renforcée des cautions par un conseiller à la Cour de cassation dans le rapport annuel et officiel de celle-ci (102) fait craindre un changement d'optique (103).

Il y a pourtant bien des illusions à croire qu'une information plus complète peut dissuader la caution de s'engager. Les contraintes qui la conduisent à cautionner sont souvent d'une autre nature que la pesée rationnelle du risque juridique ; et l'espoir irraisonné que le cautionnement n'aura jamais à jouer relève plus du jeu que de la raison, comme le loto ou le tiercé.

Il y a aussi des désillusions en germe dans un développement des règles imposant l'information obligatoire des cautions : coût de fourniture de l'information, affaiblis-

---

(98) V. les vives obs. sur ce point de P. MALAURIE, note au *D.* 1973, 733, sous l'arrêt Civ. 27 juin 1973 qui rejetait tout dol émanant du débiteur principal.

(99) Ou encore par analogie avec la jurisprudence qui annule les donations captées dolosivement sans s'arrêter au fait que les manœuvres émanent d'un tiers : Civ., 18 mai 1825 : *S.*, chron. — Req., 16 mars 1875 : *S.* 1877, 1, 117. — Req., 2 janv. 1878 : *D.* 1878, 1, 136 ; *S.* 1878, 1, 103. — V. l'utilisation de l'argument par Pau, 17 déc. 1953 : *Gaz. Pal.* 1954, 1, 86 ; *Rev. trim. dr. civ.* 1954, p. 474, obs. crit. H. et L. MAZEAUD qui font état d' « hésitation sérieuse » pour admettre l'analogie. — V. son rejet par Poitiers, 19 mai 1971 : *Banque* 1971, p. 825, obs. L.-M. MARTIN et par T.G.I. Seine, 4 avril 1962 *(Schmidt c. Époux Bataille)*.

(100) P. BOUTEILLER, *Incidences de la loi n° 84-148 du 1er mars 1984 relative à la prévention et au règlement amiable des difficultés des entreprises sur le contrat de cautionnement : J.C.P.* 84, éd. E, I, 13512, éd. N, p. 349. — F.-J. CREDOT et J. HEMMELE, *L'obligation d'information annuelle des cautions par les établissements de crédit : Banque* 1984, p. 1023. — P. ANCEL, *Le cautionnement des dettes de l'entreprise,* Dalloz, 1989, n° 239 et s., qui l'étudie pertinemment à propos de la période d'attente entre signature et exécution du cautionnement.

(101) V. l'étude de la jurisprudence par L.-M. MARTIN, *Difficultés de mise en œuvre du cautionnement. Contentieux de la validité : Banque* 1986, p. 532, spéc. p. 537. Et sur l'extension à l'information après la conclusion, L.-M. MARTIN, *L'information de la caution* in *Mélanges M. de Juglart,* L.G.D.J., Litec et Montchrestien, 1986, p. 155, spéc. n° 22 et s.

(102) P. SARGOS, *Le cautionnement : dangers, évolution et perspectives de réformes :* Rapport de la Cour de cassation, 1986, La Documentation française, p. 33-64, qui résume ainsi sa pensée en conclusion : « Ce n'est pas être de bonne foi, ce n'est pas être loyal, que de faire ou de laisser s'engager une caution sans l'informer très exactement de la nature et de la portée de son engagement » (p. 63). En corollaire, l'auteur propose 12 réformes dont la plupart constituent des conditions de forme, inspirées du droit de la consommation (p. 61-62).

(103) Et certains arrêts postérieurs justifient cette crainte : v. par ex. Civ. 1re, 10 mai 1989 : *J.C.P.* 89, II, 21363, note D. LEGEAIS ; *Banque* 1989, 758, obs. J.-L. RIVES-LANGE, qui impose à la banque d'informer spontanément la caution de la situation lourdement obérée du débiteur principal au jour du cautionnement sous peine d'annulation du cautionnement pour réticence dolosive. Sur l'information de la caution et par la caution, v. *infra*, nos 272 à 276.

sement de la validité d'une sûreté, perte par la caution d'une certaine « innocence » qui lui valait la pitié du juge (104)...

89. — Le consentement du créancier. — Le cautionnement étant analysé en un contrat unilatéral et non pas en un acte unilatéral (105), le consentement du créancier est nécessaire. Il est le plus souvent présumé, puisque la garantie lui profite. En cas de contestation, la demande d'exécution adressée à la caution pourrait d'ailleurs être interprétée en une manifestation expresse d'invoquer le bénéfice de l'engagement, qui au pire formerait alors le contrat.

Parfois le créancier a été jugé renoncer au bénéfice du cautionnement (omnibus en l'espèce) pour la garantie d'un prêt participatif postérieur au cautionnement et par ailleurs garanti par la SOFARIS (106).

b) Capacité

90. — Le régime normal de capacité. — Le cautionnement ne doit pas être qualifié contrat de bienfaisance car l'application des règles restrictives de compétences qui en découleraient seraient un obstacle trop important à l'efficacité de cette sûreté (107). En conséquence, le régime normal de capacité s'applique à l'acte de cautionnement (108). Le cautionnement donné par un mineur est donc annulable, tout comme celui donné par un incapable majeur. Le mineur émancipé a, lui, pleine capacité pour cautionner, puisque le cautionnement est un contrat comme un autre. Hors ces cas tranchés, l'incertitude ne peut être écartée que si l'on se réfère à deux lignes directrices : d'une part les incapacités de protection sont l'exception et ne reposent que sur des qualités particulières de l'incapable (109) ; d'autre part le cautionnement est une sûreté dont les causes d'annulation affaiblissent l'utilité.

---

(104) Dans un article riche et diffus, M.-J. Hesbert offre des perspectives éclairantes des règles et des pratiques française et anglaise en la matière ; sa conclusion est pleine de bon sens (*Le devoir d'information du banquier à l'égard de la caution, lors de la souscription de l'engagement de cautionnement : Les Petites Affiches*, n°s 88 et 89, juill. 1987).

(105) Qualification que retiennent aisément les juristes belges pour la garantie indépendante.

(106) Civ. 1re, 19 avril 1988 : *Banque* 1988, p. 822, obs. J.-L. Rives-Lange ; *Gaz. Pal.* 1988, pan. 164. Plus que la volonté des parties, c'est le régime juridique du prêt participatif qui exclut certains cautionnements (comp. Paris, 22 janv. 1986 : *Banque* 1986, p. 289, obs. J.-L. Rives-Lange). En l'espèce fut étendue au créancier la disposition de la convention entre l'État et SOFARIS du 2 déc. 1982 qui interdit le cumul de la garantie SOFARIS avec toute autre garantie (art. 4).

(107) V. *supra*, n° 73.

(108) Un argument de texte peut être puisé dans l'art. 2018 C. civ. qui exige seulement des cautions légales et judiciaires qu'elles aient « la capacité de contracter ».

(109) R. Houin, *Les incapacités : Rev. trim. dr. civ.* 1947, p. 387.

DIRECTIONS DE RECHERCHES

91. — Protections : de la femme mariée, des époux, des incapables, des consommateurs, etc. — Le souhait d'une protection des cautions par des exigences de capacité renforcée est vivace tout au long de l'histoire de cette sûreté. Une loi romaine longtemps en vigueur, le sénatus-consulte velléin (Ier-XVIIe s.), ôtait à la femme la capacité de cautionner son mari afin, semble-t-il, d'éviter que le cautionnement ne servît à engager ses biens propres (110). Elle exprime une tradition qui a essaimé à travers siècles et frontières (111). Aujourd'hui, bien que d'éminentes voix aient appelé à la qualification de contrat à titre gratuit (112) afin d'appliquer les protections renforcées du droit des libéralités, une tendance à la rigueur est perceptible (113), en dépit des velléités de transformation des consommateurs en incapables.

On a parfois invoqué la gravité du cautionnement pour justifier un régime restrictif. Le représentant légal de l'incapable (tuteur ou administrateur légal) serait ainsi privé du pouvoir de cautionner au nom de l'incapable (114). Une telle généralisation est trop catégorique puisque le représentant légal peut effectuer seul les actes d'administration (C. civ., art. 456, al. 1er) et que la qualification en acte de disposition ou d'administration est suffisamment souple pour laisser place à la casuistique (115). La gravité des conséquences du cautionnement n'est guère supérieure à celle d'un contrat de vente et à la responsabilité qui peut en découler : tous deux engagent la totalité du patrimoine de l'incapable. Ce qu'on nomme improprement gravité est en réalité le reflet de deux phénomènes spécifiques du cautionnement :

— d'une part, le fait que la caution n'est pas entièrement maîtresse du montant de la dette car des accessoires importants, tels les intérêts, les frais ou les pénalités qui en doublent parfois le montant, sont fonction de l'attitude du débiteur (situation qui empire en cas de cautionnement illimité de dettes futures) ;

— d'autre part, le fait que, lors des négociations contractuelles, il est plus difficile de refuser de cautionner que de refuser une obligation ordinaire car le cautionnement est présenté comme un engagement sans conséquence puisque aléatoire.

---

(110) Sur ce texte très intéressant, qui passionne les historiens à plusieurs titres, v. P.-F. GIRARD, *Manuel de droit romain,* 4e éd., 1906, p. 783-788.

(111) Ce sénatus-consulte n'a été supprimé qu'au XXe s. dans de nombreuses législations européennes. Pour la France, c'est un édit d'Henri IV de 1606 qui l'abrogea, et qui ne fut que très difficilement enregistré par les Parlements durant le XVIIe s. Il fut alors remplacé par l'incapacité générale de la femme mariée. Souvent d'ailleurs, des dispositions similaires, mais d'apparence égalitaire puisque concernant les deux époux, engendre un résultat identique à celui du sénatus-consulte velléin. — V. par ex. la nécessité d'obtenir le consentement du conjoint : en France, le développement de l'art. 215 C. civ. ; aux Pays-Bas, l'art. 88-1-c) du N.B.W., le Nouveau Code civil, qui impose ce consentement à toute personne qui cautionne pour des raisons autres que professionnelles. — V., sur le contentieux que provoque une règle identique en Allemagne, et plus largement sur le droit comparé du sénatus-consulte velléin : E.D. GRAVE, *The married person's capacity to stand surety under private international law* in *Mélanges Schnitzer,* Georg, Genève, 1979, p. 138-164.

(112) Par ex. BEUDANT par VOIRIN, t. XIII/1, n° 82. — PLANIOL et RIPERT par SAVATIER, t. XI, n° 1519.

(113) Notamment chez MAZEAUD, t. III, vol. 1, n° 19. — V. aussi SIMLER, n° 111.

(114) SIMLER, n° 112 *in fine* et la doctrine citée.

(115) C. ATIAS, *Les personnes. Les incapacités.* P.U.F., Droit fondamental, 1985, n° 117.

Ceci n'empêche pas qu'un cautionnement soit, en fonction des circonstances, un acte d'administration, alors qu'un autre sera acte de disposition ou encore pourra être comparé à un prêt, ainsi que l'analogie a été proposée (116).

Ces directives ne suffisent pas à régler le problème de l'aval donné par un mineur, même émancipé, qui est enserré dans la réglementation du change et se trouve être, paradoxalement, bien plus fragile qu'un cautionnement civil.

La tendance à protéger l'individu contre ses propres faiblesses, visible aujourd'hui en matière de protection du consommateur, a toujours existé pour le cautionnement. Les juges anglais, par exemple, acceptent d'annuler, au cas par cas et sans principe général, des cautionnements consentis sous la pression morale du mari débiteur principal (117) ou en cas de forte inégalité de la capacité de négocier *(inequality of bargaining power)* (118).

92. — Limites au pouvoir d'engager les biens d'autrui. — Au même prétexte de la gravité du cautionnement, juge et législateur ont pensé qu'il était judicieux de limiter les pouvoirs de certains gérants afin de les empêcher de contracter des cautionnements qui engagent les biens dont ils ont la gestion.

Ainsi certains jugements ont annulé le cautionnement donné par le mari commun en biens au motif que celui-ci disposait ainsi du logement conjugal sans l'accord de sa femme, en contravention à l'article 215, al. 3, C. civ. (119) ; ainsi l'article 1415 C. civ. empêche-t-il un époux d'engager les biens communs par un cautionnement (120).

De même, le P.-D.G. d'une société anonyme ne peut-il engager sa société dans un cautionnement qu'avec l'accord du conseil d'administration (121).

c) Objet

93. — Existence de l'objet. — Une première fonction du concept d'objet est de protéger tout débiteur d'une obligation engendrée par le contrat en exigeant que son objet existe et soit déterminable, afin d'éviter des engagements inconsidérés. L'objet d'un contrat tient dans les obligations qu'il fait naître ; l'objet de ces obligations consiste dans le bien ou le service qui constituent la prestation. La caution fournit un service : elle offre son patrimoine aux poursuites du créancier et fait ainsi naître la confiance. La caution fournit aussi, éventuellement, un bien : le paiement que peut exiger le créancier.

L'objet d'une obligation peut être futur, ou même éventuel (C. civ., art. 1130). La caution peut donc garantir des dettes futures ou

(116) P. Simler, *Le cautionnement,* n° 111. Le prêt est soumis par l'art. 457, al. 2, C. civ. à l'autorisation du conseil de famille.

(117) V. Rowlatt, *Principal and Surety,* 4ᵉ éd., London, Sweet and Maxwell, 1982, p. 129.

(118) *Lloyds Bank Ltd* v. *Bundy* (1975) Q.B. 326 (Court of Appeal) où la cour d'appel annula le cautionnement réel donné par un vieux fermier à sa banque en garantie des dettes de la société de son fils unique ; l'élément principal était la confiance placée en la banque et dont celle-ci avait abusé.

(119) La question a été vivement débattue en doctrine, à la suite de Paris, 15 oct. 1976 (*J.C.P.* 77, II, 18726, note J. Patarin) ; le domicile conjugal était la part essentielle du patrimoine saisissable par le créancier. — V. l'exposé de l'espèce et les références des commentaires *in* Simler, nᵒˢ 120-121. — V. toutefois, laissant subsister le cautionnement dans une situation comparable : Civ. 1ʳᵉ, 17 nov. 1981 : *J.C.P.* 82, IV, 48.

(120) Sur le régime du cautionnement d'une personne mariée, v. *infra*, n° 138.

(121) V. *infra*, n° 118 et s.

éventuelles ; elle ne sera alors tenue de payer que si la personne garantie est débitrice envers le bénéficiaire du cautionnement au jour où le paiement est exigible. L'utilisation la plus fréquente en pratique est le cautionnement du solde d'un compte courant.

Il faut noter que dans ces cautionnements de dettes futures et éventuelles, le bien objet du contrat (la somme d'argent) est éventuel mais que le service (engagement du patrimoine) existe immédiatement. Plus exactement un tel cautionnement donne naissance à deux sortes d'obligations différentes : l'obligation de couverture qui naît avec le contrat et a pour objet l'engagement du patrimoine ; les obligations de règlement qui naissent en même temps que les dettes apparaissent à la charge du débiteur et s'éteignent en même temps qu'elles.

DIRECTIONS DE RECHERCHES

94. — Obligation de couverture et obligation de règlement. — Les cautionnements de dettes futures appellent une analyse détaillée de leur objet car ils posent autant de problèmes théoriques que pratiques. Leur existence, leur exécution et leur extinction montrent, par rapport aux cautionnements de dettes présentes, bien des particularités : le cautionnement existe-t-il à partir de sa conclusion ou seulement à partir du moment où des dettes naissent à la charge du débiteur ? Le créancier peut-il prendre des mesures conservatoires contre la caution avant que n'existent des dettes ? Quelles sont les dettes couvertes et celles qui ne le sont pas ? Comment s'éteint ce cautionnement ? etc. Nombre de problèmes ont trait à l'étendue de la garantie ou à son extinction et seront examinés avec elles (122). Mais d'une façon générale leur solution passe par l'analyse de l'obligation de couverture.

L'obligation de couverture a pour finalité de préserver la valeur économique des créances que le bénéficiaire du cautionnement détient contre le débiteur. On peut appeler cette valeur économique l'intérêt cautionné, par analogie avec l'intérêt d'assurance (123). L'obligation de couverture va servir à délimiter cet intérêt et à le préserver. Les dettes apparues entre la naissance et l'extinction de l'obligation de couverture sont garanties par la caution. Plus précisément, l'obligation de couverture peut déterminer la nature des dettes garanties. Pendant son existence, le créancier peut prendre des mesures conservatoires et la caution est tenue de respecter une conduite propre à faire naître la confiance. Cette conduite est parfois guidée par le contrat qui l'oblige par exemple à ne pas accepter d'autres cautionnements ou à ne pas se dessaisir de certains biens. Cette obligation de couverture est une obligation de durée, à exécution successive (124). Son existence se déroule de la date du contrat à la survenance du terme extinctif ou de la résiliation et n'est pas affectée par la naissance et l'extinction de dettes garanties. Comme en matière d'assurance, la survenance d'un « sinistre » ne met pas fin au contrat (125).

---

(122) V. *infra*, n° 307 et s.

(123) Sur le rapprochement entre l'intérêt d'assurance et l'intérêt cautionné, v. C. MOULY, *Les causes d'extinction du cautionnement,* Paris, Litec, 1979, n° 259. — Sur l'intérêt d'assurance, v. M. PICARD et A. BESSON, *Les assurances terrestres en droit français,* t. I, n° 181.

(124) Cette caractéristique importante ne doit pas être perdue de vue car elle permet de distinguer par ex. l'extinction de l'obligation de couverture de la prescription des obligations de règlement. — V. par ex. Civ. 1re, 6 nov. 1985 : *Bull. civ.* I, n° 181 ; *Gaz. Pal.* 1986, 1, somm. 243, note A. PIEDELIÈVRE.

(125) V. une présentation plus développée des caractères de l'obligation de couverture *in* C. MOULY, *op. cit.*, nos 256 à 260.

Une obligation de règlement naît à la charge de la caution en même temps que naît une dette à la charge du débiteur principal. Cette obligation, à exécution instantanée, a pour objet le paiement que la caution effectuera si nécessaire. L'obligation de règlement est commune au cautionnement de dettes présentes et de dettes futures.

L'étude des obligations de couverture et de règlement présente autant d'intérêt au cas général que dans chaque cautionnement en particulier.

95. — Déterminabilité de l'objet. — Pour protéger celui qui s'engage, les juristes français exigent que l'objet de son engagement soit déterminé ou, à tout le moins, qu'il soit possible de le déterminer d'après les éléments contenus au contrat. La question est d'importance pour le cautionnement en raison du besoin manifesté par la pratique des affaires d'un cautionnement couvrant les dettes futures d'un débiteur. Puisque le cautionnement est un contrat accessoire, l'objet des obligations de la caution est déterminé par référence à celles du débiteur principal. Aussi n'est-il pas nécessaire de donner la liste des dettes garanties mais suffit-il d'indiquer les éléments qui permettront, le moment venu, de savoir quelles sont les dettes couvertes. Ces éléments sont ordinairement le débiteur et le créancier, parfois l'activité à l'occasion de laquelle naîtront les dettes. La caution garantira par exemple les dettes qu'une société pourrait avoir envers sa banque à l'occasion du fonctionnement de son compte courant, ou celles de la même société envers tel fournisseur. Il semble même que la seule désignation du débiteur soit suffisante pour rendre l'objet du cautionnement déterminable (126).

96. — Moralité et licéité de l'objet. — La finalité du concept d'objet dans le droit des obligations est d'abord de contrôler que l'opération économique que réalise le contrat ne contrevient pas à la morale ou à la politique voulue par les gouvernants. Le juge vérifie la moralité et la licéité de l'objet et annule le contrat s'il ne les trouve pas suffisantes. En matière de cautionnement, cette fonction est fort réduite puisque l'objet du cautionnement consiste dans les obligations dont la caution a pris la charge et que l'objet de ces obligations consiste le plus souvent en un paiement de somme d'argent (127). Ce paiement peut néanmoins être argué de contrariété à l'ordre public monétaire lorsqu'il a pour conséquence d'entraîner un transfert de fonds à l'étranger qui contreviendrait au contrôle des changes.

DIRECTIONS DE RECHERCHES

97. — Contrôle des changes. — L'invocation de l'ordre public par des cautions en mal de liberté a posé aux tribunaux un problème qu'ils ont résolu

(126) Comp. Paris (6e ch. B), 21 mars 1986, qui juge au contraire que le cautionnement d'un bail dont la caution n'a pas eu connaissance est nul faute d'un objet déterminé dont le garant ait été informé expressément (*Gaz. Pal.* 1987, 1, somm. 20).

(127) V. *infra*, n° 225. Noter toutefois que si la caution s'engage à effectuer une prestation en nature, le contrôle de la moralité ou de la licéité de l'objet de cette prestation s'impose.

de façon très insatisfaisante. Un cautionnement ne respectant pas le contrôle des changes devrait être annulé (128) ; mais comme ce serait offrir à la caution une libération imméritée, les tribunaux ont biaisé en jugeant que seule l'exécution du paiement contrevenait à la réglementation des changes mais non le cautionnement lui-même (129). Ce refus d'appliquer intégralement le concept d'objet du contrat est en fait lié aux nécessités du commerce international et à l'arbitraire de la réglementation des changes, particulièrement contingente et qui est souvent mal acceptée par l'opinion parce qu'elle porte une atteinte grave aux libertés individuelles (v. aussi *infra*, n° 136).

d) Cause

98. — Finalité. — En insérant la cause au nombre des conditions de formation des contrats, le législateur napoléonien a perpétué la tradition canoniste qui avait créé la cause afin de contrebalancer la grande autonomie que donne aux parties la théorie consensualiste de la formation des contrats. La cause est un instrument de contrôle du contrat qui permet à un tiers — le juge — de vérifier l'existence de conditions essentielles, telles qu'une approximation d'équilibre économique et un semblant de moralité. Toutefois les exigences du rationalisme autant que la nécessité de limiter le pouvoir discrétionnaire (et l'indiscrétion) du juge ont donné à la cause un régime juridique contourné. L'instrument de contrôle est difficile à équilibrer et d'ailleurs seuls les droits de type français y recourent. Ceci explique que la cause soit un concept malcommode à utiliser, qui fait parfois double emploi avec l'objet ou l'intention libérale, et qui ne s'applique pas aisément à tous les types de contrats. Ainsi est-il particulièrement difficile de l'appliquer au cautionnement sans défaire la cohérence du concept ou sans créer d'exception.

99. — Application. — Le fruit de la réflexion doctrinale sur la cause est d'avoir séparé ses deux fonctions — contrôle de l'équilibre économique et contrôle de la moralité — en deux régimes différents : la cause objective ou contrepartie, et la cause subjective ou motifs.

La *cause subjective* est d'application aisée au cautionnement puisqu'il suffit de contrôler que les intentions de la caution ou du créancier ne sont pas contraires à la morale ou à l'ordre public (130). Un cautionnement exigé ou donné pour favoriser la poursuite de relations adultères entre le créancier ou le débiteur et la caution, ou pour rendre possible une opération contraire à la sécurité publique sont annulables

---

(128) C'est ce qu'a primitivement décidé la Cour de cassation : Com., 3 fév. 1976 : *Bull. civ.* IV, n° 41 ; *D.S.* 1976, I.R. 118 ; *Gaz. Pal.* 1976, 1, somm. 96 ; *Clunet* 1977, 103, note J.-P. Eck.

(129) Notamment Com., 30 juin 1981 : *Bull. civ.* IV, n° 299 ; *D.* 1982, 222, note P. Amselek. — La défense de cette combinaison d'un ordre public illégitime avec les nécessités pratiques est développée par J.-P. Eck, spéc. in *A propos de l'incidence de la réglementation des changes sur la validité des contrats : D.* 1983, chron. 91-96.

(130) V. G. Ripert, *La règle morale dans les obligations civiles,* L.G.D.J., 4e éd., 1949, nos 31-36.

pour cause immorale ou illicite, si le créancier a connaissance de ces motifs (131).

La *cause objective* pose un problème autrement épineux. Le cautionnement étant un contrat unilatéral, la caution ne reçoit aucune contrepartie du créancier. Même si elle en recevait une, celle-ci serait seulement l'équivalent d'une prime d'assurance car le cautionnement est aléatoire. Il n'est donc pas possible de chercher une cause dans cette contrepartie. Il n'est pas davantage possible d'en voir une dans les sommes que la caution reçoit du débiteur principal car le cautionnement est une sûreté dont l'existence ne doit pas dépendre des relations entre débiteur et caution. Le problème est compliqué par les arguments développés par certaines cautions ; ayant cautionné le débiteur en raison de leurs relations associé ou dirigeant de la société débitrice, époux du débiteur..., elles invoquent la disparition de la cause de leur engagement pour demander leur libération.

Une solution est de considérer le cautionnement comme abstrait : c'est-à-dire que la cause objective n'en est pas recherchée afin de renforcer sa solidité. Les tribunaux hésitent à se priver ainsi, pour toute une catégorie de contrats, du puissant instrument de contrôle qu'est la cause. C'est pourquoi la Cour de cassation a préféré une solution boiteuse : écarter les arguments sur l'absence ou le vice de la cause en imaginant une cause standardisée. Elle a ainsi jugé que la cause de l'engagement de la caution résidait dans la considération qu'elle avait du crédit (temps ou argent) que le débiteur recevait du créancier (132). C'est une confusion grave entre la contrepartie économique et les motifs d'un acte qui rend la théorie de la cause bien moins cohérente.

Plutôt que de recourir à un stratagème si inefficace, il est préférable de ne pas rechercher de cause objective dans le cautionnement (133). En conséquence, le cautionnement sera qualifié d'*acte abstrait* et le contrôle portera seulement sur les motifs de la caution et du créancier, à seule fin de vérifier leur moralité et leur licéité.

DIRECTIONS DE RECHERCHES

100. — Incertitudes. — Sur les hésitations des auteurs et des juges au sujet de la cause du cautionnement, v. notamment : Simler, n°s 126-135. — J. Maury, *Encyclopédie Dalloz, droit civil, V° Cause,* 1970, n°s 172-177, au titre

(131) Nancy, 12 nov. 1904 : *D.P.* 1905, 2, 160, annule un cautionnement favorisant le concubinage. — Paris, 10 janv. 1905, *ibid.*, p. 158, refuse l'annulation dans les mêmes circonstances, notamment parce que le créancier ignorait les motifs qui animaient la caution.

(132) Com., 8 nov. 1972 : *D.* 1973, 753, note P. MALAURIE.

(133) Les auteurs français, très imprégnés des thèses causalistes, préfèrent en général rechercher une cause, même s'il reconnaissent l'artifice dont est empreinte leur démarche à propos du cautionnement. — V. notamment P. SIMLER et P. DELEBECQUE, *Les sûretés,* Dalloz, 1989, n°s 51-53.

des actes abstraits mais avec un contenu dubitatif. — P. Malaurie, note sous l'arrêt *Lempereur* (Com., 8 nov. 1972 : *D.* 1973, 753), P. Malaurie et L. Aynès, *Droit civil. Les sûretés,* 2e éd., nos 137-142.

Une confusion au moins est à éviter : celle qui consiste à voir la cause du cautionnement dans l'obligation garantie, la confondant ainsi avec le concept même de garantie qui ne peut exister qu'en relation à une autre obligation (134).

101. — Utilité de la théorie de la cause ? — Nombreux sont les auteurs, surtout étrangers, qui s'interrogent sur la nécessité de dépenser autant d'énergie sur le concept de cause.

Les juristes anglais utilisent une version plus large mais aussi plus technique de notre cause objective : la *consideration*. Tout contrat sans exception doit, pour être valable, comporter une *consideration*. Afin de résoudre le problème que posaient les contrats tels que le cautionnement, ils ont appelé *consideration* tout avantage reçu par celui qui s'engage ou tout sacrifice consenti par le créancier. Le crédit que consent le créancier en raison de l'existence du cautionnement devient ainsi une *consideration* suffisante (135). Ceci ne suffit pas à empêcher le contentieux.

Les juristes allemands n'utilisent pas le concept de cause et atteignent des résultats comparables par des notions différentes : bonne foi, erreur, enrichissement injuste pour permettre le retour de la propriété au vendeur... Les Italiens se satisfont de la cause formelle des pandectistes allemands : la *funzione*, reprise du *Sinn und Zweck*, permet de trouver aux cautionnements une cause dans la garantie de l'opération principale et d'accepter la propension à l'abstraction des garanties à première demande (v. l'étude de ces écoles, sous l'angle de la cause des sûretés personnelles, par Y. Poullet, *L'abstraction de la garantie bancaire autonome,* thèse dactyl. Louvain-la-Neuve, 1981-1982, vol. 1, nos 147-170, sur le droit allemand ; nos 189-201 sur le droit italien).

Il semble que, dans un système juridique où les différents concepts se sont mis en place en inter-relation, l'abandon d'une notion qui remplit une certaine fonction ne puisse se faire que par substitution (136). La question est alors de savoir si, dans le cautionnement, la cause objective dont on propose l'abandon remplit une fonction. Le contrôle de l'équilibre économique est exclu puisque le cautionnement est à la fois unilatéral et aléatoire. Le contrôle de l'exactitude des motifs est tout à la fois indésirable pour une sûreté et amplement réalisé grâce à l'erreur (v. *supra,* n° 84). Reste un cas où la cause est invoquée en justice, d'ailleurs sans grand succès : la disparition ou la modification des relations caution-débiteur qui avaient motivé le cautionnement. S'il est établi que là encore la cause ne joue aucun rôle, la notion d'*intuitus personae* suffisant à expliquer l'intention des parties (v. n° suivant), il est parfaitement possible de se dispenser de la

---

(134) C'est pourtant une position assez répandue. V. le recensement des auteurs et des décisions faits par Y. Poullet, *La jurisprudence récente en matière de garantie bancaire dans les contrats internationaux : Banca, borsa et titoli di credito* 1982, p. 397 et s., spéc. nos 11-13 et par M. Vasseur, *Encyclopédie Dalloz, Rép. dr. com., V° Garantie indépendante,* 1984, nos 39-49.

(135) V. les développements consacrés à la *consideration* in Rowlatt, *Principal and Surety,* p. 9 à 18, et les nombreux *cases* cités. V. aussi les réflexions de G. Gorla, qui réunit Common law et théories continentales en considérant que le délai accordé par le créancier est tout autant considération que cause : *Il contrato,* t. I, Giuffre, Milano, 1955, § 14 f, p. 183.

(136) Ainsi le *Rapport sur le Code civil* de l'Office de révision du Code civil du Québec prend soin d'énoncer, au soutien de la décision de supprimer l'exigence de la cause comme condition de formation des contrats, les dispositions qui répartissent les fonctions affectées à la cause : objet de l'obligation, consentement, objet du contrat, formalisme, révision pour imprévision, clause abusive, exception d'inexécution, résolution, impossibilité d'exécuter et indivisibilité (vol. 2, t. II, p. 564).

cause en matière de cautionnement. Le cautionnement peut sans risque être qualifié d'*acte abstrait* (137).

La cause n'a pas davantage prouvé son utilité dans les garanties indépendantes où l'effort pour éviter que le créancier n'abuse de l'indépendance ne trouve pas dans la cause un support probant (v. *infra*, n° 426).

102. — La question de la disparition de la cause. — Les personnes qui se sont engagées comme caution alors que leurs relations avec le débiteur étaient bonnes sont enclines à refuser de payer si, au jour de l'exigibilité, ces relations se sont détériorées. Le dirigeant social qui a quitté sa société ou l'époux qui a divorcé sont les cas les plus frappants. Leur réflexe est de soutenir que les motifs qui avaient justifié leur engagement n'existant plus, celui-ci se trouve dépourvu de cause et en conséquence nul. Il faut d'abord écarter le débat sur la persistance de la cause ou sur sa prise en considération au seul temps de la formation du contrat (138) et accepter, pour la durée de l'analyse, que la disparition de la cause en cours de contrat pourrait justifier son annulation.

Il faut ensuite faire une distinction entre les cautionnements à exécution successive et les cautionnements à exécution instantanée. Les premiers sont les cautionnements par lesquels la caution garantit tout ou partie des dettes à venir du débiteur et se caractérisent par l'existence d'une obligation originale dite de couverture (v. *supra*, n° 93 et *infra*, n° 314). Les seconds sont les cautionnements de dettes présentes ou déterminées dans lesquels le montant dû par la caution est prévisible dès la conclusion du contrat.

Dans les cautionnements à exécution successive, la position que la caution a vis-à-vis du débiteur est de première importance pour le créancier comme pour la caution elle-même. Cette position permet souvent à la caution de contrôler le volume des dettes garanties et de limiter ses risques. Prise en considération par le créancier, elle fait partie des qualités de la personne que les contractants ont intégrées au contrat. L'obligation de couverture pouvant être qualifiée *intuitu personae* en raison des particularités des cautionnements de dettes indéterminées, la disparition des qualités qui avaient justifié l'engagement devrait entraîner sa propre disparition (*infra*, n° 312). La notion de cause est étrangère à ces vissicitudes, puisque c'est l'intention du créancier qui est scrutée, et qu'il ne prend pas d'engagement (139).

Dans les cautionnements à exécution instantanée, la situation est différente. Les particularités qui justifiaient la prise en considération de la position de la caution ne se retrouvent pas. Au contraire, les impératifs propres aux sûretés conduisent à éviter de faire des motifs de la caution un instrument de contrôle, sauf s'ils sont immoraux ou illicites. La perte de certaines qualités est étrangère au contrôle de la moralité ou de la licéité. Elle est également étrangère au contrôle de l'équilibre économique des prestations. Elle doit donc rester étrangère au concept de cause, persistante ou non.

La disparition de la cause, serait-elle admise en général, n'aurait donc aucune influence sur le cautionnement.

---

(137) Ce que proposent de nombreux auteurs ; v. notamment : H. CAPITANT, *De la cause des obligations,* Paris, Dalloz, 1923, n° 31, p. 64, et n° 184, p. 400-402. — PLANIOL et RIPERT, t. VI, par P. ESMEIN, n° 269. — VOIRIN, n° 75, p. 82. — G. BUFNOIR, *Propriété et contrat,* Paris, 1900, p. 533. — E. THALLER, *Traité élémentaire de droit commercial,* n° 1293. — A. RIEG, *Le rôle de la volonté dans l'acte juridique en droit civil français et allemand,* Paris, L.G.D.J., 1961, n° 287.

(138) La doctrine est fort divisée sur ce point : v., en faveur de la persistance, A. WEILL et F. TERRE, *Les obligations,* Dalloz, n° 279-b. — *Contra :* MAZEAUD, t. II, vol. 1, n° 266. — Les tribunaux refusent la thèse de la persistance : v. Com., 8 nov. 1972, préc., pour le cautionnement, et Civ. 1re, 8 janv. 1974 : *D.* 1975, 305, note C. LARROUMET, pour une solution générale.

(139) P. SIMLER et P. DELEBECQUE, *Les sûretés,* Dalloz, 1989, n° 53, 3, p. 65-66.

2° Conditions de preuve ou de forme ?

103. — Particularités du problème et fondement des règles. — Le contrat de cautionnement nécessite-t-il des formalités particulières de preuve, ou même de forme ? Certaines sûretés ne sont constituées qu'après l'accomplissement d'une formalité : l'hypothèque conventionnelle, par exemple, nécessite un acte notarié ; le gage nécessite la remise de la chose ; le bordereau Dailly, la rédaction de certaines mentions. Qu'en est-il du cautionnement ? Deux réponses peuvent être distinguées, au regard de l'objet de la preuve lors d'un contentieux.

La première réponse concerne la preuve par le créancier de l'existence et de l'étendue de sa créance contre celui qu'il prétend être sa caution. Une protection de la caution est jugée utile par les juristes, notamment pour déterminer l'étendue du cautionnement. En effet la caution, tierce à l'opération principale, n'a aucun moyen d'influer sur le montant de l'engagement par son action pendant l'exécution du contrat. A cette nécessité répond l'article 1326 du Code civil qui impose à celui qui s'engage unilatéralement « la mention, écrite de sa main, de la somme... en toutes lettres et en chiffres ». Le document signé du défendeur ne pourra établir le cautionnement et son étendue que s'il comporte cette mention. Sinon il faudra le prouver par d'autres moyens, s'ils sont recevables en l'espèce.

La seconde réponse concerne la preuve que le défendeur est intervenu en qualité de caution et non pas à un autre titre, mandataire par exemple, ou simple garant de moralité (140). C'est donc la preuve de la nature juridique du contrat invoqué. Les juges pourraient avoir une intuition, appuyée sur quelques indices (141) ; le risque d'erreur serait plus grand que celui d'une qualification de contrat synallagmatique car le cautionnement semble ne pas engager lors de la signature et la caution qui ne reçoit rien promet à la légère. La tradition, reprise par les législateurs de nombreux pays (142), tend à limiter l'incertitude et l'arbitraire en requérant que le cautionnement soit certain et évident. L'article 2015 du Code civil dispose en ce sens : « le cautionnement ne se présume point ; il doit être exprès... ». Cette

---

(140) V. l'analyse détaillée de ce problème par P. SIMLER, *Le cautionnement*, n°s 242-244.

(141) V. le cas de ce tiers intervenu à un acte et qualifié de caution par le T.G.I. de Marseille, que la Cour de cassation libère au motif que cette qualification ne pouvait reposer sur de simples présomptions (C. civ., art. 2015) : Civ. 1re, 24 avril 1968 : *D.* 1968, 358, et la note dans laquelle le conseiller VOULET relativise la portée de cette solution.

Voir aussi Paris (15e ch. B), 20 mars 1986 : *D.* 1987, somm. 441, obs. L. AYNÈS, qui exonère de tout cautionnement le père d'un emprunteur qui avait seulement rempli et signé un questionnaire sur sa solvabilité.

(142) Ce sera parfois une forme spéciale : les lois anglaises et américaines imposent un écrit : *Statute of Frauds* de 1677, s. 4, encore en vigueur en Grande-Bretagne ; nombreux *Statutes of Frauds* des différents États américains, rédigés aux XIXe et XXe siècles sur le modèle anglais. Comparer en France, l'ordonnance de Moulins de 1566.

règle s'applique plus largement que l'article 1326 du Code civil, notamment aux commerçants.

104. — Évolution du sens de ces règles. — L'interprétation de ces textes est délicate ; jusqu'à une époque récente les auteurs les conciliaient habilement avec le principe du consensualisme en en faisant des règles de preuve qui renforçaient le régime normal (liberté de preuve en matière commerciale ; en matière civile, liberté pour les actes inférieurs à 5 000 F, puis écrit au-dessus). Les tribunaux avaient la même analyse (143). Le retour d'un formalisme à fins protectrices, la perte de crédibilité du pur consensualisme et la reconnaissance d'une identité foncière des règles de forme et de preuve conduisirent à voir dans les articles 2015 et 1326 du Code civil des règles imposant une forme validante. Les tribunaux, à travers les tâtonnements des années 1978-1989, ont provoqué cette analyse puis ont abandonné la voie difficile de l'établissement d'un régime du formalisme du cautionnement. L'on revenait, en 1989, à la protection par les règles de preuve, telle qu'elle fut conçue au XIXe siècle.

Le législateur s'est alors emparé du formalisme en prétendant protéger les consommateurs, et par la loi du 31 décembre 1989, a inséré dans les lois Scrivener de 1978 et 1979 des articles surnuméraires (144) imposant la rédaction à la main par la caution, à peine de nullité, de formules longues et empâtées de considérations secondaires (145) (*infra*, n° 133, l'étude détaillée du cautionnement donné par un consommateur).

Les cautionnements les plus discutés étant ceux donnés par les dirigeants sociaux en garantie de crédits professionnels, le formalisme nouveau ne les concernera pas.

105. — L'affirmation jurisprudentielle de la nature probatoire de la mention manuscrite. — En mars 1989 la Cour de cassation a changé de position, sensible aux critiques qui faisaient du formalisme une incitation à ne pas respecter la parole donnée. Elle a d'abord affirmé que le renvoi par la mention manuscrite au corps imprimé de l'acte suffisait à déterminer l'étendue du cautionnement (146), renversant

---

(143) Depuis, Req., 20 oct. 1896 : *S.* 1897, 1, 8 ; *D.P.* 1897, 1, 528. — V. *infra* la *Direction de recherches* sur « la croissance du formalisme ».

(144) Art. 7-1 (montant) et 7-2 (solidarité) de la loi du 10 janv. 1978, et art. 9-1 et 9-2 (identiques) de la loi du 13 juillet 1979.

(145) Le risque d'annulation en est augmenté.

(146) Civ. 1re, 7 mars 1989, arrêt *Reynaud*, affirmant de façon confuse qu'était valable « l'engagement de caution, écrit de la main de la femme d'un commerçant, ...faisait référence au corps du texte de l'acte de cautionnement litigieux, imprimé sur une feuille recto verso formant un tout » (*Bull. civ.* I, n° 109, p. 71 ; *J.C.P.* 89, II, 21317, note D. LEGEAIS ; *D.* 1989, somm. 290, obs. L. AYNÈS et *D.* 1990, J, p. 177, note C. MOULY ; *Rev. jurispr. com.* 1989, p. 259, note A. GRAFMEYER ; *Les Petites Affiches*, 21 juill. 1989, p. 25, obs. P. BOUTEILLER). On pourrait relever de nombreuses références au formalisme dans cette rédaction, telles la mention de validité du cautionnement, qui ne peut concerner une règle de preuve, ou la précision d'une impression sur une feuille recto-verso formant un tout (D. LEGEAIS, note cit.,

la solution qu'elle avait posée en 1984 (147). Elle a ensuite ouvertement modifié sa qualification de la mention manuscrite, en affirmant à propos des articles 1326 et 2015 du Code civil « que ces *règles de preuve* ont pour finalité la protection de la caution » (148) ; la Cour de cassation opérait un second revirement en l'espace de quelques années, abandonnant la position de 1987 dans laquelle elle niait que ces règles fussent des règles de preuve (149). Il est vrai que l'article 1326 du Code civil, placé au titre de la preuve des obligations (150), ne semblait exiger qu'une manifestation particulièrement probante de la conscience du cautionnement, en imposant que la caution écrive l'acte de sa main ou ajoute elle-même à la main le montant de son engagement avant sa signature.

Ainsi prenait fin une parenthèse d'environ sept ans pendant lesquels la Cour de cassation avait ouvertement annulé les cautionnements dont la mention manuscrite était insatisfaisante. En fait, la tolérance avait commencé quelques années avant, à partir de 1978 environ, lorsque la Cour de cassation cessa de casser les arrêts de cours d'appel qui prononçaient l'annulation sur le fondement de l'article 1326 du Code civil, alors qu'une règle de preuve ne peut permettre cette sanction.

La solution jurisprudentielle est aujourd'hui redevenue celle qui était traditionnellement appliquée (151) : l'article 1326 du Code civil pose une simple règle de preuve : la caution doit écrire de sa main le montant des sommes garanties afin que le créancier puisse utiliser l'instrumentum comme moyen de preuve du cautionnement. Il faut

---

y attache de l'importance), qui semble restreindre la solution de l'arrêt aux cautionnements ainsi présentés. Mais il faut davantage insister sur l'abandon de deux solutions antérieures :

— d'une part celle réduisant l'étendue du cautionnement à la seule somme de la mention manuscrite et excluant toute détermination du montant par le texte imprimé (v. *infra*, n° 112, l'étude de jurisprudence, et plus spéc. Civ. 1re, 3 mai 1984 : *Bull. civ.* I, n° 147, p. 125 ; et autres arrêts cités par P. SARGOS, *L'opération « Glasnost » de la Cour de cassation en matière de cautionnement ou cinq brèves observations sur une jurisprudence : Gaz. Pal.* 1988, 1, doctr. 210, 3e règle ;

— d'autre part, l'affirmation de la « validité » d'une mention peu détaillée et qui naguère eût été invalidée, surtout dans un autre arrêt du même jour, *Trigona* (mêmes références).

(147) Civ. 1re, 3 mai 1984, cité note précédente. Mais elle avait déjà manifesté une propension en ce sens, qui n'avait pas eu de suite : Civ. 1re, 13 oct. 1987 : *Bull. civ.* I, n° 261, p. 189 ; *Gaz. Pal.* 1987, pan. 280, jugeant que la mention « lu et approuvé » écrite par la caution justifiait la détermination de l'étendue du cautionnement par le texte imprimé de l'acte ainsi « approuvé ».

(148) Civ. 1re, 15 nov. 1989 : *Bull. civ.* I, n° 348, p. 235 ; *D.* 1990, J, p. 177, note C. MOULY.

(149) Civ. 1re, 30 juin 1987 : *Bull. civ.* I, n° 210, p. 155 : « Les exigences relatives à la mention manuscrite ne constituent pas de simples règles de preuve mais ont pour finalité la protection de la caution ». — *Adde* le commentaire dans la 1re règle posée par P. SARGOS, *L'opération « Glasnost » de la Cour de cassation en matière de cautionnement ou cinq brèves observations sur une jurisprudence : Gaz. Pal.* 1988, 1, doctr. 219 : « La mention manuscrite... est une condition de validité... et non une règle de preuve ».

(150) C. civ., livre 3, titre 3, chap. 6.

(151) Depuis Req., 20 oct. 1896 : *S.* 1897, 1, 8 ; *D.P.* 1897, 1, 528 ; v. *infra* la *Direction de recherches* sur « la croissance du formalisme ».

replacer la règle dans le contexte du système de preuves légales du droit civil et non pas dans le système consensualiste de la formation des contrats. Le juge ne doit pas chercher si la mention manuscrite exprime bien le consentement de la caution ; il ne doit pas scruter les mots pour savoir si elle percevait l'étendue et la gravité de son engagement. Il doit simplement vérifier si le document contient une mention manuscrite précisant le montant du cautionnement. Si oui, l'acte fera preuve du cautionnement, et les mentions imprimées détermineront l'étendue de la garantie. Si non, l'acte devrait être totalement écarté des débats et la preuve du cautionnement devrait être fournie par le créancier, selon le système de preuve légale : autre écrit émanant du défendeur, ou adminicule préalable permettant le recours aux présomptions ou aux témoins (152).

Le *régime de la preuve du cautionnement* est complexe :

— les cautionnements donnés par des commerçants sont établis par tous moyens, et la mention manuscrite est inutile ; son absence ou son insuffisance n'ont aucune conséquence (C. com., art. 109 : *infra*, n° 108) ;

— les cautionnements donnés par des personnes physiques en garantie de crédits à la consommation sont soumis à une forme validante supplémentaire : une mention manuscrite spéciale (art. 7-1 et 9-1 des lois Scrivener de 1978 et 1979, *infra*, n° 133) ;

— les cautionnements donnés par des personnes qui ne sont ni commerçants ni « consommateurs » ne peuvent être prouvés que par un instrumentum complété d'une mention manuscrite de la caution qui contienne l'indication du montant garanti (ou, si le montant est indéterminé, l'indication de la conscience qu'a la caution de l'engagement indéterminé qu'elle souscrit) (C. civ., art. 1326) ;

— si la mention manuscrite probatoire est absente ou insuffisante, l'instrumentum peut-il valoir commencement de preuve par écrit ? Les tribunaux disent oui (153). L'acte ne peut alors à lui seul établir l'existence du cautionnement. Il permet seulement au créancier de produire en justice des indices extérieurs (154), tels des correspondances allusives ou des témoignages, qui permettront au juge de présumer le cautionne-

(152) Mais la Cour de cassation ne suit pas cette logique en admettant que l'acte dont la mention manuscrite est incomplète puisse néanmoins servir de commencement de preuve par écrit.

(153) Com., 21 juin 1988 : « Vu les articles 1326 C. civ. et 109 C. com. ; Attendu que le cautionnement doit être constaté dans un titre qui comporte, outre la signature de celui qui souscrit cet engagement, la mention écrite de sa main, de la somme en toutes lettres et en chiffres et que, sauf à ce que cet acte serve de commencement de preuve par écrit, preuve dont le complément doit alors résulter d'éléments extérieurs à l'acte lui-même, ce n'est qu'à l'égard des commerçants que l'obligation ainsi contractée peut se prouver par tous autres moyens » (*Bull. civ.* IV, n° 212, p. 146 ; *J.C.P.* 89, II, 21170, note P. DELEBECQUE ; *D.* 1989, somm. 289, obs. L. AYNES ; *Rev. trim. dr. civ.* 1989, 111, obs. M. BANDRAC ; *Gaz. Pal.* 1988, pan. 229). — Civ. 1re, 16 janv. 1985 : *Bull. civ.* I, n° 24, p. 24.

(154) Sur la nécessité de l'extériorité de ces éléments de preuve, v. l'arrêt précité, Versailles (14e ch., prés. M. Sargos), 26 mai 1989 : *Gaz. Pal.* 1989, 2, somm. (journal des 10-11 nov. 1989, p. 8). — Civ. 1re, 22 juill. 1975 : *Bull. civ.* I, n° 247. — P. DELEBECQUE, note sous Com., 21 juin 1988 : *J.C.P.* 89, II, 21170, n° 7.

ment. Ce recours aux indices et à la présomption devrait être banni par l'article 2015 du Code civil, dont l'injonction est très nette : « le cautionnement ne se présume point » ! L'acte dont la mention manuscrite est insuffisante ne devrait avoir aucune valeur ; le cautionnement ne peut alors être prouvé que par un écrit extérieur, par exemple une lettre émanant de la caution et entièrement écrite de sa main dans laquelle elle reconnaît le cautionnement. Si la lettre était dactylographiée, elle ne serait recevable que complétée de la mention manuscrite de l'article 1326 du Code civil, ce que bien sûr elle ne contient que rarement !

106. — Domaine de la mention manuscrite probatoire. — Même lorsque la Cour de cassation utilisait la mention manuscrite hors de son domaine pour alléger la charge des cautions, depuis le début des années 1980, elle n'allait pas jusqu'au bout du formalisme, limitant sa recherche à la détermination du montant du cautionnement. Les solutions de cette période sont donc transposables aujourd'hui à la mention manuscrite probatoire.

— La nature simple ou solidaire du cautionnement n'a pas besoin d'être précisée dans la mention manuscrite (155) ; le cumul de plusieurs cautionnements non plus (156). Mais elle est exigée dans la mention manuscrite spéciale aux cautionnements de consommateur (art. 7-1, 7-2 et 9-1, 9-2 des lois Scrivener de 1978 et 1979).

— Les cautionnements illimités sont toujours valables.

— Les commerçants, auxquels on tend à assimiler les hommes d'affaires et parfois leurs épouses, n'appellent pas la même protection que les civils et sont laissés hors du champ de la mention manuscrite. Leurs cautionnements sont donc établis même par un acte qui est dépourvu de mention manuscrite. Détaillons ces deux dernières solutions.

La mention manuscrite doit être apposée sur le mandat que la caution donne à une personne de signer pour elle le cautionnement. La solution a été affirmée par la Cour de cassation à l'époque où elle soumettait cette mention au régime du formalisme (157). Le principe de transposition à la procuration des formalités protectrices du débiteur à l'acte, que l'on connaît par exemple pour l'hypothèque, explique la solution. La même raison de protection de la caution justifie parfaitement que la solution soit conservée pour la mention redevenue probatoire (158). Le fait que le mandat ne contienne pas d'engagement de payer envers le créancier

(155) Civ. 1re, 31 janv. 1989 : *Bull. civ.* I, n° 45, p. 29. — La solution peut surprendre car il est habituel que la mention manuscrite précise cette nature, et aussi car l'engagement solidaire est plus sévère. Sans doute la Cour de cassation a-t-elle estimé que le cautionnement solidaire est aujourd'hui le principe, à moins qu'elle n'ait voulu une fois de plus avantager le fisc, qui était en l'espèce le créancier ; tant que ses arrêts ne seront pas motivés, le doute subsistera (comp. entre les mêmes parties le rejet de l'argument pour son caractère nouveau : Com., 29 nov. 1988 : *Bull. civ.* IV, n° 327, p. 219).

(156) Com., 3 janv. 1989 : *Bull. civ.* IV, n° 2, p. 1 : solution bien sévère et peu cohérente avec l'effort de détermination du montant ; en fait, il semble que la caution ait pâti de sa qualité de dirigeant social, mais alors la Cour de cassation aurait dû l'indiquer.

(157) Civ., 31 mai 1988 : *Bull. civ.* I, n° 163, p. 113 ; *J.C.P.* 89, II, 21181, note crit. P. Simler ; *Rép. Defrénois* 1988, art. 34325, n° 95, obs. L. Aynès.

(158) Et donc un mandat tacite de se porter caution serait impossible, selon la Cour de cassation : Civ. 1re, 22 nov. 1988 : *Bull. civ.* I, n° 329, p. 223 ; *D.* 1989, somm. 289, obs. approb. L. Aynès. Solution douteuse puisque la mention manuscrite n'est imposée que si le cautionnement est écrit, non s'il est verbal.

ne suffit pas à éviter la formalité probatoire protectrice, dont l'esprit permet de dépasser la lettre de l'article 1326 C. civ. (159).

107. — Les cautionnements illimités. — Lorsqu'une banque ouvre à un entrepreneur un crédit pour un ensemble d'opérations, qu'il soit dit global, de trésorerie ou de roulement, elle sait que le montant de ce crédit sera réexaminé à échéances plus ou moins rapprochées, que d'autres crédits de formes différentes s'y ajouteront et qu'ainsi le montant total de ses créances variera dans d'importantes proportions. Les sûretés personnelles sont les seules garanties dont la souplesse permette de s'adapter à de telles variations. C'est pour cette raison que les banques ont toujours eu tendance à exiger des cautionnements en garantie de tels crédits, outre d'autres considérations liées à la limitation de la responsabilité dans les S.A.R.L. et les S.A. ou aux conséquences d'une procédure collective sur les sûretés réelles. La pratique a ainsi forgé des formules par lesquelles l'ensemble des engagements d'un débiteur (société ou personne physique) est garanti par la caution.

Très souvent, les cautions tentent de se libérer, *a posteriori*, de tels cautionnements et invoquent l'insuffisance de la mention manuscrite. Comment, en effet, écrire en chiffres cet engagement illimité ? La pratique avait parfois recours à des formules de mentions manuscrites, telles que « caution des engagements de toutes natures tels que décrits ci-dessus... », qui renvoyaient à des énumérations longues de plusieurs lignes et parfois de plusieurs paragraphes. Les cours d'appel, de temps en temps, rejetaient ces cautionnements, estimant la mention trop imprécise. Doctrine et Cour de cassation jugeaient au contraire suffisante, en s'appuyant sur la raison d'être de l'article 1326, « une mention exprimant sous une forme quelconque, mais de façon explicite, la connaissance par celui qui s'engage de la nature et de l'étendue de l'obligation qu'il contracte » (160).

La réforme de l'article 1326 C. civ. en 1980 a été invoquée par certains comme ayant implicitement écarté les cautionnements illimités en ne prévoyant aucune mention manuscrite susceptible de leur convenir (161). Un arrêt ambigu rendu

---

(159) Le même esprit conduit à imposer la mention manuscrite dans le mandat sous seing privé de conclure un cautionnement notarié, car la protection que peut apporter le notaire n'est pas effective lors de la signature du mandat. — En ce sens, note de l'I.E.J. du Conseil supérieur du notariat du 10 nov. 1988 : *Rép. Defrénois* 1989, p. 48.

(160) L'arrêt de principe, joliment motivé, date de Req., 1er mars 1853 : *D.P.* 1854, 1, 342 ; *S.* 1855, 1, 212. — La formule fut peaufinée au cours des décennies pour devenir celle citée au texte dans Civ. 1re, 20 juill. 1978 : *Bull. civ.* I, n° 234, p. 186 ; *D.* 1979, I.R. 149, obs. D. LANDRAUD. — Cette formule est régulièrement reprise par la Cour de cassation, plusieurs fois par an. — V. par exemple Civ. 1re, 22 fév. 1984 : *J.C.P.* 85, II, 20442, note M. STORCK. — Pour mesurer la conscience de l'engagement par la caution, tout le contexte du cautionnement doit être apprécié (v. par ex. Civ. 1re, 4 mars 1986 : *Bull. civ.* I, n° 49, p. 46 ; *D.* 1987, 342, note L. AYNES).

(161) L'argument était faible. — V. C. MOULY, chron. *Sûretés et garanties du paiement : J.C.P.* 81, éd. C.I., Actualités, 10109, n° 2.

en 1983 a pu accroître les doutes (162) sans emporter la conviction (163). Rien ne justifierait l'annulation de tels cautionnements et si les tribunaux se risquaient néanmoins à le faire arbitrairement, d'autres moyens seraient trouvés d'obtenir une garantie illimitée, qui peut être économiquement souhaitable et moralement acceptable. Mais le besoin n'existe pas encore, les tribunaux retenant généralement la validité de ces cautionnements illimités (164). En effet, une fois respectée la formalité probatoire de l'article 1326 C. civ., la protection qu'il ménage est jugée obtenue. Il suffit que d'une façon claire la caution exprime sa conscience d'un engagement illimité. Son étendue exacte sera déterminée grâce au corps de l'acte.

108. — Preuve libre du cautionnement donné par des commerçants. — La réforme législative de 1980 semble avoir perturbé doctrine et jurisprudence. L'article 1326, alinéa 2 ancien, exemptait les cautionnements donnés par des marchands de la preuve par « bon pour » ; à sa place l'article 109 du Code de commerce en exempte depuis 1980 les commerçants. Il n'y a donc pas de différence (165). Mais la loi était interprétée avant 1980 comme dispensant de mention manuscrite les cautionnements commerciaux, même signés par des civils, ce qui concernait essentiellement les dirigeants sociaux. Ces dirigeants étaient ainsi réintégrés dans le droit commercial malgré le particularisme du droit des sociétés qui les excluait du régime commercial bien qu'ils baignent dans les affaires (166).

Aujourd'hui, certains auteurs (167) et la Cour de cassation ont déplacé la ligne de partage. Les commerçants sont toujours placés hors du

(162) Civ. 1re, 19 avril 1983 : *J.C.P.* 83, II, 20122, note C. Mouly et P. Delebecque. — Sur l'accroissement des doutes, v. par ex. le rapport de Me C. Jaquet sur le cautionnement au 82e Congrès des notaires, Nice, 1984, n° 35, p. 53.

(163) V. l'argumentation dans la note sous l'arrêt précité, et également l'arrêt de la cour de Dijon du 3 oct. 1985 : *J.C.P.* 87, II, 20726, note P. Delebecque, qui est un merveilleux exemple de *distinguishing* en jurisprudence française. Pour les sceptiques, la Cour de cassation a affirmé dans un arrêt du 12 nov. 1987 que « les modifications apportées à l'art. 1326 C. civ. par la loi du 12 juill. 1980 n'interdisent pas le cautionnement indéfini prévu à l'art. 2016 C. civ. » (Civ. 1re : *D.* 1988, somm. 271, obs. L. Aynès ; *Banque* 1987, 1207, obs. J.-L. Rives-Lange). La même hésitation avait été chassée en Belgique : v. la note de L. Simont et A. Bruyneel sous Cass., 1re ch., 7 janv. 1972 : *Rev. crit. de jurispr. belge* 1974, 204, spéc. nos 18-20, p. 221 et s.

(164) V. par ex. Civ. 1re, 22 fév. 1984 : *Bull. civ.* I, n° 71, p. 58 ; *J.C.P.* 85, II, 20442, note M. Storck. — Civ., 18 juin 1985 : *Gaz. Pal.* 1985, pan. 310 ; *Banque* 1985, p. 1176, obs. J.-L. Rives-Lange. — Com., 19 nov. 1985 : *J.C.P.* 86, IV, p. 100 ; *Banque* 1986, p. 401, obs. J.-L. Rives-Lange. — Civ., 4 fév. 1986 : *Banque* 1986, *ibid.* ; *J.C.P.* 86, IV, 100.

(165) Et pourtant le législateur de 1980 souhaitait soumettre les commerçants à la formalité de la mention manuscrite : v. l'analyse des travaux préparatoires par Y. Chartier, *La preuve commerciale après la loi du 12 juillet 1980 ou le législateur propose et la loi dispose* in *Mélanges de Juglart*, L.G.D.J., 1986, p. 95. L'auteur souligne combien ce législateur maladroit a manqué sa cible.

(166) V. C. Mouly, note *Rev. jurispr. com.* 1983, p. 145. — C. Mouly et P. Delebecque, note *Rev. jurispr. com.* 1984, p. 305. — Et *supra*, n° 76.

(167) P. Delebecque, *Encyclopédie Dalloz, Droit commercial, V° Cautionnement*, n° 111. — P. Simler, n° 261. — G. Parleani, *Un texte anachronique : le nouvel article 109 C. com.* : *D.* 1983, chron. 65, n° 27. — Y. Chartier, *La preuve commerciale...*, art. préc., nos 17 et 18, p. 100-101.

domaine de la mention manuscrite (168) mais les dirigeants sociaux sont tenus d'inscrire une mention manuscrite, dont le contenu a toutefois peu d'importance (169).

Pour les commerçants, le revirement de 1989 écartant la qualification de règle de forme et revenant à celle de preuve ne modifie pas la solution affirmée antérieurement mais en améliore la cohérence. Auparavant, en affirmant que l'article 1326 du Code civil était une règle de forme, la jurisprudence rendait l'article 109 du Code de commerce inapplicable puisqu'il ne régit que la preuve. En conséquence, la même forme aurait dû être respectée dans tous les cautionnements, civils comme commerciaux. La Cour de cassation préféra en 1988 entrer en contradiction avec la ligne dégagée en 1985 et n'exiger la mention manuscrite que lorsque la caution n'est pas commerçante, à titre de règle de preuve (170).

L'avantage de la liberté de preuve est important car un cautionnement donné par un commerçant est beaucoup plus difficile à contester : le créancier détenant un tel cautionnement peut produire tous les documents de nature à établir l'existence et l'étendue du cautionnement. Les commerçants peuvent même prouver à l'aide de leurs propres livres de commerce. L'ancien article 109 C. com. le disait expressément ; l'article 17 C. com. le permet aujourd'hui pour les livres comptables. Les engagements hors bilan sont ainsi un élément probatoire d'importance, bien qu'en pratique cette faculté ne soit que rarement exploitée.

109. — Cautionnement donné par des dirigeants sociaux. — Les dirigeants sociaux (gérants de S.A.R.L. et les P.-D.G. de S.A.) et autres cautions intégrées aux affaires du débiteur principal sont aujourd'hui soumis par les tribunaux à un régime de preuve de leur cautionnement qui est spécial :

— en apparence le régime des non-commerçants est appliqué. Le cautionnement doit être prouvé par un acte contenant une mention manuscrite. La réforme de 1980 a été utilisée comme prétexte (171)

---

(168) Com., 21 juin 1988 : *Bull. civ.* IV, n° 212, p. 146 ; *J.C.P.* 89, II, 21170, note P. DELEBECQUE ; *D.* 1989, somm. 289, obs. L. AYNÈS ; *Rev. trim. dr. civ.* 1989, 111, obs. M. BANDRAC ; *Gaz. Pal.* 1988, pan. 229. — La Cour de cassation affirme : « Vu les art. 1326 C. civ. et 109 C. com., le contrat de cautionnement doit être constaté dans un titre qui comporte... la mention écrite de sa main de la somme... et ce n'est qu'à l'égard des commerçants que l'obligation ainsi contractée peut se prouver par tous autres moyens ».

(169) Sur le principe, même arrêt, confirmant les solutions tâtonnantes retenues pendant les années 80. Sur la justification, v. n° suivant.

(170) Com., 21 juin 1988, préc. : *Bull. civ.* IV, n° 212, p. 146 ; *J.C.P.* 89, II, 21170, note P. DELEBECQUE ; *D.* 1989, somm. 289, obs. L. AYNES ; *Rev. trim. dr. civ.* 1989, 111, obs. M. BANDRAC.

(171) Ce fut peut-être sa fonction la plus nette. Elle a par exemple permis de la même façon de revenir sur une autre solution discutable de la Cour de cassation, concernant les artisans et les laboureurs. En 1979 elle les avait intégrés parmi les civils pour lesquels une mention protectrice était exigée, contre la lettre de l'art. 1326, al. 2, C. civ. Elle niait ainsi qu'ils soient aussi des hommes d'affaires. Le stratagème consistait à ne supprimer l'exigence d'une mention manuscrite que si l'artisan ou le laboureur était illettré [Civ. 1re, 4 avril 1979 : *Bull. civ.* I, n° 113 (artisan), qui applique au cautionnement une solution voulue générale par Civ. 1re, 17 janv. 1979 : *Bull. civ.* I, n° 25, p. 21 (pour un laboureur)]. Cette solution ne respectait ni la lettre, ni l'histoire, ni l'esprit de l'art. 1326, al. 2, C. civ.

pour abandonner l'application discutable (172) de la liberté de preuve aux cautionnements signés par des dirigeants sociaux non commerçants (173). Leur cautionnement est aujourd'hui considéré comme soumis à la preuve par mention manuscrite (174) ;

— mais le contenu de cette mention est quasiment indifférent, la mention étant validée si la caution avait des fonctions ou qualités lui permettant de comprendre la portée de son engagement (175). Ce critère jurisprudentiel, de la compréhension par la caution de son engagement, engendre l'incertitude et un certain arbitraire (v. *infra*, n° 171).

Cette solution est maintenue sans aucun changement par les arrêts opérant revirement sur la nature de la mention manuscrite, du 7 mars 1989 (176), et confirmée par trois arrêts des Chambres civile et commerciale du 18 avril 1989 (177).

110. ——— *DIRECTIONS DE RECHERCHES*

Cette importante solution, qui fait fi de la prévisibilité des solutions et de la cohérence du droit, est-elle *juste* ? Les contorsions de la Cour de cassation visent à soumettre les dirigeants de S.A.R.L. ou de S.A. à un régime plus strict, proche de celui des commerçants ; dans cette mesure, elles sont justifiées : une protection spéciale est inutile puisque les dirigeants sociaux ou même les associés actifs sont mêlés au monde des affaires et ont sur la dette de la société cautionnée des moyens de contrôle. Au-delà, si la solution était étendue, par contagion, à d'autres cautions, elle perdrait son fondement et deviendrait injuste : v. par ex. la suppression de toute protection pour une caution au motif qu'elle est l'épouse du P.-D.G. et qu'elle a 32 % des parts d'une S.C.I. cofidéjusseur (Civ. 1re, 13 oct. 1987, *Dame Menant : D.* 1988, somm. 272, obs. L. Aynès) (178). Mais le seul fait d'être la femme du patron ne semble pas suffire, dans un autre arrêt de

(172) Mais dont la finalité de réintégration des dirigeants sociaux dans un droit commercial dont ils sont artificiellement exclus était bénéfique : v. C. MOULY, note *Rev. jurispr. com.* 1983, p. 145. — C. MOULY et P. DELEBECQUE, note *Rev. jurispr. com.* 1984, p. 305.

(173) Cette liberté de preuve a été rappelée en 1988, pour un cautionnement antérieur à la loi du 12 juill. 1980 : Com., 10 mai 1988 : *Bull. civ.* I, n° 159, p. 111 ; *Gaz. Pal.* 1988, pan. 183. — Ce rappel est d'autant plus important que la même juridiction allait admettre que depuis cette loi le cautionnement des dirigeants sociaux était soumis à la mention manuscrite. — Pour la période antérieure à 1980, v. Com., 4 juin 1973 : *Bull. civ.* IV, n° 191. — Com., 16 juill. 1973 : *Bull. civ.* IV, n° 244.

(174) Très nettement, Com., 21 juin 1988 : *Bull. civ.* IV, n° 212, p. 146 ; *J.C.P.* 89, II, 21170, note P. DELEBECQUE ; *D.* 1989, somm. 289, obs. L. AYNES ; *Rev. trim. dr. civ.* 1989, 111, obs. M. BANDRAC ; *Gaz. Pal.* 1988, pan. 229.

(175) V. notamment P. SARGOS, *L'opération « Glasnost » de la Cour de cassation en matière de cautionnement ou cinq brèves observations sur une jurisprudence : Gaz. Pal.* 1988, 1, doctr. 209-210, n° 5 *in fine* : « On retrouve donc la souplesse qui caractérisait les cautionnements dits commerciaux antérieurs à la loi du 12 juillet 1980 ».

(176) *Bull. civ.* I, n° 109, p. 71 ; *J.C.P.* 89, II, 21317, note D. LEGEAIS ; *D.* 1989, somm. 290, obs. L. AYNES et *D.* 1990, J., p. 177, note C. MOULY ; *Rev. jurispr. com.* 1989, p. 259, note A. GRAFMAYER ; *Les Petites Affiches,* 21 juill. 1989, p. 25, obs. P. BOUTEILLER.

(177) *Bull. civ.* I, n° 152 et IV, nos 114 et 115.

(178) La même affirmation de l'assimilation de l'épouse du dirigeant à celui-ci est contenue dans les deux arrêts de revirement du 7 mars 1989 : *Dame Reynaud : Bull. civ.* I, n° 107, et *Consorts Trigona : Bull. civ.* I, n° 108.

la même date, *Dame Fustran, ibid.* (179). De même, un directeur technique associé à 30 % sera une autre fois considéré comme n'ayant pas d'intérêt personnel à l'opération cautionnée : l'article 1326 sera alors appliqué et la mention manuscrite, parfaitement classique en l'espèce, jugée insuffisante (180). Où s'arrête l'arbitraire, surtout quand il est délibérément caché, ces arrêts étant exclus de la publication au Bulletin ?

111. — La tentation du formalisme comme critère de sélection des engagements méritant exécution. — La volonté de théoriser le consensualisme et de rejeter les contrats réels ou solennels comme un héritage anachronique du Haut Moyen Age n'empêche pas de penser qu'une protection par des formes solennelles puisse être utile contre les cautionnements trop facilement donnés. Le formalisme est demandé avec une belle constance au législateur par les notaires, à l'administration par les associations de consommateurs. De même le droit cambiaire exige pour l'aval une signature sur un effet de commerce ; il y a là exigence formelle, même si elle ne déroge pas à celles du formalisme habituel en la matière.

Il ne fait aucun doute qu'en droit romain l'*adstipulatio*, la *sponsio* ou la *fidepromissio*, et la *fidejussio* qui servaient de moule au cautionnement étaient des contrats formels. De même en était-il de la plègerie ou plévine. Le prononcé de formules manifestant sans hésitation la volonté de s'engager était plus important que cette volonté elle-même. Non pas que la volonté des gens d'il y a mille ans ait été plus fugace que celle des consommateurs ou des P.-D.G. d'aujourd'hui ; pas plus que la capacité des juges à sonder les cœurs n'était plus fruste. Mais plutôt parce que la sagesse et l'expérience leur avaient appris que la forme, même verbale, est une protection de tous, créanciers comme débiteurs. Avec l'avènement du rationalisme, qui place la raison au-dessus de tout, a triomphé la croyance dans le consentement pur et dans la suffisance d'une volonté exprimée. L'abandon de la plège et le passage au cautionnement marque peut-être la transition. L'article 2015 C. civ. serait-il l'avatar fossilisé des formes validantes antérieures ? Voir comment Pothier repousse sèchement la *stipulatio* qui « n'est point en usage parmi nous » (*Traité des obligations,* n° 400), mais peine ensuite à définir l' « intention bien marquée de cautionner » (*ibid.*, n° 401).

Si les notaires ne demandent plus aujourd'hui que le cautionnement soit systématiquement un acte notarié, ils le sollicitent encore pour les cautionnements de dettes indéterminées (181). Plus lourdement encore, ils demandent une publicité des cautionnements sur le mode de celui des sûretés réelles, sanctionnée donc par la nullité ou l'inopposabilité en cas de défaut de publication (182).

Les associations de consommateurs souhaitent que l'offre écrite préalable — formaliste s'il en est — dont la réglementation sur la consommation fait bénéficier l'acheteur à crédit soit également adressée à la caution, avec délai de réflexion

(179) V. aussi Civ. 1re, 31 oct. 1989 : *D.* 1989, I.R. 299, qui casse l'arrêt d'une cour d'appel qui avait jugé que l'épouse du président d'une S.C.I. était tenue par un cautionnement dont la mention manuscrite se limitait à « lu et approuvé » ; la cour d'appel jugeait que le mariage et le fait d'être associée dans la S.C.I. cautionnée et dans une autre suffisaient à connaître le fonctionnement des sociétés de promotion immobilière et leurs rapports avec les banques.

(180) Com., 23 mai 1989 : *B.N.P.* c. *Rigaudeau : Express Documents* n° 2320, p. 18.

(181) V. le rapport, d'ailleurs remarquable, de Me C. JAQUET sur le cautionnement au 82e Congrès des notaires de France (Nice, 1986) portant sur « les garanties du financement », n° 40, p. 56. Mais un vœu sur l'authentification de tous les cautionnements a été repoussé, après une vive discussion (v. L. AYNÈS, *Les garanties du financement : Rép. Defrénois* 1986, p. 909, n° 6). — V. aussi le rapport de Me B. LIVIAN sur *Le consommateur de crédit* au 81e Congrès des notaires (Lyon, 1985), spéc. p. 1326-1327, qui propose l'authenticité pour les cautionnements supérieurs à 20 000 F ou illimités.

(182) Rapport C. JAQUET, *ibid.*, n° 41, p. 42. — J.-G. TAMBOISE, *Réflexions et propositions pour moraliser la pratique du cautionnement : Les Petites Affiches,* n° 49, 25 avril 1983, p. 39-40.

et faculté de rétractation (183). Malgré les affirmations du ministère, la modification apportée en juin 1989 à la loi Scrivener de 1978 (184) n'atteignent pas ce résultat (*infra*, n° 133). En revanche, le formalisme est patent dans l'exigence de mentions manuscrites spécifiques pour la validité du cautionnement garantissant un crédit à la consommation (185) et pour son caractère solidaire (186).

Les auteurs étaient déjà prêts à accepter le formalisme, tant les idées évoluent vite et la modernité perd du terrain. Rares pourtant étaient ceux qui insistaient naguère sur la protection de la caution par une forme spéciale (187), un écrit (§ 766 B.G.B.) ou une manifestation expresse de volonté (C. civ. français, art. 2015 ; C. civ. italien, art. 1937). G. Gorla, par exemple, ose affirmer que les sûretés personnelles ne sont pas des actes nus, qui engagent par le seul consentement, mais plutôt des actes « qui lient comme des promesses typiques » (188), voulant dire par là que le droit présuppose l'existence d'un acte matériel qui conforte le contrat ; cet acte consiste en l'abstention par les créanciers de toute demande de paiement. L'argument peut trouver racine en droit romain, qui était hostile au pacte nu mais admettait le *constitutum debiti alieni* (189).

L'évolution naturelle reconduisant, plus vite ici devant la nécessité, au comportement traditionnel mériterait une analyse de sociologie. Sur quelques intuitions, à propos de l'article 1326, v. C. Mouly et P. Delebecque, note au *J.C.P.* 83, II, 20122 (sous Civ. 1re, 19 avril 1983), spéc. nos 15 et 16. — M. Storck, note au *J.C.P.* 85, II, 20442 (sous Civ. 1re, 22 fév. 1984) beaucoup plus affirmatifs dans une étude approfondie. Très nettement aussi, P. Malaurie et L. Aynès, n° 115 ; et G. Marty, P. Raynaud et P. Jestaz, n° 585, p. 386-387.

Le recours au formalisme d'une lourde mention manuscrite dans la réglementation de protection du consommateur-caution, en 1989, est symptomatique de l'évolution des mentalités (*infra*, n° 133 et s.).

112. — Analyse de jurisprudence. — Parallèlement à ces tendances, les tribunaux ont lentement tissé la toile d'un nouveau formalisme à partir de l'article 1326 C. civ., et accessoirement de l'article 2015 C. civ. Le but était de transformer la reproduction manuscrite de l'essentiel de l'engagement en une exigence *ad validitatem*. Mais la loi ne prédestinait pas la mention manuscrite, ou « bon pour », à une telle fonction de règle de forme. La Cour de cassation a pu affirmer de 1983 à 1988 que l'insuffisance de cette mention justifiait l'annulation du cautionnement, et même dire en 1987 qu'il ne s'agissait pas d'une règle de preuve. Elle est revenue à la qualification de règle de preuve en 1989, abandonnant un formalisme qui demande sans doute plus de temps pour être intégré dans un droit qui n'en connaît guère. L'évolution fut la suivante.

Dans des circonstances de fait troubles, la Cour de cassation, agissant en troisième degré de juridiction, imposa par petites touches d'attacher plus d'importance à la forme du cautionnement.

Exemple : Com., 16 déc. 1981 (190) : la mention « bon pour aval personnel » sur une lettre de change ne prouve pas un cautionnement fondamental !

Exemple : Com., 22 janv. 1985 (191) : la Cour de cassation n'hésita pas à annuler un cautionnement auquel manquait la désignation du débiteur garanti,

(183) V. l'avis du Conseil national de la consommation du 22 oct. 1985 et le rapport le précédant : *B.O. concurr. et consomm.* 15 janv. 1986, p. 20 et s., spéc. p. 22 et 25.

(184) L. 23 juin 1989 relative à l'information et à la protection des consommateurs.

(185) L. 10 janv. 1978, art. 7-1 et L. 13 juill. 1979, art. 9-1.

(186) L. 10 janv. 1978, art. 7-2 et L. 13 juill. 1979, art. 9-2.

(187) V. notamment G. Gorla, *Il contratto,* tome I, p. 183.

(188) *Contrats dans le droit continental...* Polycopié, p. 81 *in fine.*

(189) *Ibid.*

(190) *Bull. civ.* IV, n° 447, p. 358.

(191) *Bull. civ.* IV, n° 29, p. 24. — *L'actualité fiduciaire* 1986, p. 35.

désignation qui eût été en l'espèce purement formelle puisque la caution était le gérant de la S.A.R.L. débitrice principale.

V. aussi l'effort de systématisation d'une jurisprudence confuse que fait L. Aynès : *D.* 1987, somm. 442-443, II A et B, et les arrêts cités par P. Sargos, *L'opération « Glasnost » de la Cour de cassation en matière de cautionnement ou cinq brèves observations sur une jurisprudence : Gaz. Pal.* 1988, 1, doctr. 209-210.

La Cour de cassation s'appuya conjointement à partir de 1983 sur les articles 1326 et 2015 C. civ. (192) ; il ne s'agissait plus alors d'écarter du débat l'acte irrecevable à titre de preuve, ce qui était la conséquence antérieurement affectée aux articles 1326 et 2015 C. civ. pris séparément (193) ; il s'agissait de consacrer l'absence de validité d'un acte pour cause de vice de forme (194). Dans le même esprit, l'article 1326 avait été étendu hors de son domaine d'application par le maintien du formalisme à l'encontre de personnes qui en étaient exemptées par la loi (195).

Plus nettement, de 1985 à 1988 inclus, la Cour de cassation fit de la mention manuscrite l'étalon de l'étendue du cautionnement et la seule expression du consentement de la caution (196). En conséquence :

— le corps de l'acte perdait sa valeur et ne pouvait plus lui être opposé (197) ;

— l'écrit *manuscrit* de l'essentiel du cautionnement devenait ainsi la formalité qui, seule, pouvait le valider. Le nom du débiteur devait y être inscrit (198), et

---

(192) Que DEMOGUE assimilait déjà à une forme : *Obligations,* tome I, n° 280.

(193) Depuis Req., 20 oct. 1896 : *S.* 1897, 1, 8 ; *D.P.* 1897, 1, 528. L'espèce de cet arrêt ne concernait pas le cautionnement, mais de nombreuses décisions avaient été rendues en cette matière auparavant par les cours d'appel. — V. la note au Sirey, préc. Sur l'application au cautionnement : Civ. 2e, 18 déc. 1978 : *Bull. civ.* II, n° 280, p. 214 ; *J.C.P.* 79, IV, 74.

(194) Le virage date de Civ. 1re, 19 avril 1983 (*J.C.P.* 83, II, 20122, note C. MOULY et P. DELEBECQUE), confirmé par Civ. 1re, 22 fév. 1984 (*J.C.P.* 85, II, 20442, note M. STORCK). Il aboutit à la formulation de l'arrêt du 30 juin 1987 (*Bull. civ.* I, n° 210, p. 155) : « Il résulte de la combinaison des art. 1326 et 2015 C. civ. que les exigences relatives à la mention manuscrite ne constituent pas de simples règles de preuve mais ont pour finalité la protection de la caution ». Ce que la Cour de cassation n'avait pas écrit, son conseiller rapporteur l'écrivait en affirmant : « La conséquence de cette analyse est dès lors évidente : à défaut de mention manuscrite ou si celle-ci est irrégulière, le cautionnement est nul puisqu'il s'agit d'une condition de validité de l'acte lui-même » (P. SARGOS, *L'opération « Glasnost » de la Cour de cassation en matière de cautionnement ou cinq brèves observations sur une jurisprudence : Gaz. Pal.* 1988, 1, doctr. 209, 1re règle *in fine*).

(195) V. *supra*, n° 109, note 218, le stratagème utilisé par la Cour de cassation, n'appliquant qu'aux illettrés l'exemption de l'ancien art. 1326, al. 2, C. civ. !

(196) Civ. 1re, 22 juin 1983 (*Bull. civ.* I, n° 182, p. 160 ; *Rép. Defrénois* 1984, p. 367, note J.-L. AUBERT), qui ajoute à la formule de 1978 (Civ. 1re, 20 juin 1978 : *Bull. civ.* I, n° 234, p. 186 ; *D.* 1979, I.R. 149, obs. D. LANDRAUD) selon laquelle la mention manuscrite devait « exprimer sous une forme quelconque, mais de façon explicite et non équivoque, la connaissance par (la caution) de la nature et de l'étendue de l'obligation contractée » en affirmant que cette mention exprime *seule* une telle connaissance : « La mention manuscrite apposée par (la caution) exprime seule la connaissance qu'elle avait de la nature et de l'étendue de son obligation ». *Adde :* Civ. 1re, 4 mars 1986 et 15 avril 1986 (*D.* 1987, 341 et 342, avec deux notes de L. AYNÈS) qui annulent des cautionnements indéterminés pour insuffisance de précision de cette mention manuscrite.

(197) Qu'il soit imprimé (Civ. 1re, 22 juin 1983, cité note précédente) ou dactylographié (Civ. 1re, 3 mai 1984 : *Bull. civ.* I, n° 147, p. 125 ; *Banque* 1984, p. 1093, obs. J.-L. RIVES-LANGE ; *Gaz. Pal.* 1984, 2, pan., obs. A. PIEDELIÈVRE).

(198) Com., 22 janv. 1985 précité, *Bull. civ.* IV, n° 29, p. 24 ; *L'actualité fiduciaire* 1986, p. 35.

la nature des dettes précisée, notamment s'il s'agissait d'un compte-courant (199) ;
— l'étendue devait être déterminée à la main non seulement en principal (200) mais aussi en intérêts, frais et accessoires, en contradiction avec l'article 2016 C. civ. (201), renforçant ainsi l'importance de ce formalisme (202).

Il est reconnu aujourd'hui que les tribunaux ont cédé à la demande de protection et aux arguments des plaideurs qui devenaient plus pressants au fur et à mesure que les cautionnements devenaient plus fréquents. Le phénomène a commencé dans les années 1970, avec les décisions de cours d'appel qui ont de plus en plus fréquemment annulé les cautionnements au prétexte de mentions manuscrites trop légèrement rédigées. La Cour de cassation les suivit. Ils ont ainsi pris part à cette évolution cyclique du cautionnement qui va de la rigueur au laxisme (C. Mouly, *Les causes d'extinction du cautionnement,* Litec, Paris, 1979, n° 8).

Mais l'analyse de la mention manuscrite en un simple élément de preuve ne fut pas totalement abandonnée par la Cour de cassation, qui affirma pendant la même période qu'un cautionnement irrégulier pour une insuffisance de la mention manuscrite était néanmoins établi par l'absence de contestation de son principe ou de son montant par la caution (203). Si le cautionnement était vraiment nul, il n'aurait pu être présumé à partir d'une absence de critique par la caution. De même, ne jugeant que sur l'article 1326 C. civ., la Cour de cassation ne prononça pas l'annulation de l'acte violant ce texte et accepta qu'il soit retenu à titre de commencement de preuve par écrit (204).

113. — La mention manuscrite que doit apposer la caution. — L'article 1326 du Code civil imposait, avant que la loi du 12 juillet 1981 ne le défigure, que le contrat unilatéral (c'est-à-dire qui n'oblige qu'une seule des parties) soit entièrement manuscrit ou que celui qui s'oblige (le plus souvent une caution) écrive au moins « outre sa signature, un bon ou un approuvé portant en toutes lettres la somme ». Exception était faite pour les commerçants et les agriculteurs. Le sens de cette exception était élargi et déformé, les tribunaux l'appliquant (et donc écartant la protection de l'art. 1326) même si la caution n'était ni commerçant ni laboureur (par ex. si son cautionnement était jugé commercial en raison de l'intérêt personnel qu'elle avait au succès de l'opération principale ; v. *supra*, n° 109).

---

(199) Civ. 1re, 4 mars 1986 : *Bull. civ.* I, n° 49, p. 46, annulant « la mention manuscrite exprimée en termes généraux, (n'apportant) aucune précision sur la nature des obligations garanties, leur caractère civil ou commercial, leur montant, *voire la référence à un compte bancaire dont le solde pouvait être réclamé* ».

(200) Et seule la mention comptait, sans que les montants peut-être différents du corps de l'acte soient retenus : règle n° 3 posée par P. Sargos, *L'opération Glasnost,* préc., et les arrêts cités.

(201) Civ. 1re, 29 fév. 1984 : *Bull. civ.* I, n° 80, p. 65. — Civ. 1re, 9 déc. 1986 : *Bull. civ.* I, n° 287, p. 274 ; *J.C.P.* 87, IV, 58 ; *Gaz. Pal.* 1987, pan. 36, et règle n° 4 posée et mal justifiée par P. Sargos, *L'opération Glasnost,* préc. — *Infra*, n° 164 (étendue).

(202) Allant même trop loin, la Cour de cassation a exigé que le taux d'intérêt soit écrit à la main par la caution pour qu'elle soit tenue des intérêts (Civ. 1re, 10 mai 1988 : *Bull. civ.* I, n° 133, p. 92 ; *Gaz. Pal.* 1988, pan. 182 ; *Banque* 1988, p. 1163, obs. justement crit. J.-L. Rives-Lange). — L'exigence est impossible à satisfaire pour les cautionnements omnibus.

(203) Com., 6 juin 1985 : *Bull. civ.* IV, n° 182, p. 153. — *Adde :* Versailles, 29 sept. 1988 : *Banque* 1988, p. 1274, obs. J.-L. Rives-Lange.

(204) Civ. 1re, 16 janv. 1985 : *Bull. civ.* I, n° 24, p. 24. — Et, moins probant parce que plus ancien : Civ. 1re, 8 nov. 1978 : *D.* 1979, I.R. 56.

Une loi du 12 juillet 1980 a empâté l'article 1326 du Code civil au prétexte qu'en supprimant l'obligation légale du « bon pour » dans cet article on supprimerait la coutume du « lu et approuvé » dans les contrats ou du « bon pour pouvoir » dans les mandats, formules qui paraissaient superflues. Ce législateur, qui illustre à merveille l'ineptie du constructivisme, a seulement « fait moderne » en imposant que la mention manuscrite de la somme soit « en toutes lettres et en chiffres. En cas de différences, l'acte sous seing privé vaut pour la somme écrite en toutes lettres ». Quel alourdissement inutile pour une loi qui voulait alléger (205) ! Bien sûr, les « lu et approuvé » restent d'usage dans tous les contrats (206), comme les « bon pour » dans les procurations et mandats ; en plus, aujourd'hui, il faut écrire la somme de deux façons différentes ! Les tribunaux ont continué l'œuvre en exigeant toujours plus de précisions dans la reproduction manuscrite de l'essentiel de l'engagement de la caution.

En droit commun (207), pour constituer une preuve valable du cautionnement, l'acte écrit doit être complété d'une mention indiquant la somme. Deux interprétations sont possibles :

— soit l'interprétation minimale : il suffit de l'indication de la somme en principal pour que l'acte vaille preuve. L'étendue de la garantie donnée par la caution sera alors évaluée par référence au contenu de l'acte lui-même ;

— soit l'interprétation maximale : la mention de la somme doit indiquer le principal et les accessoires, l'intérêt et son taux, ou à défaut les moyens de cette évaluation : énumération des dettes garanties et mention du débiteur qui les crée. La liste n'est pas limitative.

Chacune de ces interprétations est recevable, ainsi que tous les degrés intermédiaires, même si l'on ne qualifie l'article 1326 du Code civil que de règle de preuve. Le choix dépend de la volonté d'intervention du juge dans le contrat pour alléger la caution d'engagements certainement acceptés mais devenus trop lourds lors du recouvrement. Cette intervention ne peut trouver de légitimité que lorsque l'abus par le créancier est flagrant. Le revirement de la Cour de cassation en 1989 est significatif de sa volonté d'interférer moins lourdement dans le mécanisme des contrats de cautionnement, pensant sans doute qu'il n'est pas du devoir du juge de rendre les contrats moins solides et plus aléatoires. Même si la nature juridique n'a pas de conséquence sur le contenu de la mention, la tendance qu'elle témoigne va dans le sens d'un allégement.

---

(205) Ce n'est pas la seule bévue d'un législateur bien maladroit. — V. l'analyse caustique par Y. CHARTIER des intentions du législateur et des résultats fort différents qu'il a atteints : *La preuve commerciale après la loi du 12 juillet 1980 ou le législateur propose et la loi dispose* in *Mélanges de Juglart,* L.G.D.J., 1986, p. 95.

(206) Et la Cour de cassation leur attache même des conséquences considérables puisqu'elle a jugé que la caution qui avait garanti toutes les dettes du débiteur, dans la limite d'un plafond, sans les préciser dans sa mention manuscrite avait néanmoins visé l'énumération imprimée dans le corps du contrat pour avoir écrit « lu et approuvé » à la main (Civ. 1re, 13 oct. 1987 : *Bull. civ.* I, n° 261, p. 189 ; *Gaz. Pal.* 1987, pan. 280).

(207) Pour le droit spécial des cautionnements de crédits à la consommation, et le contenu particulier des mentions dictées par la loi, v. *infra*, n° 133 et s.

114. — Information et détention d'un exemplaire du cautionnement. — Le cautionnement étant un contrat unilatéral, un seul exemplaire détenu par le créancier suffit à sa validité. Sans doute, pour protéger la caution, a-t-on pu penser que la pratique des banques qui conservent l'exemplaire unique pendant des dizaines d'années avant de poursuivre la caution est quelque peu abusive. Se sont alors multipliées les demandes pour que la rédaction en double exemplaire, qui est actuellement une simple faculté pour le créancier — utilisée par certains (208) —, devienne une obligation. Ce n'est pas encore le cas et le double original n'est pas aujourd'hui une formalité validante, même pas du cautionnement donné par une personne physique en garantie d'un crédit à la consommation.

Une autre façon de donner à la caution une information au moment de la conclusion de l'acte consiste à la faire intervenir à cet acte pour le signer. L'intervention de la caution au contrat principal est souvent pratiquée par les notaires et on la rencontre même dans des actes sous seing privé. Elle aussi demeure une simple faculté (209).

Enfin, et sur le modèle de l'article 48 de la loi du 1er mars 1984 qui impose aux banques d'informer les cautions d'entreprises de l'état d'endettement du débiteur principal, une information permanente de la caution peut être une formalité validante du cautionnement, à exécuter pendant le cours de sa vie (v. aussi l'extinction du cautionnement découlant du défaut d'information, *infra*, n° 272 et s.).

B. — Conditions spéciales

115. — Multiplication des régimes dérogatoires. — Essentiellement pour protéger les cautions, le législateur et les auteurs ont développé

---

(208) L'Association française des banques l'a conseillé, par une recommandation du 21 avril 1982 « relative aux garanties personnelles s'appliquant aux crédits aux P.M.E. » (SJ/JC-82/166-A) (*Banque* 1982, p. 703 ; v. aussi *Banque* 1983, p. 15) : « Au moment du contrat, l'acte sera établi en un exemplaire original qui sera conservé par la banque et une copie qui sera obligatoirement remise à la caution ». L'essentiel des autres mesures de cette recommandation fut repris dans la Réponse du ministre de l'Économie et des Finances à M. Kucheida : *J.O.* Ass. nat., Quest. du 5 juill. 1982. Le 20 mai 1981, l'A.F.B. avait déjà diffusé des recommandations sur l'information des cautions garantissant des prêts à des particuliers. La recommandation n° 89/225 du 28 juill. 1989 reprend le conseil (art. 8, et art. XII du modèle de contrat).

(209) Faculté parfois dangereuse pour le créancier : si la caution a ratifié l'essentiel de l'acte mais n'a pas été appelée pour ratifier les avenants ultérieurement conclus entre créancier et débiteur principal, elle pourra efficacement soutenir qu'elle ne garantit pas les obligations nées de ces avenants, même si son cautionnement couvre toutes les dettes du débiteur principal. Parfois, au contraire, la signature par la caution d'un contrat unique peut être interprétée en faveur du créancier, lorsque les termes du cautionnement sont ambigus ou lorsque les autorisations de cautionner sont différentes de l'acte, par exemple lorsque la caution est une commune et que la délibération du conseil municipal impose des conditions (contre-garantie, acte authentique, destination des fonds, etc.) qui ne sont pas reprises dans l'acte de prêt signé par le maire.

des règles spéciales de validité du cautionnement, qui s'ajoutent aux règles générales, dans deux cas : le cautionnement fourni par une société et celui fourni en garantie d'un prêt à la consommation.

Parallèlement, le pluralisme législatif, qui tend à créer des permissions ou des protections pour toutes sortes de comportements ne suivant pas la tendance commune appuyée sur l'expérience, a habitué les esprits à rechercher un statut spécial favorable. Les cautions, en quête de causes d'annulation, y ont puisé de bons arguments dans des domaines aussi variés que les opérations internationales ou l'état d'époux.

1° Cautionnement fourni par une société

116. — Pas de particularisme des sociétés en général. — Il est parfois soutenu que le principe de spécialité des personnes morales leur interdit de fournir un cautionnement si leur objet social ne le précise pas expressément (210). Le prétendu principe est certes le reflet de l'impossibilité humaine d'imiter le Créateur dans la conception de personne ayant pleine capacité. Ceci ne conduit toutefois pas à invalider les cautionnements car ils seront l'accessoire des activités de la société pour peu qu'ils soient donnés à l'occasion de ces activités (211). Le cautionnement entre ainsi indirectement mais certainement dans l'objet des sociétés (v. *infra*, n° 125 et s. l'étude du cas particulier du cautionnement garantissant un dirigeant, pour lequel la solution est par principe identique).

117. — Deux catégories de conditions spéciales pour les sociétés emportant limitation de responsabilité. — Les sociétés anonymes (S.A.) ont fait l'objet d'une attention particulière. En principe, le président-directeur général (P.-D.G.) dispose « des pouvoirs les plus étendus pour agir en toute circonstance au nom de la société » (L. 24 juill. 1966, art. 113, al. 2). Il est curieusement privé de ce pouvoir pour le seul cas du cautionnement car l'article 98 de la loi du 24 juillet 1966 réserve au conseil d'administration l'autorisation des cautionnements (a).

L'originalité du régime du cautionnement est même étendue à toutes les sociétés emportant limitation de responsabilité lorsqu'elles doivent cautionner un de leurs membres : les sociétés à responsabilité limitée

(210) Et que s'il le précisait, cette disposition serait nulle pour enfreindre le monopole que l'État a conféré aux banques de délivrer à titre onéreux des cautionnements : L. 24 janv. 1984, dite *loi bancaire*, art. 3, al. 1er.

(211) La solution fut retenue à propos des sociétés civiles et il ne faut pas s'arrêter aux considérations de la Cour de cassation sur la rédaction des statuts (Civ. 1re, 19 mai 1987 : *Bull. civ.* I, n° 158, p. 122 ; *D.* 1987, somm. 445, obs. L. AYNÈS ; *Rev. soc.* 1988, p. 78, note Y. GUYON. — Puis encore Civ. 1re, 15 mars 1988 : *D.* 1988, somm. 273, obs. L. AYNÈS). Elle vaut pour toutes les personnes morales : M. DAGOT et C. MOULY, *L'usage du crédit social et son abus (repenser la fonction des personnes morales)* : *Rev. soc.* 1988, p. 1 et s., spéc. nos 10 à 16.

(S.A.R.L.), les S.A. et même les sociétés en commandite par actions ne peuvent garantir les dettes de leurs membres que sous des conditions de validité fort restrictives (b).

a) Le pouvoir de donner un cautionnement dans les S.A.

118. — L'autorisation du conseil d'administration. — L'article 98, alinéa 4, de la loi du 24 juillet 1966 a créé, pour le cautionnement, la seule exception légale à la généralité des pouvoirs du P.-D.G. Il confie au conseil d'administration, qui n'est pourtant que rarement réuni dans la plupart des P.M.E. ayant la forme d'une S.A., et à lui seul, le pouvoir d'octroyer des cautionnements. En fait, le conseil d'administration donne des autorisations au P.-D.G. de signer des cautionnements ; il faut y voir des délégations de pouvoir, pouvoir qui est lui-même délégable à d'autres agents de la société. Cette autorisation est décrite par l'article 89 du décret du 23 mars 1967 (décret d'application de la loi de 1966).

L'autorisation doit être limitée en durée, et ne pas excéder un an ; elle doit être limitée en montant, elle peut même fixer, en plus du montant global, un montant spécial à chaque cautionnement. En l'absence d'autorisation, en cas d'autorisation périmée ou en cas de dépassement, l'esprit de la loi est de considérer le cautionnement donné par le P.-D.G. comme sans valeur. La condition spéciale du pouvoir n'est pas remplie et la société peut opposer au créancier cette absence de validité. Au-delà de cette première apparence, la solution est en réalité beaucoup plus discutable (v. *infra*, nos 122-124).

119. — Situation du créancier. — La S.A. caution aura parfois tendance, surtout en cas de changement de ses dirigeants, à soutenir que son cautionnement doit être annulé. Le créancier est protégé lorsque son cautionnement entre dans le cadre de l'autorisation même si, ajouté aux cautionnements antérieurs, il dépasse le montant global (art. 89, dern. al.).

Exemple :

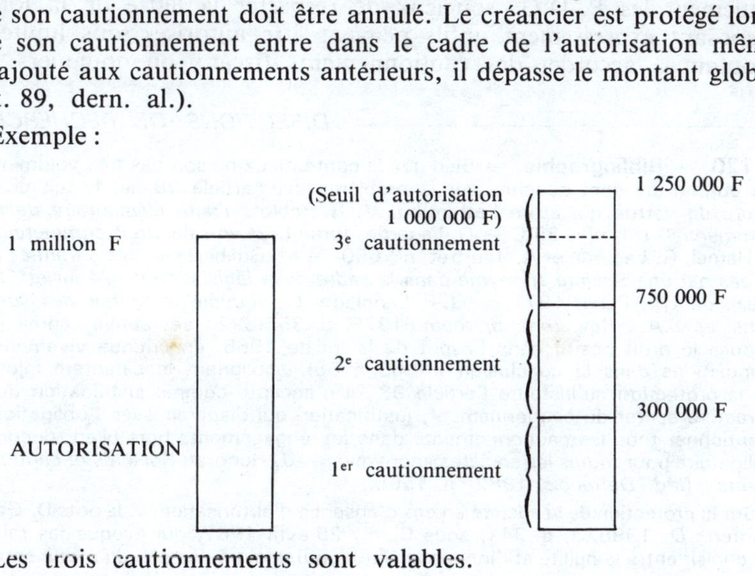

Les trois cautionnements sont valables.

Le créancier bénéficiaire du 3e cautionnement ne pouvait en effet connaître l'existence des deux premiers. Bien que son cautionnement, ajouté aux deux premiers, dépasse l'autorisation globale limitée à 1 million de francs, il pourra opposer l'existence de sa garantie à la société.

En revanche, si le cautionnement dépasse le montant autorisé pour chaque cautionnement, la société anonyme pourra alors invoquer son défaut de validité, au moins pour la part excédentaire.

Exemple : si l'autorisation de cautionner à concurrence d'un million de francs précise que chaque cautionnement ne peut pas dépasser 400 000 F, les cautionnements nos 2 et 3 dans l'exemple précédent qui dépassent cette limite sont inopposables à la société pour le surplus. Elle sera néanmoins tenue, dans cet exemple, à concurrence de 1,1 million de francs : 300 000 F du premier cautionnement, plus deux fois 400 000 F pour les deux cautionnements suivants.

En pratique, les créanciers professionnels, tels les banques, exigent une autorisation spéciale du conseil d'administration pour tout cautionnement. Cette autorisation est jointe au cautionnement, ajoutant ainsi à la condition de fond une sorte de formalité.

Parfois, les P.-D.G., pour éviter d'avoir à recourir à cette autorisation, donnent des lettres de patronage.

L'État a voulu s'octroyer une faveur injustifiée en déclarant valables tous les cautionnements donnés au fisc et aux douanes sans limites de montant (art. 89, al. 3, du décret). Toutefois, le texte dispose que l'autorisation *peut* spécifier cette absence de limite. En conséquence, si l'autorisation comporte une limite globale sans dérogation expresse pour le fisc et les douanes, l'État n'est pas plus protégé qu'un autre créancier ; si l'autorisation comporte une limite spéciale, elle reste efficace. L'article 89, alinéa 3, n'a donc aucune portée ; il tranquillise seulement les P.-D.G. soucieux de respecter la lettre de la loi en disposant expressément qu'ils peuvent être autorisés sans limite de montant à accorder des cautionnements fiscaux ou douaniers.

DIRECTIONS DE RECHERCHES

120. — Bibliographie. — Bien que le contentieux ne soit pas très volumineux, les auteurs se sont penchés sur le problème car l'article 98, al. 4, fait un peu figure de verrue qui attire l'attention. V. R. Roblot, *Traité élémentaire de droit commercial,* t. I, n° 1293. — G. Lagarde, tome I, 2e vol. du *Droit commercial* de J. Hamel, G. Lagarde et A. Jauffret, n° 650. — M. Guilberteau, *Les garanties conférées par une Société anonyme dans le cadre de la législation du 24 juillet 1966,* thèse dactyl., Paris, 1971. — J.-P. Langlade, *Le pouvoir de fournir des sûretés dans les S.A. : Rev. trim. dr. com.* 1979, p. 355-392 : cet auteur, après avoir exposé le droit positif dans l'esprit de la loi de 1966, en critique vivement les dispositions dans la conclusion (nos 63 à 65), soulignant le caractère injustifié de la protection qu'instaure l'article 98 ; il n'accepte comme justification que le caractère secret du cautionnement, justification qui disparaît avec l'obligation de mentionner tous les cautionnements dans les engagements hors bilan, document obligatoire pour toutes les sociétés anonymes. — J. Honorat, *Sociétés et cautionnements : Rép. Defrénois* 1982, p. 1565.

Sur la protection de la société en cas d'absence d'autorisation, v. la note D. Grillet-Ponton : *D.* 1988, J, p. 341, sous Com., 28 avril 1987, qui évoque les raisons de choisir entre la nullité et l'inopposabilité et qui, malgré l'emploi du mot *inopposa-*

ble par la Cour de cassation, opte pour la nullité ; de même J. Mestre, obs. *Rev. trim. dr. civ.* 1989, p. 303, qui opte aussi pour la nullité relative pour dépassement de pouvoir, comme E. Gaillard, *Le pouvoir en droit privé,* L.G.D.J. 1985, p. 113 et s. ; *contra :* P. Didier, *Rev. soc.* 1987, p. 265 ; J.-L. Rives-Lange dans ses observations sous le même arrêt : *Banque* 1987, 1028.

Sur les vérifications que les créanciers sont censés devoir faire, aux yeux de la Cour de cassation (existence de l'autorisation, conformité du cautionnement au mandat, date et régularité formelle), v. Com., 6 mai 1986 : *Bull. civ.* IV, n° 86 ; *Rev. soc.* 1987, 258, note P. Didier ; Com., 24 fév. 1987 : *J.C.P.* 87, éd. E, 1644, n° 4, obs. A. Viandier ; *Rev. soc.* 1987, 407, note Y. Guyon. La fausse déclaration par la société qu'elle n'est pas une S.A. devrait mettre le créancier à l'abri d'une annulation ultérieure ; *contra :* Paris, 31 mars 1989 : *J.C.P.* 89, éd. E, I, 18516, qui annule le cautionnement donné par une S.A.R.L. qui avait, peu de temps auparavant, changé sa forme en S.A. et avait publié ce changement. Le créancier aurait dû rechercher !

Sur les résistances à une trop facile nullité du cautionnement, v. :

— la ratification du cautionnement non autorisé par le conseil ou l'assemblée générale lors de la vérification des comptes annuels : Paris (3° A), 16 déc. 1986, *F.I.F.* c. *Banque de la Méditerranée* ; cassé par Com., 11 juill. 1988 : *Bull. civ.* IV, n° 246, p. 169 ; *Les Petites Affiches,* 31 déc. 1988, p. 5 ;

— l'inopposabilité au créancier de bonne foi de la nullité de l'autorisation (qui avait été donnée après une consultation par téléphone des membres du conseil d'administration) : Com., 11 fév. 1986 : *Bull. civ.* IV, n° 14 ;

— l'obligation pour la société caution, dans les relations commerciales internationales, de vérifier que les procédures imposées par son propre droit ont été respectées, et à défaut l'impossibilité d'opposer la nullité au créancier étranger en raison du principe de bonne foi : Sentence *Framatome* c. *A.E.O.I.* 1982, *Journ. dr. int.* 1984, spéc. p. 68-74 et les précédents invoqués p. 78-79 et les obs. de B. Oppetit, p. 37 et s., spéc. p. 48-52, II-B ; v. aussi les obs. terminales de H. Synvet, *Rev. soc.* 1988, p. 409, *in pr. Contra :* Com., 8 nov. 1988 : *Bull. civ.* IV, n° 302, p. 204, qui casse pour violation de l'art. 98 l'arrêt d'appel qui avait affirmé que « la présomption de connaissance de la loi française ne peut peser avec la même rigueur sur le cocontractant étranger bénéficiaire du cautionnement que s'il s'était agi d'un ressortissant français » ; l'élégance internationale y perd mais le gagne-pain des avocats d'affaires français est assuré !

121. — Absence de raison d'être. — La disposition de l'article 98, al. 4, de la loi de 1966 semble difficile à justifier.

1) Le danger que représente un cautionnement est la seule justification concevable. Elle paraît bien faible car :

— de tels dangers existent pour toutes les cautions, il n'y a aucune raison de protéger les sociétés anonymes plus que les autres cautions ;

— la grande majorité des sociétés anonymes sont des techniques d'organisation d'une activité, gérées par un maître de l'affaire, et dans lesquelles le conseil d'administration n'est pas différent du P.-D.G. ;

— les associés bénéficient de la limitation de responsabilité, ce qui n'est pas le cas dans toutes les formes de groupement ;

— les personnes physiques n'ont point une telle protection en droit français. En général, lorsque les législateurs étrangers ont créé des protections spéciales de la caution, ils ont eu tendance à protéger les personnes physiques beaucoup plus que les personnes morales, car les personnes morales sont presque toujours intégrées dans le secteur des affaires et leurs dirigeants sont donc considérés comme mieux à même de mesurer les risques que présente le cautionnement.

2) Les garanties personnelles sont les seuls actes que la loi ait retirés à la compétence de principe du P.-D.G. pour le donner à celle du conseil d'administration. Les sûretés réelles, tout aussi dangereuses, sont librement consenties par le P.-D.G.

3) L'exigence d'une condition de validité supplémentaire, bien peu justifiée, surprend les tiers, c'est-à-dire les créanciers, diminuant ainsi la prévisibilité de la règle juridique.

4) La solution, qui a été inventée en 1966, ne se justifie ni par un important contentieux antérieur, ni par une tradition.

La disposition de l'article 98, al. 4, de la loi semble donc manquer d'une juste raison d'être. Tant que le législateur ne revient pas sur cette règle, elle doit donc être interprétée à la mesure de cette absence de raisons d'être, c'est-à-dire de façon très restrictive.

5) Les systèmes juridiques qui ont posé des restrictions identiques ou même plus larges sont en train de réviser ces règles dont les inconvénients sont très lourds. Par exemple, la s. 44 (1) du Canada Business Corporations Act de 1985 qui soumet toute assistance financière à un associé ou salarié à deux tests financiers exigeants crée tellement de problèmes que les comptables ne veulent plus effectuer ces tests et que les banquiers comme les hommes d'affaires demandent aux ministères de supprimer ces exigences (212).

122. — Sort du cautionnement donné sans autorisation. — Lorsque le conseil d'administration n'a pas délégué le pouvoir de consentir un cautionnement, on pourrait penser que tout cautionnement signé par le P.-D.G. est annulable et que la nullité est opposable aux créanciers. La majorité de la jurisprudence et de la doctrine sont en ce sens, s'appuyant sur trois arguments :

1) En l'absence de disposition expresse annulant un tel cautionnement, la possibilité d'annulation résulte de la logique de la disposition : pourquoi prévoir expressément une attribution exclusive du pouvoir au conseil d'administration si le P.-D.G. peut passer outre l'absence de délégation expresse ? (argument retenu par Toulouse, 28 janv. 1975 : *J.C.P.* 75, II, 18160, note Y. Guyon ; *D.* 1975, somm. 104 ; *Rev. trim. dr. com.* 1975, p. 548, obs. R. Houin).

2) La théorie du mandat apparent ne s'applique pas puisque l'absence de pouvoir est due à la loi (v. notamment R. Houin, *Rev. trim. dr. com.* 1974, p. 535-537).

3) Le créancier est fautif de n'avoir pas vérifié l'existence d'une délégation de pouvoir au P.-D.G. car l'absence de pouvoir propre découle de la loi et non pas des statuts ; *nemo censetur ignorare legem* le prive de l'argument de bonne foi.

Les arguments contraires sont plus solides.

1) L'article 98, al. 4, est un texte d'exception puisqu'il contient le seul pouvoir spécial retiré au P.-D.G. Ceci justifie de ne l'interpréter que dans l'étendue de sa raison d'être. Or ce retrait n'est pas légitimement justifié (*supra*, n° 85).

2) L'annulation est une sanction grave que la loi de 1966 a vigoureusement restreinte dans l'article 360, al. 3, aux cas de « violation d'une disposition impérative de la présente loi ». L'article 98, al. 4, ne prévoit pas expressément l'annulation et sa qualité de disposition impérative est douteuse (213).

3) Les stratagèmes pour rendre opposable à la société le cautionnement dépourvu d'autorisation sont nombreux : ratification tacite, bonne foi du créancier... V. *supra*, n° 120.

4) Les tiers n'ont aucune obligation générale de vérification des pouvoirs du P.-D.G. et toute l'œuvre du législateur communautaire a été de généraliser la *prokura*, mandat général des dirigeants de représenter et d'engager la société sans que les limitations de ce mandat soient opposables aux tiers (214).

---

(212) B.A. FARLINGER, *Solvency letters and financial assistance prohibition,* 3 Banking and Finance L.R. (1989), p. 339-343.

(213) D'ailleurs la Cour de cassation a préféré parler d'inopposabilité : Com., 28 avril 1987 : *Bull. civ.* IV, n° 102, p. 77 ; *D.* 1988, p. 341, note D. GRILLET-PONTON ; *Banque* 1987, 1028, obs. J.-L. RIVES-LANGE.

(214) V. notamment la première directive du conseil des C.E. sur l'harmonisation du droit des sociétés en date du 9 mars 1968.

La solution devrait donc être de considérer le cautionnement donné sans autorisation comme parfaitement opposable à la société.

Ceci réglerait aussi le problème de la prétendue responsabilité personnelle du P.-D.G. Certains soutiennent que sa faute à avoir signé le cautionnement non autorisé permettrait au créancier d'obtenir de lui le paiement que l'annulation ou l'inopposabilité interdiraient d'obtenir de la société. D'autres disent que si le cautionnement est inopposable à la société, il survit néanmoins et que le signataire qui n'a pu signer comme P.-D.G. a donc signé comme garant personnel. Dans les deux cas, il y a oubli de la personnalité morale de la société : la faute du P.-D.G. a été commise comme organe social et non à titre personnel ; sa signature a été apposée comme dirigeant et non à titre personnel. Ignorer cette réalité revient à priver les théories de la personnalité civile et du patrimoine de toute consistance.

123. — Sort du cautionnement donné en application d'une autorisation non conforme. — Si l'autorisation ne contient pas les limites de montant prévues par l'article 89 du décret ou si une autorisation très générale a été donnée dans les statuts, on peut *a priori* penser qu'il faut assimiler ce cas au précédent. Deux arguments différents s'ajoutent au nombre de ceux qui conduisent à considérer le cautionnement comme opposable à la société.

1) D'abord, une différence de rédaction entre l'article 89 du décret et l'article 98 de la loi affaiblit encore la possibilité de solliciter l'annulation. En effet, si le principe de l'autorisation est établi par l'article 98, al. 4 de la loi sur un ton affirmatif, ses modalités, et notamment l'existence des limites, sont fixées par l'article 89 du décret en termes permissifs qui justifient plus encore l'application de l'article 360, al. 3, et l'inopposabilité au créancier de l'absence d'autorisation.

2) Ensuite, la finalité même du système légal de protection de la société justifie que celle-ci soit tenue par un tel cautionnement. Dans le cas d'absence totale d'autorisation, un doute peut exister sur la volonté sociale de recourir ou non à la protection que constitue une délibération en conseil d'administration. Dans le cas d'une autorisation sans limite, un tel doute est écarté puisque soit la totalité des associés dans les statuts, soit la majorité du conseil d'administration ont examiné le problème. La société ne peut donc légitimement s'estimer ultérieurement lésée.

124. — Sort du cautionnement dépassant l'autorisation. — L'article 89 du décret retient la solution de l'inopposabilité aux tiers, et donc aux créanciers, de la limitation de pouvoir puisqu'en application de la directive précitée des Communautés européennes il dispose que le dépassement du montant global est inopposable au créancier mais qu'en revanche le dépassement du montant spécial est opposable.

En conséquence, le dépassement du montant spécial devient, assez paradoxalement, le seul cas dans lequel le créancier se verra privé, au moins pour partie, de sa sûreté.

b) Le cautionnement d'un associé par sa société

125. — Les règles législatives. — A l'occasion de la grande réforme du droit des sociétés commerciales, contenue dans la loi du 24 juillet 1966, actuellement en vigueur, le législateur a repris une idée qu'il avait pour la première fois mise en règle lors de la première réglementation des sociétés anonymes par la loi du 24 juillet 1867. L'article 40 de cette loi prohibait l'usage des biens sociaux. La loi du 4 mars 1943 modifia cet article, sans doute sous la pression du regain de moralisme alors en vogue, et étendit la prohibition à l'usage du *crédit* social. Il s'agissait de faire en sorte qu'un dirigeant social soit non seulement empêché d'user à des fins personnelles des immeubles sociaux ou des voitures ou de l'argent social, mais aussi qu'il lui soit interdit de profiter du crédit que la société peut avoir auprès de ses banques ou de ses créanciers pour emprunter personnellement à meilleur prix en bénéficiant du cautionnement de cette société.

Malgré le peu d'applications pratiques et l'énormité du problème théorique que posait cette règle, le législateur de 1966 s'est empressé de la reprendre et même de l'étendre. Aujourd'hui, l'usage du crédit social est strictement prohibé dans les sociétés anonymes (L. 24 juill. 1966, art. 106 et 148), les S.A.R.L. (art. 51) ou encore les sociétés en commandite par actions (art. 258). Les personnes concernées ne sont pas toujours les mêmes : parfois, seuls les dirigeants sociaux sont empêchés d'obtenir le cautionnement de leur société (c'est le cas dans les sociétés anonymes et les sociétés en commandite par actions) ; d'autres fois, tous les associés subissent ce handicap (c'est le cas dans les S.A.R.L.).

Toutefois les textes posent une limite chaque fois que la nécessité impérieuse du cautionnement s'impose, alors même que le risque couru par la société est tout aussi grand. Ainsi, un administrateur de société anonyme qui est une personne morale (par ex. une société du même groupe) pourra parfaitement obtenir le cautionnement de la société qu'il dirige (215) ; de même, l'administrateur d'une banque pourra se faire cautionner par celle-ci, à condition que ce soit aux conditions normales.

Bien que ces textes prohibitifs soient les seuls, on a eu l'occasion de se demander s'ils exprimaient un principe général valable pour toutes les personnes morales ou si au contraire ils ne constituaient qu'une dérogation à la règle de liberté des conventions. La réponse à cette question est fort importante car les sociétés civiles, et notamment les sociétés civiles immobilières, sont presque systématiquement appelées à cautionner leurs associés. Il en est de même des sociétés anonymes coopératives de construction ou des compagnies d'assurances. La loi a parfois expressément permis le cautionnement (216). Mais en dehors de ces hypothèses, quelle solution adopter ?

La solution est liée à la raison d'être de cette prohibition. Suivant cette raison d'être et les arguments au soutien de la règle, elle recevra une application plus ou moins large.

DIRECTIONS DE RECHERCHES

126. — La question du fondement des règles d'interdiction. — Cette question est de grand intérêt, bien qu'elle relève davantage d'une réflexion sur les sociétés que sur les sûretés. A l'origine, la société était seulement un contrat. Mais au XIXe siècle, elle devint une personne morale, sans doute sous l'influence du rationalisme constructiviste : si la société commerciale ou civile devient une personne, l'homme doué de raison acquiert la satisfaction de créer des êtres, à l'égal du Créateur.

---

(215) La solution a été étendue en 1988 aux associés de S.A.R.L. qui sont des personnes morales.

(216) Par ex. l'art. 26 de la loi du 16 juill. 1971 pour les sociétés d'attribution.

Aujourd'hui, de l'existence de la personnalité morale, on retient surtout l'ambiguïté qu'elle crée. On dénonce les fausses sociétés, qui ne seraient créées que pour diminuer le poids des impôts et profiter de la sécurité sociale. Le problème semble mal posé car le recours à la technique sociétaire se fait jour même si le régime fiscal n'est pas avantageux. En réalité, la société remplit de plus en plus aujourd'hui le rôle de *technique d'organisation* d'une activité (217).

Lors de la révolution industrielle, et surtout dans la deuxième moitié du XIXe siècle, la technique d'organisation a essentiellement servi à drainer les capitaux. Aujourd'hui, elle sert aussi à limiter la responsabilité et à séparer les patrimoines du maître de l'affaire, car elle est le seul moyen de tourner une théorie du patrimoine beaucoup trop rigide. Il serait d'ailleurs intéressant de vérifier comment la théorie du patrimoine s'est rigidifiée au moment même où la société devenait une personne morale (milieu du XIXe siècle en droit français), de voir si la même concomitance peut être notée dans d'autres systèmes juridiques et d'étudier quelles relations ce phénomène a eues avec le recours au crédit social par les dirigeants de sociétés.

Mais la technique sociétaire ne sert pas seulement à organiser l'activité du maître de l'affaire. Elle sert aussi, dans de nombreuses entreprises, à répartir les fonctions et à rassembler les compétences des salariés. Elle facilite les structures internes et dépersonnalise le patron que l'idéologie rationaliste a tendance à faire honnir.

Dans nombre de cas, la société va receler toute la fortune d'une personne. Ce sera par exemple la société civile immobilière créée par le propriétaire de terrains ou de maisons (218) ; ce sera aussi la société commerciale dans laquelle le maître de l'affaire réinvestit tous ses bénéfices ; ce sera encore la société coopérative de construction, seule propriétaire de l'appartement utilisé par le couple qui est associé ; ce sera la société propriétaire des terrains alors que l'entreprise fonctionnant sur ces terrains est en forme d'exploitation individuelle... Dans ces cas, les banquiers et les créanciers qui recherchent une garantie voudront que la société détentrice des biens immobiliers ou mobiliers cautionne les engagements de leur débiteur. C'est une façon bien légitime de prendre une garantie sur des biens qui font en réalité partie de la fortune de leur débiteur mais qui sont placés, pour des raisons d'organisation, dans le patrimoine de la société qui n'est qu'une technique d'organisation. Par ce recours au cautionnement, le dirigeant de la société est conduit à profiter du crédit social. La société garantira les dettes personnelles de son dirigeant ou celles de son entreprise personnelle.

En cas de défaillance du débiteur principal, les créanciers poursuivront la société. Souvent animée par la personne même qui a signé le cautionnement, cette société, afin de protéger la fortune de ce débiteur, tentera d'invoquer une cause de nullité du cautionnement. On s'aperçoit alors qu'il ne s'agit plus vraiment de moraliser le droit des affaires mais plutôt de libérer la société caution de son engagement, contrairement à la morale des affaires. Comme la société caution est souvent la seule entité qui soit solvable, annuler le cautionnement conduit à frustrer le créancier de son droit. Pour justifier cette fin, plusieurs arguments sont soutenus.

127. — Le cautionnement d'un dirigeant social par sa société est-il contraire à l'intérêt général ? — Pour répondre par l'affirmative, on peut soute-

(217) Sur ce thème, v. surtout J. PAILLUSSEAU, *La société, technique d'organisation de l'entreprise*, Sirey, 1967 ; *Le fondement du droit moderne des sociétés : J.C.P.* 85, I, 263. — *Adde :* M. DAGOT et C. MOULY, *L'usage du crédit social et son abus (repenser la fonction des personnes morales) : Rev. soc.* 1988, p. 1, préc., *passim* et spéc. nos 2 et 3.

(218) Sa constitution systématique est même conseillée pour renforcer l'efficacité de l'hypothèque en cas de procédure collective. La loi du 25 janv. 1985 organise en effet la spoliation des créanciers, même hypothécaires ; pour éviter la procédure collective de la société débitrice qui exploite l'activité commerciale, les biens immobiliers sont donnés en propriété à une S.C.I. qui consent un cautionnement hypothécaire en garantie des dettes de la société commerciale. — V. le conseil *in* F. DERRIDA, P. GODÉ et J.-P. SORTAIS, 2e éd., n° 495.

nir que les dirigeants capitalistes ont tendance à abuser des profits sociaux et qu'il est de l'intérêt général de les priver du revenu de leurs investissements ou de leur activité pour le laisser dans la société.

Les lois du 24 juillet 1867 et du 4 mars 1943 avaient pour but de moraliser les relations entre la société et ses dirigeants ; cet effort de moralisation, concentré à l'origine sur les sociétés anonymes et qui a été étendu aux S.A.R.L. en 1966, mérite d'être respecté (219).

Enfin, l'intérêt des tiers, et notamment des créanciers sociaux, justifie que l'on restreigne les possibilités de cautionnement car ces sûretés personnelles mettent en péril les finances de la société (220). L'ordre public est concerné et la nullité qu'édictent l'article 40 ou l'article 106 doit être considérée comme d'ordre public (221).

Au soutien de la négative, les arguments sont plus convaincants. Le législateur serait bien aveugle s'il avait voulu par les seuls articles 106, 148 et 258, protéger dans les sociétés anonymes et en commandite l'intérêt général. En effet, ces textes n'interdisent que les cautionnements donnés au bénéfice des dirigeants ; les cautionnements donnés au bénéfice de simples associés, tout aussi dangereux que les autres, sont parfaitement valables (222). Et que dire de l'absence totale de dispositions prohibitives pour les sociétés en nom collectif, les sociétés civiles et toutes les autres formes sociétaires ?

L'intérêt des créanciers ne mérite pas davantage de protection lorsque le cautionnement est donné par une société que lorsqu'il est donné par une personne physique ; or, dans notre droit, aucune disposition comparable aux articles 106 et assimilés n'existe pour ce qui concerne les personnes physiques.

L'intérêt des salariés de la société n'est pas non plus affecté par un cautionnement. En effet, ils n'acquièrent un droit et une relation à la gestion de la société que lorsque leurs responsabilités dans les risques en justifient l'existence. Hors ce cas, l'acte de gestion qu'est un cautionnement ne peut affecter leur situation. Dans le cas où ils partagent les risques de la gestion, leur situation se rapproche de celle des créanciers.

En réalité, les intérêts les plus directement atteints sont ceux des associés ; plus précisément encore, ce sont ceux des associés minoritaires. Mais il ne s'agit que d'intérêts privés. Et ces intérêts privés ne sont pas toujours lésés par les cautionnements garantissant les dirigeants sociaux ou d'autres associés ; bien des cautionnements d'associés ne sont ni immoraux ni préjudiciables à la société (223).

Enfin, la moralisation des comportements par les règles de technique juridique est pour le moins sujette à discussion. L'ordre spirituel s'accommode mal d'une formulation en règles humaines et le droit des sociétés est mal outillé pour tracer la limite du moral et de l'immoral, qui relève davantage du for interne. D'ailleurs, les auteurs pensent généralement que les règles des articles 106 et assimilés

---

(219) V. par ex., utilisant cet argument pour qualifier d'absolue la nullité de l'art. 40, Chambéry, 22 nov. 1976 : *Rev. soc.* 1977, p. 259, note M. GUILBERTEAU ; *Rev. trim. dr. com.* 1977, p. 545, obs. R. HOUIN.

(220) V. la motivation de Montpellier, 7 janv. 1980 : *Gaz. Pal.* 1980, 1, 362, note P. DE FONTBRESSIN ; *Rev. soc.* 1980, 737, note C. MOULY.

(221) Bien qu'elle ne divulgue pas sa motivation, c'est sans doute le fondement de la solution en ce sens rendue par la Cour de cassation, Ch. mixte, 10 juill. 1981 : *D.* 1981, 637, concl. CABANNES ; *Journ. not. avoc.* 1981, 1274, obs. J. V. ; *Rev. soc.* 1982, p. 84, note C. MOULY. Toutefois, la portée de cette affirmation est bien limitée ; v. la note C. MOULY précitée.

(222) Seul l'art. 51 prohibe ces cautionnements envers tous les associés, dans les S.A.R.L.

(223) RIPERT, à ce propos, écrivait très justement : « Il y a eu certainement des abus. On les exagère et on ne tient pas compte des services rendus. Des règles trop étroites n'ont jamais empêché les combinaisons malhonnêtes, elles ont souvent gêné les relations utiles » (*Aspects juridiques du capitalisme moderne,* L.G.D.J., 1951, n° 134, p. 297).

protègent essentiellement des intérêts privés (224) et il a même été admis par les tribunaux que les statuts pouvaient autoriser la société à garantir les dettes personnelles des associés ou des gérants étrangères à l'objet social (225). Si l'intérêt général n'est pas en cause, au moins l'intérêt social est-il concerné ?

128. — Le cautionnement d'un dirigeant social par sa société est-il contraire à l'intérêt social ? — En dépit du flou qui affecte les concepts d'intérêt social ou d'*affectio societatis*, ces deux notions ont été invoquées pour justifier la prohibition d'un tel cautionnement. *A priori* en effet, le cautionnement d'un associé par sa société reflète le type même de l'opposition d'intérêts : l'intérêt de l'associé profitant personnellement du crédit social semble contraire à l'intérêt de la société voulant éviter le risque final de paiement que recèle la garantie personnelle.

A l'examen pourtant, l'intérêt de l'associé et l'intérêt social peuvent souvent s'accorder. D'abord, l'interpénétration des patrimoines du maître de la société et de celle-ci justifie que la société ait souvent avantage à faciliter l'obtention d'un crédit par l'associé qui est aussi son principal client (226). Ensuite, l'intérêt de l'associé cautionné et l'intérêt social peuvent être mis en accord par la décision de la majorité ou de la totalité des associés qui autorisent un tel cautionnement. La collectivité des associés est assurément le meilleur juge de l'intérêt social, mieux que le législateur ou le juge. Enfin, il ne faut pas oublier que la prohibition des cautionnements en 1943 n'a été instaurée que pour éviter un abus détourné des biens sociaux. Tant que les biens sociaux ne sont pas affectés par le cautionnement, il n'est pas répréhensible ; et même lorsque les biens sociaux sont engagés, leur usage peut n'être pas abusif.

129. — Le cautionnement d'un dirigeant social par sa société est-il contraire à l'objet social ? — Multiforme, l'objet social est une notion dont les facettes sont différentes suivant qu'on le considère du point de vue de l'associé ou de celui des tiers. A sa fonction de précision sur l'activité sociale, on voudrait ajouter celle de validation ou d'invalidation des actes sociaux suivant qu'ils respectent ou non son contenu. La difficulté et les dangers de cette analyse ont conduit le législateur à rendre inopposables aux tiers les limitations découlant de l'objet social. Les défenseurs de la protection ainsi écartée se sont alors rabattus sur le prétendu principe de spécialité des personnes morales pour affirmer que les actes extérieurs à l'objet social, et notamment le cautionnement d'un associé, doivent être annulés.

La tendance est pourtant en sens contraire. Le rôle de l'objet social est en déclin. Non seulement il ne vaut qu'à l'égard des associés, mais encore son régime a été régulièrement allégé et depuis la loi du 2 février 1953, il peut être modifié à la majorité simple et même, en cas d'urgence, sans respect des conditions normales (227). Et quand la loi est muette, les permissions statutaires se multiplient : elles sont très fréquentes dans les sociétés de construction et les sociétés

---

(224) V. les réf. dans la note C. MOULY : *Rev. soc.* 1980, n° 12, p. 747.

(225) V. Civ. 1re, 15 oct. 1980 : *J.C.P.* 81, IV, 7 ; *Rev. trim. dr. com.* 1981, p. 310, obs. E. ALFANDARI et M. JEANTIN.

(226) Cette communauté d'intérêt est systématiquement reconnue en jurisprudence pour conférer un caractère commercial au cautionnement que le dirigeant social donne en garantie des dettes de la société : v. *supra*, n° 74 et s.

(227) Com., 17 mars 1971 : *J.C.P.* 71, II, 16858, note N. BERNARD ; *Rev. trim. dr. com.* 1971, 1036, obs. R. HOUIN. — Surtout, tous les statuts contiennent, comme une clause de style, la formule terminale de la description de l'objet social précisant que la société a pour objet « toutes opérations de nature commerciale, financière, technique ou autres… ». A cela s'ajoutent les autorisations légales de fournir un cautionnement à ses associés (v. *supra*, n° 90) dont le plus beau fleuron est assurément l'autorisation donnée par la loi d'orientation agricole du 4 juill. 1980 aux Groupements fonciers agricoles de cautionner un associé « pour l'obtention de prêts à toutes fins professionnelles ou familiales » (disposition intégrée dans l'art. 12 de la loi du 31 déc. 1970, relative aux G.F.A.).

civiles et si jamais les rédacteurs des statuts ont été imprévoyants, il est toujours possible aux créanciers d'obtenir une autorisation spéciale de la collectivité des associés (228). Enfin, un dernier argument est déterminant : de tels cautionnements restant toujours l'exception, puisque la société n'en fait pas profession, et conservent au regard de l'activité principale de la société un caractère secondaire ou marginal qui permet d'en faire les accessoires de cette activité principale, ces accessoires trouvent dans leur rattachement au principal la voie permettant de les intégrer à l'objet social (229).

Ainsi, ni l'intérêt général, ni l'intérêt social, ni l'objet social ne justifient une prohibition générale des cautionnements d'un dirigeant social par sa société.

130. — Le champ d'application très limité des règles de droit positif. — L'étude de la raison d'être des règles légales contenues dans les articles 106 et assimilés de la loi du 24 juillet 1966 montre donc qu'elles ne reprennent pas un principe plus général mais qu'elles sont au contraire des dispositions exceptionnelles justifiées par le souci d'éviter qu'une garantie des dettes personnelles d'un dirigeant ne conduise à un abus de biens sociaux.

Au cas général donc, ces règles n'ont guère de justification et ne doivent s'appliquer que dans leur domaine naturel. Ainsi doit-on éviter de les étendre aux sociétés civiles et à toute forme sociale qui n'est pas expressément l'objet d'une disposition prohibant le cautionnement d'un dirigeant social par sa société.

Même lorsqu'une telle disposition existe, elle peut ne pas s'appliquer à des sociétés qui pourtant, formellement au moins, semblent y être sujettes. Ainsi, par exemple, des sociétés de cautionnement mutuel ou des sociétés d'assurances, quand bien même elles auraient la forme d'une société anonyme, doivent pouvoir cautionner leurs associés et leurs dirigeants sociaux car c'est leur activité même : l'exception que le législateur a prévue pour les banques dans les articles 106 et assimilés trouve, dans sa raison d'être, la force d'être étendue à ces sociétés.

Le même raisonnement logique doit conduire à écarter la prohibition des cautionnements d'un associé dans les sociétés coopératives de construction qui ont pris la forme de sociétés anonymes (230). Le conflit entre l'article L. 212-7, al. 1 et 2 du Code de la construction et de l'habitation, qui autorise le cautionnement d'un associé par la société et l'article 106 de la loi du 24 juillet 1966 qui prohibe un tel cautionnement lorsque l'associé est aussi dirigeant social, doit être réglé en faveur de la possibilité d'un tel cautionnement ; militent en ce sens non seulement les règles de technique de conflit de lois dans le temps (l'art. L. 212-7 date de la loi du 16 juill. 1971, plus récente que la précédente ; il concerne un seul type de société et est donc plus spécial que la loi de 1966) mais aussi et surtout le fait que ces sociétés coopératives de construction sont, plus que d'autres encore, de simples techniques d'organisation destinées à disparaître au plus tôt pour devenir des copropriétés : les associés y ont en vue l'acquisition d'un appartement plus que le désir de collaborer au sein d'une société.

Dans le même esprit, l'autorisation ou la ratification du cautionnement d'un dirigeant social par l'ensemble des associés (à la majorité, dans une assemblée générale, ou à l'unanimité, par intervention à l'acte et signatures), renforce ce

---

(228) Ainsi Civ. 1re, 19 mai 1987 (*Bull. civ.* I, n° 158, p. 122 ; *Rev. soc.* 1988, p. 78, note Y. Guyon ; *D.* 1987, somm. 445, obs. L. Aynès) valide le cautionnement garantissant une ouverture de crédit consentie au mari de la gérante et dont il était prétendu qu'il sortait de l'objet social de la S.C.I. caution.

(229) Ce qu'admet en termes alambiqués, mais fort légitimement : Civ. 1re, 15 mars 1988 : *D.* 1988, somm. 273, obs. L. Aynès ; *J.C.P.* 88, IV, p. 190, qui juge que les statuts qui donnent les pouvoirs les plus étendus à l'administrateur unique de la S.C.I. de vendre ou hypothéquer les immeubles justifient le cautionnement qu'il a pu donner et permettent de le rattacher indirectement à l'objet social en raison de la communauté d'intérêt qui unissait la S.C.I. au débiteur principal.

(230) V. sur le problème le remarquable exposé de M. Dagot, *Le cautionnement de l'un de ses administrateurs par une société anonyme coopérative de construction : J.C.P.* 70, I, 2332.

cautionnement et écarte tout risque d'annulation. La solution est généralement acceptée au regard de l'annulation « civile » (231) mais fait davantage discussion au regard du droit pénal, la décision des associés n'étant pas toujours jugée susceptible d'empêcher la qualification d'infraction. Il semble en réalité que les juges aient voulu éviter que le fonctionnement des sociétés — passivité des minoritaires et liberté conférée aux majoritaires par le contrôle économique d'une société — ne conduise trop souvent à supprimer les conditions de l'infraction, spécialement la mauvaise foi (232). C'est là refuser d'aller jusqu'au bout des conséquences de la qualification de société. Si la société est un contrat, le juge n'a pas de compétence pour s'y immiscer et pour dire, à la place des associés, ce qu'est l'intérêt social. Que les associés majoritaires puissent obtenir des assemblées les décisions qu'ils souhaitent n'est pas un vice propre aux sociétés commerciales : c'est la conséquence du principe de démocratie ; les juges n'ont pas songé à y remédier ; ils n'ont pas davantage compétence pour y remédier dans les sociétés et groupements. Puisque l'abus des biens sociaux ne porte pas atteinte à l'intérêt général (233) et puisque la définition de l'intérêt social doit appartenir davantage aux associés qu'aux juges, la délibération autorisant, en connaissance de cause, le cautionnement d'un dirigeant social par sa société fait obstacle tout aussi bien à l'action civile en annulation qu'à l'action publique en condamnation.

131. — Extension de la prohibition à toutes les sûretés personnelles. — Bien que les textes du droit des sociétés ne le précisent pas (ils ne visent que l'aval et le cautionnement), toutes les sûretés personnelles consenties par une société au profit de son dirigeant ou de son associé doivent être susceptibles d'être annulées lorsque le cautionnement pourrait l'être. Au-delà des arguments de texte, c'est la raison d'être de la règle qui impose cette solution. Lorsque exceptionnellement le cautionnement est prohibé, la garantie à première demande ou l'engagement de codébiteur solidaire non intéressé à la dette doivent également l'être ; le cautionnement est le prototype des sûretés personnelles et les autres formes, plus sévères encore, méritent tout autant d'être évitées.

Enfin, il faut éviter de confondre les abus du crédit social — que peuvent susciter les sûretés personnelles — avec les abus des biens sociaux, qu'engendrent des engagements fermes de payer, pris par la société alors que la contrepartie profite à l'associé ; ainsi un engagement de codébiteur solidaire, l'acceptation ou l'endos d'une lettre de change, l'engagement de la société comme commissionnaire ducroire constitueront des abus si la société paye et n'est pas remboursée par l'associé. *Tout comme en cas de cautionnement, ce n'est pas la forme de l'opération qui est critiquable, c'est la finalité que lui ont donnée les parties. Elle seule est constitutive d'un abus répréhensible.*

Puisque les règles semblent s'attacher à la forme plus qu'au fond, certains créanciers peuvent vouloir éviter toutes les sûretés personnelles ou engagements susceptibles d'être critiqués. Quels sont alors les autres moyens de faire profiter un dirigeant social du crédit de la société ?

132. — Les autres moyens de faire profiter un dirigeant social du crédit social. — Trois techniques, à la fois frustes et d'une efficacité limitée, peuvent être mises en œuvre pour tenter un usage du crédit social qui ne soit pas susceptible d'annulation : ce sont le nantissement des droits sociaux, le retrait de l'associé qui prend sa part de l'actif social en même temps qu'il se retire de la société et la dissolution de la société (234).

---

(231) V. plus spécialement Civ. 3e, 4 fév. 1971 : *J.C.P.* 72, II, 16180, note approb. M. DAGOT et P. SPITERI. — *Contra :* Montpellier, 7 janv. 1980 : *Gaz. Pal.* 1980, 1, 362, note P. DE FONTBRESSIN ; *Rev. soc.* 1980, p. 737, note C. MOULY ; *Rev. dr. immob.* 1981, p. 242, obs. M. DAGOT.

(232) V. A. VITU, *Droit pénal spécial,* t. I, n° 985 *in fine.*

(233) V. *supra,* n° 127.

(234) En voir l'exposé *in* M. DAGOT et C. MOULY, *L'usage du crédit social et son abus (repenser la fonction des personnes morales) : Rev. soc.* 1988, p. 1, préc., spéc. n°s 51-69.

2° Cautionnement en garantie d'un prêt à la consommation

133. — Domaine. — La vague de protection législative du consommateur recouvre peu à peu le cautionnement. Les lois Scrivener de 1978 et 1979 (235) faisaient peu pour la caution (236) ; leur complément en 1989, par deux ajouts législatifs (237), vise plus spécifiquement le cautionnement. Le régime qui en découle est peu clair.

Cette réglementation ne s'applique que lorsque la caution intervient à l'occasion d'un crédit mobilier ou immobilier de consommation. Le critère est donc la nature économique de l'opération principale et non pas celle du cautionnement. Ceci couvre amplement les cautionnements de particuliers, mais seulement lorsque le prêteur ou le vendeur consentent ces crédits à titre habituel. Le montant du crédit détermine son régime juridique :

— les crédits d'un montant maximum de 100 000 F, en matière mobilière, sont soumis à la loi du 10 janvier 1978, ainsi que ceux finançant des réparations immobilières ;

— les crédits en matière mobilière d'un montant supérieur sont dépourvus de la protection spéciale, et le régime de droit commun reprend son empire. Le résultat n'est pas aussi paradoxal qu'il y paraît, les crédits de consommation étant rarement supérieurs à cette somme, sauf pour les véhicules automobiles ;

— les crédits immobiliers ne sont soumis à la loi du 13 juillet 1979 que s'ils sont supérieurs à 100 000 F, et sans plafond.

134. — Régime spécial de validité de ces cautionnements. — La caution doit recevoir copie de l'offre réglementaire du prêt dont elle garantit le remboursement (238). Ce législateur bien maladroit donne à la caution le texte du contrat principal mais oublie que rien n'oblige le créancier à lui donner le projet de contrat de cautionnement ou même le contrat définitif de cautionnement (239) !

---

(235) L. n° 78-22 du 10 janv. 1978 pour le crédit mobilier. L. n° 79-586 du 13 juill. 1979 pour le crédit immobilier.

(236) Ce que P. Delebecque explique par le peu d'écrits sur les garanties du crédit au consommateur et l'absence de jurisprudence spectaculaire, à l'époque des lois de 1978 et 1979 (*Les garanties de crédit au consommateur,* in I. Fadlallah (dir.), *Le droit du crédit immobilier,* Litec, 1982, p. 287, spéc. n° 1). Les réformes apportées par la loi bancaire du 24 janv. 1984 ne concernèrent pas le cautionnement.

(237) L. 23 juin 1989 et L. dite Neiertz du 31 déc. 1989.

(238) L. n° 78-22 du 10 janv. 1978, art. 5, pour le crédit mobilier. L. n° 79-586 du 13 juill. 1979, art. 5, pour le crédit immobilier ; en ce dernier cas, seule la caution personne physique est protégée.

(239) Et la toilette de la loi de 1978 par la loi du 23 juin 1989 n'a pas supprimé cette erreur. Elle ajoute seulement, à propos du domaine d'application de la loi (art. 2), qu'elle s'applique « à toute opération de crédit, *ainsi qu'à son cautionnement éventuel...* ». Ceci ne rend pas obligatoire la communication d'un exemplaire du cautionnement.

Dans les crédits immobiliers de consommation supérieurs à 100 000 F, la caution bénéficie comme l'emprunteur d'un délai de réflexion de 10 jours avant de pouvoir donner son « acceptation » (240).

En revanche, il n'est pas possible en l'état des textes législatifs de la faire bénéficier du délai de rétractation de 7 jours ouvert à l'emprunteur dans un crédit mobilier de consommation. Le législateur de juin 1989 souhaitait que cette faculté de rétractation soit accordée aussi à la caution, mais le texte qu'il a produit ne permet pas cette solution (241). L'ajout dans l'article 2 de la loi Scrivener d'une extension expresse du domaine de la loi au cautionnement (242) ne peut suffire (243). L'article 7 de la loi prévoit pour le seul emprunteur cette faculté de rétractation ; les solutions du droit de la consommation sont dérogatoires au droit commun des obligations et ne peuvent découler que d'une disposition expresse de la loi. Cette disposition doit en outre être suffisamment claire, notamment lorsque est en jeu la validité du contrat et un mode de formation contraire aux habitudes (244). L'extension au cautionnement opérée dans l'article 2 de la loi de 1978 réglera par exemple le problème de l'application à la caution de la forclusion de deux ans de l'article 27, controversée auparavant. Elle ne peut pas imposer au créancier la délivrance d'une offre préalable de cautionnement ni le bénéfice pour la caution d'un délai de rétractation de 7 jours.

La validité des cautionnements garantissant un crédit de consommation est largement soumise à un formalisme nouveau, fort rigide.

---

(240) L. 13 juill. 1979, art. 7, al. 2. Certains notaires calculent largement le délai en le portant à 12 jours à compter de l'avis de réception de l'offre de prêt (sans doute dans la croyance que les délais français sont encore francs ; mais il s'agit ici d'un délai d'interdiction ; le 11e jour après la réception est donc utile. Ils insèrent également la clause suivante dans l'acte authentique de cautionnement : « L'offre de prêt par la Banque X... à M. ... en date des... et... a été adressée par le notaire soussigné à la caution par lettre recommandée du... dont accusé de réception de la poste est du... soit douze jours au moins avant le présent acte. Cette lettre attirait l'attention de la caution sur l'étendue de ses engagements et leur caractère irréversible même en cas de dégradation des relations entre la caution et le débiteur ». Sur tous ces points, v. Y. SALATS, *Théorie et pratique de la loi du 13 juillet 1979 pour les acquisitions immobilières : J.C.P.* 86, éd. N, I, p. 208, spéc. n° 42, p. 218, et p. 223 la formule reproduite *supra*.

(241) Les sénateurs proposaient d'inclure dans l'art. 2015 C. civ. l'obligation de donner à toute caution une offre préalable et un délai d'acceptation de 10 jours. Cette formule fut écartée.

(242) « Les dispositions de la présente loi s'appliquent à toute opération de crédit, *ainsi qu'à son cautionnement éventuel...* ».

(243) Pas davantage les tentatives maladroites du ministre des Finances de modifier la loi par réponse ministérielle : Rép. Collette, *J.O.* déb. Sénat, quest. et rép., 21 sept. 1989, p. 1546. De même, certains organismes de la profession bancaire institués par la loi affirment que la rétractation du cautionnement est possible, invoquant les travaux préparatoires pourtant différents et sans valeur contre la lettre de la loi : Circ. A.F.B. du 3 juill. 1989 et communication A.S.F. du 4 juill. 1989.

(244) Ni la Directive C.E. du 22 déc. 1986 en matière de crédit à la consommation, ni la proposition de modification de cette directive de 1989 ne font référence au cautionnement et ne prévoient donc de faculté extraordinaire de rétractation pour la caution.

— Le contrat de cautionnement doit être rédigé d'après le formulaire type contenu dans le décret d'application de la loi de 1978 (245) (v. *infra* la direction de recherches sur l'illégalité de ce décret).

— La mention manuscrite que doit apposer la caution est imposée « à peine de nullité » et son contenu doit exactement être celui que donne la loi (246) :

En me portant caution de X... dans la limite de la somme de... couvrant le paiement du principal, des intérêts et, le cas échéant, des pénalités ou intérêts de retard et pour la durée de..., je m'engage à rembourser au prêteur les sommes dues sur mes revenus et mes biens si X... n'y satisfait pas lui-même.

Seules les personnes physiques sont ainsi protégées. La loi de 1978 s'appliquerait à une S.C.I. qui donnerait un cautionnement hypothécaire en garantie du prêt souscrit par un associé et servant à équiper l'immeuble dont elle est propriétaire, mais la mention manuscrite serait soumise au droit commun de l'article 1326 du Code civil (nature probatoire ; contenu souple).

— Le cautionnement ne sera solidaire que si une mention manuscrite spéciale est ajoutée par la caution. Le texte en est également donné par la loi :

En renonçant au bénéfice de discussion défini à l'article 2021 du Code civil et en m'obligeant solidairement avec X..., je m'engage à rembourser le créancier sans pouvoir exiger qu'il poursuive préalablement X... (247).

La question se posera de savoir si une modification de ces mentions emporte la nullité du cautionnement ou de la stipulation de solidarité (248). Dans une conception consensualiste des contrats, la lettre du texte de la mention manuscrite importait peu, et le juge recherchait si elle traduisait une compréhension par la caution « de la nature et de l'étendue de son engagement ». Mais le formalisme instauré en 1989 est différent. Il relève d'une autre conception du contrat, où le consentement est second et où la forme validante exprime l'adhésion à un mécanisme contraignant, adhésion qui passe par l'accomplissement d'opérations formalistes. La mention manuscrite devrait alors être scrupuleusement identique à celle de la loi.

La caution d'un crédit de consommation reçoit aussi une information spéciale sur la défaillance du débiteur principal. Elle doit en être informée dès le premier incident de paiement susceptible d'inscription sur le fichier des mauvais payeurs. A défaut, elle est déchargée des pénalités ou intérêts de retard antérieurs à la première information qu'elle recevra (249). Cette mesure est de portée limitée, et incite les créanciers à plus de rigueur dans la poursuite des cautions.

---

(245) D. n° 78-509 du 24 mars 1978.

(246) Art. 7-1 de la loi du 10 janv. 1978 et 9-1 de celle du 13 juill. 1979, ajoutés par la loi du 31 déc. 1989.

(247) Art. 7-2 de la loi du 10 janv. 1978 et 9-2 de celle du 13 juill. 1979, également ajoutés par la loi dite Neiertz du 31 déc. 1989.

(248) Si par ex. le contrat ne prévoit aucune pénalité de retard, est-il nécessaire que la caution écrive qu'elle couvre le paiement... « le cas échéant, des pénalités... de retard » ?

(249) Art. 7-3 et 9-3 des mêmes lois, également ajoutés par la loi du 31 déc. 1989.

Enfin une cause d'extinction supplémentaire du cautionnement est ajoutée : la disproportion manifeste entre les biens et revenus de la caution et l'engagement qu'elle prend (250). Il n'est pas exigé que les biens et revenus permettent l'exécution instantanée de la totalité du remboursement ; il suffit que la caution puisse payer selon l'échéancier du débiteur principal, comme le proposent souvent les créanciers, ou puisse emprunter pour exécuter son obligation. La mesure est curieuse pour les crédits mobiliers, qui sont concernés seulement dans la limite de 100 000 F et atteignent rarement ce montant. Seuls sont privés de leur garantie les créanciers ayant la qualité d'établissement de crédit (en pratique les banques et les sociétés financières). La déchéance disparaît si la caution s'enrichit et si le créancier peut établir qu'elle est en mesure de payer lors de la demande de paiement.

DIRECTIONS DE RECHERCHES

Validité douteuse des prescriptions réglementaires. — La bonne volonté ne suffisant pas, surtout lorsqu'elle est mal inspirée, le législateur de 1978 a commis quelques erreurs.

...D'abord, en rédigeant dans le décret n° 78-509 du 24 mars 1978 un formulaire de cautionnement qui ne contient pas les clauses habituellement insérées dans ce contrat, il a privé l'interprète des schémas habituels de raisonnement et de comparaison.

...Ensuite, en procédant par décret d'application pour instaurer des obligations contraignantes qui n'ont pas été édictées par une loi, il encourt manifestement les griefs d'illégalité ou d'inconstitutionnalité car :

— le décret d'application outrepasse la loi du 10 janvier 1978 qui n'imposait aucune forme pour l'acceptation des cautions ;

— le décret, en disposant dans son article 2 « la formule d'acceptation de la caution ainsi que... doivent être établis conformément aux modèles types joints en annexe », transformerait ces cautionnements en contrats solennels pour lesquels l'écrit serait une condition de validité et dont le contenu serait limitativement énuméré par le décret. Or une telle atteinte au principe du consensualisme relève de la loi (art. 34 de la Constitution) ;

— le rectificatif paru au *J.O.* du 2 juillet 1978 (p. 2570), qui ajoute la stipulation de solidarité et la limitation de montant, est en réalité un nouveau décret et non un vrai rectificatif ; il est illégal pour n'avoir pas été pris après avis du Conseil d'État, comme l'imposait l'article 5 de la loi.

La tentative de protection du consommateur s'avère donc bien maladroite, comme trop souvent.

3° Le cautionnement donné par une commune, un département ou une région

135. — Dangers de la gestion publique et de l'interventionnisme. — L'on sait que le consommateur est aujourd'hui considéré comme incapable de résister à ses pulsions de dépense et que le législateur bienveillant l'a ramené au statut de puérilité. L'on sait moins que les hommes politiques ont les mêmes pulsions et qu'ils engagent des sommes considérables, par la garantie qu'ils font donner aux personnes publiques qu'ils dirigent. Leur désir d'intervenir dans l'économie et de réaliser de grands projets avec l'argent public, leur sentiment de pouvoir faire mieux que les entrepreneurs privés, leur impression d'être indépendants du

(250) Art. 7-4 et 9-4 des mêmes lois, également ajoutés par la loi du 31 déc. 1989.

marché, leur absence totale de responsabilité et bien d'autres motifs les entraînent hors de leur fonction naturelle. La ville cautionnera un fabricant de gants en pleine déconfiture au motif qu'il faut sauver des emplois. Le département se lancera dans la course à la voile au motif que cette action de propagande aura des retombées « invisibles ». La région garantira le financement d'une production de breuvage du XXIe siècle au motif que l'aide publique doit suppléer les entrepreneurs privés trop timorés et trop réalistes (251). L'échec prévisible ne les arrête pas puisque c'est justement contre la prévision ostensible de cet échec faite par les agents économiques qu'ils se donnent mission d'aller. Les dirigeants de l'État font de même, à une échelle plus grande bien sûr, pour les mêmes motifs, et avec les mêmes résultats !

L'expérience prouve que ces choix sont rarement productifs et que l'intervention en matière économique n'est pas du ressort des autorités publiques. Mais l'expérience prouve aussi que rien n'est plus tentant que le fruit défendu.

Voyant la paille dans l'œil des collectivités locales, l'État impose un carcan de formalisme aux cautionnements et garanties qu'elles voudraient donner (252) [loi du 2 mars 1982 dite sur les droits et libertés des communes, des départements et des régions (253), modifiée en 1988] :

— les garanties doivent être conformes au plan et favoriser le développement économique !

— les délibérations des conseils municipaux, généraux ou régionaux autorisant le maire ou le président à signer un cautionnement ne sont exécutoires qu'après avoir été publiées et transmises au préfet qui en contrôle la légalité et saisit éventuellement le tribunal administratif dans les 2 mois (254) ;

— si les cautionnements garantissent certains emprunteurs de droit privé, trois plafonds sont imposés (dont on sait que les hommes politiques peuvent les tourner aussi aisément que ceux qui parsèment la réglementation des marchés publics) : un ratio de solvabilité de la commune, une répartition des risques entre différents débiteurs cautionnés, un partage des risques sur un même débiteur (255) ;

— la déchéance du terme frappant le débiteur principal ne s'appliquera au garant que s'il le veut bien (256).

Ces mesures sont inaptes à empêcher les pertes de petite ou de grande ampleur. Mais elles ont pour effet d'affirmer l'incapacité des dirigeants politiques. Les consé-

---

(251) La Caisse des dépôts et consignations, qui finance de nombreux projets publics de construction ou d'équipement, exige systématiquement le cautionnement de la collectivité publique qui patronne le projet lorsque ce projet est réalisé par l'intermédiaire d'une association loi de 1901 ou d'une S.E.M., coquilles vides créées pour la circonstance.

(252) En voir le tableau dressé par M.-C. AMIOT, *Règles applicables aux emprunts, aux garanties d'emprunts et cautionnements souscrits par les collectivités territoriales : Rev. dr. banc.* 1988, p. 106-108.

(253) Cette loi diminue la contrainte en permettant de garantir à n'importe quel taux (auparavant un taux plafond était imposé). Elle l'augmente en fixant une quotité maximale de la dette que chaque commune peut garantir (50 ou 80 % selon la nature des dettes : D. n° 88-386 du 18 avril 1988, art. 7).

(254) Les banquiers ont bien sûr tendance à attendre l'écoulement de ce délai et à demander une attestation d'absence de recours : M.-C. AMIOT, art. préc., spéc. p. 108. En remplaçant le contrôle *a priori* du préfet par un contrôle dit *a posteriori* mais qui suspend toute exécution de la décision de cautionnement, la loi de 1988 modifiant celle de 1982 a aggravé les sujétions des communes. Le contrôle s'avère toujours être en pratique un contrôle antérieur à l'acte.

(255) Art. 6 de la loi du 2 mars 1982, réécrit par celle du 5 janv. 1988 (art. 10 pour les communes, art. 49 pour les départements, art. 4-1 pour les régions).

(256) Art. 6-I, al. 6, de la loi du 2 mars 1982 ajouté par la loi du 5 janv. 1988, qui jargonne ainsi : « Aucune stipulation ne peut faire obstacle à ce que la mise en jeu des garanties ou cautions accordées par une commune porte, au choix de celle-ci, soit sur la totalité du concours, soit sur les annuités déterminées par l'échéancier contractuel ». La même formule est reprise pour le département (art. 49-I, al. 6 modifié) et pour la région (art. 4-1.I., al. 6).

quences devraient en être tirées d'une part sur la réduction des sommes énormes mises à leur disposition par la ponction fiscale et d'autre part sur l'incongruité de leur intervention en matière économique.

Assez logiquement le Tribunal des conflits a considéré qu'un tel cautionnement était un « contrat de droit privé dont les difficultés d'exécution relèvent de la compétence des tribunaux de l'ordre judiciaire », car il « n'est pas l'accessoire d'un contrat de prêt administratif, n'a pas pour objet l'exécution d'une mission de service public et ne comporte aucune clause exorbitante du droit commun » (257).

4° Le cautionnement d'un non-résident

136. — Les vices inhérents au contrôle des changes. — Trop souvent la caution qui garantit la dette d'un non-résident (c'est-à-dire d'une personne physique ou morale qui n'a pas en France son domicile fiscal) est tentée d'invoquer la réglementation des changes pour refuser d'exécuter son obligation. S'appuyant sur cette réglementation arbitraire, elle soutient que son engagement est nul faute d'en respecter les conditions courtelinesques, ou bien qu'elle n'est pas autorisée à payer, ou encore que les modifications qui sont la conséquence de cette réglementation ont modifié son engagement et la libèrent (258). Ces arguments puisent leur force dans les vices profonds du contrôle des changes dont le moindre est de favoriser la mauvaise foi (259) et les faux-semblants (260).

137. — La réaction des tribunaux. — Impressionnés par l'ordre public monétaire, les tribunaux ont, dans un premier temps, fait droit aux demandes des cautions de les décharger de toute obligation qui ne respectait pas scrupuleusement le contrôle des changes (261). Puis ils ont pris quelque liberté avec cette réglementation (262), jugeant

(257) Trib. conflits 12 janv. 1987 : *D.* 1987, J., 205, concl. conformes Comm. gouv. MASSOT.

(258) V. les deux articles généraux sur la question qui traitent abondamment des cautionnements : v. J.-P. ECK, *Le sort des contrats conclus en violation du droit français des relations financières avec l'étranger : D.P.C.I.* 1985, p. 39 et s. — P. MALINVAUD, *L'incidence de la réglementation économique sur la validité du contrat en matière de commerce international : R.I.D.C.* 1986, n° spéc., vol. 8, *Journées de la Société de législation comparée* 1986, p. 487-506, spéc. p. 495-499.

(259) V. sur ce dernier terrain Paris, 22 mai 1986 : *D.* 1987, somm. 295, obs. crit. M. VASSEUR, qui libère la caution française d'une société brésilienne au motif que le créancier belge aurait dû avertir la caution française des dispositions du contrôle des changes brésilien avant de choisir une solution optionnelle que lui ouvrait cette réglementation !

(260) Telle l'invocation d'une « défense des intérêts nationaux » (L. 28 déc. 1966) ou d'une méthode de politique économique destinée à équilibrer la balance des paiements (v. J.-P. ECK, *op. cit.* ; P. MALINVAUD, *op. cit.*).

(261) Com., 3 fév. 1976 : *Bull. civ.* IV, n° 41 ; *D.S.* 1976, I.R. 118 ; *Gaz. Pal.* 1976, 1, somm. 96 ; *Clunet* 1977, 103, note J.-P. ECK.

(262) Com., 30 juin 1981 : *Bull. civ.* IV, n° 299 ; *D.* 1982, 222, note P. AMSELEK. — V. *supra*, n° 97, les exemples jurisprudentiels de l'évolution. Cette évolution fut concomitante d'une circulaire du ministre de l'Economie annonçant le 5 fév. 1981 (*J.O.* 20 fév. 1981, p. 1769) la suppression de l'autorisation préalable, mais pour les seules garanties qui ne constituent pas des investissements directs (notion définie, par une autre circulaire du même jour, comme les garanties données en faveur des établissements étrangers du garant).

que le cautionnement restait valable mais que le paiement pouvait être retardé ou rendu impossible par la réglementation des changes (263). Enfin, donnant à sa position l'allure d'un revirement général et courageux, la Cour de cassation a décidé que la validité du cautionnement était indépendante du contrôle des changes (264) ; mais le paiement lui reste soumis.

La solution n'est guère satisfaisante. La flexibilité de la réglementation des changes, qui varie au gré d'une circulaire ou d'un arrêté, offre trop de possibilités d'inexécution du cautionnement (265). La France étant l'un des rares pays occidentaux adeptes de ce contrôle (266), le risque est de taille. Il est donc regrettable que nos juges soient encore trop respectueux d'une réglementation injuste.

5° Le cautionnement donné par une personne mariée (267)

138. — Le contexte. — La nécessité de protéger la famille légitime est une constante des droits des sociétés occidentales.

Les moyens de cette protection sont variables, et ceux qui visent à empêcher l'engagement de tous les biens d'un foyer sont du nombre. Les créanciers et les principes régissant les obligations peuvent ainsi être sacrifiés. La mal-nommée incapacité de la femme mariée ou le Sénatus-consulte velléien étaient des conditions de validité plus ou moins spécifiques du cautionnement qui se rattachaient à cette

---

(263) Sur le respect du contrôle des changes étranger, v. obs. M. VASSEUR sous Montpellier, 10 janv. 1985 : *D.* 1985, I.R. 340. Par l'application des accords de Bretton Woods et des statuts du Fonds monétaire international *(art. VIII, s. 2, b, qui affirme que « les contrats de change mettant en cause la monnaie d'un État membre et qui sont contraires aux réglementations des changes dudit État... ne seront pas exécutoires sur le territoire des autres États membres »)*, les gouvernants, assez faibles pour envisager d'user du contrôle des changes à tout moment, ont tous accepté le principe du respect international de ces contrôles nationaux. Mais le nationalisme fait souvent obstacle au droit international public ! V. l'arrêt précité de Montpellier ou encore le stratagème consistant à condamner la caution étrangère à des dommages-intérêts dont le contrôle des changes ne pourrait empêcher le paiement (Com., 7 mars 1972 : *Rev. crit. dr. intern. pr.* 1974, 492, note J.-P. ECK ; *adde :* obs. VASSEUR préc.).

(264) Com., 22 nov. 1983 : *D.* 1984, 204, note GAILLARD ; *J.C.P.* 84, II, 20228, note J.-P. ECK ; *Rev. crit. dr. int. publ.,* p. 460, note F. GIANVITI.

(265) La réglementation actuelle ne semble pas imposer de demande préalable d'autorisation pour cautionner un non-résident et payer sa dette le cas échéant.

(266) Plus qu'une tradition nationale, le contrôle des changes est une tradition des gouvernements interventionnistes adeptes des politiques de contrôle des entreprises et des particuliers. Ce sont le plus souvent les gouvernements communistes (pays de l'Est), socialistes (Europe du Sud, Scandinavie, Pays-Bas) ou travaillistes (Angleterre) qui l'instaurent. Les gouvernements plus libéraux l'abrogent, comme en Allemagne, en Angleterre ou aux U.S.A., aujourd'hui et depuis longtemps. Comme ceux des pays d'Afrique, les gouvernements français et italien en font un décor permanent que seule la pression communautaire a pu modifier.

(267) Une remarquable vue de la question, vue d'ensemble comme de détail, est donnée par l'article de J.-M. OLIVIER, *La caution et sa famille : Les Petites Affiches* 25 avril 1986, n° 50, p. 23-31.

protection (268). L'aveuglement de l'égalitarisme, du féminisme et du rationalisme ont conduit à la suppression de ces protections de la famille légitime. Leur remplacement se fait difficilement, par tâtonnements maladroits. Auteurs, tribunaux puis législateurs sont intervenus et le régime actuel en reste encore incertain.

DIRECTIONS DE RECHERCHES

N'est-il pas naturel que le cautionnement soit l'un des premiers champs d'effervescence des demandes de protection de la famille légitime, après la suppression des protections du XIXe s. ? Engagement dont la conclusion paraît inoffensive et dont l'exécution est souvent dramatique, le cautionnement participe de l'idée de crédit. La caution mariée se rattache au consommateur. Le contentieux y est abondant, même pour les seuls cas de cautionnement donné par une personne mariée. La chancellerie a reçu des appels, de parlementaires (269) ou de citoyens (270), soulignant le caractère dramatique des situations que faisait naître l'inconscience des risques du cautionnement. La matière est technique et suffisamment limitée pour que les solutions retenues ne fassent pas tache d'huile.

Le terrain était prêt pour la construction de nouvelles protections qui tiennent compte du discours et des idéologies contemporains. Le législateur n'a pas su saisir la chance offerte ; auteurs et tribunaux y travaillent plus empiriquement.

139. — Les premières tentatives d'annulation sur la base du caractère gratuit du cautionnement. — Certaines cautions ont d'abord invoqué la protection du conjoint contre les donations. Une règle générale du régime de communauté légale est qu'un époux ne peut pas donner seul les biens communs (C. civ., art. 1422). Les cautions ont tenté de l'appliquer au cautionnement en soutenant que la caution « disposait à titre gratuit ». La Cour de cassation a freiné la tendance de certaines cours d'appel à libérer ainsi les cautions (271), au prix d'une explication contournée (272).

La motivation des arrêts est que « le cautionnement emporte obligation de la caution mais non dessaisissement immédiat et définitif d'un élément patrimonial (et) ne constitue donc pas un acte de disposition à titre gratuit ». On peut expliquer ainsi cette affirmation : le cautionnement serait par nature un acte de bienfaisance,

(268) Sur leur histoire et leur régime, v. *supra*, n° 91.

(269) Par ex. la question écrite n° 6182 de M. Colombier, Rép. min. Justice au *J.O.* déb. Ass. nat. 24 déc. 1978, p. 9989 ; *J.C.P.* 79, éd. N, prat. 649 ; *Rép. Defrénois* 1979, art. 31977, 792.

(270) Évoqués par le ministre de la Justice lors des débats sur la loi du 23 déc. 1985 (*J.O.* déb. Ass. nat. 6 mai 1985, p. 574).

(271) Civ. 1re, 21 nov. 1973 : *Bull. civ.* I, n° 318 ; *D.* 1975, 549, note F. STEINMETZ. — Civ. 1re, 11 juill. 1978 : *Bull. civ.* I, n° 246, 207 ; *D.* 1979, I.R. 73, obs. D. MARTIN ; *J.C.P.* 78, IV, 92. — Civ. 1re, 27 janv. 1982 : *Bull. civ.* I, n° 46 ; *D.* 1983, I.R. 189, obs. M. VASSEUR.

(272) La motivation du premier arrêt était que « le cautionnement emporte obligation de la caution mais non dessaisissement immédiat et définitif d'un élément patrimonial (et) ne constitue donc pas un acte de disposition à titre gratuit » ; si la conclusion est bonne, la prémisse est erronée car rien n'impose un dessaisissement immédiat et définitif pour qu'il y ait disposition à titre gratuit. Le cautionnement est onéreux essentiellement parce qu'une sûreté doit être soumise au régime commun, celui des actes onéreux. La faiblesse des motifs apparents de la Cour de cassation est un indice que la justice de sa solution repose sur cette nécessité (v. également la critique de P. BOUTEILLER, *Le cautionnement,* éd. de l'Epargne, 1986, p. 100, sur un autre terrain).

mais ne serait pas un acte de disposition à titre gratuit car la caution a un recours contre le débiteur principal qui empêche son appauvrissement, condition essentielle de la donation (273).

En dépit de l'incontestable élégance de l'explication, elle n'est peut-être pas nécessaire. Ceci est heureux car, si l'on pousse un peu plus loin le raisonnement, sa cohérence s'effrite. En effet, l'appauvrissement de la caution devant être économique et non pas seulement juridique (274), il y aurait appauvrissement chaque fois que le débiteur principal serait insolvable ; devrait-on alors qualifier le cautionnement de donation ? On peut en fait éviter ce piège. La qualification qui oblige à se pencher sur l'existence du dessaisissement et de l'appauvrissement est celle d'acte de bienfaisance du cautionnement. Cette qualification est posée en postulat ; or elle est bien peu convaincante. Il est difficile en effet de trouver chez la caution la moindre intention libérale ; elle souhaite peut-être rendre service au débiteur, mais ceci ne suffit pas pour constituer l'intention libérale (275) ; plus généralement, elle n'a jamais d'intention libérale pour le créancier envers qui elle est liée. Or l'intention libérale est « de l'essence des dispositions à titre gratuit » (276). Hormis les hypothèses où la caution fait abandon des recours contre le débiteur principal (277), retirant à son cautionnement la nature de sûreté personnelle, il n'y a pas d'intention libérale dans le cautionnement. Ceci suffirait pour ne pas en faire un acte à titre gratuit (278).

Il faut surtout ajouter que le cautionnement est onéreux essentiellement parce qu'une sûreté doit être soumise au régime commun, celui des actes onéreux. La qualification doit s'attacher au régime juridique recherché plus qu'à la nature de l'acte. Les cautionnements donnés par une personne mariée ne peuvent donc, pas plus que les autres cautionnements, bénéficier de la protection spéciale des actes à titre gratuit.

140. — L'invocation de la protection du logement familial (C. civ., art. 215, al. 3). — Les statistiques sur les Français propriétaires de leur seul logement et les velléités d'une « politique du logement » ont conduit en 1965 à soumettre à la cogestion des époux le logement de la famille légitime. L'impératif de protection d'un minimum de richesse permettant à la famille de vivre, évoqué ci-dessus, inspire une réglementation différente de celle des siècles précédents mais de finalité voisine.

Quelques cautions en ont usé pour tenter d'obtenir l'annulation du cautionnement imprudemment donné. L'argumentation est en général la suivante : le mari qui cautionne sa société, un proche ou un tiers demande à sa femme d'invoquer la nullité du cautionnement. Le ménage n'ayant pas d'autre bien que le logement familial (qu'il soit bien propre ou bien commun), le créancier est suspecté de n'avoir

---

(273) En voir le limpide déroulement par P. MALAURIE et L. AYNÈS, 2e éd., n° 145, qui approuvent le raisonnement de la Cour de cassation. — V. également, plus circonspect : A. SERIAUX, *Les successions, Les libéralités,* P.U.F., *Dr. fond.,* 1986, n° 57 *in fine*, p. 101.

(274) A. SERIAUX, *op. cit.*, n° 58, p. 101.

(275) A. SERIAUX, *op. cit.*, n° 57, p. 100, très net à propos de toutes les prestations de service gratuites ; ne peut-on y assimiler économiquement le cautionnement ?

(276) Req., 27 juin 1887 : *D.P.* 1888, 1, 303. — A. SERIAUX, *op. cit.*, n° 59, p. 103.

(277) Comme celle de cette donation déguisée à une maîtresse adultère, suivie d'aussi vils regrets, maintenue par les tribunaux (Civ. 1re, 12 mai 1982 : *Bull. civ.* I, n° 173, p. 153 ; *D.* 1983, 320, note J. MESTRE ; *J.C.P.* 83, II, 20060, note C. AUBERTIN).

(278) V. également la critique de P. BOUTEILLER, *Le cautionnement,* éd. de l'Epargne, 1986, p. 100, sur un autre terrain.

eu en vue que ce seul élément immobilier d'actif et de vouloir le faire vendre. Le mari caution aurait donc disposé sans le consentement de sa femme du logement familial. La suspicion devient certitude si le créancier a obtenu une hypothèque ou une promesse d'hypothèque sur ledit logement. Cela suffit-il toutefois pour considérer qu'un époux a « disposé des droits par lesquels est assuré le logement de la famille, (ou) des meubles meublants dont il est garni » (C. civ., art. 215, al. 3) ?

Nombre de cours d'appel, sensibles au besoin de protection de la famille et de la caution, ont donné et continuent de donner suite à cette argumentation (279).

La Cour de cassation est plus sévère. Le contentieux qui lui est soumis est volumineux mais seule l'hypothèse de fraude est retenue par elle comme une possibilité d'annulation d'un cautionnement au prétexte qu'il permet au créancier de saisir le logement familial. La formule, déjà frappée en 1978, est significative : « les dispositions (de l'art. 215, al. 3, C. civ.) doivent, hors le cas de fraude, être considérées comme inopposables aux créanciers sous peine de frapper les biens d'une insaisissabilité contraire à la loi » (280). Depuis 1978, aucune autre hypothèse de fraude n'a trouvé grâce aux yeux de la Cour de cassation (281) ; la formule s'est même transformée en l'exigence d'un concert frauduleux entre l'époux caution et le créancier (282). La Cour de cassation a poussé la subtilité jusqu'à annuler l'hypothèque constituée par la femme caution sur le logement familial tout en maintenant le cautionnement (283).

141. — Étendue dans le temps de l'engagement d'une caution mariée sous le régime de la communauté légale. — La dette contractée par l'époux caution entre-t-elle en communauté au jour du cautionnement ou au jour de l'exigibilité de l'opération principale ? La question n'a d'intérêt que si la communauté est dissoute entre ces deux dates. Elle fut posée aux tribunaux par une caution qui avait organisé son insolvabilité en changeant de régime matrimonial et en faisant donation de ses immeubles à ses enfants. La donation annulée, restait à savoir si la dette était entrée en communauté avant le changement de régime, ce qui permettait au créancier garanti de saisir les immeubles communs. Les dettes garanties n'étant pas exigibles au jour du changement, et donc de la dissolution de la communauté, la caution soutenait

(279) V. notamment Paris, 15 oct. 1976 (*J.C.P.* 76, II, 18726, note J. PATARIN ; *Rev. trim. dr. civ.* 1978, 130, obs. R. NERSON et J. RUBELLIN-DEVICHI), premier arrêt sur la matière ; plus récemment et malgré la position contraire de la Cour de cassation : Nîmes, 28 août 1983, *Banque populaire du midi* c. *Nasselski-Talay, Juridoc* n° 260).

(280) Civ. 1re, 4 juill. 1978 : *D.* 1979, 480 (2e esp.), note Y. CHARTIER ; I.R. 75, obs. D. MARTIN ; *J.C.P.* 80, II, 19368, note LABBOUZ ; *Rép. Defrénois* 1979, art. 31936, note CHAMPENOIS.

(281) V. note J. MOULY : *D.* 1986, 485, sous Civ. 1re, 18 juin 1985.

(282) Civ. 1re, 5 fév. 1985 : *Rép. Defrénois* 1985, art. 33662, p. 186, note P. THÉRY.

(283) Civ. 1re, 17 nov. 1981 : *Bull. civ.* I, n° 337, 285 ; *D.* 1982, I.R. 475, obs. D. MARTIN. L'arrêt maintient le cautionnement alors que l'hypothèque avait été annulée précédemment par un autre arrêt, sur le fondement de l'art. 215, al. 3, C. civ.

que sa dette de garant était propre. La Cour de cassation retient que la dette est commune (284).

Si la solution est bonne, la motivation est moins convaincante ; par un raisonnement discutable, la Cour de cassation affirme que la dette est commune avant exigibilité parce que la caution, « en sa qualité d'associé et de directeur des sociétés débitrices principales, connaissait l'étendue des dettes antérieurement au changement de régime matrimonial ». Pourquoi faire découler des diverses qualités d'une même personne (la caution) des conséquences sur son cautionnement qui sont en général rejetées quand la caution les invoque à son profit pour faire dire que la disparition de ses fonctions d'associé ou de directeur doit la libérer ? Suffit-il d'une connaissance du montant de la dette pour déterminer sa qualification de dette propre ou commune ?

En fait, l'exigibilité n'a aucune influence sur l'existence d'une dette (285). Même quand une dette est aléatoire, le débiteur a la qualité de débiteur dès la conclusion du contrat ; ainsi l'assureur est-il débiteur potentiel avant le sinistre et constitue-t-il des provisions en considération de ce fait ; un créancier titulaire d'un droit conditionnel peut effectuer des actes conservatoires ; *a fortiori* en est-il ainsi du créancier titulaire d'un droit certain mais affecté d'un terme suspensif ou d'un aléa (286).

La caution est donc liée au créancier par son engagement dès sa conclusion, et la dette est donc commune dès ce moment-là si la caution engage les biens communs. Peu importe que la dette soit incertaine ou que son exigibilité soit retardée. L'engagement peut être lourd pour la communauté.

142. — Limitation de l'étendue de l'engagement d'une caution mariée sous le régime de la communauté légale. — La loi du 23 décembre 1985 a apporté, dans l'article 1415 du Code civil, une importante limite à la possibilité d'offrir les biens communs en garantie. Lorsqu'il cautionne un tiers, un époux n'offre plus en garantie que ses biens propres, par exception au principe général qui veut que chacun engage à la fois tous ses biens propres et tous les biens communs par chaque acte accompli (C. civ., art. 1413) (287).

Comme cette restriction atteint fortement le crédit des ménages, la loi permet au conjoint — en pratique, la femme le plus souvent — de consentir à ce cautionnement : en ce cas les biens communs sont engagés. La solution commentée au numéro précédent s'applique alors.

La pratique, notariale ou bancaire, a tendance à faire intervenir le conjoint aux actes engageant un époux. Tous les auteurs pensent que cette tendance devrait s'étendre, au risque de devenir systématique,

---

(284) Civ. 1re, 17 juin 1986 : *Bull. civ.* I, n° 169, 170 ; *J.C.P.* 87, II, 20816, note P. SIMLER ; *Rép. Defrénois* 1987, p. 858, obs. L. AYNÈS.

(285) V. dans le même sens les remarquables obs. de P. SIMLER dans sa note sous l'arrêt, spéc. 1-b) et de L. AYNÈS, obs. préc., p. 859.

(286) De cette situation, où la dette du débiteur principal est née, il faut distinguer celle où la caution a garanti les dettes à venir du débiteur principal. En ce cas l'obligation de couverture est certes commune mais seules les dettes de règlement nées avant la dissolution de la communauté seront à la charge de celle-ci. — V. sur ce point les développements denses et éclairants de P. SIMLER dans sa note préc., spéc. 1-b) et 2) et de L. AYNÈS, obs. préc., p. 859-860.

(287) Sur le contexte, les conséquences et les erreurs de cette règle, v. P. SIMLER, L. n° 85-1372 du 23 déc. 1985, n° spécial n° 3 des *J.-Cl. dr. civ.* 1986 ; J.-M. OLIVIER, art. préc., spéc. nos 24-28.

dès lors qu'un époux signera un cautionnement ; il sera sans doute exigé du conjoint qu'il intervienne, non seulement pour engager les biens communs mais aussi comme cofidéjusseur pour qu'il engage en outre ses propres (288). Les notaires risquent de n'être pas étrangers à cette évolution.

En conséquence de l'engagement personnel du conjoint, tous les biens du ménage sont engagés. Il est logique de déduire de son engagement comme cofidéjusseur la volonté d'engager la totalité de la fortune du couple, sauf stipulation contraire. La solution rapproche naturellement les deux principaux régimes matrimoniaux, communauté et séparation des biens : dans ce régime conventionnel, un époux ne peut offrir que ses biens personnels et l'engagement du conjoint est nécessaire pour que tous les biens du ménage soient englobés dans la garantie (289).

Mais alors disparaît toute protection de la famille légitime, puisque les engagements des deux conjoints ne sont pas susceptibles de limitation ou d'annulation. Pire : il se peut que les praticiens ne prennent pas la peine d'exiger l'engagement du concubin, aux prétextes par exemple de la précarité de leur situation ou d'une plus grande indépendance de leurs relations mutuelles. Les couples illégitimes seraient davantage à l'abri du cautionnement que les familles légitimes, alors pourtant que la justification d'une protection fait défaut.

La réforme de 1985 n'a donc pas atteint son but et la matière mérite encore réflexion.

143. — La difficulté d'une distinction des protections justes et injustes. — L'idée d'une protection, du type de celle du Sénatus-consulte velléin ou de l'incapacité de la femme mariée est loin d'être abandonnée ou jugée inutile. Le régime qui lui a été donné n'est pas toutefois aussi efficace ; un créancier persuasif obtiendra sans difficulté l'engagement de la totalité des biens du ménage, par la signature conjointe des deux époux en qualité de caution.

Retenons aussi le changement de procédé : la protection n'est plus assurée par une possibilité d'annulation mais par une diminution du champ des biens engagés par l'époux caution. Moins radicale et *a priori* moins conflictuelle, ce qui est à son avantage, cette technique risque néanmoins d'entraîner elle aussi un contentieux, tant est délicate

---

(288) Les auteurs expriment tous ce sentiment. A ceux cités note précédente, *adde* G. Marty, P. Raynaud et P. Jestaz, n° 580, p. 380 ; P. Simler, *Le juge et la caution : excès de rigueur ou excès d'indulgence ? : J.C.P.* 86, éd. N, I, 169, n° 6.

(289) L'exigence de l'engagement du conjoint est à double tranchant, si celui-ci refuse de signer. La mésaventure est arrivée au Crédit agricole qui avait obtenu le cautionnement du P.-D.G. et souhaitait celui de son épouse qui, finalement, ne le donna jamais. La caution soutint avec succès que son engagement n'avait pas d'effet indépendamment de celui de son épouse, ce qui revint à libérer la caution simplement parce que le cautionnement des deux époux avait été envisagé (Com., 28 oct. 1980 : *Gaz. Pal.* 1980, pan. 83).

la délimitation des biens et subtile la qualification de la qualité des signataires (290).

La situation qui résulte du cautionnement donné par un époux est souvent envenimée par le divorce. La femme qui a accepté d'offrir ses biens en garantie, aux côtés de son mari, pour une dette qui le concerne essentiellement trouve anormal, après divorce et parfois après le redressement judiciaire de son mari, d'être poursuivie en paiement. Si le cautionnement est à exécution successive, la femme peut être jugée libérée pour l'avenir, le divorce étant alors conçu comme un terme extinctif ; en toutes situations, la femme reste tenue des sommes dues avant le divorce car celui-ci n'efface pas plus le cautionnement que la vie écoulée pendant le mariage.

Le souci d'une protection de la famille légitime justifie un régime particulier des cautionnements donnés par une personne mariée. L'annulation du cautionnement obtenu du conjoint afin que tous les biens du ménage soient engagés (soit par la garantie des dettes de son époux, soit par un engagement de cofidéjusseur en complément du cautionnement donné par son époux) permettrait d'éviter qu'une famille soit démunie de l'essentiel par un cautionnement. L'impératif de sécurité des relations juridiques et celui d'efficacité des sûretés doivent céder devant la protection de la famille légitime (291).

DIRECTIONS DE RECHERCHES

144. — Assimilation du cautionnement et des emprunts. — La loi de 1985 a soumis au même régime restrictif, dans l'article 1415 C. civ., le cautionnement et n'importe quel emprunt contracté par un époux seul.

Juridiquement, l'assimilation s'explique difficilement puisque l'emprunt engage à un paiement non aléatoire mais assorti d'une contrepartie, la perception du prêt, alors que le cautionnement engage à un paiement aléatoire, sans contrepartie dans le cas des époux.

Économiquement, on a pu dire que cautionnement et prêt n'étaient que deux façons de faire crédit (292). Certes, mais ce ne sont pas les seules, et pourtant le régime des prêts n'est pas applicable à toutes les formes de crédit : l'octroi de délais au débiteur n'est soumis à aucune restriction juridique.

Psychologiquement, l'assimilation montre l'évolution des esprits à propos du cautionnement. Il devient un acte courant, concomitant de l'emprunt, et dont la gravité est jugée égale. L'assimilation dans l'article 1415 C. civ. est symptomatique.

§ 3. — L'étendue du cautionnement

145. — Grande importance et grande imprécision. — Que garantit le cautionnement et combien devra la caution ? Quelle part de perte

(290) V. par ex. Civ. 1re, 22 nov. 1988 : *Bull. civ.* I, n° 329, 223 ; *D.* 1989, somm. 289, obs. L. AYNÈS, qui casse justement un arrêt ayant jugé que l'époux qui avait signé le cautionnement l'avait fait, outre pour lui-même, en qualité de mandataire tacite de son conjoint. La Cour de cassation rappelle à cette occasion que le mandat de cautionner est soumis à la même exigence de mention manuscrite que le cautionnement, car la finalité protectrice de cette mention est aussi justifiée dans le mandat que dans l'acte lui-même.

(291) Le législateur suisse l'a fait depuis longtemps, imposant l'accord du conjoint pour la validité du cautionnement donné par une personne mariée : Code des obligations, art. 494.

(292) G. MARTY, P. RAYNAUD et P. JESTAZ, n° 580, p. 380 *in pr.*

le créancier devra-t-il supporter malgré sa précaution d'exiger une sûreté ? Questions cruciales, et pourtant négligées lors de la formation du contrat de cautionnement. L'étendue du cautionnement est un des points névralgiques de cette sûreté mais l'importance de sa détermination, pour la caution comme pour le créancier, apparaît surtout lors de la demande de paiement. Suivant le type de cautionnement, la solution pourra favoriser l'une ou l'autre des parties. Mais les règles fixant l'étendue du cautionnement sont imprécises, tant en raison du faible désir des parties de préciser ce point lors de la conclusion qu'en raison de l'intervention *a posteriori* d'un juge parfois guidé par l'équité, et de la multiplicité des situations.

146. — Contrats lacunaires. — Y a-t-il plus bref qu'un contrat de cautionnement et qui soit aussi lourd de conséquences ? Pour l'aval, la seule signature suffit ; très souvent un « Bon pour caution » à la fin du contrat principal sera le seul contenu exprès du cautionnement ; et même lorsque le contrat de cautionnement fait l'objet d'une rédaction circonstanciée, la clause consacrée à son étendue n'est pas la plus longue et son contenu reste hermétique.

Plusieurs explications peuvent être tentées :

— le créancier ne souhaite pas effrayer la caution en énumérant tout ce qu'elle risque de payer ;

— le renvoi au contrat principal semble suffire ;

— la caution, n'envisageant pas l'hypothèse de la défaillance du débiteur principal, évite l'effort d'une négociation sur l'étendue de son engagement ;

— les règles du droit commun paraissent à chacun protectrices de ses intérêts.

La découverte de la réalité, lorsque le cautionnement va jouer, est parfois douloureuse, soit pour la caution à laquelle une somme considérable est réclamée, soit pour le créancier qui découvre que sa sûreté s'est amenuisée ou a disparu. Ces situations nourrissent le contentieux et favorisent l'intervention du juge.

147. — Intervention du juge *a posteriori*. — Sollicité de préciser l'étendue de la garantie, le juge est bien en peine de trouver des points de repère précis : le contrat en est dépourvu, l'intention des parties est inexistante, le droit commun est trop général. Reste alors l'intuition et l'expérience de ce qui est juste, que les réalistes américains appelaient le « hunch » (293) ; l'équité y a sa part et la volumineuse jurisprudence traitant de l'étendue du cautionnement en garde un aspect décousu.

Les fondements de l'intervention du juge sont très variés : la mention manuscrite, la règle de l'accessoire, la recherche divinatoire de l'inten-

(293) V. J.C. Hutcheson Jr, *The jugment intuitive ; the function of the « hunch » in judicial decision,* publié en texte original et traduit par G. Marty in *Mélanges Gény,* tome II, rééd. 1977, p. 531 à 551.

tion des parties, la qualification de la dette principale, le terme et la résiliation, les changements de qualité de la caution, son décès, la transformation de la société créancière, les intérêts, la clause pénale, etc. ; la liste s'accroît à chaque procès ou presque. Tous ces arguments ont un lien avec l'étendue du cautionnement car tous peuvent servir à limiter plus ou moins directement l'engagement de la caution. La variété des approches ne clarifie pas la matière, déjà compliquée par la multiplicité des situations.

148. — Multiplicité des situations. — Parfois la caution obtient de limiter son engagement à une somme expressément fixée (par ex. : « Bon pour caution à concurrence de 100 000 F ». Plus souvent, rien n'est précisé et l'étendue du cautionnement devra être déterminée par référence à l'opération principale, non sans difficulté. Enfin, en raison du caractère évolutif de la créance que constitue le solde d'un compte-courant, le banquier tente d'obtenir une garantie qui soit elle aussi évolutive ; les sûretés personnelles sont plus que d'autres aptes à cette fonction. Aussi les cautionnements de toutes les dettes du débiteur principal se multiplient ; ces cautionnements, que les Italiens appellent « omnibus », posent de nombreux problèmes spécifiques (294).

Il faut ajouter à cela qu'une dette est rarement d'une somme immuable et figée. Elle évolue d'abord avec l'attitude du débiteur : paiement partiel, frais de poursuite, actes conservatoires, pénalités contractuelles, bonne ou mauvaise foi... L'étendue du cautionnement est alors un problème de montant (A).

Une dette évolue aussi en fonction de la situation objective des parties (changements de cette situation ou décès) et en fonction du temps (terme, prescription...). L'étendue du cautionnement est alors un problème de durée (B).

A. — Étendue en montant

149. — L'opposition des points de vue du créancier et de la caution et les solutions de principe. — Rares sont les cautionnements qui comportent une limite chiffrée très précise à l'engagement de la caution. Certes les banques ont développé l'arsenal de leurs formulaires au fil des vingt années passées et elles offrent des formules de cautionnement qui comportent une case dans laquelle on doit inscrire le

(294) L'Association française des banques a recommandé aux banques, à compter du 1er fév. 1983, de limiter, sauf cas exceptionnels, la durée et le montant des cautionnements exigés des clients (v. le texte in *Banque* 1982, p. 702). Malgré de sincères efforts, concrétisés par les directives adressées aux agences et par les formulaires et consignes de rédaction utilisés, l'emploi des cautionnements omnibus ne peut être évité pour l'hypothèse où il est le plus utile : l'ouverture de relations avec un entrepreneur qui se traduisent par des créances bancaires d'origines diverses : compte-courant, escompte, ouverture de crédit, prêt affecté, etc.

montant de l'opération principale (295) ou le montant maximum du cautionnement (296). De leur rédaction dépendra leur étendue, mais tous poseront des problèmes d'interprétation (297). Le créancier tend naturellement à invoquer l'absence de précision en sa faveur. Pour lui le cautionnement doit garantir, éventuellement dans la limite du montant, les dettes dans toute leur diversité : celles qui se sont substituées à la dette originaire, les intérêts, les pénalités, les frais de poursuite, etc. La caution voit au contraire dans le chiffre mentionné un plafond infranchissable et refuse de connaître autre chose que le principal. Les textes du Code civil ne sont guère explicites et laissent à chacun toute liberté d'argumentation.

Deux cas sont envisagés dans le Code civil :

— le cas du cautionnement qui comporte une limite expresse de montant, limite qui lui est propre et qui est différente du montant de l'opération principale : article 2013 du Code civil (a) ;

— le cas du cautionnement sans précision chiffrée qui lui soit propre, et que l'article 2016 du Code civil dénomme « indéfini » (b).

La pratique a ajouté, essentiellement depuis le développement des crédits par découvert en compte-courant, depuis la Seconde Guerre mondiale, le cautionnement « omnibus » de toutes les dettes d'un débiteur, dettes qui sont donc seulement déterminables (c).

1° Cautionnement « défini »

150. — Application de la théorie de l'accessoire. — L'article 2013 du Code civil, qui pose quelques règles du régime des cautionnements dont le montant est expressément fixé, n'ajoute rien aux solutions qu'impose la théorie de l'accessoire. Son intérêt est de limiter les arguties.

La caution ne devant que ce que doit le débiteur dont elle garantit une dette qui n'est pas la sienne, le montant de l'opération principale constitue un plafond à l'étendue du cautionnement. L'affirmation est formulée en termes plus élégants par l'alinéa 1er de l'article 2013 du Code civil.

Si le montant propre du cautionnement se trouve être supérieur au montant de la dette garantie, par exemple parce que le débiteur

(295) Par ex. le formulaire 4.4.42 de la Société générale, identique au « cautionnement solidaire en garantie d'une obligation déterminée » de la B.N.P. Une clause intitulée « montant » stipule : « Le présent engagement solidaire est limité à la somme principale indiquée ci-dessus, majorée des intérêts, frais et accessoires y afférents, suivant les taux et conditions applicables à l'opération garantie ».

(296) Par ex. le formulaire « Acte de caution solidaire » de la Banque Rothschild.

(297) L'exemple paroxistique étant ce cautionnement obtenu par le C.I.C. et sur lequel la caution avait indiqué qu'elle s'engageait « sous certaines réserves à préciser », et qui bien sûr ne l'ont jamais été. La Cour de cassation apprécia les faits différemment de la cour d'appel et libéra la caution (Com., 13 mai 1980 : *Bull. civ.* IV, n° 196, p. 157).

principal en a payé une partie, la caution est tenue à hauteur de la dette principale. L'alinéa 3 souligne opportunément qu'un tel cautionnement « n'est point nul ; il est seulement réductible à la mesure de l'opération principale ». La solution allait de soi.

La théorie de l'accessoire n'interdit bien sûr pas que l'accessoire soit d'un montant inférieur au principal. Si le montant propre du cautionnement est inférieur à celui de l'opération principale, la caution n'est tenue que jusqu'au montant de son engagement personnel, ce que rappelle l'alinéa 2 (298).

2° Cautionnement « indéfini » de dettes déterminées

151. — Description. — Plus imprécis mais aussi plus fréquent que le cautionnement « défini », le cautionnement « indéfini » fait seulement référence à l'opération principale ou à son montant sans y ajouter de limite (299). Il est à l'image de la majorité des contrats : les parties s'entendent sur l'essentiel mais laissent dans l'ombre ce qui demanderait trop d'efforts pour être précisé. Pourquoi donc, pensent-elles, énumérer les éléments de la dette qui sont couverts par le cautionnement puisque celui-ci ne doit normalement pas jouer ? Le renvoi à ce que doit le débiteur principal paraît suffire.

En appelant ce cautionnement « indéfini » et en lui consacrant les quelques règles des articles 2015 et 2016 du Code civil, le législateur a posé des solutions de bon sens. Elles sont toutefois assez lourdes pour les cautions, qui devraient en avoir meilleure conscience.

Ce régime juridique vaut pour tous les cautionnements ne comportant aucune limite propre, que les dettes principales soient limitées

---

(298) Même une solution si nette n'évite pas toutes les difficultés ; certaines, pratiquement insolubles d'ailleurs, naissent lorsqu'il faut répartir entre des cautionnements de montants différents le total d'une dette qui leur est partiellement supérieur. — V. note J. MESTRE, *La pluralité d'obligés accessoires : Rev. trim. dr. civ.* 1981, p. 1-36, spéc. n°s 42 et 43.

(299) P. SIMLER, *Le cautionnement,* n° 180. — La Cour de cassation semble avoir une conception différente du mot, voyant un cautionnement indéfini chaque fois que l'engagement ne comporte pas de plafond ; par ex. le cautionnement d'un bail : Civ. 1re, 8 déc. 1987 : *Gaz. Pal.* 1988, pan. 36 ; *D.* 1988, somm. 271, obs. L. AYNÈS (v. la confirmation de cette définition *in* Rapport C. cass. 1987, p. 193). De 1985 à 1989 elle conduisit la Cour de cassation à des incohérences : dans le cautionnement d'une somme déterminée, l'étendue fut fixée par la mention manuscrite (règle n° 3 de l'article *L'opération « Glasnost » de la Cour de cassation en matière de cautionnement ou cinq brèves observations sur une jurisprudence : Gaz. Pal.* 1988, 1, doctr. 209-210, de M. le Conseiller P. SARGOS). Si le cautionnement garantit toutes les dettes du débiteur mais comporte un plafond, il est déterminé (ou défini) pour la Cour de cassation. Mais alors les dettes n'étant pas énumérées dans la mention manuscrite, la caution n'aurait été tenue de rien ! Pour sortir de l'impasse, la Cour de cassation dut recourir à un autre stratagème : la caution fut censée avoir intégré dans sa mention manuscrite l'énumération des dettes contenue dans le corps imprimé du contrat en écrivant le traditionnel « lu et approuvé » : Civ. 1re, 13 oct. 1987 : *Gaz. Pal.* 1987, pan. 280.

ou non (300) ; toutefois, lorsque les dettes garanties ne sont pas limitées, d'autres difficultés surgissent (*infra*, 3°).

a) Garantie du principal

152. — Le principe d'interprétation stricte du cautionnement (C. civ., art. 2015). — « On ne peut étendre le cautionnement au-delà des limites dans lesquelles il a été contracté ». Cette formule toute simple de l'article 2015 du Code civil ne déparerait pas le bréviaire de l'interprète de tout contrat, quel qu'il soit. Le principe consensualiste impose de ne rien ajouter aux contrats et de ne pas étendre l'obligation d'une partie au-delà de ce qu'elle a conçu. Que l'article 2015 du Code civil le dise expressément pour le cautionnement a pu conduire certains à parler d'interprétation restrictive ; c'est aller trop loin. Une interprétation stricte suffit, qui garde en mémoire les risques que court la caution pour une dette qui n'est pas la sienne mais qui n'oublie pas que le créancier eut la précaution de demander une sûreté, qui influença ensuite son analyse du risque de crédit.

Le cautionnement « indéfini » qu'il faut interpréter est celui par lequel la caution garantit « le remboursement du prêt de 350 000 F accordé par la Banque commerciale de Fréjus à M. César ». Son engagement est-il seulement de 350 000 F ? L'application du principe d'interprétation stricte fournit quelques réponses.

153. — Application : dettes non prévues. — Au-delà de la lettre du contrat, l'esprit du cautionnement peut être orienté par le principe d'interprétation stricte. Le cas fréquent est celui de la charge des dettes dont les parties n'avaient pas envisagé qu'elles surviennent : elles sont à la marge du contrat, résultant d'une loi nouvelle, d'une modification importante de la situation du débiteur ou du secteur d'activité, d'une action déloyale... Ce risque imprévu peut être placé sur la caution au motif que son rôle de sûreté doit lui faire assumer les conséquences conjuguées du hasard et de l'inexécution du débiteur qu'elle garantit ; si le créancier a pris la précaution d'obtenir une sûreté personnelle, n'est-ce pas afin de se prémunir contre ce type de risque aussi ? Si le contrat prévoit en termes larges que la caution « garantit les dettes de toutes sortes découlant du contrat », n'est-ce pas la preuve de l'intention des parties de déporter les risques imprévus sur la caution ? En sens contraire, la suggestion d'interprétation stricte du cautionnement par l'article 2015 du Code civil rappelle sagement que la caution a une situation souvent inconfortable et que, comme l'assureur, il serait anormal de lui imposer de supporter les risques imprévus ou imprévisibles. Ce n'est pas pitié mais raison qui guide ici l'interprète (301).

(300) Ainsi a-t-on jugé que la garantie financière d'administrateurs de biens qui est légalement définie « et qui comporte un plafond conventionnel » ne peut pas être assimilée à un cautionnement indéfini de l'art. 2016 C. civ. : Civ. 1re, 1er déc. 1987 : *Bull. civ.* I, n° 322, p. 231 ; *D.* 1988, somm. 276, obs. L. AYNÈS.

(301) C'est pourquoi la caution professionnelle peut profiter de cette interprétation stricte, surtout quand le créancier est la douane (Com., 8 déc. 1987 : *Gaz. Pal.* 1988, pan. 69).

154. — Application : pénalités. — Un aspect de l'étendue de la garantie en principal concerne les pénalités contractuelles. Si le débiteur les encourt (et c'est souvent le cas lorsqu'elles sont la conséquence d'un retard ou d'un défaut de paiement), la caution les doit-elle ? Leur montant peut être très élevé, par exemple dans les contrats de crédit-bail où elles équivalent souvent aux loyers impayés et provoquent donc un doublement de la dette. La règle de l'accessoire impose de déterminer l'étendue du cautionnement d'après celle de l'opération principale et impose donc à la caution la charge des pénalités (302) dues par le débiteur principal (303).

155. — Application : contrat renouvelé ou tacitement reconduit . — Le cas assez fréquent du cautionnement garantissant le paiement des loyers d'un bail pose problème : les baux étant souvent reconduits par tacite reconduction ou renouvelés en vertu de la loi, la caution garantit-elle le loyer du bail renouvelé ou tacitement reconduit ?

L'article 1740 C. civ. opte pour la négative en cas de cautionnement muet sur ce point. L'oubli fréquent de ce texte (304) peut-il s'expliquer par les clauses du cautionnement qui mettent à la charge de la caution toutes les dettes nées du bail ? Ou par le rejet inconscient d'une solution désapprouvée car trop générale ?

La Cour de cassation préfère considérer que le bail renouvelé étant un nouveau bail, le cautionnement s'éteint avec la fin du premier contrat (305). C'est aller trop vite que d'ignorer ainsi que la clause de tacite reconduction est incluse dans le bail initial ou que le maintien toléré dans les lieux suffit (C. civ., art. 1738), quand ce n'est pas la loi seule, à provoquer le renouvellement, ce que ne peut ignorer la caution ; le renouvellement constitue le *plerumque fit* : le cautionnement accessoire devrait s'étendre à ce risque prévisible (306).

En revanche, il ne devrait pas être étendu au cas où le bailleur est mis par une loi nouvelle dans l'impossibilité d'empêcher le renouvellement car le risque imprévu peut être laissé à la charge du créancier (307).

156. — Exception à la règle de l'accessoire : procédure collective. — Un autre aspect est celui de l'influence de la procédure collective du débiteur principal sur l'étendue du passif garanti. Le débiteur en redressement judiciaire est incapable de payer ses dettes et les procédures dites collectives ont pour finalité théorique de procéder à la liquidation de ses avoirs afin de procurer aux

---

(302) Ce qu'accepte fort implicitement la Cour de cassation dans une affaire de crédit-bail : Civ. 1re, 8 fév. 1977 : *J.C.P.* 80, éd. CI, II, 58, note approb. A. JACQUEMONT. *Adde* plus nettement Com., 15 juill. 1986 : *Bull. civ.* IV, n° 155, 131. — Pour le cas de l'indemnité d'occupation faisant suite à la fin du bail, P. SIMLER (*Le cautionnement,* n° 200) propose d'en faire une dette contractuelle garantie par la caution.

(303) Avec la même possibilité pour elle d'obtenir une modération judiciaire (C. civ., art. 1152, al. 2).

(304) Souligné par P. SIMLER, *Le cautionnement,* n° 200, qui en fait une remarquable exégèse, pimentée d'une belle analyse de la jurisprudence qui l'oublie.

(305) Civ. 3e, 4 nov. 1980 : *Bull. civ.* III, n° 167, 125. Ce qu'approuve l'annotateur de l'arrêt sur le fondement de l'interprétation stricte de l'art. 2015 C. civ. (J.-L. AUBERT, *Rép. Defrénois* 1981, art. 32797, n° 125, p. 1646).

(306) Ce qu'a jugé la Cour de cassation à propos du cautionnement garantissant « jusqu'au remboursement complet » une ouverture de crédit d'un an renouvelable ; le cautionnement résilié après la tacite reconduction couvre les sommes dues lors de la résiliation et non celles dues lors de la reconduction : Com., 4 nov. 1986 : *Bull. civ.* IV, n° 197, 171 ; *Rev. dr. banc.* 1987, p. 58, note crit. M. CONTAMINE-RAYNAUD.

(307) La cour de Paris (6e ch. A) a ainsi jugé que la caution ne pouvant prévoir la prolongation autoritaire du bail par la loi Quillot, postérieure au contrat, ne devait pas garantir les condamnations postérieures à la fin du bail initial, alors pourtant que le cautionnement stipulait la « garantie de toutes les sommes nées du bail ou de l'occupation » (17 fév. 1988 : *D.* 1988, somm. 277).

créanciers une petite part de ce qui leur est dû. Le plus souvent les créances privilégiées de l'État (à travers le fisc et l'organisme de garantie des salariés) sont trop élevées pour que les autres créanciers reçoivent un quelconque paiement. La réforme des procédures collectives effectuée en 1985 en a pris prétexte pour légaliser le sacrifice délibéré de ces créanciers, l'État évitant pour lui-même cette spoliation qu'il organise. Le débiteur bénéficiant d'une procédure collective sera gratifié par le juge de délais ou de réductions importantes de chaque dette (redressement judiciaire), quand on ne soutiendra pas que le fait de ne pas payer les dettes en est une cause légitime d'extinction immédiate (liquidation judiciaire avec insuffisance d'actif).

Pour les créanciers opprimés, l'efficacité du cautionnement et l'étendue des dettes garanties deviennent donc primordiales ; cette sûreté doit leur permettre de requérir le paiement d'un tiers qui n'est pas soumis à la réglementation de la procédure collective (308). Et pourtant les mesures souvent mesquines pour réduire leur créance ont été multipliées par la loi de 1985.

157. — Étendue du cautionnement en cas de procédure collective. — Si, en raison de la procédure collective, la dette du débiteur principal est réduite, quel est le régime du cautionnement ? *Deux argumentations* s'opposent quand il s'agit de savoir si la caution peut invoquer les cadeaux faits au débiteur bénéficiant d'une procédure collective. *La première* consiste à appliquer la théorie de l'accessoire sans distinction du contexte et à soutenir que la caution ne doit pas plus que le débiteur principal (309). *La seconde* consiste à retenir la raison d'être du cautionnement et à soutenir que la caution doit ce que devrait le débiteur en dehors de toute procédure collective, puisque c'est par essence la finalité du cautionnement que de prémunir le créancier contre la défaillance du débiteur principal. Ce deuxième argument doit être préféré (310) car il est mieux fondé que le premier puisqu'il repose sur la raison d'être de l'institution, critère fondamental d'interprétation (311). En cas de procédure collective donc, la caution peut être plus lourdement tenue que le débiteur principal.

La charge d'une dette plus lourde pour la caution est d'ailleurs généralement admise à propos des intérêts des sommes dues par le débiteur en redressement judiciaire. Avant la loi du 25 janvier 1985, les intérêts ne couraient plus au profit des créanciers chirographaires dès le prononcé de la procédure collective. La loi

---

(308) Ce que leur accorde le juge : Com., 22 déc. 1981 : *D.* 1982, I.R. 219, obs. A. HONORAT.

(309) En voir le développement fougueux par A. HONORAT, note *D.* 1982, p. 1, spéc. 2° de la note, p. 2 et 3. Outre le caractère accessoire, la perspective de priver la caution solvens du recours en remboursement semble déterminer l'auteur. Ce motif, fort légitime dans l'absolu, coïncide mal avec la répartition du risque d'insolvabilité qui découle d'une sûreté personnelle ; entre le créancier garanti et la caution qui offre cette garantie, il paraît difficile d'affecter ce risque au créancier. Entre le débiteur principal et la caution qui paie une dette qui n'est pas la sienne, il paraît choquant que la caution supporte définitivement la dette et que le débiteur principal profite de la libération que donne la procédure collective ; c'est la loi sur les procédures collectives qu'il faut améliorer et non la finalité du cautionnement qu'il faut ignorer.

(310) Sous la réserve que l'un des auteurs de ce livre ne partage pas cette option, du moins dans sa formulation absolue, au motif que le cautionnement doit être perçu comme une protection contre l'insolvabilité mais non contre les chausse-trappes des procédures collectives : M. CABRILLAC, *J.C.P.* 89, éd. E, II, 15478, n° 16.

(311) V. *infra*, n°s 305 et 341. — L'argument est invoqué avec vigueur par F. DERRIDA, obs. au *D.* 1986, I.R. 7 ; note au *D.* 1987, 521, spéc. n° 4 (sous Com., 21 juill. 1987) ; note au *D.* 1989, 71 (sous Lyon, 18 nov. 1988) ; note au *D.* 1989, 473 (sous Bordeaux, 16 mars 1989). — L'argument a aussi été développé à propos de l'effet sur le cautionnement des remises concordataires (v. notamment C. MOULY, *Les causes d'extinction du cautionnement*, Litec, Paris, 1979, n°s 147-160, p. 162-185. — V. aussi *infra*, n° 299 et s.).

du 25 janvier 1985 a généralisé la formule (art. 55) au point que nombre d'auteurs pensent que le débiteur n'est plus tenu de ces intérêts. Même en retenant cette solution discutable, ils admettent que la caution y reste tenue (312). La finalité du cautionnement s'impose à celle de la procédure collective.

158. — Liquidation judiciaire. — Si le débiteur fait l'objet d'une liquidation judiciaire, hypothèse de très loin la plus fréquente (plus de 9 cas sur 10), la caution devra au moins tout ce que doit le débiteur principal ; ainsi les loyers à échoir après la décision de liquidation sont-ils dus par le débiteur (et immédiatement dus en raison de la déchéance du terme, si le bail est à durée déterminée) et la caution du bail doit-elle les payer (313). Dans l'hypothèse où l'on veut voir dans l'article 169 de la loi du 25 janvier 1985 une cause d'extinction des dettes du débiteur, la caution reste tenue du tout ; elle serait seulement privée de son recours, ce qui serait particulièrement inique. C'est pourquoi une telle analyse de ce texte doit être écartée (314).

159. — Plan de continuation. — En cas de redressement judiciaire, le débiteur va pouvoir continuer son activité et contracter de nouvelles dettes. Elles ne sont normalement pas garanties par le cautionnement antérieur.

Dans de rares cas le débiteur en redressement judiciaire bénéficiera d'un « plan de redressement » qui consiste essentiellement à imposer aux créanciers de très longs délais de remboursement (avoisinant 10 ans, sans intérêt) ou même des réductions de créance (315). La dette de la caution sera-t-elle également diminuée ou différée ? Par exception à la règle de l'accessoire, et parce que le cautionnement est une sûreté dont la fonction première est d'assurer le paiement quand le débiteur ne le peut plus, la caution devra payer la totalité de la dette originaire. Elle ne peut pas invoquer le bénéfice du « plan de redressement » (316). La solution est comparable pour le « plan de cession ».

Pour garantir l'exécution de ce « plan de redressement », qu'on appelait auparavant du nom plus pacifique de concordat, les créanciers ou le juge exigent parfois

---

(312) V. *infra*, n° 302, l'arrêt du cours des intérêts par le redressement judiciaire.

(313) Ce contentieux peu commun a été ainsi réglé pour un bail des locaux commerciaux par la cour d'Orléans, qui a même dû préciser qu'en l'absence de décision claire du syndic de continuer le bail, la dette n'était pas une dette de masse mais bien une dette dans la masse (Civ. 1re, 19 juin 1985 : *Juris Data* n° 4376).

(314) V. *infra*, nos 299 et 303.

(315) Sur leurs variantes, réduction surprise ou réduction extorquée, v. C. MOULY, *La situation des créanciers antérieurs : Rev. jurispr. com.*, n° spéc., fév. 1987, *Le redressement judiciaire de l'entreprise*, p. 139 et s., spéc. p. 155-156, nos 67-70.

(316) La solution vaut pour toutes les cautions, bien que la lettre de l'art. 64, al. 2, de la loi de 1985 ne vise que les cautions solidaires. Il semblerait que le ministre de la Justice ait justifié cette précision par la nécessité de permettre à la caution simple d'invoquer les délais et remises du plan « puisqu'elle n'est tenue que dans la mesure où le paiement a été en premier lieu demandé (au débiteur principal), *en raison du bénéfice de discussion* (*J.O.* déb. Ass. nat., 9 avril 1984, p. 1300). Si cela est, l'erreur qui a conduit à la rédaction de l'art. 64, al. 2, permet de considérer l'insertion du qualificatif *solidaire* comme non avenue : la simple lecture des articles 2021 et s. du Code civil permet de voir que les conditions du bénéfice de discussion ne sont pas remplies lorsque le débiteur principal est en redressement judiciaire. En effet, tous les immeubles du débiteur sont litigieux, puisqu'insaisissables (C. civ., art. 2033 : v. P. SIMLER, *Le cautionnement*, Litec, 1982, n° 330). En outre, l'esprit même de l'institution interdit son application : comment donc le créancier pourrait-il *discuter* les biens du failli ? Comp. les hésitations de Y. CHAPUT, *Droit du redressement et de la liquidation judiciaires des entreprises*, P.U.F., 1987, n° 250, ou F. DERRIDA, P. GODÉ et J.-P. SORTAIS, 2e éd., n° 200.

un cautionnement (317). La caution doit régler les sommes arrêtées dans le plan de redressement en cas d'inexécution de celui-ci, qui est l'issue la plus fréquente (318).

160. — Interprétation de la mention manuscrite. — Lorsque la mention manuscrite est exigée, c'est-à-dire dans tous les cautionnements autres que ceux donnés par des commerçants, il fait preuve du principal dû par la caution. Une mention manuscrite différente du texte du contrat ou mal rédigée peut donc diminuer sérieusement la garantie. Seule une preuve contraire ayant une force probatoire supérieure peut renverser la solution. Ce sera par exemple une lettre manuscrite de la caution précisant nettement qu'elle doit plus que ne l'indique la mention manuscrite de son cautionnement ; la situation sera rare en pratique.

La mention manuscrite fixe l'étendue du principal mais n'a pas d'influence sur le montant des accessoires garantis. Celui-ci est déterminé par le texte dactylographié ou imprimé de l'engagement. Telle est la solution admise à nouveau aujourd'hui par la Cour de cassation, après un intermède de 1985 à 1989, entre deux revirements.

Volant au secours des cautions que les banques poursuivaient pour des sommes importantes, la Cour de cassation trouva, au milieu des années 1980, un moyen d'alléger leur sort (319) dans le principe d'interprétation stricte conjugué à la mention manuscrite. La banalité de l'article 2015 C. civ. l'avait fait demeurer dans l'oubli jusqu'à ce que cette juridiction le vise systématiquement, de concert avec l'article 1326 C. civ., pour annuler les cautionnements dont la mention manuscrite (le « bon pour ») lui semblait insuffisamment précise (320) :

— d'une part le chiffre indiqué à la main devait englober « toute obligation déterminable au jour de l'engagement » (321) ;

— d'autre part, en contradiction avec la lettre et l'esprit de l'article 2016 C. civ., elle décidait que la mention manuscrite ne déterminait pas le seul principal mais fixait un plafond global comprenant même les accessoires.

---

(317) V. Y. CHAPUT, *Droit du redressement et de la liquidation judiciaires des entreprises,* P.U.F., 1987, n° 241. — L'exigence peut être identique en cas de règlement amiable, organisé selon la loi du 1er mars 1984 : v. J.-L. RIVES-LANGE, *Difficultés de l'entreprise. Le règlement amiable,* éd. Banque, 1985, n° 53, p. 49.

(318) Lorsque le concordat était voté par les créanciers, seuls ceux qui avaient participé à ce concordat étaient garantis par le cautionnement ; les créanciers titulaires d'une sûreté réelle qui n'y avaient pas accédé ne pouvaient recevoir paiement de la caution (Com., 2 mars 1985 : *Juridoc* n° 1076, écartant l'U.R.S.S.A.F. du bénéfice du cautionnement).

(319) Il fut ouvertement reconnu qu'il s'agissait là un moyen détourné de protéger les cautions : P. SARGOS, *L'opération « Glasnost » de la Cour de cassation en matière de cautionnement ou cinq brèves observations sur une jurisprudence : Gaz. Pal.* 1988, 1, doctr. 209-210.

(320) V. *supra,* n° 104, l'historique de cette évolution.

(321) Solution affirmée à propos d'un contrat de location de matériel : Civ. 1re, 21 juill. 1987 : *Bull. civ.* I, n° 238, 174 ; Rapport C. cass. 1987, p. 193 ; *Gaz. Pal.* 1987, 2, pan. 260. Le chiffre de chacune des mensualités était déterminable, affirme la Cour de cassation, et aurait dû être écrit à la main ! Qu'en sera-t-il si le taux d'intérêt est variable, le montant des mensualités étant alors révisable dans de faibles proportions ?

b) Garantie des accessoires

161. — Notion et importance. — Par accessoires d'une dette, il faut entendre au sens commun les intérêts et les indemnités fixées au contrat et qui correspondent soit à un coût réel (ex. : frais d'ouverture ou de gestion de dossier), soit à un forfait liquidatif (ex. : frais de résiliation anticipée), soit à une pénalité (ex. : majoration d'intérêt en cas de remboursement anticipé ou de résiliation pour inexécution) qui cumule les buts de prévention et de sanction. Il dépend de la rédaction du contrat que les accessoires soient nombreux et importants.

Il faut néanmoins garder présent à l'esprit que ces accessoires peuvent représenter des sommes considérables, allant parfois jusqu'à doubler ou tripler le principal. Il suffit pour cela d'un taux d'intérêt élevé (au début des années 80, il atteignait facilement 25 % ; un retard de remboursement de 4 ans, fréquent en cas de procès, doublait la dette), de quelques clauses pénales sévères (celles des contrats de crédit-bail qui emportent doublement des loyers à échoir en sont un exemple) ou d'une combinaison astucieuse des indemnités conditionnelles déclenchées par des événements bénins (modification de domicile, de compte, de monnaie, retard d'une échéance, refus d'un chèque...).

162. — Garantie des accessoires par le cautionnement indéfini. — L'article 2016 du Code civil rappelle la règle de bon sens que le cautionnement du principal s'étend aux accessoires sans qu'il soit besoin de le préciser. L'accessoire suit donc implicitement le régime du principal, selon la « règle de l'accessoire ». Bien sûr, si le contrat de cautionnement définit expressément ce que la caution garantit, la règle de l'accessoire ne peut s'appliquer. Tel est le sens de la précision donnée par l'article 2016 du Code civil : seul le cautionnement *indéfini* d'une obligation principale emporte garantie des accessoires si rien n'est précisé.

A ces accessoires au sens strict sont ajoutés les frais que le créancier est contraint d'engager pour obtenir paiement de sa créance. C'est un principe que le débiteur doit supporter le coût de sa résistance injustifiée, de sa mauvaise foi ou de son insolvabilité. Ce principe de bon sens tend à réduire les refus abusifs de paiement. La caution, qui doit ce que doit le débiteur principal, doit également les frais supplémentaires de recouvrement, ainsi que le rappelle l'article 2016 du Code civil.

163. — L'arrêt du cours des intérêts par le redressement judiciaire. — La loi du 25 janvier 1985 étend à toutes les créances la suppression des intérêts à compter du jugement déclaratif de redressement judiciaire. Traditionnellement, cette mesure était conçue comme ne pouvant bénéficier aux cautions ; rien ne justifierait un changement de solution (322). Le fait que l'arrêt du cours des intérêts soit aujourd'hui

(322) Ce qu'admet l'ensemble des auteurs, même ceux qui entendent largement la suspension du cours des intérêts. — V. R. Roblot, *op. cit.*, n° 2989, *in fine*. — M.-J. Campana, *Le cautionnement et l'entreprise en difficulté : Gaz. Pal.* 1986, 2, doctr. 717 et s., II, B, 2°. — P. Delebecque, *Les sûretés dans les nouvelles procédures collectives : J.C.P.* 86, éd. N, I, 191, n° 32. — F. Derrida, P. Godé et J.-P. Sortais, 2e éd., note 705, n° 433. — B. Soinne, *Le cautionnement et la loi du 25 janvier 1985 sur le redressement et la liquidation judiciaires : Act. leg. Dalloz,* 1985, p. 99.

réduit à la période d'observation est même un argument supplémentaire en renfort de l'obligation des cautions au paiement des intérêts (323).

164. — La garantie des accessoires indépendamment de la mention manuscrite. — Pendant les années 1985-1989, la Cour de cassation utilisa la mention manuscrite pour réduire le montant des accessoires, et notamment des intérêts, à celui qui était inscrit dans la mention manuscrite. Si rien n'était écrit, bien que le texte imprimé de l'engagement détaillât les intérêts et accessoires, la caution ne les devait pas.

Elle qui interprète ensemble les articles 2015 et 1326 avait choisi de ne pas interpréter ensemble les articles 2016 et 1326. Une telle incohérence eût pu être admissible si elle avait été justifiée ; mais aucun motif exprès ne l'étayait. Et le souhait trop vague de protéger les cautions ne peut servir de seule justification pour rayer l'article 2016 du code et nier le sens traditionnel, concret et évident des stipulations de montant (324). A refuser le bon sens, et à changer de guide d'interprétation à chaque type de situation, on appauvrit le droit (325). Et l'excès guette, comme celui commis par la Cour de cassation lorsqu'elle affirma que le

(323) Avant 1985 la suppression des intérêts, conventionnels comme légaux, était justifiée par le souci d'obtenir une fixation claire et rapide du montant du passif. En abandonnant ce souci, le législateur de 1985 a supprimé le fondement qui permettait de justifier la suppression du loyer de l'argent. Il a d'ailleurs exclu de cette suppression les contrats octroyant un crédit d'au moins un an, auxquels il faudra ajouter pour identité de durée toutes les dettes pour lesquelles le débiteur aurait obtenu un délai de grâce au moins égal à un an. La mesure ne se justifiant plus, on peut légitimement penser qu'elle doit être réduite au strict minimum, et donc limitée à la seule période d'observation (P. Le Cannu, *Les Petites Affiches,* 1985, n° 90, p. 24. — Comp., plus dubitatif, A. Viandier et G. Endréo, *Redressement et liquidation judiciaires,* art. 55, p. 55) ; les mots « arrêtent les intérêts » ne signifient nullement que la créance d'intérêt, supprimée pendant quelques jours ou quelques mois, ne pourra pas prendre vie après la fin de la période d'observation. En effet, cette créance naît à chaque instant pour la période de temps couverte et c'est l'écoulement du temps qui la fait augmenter. En conséquence, une période d'interruption est en réalité une période d'extinction, mais l'écoulement du temps après cette suppression accroît la créance d'intérêt).

(324) V. la critique de cette solution par M. Storck, note sous Civ. 1re, 9 déc. 1986 : *J.C.P.* 89, éd. N, II, 32. — De même P. Ancel, *Le cautionnement des dettes de l'entreprise,* Dalloz, 1989, n° 129, p. 51.

(325) Pour justifier la mise à l'écart de l'art. 2016 C. civ., M. Sargos (*L'opération « Glasnost »* préc. : *Gaz. Pal.* 1988, 1, doctr. 209-210) affirme qu'il s'applique seulement au cautionnement de sommes indéterminées encore appelé cautionnement omnibus ; il soumet alors à l'obligation d'une stipulation de garantie des accessoires tous les autres cautionnements, sans distinguer ceux qui garantissent une somme fixée au cautionnement de ceux qui garantissent le principal par référence à une dette déterminée. Dans ceux-là, qui sont les plus fréquents, la mention de la garantie du principal (« je garantis le remboursement du prêt de 250 000 F ») ne suffit pas à garantir les intérêts et autres accessoires, pourtant stipulés dans ledit prêt. La référence si élégante à Pothier (*Traité des obligations,* n° 404) pèche par une application peu pertinente, puisque la citation concerne les cautionnements « définis » *dans leur texte* (« Si quelqu'un s'est rendu caution pour la somme principale que devoit le principal obligé, il ne sera pas tenu des intérêts que cette somme produit ; L. 68, § 1, ff. d. tit. ») et qu'elle est appliquée aux cautionnements « indéfinis » de l'art. 2016 pour lesquels Pothier insiste sur la garantie des accessoires (« Au contraire, lorsque les termes du cautionnement sont généraux et indéfinis, le fidéjusseur est censé... avoir cautionné *in omnem causam.* Par exemple, si le cautionnement... porte en termes généraux qu'il s'est rendu caution du bail, il sera tenu non seulement du paiement des fermes, mais généralement de toutes les obligations du bail ; comme, par exemple, des dégradations, de la restitution des avances, ou des meubles qui ont été laissés au fermier pour l'exploitation de la ferme ; ... des dommages-intérêts pour les anticipations que le fermier auroit laissé faire, etc. »).

taux d'intérêt devait être écrit à la main par la caution pour qu'elle soit tenue des intérêts (326) (l'exigence est d'ailleurs impossible à satisfaire pour les cautionnements omnibus). Ces solutions semblent aujourd'hui abandonnées par elle.

Dans des arrêts de mars 1989 (327), elle est revenue à plus de raison en considérant que la mention manuscrite qui renvoie au corps imprimé du contrat valide la garantie des accessoires, et donc des intérêts (*supra*, n° 106). L'espèce est rendue sur un cautionnement dont la mention manuscrite visait les intérêts, en sus du principal. Mais la généralité de la formulation et le contexte dans lequel les arrêts sont rendus permettent d'appliquer la solution à des mentions manuscrites qui viseraient seulement le principal.

165. ——— *DIRECTIONS DE RECHERCHES*

Sur la volonté qu'avait la Cour de cassation de contrôler l'étendue à travers l'article 1326 C. civ., à la suite de Civ. 1re, 22 juin 1983 (*Bull. civ.* I, n° 182, p. 160), Civ. 1re, 29 fév. 1984 (*Bull. civ.* I, n° 80, p. 65), v. les affirmations sans nuance de P. SARGOS, *L'opération « Glasnost » de la Cour de cassation en matière de cautionnement ou cinq brèves observations sur une jurisprudence : Gaz. Pal.* 1988, 1, doctr. 209-210. L'épistémologie de ces observations du Conseiller rapporteur des dossiers de cautionnement est instructive.

Même la très puissante D.G.I. (Direction générale des impôts) en a craint les conséquences et exige depuis que la mention manuscrite soit apposée sur les obligations cautionnées, pourtant garanties par des professionnels ou des commerçants auxquels l'application de l'article 1326 C. civ. est plus que controversée (instruction du 22 fév. 1985, *B.O.D.G.I.*, 12-A-1-85, confirmée par celle du 22 août 1988, *B.O.D.G.I.*, 12-A-7-88). La dernière circulaire tolère que, par souci de simplification, les établissements de crédit soient dispensés d'apposer cette mention.

Sur la mention que les banques en étaient venues à exiger, aussi longue que redondante, du genre :

Je garantis le paiement de la somme de 250 000 F en principal, outre tous frais, agios, intérêts au taux de n %, commissions et autres accessoires (328).

Celle que demande le fisc dans les circulaires précitées est :

Bon pour cautionnement solidaire à concurrence de... (en lettres et en chiffres) en principal, accessoires et pénalités en sus. ———

(326) Civ. 1re, 10 mai 1988 : *Bull. civ.* I, n° 133, p. 92 ; *Gaz. Pal.* 1988, pan. 182 ; *Banque* 1988, p. 1163, obs. justement crit. J.-L. RIVES-LANGE.

(327) Civ. 1re, 7 mars 1989, arrêt *Reynaud : Bull. civ.* I, n° 109, p. 71 ; *J.C.P.* 89, II, 21317, note D. LEGEAIS ; *D.* 1989, somm. 290, obs. L. AYNÈS ; *Rev. jurispr. com.* 1989, p. 259, note A. GRAFMEYER ; *Les Petites Affiches* 21 juill. 1989, p. 25, obs. P. BOUTEILLER et arrêt *Trigona* du même jour : *Bull. civ.* I, n° 110.

(328) L'exigence du taux d'intérêt dans la mention manuscrite fut la dernière trouvaille de la Cour de cassation pour alléger le sort de la caution, cassant un arrêt qui avait appliqué le taux conventionnel de 15 % « expressément prévu dans l'acte de cautionnement », ce qui est déjà rare (Civ. 1re, 10 mai 1988 : *Bull. civ.* I, n° 133, p. 92 ; *Banque* 1988, p. 1163, obs. J.-L. RIVES-LANGE ; *Gaz. Pal.* 1988, pan. 182). Après cet excès, elle revint en 1989 à de plus sages exigences, constatant que le renvoi par la mention manuscrite au corps imprimé de l'acte pour les détails de l'engagement, tel le taux d'intérêt, suffisait amplement (Com., 7 mars 1989 : *Bull. civ.* I, n° 109, p. 71 ; *J.C.P.* 89, II, 21317, note D. LEGEAIS ; *D.* 1989, somm. 290, obs. L. AYNÈS et *D.* 1990, J, p. 177, note C. MOULY ; *Rev. jurispr. com.* 1989, p. 259, note A. GRAFMEYER ; *Les Petites Affiches,* 21 juill. 1989, p. 25, obs. P. BOUTEILLER).

3° Cautionnement « indéfini » de dettes seulement déterminables

166. — Problèmes spécifiques. — La spécificité de ces cautionnements réside dans leur immense souplesse : la caution garantit des dettes dont personne ne connaît l'étendue, ni souvent la nature ou le montant. Mais ces dettes sont déterminables grâce à la référence faite au débiteur et au créancier ; le plus souvent, la caution garantit « toutes les dettes *qui naîtront entre "le débiteur" et "le créancier"*, notamment par compte-courant ». Ces seuls paramètres rendent assurément les dettes déterminables ; mais ils n'empêchent pas un risque important pour la caution, d'autant que ces cautionnements sont souvent consentis sans limite de montant et sans limite de durée. La caution garantit alors ce que devra le débiteur principal au jour où le créancier exigera paiement.

En fait, ces cautionnements sont d'une grande utilité et d'une lourdeur supportable car ils sont utilisés essentiellement par les banquiers pour obtenir l'engagement des dirigeants sociaux associés. La limite de responsabilité que crée artificiellement les S.A. ou S.A.R.L. est ainsi écartée par une sûreté qui épousera l'endettement de la société. La caution ne court de son côté qu'un risque dont elle peut mesurer et limiter la portée, puisqu'elle est aux commandes de la société garantie.

Ce sont les cas marginaux qui font problème, ceux des dirigeants sociaux qui ont cessé leurs fonctions sans résilier le cautionnement ou ceux des cautions qui n'ont pas en réalité la maîtrise des dettes garanties.

167. — Obligation de couverture et obligations de règlement. — Pour résoudre les difficultés propres à ces cautionnements, il faut entrer dans leur structure interne et recourir à l'obligation de couverture pour qu'elle remplisse sa fonction essentielle de détermination des dettes cautionnées d'après leur nature.

A la différence des cautionnements précédemment étudiés (définis et indéfinis de dettes déterminées), le cautionnement indéfini de dettes indéterminées comporte deux sortes d'obligations : une obligation de couverture et d'éventuelles obligations de règlement :

— *l'obligation de couverture* permet de savoir quelles sont les dettes qui sont garanties, c'est-à-dire ce que doit la caution au moment du paiement (ce seront par exemple les remboursements d'emprunts faits par la société garantie auprès de la banque cautionnée, mais non les sommes qu'elle lui doit en vertu d'effets de commerce tirés par des tiers sur cette société ou en vertu d'un jugement engageant sa responsabilité délictuelle) ;

— *l'obligation de règlement* est celle pour la caution de payer ce que doit le débiteur. Elle ne naît donc qu'autant que la société garantie a des dettes envers le créancier garanti. Il arrive parfois que le cautionnement indéfini de toutes les dettes de sa société soit demandé au dirigeant social lorsque la société demande l'ouverture d'un compte, et alors même qu'elle n'a rien emprunté et que ce compte ne fonctionne qu'en position créditrice : en ce cas, il y a bien une obligation de couverture mais il n'y a aucune obligation de règlement. Les obligations de règlement naîtront lorsque la société deviendra débitrice de la banque, et s'éteindront lorsqu'elle paiera ses dettes.

168. — Étendue de la couverture. — En général la détermination des dettes garanties est faite par une longue clause, fort descriptive, qui énumère presque toutes les opérations bancaires susceptibles de faire naître une créance au profit de la banque.

Dans le silence du contrat, la communauté des juristes est parvenue à s'accorder sur deux solutions :

— sont exclues les dettes délictuelles (329) ;

— sont exclus les risques indirects (nés de la détention par la banque créancière, à la suite d'un escompte, de lettres de change tirées sur le débiteur principal). Cette détention est due au hasard et la caution n'en garantit le montant que si le contrat de cautionnement le prévoit expressément ; ces clauses sont assez fréquentes dans les cautionnements bancaires (330).

Au-delà, l'argumentation est fournie, mais la lettre des cautionnements emporte souvent condamnation de la caution (331). Ainsi la Cour de cassation la condamne-t-elle au paiement de dettes quasi délictuelles du débiteur principal (332), de clauses pénales et indemnités contractuelles (333) ou des dettes quasi contractuelles (répétition de l'indu par ex.) (334). S'opposent d'une part la finalité du cautionnement, qui est une sûreté destinée à protéger le créancier contre les défauts du débiteur, et d'autre part la prévisibilité des risques que la caution a pu envisager de

---

(329) Solution retenue par Com., 19 janv. 1981 : *Bull. civ.* 1981, IV, n° 31, p. 22-23 ; *J.C.P.* 81, IV, 114, à propos de fausses traites escomptées par la banque qui cherchait à en obtenir remboursement auprès de la caution omnibus du remettant et qui fut déboutée. — V. aussi Douai, 23 mai 1966 : *D.* 1966, J, 606, à propos d'un abus de confiance du préposé de la banque, avec une excellente motivation. — *Adde :* P. SIMLER, *Le cautionnement,* n° 214.

(330) La formulation de la clause pouvant varier de la « garantie des dettes indirectes » à celle de « toutes les traites signées par le débiteur principal ». — V. P. SIMLER, *Le cautionnement,* n° 187.

(331) Ainsi le cautionnement omnibus emporte garantie des prêts participatifs obtenus par le débiteur principal (Paris, 3e ch. A, 22 janv. 1986 : *Gaz. Pal.* 1986, 1, 323. — Paris, 17 mai 1988 : *Banque* 1988, p. 1056, obs. J.-L. RIVES-LANGE) sauf si la SOFARIS est intervenue (Civ. 1re, 19 avril 1988 : *Bull. civ.* I, n° 109, p. 75 ; *Banque* 1988, p. 822, obs. J.-L. RIVES-LANGE ; *Gaz. Pal.* 1988, pan. 164). — Il emporte aussi garantie des sommes dues par le débiteur principal en sa qualité de caution d'un tiers bénéficiant d'une procédure collective (Paris, 15e ch. B, 19 avril 1985 : *Juris-Data* n° 21753).

(332) Civ. 1re, 1er oct. 1986 : *Gaz. Pal.* 1986, pan. 245, pour une indemnité d'occupation due par le locataire cautionné pour maintien illégitime dans les lieux après la fin du bail, le cautionnement garantissant les « loyers, accessoires et toutes les obligations prévues au bail, pendant toute la durée de l'occupation ».

(333) Com., 15 juill. 1986 : *Bull. civ.* IV, n° 155, p. 131, pour une indemnité s'appliquant au locataire en liquidation des biens dans un contrat de crédit-bail.

(334) Civ. 1re, 20 janv. 1987 : *Banque* 1987, p. 412, obs. J.-L. RIVES-LANGE, dans une espèce où le débiteur devait rembourser le montant d'un prêt à moyen terme que la banque avait mis deux fois à sa disposition. — *Adde : infra,* n° 223, à propos du remboursement des restitutions en conséquence de l'annulation du contrat principal.

garantir (335). Le débat est sans fin et, pour alléger le sort de la caution, la Cour de cassation change parfois de terrain et use de la mention manuscrite (336).

169. — Particularités de la mention manuscrite de ces cautionnements. — L'esprit dans lequel cette mention est exigée a conduit la communauté des juristes à dépasser la lettre de l'article 1326 du Code civil, qui impose un chiffre, pour demander seulement une formule qui exprime la compréhension par la caution de l'étendue de son engagement (v. *supra*, n° 109). La Cour de cassation a ainsi exprimé cette idée :

« une mention exprimant sous une forme quelconque, mais de façon explicite, la connaissance par celui qui s'engage de la nature et de l'étendue de l'obligation qu'il contracte » (337).

Cette adaptation intelligente au cas concret est assouplie encore par la prise en considération de la position de la caution pour apprécier les pouvoirs qu'elle détient sur le débiteur principal. Cette distinction des cautions intégrées est ainsi abstraitement formulée par la Cour de cassation :

« pour l'appréciation du caractère explicite et non équivoque (de la mention manuscrite), il doit être tenu compte non seulement des termes employés mais également de la qualité, des fonctions et des connaissances de la caution, de ses relations avec le créancier et le débiteur de l'obligation cautionnée, ainsi que de la nature et des caractéristiques de cette dernière » (Civ. 1re, 4 mars 1986 : *Bull. civ.* I, n° 49, p. 46 ; *D.* 1987, 342, note L. Aynès, souvent présenté comme contenant la formulation modèle).

Tout le contexte du cautionnement semble donc devoir être apprécié pour mesurer la conscience de l'engagement pris par la caution. En réalité, cette formule est utilisée par la Cour de cassation pour écarter le contrôle des cautionnements donnés par les dirigeants sociaux.

---

(335) Ainsi la Cour de cassation souligne-t-elle qu'elle peut interpréter divinatoirement les prévisions des parties pour limiter l'engagement pris par la caution. Bien que le contrat porte garantie de toutes les dettes, seule une dette déterminée aurait été garantie (soit 250 000 F au lieu de 1 834 092 F) : Com., 8 déc. 1987 : *Bull. civ.* IV, n° 262, p. 197 ; Rapport C. cass. 1987, p. 194 et le renvoi à P. Sargos, *Le cautionnement : dangers, évolution et perspectives de réforme,* Rapport C. cass. 1986, p. 57, notant que la caution qui n'a connaissance que de certains éléments de la dette peut n'être tenue que pour partie ! C'est là un louable désir d'équité et une solution qui rétablit une proportion humaine dans les engagements des cautions ; mais que de dommages elle peut créer dans la prévisibilité des solutions juridiques si elle n'est pas limitée à cette situation et si elle est formulée en termes généraux.

(336) Ou bien elle joue sur les qualifications. Par ex., elle a jugé que le remboursement des sommes que la banque a dû payer non au titre de chèques émis par la société cautionnée mais au titre de sa propre faute envers les porteurs consistant à ne pas payer à temps ces chèques provisionnés ne peut être réclamé à la caution « omnibus » car le paiement était la conséquence d'une dette personnelle de la banque et non d'une dette de la société cautionnée : Com., 9 fév. 1988 : *D.* 1988, I.R. 52 ; *Gaz. Pal.* 1988, 1, pan. 133.

(337) Arrêt de principe : Req., 1er mars 1853 : *D.P.* 1854, 1, 342 ; *S.* 1855, 1, 212. — Formule citée au texte extraite de : Civ. 1re, 20 juill. 1978 : *Bull. civ.* I, n° 234, p. 186 ; *D.* 1979, I.R. 149, obs. D. Landraud. Cette formule est régulièrement utilisée par la Cour de cassation.

170. — Détermination du montant dû. — L'étendue des dettes garanties par les cautionnements omnibus et l'absence de connaissance par la caution de la réalité de ces dettes fait parfois problème, lors d'une demande contentieuse. Les tribunaux ont tendance à croire les banques sur leur affirmation, alors pourtant qu'elles ne donnent pas d'éléments permettant de vérifier le solde des comptes ou les mensualités de prêts déjà remboursées, ni les pénalités, frais et intérêts. Pour renforcer cette facilité de calcul, certains créanciers (par ex. le Crédit mutuel) incluent une clause selon laquelle « les sommes dues seront exclusivement déterminées par la comptabilité du créancier, et traduites par un extrait de compte certifié sincère et véritable par le créancier, cet extrait étant expressément reconnu comme valant titre. Le paiement doit intervenir sans délai ni discussion du montant », clause qui s'inspire des garanties à première demande (338).

DIRECTIONS DE RECHERCHES

171. — L'absence de contrôle de la mention manuscrite dans les cautionnements commerciaux. — Le professeur L. Aynès a suggéré, dans sa note commentant l'arrêt du 4 mars 1986 (*D.* 1987, 342) que le critère d'appréciation *in concreto* de la connaissance par la caution de son engagement était destiné à réduire le cautionnement indéfini de dettes futures aux seuls cas où « la caution peut influer sur la dette principale à naître, et tirer profit de l'affaire cautionnée ». L'appréciation serait donc plus abstraite que concrète, la Cour de cassation visant à travers sa formule alambiquée tous les cautionnements donnés par les dirigeants sociaux ou les associés contrôlaires, c'est-à-dire ceux dont le cautionnement est rendu commercial par leur intérêt personnel. Puisque dans ces cautionnements la mention manuscrite serait toujours jugée satisfaisante, elle n'aurait pour eux aucune influence. L'article 1326 C. civ. n'aurait plus, par ce biais, d'application aux cautionnements commerciaux, et la solution serait ainsi identique à celle admise avant qu'en 1979 la Cour de cassation n'étende ce texte à tous les commerçants ou artisans qui n'étaient pas illettrés (*supra*, n°s 108-109) ou avant que la loi de 1980 changeant la formulation de l'article 1326 ne trouble les esprits quant à son application aux cautionnements commerciaux donnés par des civils !

— M. P. Sargos avait déjà esquissé la thèse en 1987 (*Le cautionnement : dangers, évolution et perspectives de réformes,* Rapport de la Cour de cassation 1986, La documentation française, 1987, p. 55) et l'a confirmée sans nuance en 1988 (*L'opération « Glasnost » de la Cour de cassation en matière de cautionnement ou cinq brèves observations sur une jurisprudence : Gaz. Pal.* 1988, 1, doctr., 209-210, n° 5 *in fine* : « On trouve donc la souplesse qui caractérisait les cautionnements dits commerciaux antérieurs à la loi du 12 juillet 1980 »). Est-ce là une démarche exempte de défauts ? Outre l'incertitude et l'imprévisibilité qu'elle fait naître (L. Aynès), elle accroît l'arbitraire des tribunaux et leur charge de contrôle ainsi que celle de la Cour de cassation (V. P. Sargos, *Le cautionnement : dangers, évolution et perspectives de réformes,* Rapport de la Cour de cassation 1986, La documentation française, 1987, p. 64) ; surtout elle use pour atteindre le résultat d'un détour qu'aurait évité le maintien de l'inapplication de l'article 1326 aux cautionnements commerciaux (*supra*, n° 108). Cette solution cumule deux arbitraires : celui de la détermination du caractère commercial et celui de l'appréciation de la mention manuscrite.

---

(338) Cette pratique peut avoir l'inconvénient d'engager la responsabilité de la banque qui demanderait des sommes indues, comme l'a jugé la Cour d'appel fédérale américaine du 1er circuit, en matière de crédit documentaire (*Emery-Waterhouse Co.* v. *Rhode Island Hospital Trust National Bank,* 1985), condamnant la banque à plus d'un million de dollars de dommages-intérêts.

— Les inconvénients doivent être forts puisque la Cour de cassation en est réduite à qualifier de cautionnement « d'une somme déterminée » celui qui couvre toutes les dettes, et notamment un compte-courant, mais qui comporte un plafond (Civ. 1re, 13 oct. 1987 : *Bull. civ.* I, n° 261, p. 189 et Rapport C. cass. 1987, p. 193 ; *Gaz. Pal.* 1987, pan. 280).

172. — Les formules bancaires de cautionnement omnibus. — Elles sont anciennes et en général validées par les tribunaux : Grenoble, 10 juin 1825 : *Jur. gén. V° Cautionnement*, n° 67, est la plus ancienne décision publiée postérieurement au Code civil, mais une recherche approfondie en révélerait d'autres.

Les formules changent peu et restent centrées autour de l'idée que la caution garantit « tout ce que (le débiteur principal) doit ou pourra devoir au (créancier) ». Certaines sont parfois amusantes, telle celle de la Banque coopérative du bâtiment et des travaux publics rapportée *in* Paris, 28 nov. 1975 (*J.C.P.* 76, II, 18263, note P. Simler) qui visait « les opérations généralement quelconques que le débiteur principal a faites ou fera avec la banque ». L'émotion sur l'étendue de l'engagement de la caution est permanente : v. notamment R. Savatier, note au *D.* 1962, p. 770.

Aujourd'hui ces clauses ont tendance à s'allonger d'une longue énumération d'exemples, complétée chaque fois qu'un tribunal tend à faire une interprétation restrictive de l'étendue en montant du cautionnement omnibus.

L'A.F.B. a incité les banques à fixer un plafond à ces cautionnements omnibus, chaque fois que possible.

B. — Étendue en durée

L'examen de la durée du cautionnement est profondément différent suivant que l'on observe l'obligation de couverture, qui n'existe que dans les cautionnements de dettes futures (1°), ou les obligations de règlement qui sont la conséquence de tout cautionnement (2°) (339).

1° Obligation de couverture

173. — Durée nécessaire de l'obligation de couverture. — L'obligation de couverture est par nature une obligation de durée. Elle n'existe que dans les cautionnements de dettes futures et a pour fonction essentielle de déterminer celles des dettes futures qui seront garanties. *Par exemple dans un cautionnement des dettes de sa société, le gérant précisera qu'il garantit les dettes contractuelles, sans limite de durée, ou au contraire qu'il s'engage pour 5 ans, ou pour la durée du crédit d'équipement qui justifie le cautionnement.*

L'obligation de couverture est donc à exécution successive. Comme tout contrat à exécution successive, elle peut être de durée déterminée ou indéterminée. Comme dans ces contrats, elle prend fin par deux moyens : la résiliation unilatérale ou le terme extinctif.

a) Résiliation unilatérale

174. — Domaine de la résiliation : l'obligation de couverture à durée indéterminée. — Lorsque l'obligation de couverture ne comporte pas de limite de durée, cette indétermination de la durée ne vicie

(339) L'étude de ces obligations est menée *supra*, n° 166 et s. à propos de l'étendue en montant.

pas l'engagement mais permet à chaque partie d'y mettre fin par une manifestation unilatérale de son souhait. La résiliation unilatérale est par excellence le mode d'extinction des obligations de couverture car celles-ci sont le plus souvent contenues dans des cautionnements omnibus qui ne comportent pas de terme (cautionnement des dirigeants sociaux pour toutes les dettes de la société, cautionnement d'un époux par l'autre, cautionnement d'un bail à durée indéterminée... ; au contraire, les cautions professionnelles ne concluent que des cautionnements à durée déterminée). La résiliation unilatérale permet donc de mettre fin à des cautionnements qui sans elle auraient vocation à la perpétuité ; la communauté des juristes puise à la sagesse de la tradition le principe qu'il ne peut y avoir d'engagement perpétuel, l'enrobant parfois d'une explication rationnelle de liberté individuelle (340). La caution est le principal bénéficiaire de cette solution, quand elle n'oublie pas de l'utiliser, ce qui est bien fréquent.

175. — Domaine de la résiliation : l'obligation de couverture à durée déterminée, exceptionnellement. — Lorsqu'un terme extinctif a été prévu, il est encore possible aux parties d'organiser, à l'intérieur de cette durée déterminée, une dissolution anticipée du cautionnement. Cette résiliation unilatérale ne peut exister que si elle est stipulée dans le contrat (341). Il n'apparaît pas de raison pour disqualifier le contrat en contrat à durée indéterminée, par analogie avec certaines solutions propres au contrat de travail, afin d'ouvrir aux deux parties une résiliation que leur accord réservait à une seule.

DIRECTIONS DE RECHERCHES

176. — Souhaits peu réalistes d'une extension de la résiliation. — Dans les années 1970, certains avaient pensé soulager les cautions garantissant toutes les dettes du débiteur principal (cautionnement omnibus) en ouvrant une faculté de résiliation alors que le contrat comporte un terme (342). Les motifs pourraient en être la détérioration de la situation financière du débiteur (343) ou

(340) On peut ainsi y découvrir, avec R. Demogue, le fruit des idées révolutionnaires (*Les notions fondamentales du droit privé, Rousseau,* 1911, p. 154). Plus prosaïquement, l'extension de la perpétuité à tout ce qui dépasse la vie humaine (les 99 ans maximum des sociétés ou l'évocation de la précarité de l'être humain par les tribunaux) ou même seulement la durée d'activité professionnelle (Civ., 27 avril 1978, qui qualifie d'engagement à durée indéterminée celui pris pour 50 ans par les coopérateurs car il est supérieur à la moyenne de la vie professionnelle d'un agriculteur) transfère en droit le sentiment commun de la finitude humaine et de l'incapacité de l'homme à prévoir le long terme.

(341) Ou dans son régime organisé par le créancier, qui prévoit alors la résiliation à son seul profit. Le fisc en use, dans son règlement n° 3751 qui s'applique à tous les cautionnements qu'il exige : art. 32 : « le comptable des impôts qui a reçu le cautionnement a, à toute époque et sans qu'il soit tenu à aucune formalité, la faculté de rejeter la caution admise » par principe pour un an.

(342) Avant-projet européen sur le cautionnement - Rapport du Max Planck Institut de Hambourg, Études Commission C.E.E., Série concurrence, Rapprochement des législations, n° 14, Bruxelles, 1971, art. 7 (1) des propositions.

(343) Proposition du Rapport C.E.E., par imitation du § 242 du B.G.B.

l'indétermination du montant garanti (344). Éventuellement l'aide du juge pourrait être sollicitée, pour qu'une résiliation soit ensuite découverte dans le silence du contrat.

Ces propositions allaient de pair avec un souhait d'une information renforcée de la caution, destinée en toute rationalité à lui permettre de se libérer quand la situation semblait s'assombrir.

Une tendance à favoriser la résiliation hors de son domaine admis pouvait aussi se discerner dans la motivation de certains jugements (345) ; elle mériterait d'être vérifiée aujourd'hui.

La loi française du 1er mars 1984, qui organise une information obligatoire par les banques de la plupart de leurs cautions (art. 48), s'inspire de ces idées (346) : « si l'engagement est à durée indéterminée, (les banques) rappellent la faculté de révocation à tout moment et les conditions dans lesquelles celle-ci est exercée ».

Toutes ces velléités de protection resteront peu efficaces tant que la caution devra surmonter les résistances puissantes à sa libération que sont l'insouciance, l'optimisme dans les capacités du débiteur à régler ses difficultés, le sentiment de ne pas devoir réellement ce que doit le débiteur ou enfin les liens personnels qui empêchent la caution d'aggraver par son retrait la situation du débiteur.

L'ouverture par la loi ou le contrat d'une possibilité de résiliation peut alors se retourner contre la caution, son défaut d'usage pouvant être interprété comme une réitération tacite de son engagement (347).

177. — Régime de la résiliation dans le silence du contrat. — Les mots résiliation et révocation sont souvent employés l'un pour l'autre, afin de marquer le caractère unilatéral de l'acte. La résiliation produit effet par la seule volonté de celui qui l'émet, mais seulement lorsqu'elle a été portée à la connaissance de l'autre partie : l'acte est dit réceptice. Surtout elle ne dissout l'obligation de couverture que pour l'avenir, laissant à la charge de la caution toutes les obligations de règlement qui ont pris naissance antérieurement (348).

178. — Organisation de la résiliation par le contrat. — La résiliation de l'obligation de couverture est souvent organisée par le contrat de cautionnement qui en donne les conditions de forme (par ex. L.R.A.R.) (349) et la date de prise d'effet (ex. 8 jours après réception

(344) Rapport de l'Office de révision du Code civil québécois, Comité du contrat de cautionnement, Rapport XXXIII, Montréal, 1975, art. 24.

(345) V. C. Mouly, *Les causes d'extinction du cautionnement,* Litec, Paris, 1979, n° 287, p. 383.

(346) Elle est l'aboutissement laborieux d'un projet de loi de 1979.

(347) V. quelques ex. jurisprudentiels *in* C. Mouly, *Les causes d'extinction du cautionnement,* n° 293, p. 390, note 1.

(348) Les dettes de règlement nées avant la résiliation (ou le terme) sont donc dues même si elles se manifestent ultérieurement : pour les conséquences de malfaçons, qui doivent être garanties car les malfaçons furent faites pendant la période couverte, v. la solution anglaise de la High Court, QB, 1, 21 déc. 1982, *National House-Building Council* v. *Fraser and another,* All Engl. L.R. 1983, p. 1090. — Comp. dans une situation différente Com., 4 nov. 1986 : *Bull. civ.* IV, n° 197, p. 171 ; *Rev. dr. banc.* 1987, p. 58, note M. Contamine-Raynaud.

(349) Des décisions excessives imposent à la caution de respecter ces formes à la lettre, même si le créancier est informé différemment de la volonté de la caution : Com., 10 oct. 1956 : *Bull. civ.* III, n° 231, p. 197. — Com., 20 nov. 1956 : *Bull. civ.* III, n° 295, p. 257. — Com., 13 nov. 1972 (4e moyen) : *Bull. civ.* IV, n° 285, p. 268 ; *Gaz. Pal.* 1973, 1, 144 (2e esp.), note D. Martin. — *Contra :* Orléans, 25 janv. 1984 : *Juris-Data* n° 40346.

de la L.R.A.R.). Généralement la faculté de résiliation n'est pas limitée à l'une des parties, sauf contrats abusifs tels ceux qu'impose le fisc.

179. — Usage et non-usage de la résiliation. — Certaines agences de banques ont parfois tenté d'éviter la résiliation en soutenant que la « signature » de la caution doit lui être restituée pour qu'elle soit libérée. Cette argumentation trouve son appui dans les usages interbancaires du commerce international mais n'a aucune valeur identique envers un non-banquier, en matière interne. Il suffit que la caution informe le banquier de son intention de résilier.

La caution n'ose pas toujours résilier, ou oublie de le faire (350). Si elle a perdu le contrôle de la société débitrice, et donc le contrôle de l'étendue de la dette garantie qui justifiait un engagement omnibus, elle peut être confrontée à un lourd passif. Pour la soulager, on peut tenter de déceler dans le cautionnement un terme extinctif sous-jacent. L'obligation de couverture devient alors à durée déterminée.

b) Terme extinctif

180. — Rareté du terme extinctif exprès. — Le terme extinctif expressément stipulé est le moyen le plus efficace de déterminer la durée d'un contrat (ex. : « cautionnement garantissant les dettes nées au 31 décembre 1999 » ; ou encore « garantie pour la durée du contrat principal »). En pratique, ce terme est peu souvent attaché aux obligations de couverture que font naître les cautionnements de dettes futures. En effet ces cautionnements sont prisés pour leur souplesse, qui fait s'adapter la garantie aux crédits que le créancier octroiera dans l'avenir ; il serait peu cohérent de les assortir d'un terme extinctif.

Toutefois les cautions professionnelles ont la prudence de ne jamais s'engager sans limitation de durée. Tout au plus consentent-elles des cautionnements renouvelables par tacite reconduction (351).

Dans les cautionnements légaux, une date limite des engagements de la caution est souvent imposée par le législateur (352) : si le cautionnement est à exécution successive, c'est un terme extinctif ; mais la qualification est parfois difficile (353).

Un terme extinctif exprès serait concevable dans le cautionnement d'un bail, mais il y sera souvent implicite.

---

(350) V. *supra* la dernière « Directions de recherches », et aussi C. MOULY, *Les causes d'extinction du cautionnement,* n°s 292-293, p. 388-390.

(351) Par ex. ceux donnés au fisc ou aux douanes ; ils sont assortis d'une faculté de résiliation unilatérale. V. *Banque* 1986, p. 931.

(352) V. quelques ex. *in* C. MOULY, *Les causes d'extinction du cautionnement,* n° 263, p. 339.

(353) Par ex. la limite de « une année à compter de la réception... des travaux » au cautionnement remplaçant la retenue de 5 % dans le marché de travaux immobiliers (L. n° 71-584 du 16 juill. 1971) : terme ou prescription ?

181. — Terme extinctif implicite. — Le terme implicite est celui que les parties ont transposé de l'opération principale au cautionnement, sans insister dessus ou simplement par une allusion ou une référence imprécise à l'objet de l'opération principale (354). L'essentiel est que la volonté d'imposer un terme extinctif soit certaine et que la survenance de ce terme ne puisse être mise en doute (355).

182. — Terme extinctif sous-jacent. Notion et justification. — Dans les cautionnements omnibus, certains éléments particuliers des relations entre les parties sont de plus en plus souvent considérés comme engendrant des termes extinctifs qui n'auraient pas été expressément conçus par les parties mais qui seraient sous-jacents à leurs engagements. La généralisation de ces cautionnements omnibus a provoqué une réflexion approfondie d'une part sur leurs caractéristiques et d'autre part sur les événements susceptibles de mettre légitimement fin à l'obligation de couverture de la caution sans manifestation de volonté de sa part. Ces événements constituent des termes extinctifs, que l'on peut appeler sous-jacents parce que, bien que n'ayant pas été expressément définis par les parties, ils coexistent pendant la durée de l'obligation de couverture pour ne se révéler que dans certaines circonstances.

183. — Caractères originaux de l'obligation de couverture. — Les *caractéristiques majeures* des cautionnements omnibus sont :

— de couvrir les dettes futures du cautionné envers un de ses créanciers principaux (banque ou fournisseur le plus souvent). Sont garanties toutes ses dettes envers ce créancier ou au moins celles d'un large domaine de son activité ; les dettes garanties peuvent donc croître facilement et dans d'importantes proportions ;

— d'être conférés sans véritable limite de montant ni de durée, car le créancier souhaite une sûreté qui s'adapte à l'évolution des crédits qu'il peut être amené à accorder en fonction de l'évolution de ses relations d'affaires avec le débiteur, évolution imprévisible lors du cautionnement ;

— d'être accordés en garantie de sociétés, ce qui leur confère une vocation à la perpétuité, puisque l'activité du débiteur principal pourra avoir une durée supérieure à celle de l'activité de la caution personne physique ;

— d'être demandés aux dirigeants sociaux car ce sont eux qui décident des engagements du débiteur principal (356).

---

(354) J. AZÉMA (*La durée des contrats successifs,* L.G.D.J., 1969, n°s 84 à 112) estime qu'il s'agit là d'une référence expresse ; la discussion est possible mais dépourvue de portée pratique. La détermination médiate de la durée est pleinement efficace (C. MOULY, *Les causes d'extinction du cautionnement,* n° 264, p. 342 et les réf. cit.).

(355) Mais la simple référence à l'opération principale ne suffit pas lorsque celle-ci est à durée indéterminée, car la survenance du terme serait alors à la seule discrétion du créancier : C. MOULY, *Les causes d'extinction du cautionnement,* n° 265, p. 343.

(356) Ceci emporte deux conséquences : d'abord la caution a le contrôle des dettes garanties ; ensuite la caution a tout intérêt à ce que la société débiteur principal paye en premier les dettes envers le créancier cautionné, puisque ce paiement la libère en même temps.

Puisque ces cautionnements sont en partie liés à l'activité du débiteur, à la position de la caution et aux relations d'affaires existant entre le créancier et le débiteur principal, ils reposent pour partie sur une considération particulière de la personne du créancier, du débiteur et de la caution.

Ces caractéristiques ont conduit à considérer que ces cautionnements recelaient une part d'*intuitus personae* et donc un rattachement particulier à la personne des parties, à leur activité ou à leurs relations réciproques. Plus précisément, au sein de ces cautionnements, seule l'obligation de couverture est affectée par cette considération de la personne puisque seule elle a une durée et un montant indéterminés, seule elle a vocation à la perpétuité (357) et seule elle sera déterminée par l'évolution des relations entre les parties dans l'avenir. Contenant le plus large degré d'indétermination au départ, l'obligation de couverture est le plus fortement rattachée aux caractères des parties, de leurs relations et de leur activité qui permettent de rendre prévisibles les dettes garanties. Dans ces cautionnements de dettes futures indéterminées, les éléments traditionnels de détermination (précision du prêt dont le remboursement est garanti, ou du contrat qui fait naître la dette garantie, montant, durée) sont remplacés par la connaissance que la caution peut avoir du débiteur principal et du créancier, et par les relations qu'elle peut avoir avec eux. Un changement important dans ces paramètres de déterminabilité des dettes garanties *(tel que changement du créancier, décès de la caution, changement d'activité du débiteur principal, perte par la caution des liens personnels ou institutionnels qui l'unissent au débiteur principal)* peut être considéré comme un événement mettant fin à l'obligation de couverture puisqu'elle perd le caractère déterminable qui la rend supportable.

184. — Les événements susceptibles de mettre légitimement fin à l'obligation de couverture de la caution. — Les analyses doctrinales ont ouvert la voie. La gravité des contentieux relatifs aux cautionnements omnibus, par lesquels des cautions étaient débitrices de sommes considérables, sans mesure avec celles envisageables lors de la signature du cautionnement, parfois des années auparavant, a accru le poids des considérations de justice permettant de s'écarter exceptionnellement du principe que tout contrat lie définitivement celui qui s'engage.

Les tribunaux ont alors, lentement et avec prudence, admis l'idée de rattacher l'obligation de couverture à certaines particularités des

---

(357) Cette vocation à la perpétuité est sûrement le caractère le plus gênant. La sagesse traditionnelle des juristes les conduit en général à trouver des procédés de protection, alors même que la perpétuité est toute relative : ouverture de la résiliation unilatérale, contre le texte des contrats, lorsqu'ils sont à durée indéterminée, ou même lorsqu'ils sont à durée déterminée mais que cette durée est « supérieure à la durée moyenne de la vie professionnelle (et donc) ne respecte pas la liberté individuelle de celui qui l'a souscrite ». Civ. 1re, 27 avril 1978 : *Bull. civ.* I, n° 161, 128, à propos d'un engagement exclusif de coopérateur dans une Cave coopérative bordelaise d'une durée statutaire de 50 ans. L'esprit de cette solution est transposable au cautionnement omnibus car les raisons de décider s'y retrouvent en large partie.

relations entre parties (358). L'indétermination du passif cautionné est suppléée, dans l'esprit des parties et dans la réalité, par la connaissance ou la maîtrise que la caution a des personnes ou des paramètres qui le détermineront (société débitrice principale qu'elle contrôle, débiteur principal qu'elle connaît, avec lequel elle vit ou qui est sous son autorité, activité du débiteur principal susceptible de ne créer qu'un passif prévisible, types de crédit qu'octroie le créancier, taille du créancier ou du débiteur, etc.). Si l'un de ces paramètres de référence disparaît ou est fortement modifié, il est légitime de faire disparaître pour l'avenir l'engagement de la caution (359).

Par un revirement spectaculaire, la Cour de cassation reconnut en 1982 tout à la fois une dualité d'obligations dans les cautionnements de dettes futures indéterminées et le fait que le décès de la caution mettait fin à l'obligation de couverture (360). Puis elle admit plus facilement que les modifications affectant la société débitrice soient aussi un terme sous-jacent (361). Enfin elle décida que les changements

---

(358) Les premières tentatives étaient maladroitement fondées sur la disparition de la cause de l'engagement de la caution qui insinuait : « puisque je ne suis plus dirigeant de la société, la cause de mon engagement a disparu et je dois être libérée depuis cette disparition ». Fort justement les tribunaux hésitaient à se hasarder sur le terrain spongieux de la cause et repoussaient ces insinuations. De même ils appliquaient rigoureusement l'art. 2017 C. civ. au cas de décès de la caution en refusant de faire une distinction entre obligation de couverture et obligations de règlement et en appliquant à l'obligation de couverture la solution prévue pour les obligations de règlement : Com., 14 nov. 1966 et Civ. 1re, 16 déc. 1969.

(359) P. MALAURIE et L. AYNÈS, 2e éd., n° 270 et s. — C. MOULY, *Les causes d'extinction du cautionnement,* Litec, Paris, 1979, nos 324-359, p. 427 et s.

(360) Com., 29 juin 1982 : *Bull. civ.* IV, n° 258 ; *Rev. soc.* 1982, 86, obs. M. CABRILLAC ; *D.* 1983, 360, note C. MOULY ; *Rev. trim. dr. civ.* 1983, 354, obs. P. REMY. — Cette solution a été confirmée et étendue par Civ. 1re, 3 juin 1986 : *Bull. civ.* I, n° 147, p. 148 ; *J.C.P.* 86, II, 20666, concl. Av. gén. GULPHE ; *D.* 1987, somm. 296, obs. M. VASSEUR ; *Banque* 1986, p. 1028 ; obs. J.-L. RIVES-LANGE et par Com., 13 janv. 1987 : *Bull. civ.* IV, n° 9, p. 16 ; *Banque* 1987, p. 856, obs. J.-L. RIVES-LANGE. — L'interprétation de l'art. 2017 C. civ. faite à cette occasion est un modèle du pouvoir de l'interprète. La solution fut confirmée pour tous les comptes bancaires en 1986, alors que les héritiers avaient conservé après le décès de leur père la qualité de dirigeants sociaux qu'ils avaient avant. La Cour de cassation confirma aussi que les héritiers de la caution n'avaient pas à notifier le décès à la banque créancière. En 1987, elle affirma que toute clause qui aurait pour résultat de mettre à la charge des héritiers de la caution une obligation (de règlement) née après le décès constituerait un pacte sur succession future (ce qui d'ailleurs confirme le caractère casuistique de cette notion : v. A. SERIAUX, *Successions,* P.U.F., 1986, n° 112. — F. TERRÉ et F. LEQUÊTE, *Les successions,* Précis Dalloz, 1983, nos 603 à 609, spéc. n° 609).

(361) Le terme extinctif découlera de la création d'une personne morale nouvelle : Com., 25 oct. 1983 : *Bull. civ.* IV, n° 274 (fusion-absorption du débiteur principal ; arrêt opérant revirement contre Com., 17 oct. 1978 : *Bull. civ.* IV, n° 231, p. 195 ; *Rev. soc.* 1979, 848, note J. HÉMARD ; *J.C.P.* 79, éd. N, prat. 7325, 613, obs. Y. GUYON et G. COQUEREAU) donnant au juge du fond appréciation souveraine des intentions des parties. — *Adde :* Com., 18 déc. 1984 : *Bull. civ.* IV, n° 351 (fusion également). — Com., 22 janv. 1985 : *Bull. civ.* IV, n° 30 (apport partiel d'actif). La transformation de la société débitrice semble donc écartée (dans la ligne de la jurisprudence ancienne Com., 8 nov. 1972 et 9 avril 1973 : *D.* 1973, 753, note P. MALAURIE) puisqu'elle n'emporte pas création d'un être moral nouveau. Cette distinction ne peut être justifiée au regard du critère essentiel qu'est la modification des paramètres de déterminabilité

affectant le créancier avaient la même conséquence (362). Dans ces deux derniers cas, elle insiste sur l'apparition d'une personne nouvelle comme cause de dissolution de l'obligation de couverture, alors pourtant que l'apport fusion transmet à la société bénéficiaire la totalité du patrimoine des sociétés absorbées (ce que rappellent les art. 372-1 et 381 de la loi du 24 juill. 1966).

L'extinction de l'obligation de couverture est importante puisqu'elle détermine les obligations de règlement mises à la charge de la caution et la soulage de celles qui sont nées après la survenance du terme extinctif.

DIRECTIONS DE RECHERCHES

185. — Élargissement des termes sous-jacents à la perte de qualités ? — Certains événements souvent invoqués par les cautions ne sont pas encore qualifiés de termes extinctifs sous-jacents : il s'agit essentiellement de la perte par la caution des qualités qui avaient déterminé l'exigence de son cautionnement par le créancier : qualité de dirigeant social ou de maître de l'affaire, qualité d'époux, qualité de société mère...

La matière est délicate car la fraude est à portée de main : il est aussi aisé aujourd'hui de démissionner de ses fonctions de gérant pour se faire remplacer par son fils que de divorcer (363). On ouvrirait alors à la caution astucieuse une échappatoire illégitime. Même sans fraude, le changement de fonctions paraît trop potestatif pour être un terme extinctif. Mais d'un autre côté, le juge prend parfois en considération les qualités et les relations de la caution afin d'évaluer, dans la mention manuscrite, la perception qu'elle a de son engagement (*supra*, n° 109) ; il doit donc pouvoir prendre ces mêmes qualités en considération pour déterminer le terme sous-jacent. De plus, la qualité de la caution a parfois été implicitement recherchée par le créancier, ce qui la fait entrer dans le champ contractuel (364) ;

---

du passif puisque la nouvelle forme sociale est souvent adoptée pour permettre une plus grande activité ; ceci prouverait l'erreur qu'il y aurait à s'attacher à la création d'une personne morale nouvelle.

(362) 20 janv. 1987 : *Bull. civ.* IV, n° 20, p. 13, arrêt concernant la fusion par décret qui créa la B.N.P. à partir de la B.N.C.I. et du C.N.E.P. ; la solution est formulée en règle : « en cas de fusion de sociétés donnant lieu à la formation d'une personne morale nouvelle, l'obligation de la caution qui s'était engagée envers l'une des sociétés fusionnées n'est maintenue pour la garantie des dettes postérieures à la fusion que dans le cas d'une manifestation expresse de la caution de s'engager envers la nouvelle personne morale ». Le 5 janv. 1987, la cour de Paris rendait une solution identique contre la B.N.P., pour le même motif, la disparition de la société originairement cautionnée (*Gaz. Pal.* 1987, 1, somm. 205).

(363) Il y a pourtant une différence de nature entre la fonction de dirigeant et le mariage : le mariage est un sacrement au-delà du pouvoir humain et a une fonction beaucoup plus importante pour l'homme comme pour la société que celle qui pourrait être accordée au dirigeant social ; bien que celle-ci soit essentielle pour l'économie, elle n'appartient pas au même ordre. Mais la philosophie moderne trop rationnelle les fait mettre sur des plans voisins en les soumettant tous deux à la volonté individuelle.

(364) C. MOULY, *Les causes d'extinction du cautionnement,* Litec, Paris, 1979, n° 345, p. 449. — V. la motivation de Douai, 1re ch., 18 mai 1977 : *J.C.P.* 80, II, 19169, note G. PARLEANI. Cet arrêt, pour libérer la caution ayant perdu la qualité de dirigeant et d'associé, avait qualifié son départ connu de la banque de renonciation par cette dernière à exercer un recours ; il fut cassé au motif que la renonciation ne se présume pas (Civ. 1re, 24 oct. 1979 : *Bull. civ.* I, n° 257, p. 205 ; *D.* 1981, I.R. 35, obs. J.-C. BOUSQUET ; *J.C.P.* 80, II, 19344, note G. PARLEANI).

un accord implicite sur le terme est alors concevable (365). La Cour de cassation refuse pour l'instant, très fermement, de l'accepter (366).

Il semble que seules des circonstances particulières puissent justifier que la perte de qualités reçoive la qualification de terme extinctif. Elles restent à systématiser (notamment l'influence de l'exigence par le banquier du cautionnement du nouveau dirigeant : novation ou non ? Indice de renonciation ? V. Douai, 18 mai 1977, précité et la note de G. Parleani).

D'autres événements enfin pourraient être en train d'accéder à ce statut :

— par exemple le changement d'activité du débiteur. Les cautionnements omnibus deviennent alors fort dangereux puisque le paramètre essentiel de détermination du passif garanti a changé. Mais ici encore la casuistique est de rigueur tant le contexte est variable (367).

— par exemple le changement de destination des fonds prêtés. Si le débiteur, en contrariété avec les prescriptions du contrat principal, n'affecte pas les sommes prêtées, et dont le remboursement est garanti, à la finalité convenue (construction d'un immeuble, achat d'un matériel de production...) la caution peut-elle reprocher au créancier son manque de surveillance ? Bien que l'argument ne soit pas fondé sur le terme extinctif et ne soit pas propre aux cautionnements de dettes futures, on y trouve des traits qui leurs sont propres : c'est à partir du changement d'affectation des fonds que la caution pourrait être libérée, et pour les seules sommes détournées (assez nettement : Versailles, 13e ch., 16 déc. 1987 : *Gaz. Pal.* 1988, 2, p. 298). La Cour de cassation donne aux juges du fond pouvoir souverain d'interpréter l'intention de la caution de faire de cette destination des fonds une condition déterminante de son engagement : Civ. 1re, 3 mars 1987 : *Gaz. Pal.* 1987, 1, pan. 118, où la caution ne fut pas libérée et Civ. 1re, 19 mai 1987 : *Gaz. Pal.* 1987, 1, pan. 197 ; *J.C.P.* 87, IV, 251, où elle fut libérée.

Dans tous les cas où la situation de la caution appelle pitié, la première démarche semble être de sanctionner la banque pour une faute en partie imaginaire (368).

2° Obligation de règlement

186. — Absence de durée. — L'obligation de règlement n'a aucune durée : elle est à exécution instantanée et se réalise en un trait de temps, celui nécessaire au paiement qui consiste le plus souvent en un règlement de somme d'argent.

Le temps n'intervient qu'avant l'échéance, pour suspendre l'exécution (v. *infra*, Le terme suspensif, n° 204 et s.), ou après l'échéance, pour délimiter la période pendant laquelle le créancier peut exiger cette exécution qui ne fut pas spontanée (v. *infra*, La prescription, n° 292 et s.).

La première conséquence en est que les événements qui peuvent être qualifiés de terme extinctif sous-jacent de l'obligation de couver-

---

(365) P. MALAURIE et L. AYNÈS, 2e éd., n° 272.

(366) Civ. 1re, 18 avril 1989 : *Bull. civ.* I, n° 152.

(367) Et les tribunaux sont à juste titre réticents : v. notamment Com., 8 mars 1971 : *D.* 1972, 262, note D. CLAIROUIN-TOUCHARD, où quatre agriculteurs avaient cautionné un commerçant en pailles et fourrages avec lequel ils étaient en relation d'affaires et qui durent payer son passif accumulé ultérieurement dans une activité toute différente, alors que leurs relations professionnelles avaient depuis longtemps cessé. — *Adde :* C. MOULY, *Les causes d'extinction du cautionnement,* Litec, Paris, 1979, n° 328 et s., p. 431 et s.

(368) V. l'intéressante motivation de Paris (15e ch.), 28 avril 1980, développée dans l'hypothèse du décès mais transposable (*Gaz. Pal.* 1980, 2, 604, note A. PIÉDELIÈVRE).

ture n'ont *aucun effet* sur les obligations de règlement déjà nées. Le terme extinctif n'est pas un concept conciliable avec celui d'obligation à exécution instantanée.

La seconde conséquence est que la stipulation d'une date « de validité » ou « de fin » affectant un cautionnement qui ne contient qu'une ou des obligations de règlement ne peut pas être un terme extinctif. Elle peut en revanche être une prescription extinctive. Les stipulations du type « le présent cautionnement sera valable jusqu'au 31 décembre 1995 », alors que la dette principale arrive à échéance le 30 juin 1994 signifie simplement que le créancier dispose d'un délai d'un an et demi pour engager une poursuite contre la caution. De même en est-il de la clause « la caution ne sera tenue que pendant les trois mois suivant l'échéance ». Il s'agit de prescriptions extinctives conventionnellement abrégées (369).

DIRECTIONS DE RECHERCHES

187. — Difficulté de la distinction du terme et de la prescription. — A consulter les espèces, on s'aperçoit que les dates de validité ou de fin de poursuite posent des difficultés qu'il est malaisé de qualifier et les commentaires en rendent bien compte. Si la solution est affirmée (ex. : Civ. 1re, 6 nov. 1985 : *Bull. civ.* I, n° 288 ; *Gaz. Pal.* 1986, 1, somm. 243, note A. Piedelièvre, qui juge que « le fait que le créancier n'ait introduit son action que postérieurement à la date limite de l'engagement de la caution est sans incidence sur l'obligation de celle-ci si la dette du débiteur principal est antérieure à cette date limite »), la qualification est plus ténue : v. notamment P. Simler, *Le cautionnement,* n° 548 ; note A. Piedelièvre précitée. L'arrêt est cité au titre de la prescription alors qu'il porte sur le cautionnement des dettes naissant d'un contrat de fourniture de fuel, le cautionnement étant « valable pour une durée de sept ans, soit jusqu'à l'expiration de la durée des accords commerciaux sus-indiqués ; c'était donc un cautionnement de dettes futures indéterminées et la « date limite de validité » était en réalité un terme extinctif de l'obligation de couverture. La qualification appelle souvent précision (v. C. Mouly, *Les causes d'extinction du cautionnement,* Litec, Paris, 1979, n° 277, p. 364), comme la distinction des cautionnements comportant une obligation de couverture de ceux qui n'en comportent pas.

(369) Sur la validité de cette abréviation conventionnelle, et plus généralement sur les difficultés présentées par ces clauses, v. *infra*, l'étude de la prescription, n° 292.

CHAPITRE II

LE DÉNOUEMENT DE L'OPÉRATION DE CAUTIONNEMENT

188. — Modes courants et moins courants de dénouement. — Le plus souvent le cautionnement, comme toute sûreté, se dénoue sans intervention spéciale des parties : le paiement de la dette garantie qu'effectue le débiteur emporte aussi extinction du cautionnement. La sûreté a joué son rôle en donnant au créancier le supplément de confiance dont il avait besoin ; la relation se dénoue par une extinction accessoire du cautionnement, suite automatique de l'extinction de l'opération principale. Ce dénouement indolore et naturel n'appelle de commentaires juridiques que lorsque le paiement n'est pas entièrement satisfaisant, puisque le juriste n'intervient que pour aider à résoudre des conflits.

Parfois au contraire la caution est requise de payer à la place du débiteur principal (la pratique dit que « la caution est appelée »). L'exécution du cautionnement est ici principale.

Dans tous ces cas de paiement, le facteur commun est la satisfaction du créancier. Le caractère essentiel en est qu'il s'agit d'une exécution normale de l'engagement originaire. Ces deux spécificités justifient l'étude séparée du paiement (sect. I).

Les autres causes d'extinction du cautionnement sont aussi nombreuses que complexes. Nourries par l'argumentation des cautions stupéfaites d'être appelées à payer des sommes qu'elles n'avaient jamais envisagé de payer, ces causes d'extinction ont fait l'objet de nombreuses études et développements. Ces refus d'exécution participent d'une pathologie du cautionnement qui croît en même temps que la sûreté gagne de nouveaux champs d'application, que les procédures collectives se multiplient et que le fisc absorbe toujours davantage l'actif qu'elles contiennent. Une simple évocation des particularités de ces causes pathologiques d'extinction colorera le tableau des dénouements du cautionnement (sect. II).

SECTION I

LE DÉNOUEMENT PAR LE PAIEMENT

189. — La satisfaction du créancier, le libre choix du solvens et l'absence d'abus. — Le paiement confère au créancier la satisfaction qu'il attendait du contrat garanti ; cette satisfaction est la raison d'être de l'obligation que les parties avaient fait naître ; elle est donc aussi le fondement et le critère de l'extinction par paiement. La satisfaction du créancier permet ainsi d'expliquer maints aspects du régime du paiement.

Ainsi le créancier peut demander le paiement à son choix au débiteur principal ou à n'importe laquelle des cautions qui garantissent la dette (à celles qui le peuvent d'invoquer alors le bénéfice de discussion). De même le créancier peut à son choix réaliser une sûreté réelle ou poursuivre la caution, dans l'ordre qu'il préfère (1). Sa satisfaction, au sens économique et non au sens subjectif du terme, justifie qu'il ne puisse être taxé d'abus dans le choix qu'il fait parmi les divers moyens d'obtenir le paiement, sauf bien sûr le cas peu probable d'intention de nuire que la caution peinera à établir (2).

En conséquence aussi, le paiement est le *mode normal d'extinction* tant de l'opération principale (a) que du cautionnement (b).

§ 1. — Le paiement de la dette principale

190. — L'effet d'extinction du cautionnement accessoire. — Le paiement de la dette du débiteur principal par lui-même ou par un tiers éteint le cautionnement ; le cautionnement ne peut plus jouer,

---

(1) V. J. Mestre, étudiant et recensant les abus du droit de recouvrer une créance, note sans ambiguïté « l'affirmation du droit pour le créancier d'utiliser la sûreté réelle ou personnelle qu'il a pris la précaution de se ménager », rappelant Civ., 6 janv. 1919 : *D.P.* 1923, 1, 112, qui jugeait que « lorsque la caution s'est obligée solidairement avec le débiteur principal, le créancier peut poursuivre *indifféremment*, pour la totalité de la dette, le débiteur principal ou la caution solidaire » (*Réflexions sur l'abus du droit de recouvrer sa créance* in *Mélanges Raynaud*, Dalloz-Sirey 1985, p. 439-474, spéc. p. 460-461 où il cite aussi un arrêt inédit : Aix 10 mars 1982). De même et très nettement : P. Delebecque, *Les garanties du crédit au consommateur*, in I. Fadlallah, éd. Le droit du crédit au consommateur, Litec, 1982, p. 287-331, spéc. n° 31, et la critique justifiée et argumentée de l'atténuation de ce principe par certains juges au cas d'assurance, n° 32.

(2) Ainsi n'y a-t-il pas abus à poursuivre la vente publique de valeurs mobilières données en gage par la caution alors même que le créancier dispose d'un privilège de vendeur d'immeuble et d'un nantissement sur fonds de commerce et qu'un créancier de second rang proposait de le désintéresser pour être subrogé : Aix 30 nov. 1979 : *J.C.P.* 81, C.I., 10109, n° 12, cité par J. Mestre, art. préc., n° 51.

car il est accessoire et la disparition de son support emporte la sienne (3) (c'est en cela qu'il se distingue le plus nettement de la garantie à première demande où l'exécution de l'opération principale ne peut pas être invoquée par le garant).

Toutefois le paiement de la dette principale par un tiers fait exception, de façon parfaitement logique, à l'effet extinctif. Par principe, ce tiers qui paie pour le débiteur principal est subrogé dans les droits du créancier. Il est subrogé dans sa créance et dans tous ses accessoires, donc dans le cautionnement. Il pourra exiger de la caution qu'elle paye ce que doit encore le débiteur principal.

Dans la majorité des cas, l'obligation principale est normalement exécutée par le débiteur principal. Parfois certaines difficultés apparaissent, liées soit au moyen de paiement (A), soit à l'imputation d'un paiement partiel (B), soit à la nullité du paiement (C).

A. — Les difficultés nées des moyens de paiement

191. — La monnaie fiduciaire et les procédés qui l'évitent. — L'utilisation d'espèces ne met pas forcément à l'abri des difficultés. Par exemple, le débiteur qui veut payer en une monnaie qui n'est pas celle du contrat doit être considéré comme défaillant, même si l'emploi de cette monnaie est dû au contrôle des changes (4).

Plus fréquemment, les difficultés viennent des procédés de paiement qui évitent le recours à la monnaie : utilisation d'un compte entre le créancier et le débiteur principal (1°), dation en paiement (2°) et compensation (3°).

1° Le paiement par l'intermédiaire d'un compte

a) L'entrée en compte

192. — Effet extinctif et report sur le solde. — Lorsque deux parties ont choisi de régler leurs créances réciproques par le mécanisme d'un compte, l'entrée en compte des créances emporte leur paiement (5).

---

(3) Sur le caractère accessoire du cautionnement, v. *supra*, n° 71.

(4) Com., 18 avril 1989 : *Bull. civ.* IV, n° 116, p. 78, très nettement.

(5) La solution vaut pour le compte courant comme pour le compte de dépôt (J.-L. Rives-Lange et M. Contamine-Raynaud, *Droit bancaire*, Dalloz, n°s 214 et 234) et est retenue dans toutes les analyses juridiques des comptes : novation, compensation, fusion et mécanisme propre (G. Ripert et R. Roblot, t. II, n° 2333). Elle joue pleinement pour l'inscription de la créance au débit du compte bancaire du débiteur principal, par ex. la contrepassation d'un chèque pris à l'encaissement puis impayé. Elle ne joue pas pour l'inscription au crédit, par ex. lors de l'inscription en compte du montant d'un crédit de trésorerie accordé par contrat distinct ou matérialisé par un billet à ordre : *infra*, même numéro.

Ce paiement doit normalement éteindre les sûretés, et notamment le cautionnement (6), ce qu'admet depuis longtemps la jurisprudence. Pour éviter cet effet nocif du fonctionnement d'un compte, le créancier dispose de deux moyens :

1) laisser la créance cautionnée au « différé » du compte-courant ou en dehors du compte de dépôt ; elle ne subit alors aucun effet de règlement. Cette solution serait la conséquence automatique d'une convention tacite pour certains (7) ou du droit commun du compte courant pour d'autres (8), le créancier ayant le choix de l'affectation d'une créance garantie ;

2) demander de reporter le cautionnement sur le solde du compte, dont il garantira le débit à concurrence du montant de la créance entrée en compte (9). Ce report n'est possible qu'avec le consentement de la caution ; un consentement tacite a été accepté (10) ; bien qu'il prive la caution d'une opportunité de libération, il faut noter que ce report n'aggrave pas sa situation et qu'il correspond à la finalité du cautionnement, aujourd'hui remise en exergue à l'occasion des procédures collectives du débiteur (*infra*, n°s 220, 299 et s.).

Quant à l'inscription en compte d'un crédit que la banque vient d'octroyer à son client, et qui est garanti par un cautionnement, la solution a été obscurcie par une confusion entre les diverses créances. La Cour de cassation a d'abord pensé que le cautionnement garantissant la créance de remboursement du banquier était alors éteint (11), puis a tenté de réparer l'erreur par référence à l'intention des parties (12). La solution réside en fait dans l'analyse de l'opération de prêt. Une fois le contrat conclu, le banquier est débiteur de la délivrance des

---

(6) J.-L. Rives-Lange et M. Contamine-Raynaud, *Droit bancaire*, Dalloz, n° 216. — G. Ripert et M. Roblot, t. II, n° 2335, et la jurisprudence citée.

(7) R. Roblot, *ibid.*

(8) J.-L. Rives-Lange et M. Contamine-Raynaud, n° 205.

(9) Même si le cautionnement est illimité, l'entrée en compte cristallisera son montant à celui de la créance à ce moment-là.

(10) V. la jurisprudence cité in C. Mouly, *Les causes d'extinction du cautionnement*, Litec, Paris, 1979, n° 55, p. 78.

(11) Com., 19 mars 1980 : *Bull. civ.* IV, n° 135, 105 ; *D.* 1981, I.R. 17, obs. M. Vasseur.

(12) Le doute n'a été écarté ni par Com., 9 juill. 1985 (*Bull. civ.* I, n° 207, p. 172) qui admet le maintien du cautionnement mais use de formules peu claires, ni par Com., 12 mai 1987 (*Bull. civ.* IV, n° 112, p. 86 ; Rapport C. cass. 1987, p. 195) qui n'a admis le maintien du cautionnement qu'en précisant bien que le cautionnement de l'espèce garantissait « un contrat de prêt dont l'autonomie par rapport à la convention de compte courant résultait des stipulations relatives à la destination des sommes empruntées, à la rémunération du prêt, ainsi qu'à son amortissement à des échéances fixes et que cette autonomie comportait nécessairement l'accord des contractants et des cautions pour déroger aux conséquences de l'inscription du montant du prêt au compte courant ». Les particularités du contrat ont justifié le maintien du cautionnement, ce que souligne le Rapport C. cass. qui précise que l'inscription était « une simple modalité de mise à disposition des sommes prêtées » et que « la convention, *par son économie,* marquait bien la volonté commune des parties de donner une garantie effective au créancier ».

fonds, et c'est cette créance du client sur le banquier qui est payée par l'entrée en compte. La créance de remboursement du banquier sur le client, assortie du cautionnement, n'est jamais entrée en compte et n'a donc pas pu être payée (13). Il faut donc affirmer que le cautionnement au profit du banquier n'est pas éteint par l'inscription au crédit du compte, mais qu'un cautionnement d'une dette du banquier envers son client serait éteint si cette dette était inscrite au crédit du compte, sauf à ménager au client la possibilité d'exiger l'affectation hors du compte ou le report du cautionnement sur le solde.

b) Le fonctionnement du compte après dissolution de l'obligation de couverture

193. — Le mécanisme du compte éteignant le cautionnement. — La résiliation de l'obligation de couverture ou la survenance du terme extinctif déterminent, au jour de la dissolution qu'ils provoquent, le montant du solde provisoire que doit le débiteur principal et que la caution garantit.

Si le compte continue de fonctionner après l'extinction du cautionnement, il y a de fortes chances que le débiteur fasse des remises en compte (remise d'un chèque ou d'un effet de commerce à l'encaissement, virement créditeur, dépôt d'espèces...). Toutes ces remises, postérieures au jour de l'extinction de l'obligation de couverture, sont considérées depuis une quinzaine d'années comme étant des paiements de la dette du solde provisoire débiteur (14). Toute remise au crédit du compte vient donc effacer la dette antérieure, petit à petit, même si le solde du compte reste toujours débiteur jusqu'à sa clôture (15).

194. — Les tentatives de défense des banquiers. — Pour éviter les effets désagréables de la résiliation sur la garantie du solde du compte, des banquiers ont tenté d'ouvrir un nouveau compte au débi-

---

(13) Ce que la Cour de cassation dit enfin, mais d'une façon bien sibylline, en motivant ainsi le maintien du cautionnement : « par l'inscription effectuée au crédit du compte, la banque s'était bornée à mettre à la disposition de sa cliente l'avance qu'elle lui consentait », Com., 23 mai 1989 : *Bull. civ.* IV, n° 158, p. 105.

(14) Com., 22 nov. 1972 : *Bull. civ.* IV, n° 298, p. 279 ; *Gaz. Pal.* 1973, 1, 213, note D. MARTIN ; *Rev. trim. dr. com.* 1973, p. 309 ; obs. M. CABRILLAC et J.-L. RIVES-LANGE. — Sur la jurisprudence subséquente et les distinctions à faire, v. C. MOULY, *Les causes d'extinction du cautionnement*, Litec, Paris, 1979, n°s 76-78, p. 97-101.

(15) Rares sont aujourd'hui les voix qui s'opposent à cette solution, le principe d'indivisibilité de compte courant étant abandonné. — V. toutefois l'argument apparemment pertinent de J.-L. RIVES-LANGE selon lequel la dissociation des écritures en débit et des écritures en crédit ne respecte pas la volonté des parties de fusionner les créances réciproques en un solde et, pour la caution, de garantir le résultat de cette fusion (*Banque* 1988, p. 233, sous Toulouse, 7 déc. 1987) ; à quoi il est aisé d'opposer que la même intention des parties a été de ne faire supporter à la caution que ce que le débiteur n'a pas lui-même payé, ce caractère accessoire du cautionnement primant toute autre considération.

teur principal ; mais cette opération peut avoir un caractère frauduleux dans la mesure où elle a pour but de spolier la caution d'un mécanisme normal et légitime d'extinction de l'obligation principale (16).

Certains banquiers ont alors effectué une affectation spéciale des remises postérieures à la dissolution : la fraude est difficile à établir (17) mais l'affectation spéciale est aussi difficile à mettre en œuvre.

Enfin, certaines banques ont introduit dans le contrat de cautionnement une clause selon laquelle la caution qui résilie son cautionnement est tenue de payer le solde débiteur au jour de sa résiliation sans que les remises postérieures puissent en diminuer le montant. La Cour de cassation a pu reconnaître l'efficacité de cette clause (18).

DIRECTIONS DE RECHERCHES

195. — Clauses de protection du créancier contre protection de la caution. — Jurisprudence et doctrine semblent gênées pour trouver une ligne générale de conduite permettant de savoir s'il est possible au banquier d'éviter que le mécanisme du compte n'éteigne la créance garantie. Trois clauses sont envisagées.

1) La clause stipulant que la caution doit payer le solde provisoire au jour de la résiliation « indépendamment des remises ultérieures » est-elle acceptable ?

• *Arguments pour :*

— autonomie de la volonté, qui impose au juge le contenu du contrat ;

— restitution au cautionnement de sa fonction de sûreté ;

— protection du banquier pendant la période séparant la résiliation de la clôture du compte car il ne peut demander le paiement à la caution, la dette principale n'étant pas exigible (caractère accessoire).

• *Arguments contre :*

— difficulté de modifier ainsi le mécanisme naturel du compte courant sans le dénaturer ;

— impossibilité d'évincer le caractère accessoire du cautionnement qui est de sa nature ;

— suppression d'un mécanisme normal d'extinction qui fait tomber la clause sous le coup de la prohibition des engagements perpétuels lorsque le compte-courant est celui d'une personne morale et peut en conséquence se prolonger indéfiniment (obs. M. Cabrillac et B. Teyssié : *Rev. trim. dr. com.* 1984, p. 317).

2) La clause stipulant que « les remises créditrices postérieures à l'extinction du cautionnement s'imputent, d'un commun accord, par priorité sur les remises débitrices postérieures à cette extinction » est-elle plus solide ?

---

(16) Com., 3 avril 1978 : *J.C.P.* 80, II, 19325, note P. Simler ; *Rev. trim. dr. com.* 1979, p. 135, obs. M. Cabrillac et J.-L. Rives-Lange. — Com., 20 fév. 1985 : *Bull. civ.* IV, n° 75 ; *Rev. trim. dr. com.* 1986, p. 129, obs. M. Cabrillac et B. Teyssié. Ces deux arrêts, sans être très nets, manifestent une tendance à protéger les cautions des effets d'un deuxième compte. — V. Toulouse, 7 déc. 1987, qui intègre sans hésitation les crédits portés au 2e compte parmi ceux qui éteignent le cautionnement du premier, et les obs. approb. de J.-L. Rives-Lange, *Banque* 1988, p. 233.

(17) Mais n'en n'a pas moins été nettement retenue : Com., 6 juill. 1983 : *Bull. civ.* IV, n° 204 ; *Rev. trim. dr. com.* 1984, p. 317, obs. M. Cabrillac et B. Teyssié ; *Gaz. Pal.* 1984, pan. 19, note A. Piédelièvre ; *D.* 1984, I.R. 84, obs. M. Vasseur.

(18) Com., 6 juill. 1983 : *Bull. civ.* IV, n° 203 ; *Rev. trim. dr. com.* 1984, p. 317, obs. crit. M. Cabrillac et B. Teyssié ; *Gaz. Pal.* 1984, pan. 19, note A. Piédelièvre ; *D.* 1984, I.R. 84, obs. M. Vasseur.

• Les *arguments contre* ont la même force.

• Les *arguments pour* sont renforcés par le fait que l'affectation conventionnelle des remises est parfaitement possible, et largement admise, notamment pour les créances assorties de sûretés. L'accord de la caution écarte l'argument de fraude. La clause semble bien pouvoir protéger efficacement le banquier lorsque les remises postérieures à l'extinction du cautionnement seront davantage débitrices que créditrices ; sinon le cautionnement s'éteindra tout de même.

3) La clause stipulant que « le solde provisoire est exigible sans que la demande de son paiement emporte clôture du compte » est-elle acceptable ?

• *Arguments pour :*

— la Cour de cassation a jugé que le paiement du solde provisoire ne pouvait pas être demandé en justice *sauf convention contraire* (Civ. 1re, 27 juin 1984 : *D.* 1985, I.R. 334, obs. M. Vasseur) ;

— la clause peut être insérée dans le cautionnement aussi bien que dans le contrat principal (M. Vasseur, obs. préc.).

• *Arguments contre :*

— l'exigibilité du solde provisoire paraît peu compatible avec la confiance que nécessite le mécanisme de règlement simplifié des créances réciproques. La demande de paiement forcé emporte clôture car son absence est de l'essence du compte ;

— le paiement par la caution alors que le compte fonctionne créerait un double paiement pour peu que le débiteur fasse quelques remises en compte. La caution aurait alors un recours immédiat en remboursement contre le créancier (C. civ., art. 2031, *a fortiori*) ;

— la caution qui est poursuivie avant le débiteur principal peut agir contre lui (C. civ., art. 2032) pour être indemnisée avant de payer. Elle pourrait aussi demander comme mesure conservatoire qu'il soit fait défense au débiteur de payer par l'intermédiaire du compte, ce qui entraînerait la suspension ou la clôture du compte.

196. — La prorogation forcée du compte courant et le sort du cautionnement. — Les magistrats pensent en majorité préférable d'imposer au banquier d'un débiteur en redressement judiciaire la continuation des crédits en cours, même s'ils sont octroyés par le mécanisme du compte courant (19). Cette solution, contestable en elle-même car ne reposant que sur une fiction de continuation, pourrait entraîner si l'on n'y prend garde des effets pervers sur le cautionnement. Le banquier est « autorisé » par cette jurisprudence à déclarer la créance résultant du solde du compte courant au jour du jugement de redressement judiciaire. On pourrait en déduire que la caution serait tenue de ce solde, en acceptant la contradiction que ce solde soit « exigible » bien que non définitif. La convention de compte continuant, la caution devrait pouvoir invoquer l'extinction progressive de sa dette par les remises postérieures. Cette conséquence logique d'une véritable continuation lui est refusée (20), soulignant « l'artifice qu'est la continuation d'un mécanisme de règlement incompatible avec la situation issue de l'ouverture de la procédure collective » (21). Puisque la période de continuation n'est pas prise en considération, les nouveaux débits ne peuvent être garantis par le cautionnement qui n'aurait pas été résilié (22).

(19) Com., 8 déc. 1987 : *D.* 1988, J, 53, note F. Derrida ; *Rev. trim. dr. com.* 1988, p. 87, obs. M. Cabrillac et B. Teyssié ; *Banque* 1988, p. 96, obs. J.-L. Rives-Lange ; *Rev. dr. banc.* 1988, p. 69, note F. Dekeuwer-Defossez.

(20) Paris, 29 sept. 1988 : *D.* 1989, 132, note D. Martin ; *Rev. trim. dr. com.* 1989, p. 278, obs. M. Cabrillac et B. Teyssié. — Versailles, 4 nov. 1987 : *J.C.P.* 88, éd. E, II, 15127, note P. Estoup.

(21) M. Cabrillac et B. Teyssié, obs. préc., *Rev. trim. dr. com.* 1989, p. 278.

(22) *Pro :* M. Cabrillac et B. Teyssié, obs. préc., *Rev. trim. dr. com.* 1989, p. 279. — *Contra :* D. Martin, *Incidences du maintien forcé de la convention de compte courant bancaire sur les sûretés affectées à la garantie du solde : Banque* 1988, suppl. Banque et Droit au n° 486, sept. 1988, p. 54.

2° La dation en paiement

197. — Pérennité de l'extinction. — En acceptant d'être payé avec une chose autre que celle prévue au contrat, le créancier court un risque. La dation en paiement est un acte liquidatif improvisé en cours de contrat qui peut être suspecté de fraude (surtout en cas de procédure collective), critiqué par des tiers et contesté jusqu'à l'éviction (23).

Pour éviter à la caution les vicissitudes pouvant affecter une dation en paiement, l'article 2038 du Code civil organise une faveur légale pour la caution, une sorte de bénéfice qui permet au cautionnement de rester éteint alors que l'obligation principale renaîtra (24). Les créanciers n'ont pas la possibilité de l'écarter par des réserves unilatérales et ils n'ont pas pensé en général à y faire renoncer la caution (25).

3° La compensation

198. — Mode fréquent et pratique d'extinction. — Parce qu'elle éteint automatiquement la dette garantie, la compensation est un paiement fort utile pour la caution. Parce qu'elle éteint sa créance subrepticement, la compensation est peut-être gênante pour le créancier : elle lui fait perdre le cautionnement qui garantissait sa créance alors que sa propre dette ainsi payée n'avait pas la même qualité (mais elle lui a assuré le paiement de cette créance par ce qu'il a reçu en contrepartie de sa dette). La compensation est fort utilisée en pratique pour ses avantages de simplicité et de garantie : lettre de fusion de comptes bancaires, SICOVAM et autres procédés de gestion de titres, relations commerciales dans lesquelles le créancier « se paye » en nature en

---

(23) Elle n'a même pas de régime juridique communément admis ; l'hésitation perdure entre la novation par changement d'objet, la vente suivie d'une compensation et la modification conventionnelle des prestations. Cette dernière analyse est préférable ; la convention modificatrice n'a d'effet extinctif qu'avec son exécution et la satisfaction du créancier qui en résulte.

(24) De la qualification de faveur, P. Malaurie et L. Aynès (2e éd., n° 258) déduisent une interprétation stricte qui écarterait l'art. 2038 en cas de nullité et ne le retiendrait qu'en cas d'éviction. L'interprétation devant se faire selon la raison d'être de la faveur (éviter les risques d'une opération imprévue et aléatoire qu'accepte le créancier), la nullité nous semble englobée par la faveur.

(25) Le bénéfice de l'art. 2038 ne semble pas impératif. — P. Simler, *Le cautionnement,* n° 481, admet la renonciation en l'absence de disposition légale contraire. Elle se conçoit d'autant mieux que le bénéfice n'étant qu'un embryon de droit, il est mieux encore susceptible de renonciation (C. Mouly, *Les causes d'extinction du cautionnement,* Litec, Paris, 1979, nos 97-98, p. 117). L'intervention de la caution à l'acte de dation et son acceptation de ce mode de paiement ne suffit peut-être pas à écarter l'art. 2038. L'acceptation expresse de la renaissance du cautionnement en cas de disparition de la dation suffit ; il est plus habile de qualifier l'acte de cautionnement nouveau de la prestation substituée (C. Mouly, *Les causes d'extinction du cautionnement,* Litec, Paris, 1979, n° 99, p. 119).

obtenant une livraison, etc. (26). Le cautionnement est-il éteint, et comment ?

— La caution peut invoquer la compensation entre les créances réciproques du débiteur principal et du créancier cautionné ; elle peut ainsi déclencher cette compensation (27) ; l'article 1294, alinéa 1er, du Code civil en donne une formulation maladroite qu'il faut appliquer à toutes les cautions, mêmes solidaires (28).

— La renonciation par le débiteur principal à invoquer la compensation est inopposable à la caution (comme toute renonciation à une cause d'extinction), en raison de l'effet relatif des conventions et du principe voulant que les droits utiles à autrui ne puissent être abdiqués (C. civ., art. 1298) (29).

— La renonciation par le créancier à la compensation acquise, qu'il peut effectuer en payant sa dette, n'est pas opposable à la caution, sauf à la lui faire accepter (30).

B. — L'imputation du paiement partiel

199. — La règle et la réalité. — Le paiement partiel n'est pas totalement satisfactoire et pour cette raison le débiteur ne peut l'imposer à son créancier, ce que met en règle l'article 1244, alinéa 1er, du Code civil (31). Dans la réalité, le créancier accepte très souvent un paiement partiel. De même dans la compensation ou la dation

---

(26) C. Lucas de Leyssac, *L'utilisation de la compensation en droit commercial,* thèse dactyl., Paris, 1973, qui souligne tout de même que le principe de la compensation est plus utile en général que ses fonctions d'extinction.

(27) Dans l'analyse très fine qu'en fait R. Mendegris (*La nature juridique de la compensation,* L.G.D.J., Bibl. dr. pr., n° XXIII, p. 22 et n° 89, p. 126 ; *Encycl. Dalloz, Rép. dr. civ., V° Compensation,* nos 88 et 116) selon laquelle il faut ajouter aux conditions légales l'intervention d'une volonté, celle du juge ou d'une partie.

(28) Synthèse fort nette par P. Simler, *Le cautionnement,* n° 497. Cette solution doctrinale, à défaut des motifs, a trouvé écho en jurisprudence dans un arrêt en forme de principe : Civ. 1re, 1er juin 1983 : *Bull. civ.* I, n° 165, p. 145 ; *D.* 1984, 152, note J.-L. Aubert ; *Rev. trim. dr. civ.* 1984, p. 330, obs. P. Remy ; *Rev. soc.* 1983, 587, obs. M. Jeantin. La meilleure justification nous paraît être que l'al. 3 de l'art. 1294, qui prive le codébiteur solidaire de la même possibilité, a pour but d'éviter à celui des codébiteurs qui est titulaire de la créance compensable d'être automatiquement le solvens. Il n'est donc pas transposable à la caution puisqu'il est naturel que le débiteur principal soit solvens.

(29) P. Raynaud, *La renonciation à un droit : Rev. trim. dr. civ.* 1936, p. 765, spéc. nos 34-35, p. 795. — Sur l'inopposabilité d'une renonciation par le débiteur à la caution, C. Mouly, *Les causes d'extinction du cautionnement,* Litec, Paris, 1979, n° 106 et s., p. 125 et s.

(30) C'est le principe d'inefficacité envers les tiers de toute renonciation à une extinction réalisée qui justifie cette solution. Cette protection peut donc être abandonnée par la caution (C. Mouly, *Les causes d'extinction du cautionnement,* Litec, Paris, 1979, n° 110, p. 128).

(31) La caution ne peut donc pas reprocher au créancier d'avoir refusé un paiement du seul principal et d'avoir ainsi aggravé son sort, rappelle justement la Cour de cassation (Com., 19 mai 1982 : *Gaz. Pal.* 1982, 2, pan. 340).

en paiement, les paiements coïncident rarement avec la dette cautionnée. Par principe (celui de l'accessoire), le cautionnement n'est éteint par un paiement partiel qu'à concurrence de ce paiement : l'extinction est à la mesure de la satisfaction du créancier.

Les solutions varient cependant en fonction des créances et dettes concernées.

200. — L'imputation en cas de pluralité de dettes. — Si le débiteur cautionné devait des sommes au titre de plusieurs dettes différentes, le paiement partiel qu'il fait de ses dettes éteint d'abord la dette cautionnée. La solution est posée par la loi, à titre supplétif de la volonté des parties, très souvent muette.

L'article 1253 du Code civil donne la solution en classant les possibilités d'imputation :

— c'est d'abord le débiteur, en payant, qui peut désigner la dette qu'il éteint ;

— sinon c'est le créancier qui peut le faire dans la quittance ;

— sinon, en application de l'article 1256 du Code civil, la dette cautionnée sera éteinte en premier car elle est plus onéreuse que les autres (32).

201. — L'imputation en cas de dette unique partiellement cautionnée. — La loi et l'usage sont muets, comme souvent les parties au paiement. A titre supplétif de la volonté des parties, une solution logique est communément acceptée : le paiement partiel éteint d'abord la part non cautionnée de la dette (33). Sa justification tient dans le fait que le créancier, qui a pouvoir d'imputer le paiement en dernier, après le solvens si celui-ci ne le fait pas, a intérêt à conserver la garantie qu'il a exigée.

Ex. : dette de 1 000 F ; cautionnement plafonné à 600 F ; paiement de 350 F par le débiteur principal. Sur quelle partie de la dette ces 350 F s'imputeront-ils ?

— la volonté exprimée par les parties doit prévaloir : l'imputation sera faite selon l'affectation décidée lors du paiement ou dans une clause du cautionnement (34) ;

— en cas de silence des parties, l'imputation doit être faite selon l'intérêt du créancier, car il a pris le soin d'exiger une sûreté qui doit jouer jusqu'à sa complète satisfaction. Les 350 F seront donc imputés sur la partie non cautionnée de la dette.

---

(32) Rappelé par Civ. 1re, 29 oct. 1963 : *Bull. civ.* I, n° 462, p. 393 ; *D.* 1964, p. 39 ; *Gaz. Pal.* 1964, 2, p. 454. Cette solution n'est pas défavorable pour le créancier puisqu'elle respecte la satisfaction totale que lui procure, pour la dette cautionnée, le paiement qu'il reçoit. Elle est en fait parfaitement neutre.

(33) De Civ., 12 janv. 1857 (*D.P.* 1857, 1, 278 ; *S.* 1857, 1, 349) à Com., 5 nov. 1968 (*Bull. civ.* IV, n° 306, p. 275 ; *D.* 1969, 314). — De L. GUILLOUARD (*Tr. du cautionnement et de la transaction*, Pédone, 1895, n° 119, p. 135) à P. SIMLER (*Le cautionnement*, n° 470) jurisprudence et doctrine admettent unanimement cette solution.

(34) En voir quelques exemples *in* C. MOULY, *Les causes d'extinction du cautionnement*, Litec, Paris, 1979, n° 32, p. 55.

C. — La nullité du paiement

202. — La possibilité et les conséquences de la nullité. — Le paiement a beau être un fait et non un acte (35), les causes d'inefficacité qui le frappent sont englobées sous le vocable pratique mais erroné (36) de nullité : défaut de propriété du bien utilisé pour payer, défaut de capacité du solvens ou de l'accipiens, défaut de publicité dans la vente d'un fond de commerce ou d'un appartement en copropriété, défaut de respect d'opposition dans les mêmes cas, procédure collective, action paulienne, les causes pour lesquelles un paiement peut n'être pas valable sont nombreuses (37).

Si le paiement est anéanti par un « défaut de validité » ou une inopposabilité entraînant restitution forcée, la satisfaction qu'il avait fait naître est également anéantie. L'effet extinctif qui y était attaché disparaît aussi et le créancier qui a restitué le paiement qu'il avait reçu peut à nouveau poursuivre la caution (38).

§ 2. — Le paiement du cautionnement

203. — La poursuite de la caution. — Si le débiteur principal ne s'exécute pas, le créancier peut demander le paiement à la caution, sans même avoir à le demander d'abord au débiteur principal. L'affirmation vaut pour toutes les cautions, y compris les cautions simples. Celles-ci disposent exceptionnellement du bénéfice de discussion qui leur permet, à des conditions rigoureuses, de différer la poursuite à leur encontre. Si curieuse qu'elle soit, l'affirmation ne doit pas surprendre car elle correspond à la nature des sûretés : comme le titulaire de sûreté réelle peut choisir le bien grevé qu'il poursuivra, le titulaire de sûreté personnelle peut choisir le solvens qu'il poursuivra (v. *supra*, n° 189). En pratique, et pour de simples raisons de bon sens, le créancier poursuivra plus souvent le débiteur principal en premier. Néanmoins les cautions professionnelles sont quelquefois appelées avant le débiteur principal dont le créancier pressent l'impossibilité

---

(35) N. CATALA, *La nature juridique du paiement,* L.G.D.J., 1961, *Bibl. dr. pr.*, t. XXV, *passim* et spéc. n° 161.

(36) La nullité ne peut concerner que les actes juridiques. Le paiement est un fait. S'il n'est pas valable (comme indiquent avec prudence les art. 1238 et s. C. civ.) il reste un fait matériel, un paiement inefficace car il n'a pas emporté la satisfaction du créancier, seule condition nécessaire à l'extinction de l'obligation. S'il fait naître la satisfaction, il devient un fait juridique qui emporte extinction de la créance et du cautionnement accessoire.

(37) V. C. MOULY, *Les causes d'extinction du cautionnement,* Litec, Paris, 1979, n° 33 et s., p. 57 et s.

(38) Jurisprudence et doctrine retiennent la solution unanimement, l'hésitation n'apparaissant que dans les raisons de la retenir (*op. cit.*, n° 40, p. 63).

de s'exécuter. De même le créancier qui pressent la procédure collective du débiteur principal agira rapidement contre la caution.

La caution s'exécute parfois spontanément, plus souvent elle cherche les moyens de retarder ou d'éviter ce paiement en discutant notamment le moment du paiement (A), ses conditions (B) ou son montant (C).

Lorsqu'elle a payé, elle peut se faire rembourser (D).

A. — Le moment du paiement (échéance et exigibilité)

204. — L'effet du terme suspensif. — Par principe, le cautionnement étant accessoire, la caution ne doit payer que lorsque la créance est exigible à l'encontre du débiteur principal. Le terme suspensif de l'opération principale vaut aussi pour le cautionnement.

L'application la plus nette en est faite en matière de compte courant : si la caution résilie son cautionnement alors que le compte courant n'est pas clos, le créancier ne peut demander le paiement à la caution qu'après la clôture du compte, qui peut intervenir plusieurs années ou plusieurs dizaines d'années après la résiliation.

DIRECTIONS DE RECHERCHES

205. — L'importance du terme suspensif. — Les principes ainsi posés, il faut garder à l'esprit l'importance pratique considérable de la date du paiement pour toutes les parties.

— Le créancier a organisé sa trésorerie en fonction de la rentrée d'argent qu'il attend à la date convenue avec le débiteur principal : la ponctualité est primordiale dans les affaires (pour le banquier qui doit restituer à ses propres créanciers l'argent remboursé par le débiteur principal et qui est contraint de se refinancer sur le marché monétaire s'il ne reçoit pas paiement ; pour le fournisseur qui a accordé un paiement à 60 ou 90 jours et qui compte sur ces rentrées pour payer ses salariés, le fisc et l'U.R.S.S.A.F.). L'application des impératifs de rapidité et de sécurité des relations commerciales est quotidienne ; ils deviennent de plus en plus vrais dans les relations civiles. L'exigence d'un cautionnement est fondée sur ces nécessités, et c'est la raison pour laquelle on affirme que la caution garantit tout autant la ponctualité du paiement que la solvabilité du débiteur principal.

— La caution a pu prévoir le risque d'être appelée en paiement à l'échéance et aménager sa trésorerie en conséquence. Un report la gêne dans la mesure où il l'oblige à bloquer les sommes nécessaires plus longtemps, où il facilite l'aggravation de la situation du débiteur et où il fait courir les intérêts. Une exigibilité anticipée la gêne dans la mesure où elle la prive de l'échelonnement originairement prévu et où elle perturbe les prévisions de trésorerie. Le respect des dates souscrites est donc important pour la caution qui, détachée d'une dette qui n'est pas « la sienne » mais celle du débiteur principal, est démunie de moyens permettant de prévoir les modifications du terme suspensit et d'en atténuer les conséquences.

206. — Nécessité d'un terme suspensif ? — Le cautionnement se conçoit difficilement sans terme suspensif car il est lié au crédit, donc au report dans le futur de l'exécution par le débiteur de sa promesse. Le cautionnement apporte le surcroît de confiance qui manquait au créancier pour accepter le risque inhérent au crédit. C'est dans cette fonction que les common lawyers trouvent la *consideration*, condition fondamentale du cautionnement.

Un cautionnement à exécution immédiate se conçoit donc difficilement (39). Sa validité est même douteuse. L'incertitude quant à l'inexécution du débiteur principal fait défaut. Par hypothèse le créancier refuse d'octroyer un délai, sinon il y aurait terme suspensif ; on peut donc savoir si le débiteur est en mesure de s'exécuter. S'il le peut, le cautionnement est inutile ; s'il ne le peut pas, l'engagement n'est pas un cautionnement mais un engagement ferme de payer immédiatement la dette d'autrui, un paiement par intervention ou la délégation d'un nouveau débiteur. Cette position de première ligne est incompatible avec l'esprit de la garantie (40). Le cautionnement d'un insolvable est d'ailleurs fréquemment invoqué par les cautions pour critiquer la validité de leur engagement (*infra*, n° 272).

Malgré son importance, le terme suspensif est rarement stipulé dans le cautionnement. Celui de l'opération principale est implicitement étendu au cautionnement, par incorporation du mécanisme de l'accessoire. Très exceptionnellement on peut rencontrer un terme exprès, plus éloigné que celui du débiteur principal ou totalement différent (41).

207. — Les modifications du terme suspensif et les difficultés qui en résultent. — Le terme étant important, ses modifications unilatérales ou autoritaires pertuberont gravement l'ordonnancement contractuel. Des difficultés naissent donc de la déchéance du terme suspensif, déchéance frappant le débiteur principal d'une part, la caution d'autre part, et de la prorogation du terme, autoritaire ou convenue hors de l'accord de la caution.

1° La déchéance du terme du débiteur principal

208. — La règle de l'accessoire. — Le créancier peut demander la déchéance du terme en justice lorsque le débiteur diminue les sûretés (C. civ., art. 1088) ; plus souvent, le créancier a prévu une déchéance automatique du terme en cas d'inexécution par le débiteur d'une de ses obligations (par ex. le défaut de paiement d'une échéance d'un crédit remboursable par tempéraments). De même la liquidation judiciaire (42) emporte automatiquement déchéance du terme.

La question discutée est de savoir si, dans tous ces cas, la caution est obligée de payer en même temps que le débiteur ou si elle peut invoquer le terme originaire.

---

(39) Même si l'obligation est qualifiée telle, il y a toujours quelque délai qui justifie un cautionnement. Ex. : Req., 8 août 1872 : *S.* 1872, 1, 425 ; *D.* 1873, 1, 240. Le cautionnement garantissait le prix de marchandises payables comptant ; mais le créancier avait en fait accordé des délais, qui expliquaient le cautionnement.

(40) « Cautionner un insolvable n'est plus cautionner mais se faire codébiteur » : C. Gavalda et J. Stoufflet, *Chron. dr. banc. : J.C.P.* 76, I, 2801, n° 66, 2e col. *in pr.*

(41) Par ex. Civ. 1re, 25 juill. 1965 : *Bull. civ.* I, n° 496, p. 372 ; *D.* 1976, somm. 34, *Vis Contrats et obligations,* où la caution s'obligeait à rembourser un prêt « lors de la vente d'un local » et fut jugée bénéficiaire d'un terme propre.

(42) L. 25 janv. 1985, art. 160 ; de même le plan de cession globale des biens du débiteur en redressement judiciaire (art. 91).

Quatre arguments militent en faveur de l'extension à la caution de la déchéance affectant l'opération principale :

1) la règle de l'accessoire qui impose d'appliquer au cautionnement le régime de l'opération principale, y compris dans les modifications conventionnellement organisées du terme suspensif (43) ;

2) l'acceptation tacite par la caution des vicissitudes du remboursement qui sont le fait du débiteur : l'exigibilité anticipée devrait obéir au même régime que les clauses pénales par exemple, qui sont mises à la charge de la caution (*supra*, n° 154) (44) ;

3) la finalité du cautionnement qui est de « suppléer à la défaillance du débiteur dès que celle-ci se produit » (45), de garantir non seulement le paiement mais également la ponctualité du paiement ;

4) le respect des clauses du contrat (notamment de la clause de déchéance du terme) et la confiance du créancier dans ce respect (46).

209. — **L'équité justifie le bénéfice du terme originaire.** — Les tribunaux ont admis depuis longtemps (47) que la caution pouvait garder le bénéfice du terme originaire. La solution est généralement acceptée (48). La justification invoquée tient dans le fait que le cautionnement est un contrat séparé ! Ce serait oublier volontairement que c'est un contrat séparé *accessoire* et que le terme suspensif est rarement propre à la caution mais emprunté par accessoire au contrat principal. En réalité, quatre arguments soutiennent la solution :

1) la déchéance du terme est la conséquence d'une perte de confiance du créancier, qui justifie un paiement immédiat. Si la caution n'encourt pas les critiques qui font perdre confiance dans le débiteur principal et paraît en mesure de payer à l'échéance, il n'y a pas de raison de modifier les prévisions originaires. C'est peut-être la signification qu'il faut donner au visa de l'article 2015 du Code civil par la Cour de cassation au soutien de cette solution ;

---

(43) En d'autres termes, F. LAURENT écrivait : « le contrat devenu pur et simple à l'égard du débiteur, devient par cela pur et simple à l'égard de la caution » : *Principes de droit civil français,* t. XVII, Bruylant, 4e éd., 1887, n° 213, p. 226.

(44) On pourrait même y ajouter, s'il n'était erroné, l'argument de la représentation mutuelle entre coobligés solidaires : G. MARTY, P. RAYNAUD et P. JESTAZ, n° 591.

(45) G. MARTY, P. RAYNAUD et P. JESTAZ, *ibid.*

(46) Ce qui implique en sens contraire que toute stipulation d'un terme suspensif propre à la caution interdit de lui étendre la déchéance frappant le débiteur principal : Nîmes, 18 mars 1862 : *S.* 1862, 2, 5. — Bourges, 22 nov. 1889 : *Gaz. Pal.* 1889, 1, 642. Cet argument de respect des conventions ne couvre pas non plus les déchéances légales découlant de la procédure collective.

(47) Req., 3 juill. 1890. — Paris, 24 déc. 1842. — V. C. MOULY, *Les causes d'extinction du cautionnement,* Litec, Paris, 1979, n° 235, p. 287.

(48) V. P. SIMLER, *Le cautionnement,* n° 303, ainsi que la doctrine et la jurisprudence citées. En dernier lieu, Com., 5 oct. 1983 : *Bull. civ.* IV, n° 254, p. 220. — Civ. 1re, 30 oct. 1984 : *D.* 1985, I.R. 145.

Mais la Cour de cassation semble avoir inconsciemment renversé la solution en jugeant que l'obligation de la caution garantissant un crédit à la consommation était exigible dès la première échéance impayée par le débiteur (Civ. 1re, 24 fév. 1987 : *Bull. civ.* n° 64, p. 46 ; Rapport C. cass. 1987, p. 196).

2) cette solution est appliquée au codébiteur solidaire et doit donc l'être *a fortiori* à la caution, même solidaire ;

3) le maintien du terme originaire ne dérange pas les prévisions économiques du créancier ;

4) le réalisme incite à faire bénéficier la caution de l'étalement initialement prévu du remboursement ; comme très souvent les cautions ne sont pas en mesure de payer d'un seul coup ce que le débiteur ne pouvait pas payer lui-même d'un seul coup, le maintien du terme originaire facilite le règlement.

La caution est donc censée avoir un terme suspensif propre même en l'absence de toute stipulation en ce sens. Peut-elle en accepter la déchéance ?

2° La déchéance du terme du cautionnement

210. — L'extension conventionnelle au cautionnement de la déchéance affectant le contrat principal. — Est-il possible de concevoir une clause imposant la déchéance du terme du cautionnement en même temps que la déchéance du terme de l'opération principale, pour lutter contre la solution jurisprudentielle qui maintient toujours le terme originaire pour la caution ?

Une telle clause est presque systématique dans les cautionnements bancaires, pour rendre efficace envers la caution la déchéance conventionnelle du terme du débiteur. Les tribunaux la respectent et les auteurs l'admettent, au nom même de l'autonomie des volontés qui fondait la solution contraire en l'absence de clause (49).

Pourrait-on imaginer son application au cas de redressement judiciaire ? La loi de 1985 (art. 56) interdit toute clause emportant déchéance du terme du débiteur principal en cas de redressement judiciaire. Le législateur s'est laissé prendre au mirage du renflouement des entreprises sous main de justice et souhaite que le débiteur insolvable puisse bénéficier de tous les délais, y compris ceux qui étaient convenus par contrat. Peut-on néanmoins prévoir une déchéance de la caution en cas de redressement judiciaire du débiteur principal ? Le caractère accessoire du cautionnement (C. civ., art. 2013) paraît s'y opposer, puisque la caution paierait avant le débiteur. C'est d'ailleurs ce qui a déterminé la Cour de cassation dans sa décision d'invalider les déchéances du terme appliquées à la caution en cas de redressement judiciaire du débiteur principal (50).

Mais il ne faut pas oublier que la procédure collective est une circonstance exceptionnelle dans laquelle la finalité du cautionnement (garantir le créancier contre cette insolvabilité) prime le principe de l'accessoire. Ainsi les délais ou remises obtenus par le créancier en cas de redressement judiciaire ne profitent pas à la caution (*supra*, n°s 156-159). De plus, le paiement par la caution soulagerait

(49) Civ. 1re, 30 oct. 1984 : *Bull. civ.* I, n° 290 ; *D.* 1985, I.R. 145. — G. MARTY, P. RAYNAUD et P. JESTAZ, n° 591, *in fine*. — Com., 11 juill. 1988 (*Bull. civ.* IV, n° 236, p. 163 ; *Gaz. Pal.* 1988, pan. 260) admet même que la déchéance du terme de l'opération principale « soit opposable à la caution qui a accepté globalement que "toutes les clauses et conditions du contrat de crédit-bail (le contrat garanti) lui soient opposables comme si le contrat avait été revêtu de sa propre signature" ».

(50) Com., 14 nov. 1989 : *Bull. civ.* IV, n° 285, p. 193.

d'autant le débiteur principal et favoriserait son renflouement (51) ! La clause de déchéance du terme propre au cautionnement en cas de redressement judiciaire du débiteur principal devrait donc être efficace ; il a même été jugé que la clause générale et habituelle d'extension à la caution des déchéances du terme frappant le débiteur principal était suffisante (52) alors qu'une clause spéciale serait mieux venue pour déroger à une solution contraire en législation.

3° La prorogation du terme de l'opération principale

211. — L'absence d'effet de la prorogation accordée au débiteur. — Les délais que le créancier accorde de son plein gré au débiteur principal, en sus de ceux qui étaient prévus à l'origine, sembleraient pouvoir être invoqués par la caution : le caractère accessoire du cautionnement et l'absence momentanée d'exigibilité de l'opération principale justifieraient cette extension des prorogations du terme suspensif (53).

Pourtant la jurisprudence semble plus ferme : la caution solidaire ne peut pas trouver dans la prorogation de terme accordée au débiteur principal un argument pour retarder son paiement. Les décisions sont peu nombreuses et peu claires (54), mais la solution est constante. Quant à la caution simple, elle n'a pas donné matière à contentieux judiciaire significatif (55). On peut en déduire que les créanciers qui accordent expressément ou tacitement une prorogation de terme s'interdisent spontanément de poursuivre la caution (56) et que ce comportement doit être codifié. Ce serait ignorer les fondements du crédit. La vraie question est de savoir ce que peut le créancier qui souhaiterait mettre en jeu la garantie avant de poursuivre le débiteur auquel il a accordé un répit.

---

(51) La doctrine est hésitante : C. GAVALDA et G. PARLEANI, *J.-Cl. Banque et crédit,* fasc. 740 (cautionnement), n° 95. — G. MARTY, P. RAYNAUD et P. JESTAZ, n° 591, spéc. note 1. — P. DELEBECQUE, *Encycl. Dalloz ; Rep. dr. com., V° Cautionnement,* n° 28.

(52) Clause des formulaires rédigés par la B.N.P. stipulant dans le contrat principal que la procédure collective est une cause de déchéance du terme et dans le cautionnement que la caution doit payer « dans les mêmes conditions d'exigibilité normale ou anticipée que l'emprunteur » : Trib. com. Bordeaux, 7 mai 1987 : *Gaz. Pal.* 1987, 2, p. 739, note approb. M.-J. CAMPANA ; *Banque* 1987, p. 723, obs. J.-L. RIVES-LANGE ; cette solution est généralement approuvée.

(53) C'est la position adoptée par la grande majorité des auteurs pour la caution simple, à laquelle ils accordent le choix entre payer immédiatement si elle y trouve avantage et refuser de payer avant l'exigibilité prorogée de l'opération principale (v. l'exposé de cette doctrine *in* P. SIMLER, *Le cautionnement,* n°s 288 et 299. — *Adde :* G. MARTY, P. RAYNAUD et P. JESTAZ, n° 593. — V. la critique de cette doctrine *in* C. MOULY, *Les causes d'extinction du cautionnement,* Litec, Paris, 1979, n° 236, p. 291). — Quant à la caution solidaire, les mêmes auteurs la privent en général de l'option, considérant qu'elle doit payer à l'échéance (sauf P. SIMLER, *Le cautionnement,* n° 290).

(54) V. notamment Com., 14 fév. 1972 : *Bull. civ.* n° 55, p. 55 ; *Gaz. Pal.* 1972, 2, 639 ; *Rev. trim. dr. com.* 1972, p. 967, obs. M. CABRILLAC et J.-L. RIVES-LANGE.

(55) C. MOULY, *Les causes d'extinction du cautionnement,* Litec, Paris, 1979, n° 236, p. 291, note 1.

(56) P. SIMLER, *Le cautionnement,* n° 290.

En application de la nature même du cautionnement, il faut reconnaître au créancier la possibilité d'obtenir paiement à l'échéance par le garant, même s'il a consenti au débiteur principal une prorogation de terme. En effet l'exécution conforme aux modalités originaires, et donc à la date prévue, est la raison d'être du cautionnement. La garantie de l'échéance fait partie de la garantie procurée par le cautionnement. Que le créancier compatissant ou soumis à l'impécuniosité présente du débiteur lui accorde quelque grâce ne doit pas « geler » sa garantie. Et aucune distinction n'est à faire entre caution simple et caution solidaire. Bien sûr la raison d'être des délais joue un grand rôle, et des délais qui ne seraient pas la conséquence de difficultés financières du débiteur mais de faiblesses de la créance, par exemple manque de liquidité ou possibilités de contestation non encore clarifiées, pourraient être invoqués par la caution au titre des exceptions propres à la dette.

212. — Les effets pervers pour la caution de la prorogation (C. civ., art. 2039). — Les cautions ont essayé de tirer de la prorogation volontaire de terme d'autres arguments, disant que leurs prévisions s'en trouvent faussées, parce qu'elles ne peuvent pas payer au moment prévu à l'origine et surtout parce que la situation du débiteur risque de s'aggraver fortement pendant le délai supplémentaire octroyé par le créancier, ce qui diminue leurs chances de remboursement.

Le dilemme est alors de protéger le créancier bienveillant ou de protéger la caution prévoyante, chacun des deux méritant considération. L'article 2039 du Code civil pose une règle de bon sens qui ne fait que reprendre le droit commun découlant des principes du cautionnement : la prorogation du terme n'est pas une cause d'extinction du cautionnement. Cette prorogation n'ayant pas été acceptée par la caution, celle-ci peut, disent les articles 2039 et 2032, 4°, poursuivre le débiteur pour le forcer au paiement alors qu'elle-même n'a pas payé ; elle peut aussi payer spontanément et se retourner contre le débiteur qu'elle a averti, sans que celui-ci puisse invoquer le délai supplémentaire octroyé par le créancier. C'est encore une manifestation du caractère onéreux pour le débiteur de l'existence d'un cautionnement.

L'article 2039 du Code civil est fréquemment appliqué par les tribunaux, montrant que la règle est mal perçue par les cautions qui contestent souvent leur obligation en ce cas. Le débat porte plus particulièrement sur l'inaction du créancier : faut-il l'assimiler à la prorogation de terme que vise la loi, et donc maintenir le cautionnement, ou l'en distinguer et se donner alors les moyens de l'éteindre ? Une large majorité des décisions assimilent l'inaction à la prorogation de terme (57).

213. — Les stipulations d'extinction en cas de prorogation accordée sans consentement. — On trouvait il y a encore 10 ans dans les cautionnements notariés une clause spéciale qui a tendance à disparaître

(57) En voir l'étude *in* C. Mouly, *Les causes d'extinction du cautionnement,* Litec, Paris, 1979, n° 240, p. 294 et s.

aujourd'hui et selon laquelle « (le créancier) ne pourra accorder aucune prorogation de délai à ses débiteurs sans le consentement exprès et par écrit de (la caution), sous peine de perdre tous recours et actions contre cette dernière ». Nombre de formulaires notariaux ou sous seing privé la prévoyaient (58). Elle est aujourd'hui essentiellement utilisée par les cautions professionnelles face à des créanciers qui ne le sont pas ; le simple retard de poursuite est ajouté à la prorogation comme cause de libération.

La principale difficulté porte sur le sens à donner à l'inaction du créancier (59) : doit-on l'assimiler à une prorogation de terme et alors libérer la caution, ou relever l'absence de volonté qui la caractérise et juger qu'il n'y a ni retard au sens conventionnel ni prorogation ? La solution consiste à sonder les faits et les volontés ; le plus souvent la caution n'est pas libérée (60).

214. — L'impossibilité d'invoquer les délais légaux ou judiciaires accordés au débiteur. — Toutes les raisons qui justifient le maintien des obligations de la caution en cas de délai accordé spontanément par le créancier sont encore plus fortes lorsque le délai est un moratoire légal (61) ou une grâce judiciaire sur le fondement de l'article 1244 du Code civil (62).

La procédure collective appelle le même constat, quelle que soit sa forme. Chaque fois que l'autorité intervient dans les relations contractuelles pour donner au débiteur un répit dans l'espoir fallacieux d'un renflouement, elle accroît la perturbation des prévisions sur lesquelles était fondé le contrat. Cet accroissement justifie que la caution, qui garantit l'échéance autant que le montant, soit tenue de payer selon les stipulations du contrat. S'y ajoute le fait que ces délais ne sont que la suite de l'impécuniosité du débiteur, c'est-à-dire la suite de la survenance du risque assumé par la caution (63).

---

(58) En voir une liste *in* C. Mouly, *Les causes d'extinction du cautionnement,* Litec, Paris, 1979, n° 247, p. 310.

(59) M. Dagot, *De la clause aux termes de laquelle le créancier ne peut consentir une prorogation de délai au débiteur à peine de perdre tous ses recours contre la caution : J.C.P.* 73, I, 2577.

(60) Dernièrement, Civ. 1re, 5 juin 1984 : *Bull. civ.* I, n° 185, *Rép. Defrénois* 1985, 856, obs. G. Vermelle ; arrêt important puisque rendu en période de protection judiciaire intensive des cautions. — G. Marty, P. Raynaud et P. Jestaz, n° 594.

(61) Les derniers à en bénéficier furent les rapatriés d'Algérie ; pour leurs cautions le législateur eut également des faiblesses, les faisant implicitement puis expressément bénéficier du moratoire. — V. P. Simler, *Le cautionnement,* n° 297.

(62) La jurisprudence est univoque, notamment en cas de délai de grâce : P. Simler, *Le cautionnement,* n° 296. — La justification donnée est que ces délais seraient personnels au débiteur principal. L'affirmation est fausse car de tels délais affectent certainement la créance et constituent donc des exceptions réelles. Mais par substitution de motif la solution mérite d'être retenue.

(63) P. Simler, *ibid.*

Ainsi les délais résultant d'un concordat (64), d'un plan judiciaire de renflouement (65), d'un règlement amiable (66) ou même simplement des lenteurs des procédures collectives (67) ne permettent à la caution ni de retarder le paiement ni d'être libérée.

4° Le paiement à première demande et sans délai ?

215. — Combinaison du cautionnement et d'une clause de paiement à première demande. — Certains créanciers particulièrement exigeants ont inséré dans leurs formulaires de cautionnement une clause stipulant que la caution doit payer « à première demande et sans soulever quelque exception que ce soit », ou encore « sans délai ». L'administration avide de donner le mauvais exemple a inclus cette obligation dans son Code des marchés publics (68). Si le contexte et le reste

---

(64) L. 13 juill. 1967, art. 49. — Rappr. C. MOULY, *Les causes d'extinction du cautionnement,* Litec, Paris, 1979, n° 155, p. 176, sur la nature procédurale du concordat, qui vise à déterminer le dividende que recevra le créancier, et qui explique que la caution ne puisse en bénéficier.

(65) L. 25 janv. 1985, art. 64, al. 2. — L'oubli de la caution simple dans ce texte n'est dû qu'à une erreur de droit du ministre de la Justice et doit être écarté : toutes les cautions sont soumises à la même impossibilité d'invoquer le plan : P. SIMLER, *Le cautionnement,* n° 300, à propos du plan dans la suspension provisoire des poursuites que remplace le redressement judiciaire aujourd'hui. — G. MARTY, P. RAYNAUD et P. JESTAZ, n° 592. — C. MOULY, *Les causes d'extinction du cautionnement,* Litec, Paris, 1979, n° 149, p. 167.

Sur l'erreur du législateur dans l'art. 64, al. 2 : il semblerait que le ministre de la Justice ait justifié l'admission de la caution simple au bénéfice des délais et remises du plan par le fait « qu'elle n'est tenue que dans la mesure où le paiement a été en premier lieu demandé (au débiteur principal), *en raison du bénéfice de discussion* » (*J.O.* déb. Ass. nat., 9 avril 1984, p. 1300). Si cela est, l'erreur qui a conduit à la rédaction de l'art. 64, al. 2, impose de considérer l'insertion du qualificatif *solidaire* comme non avenue puisque la simple lecture des art. 2021 et s. C. civ. permet de voir que les conditions du bénéfice de discussion ne sont pas remplies lorsque le débiteur principal bénéficie d'une procédure collective. En effet, tous les immeubles du débiteur sont litigieux, puisque insaisissables (art. 2033 C. civ. : v. P. SIMLER, *Le cautionnement,* Litec, 1982, n° 330). En outre, l'esprit même de l'institution interdit son application : comment donc le créancier pourrait-il *discuter* les biens du failli ? Cette erreur est à l'image de celles commises plus généralement dans la loi du 25 janv. 1985.

(66) Aucun article de la loi du 1er mars 1984 ne dispose sur ce problème, mais les raisons de décider comme dans les autres procédures collectives se retrouvent : absence de vraie liberté du créancier, défaillance du débiteur, procédure imposant ses contraintes au créancier (v. G. MARTY, P. RAYNAUD et P. JESTAZ, n° 592).

(67) Comp. la réponse nuancée de G. MARTY, P. RAYNAUD et P. JESTAZ, n° 595, pour le délai de vérification des créances, que la Cour de cassation refuse à la caution solidaire aux mauvais prétextes qu'elle peut intervenir dans la procédure d'admission (Com., 13 mars 1985 : *Juris-Data,* n° 1121) ou qu'elle est privée du bénéfice de discussion (Com., 30 juin 1987 : *J.C.P.* 87, IV, p. 310 ; *Gaz. Pal.* 1987, pan. 215 ; *Banque* 1987, p. 1207, obs. J.-L. RIVES-LANGE). — Certaines cours d'appel l'accordent : Nancy, 19 fév. 1986 : *Juris-Data,* n° 40973. — Poitiers, 2 sept. 1987 : *Banque* 1987, p. 1096, obs. J.-L. RIVES-LANGE. — *Adde* Trib. com. Lille, 8 avril 1988 : *Les Petites Affiches,* n° 66, 1er juin 1988, p. 26. C'est en termes d'existence et de certitude de la créance qu'il faut raisonner et non en termes de délai.

(68) L'art. 144 *in fine* de ce code impose que le paiement soit fait « sans que la caution puisse (le) différer ou soulever de contestation pour quelque motif que ce soit ». Les cautions professionnelles seules admises à donner ces cautionnements imposent à leur tour la même formule dans les contre-garanties qu'elles prennent sur le débiteur principal ou ses dirigeants.

des dispositions du contrat ne conduisent pas à la qualification de garantie indépendante, la conciliation du caractère accessoire du cautionnement avec une obligation de payer en dépit d'exceptions potentielles est délicate. Le conseil prodigué par l'article 1161 du Code civil trouve ici une application judicieuse : « les clauses des conventions s'interprètent... en donnant à chacune le sens qui résulte de l'acte entier ». *En conséquence, la stipulation d'un paiement immédiat et sans délai ne peut priver la caution des moyens de défense qu'elle détient à titre personnel ou par accessoire, et lui permet en ce cas de différer le paiement* (69).

La situation de la caution serait sinon plus lourde que celle du débiteur principal, ce que proscrit l'article 2013 du Code civil. En outre le paiement à première demande se heurterait aux obligations mises à la charge de la caution par l'article 2031 du Code civil d'aviser le débiteur principal avant de payer sous peine de ses recours en remboursement.

Dans une autre interprétation, la Cour de cassation y a vu divinatoirement une simple renonciation à contester le montant de la créance tel qu'établi par le créancier (70).

Plus récemment, certains juges sont enclins à qualifier un tel contrat de garantie à première demande même en matière interne, surtout lorsque le créancier est une forme de l'État (71).

DIRECTIONS DE RECHERCHES

216. — Les critères de distinction de la garantie indépendante et du cautionnement. — Pour affiner la recherche de l'esprit général du contrat, les juristes suisses, confrontés depuis longtemps à ce problème en raison de la réglementation excessive du cautionnement et de l'ancienneté de la garantie indépendante qui en est l'exutoire, usent du critère d'intérêt personnel du garant à l'opération principale que nous utilisons pour le caractère commercial. Si la caution a intérêt à la réalisation de l'opération principale, son engagement sera souvent qualifié de garantie indépendante, et de cautionnement si l'intérêt fait défaut (72).

Les usages sont aussi d'un grand secours dans la difficile recherche d'une qualification.

217. — Régime particulier pour les cautions professionnelles ? — Payer vite est au moins aussi important que payer bien. Les cautions professionnelles le savent et veulent se démarquer des cautions profanes en exécutant sans discussion, dès que le créancier le leur demande. Les clauses de paiement à première demande sont alors souhaitées par la caution autant que par le créancier.

---

(69) Comp. le débat ouvert sur cette question lors du colloque FEDUCI sur les sûretés en 1983, in *Les sûretés*, Paris, Feduci, p. 270-273. — *Adde* : la synthèse par A.-M. STRANART, *op. cit.*, p. 562 *in fine* et 563.

(70) Civ., 22 mars 1982 : *D.* 1982, I.R. 498, sur un formulaire de la Société générale.

(71) Ainsi à propos de l'art. 144 C. marchés publ. (formule de cautionnement AFNOR : NF-K 11-571-1). Les juges oublient souvent leur rôle de protecteur de l'administré au risque de se faire les serviteurs de l'État.

(72) D. MUEHL, *Les garanties du crédit en Suisse : Rev. dr. aff. int.* 1987, p. 701 et s., spéc. p. 707.

— Suffisent-elles à mettre la caution à l'abri de la perte de son recours en remboursement (C. civ., art. 2031) (v. C. Mouly, *Les causes d'extinction du cautionnement,* Litec, Paris, 1979, n° 22, p. 42) ?

— La demande du créancier suffit-elle à constituer une poursuite au sens de l'article 2031 C. civ. (ce qu'admet la cour de Paris s'agissant du fisc « les termes de la lettre de l'Administration, si courtois fussent-ils, s'analysent en une invitation expresse et comminatoire de s'exécuter », Paris, 15e ch., 26 mars 1971, *Soc. Legrand* c. *L'étoile commerciale*) ? Et comment combiner le paiement à première demande et l'avis légal au débiteur ?

— Peut-on les comparer aux obligations de payer à bref délai, résultant du droit cambiaire (avaliseur : v. R. Roblot, *Les effets de commerce,* Sirey, 1975, n° 255, p. 216 et 217) ou du droit fiscal (cautionnement d'impôts contestés : v. L.-M. Martin, chron. in *Banque* 1963, p. 199) ?

— La caution peut-elle s'exécuter malgré l'ordre contraire de son client, débiteur principal (v. Com., 14 janv. 1963 : *Banque* 1963, p. 199, préc., qui le lui permet, s'agissant d'une exigence du fisc !) ?

— La qualité de banquier emporte-elle présomption de garantie indépendante lorsque l'acte est ambigu (v. Paris, 1er juill. 1986 : *D.* 1987, somm. 448, obs. L. Aynès ; et le remarquable article de J. Terray, *Le cautionnement : une institution en danger : J.C.P.* 87, I, 3295, spéc. nos 6 à 8) ?

B. — Les conditions du paiement

218. — Conditions peu nombreuses afin de rendre la sûreté efficace. — La caractéristique majeure du cautionnement est d'être une sûreté : il doit donc conférer au créancier une commodité de paiement. En conséquence, il n'a pas besoin d'établir qu'il a vainement poursuivi le débiteur principal, à la différence des conditions de la poursuite des membres d'un groupement indéfiniment responsables (73). Quant au bénéfice de discussion, il n'est qu'un bénéfice dilatoire qui n'annule pas la demande en paiement faite à la caution mais en retarde seulement l'effet, à certaines conditions assez restrictives (v. *infra*, n° 322).

Les conditions du paiement sont donc réduites à trois :

— que le créancier établisse et déclare sa créance (1°) ;

— pour protéger le débiteur, que la caution l'avertisse des poursuites et du paiement qu'elle envisage (2°) ;

— enfin, et pour un cas particulier, qu'il y ait une opération principale à payer (3°).

1° Précision et déclaration de la créance

219. — L'obligation de tout demandeur de préciser sa demande et d'établir la réalité de sa créance. — Le créancier doit exactement indiquer combien il estime lui être dû. Très souvent les créanciers

(73) — art. 1858 C. civ. pour les sociétés civiles (v. Civ. 3e, 8 avril 1987 : *Les Petites Affiches* 15 fév. 1988, p. 15) ;
— art. L. 111-2 C. constr. et hab. pour les sociétés de construction ;
— art. 4, al. 2, Ord. 23 sept. 1967 sur les G.I.E. (une vaine mise en demeure).
— V. Com., 30 juin 1987, qui étend la règle au cas où le G.I.E. n'était pas immatriculé ;
— art. 10, al. 2, L. 24 juill. 1966 pour les S.N.C. (une vaine mise en demeure).

professionnels négligent cet acte pourtant essentiel et demandent la condamnation des cautions pour le montant maximal du cautionnement ou pour la totalité des créances calculées de façon abstraite, sans tenir compte des paiements déjà faits par le débiteur ou un tiers, cofidéjusseur par exemple, ou des diminutions de créance qui sont intervenues. Les tribunaux ne sont en général pas suffisamment vigilants en cette matière (v. *supra*, n° 170).

220. — La déclaration de la créance en cas de procédure collective. — Les créanciers d'un débiteur bénéficiant d'une procédure collective doivent faire connaître leur créance au mandataire chargé d'établir l'ampleur des dégâts. De cette mesure de saine administration d'une procédure collective la loi a fait un moyen de spoliation des créanciers en éteignant les créances non déclarées dans un délai fort court. Le créancier qui ne déclare pas et obtient de la caution un paiement postérieur à la clôture des opérations prive la caution d'une possibilité d'obtenir un éventuel remboursement. Jusqu'en 1984, et depuis 1989, la Cour de cassation décide que le créancier ne commet aucune faute en ne déclarant pas sa créance avant de poursuivre la caution (v. *infra*, n° 305).

Jusqu'en 1984, prétexte était pris de la possibilité que l'article 2032-2° C. civ. donne à la caution de produire elle-même dans la procédure collective du débiteur. Cette solution pouvait être injuste car la caution n'a pas toujours les mêmes moyens d'information que les créanciers et surtout car elle n'a pas intérêt à rappeler au créancier qu'il peut la poursuivre par une manifestation intempestive de son existence. Cette solution avait aussi l'inconvénient rationnel de retourner contre la caution un texte de loi — l'article 2032 C. civ. — qui est destiné à la protéger (74). Elle violait donc la raison d'être du texte.

La Cour de cassation, dans un arrêt de la chambre commerciale du 19 juin 1984 (75), a opéré un revirement très net et sanctionné le créancier qui n'a pas produit (aujourd'hui on dit : qui n'a pas déclaré sa créance) par la forclusion qu'impose le droit des procédures collectives et qui libère la caution. A tout le moins et même s'il n'est pas forclos, le créancier doit prouver qu'il a déclaré sa créance dans les formes alourdies et les délais abrégés de la loi du 25 janvier 1985 (76).

Depuis 1989, on justifie davantage le maintien du cautionnement par l'affirmation que la forclusion du créancier dans la procédure collective serait une exception purement personnelle. En fait les excès de rigueur et d'injustice de la loi du 25 janvier 1985 (77) ont conduit

---

(74) Sur le débat, v. C. Mouly, *Les causes d'extinction du cautionnement,* Litec, Paris, 1979, n° 158, spéc. p. 182.

(75) *Bull. civ.* IV, n° 198, p. 165 ; *J.C.P.* 86, II, 20569, note approb. M. Storck ; *D.* 1985, p. 140, note approb. A. Honorat et *D.* 1986, I.R. 7, obs. crit. F. Derrida ; *Banque* 1985, p. 307, obs. J.-L. Rives-Lange.

(76) V. G. Marty, P. Raynaud et P. Jestaz, n° 609. — P. Simler, *Le juge et la caution. Excès de rigueur ou excès d'indulgence ? : J.C.P.* 86, éd. N, I, p. 169, nos 11-14.

(77) L'art. 53, dern. al., L. 25 janv. 1985 prétend que le défaut de déclaration éteindrait le droit du créancier. Ce serait une spoliation inadmissible et contraire aux droits fondamentaux dont s'honore notre civilisation ; en revanche, ce défaut peut éteindre sa créance *dans la procédure collective*, c'est-à-dire empêcher sa collocation. La libération de la caution est ainsi justifiée puisqu'aucune subrogation n'est possible dans la procédure collective.

une part grandissante des auteurs et quelques tribunaux (78) à contester que la forclusion découlant de la procédure collective puisse libérer la caution (79). La Cour de cassation semble lentement opérer un nouveau revirement, puisqu'elle vient de considérer que l'inopposabilité au débiteur et à la masse de la créance non produite (il s'agit de l'ancienne procédure collective de liquidation des biens) ne peut pas être invoquée par la caution « du fait de son caractère personnel » (80). L'affirmation n'est pas vraiment une motivation et on voit mal pourquoi l'inopposabilité de la forclusion ne serait pas inhérente à la créance alors qu'elle découle du défaut de déclaration de cette créance. Mais même si la justification est douteuse, la solution semble plus équitable aujourd'hui (81), d'autant que les tribunaux deviennent très (trop ?) rigoureux dans l'application des forclusions sanctionnant la déclaration de créance.

Malgré ces excès des procédures collectives, il est illogique que la caution ne puisse pas obtenir des tribunaux d'attendre le résultat de la vérification des créances dans le cadre de la procédure collective pour la condamner à payer (82). En effet, le risque de contrariété de décision et la difficulté de connaître les moyens que le débiteur pourrait invoquer tels que compensation, défauts d'exécution par le créancier, paiement partiel (qui sont fréquents en cas de procédure collective) justifierait cette attente. Mais l'équité et la finalité du cautionnement conduisent

---

(78) V. par ex. la note de F. DERRIDA intitulée *Résistance à la jurisprudence de la Cour de cassation,* sous Lyon, 18 nov. 1988 : *D.* 1989, p. 71, qui approuve cette juridiction d'avoir maintenu le cautionnement alors que le créancier n'avait pas déclaré sa créance et n'avait même pas sollicité un relevé de forclusion, au motif que « l'extinction de la créance en vertu de l'art. 53... découlant de l'insolvabilité du débiteur principal, de laquelle le cautionnement avait précisément pour objet de garantir le créancier, et voulue par la loi en vue de la sauvegarde de l'entreprise du débiteur... constitue une exception purement personnelle à ce dernier, de sorte qu'elle demeure sans effet sur l'exercice de l'action dirigée contre la caution ».

(79) V. *infra*, n°s 299 et 305. Tout au plus pourrait-elle être libérée dans la mesure du remboursement qu'elle aurait obtenu dans la procédure collective, et qui serait souvent nul : P. SIMLER, *Le juge et la caution,* préc., n° 14.

(80) Com., 21 mars 1989 : *Bull. civ.* IV, n° 94, p. 62.

(81) V. l'argumentation percutante développée par F. DERRIDA sous cet arrêt : *D.* 1989, J, p. 475-476. Il relève :

— que l'exception au caractère accessoire du cautionnement qui en découle est justifiée par le fait que le débiteur est insolvable, et que le cautionnement a pour finalité de pallier cette insolvabilité ;

— que le bénéfice de subrogation (C. civ., art. 2037) n'est applicable que si le créancier avait un droit préférentiel.

Il tente aussi de justifier le caractère personnel au débiteur principal du moyen de défense tiré de la forclusion en relevant que les bénéficiaires de la forclusion sont les autres créanciers du débiteur, et que l'analogie n'est pas recevable avec la protection des rapatriés, qualifiée d'exception inhérente à la dette, car la dette du débiteur principal est le plus souvent liée à une exploitation professionnelle (?).

(82) Com., 30 juin 1987 : *J.C.P.* 87, IV, p. 310 ; *Gaz. Pal.* 1987, pan. 215 ; motif est pris que la caution solidaire est privée du bénéfice de discussion et qu'elle serait représentée par le débiteur principal. Le premier motif est inopérant car la contestation que soulève la caution n'est pas liée à la possibilité d'un paiement par le débiteur principal mais à l'établissement de la créance, et car même pour la caution simple le bénéfice de discussion ne peut pas être opposé lorsque l'insolvabilité du débiteur est constatée par sa procédure collective. Le deuxième motif est faux (V. *infra*, n° 331, l'absence de représentation entre codébiteurs solidaires).

à la solution inverse. La vérification des créances dure souvent plusieurs années ; le cautionnement garantit la ponctualité du paiement autant que son montant et il serait donc inéquitable et contraire au but de cette sûreté d'imposer au créancier de si longs délais.

DIRECTIONS DE RECHERCHES

221. — Le problème de la preuve du paiement par la caution. — Certains juges assimilent la caution au débiteur et exigent qu'elle fasse la preuve du paiement de la dette principale, même si ce paiement émane d'un tiers, d'un débiteur principal dont elle ignore tout, d'un codébiteur non cautionné, d'un cofidéjusseur éloigné, d'un assureur de dommages, etc. L'affirmation doit être nuancée. Certes l'article 1315, al. 2, C. civ. rappelle une solution d'évidence : « celui qui se prétend libéré doit justifier le paiement... » ; mais ce sage précepte doit se comprendre à la lumière de celui que rappelle l'alinéa 1er du même article : « celui qui réclame l'exécution d'une obligation doit la prouver », et la Cour de cassation a donné une hiérarchie à ces charges de preuve en affirmant que « si c'est au débiteur qui se prétend libéré de justifier de son paiement, il appartient *d'abord* à celui qui réclame l'exécution d'une obligation de la prouver » (83).

La difficulté s'accroît lorsque les paiements ont été partiels, échelonnés, par des personnes différentes, et que la créance a été produite dans une procédure collective où elle a fait l'objet d'un semblant de vérification. Certains créanciers se contentent de produire en justice le contrat originaire et l'état « soi-disant vérifié » des créances. Certains juges se contentent d'invoquer l'autorité de la chose jugée (*infra*, n° 226) et l'article 1315, al. 2, C. civ. pour donner un blanc-seing et la formule exécutoire au créancier.

Il ne faut pas oublier que la caution, débiteur accessoire, n'a pas toujours les moyens d'information sur la dette principale lui permettant de prouver son paiement. Il ne faut pas oublier que l'autorité de la chose jugée ne peut jouer qu'à condition « que la demande soit entre les mêmes parties, et formée par elles et contre elles en la même qualité » (C. civ., art. 1351), ce qui n'est pas le cas pour la vérification dans une procédure collective. Il ne faut pas oublier qu'évacuation des dossiers ne doit pas être synonyme d'arbitraire.

2° La caution doit avertir le débiteur

222. — Une obligation élémentaire. — Que la caution qui ne paye pas sa dette avertisse le débiteur est une précaution élémentaire que rappelle l'article 2031 du Code civil, dans l'intérêt commun des parties. Il faut d'une part éviter que la caution ne prive le débiteur principal de moyens de défense en payant aussitôt que le créancier le lui demande, et d'autre part conforter le recours en remboursement de la caution, qui n'est admis que si le paiement qu'elle a fait était justifié.

Plus qu'une condition du paiement propre au cautionnement, cette information préalable du débiteur principal est une condition découlant du régime normal du paiement et des remboursements qui le suivent.

Les cautions professionnelles, souvent désireuses d'honorer leurs engagements pour plaire au créancier, ont tendance à oublier cette obligation élémentaire.

(83) Soc., 12 juin 1981 : *Bull. civ.* V, n° 548, p. 412 ; l'attendu ainsi martelé a motivé la cassation.

3° L'existence d'une dette à payer

223. — L'hypothèse des restitutions dues par le débiteur après annulation de l'opération principale. — Le succès des cautions qui ont obtenu l'annulation de l'opération principale se retourne quelquefois contre elles. Lorsque le créancier a déjà exécuté son obligation (qui consiste le plus souvent à verser le montant du prêt), l'annulation de l'opération principale impose de remettre les parties en l'état antérieur au contrat annulé : le débiteur principal doit donc restituer la somme prêtée. La caution doit par principe payer la dette du débiteur principal et peut donc être condamnée à payer cette dette de restitution (84). La solution est controversée pour plusieurs raisons mais paraît néanmoins solidement fondée.

On objecte d'abord que les modalités de la restitution ne sont pas celles du contrat originaire : seul le capital doit être remboursé sans intérêts autres que légaux, ou même sans intérêts du tout si l'annulation est la conséquence d'une faute du créancier ; ce capital doit être restitué en une seule fois, alors que le contrat prévoyait souvent des remboursements par tempéraments ; le débiteur principal peut être condamné à des dommages-intérêts en sus des restitutions. La caution doit-elle tout cela ? Si l'on hésite sur la nature contractuelle de l'obligation de restitution, pourtant aussi justifiée que celle de l'obligation de garantie par exemple, cette obligation relève alors de la répétition de l'indû (85). De nature quasi délictuelle, elle est également couverte par le cautionnement (86).

L'équité semble oubliée par une présentation abstraite de la solution logique, qui est d'imposer à la caution de payer toutes ces sommes ; au cas concret pourtant l'équilibre est souvent rétabli. Pourquoi le créancier perdrait-il sa sûreté au motif que le débiteur principal a violé les règles du droit des sociétés, s'est trompé maladroitement ou parce que les parties n'ont pas respecté certaines formes validantes du contrat principal, par exemple ? La caution s'était engagée à fournir un résultat économique que les vicissitudes affectant l'opération principale ne doivent pas atteindre.

On pense aussi que maintenir une obligation de restitution pour la caution alors que l'obligation du débiteur principal a été annulée contrevient à la règle de l'accessoire (87). En fait le cautionnement n'est pas atteint par le vice qui a justifié l'annulation de l'obligation principale : il serait seulement caduc, faute d'opération principale qui le supporte, s'il n'y avait pas d'obligation de restitution (88). Mais

(84) « Tant que les parties n'ont pas été remises en l'état antérieur à la conclusion de leur convention annulée, l'obligation de restituer inhérente au contrat de prêt demeure valable (et) le cautionnement, en considération duquel le prêt a été consenti, subsiste tant que l'obligation valable n'est pas éteinte » : Com., 17 nov. 1982 : *Bull. civ.* IV, n° 357, p. 301 ; *D.* 1983, 527 ; note crit. M. CONTAMINE-RAYNAUD ; *J.C.P.* 84, II, 20216, note approb. P. DELEBECQUE et C. MOULY. — Confirmé par Com., 18 avril 1985 : *Bull. civ.* IV, n° 114 ; *J.C.P.* 85, IV, p. 225, dans une espèce identique, puis par Com., 4 fév. 1986 : *Bull. civ.* IV, n° 1, p. 1 ; *Gaz. Pal.* 1986, pan. 69 ; *J.C.P.* 86, IV, p. 100, dans une espèce comparable.

(85) V. l'ensemble de l'argumentation *in* P. DELEBECQUE et C. MOULY, note préc., spéc. n°s 11-16.

(86) A quoi M. CONTAMINE-RAYNAUD oppose l'interprétation stricte de l'étendue du cautionnement (C. civ., art. 2015) : note préc., p. 530. Mais cette directive est respectée ici puisque la caution s'est bien engagée à garantir l'opération principale et qu'elle ne devra pas plus que ce que doit le débiteur principal en conséquence du contrat annulé.

(87) G. MARTY, P. RAYNAUD et P. JESTAZ, n° 577.

(88) C. MOULY, *Les causes d'extinction du cautionnement,* Litec, Paris, 1979, n° 201, p. 239. — P. SIMLER, *Le cautionnement,* n° 151. — P. MALAURIE et L. AYNÈS, 2e éd., n° 158.

si le débiteur doit encore quelque chose, la caution aussi (89). La Cour de cassation a nettement affirmé cette analyse dans son 3e arrêt sur la question, en rappelant que « si le cautionnement ne peut exister que sur une obligation valable, en cas d'annulation d'un contrat successif, seule la disparition des obligations nées de ce contrat peut entraîner la disparition du cautionnement, lequel conserve son efficacité à l'égard des obligations subsistantes » (90).

C. — Le montant du paiement

224. — La détermination du montant. — La caution doit ce que doit le débiteur principal, dans les limites de ce que prévoit le contrat de cautionnement. L'étendue de la garantie fait aujourd'hui difficulté, la Cour de cassation ayant compliqué sa détermination par une distinction délicate entre l'étendue définie au texte du cautionnement et celle inscrite dans la mention manuscrite (*supra*, nos 103 et s., et 164). Hors cette complication, la détermination est déjà fort contentieuse : la caution doit-elle les accessoires non contractuels (*supra*, n° 160 et s.) ? Les clauses pénales (*supra*, nos 154 et 168) sous réserve de la modération judiciaire ? Les frais d'autre nature (*supra*, n° 162) ?

Il faut au moins rappeler que la caution ne doit pas une dette différente : son obligation ne peut donc pas, en principe, porter intérêt supplémentaire ou à un taux majoré (91). Mais elle emporte intérêt de retard (92).

Et le créancier prévoyant peut préciser que le montant dû sera celui que sa comptabilité donnera, sous réserve de certains abus (v. Civ. 1re, 10 mai 1988 : *Bull. civ.* I, n° 133, p. 92 ; abus parfois commis par les juges : Com., 31 mai 1988 : *Bull. civ.* IV, n° 176, p. 123, qui fait payer à la caution une somme en partie éteinte par la vente du matériel cautionné).

225. — L'exécution par équivalent. — En principe, la caution doit seulement l'équivalent de ce que doit le débiteur principal. En consé-

---

(89) Dans l'arrêt de 1982, le contrat principal était un contrat de fourniture exclusive d'essence Shell, annulé au prétexte d'insuffisante détermination du prix des fournitures ; le cautionnement restait étranger à ce vice, d'autant plus que l'obligation cautionnée de rembourser le prêt accordé par Shell était différente des obligations proprement dites de fourniture. Dans l'arrêt de 1985, la situation était plus complexe encore puisque le prêt était connexe à deux contrats de fourniture dont un seul était nul. — P. SIMLER, *Le juge et la caution. Excès de rigueur ou excès d'indulgence ? : J.C.P.* 86, éd. N, I, p. 169, spéc. nos 29-30, y verrait une raison de réduire à ces hypothèses la solution du maintien du cautionnement.

(90) Com., 4 fév. 1986 préc., *Bull. civ.* IV, n° 1, p. 1 ; *Gaz. Pal.* 1986, pan. 69 ; *J.C.P.* 86, IV, p. 100.

(91) Pour les intérêts du solde débiteur d'un compte courant après sa clôture, v. P. BOUTEILLER, note au *J.C.P.* 82, C.I., II, 13771, p. 246-247, B de la note, qui estime justement que la caution doit les intérêts au taux conventionnel quand le débiteur principal les doit à ce taux.

(92) La Cour de cassation l'a rappelé à propos des conséquences de la résiliation d'un cautionnement : la caution doit les intérêts à compter de la résiliation qui marquait l'exigibilité de sa dette : Civ. 1re, 10 mai 1988 : *D.* 1988, I.R. 146 ; *Gaz. Pal.* 1988, pan. 182 et 183.

quence elle ne peut pas être contrainte de s'exécuter en nature si l'opération principale consistait en des obligations de faire. Par exemple, la garantie de bonne fin des constructions immobilières donnée par les banques se résout en somme d'argent (93). Toutefois l'usage ou une volonté contraire peuvent permettre ou imposer à la caution de s'exécuter en nature ; ainsi aux U.S.A. le garant ayant consenti un *performance bond* souhaite parfois diriger la fin des travaux d'exécution ; ou bien le créancier y trouve avantage et l'impose dans le contrat.

226. — La créance vérifiée dans la procédure collective du débiteur principal. — La caution qui se voit réclamer par le créancier le paiement d'une somme qui a été vérifiée et portée sur l'état définitif des créances dans le cadre d'une procédure collective du débiteur principal a souvent tendance à contester ce montant. En effet, la procédure de vérification des créances est plutôt rudimentaire et sa crédibilité dépend de l'opiniâtreté du débiteur et de la disponibilité du liquidateur. Noyée au milieu de la masse des créances, celle qui est garantie par la caution peut très bien ne pas être sérieusement vérifiée, surtout si le débiteur se désintéresse du sort de son entreprise ou est parti sous des cieux plus cléments, ou encore si l'on sait d'avance que l'actif ne représentera au mieux qu'un dixième ou un cinquième du passif, ce qui est le sort des trois quarts des procédures collectives. Enfin il est certain que les créances complexes, telles celles des banques ou des établissements de crédit-bail, ne sont pas examinées avec le sérieux nécessaire car le temps que la vérification demanderait serait disproportionné par rapport à l'enjeu d'un paiement impossible dans la procédure collective. Il y a donc de fortes présomptions que le brevet judiciaire de certitude de la créance que permet d'obtenir l'admission au passif puisse ne pas refléter l'exacte réalité.

Pourtant la Cour de cassation s'accroche au principe que la créance ainsi vérifiée et admise ne peut souffrir aucune contestation par la caution dans une procédure ultérieure. Pour la caution solidaire, elle soutenait maladroitement que la caution est représentée par le débiteur principal dans la procédure de vérification (94). La justification s'effondre avec la démonstration qu'il n'y a pas de représentation entre coobligés, même solidaires (95). Pour la caution simple, la Cour de cassation en vint à soutenir l'insoutenable : la faculté de contester l'état des créances ouverte à tout intéressé et que la caution n'a pas utilisée en temps opportun la priverait définitivement de toute possibilité de contestation (96). En généralisant ce raisonnement, on en viendrait à dire que la faculté de former la tierce opposition que l'article 583 N.C.P.C. ouvre à tout intéressé prive chacun de la possibilité de contester quelque jugement que ce soit et donc que tout jugement a effet *erga omnes* : le danger guette d'oublier les sains fondements du principe de relativité de la chose jugée.

Et pourtant la solution qui retire à la caution la faculté de contester la créance vérifiée dans une autre procédure n'est pas dépourvue de mérites. Elle traduit d'une part la nature de sûreté du cautionnement, qui garantit au créancier le paiement à bonne date de ce que doit le débiteur principal, et d'autre part la statistique intuitive que la créance admise correspond le plus souvent à la réalité. Les cautions sont ici victimes de leur propension à tout contester sans discerne-

(93) La détermination du montant n'est guère aisée. — V. Civ. 3e, 13 avril 1988, qui estime les travaux et éléments d'équipement qui ne sont pas indispensables à l'utilisation de l'immeuble n'entrent pas dans la garantie d'achèvement des art. L. 266-11-d et R. 261-17 C. constr. et habit.

(94) Com., 8 juin 1979 : *Bull. civ.* IV, n° 185 ; *D.* 1980, I.R. 67, obs. A. HONORAT et p. 211, obs. M. VASSEUR, et la jurisprudence citée par P. DELEBECQUE, *Encycl. Dalloz, Rép. dr. com., V° Cautionnement,* n° 102, et par P. SIMLER, *Le cautionnement,* n° 355, note 357.

(95) V. *infra*, n° 331 et 393.

(96) Com., 7 juin 1988 : *Bull. civ.* IV, n° 192, p. 134 ; *Gaz. Pal.* 1988, pan. 196.

ment. Il n'empêche que l'absence de justification juridique du refus généralisé de contestation de la créance traduit son absence de légitimité. C'est le prix de la liberté de recourir au juge, marque de notre civilisation, que doit ici acquitter le créancier : tout individu doit pouvoir exposer ses arguments devant un juge (97), y compris la caution.

Si le créancier souhaite éviter la contestation, il peut :

— soit assigner la caution en paiement en même temps qu'il déclare sa créance dans la procédure collective ; nous avons vu que cela ne ralentit pas la condamnation de la caution (*supra*, n° 220) ;

— soit notifier à la caution la déclaration de créance et la décision d'admission au passif qui résulte du dépôt au greffe de l'état des créances ; on retrouve ici l'idée qui inspire la réduction à deux mois du délai de tierce opposition (N.C.P.C., art. 586, al. 3). La caution qui n'aura pas contesté sera alors plus légitimement privée de cette faculté.

DIRECTIONS DE RECHERCHES

227. — Déduction fiscale des paiements faits par la caution. — La caution peut déduire de ses revenus les paiements qu'elle a été amenée à faire au créancier, lorsque cette obligation était la conséquence de l'activité professionnelle de la caution. Ainsi en est-il du dirigeant social dont le cautionnement est exigé par les banques ou par les fournisseurs : c'est bien en raison de son activité de dirigeant qu'il s'est engagé. Malgré les obstacles mis par le fisc à cette déduction, le Conseil d'État l'a admise : Cons. d'État, 22 juin 1983 : *Rec. Lebon*, p. 276 ; *R.J.F.* 8-9/83, p. 450, concl. Rivière, p. 426 ; *Dr. fisc.* 1983, n° 43, com. 1992. — V. les commentaires et arguments solides de M. Cozian et A. Viandier, *Droit des sociétés,* Litec, 2e éd., 1988, n° 533. — Le fisc, avec la mauvaise foi qui le caractérise, tenta de refuser la déduction dans le cas où le dirigeant détient plus de la moitié du capital, cas le plus fréquent (Instr. 5 F.24.84 du 24 oct. 1984, *Dr. fisc.* 1984, n° 48. — Rép. min. Lamant, *J.O.* déb. Ass. nat. Q. et R. du 11 mai 1987, p. 274. Le Conseil d'État en a fait litière (Cons. d'État, 4 nov. 1988 : *J.C.P.* 89, I, 18217 ; *R.J.F.* 1989, 1, p. 35), dans la ligne de Cons. d'État, Ass. plén., 9 avril 1986 : *Dr. fisc.* 1986, n° 25, com. 1213, concl. Latournerie. — *Adde :* Trib. adm. Bordeaux, 16 oct. 1986 : *Les Petites Affiches,* 17 avril 1987, p. 4, note J.-P. Maublanc. — R. Granjon, *Une « compensation » souvent ignorée : la déductibilité fiscale des sommes payées par les dirigeants de sociétés en exécution d'engagements de caution : J.C.P.* 89, éd. E, II, 15463, p. 221. — P. Ancel, *Le cautionnement des dettes de l'entreprise,* Dalloz, 1989, nos 694-702. — L'acceptation de cette déduction par les seules cautions qui sont dirigeants sociaux est un argument de poids au soutien de la spécificité de ces cautionnements et de leur extinction en cas de perte de la qualité qui avait expliqué leur signature (*infra*, n° 312).

D. — Le remboursement de la caution

228. — L'importance et l'influence des recours en remboursement. — La possibilité pour la caution d'obtenir un remboursement *intégral* des sommes payées est un caractère essentiel du cautionnement. Certes la caution est obligée à la dette et doit payer ce qui est dû par le débiteur principal, mais elle doit être munie des recours juridiques

(97) Outre l'affirmation des droits de la défense, dont le Conseil constitutionnel fait de plus en plus cas, la Déclaration européenne des droits de l'homme (art. 6, al. 1) et l'application qu'en fait la Cour européenne des droits de l'homme consacrent ce « droit à un tribunal indépendant et impartial » (Aff. *Golder*, 21 fév. 1975). — V. J. Morange, *Libertés publiques,* P.U.F., 1985, n° 54 ; F. Sudre, *Droit international et européen des droits de l'homme,* P.U.F., 1989, nos 146 et 147.

lui permettant de n'en supporter aucune contribution définitive. Elle est en effet tenue pour autrui, à la différence du codébiteur solidaire qui est tenu avec autrui : elle doit donc être remboursée.

Si le contrat de cautionnement ne prévoit aucun recours, celui-ci est néanmoins acquis de droit à la caution, car il découle de l'essence du cautionnement. Si le contrat de cautionnement prévoit une limitation des recours, cette limitation doit être compatible avec la nature de cautionnement de l'engagement pris par le garant : si la limitation a pour conséquence de faire juridiquement supporter à la caution une contribution à la dette, elle dénature le cautionnement et permet à la caution d'invoquer un vice du consentement. Ce n'est pas le cas des clauses de non-concours avec le créancier (*infra*, n° 235) (98). C'est le cas des cautionnements dans lesquels le garant apparaît comme une caution envers le créancier mais fait donation au débiteur principal en renonçant à lui demander remboursement (*infra*, n° 236).

Les cautions professionnelles attachent une grande attention aux recours en remboursement ; elles exigent très souvent d'importantes contre-garanties (compte bloqué ; hypothèque ; sous-cautionnement par exemple).

La caution peut disposer de trois recours en remboursement : le recours contre le débiteur principal (1°) ; éventuellement un recours contre ses cofidéjusseurs (2°) ou contre le tiers détenteur de l'immeuble hypothéqué (3°).

1° Les recours contre le débiteur principal

Deux sortes de recours en remboursement contre le débiteur principal sont ouverts à la caution : un recours normal, après paiement (a) et un recours exceptionnel, avant paiement (b).

a) Les recours en remboursement après paiement

229. — L'organisation de deux actions. — En raison de la nature de son engagement, la caution doit être titulaire de véritables recours en remboursement lui donnant les moyens juridiques d'être intégralement remboursée et les moyens pratiques d'être remboursée le mieux possible. C'est pourquoi les juristes, au fil des temps, lui ont reconnu deux actions qui se cumulent : l'action personnelle et l'action subrogatoire.

230. — L'action personnelle en remboursement. — Rappelée par l'article 2028 du Code civil, elle trouve son fondement dans le contrat (ou le lien de droit) qui lie la caution au débiteur principal. Mandat, gestion d'affaires, prestation de service : la qualification n'est pas nécessaire pour affirmer l'existence du recours personnel.

---

(98) La Cour de cassation a pris la précaution de rappeler que ces clauses sont parfaitement valides dans la mesure où elles ne font que différer le recours de la caution sans l'exclure : Com., 19 déc. 1972 : *Bull. civ.* IV, n° 338, p. 313 ; *D.* 1973, I.R. 22. — V. P. SIMLER, *Le cautionnement,* n° 387.

Les avantages de ce recours personnel sont nombreux :

— remboursement intégral du paiement effectué par la caution ;

— remboursement de ses frais personnels (que l'art. 2028 C. civ. limite à ceux engagés après l'information du débiteur principal) ;

— remboursement des intérêts à partir de son propre paiement ;

— obtention de dommages-intérêts si l'exécution lui a causé un préjudice particulier ; une clause pénale peut être stipulée au contrat entre le débiteur et la caution (ce qu'ont fait par exemple les banques garantissant la bonne fin des prêts hypothécaires notariés) ;

— régime du recours différent de celui de l'action du créancier, par exemple prescription plus longue (99).

La caution peut renforcer son action personnelle en remboursement par une sûreté personnelle ou une hypothèque fournie par le débiteur. Ceci est statistiquement assez rare chez les cautions profanes, seules les cautions professionnelles adoptant cette pratique. C'est pourquoi l'action subrogatoire conserve son intérêt.

231. — L'action subrogatoire en remboursement. — L'article 2029 du Code civil, qui n'est qu'une application de l'article 1251-3° du même code, en formalise l'existence : grâce à elle la caution bénéficie de tous les droits et tous les avantages que le créancier s'était ménagés à l'encontre du débiteur principal. C'est l'originalité majeure du paiement avec subrogation que de ne pas éteindre la créance de l'accipiens (le créancier) mais de la transférer avec tous ses accessoires au solvens (la caution) (100).

Chaussant les bottes du créancier désintéressé, la caution bénéficie des avantages de sa position et souffre de ses faiblesses.

— L'avantage de l'action subrogatoire est de lui offrir le bénéfice des sûretés du créancier, lorsque celui-ci en avait constitué ou en était attributaire légal (privilège du vendeur ou du prêteur de deniers, privilèges si nombreux et lourds du fisc (101), hypothèque convention-

---

(99) Douai, 19 juin 1986 : *D.* 1988, p. 369, note crit. J.-J. TAISNE : le recours personnel d'une association caution intermédiaire y est utilisé pour éviter à la société de crédit la brève prescription de deux ans dont bénéficie le consommateur de crédit (L. Scrivener 10 janv. 1978, art. 27). Certaines cours d'appel ont tenté de s'y opposer en affirmant sans fondement sérieux que la loi du 10 janv. 1978 s'appliquait même au recours personnel de la caution (ex. Versailles, 29 juin 1989 : *Juris-Data*, n° 43503). D'autres jugeaient plus légitimement que ce recours était hors du champ de la loi (outre Douai préc., par ex. Poitiers, 15 fév. 1989 : *Juris-Data*, n° 42764). La loi du 23 juin 1989 modifiant la loi du 10 janv. 1978 a réglé le problème en affirmant (art. 2 nouveau) que le cautionnement entrait dans le champ de la loi.

(100) V. J. MESTRE, *La subrogation conventionnelle,* L.G.D.J., 1978, *passim* et spéc. n° 354 et s.

(101) Il vaudrait mieux ne pas citer la honteuse jurisprudence de la Cour de cassation qui refusait à la caution solvens la subrogation dans le droit du Trésor de poursuivre les biens du débiteur bénéficiant d'une procédure collective (C.G.I., art. 1908) : Com., 9 fév. 1971 : *Bull. civ.* IV, n° 39, p. 39 ; *Banque* 1971, p. 519, obs. X. MARIN. En invoquant une prétendue prérogative de puissance publique pour refuser le transfert, les juges oublient que la subrogation met le solvens à la place de l'accipiens dans tous les cas ; ils admettent aussi indirectement que le fisc opprime les citoyens au-delà de ce qui est acceptable.

nelle ou légale, réserve de propriété ou gage, droit de rétention, etc. (102).

— L'inconvénient majeur de l'action subrogatoire est de ne permettre qu'un remboursement limité au montant payé par la caution. Ni intérêts moratoires, ni frais, ni indemnités ne peuvent être ajoutés.

232. — Cumul et combinaison des deux actions. — La caution peut agir par une même demande en justice sur les deux terrains, subrogatoire et personnel pour cumuler leurs avantages respectifs. Elle invoquera la subrogation pour bénéficier d'un rang préférentiel dans le remboursement du principal et sera colloquée comme créancier chirographaire sur son action personnelle pour les accessoires que sont frais et intérêts.

Elle peut agir contre n'importe lequel des codébiteurs cautionnés pour lui demander le remboursement du total de ce qu'elle a payé (103).

233. — Les obstacles légaux au remboursement. — Même lorsque le débiteur principal est *in bonis*, deux obstacles peuvent s'opposer au remboursement de la caution, en conséquence d'une faute qui lui est reprochée. Ce sont les deux fins de non-recevoir de l'article 2031 du Code civil frappant :

— la caution qui paye sans avertir le débiteur qui a déjà payé ;

— la caution qui paye sans avertir le débiteur qui aurait eu des moyens de défense.

La deuxième protection est très utile contre les cautions professionnelles qui payent sans hésitation afin de garantir leur bonne réputation envers les créanciers, notamment le fisc.

Dans tous les cas où elle est privée de son recours en remboursement, la caution dispose à l'encontre du créancier d'une action en répétition de l'indu. En effet, soit le créancier a reçu deux fois le paiement, soit il n'aurait pas dû le recevoir puisque le débiteur disposait de légitimes moyens de défense.

Lorsque le débiteur principal bénéficie d'une procédure collective, d'autres obstacles sont ajoutés : suspension temporaire de toute poursuite et obligation de subir le régime des faillites.

— La suspension totale et temporaire des poursuites a été créée par les lois nouvelles sur les difficultés des agriculteurs (104) ou le

(102) On peut s'interroger car il n'est pas vraiment une sûreté, découlant plus d'une situation de fait et disparaissant avec la perte de possession ; mais la place que la loi du 25 janv. 1985 sur les procédures collectives lui accorde plaide pour sa transmission par subrogation. — Comp. Com., 6 avril 1960 qui évite de répondre à la question (*Bull. civ.* I, n° 146, p. 133).

(103) Civ. 1re, 12 déc. 1960 : *Bull. civ.* I, n° 537, p. 439. — En revanche, les codébiteurs non cautionnés sont ses cofidéjusseurs et elle n'a pas les mêmes droits à leur encontre (*infra*, n° 241).

(104) L. 30 déc. 1988, art. 26, dont l'al. 5 dispose expressément que « la décision qui prononce la suspension provisoire des poursuites interdit au débiteur, à peine de nullité... de désintéresser les cautions qui acquitteraient des créances nées antérieurement ».

surendettement des particuliers (105) ; elle est pour l'instant limitée à deux mois.

— L'obligation de déclarer sa créance de remboursement et de subir le sort imposé aux créanciers d'un débiteur en redressement ou liquidation judiciaires découle de l'esprit comme de la réglementation des procédures collectives (106).

234. — Un obstacle conventionnel au remboursement : la renonciation à toute subrogation. — Le contrat de cautionnement peut limiter les recours de la caution soit en supprimant l'action subrogatoire, soit en retardant toutes les actions en remboursement jusqu'au complet paiement du créancier (clause de non-concours).

La *renonciation à toute subrogation* dans les droits du créancier n'est pas couramment stipulée, mais il est concevable de la voir se développer pour tenter de tourner l'interdiction imposée à compter du 1er mars 1985 de renoncer au bénéfice de subrogation de l'article 2037 C. civ. (*infra*, n° 267). La caution, et surtout la caution professionnelle, peut estimer suffisant son recours personnel et accepter de ne pas user du recours subrogatoire qui lui donne les actions et garanties du créancier. La fraude à la protection légale ne peut-elle être soulevée par la caution ? Deux raisons permettent de repousser dans certains cas cette accusation de fraude :

— L'annulation des renonciations à l'article 2037 C. civ. n'a pas été jugée d'un ordre public essentiel puisqu'elle n'a été appliquée par les tribunaux qu'aux contrats postérieurs à l'entrée en vigueur de la loi nouvelle (107).

— La protection légale est inutile pour les cautions professionnelles que le législateur n'avait pas intégrées dans ses prévisions. C'est en fonction de la raison d'être de l'annulabilité des renonciations au bénéfice de subrogation qu'il faut apprécier la fraude : par présomption, la renonciation par une caution profane à toute subrogation peut être suspectée alors que la renonciation par une caution professionnelle peut ne pas l'être.

235. — La clause de non-concours. — Autre obstacle conventionnel au remboursement de la caution, la *clause de non-concours* (108) est plus fréquemment utilisée que la renonciation à toute subrogation. Elle étend le principe *nemo contra se subrogare censetur* repris par l'article 1252 C. civ., principe qui suppose qu'un créancier n'est pas censé subroger un tiers solvens contre ses propres intérêts et fait primer le subrogeant sur le subrogé qui n'a payé qu'une partie de la dette tant que le subrogeant n'est pas payé du solde (109). Elle traduit l'idée que le créancier ayant pris la peine d'exiger une sûreté personnelle ne doit pas être victime de sa garantie et ne doit donc pas partager avec la caution

---

(105) L. 31 déc. 1989, art. 11, al. 5.

(106) Actuellement L. 25 janv. 1985.

(107) Civ. 1re, 25 mai 1987 : *Bull. civ.* I, n° 163, p. 124 ; *Gaz. Pal.* 1987, pan. 179 ; *infra*, n° 267.

(108) Souvent rédigée de la sorte : « (la caution) renonce à toute action en remboursement tant personnelle que par subrogation contre (le débiteur) tant que (le créancier) ne sera pas intégralement payé de toutes les sommes en principal, intérêts, commissions, frais et accessoires qui lui sont dues, à quelque titre que ce soit et même pour des créances non garanties par le présent cautionnement ».

(109) Mais les tribunaux refusaient au XIXe s. de l'appliquer à la caution, qui était donc libre de venir en concours avec le créancier si aucune clause ne le lui interdisait : Cass., 1er août 1860 : *S.* 1861, 1, 366.

solvens les sommes insuffisantes que peut donner la poursuite du débiteur (110). Cette idée inspire la « théorie des coobligés » en cas de procédure collective, selon laquelle la caution ou le codébiteur solidaire qui a payé une partie de la dette ne peut recourir en remboursement contre le débiteur bénéficiant d'une procédure collective qu'après le désintéressement total du créancier (111). La clause de non-concours n'en est que l'expression et l'extension à tous les cas ; sa validité (112) apparaît totale (113) pour repousser tant l'action subrogatoire que l'action personnelle.

236. — Les obstacles découlant d'une donation. — La caution peut accepter de supporter définitivement la charge de la dette du débiteur qu'elle a acquittée. On peut y voir un don au débiteur principal des sommes correspondantes, une remise de dette, un abandon d'action litigieuse et d'autres qualifications encore qui tournent toutes autour de la donation. En ce cas assurément la caution abandonne envers son créancier les recours qui font partie intégrante de sa situation, et change ainsi la qualification de l'opération en une donation indirecte.

---

(110) Cette idée fut expressément retenue par la Cour de cassation pour interdire à une société de caution mutuelle dont la garantie financière n'était que partielle de « concourir avec les créanciers (c'est-à-dire avec les clients de l'agent immobilier garanti) qui n'ont été que partiellement désintéressés dès lors que cette intervention serait contraire à l'objet même de l'engagement de la S.C.M. » : Civ. 1re, 28 juin 1977 : *Bull. civ.* I, n° 298, p. 235 ; *J.C.P.* 79, II, 19045, note E.-J. Guillot. Le refus du concours atteint même l'action personnelle en remboursement.

(111) Aujourd'hui L. 25 janv. 1985, art. 59. V. C. Mouly, *J.-Cl. Com.*, fasc. 2370, *Redressement et liquidation judiciaires*, nos 103 et 104.

(112) Reconnue sans hésitation par la Cour de cassation dans une espèce où pourtant la clause était sévère : Com., 19 déc. 1972 : *Bull. civ.* IV, n° 338, p. 313 ; *D.* 1973, I.R. 22 ; *J.C.P.* 73, IV, p. 47 ; *Banque* 1973, p. 724, somm.

(113) Sont plus dubitatifs pour le cas de procédure collective P. Delebecque (*Encycl. Dalloz, Rép. dr. com., V° Cautionnement,* n° 120) et C. Gavalda et G. Parleani (*J.-Cl. Banque et crédit,* fasc. 740 *(Cautionnement)*, nos 172-174), au motif que le principe d'égalité des créanciers interdirait au créancier du solde de déclarer la totalité de sa créance, sans tenir compte du paiement partiel reçu avant la procédure collective. Cette remarque est exacte ; toutefois elle n'affecte pas la validité de la clause mais seulement son effet : le créancier doit déclarer seulement le solde impayé, mais la caution solvens ne peut pas déclarer sa créance pour le montant payé (peut-être tout au plus à titre provisionnel, pour un franc, afin de ménager son recours lorsque le créancier sera désintéressé).

Il ne faut pas mélanger la « théorie des coobligés » et la clause de non-concours : la première organise le paiement du créancier dans la procédure collective du débiteur et ne traite l'impossibilité de concourir que comme une conséquence alors que la seconde organise d'abord et avant tout l'impossibilité de concourir. Il est certain que la clause de non-concours ne peut pas permettre au créancier d'omettre de sa déclaration de créance le paiement partiel reçu de la caution (C. Mouly, *J.-Cl. Com.*, fasc. 2370 préc., n° 26. — J. Mestre, *La subrogation conventionnelle,* L.G.D.J., 1978, n° 600, note 87). Il est tout aussi certain que la clause de non-concours empêche la caution de produire pour le paiement effectué tant que le créancier n'est pas désintéressé.

Il ne faut pas non plus confondre la clause de non-concours avec la clause d'indemnité forfaitaire en cas de défaillance ou de procédure collective, dont la Cour de cassation a affirmé qu'elle « portait atteinte à la règle d'ordre public de l'égalité des créanciers » et l'a annulée sans l'ombre d'une perplexité, soulignant là encore les vices du défaut de motivation de ses décisions (Com., 19 avril 1985 : *Bull. civ.* IV, n° 120, p. 103) ; il est inexact que cette clause rompe l'égalité car elle ne confère aucune priorité ; au surplus, toutes les priorités ne sont pas illégitimes puisque les sûretés réelles sont admises ; enfin cette clause ne fait pas payer le créancier avant les autres ou à leur détriment car elle couvre en général d'autres hypothèses que la procédure collective et ne dépasse pas 10 % de la créance. Mais sous un faux motif il faut peut-être deviner la protection de la chimère du renflouement judiciaire du failli, protection si honteuse que la Cour de cassation n'ose pas l'écrire.

De crainte que cette technique ne permette de faire supporter à une société les dettes personnelles d'un associé, le législateur interventionniste a assimilé maladroitement le cautionnement d'un associé par sa société à un abus de biens sociaux (L. 24 juill. 1966, art. 51 et 106 ; v. *supra*, n° 125 et s.). La donation est ici pourchassée.

De crainte que la caution ne change d'opinion, certains juges ont cru bon de supposer cette donation quand un concubin consent un cautionnement en garantie de son concubin et de la considérer comme irrévocable, là où les donations entre époux sont révocables par simple déclaration notariée (114). La solution est aussi peu fondée que peu morale ; la donation serait ici encouragée.

b) Les recours avant paiement, en indemnité

237. — L'ouverture de ces recours. — Recours originaux, ils ne peuvent naître que d'une intervention protectrice émanant de la communauté des juristes car le contrat ne les prévoirait pratiquement jamais. Deux articles de loi les organisent : les articles 2032 et 2039 du Code civil.

La justification des différents recours en indemnité est la même : éviter que la situation de la caution ne s'aggrave et que son remboursement ne soit compromis par l'attente du terme prévu au contrat. Ces recours en indemnité existent donc lorsque le débiteur est en situation difficile :

— l'article 2032 prévoit 5 cas dont la procédure collective (2°) et l'échéance du terme (4°) sont les plus fréquents ;

— l'article 2039 ne prévoit qu'un cas (délai accordé par le créancier), proche d'ailleurs du 4e cas de l'article 2032.

La caution peut renoncer à ces recours anticipés en indemnité, ce qu'elle fera plus souvent à la demande du créancier dans le contrat de cautionnement qu'à la demande du débiteur ; en effet, le créancier souhaite que le recours anticipé de la caution, par exemple en cas de prorogation de terme ou au bout de 10 ans, ne vienne pas perturber ses prévisions de règlement et ses relations avec le débiteur principal.

238. — Les défendeurs au recours. — Ouverts par la loi seulement à l'encontre du débiteur principal, les recours anticipés sont en général interprétés strictement (115) et ne sont communément accordés ni à la caution ni contre ses cofidéjusseurs (116), ni contre les associés de la société cautionnée (117), ni contre les codébiteurs solidaires non garantis du débiteur garanti (118), ni même contre ses sous-cautions (119).

---

(114) Civ. 1re, 17 nov. 1987 : *Bull. civ.* I, n° 297, p. 213 ; *D.* 1988, somm. 275, obs. L. Aynès ; *Gaz. Pal.* 1988, pan. 21.

(115) P. Malaurie et L. Aynès, 2e éd., nos 218 et 221 ; G. Marty, P. Raynaud et P. Jestaz, n° 600.

(116) Com., 3 mars 1981 : *Bull. civ.* IV, n° 117.

(117) Com., 3 mars 1981, préc., qui statuait dans cette hypothèse et a qualifié les associés de cofidéjusseurs.

(118) Com., 27 nov. 1978 : *Bull. civ.* IV, n° 277 ; *Rép. Defrénois* 1979, p. 1230, note J.-L. Aubert.

(119) Com., 24 mars 1980 : *Bull. civ.* I, n° 141.

Pourtant la caution qui a obtenu des sous-cautionnements comme garantie de son remboursement et qui souhaite être indemnisée par les sous-cautions avant d'avoir elle-même payé, car le débiteur principal est en difficultés, devrait pouvoir invoquer l'article 2032 C. civ., qui est prévu pour cette hypothèse d'aggravation de son risque. Même si on le lui dénie, elle peut prendre des mesures conservatoires, comme tout créancier conditionnel, mais la question reste entière de savoir si elle peut obtenir le séquestre d'une somme à ce titre (120).

239. — L'objet discuté de ces recours exceptionnels. — La caution peut-elle demander d'être payée de la totalité du montant garanti, ou peut-elle simplement demander une sûreté garantissant son remboursement pour le cas où elle serait appelée à payer ? Entre ces deux extrêmes, peut-elle obtenir le paiement ou la consignation d'une fraction plus ou moins grande de la dette garantie ?

La réponse ne peut être générale car des arguments existent en faveur des différentes solutions. En fait, comme pour le montant de la provision que peut allouer le juge des référés, l'indemnisation totale anticipée est possible, au besoin par consignation et séquestre entre les mains d'un tiers. Mais il est aussi concevable, en raison des caractéristiques de l'espèce, de n'allouer à la caution qu'une fraction de la dette principale ou simplement une sûreté. Si le principe d'une indemnisation anticipée est une question de droit, son montant et ses modalités sont des questions de fait et d'opportunité à trancher au cas concret.

2° Les recours contre les cofidéjusseurs

240. — L'équitable répartition. — Autant il est normal que le créancier puisse poursuivre en paiement celle de ses cautions qu'il préfère, autant il est normal que celle-ci répartisse ensuite entre les différents garants la charge de la dette. La caution solvens peut donc obtenir des cofidéjusseurs le remboursement de ce qu'elle a payé en plus de sa part. A ce droit qui puise son fondement dans la nature même de sûreté personnelle, dont nous avons vu qu'elle se caractérise par l'absence de contribution à la dette, la sagesse des juristes apporte un tempérament de procédure. Pour éviter les recours en cascade, l'article 2033 du Code civil impose à la caution solvens de *diviser ses poursuites* entre les différents cofidéjusseurs.

Cette division a une conséquence importante : si l'une des cautions est insolvable, la part doit en être répartie entre toutes les autres. La proportion de cette répartition se fera par part viriles, comme se fait la charge de la dette elle-même (*infra*, n° 243) (121).

---

(120) Pour l'examen détaillé de cette difficulté, v. C. MOULY, *Les recours anticipés de la caution contre la sous-caution : J.C.P.* 80, I, 2985. — P. SIMLER, *Le cautionnement,* n° 91 et s.

(121) V. note M. CRIONNET sous Besançon, 13 fév. 1974 : *D.* 1975, p. 230, à propos du recours d'un avaliste solvens contre ses coavalistes dont l'un est insolvable.

241. — Recours personnel ou subrogatoire. — La caution solvens peut agir cumulativement sur le fondement de son action personnelle et de l'action du créancier dans laquelle elle est subrogée.

— Elle profitera alors des éventuelles garanties données au créancier par un seul des cofidéjusseurs (122).

— Elle restera soumise à la division des poursuites, car sa justification pratique l'impose quelle que soit la nature de l'action utilisée. La même solution est imposée au codébiteur solvens (C. civ., art. 1214) pour la même raison et la communauté des juristes en déduit que cette obligation de diviser les poursuites et de ne demander que sa part à chacun des cofidéjusseurs frappe donc tout autant l'action personnelle que l'action subrogatoire (123).

242. — Deux conditions seulement au recours. — 1) que la caution ait été contrainte de payer (l'art. 2033, al. 2, C. civ. qui régit ce recours renvoie aux cas énoncés à l'article 2032, ce qui n'a guère d'autre portée que d'écarter le recours de la caution qui aurait payé une dette principale non encore exigible). Cette condition n'est pas l'exigence d'un jugement de condamnation mais simplement d'une mise en demeure par le créancier, afin d'éviter une fraude. La caution qui paye avant l'échéance, sur poursuite du créancier et alors que le débiteur principal est en redressement judiciaire, est une caution contrainte ;

2) que le paiement ait été utile au sens de l'article 2031 du Code civil régissant le recours contre le débiteur principal (v. *supra* les obstacles légaux au remboursement, n° 233).

— Il n'y a pas de condition découlant de la date de l'engagement, selon laquelle seuls les cofidéjusseurs postérieurs auraient des recours contre les cofidéjusseurs antérieurs. Certes, le premier cofidéjusseur pouvait ignorer que d'autres viendraient conforter la garantie du débiteur lorsqu'il s'est engagé, mais la bonne fortune de trouver dans le recours subrogatoire des sûretés supplémentaires et dans le recours personnel un soulagement inespéré de sa charge fait partie des aléas intégrés dans le sort des cautions (124).

— Il n'y a pas de condition de maintien du recours contre le débiteur principal, la caution qui y a renoncé pouvant néanmoins poursuivre ses cofidéjusseurs en remboursement (125).

— Il n'y a pas non plus de condition tenant à un lien conventionnel préalable entre la caution solvens et les défendeurs au recours. Ainsi

---

(122) P. Théry, *Sûretés et publicité foncière,* 1988, n° 71, p. 94.

(123) V. G. Marty, P. Raynaud et P. Jestaz, n° 605, les explications et les références. P. Malaurie et L. Aynès, 2e éd., n° 224.

(124) Comp. E. Agostini, note sous Com., 10 nov. 1981 : *D.* 1982, 417 (arrêt qui retient d'ailleurs l'indifférence de la date des engagements pour l'ordre des poursuites par le créancier). — Comp. aussi Com., 3 nov. 1972 : *Bull. civ.* IV, n° 272, p. 258, qui n'a pas cassé sur ce point mais sur un autre un arrêt d'appel qui retenait la hiérarchie chronologique des engagements.

(125) Civ. 1re, 21 nov. 1973 : *D.* 1974, I.R. 28.

la caution peut agir contre les codébiteurs solidaires qu'elle n'a pas cautionnés, après avoir payé pour le compte de celui qu'elle avait cautionné (126). Elle obtiendra seulement le remboursement de l'excédent de la part de celui qu'elle a cautionné, qu'elle use du recours personnel ou du recours subrogatoire normalement tronqué ici à la mesure des droits du codébiteur cautionné (127).

243. — Le montant du recours. Cas de cofidéjusseurs engagés dans les mêmes termes. — Chacune des différentes cautions d'un débiteur principal par hypothèse insolvable doit supporter sa part. La détermination de cette part est plus ou moins aisée suivant les cas.

Si tous les cofidéjusseurs se sont engagés dans les mêmes termes, la division se fera par tête (ou part virile) :

— Ex. : trois cautions garantissent la totalité d'une dette de 300 000 F, chacune contribuera pour 100 000 F, que le solvens pourra exiger de chacun des deux autres cofidéjusseurs.

L'équité pourrait parfois inciter à retenir un partage reposant sur d'autres critères, par exemple la part de capital que chaque caution, également associée, détiendrait dans la société cautionnée. Seule une disposition expresse des cautionnements, acceptée par tous les cofidéjusseurs, pourrait l'imposer (128). Le Pr Mestre propose au contraire de faire de ce critère le droit commun par analogie avec une solution retenue pour les codébiteurs solidaires (129). A la fois trop contingent et jugé « irréaliste » (130), le critère de l'intérêt n'a pour la caution, qui est liée par un engagement propre, ni le même degré ni la même connotation que pour le codébiteur qui s'engage à *la même dette* que ses coréaux (131).

D'ailleurs les codébiteurs solidaires eux aussi se répartissent la dette par part virile. Exception n'y est faite que dans deux cas :

— pour les dettes délictuelles, lorsque la gravité de la faute de chaque coauteur du dommage n'est pas égale (132) ;

---

(126) Amiens, 4 mai 1970 : *D.* 1971, somm. 77 ; *Banque* 1971, p. 203, obs. X. Marin, qui statue sur renvoi de trois arrêts de cassation dans la même affaire (Com., 19 mars 1962 - 2 arrêts dont un : *Bull. civ.* III, n° 178, p. 144 ; *J.C.P.* 62, IV, p. 65 ; l'autre : *D.* 1962, 505 ; *Banque* 1962, 630 ; et Com., 26 mai 1961 : *Bull. civ.* III, n° 235, p. 204 ; *Gaz. Pal.* 1961, 2, 235 : « la caution qui a cautionné l'un des débiteurs d'une dette solidaire (le tireur d'une lettre de change) et a désintéressé le créancier est subrogée dans ses droits non seulement contre le débiteur cautionné, mais encore contre les autres codébiteurs solidaires (notamment le tiré) ».

(127) Cass., 19 avril 1854 : *S.* 1855, 1, 17 ; *D.P.* 1855, 1, 343. — Cass., 10 juin 1861 : *S.* 1861, 1, 577. — *Contra :* Duranton, t. X, n° 270 et t. XVIII, n° 355.

(128) Comp. P. Simler, *Le cautionnement,* n° 441, spéc. note 56.

(129) J. Mestre, *La pluralité d'obligés accessoires : Rev. trim. dr. civ.* 1981, p. 1, spéc. n° 41. — Note sous Poitiers, 11 juin 1981 : *D.* 1982, p. 79 (arrêt qui retient le partage par parts viriles mais nuance sa motivation). — V. aussi Versailles, 21 mai 1986 : *D.* 1986, I.R. 307.

(130) G. Marty, P. Raynaud et P. Jestaz, n° 605.

(131) Et exception doit d'ailleurs être faite pour le codébiteur non intéressé à la dette que l'art. 1216 C. civ. impose légitimement de traiter dans ses recours comme une caution. Il y a donc bien une différence entre cofidéjusseur et codébiteur.

(132) Civ. 1re, 21 fév. 1956 : *J.C.P.* 56, II, 9200, note H. Blin réduite sur ce point à une brève paraphrase ; *D.* 1956, 284. — De même l'arrêt Civ. 3e, 18 mars 1987 : *Bull. civ.* III, n° 58, qui reconnaît au juge du fond un pouvoir souverain de répartition entre les codébiteurs solidaires de la charge de l'insolvabilité de l'un d'eux.

— pour les dettes contractuelles, lorsque le solvens était le seul intéressé à la dette, son codébiteur étant alors une caution ainsi que l'indique l'article 1216 C. civ. (133). Ce codébiteur non intéressé à la dette ne doit aucunement y contribuer.

En revanche, les héritiers de la caution sont tenus de sa dette à proportion de leur part héréditaire (134), mais il n'y a pas d'analogie possible avec le cas précédent.

244. — Cas de cofidéjusseurs engagés dans des termes différents. — Si toutes les cautions ne se sont pas engagées dans les mêmes termes, les choses se compliquent gravement. Le souhait commun serait de répercuter sur chaque caution la proportion de sa garantie (135), mais les facéties de la multiplicité des formes de cautionnement et des montants dus ne facilitent pas sa mise en œuvre.

Hypothèse n° 1 : Si tous les cautionnements sont limités et si la dette est supérieure au total, aucun recours n'est possible.

Hypothèse n° 2 : Si tous les cautionnements sont limités et si la dette est inférieure au total, une règle de trois suffira.

Ex. :
- Caution A : plafond de 100 000 F
- Caution B : plafond de 50 000 F
- Caution C : plafond de 120 000 F

Total théorique des garanties :

100 000 + 50 000 + 120 000 = 270 000

Dette garantie : 150 000 F

- Part de A : $\dfrac{150\,000 \times 100\,000}{270\,000} = 55\,555$
- Part de B : $\dfrac{150\,000 \times 50\,000}{270\,000} = 27\,778$
- Part de C : $\dfrac{150\,000 \times 120\,000}{270\,000} = 66\,667$

Hypothèse n° 3 : Si tous les cautionnements sont limités et si la dette est inférieure au total et inférieure au plafond de l'un d'eux, prendra-t-on en référence le plafond du cautionnement ou le montant de la dette ?

Ex. :
- Caution A : plafond de 100 000 F
- Caution B : plafond de 50 000 F
- Caution C : plafond de 300 000 F

Dette garantie : 150 000 F

Total théorique des garanties si l'on additionne leurs plafonds :

100 000 + 50 000 + 300 000 = 450 000

---

(133) Civ., 29 oct. 1890 : *D.P.* 1891, 1, 475. — Liège, 3 mars 1886 : *D.P.* 1888, 2, 71. — Lyon, 6 fév. 1890 : *D.P.* 1891, 2, 377-378.

(134) Civ. 1re, 10 mai 1988 : *Gaz. Pal.* 1988, pan. 183.

(135) Ce que traduit la Cour de cassation dans un arrêt Civ. 1re, 2 fév. 1982 : *Bull. civ.* I, n° 55 ; *J.C.P.* 82, II, 19825, note P. SIMLER, où elle affirme « qu'il résulte (de l'art. 2033 C. civ.) que la fraction de la dette devant être supportée par chacune des cautions à la suite de ce recours doit être déterminée *en proportion de leur engagement initial* » ; en l'espèce, l'une des deux cautions était engagée pour le tout, soit 190 000 F en principal (paiement de plus de 220 000 F) et la seconde pour 70 000 F ; la cour d'appel avait réparti par moitié ; la Cour de cassation retient une répartition proportionnelle.

Total théorique des garanties si l'on additionne les plafonds dans la limite de la dette garantie :

100 000 + 50 000 + 150 000 = 300 000

• Part de A : soit $\frac{150\,000 \times 100\,000}{450\,000} = 33\,333$

soit $\frac{150\,000 \times 100\,000}{300\,000} = 50\,000$

• Part de B : soit $\frac{150\,000 \times 50\,000}{450\,000} = 16\,667$

soit $\frac{150\,000 \times 50\,000}{300\,000} = 25\,000$

• Part de C : soit $\frac{150\,000 \times 300\,000}{450\,000} = 100\,000$

soit $\frac{150\,000 \times 150\,000}{300\,000} = 75\,000$

Les variations sont importantes mais aucune solution ne s'impose avec force. La date des cautionnements peut-elle jouer un rôle (136) ?

Hypothèse n° 4 : Si certains des cautionnements sont limités et d'autres illimités, ce qui est assez fréquent, comment traiter le cautionnement illimité ?

— soit on découpe la dette en tranches correspondant à chaque limite de cautionnement et chaque caution ne participe que jusqu'à sa propre limite.

Ex. : • Caution A : plafond de 100 000 F
• Caution B : plafond de 50 000 F
• Caution C : illimité

Dette garantie : 150 000 F

Suivant les exemples précédents, on déterminera une tranche de 50 000 F (cautionnement B) dans laquelle les trois cautions participeront à égalité ; puis une tranche de 50 000 à 100 000 F (cautionnement A) dans laquelle participeront A et C, à égalité ; puis une tranche allant jusqu'au plafond de la dette, dans laquelle seul C sera tenu (137).

— soit le cautionnement illimité est assimilé à un cautionnement limité au montant de la dette et l'on revient aux solutions de l'hypothèse n° 3.

Cette solution emporte la majorité des opinions (138).

N.B. : On doit parfois faire une distinction entre le capital et les accessoires, les cautionnements limités ne concourant pas forcément aux accessoires si la mention manuscrite ne le précise pas (v. *supra,* n° 164) (139).

---

(136) *Pro :* E. Agostini, note sous Com., 10 nov. 1981 : *D.* 1982, p. 147, qui propose de favoriser le dernier en date car il savait la dette garantie par les précédents et pensait n'intervenir qu'en complément. Mais cette supposition est souvent différente de la réalité.

(137) Cette solution, appliquée par certaines cour d'appel, est approuvée par J. Mestre (*La pluralité d'obligés accessoires : Rev. trim. dr. civ.* 1981, n° 43) et critiquée par P. Simler (*Le cautionnement,* n° 445) au motif fondé de l'absence de justification conventionnelle des solutions discriminatoires auxquelles elle aboutit.

(138) P. Simler, *Le cautionnement,* n° 447. — P. Malaurie et L. Aynès, 2e éd., n° 229. — P. Théry, n° 74.

(139) Cette distinction est proposée par P. Simler, *Le cautionnement,* nos 446-449, même dans une conception simplement probatoire de la mention manuscrite.

245. — Cas particulier des sous-cautions. — La caution qui a elle-même obtenu des garanties de sa créance de remboursement en la forme de sous-cautions peut agir contre elles en remboursement de la totalité de ce qu'elle a payé. C'est une action personnelle qu'elle met en œuvre, la subrogation n'ayant aucun avantage puisque le créancier n'avait aucun lien de droit avec la sous-caution (140).

Dans ce recours, la caution sera remboursée de ce qu'elle a payé et des frais engagés, éventuellement évalués par une clause pénale. Elle doit seulement faire la preuve de la légitimité de son paiement en établissant la certitude de son engagement de caution et la certitude de la dette principale qu'elle a payée (141). Si cette dernière a été établie en justice, notamment dans le cadre de la vérification des créances du débiteur principal bénéficiant d'une procédure collective, la sous-caution n'a pas été appelée ni représentée ; il n'en demeure pas moins que cette certitude lui est opposable car son engagement n'est pas accessoire de celui du débiteur principal envers le créancier mais de celui du débiteur principal envers la caution. C'est donc la contestation de cette dette de remboursement que peut effectuer la sous-caution et non la contestation du paiement au créancier (142).

Sur le recours anticipé de l'article 2032 C. civ. que la caution peut exercer contre sa sous-caution, v. *supra*, n° 238, et C. Mouly, *Les recours anticipés de la caution contre la sous-caution : J.C.P.* 80, I, 2985.

3° Le recours contre le tiers détenteur de l'immeuble hypothéqué

246. — La préférence donnée à la caution. — Un problème, quasiment d'école, est posé en cas de coexistence d'un cautionnement et d'une hypothèque prise par le créancier sur un immeuble du débiteur principal que celui-ci a ensuite vendu sans purger l'hypothèque. Sur la poursuite du créancier, l'un des deux « garants » (le tiers détenteur d'une part et la caution d'autre part) aura payé le premier. A-t-il un recours contre l'autre ? Et qui bénéficiera de la subrogation ?

Le tiers détenteur peut en effet invoquer un bénéfice de discussion ; mais le tiers détenteur n'a payé que sa dette puisqu'en principe il avait retenu le montant de la garantie hypothécaire sur le paiement qu'il avait fait au débiteur principal. En revanche, la caution paie la dette d'un autre. Il faut donc donner préférence au recours de la caution (143), seule à disposer de l'action subrogatoire (144).

---

(140) Le certificateur de caution, et c'est toute la différence, est engagé envers le créancier en garantie de l'engagement de la caution. Garant de la caution, il ne constitue donc pas pour elle une garantie de son remboursement puisqu'elle ne peut avoir de recours contre lui.

(141) Com., 2 oct. 1985 : *Bull. civ.* IV, n° 226, p. 189 ; le Crédit lyonnais, caution d'une S.A.R.L. envers une S.C.I., avait transigé sur le montant dû à la S.C.I. ; la sous-caution, dirigeant de la S.A.R.L., contestait cette transaction ; les juges en ont accepté la légitimité et l'opposabilité à la sous-caution.

(142) V. Com., 2 oct. 1985 : *Bull. civ.* IV, n° 226, p. 189, qui adopte cette solution en se contentant d'affirmer que la sous-caution doit payer « dès lors que la créance du créancier (avait) été reconnue ».

(143) V. les développements de P. Simler, *Le cautionnement*, n° 402 et les références, pour l'action subrogatoire de la caution, et n° 430 pour son action personnelle.

(144) V. les nuances et arguments développés par P. Voirin, note au *D.P.* 1939, 1, p. 41, sous Req., 16 mars 1938. — C. Aubry et C. Rau, *Droit civil*, t. IV, 4e éd., n° 321, p. 188-189.

SECTION II

LES AUTRES DÉNOUEMENTS DU CAUTIONNEMENT

247. — Importance et fréquence. — Si la principale source d'extinction du cautionnement est l'exécution par paiement, il faut constater que des causes d'extinction originales ou peu fréquentes ailleurs y jouent un rôle plus grand que dans les autres types de dettes.

Une *première raison* tient au fait que le cautionnement est une obligation que les *causes ordinaires* d'extinction affectent comme toute obligation. Par exemple, le mutuus dissensus éteindra le cautionnement sans hésitation (145), comme la prescription ou la remise de sa dette faite par le créancier à la caution (146).

Une *seconde raison* tient dans l'existence d'une *cause particulière* d'extinction : le bénéfice de subrogation (C. civ., art. 2037) (147).

Une *troisième raison* tient au *caractère accessoire* du cautionnement, qui incite la caution à arguer de l'extinction de l'opération principale afin d'obtenir l'extinction accessoire de son cautionnement. Il est vrai que bien des créanciers demandent à des cautions des paiements qu'ils craignent de ne pas pouvoir obtenir de leur débiteur principal dont la dette est plus ou moins éteinte (148) ; la caution est alors poussée à plaider sur l'extinction de la dette principale. Néanmoins l'extinction accessoire du cautionnement ne mérite pas d'être traitée à part car elle n'obéit à aucune règle spécifique. Il suffit simplement d'établir la portée du principe de l'accessoire en matière d'extinction (*infra*, n° 249).

248. — Les guides en cas d'incertitude. — Quand apparaît une incertitude sur l'application au cautionnement de la cause d'extinction invoquée par la caution, faut-il être favorable à l'extinction ou au

(145) Par ex. Civ. 1re, 26 mars 1985 : *Gaz. Pal.* 1985, 2, pan. 275.

(146) Celle que la Bible conseille d'obtenir : Pv 6, 1-5 ; v. *supra*, n° 23.

(147) Cette cause d'extinction spéciale est le reflet du contexte qui entoure la plupart des cautionnements, contexte nourri par la considération des parties et leur relation au lien de droit. L'importance de ce contexte explique que des causes d'extinction inhérentes à la personne des parties aient dans le cautionnement une place et un régime à part. Elle explique aussi qu'il soit possible de distinguer les causes d'extinction inhérentes aux engagements des parties, auxquelles le droit commun est aisément adaptable, de celles qui sont inhérentes à la personne des parties, bien plus originales. — V. C. Mouly, *Les causes d'extinction du cautionnement,* Litec, Paris, 1979, n° 10, p. 16-17, expliquant la démarche suivie dans l'ouvrage.

(148) Significatif de cette propension et de sa récompense devant certains juges du fond : Civ. 1re, 10 mai 1988 : *Bull. civ.* I, n° 133, p. 92, qui casse un arrêt d'appel ayant condamné la caution au paiement selon une « évaluation » ! de la créance dont la Cour ne donnait aucune composante « alors que les chiffres avancés par la banque (créancière) étaient tous différents ».

contraire protéger la sécurité des transactions ? Par exemple la remise de dette à une caution libère-t-elle les cofidéjusseurs, en tout, en partie ou point du tout ? Une procédure collective, qui aujourd'hui réduit fortement les droits du créancier (certains disent même abusivement), peut-elle entraîner la perte du cautionnement pour le créancier ?

L'imprécision des guides découle de l'opposition des légitimes raisons de choisir.

D'une part, milite la *nature de sûreté* du cautionnement. La caution sait qu'elle risque de payer la dette d'un débiteur principal dont elle conforte la dignité de crédit et dont elle doit pallier les insuffisances ou faiblesses. Le créancier qui a pris la précaution de renforcer sa créance doit être protégé contre les causes d'extinction discutables ; dans le doute, le cautionnement ne devrait-il pas être maintenu afin de préserver les prévisions des parties, le créancier ayant accordé crédit au débiteur principal en considération de la sûreté personnelle obtenue ?

D'autre part, le cautionnement est un contrat accessoire dans lequel la caution n'a guère de possibilité de regard sur la dette qu'elle risque d'être appelée à payer. *L'éloignement de la caution* par rapport au contrat principal justifierait une certaine commisération pour la caution et la sanction des négligences ou égoïsmes du créancier.

Aujourd'hui la seconde catégorie d'arguments prévaut — traduction dans le cautionnement de la tendance générale à l'affaiblissement du contrat — sauf quelques rares cas tels que la garantie de l'obligation de remboursement après annulation du contrat principal.

249. — L'application du principe de l'accessoire à l'extinction. — Le principe de l'extinction par accessoire impose son automaticité : lorsque la dette principale est éteinte, et quelle qu'en soit la raison, le cautionnement l'est aussi. C'est même le domaine premier de la règle de l'accessoire, le plus évident et celui à partir duquel toute la théorie peut être bâtie (149). Bien sûr, la disparition de l'accessoire n'a pas d'influence sur la solidité de l'obligation principale, le sort de l'accessoire ne régissant pas celui du principal (150).

Il impose aussi, logiquement, de reconnaître à la caution la possibilité de relever les causes d'extinction de l'opération principale qu'un débiteur négligent laisserait dans l'ombre. L'article 2036 du Code civil traduit cette possibilité en termes qui ont été compris dans le sens le plus général.

---

(149) G. GOUBEAUX, *La règle de l'accessoire en droit privé,* L.G.D.J. 1969, n° 41 et s., qui commence par « La constatation des données : l'accessoire périt avec le principal » et s'en explique en soulignant que « cet aspect de la règle peut être considéré, dans nombre d'hypothèses, comme un critère du rapport d'accessoire à principal ». — *Adde* G. MARTY, P. RAYNAUD et P. JESTAZ, n° 607 et s. — P. MALAURIE et L. AYNÈS, 2e éd., n° 261.

(150) Ce que la C.J.C.E. a rappelé dans une affaire de beurre « d'intervention », l'acheteur voulant avoir le beurre et l'argent du beurre (ou presque) : 5 déc. 1985 (aff. 124/83), *Direktoratet for Markesordningerne* c. *S.A. Nicolas Corman : Rec. jur.* C.J.C.E. 1985-10, p. 3779 ; *Gaz. Pal.* 1986, somm. 101.

DIRECTIONS DE RECHERCHES

250. — Les causes d'extinction que la caution ne pourrait pas invoquer. — La typologie casuistique en reste encore à faire. Le principe est la possibilité d'invoquer *tous les moyens de défense* sauf ceux qui sont purement personnels au débiteur principal ; seule l'incapacité est une exception purement personnelle au débiteur principal. Pourtant les tribunaux apportent ponctuellement quelques ajouts, refusant parfois à la caution un moyen qui lui était logiquement ouvert parce que la solution ne leur paraissait peut-être pas équitable. — V. par ex. Com., 23 sept. 1982, *S.A.R.L. Logis-Tradition* c. *Béton France*, resté inédit, dans lequel la société caution est privée de la possibilité d'obtenir l'annulation de son cautionnement violant l'article 51 de la loi du 24 juill. 1966 au motif que l'interposition de personne faite par le gérant de la société caution qui était aussi maître de l'affaire de la société débiteur principal devait rester sans effet pour le pauvre créancier. — Comp. Com., 11 fév. 1986 : *Bull. civ.* IV, n° 14, qui fait découler les mêmes conséquences de la bonne foi du créancier.

Rappr. aussi la jurisprudence si sévère et si dénuée de fondement imposant à la caution l'autorité de la chose soi-disant jugée lors de l'admission au passif de la créance déclarée dans une procédure collective (151).

D'autres fois, au contraire, les tribunaux sont larges : Civ. 1re, 20 oct. 1988 : *Bull. civ.* I, n° 269, p. 195 ; *D.* 1988, somm. 276, obs. L. Aynès ; *J.C.P.* 87, IV, p. 398 ; *Gaz. Pal.* 1987, pan. 280 qui affirme que la nullité de l'engagement d'une société due à l'absence de ratification par le conseil d'administration est une exception qui peut être invoquée par la caution. Il s'agissait pourtant d'une absence de pouvoir, bien proche de l'incapacité ! — *Adde :* Civ. 1re, 20 déc. 1988 : *D.* 1989, I.R. 19, qui admet plus logiquement que la caution puisse déclencher la résolution du contrat principal pour inexécution par le créancier de ses obligations et libérer ainsi le débiteur principal, ce qui emporte sa libération par le jeu de l'accessoire.

251. — Le cas particulier des conséquences de l'extinction de la dette d'un cofidéjusseur sur l'engagement des autres. — Imaginons trois cautions garantissant la même dette de 600 000 F d'un débiteur insolvable. Si leur engagement est conjoint, elles ne pourront être obligées de payer qu'un tiers (200 000 F). Si elles sont solidaires, elles savent être obligées au total, mais avoir un risque sur trois d'être poursuivies et une chance d'obtenir le remboursement des deux tiers, donc en toutes situations ne supporter qu'un tiers de la dette (200 000 F).

Si l'un des cofidéjusseurs disparaît, les deux autres s'estiment lésés car leur risque d'être poursuivis en premier a augmenté et ils devraient supporter la moitié de la dette (300 000 F) si l'on ne tient pas compte de l'existence antérieure du troisième homme.

Il faut tout de suite écarter l'argument du risque de poursuite : il fait partie des risques que la caution doit assumer et dont la variation n'est pas critiquable, sauf intention de nuire du créancier.

Le second argument, la part de dette à supporter, est controversé. En faveur de la caution, il est soutenu que son engagement est aggravé par rapport à ce qu'elle avait envisagé lors du cautionnement. En faveur du créancier, il est d'abord répliqué que la nature de sûreté du cautionnement impose de faire supporter à la caution et non au créancier les aléas d'insolvabilité ou de disparition des cofidéjusseurs ; sinon le créancier qui prend la précaution de prendre plusieurs sûretés serait plus mal loti que celui qui n'en prend qu'une. Ensuite, il est rappelé que la considération du nombre et de l'importance des cofidéjusseurs par chacun d'eux ne peut avoir d'influence que si cette considération a été déterminante de son

(151) Le summum de l'abus et de l'aveuglement étant consigné dans Com., 31 mai 1988 : *Bull. civ.* IV, n° 176, p. 123. Seule l'admission de la caution à développer les moyens qui lui sont personnels (et il faudrait ajouter ceux que le débiteur a omis) est équitable et fondée en droit : P. Théry, n° 90.

consentement et si elle est entrée dans le champ contractuel en étant clairement exprimée.

Le débat est compliqué par quelques articles du Code civil peu clairs et par l'interférence des solutions appliquées au codébiteur solidaire, qui doivent pourtant être transférées avec précaution car le codébiteur contribue à la dette qui est en partie sa propre dette alors que le cofidéjusseur ne contribue pas, la dette n'étant pas la sienne.

Si l'obligation d'un cofidéjusseur est éteinte par *novation* ou par *remise de dettes*, le créancier a fait acte de volonté en déclenchant ou en acceptant l'extinction. Les autres cofidéjusseurs en profitent-ils ?

252. — La novation de la dette d'un cofidéjusseur. — La solution logique consiste à maintenir l'engagement des cofidéjusseurs restants pour la totalité. En effet, chaque cautionnement est une sûreté distincte de la dette du débiteur principal, qui survit à la disparition d'un de ses accessoires ; est-il aussi suffisamment distinct des autres cautionnements pour que la novation de l'un n'affecte pas les autres ? Tant l'esprit des sûretés que le mécanisme de l'accessoire conduisent à juger que la suppression d'un accessoire ne doit pas affecter les autres (sauf reproche à soutenir sur le terrain du bénéfice de subrogation) (152).

Les solutions applicables aux dettes solidaires ne sont pas transposables. Certes l'article 1281, al. 1er, C. civ. libère les codébiteurs solidaires en cas de novation affectant l'un d'eux, mais ceci s'explique par le fait que la dette solidaire éteinte, qui était unique, ne peut plus être invoquée contre quiconque. La novation éteint le principal et non un simple accessoire. Pour cette raison il n'est pas possible d'invoquer un arrêt d'espèce de la Cour de cassation qui a préféré une solution d'équité à la solution juridique (153).

253. — La remise de la dette d'un cofidéjusseur. — Pour la remise de dettes, les raisons d'équité conduisant à écarter la solution logique sont plus fortes puisque le créancier a voulu faire une faveur en libérant l'une de ses cautions ; il serait anormal qu'il la fasse avec l'argent des cofidéjusseurs. La remise à l'un des cofidéjusseurs libère les autres de sa part (154), que les cautionnements soient simples ou solidaires (155). La puissance de l'interprétation permet de compléter l'article 1287, al. 3, qui dispose que *la remise accordée à l'une des cautions ne libère pas les autres* par les mots *au-delà de la part de celle-ci* (156).

254. — La confusion affectant un cofidéjusseur. — Si une confusion des qualités de cofidéjusseurs survient (par ex. l'une des cautions hérite d'une autre), on admet que la caution restante supporte les parts cumulées des deux (157).

---

(152) Civ., 18 juill. 1866 : *D.P.* 1866, 1, p. 326 ; *S.* 1866, 1, p. 429. — P. SIMLER, *Le cautionnement*, n° 527.

(153) Civ. 1re, 11 janv. 1984 : *Bull. civ.* I, n° 11 ; *J.C.P.* 86, II, 20687, note crit. B.-H. DUMORTIER. L'arrêt a une motivation juridique aussi courte qu'illogique (v. le II de la note), et doit s'expliquer par les particularités de l'espèce, portant sur de faibles sommes et aux faits complexes. La Cour de cassation semble avoir voulu appliquer sans le dire une représentation mutuelle *in favorem* des coobligés solidaires : retenons davantage ce refus de la formule d'une représentation que la référence expresse à l'art. 1281 C. civ.

(154) Civ., 13 juin 1939 : *D.H.* 1939, p. 417. — Civ. 1re, 11 juill. 1984 : *Bull. civ.* I, n° 229 ; *Rev. trim. dr. civ.* 1985, 408, obs. P. REMY ; *J.C.P.* 84, II, 20576, note B.-H. DUMORTIER, très complète sur les divers arguments en conflit. — C. MOULY, *Les causes d'extinction du cautionnement*, Litec, Paris, 1979, n° 138, p. 152 et les auteurs cités.

(155) Civ. 1re, 18 mai 1978 : *Bull. civ.* I, n° 195, p. 157 ; *J.C.P.* 78, IV, p. 218, qui fait primer l'art. 1287, al. 2, sur l'al. 3.

(156) Et il n'est pas besoin de distinguer entre les remises pleinement gracieuses et celles qui ne le sont pas. — *Contra :* P. MALAURIE et L. AYNÈS, 2e éd., n° 263. — Comp. B.-H. DUMORTIER, note préc., II-A, qui examine la distinction sous le seul angle du montant de la libération.

(157) P. SIMLER, *Le cautionnement*, n° 538.

Si la confusion survient entre le créancier et l'un des cofidéjusseurs, la controverse est vive pour savoir si les cofidéjusseurs restants sont libérés de la part de la caution disparue. Si les cofidéjusseurs disposent du bénéfice de division, ils peuvent tenter de forcer le créancier à ne leur réclamer que la part qui était la leur avant la confusion, ce à quoi celui-ci peut répondre que la part de la caution disparue étant éteinte, elle ne doit plus être comptée. Si les cofidéjusseurs ne disposent pas du bénéfice de division, notamment en raison de leur solidarité, d'autres arguments s'ajoutent. En faveur de la libération, il est soutenu par analogie que l'article 1301, al. 3, C. civ. libère en ce cas les codébiteurs solidaires de la part du codébiteur disparu (158). En faveur de l'absence de libération, il est soutenu que les solutions élaborées pour le codébiteur solidaire ne sont pas transposables si elles reposent sur la qualité de codébiteur et non sur la solidarité ; en l'espèce, ce qui explique la solution de l'article 1301, al. 3, est que chaque codébiteur doit contribuer pour partie à la dette : faire supporter *définitivement* à ceux qui restent la part du disparu serait anormal. L'effet de sûreté de la solidarité passe ici après les règles de fond de répartition de la dette. Au contraire, le cautionnement est uniquement une sûreté. Puisque la caution disparue n'avait aucune part dans la dette, les cofidéjusseurs restants ne sont pas libérés (159). Et la solution n'est pas injuste, même s'il semble que les cofidéjusseurs soient moins bien traités que les codébiteurs (160). En effet, les cofidéjusseurs qui auront payé le tout ne contribuent pas à la dette puisqu'ils disposent d'un recours pour le tout contre le débiteur principal.

255. — La compensation de la dette d'un cofidéjusseur. — La compensation étant un paiement, celui des cofidéjusseurs qui est créancier du créancier commun sera solvens à hauteur de sa créance. Cette position n'étant pas nécessairement confortable, les juristes s'accordent pour en laisser la discrétion aux parties à la compensation : le cofidéjusseur et le créancier. Il faut que l'un des deux déclenche la compensation en l'invoquant pour qu'elle joue. Alors seulement les autres cofidéjusseurs et le débiteur principal pourront invoquer l'extinction partielle ou totale qui en est résultée (161).

---

256. — La variété des causes pathologiques d'extinction. — Avec et au-delà du jeu de l'accessoire, l'extinction dans son ensemble est une mosaïque de situations diverses, d'arguments riches et contradictoires, de décisions jurisprudentielles évolutives, de tendances et de couleurs variées. Une caution qui conteste la dette invoquera souvent de nombreuses causes d'extinction, les unes touchant à l'opération principale et les autres au cautionnement, les unes à la forme et les autres au fond, les unes au droit commun et les autres à celui du cautionnement. La cohérence ne se retrouve ni dans la théorie ni dans la pratique. Seul le cas concret explique les choix.

Les principales causes d'extinction seront donc énumérées, chacune étant décrite dans ses effets sur l'opération principale aussi bien que dans ses effets directs sur le cautionnement : l'original bénéfice de subrogation en premier (§ 1), puis les fautes du créancier (§ 2), la novation (§ 3), la transaction (§ 4), la remise de dette (§ 5), la prescrip-

---

(158) P. SIMLER, *Le cautionnement,* n° 534, note 82. — P. MALAURIE et L. AYNÈS, *Droit civil, Les sûretés,* 2e éd., n° 265.

(159) C. MOULY, *Les causes d'extinction du cautionnement,* Litec, Paris, 1979, n° 308.

(160) Argument qui paraît avoir déterminé les auteurs favorables à la libération partielle des cofidéjusseurs.

(161) Argument par analogie : art. 1294, al. 3, C. civ. écrit pour le débiteur principal mais parfaitement transposable aux cofidéjusseurs, en raison de son fondement expliqué au texte. — P. MALAURIE et L. AYNÈS, 2e éd., n° 264.

tion (§ 6), la caducité (§ 7), le terme (§ 8), la résiliation unilatérale (§ 9) et enfin la considération de la personne (§ 10).

§ 1. — Le bénéfice de subrogation (C. civ., art. 2037)

257. — Originalité. — Institution très particulière, le bénéfice de subrogation n'a reçu dans l'article 2037 du Code civil qu'une formulation. Il faut trouver ailleurs son fondement ou sa légitimité. Ceux-ci existent indépendamment de la loi. Et d'ailleurs le texte législatif n'est respecté ni dans les conditions qu'il pose, la communauté des juristes transformant « le fait du créancier » en une faute, ni dans les effets qu'il prévoit, la déchéance sans mesure de la loi étant unanimement limitée au préjudice souffert par la caution.

Ce bénéfice de subrogation est original aussi parce qu'il est unique dans notre système juridique où il n'a pas d'équivalent, sauf peut-être en matière d'assurance. On en trouve trace à toutes les époques : dès le droit romain classique, au début de notre ère, le *mandatum pecuniae credendae* ouvre ce bénéfice ; la plège de l'ancien droit aussi, car elle est un contrat de bonne foi. Il est également commun à tous les systèmes juridiques occidentaux (162) : ceux issus du droit romain et d'inspiration française ont une disposition équivalente à l'article 2037 du Code civil (163) ; les droits allemands aussi (164) et même les droits de Common law (165).

---

(162) C. Mouly, *Les causes d'extinction du cautionnement,* Litec, Paris, 1979, n° 387, p. 493.

(163) *Le cautionnement dans le droit des États membres des C.E.,* Étude de la Commission des C.E., série Concurrence, n° 14, 1971, n°s 77-83.
Belgique, Luxembourg : art. 2037 C. civ.
Pays-Bas : art. 1885 BW.
Italie : art. 1995 C. civ.
Espagne : art. 1852 C. civ.
Québec : art. 1959 C. civ. — *Courtemanche* c. *Trans-World Mortgage and Acceptance Inc.*, (1978) C.A. 341, et autres arrêts *in* P. Ciotola, *Droit des sûretés,* éd. Thémis, 1984, p. 32-35.

(164) Allemagne : art. 775, phrase 1 et 776 du B.G.B.
Autriche : art. 1360 A.B.G.B.
Suisse : art. 503 C.O.

(165) Angleterre : *Carter* v. *White* (1883) 25 Ch. D. 666, commenté par M.-L. Engelhard-Grosjean, *Le cautionnement en droit anglais,* thèse dactyl., Paris, 1974, p. 137-143. — V. aussi, sans référence, *Le droit du cautionnement et de la garantie au Royaume-Uni et en Irlande,* Étude de la Commission des C.E., série Concurrence, n° 28, 1976, n°s 96-99.
K.-P. McGuinness, auteur canadien anglophone (Ontario), cite de nombreux arrêts anglais dont le plus ancien est *Capel* v. *Butler* (1825), 2 Sim. & St. 457, 57 E.R. 421 (V.C.) : *The Law of Guarantee,* Carswell, Toronto, 1986, n° 10.51.
U.S.A. : *Restatement of Security,* section 132 (a). *United States* v. *U.S. Fidelity & Guaranty Co.*, 35 F. Supp. 959 (D.C.Pa. 1940). — L.-P. Simpson, *Handbook on Suretyship,* West Pub., 1950, n°s 74 et 75, qui cite une volumineuse jurisprudence remontant au XIXe s.
Canada : Ontario, *Rose* v. *Aftenberger,* (1970) 1 O.R. 547 (C.A.), commentaire critique par K.-P. McGuinness, *op. cit.*, n°s 10.53-10.54.

258. — Idée générale du bénéfice de subrogation. — L'idée générale est que la caution doit bénéficier de la cession des actions contre le débiteur principal dont disposait le créancier (166). Si le créancier ne transmet pas ces actions et affaiblit ainsi les chances de remboursement de la caution, les juristes ont de tout temps jugé qu'il ne pouvait plus exiger le paiement de la caution. *Trois idées* se joignent pour légitimer cette solution :

— d'abord l'idée que les recours en remboursement de la caution sont essentiels, puisqu'elle ne doit pas contribuer à la dette (critère des sûretés personnelles développé *supra*, n° 26) ; ces recours doivent donc être protégés ;

— ensuite l'idée que le créancier qui choisit d'être égoïste, de mauvaise foi ou simplement insouciant du sort de la caution et qui dilapide les actions et garanties dont il bénéficiait doit supporter les conséquences de sa conduite dans ses relations avec la victime de cette conduite, la caution ;

— enfin l'idée que ce choix du créancier ne peut avoir d'effet que lorsqu'il demande paiement à la caution. La communauté des juristes a alors jugé que la meilleure façon de trancher le conflit entre le créancier négligent et la caution était de priver ce créancier de la possibilité de demander le paiement. En droit français, la traduction technique en est la déchéance. La « sanction » frappant le créancier est ainsi doublement limitée :

1) pas plus que le recours qu'il tenait du cautionnement, et
2) pas plus que le préjudice de la caution.

Il n'y a ni responsabilité, ni devoir inexécuté, mais simplement obstacle à l'exécution forcée d'un droit, exécution forcée qui créerait une injustice en raison de la conduite du créancier.

DIRECTIONS DE RECHERCHES

259. — Le fondement du bénéfice de subrogation. — Si la déchéance frappant le créancier est acquise et si les limites qui sont spontanément apparues là où l'article 2037 C. civ. était insuffisant sont acceptées sans problème, le fondement du bénéfice de subrogation divise les auteurs. Certains pensent à la responsabilité délictuelle ou contractuelle (une sorte de responsabilité pour faute présumée), d'autres à la cause, d'autres à la condition (v. l'exposé détaillé des diverses thèses *in* P. Simler, *Le cautionnement*, n°s 558-563 ; C. Mouly, *Les causes d'extinction du cautionnement*, Litec, Paris, 1979, n°s 418-441, p. 524-540). Des regroupements sont possibles :

— Fondement volontariste : la subrogation serait la cause de l'engagement ou une condition posée par la caution. C'est purement divinatoire et artificiel.

— Fondement rétributif : la responsabilité civile du créancier justifierait la sanction de la faute commise ; il y a une part de vérité mais une faiblesse structurelle : où trouver le devoir enfreint par le créancier, sauf à le créer de toutes pièces ?

— Fondement moraliste : le cautionnement serait un contrat de bonne foi ; l'équité conduirait à protéger la caution. Là encore une faible part de cette explication peut seulement être retenue.

---

(166) Action est ici entendu au sens procédural de la procédure formulaire qui limitait les fondements sur lesquels il était possible de réclamer paiement en justice.

— Fondement économique : fort solide et trop ignoré. Le créancier est le mieux placé pour éviter, à peu de frais, le préjudice considérable que constitue la perte des droits préférentiels. Il est donc légitime que la règle juridique l'y incite.

— Fondement réaliste : la déchéance permet d'éviter la création d'un dommage à la caution par un créancier qui a créé la situation dommageable par sa conduite.

« Il existe à peu près autant d'explications théoriques de la règle de l'article 2037 que d'auteurs s'étant penchés sur la question » dit P. Simler (167) ; mais les auteurs les plus récents adoptent des conclusions « désabusées » (P. Malaurie et L. Aynès, *Droit civil, Les sûretés,* 2e éd., n° 280), dubitatives (G. Marty, P. Raynaud et P. Jestaz, *Les sûretés,* Sirey, 1987, n° 619) ou interrogatives (P. Théry, *Sûretés et publicité foncière,* 1988, p. 120).

Il semble bien que l'accord soit impossible tant que les auteurs tenteront d'expliquer en termes de rationalité contemporaine une institution qui nous vient du fond des âges. Le bénéfice de subrogation n'a aucune des fonctions de modèle de comportement que l'on veut attribuer à la règle de droit depuis l'époque moderne. Il n'est en fait qu'un outil de solution des conflits, une façon de donner à chacun sa juste part *(suum cuique tribuere).* C'est pourquoi il paraît déplacé de parler d'obligation de conserver les sûretés qui pèserait sur le créancier, ou même de devoir de bonne foi (168). Le créancier peut se conduire comme bon lui semble et être aussi « injuste » qu'il le veut avec les protections du remboursement de la caution ; il n'a pas d'obligation contractuelle de se bien conduire. Mais lorsqu'il demandera à sa caution de le payer et que celle-ci lui fera reproche d'avoir été égoïste, le juriste sera amené à régler le conflit en faveur de la caution et à priver le créancier de la possibilité de faire supporter à la caution ses négligences.

En France nous avons traduit cela par une déchéance, procédé technique et neutre qui n'est ni une responsabilité ni une sanction morale, mais simplement la privation d'un recours. En Common law, c'est peut-être l'idée d'*estoppel* ou de *waiver* qui traduit le mieux cette solution de conflit d'intérêts (169) (L'*estoppel* consiste essentiellement à priver une personne de la possibilité d'invoquer un

---

(167) *La renonciation par la caution au bénéfice de l'art. 2037 du Code civil : J.C.P.* 75, I, 2711, n° 9.

(168) L'un de nous a pu écrire que le bénéfice de subrogation était justifié par le devoir de bonne foi pesant sur le créancier en raison de l'existence de droits préférentiels et de l'équité renforcée par la position accessoire de la caution (C. MOULY, *Les causes d'extinction du cautionnement,* Litec, Paris, 1979, nos 446-451 et résumé n° 455, p. 555). L'accent était mis néanmoins sur la déchéance (*ibid.*, nos 443-444), ce qui fut aimablement relevé (P. SIMLER, *Le cautionnement,* n° 563, notant que cette solution « s'apparente cependant plus à un constat qu'à une qualification »).

Il y avait dans cette analyse l'errement d'une tentative d'explication à l'aide des idées contemporaines, par là soumise à l'influence si pesante du rationalisme du XXe s. Ce rationalisme s'atténuant aujourd'hui, grâce notamment aux recherches de M. VILLEY et de C. ATIAS, une place plus grande doit être donnée à la prise de conscience des réalités.

Le bénéfice de subrogation est donc bien, avant tout, une déchéance. Cette qualification n'a point besoin d'autre justification que l'idée de juste rétribution des conduites de chacun, telle que la tradition des juristes et l'expérience des précédents l'ont établie.

(169) Bien que *l'estoppel* ne soit pas nominalement mentionné par les auteurs anglais ou américains à propos du bénéfice de subrogation, l'idée d'un droit d'*equity* est communément affirmée. De même lorsque les juges écartent la protection de la caution au motif d'une clause qui permet à la banque de ne pas inscrire ses sûretés réelles : Cour suprême du Canada, *Bauer* v. *Bank of Montreal,* (1980) 2 S.C.R. 102. — V. la discussion par A.J.F. KENT, *Circumventing Bauer : Guarantors and Negligent Realization,* 1 Bank. and Fin. L.R. 1986, p. 74. — Rappr. *Restatement on Security,* 1941, § 132, qui parle de « devoir du créancier envers la caution », de préserver créances cédées en sûreté de la prescription ou d'inscrire l'hypothèque (p. 360).

droit juridiquement établi ou l'absence d'une condition de validité d'un contrat pour sanctionner sa conduite déloyale ou anormale) (170).

Le bénéfice de subrogation semble donc être une bonne illustration de la fonction essentielle du droit (régler les conflits en attribuant à chacun sa juste part) et de l'*estoppel* (v. le merveilleux exemple de Civ. 1re, 25 mai 1988 : *Bull. civ.* I, n° 153, p. 105, qui prive les cautions de la possibilité de reprocher au banquier d'avoir octroyé un crédit alors que les comptes-courants d'associés n'étaient pas remplis, au motif que ces cautions étaient elles-mêmes associées et auraient dû apporter en compte).

Il est aussi le reflet de la prise en compte de la position accessoire de la caution. Éloignée de l'opération principale, elle n'est pas à même de contrôler l'étendue du risque ou d'éviter la perte des droits préférentiels. Il est alors équitable de déchoir le créancier qui a profité de « l'absence » de la caution dans le débat sur ces droits préférentiels. Ceci justifie que certaines cautions puissent renoncer au bénéfice de subrogation (contrairement à ce qu'a édicté un législateur bien aveugle). La caution qui est intégrée à l'opération principale ou la caution professionnelle qui est en mesure de limiter le risque ou de bien le répartir doit pouvoir renoncer au bénéfice de subrogation.

260. — La décharge de la caution par la déchéance du créancier. — La déchéance légale frappant le créancier en application du bénéfice de subrogation respecte la première limitation attachée à la situation du créancier négligent (*supra*, n° 258) : il ne supportera jamais plus que la perte de ce qu'il aurait pu demander à la caution (171).

Cette déchéance rappelle la déchéance cambiaire (172), sauf qu'il n'est pas possible de renoncer au bénéfice de subrogation alors qu'il est possible de renoncer à la déchéance cambiaire. Elle s'inspire de la déchéance conventionnelle (173), assez rare en la matière car elle nécessite une caution en position de force, apte à imposer des stipulations dangereuses pour le créancier car elles entraînent facilement la suppression de sa garantie (174).

Il en est un peu de même de la déchéance légale : l'article 2037 du Code civil est très souvent invoqué, dès que l'égoïsme du créancier paraît injuste. Le contentieux est fort volumineux et les tribunaux ont construit, au fil des siècles, le régime de ce bénéfice de subrogation

(170) V. *Central London Property Trust* v. *High Trees House*, (1947) King's Bench, p. 130 ; Restatement 2d on Contracts, § 90 et § 45 ; *Prudential Insurance Co of America* v. *Clark*, U.S. Court of Appeals, 5th circuit, vol. 456 F. 2d, p. 932.

(171) Si sa faute entraîne d'autres préjudices que la caution souhaite faire indemniser, elle devra agir sur un autre fondement. Le bénéfice de subrogation est essentiellement un moyen de défense.

(172) Le créancier négligent qui n'agit pas dans des délais assez brefs (de 10 jours pour faire dresser protêt à 1 an pour présenter au paiement une lettre de change à vue) perd tous ses recours cambiaires.

(173) Pour son étude et des exemples, v. C. Mouly, *Les causes d'extinction du cautionnement,* Litec, Paris, 1979, nos 499-500.

(174) Dans les garanties de bonne fin des prêts hypothécaires notariés par exemple, une déchéance frappe le créancier qui ne met pas le débiteur principal en demeure dans un certain délai. « Pour bénéficier de la garantie, le prêteur devra, sous peine de déchéance, dans les cent jours de l'échéance non respectée, mettre en demeure l'emprunteur, par acte extra-judiciaire ou pli recommandé avec demande d'avis de réception, d'avoir à exécuter ses engagements dans les trente jours de cette mise en demeure... » (art. 3, al. 2, de la Convention).

qui est maintenant régi par une sorte de droit spontané, très détaché de la loi, tant pour ses conditions (A) que pour ses effets (B).

A. — Conditions du bénéfice de subrogation

Ces conditions portent d'une part sur les bénéficiaires et d'autre part sur les actes qui le déclenchent.

1° Les bénéficiaires de la décharge

261. — Toutes les cautions ; seules les cautions. — Il est admis en droit positif que toutes les cautions peuvent invoquer ce bénéfice mais non les codébiteurs. Ainsi la caution simple peut l'invoquer mais surtout la caution solidaire, la caution réelle, le certificateur de caution, le donneur d'aval ou même la caution fiscale (175).

Pourquoi cette distinction ? Parce que le codébiteur intervient, même pour une partie seulement, dans l'existence de la dette et parce qu'il doit en supporter une partie (contribution) : le codébiteur est donc intéressé à la dette et a des moyens de contrôle que n'a pas la caution.

En droit positif, le codébiteur non intéressé ne semble pas pouvoir invoquer le bénéfice de subrogation ; il serait pourtant logique et équitable de l'admettre à ce bénéfice puisqu'il n'a pas davantage accès à la dette que la caution.

2° Les actes déclenchant le bénéfice de subrogation

Trois conditions doivent être remplies : pouvoir imputer au créancier (première condition) une impossibilité de subroger la caution (deuxième condition) dans un droit préférentiel (troisième condition). Une quatrième condition tenant à un préjudice est souvent affirmée par erreur.

262. — L'imputation au créancier d'une impossibilité de subrogation. — Alors que l'article 2037 du Code civil vise largement le « fait » du créancier, la communauté des juristes retient sa faute (176). Il est préférable de parler d'imputation au créancier de l'impossibilité de subrogation car la notion de faute attire vers la responsabilité civile qui est étrangère au bénéfice de subrogation. Surtout, la faute nécessite l'inexécution d'une obligation qu'on est bien en peine de trouver à la charge du créancier (177).

---

(175) Sur le détail, v. P. Delebecque, *Encycl. Dalloz, Rép. dr. civ., V° Cautionnement,* n°s 278-282. — P. Simler, *Le cautionnement,* n°s 564-570. — C. Mouly, *Les causes d'extinction du cautionnement,* Litec, Paris, 1979, n°s 390-397.

(176) P. Simler, *Le cautionnement,* n°s 246-248, examine minutieusement auteurs et arrêts pour atteindre cette conclusion.

(177) Les common lawyers parlent d'atteinte au droit de subrogation de la caution *(Injury to the surety's right to subrogation).*

L'activité reprochée au créancier (178) peut être positive (ex. : mainlevée d'une sûreté donnée sans paiement) ou simplement négative (ex. : non-renouvellement d'une inscription hypothécaire due à la négligence ou à l'inaction) (179).

263. — L'impossibilité de subroger la caution. — Il y a « impossibilité » de subroger la caution aussi bien en cas de disparition du droit (hypothèse la plus fréquente, par ex. mainlevée d'une hypothèque) qu'en cas de disparition de sa seule valeur (ex. : fonds de commerce sur lequel le créancier avait un nantissement et qu'il a laissé dépecer par le débiteur) (180).

264. — ... dans un droit « préférentiel ». — Le vocable de droit préférentiel couvre tout droit qui confère une facilité de recouvrement supérieure au droit de gage général de tout créancier chirographaire (C. civ., art. 2092) (181). Ainsi, même une action résolutoire ou un droit à compensation que détiendrait le créancier doit être conservé et transmis à la caution (182).

265. — L'absence de nécessité d'un préjudice. Date des droits préférentiels. — La loi ne prévoit pas de préjudice mais de nombreux auteurs en font mention, trouvant dans la jurisprudence l'exigence de cette condition. Il semble qu'il y ait là une influence des mécanismes de raisonnement de la responsabilité civile pour traduire la proportionnalité entre la décharge de la caution et la valeur du droit préférentiel. Seule suffit cette mesure, et l'affirmation d'un préjudice est inutile.

---

(178) Sur sa variété, v. P. DELEBECQUE, *Encycl. Dalloz, Rép. dr. civ., V° Cautionnement,* n° 285 et s.

(179) Les common lawyers font au contraire la distinction entre la mainlevée d'une sûreté, qui libère toujours la caution, et l'inaction du créancier conduisant à la perte de la sûreté, qui ne libère la caution qu'exceptionnellement, lorsque les opérations que devait effectuer le créancier n'étaient ni lourdes, ni onéreuses (SIMPSON, *On Suretyship,* préc., n° 75).

(180) Pour une solution différente en cas de règlement judiciaire, où la perte de valeur découle des très longs délais imposés, perte que les juges ont refusé de prendre en considération : Civ. 1re, 19 avril 1988 : *Bull. civ.* I, n° 103, p. 70 ; *Gaz. Pal.* 1988, pan. 165.

(181) Pour un approfondissement, v. C. MOULY, *Les causes d'extinction du cautionnement,* Litec, Paris, 1979, n° 411, p. 516.

(182) La Cour de cassation a très normalement confirmé que la perte de l'action en revendication appartenant au créancier ayant réservé la propriété des marchandises vendues déclenchait la décharge de la caution (Com., 11 juill. 1988 : *Bull. civ.* IV, n° 237, p. 163 ; *Banque* 1988, 932, obs. J.-L. RIVES-LANGE ; *Gaz. Pal.* 1988, 2, pan. 245). Ceci confirme bien, par ailleurs, que la réserve de propriété est une sûreté (*infra,* n° 533). De même, la perte fautive de la « garantie » que constitue la propriété des marchandises que confère le connaissement (dans un crédit documentaire) justifie la libération de la caution : Metz, 8 avril 1987 : *D.* 1987, somm. 306 ; *Banque* 1987, p. 1097, obs. approb. J.-L. RIVES-LANGE. — Comp. Versailles, 27 mai 1988 : *D.* 1988, I.R. 210, qui juge témérairement que la perte d'un recours cambiaire ne libère pas la caution car il ne serait rien de plus que le droit de gage général ; le fait que le créancier soit souvent négligent et ne conserve pas les recours cambiaires ne suffit pas à fonder la solution.

Pire, elle est perverse car elle conduit à commettre une erreur quant aux droits préférentiels concernés.

— L'accord est total pour admettre le bénéfice de subrogation lorsque le créancier perd des droits préférentiels existant lors du cautionnement ou promis par le débiteur principal et que le créancier doit inscrire.

Il peut également s'agir de droits préférentiels légalement attachés à la situation du créancier, tels les privilèges.

— La divergence naît à propos des droits préférentiels que le créancier aurait obtenus du débiteur postérieurement au cautionnement. Usant d'une analyse de la volonté présumée des parties, selon le mécanisme communément admis de la formation des contrats, certains auteurs et certains arrêts ne prennent en compte que la perte des droits dans lesquels la caution pouvait légitimement espérer la subrogation *quand elle s'était engagée.* Argument serait pris du fait qu'elle ne souffrirait aucun préjudice à ne pas être subrogée dans des garanties qu'elle n'espérait pas. D'une part, ceci ne traduit pas la complexité des cautionnements de dettes futures, qui évoluent fortement pendant leur durée, ni même celle des cautionnements de dettes déterminées dont on sait qu'ils entraînent une charge souvent plus lourde que celle qui était escomptée à leur signature. D'autre part et surtout, ceci fait intervenir dans le bénéfice de subrogation une analyse contractualiste qui n'y a pas place. La déchéance frappant le créancier est la conséquence de sa conduite et non la conséquence des espoirs bien artificiellement présumés de la caution ou d'un préjudice qui serait une condition de validité. L'étude des volontés n'a rien à voir avec le bénéfice de subrogation (183) et les conditions de la responsabilité civile lui sont étrangères. Les droits préférentiels nés après la conclusion du cautionnement et perdus par le créancier déchargent donc la caution.

— L'exigence d'un préjudice est aussi invoquée — à tort — pour absoudre la faute du créancier si elle ne cause pas un dommage à la caution.

• Ex. : vente amiable du gage par le créancier, ce qui est une faute, mais dont il tire un excellent prix.

• Ex. : défaut d'inscription ou de renouvellement d'une hypothèque qui n'était pas en rang utile.

Si les conclusions sont justes, la base du raisonnement est discutable. Le fait que la caution ne souffre pas de préjudice n'est appréciable que dans la mesure où il ôte à l'action du créancier son caractère critiquable ou répréhensible ; le créancier n'ayant pas agi anormalement ne sera donc pas déchu de ses actions contre la caution.

---

(183) D'ailleurs les common lawyers admettent sans hésitation la libération de la caution pour perte de droits préférentiels que la caution ignorait lors du cautionnement (*Mayhew* v. *Crickett,* 2 Swanston 185, 191 (1818) ; *Lake* v. *Brutton,* 8 DeM & G. 440 (1856) ; *Duncan, Fox & Co.* v. *North & South Wales Bank,* L.R. 6 App. Cas. 1 (1880) et une très longue suite d'arrêts. — V. SIMPSON, *On Suretyship,* préc., n° 74, p. 371, *in pr.* — K.-P. MCGUINNESS, *The Law of Guarantee,* Carswell, Toronto, 1986, n° 10.51, p. 279, dès le début des commentaires sur la perte des sûretés par le créancier.

B. — Effets du bénéfice de subrogation

Lorsque les conditions sont remplies, la caution est déchargée (1°) ; mais elle était souvent amenée à renoncer à ce bénéfice, ce que la loi interdit aujourd'hui (2°).

1° La décharge de la caution

266. — Proportionnalité de la décharge. — La caution est libérée, mais seulement à proportion de la valeur des droits préférentiels perdus. Par exemple, en cas de perte de l'hypothèque qui aurait permis la collocation du créancier à concurrence de 25 % de sa créance, la caution est libérée de 25 %.

En pratique, si la proportionnalité est rappelée par la Cour de cassation (184), elle n'est pas toujours appliquée par les juges du fond, la caution étant libérée pour le tout, sans plus de recherche. Parfois une évaluation très forfaitaire est faite par le juge : la moitié, un tiers...

Cette démarche n'est pas critiquable puisque la déchéance qui frappe le créancier est avant tout fonction du caractère anormal de sa conduite, si peu soucieuse des intérêts légitimes des garants qu'il avait exigés. La décision législative, en 1984, de rendre le bénéfice de subrogation insusceptible de renonciation le confirme.

2° L'impossibilité actuelle de renonciation

267. — La renonciation au bénéfice. — Cette renonciation était une clause de style dans les cautionnements rédigés par des créanciers professionnels tels que les banques. Une telle systématisation parut libérer le créancier de toute mesure et de toute bonne foi dans sa conduite et parut donc excessive. Les juges du fond résistaient fortement (parfois ils libéraient la caution sur le fondement du bénéfice de subrogation après avoir constaté la renonciation !) (185). Mais la Cour de cassation, inflexible, donnait à la renonciation à l'article 2037 la portée la plus large et refusait de considérer ce texte comme d'ordre public (186).

---

(184) Civ. 1re, 24 fév. 1987 : *Bull. civ.* I, n° 64, p. 46, dont la solution a été soulignée dans le Rapport C. cass. 1987, p. 196.

(185) Par ex. Trib. inst. Angers, 19 mai 1980 : *J.C.P.* 82, éd. C.I., II, 13693. — Plus généralement sur les palliatifs jurisprudentiels, v. C. MOULY, *Les causes d'extinction du cautionnement,* Litec, Paris, 1979, nos 471-473.

(186) P. SIMLER, *La renonciation par la caution au bénéfice de l'article 2037 C. civ. : J.C.P.* 75, I, 2711. La Cour de cassation avait néanmoins des regrets à être ainsi inflexible, qu'elle a exprimés dans son Rapport C. cass. 1978, p. 74, à propos de Civ. 1re, 18 oct. 1978.

La loi du 1er mars 1984 sur le règlement amiable a, dans son article 49, modifié l'article 2037 *in fine* en rendant nulles les renonciations (187).

L'application n'en est faite par la Cour de cassation qu'aux cautionnements conclus après l'entrée en vigueur de cette loi, soit le 1er mars 1985 (188). La formule n'est pas dite d'ordre public par le législateur, mais le juge aurait pu la qualifier telle, l'appliquant alors aux cautionnements en cours (189). Il est sage de ne pas abuser des bouleversements immédiats au sein des contrats, même lorsque la matière est sensible. Le temps doit être laissé aux parties soit de modifier leurs prévisions, soit d'adapter les contrats.

DIRECTIONS DE RECHERCHES

268. — Critique de l'interdiction de renoncer faite même aux cautions professionnelles. — La formule d'interdiction contenue dans la nouvelle rédaction de l'article 2037 C. civ. est beaucoup trop générale. Il fallait permettre aux cautions professionnelles de renoncer, et même peut-être aux cautions « intégrées » à l'opération principale. Les premières ont les moyens de réduire le risque que représente la non-subrogation en prenant des contre-garanties ; elles peuvent aussi répartir ou réassurer le risque pour offrir au client un service qu'il souhaite : un cautionnement plus solide que celui que peut miner un bénéfice de subrogation. Les secondes ont certains moyens d'intervenir pour éviter la perte des sûretés, et n'ont pas toujours le souhait de se retourner contre le débiteur principal (190).

La renonciation n'est d'ailleurs jamais totale. Par analogie avec les clauses exonératoires de responsabilité, la caution est libérée par la faute dolosive ou lourde du créancier (Civ. 1re, 16 oct. 1979 : *J.C.P.* 80, II, 19279, concl. av. gén. Gulphe ; Rev. trim dr. com. 1980, 128, obs. M. Cabrillac et J.-L. Rives-Lange).

Sur l'analyse de la renonciation au bénéfice de subrogation en une répartition des risques, et aussi sur la validité de principe des clauses allégeant les obligations, v. P. Delebecque, *J.-Cl. Com., Contrats-distribution,* fasc. 110, *passim* et spéc. n° 35.

269. — Renonciation à toute subrogation ? — Elle semble possible, et elle est d'ailleurs formulée dans les clauses de non-concours ; mais elle est alors limitée à une certaine période, celle pendant laquelle le créancier dispose lui-même d'un recours.

Sa généralisation est-elle concevable puisque la suppression de l'action subrogatoire ne supprime pas tout le recours de la caution, qui dispose encore de sa protection personnelle ? Une telle renonciation contournerait l'interdiction faite de renoncer à l'article 2037 (sauf fraude à la loi).

Cette renonciation à toute subrogation ne semble pas souhaitable et aucun créancier ne l'a incluse dans ses contrats (191).

(187) Toute clause contraire à l'art. 2037 est réputée non écrite.

(188) Par une motivation très critiquable, la Cour de cassation affirme que la disposition nouvelle n'est pas interprétative et donc ne rétroagit pas. Le débat n'était pas là mais sur l'application immédiate aux contrats en cours d'une disposition d'ordre public. — Civ., 25 mai 1987 : *Bull. civ.* I, n° 163, p. 124 ; *Gaz. Pal.* 1987, 2, somm. 483, note A. Piédelièvre.

(189) La 15e ch. A. de la cour d'appel de Paris l'a fait, 21 janv. 1986 : *Gaz. Pal.* 1986, 1, J, 240, note J.-P. Marchi. — 30 juin 1986 : *Vie judic.* 4 juill. 1987, alors que la 3e ch. statuait en sens contraire.

(190) C. Mouly, *Les causes d'extinction du cautionnement,* Litec, Paris, 1979, n° 486, p. 586, en conclusion d'une étude des palliatifs et protections possibles en matière de renonciation au bénéfice de subrogation.

(191) Sur la question, v. C. Mouly, *Les causes d'extinction du cautionnement,* Litec, Paris, 1979, nos 467-469.

§ 2. — Les fautes du créancier

270. — Les reproches. — Certaines cautions sont promptes à reprocher au créancier d'avoir aggravé leur situation (192), soit en les choisissant comme solvens, soit en accordant trop de crédit au débiteur principal, soit en ne les informant pas de la situation du débiteur principal, soit pour maintes autres conduites générales telles que la rupture du crédit accordé au débiteur principal entravant son redressement. L'importance des montants demandés en paiement aux cautions transforme dans leur esprit un comportement insouciant du créancier en un drame irrémédiable. L'audience de ces accusations de faute est allée grandissante (a) et la conséquence de la faute mérite d'être pesée (b).

A. — Les reproches faits au créancier

271. — 1° Le choix de poursuivre telle caution en paiement. — Le créancier ne peut pas commettre de faute en ce domaine. Est en effet un principe fondamental le libre choix par le créancier du moyen d'exécution de sa créance, au sein de ceux qu'il a légitimement obtenus par contrat ou par la loi. Il peut librement choisir une caution plutôt qu'un immeuble hypothéqué ou qu'un gage, une caution plutôt qu'une autre, une caution plutôt que le débiteur principal. Sauf abus, il n'y a pas faute, et l'abus ne pourrait résulter que de l'intention de nuire (193).

272. — 2° L'absence d'information sur la solvabilité du débiteur principal lors de la conclusion du cautionnement. — Cheval de bataille des prosélytes d'un droit de la consommation, l'information sur le contexte du cautionnement ou sur le débiteur principal a gagné le débat juridique (194). Des cautions ont soutenu qu'il incombait au créancier de les renseigner sur les sommes dues, sur les capacités financières du débiteur principal, sur sa moralité ou sa solvabilité. Malgré l'intense paradoxe qu'il y avait à demander au créancier de fournir à la caution des informations que ce créancier recherche justement à travers le cautionnement (garantie de moralité, de solvabilité, de capacité...), quelques tribunaux ont fait droit à ces reproches mais la jurisprudence est très nettement hostile à la prétention des cautions d'être libérées pour information insuffisante lors de la conclusion

---

(192) Ce sont essentiellement les cautions « profanes », celles qui ont donné leur garantie pour faire plaisir, parce que ce service ne se refuse pas ou parce que, dirigeant de la société emprunteuse, il n'y avait pas d'autre moyen d'obtenir le crédit bancaire. En revanche, les cautions professionnelles critiquent rarement le créancier, trop rarement parfois lorsqu'il est une administration ou une autre banque.

(193) Sur la liberté du créancier de gérer sa créance selon ses vues, rappr. *infra* la faculté de surveiller ou non la destination des fonds prêtés, n° 278.

(194) V. *infra*, Directions de recherches, n° 275.

du cautionnement (195). Les règles générales de l'erreur (qui ne doit pas être inexcusable) et du dol (qu'une jurisprudence critiquable limite à celui qui émane du créancier, mais cela suffit ici) sont aptes à protéger la caution des abus de non-information. Les devoirs de discrétion du banquier (ou même de secret — art. 378 C. pén. auquel renvoie expressément l'art. 57 de la loi bancaire du 24 janv. 1984) sur la situation de ses clients sont-ils levés (196) ?

D'une façon générale, la doctrine rejette tout devoir d'information qui pèserait abstraitement sur le créancier (197). Les auteurs soulignent, comme les arrêts d'ailleurs, le fait qu'il relève de la vigilance et de la liberté de chacun de s'informer et de se renseigner sur les paramètres du risque que tout contrat recèle (198).

Le législateur n'est intervenu que ponctuellement, en imposant une obligation spéciale d'information de la caution par les lois Scrivener de protection du consommateur de crédit, mobilier (199) et immobilier (200).

273. — 3° L'insuffisance d'information sur l'état ou l'évolution de la dette garantie. — Les cautions garantissant toutes les dettes d'un débiteur reprochent parfois au créancier de ne pas avoir attiré leur attention, pendant l'exécution du cautionnement, sur l'accroissement du passif garanti dans de fortes proportions. Le risque initialement accepté est donc considérablement augmenté, tant de devoir payer (obligation à la dette) que de ne pouvoir être remboursé en

---

(195) La jurisprudence est ancienne. Une tendance différente fut amorcée, dans les années 1984-86, notamment par le conseiller SARGOS, selon lequel, pour parer aux dangers du cautionnement, « l'essentiel c'est l'information de la caution au moment de son engagement » (P. SARGOS, *Le cautionnement : dangers, évolutions et perspectives de réformes,* Rapport C. cass. 1986, p. 33, spéc. p. 59) et qui propose aux banques plusieurs obligations d'information, lourdes et générales (p. 62) que leurs structures « collectives » pourraient imposer en guise de déontologie du cautionnement. Nous avions par anticipation exprimé notre scepticisme sur l'efficacité de ces mesures et sur l'utilité d'une information lors de la conclusion du cautionnement (C. MOULY, *Abus de caution ? : Rev. jur. com.* n° spéc., fév. 1982, *L'évolution du droit des sûretés,* p. 13 et s., spéc. p. 21, *in pr.*).

(196) V. P. BOUTEILLER, *Le cautionnement,* éd. de l'Épargne, 1986, p. 53-54. — C. GAVALDA et J. STOUFFLET, *Le secret bancaire en France,* in *Le secret bancaire dans la C.E.E. et en Suisse,* P.U.F., 1973, p. 77, spéc. p. 92.

(197) P. MALAURIE et L. AYNÈS, 2e éd., n° 294. — P. SIMLER, *Le cautionnement,* n° 277. — C. MOULY, *Les causes d'extinction du cautionnement,* Litec, Paris, 1979, nos 371 et 373.

(198) Notamment L.-M. MARTIN, *L'information de la caution* in *Mélanges de Juglart,* L.G.D.J., 1986, p. 155, spéc. n° 4, qui fait une analyse de jurisprudence. — *Adde* l'intéressant art. de J. HESBERT, *Le devoir d'information du banquier à l'égard de la caution, droit français et droit anglais : Les Petites Affiches,* 24 et 27 juill. 1988 (nos 88 et 89), p. 47 et 15, qui montre la divergence d'approche et la convergence de résultats des solutions anglaises et françaises, la *fraud* qui permet de sanctionner le créancier trop silencieux lors de la conclusion du cautionnement étant fort comparable au dol français. Pour une application du dol en ce cas, v. Civ. 1re, 10 mai 1989 : *J.C.P.* 89, II, 21363, note D. LEGEAIS ; *Banque* 1989, 758, obs. J.-L. RIVES-LANGE.

(199) L. 10 janv. 1978, art. 5, et D. 24 mars 1978 pour le formulaire.

(200) L. 13 juill. 1979, art. 5.

raison de l'insolvabilité survenue du débiteur (quasi-contribution à la dette).

Les mêmes raisons de décider qu'en cas d'insuffisance d'information à la conclusion du contrat se retrouvent : vigilance attendue de la caution ; informations à la disposition du créancier (mais pas nécessairement à sa libre disposition en raison du secret bancaire) ; répartition des fonctions de créancier et de garant. Seule la sanction pourrait varier, la responsabilité civile remplaçant les vices du consentement. Comme la tendance en ce siècle est d'admettre largement la responsabilité d'un professionnel, on pouvait penser que le succès de ce reproche fait aux banquiers serait plus grand (201). Il semble bien n'en être rien (202).

274. — Les informations légalement imposées. — Le législateur a fait écho aux demandes des redresseurs de contrats en imposant aux banques, par une excroissance de la loi du 1er mars 1984 sur le règlement amiable (art. 48), de communiquer à certaines cautions le montant des sommes dues par le débiteur principal et de leur rappeler comment elles peuvent (ou ne peuvent pas) résilier leur cautionnement. La communication doit être faite avant le 31 mars de chaque année et donner l'état de la dette garantie au 31 décembre précédent (203).

— Une difficulté tient aux cautions bénéficiaires : la loi est bien imprécise, et l'envoi généralisé de l'information coûte cher. Sont créancières d'information les cautions (sociétés ou personnes physiques) garantissant « un concours financier à une entreprise », lorsque le cautionnement a été une condition de ce concours. Si le cautionnement a été exigé lors de l'ouverture d'un compte courant, mais avant tout découvert, a-t-il été une condition du découvert ? Une réponse peut être que le compte courant est un concours financier même quand il est créditeur, et que toute dette y apparaissant au 31 décembre doit être communiquée ; Paris, 5 fév. 1987, a jugé le contraire à propos d'un cautionnement donné un an après l'ouverture du compte (204). Si le cautionnement donné lors de l'ouverture du compte courant est un cautionnement omnibus, est-il vraiment une condition du crédit de campagne ou du crédit sur matériel octroyé quelques années plus tard ? La négative semble prévaloir.

---

(201) Il avait au moins incité l'Association française des banques à conseiller aux banques d'informer annuellement, à compter du 1er fév. 1983, les cautions engagées pour plus de trois ans du montant des dettes contractées par le débiteur principal (v. le texte in *Banque* 1982, p. 702). La mise en place de cette information, si elle avait été tentée, n'avait pas donné de résultat quand parut la loi du 1er mars 1984.

(202) L.-M. MARTIN, *L'information de la caution,* art. préc., n° 30. — Rappr. pour le refus d'une obligation pour le créancier d'informer la caution de pourparlers sur la dette, entre le débiteur principal et lui : Civ., 31 juill. 1900 : *D.* 1901, 1, 275. — *Adde* la jurisprudence refusant de sanctionner le défaut d'information citée in C. MOULY, *Les causes d'extinction du cautionnement,* Litec, Paris, 1979, note 6, p. 476 (n° 371).

(203) Les banques ont eu bien des difficultés à mettre cette obligation en application (les premières informations ont été envoyées en 1986 ; pour une application de la suppression des intérêts entre l'année 1985 et la date du jugement : Paris, 15e ch. A, 21 janv. 1986 : *Gaz. Pal.* 1986, 1, 240, note J.-P. MARCHI) ; elles s'emploient aujourd'hui à le faire régulièrement. Il ne semble pas que cette information ait modifié le comportement des cautions, confirmation si besoin était de l'inefficacité que l'on pouvait craindre (v. C. MOULY, *Les causes d'extinction du cautionnement,* Litec, Paris, 1979, nos 292-293, p. 388).

(204) Arrêt inédit, mais commenté par F.-J. CREDOT et Y. GÉRARD : *Rev. dr. banc.* 1987, p. 125, qui remarquent judicieusement que les concours en compte courant peuvent être interrompus à tout moment et que le cautionnement peut fort bien être une condition du maintien du crédit justifiant l'obligation d'information.

— Les banques sont convenues de se dispenser réciproquement de cette obligation (205) !

— Une autre difficulté tient à la preuve de cette information (206). Logiquement il a été jugé que la preuve en incombe à la banque (207). Or cette information est envoyée par lettre simple, car les lettres recommandées avec avis de réception seraient d'un coût prohibitif et se prêtent mal au traitement automatique que la masse des destinataires impose (208).

Une autre information spéciale bénéficie à la caution d'un crédit de consommation. Elle doit être informée du premier incident de paiement, mais la sanction est seulement la perte des intérêts ou pénalités échus avant l'information tardive (L. 10 janv. 1978, art. 7-3 et L. 13 juill. 1979, art. 9-3 : v. *supra*, n° 134).

DIRECTIONS DE RECHERCHES

275. — Utilités comparées de l'information des cautions. — 1) Même dans le débat juridique il faut garder à l'esprit les données économiques sur l'information : son coût, le temps qu'elle nécessite, le fait qu'elle sera toujours imparfaite, le fait que les prix en sont le vecteur le plus efficace (dans un marché libre).

2) L'information de toutes les cautions, générale et forcée, ressemble bien aux efforts dispendieux et improductifs du planificateur. Le coût n'en est pas rapporté à l'avantage, car ce dernier ne peut pas être connu autrement qu'au cas particulier. Le législateur est incapable de connaître l'utilité de l'information pour chaque caution ; le plus sage est alors de laisser aux initiatives individuelles le soin de rechercher l'information, par le contrat ou la demande. Supprimer les différences entre les prévisions ou préférences individuelles et uniformiser l'information a pour effet essentiel d'alourdir les coûts sans bénéfice tangible en contrepartie. Ne vaut-il pas mieux laisser à chacun la possibilité de requérir l'information ? (C. Mouly, *Les causes d'extinction du cautionnement,* Litec, Paris, 1979, n° 541).

3) Donnée spontanément et au bon moment, l'information de la caution peut être fort utile au créancier : la caution avertie peut faire pression sur le débiteur pour l'inciter à payer d'abord cette dette ; la bonne foi du créancier est établie ; la passivité d'une caution informée peut lui être reprochée (209). L'Association française des banques a invité ses membres à donner cette information, par deux recommandations en 1981 et 1982 (210).

4) Puisque le défaut d'information est posé en termes de responsabilité civile, la caution reprochant une faute au créancier, il était naturel que les juges s'interrogeassent sur le préjudice résultant de cette faute. Cela conduit parfois au rejet des prétentions de la caution pour absence de préjudice. Par ex., à propos de l'avertissement préalable à la vente publique du gage commercial (C. com., art. 93), la Cour de cassation a jugé que même si l'on considère que l'obligation faite au créancier d'informer le débiteur doit être étendue à la caution (211), celle-ci

---

(205) P. Bouteiller, *Le cautionnement,* éd. de l'Épargne, 1986, p. 90 *in fine.*

(206) Sur l'absence de forme obligatoire de cette information, v. P. Malaurie et L. Aynès, 2e éd., n° 295, note 133.

(207) Notamment Paris, 15e ch. A, 28 juin 1988 : *D.* 1988, I.R. 202, qui n'admet pas en preuve suffisante le listing informatique des destinataires des lettres d'information.

(208) V. les remarques de F.-J. Credot et Y. Gérard : *Rev. dr. banc.* 1988, p. 170, et 1987, p. 124, qui proposent de faire constater l'envoi des lettres d'information par huissier afin d'en établir ainsi la certitude et de créer un indice permettant au juge de présumer la réception. — *Adde :* F.-J. Credot et J. Hammele, *Banque* 1984, p. 1023.

(209) V. C. Mouly, *Les causes d'extinction du cautionnement,* Litec, Paris, 1979, n° 373, p. 478 et la jurisprudence citée.

(210) *Banque* 1982, p. 703. — C. Mouly, *Les sûretés personnelles traditionnelles en France,* in *Les sûretés,* FEDUCI, 1984, n° 34, p. 153. — V. aussi le communiqué du ministère de l'Économie du 24 fév. 1983 : *Banque* 1983, p. 478.

(211) Com., 20 nov. 1968 : *Bull. civ.* IV, p. 297 ; *Banque* 1969, p. 615.

ne peut être déchargée pour absence d'information « que si cette omission lui a causé un préjudice » (212) ; par ex. à propos de l'avis de non-paiement qu'impose le droit cambiaire (C. com., art. 149) ; à propos d'une obligation conventionnelle que le créancier aurait prise dans l'acte de demander le paiement par lettre recommandée (213).

276. — La prévoyance que devrait avoir la caution, en situation d'information nécessairement limitée. — Si nos aïeux ont fait confiance à la sagesse de Montesquieu dans leur organisation constitutionnelle, ils ont trop vite oublié son commentaire sur le cautionnement :

« La loi d'Athènes voulait qu'on ne pût s'obliger en qualité de caution que pour un an. Elle était très sensée. Je ne puis raisonnablement promettre que la solvabilité présente de celui dont je réponds. Je joue mon bien quand je réponds de sa solvabilité future. Je puis déclarer qu'il n'y a pas de dérangement actuel dans les affaires d'un débiteur, parce que c'est un fait que je peux savoir. Je ne puis savoir ce qui arrivera par la suite ». (Dossier de *l'Esprit des lois*. VII. Du cautionnement).

277. — 4° L'augmentation importante de l'endettement du débiteur principal. — Les autres créanciers d'un débiteur reprochent au banquier, depuis 20 ans environ et avec succès, le soutien abusif qu'il a pu accorder à leur débiteur. Ce soutien financier a pu faire naître une fausse confiance chez les autres créanciers ; il a pu dégénérer en maintien artificiel du débiteur qui lui a permis d'augmenter plus encore son passif et il a contribué à l'impossibilité finale de rembourser quiconque. La caution, co-obligée du débiteur principal et créancier potentiel du remboursement, peut à ces deux titres faire les mêmes reproches au créancier. Le reproche ne portera que si la caution n'était pas à même de contrôler l'endettement du débiteur principal, par exemple grâce à ses fonctions de dirigeant social de ce débiteur.

Dans les cautionnements omnibus, de longue durée, le reproche peut être légitime et les tribunaux n'y sont pas insensibles (214), mais rejettent aussi de telles accusations (215) ou tentent d'en limiter les

(212) Com., 21 juill. 1964 : *Bull. civ.* IV, p. 347. — Com., 1er mars 1971 : *J.C.P.* 71, IV, p. 98 ; *Banque* 1971, p. 732, obs. X. MARIN.

(213) Com., 29 mai 1973 : *D.* 1973, somm. 123.

(214) La Cour de cassation a ainsi jugé que la faute grave du banquier créancier doit libérer la caution (banquier qui consent au débiteur principal un nouveau prêt d'un montant presque double du premier alors qu'il sait ce débiteur en état de cessation des paiements). — Civ. 1re, 16 oct. 1979 : *J.C.P.* 80, II, 19279, concl. GULPHE ; *D.* 1980, I.R. 212, obs. M. VASSEUR. M. GULPHE justifie cette solution par la fraude du créancier et du débiteur qui ont tenté de transférer sur la caution la charge de la dette, ce qui donnerait à l'arrêt une coloration de décision d'espèce que sa rédaction laisse peu transparaître. — *Adde :* C. MOULY, *Les causes d'extinction du cautionnement,* Litec, Paris, 1979, n° 370.

(215) Par ex. Civ. 1re, 3 oct. 1979 : *D.* 1980, I.R. 211, obs. M. VASSEUR, qui rejette le reproche fait par la caution au banquier créancier de n'avoir pas clos le compte courant et de n'avoir pas invoqué la déchéance conventionnelle du terme contre le débiteur principal, deux négligences ou insouciances qui ont permis l'aggravation du passif mais dont les juges ont estimé qu'elles relevaient de l'exercice normal des prérogatives du créancier. — Pour raison d'absence de faute : Com., 28 avril 1982 : *Vie judic.* 17 août 1983, p. 6. — *Adde* P. MALAURIE et L. AYNÈS, 2e éd., n° 296.

conséquences, parfois maladroitement (216). Il en est de même pour le reproche de rupture abusive des crédits, ayant précipité la procédure collective du débiteur principal (217). Sans aller jusqu'à affirmer un devoir de ne pas aggraver le sort de la caution (218), il y a certainement matière à scruter la légitimité de l'attitude du créancier (219).

278. — 5° L'absence de surveillance de l'emploi des fonds prêtés et autres obligations du créancier. — Reproche plus récent, il a un succès contrasté. La Cour de cassation l'accepta fort nettement en 1982 (220) et précisa ensuite que la caution devait néanmoins prouver le caractère déterminant sur son consentement de la surveillance de la destination des fonds (221). Elle ajouta que ce contrôle pouvait n'être qu'une faculté laissée à la seule appréciation du créancier (222).

---

(216) Par ex. Paris, 15e ch. B, 3 oct. 1985 : *Juris-Data* n° 24905, qui admet la condamnation du banquier pour soutien abusif mais refuse de compenser les dommages-intérêts qu'il doit avec la dette de la caution au motif que les dommages-intérêts profitent à la masse, en l'absence d'un préjudice personnel à la caution [mais comment ne pas admettre que l'aggravation du passif, qui est le critère et en même temps la conséquence du caractère abusif du soutien, ne cause pas un préjudice à la caution ? En considérant, comme l'a fait la Cour de cassation (Com., 2 mai 1978 : *Bull. civ.* IV, n° 120, p. 101 ; *D.* 1979, I.R. 140, obs. M. VASSEUR) que le paiement des dommages-intérêts au débiteur principal a remis celui-ci dans l'état qui eût été le sien sans la faute de la banque, on oublie que les sommes versées à la masse sont absorbées par tous les créanciers et non pas par celui qui est cautionné. La caution subit donc un préjudice propre].

(217) Com., 12 avril 1983 : *J.C.P.* 84, II, 20237, note J. DUCLOS. — Com., 22 avril 1980 : *Bull. civ.* IV, n° 163 ; *D.* 1981, I.R. 22, obs. M. VASSEUR.

(218) Dont B. VIGNERON a systématisé les expressions doctrinales ou jurisprudentielles, note au *D.* 1974, p. 388, sous Dijon, 22 mars 1974. — Comp. Com., 9 juin 1987 : *Bull. civ.* IV, n° 137, p. 105 ; *J.C.P.* 87, IV, p. 283, qui rejette le reproche de faute du créancier dans le choix (aggravant le sort de la caution) des dettes payées dans le cadre d'un plan d'apurement du passif.

(219) Comp. l'art. 1956 C. civ. italien qui libère la caution de dettes futures lorsque le créancier a accordé un crédit « bien que sachant que les conditions patrimoniales (du débiteur) étaient devenues telles qu'elles devaient rendre plus difficile l'acquittement de la créance » ; mais les renonciations systématiques le laissent lettre morte. — Comp. aussi la jurisprudence allemande qui autorise en ce cas la caution à résilier son engagement, au nom de la bonne foi (art. 242 B.G.B.) : *Le cautionnement dans le droit des États membres des C.E.*, Étude de la Commission des C.E., série Concurrence, n° 14, 1971, n° 93, p. 104, et la proposition d'une généralisation à la C.E.E. de cette solution, art. 7, p. 193-196.

(220) Cassant l'arrêt d'appel qui déboutait la caution : Com., 30 nov. 1982 : *J.C.P.* 83, IV, 54 ; *Quot. jur.* 31 mai 1983, p. 7. — Auparavant : Req., 27 nov. 1906 : *D.P.* 1909, 1, 48 ; *S.* 1908, 1, 171.

(221) Civ. 1re, 3 mars 1987 : *Bull. civ.* I, n° 77, p. 58 ; *D.* 1987, somm. 444, obs. L. AYNÈS ; *Gaz. Pal.* 1987, pan. 118. — Civ. 1re, 25 mai 1987 : *Bull. civ.* I, n° 163, p. 124 ; *Gaz. Pal.* 1987, 2, somm. 483, obs. A. PIÉDELIÈVRE. Dans les deux cas les juges du fond purent souverainement apprécier que cette preuve n'était pas rapportée par la caution, alors pourtant que dans la première espèce la destination des fonds était mentionnée dans le contrat de cautionnement lui-même.

(222) Autre motivation de Civ. 1re, 25 mai 1987, alors pourtant que les particularités de l'espèce auraient pu faire juger le contraire (*Bull. civ.* I, n° 163, p. 124 ; *Gaz. Pal.* 1987, 2, somm. 483, obs. A. PIÉDELIÈVRE).

Si la caution convainc les juges que l'affectation était déterminante et obligatoire, elle sera libérée dès que les fonds auront servi à un autre emploi que celui convenu (223).

L'argument des cautions trouve racine dans la clause que les banques ou établissements financiers incluent souvent dans le prêt, selon laquelle les sommes prêtées ont une destination précise à laquelle le débiteur ne peut déroger. En effet, l'incorporation de cet argent dans un bien d'équipement ou de production assure le créancier que les produits qui en sortiront permettront le remboursement. La clause de destination des fonds est l'embryon d'une sûreté.

Que la clause de destination des fonds soit inscrite dans le cautionnement, à la place ou en reproduction de l'acte de prêt dans lequel elle figure le plus souvent, n'a pas d'influence (224). Dans les deux conventions elle peut être analysée en un simple constat des raisons du prêt, qui n'impose au créancier aucun contrôle de son emploi (225) ; la distinction sera souvent liée au caractère productif de l'investissement financé.

279. — Les autres obligations créées par le contrat. — Si le créancier accepte des obligations particulières, le défaut de leur exécution pourrait lui être reproché. Ainsi celui qui s'oblige à présenter à l'acceptation de la caution les traites tirées sur le débiteur principal (226), à informer la caution par l'envoi périodique de relevés du compte courant du débiteur principal (227), à surveiller la détention par le débiteur des marchandises dont le paiement était cautionné (228) ou l'emploi du crédit par le débiteur (229).

D'une façon générale, à moins d'une stipulation très ferme de l'obligation pour le créancier d'exécuter telle action, les tribunaux sont sceptiques tant sur l'intention des parties de créer implicitement une obligation à la charge du créancier (qui sans cela n'en a pas) que

(223) Civ. 1re, 19 mai 1987 : *Bull. civ.* I, n° 154, p. 119 ; *J.C.P.* 87, IV, p. 251 ; *Gaz. Pal.* 1987, pan. 197, et Versailles, 16 déc. 1987 : *Gaz. Pal.* 1988, 2, somm. 297, qui libèrent la caution sans hésitation à compter du changement de destination des fonds prêtés (dans le premier arrêt le prêt devait servir à l'acquisition d'un portefeuille d'assurances et fut détourné. La Cour de cassation affirme très nettement en chapeau : « le cautionnement donné en vue d'une affectation déterminée des fonds mis à la disposition du débiteur principal prend fin par suite de l'affectation de ces fonds à un emploi différent de celui énoncé au contrat »). Dans le second arrêt, le prêt devait servir à l'achat d'un fonds de commerce de boulangerie ; sur l'art. 2015 C. civ., la cour d'appel juge que le cautionnement ne peut être étendu à la garantie d'une autre affectation (pour une autre référence à l'impossibilité en ce cas d'augmenter les engagements acceptés par la caution : Civ., 18 fév. 1987 : *Les Petites Affiches* n° 60, 18 mai 1988, p. 60 (non publié au bull.).

(224) Civ. 1re, 3 mars 1987, préc.

(225) Civ. 1re, 12 avril 1976 : *Bull. civ.* I, n° 120, p. 97.

(226) Com., 3 mai 1960 : *Bull. civ.* 1960, p. 146. La Cour de cassation n'a pas analysé cette prescription en une obligation juridique, car il lui était demandé d'y voir une condition suspensive du cautionnement, ce qu'elle n'a pas admis : l'acceptation personnelle par la caution « constituait seulement une modalité de paiement sans influence sur son engagement inconditionnel de caution ».

(227) Com., 2 mars 1970 : *Bull. civ.* IV, n° 77, p. 73 ; *D.* 1970, somm. 170.

(228) La négligence du créancier « a aggravé la situation des cautions qui devaient être déchargées » : Com., 7 juin 1952 : *Bull. civ.* III, n° 220, p. 172. L'arrêt ne vise aucun texte pour justifier cette décharge.

(229) *Supra*, n° précédent.

sur le caractère déterminant de cette obligation dans le consentement de la caution. Ou bien encore ils rejettent le reproche pour absence de préjudice (230).

280. — Les parades contractuelles aux « devoirs » que certaines cautions espèrent imposer au créancier. — Dès les premières critiques sur le manque d'information faites par les cautions, certaines banques ont pris la précaution d'insérer dans le contrat de cautionnement une ou plusieurs clauses indiquant que le créancier n'a aucune obligation d'information (231), que la caution a parfaite connaissance de la situation du débiteur et qu'elle fait son affaire personnelle de l'étude de son évolution. De telles clauses ont pleine efficacité pour éviter les reproches parfois irréalistes des cautions, surtout lorsqu'elles sont signées par une caution « intégrée » à l'opération principale par ses relations avec la société ou la personne débitrice principale (232).

281. — La connaissance personnelle par la caution de la situation du débiteur principal ou de la dette. — Il faut bien constater que la réclamation d'une information communiquée par le créancier à la caution est en contradiction avec plusieurs directives générales de notre droit :

— l'obligation de vigilance qui pèse sur chacun et le principe que le droit n'est protecteur que des gens vigilants *(jura vigilantibus prosunt)*, puisé au Digeste aussi bien que dans l'Equity anglaise ;

— l'affectation de la responsabilité à celui qui aurait le plus facilement pu éviter le dommage ;

— le principe d'économie des moyens qui impose de ne pas requérir d'une personne qu'elle dépense temps et énergie à délivrer systématiquement une information d'utilité ponctuelle et contingente là où le destinataire de l'information serait en mesure de la requérir au moment où elle est nécessaire.

Ces contradictions sont plus fortes encore lorsque la caution est un dirigeant de la société cautionnée. Les informations qu'elle détient en qualité de dirigeant lui profitent aussi en qualité de caution, et il paraît difficile de condamner le créancier. La remarque vaut certainement pour l'information générale ; vaut-elle aussi pour l'information légale de l'article 48 de la loi du 1er mars 1984 ? Un tribunal l'a affirmé, sentant peut-être que la prétention du dirigeant social selon laquelle il n'avait pas reçu l'information manquait de franchise (233).

282. — 6° L'aggravation de la situation du débiteur principal et le déclenchement de sa cessation de paiements. — La responsabilité des banquiers pour rupture abusive de crédit est devenue un lieu

---

(230) Sur tous ces exemples, v. C. MOULY, *Les causes d'extinction du cautionnement,* Litec, Paris, 1979, n° 368. — Comp. avec la législation suisse qui impose au créancier de surveiller le débiteur et d'informer la caution (*ibid.*) et a fait perdre au cautionnement toute utilité, entraînant son remplacement par la garantie indépendante.

(231) Clause du Crédit agricole : « Les cautions dispensent de même expressément la Caisse régionale de les informer du remboursement ou du non-remboursement des sommes prêtées ».

(232) Com., 10 mai 1988 : *Bull. civ.* IV, n° 152, p. 106 ; *Gaz. Pal.* 1988, pan. 182, a d'ailleurs condamné des cautions au remboursement de crédits « augmentés » par le créancier après une transformation de la société cautionnée dont les cautions étaient dirigeants au double motif que leurs fonctions leur donnaient une bonne connaissance de la dette et que le cautionnement envers la B.N.P. contenait une clause stipulant que « la caution entend suivre personnellement la situation du débiteur ».

(233) Trib. com. Paris, 8 janv. 1988 : *Rev. dr. banc.* 1988, p. 170, obs. crit. F.-J. CREDOT et Y. GÉRARD.

commun des procédures collectives. Le banquier, s'il est reconnu responsable d'avoir privé son client d'une chance de renflouement en rompant brutalement les crédits et en précipitant sa faillite, est condamné à indemniser l'ensemble des autres créanciers (234). Les créanciers chirographaires furent les premiers bénéficiaires de cette jurisprudence : ils avaient perdu une chance de recevoir le paiement de leur créance. La caution ne tarda pas à invoquer un préjudice de nature comparable : la procédure collective précipitée du débiteur principal lui avait fait perdre une chance de ne pas être poursuivie en paiement, le débiteur principal ayant pu payer lui-même si le banquier avait rompu moins rapidement ses crédits. Elle fut reçue dans cette prétention et les dommages-intérêts qui lui sont alloués compensent sa dette en tout ou partie (235).

283. — 7° L'engagement manifestement disproportionné aux moyens de la caution. — En 1989 le législateur a ajouté aux lois Scrivener de protection du consommateur une cause d'extinction spéciale et fort paradoxale : l'impécuniosité de la caution (236). Si la caution d'un crédit de consommation contracte un engagement qui est « lors de sa conclusion, manifestement disproportionné à ses biens et revenus », le créancier ne pourra pas s'en prévaloir s'il a la qualité d'établissement de crédit. Les conditions de mise en jeu de cette exception paraissent restreintes, d'autant que l'enrichissement subséquent de la caution fait disparaître la déchéance (237).

284. — La portée limitée de la faute et de la responsabilité civile du créancier. — Les auteurs dénoncent souvent les effets pervers de la recherche trop systématique de la responsabilité du professionnel (238). Elle stérilise l'initiative, appauvrissant en fin de compte la société et le consommateur qu'elle est censée protéger. Elle opère une redistribution aveugle à travers l'assurance de responsabilité civile souscrite par le professionnel systématiquement condamné ; mais celui-ci en répercute le coût sur le consommateur par une augmentation de ses prix incluant les primes, et parfois par une augmentation supplémentaire

---

(234) Parfois le reproche est plus flou encore et réside dans l'attitude du prêteur, trop pusillanime ou trop axée sur la recherche des sûretés. Le rapport MAYOUX sur « Le développement des initiatives financières locales et régionales » critiquait cette attitude des banques demandant trop de sûretés réelles aux entreprises, mais n'en tirait pas de conclusion précise. (La Documentation française, 1979) ; de l'avis de certains « le problème des garanties personnelles demandées par les banques aux actionnaires des P.M.E. n'a pas vraiment été étudié » (J.-L. DE BERNARDY, *Financement des entreprises et initiative locale : les grandes lignes du Rapport Mayoux : l'Économie* du 14 mai 1979).

(235) Pour un exemple très net, sur renvoi de cassation, dans une hypothèse où la société débiteur principal allait être reprise par un important groupe national, ce qui fut empêché par la rupture brutale des crédits bancaires, v. Montpellier, 23 fév. 1989 : *Lemoine et Degeorges* c. *Banque populaire Toulouse-Pyrénées,* inédit. Les cautions devaient chacune 600 000 F, mais la chance perdue de ne pas avoir à payer fut évaluée aux 4/5e de ces sommes.

V., tout aussi net, Com., 22 avril 1980 : *Bull. civ.* IV, n° 163, qui a conféré au reproche de perte d'une chance par la caution l'onction de la Cour de cassation, et la libérait de la totalité de sa dette pour compensation de son préjudice.

(236) L. 10 janv. 1978, art. 7-4 et L. 13 juill. 1979, art. 9-4.

(237) *Supra,* n° 134.

(238) A propos de notre cas, P. MALAURIE et L. AYNÈS, 2e éd., n° 296 *in fine.*

correspondant à la sécurité qu'il offre. Ce mécanisme est délétère. Les juristes des U.S.A. deviennent conscients de l'importante perturbation que cause une responsabilité trop systématique et une indemnisation trop élevée (239).

En France, les condamnations sont moins systématiques. L'exemple du revirement de la Cour de cassation à propos de l'absence de surveillance de la destination des fonds est probant. De même, la tendance de tous les tribunaux à exiger un préjudice spécifique de la caution avant de condamner le banquier pour faute, qu'il s'agisse de crédit abusif ou de non-respect d'une des « sûretés négatives » qu'il avait incluses dans son contrat, pour se protéger et non s'obliger.

Les indemnités allouées sont aussi moins élevées. N'y aurait-il pas un effet indirect de notre Sécurité sociale généralisée, qui justifierait les juges dans le sentiment que les conséquences les plus graves pour la personne physique d'une perte financière sont atténuées par cette couverture maladie ? La différence par comparaison avec les U.S.A. permet la suggestion.

Les reproches d'égoïsme adressés par les cautions au banquier-créancier ont conduit les tribunaux à réaffirmer l'absence de devoir du créancier envers la caution. Seule l'exigence de bonne foi ou celle d'absence d'intention malicieuse et de fraude ont été retenues. Le créancier dispose librement des facultés que le contrat lui donne, choisit librement les solutions pour obtenir le règlement de sa créance. La caution ne peut reprocher au créancier de lui avoir fait perdre une chance « de ne pas être inquiétée » (240), alors qu'il est de sa fonction de supporter les aléas normaux d'une défaillance du débiteur. Cette saine analyse des responsabilités de chacun et de la liberté donnée à chacun de mettre en œuvre ses prévisions et ses expectatives mérite approfondissement. De même en est-il du sort différent en ce cas des cautions professionnelles et des cautions profanes (241).

B. — Les conséquences de la faute du créancier

285. — La diversité des sanctions. — La faute du créancier peut entraîner :

— soit l'octroi de dommages-intérêts à la caution sur le fondement d'une responsabilité contractuelle pour inexécution ; certes le créancier n'a en principe pas d'obligation, mais :

- — il accepte parfois une obligation conventionnelle (*supra*, n° 279) ;
- — il commet parfois un abus de droit ;
- — il peut avoir tenté par fraude de spolier la caution.

Ces dommages-intérêts se compensent alors avec la dette de la caution et l'éteignent à due proportion (242).

— soit la privation des intérêts pour la période sans information (243), sanction spéciale du défaut de l'information obligatoire de l'article

---

(239) V. not. P.W. Huber, *Liability, The Legal Revolution and its Consequences,* 1988.

(240) Com., 22 avril 1980 : *Bull. civ.* IV, n° 163 ; *D.* 1981, I.R. 22, obs. M. Vasseur.

(241) C. Mouly, *Les causes d'extinction du cautionnement,* Litec, Paris, 1979, n° 504, p. 604.

(242) Sauf si les dommages-intérêts sont versés à la masse des créanciers (*supra*, n°s 277 et 282). Sa suppression velléitaire par la loi du 25 janv. 1985 soulagera la caution.

(243) Pour un ex. de sanction à l'encontre de la B.N.P. qui n'avait envoyé la première information que le 25 fév. 1987, et fut privée des intérêts du 1er avril 1985 au 25 fév. 1987 : Trib. com. Lille, 18 fév. 1988 : *Les Petites Affiches* 8 avril 1988, n° 43, p. 17, spéc. p. 18, 3e col. — *Adde :* Paris, 21 janv. 1986 : *Gaz. Pal.* 1986, 1, p. 240, note J.-P. Marchi.

48 de la loi du 1er mars 1984 ou de celle des lois Scrivener de protection du consommateur ;

— soit la déchéance du créancier, privé de la possibilité de réclamer le paiement à la caution : bénéfice de subrogation et autres déchéances liées à l'estoppel (*supra*, nos 257-260 et s.).

Notons enfin que la faute du créancier fut parfois utilisée pour libérer des cautions qui avaient renoncé au bénéfice de subrogation mais qui reprochaient au créancier une faute légèrement différente de la perte des sûretés (244), montrant ainsi la proximité des résultats obtenus à travers la déchéance et l'indemnisation.

§ 3. — La novation

286. — L'utilité de la novation pour la caution et la difficulté de sa preuve. — Lorsque certains éléments de l'opération principale ont été modifiés, la caution non intégrée a une propension assez justifiée à penser que le créancier et le débiteur ont pu s'entendre en dehors d'elle et à son préjudice. La vieille institution de la novation est alors invoquée pour faire juger que ces modifications ont entraîné la création d'un nouveau rapport de dette qui a été substitué à celui que la caution garantissait. La caution n'ayant pas été appelée à cette nouvelle date, elle serait libérée par l'extinction de l'ancienne et l'absence d'engagement pour la nouvelle (245).

Cette *novation* de l'opération principale par changement d'objet ou de cause n'a que peu d'intérêt entre les parties, puisqu'il leur est toujours possible, depuis que le principe du consensualisme gouverne le droit des contrats, de modifier le contrat sans recourir à la novation et à son effet d'extinction du contrat antérieur.

En revanche, l'idée de novation est fort utile pour les tiers, et notamment la caution, car elle lui permet d'être libérée. Malgré son anachronisme, cette novation dont la caution impose la qualification trouve un terrain d'élection dans l'opération à trois personnes qu'est le cautionnement. Toutefois si l'argument est souvent invoqué, il est plus rarement reçu. La caution doit en effet prouver l'élément intentionnel de la novation (l'intention des parties de modifier leur contrat antérieur) et l'élément matériel (l'*aliquid novi*, le changement suffisant pour qu'il y ait novation). C'est en général en cette épreuve que la caution échoue.

287. — La novation du cautionnement lui-même. — Il arrive parfois que le banquier qui travaille en compte courant avec une société dont les besoins de financement s'accroissent demande aux cautions qui avaient donné une garantie limitée de modifier ou d'étendre celle-ci. Les négociations peuvent aboutir à la

---

(244) Com., 12 avril 1983 : *J.C.P.* 84, II, 20237, note J. Duclos.

(245) Si la caution accède à la nouvelle dette et accepte ainsi le maintien de son engagement, la novation n'a aucune influence.

rédaction d'un acte confus ou à la signature d'un formulaire de cautionnement identique au premier. Par exemple, la caution garantit en 1980 toutes les dettes de sa société dans la limite de 100 000 F. Elle signe en 1985 un second cautionnement identique au premier avec une limite de 250 000 F, à l'occasion d'un accord d'extension du financement de la société dont le chiffre d'affaire a doublé. Ce second cautionnement est muet sur le sort du premier. En 1990, lors du redressement judiciaire de la société, débitrice envers la banque de 500 000 F, la banque soutiendra que les deux cautionnements s'additionnent et la caution soutiendra que le second a éteint le premier par novation.

L'interprétation de la volonté des parties lors de la signature du second cautionnement sera faite d'après tous les indices qu'elles fourniront au juge du fond, qui a pour la qualification de novation, un pouvoir souverain. Il apparaît qu'en général les tribunaux et la Cour de cassation sont exigeants dans la preuve de l'intention de nover et donc d'éteindre la première sûreté (246).

288. — La novation de l'engagement d'un cofidéjusseur. — Une novation par changement d'objet ou de cause de l'engagement d'un cofidéjusseur ne peut au mieux libérer les autres cofidéjusseurs que dans la même proportion qu'une extinction par tout autre moyen. Ne réduisant pas la dette principale, dont l'engagement du cofidéjusseur est différent, la novation ne devrait pas affecter la dette des autres cofidéjusseurs. Mais le créancier a accepté cette novation et les tribunaux en tirent comme conséquence que les cofidéjusseurs sont libérés à proportion de la part du cofidéjusseur « nové » (247). La solution est motivée par une référence déplacée aux règles de la solidarité (248).

§ 4. — La transaction

289. — Un effet extinctif indubitable. — Le cautionnement peut s'éteindre par une transaction mettant fin entre le créancier et les co-obligés à un litige. Si la transaction prévoit l'extinction directe du cautionnement, il n'y a pas de difficulté. Si la transaction emporte extinction de l'opération principale, même si cette extinction n'est que partielle, elle éteint aussi le cautionnement dans la même proportion (249). L'hypothèse est assez rare.

§ 5. — La remise de dette

290. — L'impossibilité pour le créancier de « réserver ses droits contre la caution ». — La *remise de la dette principale* emporte aussi extinction du cautionnement, par le mécanisme de l'accessoire. On a beaucoup discuté pour savoir si le créancier pouvait réserver son recours contre la caution tout en faisant remise de sa dette au débiteur principal. Le créancier se donnait ainsi le beau rôle de faire cadeau au débiteur principal tout en conservant le droit au paiement contre un autre obligé à la dette (250).

---

(246) P. DELEBECQUE, *Encycl. Dalloz, Rép. dr. civ., V° Cautionnement,* n° 262.

(247) V. *supra*, n° 240.

(248) Civ. 1re, 11 janv. 1984 : *Bull. civ.* I, n° 11 ; *J.C.P.* 86, II, note B.-H. DUMORTIER.

(249) C. MOULY, *Les causes d'extinction du cautionnement,* Litec, Paris, 1979, nos 128-136.

(250) Le volume et l'âpreté du contentieux font penser que la pratique des réserves est relativement fréquente, en cas de remise de dette. — V. C. MOULY, *Les causes d'extinction du cautionnement,* Litec, Paris, 1979, nos 140-146, et l'exposé des thèses tentant de justifier l'efficacité des réserves par la qualification de remise des seules poursuites.

Cette solution serait trop hypocrite puisque le débiteur principal ne serait pas en réalité soulagé de sa dette et le créancier n'aurait fait aucun cadeau : il pourrait demander le paiement à la caution et celle-ci pourrait se retourner contre le débiteur principal (251). Il faut donc conclure à la nullité de toute réserve des droits du créancier contre la caution : la remise de la dette principale emporte extinction du cautionnement.

Dans le même ordre d'idée, la remise de dette faite à un cofidéjusseur libère les autres de la part de celui-ci.

291. — Les fausses remises de dette des procédures collectives. — Une autre difficulté est née du *plan* (auparavant du concordat) *de redressement* de l'entreprise dans lequel le créancier accorderait une remise (le plus souvent partielle) de la dette. En fait, bien que l'on parle de remise de dette, il s'agit uniquement d'une solution procédurale à l'insolvabilité du débiteur dans laquelle on ne retrouve pas les caractères de la remise de dette, et notamment la volonté de soulager le débiteur : il s'agit d'une solution imposée par les circonstances ou par le juge. La solution est donc identique à celle d'un paiement partiel du créancier par la liquidation des biens du débiteur. En conséquence la caution est tenue du tout, qu'elle soit caution simple ou caution solidaire (l'art. 49 de la loi n° 67 rappelait cette solution ; l'art. 64 de la loi de 1985 la reprend et l'on doit seulement à une erreur de droit du Garde des Sceaux que la loi ne vise plus que la caution solidaire ; il n'empêche que la caution simple ne peut pas davantage invoquer le plan de redressement).

Les diverses causes d'extinction jusqu'ici examinées reposaient plus ou moins directement sur l'hypothèse d'une satisfaction du créancier. Deux autres sont particulières en ce qu'elles trouvent une justification dans la stérilité du cautionnement qui, dans un certain contexte, permettra son extinction : la prescription et la caducité.

§ 6. — La prescription

292. — Causes et effets. — Elle sanctionne une inaction prolongée du créancier. Cette inaction peut être involontaire mais il y a aussi des prescriptions et des inactions volontaires, qui permettent aux parties de laisser s'éteindre la créance sans faire ouvertement de remise de dette.

Les délais de prescription sont variables : 30 ans par principe en droit commun ; 10 ans en matière commerciale ou en cas d'acte mixte ; 4 ans pour les créances d'argent soumises au droit public ; 2 ans pour les créances nées d'un contrat d'assurance, d'un crédit à la consommation...

La prescription peut laisser un sentiment d'incertitude sur l'équité de la spoliation du créancier. L'abrégement irraisonné des délais, au faux prétexte que le monde

(251) Il est en effet impossible aux créancier et débiteur de priver la caution, sans son accord, de son recours en remboursement.

tournerait plus vite aujourd'hui qu'hier, et la complexité croissante de notre société ont aidé à deux mouvements d'atténuation des effets des prescriptions : une tendance à retarder le cours des délais (point de départ, suspensions, interruptions et inversions) et une qualification de fin de non-recevoir (N.C.P.C., art. 122) qui n'éteint que l'action en justice et laisse subsister une obligation naturelle. Néanmoins la règle de l'accessoire est toujours applicable et la caution peut invoquer la prescription frappant la dette principale ; elle est d'ailleurs souvent la même que celle du cautionnement (252), sauf si la caution a prévu un bref délai qui lui soit propre.

DIRECTIONS DE RECHERCHES

293. — La réduction conventionnelle des délais de prescription. — Ces délais sont parfois réduits par les parties et il arrive de voir des cautions imposant au créancier de poursuivre dans les six mois ou dans l'année qui suit l'échéance. Ces dérogations au droit légiféré peuvent-elles être acceptées ?

Les partisans de la prescription conçue comme un carcan que l'État imposerait au nom de l'ordre public se font rares avec l'évolution des mentalités favorable à la liberté pour chacun de mettre en œuvre ses prévisions et ses choix ; l'ordre public a peu en commun avec l'extinction des créances privées, sauf cas spéciaux de protection d'incapables tels que les consommateurs ; mais on recourt alors à la qualification de délai préfix (253). Ceci souligne mieux encore la malléabilité des prescriptions (254). Il faut en conclure qu'un délai imposé pour la poursuite de la caution est une prescription conventionnellement abrégée, parfaitement valable (255). Pour mieux avantager encore la caution, des juges ont pu qualifier un tel délai de délai de forclusion (!) et le considérer comme insusceptible d'interruption même par la reconnaissance de sa dette par la caution (256).

294. — La prescription de l'obligation de règlement du solde d'un compte courant. — Lorsque le cautionnement du solde d'un compte courant est arrivé à son terme ou a été résilié, la caution doit le montant du solde provisoire débiteur au jour de l'extinction (dette de règlement). Tant que le compte est ouvert, la créance de solde n'est pas exigible contre le débiteur principal ; on en déduit qu'elle ne peut pas être poursuivie contre la caution, celle-ci ne pouvant être tenue plus sévèrement que le débiteur principal. Si le compte courant est laissé ouvert sans pour autant fonctionner pendant 10 ans (257), est-il possible de penser que l'obligation de règlement puisse être prescrite ? Par exemple, dans un cautionnement qui a fait l'objet d'une résiliation en février 1977, alors que le compte courant restait ouvert jusqu'en 1989, sans pour autant enregistrer d'opérations en crédit, peut-on dire que la créance de solde débiteur du compte courant à l'encontre de la caution est prescrite depuis février 1987 (prescription de 10 ans en matière commerciale) ou doit-on au contraire considérer que l'absence de clôture du compte courant a empêché la prescription de l'obligation de règlement du solde de commencer à courir et qu'en conséquence la caution est toujours tenue ?

En faveur de la deuxième solution la règle selon laquelle le créancier ne peut poursuivre la caution que si sa créance est exigible à l'encontre du débiteur principal

---

(252) Sur les divergences possibles, dans des cas exceptionnels, v. C. MOULY, *Les causes d'extinction du cautionnement,* Litec, Paris, 1979, n° 169.

(253) Ainsi à propos de l'art. 27 de la loi du 10 janv. 1978.

(254) V. sur la possibilité de rallonger ou de réduire la prescription : Req., 28 nov. 1865 : *D.P.* 1867, 1, 225 ; *S.* 1867, 1, 391. — Civ., 31 janv. 1950 : *D.* 1950, 261, note P. LEREBOURS-PIGEONNIÈRE ; *J.C.P.* 50, II, 5541, note A. WEILL, spéc. IV de la note ; M. PLANIOL et G. RIPERT, t. VII, n° 1350.

(255) P. SIMLER, *Le cautionnement,* n°s 220 et 546.

(256) Civ. 2e, 14 oct. 1987 : *D.* 1987, I.R. 208 ; *Gaz. Pal.* 1987, pan. 280.

(257) Le cas se rencontre réellement, des sociétés laissées en souffrance comme des coquilles vides ou des événements perturbateurs comme la révolution iranienne pouvant expliquer l'absence de fonctionnement du compte courant pendant un long délai.

est un argument assez fort : le créancier ne pouvant pas agir contre la caution, la prescription n'a pas pu courir contre lui.

Toutefois le caractère particulier du cautionnement de compte courant permet d'envisager une autre solution ; de même que le paiement par remise au crédit du compte n'est extinctif de la créance de règlement du solde provisoire au jour de la résiliation unilatérale qu'envers la caution, de même la prescription de l'action du créancier à l'encontre de la caution peut avoir un point de départ qui lui soit propre : celui de l'extinction de l'obligation de couverture. C'est une prescription propre à l'engagement de la caution, prescription de son lien de droit *(Haftung)* personnel. Une justification supplémentaire peut être trouvée dans la finalité d'apuration reconnue à la prescription (258).

Ainsi peut s'expliquer l'arrêt très net rendu dans une affaire exactement identique par la Chambre commerciale de la Cour de cassation le 5 octobre 1982 (259). Dans cette affaire, la caution garantissait une ouverture de crédit en compte courant et son cautionnement était venu à expiration le 27 janvier 1964. Néanmoins le compte courant du débiteur principal avait continué de fonctionner pendant plus de treize ans jusqu'au 20 octobre 1977, date de sa clôture. Le banquier poursuivait la caution moins d'un an plus tard mais il fut débouté de son action, pour cause de prescription. En effet, sa créance à l'encontre de la caution avait commencé de se prescrire dès le 28 juillet 1964 et le délai de dix ans avait donc entraîné la prescription totale le 27 janvier 1974, soit plus de quatre ans avant les poursuites.

295. — La prescription de l'opération principale que la caution ne pourrait pas invoquer : droit de la consommation. — Le droit de la consommation est source de bien des difficultés. L'article 27 de la loi du 10 janvier 1978 de protection de l'emprunteur mobilier dispose que le créancier n'a qu'un délai de deux ans pour exiger le remboursement contre l'emprunteur consommateur. La caution garantissant ce consommateur peut-elle exciper de la prescription intervenue contre le débiteur principal ? La règle de l'accessoire y pousse. La spécificité du droit de la consommation pourrait y faire obstacle (260), surtout si la caution est un professionnel (261).

Dans son recours personnel en remboursement contre le débiteur principal, la caution peut-elle se voir opposer le même délai de 2 ans ? Cette relation personnelle n'était pas soumise à la loi de 1978, en l'absence de disposition expresse. La nouvelle rédaction de l'article 2, en 1989, disant que la loi s'applique au cautionnement de l'opération de crédit, pourrait faire penser le contraire ; mais cette application peut difficilement se faire à titre principal au cautionnement, dans les rapports entre caution et débiteur, alors que la loi est conçue pour régir les relations entre le créancier et le débiteur.

N'y a-t-il pas alors un risque que la présence de la caution soit utilisée pour tourner la loi, son intervention ayant pour objet de rallonger les délais de recours contre le consommateur ? Mais d'autre part, soumettre le recours en remboursement de la caution à une forclusion de 2 ans à compter du défaut de paiement n'est concevable qu'en heurtant les fondements du cautionnement selon lesquels la caution n'a vraiment intérêt à poursuivre le débiteur principal qu'après avoir payé, ce qui fait d'ailleurs aussi l'affaire du débiteur impécunieux. La solution

(258) Il appartenait à la banque de rendre cette créance exigible afin de poursuivre la caution : il lui suffisait pour cela de mettre fin aux relations de compte courant avec le débiteur principal.

(259) *Bull. civ.* IV, 1982, n° 294, p. 252.

(260) Pour cette raison par ex. que le délai a été implicitement qualifié de préfix par la réforme législative du 23 juin 1989 qui a modifié l'art. 27 en y ajoutant les mots « à peine de forclusion », afin de balayer la solution contraire de la Cour de cassation le qualifiant de délai de prescription (Civ. 1re, 9 déc. 1986).

(261) Douai, 19 juin 1986 : *D.* 1988, p. 369, note J.-J. TAISNE, aussi intéressante et instructive que l'espèce commentée.

ne serait-elle pas de ne faire courir le délai de forclusion de 2 ans contre la caution solvens qu'à compter de son paiement, en étirant un peu la lettre de l'article 27 ?

---

§ 7. — La caducité

296. — La notion de caducité. — C'est une situation assez particulière au cautionnement mais qui peut en fait être étendue à tous les contrats accessoires : lorsque l'obligation principale disparaît pour une cause qui n'affecte pas en même temps le cautionnement, celui-ci ne peut pas survivre. Mais comme il n'est pas pour autant affecté par la cause de disparition de l'opération principale, il n'est pas possible de le déclarer nul, ou résolu, ou rescindé... Il est donc caduc. La caducité est une extinction de l'accessoire pour cause de disparition du principal qui lui servait de support. Cette extinction peut n'avoir effet que pour l'avenir ou être rétroactive, selon la cause générique de caducité parmi les deux qui existent : l'impossibilité d'exécution de l'opération principale et sa disparition rétroactive.

297. — La caducité pour impossibilité d'exécution. — L'impossibilité peut être juridique (défaut d'un élément de validité du contrat) ou matérielle (prestation impossible à exécuter).

Exemple d'impossibilité juridique : cautionnement d'un plan de redressement qui n'est pas homologué ; nouvelle loi déclarant une opération illicite, donc insusceptible d'être cautionnée.

Exemple d'impossibilité matérielle : disparition de la chose due ; impossibilité de calculer le prix, pour disparition de l'indice ou d'autres causes.

298. — La caducité conséquence de la disparition rétroactive de l'obligation principale. — En cas de nullité ou de résolution du contrat, de survenance d'une condition résolutoire, de transaction ou d'aveu du créancier constatant l'inexistence de l'obligation principale, celle-ci est supposée n'avoir jamais existé.

Le cautionnement n'est toutefois pas atteint par le même vice : sa disparition est neutre. Mais comme le cautionnement est accessoire, il disparaît rétroactivement dans la même mesure que son support.

Parfois la rétroactivité est évitée : résiliation au lieu de résolution ; correctifs spéciaux destinés à compenser un préjudice : par exemple des dommages-intérêts pour préjudice causé par l'annulation. La caducité du cautionnement s'adaptera à la survie de l'obligation principale.

§ 8. — La cessation des paiements ou l'aggravation du passif

299. — L'excès de rigueur du droit des procédures collectives. — Il peut sembler paradoxal que la cessation des paiements figure au nombre des causes d'extinction d'une sûreté dont la finalité est de protéger le créancier contre la survenance d'une procédure collective.

Mais l'aveuglement du législateur et de bien des juristes contemporains par le mirage du renflouement judiciaire des entreprises improductives explique cette antithèse, sans la justifier.

Il faut donc écarter pour abus les prétendues extinctions qui découleraient du plan de redressement (262) ou d'une mauvaise interprétation du mauvais article 169 de la loi du 25 janvier 1985 (263). Ce dernier texte empêche les créanciers, dans le cas de redressement judiciaire ouvert sans cessation des paiements (inexécution d'un règlement amiable, d'une location-gérance ou d'un plan) et ensuite clôturé pour insuffisance d'actif, de « recouvrer leur droit de poursuite » contre le débiteur principal. Puisqu'il ne s'agit pas vraiment d'une extinction de la créance mais d'une perte de l'action, il a pu être soutenu que le cautionnement n'était pas éteint (264), mais l'on s'explique mal la différence d'avec la prescription.

En fait, et quelles que soient les visions de redressement du législateur, la finalité du cautionnement impose de le maintenir lorsque l'extinction de l'opération principale est due seulement aux règles des procédures collectives. Le cautionnement étant une sûreté, il est à ce titre prévu pour pallier la défaillance du débiteur principal ; la cessation des paiements réalise le risque auquel il doit parer et il serait incohérent de libérer la caution pour cause de réalisation du risque (265).

300. — Les influences diverses du redressement judiciaire du débiteur principal. — Le redressement judiciaire (le plus souvent suivi de la liquidation judiciaire) du débiteur principal modifie la situation de la caution en réalisant le risque pour lequel sa garantie était demandée. La caution supporte alors une dette souvent importante qui justifie les protections supplémentaires qui lui sont accordées : recours anticipés ouverts par l'article 2032 du Code civil ; libération si le créancier ne déclare pas sa créance ; extinction du cautionnement corrélative à l'annulation d'une obligation contractée en période suspecte... (266).

---

(262) Par transposition des raisons qui conduisaient à écarter les remises concordataires, v. n°s 159, 291 et 302.

(263) C. Mouly, *La situation des créanciers antérieurs : Rev. jur. com.* n° spéc., fév. 1987, *Le redressement judiciaire de l'entreprise,* p. 139 et s., spéc. n°s 65-66.

(264) P. Malaurie et L. Aynès, 2e éd., n° 259 *in fine.* — P. Delebecque : *Encycl. Dalloz, Rép. dr. com., V° Cautionnement,* n° 106. — B. Soinne, *Le cautionnement et la loi du 25 janvier 1985 sur le redressement et la liquidation judiciaires : Act. lég. Dalloz,* 1985, chr. 99, spéc. II, p. 101.

(265) Argument repris par F. Derrida à propos du défaut de déclaration de sa créance par le créancier (*infra*, n° 305). — V. aussi obs. J.-L. Rives-Lange in *Banque* 1989, p. 976, rectifiant la motivation de Bourges, 30 mai 1989 qui rejetait la libération de la caution au motif que l'exception découlant de l'art. 169 de la loi du 25 janv. 1985 serait purement personnelle.

(266) Pour une étude des conséquences de la cessation des paiements sur le cautionnement, v. M.-J. Campana, *Le cautionnement et l'entreprise en difficulté : Gaz. Pal.* 1986, doctr. 717-722. — B. Soinne, *Le cautionnement et la loi du 25 janvier 1985 sur le redressement et la liquidation judiciaires : Act. lég. Dalloz* 1985, p. 99-101. — G. Parleani, *La position du banquier bénéficiaire ou débiteur d'un cautionnement : Cah. dr. entrep.,* suppl. *J.C.P.* 88, éd. E, n° 18, p. 36.

Plus spécifiquement, la procédure collective peut créer *quatre types de distorsions* entre le cautionnement et la dette principale.

301. — 1° Le paiement par la caution avant que le débiteur principal n'y soit obligé :

— par déchéance conventionnelle du terme du cautionnement pour cause de redressement judiciaire (malgré l'art. 56 de la loi du 25 janv. 1985, *supra*, n° 210) ;

— par clôture du compte courant ou résiliation du contrat garanti ;

— parce que les poursuites sont suspendues contre le débiteur principal mais non contre la caution (L. 25 janv. 1985, art. 47-49) ;

— parce que les délais du plan ne profitent pas à la caution (*supra*, n° 214).

302. — 2° Le paiement par la caution d'un montant supérieur à ce que devra le débiteur principal :

— car la suspension du cours des intérêts dans le redressement judiciaire ne peut être invoquée par la caution (art. 55 de la loi du 25 janv. 1985, qui limite la suspension à la période d'observation pour les crédits inférieurs à un an, *supra*, n° 163) ;

— parce que les remises consenties dans le plan ne peuvent être invoquées par la caution (art. 24 et 64 de la loi du 25 janv. 1985, *supra*, n°s 159 et 291).

303. — 3° La survie du cautionnement à l'extinction de la dette principale :

— en cas de défaut de déclaration de sa créance par le créancier (question très controversée, *supra*, n° 220 et *infra*, n° 305) ;

— lors de certaines clôtures pour insuffisance d'actif (art. 169 de la loi du 25 janv. 1985, *supra*, n° 299).

304. — 4° L'extinction du cautionnement sans extinction de la dette principale :

— en cas de substitution de garantie imposée par le juge (L. 25 janv. 1985, art. 34) ;

— en cas de cession du contrat garanti au repreneur (L. 25 janv. 1985, art. 86) ;

— si la caution obtient des dommages-intérêts personnels, pour perte d'une chance de ne pas payer. Cette perte peut être par exemple due à la faute du créancier-banquier qui a rompu trop brutalement les crédits et a provoqué la cessation des paiements du débiteur principal (*supra*, n° 282). L'extinction a lieu alors par une compensation que seule la caution peut invoquer ;

— l'autorité de la chose jugée contre le débiteur principal, dans le cadre de la vérification de créances, ne prive pas la caution du droit fondamental à faire valoir les arguments que le débiteur n'aurait pas exposés (Déclaration européenne des droits de l'homme, art. 6 ; *supra*, n° 226 et *infra*, n° 331).

DIRECTIONS DE RECHERCHES

305. — Le défaut de déclaration de sa créance par le créancier. — Les procédures collectives étaient antérieurement conçues pour établir au moindre coût l'analyse rapide du désastre et sa liquidation. Il était donc nécessaire de dresser la liste des prétentions des créanciers pour répartir entre eux après vérification de leurs créances le faible produit de la liquidation. A cette fin, la loi leur commandait de produire leur créance (au sens de production d'une pièce ou prétention en justice). Le fait de ne pas y procéder faisait encourir une forclusion qui ôtait la possibilité de concourir à la répartition des maigres dividendes ; mais cette forclusion était peu appliquée et souvent pardonnée.

Pendant longtemps, la Cour de cassation refusa de libérer la caution poursuivie par un créancier qui avait négligé de produire sa créance et était donc incapable de la subroger dans une participation à la procédure collective. La situation des cautions était gênante lorsque leur condamnation survenait plusieurs années après la procédure collective, ce que le déroulement des procès et recours rendait fréquent. Ces cautions étaient privées de toute possibilité de concourir dans la procédure collective. Cette injustice était aggravée par l'immunité du créancier qui laissait dépérir avec désinvolture les droits d'autrui (267). Aussi, par un revirement opéré en 1984, la Cour de cassation accepta-t-elle la libération de la caution chaque fois que le créancier avait omis de produire avant de la poursuivre (268).

Avec le changement d'orientation des procédures collectives, conçues par la loi du 25 janvier 1985 pour opérer le blanchiment des débiteurs marrons, la déclaration de la créance est devenue sous la plume de ce législateur à court de mesquineries une chausse-trappe pour créanciers de bonne foi (délai trop bref, courant trop tôt ; formalités multiples ; relevé de forclusion restrictif). Le souhait plus ou moins avoué du législateur et de ses défenseurs est de spolier les créanciers des sommes dont ils avaient fait crédit. Faut-il continuer à les priver au surplus de la sûreté personnelle qu'ils avaient pu obtenir ? La collectivisation des dettes à laquelle la loi de 1985 a procédé n'est pas un obstacle au maintien du cautionnement, qui opère lui aussi répartition à échelle réduite. La loi du 25 janvier 1985 justifie donc le refus de libération de la caution (269) et certains auteurs ont appelé la Cour de cassation à changer à nouveau sa position (270).

(267) C. MOULY, *Les causes d'extinction du cautionnement,* Litec, Paris, 1979, n° 158.

(268) Com., 19 juin 1984 : *Bull. civ.* IV, n° 198, p. 165 ; *D.* 1985, p. 140, note A. HONORAT ; *J.C.P.* 86, II, 20569, note M. STORCK ; *Banque* 1985, p. 507, obs. J.-L. RIVES-LANGE. — La seule note critique vint de F. DERRIDA : obs. au *D.* 1986, I.R. 7. *Adde* sa note sous Com., 21 juill. 1987 : *D.* 1987, 521, spéc. n° 4.

Sur la possibilité ouverte à la caution de déclarer sa créance même avant d'avoir payé, v. obs. J.-L. RIVES-LANGE sur Douai, 28 avril 1988 : *Banque* 1988, p. 1274. — G. RIPERT et R. ROBLOT, t. II, n° 3004. — F. DERRIDA, P. GODÉ et J.-P. SORTAIS, 2e éd., n° 433. — La créance de la caution n'existe bien sûr que si celle du créancier n'est pas éteinte. Contrairement à l'art. 53, dern. al., de la loi du 25 janv. 1985 et à ce que juge la cour de Douai, le défaut de déclaration ne peut éteindre le droit du créancier sans une spoliation inadmissible (C. MOULY, *La situation des créanciers antérieurs : Rev. jur. com.* n° spéc., fév. 1987, *Le redressement judiciaire de l'entreprise,* p. 139 et s., spéc. n° 55) ; mais il peut empêcher sa collocation (*ibid.*, n° 56), ce qui justifie que la caution soit libérée puisqu'aucune subrogation n'est possible.

(269) Cette option n'est pas partagée par l'un des auteurs de ce livre, du moins dans sa formulation absolue, au motif que le cautionnement doit être perçu comme une protection contre l'insolvabilité mais non contre les chausse-trappes des procédures collectives : M. CABRILLAC : *J.C.P.* 89, éd. E, II, 15478, n° 16.

(270) P. MALAURIE et L. AYNÈS, 2e éd., n° 259, après une argumentation *pro* et *contra*. — F. DERRIDA, avec vigueur, en commentaire d'un arrêt d'appel qui « résiste » au revirement de 1984 : Lyon, 18 nov. 1988 : *D.* 1989, 71 ; v. aussi *Rev. dr. bancaire* 1989, p. 75, obs. F. DEKEUWER-DEFOSSEZ. Le motif retenu par la cour de Lyon est que l'art. 53 de la loi du 25 janv. 1985 est une exception purement personnelle au débiteur. — De même Bordeaux, 16 mars 1989 : *D.* 1989, 473, note F. DERRIDA.

Le revirement de la Cour de cassation semble être consommé, avec un laconisme regrettable (271). L'argument retenu est celui du caractère personnel de l'exception découlant de l'extinction de la créance par forclusion : seuls le débiteur et la masse pourraient bénéficier de cette extinction destinée à faciliter le redressement et à permettre la survie de l'entreprise ; la caution, ne pouvant invoquer cette nécessité pour elle-même, ne pourrait être libérée. Il est bien préférable de justifier cette solution par référence à la finalité du cautionnement, qui est de garantir le créancier contre l'insolvabilité du débiteur principal, et particulièrement contre les procédures collectives et leurs avanies. Cette finalité, supérieure au caractère accessoire de la sûreté et donc à l'extinction à l'identique du cautionnement et de la créance garantie, permet d'écarter l'article 53 de la loi du 25 janvier 1985 et plus généralement le défaut de déclaration de la créance.

306. — L'aggravation du passif du débiteur principal ; détérioration de sa situation financière. — Une autre cause d'extinction, fréquente dans les situations de cessation des paiements, pourrait-elle être invoquée ? Dans certains cas, la différence est énorme entre les engagements signés par la caution et les sommes réclamées après plusieurs années. La caution, éloignée des informations sur la situation du débiteur et sur son passif, tend à reprocher au créancier, le plus souvent le banquier, d'avoir aggravé les dettes du débiteur en méconnaissance des droits et intérêts de la caution. Les fondements de ce reproche sont divers : non seulement la faute du créancier (*supra*, n° 282), mais aussi la situation objective dans laquelle se trouve un débiteur dont le passif s'est accru envers tous ses créanciers : mélange donc de mauvaise foi et de négligence, et demande de répartition des risques, risques que le créancier connaissait et que la caution ignorait. Les tribunaux sont peu sensibles à cette argumentation (272).

Au mieux, cette aggravation de la situation du débiteur peut seulement devenir un terme extinctif, pour l'avenir. L'idée de bonne foi due dans l'exécution de contrats permet aux auteurs allemands d'ouvrir à la caution une faculté de résiliation en cas de détérioration substantielle de la situation du débiteur principal (273). En Italie, le législateur libère expressément la caution d'une dette future (C. civ., art. 1956) lorsque le créancier accorde un nouveau crédit au débiteur principal en sachant que sa situation patrimoniale est devenue telle qu'il rend le paiement notoirement plus difficile ; les tribunaux ont accepté une autorisation générale et *a priori* de ces nouveaux crédits qui fait fonction de renonciation, systématiquement utilisée en pratique (274). Faut-il s'appuyer sur la règle écrite ou sur l'application qui en est faite pour connaître la tradition ?

Notre article 2032 C. civ. prévoit des garde-fous permettant à la caution d'obtenir du débiteur principal libération ou indemnisation non prévues au contrat dans certains cas extrêmes :

— déconfiture ou procédures collectives (art. 2032-2°) ;

— dette principale devenue exigible (art. 2032-4°) ;

— 10 ans d'existence d'une dette principale à durée indéterminée (art. 2032-5°).

Ici encore, la faible utilisation pratique de ces protections ne tend-elle pas à démontrer leur inadaptation ?

---

(271) Com., 21 mars 1989 : *Bull. civ.* I, n° 94, p. 62 ; *D.* 1989, 473, note F. DERRIDA qui approuve la solution mais préfère lui aussi la fonder sur la finalité du cautionnement.

(272) Notamment Com., 10 mai 1988 : *Bull. civ.* IV, n° 152, p. 106 ; *Gaz. Pal.* 1988, pan. 182.

(273) *Le cautionnement dans le droit des États membres des C.E.*, Étude de la Commission des C.E., série Concurrence, n° 14, 1971, n° 93. — Ce que permet le § 242 B.G.B., l'art. 1134, al. 3, C. civ. le permettrait autant.

(274) *Ibid.*

§ 9. — Le terme

307. — L'originalité du terme et de la résiliation. — Terme et résiliation ont en commun de n'affecter que *l'obligation de couverture* de la caution. Cette obligation de couverture est en effet la seule qui soit à exécution successive, c'est-à-dire la seule dont les effets s'étirent dans le temps et dont il soit expédient d'organiser la dissolution pour l'avenir. Terme et résiliation y pourvoient.

308. — La distinction du terme extinctif et du terme suspensif. — Le *terme suspensif* est normalement sans effet sur l'extinction du cautionnement ; il retarde seulement son exigibilité. La déchéance du terme ou sa prorogation laissent donc survivre l'obligation (275). Le terme suspensif et ses modifications ne peuvent pas avoir d'effet extinctif.

Le *terme extinctif* est l'événement qui met fin pour l'avenir à l'engagement de la caution. Ce terme extinctif ne peut affecter que l'obligation de couverture, la seule qui soit à exécution successive. Le plus souvent, les parties déterminent l'événement dont la survenance éteindra l'obligation de couverture.

309. — La détermination expresse ou tacite du terme extinctif. — Ce terme peut être fixé *expressément* et précisément. Par exemple « cautionnement valable 1 an », comme les cautionnements des droits de régie sur les alcools ou de T.V.A. Ou encore « cautionnement garantissant toutes les dettes du débiteur principal nées avant le 31 décembre 1990 ». Parfois le terme est expressément prévu mais avec une formule imprécise : ex. : cautionnement conclu « pour toute la durée des opérations prévues ».

Le terme extinctif peut être déterminé *tacitement*. Il en est ainsi lorsqu'il est déterminé par référence à l'obligation principale. Par exemple, une opération principale conclue pour 2 ans : le cautionnement ne durera pas davantage (*N.B.* : en cas de *tacite reconduction* de l'opération principale, le cautionnement n'est pas reconduit, sauf clause contraire, car la tacite reconduction emporte création d'un nouveau contrat).

Le terme extinctif peut aussi être tacitement déterminé par *référence à un élément fondamental du cautionnement* : ce sera le plus souvent la qualité de la caution. Lorsque le créancier exige un cautionnement du gérant d'une S.A.R.L. ou plus généralement du dirigeant d'une société, trois motivations l'animent :

— engager la responsabilité du dirigeant pour qu'il ne soit pas indifférent au sort de la créance principale ;

— constituer un moyen de pression sur le débiteur ;

— éviter le concours de ces personnes.

Ces motivations sont des éléments du contrat qui sont entrés dans le champ contractuel ; leur disparition peut être considérée comme un terme extinctif implicite. Nombre d'auteurs, s'appuyant sur la jurisprudence, admettent l'extension de ce terme implicite et sous-jacent à la considération de certaines qualités du

(275) Art. 2039 C. civ. pour la seconde, sauf lorsqu'une clause spéciale écarte ce texte : Ex. : « Le créancier ne pourra accorder aucune prorogation de terme au débiteur principal sans le consentement exprès de la caution sous peine de perdre tout recours et action contre elle ».

débiteur ou du créancier (276). Le fondement est solide, mais la matière est délicate et la détermination du terme implicite difficile (277).

310. — Le décès de la caution, modèle de terme extinctif. — Le décès est l'événement le plus symptomatique du processus original d'extinction de l'obligation de couverture. Les indications que l'on peut en tirer valent pour toutes les autres extinctions par survenance du terme (278).

L'extinction par décès est symptomatique d'abord parce qu'un texte semble l'interdire et qu'elle est pourtant admise. L'article 2017 du Code civil dispose nettement que « les engagements des cautions passent à leurs héritiers ». Sur la foi de cette formulation impérative, qu'expliquait l'histoire (279), la communauté des juristes maintenait les héritiers de la caution décédée dans les liens de la dette. La Cour de cassation l'affirma à deux reprises dans les années 1960, à l'occasion d'une espèce où des considérations d'équité auraient amplement justifié une atténuation (280). Puis la prise de conscience de l'originalité de l'obligation de couverture et du fait que l'article 2017 n'était pas écrit pour elle mais pour les obligations de règlement permit à cette même communauté des juristes de modifier la solution.

Il est aujourd'hui admis que le décès de la caution mette fin à l'obligation de couverture. Le décès est un terme extinctif sous-jacent dans tous les cautionnements de dettes futures. La solution fut retenue dans un revirement de jurisprudence spectaculaire de la Cour de cassation le 29 juin 1982 (281), immédiatement approuvé (282), et qui ne fait plus l'objet d'hésitations puisque la même Cour de cassation va jusqu'à invalider les clauses contraires sur le fondement — discutable —

---

(276) G. Marty, P. Raynaud et P. Jestaz, n° 614. — P. Théry, n° 82/5. — *Adde : infra*, n° 312, sur la considération de la personne.

(277) C. Mouly, *Les causes d'extinction du cautionnement,* Litec, Paris, 1979, n°s 336-364, p. 440-463.

(278) Par ex., la dissolution de la communauté entre époux dont l'un était caution omnibus : P. Malaurie et L. Aynès, *Droit civil, Les sûretés,* 2e éd., n° 276 *in fine.*

(279) Sous l'empire romain, au début de notre ère, l'abandon du caractère viager du cautionnement fut une étape du renforcement de cette sûreté (*fidepromissio* surtout) ; il en fut de même au début de l'époque moderne à propos de la plège. — C. Mouly, *Les causes d'extinction du cautionnement,* Litec, Paris, 1979, n° 351.

(280) Com., 14 nov. 1966 : *Bull. civ.* III, n° 427, p. 377. — Civ. 1re, 16 déc. 1969 : *Bull. civ.* I, n° 396, p. 317. La caution omnibus décédait en ne laissant aucune dette de règlement et trois enfants mineurs. Tout le passif réclamé aux enfants était né après le décès (v. réf. et comm. *in* C. Mouly, *Les causes d'extinction du cautionnement,* Litec, Paris, 1979, n° 348.

(281) Com., 29 juin 1982 : *Bull. civ.* I, n° 258 ; *Rev. soc.* 1982, p. 86, note M. Cabrillac ; *D.* 1983, p. 360, note C. Mouly ; *Rev. trim. dr. civ.* 1983, p. 354, obs. P. Remy ; *Les grands arrêts jurisp. civ.,* 8e éd., 1984, n° 190, obs. F. Terré et Y. Lequette.

(282) Outre les commentateurs ci-dessus, v. P. Simler, *Le cautionnement,* n° 57 ; P. Malaurie et L. Aynès, 2e éd., n° 271 ; G. Marty, P. Raynaud et P. Jestaz, n° 616 ; P. Théry, n° 82-4.

de la nullité des pactes sur succession future (283). Cette solution a une portée générale (284).

L'extinction par décès est symptomatique aussi parce que son mécanisme en est très clair et a pu être appliqué sous toutes ses formes dans divers contentieux. Les obligations de règlement nées avant le terme (c'est-à-dire le décès) sont dues par les héritiers, quelle que soit leur date d'échéance ou le moment des poursuites, dans la limite de la prescription ou des causes d'extinction propres aux obligations de règlement (285). Les obligations de règlement nées après le décès ne sont pas dues, car elles ne sont plus couvertes, l'obligation de couverture étant éteinte. Les mêmes solutions sont appliquées en cas de résiliation.

§ 10. — La résiliation unilatérale

311. — La notion et l'emploi de la résiliation unilatérale. — La résiliation est un acte juridique, abstrait, unilatéral et réceptice, c'est-à-dire qui produit ses effets seulement à compter de sa réception par le destinataire, ici le créancier. Elle est possible de plein droit quand l'engagement est à durée indéterminée, afin d'éviter un engagement perpétuel. Les parties peuvent aussi en inclure la faculté au profit de la caution dans un cautionnement comprenant un terme.

La résiliation unilatérale n'est pas vraiment aussi protectrice de la caution qu'elle peut le paraître car les cautions ne se soucient pas suffisamment des cautionnements qu'elles ont donnés ou les oublient avec une facilité qu'explique peut-être leur apparence de mauvais souvenir. Quant aux cautions réalistes et dotées d'une bonne mémoire, elles préfèrent souvent ne pas résilier soit pour « faire le mort », soit pour ne pas mettre en péril le débiteur principal.

Lorsqu'une résiliation est effectuée, il faut savoir :

— que le créancier ne peut pas refuser cette révocation et qu'il suffit à la caution d'informer le créancier ;

— que le créancier n'a pas besoin de « rendre sa signature » à la caution, ce que pensent souvent les banquiers ;

— que la résiliation est valable dès qu'elle est portée à la connaissance du créancier et que la jurisprudence qui a pu imposer à la

(283) Com., 13 janv. 1987 : *Bull. civ.* IV, n° 9 ; *D.* 1987, somm. 453, obs. L. AYNÈS ; *J.C.P.* 88, II, note E. SALLÉ DE LA MARNIÈRE.

(284) Elle ne devrait pas être modifiée si les héritiers ne sont plus tenus des « dettes qu'ils avaient de justes raisons d'ignorer au moment de l'acceptation » de la succession (projet de loi n° 511 sur les successions du 21 déc. 1988, art. 787, al. 2, C. civ. Certes, la lourdeur des conséquences du cautionnement pour l'héritier de la caution omnibus a pesé sur le changement de solution, mais elle ne semble pas avoir été déterminante.

(285) Ainsi par ex. le fonctionnement du compte courant après le décès de la caution pourra éteindre progressivement le solde provisoire existant au jour du décès : il y aura paiement progressif de l'obligation de règlement de ce solde provisoire.

caution de respecter toutes les formes prévues au contrat (le plus souvent L.R.A.R.) (286) est injustifiée si le créancier a accepté la résiliation faite en d'autres formes.

§ 11. — La considération de la personne

312. — L'importance de la considération de la caution en cas de perte de ses qualités. — Le créancier attache sans doute à la personne et à la solvabilité de la caution une certaine attention, mais il n'en faut pas déduire pour autant l'existence d'un *intuitus personae* qui emporterait extinction du cautionnement dès que les caractères de cette caution seraient modifiés (287). Le cautionnement est une sûreté qui doit par principe résister aux modifications de ce type sous peine de perdre son efficacité. A l'autre extrême, il arrive parfois, mais fort rarement, que la caution obtienne de lier expressément l'existence de son engagement à une qualité : par exemple celle de dirigeant de la société cautionnée, ou celle de détenteur d'une certaine participation dans le capital de la société débitrice principale.

Entre ces deux pôles, on peut trouver les cautionnements omnibus donnés par un dirigeant social ou un époux pour la seule raison de cette qualité. La perte de cette qualité peut-elle être qualifiée de terme extinctif, terme implicite et sous-jacent puisqu'il n'avait pas été stipulé ? L'affirmative n'est concevable que si la qualité perdue a été à l'origine recherchée par le créancier lorsqu'il a exigé le cautionnement ; voulait-il spécialement celui du dirigeant ou de l'époux ? En règle générale, le créancier recherche spécialement le dirigeant ou l'époux car ils ont sur le débiteur principal une influence qui incite ce dernier à payer par préférence la dette cautionnée et car ils pourraient venir en concours avec le créancier, ce à quoi le cautionnement les fait souvent renoncer. En outre, seules des personnes intégrées au débiteur principal par de telles qualités peuvent accepter un cautionnement omnibus. Toutes ces raisons permettent d'accepter que la perte de certaines qualités puisse être considérée, au cas concret, comme un terme extinctif (288) ou une condition résolutoire (289). Les exemples jurisprudentiels d'une telle solution sont plutôt rares (290).

---

(286) Com., 10 oct. 1956 : *Bull. civ.* III, n° 231, p. 197. — Com., 20 nov. 1956 : *Bull. civ.* III, n° 295, p. 247. — Com., 13 nov. 1972 (4e moyen) : *Bull. civ.* IV, n° 285, p. 268 ; *Gaz. Pal.* 1973, 1, p. 144, note D. MARTIN.

(287) Rappr. la solution jurisprudentielle qui retient fort légitimement que les dispositions de l'art. 2018 C. civ. (qui énumèrent les qualités que doit avoir la caution judiciaire) « sont protectrices des seuls intérêts du créancier et ne peuvent être invoquées par la caution pour se soustraire à son engagement » : Civ. 1re, 7 juin 1988 : *Bull. civ.* I, n° 173, p. 120 ; *D.* 1988, I.R. 177 ; *Gaz. Pal.* 1988, 2, pan. 196.

(288) C. MOULY, *Les causes d'extinction du cautionnement,* Litec, Paris, 1979, nos 341-346 ; P. SIMLER, *Le juge et la caution. Excès de rigueur ou excès d'indulgence ? : J.C.P.* 86, éd. N, I, p. 169, nos 33-41.

(289) M. BANDRAC préfère cette qualification, au motif exact que la perte de qualité est un événement incertain et que le terme ne peut être qu'un événement certain (*Rev. trim. dr. civ.* 1989, p. 360 et s., spéc. p. 362). Cette qualification n'est pas importante et, comme pour la réserve de propriété, n'a pas de conséquence. Toutefois il nous paraît que l'absence de rétroactivité de la disparition du cautionnement est plus caractéristique du terme que l'incertitude ne l'est de la condition. Comme le régime de la condition peut être modifié pour intégrer la non-rétroactivité, celui du terme devrait pouvoir être modifié pour intégrer des événements incertains. Cela aurait l'avantage de soumettre décès et perte de qualité à un régime unique et cohérent.

(290) Un auteur a même pensé, à regret, que la Cour de cassation avait condamné la thèse du terme extinctif sous-jacent pour la perte de la qualité de dirigeant social (L. AYNÈS, note au *D.* 1989, 185, sous Com., 3 nov. et 6 déc. 1988). L'explication

313. — L'évolution de la considération du débiteur principal ou du créancier. — Logiquement, la nature de sûreté du cautionnement devrait écarter toute conséquence nuisible au créancier d'une modification affectant la personne du débiteur principal ou la sienne propre. Mais la force de l'équité et le souci de la Cour de cassation depuis l'année 1983 environ de soulager les cautions l'ont conduite à admettre la libération de la caution dans certains cas de fusion de sociétés alors que les cours d'appel étaient logiquement plus rigoureuses. Si la fusion ou la scission affectant la société débitrice emporte création d'une personne morale nouvelle, la caution sera libérée pour l'avenir (291). De même, la manipulation gouvernementale ayant créé en 1965 la B.N.P. par fusion du C.N.E.P. et de la B.N.C.I. a été jugée libératoire de la caution pour les dettes postérieures (292). Concernant la plus importante banque française et l'une des premières mondiales, cette solution a une valeur exemplaire.

Certains changements affectant le débiteur ou le créancier sont donc qualifiés termes extinctifs et mettent fin au cautionnement pour l'avenir. L'évolution a été grande depuis 10 ans (293).

SECTION III

LES EFFETS DE L'EXTINCTION

314. — La distinction essentielle de l'obligation de couverture et de l'obligation de règlement. — Les mécanismes de l'extinction sont profondément différents pour l'obligation de couverture et l'obligation

---

en serait que l'extinction du cautionnement pour cause de décès de la caution ou de fusion du créancier (v. n° suiv.) était fondée non sur la volonté présumée des parties mais sur « des considérations de politique juridique » ; cette politique ne conduirait pas le juge à considérer le cautionnement éteint par la perte des qualités. Si le contrat est fondé, il est navrant ; et il semble bien que M. AYNÈS ait raison (v. aussi M. BANDRAC, *Rev. trim. dr. civ.* 1989, p. 360). Mais l'arbitraire jurisprudentiel doit-il être le seul critère ? Dans un arrêt du 30 mai 1989 (*Bull. civ.* IV, n° 166, p. 110), la Cour de cassation confirme ces regrets en affirmant dans un attendu de principe « que le dirigeant d'une société qui se porte caution des dettes que celle-ci viendrait à contracter, continue d'être tenu des dettes nées après la cessation de ses fonctions, à moins qu'il n'ait stipulé expressément que le cautionnement était lié à l'exercice de ces fonctions et cesserait de plein droit de produire effet lorsqu'il y serait mis fin ou que la caution n'ait alors résilié son engagement ». Curieuse exigence jurisprudentielle, plus sévère que le droit commun de l'interprétation dans lequel le juge se contente de tout indice lui permettant de deviner ou d'inventer la volonté des parties.

(291) Impl. pour une *fusion*, Com., 25 oct. 1983 : *Bull. civ.* IV, n° 274 ; *J.C.P.* 84, IV, p. 7 ; *Rev. soc.* 1984, 297, note P. MABILAT. — Pour une *scission* : Com., 22 janv. 1985 : *Bull. civ.* IV, n° 30 ; *J.C.P.* 86, II, 20591, note P. SIMLER faisant le point de la question des changements de forme affectant le débiteur.

(292) Com., 20 janv. 1987 : *Bull. civ.* IV, n° 20, p. 13 ; *J.C.P.* 87, II, 20844, note M. GERMAIN, éd. E, 16342, n° 20, obs. A. VIANDIER et J.-J. CAUSSIN ; *D.* 1987, somm. 453, obs. L. AYNÈS ; *Gaz. Pal.* 1987, 1, p. 217, note A. PIÉDELIÈVRE.

(293) P. MALAURIE et L. AYNÈS, 2e éd., nos 273-275. — C. MOULY, *Les causes d'extinction du cautionnement,* Litec, Paris, 1979, nos 324-335.

de règlement. L'obligation de couverture est à exécution successive : son extinction ne peut avoir d'effet que pour l'avenir et laissera à la caution la charge des dettes de règlement nées avant cette extinction. *L'obligation de couverture ne peut être éteinte que par le terme ou la résiliation.*

L'obligation de règlement porte sur chacune des dettes que le débiteur principal doit au créancier. Si le cautionnement couvre une ou des dettes déterminées, il fait naître une ou des dettes de règlement. Si le cautionnement couvre des dettes seulement déterminables, et qui apparaîtront peut-être dans le futur (cautionnement omnibus, cautionnement du solde d'un compte courant par exemple), il n'y aura d'obligation de règlement que pour les dettes du débiteur principal qui sont nées pendant la période couverte.

Par exemple, au jour de la résiliation du cautionnement omnibus, le débiteur principal peut devoir à son banquier :

— le montant de six lettres de change escomptées parce qu'elles sont revenues impayées par le tiré, et non contrepassées ;

— le remboursement d'un crédit d'équipement de 300 000 F expirant dans quatre ans ;

— celui d'un billet à ordre mobilisant un crédit de trésorerie de 100 000 F ;

— et enfin le montant de cinq chèques tirés à découvert.

La caution aura une obligation de règlement pour chacune des traites, pour chacun des deux crédits et pour le solde du compte courant sur lequel ont été tirés les chèques, soit au total 9 obligations de règlement différentes. Chaque obligation de règlement aura son régime propre, prenant naissance en même temps que la dette de remboursement du débiteur principal, s'éteignant à proportion du paiement qu'il peut en faire et en même temps que ce paiement, ou étant affectée par les causes pathologiques d'extinction vues ci-dessus telles que la prescription, la caducité ou la novation.

§ 1. — Les effets de l'extinction de l'obligation de couverture

315. — La disparition de la couverture pour les dettes nées après le terme ou la résiliation. — Dans les cautionnements à exécution successive, tels les cautionnements de dettes futures, la caution est tenue d'une obligation de règlement pour chaque dette du débiteur principal née avant l'extinction de l'obligation de couverture ; si au contraire l'obligation de règlement naît après, le cautionnement ne la couvre plus.

316. — Le paiement du solde provisoire grâce à des remises ultérieures. — L'extinction de l'obligation de couverture a pour conséquence de fixer la dette de la caution garantissant le solde d'un compte courant au montant du débit au jour de l'extinction. Ce solde provisoire, éventuellement déterminé après une phase de liquidation des opérations en cours, constitue la dette principale que garantit la caution. Mais toutes les remises au crédit du compte que le débiteur principal a faites postérieurement à cette date sont des paiements de cette dette ; ils éteignent donc à due concurrence la dette principale et par accessoire le cautionnement.

317. — La détermination de la date de naissance de la créance. — L'extinction de l'obligation de couverture marque la date à partir de laquelle les dettes de règlement du débiteur principal ne seront plus garanties. Pour déterminer les dettes qui seront garanties et celles qui ne le seront pas, il faut se référer à leur date de naissance, et non pas à leur date d'exigibilité.

Ex. : Un cautionnement en faveur d'une banque vient à terme le 31 décembre 1980 ; la banque avait contracté des obligations cautionnées envers le fisc, avait dû payer, et en demandait le remboursement à la caution. Celles qui garantissaient des périodes d'imposition antérieures au 31 décembre 1980 et donc une dette du débiteur principal née avant cette date avaient aussi fait naître un engagement de la caution (obligation de règlement) dont elle pouvait demander le remboursement en cas de paiement (294).

§ 2. — Les effets de l'extinction de l'obligation de règlement

318. — La libération totale de la caution, sauf pour certaines annulations du contrat principal. — La vraie libération de la caution ne découle que de l'extinction des obligations de règlement. Les dettes qui étaient les siennes par accessoire ne peuvent plus lui être réclamées. S'il y a annulation du cautionnement, elles sont considérées comme n'ayant jamais existé. S'il y a paiement, disparition par prescription, novation ou autre, la dette aura existé mais aucune action en paiement ne sera ouverte au créancier contre la caution. La libération est totale.

En revanche, l'annulation du contrat principal laisse parfois des obligations à la charge du débiteur principal et de la caution. Le débiteur dont l'emprunt est annulé, par exemple pour violation de la réglementation de la consommation, doit rembourser les sommes perçues. Le cautionnement garantit ce remboursement qui n'est que la conséquence du contrat de prêt initial et de la situation par lui créée. Certes le cautionnement paraît survivre à l'opération principale de remboursement, ce qui serait inacceptable en raison de la règle de l'accessoire ; mais en réalité le débiteur principal est toujours tenu d'une obligation de restitution découlant du contrat, que le cautionnement garantit (295). En effet, le cautionnement n'est pas atteint par le vice qui a justifié l'annulation du contrat principal ; il est seulement caduc, si aucune obligation ne subsiste. Si certaines subsistent, la caution doit les garantir (296).

319. — Le service rendu par la caution jusqu'au constat de l'extinction. — Même si le cautionnement s'éteint sans que la caution ait

(294) Com., 21 juin 1988 : *Bull. civ.* IV, n° 211, p. 145.

(295) Com., 17 nov. 1982 : *Bull. civ.* IV, n° 357 ; *D.* 1983, p. 577, note crit. M. CONTAMINE-RAYNAUD ; *J.C.P.* 84, II, 20216, note approb. P. DELEBECQUE et C. MOULY. Cet arrêt de principe a été confirmé par Com., 18 avril 1985 : *J.C.P.* 85, IV, 225. — Rappr. Com., 4 fév. 1986 : *Bull. civ.* IV, n° 1, p. 1 ; *J.C.P.* 86, IV, p. 100 ; *Gaz. Pal.* 1986, 1, pan. 69.

(296) C'est cet argument que formule en attendu de principe le dernier arrêt précité, Com., 4 fév. 1986.

eu à payer, elle a rendu pendant la période précédant l'extinction un service au créancier. Si ce service était gratuit, aucun problème n'apparaît. Si au contraire la caution se faisait rémunérer, elle doit pouvoir conserver ou demander les sommes qui correspondent à cette période. En effet, tous les autres dommages liés au cautionnement ont bien existé, tels par exemple l'immobilisation des fonds proportionnelle au risque couru, les soucis, les démarches et recherches d'information, les obligations de publicité comptable et la perte de crédit qui en résultait. Et le débiteur principal a pu obtenir grâce à cela le crédit qu'il réclamait, et donc la satisfaction attendue.

Parfois l'extinction du cautionnement ou du contrat principal est discutable et la caution refuse de s'estimer libérée alors que le débiteur principal soutient cette extinction afin de cesser de payer la commission à la caution et de récupérer les garanties qu'il a dû lui fournir. Les tribunaux semblent peu enclins à lui donner raison en cas de doute (297).

---

(297) V. les espèces tranchées par Civ. 1re, 13 déc. 1972 : *Bull. civ.* I, n° 287, p. 253 ; *J.C.P.* 73, IV, p. 34, *V° Algérie* et Civ., 9 nov. 1971 : *J.C.P.* 72, éd. A, IV, 6051. — *Adde :* C. Mouly, *Les causes d'extinction du cautionnement,* Litec, Paris, 1979, note 2, n° 28, p. 50.

Titre II

LES RÈGLES SPÉCIFIQUES DE CHAQUE TYPE DE CAUTIONNEMENT

320. — Le grand nombre mais la faible ampleur des régimes spéciaux. — Divers régimes particuliers de cautionnement brodent sur la trame du régime général quelques variantes de peu d'ampleur. Le cautionnement simple, catégorie résiduelle, n'est plus que d'application rare (chap. I). Le cautionnement solidaire, qui est devenu le prototype du cautionnement, s'assimile tellement au régime général qu'il en est le reflet exact et qu'il n'y a aucune particularité à signaler (chap. II). Les cautionnements légaux et judiciaires, qui ont changé d'allure au fil de l'évolution des activités économiques, ces deux derniers siècles, ne doivent plus rien aux articles du Code civil (1) et doivent tout aux réglementations fiscales, douanières, de construction ou professionnelles qui les instaurent (chap. III) (2). Le cautionnement réel est une sûreté réelle consentie par un autre que le débiteur ; son attrait augmente avec la multiplication des sociétés et la spoliation par les procédures collectives (chap. IV). L'aval, forme cambiaire du cautionnement, mérite que ses particularités soient mises en relief (chap. V). Enfin le cautionnement qu'exige le fisc (chap. VI) et le cautionnement mutuel (chap. VII) présentent une originalité économique et un régime juridique qui appellent l'attention.

---

(1) Ils y sont de plus en plus rares ; ex. art. 1613 et 1653. — Les cautionnements judiciaires sont aussi moins nombreux : il reste par exemple le cautionnement facultatif en cas d'exécution provisoire de l'art. 517 N.C.P.C.

(2) Aujourd'hui même le cautionnement légal devient solidaire, ex. : garantie de bonne fin des constructions immobilières ; cautionnement fiscal ; cautionnement donné par l'entrepreneur général au bénéfice du sous-traitant.

CHAPITRE I

LE CAUTIONNEMENT SIMPLE

321. — Notion et fonction. — Le cautionnement simple fut conçu comme le modèle des sûretés personnelles lors de la rédaction du Code civil. Il est aujourd'hui remplacé par le cautionnement solidaire dans cette fonction.

Mais le cautionnement simple garde une place importante dans la typologie des cautionnements car il reste la forme typique du cautionnement, ce que les juristes appellent la forme de principe. C'est à elle que l'on doit nécessairement recourir lorsque les parties n'ont rien précisé. Cette hypothèse est plus fréquente qu'on ne le pense et se rencontre dans au moins deux séries de cas : la garantie informelle donnée par une lettre, une parole établie ou une disposition légale ; la disqualification en cautionnement d'une sûreté personnelle d'un autre type : lettre de patronnage sévère ou garantie indépendante insuffisamment indépendante. Encore faut-il toutefois que le cautionnement ne soit pas commercial car la solidarité y est alors automatiquement attachée.

Le cautionnement simple offre à la caution, outre le caractère accessoire (elle ne paie que ce que doit le débiteur principal), toutes les protections d'une obligation subsidiaire : elle ne paie que si le débiteur principal est défaillant et elle ne paie que sa part dans cette dette si plusieurs cautions se sont engagées.

La caution simple peut donc invoquer deux protections : le bénéfice de discussion (sect. I) et le bénéfice de division (sect. II).

SECTION I

LE BÉNÉFICE DE DISCUSSION

322. — Qui peut discuter les biens du débiteur principal ? — Organisé par l'article 2021 du Code civil, le bénéfice de discussion permet à la caution poursuivie par le créancier avant que le débiteur principal n'ait été lui-même poursuivi de faire suspendre provisoirement les poursuites en invitant le créancier à saisir (discuter) les biens du débiteur principal.

Ce bénéfice appartient à toutes les cautions, mais il n'est pas d'ordre public. La loi le retire à la caution judiciaire (C. civ., art. 2042) ou au garant de certains professionnels (1), et l'on a de tout temps considéré que la stipulation de solidarité le faisait automatiquement disparaître (2). Il est attribué par le législateur au tiers détenteur d'un immeuble hypothéqué qui est poursuivi par le créancier hypothécaire de son auteur (3), dans le cas où l'hypothèque grève d'autres immeubles de l'auteur. Sinon, et donc en cas d'hypothèque conventionnelle nécessairement spéciale, le tiers détenteur n'a pas de bénéfice de discussion (4).

La caution réelle ne dispose donc pas du bénéfice de discussion car si son engagement est limité au bien sur lequel elle a conféré une sûreté réelle, elle connaît parfaitement l'existence de cette sûreté et cette sûreté ne peut être que spéciale (5).

323. — Comment discuter les biens du débiteur principal ? — Le *régime* du bénéfice de discussion est assez sévère afin d'éviter la fraude de la caution et un gain de temps qui lui permettrait d'organiser son insolvabilité. Trois conditions sont imposées :

— *condition de moment* : la caution doit l'invoquer sur les premières poursuites, avant toute défense au fond ; en effet, le bénéfice est une exception dilatoire (art. 108 N.C.P.C. qui le cite expressément et art. 74 N.C.P.C. qui rappelle qu'il doit être soulevé dans toute défense au fond). La caution qui laisse continuer les poursuites à son encontre est censée renoncer au bénéfice ;

— *condition de fond* : le débiteur doit être titulaire de certains biens et la caution doit les désigner (art. 2023 C. civ.). Il faut que les biens soient faciles à saisir, c'est-à-dire :

— qu'ils se trouvent dans le ressort de la cour d'appel (art. 2023) ;

— qu'ils ne soient pas litigieux (c'est-à-dire qu'il ne soient pas l'objet d'une contestation de propriété) ;

— qu'ils n'aient pas été aliénés à des tiers ;

---

(1) Garantie mutuelle des agents immobiliers, D. 20 juill. 1972, art. 39.

(2) Sur les bénéficiaires de la protection, v. P. SIMLER, *Le cautionnement,* n°s 315 à 324, et notamment sur les restrictions de bon sens, débiteur insolvable ou incapable, n°s 321 à 323.

(3) C. civ., art. 2170. — Le tiers détenteur est protégé car il n'a pas pris d'engagement personnel envers le créancier et peut avoir été tenu dans l'ignorance de l'existence de l'hypothèque.

(4) C. civ., art. 2171.

(5) Toutes les hypothèques conventionnelles sont spéciales et l'art. 2171 C. civ. s'applique donc : P. SIMLER, *Le cautionnement,* n° 324, et la jurisprudence de la Cour de cassation citée. La solution doit être étendue aux autres sûretés réelles que la caution réelle a pu constituer comme un gage ou une fiducie.

— la jurisprudence a ajouté, judicieusement, que ces biens devaient être d'une valeur suffisante par rapport à la dette (6) ;

— *condition de financement* : la caution doit avancer les frais de la discussion et de la poursuite du débiteur (C. civ., art. 2023), ce qui est une condition bien dissuasive mais fort utile pour éviter les abus.

324. — Pourquoi discuter les biens du débiteur principal ? — Le bénéfice de discussion a un *effet principal* qui n'est pas très important : il suspend les poursuites contre la caution qui ne seront reprises que si les biens du débiteur se révèlent insuffisants.

Mais il a un *effet secondaire* qui peut s'avérer très utile : l'article 2024 du Code civil dispose que si la caution a rempli toutes les conditions et que le créancier ne poursuit pas le débiteur, la caution est libérée en cas d'insolvabilité du débiteur survenant alors.

SECTION II

LE BÉNÉFICE DE DIVISION

325. — Domaine et raison d'être. — Le bénéfice de division suppose que plusieurs cautions aient garanti la même dette (elles sont alors appelées cofidéjusseurs) ; en effet, quand il y a plusieurs cautions, le créancier a deux possibilités :

— soit poursuivre chacune des cautions pour sa part et donc diviser les poursuites ; si l'une des cautions est insolvable, il supportera cette insolvabilité et ne pourra pas demander sa part aux autres (C. civ., art. 2027) ;

— poursuivre pour le tout l'une quelconque des cautions : l'article 2025 du Code civil le permet, même à l'encontre des cautions simples. Mais alors l'article 2026 offre à cette caution une parade : le bénéfice de division.

326. — Régime du bénéfice de division. — Son régime est légèrement plus souple que celui du bénéfice de discussion (7), mais l'on retrouve la même idée d'utilité de la poursuite que doit engager le créancier :

— *moment* : il pouvait être invoqué à tout instant du procès jusqu'à ce que l'article 108 du Nouveau Code de procédure civile en fasse une exception dilatoire, comme le bénéfice de discussion : l'article

(6) V. par ex. Com., 17 mars 1969 (*Bull. civ.* IV, n° 96, p. 97) qui admet que la femme d'un failli ne puisse invoquer le bénéfice de discussion car les immeubles désignés ne permettaient qu'un désintéressement partiel et car l'insolvabilité du mari débiteur principal était notoire.

(7) Aucune des conditions tenant à la désignation des biens (ici des cofidéjusseurs) ou à l'avance des frais n'est imposée.

74 du Nouveau Code de procédure civile impose donc de le soulever avant toute défense au fond ou fin de non-recevoir, contrairement à la solution traditionnellement admise jusqu'en 1975 ;

— *solvabilité des cofidéjusseurs* : la division n'a lieu qu'entre les cautions solvables au moment où le bénéfice est invoqué : chacune des cautions solvables supporte donc l'insolvabilité des autres. Mais si l'insolvabilité survient postérieurement à la division, elle est supportée par le créancier (C. civ., art. 2026).

Comme le bénéfice de discussion, le bénéfice de division est supprimé par la solidarité (8).

(8) Il ne faut pas confondre ce bénéfice de division avec la division automatique de la dette entre les héritiers de la caution (C. civ., art. 1220) ; seule la stipulation d'indivisibilité du cautionnement empêche cette division, non celle de solidarité.

CHAPITRE II

LE CAUTIONNEMENT SOLIDAIRE

327. — La notion de cautionnement solidaire. — La solidarité seule n'est une sûreté personnelle que pour la partie de la dette qui n'est pas personnellement due par le codébiteur solidaire (1). Le régime global de la solidarité est fortement influencé par l'existence d'une part contributive du codébiteur. En effet, le codébiteur dispose de moyens de contrôle sur la dette que n'a pas le garant, même solidaire ; grâce aux relations d'affaires qui sont à l'origine de sa dette, le codébiteur solidaire a une information suffisante ainsi que des moyens d'action ou de pression sur le créancier (2). *C'est pourquoi les protections que la communauté des juristes accorde aux garants ne sont pas accordées au codébiteur solidaire.*

Le cautionnement solidaire est un mélange de cautionnement accessoire et sans contribution avec une solidarité qui aurait tendance à mettre le garant sur le même plan que le débiteur principal. Si l'on se rapproche de cette égalité, on ne l'atteint pas totalement. La distance envers la dette principale est la même que pour tous les cautionnements. Selon le sentiment commun, la stipulation de solidarité ne peut pas assimiler complètement la caution solidaire au codébiteur solidaire intéressé à la dette. En conséquence, par exemple, le bénéfice de subrogation sera accordé à la caution solidaire et non au codébiteur. Très justement, certains auteurs font remarquer que la solidarité « ne change pas la nature du cautionnement, mais modifie seulement certains de ses effets » (3).

La stipulation de solidarité offre donc peu d'avantages au créancier. En fait, elle évite seulement les bénéfices de division et de discussion.

---

(1) *Supra*, n° 28 et *infra*, n° 382.

(2) Au contraire, le codébiteur solidaire non intéressé à la dette, qui ne contribuera pas à cette dette, est économiquement plus proche de la caution que du codébiteur solidaire : *ibid.*

(3) G. Marty, P. Raynaud et P. Jestaz, n° 572, citant Req., 19 fév. 1908 : *S.* 1911, 1, p. 529, note A. Wahl.

Mais la simplicité de son obtention (un mot suffit dans le contrat), et son admission d'autant plus facile par les cautions qu'elle n'emporte pas de conséquence grave (4), ont favorisé sa généralisation. Aujourd'hui, presque tous les cautionnements conventionnels ou légaux sont solidaires, et cette solidarité est même présumée si le cautionnement est commercial.

328. — L'étendue des stipulations de solidarité. — Y a-t-il une différence entre la solidarité stipulée par une première caution et la solidarité qu'une seconde caution accepte ensuite, la clause de solidarité ne précisant pas son étendue (5) ? Certains voient une différence, la première caution n'étant solidaire que du débiteur principal mais non de l'autre caution, alors que la seconde qui connaissait l'existence de la première sera solidaire avec elle (6). La première caution peut alors opposer le bénéfice de division, non la seconde. La Cour de cassation a jugé que cette distinction est excessive (7) pour deux cofidéjusseurs engagés par le même contrat, sans motivation bien sûr. La solution rejoint le sentiment des commerçants selon lequel la stipulation de solidarité est globale et concerne tout autant les relations avec le créancier que celles avec les cofidéjusseurs : l'usage écarte la règle de l'article 1202 C. civ. selon lequel la solidarité ne se présume point (8). L'abandon des deux bénéfices de division et de discussion serait la conséquence automatique d'une stipulation de solidarité sans précision. Il faudrait une stipulation particulière du contrat pour limiter cette solidarité :

— soit aux relations entre les seuls cofidéjusseurs, excluant ainsi le débiteur principal et laissant aux cofidéjusseurs le bénéfice de discussion mais non celui de division ;

— soit aux relations entre la caution et le débiteur, excluant ainsi les cofidéjusseurs et laissant à la caution le bénéfice de division (9).

329. — Le caractère exprès de la stipulation de solidarité. — On sait que l'article 1202 du Code civil, qui exclut toute présomption de solidarité, reçoit une application fort restrictive dont les raisons ne sont d'ailleurs pas exprimées. Contrairement au texte, les juristes français admettent qu'un usage commercial ferait présumer la solidarité en matière commerciale. Or les cautionnements peuvent être commerciaux sans que la caution soit un commerçant, comme il est systématiquement jugé pour les dirigeants sociaux. Leur cautionnement est néanmoins solidaire par présomption.

---

(4) Au moins en cas de cautionnement unique ; si plusieurs cautions s'engagent, la perte du bénéfice de division est plus ennuyeuse, mais les cautions n'y pensent guère lors de l'engagement.

(5) Dans les formulaires de cautionnement, la clause est souvent rédigée ainsi : « le présent cautionnement est solidaire et indivisible ». D'autres clauses règlent la difficulté en précisant que la caution renonce alors aux bénéfices de division et de discussion, et qu'elle est solidaire avec le débiteur principal et avec toute autre caution, actuelle ou à venir.

(6) P. MALAURIE et L. AYNES, 2e éd., n° 204, spéc. note 12 et l'argumentation qu'elle contient.

(7) Civ. 1re, 27 juin 1984 : *Bull. civ.* I, n° 213 ; *J.C.P.* 86, II, 20689, note DUMORTIER.

(8) Ou bien l'art. 2026 C. civ. selon lequel la renonciation au bénéfice de division ne se présume pas.

(9) *Contra :* P. MALAURIE et L. AYNES, 2e éd., n° 204, pour lesquels ces solutions sont de principe en l'absence de stipulation sur l'étendue de la solidarité. — Plus nuancés : G. MARTY, P. RAYNAUD et P. JESTAZ, n° 598 *in fine*.

La Cour de cassation juge aussi que la solidarité n'a pas besoin d'être mentionnée à la main par la caution et qu'une stipulation imprimée suffit (10). La solution semble aller en sens contraire de l'usage fait à la même époque de la mention manuscrite pour soulager les cautions. Mais elle peut s'expliquer par le caractère habituel et peu contraignant de la solidarité.

Dans le cautionnement d'un crédit à la consommation, le législateur impose depuis 1989 que la stipulation de solidarité fasse l'objet d'une mention manuscrite spéciale, qui est une condition de sa validité et dont le texte est fixé par la loi (11) (v. *supra*, n° 134).

330. — Régime du cautionnement solidaire. — Le législateur a été fort cauteleux, se contentant de renvoyer aux règles de la solidarité dans une brève incidente de l'article 2021 du Code civil. La solution ne doit pas être si mauvaise puisqu'elle donne satisfaction et que les réformateurs contemporains des codes civils n'en font pas davantage (12). Il est vrai que les seuls effets de la solidarité sont de supprimer les bénéfices de division et de discussion.

La solidarité du cautionnement n'ôte à la caution aucun des moyens de défense qu'elle tient du régime général. Ses exceptions personnelles comme celles qui sont inhérentes à la dette peuvent être opposées au créancier.

331. — La solidarité n'emporte aucune représentation mutuelle. — Il n'y a pas de représentation entre les cautions solidaires ou avec le débiteur principal. Certes les auteurs et les tribunaux, entraînés par la force de formules telles que celle des « effets secondaires » de la solidarité, affirment parfois que les coobligés solidaires se représentent mutuellement. L'affirmation est peu fondée au cas de codébiteurs solidaires (13) ; elle l'est moins encore au cas de la caution solidaire, moins intéressée à la dette qu'un codébiteur.

Seules certaines règles de procédure s'imposent : la mise en demeure à l'encontre de l'un vaut pour tous ; il en est de même de l'interruption de la prescription (C. civ., art. 1206) ou de la demande des intérêts (C. civ., art. 1207).

En revanche, la *chose jugée* à l'encontre de l'un ne peut valoir pour l'autre car l'autre peut avoir des arguments personnels à dévelop-

---

(10) Civ. 1re, 31 janv. 1989 : *Bull. civ.* I, n° 45, p. 29 : « si la stipulation de solidarité doit être expresse, cette modalité de l'engagement de la caution ne doit pas nécessairement être rédigée de la main de celle-ci ».

(11) L. 10 janv. 1978, art. 7-2 et L. 13 juill. 1979, art. 9-2, ajoutés par la loi du 31 déc. 1989.

(12) Le projet de N.B.W., nouveau code civil néerlandais, et celui du code civil du Québec par ex. conservent la simple réglementation par renvoi à la solidarité.

(13) Une remarquable étude des fondements et du droit positif de la solidarité a pu conclure à l'absence de représentation mutuelle entre les coobligés solidaires : D. Veaux et P. Veaux-Fournerie, *La représentation mutuelle des coobligés* in *Mélanges Weill,* Dalloz-Litec, 1983, p. 547-567 ; les auteurs démontrent que cette idée de représentation « fait partie de ce folklore juridique... et n'est qu'un artifice pour améliorer le sort du créancier... une fiction périmée ». *Adde infra,* n° 393.

per ou même des arguments liés à la dette que le premier poursuivi n'aurait pas développés (14). Peu à peu, la jurisprudence en convient (15), après la doctrine (v. *supra*, n° 226). Mais l'effort est lent et trop souvent l'affirmation commode que la solidarité aurait des effets secondaires de représentation est reproduite. La confusion est favorisée par les motifs qu'emploie la Cour de cassation pour étendre à la caution l'admission de la créance dans une procédure collective.

332. — La solidarité du cautionnement laisse intact le bénéfice de subrogation. — La question a été discutée ; elle ne l'est plus. La communauté des juristes admet aujourd'hui que l'éloignement de la dette que connaît toute caution, même solidaire, justifie que le créancier ne préjudicie pas aux intérêts de la caution solidaire et doive même les conserver en ménageant sa subrogation dans les droits préférentiels qu'il détient. Ce bénéfice de subrogation étant insusceptible de renonciation (art. 2037 *in fine* depuis une loi du 1er mars 1984), la protection de la caution solidaire est assurée contre les abus du créancier.

333. — Les effets de la solidarité sur le cautionnement. — Les effets de la solidarité seraient assez simples s'ils n'étaient obscursis par la fausse invocation d'une représentation entre les coobligés solidaires, qu'il faut écarter des esprits (16). Hormis cela, la solidarité emporte peu de conséquences dans les trois ordres de rapports que fait naître un cautionnement :

— *1re règle : dans les rapports entre la caution et le débiteur principal* la solidarité ne change rien : la caution reste un débiteur accessoire et ses recours contre le débiteur principal sont les mêmes.

— *2e règle : envers le créancier,* la caution solidaire perd les bénéfices de discussion et de division. L'avantage pour le créancier est dou-

---

(14) Et c'est un droit de l'homme que de pouvoir bénéficier d'un procès équitable pour exposer des arguments nouveaux : Convention européenne des droits de l'homme, art. 6.

(15) Par ex. Paris, 17 mars 1975 : *Rép. Commaille* 1976, p. 211, obs. R. Desiry, où la cour d'appel juge que la caution n'est pas tenue par l'acceptation tacite que le débiteur principal a pu faire de ses relevés de compte courant. De même les arrêts où la Cour de cassation admet que la caution puisse exciper de tous les arguments qui « lui soient propres », dans lesquels il faut inclure ceux qui sont inhérents à la dette et que le débiteur principal n'avait pas soulevés. La Cour de cassation le fait même lorsqu'elle réaffirme que la caution solidaire est représentée par le débiteur principal et que cette représentation est « nécessaire », admettant ainsi qu'elle est arbitraire (spéc. Com., 6 juin 1961 : *Bull. civ.* III, n° 258, p. 223 « en matière d'obligation solidaire, chacun des codébiteurs doit être considéré comme le contradicteur légitime du créancier et le représentant nécessaire de ses coobligés » ; les cautions sont privées de recours lorsque « elles n'invoquent aucun moyen qui leur soit propre... et ne soutiennent pas qu'il y a eu collusion entre les liquidateurs du débiteur et le créancier » ; *adde :* D. Veaux et P. Veaux-Fournerie, *La représentation mutuelle des coobligés* in *Mélanges Weill,* Dalloz-Litec, 1983, p. 547 et s., spéc. n° 29, p. 565, citant aussi Civ., 27 nov. 1811 : *Jur. gén. Dalloz, V° Cautionnement,* n° 318).

(16) Ce que font avec efficacité D. Veaux et P. Veaux-Fournerie, *La représentation mutuelle des coobligés,* précité, p. 547-567. — V. *supra*, n° 331.

ble : il n'a pas à diviser ses poursuites ; s'il le fait volontairement, il ne supporte pas l'insolvabilité d'une caution ou du débiteur.

Mais la solidarité n'écarte pas la divisibilité de la dette entre les héritiers (art. 1219 C. civ.) et la stipulation d'indivisibilité reste donc nécessaire (17).

Quant au bénéfice des délais ou remises accordés par le créancier au débiteur principal, le sort de la caution solidaire ne se distingue pas de celui de la caution simple : la caution solidaire ne profitera pas plus des délais ou remises que la caution simple puisque nous avons vu que celle-ci ne pouvait pas les invoquer (18), en raison de la garantie de l'échéance que contient tout cautionnement (19).

— *3e règle : entre les cofidéjusseurs* solvables la solidarité change peu de chose, puisque dans ses recours en remboursement la caution doit toujours diviser ses poursuites. La charge de l'insolvabilité d'un cofidéjusseur solidaire est la même que dans un cautionnement simple (20).

---

(17) C'est une solution traditionnelle que le décès d'un codébiteur solidaire laisse la solidarité subsister entre les codébiteurs survivants et les héritiers du défunt, mais non entre les héritiers, dont chacun n'est donc tenu que d'une part égale à sa part héréditaire (F. DERRIDA, *Encycl. Dalloz, Rép. dr. civ., V° Solidarité,* n° 88). — Civ. 1re, 10 mai 1988 applique avec élégance cette solution aux héritiers d'une caution solidaire, jugeant « que le décès de l'un des codébiteurs solidaires qui laisse plusieurs héritiers n'efface pas le caractère solidaire de la dette au regard des débiteurs originaires ; qu'il en modifie seulement les effets pour les héritiers, tenus dans la proportion de leurs parts héréditaires ; qu'en condamnant les enfants d'Albert Desor, solidairement avec leur mère, mais en qualité d'héritiers de leur père, l'arrêt n'a pu vouloir les condamner que chacun pour sa part » (*Bull. civ.* I, n° 140, p. 97).

(18) *Supra,* n° 214 ; *adde :* C. MOULY, *Les causes d'extinction du cautionnement,* Litec, Paris, 1979, n° 236, p. 292.

(19) Et la règle vaut même et surtout au cas de procédures collectives, puisque l'art. 64 de la loi du 25 janv. 1985, bien que fort mal rédigé, vise au moins la caution solidaire pour lui interdire de se prévaloir du plan de continuation ou de cession.

(20) V. *supra,* n° 240. — P. SIMLER, *Le cautionnement,* n° 450.

CHAPITRE III

LE CAUTIONNEMENT LÉGAL OU JUDICIAIRE

334. — Raison d'être et utilisation du cautionnement légal. — La pratique, à l'image du Code civil (chap. 4 du titre consacré au cautionnement) emploie les termes de « cautionnement légal » ou « caution judiciaire » ; or ces termes faussement descriptifs peuvent être trompeurs. Le cautionnement légal ou judiciaire est en réalité un cautionnement conventionnel (*supra*, n°s 45 et 334) dont le législateur a jugé bon d'imposer la constitution au débiteur pour lui permettre d'obtenir un avantage.

Certains caractères du cautionnement permettent de l'imposer à toutes sortes de débiteurs : il est peu onéreux, facile à fournir, même pour le débiteur peu fortuné, et privilégie les débiteurs honnêtes et estimés qui n'auront pas de difficulté à trouver un garant. En contrepartie de cette garantie, le débiteur obtient automatiquement l'avantage sollicité (délai de paiement, avance sur paiement du prix, jouissances immédiates...), le créancier ne pouvant exiger plus, ni autre chose.

La législation napoléonienne avait prévu de nombreux cautionnements légaux. Beaucoup ont été supprimés, faute d'utilité (1) et quelques-uns conservés (2) : ils obéissent aux règles des articles 2040 à 2043 du Code civil.

---

(1) — Caution *judicatum solvi* (C. proc. civ., art. 166 et s. par D. 20 juill. 1972 et art. 16 C. civ. abrogé par L. 9 juill. 1975) ;

— cautionnement pour l'envoi en possession des biens de l'absent (C. civ., art. 120 et 123, abrogés par L. 28 déc. 1977 reformant l'absence) ;

— cautionnement évitant la saisie d'un navire (C. com., art. 215, remplacé par D. 27 oct. 1967, art. 27) ;

— cautionnements en matière d'assurances maritimes (C. com., art. 346 et 384) ou en matière de faillite (C. com., art. 472 ; liberté contre cautionnement du débiteur failli, sorte de liberté sous caution) abrogés lors de la décodification progressive du droit commercial.

(2) — Cautionnement du conjoint préciputaire en cas de divorce (C. civ., art. 1518, conservé par la réforme des régimes matrimoniaux en 1965) ;

— cautionnement du porteur d'une lettre de change perdue qui en demande le paiement (C. com., art. 143) ;

— offre de cautionnement du créancier surenchérisseur dans la procédure de purge des hypothèques (C. civ., art. 2185) ;

— v., pour d'autres exemples : P. SIMLER, *Le cautionnement,* n° 62.

La législation du XXe siècle a développé une forme différente de cautionnement légal, exigeant le plus souvent une caution professionnelle agréée (3). Cette exigence correspond mieux à la pratique des affaires dans laquelle elle s'insère. Parfois aussi, lors des réformes, le choix du type de sûreté que peut offrir le débiteur a été plus largement ouvert, offrant un régime plus souple.

335. — Les particularités du régime du cautionnement légal. — Le créancier ne peut refuser la caution présentée par le débiteur car ce serait un moyen pour lui de refuser l'avantage prévu par le législateur. Pour éviter l'iniquité, la loi impose certaines conditions de solvabilité, selon deux modèles qui, aujourd'hui, coexistent :

— le système traditionnel, dû au Code civil (art. 2040, qui renvoie aux art. 2018 et 2019) : n'importe qui peut être caution, à condition d'être propriétaire d'un immeuble suffisant pour répondre de l'obligation (à la rigueur de biens mobiliers, en matière commerciale ou lorsque la dette est modique) et à condition d'être domicilié dans le ressort de la cour d'appel territorialement compétente, afin de faciliter les poursuites ;

— le système contemporain, utilisé surtout dans le droit des affaires : la caution, nécessairement solidaire, doit être un garant professionnel, figurant sur une liste établie par décret ou par le créancier lui-même lorsqu'il s'agit de l'administration fiscale. Ce sont en général les banques (C.G.I., annexe III, art. 398 ; D. n° 71-1058 du 24 déc. 1971) et des établissements de crédit spécialisés, les unes et les autres soumis au contrôle permanent de la Commission bancaire. Les sociétés de caution mutuelle ont souvent la même possibilité (v. par ex. D. n° 71-1058 du 24 déc. 1971) ; leur solvabilité est contrôlée par la Chambre syndicale des banques populaires ou par le Crédit d'équipement des P.M.E., qui gèrent aussi leurs fonds de garantie ; et depuis 1988 par la Commission bancaire. Enfin, les compagnies d'assurance, soumises à la tutelle du ministère de l'Économie et des Finances, entrent lentement dans le circuit (notamment en matière de garantie de bonne fin d'opérations de construction immobilière : D. n° 80-301 du 22 avril 1980).

Peut-être parce que le cautionnement d'un professionnel est plus onéreux — de telles cautions exigent du débiteur la constitution de

(3) — Cautionnements fiscaux : paiement différé d'impôts contestés (C.G.I., art. 1952) ; crédit de T.V.A. (C.G.I., art. 1698) ;

— cautionnements douaniers (C. douanes, art. 112, 114, 364) ;

— cautionnements d'entrepreneurs contractant des marchés publics (C. marchés publics, art. 133 et s.) ;

— garantie de bonne fin des opérations de construction immobilière (C. constr. et habit., notamment art. R. 261-21 et s.) ;

— garantie des agences de voyage qu'elles rembourseront les fonds déposés par les clients et qu'elles exécuteront leurs engagements contractuels : L. 11 juill. 1975, art. 3-c ;

— cautionnement de l'entrepreneur général qui cède à son banquier la part du marché qu'il a sous-traitée, garantissant la créance du sous-traitant (L. 31 déc. 1975, art. 13-1 et 14 ; en l'absence de ce cautionnement, que les entrepreneurs généraux oublient souvent, la cession de la créance est inopposable au sous-traitant : Com., 22 nov. 1988 : *D.* 1989, J, p. 214, note A. Benabent et somm. 189, obs. M. Vasseur).

lourdes contre-garanties et le paiement d'une commission — la loi fait la faveur spéciale au débiteur de lui laisser le choix de la sûreté qu'il préfère : cautionnement ou gage d'espèces, de valeurs mobilières ou de choses, hypothèques, etc. (4). Même lorsque le texte ne prévoit rien, il faut donner à l'article 2041 du Code civil une interprétation et un domaine larges et permettre ainsi au débiteur de fournir, à la place du cautionnement, une sûreté réelle suffisante (5).

En contrepartie de l'obligation de recevoir une caution qu'il n'a pas choisie, le créancier reçoit la faveur spéciale (C. civ., art. 2020) d'obtenir le remplacement d'une caution devenue insolvable. Ce texte, écrit uniquement parce que le créancier n'avait pu choisir lui-même la caution, a malgré tout été appliqué par la Cour de cassation à des cautionnements conventionnels, sans motivation sérieuse : Civ. 3e, 4 janv. 1983 : *Bull. civ.* III, n° 1, p. 1 ; *J.C.P.* 83, IV, p. 86, qui affirme que « l'article 2020, alinéa 1er, conçu en termes généraux, n'est pas limité aux cas où le débiteur est obligé de fournir une caution par la loi ou par une décision des tribunaux ».

336. ——— *DIRECTIONS DE RECHERCHES*

Plusieurs points d'ombre de la réglementation du cautionnement légal (C. civ., art. 2018 à 2020) ont permis de jouer de la souplesse des méthodes d'interprétation, non sans quelque incohérence : interprétation parfois restrictive [pour écarter du champ de ces textes le cautionnement conventionnel (6) ; pour accepter le domicile élu] ou parfois extensive (pour conceptualiser la « matière commerciale » ; pour admettre la substitution d'une sûreté immobilière ; pour déterminer la cour d'appel concernée). Y a-t-il un guide, des ressorts profonds, une recherche du juste partage ou une simple démarche conjoncturelle ?

337. — Les particularités du régime de la variante judiciaire des cautionnements légaux. — La loi permet parfois au juge d'accorder à celui des plaideurs que sa décision rend créancier la garantie d'un cautionnement. Ainsi, le plaideur contraint de s'exécuter par provision, alors que la décision peut être infirmée en appel, peut obtenir que le bénéficiaire de l'exécution fournisse caution (N.C.P.C., art. 517) (7) ;

---

(4) V. par ex. en matière de sursis de paiement d'impôts contestés (C.G.I., art. 1952), d'exécution provisoire facultative (N.C.P.C., art. 517), de sous-traitance (L. 31 déc. 1975, art. 14).

(5) Sur le détail de l'interprétation de ce texte, v. P. SIMLER, *Le cautionnement,* n° 66. — *Adde :* la formule de l'art. 832 C. proc. civ., due à la loi du 2 juin 1841, qui applique cette interprétation large.

(6) L'art. 2018 par ex. : Paris, 15e ch. B, 13 mars 1987 : *D.* 1987, I.R. 90. Mais il est aussitôt ajouté que seul le créancier peut se prévaloir des conditions imposées à la caution et que celle-ci ne peut pas invoquer son domicile ou son insolvabilité pour se libérer : même arrêt et Paris, 27 janv. 1987 : *D.* 1987, I.R. 33. — Civ. 1re, 7 juin 1988 : *D.* 1988, I.R. 177.

(7) Pour une application, le juge ayant imposé la fourniture d'un cautionnement bancaire, et pour la difficulté posée par le moment à partir duquel il y a exécution dans une saisie-arrêt, v. Versailles, 13 juin 1988 : *D.* 1989, J, p. 246, note J. PRÉVAULT, spéc. II, p. 248.

ainsi l'époux divorcé créancier d'une prestation compensatoire en forme de rente (C. civ., art. 277) (8).

Le cautionnement ainsi formé est un cautionnement légal, dépourvu toutefois du bénéfice de discussion (C. civ., art. 2042). La règle est bien inutile car la présence d'un juge permet d'évacuer les difficultés qui pourraient surgir, solution qui ne peut être envisagée dans le cautionnement légal hors du champ procédural. C'est pourquoi il nous paraît convenable de permettre au juge d'exiger, même dans le silence de la loi, un cautionnement solidaire ou même une caution professionnelle.

DIRECTIONS DE RECHERCHES

338. — Critère et régime du cautionnement judiciaire. — La notion de cautionnement judiciaire est floue, semble-t-il par défaut de pratique. L'organisation d'un régime spécial pourrait justifier une interprétation stricte de la notion et le limiter aux seuls cautionnements à la discrétion du juge (N.C.P.C., art. 517 ; C. civ., art. 277) ; mais aussi cautionnement du créancier bénéficiant d'une saisie ou d'une sûreté conservatoires (C. proc. civ., art. 48, al. 3) ; cautionnement facultatif de l'indivisaire désigné comme administrateur (C. civ., art. 815). N'en seraient pas les cautionnements que la loi impose, même si c'est à l'occasion d'une procédure, par exemple le cautionnement du créancier surenchérisseur (C. civ., art. 2185-5°) ; le cautionnement du débiteur condamné à la contrainte par corps, qui subsiste au service du fisc (C. proc. pén., art. 759).

Les libertés du juge quant au régime du cautionnement [solidarité, réception de la caution, caution professionnelle (9), etc.] méritent l'examen à la lumière des pouvoirs d'appréciation des mesures conservatoires que lui donne le Nouveau Code de procédure civile.

(8) De même le coindivisaire autorisé à administrer l'indivision (C. civ., art. 815-6, al. 3) ou le créancier qui requiert une hypothèque judiciaire conservatoire (ancien C. proc. civ., art. 48, al. 3). — Pour d'autres exemples, v. P. SIMLER, *Le cautionnement*, n° 63.

(9) Le cautionnement judiciaire par une personne morale était rendu impossible par l'exigence que contient encore l'art. 2040, al. 2, C. civ., d'une caution « susceptible de contrainte par corps ». L'abrogation en 1867 de la contrainte par corps en matière civile et commerciale leur ouvre cette garantie.

CHAPITRE IV

LE CAUTIONNEMENT RÉEL

339. — Une sûreté d'usage fréquent et de faible contentieux. — La maigre littérature juridique sur le cautionnement réel a déjà été relevée en liminaire d'une étude instructive sur le régime de cette sûreté (1). Il est vrai que si le cautionnement solidaire défraie la chronique, le cautionnement réel est peu contesté (2). Et pourtant il est souvent exigé du garant, le créancier demandant non seulement un engagement accessoire mais en plus une garantie réelle. Ce sera le plus souvent une hypothèque, parfois un gage, notamment de parts sociales. Les banquiers en sont friands (3), les créanciers dont le droit naît à l'occasion d'une opération de construction aussi, et les cautionnements souscrits par l'intermédiaire d'un notaire donneront très souvent lieu à la constitution d'une hypothèque par la caution (4).

Peut-être la sûreté réelle que la caution consent au créancier est-elle suffisamment forte pour la dissuader de soulever les moyens de défense habituels. Peut-être les cautions réelles ont-elles davantage conscience de la gravité de leur engagement, ce qui les conduit à être plus prudentes, tant dans l'octroi de la garantie que dans la surveillance du débiteur principal. Toujours est-il que le contentieux est assez maigre. Et pourtant les problèmes ne manqueraient pas.

340. — Description du cautionnement réel. — La caution réelle ajoute au droit de créance qu'elle confère comme caution une priorité de paiement sur certains de ses biens. Mais il est admis que l'engagement de la caution réelle est limité à la valeur du bien donné en sûreté, quand aucune autre limite n'est précisée. On parle parfois de dette *propter rem* (5), abusivement sans doute (6). La dette de la

---

(1) F. GRUA, *Le cautionnement réel : J.C.P.* 84, I, 3167, n° 1.

(2) Une interrogation de *Juris-Data* ne révèle qu'une quinzaine d'arrêts, sur 10 ans de jurisprudence.

(3) C. MOULY, *Les causes d'extinction du cautionnement,* Litec, Paris, 1979, n° 392, p. 498 et note 1.

(4) C. MOULY, *op. cit.*, n° 392, note 8, p. 497.

(5) Par ex., l'avocat général GULPHE dans ses conclusions sur Civ. 1re, 6 mars 1979 : *J.C.P.* 79, II, 19140.

(6) F. GRUA, art. préc., nos 24-25.

caution réelle n'est pas née de la chose mais est seulement limitée par la chose ; comparaison n'est pas raison, lorsque les fondements sont différents. Toutefois on retrouve dans le cautionnement réel l'idée d'une limite de l'obligation à la valeur du bien. La caution réelle est donc libérée par la vente forcée du bien, même si la dette garantie n'est pas entièrement éteinte.

Il faut donc une stipulation spéciale pour que la caution soit tenue au-delà de la valeur des biens grevés, et donc sur le reste de ses biens (7).

DIRECTIONS DE RECHERCHES

341. — Les degrés de rigueur des cautionnements réels. — Les juristes belges, partant des mêmes textes que les juristes français, admettent différemment que la caution réelle, tenue plus sévèrement puisque selon les règles des sûretés réelles, se rapproche du codébiteur solidaire et ne peut donc pas invoquer le bénéfice de subrogation.

Aubry et Rau enseignent à l'opposé que « celui qui, sans se rendre personnellement caution, a constitué une hypothèque pour sûreté de la dette d'un tiers... (n'est) pas une véritable caution », *Droit civil français,* Litec, t. VI, 7e éd. par A. Ponsard et N. Dejean de la Bâtie, 1975, § 429, n° 240, p. 360, texte et note 41.

Il semble plus logique de décider, dans le silence du contrat (qui est la situation la plus fréquente), que la caution réelle engage un de ses biens et que même si cela ne représente qu'une fraction limitée de son patrimoine, elle est dans cette limite pleinement caution : C. Mouly, *Les causes d'extinction du cautionnement,* Litec, Paris, 1979, n° 392, p. 497 ; P. Simler, *Le cautionnement,* n° 17. Les règles du cautionnement s'appliquent donc à elle, au moins celles qui ne sont pas contraires aux règles de la sûreté réelle concédée, dont le régime prime celui du cautionnement lorsqu'il y a incompatibilité entre eux.

342. — Régime du cautionnement réel. Les diverses protections. — Il est admis que le contrat peut prévoir et organiser toutes les variantes d'étendue de l'engagement de la caution :

— engagement sur le seul bien, *propter rem*, qui serait attaché au bien grevé ;

— engagement personnel limité à la valeur du bien ;

— engagement personnel sur tous les biens de la caution conforté par un droit de préférence sur un bien (8).

Il est également admis qu'en cas de silence du contrat sur l'étendue de l'engagement, la deuxième solution s'applique et que la caution réelle est tenue comme une caution, dans la limite de la valeur du bien grevé. Si la valeur disparaît du patrimoine de la caution, notamment par transfert du bien, la caution reste-t-elle tenue ? Le droit de suite attaché aux sûretés réelles permet en pratique d'éviter la

(7) Certains appellent cette dernière forme de sûreté un cautionnement hypothécaire, la caution étant tenue comme tout débiteur hypothécaire, sur la totalité de ses biens mais avec un droit de préférence accordé sur un bien particulier : P. MALAURIE et L. AYNÈS, *Droit civil, Les sûretés,* 2e éd., n° 225, note 52. D'autres parlent de cautionnement personnel et hypothécaire : vœu du Congrès des notaires 1987, *Les garanties du financement,* spéc. 1er vœu de la 1re commission : *Rép. Defrénois* 1988, *Act. not.*, p. 109.

(8) Par ex. Civ. 3e, 4 janv. 1983 : *Sté Hôtel Astérie* c. *Banque française de crédit coopératif.*

question, mais il est sans doute des cas où elle se posera : nous inclinons pour le maintien d'une obligation de la caution réelle, limitée à la valeur qu'aurait le bien, car l'engagement était conçu comme un cautionnement.

Pour le reste, le cautionnement réel obéit à un régime logique fondé sur la prééminence des règles découlant des sûretés réelles, qui s'imposent soit parce qu'elles sont impératives (ex. la prohibition du pacte commissoire), soit parce qu'elles découlent de la nature même de la sûreté (ex. l'indivisibilité de l'hypothèque). Les règles du cautionnement, pour la plupart supplétives, ne sont donc applicables qu'à défaut de règle contraire découlant de la sûreté réelle (9).

— Le bénéfice de division est écarté par l'indivisibilité de l'hypothèque ou du gage (10), mais la question est controversée en cas de pluralité de cautions hypothécaires (11).

— Le bénéfice de discussion est généralement écarté (12).

On justifie parfois la solution par référence au sort du tiers détenteur de l'immeuble hypothéqué que la loi prive de ce bénéfice quand l'hypothèque est spéciale (C. civ., art. 2171) ; puisque la caution réelle donne toujours une hypothèque spéciale, elle doit être privée du bénéfice de discussion. On pourrait ajouter que la priorité que confère par nature une sûreté réelle est peu conciliable avec l'obligation pour le créancier de demander d'abord la condamnation du débiteur principal. Mais n'est-ce pas oublier que la caution réelle est un débiteur non intéressé à la dette, alors que le tiers détenteur y a avantage (13), et que l'hypothèque est sans effet sur l'ordre des poursuites (14) ? La solution jurisprudentielle est un peu fragile, d'autant que la Cour de cassation renverse curieusement les principes habituels d'octroi du bénéfice de discussion en affirmant que dans le silence du contrat la caution réelle en est privée mais qu'une stipulation spéciale peut le lui octroyer (15).

---

(9) Sur cette hiérarchie, v. F. GRUA, art. préc., n°s 43-46, qui justifie la même solution par la volonté présumée des parties : « le cautionnement réel n'est qu'une sûreté réelle de remplacement... le créancier s'est entendu avec la caution pour que l'hypothèque ou le gage qu'elle constituait à son profit lui assure la même sécurité que s'il venait du débiteur. C'est là une raison suffisante pour que le droit du cautionnement ne paralyse pas les prérogatives attachées au droit des sûretés réelles » (n° 46).

(10) Civ. 1re, 21 juin 1978 (*Bull. civ.* I, n° 236, p. 187) et Civ. 1re, 6 mars 1979 affirment l'absence de bénéfice sans aucune justification, ce qui affaiblit la solution (*Bull. civ.* I, n° 78 ; *J.C.P.* 79, II, 19140, concl. GULPHE qui rachètent l'absence de motivation mais n'y pourvoient qu'en faisant analogie avec le tiers détenteur de l'immeuble hypothéqué ; *Rép. Defrénois* 1980, p. 590, obs. J.-L. AUBERT).

(11) P. SIMLER, *Le cautionnement,* n° 339.

(12) Civ. 1re, 6 mars 1979 affirme de la même façon l'absence de ce bénéfice. — Comp. Poitiers, 3 sept. 1986 : *Juris-Data* n° 44777, qui semble lier cautionnement réel et renonciation à ce bénéfice.

(13) V. d'ailleurs la préférence donnée à la caution sur le tiers détenteur, privé de recours contre elle-même lorsqu'il a payé deux fois : Civ., 16 mars 1938 : *D.P.* 1939, 1, 41, note P. VOIRIN. En revanche, la caution qui a payé a son recours subrogatoire contre le tiers détenteur.

(14) V. Com., 10 nov. 1981 : *Bull. civ.* I, n° 388 ; *D.* 1982, 417, note E. AGOSTINI.

(15) Civ. 1re, 6 mars 1979, préc. ; v. les obs. préc. de J.-L. AUBERT sur ce point.

— Le bénéfice de subrogation était unanimement reconnu à la caution réelle avant même que la loi de 1984 ne lui attache le caractère d'une disposition d'ordre public (16).

— Les causes d'extinction du cautionnement (17) ou les recours en remboursement (18) ouverts à la caution ordinaire lui sont également offerts.

— Malgré la priorité que donne la sûreté réelle sur le bien grevé, le cautionnement réel n'impose aucune obligation au créancier de poursuivre la caution réelle avant les cofidéjusseurs ordinaires (19). Le créancier conserve la liberté discrétionnaire dans le choix de ses poursuites qu'aucune sûreté ne peut diminuer.

---

(16) Depuis Req., 27 avril 1942 : *S.* 1942, 1, 114. — P. SIMLER, *Le cautionnement,* n° 568. — Au XIXe s. la question était plus discutée : C. MOULY, *Les causes d'extinction du cautionnement,* Litec, Paris, 1979, n° 392, p. 497.

(17) C'est sur des situations très communes que statuent les rares décisions concernant le cautionnement réel, et les solutions rendues ne se distinguent pas de celles concernant le cautionnement ordinaire.

(18) Poitiers, 18 juin 1986 : *Juris-Data* n° 47578, affirme hardiment que le cautionnement réel fait présumer la renonciation à toute inégalité entre les divers cofidéjusseurs réels dans la charge de la dette ! En sens opposé, P. MALAURIE et L. AYNES, *Droit civil, Les sûretés,* 2e éd., n° 232, discutent même le principe du recours.

(19) Com., 10 nov. 1981 en a opportunément rappelé la solution, à défaut des fondements (*Bull. civ.* I, n° 388 ; *D.* 1982, 417, note E. AGOSTINI). En l'espèce, le cautionnement réel avait été contracté en second mais le pourvoi n'en tirait pas argument, le fondement de la hiérarchie étant recherché dans le fait que « la garantie spéciale accordée pour une dette déterminée l'emporte sur la garantie générale garantissant toutes les dettes du débiteur » ; c'est cet argument qui est repoussé.

CHAPITRE V

L'AVAL

343. — Une forme cambiaire simple, et le fond du cautionnement. — L'aval est un hybride. Par une simple signature, un tiers à l'effet de commerce va s'engager avec la même rigueur que celui des signataires qu'il déclare garantir : le plus souvent le tiré de la lettre de change ou le tireur du billet à ordre, mais aussi le tireur ou un endosseur de la lettre de change. L'aval peut aussi être donné par acte séparé (1).

Par cette signature, le donneur d'aval (ou avaliste) s'engage comme une caution solidaire (rapport de fond sous-jacent) et s'expose en outre à quelques-unes des rigueurs du droit cambiaire (2). Dans les deux cas, son engagement conserve le caractère accessoire typique du cautionnement (C. com., art. 130, al. 7, pour l'aval) (3), sauf le maintien d'un aval d'une lettre de change nulle pour une cause autre qu'un vice de forme (C. com., art. 130, al. 8).

344. — Forte utilisation. — L'aval est parfois un moyen d'éviter une autre exigence, tel l'aval pour le tireur afin d'éviter l'acceptation de la lettre de change (4).

L'aval est parfois un moyen systématique de crédit. Ainsi les crédits de préfinancement des commandes publiques octroyés avec le concours du C.E.P.M.E. (Crédit d'équipement des petites et moyennes entreprises) prennent la forme d'un billet à ordre émis par l'entrepreneur au profit de son banquier et avalisé par le C.E.P.M.E. De même les crédits d'équipement à moyen terme qu'il avalise.

---

(1) V. *infra*, n° 346.

(2) Ces rigueurs sont parfois favorables à l'avaliste, ainsi les délais abrégés imposés au porteur dans ses poursuites. L'art. 179 C. com. fixe des délais abrégés de prescription : le recours doit être intenté contre l'avaliseur de l'accepteur dans les 3 ans de l'échéance. Pour tous les autres cas la prescription est de 1 an, y compris pour le recours contre l'avaliseur du tiré d'un chèque, depuis 1985. Le donneur d'aval peut sans hésitation invoquer la déchéance cambiaire du porteur : Civ., 25 janv. 1847 : *D.P.* 1847, 1, p. 103.

(3) « Le donneur d'aval est tenu de la même manière que celui dont il s'est porté garant », ce qui signifie qu'il peut invoquer tous les moyens de défense du débiteur principal. — Sur tous ces points, v. M. Cabrillac, *La lettre de change dans la jurisprudence,* 2e éd., Litec, 1978, n° 33-A, p. 124.

(4) N'a-t-on pas prévu une case d'aval sur les formulaires de L.C.R., ces lettres de change-relevé destinées à être informatisées et à éviter la signature !

D'autres fois l'aval est un procédé usuel de garantie, mais il n'est pas le seul (5). Par exemple, les crédits de trésorerie sont de plus en plus souvent matérialisés par un billet à ordre à échéance trimestrielle qu'émet la société emprunteuse et que le banquier bénéficiaire inscrit en compte courant. Ce billet à ordre sera souvent avalisé par le maître de l'affaire ou par la société mère (6).

DIRECTIONS DE RECHERCHES

345. — Quelques inconvénients nés de l'aval consistant en une simple signature. — Lorsque l'aval a été donné par le maître de l'affaire qui a également signé la traite ou le billet à ordre en qualité de représentant de la société débiteur principal, la *même signature* se retrouvera *deux fois* sur l'effet. En cas de redressement judiciaire de la société emprunteuse, le P.-D.G. tente parfois de plaider l'absence d'engagement personnel au motif que ses deux signatures sur le même effet ont toutes été données en qualité de représentant légal de la société (souvent le cachet de la société accompagne chacune des signatures). Les tribunaux, sans autre guide que le bon sens, décident légitimement qu'on ne peut signer deux fois en la même qualité et que donc l'une des signatures engage la société comme tireur et l'autre engage le P.-D.G. personnellement comme donneur d'aval (7).

Une autre source de conflits résulte de *l'absence de précision du débiteur garanti* dans la lettre de change où ils sont deux : le tireur et le tiré. Poursuivi en paiement par le tireur dont le tiré est en redressement judiciaire, le donneur d'aval affirmera qu'en l'absence de précision il a garanti le tireur. L'affirmation est contraire à la pratique usuelle qui veut que le débiteur naturel de la traite soit le tiré et que ce soit sa garantie qui soit demandée au donneur d'aval, souvent dirigeant social de la société tirée. Mais les banquiers français avaient soutenu et obtenu lors de la préparation de la Convention de Genève (8) que la meilleure protection pour eux résulterait d'un aval du tireur puisque c'est lui qui remet la traite à l'escompte et qu'en cas de défaut de paiement du tiré c'est contre le tireur que se retourne le banquier. L'article 130, al. 6 C. com., dispose donc :

« L'aval doit indiquer pour le compte de qui il est donné. A défaut de cette indication, il est *réputé* donné pour le tireur ».

« Réputé » ne signifiant pas exactement « présumé », la Cour de cassation affirme que ce texte est une règle de forme qu'il est impossible au juge d'écarter (on

---

(5) Avant la loi du 31 déc. 1953, les sociétés de caution mutuelle ne pouvaient donner leur garantie que par aval. Si la forme de leur garantie est aujourd'hui libre, la pratique de l'aval reste vive.

(6) Ce montage remplace le crédit de trésorerie par découvert en compte courant garanti par un cautionnement omnibus.

(7) Com., 15 mai 1984 : *Bull. civ.* IV, n° 156, p. 130 ; *Rev. trim. dr. com.* 1985, p. 125, obs. crit. M. Cabrillac et B. Teyssié ; la critique repose sur la recherche d'une intention des parties contraire à l'apparence de la traite : « Elle n'est guère compatible avec le caractère littéral de l'effet de commerce ». Auparavant d'ailleurs, la Cour de cassation avait jugé que l'imprécision du mandat donné par le gérant devait conduire à écarter tout engagement personnel (Com., 19 oct. 1982 : *Bull. civ.* IV, n° 319, p. 269). Au début un large pouvoir d'appréciation était laissé aux juges du fond (Com., 28 juin 1983 : *Bull. civ.* IV, n° 190, p. 164 ; *Rev. soc.* 1984, p. 307, obs. J.H. ; Com., 27 mars 1984 : *Bull. civ.* IV, n° 121, p. 100 et Com., 15 mai 1984, préc., tous arrêts de rejet). Mais en 1984 la formulation s'est faite plus dure et en 1986 la Cour de cassation a cassé une cour d'appel qui avait apprécié la commune intention des parties au motif que « la même personne en la même qualité ne peut être à la fois souscripteur et donneur d'aval » (Com., 24 juin 1986 : *D.* 1987, I.R. 69, obs. M. Cabrillac ; *Quot. jur.* 1986, n° 124, p. 11 ; confirmé par Com., 7 avril 1987 : *D.* 1987, I.R. 106 ; *Quot. jur.* 1987, n° 129, p. 10).

(8) Convention du 7 juin 1930 qui contient les règles uniformes de la lettre de change, intégrées en droit français dans les art. 110 à 189 C. com.

parle aussi de présomption irréfragable) (9) ; la justification résiderait dans la certitude que doit donner le titre : soit l'aval garantit un débiteur désigné, soit il garantit le tireur ; tant pis si la règle est mauvaise (10).

L'aval sur l'effet lui-même n'a pas besoin d'être daté, lacune regrettable qui rend difficile la solution des contestations par l'avaliseur de modifications apportées au titre.

346. — L'aval par acte séparé. — L'aval sur un document différent de l'effet ou de son allonge n'est admis que dans quelques pays (11) ; c'est pourquoi la mention du lieu de création de l'aval séparé est une condition de validité (12) qui n'est pas exigée pour l'aval sur l'effet.

Certains établissements de crédit y recourent pour les cautionnements omnibus afin de bénéficier des avantages du droit cambiaire pour le cas où des effets de commerce seraient émis. L'acte vaut cautionnement solidaire pour toutes les dettes ordinaires et aval pour les dettes cambiaires (13). La mention manuscrite ne paraît pas nécessaire si l'on insiste sur la nature cambiaire de la garantie, mais paraît justifié si l'on insiste sur le fait que l'aval par acte séparé « est donné sur un écrit ordinaire qui se situe en marge du formalisme cambiaire » (14). Certes la formule « bon pour aval » est usuelle (art. 130, al. 4) et est exigée par les banques bénéficiaires, mais elle devrait inclure précision des sommes garanties pour être efficace (15). La Cour de cassation impose pour la validité de cet aval que les effets garantis soient précisés *en montant, en nature et en durée* (16), au moins sur un document complémentaire (17), exigence lourde mais que les dangers des cautionnements omnibus justifient semble-t-il.

---

(9) Ch. réunies, 8 mars 1960 : *J.C.P.* 60, II, 11616, note R. ROBLOT ; *D.* 1960, p. 209, note J. HAMEL ; *Rev. trim. dr. com.* 1960, p. 366, obs. J. BECQUE et H. CABRILLAC. — V. G. RIPERT et R. ROBLOT, *Traité de droit commercial,* L.G.D.J., t. II, n° 2008 ; M. CABRILLAC, *La lettre de change dans la jurisprudence,* 2e éd., Litec, 1978, n° 32-A, p. 117.

(10) C'est d'ailleurs un des points délicats de l'unification mondiale du droit de la lettre de change internationale en chantier à la C.N.U.D.C.I. depuis 20 ans. La Common law retient en effet une présomption de garantie du tiré.

(11) La Convention de Genève a prévu une réserve à cette fin que la France est un des rares pays à avoir utilisée (C. com., art. 130, al. 3) avec la Belgique, le Japon, le Luxembourg, les Pays-Bas et l'U.R.S.S.

(12) Com., 11 janv. 1972 : *Bull. civ.* IV, n° 16 ; *J.C.P.* 72, IV, p. 48 ; M. CABRILLAC, *La lettre de change dans la jurisprudence,* 2e éd., Litec, 1978, n° 31-B-a), p. 109.

(13) Sur la validité de ces avals d'effets à créer, v. M. CABRILLAC, *La lettre de change dans la jurisprudence,* 2e éd., Litec, 1978, n° 32-B-a), p. 122.

(14) M. CABRILLAC et J.-L. RIVES-LANGE, *Rev. trim. dr. com.* 1973, p. 834-835. — Dans le même sens R. ROBLOT, note au *D.* 1974, J, p. 247-248, II de la note ; M. CABRILLAC, *La lettre de change dans la jurisprudence,* 2e éd., Litec, 1978, n° 31-B-c), p. 115.

(15) Sur la preuve de l'aval par acte séparé, v. T.G.I. Strasbourg, 3 oct. 1973 : *D.* 1975, p. 718, note R. TENDLER.

(16) Que les tribunaux appliquent parfois rigoureusement : Lyon, 8 juin 1976 : *J.C.P.* 77, IV, p. 44, *V° Effet de commerce.* — Rouen, 21 sept. 1973, pour une durée jugée insuffisamment déterminable, l'aval étant « valable aussi longtemps que le garage sera concessionnaire ou revendeur de Fiat-France » : *D.* 1974, J, p. 247, avec des obs. plus nuancées de R. ROBLOT, I de la note préc.

(17) Civ., 7 mars 1944 : *D.* 1945, p. 73, note J. HAMEL (et même avant en 1847 et 1869, mais avec une moindre rigueur) ; Com., 16 mars 1970 : *Bull. civ.* IV, n° 99, p. 93 ; *Rev. trim. dr. com.* 1971, p. 148, obs. M. CABRILLAC et J.-L. RIVES-LANGE. G. RIPERT et R. ROBLOT, *Traité de droit commercial,* L.G.D.J., t. II, n° 2011, et R. ROBLOT, note au *D.* 1974, J, p. 247. — Sur l'évolution de la jurisprudence, v. M. CABRILLAC, *La lettre de change dans la jurisprudence,* 2e éd., Litec, 1978, n° 31-B-b), p. 111.

Les exigences de forme sont toutefois réduites, plus réduites que pour le cautionnement (18), mais on voit quand même des avals par acte notarié (19).

Cet aval par acte séparé n'a pas que des inconvénients pour son signataire. Comme il ne circule pas avec le titre, le créancier garanti sera toujours le même, celui qui a obtenu l'aval. C'est une différence importante dans des opérations où la responsabilité du créancier et son influence sur le montant des dettes sont déterminantes.

347. — Le régime de fond : les exceptions ouvertes. — La garantie offerte par l'avaliseur est la même que celle offerte par la caution : il garantit le paiement et le paiement à l'échéance. Le droit cambiaire renforce cette garantie par les principes d'inopposabilité des exceptions (20) et d'indépendance des signatures (21), non sans qu'un conflit ne naisse de l'antithèse entre caractère accessoire et indépendance. Il est le plus souvent réglé en faveur du caractère accessoire (22).

Le donneur d'aval peut donc être poursuivi en paiement comme la caution solidaire, avec en plus les commodités qu'offrent au créancier les actions cambiaires :

— abstraction du droit de créance et absence de nécessité d'expliquer la raison de l'engagement ;

— inopposabilité des exceptions qui ne sont pas personnelles et nées des rapports entre le porteur et le donneur d'aval, et qui ne sont pas nées d'un vice de forme (art. 130, al. 8) ; c'est une atténuation du caractère accessoire, comme celles découlant de l'indépendance des signatures ;

— facilité de l'obtention d'une injonction de payer ou d'une provision en référé.

Il reste au donneur d'aval la possibilité d'opposer au porteur, en vertu du caractère accessoire de son engagement, les exceptions que le débiteur garanti pouvait opposer, y compris les exceptions dont

---

(18) Mais il faut quand même une signature du garant ! La Cour de cassation a eu besoin de le rappeler à une cour d'appel qui avait vu un aval dans un document n'émanant pas du prétendu donneur d'aval et ne comportant aucune signature : Com., 11 fév. 1986 : *J.C.P.* 86, IV, p. 109.

(19) Com., 12 juill. 1971 : *Bull. civ.* IV, n° 202, p. 188 ; la saveur de l'espèce vient du fait que le notaire avait omis de mentionner le nom du bénéficiaire, et que la garantie ne fut acquise que grâce à un acte sous seing privé.

(20) Le donneur d'aval ne peut pas opposer au porteur des moyens de défense ou des causes d'extinction qui sont extérieures au titre, par ex. celles qui ont pris naissance dans ses rapports avec un autre signataire du titre, notamment le débiteur garanti.

(21) La signature du donneur d'aval l'engage même si la signature du débiteur garanti ne l'engage plus : l'incapacité est admise sans hésitation, le vice du consentement et la fausse signature sont discutés ; aucune autre exception du débiteur principal n'est refusée au donneur d'aval. — V. toutefois les nuances que M. Cabrillac apporte à la nullité de l'aval pour vice de forme, *La lettre de change dans la jurisprudence*, 2e éd., Litec, 1978, n° 34, p. 130.

(22) V. le vif soutien de cette solution par N. Montout-Roussy, *La situation juridique ambiguë du donneur d'aval : D.* 1974, chron. 197-202.

ce porteur est le sujet propre (23). La doctrine française a interprété très restrictivement l'article 130, alinéa 8, qui réduit ce caractère accessoire, ne lui laissant pour champ que l'incapacité du débiteur principal, et peut-être la fausseté de sa signature et les vices de son consentement. Hormis cela, le donneur d'aval peut invoquer toutes les exceptions afférentes à la créance principale et donc notamment certaines nullités (24) et toutes les causes d'extinction : paiement partiel ou total, prescription, remise, novation, dissolution s'il s'agit d'un contrat à exécution successive, etc. (25).

Il peut aussi opposer les exceptions qui lui sont personnelles, y compris le bénéfice de subrogation (26). Il peut enfin opposer les exceptions propres au droit cambiaire : vice de forme, très important en la matière, et négligence ou mauvaise foi du porteur.

348. — La disparition de l'aval et la résurgence du cautionnement fondamental. — Doctrine et jurisprudence sont animées autour de la possibilité pour le créancier d'utiliser l'aval comme preuve du cautionnement solidaire dont il n'aurait été que la façade cambiaire. L'intérêt du créancier à exhumer le cautionnement fondamental est certain chaque fois que l'aval aura péri avant le cautionnement, en raison notamment de la brièveté des délais cambiaires (prescription d'un an là où le cautionnement est prescrit seulement après 10 ans) (27) ou en raison de la rigueur des obligations cambiaires, par exemple celle de faire dresser protêt dans les 10 jours, ce que les porteurs ne font pratiquement jamais (28). L'intérêt du créancier est également très fort lorsque la solution du droit cambiaire est moins avantageuse que celle du droit commun, par exemple lorsque l'aval ayant été donné sans indication du débiteur garanti, il est irréfragablement présumé avoir été donné pour le tireur alors que le porteur souhaiterait qu'il garantisse le tiré, ce que seul le droit commun lui permet d'établir. Dans tous ces cas le porteur tentera de prouver l'existence du caution-

---

(23) Par ex. la nullité des contrats de prêt en exécution desquels les lettres de change avaient été créées : Com., 28 nov. 1972 : *Bull. civ.* IV, n° 312, p. 291 ; ou encore la compensation, la remise, etc. R. ROBLOT, *Les effets de commerce,* Sirey, 1975, n° 253 et note 3, p. 213.

(24) Ainsi la nullité des intérêts conventionnels découlant de l'absence de mention de leur taux (C. civ., art. 1907, al. 2) : obs. J.-L. RIVES-LANGE critiquant justement une solution contraire de Grenoble, 7 fév. 1989 : *Banque* 1989, 342.

(25) M. CABRILLAC, *La lettre de change dans la jurisprudence,* 2e éd., Litec, 1978, n° 35-A, p. 133.

(26) M. CABRILLAC, *La lettre de change dans la jurisprudence,* 2e éd., Litec, 1978, n° 33-B-a), p. 127, discute cette possibilité au motif que l'action en remboursement de l'avaliste n'est pas fondée sur la subrogation mais sur un droit direct ouvert par l'art. 130, al. 9.

(27) Sur la prescription opposable par le donneur d'aval, v. M. CABRILLAC, *La lettre de change dans la jurisprudence,* 2e éd., Litec, 1978, n° 37-C, p. 144.

(28) Mais l'avaliseur du tireur qui n'a pas fait provision ou celui du tiré accepteur ne peuvent pas invoquer ces déchéances car leur débiteur principal ne le peut pas lui-même.

nement fondamental (29). Les solutions lentement dégagées par une riche doctrine et une assez abondante jurisprudence aboutissent à l'affirmation suivante : *la signature d'un aval ne fait preuve ni de l'existence ni de l'absence d'un cautionnement fondamental.* Le cautionnement fondamental peut exister sous l'aval ; il peut même être différent de l'aval, mais le bénéficiaire devra l'établir avec d'autres éléments que l'aval (30). Reprenons les deux éléments de cette affirmation :

— la signature d'un aval ne fait pas preuve de l'absence d'un cautionnement fondamental, car il est admis qu'elle n'emporte pas novation de ce cautionnement (31). Elle laisse subsister les rapports juridiques de droit commun et y ajoute simplement une version cambiaire, optionnelle pour le créancier ;

— la signature d'un aval ne fait pas preuve de l'existence d'un cautionnement fondamental car une fruste signature ne suffit pas à établir un tel engagement. Afin de protéger le défendeur à une poursuite reposant sur un aval inopposable, la Cour de cassation écarte même la possibilité de retenir ledit aval comme commencement de preuve par écrit du cautionnement fondamental (32).

---

(29) S'y ajoute même le cas rare du porteur qui a annulé les effets impayés et tente ensuite de poursuivre l'avaliseur au motif d'un cautionnement qu'établirait l'engagement écrit de donner un aval. Les juges ont légitimement estimé que cet engagement n'établissait pas suffisamment un cautionnement fondamental qui aurait survécu à l'annulation de l'aval par le créancier : Com., 24 janv. 1989 : *Bull. civ.* IV, n° 32, p. 19.

(30) Ce seront souvent des correspondances commerciales, des usages ou habitudes entre les parties, parfois un aveu de la caution. Mais il faut se rappeler que « le cautionnement ne se présume point » : art. 2015 C. civ. Sur la jurisprudence en ces matières, v. M. CABRILLAC, *La lettre de change dans la jurisprudence,* 2e éd., Litec, 1978, n° 32-A, p. 119.

(31) Com., 3 juin 1959 : *Bull. civ.* III, p. 210. — Com., 1er déc. 1970 : *Bull. civ.* IV, n° 326, p. 290 ; *D.* 1971, somm. 119.

(32) Com., 2 mars 1964 : *Bull. civ.* III, n° 109, p. 94 ; *D.* 1965, somm. 55 ; *Rev. trim. dr. com.* 1964, p. 489, chron. P. SIGALAS, spéc. p. 492, note 3. Dans cette chronique, M. SIGALAS expose vigoureusement les diverses raisons qui justifient cette solution, rendue à propos d'un aval sans indication du débiteur garanti.

CHAPITRE VI

LE CAUTIONNEMENT FISCAL

349. — Utilisation. — Le fisc a trouvé dans le cautionnement une garantie supplémentaire, légère, rapide et efficace, pour le recouvrement des impôts, notamment ceux pour le paiement desquels de brefs délais ont été concédés aux contribuables (1).

En fournissant le cautionnement d'un établissement de crédit, un citoyen peut obtenir un délai de paiement de la T.V.A. (de deux à quatre mois) ou des impôts qu'il conteste ; il peut aussi obtenir un délai de paiement de droits de douane et enlever quand même les marchandises, ou faire circuler des vins ou alcools en crédit de droit (2). Ces délais sont aussi brefs qu'onéreux (3). Pour formaliser ces cautionnements, plusieurs procédés sont utilisés : soit une traite (ou un billet à ordre) au bénéfice du fisc et avalisée par la caution, soit un engagement de payer signé par le redevable et garanti par la caution (on parle dans ces deux cas d'obligation cautionnée ou de soumission cautionnée), soit un cautionnement général de l'entrepreneur envers le fisc (4).

---

(1) Il en est même tellement satisfait que les services du Trésor n'hésitent parfois pas à faire croire que le cautionnement bancaire est la seule sûreté possible pour obtenir un sursis de paiement alors que l'art. 400, annexe III C.G.I. dispose bien que « les garanties peuvent consister soit en des sûretés réelles... soit en un engagement solidaire souscrit par une ou plusieurs personnes physiques ou morales agréées comme caution par le comptable des impôts » et l'art. L. 277, al. 2, du Livre des procédures fiscales reprend la même idée de « garanties propres à assurer le recouvrement de la créance du Trésor ». En revanche, d'autres droits ne sont accordés que contre fourniture d'un cautionnement bancaire, tel par exemple le crédit à l'enlèvement des boissons (C.G.I., art. 498, al. 2) ou le crédit à l'enlèvement des marchandises importées qui ne sera accordé que « moyennant soumission dûment cautionnée... » (C. douanes, art. 114).

(2) Sur ces utilisations et bien d'autres du cautionnement fiscal ou douanier, v. J.-P. WATTIEZ, *Le crédit par caution (le rôle des banques et des établissements financiers),* thèse, Lille, Sirey, Paris, 1964, p. 31-72. Certaines de ces pratiques sont fort anciennes et remontent au XVIIe s.

(3) Outre la commission due à la caution, qui est obligatoire, le débiteur du fisc lui paiera un intérêt supérieur au taux du marché et que le gouvernement dit expressément vouloir garder supérieur afin de décourager les contribuables : Rép. min. Éco. à M. Laborde : *J.O.* déb. Ass. nat. 3 août 1987, p. 4410.

(4) G. RIPERT et R. ROBLOT, *Traité de droit commercial,* L.G.D.J., t. II, n° 2407.

350. — Les particularismes attachés à la personne de la caution. — Le cautionnement fiscal n'est pas juridiquement un type particulier de cautionnement, mais il l'est par la façon dont il est pratiqué.

La caution fiscale sera souvent un établissement de crédit ayant reçu l'agrément spécial de l'administration, celle-ci cherchant à imposer de telles cautions qui lui sont particulièrement soumises (5). Historiquement les premières cautions fiscales, au début du siècle, furent des sociétés de cautionnement mutuel constituées entre commerçants de même spécialité. Puis ces sociétés devinrent des établissements financiers spécialisés, et ce sont eux qui tiennent aujourd'hui la plus large part de ce marché spécial (6). Depuis quelques années la diversification de leurs activités par les banques les a conduits à offrir ce service à leur clientèle de plus en plus largement.

La caution fiscale exige une *commission* pour paiement de ses services. Variant de 0,7 % à 2,5 % par an du montant garanti, cette commission ne joue pas tout à fait le rôle de la prime dans le contrat d'assurances mais elle s'en approche.

La caution fiscale est particulière aussi parce qu'elle joue de la loi des *grands nombres* et plus ou moins de la *spécialisation*. Les cautions fiscales étaient jusque dans les années 1970 des établissements financiers spécialisés, souvent filiales de groupes financiers importants. Leur seule activité était celle de garantir des entreprises sélectionnées pour leurs dettes envers le fisc, les douanes ou des administrations ressemblantes. La population des débiteurs principaux était facile à cerner et la conduite du créancier parfaitement prévisible. La concurrence entre les banques, apportée notamment par l'ouverture des frontières, les a incitées à développer le cautionnement fiscal, dont la spécialisation a donc diminué. Reste au moins la répartition des risques sur un grand nombre de débiteurs garantis, qui les répartit dans le temps et atténue la probabilité des sinistres.

La caution fiscale atténue aussi le risque de supporter définitivement la dette en exigeant d'importantes *contre-garanties*. A la différence des assureurs, les banquiers n'entendent pas couvrir un risque pour leur client mais simplement leur rendre un service financier en leur permettant d'obtenir un délai d'un créancier. Si le client s'avérait incapable de payer au terme du délai, la caution serait bien sûr amenée à payer mais les banquiers veulent immédiatement obtenir remboursement. La maîtrise qu'ils ont des flux financiers du client cautionné leur permet de prendre des contre-garanties sur les comptes ou sur les créances de celui-ci, ou sur les actions des dirigeants par exemple.

Enfin, un dernier particularisme des cautions fiscales tient à leur volonté de donner au fisc un *paiement immédiat*. La caution étant

---

(5) L'ouverture du marché européen devrait aussi élargir le nombre des cautions puisque, en application du principe de contrôle des établissements de crédit par l'État d'origine, une administration nationale sera tenue d'accepter toute caution professionnelle agréée dans un État membre (v. *infra*, n° 744).

(6) L'Étoile commerciale, Cofincau ou France-caution sont parmi les plus importants.

sûre d'être remboursée, ou même parfois payée avant d'avoir elle-même payé, elle aura tendance à ne pas opposer de résistance au fisc. S'y ajoutent la crainte d'une administration hégémoniaque et le souhait de ne pas endosser les prétentions de leur client. C'est pourquoi certains commerçants reprochent aux cautions fiscales une sujétion exagérée au fisc.

351. — Les particularismes attachés à la personne du créancier, l'État. — Si la personne de la caution fiscale donne à ce cautionnement une coloration particulière, il tire surtout ses particularités de la place qu'y tient l'État et de l'abus de puissance que le fisc est tenté d'effectuer à son propos, comme à bien d'autres.

Ainsi le fisc a-t-il rédigé un « règlement du cautionnement » de 35 longs articles (7), complété de 14 clauses-types (8), d'un formulaire préimprimé de cautionnement (9) et d'une longue instruction administrative de 110 paragraphes (10). Si le renvoi au droit commun des articles 2011 et suivants du Code civil y est effectué *in limine*, bien des atténuations y sont apportées et les consignes données aux comptables du Trésor public pour le recouvrement sont empreintes de rigueur. La caution reçoit un exemplaire du formulaire qu'elle a signé et un exemplaire du « Règlement du cautionnement n° 3751 ».

La Cour de cassation prête la main à cette volonté de l'État de créer un régime juridique qui lui soit pleinement favorable, même quand le « Règlement du cautionnement » ne contient pas une clause qui pourrait être considérée comme conventionnelle. Ainsi, après avoir donné pleine force exécutoire à ces « lettres de cachet » que sont les avis à tiers détenteurs, que l'administration se délivre à elle-même sans aucun contrôle, la Cour de cassation a jugé qu'ils étaient pleinement efficaces contre celui qui se constitue caution solidaire d'un redevable car « il devient lui-même débiteur direct et par conséquent redevable des droits garantis au sens de l'article L. 262 Liv. proc. fisc. » (11). Cette solution modernise la formule ancienne selon laquelle la caution fiscale n'est « ni une caution proprement dite dans le sens du Code civil, ni un codébiteur ordinaire, mais un redevable au même titre que le principal obligé lui-même » (12). De même, c'est à propos d'un cautionnement fiscal que la Cour de cassation a amorcé son revirement sur la portée des mentions imprimées ou dactylographiées des contrats de cautionnement, leur redonnant une valeur contraignante qu'elle n'accorda un temps qu'à la mention manuscrite (13).

---

(7) Formulaire n° 3751 de la nomenclature 600.

(8) Annexes du précédent.

(9) Formulaire n° 3750, un original et trois doubles carbonés.

(10) N° 12 A-17-73 au *B.O.D.G.I.*

(11) Com., 29 nov. 1988 : *Bull. civ.* IV, n° 327, p. 219.

(12) Riom, 7 déc. 1959 : *Bull.* de la T.V.A. et des impôts indirects, mars 1960, n° 3, p. 90, cité par J.-P. WATTIEZ. — Dans le même sens, Civ., 14 mai 1816 : *S.* 1816, 1, 190 ; Civ., 18 déc. 1822 : *S.* 1823, 1, 164 ; Civ., 4 janv. 1888 : *S.* 1888, 1, 329.

(13) Civ. 1re, 31 janv. 1989 : *Bull. civ.* I, n° 45, p. 29 ; *D.* 1989, I.R. 43, qui juge que « si la stipulation de solidarité doit être expresse, cette modalité de l'engagement de la caution ne doit pas nécessairement être rédigée de la main de celle-ci ». En l'espèce, la solidarité n'était mentionnée que dans le « Règlement du cautionnement », formulaire n° 3751, annexé au cautionnement.

Le pire des particularismes est assurément celui que l'État s'est arrogé en matière douanière où il a unilatéralement considéré que la caution devait être un codébiteur, tentant de la priver ainsi des moyens de défense propres à la caution tout en continuant de lui donner l'apparence formelle d'un cautionnement. Sur la base de l'article 405 du Code des douanes, cette administration soutient en effet que la caution ne pourrait invoquer le bénéfice de subrogation. Mais la rédaction de ce texte doit conduire à maintenir cette protection à la caution douanière ou fiscale. En effet, sa rédaction conserve expressément le concept de caution et rappelle que le garant doit *au même titre* (14) que le débiteur principal mais n'est pas un débiteur principal (15).

352. — Les particularismes attachés à la nature d'opération de banque de ces cautionnements. — L'on peut discuter la nature d'opération de crédit que la loi bancaire attribue au cautionnement donné contre rémunération et de façon habituelle (16). Son objectif est de soumettre de telles cautions à la réglementation bancaire, ce qui ne laisse pas de poser problème en raison des liens étroits du cautionnement professionnel avec l'opération d'assurance. Mais en matière de cautionnement fiscal, il est certain que les cautionnements donnés par des établissements de crédit sont soumis à la réglementation régissant les opérations effectuées par les banques : ce n'est pas l'opération qui détermine le régime de celui qui l'effectue, mais au contraire la profession de celui qui l'effectue qui détermine le régime de l'opération. Ces cautions sont soumises au contrôle permanent de la Commission bancaire.

En conséquence, les cautionnements bancaires envers le fisc seront déclarés au service des risques de la Banque de France (17), ils seront l'objet d'un calcul spécial, permettant de savoir si la proportion de ce type d'opérations n'est pas trop importante et si la banque caution dispose des fonds suffisants pour couvrir les demandes de paiement que l'on peut raisonnablement craindre ; ils seront publiés dans le compte spécial du bilan des banques qui leur est réservé, et la Commission bancaire en donnera chaque année connaissance en détail et pour l'ensemble de la profession (18).

353. — Les cautionnements européens profitant à l'administration. — Le Traité de Rome ayant instauré entre les États de la C.E.E. une Union douanière permettant la libre circulation des marchandises, un mécanisme de « transit communautaire » fut institué par règlements C.E.E. (19) ; il permet la circulation des marchandises sans que soient

(14) C. douanes, art. 405 : « Les cautions sont tenues, au même titre que les principaux obligés, de payer les droits et taxes, pénalités pécuniaires et autres sommes dues par les redevables qu'elles ont cautionnés ».

(15) Sur l'argumentation et sur la jurisprudence qui l'adopte, v. C. MOULY, *Les causes d'extinction du cautionnement,* Litec, Paris, 1979, n° 394, p. 498.

(16) L. 24 janv. 1984, art. 3, al. 1er, *in fine*.

(17) Ce service permet de regrouper les dettes des clients importants des banques en ajoutant tous les crédits en fonds ou en signature qui sont accordés par quelque banque que ce soit en France. Chaque banque est donc obligée de dénoncer à la Banque de France tout crédit supérieur à un certain montant, aujourd'hui 550 000 F.

(18) Ainsi, au 31 déc. 1988, les banques françaises avaient en cours plus de 560 milliards de F d'engagements hors bilan incluant les cautionnements fiscaux (rapport Commission bancaire 1988, p. 99), dont presque la moitié par les trois grandes banques.

(19) Régl. du Conseil n° 542/69 du 18 mars 1969, n° 222/77 du 13 déc. 1976, et de la Commission n° 223/77 du 22 déc. 1976.

renouvelées les formalités douanières aux frontières entre États membres. Le propriétaire des marchandises doit fournir une caution professionnelle garantissant le paiement des droits de douanes à chaque État créancier, et cette caution s'engage envers tous les États concernés en une seule fois (20). Les deux règlements de 1976 établissent le régime et les formulaires de ces cautionnements (cautionnement global ; cautionnement d'une seule opération ; garantie forfaitaire). Sous prétexte qu'il est fait mention d'un paiement à première demande dans ce cautionnement, certains pensent qu'il s'agit de garantie indépendante (21) ; la qualification mériterait plus ample analyse, à propos d'une opération dite de cautionnement dans le « marché intérieur » de la Communauté qui ne peut être sans contresens assimilée à un contrat international (22).

Plus généralement le principe communautaire de contrôle des établissements de crédit européen par le pays de leur siège principal, qui devrait être appliqué en 1992, a fait l'objet d'une proposition de règlement C.E.E. spécial au cautionnement (23). Toute administration d'un État membre doit accepter comme caution un établissement de crédit ou une compagnie d'assurances agréé pour donner ces cautionnements dans son pays d'origine. Cette administration ne peut donc pas imposer ses propres conditions de solvabilité. Le Comité économique et social C.E. s'est montré réservé sur ce point en l'état actuel des réglementations prudentielles, mais a au contraire proposé d'élargir l'obligation d'acceptation à toute autorité publique, incluant les notaires. Il faut craindre qu'un règlement spécial ne crée des dérogations au profit des administrations, surtout fiscales.

354. — D'autres cautionnements en faveur d'administrations : les cautionnements de marchés publics. — Les administrations, locales ou nationales ou internationales, sont peu capables de porter un jugement de valeur sur le sérieux, la compétence et la solvabilité de leurs contractants. L'administration française y est sujette comme les autres. Il s'agit d'un handicap inhérent au système de décision publique, par nature moins informé, plus coûteux et moins efficace que le système de choix dans un marché. Ce handicap a été reconnu depuis longtemps (24), et pour l'atténuer les administrations de tous les pays, développés ou en développement, imposent à leurs contractants de fournir une garantie de l'exécution de toutes les obligations qu'ils ont envers l'administration. Cette garantie prendra par principe la forme d'un cautionnement, au sens de gage d'espèces déposé en garantie, auquel peut être substitué « au gré du titulaire (du marché) une caution personnelle et solidaire » (25).

---

(20) En voir une application contentieuse par Trib. com. Paris, 7 oct. 1988 : *D.* 1989, somm. 145, obs. M. VASSEUR décrivant les modalités de l'opération.

(21) Le Trib. com. Paris, référé préc., et M. VASSEUR sont de cet avis.

(22) Sur le problème de ces clauses dans un cautionnement, v. *supra*, n° 215.

(23) En voir l'étude par le Comité économique et social des C.E. : *J.O.C.E.* 26 juin 1989, C-159, p. 5.

(24) Le premier texte en tirant conséquence en matière de garantie daterait de 1836, mais la perception du mal est bien plus ancienne.

(25) Elle peut aussi résulter d'une assurance, ou d'une garantie réelle (art. 139 C. marchés publ.). Aux U.S.A., les compagnies d'assurances sont très actives sur ce secteur. En France, ce n'est qu'après la directive communautaire de 1973 que les compagnies d'assurances sollicitèrent et obtinrent de la Direction des assurances du ministère des Finances l'agrément pour pratiquer le cautionnement de marchés.

La caution d'un cocontractant de l'administration garantira, suivant le cas et le contrat (26) :

— l'engagement du soumissionnaire de ne pas se désister s'il est déclaré adjudicataire (environ 5 % de la valeur estimée du contrat) ; dite caution de garantie d'offre ou caution provisoire, qui n'est plus demandée en droit interne depuis 1959 ;

— la bonne fin du contrat, c'est-à-dire la bonne exécution de ses obligations essentielles par l'adjudicataire (3 ou 5 % du prix du marché, art. 125 et 322 C. marchés publ.) ; dite caution d'exécution ou caution définitive, par opposition à la caution provisoire ;

— la restitution des avances si les travaux ne sont pas exécutés (30 ou 60 % de ces avances, art. 133 et 327 C. marchés publ.) ;

— le paiement d'une retenue de garantie que le maître de l'ouvrage ne retiendra pas mais qu'il veut pouvoir obtenir si une difficulté apparaît (environ 5 % du marché, art. 325 C. marchés publ.) ;

— la levée des réserves faites à la réception des travaux ; dite caution de maintenance ;

— la restitution des matériels ou outillages remis par l'administration au titulaire du marché (art. 135 C. marchés publ.), ou des approvisionnements (art. 136 C. marchés publ.).

Ce sont surtout les contrats de travaux publics et d'ingénierie qui sont assortis de ces cautionnements, mais ils peuvent aussi être exigés dans des marchés de fournitures ou de services.

Le Code des marchés publics réglemente minutieusement ces cautionnements, aux articles 144 à 152, imposant notamment :

— que la caution soit un professionnel agréé par le ministre des Finances (art. 145) ;

— que le cautionnement soit donné sur un formulaire de l'administration (art. 144) (27) ;

— que le paiement soit fait « sans que la caution puisse (le) différer ou soulever de contestation pour quelque motif que ce soit » (art. 144 *in fine*) ; sur la portée limitée de cette clause dans un cautionnement, v. *supra*, n° 215.

Un aspect particulier de certains de ces cautionnements de marchés publics tient dans leur extinction automatique « un mois (après) l'expiration du délai de garantie ou, si le marché ne comporte pas un tel délai, un mois (après) la réception des travaux, fournitures ou services » (art. 132 et 326 C. marchés publ.) (28). Il s'agit donc d'une prescription abrégée. Malgré son apparence favorable, elle ne protège pas la caution de l'inertie de l'administration puisque le délai ne court que de la réception des travaux ; il faut donc un acte positif de l'administration, dont on sait la difficulté d'obtention. Certains proposent aux cautions de préciser dans le cautionnement une date d'expiration précise de cette prescription (29).

---

(26) Ces garanties sont proches de celles qui sont octroyées par garantie à première demande dans le commerce international, v. *infra*, n° 395 et s.

(27) L'administration qui dispense un humour spécial n'hésite pas à leur donner des intitulés surprenants, comme ce formulaire de « caution produite aux lieu et place d'un cautionnement », qui signifie en fait « cautionnement remplaçant un dépôt de garantie ».

(28) Un dispositif analogue d'extinction est organisé par la loi du 16 juill. 1971 sur la retenue de garantie dans les marchés privés de travaux (art. 2) ; le délai de prescription est de un an à compter de la réception.

(29) M.-C. AMIOT, *Cautionnements bancaires de marchés : le processus de dégagement automatique : Rev. dr. banc.* 1989, p. 2 et 3.

Les administrations européennes sont aussi lourdes et tâtillonnes que les administrations nationales. Elles exigent aussi des cautionnements garantissant les marchés qu'elles passent avec des entrepreneurs, et plus précisément les sommes que l'attributaire du marché pourrait devoir à l'administration. Ainsi le F.E.D., Fonds européen de développement, qui finance les actions en faveur des P.V.D., exige des attributaires de ses marchés qu'ils soient cautionnés par une caution professionnelle (30).

355. — Analogie : le cautionnement de marchés privés de travaux en faveur des sous-traitants. — Pour protéger les sous-traitants contre le défaut de paiement de leurs prestations par leur seul débiteur contractuel, l'entrepreneur général, la loi du 31 décembre 1975 sur la sous-traitance leur a ouvert une action directe contre le maître d'ouvrage ; mais elle a cherché à éviter ce recours ultime par deux garanties dont la constitution est imposée à l'entrepreneur général : soit la délégation de sa créance sur le maître d'ouvrage, soit un cautionnement professionnel garantissant le paiement du prix du sous-traité (art. 14 de la loi).

Plusieurs retouches de la loi n'empêchent pas que cette garantie soit fort peu utilisée, semble-t-il parce que les sous-traitants ne la demandent pas. Bien que sa réglementation présente des imperfections qui font problème, le contentieux est réduit et la réflexion peu développée (31).

---

(30) Art. 62 et s. du Cahier général des charges des marchés publics de travaux et de fournitures financés par le Fonds européen de développement : *J.O.C.E.* L. 39 du 14 fév. 1972.

(31) V. toutefois les excellentes observations de Y. BACHELOT et J.-M. BENIZET, *La sous-traitance dans la construction et les banques : Banque* 1986, p. 847 et s., spéc. p. 849-853.

CHAPITRE VII

LE CAUTIONNEMENT MUTUEL

356. — Variété et organisation des cautionnements mutuels. — L'institution du cautionnement mutuel est ancienne, sans doute parce qu'elle répond bien aux besoins de solidarité des membres d'une profession et aux faibles moyens que chacun peut engager pour le bien commun (1). L'aléa que contient le cautionnement en adoucit la souscription, et quand le risque se réalise la répartition le rend supportable.

Le cautionnement mutuel s'est développé à partir de la seconde moitié du XIXe siècle, en même temps que l'activité bancaire se heurtait à l'anonymat de sa clientèle et que les crédits se développaient (2). Aujourd'hui, plusieurs centaines de sociétés de caution mutuelle françaises (3) offrent aux professionnels de leur branche la possibilité d'obtenir une réduction des taux d'intérêt qui leur sont demandés par les banquiers ou même d'obtenir des crédits bancaires qui sans ce cautionnement ne leur seraient pas accordés (4). En outre, le cau-

---

(1) Elle est aussi assimilée à certaines structures sociales africaines qu'elle permet de formaliser juridiquement ; v. G. PINCE, *Techniques de crédit, garanties foncières et développement* in R. VERDIER et A. ROCHEGUDE (dir.), *Systèmes fonciers à la ville et au village, Afrique noire francophone,* Paris, L'Harmattan, 1986, p. 204-209. Le cautionnement individuel ne suffit pas en raison de la faible valeur des biens individuels, et seul le grand nombre de cautions (7 à 30, du même village) réunies en une mutuelle peut donner une garantie suffisante. Mais les risques demeurent grands.

(2) Sur l'histoire du cautionnement mutuel, v. *Le crédit mutuel,* ouv. coll. par A. BIRAGUET et alii, Institut d'études bancaires et financières, Dunod, 1967, spéc. J. BOSSAN, *Les sociétés de caution mutuelle des négociants en produits du sol,* p. 175-196 ; R. DE LESTRADE, *La Caisse nationale des marchés et le crédit professionnel mutuel,* p. 201-204 et P. ZENTZ, p. 205-267 ; R. SABOT, *Les organismes de caution mutuelle à moyen terme de l'industrie et du commerce, de l'artisanat et des professions libérales,* p. 273-283.

Pour un exemple étranger, v. A. VIRCHAUX, *Les coopératives de cautionnement en Suisse,* Neuchatel, éd. Ides et Calandes, 1983, p. 9 et s.

(3) La Commission bancaire en a recensé 279 à la fin 1988 qui étaient soumises à son contrôle.

(4) Pour R. SAINT-ALARY, c'est là l'avantage de cette sûreté, « instrument d'accès au crédit (dont) la richesse (a été) jusqu'à présent trop méconnue » : *Regards sur le cautionnement mutuel* in *Mélanges de Juglart (Aspects du droit privé en fin du XXe siècle),* L.G.D.J., 1986, p. 186.

tionnement mutuel remplace souvent une sûreté réelle que le débiteur ne peut pas donner ou préfère ne pas donner (5).

Après de longues réflexions, la loi du 13 mars 1917, encore en vigueur, légalisa le statut des sociétés de caution mutuelle et leur offrit un doux carcan (6) que la grande majorité d'entre elles adopta (7). En 1936, la Caisse nationale des marchés de l'État reçut pour fonction de cautionner les P.M.E. qui obtenaient des marchés publics afin de leur faciliter l'obtention de crédits d'équipement, elle-même obtenant comme garantie le cautionnement d'une société de caution mutuelle. L'intervention d'un tel organisme public rassurait les banquiers et assurait le contrôle des sociétés de caution mutuelle qui étaient en contact permanent avec un seul créancier.

Les sociétés de caution mutuelle sont de petite taille, ne peuvent pratiquer que le cautionnement et seulement au profit de leurs membres (8). Leur regroupement est donc utile pour inspirer confiance aux créanciers et pour diluer la charge des risques. Leur contrôle est centralisé, selon la tradition étatiste française ; il fut confié en 1945 à la Chambre syndicale des banques populaires pour la plupart d'entre elles. En 1984, la loi bancaire déclara le cautionnement professionnel opération de banque (art. 3), classa les sociétés de caution mutuelle parmi les sociétés financières et sans nuance soumit toutes les sociétés de caution mutuelle au contrôle de la Chambre syndicale des banques populaires (art. 21). A la suite de frictions douloureuses pour les sociétés de caution mutuelle concurrentes du secteur du « crédit populaire », et après quelques recours gagnés devant le Conseil d'État par des sociétés de caution mutuelle rejetées (9), le législateur fut obligé de supprimer l'affiliation obligatoire à la Chambre syndicale des banques populaires et de permettre soit l'intégration dans un réseau relevant d'un organe central habilité, soit l'adhésion à l'Association française des sociétés financières, qui emporte contrôle par la Commission bancaire (10).

Le législateur ouvrit aux sociétés de caution mutuelle la garantie des crédits immobiliers aux particuliers en 1962 (11), la garantie finan-

---

(5) Sur certains aspects du mécanisme du cautionnement mutuel, v. P. Delebecque, *Encycl. Dalloz, Rép. dr. civ., V° Cautionnement,* n° 48.

(6) La loi de 1917 ne crée pas une forme spéciale de société mais organise seulement l'activité des sociétés pratiquant le cautionnement mutuel. Contrairement à l'idée largement répandue dans la profession, les sociétés de caution mutuelle doivent choisir une forme sociale qui sera celle de société coopérative si aucune précision n'est donnée mais qui peut être celle de société anonyme, à capital fixe [R. Saint-Alary, *Encycl. Dalloz, Rép. sociétés, V° Coopérative de crédit (société),* 1970, n° 58 ; R. Saint-Alary, *Regards sur le cautionnement mutuel,* préc., n°s 9-14, p. 175-182].

(7) Sur 279 sociétés de caution mutuelle au 31 déc. 1988, 263 sont régies par la loi de 1917, 14 ont un statut différent car elles travaillent avec le C.E.P.M.E., et 2 sont soumises à la loi du 17 nov. 1943 relative à la gestion des intérêts professionnels (rapport Commission bancaire 1988, p. 172).

(8) Il est vrai que la souscription de parts sociales et une première cotisation sont perçues du débiteur principal au début du contrat et lui sont remboursées à la fin.

(9) Cons. d'État, 20 janv. 1988 : *D.* 1988, I.R. 46, *V° Banque.* En 1985, la Chambre syndicale des banques populaires avait décidé de ne plus admettre ou surveiller les sociétés de caution mutuelle qui ne collaboraient pas avec le « crédit populaire ».

(10) L. du 5 janv. 1988, art. 40.

(11) D. du 10 août 1962 modifiant l'art. 1 de la loi du 13 mars 1917. Sur les avantages et inconvénients de cette garantie en matière immobilière, v. G. Chauvin, *Rapport sur l'évolution des garanties du crédit aux particuliers,* 82e Congrès des notaires, Nice, 1986, nos 155-179, p. 861-876.

cière des professionnels en 1965 (12) et la garantie des crédits professionnels aux artisans en 1970 (13). De nombreuses sociétés de caution mutuelle furent alors constituées pour satisfaire ces besoins. Les S.D.R. constituèrent des fonds de garantie ou des sociétés de caution mutuelle alimentées par des fonds publics vers le milieu des années 1970 (14).

En avril 1979, un *rapport d'étude* dit rapport Sarrazin (15), sur « Le cautionnement mutuel et le financement des entreprises », donna une série d'informations fort utiles sur le paysage économique et juridique du cautionnement mutuel, faisant notamment ressortir :

— que le cautionnement mutuel était surtout développé en France, et à un moindre degré en Allemagne et en Italie (16), mais pratiquement pas dans les autres pays (17) ;

— que la surface financière des sociétés de caution mutuelle était essentiellement constituée de leur fonds de garantie et leurs revenus du placement de ce fonds sur le marché obligataire, car les commissions demandées sont seulement destinées à couvrir les frais d'exploitation ;

---

(12) Professionnels de l'immobilier (agents immobiliers, marchands de biens, etc.) ou d'autres secteurs (conseils juridiques par exemple, ou entreprises de travail temporaire) ; quant aux notaires, leur caisse de garantie serait *un cautionnement mutuel qui s'ignore* (R. SAINT-ALARY, *Regards sur le cautionnement mutuel,* préc., n° 15, p. 183), assurément atypique.

(13) Plus de 70 SOCAMA ont été créées pour rendre ce service.

(14) Sur les activités des sociétés de caution mutuelle, v. A. KLUKKER, *Quel avenir pour le cautionnement mutuel ? : Banque* 1984, p. 805-817. — Sur la multiplicité de fonds de garantie alimentés par l'argent public, v. en droit belge I. MOREAU-MARGRÈVE, *Les sûretés personnelles en droit belge* in *Les sûretés,* Paris, Féduci, 1984, p. 173 et s., spéc. p. 220-223 ; en droit français C. MOULY, *Les sûretés personnelles traditionnelles en France, op. cit.*, p. 129 et s., spéc. p. 137.

(15) Du nom du président du groupe de travail, par ailleurs secrétaire général de la C.N.M.E., chargé par le secrétaire d'État à la petite et moyenne industrie d'effectuer cette étude.

(16) Rapport SARRAZIN, dactyl., p. 11 et annexe 12 (5 pages). — En Allemagne et en Italie les crédits garantis sont moins importants en volume global (env. 1 milliard de FF en 1978, alors qu'en France ils atteignaient à la même époque plus de 18 milliards de FF) et concentrés sur certains secteurs d'activité, alors qu'en France en bénéficient presque tous les secteurs industriels, les entreprises de toutes tailles et dans toutes les régions. Pour une confirmation de la faible utilisation en Allemagne, v. J. BÄRMANN et alii, *Les garanties du crédit en droit allemand,* La Documentation française, 1978, n° 209, p. 104.

(17) Le rapport SARRAZIN ne couvrait pas la Suisse où le cautionnement mutuel est assez développé, comme l'établit l'étude de A. VIRCHAUX, *Les coopératives de cautionnement en Suisse,* Neuchâtel, éd. Ides et Calandes, 1983, qui en 1981 dénombre 71 sociétés coopératives de cautionnement (p. 3), ayant octroyé plus d'un milliard de FS (p. 2). Il ne couvrait pas non plus l'Angleterre où, comme aux U.S.A. et au Canada, les cautionnements professionnels sont presque exclusivement donnés par des compagnies d'assurances. Sur leur rôle, la nature et le régime des contrats, v. la fort intéressante thèse de L. POUDRIER-LEBEL, *Le cautionnement par compagnie de garantie,* Cowansville (Québec), éd. Yvon Blais, 1986.

La Commission des C.E. a demandé deux études sur les systèmes de garantie mutuelle dans la communauté européenne, dont la publication est attendue (Rép. de la Commission du 21 avril 1989 : *J.O.C.E.* 31 juill. 1989, C. 195, p. 54).

— que le régime fiscal très défavorable des sociétés de caution mutuelle obérait leur solidité et leur développement (18) et devait être abrogé (19) ;

— que la gamme des interventions des sociétés de caution mutuelle méritait d'être élargie, notamment par une multiplication des services rendus (20) et par une prise de risques plus grande (moins de contre-garanties, plus de prise en considération des capacités des dirigeants) ;

— que le renforcement des actions de cautionnement mutuel par la création de fonds de garantie créés par les S.D.R. (sociétés de développement régional) ou autres organismes publics était bénéfique à l'ensemble des entreprises et qu'il fallait encourager cette solution. Étaient proposés la création d'unions de sociétés de caution mutuelle et de fonds de garantie communs (21). Cette proposition incita les gouvernements successifs à « pratiquer une politique volontariste » (*sic*) consistant à inciter au financement des P.M.E. grâce à des prêts participatifs (dits encore subordonnés ou de dernier rang) garantis par un cautionnement donné par des « fonds de garantie », sortes de sociétés de caution mutuelle alimentées par l'impôt des citoyens. Ces fonds de garantie de toutes sortes furent fédérés en 1982 dans une société publique dite SOFARIS (Société française pour l'assurance du capital-risque des P.M.E.) (22). De nouveaux rapports sont rédigés sur ce problème (23).

Tout aussi interventionniste, la Commission des C.E. incite à l'octroi de cautionnements par des fonds de garantie, soit institutionnalisés

---

(18) Le fisc français, à la différence des fiscs allemand et italien qui exonèrent les sociétés de caution mutuelle de tout impôt, taxe leurs bénéfices à l'I.S. et les soumet à la taxe professionnelle. Ce régime, dérogatoire par rapport aux autres coopératives, est très défavorable : si les sociétés de caution mutuelle font des bénéfices, ils sont lourdement taxés ; si elles subissent des pertes, elles doivent les imputer d'abord sur leur fonds de garantie et ne peuvent pas constituer de provision. « On arrive ainsi fréquemment à la surprenante situation suivante : en période d'aggravation des risques économiques, les banques soumettent un nombre accru de dossiers à la garantie du cautionnement mutuel ; si les sociétés de caution mutuelle acceptent de les couvrir, elles perçoivent immédiatement un montant relativement important de commissions, qui augmentent artificiellement leurs bénéfices, mais qu'elles devraient affecter en partie à la couverture des risques accrus correspondants ; faute de pouvoir le faire, elles sont souvent conduites à refuser de garantir certains des crédits en cause » (rapport SARRAZIN, p. 22 ; *adde* annexe 14, 6 p.).

(19) *Op. cit.*, p. 53-56. Mais une telle supplique a peu de chances d'être exaucée, si intelligente soit-elle, et ne l'a pas été !

(20) Les rapporteurs ont été entendus, par exemple par la C.C.M.E., société de caution mutuelle des professionnels du bâtiment et des travaux publics, qui a créé un système expert diagnostiquant les entreprises du secteur, qu'elle utilise elle-même et met aussi à la disposition des banques et des fournisseurs ; en juill. 1989, les 15 000 plus grosses entreprises étaient l'objet de cette évaluation sur les 350 000 en France dans cette branche d'activité.

(21) Proposition reprise par R. SAINT-ALARY, *Regards sur le cautionnement mutuel*, préc., n° 14, p. 180.

(22) En 1986, l'État décida de cesser l'aide aux prêts participatifs pour favoriser l'intervention directe, par prise de participation en capital.

(23) V. par ex. rapport D. FOISSAUD, *Les sociétés de cautionnement mutuel et le financement des P.M.E.*, juin 1988.

dans les organes communautaires, comme le FEDER (Fonds européen de développement régional) ou le F.S.E. (Fonds social européen) (24), soit par la création et la subvention de fonds de garantie spéciaux (25).

357. — Les domaines d'application. — C'est l'administration qui fut et reste le plus gros consommateur de cautionnement mutuel, à travers la Caisse nationale des marchés de l'État, devenue le C.E.P.M.E. Les statuts de la C.N.M.E. (loi du 19 août 1936) contenaient un article 8 devenu fameux car il autorisait la C.N.M.E. à donner son cautionnement en se faisant contre-garantir par un organisme de cautionnement mutuel ; on parlait alors des crédits « de l'article 8 », d'équipement ou d'autre finalité. Aujourd'hui les prêts ont été diversifiés et les interventions des S.C.M. ont suivi. Le secteur d'activité le plus propice au cautionnement mutuel envers le C.E.P.M.E. est celui du bâtiment et des travaux publics (environ 3 milliards de F d'encours de crédits garantis), suivi des commerces de détail (environ 1,5 milliard de F) puis de gros (environ 1 milliard de F) (26).

Les cautionnements de crédits hors intervention du C.E.P.M.E. sont surtout donnés en faveur d'artisans (environ 9 milliards de F d'encours de crédits garantis en 1988), le commerce de gros (négociants en grains, dont les 38 sociétés de caution mutuelle contre-garantissent l'O.N.I.C., environ 2,3 milliards de F en 1988) et la sidérurgie, sous l'injonction bien sûr des pouvoirs publics dont l'action de perturbation du marché infecte ici toutes les formes de financement (environ 2 milliards de F en 1979) (27).

En garantie des particuliers, ce sont surtout les crédits immobiliers qui sont couverts, par des sociétés de caution mutuelle d'origine très variée : fonctionnaires, Caisse d'épargne, agriculteurs, etc. Les prêts garantis étaient en moyenne de 150 000 F en 1979 et le coût du cautionnement est d'environ 2 % de ce prêt.

Les sociétés de caution mutuelle interviennent le plus souvent dans une chaîne de cautionnements et sous-cautionnements, garantissant au banquier prêteur le remboursement du crédit ou plus fréquemment garantissant à la caution le remboursement des sommes qu'elle pourrait payer.

---

(24) Leurs statuts incluent cette « mission » : art. 1er du règlement du FEDER, et art. 5, § 3 du règlement du F.S.E.

(25) V. Rép. de la Commission du 21 avril 1989 : *J.O.C.E.* 31 juill. 1989, C. 195, p. 54.

(26) Ces chiffres résultent du rapport SARRAZIN. Aujourd'hui, les engagements des sociétés de caution mutuelle envers le C.E.P.M.E. dépassent, toutes catégories confondues, 14 milliards de F (rapport Commission bancaire 1988, p. 173).

(27) Ces chiffres sont extraits de l'annexe 7 du rapport SARRAZIN (1979) ou du rapport Commission bancaire 1988, p. 173.

LIVRE II

LES RÉGIMES SPÉCIAUX DE SÛRETÉS PERSONNELLES

358. — Variété et imprécision des sûretés personnelles autres que le cautionnement. — Hors du cautionnement, les frontières des sûretés personnelles deviennent plus imprécises. L'assurance-crédit par exemple révèle la grande difficulté qu'il y a à tenter de définir le cautionnement professionnel et de le distinguer de l'assurance. Les opérations de qualification sont pourtant indispensables et lourdes de conséquences puisqu'elles permettront de déterminer les règles du régime commun du cautionnement qui seront transposées et appliquées, et celles qui ne le seront pas.

Une grande distinction est en train de se faire jour : entre les sûretés personnelles accessoires (à l'image du cautionnement) et les sûretés personnelles indépendantes. Les sûretés personnelles accessoires emprunteront beaucoup au cautionnement, dès qu'une difficulté surgira. Les sûretés personnelles indépendantes devront faire l'objet d'une recherche de solution autonome chaque fois qu'un conflit entre les parties apparaîtra.

Ces sûretés personnelles autres que le cautionnement ont toutefois un point commun. A l'échelle du droit, elles sont une matière neuve. Les quelques dizaines d'années de leur développement n'ont pas suffi pour que soit constitué un corps des solutions et de raisons de décider, nourri par les siècles de réflexion, de controverses et de tâtonnements qui font une doctrine. Il est donc difficile de dire ce qui ressort du droit commun et du droit spécial, et donc ce qui peut être emprunté au cautionnement et ce qui doit être rejeté. La distinction entre les sûretés personnelles qui sont accessoires (titre I) et celles qui sont indépendantes (titre II) doit en être atténuée.

Titre I

LES SÛRETÉS ACCESSOIRES

359. — Diverses sortes et régime juridique. — Ces diverses garanties ont en commun avec le cautionnement d'être accessoires à l'opération principale. Pour cette raison, les emprunts de régime au cautionnement sont aisés et justifiés. En fait foi l'emploi fréquent du mot de cautionnement lui-même dans les contrats ou les réglementations de ces garanties (1). Les solutions retenues pour le cautionnement donné par une caution professionnelle en sont plus aisément transposables.

(1) Ainsi le contrat type de « garantie financière » des entreprises de travail temporaire rédigé par une association de banques pour ses membres utilise-t-il systématiquement les mots de caution ou cautionnement pour désigner la garantie, à l'image de l'art. R. 124-7 C. trav. ci-après reproduit.

CHAPITRE I

LA GARANTIE FINANCIÈRE DE REMBOURSEMENT DE FONDS

360. — Description. — Les professionnels qui détiennent des fonds pour le compte de leurs clients, tels les notaires ou les agents immobiliers, ont éprouvé le besoin ou ont été obligés de fournir à ces clients une garantie par un tiers que les sommes détenues seront payées même si le professionnel mandataire devient insolvable (1). Il en est de même des syndics de copropriété, gérants d'immeubles et mandataires de vente de fonds de commerce (D. 20 juill. 1972), pour les agences de voyage (L. 11 juill. 1975, art. 3-c et D. 28 mars 1977) ou des entreprises de travail temporaire (E.T.T.) pour les salaires dus aux employés et les charges sociales dues aux organismes sociaux et que les clients sont obligés de payer si l'E.T.T. est défaillante (L. 2 janv. 1979 qui a réglementé une garantie déjà organisée spontanément par les syndicats d'E.T.T.). Les avocats (2) et les conseils juridiques (3) sont soumis à la double obligation d'une assurance responsabilité civile et d'une garantie de remboursement ou restitution de fonds. Ces obligations de garantie sont imposées par de nombreux législateurs, à notre époque de *welfare state* (4), et pour de nombreuses activités professionnelles (5).

Cette garantie peut être fournie, selon les autorisations légales, par une compagnie d'assurances, comme pour les avocats le plus souvent, par une société de caution mutuelle (comme pour les conseils juridiques, la COJURA) ou par une caisse commune alimentée par les membres de la profession, telles les caisses régionales de garantie des notaires (6). Les banques s'y intéressent aussi, notam-

---

(1) D. 20 mai 1955, art. 12 (et 26 fév. 1956) pour les notaires. Loi dite Hoguet du 2 janv. 1970 et D. 20 juill. 1972 pour les agents immobiliers.

(2) L. 31 déc. 1971, art. 27 et D. n° 72-783 du 25 août 1972.

(3) L. 31 déc. 1971, art. 59 et D. spécial n° 72-671 du 13 juill. 1972.

(4) La Belgique par exemple impose des garanties financières aux agences de voyage depuis une loi du 21 avril 1965, et à certains intermédiaires du commerce depuis la loi sur les pratiques du commerce du 14 juill. 1971.

(5) Pour une énumération v. P. DELEBECQUE, *Encycl. Dalloz, Rép. dr. com., V° Cautionnement,* n° 57.

(6) Sur cette garantie, organisée de longue date, v. J. DE POULPIQUET, *La responsabilité civile et disciplinaire des notaires,* L.G.D.J., 1974 ; *adde* note C. GAURY : *D.* 1978, 485. Elle se rapproche d'un cautionnement mutuel. De même la constitution par les sociétés de bourse d'un fonds de garantie couvrant les engagements de chaque société de bourse, et qui a remplacé en la diminuant la responsabilité solidaire des agents de change, puis des sociétés de bourse qui leur ont succédé (L. 22 janv. 1988, art. 6).

Aujourd'hui la garantie est plafonnée, depuis la loi du 2 août 1989 soi-disant destinée à accroître la protection des personnes investissant en bourse (art. 34, et l'affirmation contemporaine par un ministre des Finances d'un plafond de 500 000 F pour les dépôts en espèces et de 2 000 000 F pour les dépôts de titres).

ment pour les conseils juridiques ou les syndics et gérants d'immeubles. Les groupes financiers constituent aussi des sociétés financières spécialisées dans ce service. Les réglementations imposant ces garanties ouvrent en général un choix plus ou moins large (7).

361. — Les différences entre les garanties financières et le cautionnement. — La différence la plus importante tient au fait que la garantie professionnelle n'est pas convenue entre le garant et le client créancier mais entre le garant et les pouvoirs publics. Le client victime de l'indélicatesse du professionnel bénéficie d'un paiement dont il n'a déterminé ni les conditions de mise en jeu ni les modalités.

La Cour de cassation en a déduit que l'action du client contre le garant était légale et non pas contractuelle (8). La qualification paraît hardie dans la mesure où il faut un contrat entre le client et le professionnel pour la faire naître (9), et où la garantie est ajoutée au contrat par la loi comme l'est la garantie des vices cachés par exemple. La présence du tiers garant pourrait naître d'une stipulation pour autrui. Néanmoins la qualification d'action légale paraît bien acceptée (10).

Les conséquences du caractère légal attribué à l'action contre le garant sont les suivantes :

— la compétence territoriale obéit aux règles de droit commun (N.C.P.C., art. 42) et non à celles propres aux contrats (N.C.P.C., art. 46, al. 2) (11) ;

— la dette du garant est de nature quasi délictuelle, à défaut d'être contractuelle ; il doit notamment vérifier que le montant de sa garantie correspond à la réalité des fonds détenus par le professionnel, et à défaut est tenu au-delà de sa garantie (v. n° suivant) ;

— le garant n'est tenu que pour les actes du professionnel dont la loi prévoit la garantie ; une somme remise à un avocat par un autre que la victime n'est pas garantie (12) ; une dette créée par des activités de « banquier » d'un notaire (prêts notariés par le notaire lui-même) n'est pas garantie par la Caisse régionale (13).

362. — Le montant de la garantie. — Participant de l'idée de sécurité collective, la garantie financière des professionnels est considérée par certains tribunaux comme due au consommateur. Si le professionnel garanti ou l'organisme garant n'ont pas ajusté le montant de la garantie au montant réel des sommes détenues par le professionnel, ces tribunaux ont tendance à condamner néanmoins le garant à payer le consommateur. La justification formelle en est astucieusement mais artificiellement trouvée dans la faute que le garant aurait commise en ne contrôlant pas la comptabilité du professionnel et en ne vérifiant pas les montants des « pointes maximum » qu'il peut devoir à ses clients, c'est-à-dire le total le plus élevé dans le cours d'une année des sommes détenues pour leur compte. La cour de Paris fut la première à développer cette thèse d'une sécurité sociale des clients, à propos des agents immobiliers, affirmant que « le garant a le devoir

---

(7) Par ex. D. 28 déc. 1979 relatif à la garantie financière exigée des E.T.T., § 1, art. R. 124-7 C. trav. : « La garantie exigée par l'art. L. 124-8 (du Code du travail) ne peut résulter que d'un engagement de caution unique pris par une société de caution mutuelle régie par les dispositions de la loi du 13 mars 1917 ou un organisme de garantie collective agréé par le ministre chargé du Travail et le ministre chargé de l'Économie, une entreprise d'assurances, une banque ou un établissement financier habilité à donner caution ».

(8) Civ. 2e, 27 fév. 1985 : *Bull. civ.* II, n° 48, p. 34 ; *Rev. dr. immob.* 1986, p. 85, note D. Tomasin.

(9) Sans ce contrat d'ailleurs, la victime ne peut pas obtenir paiement du garant.

(10) V. D. Tomasin, *Rev. dr. immob.* 1986, p. 85.

(11) Civ. 2e, 27 fév. 1985, préc.

(12) Civ. 1re, 2 oct. 1980 : *J.C.P.* 82, II, 19835, note Assouline.

(13) Civ. 1re, 15 janv. 1985 : *D.* 1985, 377, note J.-L. Aubert qui insiste toutefois sur la référence par la Cour de cassation à l'intention délibérée de la cliente de souscrire aux opérations financières réalisées par le notaire.

d'user de son pouvoir de contrôle, à défaut duquel la garantie annuelle apparemment offerte au public serait illusoire » (14). D'autres juges estiment au contraire que de tels contrôles emporteraient ingérence inadmissible dans les affaires du professionnel et relèvent que le garant n'a pas d'obligation légale de fixer le montant de la garantie, cette obligation pesant sur le professionnel garanti (15), d'ailleurs soumis à une menace de sanction pénale (16).

Les garants, craignant une sanction imméritée, renforcent donc les contrôles par l'intermédiaire d'experts comptables et obtiennent au besoin en justice la communication des registres spéciaux et livres comptables (17).

La loi fixe un plancher à la garantie, qui est périodiquement réévaluée en fonction de la perte de valeur de la monnaie nationale (18). Elle détermine aussi les sommes à prendre en compte dans l'évaluation des dettes garanties, non sans créer des problèmes d'appréciation (19).

363. — L'expiration (cessation) de la garantie. — A la différence du cautionnement enfin, la garantie financière de remboursement prend fin par décision du garant. Soit un terme extinctif est prévu au contrat, soit la garantie est à durée indéterminée ; dans les deux cas les garants prennent la précaution de stipuler une faculté de résiliation unilatérale à leur profit.

Pour éviter que les clients ne soient alors dépourvus de garantie, les diverses réglementations mettent à la charge du garant une obligation d'information de la cessation de garantie : information des clients de l'agent immobilier (20) ou du conseil juridique (21), information des services administratifs du travail pour les E.T.T. (22) ou du procureur de la République pour les conseils juridiques. Une publicité par voie de presse est parfois prévue, pour les conseils juridiques par exemple.

364. — La mise en jeu de la garantie. — Les réglementations instaurant les garanties financières déterminent en général les conditions dans lesquelles le garant est obligé de payer. L'insolvabilité du professionnel est la cause de déclenchement, insolvabilité qui découle souvent d'un certain délai de carence ou d'une procédure collective. Le garant est obligé de payer dès cette condition constatée, et sans attendre l'état des créances vérifiées.

---

(14) Paris, 26 sept. 1980 : *D.* 1981, I.R. 494, obs. M. VASSEUR ; *Gaz. Pal.* 1981, 1, 109, note L.M. ; *Rev. loyers* 1980, 543 ; confirmé par Civ. 1re, 22 déc. 1981 : *Bull. civ.* I, n° 394, p. 331 ; *D.* 1982, I.R. 334, obs. M. VASSEUR ; solution étendue encore en reprochant un contrôle sur « support comptable sans exiger une révision approfondie de la comptabilité de son adhérent » : Paris, 23e ch., 26 juin 1985 : *Gaz. Pal.* 1985, 2, 511.

(15) Aix-en-Provence, 10 juin 1980 : *Gaz. Pal.* 1981, 1, p. 111, note J.-P. GUYONNET. — Aix, 3 nov. 1981 : *Gaz. Pal.* 1982, 2, somm. 378. — Civ. 1re, 3 juin 1982 : *Gaz. Pal.* 1982, 2, somm. 327. — Ces arrêts ont été rendus sur la garantie des conseils juridiques ; les textes qui l'organisent sont différents de ceux organisant la garantie des agents d'affaires mais les obligations de renouvellement annuel de la garantie et de référence à la comptabilité sont les mêmes.

(16) V. E.-J. GUILLOT, *Le délit d'insuffisance de la garantie financière des professionnels de l'immobilier : J.C.P.* 77, I, 2860.

(17) Paris, 15e ch. B, 27 avril 1984 : *Rev. dr. immob.* 1984, p. 432, obs. C. SAINT-ALARY HOUIN.

(18) Par ex. pour la garantie des entreprises de travail temporaire, ce minimum est passé de 200 000 F à l'origine (1980) à 413 504 F pour 1989 ; un second plancher de garantie est fixé à 8 % du chiffre d'affaires H.T. de l'entreprise (C. trav., art. R. 124-9).

(19) V. E.-J. GUILLOT, *Le délit d'insuffisance...* art. préc., *J.C.P.* 77, I, 2860 ; *adde :* Civ., 1er déc. 1987 : *J.C.P.* 88, IV, p. 52.

(20) D. 20 juill. 1972, art. 45 et 46. Le garant peut obtenir, au besoin par justice, communication du répertoire des clients, art. 51, 52 et 65 et Paris, 15 avril 1988 : *D.* 1988, I.R. 129.

(21) D. 13 juill. 1972, art. 21.

(22) C. trav., art. R. 124-27.

Si le garant à fait cesser la garantie et a procédé aux informations légales, un délai court pendant lequel les victimes doivent demander le paiement. Ce délai est très bref, en général trois mois. A son issue, le garant est déchargé, et toute demande postérieure est rejetée (23).

365. — Le recours du garant solvens. — Le garant qui a payé a un recours personnel et un recours subrogatoire contre le professionnel garanti. Mais la Cour de cassation a jugé que même en l'absence de stipulation conventionnelle ou légale interdisant le concours du garant avec les clients partiellement impayés, le garant ne pouvait demander remboursement en concours avec eux. Ce concours serait « contraire à l'objet de la garantie » (24).

Les professionnels obligés de garantir le remboursement des fonds détenus pour le compte de leurs clients sont aussi le plus souvent astreints à la souscription d'une assurance responsabilité civile. La cause de la créance du client peut consister dans une faute emportant responsabilité civile, et donc garantie par l'assureur. Le client victime peut agir à son choix contre l'assureur ou contre le garant. S'il agit contre le garant, celui-ci a un recours en remboursement contre l'assureur, après paiement (25).

---

(23) Com. civ., 24 fév. 1975 : *Bull. civ.* IV, n° 54, p. 43. — Civ. 1re, 28 juin 1977 : *Bull. civ.* I, n° 298, p. 235.

(24) Civ. 1re, 28 juin 1977 : *Bull. civ.* I, n° 298, p. 235.

(25) Mais il n'a aucun recours anticipé : Civ. 1re, 22 juin 1977 : *D.* 1978, 485, note détaillée C. GAURY.

CHAPITRE II

LA GARANTIE DE BONNE FIN DES CONSTRUCTIONS IMMOBILIÈRES

366. — Origine et développement. — Le besoin de protection des clients de promoteurs immobiliers contre les risques d'inachèvement de l'immeuble est plus fort encore que celui des déposants de fonds. Les clients de ces promoteurs ont très souvent financé la construction de leur lot ou de leur maison plus rapidement que son déroulement, et risquent donc d'avoir payé plus que la valeur des travaux effectués. En cas d'arrêt de la construction pour une raison quelconque, le remboursement de la différence est un moindre mal ; mais il ne suffit pas car la carcasse inachevée d'un immeuble collectif n'a aucune valeur. Ce qui est essentiel est l'achèvement de la construction. C'est pourquoi les législateurs de tous les pays occidentaux ont obligé les promoteurs immobiliers dans les ventes en état futur d'achèvement à fournir une garantie, par un assureur ou un banquier, que la construction sera terminée ou que les sommes nécessaires à sa bonne fin seront versées (1).

Après quelques tentatives avortées au début des années 1960, la loi du 3 janvier 1967 réformant la vente d'immeuble à construire imposa subrepticement (2) le principe d'une garantie d'achèvement ou de remboursement pour les immeubles d'habitation, que le décret d'application explicita dans ce qui devint l'article R. 261-17 C. construction et habitation (3).

— La loi du 16 juillet 1971 régissant de façon draconienne le contrat de promotion immobilière (construction sur le terrain du propriétaire) imposa des garanties

---

(1) En droit français, la garantie est alternative : soit elle est « intrinsèque », c'est-à-dire que le client ne paye la construction qu'après réalisation, soit elle est « extrinsèque », c'est-à-dire fournie par un garant, et les paiements de la construction peuvent alors être anticipés. La garantie extrinsèque, donnée en général par la banque qui assure le financement de l'opération de construction, est plus sûre pour l'acheteur mais plus coûteuse pour le promoteur car les banques ont rapproché la facturation de leur service de la réalité. Ces garanties bancaires sont devenues moins nombreuses dans les années 1980, les promoteurs tentant de plus en plus de satisfaire aux conditions de la garantie intrinsèque (P. MALINVAUD et P. JESTAZ, *Droit de la promotion immobilière,* Dalloz, 4e éd., 1988, n° 389). — Sur la comparaison de leurs coûts et avantages respectifs, v. M. DAGOT, *La vente d'immeuble à construire,* Litec, 1983, nos 791-794.

(2) En l'insérant dans la liste des mentions du contrat (C. constr. et hab., art. L. 261-11). — V. P. MALINVAUD et P. JESTAZ, *Droit de la promotion immobilière,* Dalloz, 4e éd., 1988, n° 388. — M. DAGOT, *La vente d'immeuble à construire,* préc., n° 761 et n° 1647 *in fine* qui critique cette « règle de fond... camouflée derrière une règle de forme (une mention obligatoire à insérer au contrat) ».

(3) Et pour les sociétés coopératives de construction, art. R. 213-5 et s. du même code.

financières par engagement d'un garant de prendre en charge les éventuels dépassements de prix (C. construction et habitation, art. R. 222-9) (4).

— Les mêmes textes de 1967 et 1971 précisèrent pour la construction de maison individuelle les garanties de remboursement (de faible utilité) et de livraison au prix convenu (5), toutes deux fournies par l'engagement d'un garant professionnel (C. construction et habitation, art. R. 231-8 et s.).

— Une autre loi du 16 juillet 1971 (6) permettait aux entrepreneurs et constructeurs d'éviter que le maître de l'ouvrage ne retienne 5 % du marché à titre de garantie en fournissant le cautionnement pour ce montant par une caution professionnelle (art. 1er).

— Un décret du 26 juillet 1977 étendait aux lotisseurs l'obligation de fournir une garantie d'achèvement s'ils vendent avant l'exécution totale des travaux de viabilité et d'équipement qui leur sont imposés (C. urb., art. R. 315-34).

— La loi du 12 juillet 1984 sur la location-accession impose également une garantie d'achèvement (si la location-accession porte sur un immeuble à construire, art. 6) et de remboursement (art. 15).

Les banques sont en France pratiquement les seuls fournisseurs de cette garantie de bonne fin (7). Une société de caution mutuelle de promoteurs est certes constituée, mais bien qu'ayant l'autorisation légale de fournir la garantie, elle ne donne en fait qu'une contre-garantie à la banque destinée à faciliter l'intervention de celle-ci (8).

Les garanties financières de bonne fin peuvent prendre deux formes : une ouverture de crédit au vendeur-constructeur des sommes nécessaires à l'achèvement, ou bien une garantie de payer ces sommes sur demande des acquéreurs. Seules les secondes sont de véritables sûretés personnelles et seules elles nous intéressent ici, bien que selon certains auteurs elles soient moins pratiquées que les ouvertures de crédit (9).

Ces garanties sont communément assimilées au cautionnement. Pourtant le lien d'accessoire à principal est atténué par le régime particulier de trois éléments déterminants : leur étendue, leur date d'expiration et leurs bénéficiaires. Cette garantie s'éloigne aussi du cautionnement par l'esprit dans lequel elle est exécutée par les garants, en France et surtout aux États-Unis. Enfin les contentieux nés à son propos ne sont en général pas réglés par référence au cautionnement. Ceci suffit-il pour en faire une garantie différente du cautionnement ? La question mérite réflexion.

---

(4) L'art. R. 222-11 permet le remplacement de ces garanties par d'autres qui font également intervenir un garant professionnel.

(5) Différente de la garantie d'achèvement, cette garantie a une étendue plus large et permet à l'acheteur d'obtenir la maison convenue même en cas de malfaçons ou de mauvais calcul du coût par le constructeur. Un décret du 26 sept. 1989 a modifié les termes des textes du Code de la construction et de l'habitation relatifs à ces garanties, sans grande portée pour ce qui concerne les garanties extrinsèques.

(6) L. n° 71-584 du 16 juill. 1971 tendant à réglementer les retenues de garantie...

(7) Les compagnies d'assurances ont été autorisées par décret du 22 avril 1980 « à se porter caution pour les opérations de construction » (art. R. 213-6 et R. 261-17 C. constr. et habit., notamment) mais ne semblent pas user de cette faculté.

(8) P. Malinvaud et P. Jestaz, *Droit de la promotion immobilière,* Dalloz, 4e éd., 1988, n° 394.

(9) M. Dagot, *La vente d'immeuble à construire,* préc., n° 1083.

367. — Le contrat de constitution des garanties de bonne fin. — Comme pour les garanties de remboursement de fonds, le contrat est conclu entre le débiteur principal et le garant et il contient mention de son bénéfice par chaque acquéreur d'immeuble qui l'acceptera. On l'analyse soit en une stipulation pour autrui (*infra*, n° 372), soit en une offre de garantie par le garant acceptée ultérieurement par le créancier (10).

Une autre méthode consiste à conclure formellement un contrat de garantie entre le garant et chaque acquéreur d'immeuble. Cet alourdissement est inutile et, après avoir été pratiqué dans les années 1970, a été abandonné (11).

368. — L'étendue des garanties de bonne fin. — Les garanties d'achèvement ou de remboursement, celles qui sont les plus souvent accordées et sur lesquelles il est le plus souvent raisonné (12), étant données par des banques, les acheteurs y puisent une certitude renforcée que le programme sera mené à bonne fin ; même s'il y a une part d'illusion sur l'étendue de ces garanties (13), elles sont communément appréciées, et leur avantage pour la commercialisation du programme de construction n'est pas niable. D'ailleurs, une fois cette commercialisation en bonne voie, les vendeurs-constructeurs les remplacent parfois par la « garantie intrinsèque », dans la limite où la loi et leur contrat les y autorise (14). Pour l'acquéreur, toutes les garanties ne sont pas psychologiquement équivalentes, puisque par exemple la garantie de remboursement ne permettra pas d'obtenir la maison ou l'appartement commandés alors que la garantie d'achèvement le permettra ; mais elles sont économiquement assez proches.

L'objet de l'engagement du garant pour la garantie d'achèvement est de payer, le cas échéant, « les sommes nécessaires à l'achèvement de l'immeuble » (C. constr. et habit., art. R. 261-21). Ni plafond ni franchise ne sont acceptables, puisque le résultat prévu au contrat doit être atteint (15). Si une somme est stipulée au contrat, elle sert uniquement de base de calcul à la commission du garant et est, de l'avis unanime, inopposable au créancier.

L'imprécision de la notion d'achèvement de l'immeuble pourrait donner lieu à hésitations (16), mais il semble que les banques soignent leur réputation en acceptant la mise en jeu de leur garantie sans tergiversation. Toutefois une limite est communément acceptée : la réparation des malfaçons n'est pas couverte (17), seuls étant garantis « les travaux et éléments d'équipement qui sont indispensables à l'utilisation de l'immeuble » (18). Certains suggèrent aussi qu'en cas de doute, l'étendue soit définie de façon favorable au créancier car la garantie a été convenue hors de sa présence (19).

---

(10) M. Dagot, *La vente d'immeuble à construire,* préc., n° 1086-7.

(11) M. Dagot, *ibid.*

(12) Les développements les plus complets sont l'œuvre de M. Dagot, *La vente d'immeuble à construire,* Litec, 1983, qui leur consacre un chapitre de presque 200 p., n°s 759-1155. — V. aussi, plus ancien, Y.-P. Bouchetard, *Les garanties de bonne fin des opérations de construction immobilière, Lib. journ. not. avoc.,* 1975.

(13) M. Dagot, *La vente d'immeuble à construire,* préc., n° 792. — J.-L. Bergel, note *J.C.P.* 80, II, 19342, sous Aix-en-Provence, 5 déc. 1978.

(14) Art. R. 261-23 C. constr. et habit., qui renvoie cette faculté au contrat. — V. M. Dagot, *La vente d'immeuble à construire,* préc., n°s 834-846, et les doutes exprimés sur l'utilité de la substitution de garantie.

(15) V. *Mémento Lefebvre Immobilier,* n° 9042 citant Civ. 1re, 28 oct. 1981.

(16) V. notamment M. Dagot, *op. cit.*, n°s 1027-1048 ; note A. Gourio : *Gaz. Pal.* 1982, 2, 447.

(17) Civ. 3e, 7 juill. 1981 : *Gaz. Pal.* 1982, 2, 447, note A. Gourio.

(18) Civ. 3e, 13 avril 1988 : *Gaz. Pal.* 1988, 1, pan. 147.

(19) J.-C. Groslière et P. Jestaz, *Rev. dr. immob.* 1982, p. 526 ; ces auteurs insistent aussi sur l'espèce (Civ. 1re, 28 oct. 1981) dans laquelle le cautionnement était général et la banque avait signé un cautionnement pour chaque vente. — P. Jestaz, *Variations sur la notion d'achèvement,* même revue, 1982, p. 344.

La garantie de remboursement emporte obligation pour le garant de rembourser les versements effectués par l'acheteur au vendeur de l'immeuble à construire. La difficulté principale réside dans les versements dont la cause est hétérogène : paiement de travaux supplémentaires, paiements anticipés, frais d'acte, etc. (20). Deux arguments s'opposent :

— d'une part, le fait que la garantie est imposée par la loi, qu'elle n'est pas négociée par le créancier et que le garant doit être protégé contre toute extension de son étendue qu'il n'a pu envisager lors de son engagement ;

— d'autre part, le fait que cette garantie est imposée dans l'intérêt de l'acquéreur dont on souhaite qu'il soit remis dans une situation proche de celle qui était la sienne avant la tentative malheureuse d'acquisition d'un immeuble d'habitation à construire.

La solution de ce conflit d'intérêt est plus aisée au cas concret que dans l'abstrait et ne peut trouver de juste solution que particulière.

Ces garanties sont essentiellement financières et, de l'avis commun de la doctrine et de la jurisprudence, aucune exécution en nature ne peut être exigée par les bénéficiaires. Le garant pourrait choisir l'exécution en nature en cas de garantie d'achèvement ou l'exécution en argent. Les banques garantes françaises répugnent à diriger l'exécution des travaux et préfèrent payer seulement, à la différence des assureurs américains qui interviennent plus directement dans l'achèvement de la construction (21). Cette attitude emporte une conséquence originale : parce qu'ils sont susceptibles de prendre la suite de leur assuré, ces assureurs américains n'hésitent pas à imposer des contraintes techniques sévères, s'immisçant dans la gestion des sociétés et dans celle des programmes de construction ainsi que dans leur exécution, pour le plus grand bénéfice des acheteurs.

369. — L'expiration (cessation) de la garantie de bonne fin. — La loi a pris la précaution de définir l'extinction de la garantie d'achèvement : l'article R. 261-24 du Code de la construction et de l'habitation dispose qu'elle prend fin « à l'achèvement de l'immeuble » :

« Cet achèvement résulte soit de la déclaration certifiée par un homme de l'art (22)..., soit de la déclaration par... » les parties dans un acte notarié ou par un expert désigné en justice (23).

La simplicité de ce mécanisme d'extinction est fallacieuse et la difficulté réside dans le renvoi à des déclarations administratives d'achèvement qui peuvent être délivrées avant l'achèvement réel de l'immeuble. Par exemple, la déclaration d'achèvement déterminant la délivrance du certificat de conformité correspond à un achèvement succinct seulement. La Cour de cassation l'avait néanmoins prise comme référence dans un premier arrêt critiqué (24), puis fait à nouveau allusion au certificat de conformité dans un arrêt plus récent (25), pour enfin renvoyer plus nettement à la définition de l'achèvement donnée par l'article R. 261-1 du Code de la construction et de l'habitation qui affirme que l'achèvement ne concerne

---

(20) V. l'examen de ces divers versements par M. DAGOT, *La vente d'immeuble à construire,* préc., n°s 1141-1150.

(21) Les banquiers peuvent toutefois susciter la reprise du programme par un autre promoteur, au besoin par une filiale : M. DAGOT, *op. cit.*, n° 1025.

(22) L'art. R. 460-1 C. urbanisme règle cette déclaration d'achèvement, qui doit être faite par l'architecte qui a dirigé les travaux, selon un modèle fixé par arrêté.

(23) L'art. R. 261-2 C. constr. et hab. en décrit laborieusement les modalités. Pour une étude détaillée de ces déclarations, v. M. DAGOT, *La vente d'immeuble à construire,* préc., n°s 1104-1106 pour la déclaration certifiée par un homme de l'art et n°s 1193-1209 pour l'achèvement constaté par un tiers.

(24) Civ. 3e, 4 janv. 1977 : *D.* 1978, 180, note F. STEINMETZ ; *J.C.P.* 78, II, 18794, note A. MOUROCQ et B. STEMMER.

(25) Civ. 3e, 7 juill. 1981 : *Gaz. Pal.* 1982, 2, 447, note A. GOURIO.

que la réalisation des éléments indispensables à l'utilisation de l'immeuble et que les malfaçons et défauts de conformité mineurs ne sont pas pris en considération (26). La mauvaise rédaction des règlements qui organisent les garanties en matière de construction immobilière est source d'inutiles complications (27).

DIRECTIONS DE RECHERCHES

370. — Les causes d'extinction de droit commun. — Les articles organisant les garanties de bonne fin sont généralement considérés comme d'ordre public ; peut-on néanmoins admettre d'autres modes d'extinction de la garantie d'achèvement ?

— l'extinction de la garantie par accessoire, c'est-à-dire en conséquence de l'extinction de la créance de l'acheteur, semble pouvoir être admise par principe ;

— mais la preuve de cette extinction n'est-elle pas limitée par l'article R. 261-24 du Code de la construction et de l'habitation ? Il faudrait, semble-t-il, distinguer entre les diverses causes d'extinction. L'achèvement peut-il être établi par l'entrée dans les lieux de l'acquéreur, par analogie avec la réception tacite des travaux (28) ? La compensation, la novation, la dation en paiement, la prescription de la créance de l'acheteur sont-elles causes d'extinction, alors qu'elles ne sont pas envisagées par la loi ? La perte de l'immeuble, qui rend la garantie d'achèvement sans objet, de même que l'annulation du permis de construire ou celle du contrat de vente l'éteignent-elles pour impossibilité d'exécution (29) ? Il faudrait peut-être distinguer en fonction de la cause d'impossibilité, l'annulation du permis de construire étant par exemple trop contingente et susceptible de remplacement pour être vraiment une impossibilité d'exécution. Enfin le redressement judiciaire du vendeur ne peut pas être une cause d'extinction ou de suspension, en raison même de la finalité de la garantie d'achèvement. L'affirmation s'étend à la garantie donnée par ouverture de crédit (30).

Quant à la garantie de remboursement, elle devient utile en cas d'annulation ou de résolution du contrat de vente, et peut-être aussi dans tous les cas d'impossibilité d'exécution. Faut-il distinguer entre ceux qui sont imputables au vendeur et les autres ?

371. — La substitution de garantie et l'extinction de la garantie substituée. — La question est de savoir quand cesse la garantie dans le cas de substitution prévue par l'article R. 261-23 C. constr. et hab. Ce mode d'extinction est inhabituel en matière de garanties, et la possibilité qui doit en être ouverte par le contrat (31) permettrait de penser que le créancier y a consenti. Si l'on entend par contrat celui de vente en état futur d'achèvement, la clause contient un accord par anticipation du bénéficiaire de la garantie qui légitime la substitution (32). S'il s'agit au contraire du contrat entre le garant et le débiteur principal, auquel le créancier n'est pas intervenu, la substitution est beaucoup moins acceptable.

Un premier problème est alors de savoir si l'acheteur qui a contracté en considération d'une garantie déterminée, par exemple de remboursement, peut se voir imposer une autre garantie en cours de construction, par exemple une garantie intrinsè-

---

(26) Civ. 3e, 13 avril 1988 : *Gaz. Pal.* 1988, 1, pan. 147. — *Adde :* M. DAGOT, *La vente d'immeuble à construire,* préc., nos 1035 et 1097, très net en ce sens.

(27) C. MOULY, *Les causes d'extinction du cautionnement,* Litec, Paris, 1979, n° 263, p. 340. — *Adde*, très critiques sur l'obligation de respecter les formules et prescriptions administratives, J.-C. GROSLIÈRE et P. JESTAZ, *Rev. dr. immob.* 1982, p. 527-529.

(28) Pour une nuance négative, v. M. DAGOT, *La vente d'immeuble à construire,* préc., nos 1113-1115.

(29) M. DAGOT, *op. cit.*, l'affirme, n° 1118.

(30) Comp. M. DAGOT, *op. cit.*, nos 1121-1125.

(31) L'art. R. 261-23 C. constr. et hab. l'impose expressément et la jurisprudence le rappelle : Aix, 5 déc. 1978 : *J.C.P.* 80, II, 19342, note J.-L. BERGEL.

(32) En ce sens M. DAGOT, *La vente d'immeuble à construire,* préc., n° 836.

que. Les auteurs y sont plutôt réticents (33), sauf à substituer des garanties bancaires dont la couverture est plus avantageuse pour l'acheteur que les garanties antérieures.

Si l'on admet le principe de la substitution, que la loi évoque sans en sonder les conséquences, il peut paraître logique de considérer que la défaillance du vendeur-constructeur survenant après cette substitution ne permettrait pas de rechercher le garant. En effet, par hypothèse le défaut d'achèvement de l'immeuble n'a pas été constaté antérieurement et le risque ne s'est donc pas réalisé lorsque la garantie était en cours.

Mais il faut tenir compte du fait que la défaillance d'un vendeur-constructeur s'échelonne sur une période de temps assez longue car les événements générateurs d'un défaut d'achèvement de l'immeuble sont nombreux et liés entre eux. En l'absence de l'accord du créancier, peut-on considérer que la garantie des risques antérieurs est éteinte lorsque la demande de paiement n'a pas été faite avant la notification de la substitution au créancier ? Une solution rejetant la garantie aurait l'avantage de la simplicité. Mais ne serait-elle pas simpliste ? Par référence à l'extinction de l'obligation de couverture, ne peut-on penser que la recherche de l'origine réelle du défaut d'achèvement s'impose, déclenchant la garantie si cette origine est antérieure à la notification, ne serait-ce que pour partie ?

---

372. — Les bénéficiaires. — Les acheteurs sont tiers bénéficiaires de la garantie dont la constitution est imposée par la loi au vendeur-constructeur. Leur détermination ne fait guère de difficulté, et le bénéfice de la garantie circule avec la propriété de l'immeuble. On invoque souvent leur qualité de bénéficiaires d'une stipulation pour autrui par le vendeur-constructeur avec le garant à leur profit. Comme dans le cas de l'assurance pour le compte de qui il appartiendra, le bénéficiaire est celui qui est titulaire du droit de propriété lors du sinistre. D'autres auteurs insistent sur le caractère légal de la garantie, qui doit être rapprochée des garanties financières de remboursement de fonds (v. chap. précédent, spéc. n° 361). L'avantage est que cette garantie jouera même si les conditions de validité d'une stipulation pour autrui ne sont pas réunies (34).

S'il est parfois écrit que le vendeur peut lui-même mettre en jeu la garantie de bonne fin contre le banquier garant, c'est uniquement par référence aux garanties consenties par ouverture de crédit. Le propos est totalement dénué de fondement pour les garanties accessoires, le débiteur principal ne pouvant se retourner contre son garant (35). Il l'est d'ailleurs aussi pour les ouvertures de crédit dès lors que leur finalité de garantie l'emporte sur la technique utilisée.

Certaines conditions de bénéfice de la garantie de remboursement sont imposées, notamment quant à sa cause de mise en œuvre. Invoquant la lettre de la loi, certains pensent que seule la résolution de la vente pour défaut d'achèvement permet à l'acheteur de poursuivre le garant (36). Les résolutions pour d'autres inexécutions de ses obligations par le vendeur ne sont-elles vraiment pas invocables ? Les autres causes de disparition du contrat, telles l'annulation ou l'extinction pour impossibilité d'exécution, sont-elles vraiment étrangères à l'esprit de la garantie de bonne fin ? Pour résoudre le conflit, l'on retrouve l'opposition entre la protection du bénéficiaire contre les risques économiques de l'opération de construction et celle du garant contre les risques imprévus lors de la conclusion de la garantie, opposition déjà évoquée lors de l'étude de l'étendue de ces garanties de bonne fin (*supra*, n° 368).

---

(33) *Mémento Lefebvre Immobilier*, n° 9066. — M. DAGOT, *La vente d'immeuble à construire*, préc., n°s 834-851, fait des distinctions fines entre les différentes sortes de garanties desquelles il résulte que la substitution est concevable seulement entre garanties financières, et encore avec des limites. L'exemple donné au texte de substitution d'une garantie intrinsèque à une garantie financière lui paraît donc irrecevable.

(34) M. DAGOT, *La vente d'immeuble à construire*, préc., n° 1081.

(35) M. DAGOT, *La vente d'immeuble à construire*, préc., n° 1083.

(36) M. DAGOT, *op. cit.*, n°s 1147-1149.

373. — La garantie bancaire suppléant la retenue de garantie. — Une loi spéciale du 16 juillet 1971 a permis à l'entrepreneur de construction, en fournissant une garantie bancaire, de remplacer la retenue de 5 % dans les marchés privés de construction. Elle est peu différente des garanties de marchés publics (37). Elle a pour but de libérer l'entrepreneur d'une charge financière découlant du retard dans le paiement du solde du marché. L'entrepreneur peut imposer la garantie bancaire en remplacement de la retenue de garantie, et pourra donc recevoir le paiement intégral.

Son régime présente deux particularités. La première particularité tient à son extinction automatique. Cette garantie est affectée d'un terme légal d'une année après la réception des travaux. Toutefois le maître de l'ouvrage peut différer ce terme par une « opposition motivée par l'inexécution des obligations de l'entrepreneur » notifiée à la caution avant l'expiration de cette année (art. 2 de la loi).

La seconde particularité tient à la possibilité de transformer cette garantie d'un cautionnement accessoire en une garantie indépendante. Cette garantie remplace un dépôt d'argent que sans elle le maître d'ouvrage aurait entre ses mains ou en consignation ; comme dans les contrats internationaux de construction ou comme dans les marchés publics, ou pourrait s'attendre à ce qu'une clause de paiement à première demande permette de s'approcher au plus près de la réalité de ce dépôt (38), d'autant que le montant de la garantie (5 % maximum du marché) rend une telle clause supportable. D'ailleurs certains maîtres d'ouvrage, dont il faut rappeler que la loi leur impose une garantie à laquelle ils n'ont pas consenti, l'avaient aménagée en incluant une clause de paiement à première demande. La Cour de cassation a jugé que cette garantie ne pouvait être qu'un cautionnement et non une garantie indépendante (39). Le prétexte invoqué est inopérant : la Cour de cassation invoque l'article 3 de la loi qui déclare nulles les clauses « qui auraient pour effet de faire échec aux dispositions des articles 1er et 2 » (40) ; certes l'article 1er, dernier alinéa, mentionne seulement une caution comme moyen de substitution, mais la lettre de la loi ne doit pas servir à méconnaître son esprit (41).

---

(37) Art. 131 et 395 C. marchés publ. et art. 4 et 15 du C.C.A.G. de 1976 ; *supra*, n° 354.

(38) Sur ce fondement légitimant la garantie indépendante, v. *infra*, n° 405.

(39) Com., 11 déc. 1985 : *Bull. civ.* IV, n° 293 ; *Gaz. Pal.* 1986, pan. 68.

(40) Pour une présentation approbatrice, M. PEISSE, *L'acte de caution en substitution de la retenue de garantie sur les marchés de travaux privés : Gaz. Pal.* 1988, 2, chron. 728-730.

(41) Sur une autre critique de l'interprétation littérale de cette loi par la Cour de cassation, toujours défavorable au maître d'ouvrage qui ne peut invoquer cette garantie que pour les seules malfaçons et non pour d'autres inexécutions : P. MALINVAUD, obs. *Rev. dr. immob.* 1984, p. 186, sur Civ. 3e, 28 sept. 1983, également *Bull. civ.* III, n° 174.

CHAPITRE III

LE DUCROIRE

374. — Description et nature. — Un intermédiaire commercial ou une banque vont se porter ducroire pour garantir au bénéficiaire la solvabilité de son cocontractant. Que le ducroire soit une sûreté personnelle ne fait aucun doute ; qu'il soit différent du cautionnement fait question. De nombreux auteurs affirment que le ducroire n'est pas un cautionnement, au motif que le garant s'y engage à titre principal et non accessoire (1). Ils admettent toutefois pour le ducroire les principaux caractères du cautionnement (2). Certains l'assimileraient plutôt à l'assurance-crédit, notamment lorsqu'il est donné par une banque, au motif bien faible que la commission est payée par le créancier (3). Nombreux sont ceux qui penchent pour un régime *sui generis*, à élaborer (4) !

La controverse est peu nourrie parce que le ducroire ne connaît qu'une pratique restreinte et ne fait pas naître de conflits importants. Dans l'ensemble, les auteurs qualifient le ducroire de sûreté accessoire, et le garant peut donc opposer au bénéficiaire toutes les exceptions inhérentes à l'opération principale, en sus des siennes propres (5). Mais comme la convention de ducroire est souvent tacite, résultant des usages de la place ou du marché, prouvée par des indices comme le doublement de la commission du mandataire, les solutions sont fort variables (6).

---

(1) Très nettement : J. HAMEL, G. LAGARDE et A. JAUFFRET, *Traité de droit commercial,* t. II, Dalloz, 1966, n° 1205.

(2) G. RIPERT et R. ROBLOT, *Traité de droit commercial,* L.G.D.J., t. II, n° 2653. — R. RODIÈRE et B. OPPETIT, *Droit commercial,* Dalloz, n° 251.

(3) Cette qualification est aussi écartée par l'absence de mutualisation du risque : J. HAMEL, G. LAGARDE et A. JAUFFRET, *ibid.*

(4) Explicitement : I. MOREAU-MARGRÈVE, *Les sûretés personnelles en droit belge* in *Les sûretés,* Paris, Feduci, 1984, p. 239-240. Implicitement : J. HAMEL, G. LAGARDE et A. JAUFFRET, *ibid.* ; G. RIPERT et R. ROBLOT, t. II, n° 2653.

(5) Mais pour bon nombre d'auteurs et de tribunaux, il ne pourrait pas invoquer la force majeure car il garantit tous les risques de l'opération, sauf ceux qui naissent de l'action du bénéficiaire : B. BOULOC, *Encycl. Dalloz, Rép. dr. com., V° Commissionnaire,* n°s 106-114.

(6) B. BOULOC, *ibid.*

375. — Les utilisations. — Les principales applications du ducroire sont la garantie par le commissionnaire au bénéfice du commettant de la solvabilité du tiers acquéreur ou de la livraison par le tiers vendeur des marchandises achetées. L'intermédiaire peut logiquement s'y engager car il connaît les deux parties alors que le commettant ne connaît pas son cocontractant. Parfois l'on demande la même garantie à des V.R.P. (7), des agents commerciaux (8) ou des courtiers (9).

Les sociétés de bourse qui ont succédé aux agents de change en 1988 sont automatiquement ducroires comme eux (10), de même que tous les intermédiaires sur les marchés à terme (11).

Les banquiers sont parfois sollicités de garantir que le tiré d'une lettre de change émise par un de leurs clients sur un autre est solvable. Ce ducroire, qui intervient souvent lorsque le tireur escompte la lettre de change auprès du banquier, peut prendre trois formes (12) :

— aval par le banquier escompteur de la traite, l'aval étant donné pour le compte du tiré ;

— renonciation à un recours contre le tireur-escompteur en cas de défaut de paiement par le tiré (dit forfait d'escompte) ;

— émission par le tireur de deux traites, l'une tirée sur son cocontractant, l'autre sur le banquier ; acceptées toutes les deux, elles donnent une forte garantie au tireur.

---

(7) La loi belge du 30 juill. 1963 limite en ce cas la portée de cette clause de ducroire (art. 21).

(8) Le décret du 23 déc. 1958 réglementant la profession envisage expressément cette hypothèse (art. 1er, dern. al.) ; en pratique, le ducroire est souvent limité à la rémunération de l'agent (G. Cas, R. Bout et D. Ferrier, *Lamy commercial,* n° 3124).

(9) G. Cas, R. Bout et D. Ferrier, *Lamy commercial,* n° 3248.

(10) L. 22 janv. 1988, art. 3 : « Les sociétés de bourse sont responsables à l'égard de leurs donneurs d'ordres de la livraison et du paiement de ce qu'ils vendent et achètent sur le marché ».

(11) L. 28 mars 1885, art. 8-2, al. 1er modifié : « quel que soit l'événement, les personnes mentionnées aux art. 8 et 8-1 (tous les intermédiaires autorisés sur tous les marchés à terme, de marchandises comme d'instruments financiers) *sont ducroires* ».

(12) Décrites en détail par J.-L. Rives-Lange et M. Contamine-Raynaud, *Droit bancaire,* Dalloz, nos 506-508.

CHAPITRE IV

L'ASSURANCE-CRÉDIT

376. — Réalité et fiction de l'assurance-crédit. — Deux mondes de l'assurance-crédit coexistent sans avoir beaucoup de points économiques communs :

— l'assurance-crédit à l'exportation, florissante et systématiquement utilisée, qui pourtant n'est qu'une assurance-crédit fictive ;

— l'assurance-crédit pour des ventes ou opérations internes, qui est vraiment une assurance-crédit mais qui est rarissime.

La première est consentie par des organismes publics, alimentés par l'impôt des citoyens ; en France cet organisme s'appelle la COFACE (1), en Allemagne HERMES (2), en Belgique l'Office national du ducroire, en Italie l'Istituto nazionale delle assicurazioni, aux U.S.A. l'Exim Bank *(Export-Import Bank)*, en Angleterre l'Export Credits Guarantee Departement, etc.

L'assurance-crédit interne est consentie par des sociétés d'assurances spécialisées, peu nombreuses (3) et privées, c'est-à-dire qui doivent équilibrer leurs paiements avec les primes encaissées.

Ceci explique que l'assurance-crédit interne soit peu pratiquée : elle est chère et sélective, l'assureur-crédit, comme le factor, n'acceptant que des débiteurs choisis et pour des montants limités (par contrat, en pourcentage garanti, etc.), et ne remboursent l'impayé qu'à des conditions draconiennes, le plus souvent le redressement judiciaire du débiteur. Certes elle connaît depuis les années 1970 un certain développement (4), mais reste néanmoins confidentielle. Au contraire,

---

(1) Compagnie française d'assurances pour le commerce extérieur.

(2) Plus précisément un consortium composé de la S.A. Hermes-Kreditsicherung et de la Deutsche Revision- und Treuhand S.A. (J. Bärmann et alii, *Les garanties du crédit en droit allemand,* La Documentation française, 1978, n° 204, p. 102).

(3) Trois opèrent en France, dit M. DENIS-LINTON : La S.F.A.F.C. (Société française pour favoriser le crédit), la NAMUR (belge) et sa filiale française la Société des assurances du crédit et la Winterthur (Suisse) et sa succursale française du même nom (l'assurance-crédit en droit interne, thèse dactyl., Paris I, 1978, Serv. repr. th. Grenoble, n° 140, p. 188).

(4) Souligné par C. GAVALDA, *L'assurance-crédit interne, un aspect de la concurrence et/ou de la complémentarité du secteur des banques et des assurances* in *Mélanges Jauffret,* faculté de droit Aix-Marseille, 1974, p. 344.

les primes de l'assurance-crédit à l'exportation sont faibles en comparaison du risque, les garanties sont très larges et les conditions de mise en œuvre souples. Mais quand l'organisme public est en déficit, ce qui se chiffre par milliards de francs, comme à l'occasion de la révolution iranienne (5), les impôts servent à compenser les pertes. L'assurance-crédit à l'exportation garantit ainsi environ un tiers à la moitié de toutes les exportations françaises, ce qui est considérable. Personne n'est dupe, l'assurance-crédit à l'exportation est un moyen grossièrement déguisé de subventionner les exportateurs (6).

On peut alors se demander avec certains si le système de l'assurance-crédit à l'exportation est sain. Il opère une redistribution étatique, coûteuse en fonctionnement et maladroite, de profits qui ont été confisqués aux entreprises ; ces mêmes entreprises doivent ensuite remplir formulaires et démarches pour les récupérer sous forme de garantie des exportations. Ne vaudrait-il pas mieux laisser ces profits aux entreprises qui les font pour qu'elles puissent être leur propre assureur ? Cette forme d'interventionnisme, née entre les deux guerres à l'époque du keynésianisme triomphant, ne devrait-elle pas être revue avec le constat de l'échec de cette théorie ?

377. — L'insoluble problème de la nature juridique de l'assurance-crédit. — Assurance ou cautionnement ? Avant même de répondre à cette question pour l'assurance-crédit, il faudrait répondre à la difficile question des différences entre l'assurance et le cautionnement professionnel (7). Question tellement difficile qu'un conseiller d'État spécialement nommé pour résoudre le différend opposant banques et compagnies d'assurances sur la question rendit en 1952 un arbitrage où les critères de distinction et leurs conséquences sur la nature juridique des deux opérations étaient plutôt approximatifs (8). Dès 1953, l'arbitrage était écarté par un cavalier budgétaire d'une loi de finance ; surtout, la directive européenne de 1973 effaçait les miasmes de cette rente de situation octroyée sans raison par l'État (9)

---

(5) Dans l'exercice 1980, un an seulement après la révolution, la COFACE avait payé 1 milliard et demi de F à ce titre. Et le déficit peut avoir d'autres causes, comme celui de 1987.

(6) La COFACE distingue bien entre les opérations où elle intervient en propre et celles où elle intervient pour le compte de l'État, mais la séparation n'est guère convaincante.

(7) G. MARTY, P. RAYNAUD et P. JESTAZ, n° 5 d) *in fine* n'hésitent pas à dire que « l'assurance-crédit ressemble au cautionnement ».

(8) Arbitrage *Renaudin*, du 6 oct. 1952, sur lequel v. les développements de J.-P. WATTIEZ, *Le crédit par caution (le rôle des banques et des établissements financiers)*, thèse, Lille, Sirey, Paris, 1964, p. 12-24. Cet arbitrage fut suivi d'un accord interprofessionnel entre les organes représentatifs des deux professions le 11 déc. 1952, agréé par le ministère des Finances. Mais les compagnies d'assurances investirent des établissements financiers spécialisés dans le cautionnement pour pratiquer indirectement cette activité, ou bien, autre forme de cautionnement indirect, assurèrent les banques, caisses de garantie et sociétés de caution mutuelle qui cautionnaient les entrepreneurs envers les administrations ou accordaient des garanties financières ; enfin elles conclurent des accords de participation financière avec des banques (M. DENIS-LINTON, *L'assurance-crédit en droit interne,* thèse préc., n° 114, p. 155 ; C. GAVALDA, *Le renouveau de l'assurance-cautionnement des marchés, garantie des acheteurs dans le commerce international* in *Mélanges Azard,* Cujas, 1980, n°s 6 et 7, p. 76).

(9) C. GAVALDA incrimine le corporatisme des banques (*L'assurance-crédit interne...*, art. préc. *in Mélanges Jauffret,* n° 8 ; *Le renouveau de l'assurance-cautionnement...*, art. préc., n°s 5 à 7). C'est en réalité l'interventionnisme étatique qu'il faut incriminer, puisque la prébende fut accordée aux banques parce qu'elles étaient nationalisées, parce que l'État avait bloqué leurs tarifs et enfin parce que l'État croyait bon de répartir arbitrairement les activités économiques qu'il s'est permis de contrôler. Le corporatisme n'a pu exister que grâce à l'intervention de l'État.

en affirmant que les compagnies d'assurances peuvent cautionner, ce qu'elles font dans tous les pays du monde (10). Leur abstention en France tient plus, semble-t-il, à des raisons politiques qu'à des raisons juridiques (11).

Le débat sur la nature juridique de l'assurance-crédit a donc été peu alimenté en France (12). Il fut et demeure plus riche en Belgique où d'excellents auteurs divergent tant sur la qualification globale des assurances-crédits que sur la qualification de chaque forme de cette garantie (13).

L'assurance-crédit doit aussi être distinguée de l'affacturage, ce que l'on fait en général plus à travers la globalité du contrat et les services plus nombreux que rend le factor qu'à travers leurs particularités juridiques (14). Le factor en effet, outre la garantie de paiement, assure la rédaction des factures, la gestion des comptes clients et la couverture du risque de trésorerie en payant avant même l'échéance, tous services que ne rend pas l'assureur-crédit.

Des pratiques du marché international tel le forfaitage sont aujourd'hui offertes par la COFACE. Le forfaitage est une sorte de cession de créance sur un débiteur étranger (au départ les pays communistes du COMECON), qui doit consentir une garantie bancaire indépendante mais bénéficie en contrepartie d'un crédit à taux fixe de longue durée (15). La distinction d'avec l'assurance-crédit est plus facile juridiquement qu'économiquement, puisque le forfaiteur n'a pas de recours contre son cocontractant mais seulement contre le débiteur et son garant. Ce sont bien sûr les gros contrats qui sont ainsi forfaités.

378. — Les particularités du régime général de l'assurance-crédit. — Ces particularités démontrent que la question de la qualification est secondaire puisque les solutions ont été obtenues sans référence à un corps déterminé de règles.

D'abord, et première originalité, l'assurance-crédit ouvre à l'assureur les mêmes recours en remboursement contre le débiteur garanti que le cautionnement. Ce n'est pas une analogie qui a conduit la communauté des juristes à cette affirmation, c'est l'équité : on pense qu'il serait malséant que le débiteur défaillant soit mis à l'abri des poursuites en raison de la précaution prise par son créancier à ses propres frais. L'article 22, cavalier budgétaire de la loi de finances du 11 juillet 1972, a résumé la position de la Cour de cassation (16) et de la doctrine en disposant : « L'assureur qui paie une indemnité...

(10) Il est même des pays où l'intervention perturbatrice de l'État a joué en sens inverse, conférant aux compagnies d'assurances le monopole des cautionnements de marchés ou fiscaux : U.S.A. et Canada notamment.

(11) C. Gavalda, *L'assurance-crédit interne...*, art. préc. in *Mélanges Jauffret,* nos 17 et 18, p. 354-355.

(12) V. toutefois le long article de R. Percerou, *La nature juridique de l'assurance-crédit. Contrat d'assurance ou contrat-crédit ? : Rev. gén. ass. terr.* 1970, p. 350-357 et 473-512, qui conclut à une qualification en fonction de la nature du garant, assurance si le garant est un assureur, cautionnement s'il est un banquier.

(13) V. notamment la thèse de M. Fontaine, *Essai sur la nature juridique de l'assurance-crédit,* Bruxelles, Bruylant, 1966. — J. Bastin, *L'assurance-crédit dans le monde contemporain,* éd. Jupiter, 1978.

(14) J. Bastin, *op. cit.*, p. 63-66.

(15) P. Chareyre, *Le forfaitage, une alternative compétitive pour le financement des exportations : Banque* 1987, p. 911.

(16) Cass., 14 déc. 1943 : *D.P.* 1943, J, 81, note A. Besson.

en vertu d'une police d'assurance-crédit est subrogé dans les droits et actions de l'assuré... » (17).

Ensuite, et seconde originalité, certaines formes d'assurance-crédit ouvrent les mêmes moyens de défense que le cautionnement. Toutes les exceptions inhérentes à la dette peuvent être invoquées par l'assureur, notamment la faute du créancier dans l'exécution de ses obligations qui fait naître une compensation au profit du débiteur (18).

Enfin une directive communautaire spéciale du 22 juin 1987 (n° 87/343) vient mettre en œuvre la liberté d'établissement prévue par la directive du 24 juillet 1973 mais différée ; cette directive devrait être applicable en 1990. Bien sûr, en sont exclues « les opérations d'assurance-crédit à l'exportation pour le compte ou avec la garantie de l'État, ou lorsque l'État est l'assureur », pour lesquelles l'harmonisation un instant attendue est renvoyée *sine die*. Cette directive régit les compagnies d'assurance-crédit plus que les contrats.

379. — Les particularités des régimes spéciaux : les trois catégories de polices proposées. — Deux risques inhérents au crédit sont susceptibles de couverture :

— le risque de trésorerie qui découle du retard de paiement à l'échéance, et des difficultés et lenteurs d'un recouvrement forcé ;

— le risque de perte qui découle de l'insolvabilité du débiteur, plus ou moins facilité par le redressement judiciaire.

A ces deux risques correspondent deux formes d'assurance-crédit (19). Est en outre proposée une forme hybride qui tient autant du cautionnement que de l'assurance : l'assurance-cautionnement.

1) *l'assurance-aval*, qui n'est plus pratiquée aujourd'hui pour cause de faillite des assureurs l'ayant offerte, garantit à l'assuré le paiement à l'échéance ;

2) *l'assurance-insolvabilité*, beaucoup plus fréquente, garantit le paiement d'une fraction de la créance (50 à 80 %) sur preuve d'une décision

---

(17) Un faux problème d'interprétation a été soulevé lorsque la créance assurée est cédée à un tiers. Ce tiers est-il l'assuré, et peut-il subroger l'assureur dans ses droits ? Certains hésitent, sans raison sérieuse, à considérer le nouveau titulaire de la créance comme l'assuré (M. DENIS-LINTON, *L'assurance-crédit en droit interne,* thèse préc., n° 315, p. 379. — C. GAVALDA, *L'assurance-crédit interne...*, art. préc. *in Mélanges Jauffret,* n°s 25 et 26) ; d'une part rien ne s'oppose à ce qu'il soit l'assuré, et sûrement pas le fait que le cessionnaire est tenu de payer la prime ; d'autre part il faut pourtant qu'il ait qualité pour que l'indemnité lui soit versée. Il peut donc subroger le solvens dans les droits du créancier désintéressé (C. GAVALDA et J. STOUFFLET, *Droit de la banque,* p. 780 ; C. GAVALDA, art. préc., n° 26, mais avec réticence).

(18) C. GAVALDA, *L'assurance-crédit interne...*, art. préc. *in Mélanges Jauffret,* n° 22 *in fine* et note 30.

(19) Mis à part bien sûr les assurances-crédits à l'exportation qui sont des subventions déguisées, telles les polices couvrant le risque politique (les émeutes, les révolutions de rue ou de palais et les formes mineures de complication des relations commerciales) ou le coût des foires-expositions à l'étranger. Et quand la COFACE n'assure pas, elle contre-garantit : ainsi couvre-t-elle les garanties indépendantes que les exportateurs français sont obligés de constituer par l'intermédiaire d'une banque du pays acheteur. Et si la COFACE n'offre pas suffisamment, la B.F.C.E. donnera sa garantie, par ex. pour les investissements à l'étranger, comme l'O.P.I.C. américain d'ailleurs *(Overseas Private Investment corporation)* ou le MITI japonais, entre autres.

judiciaire de redressement judiciaire ou à l'expiration d'un « délai de carence » de 6 mois ou plus ;

3) *l'assurance-cautionnement*, par laquelle le débiteur sollicite la garantie de sa propre insolvabilité, comme dans le cautionnement, est alléchante pour les compagnies d'assurances qui tentent aujourd'hui de regagner le marché protégé des banques grâce au monopole d'État qui suivit l'arbitrage *Renaudin*. Cette grave entrave à la concurrence cède lentement sous la pression du droit communautaire (20) et des pratiques plus libérales de tous les autres pays de la Communauté. Elle est octroyée dans tous les cas où un cautionnement bancaire le serait : garantie des marchés, garantie exigée par une administration, le fisc ou les douanes, etc. On la considère en France davantage comme un cautionnement que comme une assurance, mais ceci n'empêche en rien les compagnies d'assurance de s'y exercer (21).

380. — *L'assurance-insolvabilité*, forme d'assurance-crédit la plus pratiquée et en plein essor, mérite plus ample examen. Mais cet examen ne peut être qu'imparfait dans la mesure où son régime est surtout fonction des stipulations contractuelles. Elles sont variées :

— les polices sont le plus souvent globales, l'assuré s'engageant à faire couvrir la totalité ou une part très importante des crédits qu'il octroie ;

— l'assureur peut proposer de prendre la responsabilité du recouvrement, mais non la charge financière du risque d'échec. S'il encaisse la créance, il en restitue le montant diminué de tous les frais à l'assuré. Sinon il verse l'indemnité ;

— l'insolvabilité est établie de diverses façons suivant les contrats : déclaration de redressement judiciaire ou stade plus avancé de la procédure collective ; règlement amiable, saisie infructueuse, ou maintenant délai de carence de plusieurs mois. En acceptant de payer l'indemnité à l'issue d'un délai de carence, les compagnies acceptent de plus en plus de passer de l'insolvabilité de droit à l'insolvabilité de fait (22) ; cette garantie est pratiquée dans le commerce international plus que dans le commerce interne, par la COFACE (23), pour des crédits octroyés à des consommateurs plus que pour ceux entre commerçants. La notion d'insolvabilité étant conventionnellement définie et la plus grande liberté étant possible, plusieurs cas de figure sont retenus, suivant le débiteur habituel de l'assuré : entreprise publique insusceptible de bénéficier d'une faillite, particuliers dans les ventes à crédit de consommation, entrepreneurs suivant les branches d'activité, etc.

— Le montant des primes varie très fortement suivant de nombreux paramètres ;

— le montant des indemnités aussi, allant de 50 à 85 % en commerce interne, avec franchises variables ;

— l'assurance-crédit insolvabilité, comme les autres formes d'assurance-crédit, facilite grandement la cession de créance au banquier puisque celui-ci y trouve une limitation du risque qu'il court en escomptant, en achetant ou en prenant en garantie les créances de son client.

---

(20) Directive du 23 juill. 1973.

(21) Sauf à leur opposer abusivement l'art. 3 de la loi bancaire, disposition liberticide qui inclut le cautionnement au nombre des opérations de crédit qui sont soumises au monopole des établissements de crédit.

(22) Et pourtant la facilité d'obtention d'un redressement judiciaire rend aujourd'hui l'insolvabilité de droit aussi fréquente que les difficultés de trésorerie !

(23) La COFACE offre aussi à faible prix des garanties attrayantes de force majeure, de risque de change, de blocage étatique des paiements internationaux, de catastrophe naturelle ou politique rendant le paiement incertain, etc.

Titre II

LES SÛRETÉS INDÉPENDANTES

381. — Typologie. — La solidarité est aujourd'hui si communément admise que les codébiteurs solidaires ont rarement conscience de constituer une sûreté en l'accordant. Elle mérite néanmoins d'être étudiée sous l'angle particulier des sûretés personnelles (chap. I).

Le constitut, ou engagement de payer la dette d'autrui, a quelque attrait en raison de son indépendance totale et de sa nature d'engagement de premier rang. Mais, sans doute en raison de l'accoutumance à la solidarité et plus récemment à la garantie indépendante, il n'a pas connu le succès que l'on aurait pu lui prévoir. Peut-être son aspect un peu trop romain et ses racines dans la procédure formulaire ont-ils nui à sa crédibilité. L'absence d'utilisation écarte son étude de cet ouvrage.

Le même résultat que celui permis par le constitut est en pratique atteint par une garantie indépendante, forme nouvelle et appréciée de sûreté personnelle. Pourtant les difficultés qu'elle suscite justifient une étude approfondie (chap. II).

CHAPITRE I

LA SOLIDARITÉ

382. — La solidarité est une sûreté. — L'habitude a été prise de ne pas présenter la solidarité dans les ouvrages traitant des sûretés (1). Après avoir évoqué son existence, on renvoie en général aux développements contenus dans les ouvrages traitant des obligations. Cette présentation tend à faire penser que la solidarité a bien l'effet d'une sûreté personnelle, mais un effet second et comme donné par surcroît, une sorte d'avantage qui n'aurait pas vraiment été recherché. Il faut s'en défier. La solidarité est une sûreté personnelle. Il est vrai qu'elle ne joue ce rôle que pour la partie de la dette que le codébiteur solidaire doit supporter en sus de la sienne propre, mais pour cette part, elle est certainement une sûreté. Ainsi, quand l'architecte est responsable de 30 % des malfaçons pour avoir insuffisamment surveillé les travaux et l'entrepreneur de 70 % pour les avoir mal effectués, l'architecte est garant de la dette totale pour 70 % et débiteur personnellement pour 30 %. Ces parts réciproques seront d'ailleurs appliquées à la contribution à la dette, entre les codébiteurs, mais le créancier n'a pas à en connaître dans les rapports d'obligation à la dette qui seuls l'intéressent.

Cette qualification de sûreté peut parfois couvrir la totalité de la dette, et non plus seulement une partie. Ainsi, quand l'émetteur d'un chèque et son bénéficiaire sont tous deux codébiteurs solidaires envers le banquier escompteur, le bénéficiaire joue bien le rôle d'un garant pour la totalité du montant. S'il doit rembourser le banquier, il aura un recours pour le tout contre l'émetteur. Un autre cas où la solidarité est une sûreté personnelle totale est celui de l'engagement d'un codébiteur solidaire non intéressé à la dette : le créancier exige que le garant, au lieu de s'engager comme caution, prenne la qualité de codébiteur solidaire. Il obtient ainsi une sûreté renforcée, dont l'étude a été peu approfondie, sans doute parce qu'elle est heureusement peu employée. La distinction des codébiteurs solidaires intéressés et non intéressés mérite toutefois quelque attention (sect. I), avant d'étudier les grandes lignes du régime de la solidarité (sect. II).

---

(1) Il ne s'agit bien sûr que de la solidarité passive, c'est-à-dire unissant les débiteurs. La solidarité dite active, unissant les créanciers, n'est pas une sûreté puisqu'elle n'emporte aucun engagement et est étrangère à toute idée de dette. Elle est d'ailleurs rare ; ex. : le compte joint, qui pose bien des problèmes.

SECTION I

LES CODÉBITEURS INTÉRESSÉS ET NON INTÉRESSÉS À LA DETTE

383. — Le codébiteur intéressé à la dette. — L'hypothèse de principe de la solidarité passive est celle de deux ou plusieurs personnes qui, ayant un intérêt commun à une opération, joignent leurs actions pour sa réalisation. Chacune de ces personnes en prendra une part à sa charge, mais vis-à-vis du créancier ils seront tous également responsables. Ainsi les coemprunteurs d'une somme, les coacheteurs d'un terrain, les colocataires d'un local, qui sont partagés entre eux en fractions divises, sont néanmoins responsables du remboursement total, du paiement total, du loyer total.

Chacun de ces codébiteurs est partiellement intéressé à la dette puisqu'il en bénéficie pour partie. La solidarité ajoute donc à son engagement intéressé une sûreté personnelle pour le surplus de la dette. De son intérêt même partiel pour la dette, le codébiteur solidaire tire néanmoins des informations et des moyens d'action qui lui permettent d'en surveiller l'évolution et l'extinction. C'est pourquoi le codébiteur intéressé à la dette solidaire ne profite pas de protections particulières et est assimilé à un débiteur du tout. La communauté des juristes aurait même tendance à aggraver son sort en affirmant entre les codébiteurs solidaires une représentation mutuelle imaginaire et ambiguë (*infra*, n° 393). Le codébiteur non intéressé mérite-t-il le même sort ?

384. — Le codébiteur non intéressé à la dette. — Lorsqu'une personne s'engage comme codébiteur solidaire, elle supporte une obligation au tout, sans que son absence d'intérêt à la dette ait d'influence. Cette situation est d'ailleurs la même que celle de la caution.

En revanche, l'absence d'intérêt à la dette entraîne pour ce codébiteur une absence totale de contribution. Il a donc un recours pour le tout contre le codébiteur intéressé. Cette absence de contribution rend applicable le critère des sûretés personnelles étudié en introduction (*supra*, n° 26). Les conséquences en sont importantes. Cette solidarité particulière est pleinement une sûreté personnelle.

Il faut ajouter à ce constat celui d'une seconde particularité : le codébiteur non intéressé à la dette est le plus souvent dépourvu de moyens de surveillance de la dette, qui n'est pas la sienne. Lorsqu'il n'est pas intégré à l'opération principale, sa situation est identique à celle de la caution placée dans les mêmes conditions. Ne devrait-il pas bénéficier des mêmes protections, et notamment du bénéfice de subrogation si utile à la caution (2), ou de l'exigence de la mention manuscrite de l'article 1326 du Code civil ?

L'article 1216 du Code civil, qui fait une allusion discrète au codébiteur non intéressé à la dette, montre que cette pratique est ancienne mais qu'elle est suffisamment rare pour ne pas soulever de contentieux virulent. On songe actuellement à la développer, pour pallier les défauts d'un cautionnement trop affaibli par les protections accordées aux cautions mais pour éviter aussi les rigueurs excessives des garanties indépendantes.

DIRECTIONS DE RECHERCHES

L'octroi au codébiteur non intéressé à la dette des protections accordées à la caution crée toutefois deux problèmes :

— son engagement n'est plus une solidarité et le créancier perd une protection : ce qui est accordé au codébiteur lui est ôté. C'est un choix de politique juridique et non de logique ;

— la coexistence de deux engagements de même régime mais d'apparence différente crée une confusion gênante. Il y aurait deux cautionnements d'aspect différent : un vrai cautionnement et un cautionnement déguisé en solidarité. Dans les engagements de codébiteur non intéressé à la dette, une recherche difficile des intentions et des relations économiques, personnelles ou même sentimentales peut être nécessaire ; la sécurité des relations juridiques s'en ressentirait obligatoirement. (V. spéc. C. Beudant par P. Voirin, t. XIII, n°s 128-129 et 136-138).

SECTION II

LE RÉGIME GÉNÉRAL DE L'OBLIGATION SOLIDAIRE

385. — Aperçu. — 1) *L'effet bénéfique* de la solidarité passive naît de la pluralité de personnes débitrices. Pour un juriste, cette pluralité constitue une garantie puisque le créancier peut ainsi saisir les biens appartenant à plusieurs personnes, ce qui étend son gage.

2) *Notion de solidarité :* plusieurs débiteurs sont obligés à la totalité de la dette sans que leur contribution soit aussi importante. C'est pour la fraction supérieure à leur part que la solidarité est une sûreté personnelle. Le créancier peut donc exiger le paiement total de la dette de n'importe lequel de ses débiteurs solidaires, à son libre choix.

Par opposition, la dette conjointe dans laquelle chacun n'est obligé qu'au paiement de sa part n'est pas une sûreté personnelle.

---

(2) La Commission de révision du Code civil avait envisagé la question de l'extension du bénéfice de subrogation au codébiteur solidaire, et son rapporteur avait conclu à la négative (rapport G. APPERT sur les obligations solidaires : *Bull. soc. ét. législ.*, 1910, p. 149 et s., spéc. p. 154-155). Il est notable qu'il n'ait jamais évoqué l'engagement du codébiteur non intéressé !

3) *L'évolution* de la solidarité est marquée par une multiplication de ses sources :

— la loi l'impose de plus en plus souvent ;

— dans les contrats, l'usage la rend très fréquente. Il y a un siècle environ que le cautionnement solidaire s'est développé ; il y a vingt ans qu'il est devenu le cautionnement de principe, renversant la règle selon laquelle il ne devait être que l'exception expressément stipulée (3) ;

— la communauté des juristes tend à assimiler la solidarité et l'obligation *in solidum* (4).

L'examen rapide de ces sources de solidarité permettra de comprendre pourquoi la multitude des situations rend le régime juridique difficile à établir.

§ 1. — Les quatre sources de solidarité

386. — Le contrat. — Une stipulation expresse de solidarité est en principe nécessaire pour la faire naître de la volonté des parties (C. civ., art. 1202, al. 1er). Elle est très fréquente dès qu'il y a plusieurs débiteurs, au point qu'on la considère comme une clause de style.

La stipulation de solidarité peut en plus être utilisée comme une pure garantie, lorsque le codébiteur solidaire n'a aucun intérêt personnel à la dette. Cette sûreté est plus forte que le cautionnement car, selon une jurisprudence controversée, ce codébiteur ne peut pas invoquer le bénéfice de subrogation (C. civ., art. 2037) ni la protection découlant de la mention manuscrite de l'article 1326 du Code civil.

On peut noter une tendance à admettre largement que la solidarité a été tacitement stipulée. L'article 1202, alinéa 1er, du Code civil devrait l'empêcher, mais la solidarité fait aujourd'hui figure de situation normale (5). Par exemple le cautionnement est aisément rendu solidaire par une commercialité fantaisiste, liée à l'intérêt personnel de la caution à la dette. C'est bien davantage cet intérêt à la dette qui pourrait justifier la solidarité qu'un prétendu caractère commercial qui est bien étranger à l'intérêt du débiteur et dont on ne trouve d'ailleurs aucun autre exemple. Mais alors, si l'intérêt à la dette est déterminant de la solidarité, son absence devrait déterminer l'absence de solidarité, ou à tout le moins l'absence du régime le plus rigoureux de la solidarité dans le cas du codébiteur non intéressé à la dette.

---

(3) Pour obtenir ce résultat, des stratagèmes sont employés tels la qualification commerciale du cautionnement des dirigeants sociaux ou l'arrêté rectificatif faisant croire que le législateur avait « oublié » l'adjectif « solidaire » dans la formule de cautionnement des crédits à la consommation.

(4) Sur laquelle v. la note de P. Raynaud : *D.* 1974, p. 118-123.

(5) C'est pourquoi la création spontanée, par certains auteurs et tribunaux, d'une obligation *in solidum* a d'abord été admise avec réticence, puis fut généralisée, et est aujourd'hui assimilée à la solidarité.

DIRECTIONS DE RECHERCHES

A la marge du contrat, les règlements de copropriété tentèrent d'imposer la solidarité du vendeur d'un lot et de son acquéreur pour le paiement des charges. La Cour de cassation l'annula à la suite d'une longue controverse où la doctrine joua un rôle déterminant : Civ. 3e, 1er juill. 1980 (6).

Les cahiers des charges de vente aux enchères de lots de copropriété contiennent valablement une telle stipulation de solidarité (7). Prétexte est pris de ce que le cahier des charges est une convention acceptée par l'adjudicataire. La qualification est si discutable que les tribunaux acceptent que toute contestation de la clause emporte son annulation (8) et aussi que la reprise dans le cahier des charges de la clause de solidarité contenue dans le règlement de copropriété soit nulle (9).

Il serait irrévérencieux et erroné d'en déduire que les juges deviennent plus souvent copropriétaires à l'amiable qu'aux enchères. En fait l'évolution tend vers un rejet de ces clauses de solidarité imposées sans que le débiteur puisse y consentir réellement.

387. — L'usage et la nécessité : la solidarité commerciale. — S'appuyant sur une tradition bien antérieure au Code civil, la communauté des juristes français n'a pas hésité à braver la lettre de ce code pour présumer la solidarité dans tous les aspects de la matière commerciale. La Cour de cassation ne l'a clairement exprimé qu'en 1920 (10), mais la solution était généralement admise auparavant par une doctrine très favorable. Un auteur n'hésite pas à écrire en introduction d'une étude approfondie de la solidarité commerciale : « On peut dire du droit commercial qu'il "baigne" dans la solidarité, et que celle-ci en est l'une des pièces maîtresses » (11).

En ce domaine encore, c'est la communauté d'intérêt entre les divers débiteurs qui justifie la solidarité et ses conséquences (12). En l'absence d'un tel intérêt commun des codébiteurs à la dette, la solidarité est affaiblie.

La solidarité peut même être imposée à une personne qui n'est pas codébiteur. Mais il faut alors qu'il y ait apparence d'entreprise commune, au sens premier d'action économique, au moins pour les besoins du contrat. Les théories de l'exploi-

(6) *Bull. civ.* I, n° 127, p. 95 ; *J.C.P.* 80, éd. N, II, p. 236, note C. ATIAS ; *Rev. trim. dr. civ.* 1980, p. 794, obs. C. GIVERDON.

(7) Civ. 3e, 6 nov. 1984 : *Bull. civ.* III, n° 184 ; *D.* 1985, 547, note H. SOULEAU ; *Gaz. Pal.* 1985, pan. 61, obs. M. VERON.

(8) Sur la jurisprudence du fond v. B. CUKIER, *Le syndicat des copropriétaires face à l'adjudication de l'immeuble du copropriétaire défaillant : Gaz. Pal.* 1988, 2, chron. 726.

(9) Civ. 3e, 13 mai 1987 : *J.C.P.* 87, éd. N, II, p. 213, note C. ATIAS approuvant la solution et en analysant les causes et la portée.

(10) Req., 20 oct. 1920 : *S.* 1922, 1, 201, note J. HAMEL. — Civ., 7 janv. 1946 : *D.* 1946, 132 ; *Gaz. Pal.* 1946, 1, J, 92 : « L'article 1202 du Code civil n'est pas applicable en matière commerciale, où, selon un usage antérieur au Code de commerce et maintenu depuis, la solidarité entre débiteurs se justifie par l'intérêt commun des parties en cause ».

(11) F. DERRIDA, *De la solidarité commerciale : Rev. trim. dr. com.* 1953, p. 329-372, n° 1 *in pr.*

(12) Outre la référence précise dans l'arrêt de 1946, cette communauté d'intérêt est jugée par F. DERRIDA comme la condition et la mesure de la solidarité commerciale (*op. cit.*, n° 9, n° 4 *in fine*, nos 20-23) en faisant pour cette raison une obligation *in solidum*, exclusive de toute représentation entre les codébiteurs solidaires.

tation en commun, de la société de fait ou de l'unité d'entreprise permettent alors aux tribunaux d'étendre les dettes de l'un à l'autre, en y ajoutant la solidarité. L'intérêt commun suffisamment fort et l'apparence d'unité de débiteur suffisamment visible justifient qu'un engagement unique et solidaire soit imposé aux divers participants (13). La question est discutée à propos des groupes de sociétés, surtout depuis la 1re directive C.E. du 9 mars 1968 en matière de sociétés, qui écarte l'inexistence d'une société formellement constituée pour n'accepter que sa nullité pour l'avenir. L'apparence ne pourrait plus justifier que la société mère « englobe » sa filiale ; mais elle pourrait justifier une société de fait entre les deux, et donc la responsabilité solidaire de chacune (14).

DIRECTIONS DE RECHERCHES

La solidarité permet-elle une hiérarchie entre les codébiteurs ?

— La solidarité des associés pour les dettes sociales le permet nettement : article 1858 C. civ. pour les sociétés civiles ; article 10, al. 2, de la loi du 24 juillet 1966 pour les sociétés en nom collectif ; article 4 de l'ordonnance du 23 septembre 1967 pour le G.I.E., avec une curieuse limitation dans le temps ajoutée par la loi du 13 juin 1989 ; le règlement C.E.E. n° 2137/85 du 25 juillet 1985 instituant le G.E.I.E., article 24, al. 2, moins exigeant que le droit français ; etc.

— La solidarité du droit cambiaire aussi : F. Derrida, *De la solidarité commerciale : Rev. trim. dr. com.* 1953, p. 354 et s., n° 27 et s.

En dehors de la hiérarchie des poursuites, sorte de bénéfice de discussion amélioré, la solidarité laisse-t-elle parfois place à un lien d'accessoire à principal ? La situation du codébiteur non intéressé à la dette mérite réflexion. L'intérêt pourrait être un critère de certains effets de la solidarité. Et puis il faut distinguer la solidarité à l'état pur et la solidarité attachée à une obligation préexistante, telle celle de la caution. Dans ce dernier cas, elle modifie certains effets de l'obligation mais non tous. Par exemple, le bénéfice de subrogation est accordé à la caution solidaire mais non au codébiteur, même non intéressé (*supra* n° 261).

388. — La loi. — Ce sont surtout les lois récentes qui affirment systématiquement la solidarité (15). Les époux pour l'entretien du ménage et l'entretien des enfants (C. civ., art. 220) comme le G.A.E.C. pour l'exécution du bail dans lequel il est substitué (C. rural, art. 834) sont déclarés codébiteurs solidaires.

Ce sont plus encore les lois et décrets fiscaux qui imposent la solidarité. Selon la méthode habituelle du fisc pour se créer ses propres

---

(13) Il faut que le créancier ait pu légitimement croire qu'ils constituaient une seule et même entreprise. Sur les nuances à apporter, v. M. COIPEL, *Lettres de patronage et droit des sociétés* in *Les lettres de patronage,* FEDUCI, Paris, 1984, n° 306, p. 216.

(14) L'existence d'un groupe de sociétés ne suffit pas, si la société mère qui a activement préparé la conclusion du contrat et qui a accordé une lettre de patronage n'a pas signé le contrat conclu par sa seule filiale. — V. la motivation de Paris (3e ch. B), 31 mai 1989 : *Gaz. Pal.* 1989, 2, journ. 9 août 1989, p. 10 et l'analyse de l'avocat général TULLI dans ses concl. reproduites avec l'arrêt. La proximité entre les fondements de la solidarité et ceux de la société de fait a conduit les juristes dans cette affaire à ne pas distinguer dans leur argumentation la solidarité ajoutée par l'usage à un engagement commun (un intérêt commun suffit) et l'extension de dette d'un débiteur à un autre, qui requiert en outre l'apparence d'unité d'entreprise ; mais la Cour avec bon sens, rejeta la solidarité au motif d'une absence d'unité d'entreprise. — Comp. Civ., 13 déc. 1967 : *J.C.P.* 68, II, 15676, note J.-P. COUTURIER. — Com., 15 nov. 1977 : *Bull. civ.* IV, n° 265.

(15) Sur les cas prévus par des lois plus anciennes, v. A. WEILL et F. TERRÉ, *Les obligations,* Dalloz, 4e éd., 1986, n° 932.

sûretés, c'est au détour d'articles discrets et hermétiques de lois ou décrets, disséminés ensuite dans les codes fiscaux (C.G.I. et L.P.F.) que cette solidarité est étendue.

— Par exemple le Livre des procédures fiscales (art. 266-267) dit solidaires les dirigeants sociaux, même de fait, qui ont rendu impossible le recouvrement des impôts contre leur société, leur association, leur G.I.E., après des manœuvres frauduleuses. L'administration soutient que la seule qualité de dirigeant social déclenche la solidarité ; la Cour de cassation l'a déboutée (16), rappelant la nécessité de manœuvres. Mais il faut craindre qu'un prochain article de décret ou de loi ne vienne balayer cette solution.

— Par exemple, les articles 1682 à 1691 du C.G.I. imposent la solidarité au propriétaire du fonds de commerce pour les impôts du locataire-gérant, à l'acheteur d'une entreprise pour les impôts du vendeur, à l'époux pour les impôts de l'autre.

— Par exemple, l'article 1705 du C.G.I. décrète que toutes les parties d'un contrat sont solidairement tenues des droits d'enregistrement, impôts injustifiés et très élevés déclenchés par la simple mutation d'un bien, ou la simple conclusion d'une transaction mettant fin à un litige par exemple.

— Par exemple, l'article 382 du Code des douanes qui, par un cavalier budgétaire en 1982, est venu permettre aux douanes de demander la condamnation solidaire à leur profit des personnes qui auraient aidé un citoyen à organiser son insolvabilité !

389. — Le jugement condamnant plusieurs responsables. — Il serait plus précis de parler de solidarité découlant d'une participation à un dommage, d'origine délictuelle ou contractuelle.

1) *Responsabilité civile délictuelle :* les conséquences civiles d'un délit pénal doivent être réparées solidairement par tous les condamnés : l'article 55, alinéa 1er, du Code pénal l'impose pour les dommages-intérêts ; son alinéa 2 précise pour les amendes et frais que seule une décision motivée peut imposer la solidarité de leur paiement.

2) *Responsabilité contractuelle :* l'inexécution d'une obligation contractuelle par plusieurs cocontractants peut créer un seul dommage : vendeur et distributeur, architecte et entrepreneur par exemple seront alors condamnés solidairement avec d'autant plus de facilité que les assurances responsabilité civile couvrent souvent les condamnés. D'ailleurs, cette solidarité de la condamnation est systématiquement demandée par la victime quand plusieurs personnes concourent au dommage.

3) *Responsabilité civile quasi délictuelle :* la solidarité des coresponsables d'un accident est considérée aujourd'hui comme automatique, comme la solidarité du responsable et de ses garants (commettant, parent...). La terminologie n'est pas harmonisée, certains parlant d'obligation *in solidum* et d'autres de solidarité, mais le résultat attendu

(16) Com., 17 janv. 1989 : *D.* 1989, I.R. 39.

est le même (17). En revanche, la question est plus délicate quant à la solidarité entre le responsable et son assureur ? Elle est fréquemment demandée par la victime mais elle ne peut être assise sur aucun fondement juridique. Ceci s'explique par l'histoire de l'admission de la solidarité en matière quasi délictuelle.

Au XIXe siècle apparut la théorie de la solidarité imparfaite, sur le fondement de l'absence de représentation. Puis, à la fin du XIXe siècle et au XXe siècle, la jurisprudence affirma l'existence de l'obligation in solidum pour éviter la critique d'une interprétation contraire à l'article 1202, alinéa 1er, du Code civil. Jusqu'en 1971, la Cour de cassation cassait consciencieusement tous les jugements qui employaient l'une pour l'autre. Depuis cette date, l'assimilation et la substitution sont possibles. La communauté des juristes admet cette assimilation, sauf à conserver une distinction entre les effets de la solidarité et de l'obligation in solidum, sur le fondement critiquable d'une représentation entre les coobligés dans la solidarité et d'une absence de représentation entre les coobligés dans l'obligation in solidum.

§ 2. — Les effets de la solidarité

390. — L'obligation à la totalité de la dette. — Le régime de la solidarité passive est essentiellement organisé par les 17 articles que le Code civil lui consacre, aux articles 1200 à 1216. Cette réglementation est axée sur deux idées majeures, l'obligation totale de chaque coobligé (A) et sa contribution partielle (B).

A. — L'obligation totale à la dette

L'effet de sûreté qu'engendre la solidarité découle de cette obligation au tout. A ce principe, quelques rares tempéraments sont acceptés.

391. — Le principe : chaque codébiteur doit payer le tout, et le choix du créancier est libre. — L'article 1203 du Code civil rappelle ce principe que le créancier peut librement choisir celui des coobligés qu'il entend voir payer la totalité de la dette. Cette égalité des codébiteurs solidaires est renforcée par la parfaite unité du régime de leur dette, sauf volonté contraire en cas de contrat.

La dette solidaire est donc soumise au même taux d'intérêt, et les intérêts ont un même point de départ. En effet, la mise en demeure contre l'un vaut pour tous les coobligés solidaires (C. civ., art. 1207).

L'exigibilité de la dette est la même pour tous.

---

(17) Pour l'autonomie de l'obligation *in solidum* en ce cas, v. P. RAYNAUD, *La nature de l'obligation des coauteurs d'un dommage, obligation « in solidum » ou solidaire ?* in *Mélanges Vincent,* Dalloz, 1981, p. 316.

Les causes d'extinction de la dette sont les mêmes et peuvent être invoquées par tous si elles sont inhérentes à la dette (C. civ., art. 120) : prescription (art. 1206 C. civ. sur l'interruption de la prescription) ; nullité pour vice de forme, etc.

392. — Les tempéraments à cette unité de régime. — *La volonté des parties* ou celle du créancier et d'un codébiteur peuvent avantager l'un des codébiteurs solidaires. Par exemple, des modalités de la dette (terme et condition) peuvent être propres à un codébiteur (C. civ., art. 1201).

En revanche, la *remise de dette* est un acte risqué. Bien qu'unilatérale, la remise de toute la dette à un seul libère totalement les autres ; au mieux le créancier peut limiter cette libération au montant de la part du gratifié en précisant qu'il réserve ses droits contre les autres. Mais il ne pourra plus les poursuivre pour la totalité (C. civ., art. 1285, al. 1er).

La *nécessité pratique* conduit aussi à traiter différemment les codébiteurs solidaires dans certains cas. Ainsi celui qui fut victime d'un vice du consentement ou qui était incapable lors de la conclusion du contrat sera seul libéré.

De même, la *compensation* n'est opposable que par le créancier du créancier. Les autres codébiteurs ne peuvent pas l'opposer et ne seront donc pas libérés *pro tanto* (C. civ., art. 1294, al. 3). Cette restriction protège le choix du codébiteur qui se trouverait créancier de se faire payer par le créancier ou de diminuer sa propre obligation.

Quant à *l'autorité de la chose jugée*, elle fait naître un grave problème. Par principe, la chose jugée en présence d'un seul des codébiteurs solidaires ne sera étendue à tous que si elle leur est favorable (18). Il serait inique que l'extension de la chose jugée puisse aggraver la situation des codébiteurs non présents au procès ou les priver d'un argument. En effet, un codébiteur insolvable peut organiser sa défense avec une faible conviction ou de faibles moyens ; un autre peut se laisser condamner sans que la fraude soit établie, en contrepartie d'un avantage occulte donné par le créancier. Il faut donc, ce qui est admis par bien des juristes, que la chose jugée ne soit opposable en cas de solidarité que lorsqu'elle est favorable aux codébiteurs.

Mais alors surgit un problème pratique important : comment éviter que chaque codébiteur ne forme un recours dilatoire ? Les tribunaux tentent de l'éviter par des affirmations excessives : refus de la tierce opposition (19) ; dans la faillite, opposabilité absolue de la vérification des créances. Ces solutions ne sont écartées que par la preuve d'une

(18) Pour un exemple mal formulé d'opposabilité par tous d'une transaction favorable conclue par l'un, et dont on sait qu'elle a l'autorité de la chose jugée : C. civ., art. 2052.

(19) Civ., 1er déc. 1885 : *D.P.* 1886, 1, 251 ; *S.* 1886, 1, 55, qui retient la représentation mutuelle et refuse au débiteur principal la tierce opposition contre ce qui a été jugé contre la caution, parce qu'il n'opposait « ni une exception personnelle..., ni des faits de fraude ou de collusion ».

fraude (20), qui bien sûr ne peut jamais être établie et n'est jamais reconnue. Cette position jurisprudentielle conduit à quelques abus. Elle est infondée puisque les coobligés solidaires ne se représentent pas mutuellement.

393. — L'absence de représentation mutuelle des coobligés solidaires. — Contrairement à ce qu'affirment trop d'auteurs, sur la foi d'une antienne de plus d'un siècle jamais vérifiée (21) et qui a fait l'objet d'une critique radicale, et malgré l'obligation au tout, il n'y a *aucune représentation* des coobligés solidaires les uns par les autres. Cette représentation a été inventée pour tenter de donner quelque rationalité aux effets dits secondaires de la solidarité qui ne s'appuient que sur la nécessité : effets communs de la mise en demeure et de l'interruption de prescription, extension de la chose jugée, et conséquences de la perte fortuite de la chose due. L'idée de représentation n'était ici, avant le XIXe siècle, qu'une facette d'une solution équitable consistant à faire profiter tous les codébiteurs des actes diminuant la dette faits par l'un d'eux ; un mandat existerait entre eux *ad conservandam vel minuendam, non ad augendam obligationem* (22).

Reprise et systématisée par les tribunaux et la Cour de cassation, la fable de la représentation a justifié des solutions difficilement admissibles, toutes centrées sur l'extension à un codébiteur de la chose jugée en leur défaveur contre un autre ; l'exemple le plus cruel est celui de l'impossibilité de contester en justice la créance ayant fait l'objet d'une « vérification » dans le cadre d'une procédure collective, vérification qui n'est trop souvent qu'une apparence d'examen (23). En réalité, les effets dits secondaires de la solidarité sont justifiés, comme la solidarité elle-même, par les nécessités pratiques et par un pragmatisme de bon aloi tendant à faciliter l'action du créancier dans des limites raisonnables (24). Étendre cette nécessité au cas d'aggravation de la situation des coobligés par un jugement contre l'un d'eux est périlleux et infondé. La procédure interdit la représentation (« nul ne plaide par procureur ») afin de respecter un débat contradictoire et de permettre à chacun d'exposer tous ses arguments (25). En priver

---

(20) Cette réserve est implicite dans tous les cas d'extension à tous les coobligés de décisions ou solutions n'en concernant qu'un.

(21) Sur l'historique, v. A. WEILL, F. TERRÉ et P. SIMLER, *Grands arrêts de la jurisprudence civile,* sous Civ., 1er déc. 1885, préc. — D. VEAUX et P. VEAUX-FOURNERIE, *La représentation mutuelle des coobligés* in *Mélanges Weill,* Dalloz-Litec, 1983, p. 547, n° 1.

(22) P. MALAURIE et L. AYNES, *Droit civil, Les obligations,* Cujas, 1985, n° 737, p. 525, qui insistent sur « l'existence fictive » de cette représentation et sur son « étendue limitée ».

(23) *Supra,* nos 226 et 331.

(24) V. par ex. Civ., 11 juill. 1892 : *D.P.* 1894, 1, 513, note M. LEVILLAIN, qui justifie la solidarité quasi délictuelle par l'impossibilité « de déterminer la proportion dans laquelle chaque faute a concouru à produire le dommage subi par la partie lésée », solution régulièrement reprise au XXe s.

(25) Idée reprise par l'important art. 6 de la Convention européenne des droits de l'homme : « Toute personne a droit à ce que sa cause soit entendue équitablement... » ; *supra,* n° 226.

les codébiteurs solidaires sans raison est abusif. Les auteurs de plus en plus nombreux en conviennent (26).

Il est vrai que l'idée de communauté d'intérêt est une des bases de la solidarité, qui fut affirmée avant le Code civil à travers la « découverte » de sociétés de fait entre les codébiteurs que l'on voulait rendre solidaires. Mais de cette idée de communauté d'intérêt, qui n'est souvent qu'une idée, à celle de représentation mutuelle *in pejorem*, il y a un fossé.

L'extension est d'autant plus critiquable que la prétendue représentation mutuelle est une pièce de ce « folklore juridique que les auteurs se transmettent de génération en génération » car « sa justification relève plus de l'affirmation que de la démonstration » (27) ; ni le mandat tacite ni la loi ne peuvent être invoqués puisque la volonté fait défaut d'accepter d'être privé de recours par un coobligé et puisque la loi est muette (28). L'avantage conféré au créancier ne peut se justifier qu'au cas concret mais non comme une conséquence inéluctable et générale d'une représentation mythique.

B. — La contribution partielle à la dette

394. — Les recours en remboursement des sommes payées en sus de sa part. — Le codébiteur solvens dispose de deux sortes de recours : un recours personnel et un recours subrogatoire fondé sur l'article 1251-3° du Code civil. Comme pour la caution, les avantages et inconvénients de chaque recours varient avec les situations (*supra*, n° 229 et s.).

Pour éviter une cascade de recours en remboursement, la loi impose au solvens de diviser ses recours (C. civ., art. 1214, al. 1er), comme elle l'impose à la caution (*supra*, n° 240). De même répartit-elle l'insolvabilité (C. civ., art. 1214, al. 2).

Pour déterminer la part de chaque codébiteur dans la dette on peut s'en remettre au contrat chaque fois que la solidarité est contractuelle. Sinon, par principe, la division par part virile s'impose, sauf à déterminer par jugement la causalité de chacun dans le dommage ; cette causalité aportionnera la responsabilité et donc la part de dette.

A propos de la répartition de la part du codébiteur insolvable, la Cour de cassation a affiché un arbitraire surprenant en décidant que « sa part contributive se répartit entre les autres codébiteurs selon une participation dont le montant est souverainement fixé par les juges du fond », signifiant que ce juge du fond statue sans critère semble-t-il, mais ne pouvant le dispenser de motivation, ce qui serait inadmissible (29).

---

(26) Outre ceux déjà cités, tels D. VEAUX et P. VEAUX-FOURNERIE ou P. MALAURIE et L. AYNÈS, v. par ex. R. TENDLER, *Le cautionnement, reine éphémère des sûretés ? : D.* 1981, p. 129-132, spéc. p. 130.

(27) D. VEAUX et P. VEAUX-FOURNERIE, *La représentation mutuelle des coobligés* in *Mélanges Weill*, Dalloz-Litec, 1983, p. 547, n° 1 *in pr.* et 2 *in fine*.

(28) D. VEAUX et P. VEAUX-FOURNERIE, *op. cit.*, nos 8 à 15.

(29) Civ. 3e, 18 mars 1987 : *Bull. civ.* III, n° 58.

CHAPITRE II

LA GARANTIE INDÉPENDANTE

395. — La notion de garantie indépendante. — Quand le cautionnement est rendu moins efficace par les exceptions que les cautions peuvent valablement soulever, la pratique tend à renforcer l'engagement du garant en le privant de ces exceptions. L'Allemagne a connu ce phénomène au siècle dernier, la Suisse au milieu de ce siècle; le commerce international y est confronté depuis les années 1970.

La garantie indépendante a pour première particularité de ne pas être un cautionnement, et pour cette raison d'éviter la protection spéciale des cautions leur permettant de soulever des exceptions personnelles (formalités spéciales comme la mention manuscrite ou l'autorisation du conseil d'administration, bénéfice de subrogation, etc.) (1); cette particularité expliqua le développement des garanties indépendantes en réaction contre une trop forte protection de la caution.

La garantie indépendante a pour seconde particularité de ne pas être accessoire de l'opération principale et de priver le garant des exceptions inhérentes à la dette : inexécution par le créancier, prescription, paiement déjà effectué, etc. Cette particularité explique le développement des garanties indépendantes dans le commerce international, pour éviter les délais et lenteurs que causent les arguties du débiteur principal et les difficultés de compréhension entre différents systèmes de droit.

396. — Définition. — La définition d'une garantie indépendante est en général descriptive et met l'accent sur l'indépendance :

> Engagement de payer une somme déterminée, donné à l'occasion et en garantie d'une opération économique mais rendu indépendant de cette opération par l'inopposabilité au bénéficiaire des exceptions inhérentes à cette opération (2).

Cette définition englobe bien sûr les diverses dénominations de la garantie indépendante : garantie à première demande, garantie auto-

---

(1) Que cette protection soit légale ou jurisprudentielle importe peu. Le seul paradoxe est que le garant à première demande, qui est engagé plus sévèrement encore que la caution, ne puisse invoquer la protection de la caution par *a fortiori*. Ce paradoxe n'est qu'apparent et s'explique tant que la garantie indépendante est limitée à une faible part de la dette principale et que le garant est un professionnel qui a pris des contre-garanties ou a réparti son risque.

(2) Rappr. la définition de P. SIMLER, *J.-Cl. civ.*, art. 2011 à 2043, *Garanties autonomes*, 1988, n° 1. — J.-P. MATTOUT, *Droit bancaire international : Banque* 1987, n° 203, p. 252. — H., L. et J. MAZEAUD, F. CHABAS et V. RANOUIL, 6e éd., n° 53-1.

nome, garantie abstraite, lettre de garantie ou lettre de crédit *standby*, garantie bancaire, etc.

La doctrine bancaire insiste en outre sur les préoccupations premières du banquier : l'impossibilité pour le donneur d'ordre de retirer son ordre d'engagement ; le formalisme qui conduit le garant à n'être tenu que dans les termes et conditions de la lettre de garantie ; le refus du garant de s'immiscer dans les relations entre les parties à l'opération principale et de contrôler les conditions de validité « externes » au document de l'appel de la garantie (3). Ces trois éléments du régime de la garantie indépendante sont destinés à la rapprocher du crédit documentaire, que les banques ont l'habitude de manipuler et pour lequel elles ont relativement harmonisé leurs pratiques selon des usages qui leur conviennent. Il y a toutefois loin du crédit documentaire à la garantie indépendante (v. *infra*, n° 448 et s.).

397. — Description des garanties indépendantes et lettres de crédit *standby*. — Les garanties indépendantes et les lettres de crédit standby sont essentiellement utilisées pour garantir au maître d'ouvrage dans un contrat de construction de grands ensembles industriels que le constructeur exécutera les obligations prévues au contrat. Elles sont apparues au cours des années 1960 mais leur développement date des années 1970 et est allé de pair avec l'augmentation des obligations techniques assumées par les constructeurs. Il s'explique aussi par la position plus forte qu'a donné aux pays acheteurs l'enrichissement consécutif au premier « choc pétrolier » et par les déboires qu'ils ont parfois rencontrés dans la réalisation de ces projets d'équipement gigantesques (4).

Les banques américaines furent les premières à délivrer ces garanties indépendantes et elles le firent sous forme de lettres de crédit standby. En effet, la législation américaine leur interdisait de cautionner et elles utilisèrent ce subterfuge d'un crédit documentaire (*letter of crédit* en américain) dont la demande est retardée jusqu'à l'appel (*standby :* en attente) (5). Les compagnies d'assurances tentèrent de proposer un équivalent mais, à la différence des banques, elles ont eu plus de difficulté à mettre en œuvre des contre-garanties efficaces ; le risque était alors trop important et elles durent se limiter à des cautionnements qui n'ont pas le même attrait pour le bénéficiaire (6). Les ban-

---

(3) J.-P. MATTOUT, *ibid.* — Comp. J.-L. RIVES-LANGE et M. CONTAMINE-RAYNAUD, *Droit bancaire,* Dalloz, n° 661.

(4) Sur l'histoire des garanties indépendantes, v. H. LESGUILLONS, *Histoire, signification et pratique des garanties* in *Les garanties bancaires dans les contrats internationaux,* FEDUCI, Paris, éd. Le Moniteur, 1981, p. 1. — P. SIMLER, *Garanties autonomes : J.-Cl. civ.* préc., 1988, n°s 5-12.

(5) Sur l'emploi aux U.S.A. des lettres de crédit standby, v. le rapport de la C.N.U.D.C.I., *Lettres de crédit standby et garanties,* doc. A/CN.9/301, 21 mars 1988, n°s 24-35.

(6) Pour une description des « performance bonds » offerts par les compagnies d'assurances et une comparaison avec les garanties indépendantes, v. M.-D. DICKSON et P. ARABYAN, *Le « performance bond » : Banque* 1987, p. 936-940.

ques européennes suivirent les banques américaines et offrirent des lettres de garantie. Il y a, entre lettres de crédit standby et lettres de garantie, une identité de but et une équivalence de fonction qui justifient un examen commun.

Trois principales sortes de lettres de crédit et de garanties sont utilisées dans le commerce international depuis une vingtaine d'années. S'y ajoutent quelques variétés d'utilisation marginale.

398. — Les garanties de soumission. — Par cette garantie, la banque garante prend l'engagement de payer une certaine somme, en général de 1 à 2 % du montant du contrat pour lequel le débiteur soumissionne, mais ceci peut aller jusqu'à 5 ou même 10 %, pour le cas où le soumissionnaire n'accepterait pas de signer un contrat conforme au cahier des charges ou aux propositions faites dans sa soumission. Cette garantie a pour but d'accroître la confiance du bénéficiaire dans la capacité financière et technique du soumissionnaire ; en effet, l'examen des soumissions est une procédure longue et coûteuse lorsque les contrats concernés sont particulièrement techniques. Il serait donc onéreux pour le bénéficiaire de s'engager dans l'examen de soumissions et éventuellement dans des négociations qui échoueraient ensuite, faute d'une capacité suffisante de la part du soumissionnaire. Il est en effet de pratique courante que la banque qui délivre la garantie de soumission accepte par la suite de délivrer les autres garanties subséquentes. Ceci établit au moins la capacité de crédit du soumissionnaire (7).

399. — Les garanties d'exécution ou de bonne fin. — Ces garanties engagent la banque ou la compagnie d'assurance garante à payer une certaine somme, de 5 à 10 % du montant du contrat pour une banque, de 20 à 30 % pour une compagnie d'assurances, pour le cas où le bénéficiaire ne s'estimerait pas satisfait par l'exécution du contrat. Elles ont plusieurs finalités (8). C'est à leur propos que la majorité des difficultés surgit.

400. — Les garanties de remboursement d'acomptes. — Par ces garanties, le garant s'engage à rembourser une certaine fraction, en général entre 10 et 20 % du montant des avances payées par le bénéficiaire au débiteur. Le montant de ces garanties peut être réduit au fur et à mesure que les avances sont utilisées pour payer des marchandises ou des services délivrés au bénéficiaire.

401. — Les garanties de retenue ou de maintenance. — Par ces garanties, le garant s'engage à payer au bénéficiaire la totalité du montant de la retenue (dernière fraction du prix du contrat) que ce bénéficiaire a accepté de ne pas conserver pendant la période de garantie qui suit l'acceptation des travaux ou pendant la période de maintenance. Ces garanties, moins fréquentes que les autres, n'ont pas donné lieu à de volumineux contentieux.

402. — La rédaction des contrats de garantie indépendante. — Les formules types ou les codes de règles proposés pour les garanties indépendantes n'ont pas eu grand succès (9). La pratique est variée

---

(7) Sur l'engagement « moral » et commercial que prend le banquier d'accorder son soutien pour la réalisation du marché, v. l'analyse profonde de J.-P. MATTOUT, *La délivrance des cautions de soumission dans les marchés internationaux à moyen et long terme : Banque* 1977, p. 419-422.

(8) V. *infra*, n°s 405 et 431 et s.

(9) La C.C.I. a rédigé en 1982 des « Formules normalisées pour l'émission de garanties contractuelles » (pub. n° 406) qui appliquaient ses « Règles uniformes de la C.C.I. pour les garanties contractuelles » (pub. n° 325, de 1978). Ni l'un ni l'autre ne sont acceptées par les intervenants du commerce international ; v. toutefois la référence faite dans un contrat (Sentence C.C.I. 1987, aff. 5639 : *Clunet* 1987, p. 1054, obs. S.J. ; *D.* 1988, somm. 242, obs. M. VASSEUR) ou par un juge (Com., 10 mars 1987 :

et les formules nuancées, mais quelques mentions usuelles sont communément retenues (10). La garantie est souvent rédigée par une lettre ou sur un formulaire de la banque garante (ou contre-garante) qui écrit au bénéficiaire, en précisant le nom du donneur d'ordre (désignation habituelle du débiteur principal, utilisée pour sa neutralité) (11).

Le montant de l'engagement et la nature de la garantie (bonne fin, soumission, etc.) sont nettement indiqués. Ce montant est donné en chiffres précis, qui constituent un maximum. Il est fixé le plus souvent de façon indépendante du contrat principal et sans référence à lui. Dans certains cas le montant est stipulé dégressif, des tranches de garantie étant prévues ou une précision étant donnée sur l'imputation d'appels et de paiements successifs.

Le paiement est stipulé à première demande et sans soulever d'exception, ou plus rarement contre remise d'une déclaration ou attestation d'inexécution, ou de documents.

La durée de la garantie est fixée par un terme exprès (date ou événement), et souvent il est précisé qu'aucune demande de paiement (ou son synonyme, appel de garantie) ne sera recevable après cette date. Mais le bénéficiaire n'accepte pas toujours cette mention et des contentieux naissent d'une rédaction moins précise.

Le droit applicable et le tribunal compétent sont rarement précisés.

Les termes d'une brève lettre de garantie de bonne fin peuvent être :

Banque du commerce...
à
Société de développement du Bandjara...

Notre client la Société des grands travaux... est adjudicataire auprès de vous du marché n°... pour l'édification d'un centre de... à...

Nous nous engageons par la présente lettre de garantie irrévocable et inconditionnelle à vous payer à votre première demande par écrit (éventuellement : accompagnée de..., attestant de l'inexécution... ; ou encore : sur le formulaire ci-joint), nonobstant toute opposition de la Société des grands travaux, et sans pouvoir différer le paiement ni soulever quelque exception que ce soit, la somme maximale de $... (et USD... en lettres) par transfert (virement) à tel compte d'une banque du Bandjara que vous nous indiquerez.

D. 1987, somm. 172, obs. M. VASSEUR). L'Association française des banques a proposé fin 1989 des « modèles de lettres de crédit standby » (circulaire n° 89/359), dont le succès ne peut encore être apprécié. Certains voudraient étendre aux garanties indépendantes les « Règles et usances uniformes pour les crédits documentaires » de la même C.C.I. (pub. n° 400), mais si la référence y est parfois faite, la rédaction et le régime des garanties n'en sont pas pour autant simplifiés, faute de véritable pertinence (v. *infra*, n° 451 et s.).

(10) J.-P. MATTOUT, *Droit bancaire international : Banque* 1987, n° 204 et s., p. 253-264, examine les mentions communes aux garanties.

(11) Ce n'est qu'en 1989 que l'A.F.B. a proposé un modèle de lettre de crédit standby pour les garanties sur marché (circ. du 16 nov. 1989).

La présente garantie expire le..., même si le présent document ne nous est pas retourné. Toute demande de paiement doit nous parvenir avant cette date (12).

403. — Le « formalisme » des garanties indépendantes. — Les garants exigent que soient appliquées les pratiques du crédit documentaire, selon lesquelles la banque ne vérifie que les documents et non la qualité des marchandises. Cette prétention à ne traiter que des documents et à ne pas devoir s'immiscer dans l'exécution du contrat principal est parfaitement légitime : les banques n'ont ni la compétence, ni le temps, ni la mission de s'ériger en juge de l'exécution du contrat.

Traduisant cette idée, les praticiens puis les tribunaux déclarent que la garantie « n'est régie que par les seuls termes de la lettre de garantie » (13). Ce n'est pas là un nouveau formalisme mais simplement l'expression abrégée de cette absence de vérification par le garant de l'inexécution du contrat principal. Il faut se garder d'en tirer des conséquences autres ; par exemple, le régime de la garantie indépendante est complété par bien d'autres règles et solutions que le seul texte du contrat, notamment pour son extinction (14) ; par exemple encore, la qualification de cautionnement ou de garantie indépendante repose sur bien des éléments complémentaires du texte du contrat, et notamment les usages de la profession, le contexte international ou interne du contrat, etc. (15).

On ne pourrait limiter le régime de la garantie au seul texte du contrat que si le droit du créancier était incorporé au titre, comme dans un billet de banque ou un titre au porteur. Mais la communauté

(12) V. d'autres formules plus développées *in* J. DOHM, *Les garanties bancaires dans le commerce international,* Berne, Staempfli, 1986, p. 191-222. — La C.N.U.D.C.I. (UNCITRAL) a élaboré un « Guide juridique de la C.N.U.D.C.I. pour l'établissement de contrats internationaux de construction d'installations industrielles » dans lequel le chap. XVII est consacré à la garantie de bonne exécution ; sans donner de formule, il présente les pratiques les plus usuelles et donne la position rédactionnelle la plus raisonnable à adopter, telle qu'elle a été perçue par les délégués des États qui ont participé à cette élaboration (Pub. des N.U., 1988, p. 189-202). Les « Formules normalisées pour l'émission de garanties contractuelles » de la C.C.I. (pub. n° 406, 1982) proposant des garanties accessoires ne sont pas attrayantes, c'est pourquoi la C.C.I. a remis en chantier la rédaction d'un guide relatif aux garanties. Son groupe de travail a choisi de fonder ses travaux sur le « Code of Practice for Demand Guarantees and Bonds » du Committee of London and Scottish Bankers en y intégrant des dispositions des Règles uniformes de 1978. Un avant-projet de 1988 est soumis pour examen à la C.C.I. et à la C.N.U.D.C.I. qui a décidé d'apporter son aide (doc. A/CN.9/301 et 316) et envisage l'élaboration d'une loi uniforme et de formules types.

(13) Com., 20 déc. 1982, arrêt de principe précité.

(14) Comp. Com., 3 juin 1986 : *D.* 1987, somm. 174, obs. M. VASSEUR, qui trouve plus commode d'invoquer le seul texte du contrat pour rejeter l'application de l'art. 2039 C. civ. prolongeant le cautionnement en même temps que le contrat principal. Si ce texte dérogatoire ne s'applique pas à la garantie indépendante, c'est pour des raisons d'équité ou d'économie de la garantie, mais non pour des raisons aussi formalistes et inconsistantes.

(15) *Contra :* P. MALAURIE et L. AYNES, 2e éd., n° 339.

des juristes n'accepte pas cette solution, dangereuse hors des cas restrictivement admis (16).

En revanche, il est censé respecter les formes de l'appel de la garantie que les parties ont pu explicitement (lettre du bénéficiaire ; documents spéciaux) (17) ou implicitement imposer (18). C'est une idée commune que si le bénéficiaire n'a pas à établir que les conditions de l'appel sont remplies, il faut au moins qu'il l'affirme expressément. C'est aussi le droit commun que le régime organisé par les parties soit respecté, conformément à leur intention réelle ou supposée ; point n'est besoin de formalisme pour cela.

404. — Les conditions d'émission des lettres de crédit *standby* et des garanties. Les contre-garanties. — Certaines garanties sont accessoires du contrat principal, c'est-à-dire que le bénéficiaire doit établir la défaillance ou l'inexécution par le débiteur afin de percevoir les sommes prévues dans la garantie ; elles sont rares. Un degré intermédiaire consiste à convenir d'une garantie documentaire, en vertu de laquelle le garant paiera sur présentation de certains documents stipulés dans la garantie, tels qu'un certificat d'expert ou une attestation ; la C.C.I. (Chambre de commerce internationale) tenta de les généraliser, sans succès. Enfin la garantie peut être stipulée totalement indépendante, le paiement ayant lieu sur simple demande du bénéficiaire. En pratique, la rédaction des garanties n'est pas toujours précise et une garantie dite documentaire peut très bien être indépendante si le seul document requis consiste dans la demande du bénéficiaire et au contraire une garantie indépendante peut prendre une coloration d'accessoriété si elle requiert que la demande soit justifiée.

Les garanties sont émises par des banques ou par des compagnies d'assurances. Elles peuvent être émises par la banque du bénéficiaire ou par la banque du débiteur, et le schéma qui tend à se développer est celui d'une garantie émise par la banque du bénéficiaire qui est elle-même contre-garantie par la banque du débiteur.

Le montage le plus fréquent aujourd'hui devient celui d'une contre-garantie donnée par une banque américaine, européenne ou japonaise (banque du pays du constructeur) qui couvre la garantie donnée par la banque du pays de l'acheteur à ce dernier (19). Cette procédure

---

(16) Les banques garantes n'en veulent d'ailleurs pas lorsqu'elles s'opposent à la transmission des garanties indépendantes. Les juges n'en veulent pas non plus lorsqu'ils admettent que la garantie s'éteigne autrement que par la restitution du titre.

(17) Ainsi l'A.F.B. a-t-elle recommandé dans la circulaire accompagnant les « modèles de lettres de crédit standby » (circ. n° 89/359), que « les parties... soient attentives à la nature des documents susceptibles d'apporter la preuve de la défaillance du donneur d'ordre » : notamment qu'une attestation soit délivrée par un tiers, expert ou arbitre. De même l'avait fait la C.C.I. dans les « Règles uniformes pour les garanties contractuelles » (pub. n° 325, de 1978).

(18) V. Com., 21 juin 1988 : *Bull. civ.* I, n° 213, p. 146-147 ; *Gaz. Pal.* 1988, pan. 227, qui juge que l'appel ne peut pas être fait par conclusions au cours d'un procès mais par le bénéficiaire lui-même et par lettre.

(19) Cette banque est dite « garant de premier rang » ; la banque occidentale devient contre-garant. En France, outre les banques, la COFACE fournit cette prestation.

est couramment utilisée dans certaines régions car elle offre l'avantage au bénéficiaire de créer un écran supplémentaire entre la garantie et le contrat principal ; elle permet ainsi une exécution réellement à première demande, notamment lorsque la banque du bénéficiaire est envers lui dans une situation de sujétion : ainsi la Libye ou l'Iran imposent la garantie par une banque d'État lorsque le contrat est conclu par le gouvernement ou ses agences, cas le plus fréquent (20).

405. — La double finalité des garanties indépendantes. — Toutes ces garanties sont présentées comme remplaçant une consignation, somme déposée par le débiteur entre les mains du bénéficiaire et que celui-ci conserve jusqu'à la fin des relations contractuelles (21). Cette consignation a pour but de stimuler le débiteur dans l'exécution de ses obligations ; elle est un moyen de pression légitimé par le droit, comparable au droit de rétention reconnu par certains systèmes juridiques. Cette consignation sert aussi parfois de compensation de perte indémontrable par le bénéficiaire : projet mené à bien mais qui se révèle inutile ; prix d'une marchandise qui baisse entre la conclusion du contrat et son exécution... La consignation jouerait ainsi le rôle d'une répartition des pertes entre les cocontractants. Ceci illustre le désir du bénéficiaire de ne pas avoir à rendre compte des motifs pour lesquels il appelle la garantie.

Ces garanties paraissent également destinées à remplir une seconde fonction : indemniser le bénéficiaire en cas d'inexécution. La garantie de soumission ou la garantie de bonne fin notamment donnent cette impression, très communément partagée mais dont l'analyse révèle qu'elle est trompeuse. Cette indemnisation est conçue soit comme une avance sur une indemnisation future décidée par un tribunal, après examen des responsabilités, soit comme une indemnisation forfaitaire remplaçant toute compensation exacte.

A ces finalités principales, apparentes ou réelles, s'ajoutent quelques conséquences dues à l'intervention des banques.

406. — Les conséquences découlant de l'intervention des banques. — Le fait même que ce soit une banque qui soit le plus souvent le garant du débiteur confère à ces garanties certains caractères spéciaux.

D'abord l'intervention de la banque certifie, aux yeux du bénéficiaire, que le débiteur est digne de crédit et qu'il pourra trouver auprès de cette banque le financement nécessaire à la réalisation du contrat. Par cela, la garantie bancaire atténue les difficultés qu'il

(20) Sur la prétendue spécificité des contre-garanties, v. *infra*, n° 473.

(21) Il n'est pas établi que les consignations aient été réellement pratiquées dans les années qui ont précédé l'usage des garanties bancaires. Il semble que le remplacement ait été intellectuel, les garanties remplissant la fonction d'une consignation. Sur le rôle de cette institution, v. Y. POULLET, *Les garanties contractuelles dans le commerce international : D.P.C.I.* 1979, 387-442, spéc. n° 3. — V. aussi L. JACKSON, *Contract Guarantees abroad, Notes of Banker's Role : Journ. of Inst. of Bankers,* 1958 (vol. 79), p. 100 et 304 ; 1959 (vol. 80), p. 40. — K. PLEYER, *Die Bankgarantie in zwischenstaatlichen Handel,* W.M., teil IV, Sonderbeilage n° 2/1973.

y a à connaître son cocontractant en raison des différences de pays, de cultures, de langues ou d'économies.

Mais l'intervention de la banque a également des conséquences sur la conception même de l'instrument. La garantie devient un mécanisme purement financier et non un mécanisme d'assurance. En effet, la banque refuse de contrôler l'opération fondamentale, tant pour examiner ses qualités lors de la conception du projet et de l'émission des garanties que pour vérifier l'exécution ou l'inexécution au moment du paiement. L'attitude des banques est en cela différente de celle des compagnies d'assurances (22). Les banques accordent leur garantie en considération de la capacité de remboursement du débiteur et non en considération de la valeur du projet. Ainsi sont-elles conduites à exiger de solides contre-garanties consistant soit en la consignation de sommes dans des comptes bloqués d'un montant équivalent à celui de la garantie, soit en des sûretés réelles d'une liquidation aisée, soit en toute autre forme de sûreté, même personnelle. La banque recherche un remboursement immédiat des sommes qu'elle peut être amenée à payer au titre de garantie ; il arrive même parfois en pratique que la banque ne paie la garantie que lorsqu'elle a été, au préalable, indemnisée par le débiteur principal ou par le contre-garant (23).

407. — Le régime juridique des garanties indépendantes. — La nouveauté du mécanisme dans la plupart des systèmes juridiques, et spécialement en Common law (24) et en France, a fait surgir des incertitudes sur le régime juridique de ces garanties. La communauté des juristes a pu échafauder spontanément, par la controverse doctrinale et judiciaire, un ensemble de solutions qui est aujourd'hui satisfaisant en matière internationale (25). Ce résultat fut atteint par l'échange des arguments au-delà des frontières nationales et par la circulation des modèles juridiques ; le régime des garanties indépendantes en garde un caractère réellement unifié (26).

---

(22) Sur cette différence d'attitude, v. la remarque d'Y. POULLET, *Les garanties contractuelles...* préc., note précédente.

(23) V. *infra*, n° 473.

(24) J.-P. MATTOUT, *Droit bancaire international : Banque* 1987, n° 197, p. 243, cite Lord DENNING affirmant en 1977 : « A performance bond is a new creature so as far we are concerned ».

(25) En France quelques étapes marquantes furent en 1980 l'article de C. GAVALDA et J. STOUFFLET, *La lettre de garantie internationale : Rev. trim. dr. com.* 1980, p. 1, qui marquait la fin des interrogations sur la validité des garanties indépendantes, et les deux arrêts rendus le même jour par la Cour de cassation le 20 déc. 1982 qui adoptèrent un même point de vue (*Bull. civ.* IV, n° 417 ; *D.* 1983, 365, note M. VASSEUR ; *Rev. trim. dr. com.* 1983, p. 446, obs. M. CABRILLAC et B. TEYSSIÉ ; *Clunet* 1983, p. 811, obs. A. JACQUEMONT).

(26) V. les développements de droit comparé de G.B. PORTALE étudiant quelques problèmes actuels des garanties indépendantes, *Nuovi sviluppi des contratto autonomo di garanzia* in *Profili di concorrenza e di integrazione fra attivita bancaria e attivita assicurativa,* Milano, Giuffre, 1985, p. 179-197. — V. aussi W. HADDING, F. HÄUSER et R. WELTER, *Bürgschaft und Garantie* in *Buindesminister des Justiz, Gutachten und Vorschläge zur Uberarbeitung des Schuldrechts,* 11, Cologne, 1983, p. 733 et s.

Les principales difficultés concernaient le risque de fraude par le bénéficiaire appelant la garantie (sect. I), les exceptions opposables (sect. II), l'expiration des garanties (sect. III) et le blocage du paiement par le juge (sect. IV). Diverses tentatives d'amélioration ou de complément du régime juridique des garanties indépendantes méritent enfin l'attention (sect. V).

SECTION I

LES RISQUES DE FRAUDE LORS DE LA MISE EN JEU DES GARANTIES INDÉPENDANTES

408. — L'appel abusif en matière de garantie d'exécution. — Le caractère abusif de la demande de paiement adressée par le bénéficiaire au garant est fréquemment invoqué par les débiteurs lors du contentieux qui les oppose soit à leur banque (le garant ou contre-garant) pour lui interdire de payer, soit plus rarement au bénéficiaire. La situation la plus courante met en œuvre une garantie d'exécution.

Une première catégorie d'appels abusifs concerne les cas où le débiteur estime avoir achevé l'exécution de ses obligations. Le contrat est à ses yeux terminé, les paiements résiduels ont été effectués par le bénéficiaire ; mais ce bénéficiaire, pour une raison ou pour une autre, est ou devient insatisfait. Il appelle alors le garant en paiement, parfois longtemps après l'exécution du contrat (27).

Une deuxième catégorie d'appels abusifs est liée aux relations politiques entre le pays du bénéficiaire et le pays du débiteur. Il arrive que le bénéficiaire, parce que son pays est en relation difficile avec celui du débiteur, appelle ou menace d'appeler les garanties qui lui ont été fournies parfois longtemps après l'exécution du contrat (28).

Dans une troisième catégorie de cas, plus rares, le débiteur a été empêché d'exécuter ses obligations et l'empêchement a été essentiellement dû à l'action du bénéficiaire : guerre et révolution dans son pays ou interdiction d'accéder au chantier sont les raisons les plus

---

(27) Trib. com. Melun, 29 avril 1985 : *D.* 1986, I.R. 159, obs. M. VASSEUR. — Paris, 18 nov. 1986 : *D.* 1987, somm. 173, obs. M. VASSEUR. — P. SIMLER, *Garanties autonomes : J.-Cl. civ.* préc., 1988, n° 132, 5e exemple.

(28) Trib. com. Paris, 12 fév. 1982 et Trib. com. Bruxelles, 6 avril 1982 : *D.* 1982, 504, note M. VASSEUR. — *Adde : Dynamics Corporation of America* v. *Citizens & Southern Bank,* US Distr. Court, ND Ga, 28 March 1973, 12 UCC Reporting Service 317 ; 356 F. Supp. 991. — *United Technologies Corp.* v. *Citibank N.A.*, US Distr. Court, SDNY, 23 March 1979, 469 F. Supp. 473 ; 27 UCC Reporting Service, 212.

communes. Malgré ce contexte, le bénéficiaire exige du garant le paiement de la garantie (29).

Une variante regroupe les demandes de paiement faites par le bénéficiaire alors qu'il n'a pas exécuté ses propres obligations (par exemple, paiement ou ouverture d'un crédit documentaire confirmé), ce qui a conduit le débiteur à suspendre l'exécution de ses obligations (30).

Enfin une dernière catégorie englobe les appels de garanties données pour des contrats conclus entre les mêmes parties mais complètement différents de celui qui fait l'objet de l'inexécution litigieuse (31). Audelà, abus et fraude peuvent revêtir toutes les nuances de l'imagination des bénéficiaires (32).

409. — Les pratiques abusives en matière de garantie de soumission. — Certaines pratiques en matière de garantie de soumission sont également qualifiées d'abusives par les débiteurs en dehors du contentieux. Les plaintes émises par les praticiens montrent, mieux que le contentieux, deux types très voisins de pratiques abusives qui peuvent d'ailleurs se cumuler. Parfois le bénéficiaire de multiples offres ou soumissions de contrats, toutes garanties par l'engagement d'une banque, demande que toutes ces garanties soient prolongées et souvent à plusieurs reprises consécutives. Il fait cela soit parce qu'il n'a pas été en mesure d'examiner toutes les offres dans le délai qu'il avait fixé (en général trois mois), soit parce qu'il est en train de négocier avec l'une des entreprises mais ne veut

---

(29) V. par ex. *Touche Ross & Co.* v. *Manufacturers Hanover Trust Company and Bank Saderat,* Supr. Court NY, 29 October 1980, 434 New York Suppl., 2nd series, 575 107 Misc. 2d 438. — *Rockwell International Systems Inc.* v. *Citibank N.A. and Bank Tejarat,* US Court of appeals, 2nd circ., 11 October 1983, International Banking Law, January 1984, p. 84 ; 719 F. Supp. 2d 583. — Rappr. l'exemple donné par M. RUBINO-SAMMARTANO d'après une espèce tranchée par la Cour de pavie : *The Italian view* in *Performance Bonds and Contract Guarantees, I.B.A. and Inst. of Int. Bus. Law and Pract. Seminar,* Paris, 1982, p. 59 (exigence d'un changement de garant par le bénéficiaire, et demande de paiement de l'actuelle garantie en l'absence de changement).

(30) Cette situation a donné lieu à la décision *Edward Owen Engineering Ltd.* v. *Barclays Bank International Ltd & Umma Bank* (1978) 1 Lloyd's L.R. 166 (refus d'ouverture de crédit par le bénéficiaire). — V. aussi : *American Bell International Inc. and A.T. & T. Co.* v. *Manufacturers Hanover Trust Co.* (non-paiement par le bénéficiaire des factures envoyées par le donneur d'ordre), no. 3157 (N.Y. Sup. Ct. Feb. 28, 1979). — V. aussi H. STUMPF, *The German View* in *Performance Bonds and Contract Guarantees, I.B.A. and Int. Bus. Law and Pract. Seminar,* Paris, 1982, p. 70. — Comp. Landgericht Frankfurt/Main, 11 déc. 1979 [*Neue Juristische Worenschrift (NJW)* 1981, p. 56 ; W.M. 1981, p. 284] où le bénéficiaire, qui refusait de prendre possession des dernières machines achetées, demandait paiement de la garantie en invoquant l'inexécution. — *Adde* Paris, 20 juin 1984 : *D.* 1985, I.R. 241, obs. M. VASSEUR ; *Rev. trim. dr. com.* 1985, p. 548, obs. M. CABRILLAC et B. TEYSSIÉ, dont la solution fut approuvée par la Cour de cassation : Com., 10 juin 1986 : *Bull. civ.* IV, n° 117 (réf. *in* P. SIMLER, *Garanties autonomes : J.-Cl. civ.* préc., 1988, n° 132, 4e ex.).

(31) V. par ex. Trib. com. Paris, 1er août 1984 : *J.C.P.* 86, II, 20526, note AZENCOT ; *D.* 1986, I.R. 159, obs. M. VASSEUR. — *Adde United Trading Corporation* v. *Allied Arab Bank Ltd & Another,* Court of Appeal (England) 17 juill. 1984 : *Int. Banking Law,* sept. 1984, p. 48.

(32) P. SIMLER, *Garanties autonomes : J.-Cl. civ.* préc., 1988, n° 132, dresse un catalogue des décisions françaises ayant considéré frauduleux l'appel de garantie.

pas compromettre ses chances en cas d'échec des négociations (33). C'est la fameuse menace « prolongez ou payez » fréquemment adressée aux banques (34). Elle souligne l'importance pour toutes les parties d'une bonne appréciation de la durée des garanties.

410. — Les arguments des bénéficiaires : indépendance et remplacement d'une consignation. — La demande qui paraît abusive au débiteur peut être au contraire, dans l'esprit du bénéficiaire, parfaitement légitime. La garantie est en effet considérée comme remplaçant la somme d'argent qui constitue pour le maître d'ouvrage la seule vraie garantie contre l'inexécution par le cocontractant de ses obligations. Si le cocontractant avait réellement déposé cette consignation, le maître d'ouvrage l'aurait à sa disposition et pourrait ainsi user du moyen de pression qu'elle représente ou, en cas d'inexécution constatée, la conserver à titre de compensation. Pour lui, la garantie bancaire doit donc remplir le même but et c'est la raison principale de l'attachement très fort des maîtres d'ouvrage à une indépendance complète de cette garantie. Les sommes dues par le garant doivent être d'une liquidité et d'une disponibilité comparables à celles d'une consignation en argent. Pour le bénéficiaire, il n'y a donc aucun abus à demander le paiement d'une garantie dès que les relations avec le cocontractant s'assombrissent. Il se met ainsi dans la position qui aurait été la sienne si la consignation avait été effectuée en argent liquide dès le début du contrat.

411. — La position des banques. — Placées en première ligne par la nature de l'engagement qu'elles ont souscrit, les banques garantes ne sont pas réellement des débiteurs indépendants. Leur engagement est une garantie qui est nécessairement en relation avec le contrat principal. Mais elles ne sont pas parties à ce contrat ; elles en ignorent donc le degré d'exécution et connaissent mal l'évolution des relations entre le bénéficiaire et le débiteur.

De cette nature de garantie découle une autre conséquence : les banques ont un recours en remboursement contre le débiteur. Elles organisent par anticipation ce recours en retenant des *sûretés et contre-garanties :* argent liquide déposé dans leurs coffres, comptes bloqués, gages sur valeurs mobilières cotées en bourse, gages sur matières premières ou produits finis, nantissement ou cession de police d'assurance, sous-cautionnement ou sous-garantie à première demande, ou toute autre forme de sûreté (35). Par ces procédés, les banques s'assurent un remboursement immédiat et ne supportent pas le coût de leur

---

(33) V. la description éloquente de la situation faite par W. J. MATTHEWS, *The Bank's position* in *Performance Bonds and Contract Guarantees, IBA and Inst. Bus. Law and Pract. Seminar,* Paris, 1982, p. 34.

(34) V. G. BERLIOZ, *Les garanties dans les relations économiques internationales : J.C.P.* 80, éd. C.I., II, 13324, n°s 27 à 29. — Z.A. KRONFOL, *Legal theory and practice of Guarantees Bonds in the Arabian Gulf,* IBK Paper, Feb. 1983, p. 17.

(35) Au Canada ce recours en remboursement est organisé dans une « Convention d'indemnisation » dont on peut voir une formule et des commentaires dans le rapport canadien de L. POUDRIER-LEBEL, *Les engagements abstraits pris par le banquier* in *Travaux H. Capitant,* t. XXXV, Économica, 1984, p. 291 et 276.

engagement (36). Leur attitude est donc différente de celle d'un débiteur directement concerné par l'engagement qu'il lui est demandé d'exécuter.

Les banques garantes souhaitent voir appliquer aux lettres de garantie ou lettres de crédit standby les principes qui régissent les crédits documentaires :

— indépendance de l'engagement du banquier ;

— vérifications lors du paiement limitées à la comparaison entre les documents que la lettre de garantie ou la lettre de crédit standby obligeant le bénéficiaire à fournir (nature et contenu) et ceux que ce bénéficiaire fournit réellement.

Elles incitent à la rédaction de garanties dans lesquelles les conditions du paiement sont limitées au strict minimum, en règle générale une demande écrite par le bénéficiaire de payer immédiatement. Il n'y a alors aucun document au sens de ceux fournis par le bénéficiaire d'un crédit documentaire ; aucun contrôle ne peut donc être effectué par la banque. Les risques de commettre une erreur sont fortement réduits et le droit au remboursement en est conforté.

412. — La notion de fraude. — La fraude dans les crédits documentaires consiste essentiellement à obtenir le paiement du crédit alors que les marchandises convenues au contrat n'ont pas été livrées (37). La falsification des documents n'est qu'un moyen qui tend aujourd'hui à céder la priorité à d'autres techniques (38). Une définition de la fraude ne semble pas concevable et aucun recueil de règles sur le crédit documentaire n'en fournit.

En matière de garanties, la fraude ne touche également qu'une faible part de l'ensemble des opérations. Mais l'intérêt qu'il y a à la faire disparaître est tout aussi grand qu'en matière de crédit documentaire car la probabilité qu'elle concerne n'importe quel débiteur

---

(36) L'enquête menée par la Federal Reserve en 1978-79 sur la situation aux U.S.A. en matière de standby letters of credit montre que 98 % des sommes payées à ce titre par les banques sont immédiatement récupérées et que le risque potentiel de perte est au plus de 0,03 % des montants garantis : P.R. LLOYD-DAVIES, *Survey of Standby Letters of Credit, Fed. Res. Bull.*, vol. 65 (1979), p. 717.

(37) Cette fraude est plus aisément découverte dans le crédit documentaire à paiement différé : v. J.-P. MATTOUT et A. PRUM, *Mise en œuvre de l'adage « fraus omnia corrumpit » dans le crédit documentaire irrévocable réalisable à terme : D.P.C.I.* 1988, p. 107-119.

(38) Les écrits et colloques sur la fraude sont nombreux. V. parmi quelques récentes contributions, les développements consacrés à la matière dans C.M. CHINKIN and others (edrs.), *Current problems of International Trade Financing*, Malaya L.R. and Butterworths, 1983, par B.S. WHEBLE, *Developments Affecting Standby Credits and Documentary Credits : The Forthcoming Revision of the UCP*, p. 93-95 ; E.P. ELLINGER, *Documentary Credits and Fraudulent Documents*, p. 185-234 ; HO PENG KEE : *The Fraud Rule in Letters of Credit Transactions*, p. 235-259. — V. aussi F.M. VENTRIS, *Banker's Documentary Credits*, 2nd ed., London, Lloyd's of London Press, 1983, p. 142-147. — Sur l'effort de délimitation de la fraude en France, dans cette matière, v. J.-P. MATTOUT, *Droit bancaire international : Banque* 1987, nos 297-303 ; M. VASSEUR, *Encycl. Dalloz, Rép. dr. com., V° Garantie indépendante*, 1984, nos 119-128 ; P. SIMLER, *Garanties autonomes : J.-Cl. civ.* préc., 1988, nos 134-139.

et n'importe quelle banque garante existe et cela suffit à affaiblir la confiance que les parties peuvent avoir dans le mécanisme de la garantie.

Toutefois, en cette matière (39), la fraude offre un contenu spécial, lié à un certain sens de la garantie. Le terme même de garantie d'exécution fait penser qu'elle est liée à l'exécution des obligations principales. Elle aurait alors un caractère accessoire. C'est oublier que la garantie indépendante n'est souvent que le substitut d'une consignation. Il ne faut pas lui destiner les critiques qui sont en fait dirigées contre la consignation ou contre la difficulté d'obtenir son remboursement. On peut comprendre qu'un débiteur considère comme frauduleux l'appel d'une garantie fait sans considération des raisons de l'inexécution. On peut aussi comprendre qu'un bénéficiaire appelle la garantie tant que l'obligation de consigner qui pèse sur le débiteur n'est pas éteinte. La tentative de clarification de la fraude n'est possible qu'à travers une clarification de la notion même de garantie et des oppositions majeures qui séparent les parties concernées : bénéficiaire, débiteur et banque.

C'est pourquoi l'exigence d'un « abus qui crève les yeux » (40) ou d'un abus « manifeste » (41) est fallacieuse. L'évidence de l'abus ou de la fraude (42) est fonction de la notion même de garantie indépendante qui est retenue. Pourra être manifestement abusif l'appel d'une garantie par un bénéficiaire qui n'a pas exécuté des obligations litigieuses alors que pour lui cet appel de garantie vise seulement à le mettre

(39) La présentation des cas de fraude est essentiellement centrée sur les contentieux judiciaires. V. par ex. dans l'ouvrage de C.M. Chinkin and others, préc., les contributions de W. Freiherr von Marschall, *Recent Developments in the field of Standby Letters of credit, Bank Guarantees and Performance Bonds,* p. 274-282, et A. Locke, *Standby Credits and Performance Bonds : The Lesson of the Iranian Experience,* p. 287-296. — V. aussi H.E. Getz, *Enjoining the International Standby Letter of Credit : The Iranian Letter of Credit Cases,* Harvard International L.J., vol. 21, 1980, p. 189 ; H. Stumpf, *Frequent Abuses of Contract, Guarantees and Attempts at Remedying such Abuses,* in *Hommages à Frederic Eisemann,* I.C.C. pub. n° 321, Paris, 1978, p. 14-20 ; note in Harvard L.R., *Fraud in the transaction : Enjoining Letter of Credit during the Iranian Revolution,* vol. 93, 1980, p. 992-1015.

(40) Formule imagée proposée par M. Vasseur : *Encycl. Dalloz, Rép. dr. com., V° Garantie indépendante,* 1984, n° 120.

(41) C'est la solution que retient plus ou moins expressément la Cour de cassation, notamment dans l'arrêt considéré comme de principe sur la fraude (Com., 10 juin 1986) où elle dit : « si la garantie à première demande est autonome par rapport au contrat de base, en revanche l'interdiction d'opposer les exceptions tenant à l'inexécution du contrat cède en cas de fraude manifeste » (*Bull. civ.* IV, n° 117 ; *Banque* 1986, p. 711, obs. J.-L. Rives-Lange ; *D.* 1987, p. 17, note M. Vasseur). Cette exigence d'une fraude « manifeste » est assez générale dans le monde : W.C. Craig dans son rapport in *The Contractor's Position,* au congrès IBA, *Inst. of Intern. Bus. Law and Practice : Performance Bonds and Contract Guarantees,* Paris, 1982, p. 19 et n° 65.

(42) Fraude et abus, sans être synonymes, emportent les mêmes effets. La Cour de cassation française l'a bien souligné en cassant un arrêt d'appel qui avait constaté le caractère abusif d'un appel de garantie et n'avait pas interdit son paiement : Com., 20 janv. 1987 : *Bull. civ.* IV, n° 19, p. 13 ; *J.C.P.* 87, II, 20764, note J. Stoufflet ; *D.* 1987, somm. 177, obs. M. Vasseur ; *Rev. trim. dr. com.* 1987, p. 234, obs. M. Cabrillac et B. Teyssié.

en possession d'un dépôt de garantie, préalablement à une négociation sur les obligations en litige. Pourra être manifestement frauduleux l'appel d'une contre-garantie par un garant qui n'a pas encore payé, alors que la finalité des contre-garanties est de donner cette sécurité. Les situations sont si complexes et les arguments si variés que les tribunaux ont bien du mal à éviter l'arbitraire (43) et les commentateurs à dégager une synthèse.

Comme souvent en matière de fraude, la solution dépendra du cas concret plus que de critères généraux. Les tribunaux étatiques diront alors s'ils peuvent bloquer provisoirement les garanties indépendantes en interdisant au garant de payer (*infra*, sect. IV).

SECTION II

LES MOYENS DE DÉFENSE RECEVABLES

413. — Le problème. — Lorsque le donneur d'ordre tente d'empêcher l'appel de la garantie indépendante, il lui est objecté que les arguments qu'il pourrait soulever sont inopérants car ils ont trait à l'opération principale. Or la garantie est détachée de l'opération principale au point qu'aucun moyen de défense autre que la fraude ne serait recevable. Mais la notion d'indépendance de la garantie est à l'origine de bien des discussions car elle fait surgir deux ordres de difficultés. D'abord le principe même de l'indépendance : est-il possible de rendre une garantie indépendante du contrat garanti sans la dénaturer ? Tous les systèmes juridiques ne l'admettaient pas il y a encore 15 ans (§ 1). Ensuite la mesure de cette indépendance : il semble que certains principes généraux percent le rempart de l'indépendance ; « fraus omnia corrumpit » d'abord, la nécessité d'une cause morale ensuite, et peut-être quelques autres principes (§ 2). En fait, il faudrait peut-être revenir à la justification des garanties indépendantes, qui est de remplacer un dépôt de garantie, pour mieux mesurer leur indépendance (v. n°s 431-436).

---

(43) La Cour de cassation a semblé varier, rejetant la fraude en 1985 (Com., 21 mai et 11 déc. : *Rev. trim. dr. com.* 1986, p. 134, obs. M. CABRILLAC et B. TEYSSIÉ) et l'admettant en 1986 (Com., 10 juin 1986, préc.) dans un cas d'appel de contre-garantie par la banque garante de premier rang, sans exiger une collusion frauduleuse entre le garant et le bénéficiaire qu'elle exigeait antérieurement (Com., 12 déc. 1984) et qui semble se transformer en une preuve de la conscience par le garant de la fraude ou de l'abus (P. SIMLER, *Garanties autonomes : J.-Cl. civ.* préc., 1988, n° 141 ; J.-L. RIVES-LANGE, obs. in *Banque* 1986, p. 712, II). Puis elle a à nouveau demandé la preuve d'un concert frauduleux : Com., 10 janv. 1989 : *Bull. civ.* IV, n° 9, p. 5 ; *D.* 1989, somm. 153, obs. M. VASSEUR.

§ 1. — Le principe de l'indépendance d'une garantie

414. — L'admissibilité de l'indépendance. — L'admission du principe même d'indépendance d'une garantie par rapport au contrat principal ne s'est pas faite avec la même aisance ni suivant le même schéma dans tous les systèmes juridiques. Le débat ne s'est ouvert en fait que dans les pays des garants et des débiteurs, surtout à l'occasion des conflits les opposant entre eux lors d'une demande de paiement. Ce débat, développé par la doctrine, a pris un tour différent suivant que le système juridique connaissait ou ignorait un procédé comparable au type de garantie indépendante en question (44).

415. — Systèmes connaissant un type comparable de garantie indépendante. — Les juristes allemands ont créé et appliqué des garanties indépendantes dès le XIXe siècle, dans la pratique nationale, sur la base de textes laissant à la volonté des parties une large autonomie et parce qu'existait le besoin économique d'une sûreté plus efficace qu'un cautionnement affaibli par la loi (45). Les pays qui sont en contact avec la doctrine allemande développèrent le même concept, souvent sur une base juridique différente. Ainsi en Suisse (46) ou aux Pays-Bas (47), la garantie indépendante est considérée comme un type de sûreté autonome ; en Italie elle est admise comme une variante du cautionnement (48). Dans ces pays, en raison de l'accoutumance à une garantie autonome, la justification de l'indépendance des garanties à première demande dans les opérations internationales fut facile et la discussion sur la validité de ces garanties fut plus limitée (49).

416. — La Common law. — Les systèmes de Common law ignoraient la garantie indépendante. Ils l'adoptèrent pourtant sans grande difficulté. Sans doute l'existence antérieure du contrat d'*indemnity*

---

(44) V. la présentation des droits européens par Y. POULLET, *Les garanties contractuelles dans le commerce international : D.P.C.I.* 1979, nos 12-19, p. 399-412. — V. aussi Commission des Communautés européennes, *Le cautionnement dans le droit des États membres des C.E., Études,* Série Concurrence, n° 14 (1971) et n° 28 (1976, pour le Royaume-Uni et l'Irlande).

(45) La garantie est construite selon certains sur la base des art. 621 et 675 B.G.B. (contrat d'entreprise) et sur le principe de l'autonomie de la volonté des parties.

(46) Sur la base de l'art. 111 C.O. qui exprime l'idée de porte-fort en termes généraux. Ce fondement est toutefois discuté pour la garantie bancaire. — V. par ex. D. GUGGENHEIM, *Les contrats de la pratique bancaire suisse,* Georg, Genève, 1981, p. 178, et les réf. citées. — Comp. O.C. MEIER-BOESCHENSTEIN, *Current problems of letters of credit and banker's guarantees, I.C.C. Seminar* 1984 sur ce sujet, p. 9-10 du document miméogr.

(47) Sur la base de l'art. 1352 B.W. (porte-fort).

(48) V. étude C.E.E. préc., *Le cautionnement dans le droit des États membres des C.E.* (série Concurrence n° 14, 1971), n° 13.

(49) Comp. par ex. pour la Suisse M. KRONAUER, *Guarantees and Guarantee-like Indemnities under Swiss Law, Internat. Banking Law,* 1985, p. 122-131, spéc. p. 124.

avait-elle familiarisé les praticiens des affaires et les juristes avec les garanties indépendantes. Sans doute aussi la volonté des parties dans la création contractuelle y est-elle plus largement reconnue qu'en France tant que la morale n'est pas atteinte. Mais c'est plutôt avec les crédits documentaires que la comparaison a été faite (50). Cette comparaison apparue assez tôt en Angleterre (51), avant même que ne se développe la pratique américaine des lettres de crédit standby. En raison même de cette comparaison, la discussion sur la validité des garanties indépendantes au regard des autres formes de garantie ou au regard des principes généraux fut réduite. Elle n'eut même pas lieu à l'occasion de la controverse qui se développa aux États-Unis sur la validité des lettres de crédit standby au regard de la réglementation interdisant aux banques de fournir des garanties (52).

417. — Les systèmes ignorant un type comparable de garantie indépendante. — La Belgique, la France et le Luxembourg offrent un excellent exemple de tels systèmes. Bien que l'usage des crédits documentaires y soit très développé, le rapprochement naturel que les auteurs et les juges firent d'abord fut avec la seule garantie personnelle connue : le cautionnement. Or le cautionnement est une sûreté accessoire qui oblige la caution à avertir le débiteur de la demande de paiement dont elle est saisie et à soulever tous les moyens de défense dont elle a connaissance à peine de perdre son droit au remboursement. Les clauses de contrats de garantie imposant le paiement à première demande et la renonciation à toute défense sont incompatibles avec la nature juridique du cautionnement. La question fut donc débattue de savoir s'il était possible d'admettre une garantie différente, qui soit indépendante (53).

---

(50) Dans le « leading case » *Edward Owen Engineering Ltd.* v. *Barclays Bank International Ltd* (C.A. 3 W.L.R. 764 ; (1978) 1 Lloyd's Report, 166 ; (1978) 1 Q.B. 159 ; (1978) 1 All E.R. 976). Lord DENNING conclut de l'examen des obligations du garant que « la garantie de performance a un régime similaire *(stands on a similar footing)* à celui des lettres de crédit » et affirma aussi : « ces garanties de performance sont virtuellement des billets à ordre payables à vue ». — V. aussi : *Hardbottle, RD (Marcantile) Ltd* v. *National Westminster Bank Ltd and others,* (1977) 1 Q.B. 146 ; (1977) 2 All E.R. 862 ; (1977) 3 W.L.R. 752. — *Howe Richardson Scale Co. Ltd.* v. *Polimex Cekop and National Wesminster Bank Ltd,* (1978) 1 Lloyd's Report 161. — *Adde* les remarques sur ce point de E.R. ELLINGER, *Uses of letter of credit and Bank Guarantees in the Insurance Industry - Standby Letters of Credit : International Bus. Lawyer* 1978, vol. 6, p. 604-640, spéc. p. 633-634, et de la Confederation of British Industries, *Contracts Bonds and Guarantees,* 1983, § 11-13.

(51) Pour certains elle remonterait à *Sinason-Teicher Inter American Grain Corporation* v. *Oiloakes and Oilseeds Trading Co Ltd.*, (1954), 1 W.L.R. 935.

(52) V. pour un résumé de la controverse M.R. KATSKEE, *The Standby Letter of Credit Debate* (92) : *Banking L.J.* 1975, p. 697-714. — S. MENTSCHIKOFF, *Letter of Credit : The Need for Uniform Legislation* (23), Univ. of Chicago L.R. 1956, p. 571-619. — D.E. MURRAY, *Letters of Credit in Nonsale of Goods Transactions* (30), *The Business Lawyer* 1975, p. 1103-1123.

(53) Y. POULLET, *Les garanties contractuelles dans le commerce international : D.P.C.I.* 1979, n° 15, note 11. — C. GAVALDA et J. STOUFFLET, *La lettre de garantie internationale : Rev. trim. dr. com.* 1980, p. 1, spéc. nos 6-12, p. 6-11. — G. BERLIOZ, *Les garanties dans les relations économiques internationales : J.C.P.* 80, éd. C.I., II, 13324, nos 9-17.

La position généralement retenue fut que ces systèmes juridiques permettaient, en raison de l'autonomie reconnue à la volonté des parties, l'adoption d'un engagement créé par la pratique internationale sur la base de systèmes juridiques différents. L'accord se fit dans la communauté des juristes vers la fin des années 1970, mais il faillit être remis en question par les abus qui suivirent la révolution iranienne (54). On chercha alors à mieux apprécier la mesure de l'indépendance de la garantie.

DIRECTIONS DE RECHERCHES

418. — La garantie indépendante est-elle transmise avec la créance garantie ? — Le dilemme est sérieux : si la garantie indépendante est bien une garantie, n'est-elle pas le complément obligé de la créance et ne doit-elle pas la suivre lorsque cette créance change de titulaire ? Mais en sens inverse, retenir cette transmission automatique revient à nier l'autonomie de la garantie indépendante puisqu'elle suit la créance à titre d'accessoire. Les arguments en sens opposés sont nombreux :

— *Pour la transmission :*

• toute garantie, même indépendante, qui est au service exclusif de la créance garantie doit la suivre, sauf disposition contraire [M. Cabrillac, *Les accessoires de la créance* in *Mélanges Weill,* Dalloz-Litec 1983, p. 107, qui dégage les 2 critères de la qualification d'accessoire : service de la créance et exclusivité de cette fonction (nos 21-28) à propos essentiellement de la transmission automatique de la réserve de propriété aujourd'hui communément admise] ;

• la créance dépourvue de sa garantie indépendante perdrait trop de sa valeur ;

• le garant ne connaît pas le bénéficiaire et agit en fonction du débiteur (argument des auteurs de langue allemande surtout, tels W. Hadding, F. Häusseur et R. Welter, *Bürgschaft und Garantie, Bundesminister der Justiz,* 1983, Cologne, p. 174 ; H. Koziol, *Der Garantievertrag,* Wien, 1981, p. 66).

— *Contre la transmission :*

• le cessionnaire peut abuser plus encore de la garantie indépendante que le bénéficiaire originaire car il n'est pas sûr qu'il connaisse tous les éléments du contrat. Le changement de créancier emporte aggravation du risque ;

• même les crédits documentaires, dont l'indépendance est certaine et qui sont moins susceptibles d'abus, ne sont pas transférables, sauf disposition contraire expresse (R.U.U. art. 54 b) (55) ;

• la garantie indépendante est un engagement si sévère qu'il ne peut être transmis, chacun de ses éléments originaires, d'ailleurs peu nombreux, étant essentiel. La personne du bénéficiaire expressément mentionnée dans la lettre de garantie ne peut donc être changée (56) ;

• le transfert de la créance garantie entraîne automatiquement extinction de la garantie indépendante : M. Vasseur, *Encycl. Dalloz, Rép. dr. com., V° Garantie indépendante,* n° 50 ; G.B. Portale, art. précité, p. 197.

(54) Le nombre des décisions tripla aux U.S.A. entre 1977 et 1981 (B. Kozolchyk, *The Emerging Law of Standby Letters of Credit and Bank Guarantees,* (24) Ariz. L.R. 1982, p. 344). — En France, la vague de contentieux fut plus tardive mais non moins forte.

(55) L'argument est de faible poids en raison de la différence de finalité du crédit documentaire (le paiement) et de la garantie indépendante (la garantie). G.B. Portale insiste sur cette différence et cite nombre d'auteurs italiens et allemands : *Nuovi sviluppi del contratto autonomo di garanzia,* in *Profili di concorrenza e di integrazione fra attivita bancaria e attivita assicurativa,* Giuffre, Milano, 1985, p. 195-196.

(56) A cet argument est parfois ajouté celui du formalisme des lettres de garantie, dont on a vu qu'il est infondé : *supra* n° 403.

§ 2. — La mesure de l'indépendance d'une garantie

419. — Les diverses positions. — De nombreux arguments sont échangés. Les uns justifient une indépendance totale (A) ; les autres conduisent à écarter le concept d'indépendance comme inadéquat (B) ; la troisième catégorie tend à limiter l'indépendance par l'application de principes généraux (C).

A. — Les arguments en faveur de l'indépendance totale

420. — Le formalisme. — La raison majeure invoquée à l'appui de l'indépendance totale de la garantie est que seul le texte du contrat doit régler les relations des parties. Dans les difficiles relations internationales, une garantie ne peut inspirer confiance que si son bénéficiaire est sûr de son contenu et de son régime juridique. La variété des droits nationaux affaiblit cette certitude et il est donc préférable d'écarter ces droits pour ne se référer qu'à la convention des parties. L'usage du commerce international est en ce sens. La garantie indépendante repose donc sur les mêmes nécessités que celles qui ont conduit à la création des lettres de change ou du crédit documentaire (57).

421. — La préexistence des instruments de paiement autonomes. — Les lettres de crédit documentaire constituent la meilleure référence. L'usage est universellement établi par les banques de ne prendre en considération que le texte de la lettre de crédit et de comparer les précisions techniques qu'elle contient avec celles qui figurent sur les documents présentés par le bénéficiaire. Cette règle, dite de stricte concordance *(strict compliance)*, est issue d'une nécessité pratique impérieuse : les banques ne sont pas équipées pour contrôler la qualité de l'exécution par le vendeur ; elles ne peuvent traiter que sur documents et ne peuvent s'appuyer que sur ceux-ci (58). C'est pourquoi leur responsabilité se limite à l'examen de ces documents et à leur comparaison avec les mentions de la lettre de crédit.

422. — La nécessité pratique. — La nécessité pratique qui justifia l'indépendance du crédit documentaire se retrouve en matière de garanties. Les banques ne peuvent matériellement pas vérifier l'exécution ou l'inexécution de ses obligations par le débiteur ; elles ne peuvent traiter la garantie qu'indépendamment du contrat auquel elle est économiquement rattachée. De plus, l'analogie formelle renforce l'analogie

---

(57) V. l'art. 3 des Règles et usances uniformes relatives aux crédits documentaires (Version 1983 pub. C.C.I. n° 400) qui dispose que « les crédits sont, *par leur nature*, des transactions distinctes des ventes... ».

(58) R.U.U., art. 4.

matérielle. Les lettres de garantie se présentent comme des instruments de paiement similaires aux lettres de crédit. Et l'analogie est plus forte encore entre les lettres de crédit commercial et les lettres de crédit standby. Lorsque la demande de paiement de la garantie doit être assortie de documents, la théorie de la stricte concordance doit s'appliquer à elle dans les termes mêmes de son application aux lettres de crédit documentaire.

423. — La finalité économique des garanties. — Puisque ces garanties remplacent en fait la consignation d'une somme d'argent liquide, elles doivent être, comme le serait une telle somme, à la totale disposition du bénéficiaire. Leur indépendance et l'absence de moyens de défense ou de délai de paiement sont les substituts de la possession et de la liquidité de la consignation. La demande de paiement ne peut donc être abusive, ni en droit ni même en équité.

424. — La critique de ces arguments. — L'indépendance totale fait dépendre le paiement de la seule volonté du bénéficiaire. Soumettre ainsi le débiteur à la volonté du créancier paraît excessif. Pour les mêmes raisons d'équité et de bon sens, la renonciation anticipée et globale à tout moyen de défense semble excessive.

Il est de même excessif d'invoquer l'indépendance entre la lettre de change et le rapport fondamental parce que cette indépendance n'apparaît que lorsque la lettre de change circule. Ce n'est pas l'effet de commerce en lui-même qui crée l'indépendance, c'est la nécessité de protéger le tiers porteur afin de favoriser sa circulation (59). Dans la plupart des pays, le signataire peut donc opposer les exceptions issues du rapport fondamental à son cocontractant direct. Les effets de commerce ne sont donc pas indépendants par nature mais par fonction. Les garanties, qui ne remplissent pas la même fonction et qui ne circulent pas, n'ont donc pas besoin d'être indépendantes.

L'analogie avec le crédit documentaire manque de pertinence. Le crédit documentaire permet de payer les marchandises lorsque le vendeur s'en est dessaisi entre les mains du transporteur. Le seul fait que les marchandises aient été embarquées prouve leur existence et la remise des documents émis à cette occasion peut légitimement déclencher le paiement (60). La finalité des garanties est l'exact opposé de celle des crédits documentaires. Il ne s'agit pas de payer au cas d'exécution mais de payer en cas d'inexécution. La garantie est donc appelée à jouer seulement dans des cas pathologiques et anormaux, lorsque le bénéficiaire estime que le débiteur n'a pas exécuté ses obligations. L'appel même de la garantie est une preuve de conflits. Alors que

(59) R. Roblot, *Les effets de commerce*, Sirey, 1975, n° 289.

(60) Que des tiers acceptent d'émettre un document attestant l'existence et la délivrance des marchandises au transporteur est une présomption de leur existence. Le crédit documentaire n'est indépendant du rapport principal que par une fiction juridique ; l'existence des documents établit en réalité l'exécution des obligations du vendeur dans l'opération fondamentale. S'il n'y a pas exécution ou si elle n'est pas conforme (quant au délai, au volume ou à la nature des marchandises) il n'y a pas de document conforme et donc pas de paiement.

le paiement du crédit documentaire est une pièce nécessaire au fonctionnement normal d'un contrat, le paiement d'une garantie constate l'échec d'un contrat (61).

Il est même possible de faire reposer le paiement dans le crédit documentaire sur la seule déclaration du bénéficiaire. Les lettres de crédit ainsi émises sont appelées « clean », le seul document exigé étant une facture établie par le bénéficiaire ou la traite qu'il soumet à la banque pour paiement, acceptation ou négociation. Elles restent l'exception et se justifient soit par la notoriété de l'une des parties, soit par les relations d'affaires que les parties entretiennent entre elles. La plupart du temps, des documents émis par des tiers sont exigés. La raison en est simplement de diminuer les risques de fraude en présumant de la difficulté qu'il y a à convaincre un tiers de faire un faux.

Dans les garanties indépendantes, le principe est au contraire l'absence d'intervention des tiers. Des prétextes divers sont invoqués, tel le temps que cela pourrait coûter. En réalité, si les bénéficiaires refusent l'intervention de tiers, c'est pour que le paiement des garanties soit réellement discrétionnaire. Les garanties à première demande prévoient donc rarement la rédaction de documents par un ou des tiers. Dans la grande majorité des cas, ce qui est appelé en pratique un document, à savoir l'affirmation par le bénéficiaire qu'il a droit au paiement de la garantie, n'a que la valeur qu'on peut attacher à la parole du bénéficiaire. Il est intéressant de constater que cette parole seule ne suffit pas dans le crédit documentaire alors qu'elle suffit toujours dans les garanties à première demande. De là la différence supplémentaire entre les deux mécanismes et l'explication de certains conflits en matière de garanties qui n'existent pas en matière de crédits documentaires.

B. — Les arguments en faveur de l'impossibilité d'une indépendance

425. — La notion même de garantie. — Toute garantie contient en elle-même une référence à une obligation principale qui doit être garantie. Il ne peut y avoir de garantie que s'il y a une autre obligation à garantir. La garantie ne saurait exister seule ; elle implique, par essence, une dette qui lui soit extérieure. Cette relation entre la garantie et l'obligation principale peut être plus ou moins limitée par des règles, des présomptions ou des renonciations. Elle ne peut toutefois pas être totalement écartée. La notion même de garantie s'oppose à une indépendance totale car la garantie ne suffit pas elle-même.

426. — Le concept de cause. — Les discussions sur la place de la cause dans les garanties indépendantes se sont développées essentiellement dans les systèmes juridiques qui font, par tradition, une analyse détaillée de la cause et de son rôle (France et Belgique notamment) et qui ne connaissent pas d'acte totalement abstrait. La garantie indépendante doit alors avoir une cause pour que la cohérence du cadre juridique préexistant soit respectée (62). Par ailleurs, la cause est un puissant instrument de contrôle des contrats et il paraît dangereux

(61) Rappr. C.I. Gable Jr., *Standby Letters of Credit : Nomenclature has confounded analysis, Law and Policy* in *International Business* 1980, vol. 12, p. 903-945, spéc. p. 916-917.

(62) L'on retrouve nombre des discussions évoquées à propos du cautionnement *supra*, n° 98 et s.

à certains de s'en démettre. La recherche d'une cause a donc alimenté le débat sur la validité des garanties indépendantes.

La cause subjective ou morale est un moyen d'annuler un contrat lorsque les parties ont voulu réaliser, grâce à lui, une opération considérée dans une certaine civilisation comme contraire aux règles de bonne conduite. Ainsi des contrats qui organiseraient la vente d'une terre et son aménagement pour y cultiver de la drogue ou qui prépareraient l'assassinat d'une personne pourraient être annulés à la demande d'une partie, pour cause immorale ou illicite, dans les pays où de tels actes sont prohibés. Il devrait en être de même de la garantie indépendante confortant ces obligations. La question a été étendue, hors du champ de la morale, au contrat conclu pour tourner la réglementation des changes. La garantie de telles obligations est-elle nulle pour cause illicite ? Nombre d'auteurs, par ailleurs favorables à l'indépendance absolue, réservent cette hypothèse et admettent la nullité en ce cas (63). D'une façon générale, on admet que la garantie indépendante soit annulée pour cause immorale de l'opération principale. C'est une limite à son indépendance.

La cause objective ou économique est l'avantage matériel que reçoit celui qui s'engage. Dans certains systèmes juridiques, notamment ceux d'Europe continentale, cet avantage doit nécessairement être un gain positif. Dans d'autres systèmes, notamment ceux de Common law, cet avantage peut également consister en une privation ou une perte que subit l'autre partie ; la privation d'un dépôt de garantie pour le créancier peut être vue comme une *consideration* suffisante (64). En revanche, les profits ou pertes affectant un tiers au contrat de garantie sont rarement admis : que le débiteur principal reçoive l'avantage d'un délai pour payer ou évite de déposer une consignation n'est pas une cause économique suffisante pour la caution (65).

Certains ont proposé de trouver la cause économique dans la commission ou la prime perçue par le garant (66). Plus nombreux sont ceux qui pensent que la cause de la garantie réside dans le contrat de base : le contrat principal constitue la raison d'être de la garantie ;

---

(63) M. Vasseur, note *D.* 1983, p. 365, spéc. n° 13, p. 370, *in pr.* — Y. Poullet, *Les garanties contractuelles...*, art. préc. *D.P.C.I.* 1979, p. 424 et les réf. citées. — H. Van Lier, *Les garanties dites à première demande ou abstraites : Journ. des tribunaux,* 1980, p. 345 et s., n° 4.1.3. — E. Schinnerer et P. Avincini, *Bankverträge,* 3e éd., Vienne, 1978, t. III, p. 318.

(64) G. Gorla voit la cause des sûretés personnelles dans l'engagement du créancier de s'abstenir d'agir contre le donneur d'ordre, réunissant ainsi la conception anglaise et la conception continentale : *Il contratto,* t. I, Milano, Giuffrè, 1955, para. 14 f, p. 183 ; *Le contrat dans le droit continental...*, Turin, Inst. univ. d'études europ., 1958, para. 15, p. 80-85.

(65) C'est pourtant la cause que la Cour de cassation trouve au cautionnement ; elle est critiquable car elle mélange les motifs de la caution et l'avantage économique reçu par le débiteur principal (v. *supra*, n° 99).

(66) V. par ex. G. Berlioz, *Les garanties dans les relations économiques internationales : J.C.P.* 80, éd. C.I., II, 13324, nos 20-24. — Y. Derains, *L'abstraction et la causalité dans la garantie dite sur première demande,* rapport 1981, n° 14. L'inconvénient est de lier la validité de la garantie aux prestations fournies par le donneur d'ordre, ce que le bénéficiaire ne saurait accepter.

il est tentant d'en faire la cause (67). De même est-il affirmé que la cause de la contre-garantie donnée par la banque du débiteur à la banque du bénéficiaire se trouve dans la garantie fournie par la banque du bénéficiaire à celui-ci. D'autres nuancent la proposition en trouvant la cause dans le désir pour le garant de favoriser la conclusion du contrat de base, mélangeant ainsi aspects économique et subjectif (68). Dans tous ces cas la garantie n'est plus vraiment indépendante. Liée au contrat principal, elle devrait disparaître si celui-ci n'existe pas ou est annulé. Pour éviter cette conséquence, des atténuations sont proposées.

La théorie de l'acte abstrait trouve en matière de garantie indépendante de nombreux fondements. Elle consiste à rejeter la nécessité d'une cause, tant pour des raisons pratiques (confusion des théories causalistes) que théoriques (inadéquation de la cause au contrat unilatéral). La garantie est alors abstraite (de sa cause) en ce sens que la cause n'a pas à exister et que la validité de l'acte n'est pas subordonnée à l'existence d'une cause valide (69).

L'explication peut être nuancée en affirmant que la cause existe mais qu'on prend le parti de ne pas en faire une condition de validité, sauf dans certains cas. C'est la conception la plus commune de l'acte abstrait, telle qu'elle est appliquée aux effets de commerce ou aux crédits documentaires. La cause trouve ici sa vraie nature d'instrument de contrôle du contrat. Ce contrôle peut être accentué ou modéré à volonté : dans les contrats normaux, ce contrôle porte sur un certain équilibre économique et sur une certaine moralité ; dans les contrats tels que la garantie indépendante ou les effets de commerce, le contrôle est réduit afin de rendre ces contrats plus solides. Les parties qui renoncent à invoquer les moyens de défense nés du contrat de base ou le juge qui refuse de prendre le défaut de cause en considération renforcent la garantie et accroissent la sécurité qu'elle procure au bénéficiaire. La discussion n'est pas close, même au sein de ceux qui admettent cette proposition (70) car il faut établir la liste des

(67) Un grand nombre d'auteurs et de tribunaux ont adopté cette analyse, avec des nuances plus ou moins fortes. V. les recensements faits par Y. POULLET, *La jurisprudence récente en matière de garantie bancaire dans les contrats internationaux,* Banca, Borsa et Titoli di credito 1982, p. 397 et s., spéc. n°s 11-13 et par M. VASSEUR, *Encycl. Dalloz, Rép. dr. com., V° Garantie indépendante,* 1984, n°s 39-49.

(68) C'est la proposition de M. VASSEUR, *op. cit.*, n°s 42 et 48, par référence à certaines conceptions de la cause du cautionnement.

(69) Dans cette analyse, aucune exception au rejet de la cause n'est concevable. Elle paraît alors excessive puisque dans certains cas, de fraude par exemple, le rapport fondamental doit être pris en considération pour justifier l'annulation. C'est pourquoi bon nombre d'auteurs se disent hostiles à la théorie de l'acte abstrait mais admettent des formules qui s'en approchent.

(70) V. par ex. C. GAVALDA et J. STOUFFLET, *La lettre de garantie internationale : Rev. trim. dr. com.* 1980, p. 1, spéc. n° 12. — M. CONTAMINE-RAYNAUD, *Les rapports entre la garantie à première demande et le contrat de base en droit français* in *Mélanges Roblot,* Litec, 1984, p. 413 et s., spéc. n°s 23-25. Cet auteur fait reposer la garantie sur une présomption d'existence de la cause par les parties jusqu'au constat par un tribunal ou un arbitre de son inexistence. — V. aussi : P. VAN OMMESLAGHE, *Observations sur la théorie de la cause dans la jurisprudence et la doctrine moderne : Rev. crit. jurisp. belge* 1970, p. 326.

cas où la cause sera prise en considération : abus, immoralité, etc. ; l'accord de la communauté des juristes est difficile à réaliser, mais des tendances se dégagent.

427. — La critique de ces conceptions. Le caractère abstrait de la garantie indépendante. — La confusion des propositions causalistes est égale à l'insuffisance des motifs que fournissent les partisans de l'abstraction absolue au soutien de leur position (71). Il est donc sain d'éviter les querelles causalistes, par application d'un pragmatisme de bon aloi en matière commerciale. Le besoin d'une garantie qui satisfasse les exigences des bénéficiaires et le désir des garants de ne pas être mêlés à des discussions de fond peuvent sembler suffisants, et sont même complétés par l'impérieuse nécessité de rapidité et de simplicité qui guide les commerçants. En outre, les actes commerciaux sont répétitifs et seul un petit nombre d'entre eux font naître un contentieux : il est donc économiquement sain de se satisfaire d'une approximation. L'existence des effets de commerce et des crédits documentaires prouve surabondamment que les engagements abstraits sont viables.

D'ailleurs le cautionnement, sûreté accessoire, est lui-même un acte abstrait (72) ; *a fortiori* la garantie indépendante doit-elle être qualifiée telle. Même si la garantie indépendante a une cause, au sens de contrepartie, la tendance générale dans la communauté des juristes est d'accepter que la cause ne soit pas vérifiée. La garantie indépendante est abstraite de sa cause économique ; la cause subjective demeure contrôlée. Ce principe est plus facilement admis en Belgique (73) qu'en France, où il connaît malgré tout une certaine audience (74). Une solution de même résultat consiste à affirmer l'existence d'une cause systématique et impossible à contester, comme le fait la Cour de cassation française en matière de cautionnement (75). Une autre à considérer que l'intervention d'une banque entre l'entrepreneur et le maître d'ouvrage permet de rendre abstrait l'engagement de payer inconditionnellement (76).

---

(71) V. le jugement désabusé de Y. Poullet à l'issue de l'étude des positions jurisprudentielles et doctrinales, in *La jurisprudence récente*... préc., n° 13 *in fine*.

(72) *Supra*, n°s 99 et 101.

(73) L. Simont, *Essai de classification des sûretés issues de la pratique et problèmes juridiques qu'elles posent*, in *Les sûretés*, FEDUCI, 1984, p. 311-313, et les références à l'admission de la création conventionnelle d'actes abstraits, p. 312 *in pr.* — L. Simont, *Engagements abstraits pris par le banquier*, in *Travaux H. Capitant*, t. XXXV, Économica, 1984, Rapport belge, p. 234 et 243-245. — P. Van Ommeslaghe, *Sûretés issues de la pratique et autonomie de la volonté*, *ibid.*, n° 6, p. 355-363.

(74) G. Marty, P. Raynaud et P. Jestaz, n° 639 ; J.-L. Rives-Lange, *Engagements abstraits pris par le banquier* in *Travaux H. Capitant*, t. XXXV, Économica, 1984, n° 15, p. 309 ; cet auteur retient une position causaliste minimaliste proche de l'abstraction (n° 19). — Rappr. le rapport de synthèse de R. Houin, p. 11, également minimaliste et plus favorable à l'abstraction limitée, et le rapport général sur ce thème par F. Molenaar, *ibid.*, p. 219-223.

(75) *Supra*, n° 99. — Com., 8 nov. 1972, trouvant la cause de l'engagement de la caution dans la considération de l'avantage que recevait le débiteur principal du créancier.

(76) P. Théry, n° 113.

Ainsi se rapproche-t-on des positions adoptées par la majorité des juristes des pays de Common law ou même des pays comme l'Italie (77), les Pays-Bas, l'Allemagne ou l'Autriche. Les exceptions inhérentes à l'opération principale ne peuvent être opposées au bénéficiaire.

C. — Les arguments en faveur de l'application de principes généraux

428. — L'indépendance, tempérée par certains principes généraux. — On constate aisément que si les tribunaux affirment l'indépendance de la garantie, ils ont multiplié les cas de contrôle des contrats pour éviter fraude, abus et immoralité. La réalité des faits a imposé aux tribunaux l'atténuation du dogme de l'abstraction (78). Pour tenter de concilier ces solutions contraires que sont l'indépendance et l'admission de certains moyens de défense liés à l'opération principale, certains soutiennent que des principes généraux, communs à tous les systèmes juridiques, permettent au juge d'écarter l'abstraction et de vérifier que la demande de paiement n'est pas frauduleuse ou abusive ou encore que le contrat n'est pas immoral.

Les principes invoqués sont plus ou moins nombreux et variés. Le principe selon lequel *la fraude* permet toujours au juge d'intervenir recueille tous les suffrages (79), comme en matière de crédit documentaire. Toutefois, dès qu'on entre dans le détail, l'unanimité s'effrite : la fraude doit-elle être prouvée ou bien une allégation assortie d'indices suffit-elle ? La fraude doit-elle concerner la seule garantie ou peut-elle provenir du contrat de base (80) ? La fraude doit-elle être évidente et que signifie cette notion (*supra*, n° 412) ? Le banquier doit-il en avoir connaissance ?

La notion d'*ordre public*, et parfois aussi celle de *bonnes mœurs*, sont aussi invoquées. Elles permettraient d'annuler les garanties con-

---

(77) Où la garantie est souvent jugée avoir une cause atypique résidant dans sa fonction même de garantie, ce qui revient pratiquement à la présumer pour ne plus s'en préoccuper. — Rappr. rapport italien aux *Travaux Capitant* préc. par A. GAMBARO et A. GUARNERI, p. 331 et s.

(78) C'est la conclusion de la vaste étude de droit comparé menée par Y. POULLET dans *L'abstraction de la garantie bancaire automatique*, thèse, Louvain-la-Neuve, 1981-1982, n° 394.

(79) Sa formulation peut aller de la maxime « Fraus omnia corrumpit » à l'exigence positive de « Treu und Glauben » (surtout en Allemagne et en Italie) : v. F. NIGGERAN, *How to stop fraudulent payment demands out of first demand guarantees. A comparative survey, The international contract, Law and Finance Review*, 1981, p. 551 et s., spéc. p. 553. — G.B. PORTALE, *Fideiussione e Garantieverträge* in *Portale (a cura) Le operazioni bancarie*, t. II, Milano, 1978, p. 1072.

(80) Le droit américain recèle la plus riche littérature en la matière en raison de la formule de l'article 5-114 (2) UCC qui permet à un tribunal d'interdire le paiement s'il y a « fraud in the transaction ». — V. les interprétations possibles in H.A. GETZ, *Enjoining the International Standby Letter of Credit : The Iranian Letter of Credit Cases*, 21 Harvard Int. L.J., 205 et note 85 (1980). — Le problème de la fraude affectant le contrat de base est plus complexe encore en ce qui concerne la contre-garantie.

traires aux prescriptions d'une législation nationale qui sont jugées suffisamment importantes pour être dites d'ordre public. Parmi celles-ci il faudrait inclure les lois de contrôle des changes. La notion de bonnes mœurs pourrait concerner les contrats sur les personnes ou la drogue.

Un autre principe a parfois été invoqué : le droit pour tout créancier du bénéficiaire de saisir-arrêter entre les mains du garant le montant de la garantie. En effet, la libre volonté des parties ne semble pas pouvoir rendre insaisissables les sommes dues par la banque. Les donneurs d'ordre ont ainsi sollicité le blocage de ces sommes jusqu'à ce qu'il soit statué sur le mérite de la demande de paiement du bénéficiaire (81).

429. — La critique de ces arguments. — Une première sorte de critique vise le contenu de certains principes. Par exemple, le concept d'ordre public est variable : l'ordre public est différent d'un pays à l'autre, d'une civilisation à l'autre. Les bonnes mœurs ou la morale le sont plus encore. Or les contrats internationaux renforcés par des garanties indépendantes sont le plus souvent conclus entre pays de traditions très différentes. Certains ont alors proposé de retenir le seul ordre public international (82). Parce qu'ils doutent qu'il puisse y avoir un accord sur une conception minimale commune de l'ordre public international, d'autres auteurs pensent au contraire que seul l'ordre public interne du pays dont la loi est compétente a vocation à s'appliquer (83).

Une seconde sorte de critique vise la notion même de principes généraux. Puisqu'ils sont généraux, ces principes sont imprécis. Ils entraînent donc une imprévisibilité qui est l'ennemie des bonnes relations commerciales. Ils affaiblissent la garantie et ne satisfont plus les besoins des parties. Un autre argument à leur encontre concerne l'impossibilité de les formuler correctement. Nulle définition de la bonne foi n'est donnée, nulle liste des critères de la fraude n'est fournie. Il est d'ailleurs soutenu que la formulation des principes ne peut que les dessécher car il n'est pas possible à l'homme de décrire ce qu'il perçoit instinctivement à travers la société et la morale dans lesquelles il évolue. Les critiques dirigées contre les principes généraux soulignent que ces derniers, loin de limiter les incertitudes de la notion d'abstraction, y ajoutent d'autres incertitudes plus graves encore.

---

(81) V. une présentation critique de ce principe par M. CONTAMINE-RAYNAUD, *Les rapports entre la garantie à première demande et le contrat de base en droit français* in *Mélanges Roblot,* L.G.D.J., Paris, 1984, p. 413 et s., spéc. n°s 26-27, p. 428-430. Ce problème est examiné avec ceux relatifs à l'interdiction de payer et à la saisie-arrêt. — V. *infra*, n° 442 et s.

(82) V. Y. POULLET, *Les garanties contractuelles dans le commerce international : D.P.C.I.* 1979, p. 387-442, spéc. n° 29, p. 424 et les références à la doctrine allemande, note 163.

(83) V. C. GAVALDA et J. STOUFFLET, *La lettre de garantie internationale : Rev. trim. dr. com.* 1980, p. 1 et s., spéc. note 2, p. 11.

430. — En résumé. — La controverse sur l'indépendance des garanties à première demande et sur les moyens de défense opposables montre :

— que ces garanties peuvent être en la forme semblables au crédit documentaire ou à des effets de commerce mais qu'elles en sont, au fond, très différentes ;

— que la recherche de la cause de ces garanties traduit en fait la volonté de les contrôler ;

— que l'invocation de principes généraux ne fournit, comme la cause, qu'une aide très partielle.

La majorité des auteurs accepte avec la jurisprudence le principe de l'indépendance de la garantie indépendante ; mais elle hésite à en faire une exception au principe de causalité de tous les actes juridiques. Pour cette raison la théorie de l'abstraction, défendue en son temps par H. Capitant, n'est pas communément retenue tout en étant enviée pour sa simplicité (84). Elle mérite pourtant d'avoir en France la place qu'elle a conquise partout ailleurs.

Tant que la garantie indépendante est analysée en une indemnisation de l'inexécution des obligations essentielles du donneur d'ordre, aucun accord n'est envisageable pour déterminer les moyens de défense que le garant ou le débiteur pourraient opposer, et la recherche empirique échoue autant que la recherche théorique à fournir un critère ou une liste de ces moyens de défense. Cette difficulté trouve sa source dans la méconnaissance de la finalité des garanties indépendantes. Une approche différente du problème pourrait aider à sa solution.

DIRECTIONS DE RECHERCHES

431. — La garantie indépendante n'a pas pour fin l'exécution du contrat principal mais la consignation d'un dépôt de garantie. — Parce que les garanties indépendantes sont dites garanties d'exécution, de restitution d'acompte ou de soumission, on est amené à penser que la banque doit payer si l'exécution n'est pas conforme aux prescriptions contractuelles, si les acomptes ne sont pas correctement utilisés ou si la soumission n'est pas suivie d'effet. On pense que la banque garantit l'exécution des obligations essentielles du débiteur et que le bénéficiaire a droit au paiement de la garantie pour compenser l'inexécution de ces obligations. La garantie indépendante est vue comme un super-cautionnement dont elle reprendrait les caractéristiques en plus fort. Il est même parfois affirmé que la garantie bancaire est une sorte de clause pénale qui fixe contractuellement le montant des dommages et intérêts compensant forfaitairement le préjudice souffert par le bénéficiaire (85).

Une grande part de la difficulté tient dans la confusion des rôles. La garantie indépendante n'est pas, comme le cautionnement, un procédé d'exécution en cas

---

(84) Sur cette ambiguïté, v. notamment P. Malaurie et L. Aynès, *Droit civil. Les sûretés*, 2e éd., nos 335-338. — P. Théry, *Sûretés et publicité foncière*, P.U.F., 1988, nos 111, 113, 116.

(85) V. par ex. les cas examinés par Y. Poullet in *L'abstraction de la garantie bancaire automatique*, thèse Louvain-la-Neuve, 1981-1982, nos 90-91. — *Adde* Y. Derains, note Clunet 1980, 969. Cet usage de la garantie est plus net que celui envisagé par G.T. Mc Laughlin dans son article *Standby Letters of Credit and Penalty Clauses : An unexpected Synergy*, 43, Ohio St. L.J. (1982), 1-17, où les lettres de crédit standby pourraient être utilisées pour rendre exécutoires des *penalty clauses*.

de défaillance du débiteur principal ; d'ailleurs son montant limité à 5 ou 10 % du marché n'y suffirait pas. La garantie indépendante envisagée par les parties est tout entière contenue dans le procédé primitif de la consignation : la possession par le bénéficiaire d'une somme d'argent, faible fraction du prix du contrat, et appelée retenue de garantie, deposit ou dépôt de garantie, caution ou cautionnement, consignation... doit tenir lieu pour lui tout à la fois de moyen de pression sur le cocontractant pour l'inciter à exécuter correctement et de compensation financière partielle pour le cas où il lui serait impossible d'obtenir la condamnation de ce cocontractant à des dommages-intérêts (*supra*, n°s 405 et 410). Cette consignation n'est pas une évaluation forfaitaire de ces dommages-intérêts mais simplement un préalable à la détermination amiable ou judiciaire de leur montant. La détention de cette consignation n'est donc pas liée à l'exécution ou à l'inexécution du contrat par le débiteur ; elle est une mesure de protection préalable à toute solution du litige.

Afin d'éviter au débiteur le dépôt stérile de sommes souvent importantes à titre de consignation, les parties sont convenues de laisser cet argent à la disposition du débiteur mais d'organiser son paiement immédiat lorsque le bénéficiaire en émettra le désir. La banque garante s'engage donc à garantir non pas l'exécution des obligations essentielles du contrat mais simplement l'exécution d'une obligation marginale : le versement du montant de la consignation.

Ceci explique donc que la garantie fournie par la banque soit complètement indépendante de l'exécution ou de l'inexécution des obligations essentielles du débiteur. Ceci explique aussi que la garantie fournie par la banque soit liée à l'existence d'une obligation pour le débiteur de verser la consignation.

La garantie indépendante est ainsi la sûreté personnelle garantissant la constitution d'une sûreté réelle, le gage d'espèces qu'est un dépôt de garantie. Cette sûreté réelle étant par nature accessoire, ne pourrait-on voir resurgir les moyens de défense inhérents au contrat principal ? Par exemple, le donneur d'ordre soutiendrait qu'il est inutile d'imposer au garant la consignation du dépôt de garantie puisque toutes ses obligations sont exécutées. Ce risque doit être écarté car le dépôt de garantie est une sûreté en quelque sorte conservatoire ; il n'a pas pour finalité directe l'exécution du contrat principal mais l'octroi au détenteur d'une position plus confortable pour négocier cette exécution ou pour attendre le sort d'un procès. En cela il rappelle l'hypothèque judiciaire conservatoire. Comme elle, le dépôt de garantie doit être décidé vite et « provisoirement », en attendant que l'issue du conflit soit connue. Le lien d'accessoire entre le dépôt de garantie et le contrat principal est fortement distendu. Les moyens de défense provenant de l'état d'exécution de ce contrat sont irrecevables.

432. — La solution dans l'aménagement de la consignation. — Les difficultés soulevées par les garanties indépendantes ne viennent donc pas de l'engagement pris par les garants mais de l'imperfection du mécanisme de consignation. Les conflits à propos du paiement par les banques sont seulement les symptômes apparents de cette imperfection. Il ne sert à rien d'essayer de corriger les symptômes ; il faut tenter de supprimer les causes des troubles et pour cela chercher un mécanisme de garantie contre l'inexécution meilleur que la consignation, immédiate ou différée. Ce pourrait être par exemple l'assurance garantissant le versement de réparations couvrant le préjudice réel ou la stipulation de clauses pénales indemnisant forfaitairement un tel préjudice. Un tel mécanisme serait indéfectiblement lié à la preuve de l'inexécution.

Il serait aussi utile d'améliorer le fonctionnement du mécanisme de consignation et de la garantie de son paiement. Ne faudrait-il pas :

a) que les parties aient conscience du fait que la consignation d'une somme d'argent, immédiate ou différée, n'est qu'un préalable à l'indemnisation pour inexécution et n'est pas la compensation de cette inexécution ?

b) que les parties aient conscience du fait que la garantie bancaire consiste simplement dans l'engagement de payer cette consignation ?

c) que l'engagement de la banque, entièrement indépendant de l'exécution du contrat, soit accessoire à l'obligation de consigner et à elle seule ?

433. — Le régime des garanties de consignation. — Les garanties bancaires de payer le montant de la consignation sont des garanties de paiement. La comparaison avec les crédits documentaires devient donc envisageable. Encore faut-il que les garanties de consignation reposent sur des documents, tout comme les crédits documentaires. Toutefois ces documents ne peuvent pas être liés à l'exécution comme on l'a cru jusqu'à présent : sont inadaptés et hors de propos les certificats d'experts évaluant l'exécution ou les sentences arbitrales liées à l'inexécution. Les documents des garanties de consignation doivent simplement établir l'existence de l'obligation de verser la consignation au moment où la demande est faite. Ceci limite très fortement les moyens de défense susceptibles d'être présentés par le garant ou par le débiteur.

L'économie des garanties de consignation ne devrait-elle pas être réexaminée ? Le montant de la consignation, qui n'est qu'un préalable à l'évaluation du dommage né de l'inexécution, pourrait être réduit à 2 ou 3 % des contrats importants. Il faut, en fixant le montant de la consignation, garder présent à l'esprit qu'elle obéit au principe « payer d'abord, discuter ensuite » et que son montant n'est en rien une évaluation préalable d'une indemnité.

434. — Les garanties de soumission envisagées sous l'angle de la consignation. — L'obligation de consigner naît en même temps que la soumission. La consignation est un moyen d'inciter le soumissionnaire, s'il est choisi, à conclure le contrat dans les termes de la soumission. Le mécanisme même de la consignation n'est pas exempt de défauts car il peut permettre au bénéficiaire de l'utiliser comme moyen de pression pour renégocier le contrat ou de conserver toutes les consignations tant que les négociations avec un ou deux soumissionnaires ne sont pas achevées. De telles pratiques sont permises par la consignation et non par le mécanisme de garantie de son paiement. La consignation doit donc être restituée à la date prévue dans l'appel d'offres ou, au plus tard, lorsque la soumission a été écartée au profit d'une autre ou lorsque le soumissionnaire a été choisi. La garantie bancaire de paiement de la consignation expire en même temps que le bénéficiaire n'est plus en droit de détenir la consignation. La prolongation de la détention de la consignation ou de l'obligation de payer sont montant ne peut pas être unilatérale. En cas de demandes de précaution du type « prolongez ou payez » faites juste avant l'expiration d'une garantie de soumission, le débiteur qui n'a pas suffisamment confiance pourrait conditionner le paiement de la consignation à la fourniture d'une garantie bancaire de restitution par le bénéficiaire, commençant à courir à la date fixée pour l'adjudication du marché.

435. — Les garanties de restitution d'acompte envisagées sous l'angle de la consignation. — L'obligation de consigner naît avec le versement des acomptes et s'éteint lorsque le montant de ces acomptes a été compensé par le transfert au bénéficiaire de marchandises, biens ou services d'une valeur équivalente. La garantie est accessoire à cette obligation. Elle peut être forfaitaire (montant total à restituer en une fois) ou être réduite progressivement en proportion des valeurs transférées au bénéficiaire. Dans le premier cas, les documents assortissant la demande de paiement devront être spécifiés : par exemple, état et évaluation des travaux à la date de la demande, état et évaluation des marchandises reçues. L'expiration de l'obligation de consignation est liée à l'épuisement des acomptes. A ce moment, le débiteur peut demander le remboursement de la consignation ; si cette consignation n'a pas été versée, la garantie bancaire est éteinte.

436. — Les garanties d'exécution envisagées sous l'angle de la consignation. — C'est en ce domaine que la consignation présente le plus de défauts. Le but de la consignation est en effet de permettre à son détenteur d'obtenir complète satisfaction. La restitution de cette consignation est donc liée à son bon vouloir ou au succès d'une procédure très aléatoire tendant à convaincre le juge que le détenteur de la consignation a obtenu parfaite satisfaction. Le mécanisme est si inadéquat qu'il n'est tolérable que lorsque le montant en est très réduit. Mais à ce moment-là, la consignation est totalement détachée de l'indemnisation du préjudice. Si les garanties d'exécution ont évolué vers une indemnisation du préjudice subi par le bénéficiaire en cas d'inexécution, c'est bien parce que la consignation ne donnait pas satisfaction et qu'un glissement s'est opéré vers l'assurance du risque d'inexécution. Mais on a voulu garder le caractère automatique du paiement attaché au concept de consignation tout en obtenant une indemnisation assez proche de la réalité attachée au concept d'assurance. C'est de ce mélange que naissent toutes les difficultés rencontrées en matière de garanties indépendantes. Le moyen de les éviter n'est-il pas d'abandonner le mécanisme de consignation, en lui-même inefficace, et de le remplacer par une assurance des risques d'inexécution ?

Pour les parties qui voudraient néanmoins conserver le mécanisme de la consignation, il serait sage de prévoir une consignation d'un montant limité, restituable à une date postérieure à celle de la fin du contrat afin que la consignation puisse jouer son rôle de moyen de pression même pendant une éventuelle procédure destinée à évaluer le montant du préjudice dû à l'inexécution. Il y a peu de moyens, autres que la fixation d'une date de restitution de la consignation (ou d'extinction de l'obligation de la verser), pour éviter le conflit lors de la demande de paiement de la consignation. C'est pourquoi la détermination du moment de l'extinction de l'obligation de consigner revêt une telle importance.

SECTION III

L'EXTINCTION DES GARANTIES INDÉPENDANTES

437. — Le besoin de prolongation des garanties de soumission. — Les garanties de soumission sont normalement valables pour la durée d'examen des soumissions, c'est-à-dire, logiquement, jusqu'à l'adjudication. Au moment de l'adjudication, les entreprises non retenues sont libérées de leurs obligations de signer le contrat : la garantie qu'elles ont fournie de le faire doit donc s'éteindre. Quant à l'entreprise qui est adjudicataire, elle doit fournir une garantie d'exécution qui couvrira les obligations qu'elle a souscrites dans le contrat.

Le contrat étant signé, la garantie de soumission n'a plus de raison d'être. Les rédacteurs des garanties mentionnent donc la date d'adjudication comme date d'expiration de la garantie, puisque aucune relation d'accessoire à principal ne permet à la date d'expiration de l'obligation principale de s'appliquer automatiquement à la garantie. S'il ne s'agit pas d'une date, c'est un délai de validité qui est stipulé, le plus souvent de trois mois à compter de l'émission de la garantie.

Les difficultés surgissent lorsque le bénéficiaire, ayant reçu plusieurs soumissions, n'en trouve aucune vraiment satisfaisante. Les candidats sont alors répartis en deux groupes : quelques-uns avec lesquels des négociations sont immédiatement engagées et les autres, candidats de second rang qui seront sollicités si les négociations avec les premiers échouent. Durant ces négociations, la concurrence entre les soumissionnaires peut également être utilisée pour obtenir des réductions de prix ou des prestations supplémentaires. Certains soumissionnaires pouvant refuser ce « tour de vis », le bénéficiaire trouve intérêt à conserver la totalité des garanties. Les délais prévus pour parvenir à l'adjudication sont souvent sous-estimés. La complexité technique des grands travaux ou des services que doivent fournir les entreprises, les difficultés de communication entre les pays ou dans les pays d'exécution, la difficulté des négociations sur le montage financier entraînent souvent une prolongation du délai d'adjudication. Le bénéficiaire qui n'a obtenu que des garanties limitées dans le temps doit alors trouver un moyen de les prolonger. Trois méthodes sont le plus souvent employées :

— l'ordre donné au garant de proroger la garantie ou, en cas de refus, de payer immédiatement ;

— l'application d'une règle de droit local qui prolonge autoritairement la garantie ;

— la rétention de la lettre de garantie.

Ces méthodes sont également appliquées aux garanties d'exécution.

438. — Le besoin de prolongation des garanties d'exécution. — La nécessité d'une prolongation est moins fréquente car les garanties d'exécution sont rarement affectées d'une date d'expiration. Le plus souvent, elles sont valables jusqu'à la restitution de la lettre de garantie. Parfois, néanmoins, la date d'achèvement des travaux, ou une date qui lui est de quelques mois postérieure, est retenue comme date d'expiration de la garantie. Comme les travaux de construction sont fréquemment l'objet de retards, le bénéficiaire se trouve dans la même situation qu'en cas d'adjudication retardée. Les mêmes méthodes de prolongation de la garantie sont employées. Leur examen couvrira donc ces deux sortes de garanties.

439. — L'ordre « prolongez ou payez » *(extend or pay).* — C'est une pratique souvent dénoncée que celle de certains bénéficiaires d'utiliser le caractère indépendant de la garantie pour menacer d'exiger le paiement si la prorogation de validité de la garantie n'est pas accordée. Les donneurs d'ordres qualifient cette pratique d'abusive, surtout lorsqu'ils savent que leurs chances de devenir adjudicataires sont devenues inexistantes et que le délai supplémentaire sert seulement à renforcer la position du bénéficiaire dans ses négociations avec leurs concurrents.

Les juridictions françaises ont estimé que l'ordre « prorogez ou payez » pouvait ne pas être un appel de la garantie (86) et qu'en cas de défaut de renouvellement ou de prolongation de la garantie, celle-ci était éteinte. Voilà certes un moyen radical de mettre fin aux hésitations et aux abus. Il est un peu brutal.

---

(86) Com., 24 janv. 1989 : *J.C.P.* 89, éd. E, II, 15635, note J.-P. Mattout et A. Prum ; *D.* 1989, somm. 159, obs. M. Vasseur, et quelques arrêts de la cour d'appel de Paris. L'interprétation des documents qui permet de faire dire à cette demande le contraire de ce qu'elle dit est « souveraine » selon la Cour de cassation. Elle peut s'expliquer par le fait qu'en l'espèce le conflit concernait une contre-garantie, pour laquelle le garant de premier rang avait dit « prolongez ou payez » alors que lui-même n'avait reçu comme ordre que « prolongez ». La Cour de cassation juge qu'il ne pouvait pas appeler la contre-garantie, admettant donc qu'elle n'est pas indépendante de la garantie (en ce sens, J.-P. Mattout et A. Prum, note, II).

En général l'ordre lancé par le bénéficiaire sera exécuté par les banques garantes ou contre-garantes, en raison de l'indépendance de la garantie. Les garanties de soumission garantissent le versement de la consignation qui est à la charge du soumissionnaire et qui a été différé jusqu'au bon vouloir du bénéficiaire. Toutefois, si le bénéficiaire a objectivement écarté la soumission d'une entreprise, même avant l'expiration du délai d'adjudication, l'obligation de constituer une consignation disparaît ; si le bénéficiaire détenait cette consignation, il devrait alors la rendre. Donc, si les circonstances de fait font apparaître que le bénéficiaire a écarté la possibilité de contracter avec une entreprise, il serait déloyal d'exiger d'elle la consignation par appel de la garantie. L'ordre de proroger ou de payer est alors abusif. La garantie de soumission cesse d'exister (87).

Le plus souvent, toutefois, la situation est confuse. Le bénéficiaire n'écarte pas définitivement les soumissions les moins attrayantes, se réservant toujours la possibilité d'ouvrir des négociations avec leurs auteurs. Surtout, en conservant les garanties, il montre aux entreprises avec lesquelles il négocie qu'il a d'autres recours en cas d'échec puisqu'il n'a pas, par ailleurs, cessé toutes relations avec les autres soumissionnaires. La garantie a donc ici un effet secondaire de preuve de relations entre le bénéficiaire et les autres soumissionnaires qu'aurait de la même façon la conservation d'une consignation déjà versée. Le bénéficiaire souhaite jouir de cet effet secondaire, mais le donneur d'ordre n'a aucune raison de le laisser se développer à ses dépens. Comme il s'agit d'un effet secondaire, non négocié par les parties, il est anormal de l'imposer au donneur d'ordre qui n'y consent pas. Comme il est pratiquement impossible de savoir quelle est la situation exacte du bénéficiaire, la seule solution semble être, lorsque la garantie de soumission est appelée, de soumettre son paiement à la fourniture d'une garantie de restitution de la consignation à l'extinction de l'obligation de consigner (88). Cette obligation s'éteint lorsque la possibilité d'un contrat entre le donneur d'ordre et le bénéficiaire a disparu, notamment parce que le contrat a été conclu avec un concurrent.

440. — Les règles locales impératives fixant la durée de validité des garanties. — De nombreux États qui ont souvent, directement ou indirectement, la position de bénéficiaire ont éprouvé la nécessité de créer une réglementation ou une législation qui organise la durée de validité des garanties indépendantes. Le contenu est varié : ce peut être l'affirmation que la durée de validité éventuellement mentionnée dans la lettre de garantie n'a que la valeur d'une approximation et que l'extinction n'aura lieu que par la restitution de la lettre

---

(87) V. par ex. l'affirmation contenue dans le guide FIDIC : *Tendering procedure,* 1st ed. 1982, part 4.0, p. 14 *(Comment on Tender Bonds), and the Form of Tender Bond,* p. 34, Condition (b). — V. aussi les Règles uniformes pour les garanties contractuelles de la C.C.I., art. 5, 2, b et c.

(88) Ce qu'a fait par ex. la cour d'appel de Paris (14e ch. B) dans un arrêt du 23 sept. 1988 (*D.* 1989, somm. 156, obs. crit. M. VASSEUR) pour une garantie de bonne fin.

d'engagement (89) ; ce peut être aussi une loi d'ordre public fixant le moment de l'extinction de la garantie par référence à l'exécution du contrat principal ; ce peut être encore la décision d'appliquer les règles générales de prescription sans permettre de dérogation contractuelle (90). Ce peut être enfin une stipulation contractuelle de l'appel d'offres par laquelle le bénéficiaire habilite seulement sa banque à lui délivrer une garantie ; certains bénéficiaires imposent, ce qui revient pratiquement au même, une absence totale de stipulation sur la durée de la garantie.

Lorsque le bénéficiaire impose une règle impérative, il prend soin de soumettre la garantie à son propre droit par une disposition explicite. Cette attribution de compétence peut rendre inefficaces les dispositions du contrat qui organisent l'extinction de la garantie. Elle peut également, bien que ceci paraisse plus discutable, écarter les usages du commerce international. Il faut noter que dans ces situations, même les partisans de l'indépendance la plus absolue de la garantie admettent que des règles générales de droit, en l'espèce des règles de prescription ou d'extinction, soient applicables dans le silence du contrat ou même à l'encontre de son texte. L'affirmation de la seule confiance dans le texte du contrat est sérieusement affaiblie.

441. — La rétention de la lettre de garantie. — Soit par des stipulations contractuelles, soit par l'imposition d'une règle impérative, les bénéficiaires ont, avec le consentement plus ou moins sincère des banques garantes, développé la pratique de l'extinction par la seule restitution du document contenant l'engagement de garantie. Le texte de certains contrats est particulièrement confus et stipule à la fois une date d'expiration et la nécessité, pourtant illogique, de restituer le document au garant. Ceci est exagéré dans la mesure où le bénéficiaire a l'obligation de restituer le document lorsque la garantie n'a plus de raison d'être. Cette restitution est parfois expressément prévue par le texte de la garantie ou par des règles plus générales (91) et peut être vue comme l'expression d'une règle essentielle de la garantie.

C'est d'autant plus utile que les garants ou contre-garants, prenant prétexte de l'absence de restitution du document, continuent d'exiger la commission annuelle et le maintien des contre-garanties prises sur le donneur d'ordre.

---

(89) En ce sens, par ex. la décision du Conseil d'administration de la Banque commerciale de Syrie du 21 mars 1973. En voir les conséquences dans l'affaire tranchée par la Cour de cassation française (Ch. com.) le 27 nov. 1984 *(S.A. Omnium Technique) ; D.* 1985, 270, note M. VASSEUR, spéc. p. 273. — *Adde :* G. POURRET, *La mainlevée des garanties financières internationales : Les Petites Affiches* 1981, n° 40, p. 12-15, spéc. p. 13.

(90) La garantie peut ne s'éteindre que quelques mois ou quelques années après la réception définitive des travaux (Algérie) ou après son émission (Turquie). — V. aussi la disposition supplétive des Règles uniformes C.C.I., art. 4, pour le cas où aucune date d'expiration n'a été spécifiée.

(91) Ex. Règles uniformes relatives aux garanties contractuelles, art. 6.

En développant la pratique des clauses d'extinction par restitution, il semble que les parties aient surtout voulu retenir un moyen clair et indiscutable d'extinction. Or cette restitution n'est un moyen indiscutable d'extinction que lorsque le bénéficiaire se dessaisit volontairement du titre avant son expiration pour prouver la libération anticipée du garant. En dehors de ce cas, la restitution n'a guère de signification. Au contraire, ses inconvénients semblent l'emporter sur ses avantages. Ainsi peut-il être dangereux pour le bénéficiaire de se dessaisir du document pour en permettre la vérification : vérification d'authenticité, de signature ou de contenu. De même, pour les banques l'inconvénient de la transmission des garanties est important. En effet, si la garantie expire seulement par sa restitution et peut circuler, elle s'approche d'un billet au porteur puisqu'elle est indépendante du contrat principal. Un marché des garanties pourrait se créer où elles se négocieraient à un prix réduit, ce que les banques veulent éviter. Pour cela elles tentent de rendre les lettres de garantie intransmissibles en stipulant l'impossibilité pour le bénéficiaire de céder son droit ou de céder le document (92). Enfin, l'extinction par la seule restitution du document emporte incorporation du droit au paiement dans le document. Cette incorporation, admise pour les actions ou obligations et pour les effets de commerce, est un mal nécessaire à leur circulation, limité par des techniques de protection telles que les registres ou le contrôle judiciaire. Rien de tel n'existe pour les garanties : ni besoin de faciliter la circulation, ni techniques de protection. L'incorporation du droit dans les titres est donc inutile. Pour l'éviter, il faut supprimer l'extinction par la seule restitution.

La restitution de la lettre de garantie devrait alors avoir un régime clair : effectuée par le bénéficiaire avec l'intention de libérer le garant, elle est une mainlevée qui emporte extinction ; effectuée après extinction de la garantie, elle confirme que le bénéficiaire reconnaît cette extinction mais elle n'a pas de valeur particulière ; non effectuée, elle n'empêche pas l'extinction de la garantie. Si un corps de règles spéciales ou le contrat prévoient que le bénéficiaire a l'obligation de restituer la lettre de garantie, le fait de la retenir entre ses mains constitue une inexécution sanctionnable.

SECTION IV

LE BLOCAGE DU PAIEMENT PAR LES TRIBUNAUX

442. — Le moment de l'intervention judiciaire. — La garantie indépendante n'exclut pas le contentieux judiciaire mais elle a pour fonction de faire de la discussion judiciaire l'étape ultime. Payez d'abord, recouvrez ensuite, *solve e repete, pay and recover*, sont des formules

(92) V. l'affirmation de W. J. MATTHEWS, Séminaire IBA-Institute of International Business Law and Practice, *Performance Bonds and Contract guarantees*, Paris, 1982, p. 33.

imagées soulignant que les arguments et les retards de paiement de la garantie n'ont pas de place et qu'une discussion ne peut s'ouvrir qu'après le paiement au bénéficiaire du montant convenu (93). L'idée de l'exécution de la consignation est sous-jacente. Les banques garantes, déchargées du souci du remboursement par la prise de contre-garanties, laissent au donneur d'ordre la charge de la discussion et du recouvrement contre le bénéficiaire.

Les donneurs d'ordre tentent d'éviter le paiement de la garantie car ils savent que leurs chances d'obtenir un jugement de remboursement devant les tribunaux du bénéficiaire sont minimes, et moindres encore celles d'obtenir l'exécution d'une décision. Ils sollicitent alors d'un juge, le leur ou celui du banquier garant, qu'il interdise le paiement ou à tout le moins qu'il le retarde jusqu'à preuve du bon droit du bénéficiaire. Parfois ils intentent même une action conservatoire, avant toute demande de paiement, si le bénéficiaire a menacé d'appeler la garantie.

443. — Les techniques de blocage provisoire et de défense de payer. — Le donneur d'ordre sollicite souvent un délai afin de pouvoir établir l'exécution de ses obligations, l'extinction de la garantie ou encore la fraude du bénéficiaire. C'est donc une décision provisoire et conservatoire plus qu'une décision au fond qu'il recherche.

Suivant les systèmes juridiques, les techniques mises à la disposition du donneur d'ordre pour éviter le paiement immédiat sont différentes et reposent sur des bases différentes. Dans les pays de Common law, les donneurs d'ordres ont sollicité du juge l'émission d'un ordre *(injunction)* interdisant à la banque le paiement ou au bénéficiaire d'appeler la garantie. Cette injonction n'étant pas réglementée, les tribunaux ont petit à petit élaboré son régime juridique en déterminant les conditions que devait satisfaire la requête pour être agréée. Les juges français, après un temps d'hésitation, acceptent de rendre le même type d'ordre, sous forme de *défense ou interdiction de payer*.

— Dans les pays d'Europe continentale, les donneurs d'ordre utilisent des procédures d'urgence, de type *référé* ou *requête*, demandant au juge d'émettre une ordonnance qui interdise provisoirement le paiement (94).

---

(93) H. Lesguillons traite d'ailleurs de ces problèmes de contentieux sous le titre de « Pathologie » des garanties indépendantes (Lamy, *Contrats internationaux,* t. VI, IXe div., chap. IV).

(94) Une description sommaire de ces procédures est faite par J.-P. Verheul in *Jurisdiction to Grant Injunctions,* in *Essays on the Law of International Trade,* Hague-Zagreb Colloquium 1974, Asser Institut, The Hague, 1976, p. 69-98. — *Adde, eod. op.*, N. Vorgic, même titre, p. 99-112. V. aussi F. Niggemann, *How to stop fraudulent payment demands out of first demand guaranties. A comparative survey. The International Contrat (Law and Fin. Rev.* 1981, p. 553-557). — Pour une présentation détaillée de l'*Einstweilige Verfügung* et de l'*Arrest* allemands, v. Graf von Westphalen, *Die Bankgarantie im internationalen Handelsverkehr,* Heidelberg, 1982, p. 266-312. — Sur le référé et les saisies français, v. J. Stoufflet, *Le contentieux de la garantie internationale : Rev. jurisp. com.* 1982, 245-252. — Sur le droit suisse, v. J. Dohm, *Mesures conservatoires dans le cadre des garanties bancaires « à première demande »,* Schweizerische Aktiengesellschaft 1982, p. 53-69.

— S'il est créancier du bénéficiaire, le donneur d'ordre usera de la *saisie-arrêt*, de la saisie conservatoire ou de l'*arrest* allemand (95).

— Il peut aussi ne demander qu'une *consignation* entre les mains d'un tiers jusqu'à clarification de la situation : le séquestre français, l'*escrow* de Common law, le *sequestro conservativo* italien remplissent cette fonction.

444. — L'intérêt du donneur d'ordre à agir. — Contre ces actions, les bénéficiaires objectent plusieurs arguments.

Il a parfois été soutenu par le bénéficiaire que la garantie liant seulement la banque à lui-même, le donneur d'ordre n'a aucun droit de saisir la justice pour empêcher la banque de payer (96). L'argent concerné est celui de la banque et non celui du donneur d'ordre, puisqu'il s'agit d'un engagement personnel de la banque. Il appartiendra ensuite au donneur d'ordre de démontrer que la banque a payé à tort pour obtenir de n'avoir pas à la rembourser. Mais avant que la banque ne lui demande le remboursement, le donneur d'ordre n'aurait aucun intérêt à agir contre la banque ou contre le bénéficiaire.

Les arguments en sens contraire, établissant l'intérêt du donneur d'ordre à agir, ont eu jusqu'à présent gain de cause. Les systèmes juridiques admettent en général qu'il est préférable de prévenir un dommage imminent et certain que de le laisser se réaliser pour tenter ensuite de le réparer. Ils permettent donc à celui qui prétend que l'exécution d'un contrat entre deux tiers lui causera un préjudice de venir en justice solliciter le blocage de ce contrat. Celui qui craint que la construction programmée par son voisin ne rende son propre terrain inutilisable peut demander au juge d'interdire cette construction. Celui qui craint que l'exécution d'un contrat ne constitue un acte de concurrence déloyale peut solliciter son annulation. Il en est de même du donneur d'ordre qui démontre que le paiement par la banque créera pour lui un préjudice certain. La démonstration est facilitée par le fait que la banque a contre lui un droit au remboursement des sommes qu'elle paie au titre de la garantie. Le droit au remboursement découle du concept même de garantie et prouve que l'engagement de la banque n'est pas un engagement personnel mais un engagement avec le donneur d'ordre, à ses côtés. En pratique, ce droit au remboursement est explicité dans le contrat entre le donneur d'ordre et la banque par lequel le donneur d'ordre a demandé à la banque de se porter garante. Presque toujours, la banque renforce ce droit par des contre-garanties et en pratique elle ne paie la garantie

(95) C'est à propos de la saisie-arrêt que la discussion sur la renonciation anticipée est la plus vive. L'analogie souvent faite avec le crédit documentaire, dans lequel cette saisie-arrêt est refusée, n'est pas suffisante. C'est aussi parce que la garantie indépendante est un moyen de paiement du dépôt de garantie préalable à toute discussion sur les créances et dettes réciproques que la saisie-arrêt au prétexte de créances est irrecevable.

(96) V. par ex. les arguments du pourvoi rejeté par la Cour de cassation : Com., 5 fév. 1985 *(Banques Mellat et Markazi* c. *Banque de Paris et des Pays-Bas et Thomson-C.S.F.)*, 1er moyen : *D.* 1985, J, p. 271.

qu'après avoir elle-même été « remboursée » par le donneur d'ordre, opération unilatéralement effectuée par le débit du compte du donneur d'ordre ou la réalisation des garanties qu'elle détient. Le donneur d'ordre peut donc établir une perte patrimoniale que ne compensera pas nécessairement une action en remboursement contre le bénéficiaire car son résultat est rendu fort aléatoire par l'éloignement et l'incertitude du régime exact de la garantie, du droit applicable et des tribunaux compétents. L'intérêt à agir préventivement est en général jugé suffisant (97).

445. — L'absence de renonciation anticipée à agir. — Un autre argument consiste à opposer au donneur d'ordre la renonciation à agir qu'il aurait souscrite, soit explicitement, soit implicitement, en acceptant le principe d'une garantie à première demande (98). Le texte de ces garanties contient le plus souvent une formule du genre : « payez à première demande et sans soulever quelque exception que ce soit ». Il est soutenu que ces termes, acceptés par le donneur d'ordre, exprimeraient la philosophie de la garantie indépendante selon laquelle le paiement doit précéder toute contestation. Certaines banques imposent aussi une renonciation expresse dans l'ordre qui leur est donné de s'engager comme garant. Ces renonciations sont sans valeur (99).

Les arguments opposés à la renonciation soulignent que le donneur d'ordre ne peut renoncer qu'à des moyens de défense qu'il connaît mais non renoncer dans l'absolu à tout moyen de défense. Certains systèmes juridiques comme le droit français n'acceptent que les renonciations expresses et limitent sévèrement les renonciations anticipées. Il faut en effet ménager les recours contre la fraude du bénéficiaire ou l'erreur grave du donneur d'ordre ; il faut aussi prendre en compte l'incapacité humaine à prévoir le déroulement futur de contrats de longue durée et de grande technicité s'exécutant dans un contexte international particulièrement mouvant. Les renonciations anticipées sont donc exclues.

Dans une analyse plus nuancée, il est possible de voir dans l'abandon contractuel de toute exception une exonération pour le bénéficiaire

---

(97) En France : Com., 5 fév. 1985 : *Bull. civ.* IV, n° 45. — Com., 11 déc. 1985 : *Bull. civ.* IV, n° 292. — P. SIMLER, *Garanties autonomes, J.-Cl. civ.* préc., 1988, n° 114. — M. VASSEUR, *Encycl. Dalloz, Rép. dr. com., V° Garantie indépendante,* 1984, n° 138.

(98) Cette argumentation est développée et soutenue par M. CONTAMINE-RAYNAUD, *Les rapports entre la garantie à première demande et le contrat de base en droit français* in *Mélanges Roblot,* p. 413-432, spéc. nos 17-18 et 27. — K. PLEYER, *Die Bankgarantien im zwischenstaatlichen Handel,* W.M. teil IV, Sonderbeilage n° 2/1973. — F. GRAF VON WESTPHALEN, *Rechtsprobleme der Exportfinanzierung,* Heidelberg, 2e éd., 1978, p. 193. — G. PORTALE, *La Fideiussione e Garantievertrag nella prassi bancaria,* in *Le operazioni bancarie,* Milan, 1978, t. II, p. 1084 et s. — V. aussi la jurisprudence citée par Y. POULLET, *La jurisprudence récente en matière de garantie bancaire dans les contrats internationaux, Banca, Borsa et tit. cred.* 1982, p. 397 et s., spéc. n° 29, p. 417-418.

(99) P. SIMLER, *Garanties autonomes : J.-Cl. civ.* préc., 1988, n° 129.

de la justification *a priori* de l'existence de sa créance (100). Une simple présentation succincte des raisons de sa demande (ou même l'absence de raison) est considérée par les parties comme suffisante. Le donneur d'ordre conserve ainsi la possibilité de critiquer la demande de paiement pour des motifs sérieux.

446. — Les solutions les plus fréquentes. — Sur l'ensemble des requêtes de blocage temporaire sous leurs différentes formes, les décisions favorables sont en minorité. Les blocages accordés sont de brève durée, dix jours ou moins aux U.S.A. (101), et parfois le blocage accordé en première instance est réformé en appel ou en cassation. Trois sortes de conditions sont en général exigées, outre la condition d'urgence ou de péril imminent, qui est satisfaite :

— une conduite anormale du bénéficiaire : mauvaise foi, abus ou fraude (102) ;

— le risque d'un préjudice difficile à réparer par la suite (103) ;

— l'absence d'autres protections (104).

SECTION V

L'AMÉLIORATION ET LES COMPLÉMENTS DU RÉGIME JURIDIQUE DES GARANTIES INDÉPENDANTES

447. — La persistance des problèmes et l'inadéquation des propositions. — Quand les difficultés concernant les garanties indépendantes

(100) V. par ex. J. Stoufflet : note au *J.C.P.* 82, éd. C.I., II, 13897. — M. Cabrillac et B. Teyssié, obs. *Rev. trim. dr. com.* 1983, p. 103-104.

(101) V. le tableau recensant les décisions américaines de l'année 1979 dressé par H.E. Getz, *Enjoining the International Standby Letter of Credit : The Iranian Letter of Credit Cases,* 21, Harvard Int. L.J. 248-252.

(102) L'appréciation de la fraude ou de l'abus est influencée par l'analyse de la garantie. Si l'on considère que la garantie est liée au moins partiellement à l'inexécution des obligations essentielles du contrat principal (par ex. la signature du contrat après soumission (garantie de soumission), la fourniture de biens ou services équivalents aux acomptes (garantie de remboursement d'acompte), l'exécution de la vente ou des services principaux (garantie d'exécution), la fraude ou l'abus consisteront à exiger le paiement de la garantie alors même que ces obligations sont exécutées ou que l'inexécution n'est pas due au donneur d'ordre.

Si la garantie est jugée liée à la seule obligation de verser la consignation, la fraude ou l'abus seront beaucoup plus rares puisqu'ils ne se réaliseront qu'en cas d'appel de la garantie malgré l'inexistence ou l'expiration de l'obligation de verser la consignation. Or, cette obligation de consigner est elle-même indépendante de la bonne ou de la mauvaise exécution des obligations essentielles ; elle est beaucoup plus vivace.

Si, enfin, la garantie est jugée aussi indépendante que l'est un billet de banque, la fraude est impossible autrement que par falsification du document de garantie lui-même.

(103) De façon générale, et malgré les difficultés liées à l'éloignement et aux différences de droit ou de langue, les tribunaux saisis ont rarement jugé le préjudice irréparable.

(104) Secondaire en droit français, cette condition est posée par certains tribunaux américains, en partie en raison du caractère d'*equity* de l'injonction qui est sollicitée.

se multiplièrent, à partir des années 1975-1976, plusieurs tentatives furent faites pour remédier à leurs imperfections juridiques. Malgré les travaux des praticiens, des organismes internationaux (105) et des auteurs, malgré les propositions faites, les problèmes demeurent. Les diverses propositions d'amélioration peuvent être regroupées en quatre catégories, selon la caractéristique essentielle de leur contenu :

1) appliquer les règles du crédit documentaire aux garanties indépendantes ;

2) améliorer la rédaction des contrats ;

3) organiser un arbitrage après paiement ;

4) couvrir par une assurance le risque d'appel abusif.

§ 1. — L'impossibilité d'appliquer les règles du crédit documentaire

448. — Le domaine du problème. — Le droit du crédit documentaire, affiné par plus d'un siècle de pratique, est une référence tentante lors de l'élaboration d'un régime juridique des garanties indépendantes. Les garanties indépendantes s'étant développées initialement sous la forme des lettres de crédit standby, le parallèle entre lettres de crédit commerciales et lettres de crédit standby a été vite établi. Puisque la forme est identique et puisque l'indépendance est la règle fondamentale recherchée dans les deux cas, l'assimilation semblait naturelle. Les juges anglais et américains ont maintes fois affirmé l'identité de régime (106).

En outre, la référence expresse aux Règles et Usances uniformes relatives aux crédits documentaires (R.U.U.) de la Chambre de commerce internationale (107) est parfois faite dans des lettres de crédit

---

(105) Sur le projet en cours d'une loi uniforme sur les garanties dans le commerce international, entrepris par la C.C.I. et la C.N.U.D.C.I., v. *supra*, n° 402 *in fine*.

(106) Les affirmations de Lord DENNING in *Edward Owen Ltd.* v. *Barclays Bank International Ltd* (1978) 1 All E.R. 976 sont particulièrement nettes. Les tribunaux américains appliquent naturellement aux lettres de crédit standby les Règles et usances uniformes relatives aux crédits documentaires (C.C.I. pub. n° 400, 1983) ou l'art. 5 du U.C.C. écrit pour les crédits documentaires. — V. par ex. *United Technologies corp.* v. *Citibank N.A.*, US Dist. Crt. SDNY, 23 March 1979, 469 F. Supp. 473 ; 27 U.C.C. Reporting Serv. 212, ou encore *KMW International* v. *Chase Manhattan Bank,* US Court of Ap., 2nd circuit, 10 August 1979, 27 U.C.C. Reporting Serv. 203.

(107) Cette référence expresse est considérée par les rédacteurs des R.U.U. comme la condition de leur application (art. 1er, *in fine*). Cette exigence, insérée lors de la révision 1983, confirmerait l'analyse des R.U.U. en un groupe de stipulations contractuelles supplétives et rejetterait la qualification de règles autonomes (sur le débat, v. E.P. ELLINGER, *Letters of Credit,* in N. HORN et C. SCHMITTHOFF, préc., spéc. p. 251-254. — *Contra :* R. EBERTH, *The Uniform Customs and Practice for Documentary Credits,* in C.M. CHINKIN and others (edrs.), *Current Problems of International Trade Financing,* Malaya L.R. and Butterworths, 1983, p. 21-37, spéc. 28-33. — Il peut aussi être soutenu que le nouvel article 1er reflète simplement la pratique la plus courante et ne prend aucun parti sur la nature juridique des R.U.U. (R. EBERTH et P. ELLINGER, *The Revision of the Uniform Customs, Int. Banking Law* 1984, p. 90).

standby (mais ne l'est presque jamais dans les lettres de garantie) (108) ; elle établit la volonté des parties de transférer à leur contrat les règles de ce recueil, et cette volonté est souveraine en application de la règle d'autonomie.

Dans les deux cas, analogie ou référence expresse, il faut déterminer celles des R.U.U. relatives aux crédits documentaires qui sont transposables aux garanties indépendantes (109).

Mais il est tout aussi possible de soutenir, en sens contraire, que les garanties indépendantes n'ont rien de commun, au fond, avec le crédit documentaire. Leur finalité est totalement différente, même pour les lettres de crédit standby (110). La seule raison du recours à la forme d'une lettre de crédit fut le désir de tourner l'interdiction faite aux banques américaines de fournir des garanties personnelles (111). Les lettres de crédit standby sont un procédé élégant pour sauver les apparences que l'administration américaine a dû conforter car sa validité paraissait douteuse (112). Leur but est celui d'une garantie et non celui d'un crédit documentaire ; aussi, même aux U.S.A., le

---

— Dans une autre optique enfin, toute règle ayant essentiellement la valeur d'un simple argument en faveur d'une solution, l'incorporation d'une référence expresse n'est pas une condition nécessaire à l'existence de cet argument. En conséquence, les solutions contenues dans les R.U.U. pourraient fort bien être invoquées sans référence à la volonté contractuelle, expresse ou tacite.

(108) La détermination expresse d'une loi nationale est toujours rare [réponses à un questionnaire C.C.I.-C.N.U.D.C.I. (1975), question 9]. — *Contra :* E.P. ELLINGER, *Letters of Credit,* in N. HORN and C. SCHMITTHOFF edrs. : *The Transnational law of international commercial transactions,* Kluwer, 1982, p. 241-273, spéc. p. 254, qui estime que la référence aux R.U.U. apparaît dans la moitié des lettres de crédit standby émises en Australie, au Royaume-Uni et aux U.S.A. (p. 254, note 44).

(109) Il n'y a pas lieu de distinguer entre lettres de crédit standby et garanties puisqu'elles ont toutes deux la même nature profonde. — Rapp. E.P. ELLINGER, *Standby Letters of Credit,* Int'l Bus. Lawyer (1978), vol. 6, p. 622, note 1.

(110) V. *supra,* n° 424. — *Adde,* faisant de cette différence un élément essentiel, le Dossier 2 (étude du secrétariat) sur *La garantie à première demande,* Association belge des banques, sept. 1985, p. 22-23.

(111) Cette interdiction est d'origine jurisprudentielle et date du XIXe s. L'émission de garanties est possible lorsqu'il s'agit d'épauler des opérations dans lesquelles la banque garante a un intérêt direct. En revanche, émettre une garantie couvrant un tiers ne fut pas considéré comme une activité bancaire : *Bowen* v. *Needles National Bank,* 94 F. 925 (9th Circ. 1899). — V. un historique synthétique *in* Carl I. Gable Jr, *Standby Letters of Credit : Nomenclature has confounded analysis, Law and Policy in International Business,* 1980, vol. 12, p. 903-945, spéc. p. 914-915.

(112) L'autorité de contrôle *(comptroller of the currency)* a émis deux réglementations permettant l'émission des lettres de crédit standby par les banques nationales, l'une en mai 1977 [« Final Interpretative Ruling », 42 Fed. Reg. 24, 206 (1977), l'autre en 1980, 12 C.F.R. § 7.7016 (1980)]. Cette dernière circulaire pose les conditions de validité des lettres de crédit standby : rémunération, limite de durée et de montant, paiement contre documents, remboursement par le donneur d'ordre. Malgré la formule utilisée dans la circulaire, ces conditions ne peuvent permettre de distinguer les lettres de crédit standby des garanties personnelles [v. aussi 12 C.F.R. § 32.2 (e) (1983)]. Pour les banques d'États intégrées du Federal Reserve System, v. la réglementation au Federal Reserve Board : 12 C.F.R. § 208-8 (d) (1982). Pour les autres banques d'État, v. la réglementation de la Federal Deposit Insurance Corporation : 12 C.F.R. § 337.2 (1983).

souhait a été instamment formulé d'un régime spécial les concernant, qui écarterait le droit des crédits documentaires et l'article 5 U.C.C. (113).

449. — La position de la Chambre de commerce internationale auteur des R.U.U. — La Chambre de commerce internationale (C.C.I.) a affirmé que les lettres de crédit standby pouvaient entrer dans la définition des crédits documentaires donnée au paragraphe *b* des Dispositions générales et définitions des R.U.U. (version 1974) et qu'elles devraient contenir une référence expresse au R.U.U. (114). La dernière version des R.U.U. (révision 1983, publication C.C.I. n° 400) reprend cette opinion en intégrant dans l'article 1er, consacré au champ d'application, la précision que « les présents articles s'appliquent à tous les crédits documentaires, y compris, dans la mesure où ils seraient applicables, aux lettres de crédit standby ». Aucune détermination précise des règles applicables n'a été établie. Le commentaire de la révision 1983 des R.U.U. rappelle la nécessité d'une référence expresse de la lettre de crédit standby aux R.U.U. (115). Certains articles de cette nouvelle version ont été modifiés ou ajoutés pour tenir compte des lettres de crédit standby (116), mais la mesure dans laquelle les R.U.U. sont applicables reste très imprécise et il n'est pas envisagé de régler le problème lors de la publication des formulaires de lettres de crédit qui seront uniquement applicables aux crédits documentaires.

450. — Les positions au sein de la communauté des juristes. — Les décisions judiciaires se prononçant sur le problème ne sont guère nombreuses, peut-être parce que les conséquences pratiques de l'application des R.U.U. aux lettres de crédit standby sont elles-mêmes peu nombreuses. En cas de référence expresse aux R.U.U., les juridictions qui appliquent le principe d'autonomie considèrent ces règles comme applicables. En cas de silence d'une lettre de garantie, il a été jugé que les R.U.U. ne s'appliquaient pas car il s'agissait d'une garantie et non d'un crédit documentaire (117). En cas de silence d'une lettre de crédit standby, les juridictions de Common law pourraient être plus enclines à appliquer les R.U.U. puisqu'elles affirment l'identité de nature et de régime entre toutes les lettres de crédit. Toutefois une lettre de crédit standby non documentaire *(clean)* est une garantie non susceptible d'être régie par les R.U.U. (118).

---

(113) V. par ex. la position de John A. BARRETT au Congrès de la C.C.I. Amsterdam 1984, sur « Current problems of Letters of Credit and Bankers' Guarantees », p. 15-16 du texte ronéotypé. De même, l'article anonyme *Fraud in the Transaction : Enjoining Letters of Credit during the Iranian Revolution,* (93) Harv. L.R., 922-1015 (1980), spéc. p. 1013-1015, la proposition argumentée d'une révision de l'art. 5 U.C.C.

(114) Decisions (1975-1979) of the I.C.C. Banking Commission on queries relating to Uniform Customs and Practice for Documentary Credits, I.C.C. pub. n° 371, 1980, p. 11. — V. aussi B. WHEBLE : *Problem Children. Standby Letters of Credit and Simple First Demand Guarantees,* Arizona L.R., 1982, vol. 24, p. 201-317, spéc. p. 303-304.

(115) U.C.P. 1974/1983 Revisions Compared and Explained, pub. C.C.I. n° 411 (1984), p. 10.

(116) Par ex. l'art. 2 (définition), les art. 3 et 4 (responsabilité des banques) ou l'art. 28 (documents).

(117) Court of Appeal of the Hague, 13 June 1980 and Supreme Court of The Netherlands, 12 March 1982, dans l'affaire *Macoil International Oil Trading and Shipping AG* v. *Bonscroft Ltd and NV Slavenburg's Bank,* résumé in *Int. Banking Law,* August 1984, p. 34-35.

(118) *Wichita Eagle and Beacon Publishing Co* v. *Pacific National Bank,* 493 F. 2nd 1285 (9th cir. 1974). — *Steinmeyer* v. *Warner Consolidated Corp.*, 116 Cal. Rptr. 57 (1974), cités avec une forte approbation par E.P. ELLINGER, *Letters of Credit,* préc., note 63, spéc. p. 254 *in fine* et note 4.

La C.N.U.D.C.I., qui entreprend la rédaction d'une loi uniforme sur les garanties indépendantes, tente de faire adopter le principe de leur assimilation aux lettres de crédit commerciales (crédits documentaires) par le biais des lettres de crédit standby. La transposition des R.U.U. aux garanties indépendantes semble être son objectif (119).

En doctrine, la question est davantage évoquée. La majorité des auteurs pensent et démontrent que les R.U.U. sont inapplicables aux garanties indépendantes (120). Et chez ceux qui doutent, l'impression est que, même au cas d'applicabilité, les règles pertinentes sont peu nombreuses et fournissent des solutions soit évidentes, telle l'indépendance, soit ambiguës telle la responsabilité des banques (121).

451. — La tentative de détermination de celles des R.U.U. qui seraient applicables et utiles. — Les R.U.U. sont essentiellement une compilation des pratiques les plus usuelles, triées afin de ne conserver que celles qui évitent le contentieux et correspondent à la conception que se font les banques du service du crédit documentaire. De nombreuses dispositions sont descriptives ; quelques présomptions sont posées, liant telle conséquence juridique à tel comportement ou à telle clause.

452. — L'application exceptionnelle des R.U.U. — Certaines garanties indépendantes sont liées directement à la vente de marchandises ; par exemple, en cas de livraison régulière du vendeur à l'acheteur, l'acheteur peut demander à sa banque d'émettre une garantie du montant d'une seule des livraisons (ou du montant approximatif de la

---

(119) V. la note du secrétariat résumant les principaux problèmes en cours d'examen, doc. A/CN9/WG.II/WP.65 du 13 nov. 1989, et spéc. les définitions, n° 13 et s.

(120) C.M. Schmitthoff est résolument hostile à l'application des R.U.U. car « les lettres de crédit standby sont une institution si différente des crédits documentaires normaux que je considère insensé et source de confusion que les nouvelles R.U.U. puissent couvrir ce type de services financiers » (*The New Uniform Customs for Letters of Credit, The Journal of Business Law* 1983, p. 195). — Dans le même sens : J. Puech, *Les différentes fonctions du crédit documentaire selon les nouvelles règles et usances 1983 : Rev. jurisp. com.* 1985, n° spécial *(Les opérations internationales de banque)*, p. 18 et s., spéc. p. 25-26. — De même G.B. Graham et B. Geva, *Standby Credits in Canada,* 9 Canadian Bus. L.J. (1984), p. 181-213, au motif que les usages du commerce international en matière de crédit documentaire, lentement formés, sont difficilement applicables à un mécanisme si nouveau que les crédits standby, et que leur application risquerait surtout d'affaiblir l'utilité de ce moyen de paiement et de financement si bien rodé (p. 212-213).

(121) E.P. Ellinger, *Problems of Standby Credits in Australia,* 11 Com. Law A. Bull. (1979), p. 103. — Comp., plus nuancé, B. Wheble, *Problem Children...* préc., note 65, p. 304. — Certains auteurs ne doutent pas néanmoins de l'utilité d'appliquer les R.U.U. aux garanties. V. par ex. : Kim Seah Teck Kim, *Updating « Living Law » : Some Reflections on the Forthcoming Revision of the U.C.P.*, in C.M. Chinkin and others, préc., note 64, p. 56-754, spéc. p. 59. — Toutefois la liste des dispositions utiles est laissée inachevée. Plus récemment, P. Jasinski, *Crédit documentaire : application aux lettres de crédit standby des règles et usances : Banque* 1988, p. 1116-1120, qui veut croire à leur utilité après avoir longuement et efficacement démontré les considérables différences entre les deux contrats. — Rappr. G. Sion, *La garantie bancaire internationale et les enseignements du droit américain : Rev. de la banque* 1984, p. 5, spéc. p. 20, d) et note 148 qui admet l'application « des principes régissant les crédits confirmés et les lettres de change » !

livraison la plus élevée) et régler lui-même directement sur facture (122). L'ensemble des R.U.U. a alors vocation à s'appliquer car la finalité de ces garanties est proche de celle du crédit documentaire et car la référence à des documents permet l'analogie.

453. — Les exclusions certaines. — Doivent être exclues toutes les règles qui ne correspondent pas à la pratique des garanties. Par exemple les dispositions sur les banques confirmatrices ou notificatrices n'ont pas d'utilité car il n'est pas d'usage, dans les lettres de crédit standby, de recourir à une banque confirmatrice ou notificatrice. Et si par extraordinaire une garantie était ainsi émise, les articles 10 *b* et 12 ne seraient pas applicables car ces règles ne reflètent pas une pratique commune en matière de garanties (123). Même une référence expresse aux R.U.U. pourrait laisser un doute quant à l'intention réelle des parties tant une volonté implicite de voir cette règle s'appliquer est difficile à accepter dans une situation si peu courante.

Par ailleurs, bien des articles des R.U.U. sont juridiquement applicables, parce que leur contenu ne fait pas obstacle à leur application, mais leur utilité pratique est nulle, en termes généraux, car la finalité des garanties ou leur rédaction ôtent tout besoin de les appliquer. Les garanties indépendantes ne font aucune référence à une marchandise ou à un document puisqu'il n'en existe pas ; leur date de validité est précise mais souvent inefficace ; elles sont non transférables et non révocables par nature. Toutes les dispositions des R.U.U. relatives à ces questions manquent de pertinence et d'utilité pour les garanties.

Enfin les dispositions les plus caractéristiques des crédits documentaires, relatives à leur irrévocabilité, sont contraires au régime des garanties. L'alinéa *c* de l'article 7 pose la règle que le crédit qui ne prévoit rien quant à sa révocabilité est révocable (124). Or une telle solution est incompatible avec la nature des crédits standby et des garanties. Une sûreté personnelle ne peut pas être révoquée unilatéralement (125), sinon elle perdrait toute valeur : les garanties sont irrévocables par nature (126). L'article 7-*c* des R.U.U. est donc dangereux et inapplicable (127).

454. — L'examen de détail. — Des 55 articles des R.U.U., peu sont aptes à fournir des solutions aux problèmes les plus épineux généralement rencontrés dans les garanties :

— sont inutiles les articles qui concernent les documents, base technique du crédit documentaire absente dans les garanties : toute la subdivision « D » y est consacrée, article 22-42, mais aussi nombre de textes insérés dans la subdivision C traitant de la responsabilité, par exemple les articles 15, 16 *b-f* et 17 ;

— même dans les subdivisions qui paraissent *a priori* les plus riches en dispositions ayant vocation à régir les garanties, telles les subdivisions « A » (dispositions générales), « B » (forme), « E » (date de

---

(122) Un tel exemple est développé et assorti d'un modèle de garantie adéquat *in* F. P. de Rooy, *Documentary Credits*, Kluwer, 1984, p. 52-53.

(123) *Contra*, mais sans explication : P. Jasinski, *Crédit documentaire : application aux lettres de crédit standby des règles et usances : Banque* 1988, p. 1117.

(124) V. aussi art. 7, 9 et 10.

(125) Sauf cas d'indétermination de son montant et de sa durée, la résiliation n'ayant d'effet que pour l'avenir. Mais jamais les garanties indépendantes ne sont indéterminées.

(126) V. dans le même sens G.B. Graham and B. Geva, *Standby Credits in Canada*, Can. Bus. L.J. vol. 9, 1984, 180 et s., spéc. 188, qui citent *C.D.N. Research and Development Ltd.* v. *Bank of Nova Scotia* (1980), 18 C.P.C. 62 (Ont. H.C.J.) ayant qualifié irrévocable une garantie d'exécution silencieuse sur ce point, malgré l'art. 7 c R.U.U.

(127) Dans le même sens, mais y attachant moins d'importance, P. Jasinski, *op. cit.*, p. 1117.

validité), peu d'articles résolvent les problèmes des garanties. Le tableau de l'utilité des R.U.U. (version 1983) s'établit ainsi :

A. Dispositions générales et définitions	
Art. 1er	Déclaration générale d'intention sans utilité pour la solution des problèmes propres aux garanties.
Art. 2	Définition destinée à englober les lettres de crédit standby. Sans utilité pour la solution des problèmes propres aux garanties (*N.B.* : fait référence expresse au document).
Art. 3, 4 et 6	Ces trois articles affirment l'indépendance des crédits. Ils n'ajoutent rien à la formulation de la majorité des garanties mais l'article 3 peut aider à écarter l'argument d'une garantie accessoire du contrat principal (*N.B.* : l'art. 4 fait référence expresse au document).
Art. 5	Rédaction du contrat de crédit. Vœu pieux sans utilité immédiate.
B. Forme et notification des crédits	
Art. 7, 9 et 10	Révocabilité. Voir *infra*, paragraphe 135.
Art. 8	Notification. Non pertinent car en pratique la banque du bénéficiaire garantit directement celui-ci.
Art. 10	Crédits irrévocables. Bien que les garanties soient par nature irrévocables, l'article 10 ne résout aucun de leurs problèmes. L'alinéa *a* décrit les formes de la prestation de la banque ; les alinéas *b*, *c* et *d* concernent la confirmation qui n'est pas pratiquée en matière de garantie.
Art. 11	Mentions utiles concernant les banques. Sans utilité directe pour les garanties et non conformes à la pratique majoritaire en matière de garantie.
Art. 12	Télétransmission. Les alinéas *a* et *b*, relatifs à la télétransmission entre banques, sont de peu d'utilité puisqu'en matière de garantie les banques notificatrices sont peu usitées. Les alinéas *c*, *d* et *e*, relatifs à la télétransmission d'une banque au bénéficiaire, sont parfaitement applicables aux garanties. Néanmoins les solutions fournies sont d'utilité fort limitée.
Art. 13	Crédit émis par référence à un autre. Cet article est parfaitement applicable, mais l'hypothèse traitée semble peu fréquente en matière de garantie.
Art. 14	Informations incomplètes. Article parfaitement applicable et qui devrait l'être souvent. La solution donnée est de bon sens et semble d'ailleurs correspondre à la pratique et l'entendement commun en dehors de l'application des R.U.U.

C. Responsabilités	
Art. 15	Examen des documents. Non pertinent pour la majorité des garanties, qui ne s'appuient sur aucun document.
Art. 16 *a*	Remboursement de la banque. Parfaitement applicable, mais n'ajoute rien au droit que la banque tient de la garantie qui, par essence, lui confère un droit au remboursement.
Art. 16 *b-f*	Documents non conformes. Non pertinent.
Art. 17	Contenu des documents. Non pertinent.
Art. 18-20	Exonération de responsabilité des banques. Applicables aux garanties, ces articles sont protecteurs des banques dans leurs relations avec le bénéficiaire comme avec le débiteur (leur client).
Art. 21	Remboursement entre banques. Non pertinent car la pratique des garanties n'utilise pas de banques acceptrices ou négociatrices. Ces procédés sont remplacés par la contre-garantie, engagement direct et dit indépendant de la garantie. Aucun article des R.U.U. ne concerne le cas particulier des contre-garanties. Ceci renforce les différences entre les situations pour lesquelles les R.U.U. ont été rédigées et la pratique des garanties.
D. Documents	
Art. 22-42	Les textes détaillés qui déterminent la nature, les mentions et l'examen des documents accompagnant la demande de paiement ne peuvent concerner une garantie que si elle repose sur des documents constatant la vente, le transport et l'assurance de marchandises. Ils ne sont donc d'aucune utilité dans la majorité des cas. Seul l'article 23 a été écrit pour englober des certificats d'inexécution par expert ou des sentences arbitrales susceptibles d'asseoir la demande de paiement d'une garantie. Il n'a toutefois qu'une portée limitée, permettant aux banques d'accepter ces documents tels qu'ils sont présentés sans encourir de responsabilité.
E. Dispositions diverses	
Art. 43	Quantité de marchandises et montant du crédit. L'alinéa *a* pourrait être utile pour limiter à 10 % l'écart entre un crédit stipulé de façon imprécise par l'emploi d'un mot tel que environ, *circa*... et la somme due ; mais en pratique le montant des garanties est stipulé de façon précise et il n'existe aucun besoin de laisser une marge d'appréciation.
Art. 44-45	Tirages partiels ou fractionnés. Peuvent théoriquement s'appliquer à une garantie car des paiements partiels ou à tempérament y sont concevables. Toutefois la pratique courante n'est pas dans ce sens.

Art. 46	Date extrême de validité. Impose la fixation d'une date à partir de laquelle les demandes de paiement ne sont plus valables. Parfaitement applicables aux garanties. Ne résout pas le problème pratique (v. paragraphe !).
Art. 47-48	Présentation des documents de transport. Non pertinents. Tout au plus l'article 48-*a* pourrait-il être évoqué par analogie.
Art. 50	Expédition des marchandises. Non pertinent.
Art. 51-53	Termes de temps. Applicables, pour préciser les dates de début et de fin de validité.
F. Transfert	
Art. 54	Définition et régime du transfert. Réglementation applicable. Les banques sont hostiles au transfert du bénéfice des garanties ; l'article 54-*b* est en ce sens précieux puisqu'un crédit n'est transférable que si cela est précisé au contrat.
Art. 55	Cession du produit du crédit. Applicable ; utilité limitée puisque le texte renvoie à la loi applicable.

455. — Commentaires du tableau des R.U.U. transposables.

— La majorité des R.U.U. ne concernent pas les problèmes principaux des garanties ; ainsi par exemple les articles 13 et 14, 18-20, 44 et 45, 54 et 55.

— D'autres règles, telles l'article 16-*a* sur le droit au remboursement ou l'article 3 affirmant l'indépendance des crédits, donnent une solution qui serait identique en leur absence.

— Certains articles, comme les articles 46 et 51-53 sur la durée de validité, fournissent une solution à un vrai problème ; mais cette solution, qui est également souhaitée en dehors des R.U.U., n'est pas efficace en raison du contexte particulier des garanties (v. *supra*, n°s 437-441) (128).

— Enfin certaines règles soulignent par leur inadaptation les différences entre crédit documentaire et garantie ; l'article 21 qui organise le remboursement entre banques ne s'adapte pas du tout au procédé de la contre-garantie, et l'article 7-*c* qui impose la révocabilité du crédit est en contradiction avec la notion de garantie.

Appliquer les R.U.U. aux garanties indépendantes et non documentaires ne peut rendre que de faibles services, amoindris encore par

(128) Sur ces trois premières sortes de dispositions, l'évaluation de leur utilité pour les garanties indépendantes peut être variable, certains pensant que des règles qui reprennent l'usage ou la nature des garanties sont utiles, et que celles des R.U.U. qui ne sont pas pertinentes ne gênent en rien l'extension aux garanties : v. notamment P. JASINSKI, *op. cit. : Banque* 1988, p. 1117 et 1120.

le risque que les décisions et interprétations sur les garanties ne perturbent par analogie la matière du crédit documentaire assainie par une longue pratique (129).

§ 2. — L'impossibilité d'une rédaction différente des contrats

456. — Les critiques émises à l'encontre de la rédaction des garanties. — Le texte des lettres de garantie est souvent imposé par le bénéficiaire lui-même, notamment dans les contrats conclus avec des gouvernements ou des entreprises gouvernementales (130). Quel que soit le rédacteur de la garantie, il est souvent reproché au texte d'être imprécis et confus. Les causes en sont multiples : ambiguïté voulue, manque de temps (parfois 10 jours seulement sont laissés pour satisfaire les exigences posées par le bénéficiaire), difficultés de langue, etc. Conseils de clarté et incitations à la clairvoyance sont prodigués (131), parfois nombreux et variés (132), qui peuvent être regroupés autour de sept thèmes majeurs.

457. — 1° Rendre la garantie conditionnelle en la soumettant à la preuve de l'inexécution. — Les donneurs d'ordre ont toujours tenté de faire admettre le principe de garantie conditionnelle, comparable à l'assurance garantissant la bonne fin du contrat. Différents procédés sont utilisés, de la rédaction de formulaires de garanties accessoires par les organismes professionnels à celle des Règles uniformes en matière de garanties contractuelles par la Chambre de commerce internationale. Une autre démarche a consisté à arguer que les garanties stipulées à première demande sont néanmoins accessoires du contrat principal et que le donneur d'ordre pouvait puiser dans ce contrat un certain nombre de moyens de défense ; suivant les théories, le nombre de ces moyens de défense peut être plus ou moins élevé. Ces efforts n'ont pas donné les résultats escomptés par leurs auteurs. Les bénéficiaires exigent toujours des garanties indépendantes, les Règles uniformes de la C.C.I. n'ont eu aucun succès et la communauté des juristes admet aujourd'hui sans hésitation que les garanties internationales sont indépendantes.

---

(129) Les auteurs favorables à l'extension des R.U.U. aux garanties négligent souvent ce risque, confiants sans doute dans l'intangibilité des R.U.U. et oubliant que le droit n'existe que par une controverse permanente et toujours renouvelée.

(130) La plupart des réponses au questionnaire C.C.I. sur les garanties (avril 1969) affirment que la garantie est rédigée par le bénéficiaire (rép. à la question n° 1). — V. la description de cette situation par W.C. CRAIG dans son rapport in *The Contractor's Position,* au congrès IBA, *Inst. of Intern. Bus. Law and Practice : Performance Bonds and Contract Guarantees,* Paris, 1982, p. 11-12.

(131) V. par ex. les recommandations de la Confederation of British Industries in *Contract Bonds and Guarantees,* 2nd éd., 1983, § 33, avec une référence à titre d'exemple à l'espèce *Howe Richardson* (Court of Appeal, London, 1978). — V. aussi W.C. CRAIG, préc., p. 12 et la référence à titre d'exemple à l'espèce *Hardbottle* (Queen's Bench Division, 1977). — A.B. JORDAN, *Guarantee Bonds : Their Use in International Contracts : The Intern. Contr. (Law and Fin. Rev.)* June 1980, p. 201-217, spéc. p. 205-212 et les formules de clauses proposées.

(132) Certains vont jusqu'à énumérer plus d'une dizaine de conseils. Par ex. A. LOKE, *Standby Credits and Performance Bonds : The lesson of the Iranian Experience,* in C.M. CHINKIN and others, préc., note 64, p. 289-291. — V. aussi W.C. CRAIG, préc., note 74, et, plus synthétiques, G. WEISZ and J.I. BLACKMAN, *Standby Letters of Credit after Iran : Remedies of the Account Party,* Univ. of Illinois L.R. 1982, p. 378-381.

458. — 2° Exiger le contrôle de l'inexécution par une tierce personne. — L'idée est proche de la précédente et consiste à accepter le principe de garantie à première demande à condition que la demande soit assortie d'un certificat émanant d'un tiers (ingénieur, expert, tiers désintéressé) certifiant que les conditions pour que la garantie puisse être appelée sont bien remplies. Le contrôle effectué par un tribunal arbitral ou par un tribunal judiciaire est considéré comme la meilleure protection contre l'abus ou la fraude. Lorsque des contrôles de ce genre ne sont pas acceptés, soit parce que l'intervention d'un tiers est refusée, soit parce que la garantie est discrétionnaire, il est parfois conseillé de demander au bénéficiaire de formuler lui-même, expressément, les raisons pour lesquelles il demande le paiement.

459. — 3° Obtenir que la banque avertisse le donneur d'ordre de la demande de paiement dont elle est l'objet. — Il est parfois conseillé aux donneurs d'ordre d'obtenir que leur banque leur accorde un délai entre le moment où elle reçoit la demande de paiement et le moment où elle paiera, afin qu'ils puissent vérifier que la demande de paiement n'est pas abusive ou, s'ils l'estiment abusive, afin de pouvoir réunir des indices établissant la fraude ou l'abus. Dans le même sens, il est parfois conseillé aux donneurs d'ordre d'obtenir que leur banque ne paie le montant de sa garantie ou contre-garantie qu'après avoir reçu un certificat émanant d'eux-mêmes aux termes duquel il n'y aurait entre le donneur d'ordre et le bénéficiaire aucun conflit en cours. Ces pratiques ne sont pas admises par les banques garantes qui veulent respecter leur engagement de payer promptement.

460. — 4° Diminuer le montant de la garantie et obtenir des garanties fractionnées. — L'un des conseils les plus fréquemment renouvelés est de faire en sorte que le montant de la garantie soit à tout moment aussi équivalent que possible au préjudice que l'inexécution pourrait causer au bénéficiaire. Le montant des garanties de remboursement d'acomptes doit diminuer au fur et à mesure de leur utilisation par le donneur d'ordre en marchandises ou prestations. Le montant des garanties d'exécution doit diminuer à chaque acceptation partielle des travaux de façon que, vers la fin de l'exécution des travaux, le bénéficiaire ne puisse cumuler cette exécution et le montant total de la garantie (133). Ces conseils reposent sur la constatation que le montant des projets internationaux a augmenté dans des proportions considérables depuis le début des années 1970. Ils portent aujourd'hui sur des sommes telles que le montant d'une garantie équivaut à ce qu'était autrefois la totalité du contrat. Il serait donc sain de diminuer le montant des garanties et de les découper en tranches. Un autre moyen serait de découper le contrat en tranches successives, l'exécution de chaque tranche faisant l'objet d'une garantie séparée. Tous ces conseils s'inspirent d'une philosophie identique à celle qui sous-tend les conseils regroupés dans les trois paragraphes précédents et qui analyse la garantie bancaire en une garantie des obligations essentielles du donneur d'ordre. Ils encourent donc la même critique de négliger la finalité première de ces garanties qui est de permettre la consignation d'un dépôt de garantie.

461. — 5° Prévoir une date d'expiration. — Afin d'éviter des appels de garantie totalement détachés du contrat pour lequel la garantie a été donnée, il est conseillé de limiter dans le temps la validité de ces garanties. Ainsi les garanties de soumission devraient s'éteindre au plus trois mois après leur émission ; les garanties de remboursement d'acomptes devraient s'éteindre à la date prévue pour la réception des travaux ; les garanties d'exécution devraient s'éteindre au plus tard 30 à 60 jours après la date fixée pour la réception des travaux. Il est souvent conseillé d'insister sur cette date, même si son efficacité envers le bénéficiaire n'est pas certaine car elle peut conforter la position du donneur d'ordre

---

(133) Il est aussi proposé de diviser le risque entre l'entrepreneur principal et les sous-traitants en exigeant de ceux-ci qu'ils donnent à l'entrepreneur principal une garantie de même nature que celle fournie par lui et d'un montant égal à la part du marché attribuée au sous-traitant. — V. par ex. *C.B.I. : Contract Bonds and Guarantees,* 1983, n°s 52-53.

envers sa banque lors de discussions sur le caractère abusif de la demande de paiement.

462. — 6° Conditionner l'existence de la garantie au paiement par le bénéficiaire du prix du contrat. — Afin d'éviter que la garantie, détachée de tout contrat, n'existe avant même que le contrat n'arrive à exécution, il est conseillé d'établir un lien entre l'existence de la garantie et les obligations essentielles du bénéficiaire. Ainsi les garanties de remboursement d'acomptes ne doivent-elles entrer en vigueur qu'à partir du moment où les acomptes sont payés par le bénéficiaire. Ainsi les garanties d'exécution devraient-elles être conditionnées par le paiement du prix du contrat par le bénéficiaire. Si cela ne s'avère pas possible, l'entrée en vigueur de la garantie fournie par le donneur d'ordre peut être subordonnée à la fourniture par le bénéficiaire d'une garantie bancaire de paiement du prix ou d'un crédit documentaire (134).

463. — 7° Inclure le coût de la garantie et les risques qu'elle représente dans le prix. — Majorer le prix du contrat du montant de la garantie est un procédé que fort heureusement les donneurs d'ordre ne peuvent que très difficilement mettre en œuvre. Il a en effet l'énorme inconvénient d'inciter les bénéficiaires, irrités par le montant trop élevé du contrat, à demander le paiement de la garantie à seule fin de rétablir ce qu'ils estiment être un juste prix. Il faut aussi souligner que l'évaluation du coût exact des énormes travaux qui sont l'objet le plus fréquent des contrats garantis est particulièrement difficile (135). Lorsque les premières évaluations faites par des experts indépendants sont inférieures aux soumissions proposées par les entreprises, les bénéficiaires ont parfois l'impression que les prix ont été artificiellement majorés et une incitation à le faire les conforterait dans leur impression.

464. — Les raisons de l'inefficacité des améliorations proposées. — Elles sont de plusieurs ordres :

— Les difficultés de la négociation et la pression de la concurrence. Le marché international attirant toujours davantage d'entreprises en raison de la saturation des marchés nationaux qu'a entraînée la récession économique des années 1970, la concurrence y est particulièrement vive. Les donneurs d'ordre ont davantage de difficultés à négocier le régime des garanties qui est secondaire par rapport au contenu économique du contrat (136).

— L'équilibre entre la supériorité technique du donneur d'ordre et les moyens de pression conférés au bénéficiaire. Dans les contrats internationaux, les acheteurs, qui sont aussi les bénéficiaires des garanties, désirent obtenir un moyen de pression sur le donneur d'ordre qui leur permette de contre-balancer la supériorité technique de celui-ci. L'exécution de ces contrats s'étalant en général sur une longue durée, de nombreuses renégociations partielles seront nécessaires car des difficultés non prévues à l'origine apparaîtront. Lors de ces discussions, il est nécessaire pour les acheteurs de n'être pas dans une position trop inconfortable. La détention d'une consignation ou l'obtention d'une garantie de paiement immédiat de celle-ci remplit cette finalité. Les pays acheteurs, instruits par des expériences désagréables, ont souvent mis sur pied des réglementations de la garantie qui ont pour finalité de les laisser en permanence en possession de ce moyen de pression (137).

---

(134) V. par ex. les formules de clauses proposées par C.B.I., *op. cit.*, n° 37.

(135) V. les exemples éclairants donnés par O.P. Kharbanda et E.A. Stallworthy, *How to Learn from Project Disasters,* Aldershot, Gower, 1983, p. 35.

(136) V. par ex. les rapports de Sheikh Salah Hejailan et de W.C. Craig au congrès I.B.A. - Inst. of Int. Bus. Law and Practice, Paris, 1982.

(137) V. un examen des réglementations des pays du Golfe Persique *in* Z.A. Kronfol, *Legal Theory and Practice of Guarantee Bonds in the Arabian Gulf : I.B.K. Papers,* Feb. 1983, spéc. p. 14-18. — V. aussi le mécanisme de la *top-up provision* qui oblige la banque à reconstituer la totalité de la garantie après un premier paiement (N.A. Alington, *The insurance of « on demand » bonds,* congrès I.B.A. - Inst. of Int. Bus. Law and Practice, Paris, 1982, p. 82 des textes dactyl.).

— L'émission de la garantie par la banque du bénéficiaire. Les bénéficiaires exigent de plus en plus souvent que la garantie de premier rang soit fournie par leur propre banque et que cette banque soit contre-garantie par celle du donneur d'ordre. L'intervention de la banque du bénéficiaire constitue un écran supplémentaire rendant impraticables de nombreux conseils de rédaction examinés antérieurement. Les règles légales et les pratiques appliquées sont celles du pays du bénéficiaire ; les tribunaux compétents seront ceux du pays du bénéficiaire ; les usages des règlements entre banques interféreront avec les relations entre le donneur d'ordre et le bénéficiaire.

Au total donc, rares sont les conseils d'amélioration de la rédaction des contrats qui peuvent être pratiquement mis en œuvre.

§ 3. — L'arbitrage après paiement

465. — Modalités. — Il est en général souhaité qu'un tiers, personne honnête et agréée par les parties, intervienne dans la procédure de mise en œuvre de la garantie afin d'accroître l'objectivité de la demande et d'éviter les critiques de fraude ou d'abus. Mais ce souhait doit être concilié avec l'impérieuse nécessité d'un paiement immédiat de la garantie. Trois méthodes ont été proposées.

— La première consistait à organiser un référé arbitral très rapide, n'abordant pas le fond du différend qui serait examiné après le paiement (138). La garantie serait intermédiaire, documentaire mais à paiement rapide, le document étant une sentence arbitrale. Pour éviter des longueurs de procédure et des recours multiples, le garant n'aurait pas à se préoccuper de la validité de la sentence ; celle-ci remplirait sa fonction de déclenchement du paiement aussitôt après avoir été rendue. La faiblesse de cette proposition est d'analyser la garantie en un mécanisme d'indemnisation forfaitaire : si le paiement de la garantie est lié à la preuve, même superficielle, d'une inexécution, la garantie ne remplit plus sa fonction « consignation ». Bien que fortement soutenue, elle n'eut pas de suite.

— La deuxième consistait à différer l'arbitrage de sorte qu'il n'intervienne qu'après le paiement (139) ; la garantie serait un ensemble indissociable de deux engagements : l'engagement par la banque de payer à première demande et l'engagement corrélatif du bénéficiaire de soumettre obligatoirement à l'arbitrage l'examen de l'inexécution du contrat par le donneur d'ordre (140). La faiblesse de cette proposition est aussi de ne pas faire la différence entre la finalité « consignation » de la garantie et sa finalité « indemnisation forfaitaire ». Elle n'a pas reçu d'écho.

— La troisième méthode, proche des précédentes, consistait à prévoir, par contrat ou par disposition générale, le versement du montant de la garantie dans

(138) Proposition faite au 4e Congrès international de l'arbitrage (Moscou, 1972) par F. Eisemann dans son rapport : « Arbitrage et garanties contractuelles », publié in *Rev. de l'arbitrage* 1982, p. 379-405. — V. aussi, reprenant cette proposition : L. Matray, *L'arbitrage et le problème des garanties contractuelles : Banque* 1974, p. 280-288. — *Adde*, pour un résumé : L. Kopelmanas, *Les garanties bancaires de bonne fin d'exécution de contrats internationaux de fournitures d'installations industrielles complètes,* Festschrift für J. Bärmann, Munchen, Beck, 1985, spéc. p. 558 et s.

(139) Présentée par M.R.C. Effros, du département juridique du F.M.I., au Groupe d'étude de la C.N.U.D.C.I. sur les paiements internationaux, en 1979 (réunion à Florence, 2-6 avril 1979).

(140) Des dispositions annexes permettraient de rendre le mécanisme efficace : remboursement automatique de la banque par la banque contre-garante et en dernier ressort par le donneur d'ordre et, au cas où le donneur d'ordre ne rembourserait pas la banque, subrogation de celle-ci dans le droit que le donneur d'ordre pourrait avoir à l'issue de la procédure arbitrale ; présomption que le bénéficiaire a renoncé à son immunité afin de permettre à l'arbitrage de se dérouler normalement ; sanctions au cas où l'arbitrage déboucherait sur le constat que l'appel de la garantie a été abusif.

un compte bloqué jusqu'à ce qu'un tribunal ait statué sur la légitimité de la demande de paiement (141). Cette proposition encourt les mêmes critiques que celles adressées aux deux précédentes.

§ 4. — L'assurance

466. — L'assurance offerte par les compagnies privées ou par des organismes publics d'aide à l'exportation. — Quelques compagnies privées d'assurances (142) proposent de couvrir le risque d'appel abusif de la garantie. D'une façon plus globale, les banques garantes mutualisent leurs risques par la réassurance non seulement des appels abusifs mais plus largement des risques politiques ou de force majeure (143).

Presque tous les organismes établis dans les pays occidentaux offrent une telle assurance. Seuls les nationaux peuvent en profiter, pour l'exportation de biens fabriqués dans le pays. L'appel abusif est conçu en termes proches de ceux du secteur privé : il faut qu'il y ait absence d'inexécution de la part du donneur d'ordre mais cette appréciation peut être plus ou moins sévère. Le montant garanti évolue entre 85 et 100 % du montant de la garantie, avec une grande tendance à couvrir 90 %. La prime est moins élevée et plus standardisée que celle de l'assurance privée, car les organismes publics d'aide à l'exportation ne sont pas soumis aux contraintes de gestion équilibrée. Elle varie en général de 0,10 à 0,50 % par an.

467, — La mise en œuvre. — L'assureur peut se porter lui-même contre-garant, ce que fait la COFACE. Il peut assurer le donneur d'ordre, mais la banque garante demandera souvent le nantissement à son profit de la police d'assurance. Par simplification, les organismes publics en sont venus à délivrer l'assurance directement au bénéfice de la banque garante ; parfois, après avoir payé, cet « assureur » diffère plus ou moins longtemps son recours contre le donneur d'ordre, lui assurant ainsi soit un crédit, soit une couverture totale. Ce mécanisme dispense en outre le donneur d'ordre de constituer des contre-garanties.

L'assurance est généralement considérée par le milieu des affaires comme une solution très insatisfaisante car elle est de façon générale toujours onéreuse (144). Elle le devient plus encore quand le bénéficiaire est coutumier d'appels abusifs. Elle présente également l'inconvénient de redistribuer sur la collectivité des entreprises ou des contribuables les conséquences de risques pris hasardeusement par le donneur d'ordre. Cette redistribution, lourde pour les collectivités concernées

---

(141) V. R.N.H. GOULD, *Construction Financing. Effects on other Contractual Provisions : Int. Bus. Lawyer,* March 1985, p. 117-123, spéc. p. 121, 2e col.

(142) Notamment Lloyd's Underwriters (U.K.), de American International Group (U.S.A.) et de Insurance Company of North America (U.S.A.).

(143) Le montant de l'indemnité est en général de 90 % du montant de la garantie. La prime est calculée sur le montant le plus élevé que l'assureur peut être amené à payer ; elle est un pourcentage très variable de ce montant et plusieurs paramètres sont pris en considération. La prime est ainsi fonction du pays du bénéficiaire — si trop de contrats d'exportation ont été conclus dans ce pays, la prime augmente car une telle concentration des risques est malsaine — ; elle est aussi fonction de l'attitude générale du bénéficiaire — certains gouvernements qui ont effectué de fréquents appels frauduleux justifient une augmentation du taux de la prime qui peut aller jusqu'à 8 % par an — ; elle est aussi fonction de la capacité du donneur d'ordre à remplir ses engagements, capacité qui est scrupuleusement examinée. En général, la prime évolue entre 1 % et 8 % par an du montant garanti.

(144) V. par ex. J. FOWLER, *Bonds and Guarantees in the Arab World,* qui, dans une brochure publiée par la Credit and Guarantee Insurance Company Ltd, évalue à 3 ou 5 % le coût global des garanties pour un contrat de 3 ans.

mais indolore aux cas particuliers, a pour conséquence de favoriser les appels abusifs. Enfin, il est souvent souligné que toutes les garanties ne sont pas assurables, même à un coût élevé (145).

Les diverses tentatives destinées à rendre acceptables les garanties indépendantes tout en leur conservant une finalité de substitut de l'exécution du contrat principal ont donc été peu prisées par les praticiens. Aucune des propositions examinées, qui pourtant sont sensées et mesurées, n'a été mise en œuvre. Les pratiques antérieures ont été poursuivies, et avec elles les critiques et insatisfactions qu'elles engendrent. L'on risque de les retrouver dans les relations internes si la garantie indépendante y connaît le développement que l'on perçoit actuellement.

SECTION VI

CONCLUSION : L'AVENIR DE LA GARANTIE INDÉPENDANTE EN DROIT INTERNE

468. — La comparaison des pratiques internationales et internes. — La transposition des garanties indépendantes du commerce international dans le commerce interne n'est pas inconcevable (146). Certes les justifications qui existaient dans le commerce international ne sont pas toutes présentes, notamment la difficulté de compréhension entre cultures différentes ou le risque d'inadaptation du bien vendu à un continent différent. Mais le fondement essentiel de la garantie indépendante, qui est d'obtenir une somme sans délai et avant toute discussion, est parfaitement transposable. L'abus de puissance du maître d'ouvrage se rencontre aussi, notamment lorsqu'une administration conclut d'importants marchés. Elle a alors tendance à imposer ses vues, parmi lesquelles une garantie indépendante.

(145) Ainsi nombre d'assureurs refusent d'assurer des garanties de trop longue durée, ou ne comportant pas de date d'expiration ou contenant une « top-up provision ». — V. les remarques de la C.G.I. sur le système anglais : *Contracts bonds and guarantees,* 2nd ed., 1983, § 63-64. — La description la plus complète des diverses sortes d'assurances de garanties est fournie par N.A. ALINGTON, *The insurance of « on demand » bonds,* in I.B.A. Inst. of Int. Bus. Law and Practice Seminar, Paris, 1982, p. 84-90. — V. aussi Z.A. KRONFOL, *op. cit.*, note 80, p. 23 ; R.N.H. GOULD, *op. cit.*, note 84, p. 122, col. 1 ; Y. POULLET, *Les garanties contractuelles dans le commerce international : D.P.C.I.* 1979, spéc. p. 433-436. — Pour une analyse comparative des conditions de Lloyd's et de l'organisme britannique Export Credit Guarantee Department, v. A.B. JORDAN, *Guarantee Bonds : their use in international contracts,* préc., p. 209-210.

(146) P. ANCEL, *Le cautionnement des dettes de l'entreprise,* Dalloz, 1989, nos 704-722, en fait l'étude détaillée, comparant l'usage actuel (n° 707) à la finalité procédurale qu'il reconnaît aux garanties indépendantes (nos 711 et 716 *bis*), pour relever l'inopportunité de leur utilisation en droit interne (nos 708 et 720).

On peut aussi retrouver en droit interne le conflit entre les deux finalités de la garantie : servir de consignation dans l'esprit du bénéficiaire, et servir d'indemnité en cas d'inexécution dans l'esprit du donneur d'ordre. Mais à force d'affirmer que la garantie indépendante peut couvrir la totalité de l'inexécution du débiteur principal, les administrations bénéficiaires en sont venues à croire qu'on pouvait les substituer purement aux cautionnements. Certains juges français encouragent cet excès.

DIRECTIONS DE RECHERCHES

469. — La distinction entre garantie indépendante et cautionnement en droit du commerce international et en droit interne. — Les actes par lesquels s'engage un garant sont souvent brefs et fort ambigus. En cas de conflit lors de l'appel en paiement, le donneur d'ordre ou le garant tentent de faire qualifier l'acte de cautionnement. Même s'il s'agit d'un cautionnement, le bénéficiaire tente de le faire qualifier de garantie indépendante, comme l'a fait avec succès l'administration devant le juge français. La question des critères de distinction a déjà été évoquée (*supra*, n° 215 à propos des modalités du paiement du cautionnement). La différence entre commerce international et interne ajoute un élément important : les usages n'y sont pas les mêmes. Divers indices de distinction peuvent être rencontrés :

— *dénomination* : cautionnement ou garantie indépendante

• D.C.I. (droit du commerce international) : elle est jugée sans importance car les pratiques et les langues sont variées (147) ; ex. : en anglais le cautionnement se dit *guarantee*, la garantie se dit *indemnity* ou *standby letter of credit* ;

• droit interne : si le garant est une banque, la terminologie n'a pas d'importance ; s'il est un commerçant, elle pourrait être prise en considération ; *a fortiori* s'il est un particulier ;

— *référence au contrat de base* :

• D.C.I. : elle est nécessaire et toujours présente ; elle n'influe donc pas sur la qualification. Toutefois la définition est faite expressément plus que par renvoi au contrat principal. En revanche, si l'engagement est dû en cas d'inexécution par un débiteur, formule typique de l'accessoriété, il est un cautionnement (148). Parfois l'ambiguïté est grande et les cours d'appel retiennent le cautionnement (149) ;

• droit interne : si l'accent est mis davantage sur le débiteur principal que sur la chose due, on peut y trouver un indice de cautionnement ;

— *l'ignorance des accords de base par le garant* :

• D.C.I. ou droit interne : cette clause ne peut avoir aucune influence sur la qualification car la caution comme le garant peuvent ignorer ou connaître les accords de base sans que cela change la nature de leur engagement ; le meilleur exemple en est le cautionnement de dettes futures et indéterminées qui n'en est pas moins un cautionnement. Certains y voient à tort un indice d'indépendance de la garantie (150) ;

---

(147) Com., 2 fév. 1988 : *Bull. civ.* IV, n° 55, p. 39 ; *D.* 1988, somm. 239, obs. M. VASSEUR ; *Rev. trim. dr. com.* 1988, p. 479, obs. M. CABRILLAC et B. TEYSSIÉ. — Com., 8 déc. 1987 : *Bull. civ.* IV, n° 261, p. 196 ; *D.* 1988, somm. 240, obs. M. VASSEUR ; *Rev. trim. dr. com.* 1988, p. 480, obs. M. CABRILLAC et B. TEYSSIÉ. — Paris, 14e ch. C, 1er juill. 1986 : *D.* 1987, somm. 448, obs. L. AYNÈS.

(148) Paris, 3e ch. A, 1er juill. 1986 : *D.* 1988, somm. 243, obs. M. VASSEUR ; p. 11, obs. F. DERRIDA et *D.* 1987, somm. 271, obs. L. AYNÈS sur d'autres problèmes.

(149) Paris, 1re ch. A, 9 juill. 1986 : *D.* 1988, somm. 243, obs. M. VASSEUR.

(150) Aix-en-Provence, 26 fév. 1987 : *D.* 1988, somm. 242, obs. approb. M. VASSEUR.

— *interdiction de soulever des exceptions ; paiement à première demande* :

• D.C.I. : indices d'une garantie indépendante, en raison de l'usage très fortement établi ;

• droit interne : même influence lorsque le garant est une banque, car il est d'usage pour les banques d'attacher une grande importance à cette clause, qu'elles appellent de leurs vœux. Si le garant est un commerçant ou un particulier, il ne souhaite pas forcément cette indépendance et la clause seule ne suffit pas (Com., 22 janv. 1982 : *D.* 1982, I.R. 498, obs. approb. M. Vasseur), même en matière de marchés publics (*supra*, n°s 354 et 215 ; *contra* : Poitiers, 13 mars 1985 : *D.* 1988, somm. 241, obs. approb. M. Vasseur) ;

— *limitation du montant à une faible part du marché* :

• D.C.I. : indice très fort d'une garantie indépendante, en raison de l'usage ;

• droit interne : l'usage est moins fort : v. le refus de certains tribunaux de considérer le cautionnement bancaire remplaçant la retenue légale de garantie dans les marchés privés de construction comme une garantie indépendante : Rouen, 2 fév. 1984 : *D.* 1985, I.R. 243, obs. approb. M. Vasseur. En revanche, cette limitation du montant peut expliquer la solution jurisprudentielle en matière de marchés publics ;

— *solidarité* : mention de l'engagement solidaire du garant (souvent appelé caution en ce cas)

• D.C.I. : la solidarité ne naissant que d'une communauté de dette, le garant soutenait logiquement que son engagement ne pouvait pas être indépendant. La Cour de cassation écarte la stipulation, comme celle de cautionnement d'ailleurs, pour qualifier de garantie indépendante sur la base d'autres indices : l'usage international et la qualité de banque du garant habituée aux garanties indépendantes : Com., 8 déc. 1987 : *Bull. civ.* IV, n° 261, p. 196 ; *D.* 1988, somm. 240, obs. M. Vasseur ;

— *paiement conditionné par des documents ou déclarations* :

• D.C.I. : ne rend pas la garantie accessoire du contrat principal mais simplement conditionnelle, ce qui est différent. Indice qui est donc étranger à la distinction entre cautionnement et garantie (151) ;

• droit interne : le cautionnement n'étant habituellement pas lié à la fourniture de documents par le créancier, une telle clause pourrait être l'indice d'une garantie indépendante ;

— *présomptions générales* :

• D.C.I. : l'usage étant celui des garanties indépendantes, le doute doit conduire à retenir cette qualification. L'interprétation de la volonté des parties, dont la souveraineté est un principe bien admis en droit du commerce international, conduit aussi à cette solution ;

• droit interne : l'usage a aussi une très grande importance, que rappelle l'article 1159 C. civ. pour ce qui est ambigu, et l'article 1160 C. civ. pour ce qui est implicite. En droit interne, l'usage largement dominant est celui du cautionnement.

Une autre présomption est celle d'une interprétation contre celui qui bénéficie d'une obligation et en faveur du garant ou caution en l'espèce (C. civ., art. 1162). Les tribunaux en sont très peu friands et l'écartent souvent : Com., 2 fév. 1988 : *Bull. civ.* IV, n° 55, p. 39 ; *D.* 1988, somm. 239, obs. M. Vasseur, pour un contrat comportant tous les indices d'une garantie indépendante sauf l'appellation de cautionnement qui rendait l'ensemble ambigu.

470. — Les craintes légitimes. — Les prétentions des administrations à faire qualifier de garantie indépendante des contrats ayant toutes les apparences d'un cautionnement (152), les formules de garantie indé-

(151) Sentence arbitrale C.C.I. 1987, aff. n° 5639 : *Clunet* 1987, p. 1054, obs. S.J. ; *D.* 1988, somm. 242, obs. M. VASSEUR.

(152) C. marchés publ., art. 144, v. *supra*, n° 354.

pendante proposées pour la garantie de loyer d'habitations (153), celles même d'opérations de commerce ou financières (154) font naître de légitimes inquiétudes (155). Alors que l'on juge les cautions trop lourdement tenues, la garantie indépendante rendrait leur situation pire encore. Alors que l'on déplore les abus que permettent les garanties indépendantes appelées par des États ou sociétés malhonnêtes, on favoriserait les mêmes abus dans les relations internes. Alors que l'on souhaite l'allégement des charges financières des entreprises, on multiplierait à leur charge des sûretés personnelles qui seraient des mécanismes de paiement automatique. L'incohérence est manifeste.

471. — Le domaine concevable des garanties indépendantes en droit interne. — On propose de distinguer entre les garanties fournies par un professionnel, qui seraient libres, et celles fournies par un particulier qui seraient restrictivement admises (156). La distinction a une vocation plus générale (157), mais elle ne résoudra pas les difficultés que fait naître l'indépendance car les conséquences d'une garantie indépendante sont toujours reportées sur le donneur d'ordre par le mécanisme du remboursement et de ses garanties ; que le garant soit professionnel ou profane ne change rien.

C'est en fait le domaine des garanties indépendantes qui est déterminant de leur acceptabilité. Elles ne sont tolérables en général que pour garantir la consignation d'un dépôt de garantie, fonction première qu'elles remplissent dans le commerce international (158). Le montant de la garantie est alors réduit à un faible pourcentage du contrat et les conditions d'obtention de cette consignation sont implicitement tracées. Par exemple, il faut au moins qu'il y ait eu contrat pour qu'un dépôt de garantie couvrant le risque d'inexécution soit

---

(153) R. HINFRAY, *Administrer* janv. 1987, p. 12 et BOULLEZ, *Une sûreté nouvelle : la garantie à première demande.* Son application aux rapports entre bailleur et preneur, même revue déc. 1986, p. 8.

(154) Certains voient une garantie indépendante dans l'allusion faite par le décret du 9 mars 1989, sur la titrisation et les fonds communs de créances, à un paiement qui ne doit pas être différé (art. 9) par le garant des créances cédées au fonds commun. C'est peut-être aller trop loin dans la recherche d'une garantie indépendante qu'il est difficile d'imposer alors que les débiteurs ignoraient à l'origine qu'elle existerait.

(155) J. TERRAY, *Le cautionnement : une institution en danger : J.C.P.* 87, I, 3295. — C. MOULY, *Pour la liberté des garanties personnelles : Banque* 1987, p. 1166, spéc. p. 1168. — P. MALAURIE et L. AYNÈS, *Droit civil. Les sûretés,* 2e éd., n° 338.

(156) P. THÉRY, n° 114. — P. SIMLER, *Garanties autonomes : J.-Cl. civ.*, préc., 1988, n° 55, impl. — J. TERRAY, art. préc., distingue les cautionnements amicaux ou d'associés des autres cautionnements, qu'il dit financiers (n° 8) et pour lesquels seulement le remplacement par une garantie indépendante est envisageable (n° 11 *in fine*). — P. MALAURIE et L. AYNÈS, 2e éd., n° 338.

(157) C. MOULY, *Les causes d'extinction du cautionnement,* Litec, Paris, 1979, n° 513 et s.

(158) J. TERRAY, art. préc., insiste sur le montant limité de la garantie indépendante et sur sa finalité de substitution d'un déposit pour bien la distinguer de celle du cautionnement (spéc. n° 5 *in fine* et 6). Mais il voit dans la garantie indépendante un mécanisme de paiement automatique d'un dédommagement forfaitaire, ce que nous écartons.

consenti ; il faut qu'il y ait eu soumission pour qu'un dépôt de garantie couvrant le risque de dérobade soit consenti ; etc.

L'autonomie de la volonté et la libre création de nouveaux contrats (159) ne peuvent à elles seules justifier l'encouragement à la conclusion de garanties indépendantes emportant couverture de la totalité d'une dette. En réalité, la garantie doit être totalement indépendante des obligations du donneur d'ordre mais doit être liée à l'obligation de payer une consignation. Elle en reflétera les limites, notamment de montant et de durée.

DIRECTIONS DE RECHERCHES

472. — Proposition de régime. — Il est nécessaire que le mécanisme de garantie protège les intérêts du bénéficiaire sans mettre en péril ceux du donneur d'ordre ou ceux du garant. Pour le bénéficiaire, il est nécessaire que la garantie lui permette d'obtenir discrétionnairement une somme fixe constituant un moyen de compensation éventuelle et un moyen de pression légitime sur la volonté du donneur d'ordre, contrebalançant son expérience technique. Pour le donneur d'ordre, il faut que la garantie évite une injuste privation des fruits de son travail. Pour les banques garantes, il faut que la garantie évite de créer une obligation de s'immiscer dans le contrat principal et de vérifier la réalisation de conditions matérielles de paiement ; les banques veulent légitimement s'en tenir à la forme et à l'apparence.

Pour atteindre ces résultats n'est-il pas envisageable de séparer les deux finalités actuellement cumulées au sein des lettres de crédit standby et des lettres de garantie ? Pour cela il serait utile de mettre en place deux instruments remplissant chacun l'une de ces finalités :

a) une consignation différée d'un dépôt de garantie dont le paiement est rendu certain par une garantie indépendante, totalement indépendante des obligations principales du contrat. Ce dépôt de garantie est d'un montant plus réduit que celui d'une assurance ou d'un cautionnement (160), d'une durée identique ou légèrement supérieure à celle du contrat. En cas d'appel de la garantie indépendante, son éventuel remboursement à l'extinction de l'obligation de consigner pourrait être garanti par un cautionnement ;

b) une assurance pour inexécution, qui pourrait ne pas être d'un coût trop élevé (161) et qui serait par nature mieux adaptée aux risques présentés par chaque étape du contrat. L'assurance offrirait une indemnisation conditionnée par la preuve de l'inexécution des obligations principales du contrat ; l'arbitrage pourrait permettre d'établir cette preuve de façon rapide et saine.

473. — Particularités des contre-garanties ?. — Si des *contre-garanties indépendantes* sont demandées en droit interne, on voudra sans doute leur appli-

(159) Souvent invoquées au soutien de la validité en droit interne des garanties indépendantes : P. SIMLER, *Garanties autonomes : J.-Cl. civ.*, préc., 1988, n° 53.

(160) La consignation d'un dépôt de garantie est une sûreté fruste : gage d'espèces avec dépossession, elle a pour fonction de mettre le créancier en position de force dans une discussion, comme l'hypothèque judiciaire conservatoire qui bloque la vente de l'immeuble ou le droit de rétention d'un meuble. Le dépôt de garantie participe du retour à la mode des sûretés réelles frustes, comme la fiducie. Parce qu'il est fruste, lourd, onéreux et anti-économique, il doit être limité en montant.

(161) J. FOWLER évalue à 2 ou 4 % du montant du contrat le coût d'une assurance pour inexécution, coût qu'il juge équivalent à celui des garanties indépendantes actuelles. [*Bonds and Guarantees in the Arab World* (1977), in Middle East, Bonds and Guarantees, Credit and Guarantee Insurance Company Limited]. — Comp. l'évaluation des commissions par l'ONUDI, *Financial resources for industrial projects in developing countries,* 3rd ed., 4 vol., 1983.

quer la prétendue spécificité de régime, selon laquelle elles sont totalement indépendantes du contrat principal au point que même la fraude du bénéficiaire dans l'appel de la garantie ne saurait empêcher le paiement de la contre-garantie au garant de premier rang tant que sa collusion n'est pas établie (162). Il faut pour cela oublier que la fraude est une défense suffisamment générale pour ne pas être écartée par l'interposition d'un contrat ou d'une personne supplémentaire.

Un problème particulier aux contre-garanties est de savoir si elles peuvent être appelées par le garant de premier rang avant qu'il ait lui-même payé. Les principes du recours en remboursement s'y opposent. La pratique des banques y est favorable. La raison d'être des contre-garanties justifie cette pratique, puisqu'elles ont pour finalité de faire porter la contribution définitive sur le donneur d'ordre. Ces « remboursements » avant paiement montrent bien que les garants paient la dette d'un autre et non pas leur propre dette.

Un régime réellement particulier est celui des *lettres de garantie* émises pour permettre la délivrance des marchandises arrivées avant le *connaissement* et autres documents (163). Son montant, sa durée, la prescription des actions sont originaux (164).

---

(162) M. VASSEUR, *Encycl. Dalloz, Rép. dr. com., V° Garantie indépendante,* 1984, n°s 150-153. La Cour de cassation a varié dans sa position : en 1984 (Com., 12 déc. 1984 : *J.C.P.* 85, II, 20436, note J. STOUFFLET, spéc. II ; *D.* 1985, 269, note M. VASSEUR ; *Rev. trim. dr. com.* 1985, p. 548, obs. M. CABRILLAC et B. TEYSSIÉ) et en 1985 (Com., 21 mai et 11 déc. 1985) elle exige la preuve d'une collusion frauduleuse entre le premier garant et le bénéficiaire pour que le paiement de la contre-garantie puisse être interdit. — Dans un arrêt du 10 juin 1986 (*Bull. civ.* IV, n° 117 ; *Banque* 1986, p. 711, obs. J.-L. RIVES-LANGE ; *D.* 1987, 17, note M. VASSEUR) elle n'exige plus une collusion frauduleuse entre le garant et le bénéficiaire. J.-L. RIVES-LANGE veut voir dans ce silence une distinction entre l'appel de la contre-garantie avant paiement par le garant de premier rang (une simple conscience de la fraude serait exigée) et l'appel postérieur au paiement, où la collusion serait exigée. Cette distinction est bien divinatoire et sans grand fondement logique. — Malheureusement, la Cour de cassation évite les discussions en persévérant dans son erreur et en jugeant à nouveau que l'absence de preuve du concert frauduleux entre le bénéficiaire et le garant de premier rang empêche le donneur d'ordre d'obtenir le blocage de la contre-garantie : Com., 10 janv. 1989 : *Bull. civ.* IV, n° 9, p. 5 ; *D.* 1989, somm. 153, obs. M. VASSEUR.

(163) Car les navires sont plus rapides que les postes étatiques.

(164) J.-P. MATTOUT, *Droit bancaire international : Banque* 1987, n°s 313-335. — M. VASSEUR, obs. *D.* 1984, somm. 269.

Titre III

LES LETTRES DE PATRONAGE

474. — Description. Leur originalité. — On les appelle aussi lettres d'intention, de parrainage ou de confort (1) ; l'appellation est trompeuse car elles peuvent mettre la société qui les donne ou le banquier qui les reçoit dans une situation bien inconfortable. La caractéristique majeure des lettres de patronage est l'imprécision des termes définissant l'obligation du « garant » qui cherche à n'en pas être un. C'est à dessein que cette imprécision est employée par les rédacteurs de ces lettres de patronage. Leur but est en effet de conférer au bénéficiaire quelques assurances de solvabilité du débiteur principal sans pour autant prendre l'engagement d'une caution ou d'un garant à première demande.

Le contexte typique des lettres de patronage est le suivant : une société filiale d'un groupe financier ou industriel emprunte ou confie un marché dans lequel elle se trouve débitrice au-delà de ses capacités financières. Le créancier sait plus ou moins nettement que le groupe auquel appartient la filiale emprunteuse ne laissera pas cette filiale tomber en faillite et violer ainsi sa signature. Pour formaliser cette intuition, il devrait obtenir de la société mère ou d'une société sœur de la filiale débitrice un cautionnement garantissant le paiement en cas de défaillance. Mais un tel cautionnement soulève une difficulté majeure : il devra être publié dans les documents comptables de la société caution, et diminuera ainsi sa propre capacité de crédit. Il présente aussi quelques inconvénients mineurs : en droit français, obligation d'obtenir une autorisation du conseil d'administration, à certaines époques soumission à un contrôle des changes très restrictif des investissements à l'étranger ou des garanties envers l'étranger, et autres réglementations tâtillonnes.

Pour éviter ces inconvénients, la pratique financière anglo-saxonne a utilisé, à partir des années 1960, des *comfort letters* très informelles dans lesquelles la société mère signataire assure le destinataire de la

---

(1) Les Anglais parlent de *comfort letters*, les Italiens de lettres de patronage, en français dans le texte ! Les Français usent de toutes les formules.

lettre qu'elle surveille la trésorerie de sa filiale, qu'elle attache à celle-ci une grande attention et qu'il n'est pas dans les habitudes du groupe de laisser des filiales tomber en faillite. Ces lettres de patronage se développèrent en Europe dans les années 1970 et, comme dans les pays de Common law, elles couvrirent rapidement la totalité du spectre des engagements, de l'infra-cautionnement à l'ultra-obligation de faire. Par un parère (exposé des usages d'une profession) du 30 octobre 1973, le président de l'Association française des banques écrivait :

« Dans les usages bancaires français, la lettre par laquelle une société de renom indiscuté, sur le plan tant de la moralité commerciale que de l'assise financière, parraine une société qu'elle contrôle pour l'obtention ou le maintien d'un crédit, constitue un engagement moral d'assurer la bonne fin du crédit *et est considérée en pratique comme présentant une sécurité comparable à celle d'un engagement de caution* » (2).

475. — Le large spectre des engagements. — Le signataire de la lettre de patronage peut accepter, selon les termes employés ou leur interprétation :

— un simple constat de la situation présente, et notamment de l'appartenance de la société débitrice au groupe du signataire, ainsi le cas échéant que des pratiques antérieures adoptées par ce groupe envers ses filiales ;

— un engagement tout au plus moral de faire en sorte que le créancier soit satisfait ;

— un cautionnement très subsidiaire ;

— un cautionnement plus rigoureux ;

— un engagement de codébiteur solidaire ;

— une obligation de faire, par exemple de maintenir la filiale dans le groupe et de lui assurer une trésorerie suffisante pour rembourser la dette.

Ces lettres de patronage ont donné lieu à une littérature très riche ; riche d'abord par le volume, bien que la description soit l'aliment principal de ces textes juridiques ; riche aussi par le caractère international (3). Cette richesse est alimentée par l'incertitude qui naît du conflit entre les visées très précises des rédacteurs (chap. I) et la portée variable des engagements rédigés (chap. II).

---

(2) V. chron. jurispr. C. Gavalda et J. Stoufflet : *J.C.P.* 76, I, 2801, n° 74. — Rapport Cour de cassation 1987, p. 73.

(3) Comme pour la garantie indépendante, il n'y avait et il n'y a encore ici aucune règle nationale limitant le débat aux juristes nationaux. La pratique étant identique par delà les frontières, le modèle juridique et les arguments ont donc circulé au sein de la communauté des juristes. On trouve ainsi des articles sur les lettres de patronage dans les pays étrangers : par ex. A. Gerth, *La lettre de parrainage en droit allemand : Les Petites Affiches* 22 juill. 1987, p. 22-27. — *Atypische Kreditsicherheiten, Liquiditätsgarantien und patronatserklärungen deutscher und ausländischer Muttergesellschaften,* Fritz Knapp Verlag éd., Frankfurt/M, 2e éd., 1980, 526 p. ; ou des études de droit comparé fort riches : F.E.D.U.C.I., *Les lettres de patronage,* Paris, 1984, 434 p. et notamment l'étude de A. Mazzoni, *La jurisprudence européenne en matière de lettres de patronage,* p. 310-332. — En droit italien : M. Segni, *La lettre de patronage come garanzia personale impropria : Rivista di diritto civile* 1975. — En droit anglais : R.D. Gibbens, *Letters of comfort-Kleinwort Benson* v. *Malaysian Mining Corp. Berhad, Banking and Finance* L.R. 1989, p. 222-226.

CHAPITRE I

LES VISÉES PRÉCISES DES LETTRES DE PATRONAGE

Les rédacteurs des lettres de patronage ont en général des visées aussi précises que négatives. Ils cherchent à éviter les contraintes comptables et réglementaires ou, dans d'autres cas et plus crûment, à éviter de prendre un engagement juridique quelconque. Il leur est difficile d'atteindre leur but.

476. — Les contraintes comptables et réglementaires. — Pratiquement tous les droits comptables imposent une publicité des engagements de garantie, en général en dehors des documents comptables traditionnels, bilan ou comptes d'exploitation. En France, l'annexe du bilan contenant les engagements hors bilan est obligatoire pour toute entreprise commerciale (1). Les sociétés commerciales soumises à la loi du 24 juillet 1966 ont même une obligation très précise d'annexer au bilan « un état des cautionnements, avals et garanties donnés par la société », ou même plus généralement « un état des sûretés consenties par elle » (2).

Dans les sociétés anonymes, seul le conseil d'administration peut autoriser l'engagement de la société dans des « cautions, avals et garanties » (3).

Si les dirigeants de la société considèrent que l'engagement est une sûreté ou une garantie, ils devraient organiser la demande d'autorisation préalable et la publication *a posteriori* dans l'annexe du bilan. Mais ils préfèrent souvent éviter ces procédures, même dans le cas où ils souhaitent engager fermement la société. Ils useront alors d'une lettre de patronage contenant une véritable obligation de payer ou

(1) C. com., art. 8, al. 3. — A. VIANDIER, *Droit comptable,* Dalloz, 1984, n° 260. — Sur le droit américain, le droit communautaire et le droit belge, v. en outre C. WYMEERSCH, *Les lettres de patronage dans la comptabilité et les comptes annuels,* in *Les lettres de patronage,* F.E.D.U.C.I., 1984, p. 267 et s., spéc. n°s 400 à 405, p. 280-283.

(2) L. 24 juill. 1966, art. 340.

(3) L. 24 juill. 1966, art. 98 et 128. — V. *supra,* n° 118. — M. COIPEL, *Lettres de patronage et droit des sociétés,* in *Les lettres de patronage,* F.E.D.U.C.I., 1984, n°s 353-360.

un engagement précis de donner à la filiale les moyens financiers de payer les créanciers. Cet engagement devrait être publié en annexe du bilan et autorisé par le conseil d'administration ; mais la confusion qui naît des lettres de confort et la pratique usuelle permettent à la société de ne pas publier cet engagement (4).

D'autres signataires ont recours, pour les mêmes raisons, à des lettres de patronage : ce sont essentiellement des organismes publics, tels l'État et le Trésor public ou les régions. Afin de donner confiance à des prêteurs étrangers ou même nationaux, et en raison de l'intervention trop systématique des collectivités publiques dans la vie économique, le Trésor n'hésite pas à donner des lettres de patronage assurant que les programmes de financement dont bénéficie la société débitrice sont en cours et seront maintenus. Plus précisément parfois, le Trésor prend des engagements de cautionnement sous forme de lettre de patronage. Les organismes publics ne craignant pas les faux-semblants, la lettre de patronage est une procédure appréciée.

477. — Éviter un engagement juridique. — Dans d'autres hypothèses, le signataire de la lettre de patronage cherche à tout prix à éviter un engagement juridique. Dans ces circonstances, le bénéficiaire de la lettre de patronage est plus ou moins conscient de la faiblesse du document qu'il détient, mais il le préfère à l'absence totale de signature.

Les auteurs qui ont étudié les lettres de patronage se sont ingéniés à les classer en différentes catégories, de la moins juridique à la plus juridique ; ils donnent de nombreux exemples de lettres de patronage ne contenant pas d'engagement juridique (5).

Une telle lettre de confort a quand même pour utilité de montrer l'appui et la garantie morale que le signataire donne au créancier. Il faut en rapprocher les lettres de confirmation par lesquelles les banques, dans les offres d'achat d'entreprise, affirment qu'elles mettront les ressources financières à la disposition de l'acheteur (6).

C'est donc la rédaction de la lettre qui fera toute la différence et qui déterminera la portée de ses effets.

---

(4) V. sur les justifications des lettres de patronage, l'étude économique approfondie de C. Wymeersch, *Contexte économique et financier des lettres de patronage,* in *Les lettres de patronage,* F.E.D.U.C.I., 1984, spéc. n°s 14-16.

(5) V. notamment J.-P. Bertrel, *Les lettres d'intention : Banque* 1986, p. 895, spéc. les 1re et 2e catégories des lettres d'intention. — M. Bellis, *Définition et typologie des lettres de patronage,* in *Les lettres de patronage,* F.E.D.U.C.I., 1984, n°s 19 à 22, notamment la 1re catégorie et pour partie la 2e catégorie de lettres ; elles sont étudiées en détail par Y. Poullet, même ouvrage, n°s 112 à 134 et 135 à 151. — J. Terray, *La lettre de confort : Banque* 1980, p. 329, spéc. p. 334.

(6) Y. H. de Mahange, *Offres d'achat d'entreprises ; l'engagement des banques dans leur financement : Banque* 1987, p. 1170, spéc. l'étude de la portée de l'engagement, qui paraît bien imprécise, p. 1171.

CHAPITRE II

LA PORTÉE VARIABLE DES LETTRES DE PATRONAGE

478. — Plusieurs classifications sont retenues, plus ou moins fouillées, qui tentent surtout de regrouper les lettres de patronage d'après les caractéristiques les plus courantes de leur contenu. La classification a alors peu d'intérêt car, si elle permet la systématisation, elle n'offre aucune commodité d'établissement du régime juridique. L'intérêt d'une classification des lettres de patronage est de les rattacher par une qualification à un régime juridique déjà organisé, celui de l'engagement moral, du cautionnement ou de l'obligation de faire par exemple. C'est en fonction de la nature des engagements contenus dans la lettre de patronage que les qualifications sont faites. Trois variétés de lettres de patronage peuvent alors être distinguées. Celles qui ne comportent aucun engagement juridique ; celles qui donnent naissance à une sûreté personnelle et enfin celles qui constituent un engagement de faire non accessoire.

479. — Les lettres de patronage sans engagement juridique. — Ce sont très souvent les lettres de simple référence au crédit (1). Les formules sont très descriptives ; en voici quelques exemples :

« Nous nous référons au crédit dont dispose notre filiale auprès de votre banque. Nous vous confirmons avoir parfaite connaissance des clauses, modalités et conditions régissant cette opération.

Nous comprenons que ce crédit est octroyé en considération du fait que notre société détient, directement ou indirectement, la majorité des actions composant le capital de notre filiale.

En outre, nous voudrions mentionner, sans engagement quelconque de notre part, que c'est un principe de la politique générale de notre maison de veiller, dans le cadre des possibilités légales, à ce que la situation financière de nos sociétés affiliées soit solide du point de vue économique et à ce que nos sociétés affiliées soient gérées de telle manière qu'elles soient amenées à répondre à leurs obligations. Notre filiale doit donc normalement être en mesure de tenir ses engagements à votre égard » (2).

---

(1) Qualification de la première catégorie des lettres de patronage par M. BELLIS et Y. POULLET, précités. — V. aussi J.-P. BERTREL, art. préc., 1re catégorie.

(2) Mélange des lettres nos 40, 21 et 3 publiées en annexe de l'ouvrage *Les lettres de patronage,* F.E.D.U.C.I., 1984.

Ces lettres de patronage font seulement naître la question de la portée de l'engagement moral (3). Cette portée est loin d'être négligeable dans les affaires car elle détermine la dignité de crédit de tout un groupe de sociétés (4). Certains y voient une forme originale de sûreté personnelle, rappelant les plèges du Moyen-Age ou les garanties de la moralité d'un salarié en Angleterre au XIXe siècle (5). Quoi qu'il en soit, aucun corps de règles ne peut être transposé par référence.

480. — Les lettres de patronage faisant naître une sûreté personnelle. — Lorsque, le plus souvent par une formule maladroite, le signataire de la lettre de patronage a consenti à se substituer à la filiale défaillante, c'est en réalité un cautionnement qu'il a signé. Le débat est alors âpre devant les tribunaux. Lorsque la qualification de cautionnement est retenue, la totalité du régime juridique de cette sûreté va s'appliquer à la lettre de patronage.

Cette situation est assez fréquente et le contentieux publié montre que les tribunaux ont tendance à attacher des conséquences juridiques aux lettres de patronage (6). Voici deux exemples de formules donnant naissance à une sûreté personnelle :

« L'activité de nos filiales en Amérique latine, dont fait partie la société emprunteuse, est dirigée et contrôlée par nous et leur trésorerie est gérée en accord avec nous... Nous nous efforcerons de faire en sorte que vous ne supportiez pas les charges imputables aux risques de change et aux risques politiques qui pourraient survenir » (7).

Ou encore :

« Au cas où le remboursement de vos concours, tant en principal qu'en intérêt, se trouverait retardé ou empêché et eu égard à l'intérêt que représente pour notre société l'attribution de ces concours, nous vous confirmons que nous prendrons toutes dispositions utiles pour que votre établissement soit intégralement désintéressé aux échéances et dans les conditions convenues (8) ».

Même si des formules plus atténuées sont utilisées, certains auteurs ou tribunaux rattachent la lettre de patronage au cautionnement dans son esprit (9) ou dans son régime (10). L'analogie n'est pourtant possi-

(3) Dont B. OPPETIT a démontré qu'il avait parfois des conséquences juridiques : *L'engagement d'honneur : D.* 1979, chron. 111. — Rappr. le parère du président de l'A.F.B. cité plus haut.

(4) V. les développements de M. COIPEL, *L'aspect moral des lettres de patronage,* in *Les lettres de patronage,* F.E.D.U.C.I., 1984, n°s 33-59.

(5) Y. POULLET, *La lettre de patronage comme forme originale de sûreté personnelle,* in *Les lettres de patronage,* F.E.D.U.C.I., 1984, n°s 61-74 ; et sur leur portée juridique n°s 114-134.

(6) M. DE VITA a recensé en 1987 de nombreuses décisions de 1re instance ou d'appel rassurantes pour les banques : *La jurisprudence en matière de lettres d'intention : Gaz. Pal.* 1987, 2, doctr. 667.

(7) Lettre n° 17 in *Les lettres de patronage,* préc.

(8) Lettre n° 20 in *Les lettres de patronage* préc. ; cette lettre est un « modèle » diffusé à l'intention de ses membres par une fédération de banques.

(9) V. le parère du président de l'A.F.B. cité plus haut.

(10) V. par ex. Versailles, 5 mai 1988 : *D.* 1988, I.R. 171, *V° Contrats et obligations ; Rev. dr. bancaire* 1989, p. 34, obs. crit. M. CONTAMINE-RAYNAUD ; la cour y voit « une obligation analogue à celle d'un cautionnement, encore que... dénuée de formalisme ».

ble que si l'on trouve dans la lettre de patronage examinée les critères d'une sûreté personnelle : un engagement de payer la dette d'autrui et une absence de contribution à cette dette. Dans la majorité des lettres de patronage, l'un ou l'autre de ces deux éléments fait défaut : soit il n'y a pas d'engagement de payer, soit il y a une obligation propre de faire dont le remboursement par la filiale semble bien imprécis. Dans ces cas, l'analogie avec le cautionnement est inappropriée.

Si l'engagement de payer ou d'exécuter la dette de la filiale est suffisamment clair, la qualification de cautionnement peut être retenue. Alors s'imposent les règles du cautionnement, et notamment l'impossibilité de présumer un tel engagement, les obligations de publicité comptable et celles d'autorisation pour les S.A. (L. 1966, art. 98). Cet engagement échappera à l'obligation de la mention manuscrite lorsque la société qui le prend est commerçante ; même s'il s'agit d'un non-commerçant, il sera le plus souvent intégré aux affaires du débiteur et disposera de moyens d'information et de contrôle sur la dette garantie. Ceci justifie en droit positif plus de souplesse dans l'interprétation de ses engagements (11).

Parfois le cautionnement est cumulé avec une obligation de donner à la filiale les moyens financiers d'honorer ses engagements (12), il y a alors obligation de faire et peut-être option pour le créancier.

481. — Les lettres de patronage faisant naître une obligation propre de faire. — Les formules créant une obligation de faire sont de plusieurs types :

— obligation de maintien de participation, en forme positive (obligation de faire) ou négative (obligation de ne pas céder sa participation) :

« Nous nous engageons à conserver le contrôle de ladite filiale et une participation dans son capital social donnant au moins 51 % du droit de vote dans ses organes sociaux (13) ».

« We will not sell, transfer or otherwise dispose of our shares in the Borrower... (14) ».

Ces formules ont pour but premier de rassurer le créancier sur le maintien de la participation financière de la société mère dans la filiale emprunteuse. D'autres offrent l'alternative, en cas de cession

---

(11) V. sur ce point *supra*, n°s 108-109.

(12) V. par ex. la formule de la lettre de patronage donnée dans l'affaire tranchée par Com., 21 déc. 1987 : *Bull. civ.* IV, n° 281, p. 210 ; rapport Cour de cassation 1987, p. 72, concl. avocat général MONTANIER ; *D.* 1989, p. 112, note J.-P. BRILL ; *Rev. soc.* 1988, p. 398, note H. SYNVET ; *Banque* 1988, p. 361, obs. J.-L. RIVES-LANGE ; *Rev. dr. bancaire* 1988, p. 101, obs. M. CONTAMINE-RAYNAUD ; engagement de « soutenir sa filiale dans ses besoins financiers et... si nécessaire, de se substituer à elle pour faire face à tous les engagements... ». La Cour de cassation y a vu à juste titre un cautionnement.

(13) Lettre n° 32 in *Les lettres de patronage,* F.E.D.U.C.I., 1984, p. 405.

(14) Lettre n° 2 in *Les lettres de patronage,* F.E.D.U.C.I., 1984, p. 373 et commentaire par Y. POULLET n° 139, p. 101.

de participation, d'informer le créancier, de lui donner des sûretés ou de trouver une solution de remboursement (15).

— obligation de contrôler la gestion de la filiale pour qu'elle dispose des réserves de trésorerie permettant le paiement des dettes de remboursement :

« We shall procure that the Borrower will be operated and managed in such a way as to be kept in a sufficiently sound financial position as to be able to fulfil its obligations, and particularly those arising from the above Credit Agreement (16) ».

— obligation de donner à la filiale les moyens financiers nécessaires au paiement des dettes de remboursement :

« Nous vous prions de noter qu'aussi longtemps que ce prêt ne sera pas remboursé, notre société... fera en sorte, soit par elle-même, soit par l'intermédiaire de toute autre société du groupe, que la S.A. (filiale) puisse exécuter ses obligations résultant de ce contrat de prêt (17) ».

Ou encore :

« Nous vous assurons que nous ferons de toute manière le nécessaire afin que notre filiale maintienne ses engagements envers vous de sorte que la commande citée ci-dessus soit honorée dans les délais et conditions prescrits (18) ».

DIRECTIONS DE RECHERCHES

482. — La nature juridique des lettres de patronage créant une obligation de faire. — L'accord se fait pour considérer de tels engagements comme relevant du droit commun des obligations. Leur exécution se fera en nature ou par équivalent, ce qui reviendra souvent au même. Certains distinguent obligation de moyens et obligation de résultat (19), sans que la conséquence soit visible. Nombre d'auteurs y voient une institution *sui generis* (20), là où il semble y avoir un engagement de premier rang de payer ou permettre le paiement de la dette d'autrui qui s'approche fort d'un constitut. La cour de Paris a jugé qu'il s'agissait bien d'une garantie, qui n'était pas un cautionnement, mais qui devait être autorisée selon la procédure de l'article 98 de la loi de 1966, à défaut de quoi elle était inopposable à la société qui l'avait émise (21). La qualification de garantie est

(15) V. Y. POULLET, *La lettre de patronage et la permanence de l'investissement,* in *Les lettres de patronage,* F.E.D.U.C.I., 1984, n°s 156-189, p. 112-132. — M. BELLIS, *Les clauses relatives à la qualité de la gestion et à la situation financière de la filiale, eod. op.,* p. 141-162.

(16) Lettre n° 33 in *Les lettres de patronage,* F.E.D.U.C.I., 1984, p. 406.

(17) Lettre n° 53 in *Les lettres de patronage,* F.E.D.U.C.I., 1984, p. 418.

(18) Lettre de patronage ayant fait l'objet de l'arrêt de Paris (3e ch. B), 31 mai 1989 : *Gaz. Pal.* 1989, 2, journ. 9 août, p. 10. Elle était intitulée « garantie de paiement par (la société mère) ».

(19) Spéc. J.-P. BERTREL, *Les lettres d'intention : Banque* 1986, p. 896, qui en fait deux catégories distinctes dans sa présentation. Rappr. l'allusion de la Cour de cassation dans Com., 21 déc. 1987, préc. : « la lettre d'intention peut... constituer... un engagement contractuel de faire ou de ne pas faire pouvant aller jusqu'à l'obligation d'assurer un résultat... ».

(20) J. TERRAY, *La lettre de confort : Banque* 1980, p. 332. — J.-P. BERTREL, *Les lettres d'intention : Banque* 1986, p. 898.

(21) Paris (3e ch. B), 31 mai 1989, préc.

fondée, et donc la soumission à la procédure de l'article 98 (22). Dans ce même arrêt, elle a rejeté l'argumentation astucieuse qui visait à faire découler la solidarité commerciale d'une lettre de patronage, au prétexte que la lettre de patronage démontre la communauté d'intérêt entre le signataire et la filiale ; c'était oublier qu'il faudrait aussi une communauté de dette qui n'existe pas, et les juges ont aussi relevé que les personnes morales étaient distinctes et qu'il n'y avait pas unité d'entreprise.

Quoi qu'il en soit, la nature et le régime de ces lettres de patronage demandent encore bien des recherches (23).

483. — L'étendue des engagements découlant de ces lettres de patronage. — L'obligation de fournir la trésorerie emporte celle d'alimenter le patrimoine de la filiale, et donc d'augmenter ainsi le gage de tous ses créanciers et non pas seulement celui du bénéficiaire de la lettre de patronage. Certes il faut que ces créanciers saisissent les biens de la filiale si celle-ci ne paie pas spontanément, mais il reste admis qu'ils peuvent en tirer profit (24). Sur quelles bases ?

Il est en outre constaté que l'étendue de la garantie par de telles lettres de patronage a toujours été plus grande après contentieux judiciaire que celle d'un éventuel cautionnement que les parties avaient envisagé (25).

(Numéros 484 à 499 réservés).

---

(22) *Pro :* J. Terray, *Banque* 1980, p. 333 ; M. Coipel, *Lettres de patronage et droit des sociétés,* in *Les lettres de patronage,* F.E.D.U.C.I., 1984, spéc. n° 360, p. 253 ; tous les instituts professionnels d'auditeurs, de réviseurs et de commissaires aux comptes (cités par C. Van Wymeersch, *Les lettres de patronage dans la comptabilité et les comptes annuels, eod. op.,* n° 401, p. 281. — *Contra :* en termes généraux, J.-L. Rives-Lange in *Banque* 1988, p. 360 ; approuvant et extrapolant la motivation du tribunal de commerce de Paris, 13 oct. 1981, disant que la lettre de patronage apparaissait « davantage — dans le cas de l'espèce — comme un acte normal et courant de gestion que comme une « garantie formelle », L.-M. Martin, *Banque* 1981, p. 1461-62 ; M. Vasseur : *D.* 1982, I.R. 199 ; M. de Vita, *La jurisprudence en matière de lettres d'intention : Gaz. Pal.* 1987, 2, doctr. 668.

(23) En dépit de l'assertion humoristique du rapport de la Cour de cassation qui dit à propos de l'arrêt Com., 21 déc. 1987 préc. que « La chambre commerciale a ainsi :
— admis que la lettre d'intention peut contenir une obligation juridique ;
— défini la nature de cette obligation ;
— précisé les conditions de sa validité.
Ce faisant elle a levé l'incertitude qui régnait sur le régime de ce type d'engagement ». Rapport 1987, p. 197.

(24) J.-P. Bertrel, *Les lettres d'intention : Banque* 1986, p. 898 ; J.-P. Brill, note sous Com., 21 déc. 1987 : *D.* 1989, 115.

(25) M. de Vita, *La jurisprudence en matière de lettres d'intention : Gaz. Pal.* 1987, 2, doctr. 669, point IV.

DEUXIÈME PARTIE

LES SÛRETÉS RÉELLES

500. — Assurer au créancier un paiement préférentiel qui déroge à la loi du concours, cet objectif identique contribue, avec d'autres traits, à faire des sûretés réelles une catégorie juridique spécifique. Une catégorie néanmoins fort disparate, car les sûretés présentent de profondes différences dans leurs origines, leurs aménagements techniques, leurs modalités de fonctionnement. Une catégorie dont, par ailleurs, les contours, faute de critères de qualification assez précis, prêtent au doute et à la controverse. Une telle situation tend à décourager l'effort de systématisation, alors que, à l'inverse, elle rend la systématisation d'autant plus nécessaire. Une théorie générale répondrait à un besoin que la doctrine française n'a pas jusqu'ici satisfait. Plus modestement, nous tenterons de dégager les données fondamentales de la matière (titre préliminaire), avant d'appréhender les sûretés réelles dans leur diversité (livre I), puis d'étudier leur convergence, qui n'exclut pas la concurrence, dans l'objectif qui leur est commun (livre II).

Titre préliminaire

LES DONNÉES FONDAMENTALES DU DROIT DES SÛRETÉS RÉELLES

CHAPITRE I

LA NOTION DE SÛRETÉ RÉELLE

501. — Les incertitudes de la notion. — Le législateur n'a jamais défini la notion de sûreté réelle. Il a été d'autant moins amené à le faire qu'il n'a que très rarement employé le terme de sûreté et encore moins l'expression sûreté réelle. La plupart des dispositions qui mettent en jeu la notion recourent au procédé de l'énumération des sûretés traditionnelles (nantissement, privilège, hypothèque) ou utilisent le mot de « garantie », dont on ne sait s'il faut le considérer comme synonyme de sûreté ou lui prêter une acception plus large.

Ce vide législatif laisse place à un large éventail de conceptions. La schématisation permet d'en camper les deux extrémités. D'un côté, la notion devrait être cantonnée aux institutions que le législateur a spécialement créées pour conférer au créancier un droit au paiement préférentiel ; sûreté réelle serait, en somme, le patronyme d'une famille qui ne grouperait que les privilèges, gages et hypothèques. A l'opposé, la notion pourrait être dilatée à toutes les institutions, situations ou règles qui procurent à un créancier un avantage sur les autres. Le premier parti serait celui de la facilité mais aurait le mérite de proposer une notion bien délimitée. La rançon en serait l'étroitesse, voire le caractère étriqué et figé, que démentiraient les origines historiques, puisque la première sûreté identifiée, l'aliénation fiduciaire, a été une habile utilisation de la propriété et non une garantie créée comme telle. Elle ne recouvrirait qu'incomplètement la signification qu'entendent généralement lui donner le législateur ou les parties qui y font appel. Le second parti repousserait indéfiniment les limites de la notion et la priverait totalement d'homogénéité (1).

Aucune des deux conceptions n'est consacrée à l'état pur ni par la doctrine, ni par la jurisprudence (2), qui offrent des réponses plus nuancées mais dont les différences n'en sont pas moins considérables.

---

(1) V. notamment Y. CHARTIER, rapport de synthèse, in *L'évolution du droit des sûretés : Rev. jurisp. com.* n° spéc. fév. 1982, p. 150, selon lequel la conception large ne peut plus aujourd'hui être rejetée, mais qui constate que le droit des sûretés « a éclaté ».

(2) Encore que certains lui reprochent une conception trop large : v. A. MARTIN-SERF, *L'interprétation extensive des sûretés réelles en droit commercial : Rev. trim. dr. com.* 1980, 677 et s.

La parenté que présentent les définitions ne doit pas masquer le fait que chaque auteur a sa liste des sûretés réelles, alors qu'une liste unique ne peut être établie à partir de solutions jurisprudentielles dans lesquelles on cherche en vain un fil conducteur. Cet état de chose est d'autant plus regrettable que la qualification de sûreté réelle est relativement riche de conséquences et que les textes et les contrats s'y réfèrent comme si ses contours étaient indiscutables.

502. — Les intérêts attachés à la qualification de sûreté réelle. — Les dispositions législatives qui mettent en jeu la notion de sûreté réelle sont nombreuses en dépit de la répugnance à employer le terme. Certaines participent du statut même des sûretés et forment un embryon de droit commun dont les éléments seront recensés ultérieurement (*infra*, n° 517).

D'autres dispositions débordent le cadre strict des sûretés et s'intègrent au droit des obligations. C'est le cas de l'article 1188 du Code civil qui prive le débiteur du bénéfice du terme « lorsque par son fait il a diminué les sûretés qu'il avait données par le contrat à son créancier » ; ce texte a ceci de remarquable que c'est le seul article du code où figure le mot « sûreté ». D'une portée plus limitée mais source d'un abondant contentieux, l'article 2037 du Code civil décharge la caution lorsque, par le fait du créancier, elle ne peut être subrogée dans « les droits, hypothèques et privilèges de ce dernier » (v. l'interprétation de la notion de sûreté à son sujet, *supra*, n° 264 et s.). Signalons encore l'intervention de la notion dans les lois portant moratoires ou mesures de circonstance (3).

Une autre série d'intérêts se situe sur les terrains de la capacité et des pouvoirs légaux des organes de représentation ; par exemple, « les garanties » données par la société anonyme doivent être autorisées par le conseil d'administration ou le conseil de surveillance (L. 24 juill. 1966, art. 98, al. 4, et art. 128, al. 2).

Plus volontiers que le législateur, les rédacteurs d'actes — contrats et statuts de personnes morales — usent de l'expression sûreté réelle. L'observation fait apparaître les deux domaines d'élection de cette utilisation. L'un est celui des pouvoirs de représentation, qu'il s'agisse de limiter ceux que la loi attribue aux organes d'exécution des personnes morales ou qu'il s'agisse de préciser ceux qui sont concédés aux mandataires conventionnels. L'autre tient à l'objet de certaines obligations : obligation de ne pas constituer de sûretés réelles (v. *infra*, n° 576 et s.) ; obligations d'information ou de sincérité relatives à l'existence ou à l'inexistence de sûretés.

503. — Anatomie et définition des sûretés réelles. — Les sûretés réelles ne sont guère que des anticorps formés en réaction contre la loi du concours (v. *supra*, n° 1). Ce fait majeur suscite la tentation

---

(3) Par exemple, la loi n° 992 du 6 nov. 1969 prise en faveur des rapatriés dispose que « les sûretés réelles » afférentes aux créances moratoriées « cessent de produire effet » (art. 6).

de ne caractériser la notion que par la finalité. Il y a certes là un critère nécessaire et même prépondérant (1°). Il n'est pas pour autant suffisant, car on ne saurait négliger la technique mise en œuvre pour atteindre le but visé, celle de l'affectation (2°), pas plus que la nature d'accessoire de la créance qui est celle de la sûreté (3°).

1° Le paiement préférentiel est la finalité essentielle — au sens étymologique du qualificatif — de la sûreté réelle, qui n'a d'autre raison d'être que de l'assurer. Sans doute la sûreté peut-elle éventuellement procurer d'autres avantages à son titulaire ; ainsi elle peut élever un obstacle de fait ou de droit à l'aliénation du bien grevé ou encore lui en conférer la détention. Tel ou tel de ces avantages peut être aux yeux du créancier le résultat recherché en priorité ; il n'y a là que position subjective et circonstance contingente. Ces avantages sont des effets indirects et secondaires ; ils n'altèrent en rien le fait que toute sûreté réelle est « existentiellement » créée, conçue et agencée en vue du paiement préférentiel.

Cette finalité est un facteur important de limitation de la notion de sûreté réelle. Une règle ou un mécanisme peut promouvoir un paiement préférentiel sans pour autant qu'il soit l'objectif, du moins l'objectif principal qui lui est assigné. La qualification de sûreté doit alors être refusée, car la loi du concours n'est écartée que par ricochet. L'effet de garantie n'est qu'un effet annexe à l'effet principal qui doit commander la qualification de la règle ou du mécanisme. Ne pas admettre cette discrimination aboutirait du reste à priver la notion de sûreté réelle de toute spécificité et à lui donner une extension à laquelle il serait impossible de fixer des bornes.

2° L'amélioration que la sûreté réelle apporte à la situation du créancier est réalisée par l'affectation qui lui est faite d'un bien ou d'un ensemble de biens. Si cette affectation peut revêtir des modalités diverses, elle n'en constitue pas moins la technique de base, la technique élémentaire de toute sûreté réelle. Cette technique est inhérente à la notion, l'épithète « réelle » impliquant que le créancier jouisse d'un droit particulier sur des éléments de l'actif du débiteur. Ce droit ne doit pas cependant priver ce dernier de la propriété ou du moins de la vocation à obtenir la propriété à la suite du paiement de la créance garantie.

La caractéristique de cette affectation est d'être ajustée au besoin précis qui en commande l'existence, ce qui donne aux sûretés réelles une situation originale au sein du droit des biens. En règle générale, un bien, quel qu'il soit, est pris en considération pour les utilités qu'il peut offrir, l'usage qui peut en être fait, les fruits et les produits qu'il peut procurer. La logique de la sûreté réelle veut, puisqu'elle tend au paiement préférentiel, que ce ne soient pas les utilités présentées par le bien qui soient prises en considération, mais seulement cette qualité seconde qu'est sa valeur marchande (4).

---

(4) Qualité aussi importante que l'utilité, puisqu'elle découle de la libre cessibilité des biens et du marché, sources de la meilleure exploitation des biens.

La prise en considération exclusive de la valeur est peut-être l'élément le plus original du concept de sûreté réelle et, en tout cas, le plus riche de conséquences ; il convient d'en dégager les trois principales.

Comme la valeur ne peut être affectée directement et isolément, apparemment, c'est un bien ou un ensemble de biens qui est l'objet de l'affectation, qui constitue l'assiette de la sûreté. Le langage habituel, sacrifiant à une simplification commode, épouse cette apparence. En réalité, la valeur est représentée dans le patrimoine du débiteur non par le bien qui en est le réceptacle, mais par le droit de ce dernier sur le bien. Aussi, dans une stricte analyse — qui est faite habituellement à propos de l'hypothèque, mais qui est valable pour toute autre sûreté — c'est sur un droit et non sur un bien qu'est établie la sûreté. Un droit qui est presque toujours en fait un droit de propriété, mais qui peut être un droit réel démembré pourvu qu'il ait une valeur autonome (l'usufruit, par exemple, mais non la servitude).

La seconde conséquence est que la valeur, objet véritable de l'affectation en est aussi, et par là, la limite. La sûreté ne permet pas au créancier d'accéder aux utilités du bien, même si le débiteur en est privé pour que l'affectation soit mieux respectée.

Enfin, le véritable objet de l'affectation se traduit par un trait commun qui domine le fonctionnement des sûretés : ce n'est que lors de l'apparition de la valeur, quelle qu'en soit la cause, qu'elles pourront procurer au créancier l'avantage essentiel qu'il en attend.

3° Par définition, la sûreté réelle ne peut avoir d'existence autonome et doit être inféodée à une créance, ce qui lui confère le statut d'accessoire de la créance, avec vocation à la suivre dans les patrimoines où elle peut passer.

La notion d'accessoire de la créance (5) n'est pas très limpide. Certains ont tendu à ne considérer comme accessoires de la créance que les sûretés. La notion est, croyons-nous, beaucoup plus large et doit embrasser toutes les prérogatives qui peuvent être mises au service de la créance sans qu'elles visent obligatoirement et directement à son paiement par priorité (6). Si l'on adopte cette conception, tout accessoire n'est pas forcément une sûreté ; de la sorte, on peut admettre la transmission automatique avec la créance d'une prérogative qui ne peut mériter la qualification de sûreté ou pour laquelle cette qualification est controversée, solution récemment consacrée par la Cour de cassation (7).

15 Mars 88

En revanche, quelle que soit la conception adoptée, toute sûreté est nécessairement un accessoire ; par là, une limite est assignée au

(5) Une source de confusion peut être aisément dissipée ; on emploie volontiers, par élision, l'expression « accessoire de la créance » pour désigner les accessoires du capital, tels que les intérêts ou les frais.

(6) V. M. Cabrillac, *Les accessoires de la créance* in *Mélanges Weill,* 1984, p. 107 et s.

(7) V. les arrêts de principe rendus par la chambre commerciale le 15 mars 1988, à propos de la réserve de propriété, cités *infra*, n° 528, note 2.

domaine de la notion de sûreté, qui ne peut s'étendre aux prérogatives visant au paiement préférentiel d'une créance mais insusceptibles de la suivre dans un autre patrimoine que celui de son titulaire.

En tenant compte des divers traits qui caractérisent ainsi la sûreté réelle, on peut en proposer la définition suivante : c'est un accessoire de la créance qui confère au créancier le droit au paiement préférentiel sur la valeur d'un bien ou d'un ensemble de biens qui lui est affectée.

504. — Sûretés et droits réels. — La technique de l'affectation qui caractérise la sûreté réelle se traduit normalement par l'établissement au profit du créancier d'un droit réel sur les biens objets de la garantie. Ainsi, aux sûretés réelles correspond une catégorie particulière de droits réels, dits « de garantie », ou encore « accessoires » par opposition aux droits réels principaux. Catégorie particulière, car ces droits ne procèdent pas d'un véritable démembrement de la propriété. Certains auteurs se refusent cependant à l'admettre, notamment parce que la sûreté prive le propriétaire de certaines de ses prérogatives (8). Les droits réels de garantie ne nous semblent pas pour autant être issus d'un démembrement de la propriété, puisque leur véritable objet est le droit du constituant sur le bien grevé et qu'ils permettent seulement d'en appréhender la valeur et non de bénéficier des utilités qu'il peut offrir. La jurisprudence a écarté la qualification de droits réels démembrés en décidant que le jugement rendu contre le propriétaire avait autorité à l'égard du titulaire de la sûreté (9).

Néanmoins, toute sûreté n'est pas forcément un droit réel accessoire. Elle peut d'abord être un droit de propriété, si l'on admet que la propriété peut, par un montage contractuel, être réduite à une simple sûreté (v. *infra*, n° 528).

A l'inverse et surtout, il se peut que la vocation de la sûreté réelle à être un droit réel soit contrariée soit par la nature des biens grevés, soit par les modalités de leur affectation à la garantie de la créance.

Plusieurs sortes de sûretés portent sur des biens incorporels (fonds de commerce, parts sociales, créances, droits de propriété industrielle) et l'on sait que, dans une conception stricte, les biens de cette nature ne sont pas susceptibles d'être objets de droits réels. Nous ne pouvons évidemment pas évoquer le débat que suscite cette conception, qui paraît à beaucoup dépassée et qui n'empêche pas le droit positif d'admettre qu'il peut y avoir des droits réels portant sur des droits personnels (10). Au demeurant, son incidence est ici passablement théorique. Si l'on considère qu'une telle sûreté ne confère pas un droit réel, elle n'en confère pas moins un droit dont la nature est très

---

(8) V. Beudant par Voirin, t. XIII, n° 300. — V. *contra :* Planiol, Ripert et Becqué, t. XII, n° 328, à propos de l'hypothèque.

(9) V., à propos de l'hypothèque : Civ., 21 oct. 1891 : *D.* 1892, 1, 168. — Civ., 25 oct. 1893 : *D.* 1894, 1, 34 ; *S.* 1894, 1, 228.

(10) V. Marty et Raynaud, *Droit civil,* t. I, n° 307.

proche et qui présente les mêmes grandes caractéristiques, notamment l'opposabilité *erga omnes*.

Certaines sûretés peuvent être constituées non sur des biens déterminés, mais sur une quantité donnée de choses de genre, qui n'est pas matériellement isolée. L'éventualité se rencontre dans les divers warrants à domicile. L'analyse en un droit réel de garantie se heurte, en l'occurrence, au principe qui veut que le droit réel ait nécessairement un objet déterminé. Une explication a été proposée : ces sûretés feraient naître un droit réel sous la condition suspensive de la détermination de l'objet ; cette condition se réaliserait lors de la saisie nécessaire à l'exécution du gage et ferait rétroagir le droit réel à la date de la constitution de la sûreté (11).

Il est enfin un type de sûretés qui portent soit sur l'ensemble de l'actif du débiteur (privilèges totalement généraux), soit sur l'ensemble de son actif mobilier (privilèges généraux mobiliers). Ces privilèges sont-ils des droits réels ? Question que le droit positif a laissée pendante et qui est l'une des plus controversées de la matière. Si l'on adopte une réponse négative — et c'est celle à laquelle nous inclinons (v. *infra*, n° 582) — les privilèges généraux constituent la seule véritable exception, mais elle est de taille, à la coïncidence entre sûretés réelles et droits réels.

505. — Libre création de sûretés ou monopole législatif ? — La volonté individuelle peut-elle créer des sûretés réelles ou les sûretés sont-elles nécessairement octroyées ou proposées par le législateur ? Le problème peut apparaître comme absorbé dans le problème général de la création ou de la reconnaissance de droits réels autres que ceux qu'énumère la loi ; problème dont on sait que la jurisprudence du XIXe lui a donné une réponse affirmative qui n'a guère été exploitée (12).

En réalité, la question de la création de sûretés par la voie contractuelle présente des données spécifiques. La réponse négative peut sembler imposée par la loi du concours et, plus précisément, par l'énonciation de l'article 2094 du Code civil : « les causes légitimes de préférence sont les privilèges et les hypothèques ». On y ajoute l'argument selon lequel une sûreté ne serait opposable qu'au prix d'une publicité, laquelle ne peut être organisée que par le législateur. Aussi enseigne-t-on volontiers que la liste des sûretés est limitative et ne comprend que celles que le législateur présente comme telles (13).

---

(11) V. M. CABRILLAC, *La protection du créancier dans les sûretés mobilières, conventionnelles, sans dépossession,* thèse 1954, n° 232 et s.

(12) Arrêt *Caquelard*, Req., 13 fév. 1834 : *S.* 1834, 1, 205 ; *D.P.* 1834, 1, 218. — V. sur ce point les pénétrantes observations de C. ATIAS, *Les biens,* I, n° 39.

(13) V. AUBRY et RAU, *Droit civil français,* III, § 256, n° 79 ; RIPERT et BOULANGER, III, n° 11 ; v. implicitement : PLANIOL, RIPERT et BECQUÉ, XII, n° 5 et s. ; BEUDANT par VOIRIN, n° 54. — Rappr. l'opinion nuancée de MARTY, RAYNAUD et JESTAZ, n° 8. — V. *contra :* MALAURIE et AYNÈS, n° 406. — V. l'opinion de divers auteurs exprimée dans *L'évolution du droit des sûretés : Rev. jurisp. com.*, n° spéc. de 1982, qui oppose les « sûretés classiques » aux « sûretés nouvelles », et particulièrement le rapport introductif du doyen HOUIN. — C. MOULY, *Procédures collectives : assainir le régime des sûretés* in *Mélanges Roblot,* p. 529 et s., n° 28 et s.

Il est bien certain que la loi du concours place le droit des sûretés sous le signe de l'interprétation stricte (v. *infra*, n° 519) et que les parties ne peuvent modifier une sûreté existante en lui enlevant un élément considéré comme fondamental (par exemple, la dépossession pour le gage) ou étendre une sûreté en dehors du domaine que le législateur lui a tracé (par exemple, le nantissement de la loi de 1951 à des marchandises). C'est ainsi que le droit international privé français ne reconnaît la valeur d'une sûreté constituée à l'étranger que dans la mesure où celle-ci correspond à un type reconnu du droit français (14).

En revanche, rien n'empêche *a priori* d'exploiter la liberté contractuelle et d'aménager un droit réel, voire une autre institution, de façon que l'un ou l'autre assure au bénéficiaire de la convention un paiement préférentiel. Si ce paiement est l'objectif exclusif de la combinaison et si celle-ci répond aux autres critères, il faut bien admettre que l'on se trouve en présence d'une sûreté créée par la volonté individuelle et que cette sûreté est valable dans la mesure où les éléments de la combinaison sur laquelle elle repose le sont. Sans évoquer les sûretés-propriétés d'apparition récente, on peut citer à l'appui de cette conclusion la validité du « gage-espèces » (v. *infra*, n° 696) sous sa forme la plus élémentaire (remise de billets), sûreté qui n'est incontestablement pas un véritable gage et qui puise sa légitimité dans la légitimité du dépôt irrégulier.

---

(14) V. Paris, 19 janv. 1976 : *Rev. crit. dr. int. pr.* 1977, 126, obs. P. LAGARDE, à propos d'une « floating charge » ; le conflit de lois ne peut guère se poser que pour les sûretés mobilières, v. G. KHAIRALLAH, *Les sûretés mobilières en droit international privé,* thèse 1984, préf. P. LAGARDE ; M. CABRILLAC, *La reconnaissance en France des sûretés réelles sans dépossession constituées à l'étranger : Rev. crit. dr. int. pr.* 1979, 487.

CHAPITRE II

LES SÛRETÉS CONÇUES COMME TELLES

Elles se présentent sous la forme d'une trilogie devenue classique (sect. I) ; cependant, elles peuvent éclater ou se regrouper en fonction de diverses classifications (sect. II). Leur présentation générale doit être complétée par l'esquisse du régime de base qui leur est applicable (sect. III).

SECTION I

LA TRILOGIE CLASSIQUE

506. — Introduction. — Toute sûreté réelle serait, selon l'article 2094 du Code civil, privilège ou hypothèque. Dans cette *summa divisio*, le nantissement n'aurait pas une place autonome, car le droit de préférence qu'il comporte ne serait qu'un privilège, comme le voudrait la lettre des articles 2073 et 2074 du Code civil. Cette appréhension binaire des sûretés est un legs de l'ancien droit qui, lorsqu'il rejeta l'hypothèque sur les meubles, a rangé toute sûreté mobilière sous la qualification de privilège, ce qui n'a d'ailleurs pas peu contribué à rendre celle-ci inconsistante. Le nantissement est pourtant une sûreté aux traits bien accusés qui interdisent son assimilation et même son apparentement au privilège. Force est bien de reconnaître que les sûretés conçues comme telles se présentent sous la forme d'une trilogie.

Même ainsi rectifiée, il y a là une architecture baroque, produit de l'histoire qui, sous son apparente simplicité, n'a d'autre mérite que de ménager nos habitudes mentales au prix d'une certaine confusion et de problèmes artificiels dont on aurait pu faire l'économie. Sans doute la distinction entre le nantissement et l'hypothèque est-elle bien marquée, encore que ses critères soient controversés ; en revanche, l'étiquette de privilège recouvre une mosaïque disparate.

Si, dès 1804, la trilogie classique épousait mal la réalité, l'évolution postérieure n'a fait que creuser le fossé, notamment parce qu'elle a gommé beaucoup de la différence entre privilège et hypothèque légale et parce qu'elle a fait surgir des sûretés mobilières sans dépossession écartelées entre le gage et l'hypothèque. Cette trilogie, si incertaines et arbitraires qu'en soient les frontières, si insuffisante qu'elle soit au regard de la diversité des sûretés, n'en demeure pas moins l'outil conceptuel officiel que l'on est bien forcé d'utiliser.

DIRECTIONS DE RECHERCHES

Tous les systèmes juridiques connaissent la même imprécision des sûretés réelles et la même complexité des classifications, pour des causes différentes. Dans certains d'entre eux, une rationalisation simplificatrice a été adoptée, distinguant les sûretés réelles immobilières — où la confusion demeure — des sûretés mobilières, unifiées sous le concept de « security interest ». Ont ainsi procédé les États-Unis (art. 9 du *Uniform Commercial Code*, adopté par les 50 États dans les décennies 1960 à 1980) et la province canadienne de l'Ontario (*Personal Property Security Act* de 1967 ; la littérature américaine est considérable ; il ne se passe pas de semaine sans qu'une étude sur l'article 9 ne soit publiée ; les auteurs canadiens sont également prolixes, d'autant que le P.P.S.A. est en cours de révision ; en français, v. P. Reymond, *Les sûretés mobilières aux États-Unis et en Suisse*, Droz, Genève, 1983, compte rendu in *Rev. int. dr. comp.* 1984, 450). La variété des sûretés mobilières y était au moins aussi grande qu'en droit français. Les pratiques n'ont pas été modifiées, et les banquiers, par exemple, continuent de prendre une sûreté d'un type défini pour chaque sorte de crédit ; mais toutes ces sûretés sont soumises pour être parfaites et efficaces soit à une publicité (centralisée dans chaque État), soit à la dépossession du débiteur. Le classement de ces sûretés mobilières reste néanmoins, comme en droit français, un art précieux. L'avantage consiste essentiellement dans une meilleure connaissance des sûretés par les tiers ; pourrait-il être transposé dans notre droit ?

§ 1. — Le privilège

507. — Origines et évolution. — Le terme de privilège (1) est apparu en droit romain, mais les *privilegia inter personales actiones*, lointains ancêtres de nos actuels privilèges, relevaient d'une conception différente. Ils n'étaient pas des sûretés réelles mais de simples priorités accordées à certaines créances sur d'autres. Lorsque, ultérieurement, fut forgée l'hypothèque, une priorité analogue fut instaurée au sein du groupe des créanciers hypothécaires, donnant naissance à quelques « hypothèques privilégiées » sans que les privilèges devinssent pour autant des sûretés réelles (2).

C'est seulement dans l'ancien droit que l'idée d'affectation de biens au paiement de certaines créances a progressivement pénétré la notion de privilège, transformant en sûreté réelle ce qui n'était que règle de classement entre créanciers. Plusieurs causes ont, semble-t-il, contribué à cette mutation, dont la plus décisive a été l'avènement de la règle selon laquelle toute créance constatée par acte notarié était assor-

(1) Etymologiquement : *privata lex*, loi prise en faveur de certains.

(2) Poplawski, *La notion de privilège en droit romain et en droit français*, thèse Bordeaux, 1913.

tie d'une hypothèque générale. De nombreuses créances, qui étaient privilégiées en raison de leur qualité, étaient simultanément hypothécaires en raison de la forme authentique de leur constatation. Les effets des deux garanties ont tendu alors à se confondre de sorte que la technique de l'affectation de biens au paiement de créances, qui était indéniablement celle de l'hypothèque, a été attribuée au privilège et que la priorité que conférait ce dernier a été rattachée à cette affectation. Par une sorte de contamination, le privilège est devenu sûreté réelle. Assis sur des biens soumis à des statuts très différents, il n'a pu conserver un régime unitaire. Ainsi, la « réalisation » s'est accompagnée d'une diversification qui a fait éclater la notion.

Les rédacteurs du Code civil n'ont pas tiré la conséquence du phénomène ; ils ont appréhendé globalement le privilège comme en témoigne la définition qu'en donne l'article 2095 : « le privilège est un droit que la qualité de la créance donne à un créancier d'être préféré aux autres créanciers, même hypothécaires ».

508. — Physionomie actuelle. — De cette définition ressortent les deux traits communs aux privilèges qui sont le ciment de la notion : l'origine légale, l'attribution en considération de la qualité de la créance. La logique aurait voulu que ces deux traits se prolongeassent dans un troisième : que les privilèges jouent *de plano* sans que les créanciers aient à prendre une initiative pour les vivifier. Si beaucoup obéissent à cette logique, la sécurité des transactions et du crédit immobilier a conduit à y déroger en imposant la publicité des privilèges spéciaux sur les immeubles. Par ailleurs, la protection des créanciers chirographaires a suscité ultérieurement une réaction contre le volume excessif de certaines créances prioritaires (celles du fisc et de la Sécurité sociale), réaction qui a subordonné la conservation du droit de préférence à une formalité de publicité. L'automatisme n'est plus l'apanage de tout privilège.

Quant aux deux dénominateurs communs, ils sont doublement insuffisants : ils ne permettent pas d'isoler le privilège au sein des sûretés réelles (1°) ; ils ne donnent pas à la notion une homogénéité de nature à en faire un ensemble cohérent (2°).

1° Le premier trait se retrouve, en effet, dans toutes les hypothèques légales et le second dans la grande majorité d'entre elles ; la meilleure preuve en est que la même créance peut être dotée, en raison de sa qualité, d'un privilège dans le domaine mobilier et d'une hypothèque légale dans le domaine immobilier.

La distinction entre ces deux types de sûretés ne repose en définitive que sur la nature immobilière ou mobilière des biens grevés (pour des raisons historiques, qui peuvent paraître périmées, il n'y a pas d'hypothèque légale mobilière) et par leurs aménagements techniques, lesquels sont très variables selon la nature des privilèges. De la sorte, certains privilèges sont très proches des hypothèques légales et n'en diffèrent que par un détail de leur régime (privilèges spéciaux immobiliers) ; d'autres s'en distinguent par un domaine traditionnellement réservé ou par les modalités d'affectation (privilèges spéciaux mobiliers, privilèges généraux).

2° L'attribution par la loi en fonction de la cause de la créance est impuissante à assurer l'homogénéité de la notion, car ce double trait n'a pas pu engendrer un régime juridique, voire une nature uniques. La diversité des assiettes, tant à l'égard des objets qui les composent que de leurs modes de détermination, y a fait obstacle. Deux paramètres sont ici déterminants : la généralité ou la spécialité de l'affectation ; la nature mobilière ou immobilière des biens grevés. Ces paramètres ont créé des clivages profonds, si profonds qu'on peut estimer qu'il n'y a pas une notion de privilège, mais bien trois : le privilège général, notion la plus homogène, la plus « typée » et qui apparaît comme un membre marginal de la famille des sûretés ; les privilèges spéciaux mobiliers ; les privilèges spéciaux immobiliers, notion qui manque d'autonomie et se fond dans un ensemble constitué par les sûretés immobilières légales.

§ 2. — Le nantissement

509. — Les caractéristiques de la notion. — Le nantissement est présenté par le Code civil comme un vocable générique embrassant un ensemble constitué par le gage (3), sûreté mobilière, et l'antichrèse, sûreté immobilière (art. 2072). Cette directive terminologique n'est guère respectée, le législateur lui-même donnant parfois le mauvais exemple. Nantissement et gage sont très généralement considérés comme synonymes, le second terme étant plus volontiers employé, le premier paradoxalement réservé aux formes particulières (ex. nantissement des marchés, des biens d'équipement professionnel, etc.).

L'invention du nantissement a été un événement historique d'une portée plus large que l'institution elle-même. Avec lui, en effet, pour la première fois, la sûreté réelle apparaît en tant que technique autonome. L'antique aliénation fiduciaire réalisait une affectation en vue du paiement d'une créance par la voie détournée d'un transfert de propriété au profit du créancier, suivie, en cas de paiement, d'un transfert en sens inverse. Le progrès réalisé par le « pignus » des Romains consista à faire l'économie du double transfert de propriété en lui substituant le seul transfert de la possession.

Très rapidement, les traits caractéristiques du nantissement se sont fixés et lui ont donné une spécificité certaine. Sûreté conventionnelle, le nantissement est un droit réel et un droit réel de garantie (ou en valeur), puisque, malgré sa possession, le créancier ne peut tirer parti des utilités de la chose. Il implique le dessaisissement du consti-

---

(3) Le mot est polysémique ; si l'on néglige son acception désuète de salaire, il peut désigner tantôt la sûreté étudiée, tantôt les biens grevés (même par une sûreté d'un autre type, comme en témoigne l'expression gage hypothécaire) ; rappelons, en outre, que le législateur l'a malencontreusement employé pour traduire la vocation des créanciers chirographaires à se faire payer sur l'ensemble de l'actif, v. *supra*, n° 1.

tuant et, corrélativement, confère, outre les attributs du droit réel, le droit de rétention.

Droit réel, dépossession, ces deux composantes de la notion n'ont pas empêché son extension aux gages assis sur des biens incorporels. Cette extension a été réalisée au prix d'adaptations qui n'ont pas fait perdre son âme à la notion et au mépris des contestations que les tenants d'une certaine orthodoxie ont pu — et peuvent élever. La première objection est qu'il n'y aurait pas de droits réels sur les biens incorporels ; nous l'avons déjà rencontrée (*supra*, n° 504). La seconde est que le bien incorporel est insusceptible de possession et de dépossession. Le titulaire n'en a pas moins sur lui un pouvoir de fait, une emprise qui s'apparente à celle que donne la possession ; il suffit donc de l'en priver pour parvenir à un résultat équivalent à celui que produit la dépossession strictement entendue ; par exemple, il suffit de signifier au débiteur de ne pas payer le créancier pour que ce dernier perde la maîtrise sur sa créance. Il est donc permis de conclure que le nantissement repose sur le même principe, que son assiette soit corporelle ou incorporelle ; que l'identité de la notion n'est pas compromise par le double domaine de son application.

510. — L'altération de la notion. — Bien qu'elle n'ait fondamentalement pas évolué, la notion de nantissement a souffert de pesanteurs historiques. Sous l'ancien droit, l'avènement de la règle « meubles n'ont pas de suite par hypothèque » (4) a créé *de facto* un domaine réservé au gage et a donné un relief excessif à un élément contingent de son régime. Ainsi s'est accréditée une double idée : le nantissement est la seule sûreté contractuelle qui puisse être envisageable sur les meubles ; la sûreté contractuelle qui ne comporte pas un droit de suite complet (5) ne peut être qu'un nantissement.

Le législateur de la seconde moitié du XIXe et de la première moitié du XXe a sacrifié à ces idées (ou à ses préjugés). Lorsqu'il a voulu affranchir les usagers de la lourde sujétion du dessaisissement et créer des sûretés conventionnelles sans dépossession sur certaines catégories de meubles, il les a généralement qualifiées de gages et s'est efforcé de calquer leurs régimes sur celui du gage traditionnel en faisant parfois appel à une fiction de dépossession. De façon symptomatique, qui illustre la confusion entre droit de suite complet et hypothèque, c'est à cette dernière notion qu'il s'est référé lorsqu'il a instauré des sûretés sur des meubles placés sous un régime de propriété organisé permettant l'exercice du droit de suite dans sa plénitude (navires, bateaux, aéronefs).

L'irruption sur le terrain du droit positif d'un certain nombre de gages sans dépossession (nantissement du fonds de commerce, des biens d'équipement professionnel, warrants à domicile...) a dilaté la notion au point de la priver de son identité, cependant qu'elle suscitait

(4) Reprise dans le C. civ., art. 2119.

(5) C'est-à-dire un droit de suite qui ne se heurte pas à la règle « en fait de meubles, la possession vaut titre ».

une controverse doctrinale qui demeure ouverte. Pour certains, la dépossession n'est pas inhérente à la notion de gage ; les sûretés conventionnelles sans dépossession sont d'authentiques gages, puisqu'elles reposent sur un mécanisme qui s'efforce d'assurer au créancier la même protection que le dessaisissement et qu'elles n'offrent pas à ce dernier — du moins généralement — un droit de suite dans sa plénitude. Pour d'autres, en revanche, la dépossession est le trait typique du gage, celui qui le distingue de l'hypothèque, de sorte que le législateur a abusivement utilisé la qualification de gage en l'appliquant à des sûretés dont la nature est hypothécaire (6).

Nous sommes de ces derniers. La différence d'essence entre le gage et l'hypothèque tient aux modes d'affectation auxquels l'une et l'autre de ces garanties font respectivement appel : affectation matérielle et affectation immatérielle. Les autres différences, et notamment celle qui concerne le droit de suite, ne participent pas de la technique des sûretés, mais procèdent du régime des droits réels applicable aux biens grevés.

Quel que soit le parti que l'on adopte dans cette controverse, il faut se résigner à constater que les initiatives du législateur ont fait perdre à la notion de gage sa netteté originelle. Le terme, à le circonscrire au gage avec dépossession, n'embrasse pas toutes les sûretés qui portent cette étiquette. A l'étendre aux gages sans dépossession, il désigne non plus un mais deux types de sûretés, profondément différents et qu'il n'est pas toujours possible d'assujettir aux mêmes règles, ce qui est la source de nombreux problèmes et de solutions boiteuses.

§ 3. — L'hypothèque

511. — Définition. — S'il est permis de ne retenir d'une lente ascension, tâtonnante et sinueuse, qu'une vue simpliste mais commode, on peut affirmer que la notion d'hypothèque est née des efforts faits pour affranchir les usagers de la lourde sujétion que constitue le déplacement de la possession dans le gage. Par là, cette naissance a constitué l'ultime progrès réalisé dans la technique des sûretés réelles. L'hypothèque apparaît comme le droit réel de garantie par excellence, puisque son régime est épuré des scories contraires à sa finalité. Avec elle, en effet, s'épanouit pleinement l'idée selon laquelle la sûreté n'affecte que la valeur et doit donc réserver au profit du débiteur les utilités qu'offre le bien. Le droit réel s'établit de façon immatérielle sans qu'aucun changement soit apporté à la maîtrise du débiteur sur le réceptacle de la valeur.

L'absence de dessaisissement est ainsi l'élément majeur de la notion d'hypothèque ; celui qui l'oppose fondamentalement au gage et fournit

(6) Sur les opinions exprimées dans cette controverse, v. *infra*, n° 699, note 4.

le critère de la distinction entre les deux types de sûreté. En revanche, cet élément tend à la rapprocher des privilèges, rapprochement qui, pour certains d'entre eux, peut aller jusqu'à une identité de nature.

En dépit de son importance, cet élément ne figure point dans la définition de l'hypothèque que donne l'article 2114 du Code civil, texte qui se borne à énoncer qu'elle « est un droit réel sur les immeubles affectés à l'acquittement d'une obligation... qu'elle les suit dans quelques mains qu'ils passent ». Par là, cette définition est insuffisante ; mais elle l'est aussi en ce qu'elle ne mentionne pas les sources de l'hypothèque qui sont les plus diverses qui puissent se concevoir (loi, jugement, contrat). Par ailleurs, cette définition est périmée, puisque notre législation a fait place à des hypothèques mobilières, officiellement reconnues comme telles (hypothèque maritime, fluviale et aérienne), outre celles qui, selon beaucoup dont nous sommes, sont dissimulées sous le manteau du gage (7).

Il faut donc se résigner à une autre définition : l'hypothèque est un droit réel de garantie que la loi, le jugement ou le contrat établissent sur des immeubles ou certaines catégories de meubles, sans déplacement de la possession, droit réel qui permet au créancier d'appréhender la valeur du bien grevé en quelques mains qu'il passe. Plus complexe, intégrant les traits incontestés de la notion, cette définition est-elle pour autant suffisante ? Le débat peut être ouvert.

512. — Questions posées. — Une première question naît de cette constatation que, en l'état actuel de notre législation, toute hypothèque, quelles qu'en soient la source et l'assiette, est soumise à une publicité qui en subordonne l'opposabilité aux tiers. Il n'y a là qu'une situation relativement récente, puisque, dans le domaine immobilier, elle n'a été acquise qu'avec le décret du 4 janvier 1955. On pourrait donc en déduire qu'elle ne correspond qu'à un moment de l'histoire de l'hypothèque, qui n'est peut-être pas appelé à se perpétuer et que la publicité n'est pas de l'essence de cette sûreté.

Les enseignements du passé et le raisonnement invitent à remettre en cause cette déduction. C'est l'absence de publicité qui a vraisemblablement empêché l'essor de l'hypothèque romaine. Quant à l'ancien droit, il est symptomatique d'observer que la nécessité de la publicité hypothécaire s'y est fait sentir très tôt, à une époque où les mentalités étaient tout à fait étrangères à l'idée de publicité juridique, même foncière. Bien qu'ils n'aient été que des tentatives avortées, l'édit de mars 1793 et la loi du 11 brumaire an VII témoignent de la présence permanente de la publicité au cœur du concept d'hypothèque. Elle n'a rien d'étonnant ; parce que, réserve faite des privilèges, l'hypothèque est le seul droit réel de garantie dont l'existence ne peut pas être révélée aux tiers par une manifestation physique quelconque ;

---

(7) Pour un vigoureux plaidoyer en faveur de l'hypothèque mobilière généralisée, v. D. LEGEAIS, *Les garanties conventionnelles sur créances,* 1986, avant-propos J. STOUFFLET, préf. P. RÉMY.

l'hypothèque appelle, par sa nature même, une publicité juridique, qui est ainsi inséparable de cette dernière.

L'objection que le même raisonnement est applicable aux privilèges peut être aisément retournée. La transformation de la plupart des privilèges généraux en hypothèques immobilières a bien montré que la publicité constituait le clivage déterminant entre les deux notions. L'assujettissement à la publicité des privilèges spéciaux immobiliers a montré qu'ils ne se distinguaient plus fondamentalement des hypothèques légales. Quant aux privilèges spéciaux mobiliers, c'est bien parce que leur publicité ne peut être organisée et, au demeurant, constituerait une formalité trop lourde pour pouvoir être imposée qu'ils forment une catégorie autonome et irréductible. En définitive, nous parierions volontiers que la publicité ou son absence s'imposera de plus en plus comme le critère rationnel de la distinction entre privilèges et hypothèques légales car, de plus en plus, la publicité apparaîtra comme de l'essence de l'hypothèque.

Une seconde question ne peut être esquivée : si le droit de suite est incontestablement une composante nécessaire de la notion d'hypothèque, faut-il que ce droit revête une amplitude totale, qu'il permette au créancier d'appréhender le bien en toute circonstance ? Ou bien l'hypothèque peut-elle s'accommoder d'un droit de suite tronqué, limité par le jeu de la règle « en fait de meubles, la possession vaut titre » ? La question a une incidence sur le domaine de l'hypothèque, puisque de la réponse donnée dépend, au-delà des qualifications législatives, la nature hypothécaire ou non des sûretés conventionnelles sans dépossession qui portent sur des meubles soumis à l'article 2279. Le second terme de l'alternative nous semble s'imposer. L'hypothèque postule le droit de suite dans son principe parce qu'elle est un droit réel ; mais elle n'en postule pas la plénitude — si souhaitable qu'elle soit —, puisque celle-ci dépend du régime de propriété sous lequel est placé le bien grevé.

SECTION II

LES CLASSIFICATIONS

§ 1. — La classification fondée sur l'origine

513. — Les sûretés réelles peuvent naître soit directement de la loi, soit d'une décision judiciaire, soit du contrat. Les sûretés légales sont attachées de plein droit par la loi à une créance en raison de sa qualité ou de la personnalité du créancier ; cette catégorie englobe les hypothèques légales et tous les privilèges (à l'exception du pseudoprivilège du gagiste). Il ne faut pas confondre la sûreté légale et la sûreté constituée en exécution d'une des obligations légales imposant la fourniture d'une sûreté ; l'exécution de cette obligation requiert l'accord du créancier et du constituant sur la sûreté fournie, de sorte que celle-ci est conventionnelle.

Les sûretés judiciaires sont celles que le juge peut accorder en vertu d'un pouvoir qui lui est spécialement conféré par la loi. Ne peut être rangée sous cette qualification, en dépit d'une appellation fallacieuse, l'hypothèque judiciaire définitive. Attachée de plein droit aux jugements de condamnation et échappant ainsi au pouvoir du juge, elle est incontestablement une hypothèque légale. Cette catégorie ne comprend donc que l'hypothèque conservatoire et le nantissement judiciaire du fonds de commerce (ancien Code proc. civ., art. 53 et 54), ainsi que le gage judiciaire (C. civ., art. 2075-1). Le juge les attribue pour garantir une créance qui paraît fondée mais doit subir l'épreuve du procès, soit pour acquérir la certitude, la liquidité ou l'exigibilité, soit seulement pour être assortie d'un titre exécutoire.

Les sûretés conventionnelles sont celles que la loi propose aux usagers et que peut faire naître la commune volonté du constituant et du créancier (mais pas un acte de volonté unilatéral). Il s'agit du gage, de l'antichrèse, de l'hypothèque et, à notre avis, de la propriété réservée et fiduciaire.

La distinction entre sûretés légales, sûretés judiciaires et sûretés conventionnelles est importante, mais sans doute moins que d'autres qui reposent sur la technique de l'affectation ou son objet. L'origine de la sûreté ne lui donne pas toujours, en effet, un régime spécifique ; les régimes respectifs du gage et de l'hypothèque, sous réserve de menues exceptions, sont uniques quelles que soient leurs sources.

§ 2. — La classification fondée sur la technique de l'affectation

514. — La technique d'affectation la plus fruste, mais la plus efficace, est celle qui fait appel à un élément matériel : le dessaisissement du constituant qui remet le bien entre les mains du créancier ou d'un tiers convenu. Mais grâce à une technique plus élaborée, l'affectation peut être purement intellectuelle, le constituant conservant la main-mise sur le bien donné en garantie. Assise sur ce critère factuel, la distinction entre sûretés avec dessaisissement et sûretés sans dessaisissement (la doctrine emploie aussi et indifféremment les termes de dépossession et de déplacement) est d'une netteté manichéenne et embrasse même les sûretés sur biens incorporels (8). Dans la première

(8) D'où notre préférence pour le terme de dessaisissement mieux adapté à ces dernières ; ainsi, par ex., on ne peut à proprement parler se déposséder d'une créance, mais on peut s'en dessaisir (puisqu'elle est susceptible de saisie).

catégorie, on ne trouve que le gage et l'antichrèse ; le prototype de la seconde est l'hypothèque, mais y figurent aussi les privilèges, puisque, pour eux, l'affectation résultant de la seule volonté du législateur, ne peut être le fait d'un dessaisissement. La classification ne connaît qu'une anicroche : l'existence de sûretés mobilières conventionnelles sans dépossession, qu'il faut bien entendu ranger dans la seconde catégorie, mais auxquelles le législateur a donné la qualification de gage (v. *supra*, n° 510), ce qui contraint à opposer le gage dit traditionnel ou classique aux gages sans dépossession.

Cette distinction est probablement celle qui divise le plus profondément la matière. Elle est, en tout cas, la plus riche de conséquences sur les régimes des deux catégories de sûretés. En effet, l'absence de dessaisissement tend à appeler des substituts, soit pour protéger le créancier contre le risque de détournement ou de disparition du bien, soit pour protéger les tiers menacés par des droits dont l'existence ne leur est pas physiquement révélée.

§ 3. — Les classifications fondées sur l'assiette

515. — L'amplitude de l'assiette : sûretés générales, sûretés spéciales. — Une sûreté est dite générale lorsqu'elle porte soit sur la totalité de l'actif du débiteur, soit sur la partie mobilière ou immobilière de cet actif ; une sûreté est dite spéciale lorsqu'elle a pour assiette un ou des biens déterminés.

Les sûretés générales se situent quelque peu en marge du concept de sûreté réelle, car elles n'exploitent pas pleinement la technique de l'affectation. Ceci explique que les sûretés spéciales apparaissent comme la règle, les sûretés générales comme l'exception, une exception qui n'embrasse que des sûretés légales. Il s'agit de certains privilèges et de certaines hypothèques légales. Encore convient-il d'observer que, pour ces dernières, la généralité n'est qu'une virtualité. Le bénéficiaire ne peut, en effet, exploiter son hypothèque qu'en la faisant publier ; comme la publicité foncière est soumise au principe de la spécialité (l'inscription doit être prise sur un immeuble déterminé), le caractère de sûreté générale est ainsi bien tempéré, voire gommé.

La distinction entre sûretés générales et sûretés spéciales a un intérêt qui dépasse l'amplitude de l'assiette qui en est le critère. En effet, si les secondes constituent indubitablement des droits réels de garantie, il est fort douteux qu'on puisse attribuer la même nature aux premières.

516. — La nature de l'assiette : sûretés mobilières, sûretés immobilières. — La distinction meuble-immeuble se prolonge naturellement dans la distinction sûretés mobilières-sûretés immobilières. Celle-ci est concrètement très riche. Sans doute les divers types de sûretés, privilège, gage, hypothèque, s'appliquent-ils indifféremment aux meubles et aux immeubles ; mais la nature de l'assiette en modifie considérablement le fonctionnement et la physionomie, car ceux-ci sont affectés par les différences qui existent entre les régimes des droits réels mobiliers et celui des droits réels immobiliers. Par ailleurs, la classification porte encore la marque de certaines traditions historiques (9) et n'est pas sans valeur économique, puisqu'on persiste, à tort ou à raison, à tenir l'immeuble comme susceptible de fournir la meilleure des garanties.

Si utile qu'elle soit, la classification est néanmoins insuffisante en raison de l'existence des privilèges généraux assis sur tout l'actif du débiteur.

SECTION III

LE RÉGIME PRIMAIRE

517. — Présentation. — Un certain nombre de règles s'appliquent à toutes les sûretés réelles ou tout au moins à la plupart d'entre elles. Elles constituent une sorte de régime de base ; un régime primaire, peut-on dire, par opposition au régime propre à chaque type de sûreté déterminé. Il n'est pas inutile d'en dresser un tableau d'ensemble, quitte à revenir ultérieurement en détail sur certaines d'entre elles, de façon à prendre conscience des constantes que présente la matière.

Ce fond commun gouverne incontestablement les sûretés conçues comme telles, mais il a vocation à gouverner aussi les sûretés par voie détournée. On peut classer ses composantes selon qu'elles répondent à l'idée de gage commun des créanciers, selon qu'elles sont inhérentes à la nature des sûretés réelles, selon qu'elles traduisent certaines exigences de l'ordre public en la matière.

§ 1. — Les règles fondées sur la préservation du gage commun des créanciers

518. — Généralités. — L'actif du débiteur est « le gage » commun de tous ses créanciers. Ce principe général, qui se prolonge dans la loi du concours, consacrée par le même texte (C. civ., art. 2093), est fortement contrebalancé par la reconnaissance de causes légitimes de préférence. Il n'a pas fait obstacle à la prolifération des sûretés réelles ; leur inflation a atteint un tel niveau que la situation d'insolvabilité se dénoue le plus souvent par un classement et non par le jeu d'une répartition proportionnelle.

(9) Par exemple celle de la vocation plus affirmée des meubles à répondre des dettes, ou encore celle de l'ostracisme à l'égard de l'hypothèque mobilière.

Dans l'éventualité de la déconfiture civile, le principe du gage commun ne fait qu'une place restreinte à l'égalité entre les créanciers, car il cohabite avec la liberté d'exercer des poursuites individuelles. La situation est traditionnellement résumée par l'adage « le paiement est le prix de la course » ; l'idée d'égalité entre les créanciers ne triomphe que dans une hypothèse limitée, celle où les créanciers chirographaires se présentent simultanément sur la valeur d'un bien ; cette idée ne se traduit que par une règle subsidiaire de répartition de la pénurie.

Dans l'éventualité des procédures collectives applicables aux entreprises, le principe du gage commun a plus de vigueur et, corrélativement, l'idée d'égalité revêt plus d'importance, encore qu'elle ait été peut-être magnifiée à l'excès (10) ; ceci parce qu'elle y a un fondement économique plus accusé (11) et, surtout, parce qu'elle s'y conjugue avec les besoins d'une organisation collective.

De la sorte, la préservation du gage commun des créanciers, si elle n'apparaît pas comme un dogme régnant souverainement, n'en est pas moins à la base d'une règle générale et de règles propres au droit des procédures collectives.

DIRECTIONS DE RECHERCHES

L'égalité des créanciers a-t-elle un fondement philosophique ou n'est-elle au contraire que la conséquence des nécessités pratiques ? En faveur de la seconde analyse, deux remarques :

— L'égalité n'apparaît en droit positif que comme un procédé de répartition de la pénurie, puisqu'elle ne joue qu'en cas d'impossibilité de payer tous les créanciers chirographaires grâce au produit de la réalisation d'un bien après saisie ou procédure collective. Ce critère de répartition n'en est qu'un parmi d'autres, par exemple la date de naissance de la créance ou celle de son exigibilité. Ce dernier est parfois directement ou indirectement pris en considération, par exemple dans l'article 40 de la loi du 25 janvier 1985 : « Les créances nées régulièrement après le jugement d'ouverture sont payées *à leur échéance* » ou dans l'article 107-4° de la même loi, annulant « tout paiement pour dettes *échues* » fait par un moyen anormal.

— L'égalité n'apparaît en philosophie que comme une procédure (égalité des chances) et non comme un résultat (égalité des situations).

519. — La règle d'interprétation stricte. — Elle n'est pas expressément posée par le législateur mais ressort implicitement des articles 2093 et 2094 du Code civil. Elle est souvent présentée comme une caractéristique des privilèges et c'est au sujet de ce type de sûretés que la doctrine l'a systématisée et qu'elle émerge en jurisprudence. Les privilèges sont « de droit étroit », dit-on volontiers, ce qui signifie qu'il n'y a pas de privilèges sans texte (12), que le juge ne saurait

(10) V., par ex., le doyen Hamel, qui célèbre la règle d'égalité comme « génératrice d'ordre et mère du crédit » (préf. thèse M. VASSEUR, *L'égalité entre les créanciers chirographaires dans la faillite,* Rousseau, 1949 ; mais ne peut-on pas retourner l'aphorisme et célébrer les sûretés, mères du crédit ?

(11) M. VASSEUR, thèse préc., n° 5.

(12) V. Cass., 31 mai 1880 : *D.P.* 1880, 1, 271. — Cass., 4 mars 1889 : *D.P.* 1889, 1, 426. — Soc., 30 nov. 1951 : *D.* 1952, 121, note VOIRIN. — V. l'arrêt de principe : Req., 18 mai 1831 : *Grands arrêts Capitant,* n° 192.

en octroyer un (13) et que les dispositions textuelles qui consacrent un privilège ne doivent pas être étendues au-delà de leurs termes. En raison de leur fondement, ces normes doivent indubitablement s'appliquer aux autres sûretés légales.

Ces normes sont-elles applicables aux sûretés contractuelles ? L'hésitation est permise, puisque la préservation du gage commun n'est pas d'ordre public en ce sens que la liberté est laissée au créancier de se faire spécialement affecter des éléments d'actif par la voie de la convention. Toutefois, étant donné que le gage commun est posé comme la situation de base et la sûreté réelle comme une dérogation qui lui est apportée, la règle d'interprétation stricte reste de mise. Néanmoins sa portée est, pour les sûretés contractuelles, nécessairement limitée et infléchie. La règle ne saurait avoir pour effet d'interdire la création de sûretés par voie détournée (v. *supra*, n° 505), car le créancier doit pouvoir fortifier sa créance en puisant dans les ressources de la théorie générale des obligations et dans celle des droits réels. Elle doit simplement avoir pour effet d'interdire l'élargissement de l'assiette d'une hypothèque ou d'un gage et l'extension de la créance qu'ils assortissent au-delà de ce que permet la loi, et au-delà des stipulations des parties.

Interprétation stricte n'est cependant pas synonyme d'interprétation purement exégétique, et n'exclut pas qu'il soit tenu compte de la volonté certaine du législateur ou des parties (14). La frontière de l'interprétation stricte est de ce fait difficile à tracer et l'on peut relever des jurisprudences regrettables qui l'ont franchie (15).

520. — Les règles du droit des procédures collectives. — Dans le cadre des procédures collectives, le souci de préserver le gage commun des créanciers est, on l'a souligné, beaucoup plus accusé, de même qu'est plus puissante l'idée d'égalité entre les créanciers qui n'y est pas cantonnée au cercle des chirographaires. Cette donnée spécifique a conduit à réduire ou à sacrifier certaines sûretés (v. *infra*, n°s 634, 637, 652). Elle s'y est aussi manifestée par deux règles de portée générale.

La première est celle de la nullité de plein droit des sûretés réelles constituées pendant la période suspecte pour garantir des dettes antérieures (L. 25 janv. 1985, art. 107-6°), alors même qu'elles seraient constituées en exécution de promesses de sûretés (16). La nullité frappe

---

(13) V. par ex. Paris, 23 sept. 1982 : *Gaz. Pal.* 1983, somm. 121, à propos d'un droit de préférence accordé par un juge-commissaire pour permettre à une entreprise en suspension des poursuites d'obtenir du crédit. — Soc., 11 mars 1987 : *Bull. civ.* V, n° 132, à propos du concours entre divers organismes de sécurité sociale.

(14) V. par ex. Cass., 1er mars 1988 : *Bull. civ.* I, n° 60.

(15) V. par ex. M. COZIAN, *La majoration de 10 % pour paiement tardif de l'impôt n'est ni une pénalité, ni un intérêt de retard : J.C.P.* 69, 1, 2288, à propos d'une jurisprudence reprise ultérieurement par le législateur.

(16) Com., 26 oct. 1959 : *Bull. civ.* III, n° 357 ; *Rev. trim. dr. com.* 1960, 409, obs. HOUIN ; Com., 28 nov. 1972 : *D.* 1974, 253, note GAVALDA. — Pour une critique de cette jurisprudence, v. M.-J. REYMOND DE GENTILE, *Le principe de l'égalité des créanciers chirographaires et la loi du 13 juillet 1967*, thèse 1973, n° 125.

les sûretés contractuelles, les sûretés judiciaires et même, depuis la réforme de 1985, l'hypothèque légale des époux. Si la sanction a changé, l'interdit a été une constante des législations successives sur la faillite, tant il est vrai que, s'il peut être permis à un créancier de se prémunir contre une insolvabilité éventuelle, il est inadmissible qu'il puisse se prémunir contre une insolvabilité déjà acquise. La règle paraît en général tellement saine que c'est à son propos que la notion de sûreté a été le plus largement entendue (17).

La seconde règle est la prohibition des inscriptions à partir du jugement d'ouverture (L. 1985, art. 57), prohibition qui frappe d'inefficacité toutes les sûretés soumises à publicité juridique nées antérieurement (18) ; mais la prohibition n'empêche pas d'inscrire une sûreté née postérieurement pour les besoins de l'exploitation. Ainsi, l'égalité ne peut plus être rompue à partir du moment où l'actif du débiteur est bloqué pour ménager le redressement de l'entreprise et l'apurement du passif.

§ 2. — Les règles fondées sur la nature des sûretés

521. — La nature de droit réel : l'indivisibilité. — Parce qu'elles sont des droits réels et qu'un droit réel porte sur la totalité de la chose qui en est l'objet, les sûretés sont indivisibles. Posée par le législateur pour l'hypothèque (C. civ., art. 2144, al. 2) et pour le gage (art. 2082, al. 1er, et 2083), la règle de l'indivisibilité gouverne aussi les privilèges spéciaux, mais non les privilèges généraux, car ils portent sur un ensemble fluctuant et ne sont pas, croyons-nous, des droits réels (*infra*, n° 582). La règle présente un triple aspect : 1) en cas de division du bien grevé, chaque fraction continue à répondre de la totalité de la dette : par exemple, un créancier hypothécaire peut se faire payer pour le tout sur la portion détachée de la parcelle qui lui avait été affectée ; 2) en cas de division de la dette, le titulaire peut faire valoir la totalité de ses droits sur le bien grevé : par exemple, le créancier gagiste peut retenir le bien qui a été mis au lot d'un cohéritier tant que la part de la dette d'un autre cohéritier ne lui a pas été payée ; 3) en cas de paiement partiel, le bien affecté reste grevé entièrement même s'il est divisible : par exemple, le banquier bénéficiaire d'un nantissement sur cent titres n'est pas tenu d'en rendre cinquante si la moitié de l'emprunt a été remboursée.

La règle de l'indivisibilité produit des conséquences qui ne sont pas toujours heureuses, notamment parce qu'elle tend à entraver la circulation des biens. Ces conséquences peuvent être atténuées par la convention des parties car l'indivisibilité n'est pas d'ordre public.

---

(17) V. A. Martin-Serf, *L'interprétation extensive des sûretés réelles en droit commercial : Rev. trim. dr. com.* 1980, 677.

(18) A l'exception cependant du privilège du vendeur du fonds de commerce.

Par ailleurs, le législateur, à une époque relativement récente, lui a apporté plusieurs tempéraments en matière immobilière (v. *infra*, n° 861).

522. — La nature de droit sur la valeur : l'attribution des indemnités d'assurance. — Le titulaire de la sûreté réelle a un droit assis sur cette qualité seconde de la chose grevée qu'est sa valeur ; ceci lui donne vocation à se faire payer sur la valeur chaque fois qu'elle apparaît par le jeu d'un événement quelconque. Le législateur a consacré ce droit dans l'éventualité particulière d'un sinistre affectant la chose grevée en décidant que l'indemnité d'assurance devait être attribuée « aux créanciers privilégiés ou hypothécaires suivant leur rang » (C. ass., art. L. 123-13). Il est permis de penser que la solution devrait être érigée en règle générale (v. *infra*, n° 944).

523. — La nature d'accessoire de la créance : la transmission et l'extinction avec la créance. — Un principe général veut que les accessoires de la créance la suivent de plein droit lorsqu'elle change de patrimoine. Le législateur a précisé la règle à propos de la cession (C. civ., art. 1692) et de la subrogation personnelle (art. 1250), mais le principe s'applique à tout autre mode de transmission, cession par bordereau Dailly, transmission de la créance constitutive de la provision de la traite, etc. ; à plus forte raison s'applique-t-il aux transmissions à titre universel. En revanche, en cas de novation, les sûretés qui garantissent la créance ancienne disparaissent, à moins que la volonté des parties ne les reporte sur la créance nouvelle.

Le principe de la transmission de plein droit n'est pas d'ordre public ; traduction de l'adage « l'accessoire suit le principal », il n'est, en effet, justifié que par une logique et une commodité auxquelles il est possible de déroger. Si les parties peuvent donc l'écarter, cette stipulation (19) a pour effet de rendre la sûreté caduque, puisqu'elle n'a plus le support nécessaire qu'est pour elle la créance.

Un principe frère veut que l'extinction de la créance ait pour effet d'éteindre la sûreté, d'où la distinction traditionnelle entre cette extinction, dite à titre accessoire, et l'extinction à titre principal qui affecte la sûreté mais non la créance qu'elle garantissait.

§ 3. — Les règles répondant à des exigences particulières de l'ordre public

524. — La protection du constituant : la prohibition de la clause de voie parée et du pacte commissoire. — Le besoin de crédit qu'éprouve le constituant ne doit pas le mettre à la merci d'un prêteur sans scrupules. Cette idée fort simple, qui est à la base de la législation

---

(19) Il ne faut pas confondre cette convention avec celle qui consiste à transmettre la sûreté pour l'attacher à la créance d'un tiers, combinaison qui est admise pour l'hypothèque et les privilèges immobiliers, v. *infra*, n° 858 et s.

sur l'usure, conduit à garantir au constituant que, si la réalisation de la sûreté se révèle nécessaire, elle sera faite selon les modalités légales permettant de tirer le meilleur parti du bien grevé, garantie qui prend la forme d'une double prohibition.

La première est celle de la clause dite de voie parée (du latin *via parata*, voie d'exécution préparée à l'avance), qui permet l'exécution en dehors des formes imposées par la loi (C. civ., art. 2078 et 2088 pour le gage et l'antichrèse, ancien C.P.C., art. 742 pour l'hypothèque).

La seconde vise le pacte commissoire, stipulation qui autorise le créancier à s'approprier le bien grevé en cas de défaut de paiement. Le domaine de cette seconde interdiction est controversé ; expressément appliquée au gage et à l'antichrèse (art. préc.), doit-elle être étendue à l'hypothèque ? La logique le voudrait et une interprétation téléologique de l'article 742 permettrait de le justifier. Cependant, une tendance jurisprudentielle s'est dessinée, favorable à la réponse négative (20).

Se fondant sur l'objectif de ces règles, l'interprétation jurisprudentielle les a cantonnées aux seules conventions passées lors de la constitution de la sûreté (v. *infra*, n° 907).

La violation de l'une ou l'autre de ces interdictions qui, par définition, ne peuvent concerner les sûretés-propriétés, est sanctionnée par une nullité limitée à la clause (21), nullité que la doctrine s'accorde à considérer comme absolue (22), encore qu'on puisse douter qu'un tel caractère soit compatible avec leur fondement.

La double prohibition a une importance qui dépasse sa portée directe. Elle constitue, en effet, une entrave à l'utilisation de formules contractuelles visant à la garantie de la créance, formules telles que le réméré, la promesse de vente exigible en cas de défaut de paiement, la fiducie (23), etc., car elle jette la suspicion — c'est la rançon d'un principe sain — sur toute combinaison tendant à l'attribution au créancier d'un bien en guise de paiement, la jurisprudence annulant celles d'entre elles (on parle de « contrats pignoratifs ») qu'elle estime pouvoir requalifier en sûretés (24).

---

(20) V. Civ. 1re, 25 mars 1957 : *Bull. civ.* I, n° 149 ; *Gaz. Pal.* 1957, 2, 24. — Civ. 1re, 26 déc. 1961 : *D.* 1962, 581, note VOIRIN ; *Rev. trim. dr. civ.* 1962, 518, obs. CORNU, décisions qui n'ont pas tranché directement la question mais qui sont implicitement favorables à la validité. En doctrine, v. notamment, en faveur de la validité : WIEDERKEHR, *Pactes commissoires et sûretés conventionnelles* in *Mélanges Jauffret*, 1974, p. 663 ; PLANIOL, RIPERT et BECQUÉ, XII, n° 445 ; MARTY, RAYNAUD et JESTAZ, n° 293 ; MALAURIE et AYNÈS, n° 683. — V. *contra :* DAGOT, p. 453 ; SIMLER et DELEBECQUE, n° 314.

(21) Toutefois, conformément au principe général, la constitution de la sûreté pourrait être annulée dans le cas — exceptionnel — où la clause ou le pacte aurait été la cause déterminante du contrat, v. en ce sens : Civ., 16 mars 1983 : *Bull. civ.* I, n° 100 ; *Rép. Defrénois* 1984, 373, note AUBERT ; *D.* 1983, I.R. 282.

(22) V. WIEDERKEHR, art. préc., et les références données par cet auteur.

(23) V. WITZ, thèse préc., n° 245.

(24) Ce qui n'est pas toujours le cas, v. not. Civ. 1re, 26 déc. 1961, préc.

525. — Le sauvetage de l'entreprise ou le redressement civil : la substitution de garantie. — L'existence de sûretés réelles peut gêner la poursuite de l'objectif primordial assigné désormais à la procédure collective, le sauvetage de l'entreprise auquel la loi du 25 janvier 1985 a tant sacrifié. Il peut être nécessaire, en effet, de vendre les biens grevés pour financer la poursuite de l'exploitation ou pour favoriser la restructuration de l'entreprise, ce qui implique que leur prix ne soit pas bloqué au profit des créanciers munis d'un droit de préférence, comme le veut la règle générale. C'est pourquoi la loi de 1985 a introduit l'innovation (25) de la substitution de garantie. Cette mesure peut être imposée au créancier bénéficiaire d'une sûreté soit par le juge-commissaire au cours de la période d'observation (art. L. 34, al. 2), soit par le tribunal (26) dans le cadre d'un plan de continuation ou de cession (art. L. 78, al. 3).

Curieusement, la cause de préférence enlevée au créancier est désignée par le vocable de garantie par le premier de ces textes, alors que le second recourt à l'énumération traditionnelle « privilège, nantissement, hypothèque ». Il ne semble pas qu'il faille déduire de cette discordance un décalage entre les domaines des deux règles ; leur fondement commun veut que leurs champs d'application coïncident et embrassent toutes les garanties réelles dont l'existence empêcherait l'entreprise de disposer du prix d'une aliénation. Les privilèges généraux s'en trouvent donc exclus, puisque leurs titulaires doivent subir les fluctuations de l'actif sans pouvoir prétendre au blocage à leur profit du prix d'un élément vendu. Il faut également en exclure, croyons-nous, les gages conférant un droit de rétention (27), car la solution contraire les priverait indirectement de cette prérogative, alors que la loi de 1985 a entendu, par ailleurs, la concilier avec l'intérêt de l'entreprise.

En revanche, la contrepartie venant en remplacement de la sûreté ôtée est uniformément désignée par le mot de garantie, garantie dont il est exigé qu'elle soit équivalente. Ce mot traduit probablement la volonté du législateur de ne pas cantonner le second terme de la substitution aux sûretés traditionnelles et aux sûretés réelles, mais de l'étendre à toute formule de nature à assurer le créancier du paiement, comme notamment un cautionnement bancaire. La condition d'équivalence ne doit manifestement pas être interprétée comme une équivalence en nature imposant le remplacement par une sûreté de

---

(25) Elle a cependant un précédent dans le cas particulier de la garantie exigée du bénéficiaire de l'exécution provisoire d'un jugement, garantie dont le juge peut autoriser la substitution (N.C.P.C., art. 522).

(26) Alors qu'il peut faire appel devant la cour de l'ordonnance du juge-commissaire, le créancier auquel la substitution est imposée ne semble pas pouvoir faire appel du jugement adoptant le plan où figure la substitution.

(27) V. en ce sens : D. MARTIN, *L'article 34, al. 2, de la loi du 25 janvier 1985 est-il applicable au gage ? : D.* 1986, 325.

même type, ce qui ruinerait l'intérêt de la règle, mais comme une équivalence d'efficacité (28).

Il convient de remarquer que la substitution de garantie, bien qu'elle n'y soit pas justifiée par le même objectif, a été introduite dans la procédure remédiant au surendettement civil. Elle peut être imposée dans le plan conventionnel de règlement (L. 31 déc. 1989, art. 4), mais elle ne peut l'être dans le plan de redressement adopté par le juge d'instance.

526. — Le sauvetage de l'entreprise ou le désendettement : les délais de paiement. — Le jugement qui adopte un plan de continuation, s'il peut imposer aux créanciers des délais de paiement, doit nécessairement leur imposer des délais uniformes, qu'ils soient ou non munis de sûretés réelles (L. 1985, art. 74). Seules échappent à la loi d'airain du sauvetage les créances garanties par le privilège des salaires (art. L. 76).

La règle de l'uniformité des délais constitue la manifestation la plus vigoureuse de l'idée d'égalité appliquée à l'ensemble des créanciers. Il est symptomatique de constater qu'elle est mal acceptée par les juridictions de première instance qui la violent souvent au profit des créanciers privilégiés, voire hypothécaires.

Cette règle a pour conséquence un régime complexe lorsque le bien grevé est vendu au cours de l'exécution du plan (v. *infra*, n° 932).

Le jugement de redressement civil peut imposer des délais de paiement à tout créancier, qu'il soit ou non titulaire d'une sûreté ; cependant, le fisc et la Sécurité sociale sont affranchis de cette contribution forcée au désendettement du « particulier ». L'idée d'égalité est ici doublement écartée, car le juge peut n'imposer de délais qu'à certains créanciers et n'est pas astreint à imposer des délais uniformes. Ces délais ne peuvent être supérieurs à cinq ans ou à la moitié de la durée des emprunts restant à courir (L. 31 déc. 1989, art. 12).

---

(28) Sur la mise en œuvre de la substitution, v. les art. 56 et 100 du décret du 27 déc. 1985.

CHAPITRE III

LES SÛRETÉS PAR VOIE DÉTOURNÉE ET LES AUTRES GARANTIES

SECTION I

LA PROPRIÉTÉ UTILISÉE COMME SÛRETÉ

527. — Généralités. — Assigner à la propriété la fonction de garantir le paiement d'une créance est une démarche simple et naturelle. La meilleure preuve en est que la première en date des techniques de garantie réelle a été l'aliénation fiduciaire, pratiquée par les Romains mais dont on trouve déjà le principe dans des systèmes juridiques antérieurs. De cette origine et de l'évolution postérieure du droit des sûretés est née la conviction que l'utilisation de la propriété comme garantie ne pouvait être qu'un procédé fruste et archaïque, la voie unique du progrès passant justement par une affectation qui ne porte pas atteinte aux droits et à l'emprise du débiteur sur la chose affectée. Cette conviction est depuis quelques années remise en cause tant par l'apparition ou le développement de constructions telles que le créancier puise sa sécurité dans la propriété que par un changement de mentalité. Çà et là, on sacre volontiers la propriété « reine des sûretés ».

Significative d'une situation et d'un état d'esprit nouveaux, la formule n'en est pas moins hyperbolique et approximative. Hyperbolique, car si la garantie offerte par la propriété assure avec une brutale efficacité la priorité absolue au créancier, elle peut présenter bien des inconvénients, tant pour ce dernier que pour le débiteur, ainsi que pour l'organisation du crédit et le régime des biens en général (poids des risques et des charges, aléas de la perte d'identité, épuisement du crédit du débiteur, entrave à la circulation et à l'utilisation des biens, etc.). En réalité, la faveur dont jouit la propriété comme garantie n'est peut être qu'un phénomène circonstanciel, le fruit de la dégradation et de l'excessive complexité qui affectent aujourd'hui notre tissu de sûretés classiques.

Approximative, car on peut se demander si des aménagements contractuels peuvent faire de la propriété une véritable sûreté ou s'ils peuvent simplement lui faire produire un effet de garantie, dilemme qui donne lieu à une controverse animée.

528. — La propriété, véritable sûreté ? — Pour envisager une réponse affirmative et avant de pousser plus loin l'investigation, il faut lever un préalable commun à toutes les formes de propriété aménagées en garantie : la propriété peut-elle jouer le rôle d'accessoire de la créance que postule la notion de sûreté et dont procède la vocation à suivre le sort de la créance ? Certains se refusent catégoriquement à l'admettre, au nom de la prééminence du droit de propriété qui ferait obstacle à ce qu'elle soit en position subalterne par rapport à un droit personnel (1). A quoi l'on peut rétorquer que cette prééminence est moins un élément du droit positif qu'une donnée sentimentale et que, au demeurant, cette idée assez floue n'exclut pas nécessairement l'asservissement de la propriété à la créance.

Aussi est-il plus important de se demander si les traits fondamentaux de la propriété sont compatibles avec le rôle d'accessoire de la créance qui serait dévolu à la propriété-sûreté. Il en va ainsi de la perpétuité qui n'empêche pas les parties d'assigner à la propriété une limite temporelle et d'en prévoir le transfert au débiteur au moment où la créance est intégralement payée. Il en va de même de la plénitude de la propriété qui investit son titulaire du droit de tirer parti de toutes les utilités de la chose. La convention des parties peut, en effet, l'en dépouiller pour ne lui laisser que le droit d'appréhender la chose pour se faire payer sur sa valeur. Plus gênant, en revanche, est ce trait de la propriété selon lequel elle peut éventuellement donner lieu à des charges qui pèsent sur le propriétaire en tant que tel ; de la sorte, on peut répugner à admettre qu'elle soit transmise de plein droit conformément à la vocation de toute sûreté. Outre qu'il ne concerne que certains biens, l'obstacle n'est cependant pas décisif en raison de la faculté d'abandon généralement reconnue au propriétaire.

---

(1) V. notamment en ce sens : J.-M. MOUSSERON et F. PÉROCHON, *La nouvelle réserve de propriété après la loi du 12 mai 1980 : Rev. fr. compt.* 1981, 10 et s. ; GHESTIN, *Réflexions d'un civiliste sur la clause de réserve de propriété : D.* 1981, chron. 1 et s., n° 36 et s. ; ACQUAVIVA et BACROT, *La clause de réserve de propriété en droit des affaires : Gaz. Pal.* 1980, 2, doct. 526, n° 89 et s. ; GAVALDA, *Les aspects bancaires de la clause de réserve de propriété* in *La réserve de propriété,* ouvr. coll. Litec, 1981, p. 168 ; SOINNE, *La transmission de la réserve de propriété : Gaz. Pal.* 1985, 1, doct. 287 ; GHOZI, *Nature juridique et transmissibilité de la clause de réserve de propriété : D.* 1986, chron. 317. — V. *contra :* E. DU PONTAVICE, *Intérêts et limites de la clause de réserve de propriété : Banque* 1982, p. 82 et s. ; CHAPUT, *Les clauses de réserve de propriété : J.C.P.* 81, I, 3017, n° 20 ; F. PÉROCHON, *La réserve de propriété dans la vente des meubles corporels,* Litec, 1988, préf. MOUSSERON, n° 330. — Parmi les traités, v. en faveur de la propriété-sûreté : MARTY, RAYNAUD et JESTAZ, n° 547 et s. ; MALAURIE et AYNÈS, n° 750 et s. ; THÉRY, n° 329 ; SIMLER et DELEBECQUE, n° 210. — Rappr. l'opinion plus nuancée de RIPERT et ROBLOT, n° 2436. — *Adde* pour une notion extensive de la propriété-sûreté : C. GOYET, *Louage, propriété et financement des investissements,* thèse, Strasbourg 1983, préf. D. SCHMIDT.

Le débat est maintenant tranché en jurisprudence ; la Chambre commerciale a, en effet, reconnu que le bénéfice de la réserve de propriété était un accessoire de la créance et devait en suivre le sort (2).

Toutefois, qu'il n'y ait pas incompatibilité entre la propriété et le rôle d'accessoire de la créance ne signifie pas forcément que toute propriété aménagée en garantie de paiement soit une authentique sûreté. D'autres obstacles à la qualification peuvent se rencontrer, qui ne peuvent être examinés qu'au cas par cas. On est ainsi conduit à distinguer les propriétés véritables sûretés des propriétés à simple effet de garantie.

§ 1. — Les propriétés-sûretés

On peut distinguer deux applications de la notion de propriété-sûreté : la propriété fiduciaire (A) et la propriété réservée (B).

A. — La propriété fiduciaire

529. — Définition et nature. — Contrairement à certains droits étrangers qui ont recueilli la tradition romaine, le droit français s'est montré allergique à la fiducie. Notre doctrine en a négligé l'étude, ce qui explique le halo d'imprécision qui a entouré la notion et les confusions qui se sont établies avec d'autres notions, comme notamment la simulation. Un ouvrage récent a cependant largement contribué à l'éclairer, tout en provoquant une prise de conscience à son sujet (3).

Entre autres rôles — ledit ouvrage distingue à cet égard la fiducie-gestion et la fiducie-sûreté —, la fiducie peut servir à garantir le paiement d'une créance. Envisagée sous ce dernier aspect, la fiducie est une technique qui repose sur un transfert de propriété au profit du fiduciaire (le créancier), transfert qui n'est ni simulé, ni fictif, ni enchâssé dans une vente. Le fiduciaire souscrit des obligations qui limitent ses prérogatives de propriétaire. Le transfert doit être suivi, en cas de paiement de la créance garantie, d'un transfert en sens inverse, qui résulte soit de l'exécution d'une obligation de rétrocession, soit du jeu d'un mécanisme automatique.

Ainsi entendue, la fiducie est une authentique sûreté réelle. Elle met la propriété au service d'un objectif exclusif : le paiement préférentiel d'une créance. Sa technique est celle de l'affectation d'un bien

(2) Com., 15 mars 1988 : *Gaz. Pal.* 8-9 avril 1988, note SOINNE ; *D.* 1988, 330, note PÉROCHON ; *Banque* 1988, 932, obs. RIVES-LANGE ; *Rev. trim. dr. com.* 1988, 287, obs. HÉMARD et BOULOC ; *Rev. dr. bancaire* 1988, 103, obs. DEKEUWER DÉFOSSEZ et 129, obs. CRÉDOT et GÉRARD ; *J.C.P.* 88, éd. E, II, 15221, n° 14, obs. CABRILLAC et VIVANT. — Com., 11 juill. 1988 : *Banque* 1988, 932, obs. RIVES-LANGE ; *Gaz. Pal.* 5-6 oct. 1988 ; *Rev. trim. dr. com.* 1988, obs. CABRILLAC et TEYSSIÉ.

(3) C. WITZ, *La fiducie en droit français,* Économica, 1981. *Adde* J. DERRUPPÉ, *De la fiducie au crédit-bail* in *Mélanges Ellul,* 449 et s.

dont le constituant a vocation à récupérer la propriété, vocation qui se réalise en cas de paiement ou d'extinction de la créance. Affectation en valeur, car la convention des parties, par des clauses diverses, retire au fiduciaire les utilités matérielles du bien et, d'autre part, peut prévoir, en cas de défaillance du débiteur, le remboursement de la différence entre le prix du bien et le montant de la créance. Une objection à la qualification de sûreté pourrait être élevée : la propriété fiduciaire ne serait pas l'accessoire de la créance, car elle ne serait pas transmise avec elle, le fiduciaire devant la conserver en vue de la rétrocession. L'objection n'est cependant pas dirimante. D'une part, au plan théorique et général, on peut contester que la propriété fiduciaire ne suive pas le sort de la créance garantie. D'autre part, on peut observer que, dans la plupart des applications qu'en fait le droit positif, la propriété fiduciaire passe aux titulaires successifs de la créance garantie.

530. — Place en droit positif. — Recourir à la fiducie pour affecter un immeuble en garantie ne saurait tenter la pratique (4). Le coût fiscal du double transfert de propriété risquerait d'être trop lourd, alors que, d'autre part, les usagers trouvent dans l'hypothèque une sûreté satisfaisante et qui a l'avantage de ne pas épuiser d'un seul coup le crédit du constituant.

Cette situation ne se retrouve pas dans le domaine mobilier où l'incommodité du gage avec dépossession et l'infériorité de son rang rehaussent les attraits de la fiducie ; mais, justement, le régime du gage tend à y proscrire les fiducies montées par la pratique. La jurisprudence les analyse, en effet, en des gages auxquels elle refuse la validité ou l'opposabilité aux tiers en se fondant sur l'exigence du dessaisissement ou sur la prohibition de la clause de voie parée ou du pacte commissoire. Cette analyse est faite aussi bien à l'égard de fiducies constituées en France (5) que de fiducies constituées à l'étranger (6) et elle est généralement approuvée par la doctrine, au moins dans la première hypothèse.

Cependant, dans le domaine des opérations de crédit bancaires, la technique de la fiducie — sans qu'on le dise, sinon sans qu'on le sache — n'en est pas moins utilisée et sa légitimité comme son efficacité reconnues. La pratique y recourt depuis longtemps et de nouveaux modes de transfert de créance instaurés par divers textes l'ont implicitement consacrée (7).

---

(4) Etant posé que le crédit-bail n'est pas une fiducie, v. *infra*, n° 535.

(5) V. par ex. Com., 13 janv. 1965 : *J.C.P.* 65, II, 14469, note R.D.M. ; *Banque* 1965, 423, obs. X. MARIN.

(6) V. Civ. 1re, 8 juill. 1969 : *J.C.P.* 70, II, 16182, note H. GAUDEMET-TALLON ; *Clunet* 1970, 916, note DERRUPPÉ ; *Rev. crit. dr. int. pr.* 1971, 75, note FOUCHARD. — Civ. 1re, 3 mai 1973 : *Clunet* 1975, 78, note FOUCHARD ; *Rev. crit. dr. int. pr.* 1974, 100, note MEZGER.

(7) Pour une analyse de ces modes de transfert en des fiducies, v. M. Zuin, *Les aspects nouveaux du droit des sûretés ayant pour objet les créances mobilières,* thèse dactyl., Paris, 1982, n° 260.

Il est permis de voir une application de la fiducie, déjà ancienne, dans la combinaison de l'aval en pension, qui s'est développée en marge des textes et sans susciter de contentieux. Elle consiste pour un banquier à remettre en propriété des effets pour garantir l'avance à très court terme qui lui est faite. Le prêteur, comme le veut la convention, lui rend les effets si l'avance est remboursée à l'échéance ; mais il les conserve pour se payer dans le cas contraire. La nature juridique de l'aval en pension a donné lieu à plusieurs analyses. Si certains ont estimé que c'était une opération *sui generis* (8), ils n'en ont pas moins souligné l'importance de la stipulation de rétrocession, élément caractéristique de la fiducie, tandis que d'autres n'ont pas hésité devant la qualification de fiducie (9).

C'est bien sur la technique de la fiducie que paraît reposer le système de mobilisation des créances à moyen terme qu'a mis sur pied le titre III de l'ordonnance n° 838 du 28 septembre 1967. La banque ou l'établissement financier qui a consenti des crédits de ce type émet un effet de commerce (généralement un billet à ordre) au profit de l'organisme auprès duquel il se refinance ; parallèlement, il « met à la disposition » de ce dernier les contrats qui ont été établis. Le porteur de l'effet de mobilisation acquiert un droit sur l'intégralité des créances constatées par ces contrats. On s'accorde à reconnaître qu'il s'agit d'un droit de propriété (10), lequel n'a d'autre objet que de garantir le paiement de l'effet en cas de défaillance de l'établissement de crédit. Si ce dernier paye le billet de mobilisation, il récupère automatiquement la propriété des créances sur les débiteurs primaires, qu'il encaisse pour son propre compte.

La loi n° 13 du 4 janvier 1978 a ouvert au titulaire d'un marché public, qui n'est pas payé par l'Administration dans le délai réglementaire, la faculté d'obtenir une avance du C.E.P.M.E. (11). Cette avance est garantie par la cession de la créance née du marché. Sans doute cette créance est-elle perçue directement par le C.E.P.M.E. en sa qualité de propriétaire ; mais de propriétaire fiduciaire, peut-on penser, puisqu'elle doit rétrocéder au titulaire du marché la partie de la somme qui dépasse l'avance qu'elle a dû consentir.

En créant un mode simplifié de cession de créance au profit des établissements de crédit, la loi n° 1 du 2 janvier 1981 a ouvert la porte à un nouvel emploi de la fiducie à vocation beaucoup plus générale. Par le jeu d'un bordereau dit « Dailly », un établissement de crédit peut se faire céder en propriété (mais aussi en nantissement) les créances professionnelles dont ses clients sont titulaires. Selon le contexte de l'opération, la cession en propriété peut s'analyser en un escompte, en un remboursement sous forme de dation en paiement ou en un transfert de propriété à fin de garantie (12). Cette dernière analyse doit notamment être retenue lorsque la créance cédée est d'un montant plus élevé que celui de la créance garantie et que la différence ne doit pas rester acquise au cessionnaire. Ce transfert en garantie correspond bien au schéma de la fiducie (13). Le débiteur cédé doit, en effet, s'acquitter entre les mains du créancier originaire, à moins

---

(8) V. NORMAND, *Les opérations bancaires de pension : Rev. trim. dr. com.* 1966, 791 et s., n° 32.

(9) VASSEUR, *La protection du banquier en cas de mobilisation des créances nées à court terme sur l'étranger : Rev. trim. dr. com.* 1977, 1 et s., n° 35. — WITZ, *op. cit.*, n° 189.

(10) En ce sens : GAVALDA et STOUFFLET, *Droit de la banque,* n° 485 ; RIVES-LANGE et CONTAMINE-RAYNAUD, *Droit bancaire,* n° 611 ; VASSEUR, *Modes nouveaux de cession et de nantissement de créance en droit bancaire : Banque* 1970, 54 et s., n° 27.

(11) Crédit d'équipement des petites et moyennes entreprises qui a été substitué, en 1981, à la Caisse nationale des marchés de l'État.

(12) VASSEUR, *L'application de la loi Dailly : Escompte ? Cession de créance ou propriété à titre de garantie ? Ou bien l'un ou l'autre selon les cas ? : D.* 1982, chron. 273. — Du même auteur, *Les garanties indirectes du banquier,* in *L'évolution du droit des sûretés : Rev. jurisp. com.* fév. 1982, 115.

(13) En ce sens : D. SCHMIDT et GRAMLING, *La loi n° 1 du 2 janvier 1981 facilitant le crédit aux entreprises : D.* 1981, chron. 217, nos 7 et 47.

que le cessionnaire ne lui ait notifié la cession ou ait obtenu de lui une acceptation par acte séparé. Si aucune de ces deux facultés n'est utilisée et que le cédant bénéficiaire du crédit le rembourse à l'échéance, le transfert en garantie ne produit aucun effet ; une rétrocession se produit automatiquement au profit du cédant qui encaisse la créance pour son compte.

531. — Distinction entre la fiducie et la vente avec possibilité de rachat. — Diverses formules contractuelles peuvent permettre au vendeur de récupérer à terme la propriété de la chose vendue : vente à réméré, vente avec promesse de revente, éventuellement accompagnée d'une location au profit du vendeur (14). La pratique a, de tout temps, été tentée d'utiliser cette propriété récupérable pour en faire la garantie d'une opération de crédit, le prêt apparaissant sous la forme d'un prix d'achat. Garantie peu commode, il faut le remarquer, puisque la somme prêtée doit être exactement alignée sur la valeur du bien vendu.

Ces formules présentent avec la fiducie une parenté qui n'est que superficielle et ne doit point abuser ; elles s'en distinguent par un trait majeur qui interdit toute assimilation (15). Le bailleur des fonds, qui prend la position d'acheteur, n'est pas par le fait même titulaire d'une créance sur le bénéficiaire de l'opération de crédit.

A fortiori, pour la même raison, ces formules ne peuvent pas être considérées comme des sûretés, sauf à les disqualifier en prêts assortis de gages, comme le fait parfois la jurisprudence (16). Le rôle de garantie qu'y tient le transfert de propriété est si envahissant qu'il élimine la créance avec les conséquences juridiques mais aussi économiques qui en découlent ; le bailleur des fonds y est directement exposé aux risques de perte et de dépréciation du bien concerné.

B. — La propriété réservée

532. — Description. — La réserve de propriété est une garantie que se ménage le vendeur en stipulant que le transfert de propriété ne se produira qu'au moment où le prix sera intégralement payé. La validité de cette clause n'a jamais été mise en doute, car les parties peuvent modifier la règle supplétive qui gouverne le moment du transfert de la propriété. Elle était cependant en sommeil, car elle se révélait inefficace dans l'éventualité pour laquelle elle était principalement conçue : celle de l'application d'une procédure collective à l'acheteur. Se fondant sur l'idée de solvabilité apparente, la jurisprudence l'avait, en effet, déclarée inopposable à la masse (17).

---

(14) Sur la combinaison la plus moderne qu'a suscitée cette tentation, la cession-bail, v. *infra*, n° 534.

(15) En ce sens : WITZ, *op. cit.*, n° 157 et s.

(16) V. les décisions citées *supra* n° 530, notes 5 et 6. — *Adde* WIERDERKHER, *Pactes commissoires et sûretés conventionnelles* in *Mélanges Jauffret*, p. 672 et s.

(17) V. notamment : Cass., 28 mars et 22 oct. 1934 : *D.* 1934, 1, 151, note VANDAME ; *S.* 1935, 1, 337, note ESMEIN. Cet ostracisme s'étendait à celles des locations-ventes qui apparaissaient comme une simple dissimulation d'une réserve de propriété.

Sous l'influence du droit allemand (18) et en présence du développement du crédit acheteur, un mouvement se dessina, non sans réticences (19), en faveur de la reconnaissance de la pleine efficacité de la clause. Il aboutit à la loi n° 335 du 12 mai 1980 qui la consacra en modifiant les articles 59, 65 et 66 de la loi du 13 juillet 1967 sur la liquidation des biens et le règlement judiciaire et admit non seulement la revendication des marchandises existant encore en nature mais également la revendication du prix de la revente faite par l'acheteur initial. La loi du 25 janvier 1985 n'est pas revenue sur cette consécration, bien que la réserve de propriété soit de nature à gêner le redressement de l'entreprise en difficulté (art. 115, 121 et 122) ; elle s'est bornée à réduire de quatre à trois mois le délai de revendication.

L'essor qu'a donné à la réserve de propriété la réforme du 12 mai 1980 a mis à jour les multiples problèmes qu'elle recèle ; problèmes d'autant plus délicats à trancher que les positions doctrinales sont fort divergentes tant sur la qualification du mécanisme qui retarde le transfert de propriété (condition suspensive, terme ?), que sur celle de la situation entre la livraison et le complet paiement (titre de la détention ?), que sur la nature même de la garantie procurée au vendeur (sur l'utilisation en matière immobilière, v. *infra*, n° 740).

533. — Nature juridique. — Faut-il se borner à constater que la propriété réservée joue un rôle de garantie ou peut-on la ranger parmi les véritables sûretés ? Beaucoup répugnent au second parti, soit qu'ils invoquent l'idée selon laquelle il n'y a de sûretés que celles qu'énumère la loi, soit qu'ils sacrifient à la prééminence du droit de propriété qui le rendrait irréductible à la fonction subalterne de sûreté (20). D'autres sont enclins à l'adopter ou à souhaiter que la qualification de sûreté soit officiellement consacrée (21).

Cette qualification nous paraît amplement méritée, car la réserve de propriété répond bien, et de façon cumulative, aux critères de la sûreté réelle, celui de la finalité, celui de la technique, celui de « l'accessoirité ».

Sa seule raison d'être est d'assurer le paiement préférentiel de la créance du prix, sous la forme particulière d'un paiement en nature, il faut le reconnaître, mais qui n'est pas étrangère au mécanisme des sûretés (22). La technique est bien celle de l'affectation ; l'objet en est le droit de propriété auquel l'acheteur pourrait prétendre et

---

(18) Sur le droit allemand, v. M. PÉDAMON, *La réserve de propriété en droit allemand et en droit français : Rev. jurisp. com.* 1982, n° spéc. intitulé *L'évolution du droit des sûretés,* p. 57 et s.

(19) V. notamment : HOUIN, *L'introduction de la clause de réserve de propriété dans le droit français de la faillite : J.C.P.* 80, I, 2978.

(20) V. les auteurs cités *supra*, n° 528, note 1.

(21) V. les auteurs cités *supra*, n° 528, note 1. — *Adde* DERRIDA, *La clause de réserve de propriété et le droit des procédures collectives : D.* 1980, chron. 293, n° 5, et, plus catégoriquement, dans l'ouvrage collectif *La réserve de propriété,* Litec, 1981, p. 208.

(22) Comme en témoigne l'attribution judiciaire du gage.

qu'il a vocation à obtenir. Affectation en valeur, puisque le vendeur est dépouillé de toutes les utilités que peut offrir la chose vendue, même si certaines sont stérilisées à son profit par les obligations imposées à l'acheteur ; puisqu'il perd la propriété du bien lorsqu'il en a reçu la valeur et qu'il ne peut triompher dans sa revendication qu'en restituant la partie du prix qu'il a déjà encaissée. Le législateur de 1980 a tiré la conséquence de ce trait en admettant la revendication du vendeur sur le prix de revente.

Reste le troisième critère qui est à la fois un argument du débat et l'un de ses enjeux : la nature d'accessoire de la créance. C'est, en effet, parce que la propriété réservée ne pourrait pas tenir ce rôle que d'aucuns lui refusent la qualification de sûreté réelle, laquelle aurait pour conséquence nécessaire de le lui attribuer. Pourtant, la propriété réservée est indéniablement vassale de la créance du prix et tributaire de son sort ; la propriété est transférée de façon automatique lorsque le complet paiement intervient ; elle doit l'être lorsque la créance du prix s'éteint pour une autre cause que le paiement, sans quoi l'on déboucherait sur une situation absurde ; de même, elle doit être transmise avec la créance, car elle n'aurait plus aucune utilité pour le vendeur.

La Chambre commerciale a expressément reconnu la qualité d'accessoire de la créance à la propriété réservée pour en admettre la transmission tant au subrogé (23) qu'au porteur de la lettre de change (24). Elle a ainsi levé l'obstacle à la qualification de sûreté qui aurait résulté de la prétendue incompatibilité entre propriété et accessoire de la créance.

Antérieurement la qualification de sûreté semble avoir inspiré plusieurs solutions de principe de la Cour de cassation, solutions qui tendent à placer la propriété réservée sous le régime des sûretés ordinaires ; ainsi, elle avait admis le droit du vendeur sur l'indemnité due en vertu d'un contrat d'assurance-dommages souscrit par l'acheteur (25) ; ainsi encore, elle avait crédité la caution du vendeur du bénéfice de l'article 2037 du Code civil au motif que ce dernier avait négligé de revendiquer la chose grevée de la réserve de propriété (26).

§ 2. — Les propriétés à effet de garantie

Pour des raisons qui seront explicitées, la propriété du crédit-bailleur (A) et celle de la provision de la lettre de change (B) ne nous apparaissent pas comme des propriétés-sûretés, mais produisent simplement un effet de garantie.

(23) Com., 15 mars 1988, 2 arrêts préc. n° 528, note 2.

(24) Com., 11 juill. 1988, 1re esp. préc. n° 528, note 2.

(25) Com., 1er oct. 1985 : *D.* 1986, 245, note CABRILLAC et I.R. 169, obs. DERRIDA ; *Rev. trim. dr. com.* 1986, 544, obs. HÉMARD et BOULOC.

(26) Com., 11 juill. 1988, 2e esp. : *Banque* 1988, 932, obs. RIVES-LANGE.

A. — Le crédit-bail

534. — Description. — Né aux États-Unis, le crédit-bail a été implanté en France dans les années soixante sous le nom de leasing. La loi n° 455 du 2 juillet 1966, modifiée par l'ordonnance n° 837 du 28 septembre 1967, a donné une définition de ce mode de financement, dont elle a francisé l'appellation (27), tout en le dotant de quelques éléments de réglementation.

Le crédit-bail est une opération complexe par laquelle un professionnel qui désire disposer d'un bien d'équipement le fait acheter par un établissement de crédit qui le lui donne en location pour une période, dite irrévocable, correspondant à la durée normale de l'amortissement ; au terme de cette période, l'utilisateur peut soit acheter le bien pour sa valeur résiduelle en vertu d'une promesse unilatérale de vente souscrite par le crédit-bailleur, soit le restituer, soit demander le renouvellement de la location pour un loyer plus faible. Appliqué à l'immobilier, le crédit-bail n'a pas pu, pour des raisons contingentes, conserver sa pureté originelle caractérisée par l'option offerte au preneur. Si ce dernier est propriétaire du terrain sur lequel sont édifiées les constructions financées et qu'il l'a donné en location au crédit-bailleur, il ne bénéficie pas de l'option et acquiert automatiquement, en fin d'opération, par le jeu de l'accession, la propriété de l'ensemble. Si les parties créent une société civile à laquelle le terrain est apporté et qui assume la construction, l'option ne porte pas sur l'immeuble, mais sur les parts de la société appartenant au crédit-bailleur.

Une modalité particulière de crédit-bail est constituée par la cession-bail (illégalement appelée lease-back), formule dans laquelle le crédité vend un bien — généralement un immeuble — à un établissement de crédit, qui le lui rétrocède en crédit-bail.

Économiquement, le crédit-bail est une opération de crédit ; mais juridiquement, le prêt prend la voie détournée d'un prix d'achat qui est remboursé de façon indirecte sous forme de loyers. Dès le début de l'opération, le crédit-bailleur acquiert la propriété du bien qui en est l'objet et la conserve au moins jusqu'au dénouement. Il y puise ainsi une garantie dans l'éventualité où l'opération doit être arrêtée en cours d'exécution en raison de la défaillance du preneur. Cette garantie se révèle, assez souvent il est vrai, illusoire ; ceci notamment lorsque le bien acquis correspond à un besoin spécialisé, de sorte

---

(27) On tend aujourd'hui à réserver le terme de leasing aux opérations qui reposent sur la même technique que le crédit-bail mais qui ne correspondent pas à la définition de la loi de 1966 parce qu'elles ne portent pas sur des biens d'équipement professionnel achetés en vue de la location (v. M. BEY, note au *J.C.P.* 77, II, 18669 ; LUCAS DE LEYSSAC, note *D.* 1976, 407). La propriété dans le leasing ainsi entendu joue le même rôle que dans le crédit-bail.

que le crédit-bailleur, lorsqu'il en récupère la disponibilité, ne peut pas aisément le replacer sur le marché (28).

535. — Nature juridique. — On peut être tenté de ranger la propriété du crédit-bailleur parmi les véritables sûretés (29), comme y invitent des rapprochements séduisants avec la réserve de propriété (30) et la fiducie (31). Faut-il céder à cette tentation ? La question est épineuse, au point que les auteurs de cet ouvrage sont ici en désaccord. L'un y a répondu affirmativement, estimant que le fait que le crédit-bail ait la fonction économique d'une sûreté doit conduire à admettre qu'il en a la nature juridique (32). L'autre se refuse à le faire pour diverses raisons.

Il faut d'abord observer que la garantie procurée par la propriété n'est pas la seule finalité de la combinaison ; elle fournit aussi aux intéressés le moyen de s'affranchir des contraintes réglementaires qui pèsent sur la vente à crédit et notamment le moyen d'aligner la durée de l'opération sur celle de l'amortissement du bien. Par ailleurs, la propriété n'est pas ici contractuellement dépouillée de toutes ses utilités ; l'établissement de crédit conserve l'*usus* du fait de sa situation de bailleur appelé à percevoir des loyers. Enfin, la propriété n'est pas nécessairement transférée lorsque le remboursement est achevé ; au gré de l'utilisateur, elle peut rester postérieurement dans le patrimoine de l'établissement de crédit, processus qui n'est guère compatible avec l'extinction de la sûreté par le paiement.

Une dernière raison paraît beaucoup plus péremptoire que les précédentes. Si la propriété garantit l'opération dans son ensemble, elle ne garantit pas précisément la ou les créances du crédit-bailleur sur l'utilisateur. Loin d'en être l'accessoire, elle en est totalement indépendante. En effet, lorsque, durant la période irrévocable, ce dernier est défaillant, le crédit-bailleur peut mettre fin à la location et reprendre la disposition de sa chose. Cette récupération ne s'apparente en rien à la réalisation d'une sûreté, car elle ne lui fait pas perdre pour autant la créance des loyers échus et impayés, ni même la créance d'indemnité à laquelle il peut prétendre en vertu de la clause pénale traditionnellement insérée dans les contrats (33). Quand bien même

---

(28) Sur la valeur limitée de la garantie, v. M. BEY, *Le crédit-bail envisagé comme une sûreté* in *L'évolution des sûretés, op. cit.*, p. 52 et s.

(29) V. en ce sens : GIOVANOLI, *Le crédit-bail en Europe : développement et nature juridique,* Litec, 1980, p. 483 et s. — V. *contra :* M. BEY, art. préc., p. 48, qui avance l'idée d'une sûreté économique. — Rappr. GOYET, thèse préc., n° 415, qui propose la formule de « sûreté intrinsèque ». — V. la conclusion nuancée de MARTY, RAYNAUD et JESTAZ, n° 559.

(30) V. par ex. HOUIN, art. préc. *supra*, n° 505, note 2.

(31) V. J. DERRUPPÉ, art. préc. *supra*, n° 529, note 1, qui se refuse cependant à l'assimilation, de même que MALAURIE et AYNÈS, n° 756.

(32) C. MOULY, *Procédures collectives : assainir le régime des sûretés* in *Mélanges Roblot,* p. 529 et s., n° 37.

(33) On a contesté en vain la possibilité pour le crédit-bailleur de cumuler la reprise du bien et l'indemnité forfaitaire, v. Com., 4 juill. 1972 : *D.* 1972, 732, note MALAURIE.

il serait intégralement remboursé de ces sommes, la propriété lui resterait définitivement acquise. En bref, la propriété n'est pas mise au service d'une créance de remboursement, à laquelle la structure de l'opération ne fait d'ailleurs pas officiellement de place, ni non plus au service de la créance de loyer. Elle ne tend pas au paiement préférentiel mais donne au crédit-bailleur l'assurance que, en cas de défaillance de son partenaire, il aura au moins la contrepartie en nature de la somme qu'il a investie dans l'opération ; elle n'a donc qu'un simple effet de garantie.

B. — La propriété de la provision de la lettre de change

536. — Aux termes de l'article 116, alinéa 3, du Code de commerce, « la propriété de la provision est transmise de droit aux porteurs successifs de la lettre de change » (34). Cette règle, prise en dehors de la convention de Genève portant loi uniforme qui a laissé sur ce point toute liberté aux législateurs nationaux, a pour conséquence de conférer au porteur un droit exclusif sur la somme dont le tiré pourra être redevable au tireur au moment de l'échéance de la traite. Cette somme échappe ainsi aux créanciers du tireur, aussi bien dans l'hypothèse où ce dernier est placé sous le coup d'une procédure collective (35) que dans celle où la créance est l'objet d'une saisie-arrêt (36).

Il y a là une garantie précieuse que certains auteurs ont assimilée à une authentique sûreté (37). Quelques décisions ont consacré cette opinion en déclarant la fourniture de la provision faite pendant la période suspecte inopposable à la masse de la « faillite » du tireur par application de la règle qui interdit la constitution de sûreté pour dette antérieure (38).

---

(34) On trouve la même règle en matière de chèque, mais la question de savoir si la propriété de la provision est une sûreté ne s'y pose pas, ceci pour bien des raisons qui ressortissent à la nature d'instrument de paiement à vue du chèque et à sa nature d'instrument bancaire. La propriété de la provision n'est que le résultat du transfert de monnaie scripturale que la remise du chèque a pour effet de réaliser et elle ne saurait être l'accessoire de la créance du porteur sur le tireur pas plus que de la créance fondamentale. Le chèque lui-même peut être l'objet d'une sûreté, c'est la pratique du chèque de garantie qui n'est qu'une application du mécanisme du gage.

(35) V. notamment : Civ., 18 janv. 1937 : *D.H.* 1937, 145 ; *S.* 1937, 1, 81, note ROUSSEAU. — M. CABRILLAC, *La lettre de change dans la jurisprudence,* Litec, 1978, p. 82.

(36) Com., 29 nov. 1982 : *D.* 1983, I.R. 246, obs. CABRILLAC. — Rappr. GAVALDA, note *J.C.P.* 70, II, 16228.

(37) V. notamment : PERCEROU et DESSERTEAUX, *Faillites,* I, n° 600 ; ROBLOT, *Les effets de commerce,* n° 190. — V. *contra :* HAMEL, LAGARDE et JAUFFRET, II, n° 1423 ; DERRIDA, note post-citée ; A. MARTIN-SERF, *L'interprétation extensive des sûretés en droit commercial : Rev. tr. dr. com.* 1980, 678, n° 56 et s.

(38) Bordeaux, 28 juin 1960 : *D.* 1961, 182, note A.L. — Aix, 19 déc. 1974 : *D.* 1975, 352, note DERRIDA ; *Rev. tr. dr. com.* 1975, 329. — Il faut observer qu'au XIXe s., la Cour de cassation analysait l'opération en un paiement de dette non échue, puis s'est bornée par la suite à y voir une inopposabilité de plein droit sans autre précision.

Une telle analyse repose sur des arguments sérieux. Le transfert de propriété réalise bien une affectation au profit du porteur de la créance éventuelle du tireur sur le tiré ; cette affectation peut être confortée, s'il n'y a pas eu acceptation, par la défense adressée au tiré de payer le tireur (39). Grâce à cette affectation, le porteur peut bénéficier d'un paiement par préférence aux autres créanciers du tireur. Toutefois, il nous semble que cette analyse se heurte à deux objections très fortes : la créance de provision dont est investi le porteur n'est pas l'accessoire de sa créance cambiaire ; le transfert de la propriété de la provision ne produit pas seulement les effets d'une sûreté.

Il n'y a pas entre la créance cambiaire et la créance de provision un rapport de subordination — caractéristique de l'accessoire — qui mettrait la seconde au service de la première. Les deux créances sont en situation d'interdépendance et ont une certaine autonomie. La meilleure preuve en est que, si la créance cambiaire s'éteint par déchéance ou prescription, le porteur conserve la créance de provision qui est soumise au délai de prescription (généralement plus long) qui lui est propre (40). Ajoutons que le rôle d'accessoire qui serait dévolu à la créance de provision serait peu conciliable avec la règle du jeu cambiaire qui veut que le porteur doive demander le paiement de la traite au tiré avant de faire jouer l'engagement du tireur ou des autres signataires, règle qui le prive de la liberté qu'a le titulaire d'une sûreté de la réaliser ou de ne pas le faire.

D'autre part, la survie de la créance sur le tiré montre que le transfert de la propriété de la provision procure au porteur des avantages différents de ceux qui découlent d'une sûreté. Dans cette éventualité, la propriété de la provision ne garantit pas le porteur contre l'insolvabilité du tireur, mais elle lui ménage une sorte d'assurance contre sa propre négligence.

En réalité, la propriété de la provision est, dans notre conception française, un élément intégré au mécanisme cambiaire qui incorpore à l'écrit la titularité d'une créance fondamentale ; cette propriété produit un effet de sûreté très accusé, mais a des effets plus larges et spécifiques qui l'empêchent d'être réductible à une sûreté.

SECTION II

LA DÉTENTION UTILISÉE COMME GARANTIE : LE DROIT DE RÉTENTION

537. — Définition et fondement. — Le droit de rétention est la faculté accordée à un créancier qui détient la chose de son débiteur d'en refuser la délivrance jusqu'à complet paiement. C'est un moyen de pression sur la volonté du débiteur qui l'incite à l'exécution. Par là, il constitue une garantie de paiement d'une technique fruste, mais qui est douée d'une grande efficacité. Si ancien qu'il soit, le droit

---

(39) V. notamment : Com., 24 avril 1972 : *D.* 1972, 686, note ROBLOT ; *Rev. trim. dr. com.* 1972, 964, obs. CABRILLAC et RIVES-LANGE.

(40) V. ROBLOT, *Les effets de commerce,* n° 76 et s. et la jurisprudence citée.

de rétention n'en est pas moins encore controversé tant dans son domaine que dans sa nature.

Son fondement lui-même n'est pas à l'abri de la discussion. Certains justifient cette prérogative par l'idée de constitution de gage tacite (41) ; elle ne correspond pas au droit positif qui ne restreint pas le droit de rétention aux seules relations contractuelles et qui ne lui attribue pas les effets du gage. D'autres l'expliquent par le souci de faciliter le crédit (42), thèse qui se heurte à bien des objections et notamment au fait que cette prérogative tend le plus souvent à un paiement immédiat. Aussi pour la plupart des auteurs le droit de rétention repose-t-il sur un principe d'équité (43), voire sur l'exigence de bonne foi (44) : il serait injuste qu'un créancier soit tenu d'exécuter une obligation de délivrance au profit d'un débiteur qui n'a pas lui-même exécuté toutes ses obligations à son égard.

En marge de cette considération d'équité, le droit de rétention repose aussi sur un élément psychologique dont on ne saurait faire abstraction : le refus de rendre la chose est une réaction naturelle, quasi instinctive ; il est donc difficile de le proscrire, alors que c'est pourtant un acte de justice privée, ce qui inviterait à le faire (45), d'autant que la rétention est antiéconomique, car elle a pour résultat de stériliser la chose qui en est l'objet.

538. — Le droit de rétention et les autres situations de réciprocité. — La rétention est une situation de réciprocité puisqu'elle postule que le rétenteur soit créancier de celui qui pourrait prétendre à la délivrance. Elle tend donc à se rapprocher d'autres situations de réciprocité (v. *infra*, n° 572 et s.) au point de se confondre avec certaines d'entre elles. C'est ainsi qu'il est malaisé de distinguer le droit de rétention de l'exception *non adimpleti contractus* dont certains ont pu penser qu'il n'était qu'une application ; la distinction doit pourtant être faite et sera précisée ultérieurement (n° 547).

La différence est plus marquée avec la compensation. La fongibilité des objets des créances réciproques qui caractérise ce mécanisme lui fait produire des effets plus énergiques que ceux de la rétention. Ce n'est pas un moyen de pression, mais un mode de paiement qui éteint les deux créances jusqu'à concurrence de la plus faible.

On peut également rapprocher — tout en les distinguant nettement — rétention et saisie-arrêt sur soi-même. Ce procédé peut être employé par la personne qui est tenue d'une dette exigible et qui a sur son

---

(41) V. Ripert et Boulanger, III, n°s 34 et 1203.

(42) V. Hourmel, *Le droit de rétention, essai d'une théorie en droit français,* thèse Strasbourg, 1928, n° 91 et s.

(43) Pour s'en tenir aux plus récents, v. Marty, Raynaud et Jestaz, n° 16 *bis* ; Planiol, Ripert et Becqué, XII, n° 444 ; Cornu, obs. *Rev. trim. dr. civ.* 1973, 789.

(44) Cornu, *loc. cit.*

(45) L'antagonisme est illustré par le dilemme souvent posé en pratique : exercice légitime du droit de rétention ou abus de confiance ?

créancier une créance non encore liquide et donc insusceptible de compensation. Il lui permet de différer le paiement jusqu'au moment où sa créance devient exigible et entre en compensation. Comme la rétention, la saisie-arrêt sur soi-même suspend l'exécution ; cependant le résultat n'est pas atteint par un acte de justice privée mais par une voie d'exécution soumise à des conditions différentes (46). L'intéressé n'y trouve pas un moyen de pression mais une solution d'attente jusqu'au paiement réalisé par la compensation.

539. — Nature juridique. — Elle donne lieu à un débat, toujours ouvert en doctrine, dans lequel la jurisprudence évite de prendre parti (47), alors que ses solutions l'alimentent en arguments. Ce débat s'articule autour de trois questions : le droit de rétention est-il un droit réel ? Est-il une sûreté réelle ? Peut-on lui donner une autre qualification ?

1° La thèse du droit réel prend essentiellement appui sur l'opposabilité *erga omnes* que la jurisprudence reconnaît ou tend à reconnaître au droit de rétention (48) ; mais une telle opposabilité, qui est peut-être moins affirmée qu'on ne le dit et en tout cas sujette à discussion, peut s'expliquer autrement que par la « réalité » du droit de rétention. Ceux qui la repoussent ne manquent pas d'arguer que le rétenteur ne dispose ni d'un droit de préférence, ni d'un droit de suite. Il paraît bien difficile de qualifier de réel un droit qui ne confère aucun pouvoir immédiat ni sur la chose elle-même (que le rétenteur détient pour le compte de son propriétaire), ni sur sa valeur sur laquelle le rétenteur n'a pas un droit supérieur à celui des autres créanciers ; un droit dont l'exercice ne vise qu'une personne déterminée et n'a d'autre effet que de faire pression sur elle.

2° Est-il du moins une véritable sûreté réelle comme le proclament certains (49) ? Nous ne le croyons pas, car il ne répond pas aux critères fondamentaux de la notion : l'affectation d'un bien au paiement préférentiel d'une créance. Sans doute la rétention peut-elle provoquer un tel paiement, mais ce résultat n'est atteint que par ricochet ; il n'est pas inhérent à la nature du droit de rétention ; il n'est pas le fruit d'une affectation exclusive ou prioritaire. Une double constatation le montre bien : le paiement est obtenu sans que la valeur de la chose soit jamais dégagée et, le cas échéant, la chose peut être sans valeur intrinsèque (rétention de documents).

---

(46) L'inconvénient des formalités à accomplir peut être racheté par l'avantage de conditions de fond moins astreignantes, notamment parce qu'il ne sera exigé aucun lien entre les deux créances.

(47) Les exceptions corroborent le principe, v. par ex. Toulouse, 11 fév. 1977 : *D.* 1978, 206, note J. MESTRE ; *J.C.P.* 78, II, 18898, note VERSCHAEVE.

(48) En ce sens : BEUDANT par VOIRIN, t. XIII, n° 286 et s. ; RODIÈRE, note *D.* 1965, 59 ; DERRIDA, *Rétention, Encyclopédie Dalloz, Droit civil,* n° 139. — Rappr. MAZEAUD et CHABAS, qui concluent par une formule équivoque : « un droit réel inachevé », n° 129.

(49) En ce sens : BEUDANT par VOIRIN, *loc. cit.* ; SIMLER et DELEBECQUE, n° 401 et s. ; DAGOT, p. 76. — Rappr. MALAURIE et AYNÈS, n° 452, pour qui il ne s'agirait que d'un « vain débat ».

3° Selon l'analyse la plus séduisante, le droit de rétention n'est qu'une modalité affectant l'obligation de délivrance pesant sur le détenteur, un terme suspensif et incertain mis à son exécution (50). Le droit de rétention est un moratoire susceptible d'être prolongé jusqu'au complet paiement. La faculté de ne pas restituer, à laquelle se réduit le droit de rétention, est donc de nature personnelle. C'est aussi un accessoire de la créance, puisque son existence même est subordonnée à cette dernière, qu'il est mis à son service exclusif et qu'il n'a d'autre finalité que d'inciter à la payer.

§ 1 — Les sources du droit de rétention

540. — **Problématique.** — Le législateur accorde expressément des droits de rétention dans des situations bien déterminées. Doctrine et jurisprudence ont vu dans ces dispositions les points d'émergence d'un principe général dont le domaine demeure controversé. Lorsque le droit de rétention ne résulte pas d'une règle particulière ou du jeu du principe général, la question se pose de savoir s'il peut naître de la volonté individuelle.

A. — Les textes consacrant le droit de rétention

541. — **Multiplicité.** — Les codes napoléoniens et les textes postérieurs ont admis la légitimité de la rétention dans des hypothèses si nombreuses qu'il serait fastidieux d'en dresser une liste exhaustive. Leur examen est instructif en ce sens qu'il fait apparaître que ces droits de rétention sont accordés aussi bien à l'occasion d'une relation contractuelle que d'un rapport extra contractuel. Bornons-nous à citer quelques exemples.

542. — Les droits de rétention insérés dans une relation contractuelle. — L'article 1612 du Code civil permet au vendeur au comptant de ne pas délivrer la chose tant qu'il n'a pas été payé ; de même, l'acheteur à réméré peut opposer le droit de rétention au vendeur qui use de la faculté de rachat et qui n'a pas encore versé la somme due (C. civ., art. 1673). Le locataire ne peut être contraint de quitter les lieux aussi bien dans l'hypothèse d'un bail civil s'il n'a pas reçu l'indemnité à laquelle il peut avoir droit (C. civ., art. 1749) que dans celle d'un bail commercial s'il n'a pas reçu l'indemnité d'éviction (D. 30 sept. 1953, art. 20). Le dépositaire peut retenir la chose déposée jusqu'au complet paiement des sommes qui peuvent lui être dues à raison du dépôt (C. civ., art. 1948).

Certains officiers ministériels bénéficient d'un droit de rétention sur les dossiers de leurs clients pour assurer le paiement des frais et avances, voire des honoraires (D. n° 262 du 8 mars 1978, art. 8, pour les notaires ; D. n° 18 du 5 janv. 1967, art. 28, pour les huissiers).

---

(50) V. N. CATALA, *De la nature juridique du droit de rétention : Rev. trim. dr. civ.* 1967, p. 9 et s., n° 29. — MARTY, RAYNAUD et JESTAZ, n° 44 et s., avec plus de nuances.

En marge de ces exemples, il faut signaler le droit de rétention du créancier bénéficiaire d'un gage ou d'une antichrèse (*infra*, nos 677 et 821) qui est d'une nature particulière, car il s'intègre étroitement au mécanisme de ces sûretés en raison du rôle qu'y joue la dépossession du débiteur.

543. — Les droits de rétention insérés dans une relation extra contractuelle. — Le traditionnel principe qui subordonne l'expropriation pour cause d'utilité publique à une juste et préalable indemnité se traduit par un droit de rétention au profit de l'exproprié (C. civ., art. 545, en réalité vidé de sa portée pratique, v. *infra*, n° 545). Le possesseur de bonne foi d'un meuble perdu ou volé n'est tenu de le rendre au revendicant qu'après paiement du prix qu'il lui a coûté (C. civ., art. 2280). Le cohéritier qui doit rapporter en nature le bien qu'il a reçu en avancement d'hoirie peut le retenir jusqu'au paiement des impenses ou améliorations qu'il a faites (C. civ., art. 862). L'ouvrier ou artisan dit « spécificateur », qui a façonné la chose d'autrui et qui doit la restituer à son propriétaire, peut la retenir jusqu'au remboursement du prix de la main-d'œuvre (C. civ., art. 570).

B. — L'existence d'un principe général non écrit

544. — La reconnaissance du principe. — Le droit romain et l'ancien droit, s'ils avaient consacré abondamment des droits de rétention, n'étaient pas parvenus à dégager une conception unitaire et abstraite de l'institution. Cette situation devait trouver son prolongement dans les interventions ponctuelles du Code civil, dont elle explique sans doute la carence. Les interprètes de la première moitié du XIXe siècle ne pouvaient accueillir un principe général de rétention que le code ne formulait point et qui leur paraissait contraire à la règle qu'il n'y a pas de privilège sans texte.

Il fallut attendre la fin du siècle pour que soit soutenu par Aubry et Rau l'idée selon laquelle la rétention pouvait être légitime en dehors des cas expressément prévus par la loi. Le droit de rétention n'a cependant pas acquis, avec l'intervention de ces auteurs, sa plus grande dimension, car ils l'ont rattaché à l'exception *non adimpleti contractus* et donc, l'ont confiné aux relations contractuelles. La consigne n'a pas été respectée par une jurisprudence empirique qui a fait application du droit de rétention dans le domaine extra contractuel. Ainsi, depuis le début de ce siècle, a été dégagé le principe d'un droit de rétention général, principe dont l'existence et l'opportunité sont unanimement reconnues.

545. — Les exceptions. — Si c'était nécessaire, l'existence du principe serait attestée par les exceptions que lui ont apportées le législateur et la jurisprudence dans les hypothèses répondant aux critères de la rétention légitime.

Ces exceptions procèdent de raisons variées. Il peut s'agir de l'équilibre d'un contrat : ainsi, la gratuité du prêt à usage conduit à refuser à l'emprunteur le droit de retenir la chose sur laquelle il a fait des dépenses exceptionnelles (C. civ., art. 1885). Il peut s'agir aussi d'une éthique professionnelle : ainsi, la mission de l'avocat ne saurait s'accommoder de la rétention de pièces (D. n° 468 du 9 juin 1972, art. 86) ; de l'intérêt général : l'urgence des travaux ne permet pas à l'exproprié pour cause d'utilité publique de faire valoir le droit de rétention ; d'un impératif économique, comme l'efficacité du crédit immobilier qui a conduit la jurisprudence à écarter la rétention du tiers détenteur de l'immeuble hypothéqué, ou comme la sécurité du commerce maritime qui conduit à refuser au capitaine le droit de retenir le frêt.

546. — La limite du principe : le lien de connexité. — S'accordant pour étendre le droit de rétention au-delà des textes qui en prévoient l'attribution, les opinions se sont divisées sur les critères de cette extension, critères permettant de limiter le champ d'application du principe général. A de rares exceptions près, nul n'a, en effet, préconisé un droit de rétention qui serait attribué du seul fait de la détention. La nécessité d'un lien de connexité entre la détention et la créance impayée est quasi unanimement ressentie : peut-on admettre, par exemple, que le réparateur d'un véhicule puisse retenir le sac à main oublié par sa cliente dans son garage (51) ? Mais c'est sur la nature de ce lien que règnent la controverse et aussi la confusion (d'autant que le débat n'affecte pas seulement le domaine mais aussi les effets du droit de rétention) : la connexité doit-elle être juridique et/ou matérielle ?

547. — La connexité juridique. — Dite aussi connexité intellectuelle ou subjective, c'est celle qui tient au fait que la créance et la détention sont issues d'un même contrat, voire d'un même quasi-contrat (ce qui permet au gérant d'affaires de bénéficier du droit de rétention).

S'en tenir à la connexité juridique ne rendrait pas compte des solutions législatives qui admettent la rétention en dehors de toute relation contractuelle et conduirait à refuser l'extension de cette prérogative à des situations extracontractuelles très proches des hypothèses consacrées par le législateur.

On a également reproché à la thèse de la connexité juridique de réduire le droit de rétention à une application de l'exception *non adimpleti contractus*. Certains l'ont d'ailleurs fait de propos délibéré, rattachant la légitimité de la rétention à l'exception d'inexécution (52). Si la distinction entre les deux institutions est malaisée à opérer (53), elle peut et doit être faite, comme l'ont montré certaines études doctrinales (54).

L'exception repose sur la notion de cause ; l'obligation que l'un des contractants refuse d'exécuter doit avoir pour cause l'obligation que l'autre contractant n'exécute pas. Or, le droit de rétention est étranger à ce mécanisme d'équilibre ; il peut être invoqué par un contractant qui a exécuté sa prestation à l'encontre de son partenaire qui n'en paye pas le prix, prestation qui en serait la contrepartie. Par exemple, le professionnel qui a réparé une chose et qui n'est pas payé ne peut plus, par définition, faire jouer l'exception d'inexécution ; il lui est encore loisible d'invoquer le droit de rétention. Par

---

(51) V. en ce sens : Civ. 1re, 9 fév. 1988 : *Bull. civ.* IV, n° 32 ; *D.* 1988, 448, note DELEBECQUE, qui a refusé à un banquier le droit de retenir des titres appartenant à un déposant qui était devenu son débiteur par le jeu d'un cautionnement étranger au dépôt. — V. également : Civ. 1re, 25 avril 1989 : *D.* 1989, I.R. 148.

(52) V. notamment AUBRY et RAU, t. III, § 256 *bis*.

(53) V. MARTY, RAYNAUD et JESTAZ, n° 20.

(54) RODIÈRE, note sous Cass., 22 mai 1962 : *D.* 1965, 60 ; N. CATALA, art. préc., n° 9 et s. — V. aussi R. DERRIDA, *Recherche sur le fondement du droit de rétention*, thèse, Alger, 1940.

là, cette prérogative fait figure « d'ultime remède » qui prend le relais de l'exception, laquelle n'est qu'une mesure conservatoire qui peut être le prélude à une action en résolution.

La confusion est venue du fait que l'exception d'inexécution peut prendre la forme d'une rétention ; ainsi, le vendeur, excipant du défaut de paiement du prix, retient la chose vendue. On pourrait en déduire que son domaine coïncide en partie avec celui du droit de rétention ; mais ce n'est là qu'une apparence. La rétention exercée sur la base de l'exception d'inexécution ne correspond pas, en effet, à un authentique droit de rétention. Celui-ci est une institution autonome ; il n'y a véritable droit de rétention que dans l'éventualité où la rétention n'est pas justifiée par l'exception d'inexécution. Le domaine du droit de rétention commence là où s'arrête l'exception *non adimpleti contractus*.

548. — La connexité matérielle. — Dite aussi connexité objective, c'est celle qui tient au fait que la créance « est née à l'occasion de la chose retenue », selon l'expression de la jurisprudence ; qu'il y a *debitum cum re junctum*, selon la formule traditionnelle. Ce type de connexité peut donner lieu à une conception restrictive qui exige que la créance impayée ait profité à la chose, qu'elle en ait conservé ou augmenté la valeur. Aucun argument déterminant n'impose de subordonner la connexité à cette condition (55) et le législateur consacre plusieurs droits de rétention où elle n'apparaît pas et où la connexité ne tient qu'au fait que la détention et la créance ont la même cause : celui du possesseur de bonne foi auquel le propriétaire dépossédé doit restituer le prix ; celui du preneur d'un bail commercial auquel le bailleur doit verser l'indemnité d'éviction, etc.

Quelle que soit l'interprétation adoptée, la connexité matérielle ouvre plus largement que la connexité juridique le domaine du droit de rétention, puisqu'il recouvre aussi bien le secteur des relations contractuelles que celui des relations extracontractuelles ; mais, en contrepartie, elle tend à diminuer l'assiette de la rétention puisque, dans le cadre du contrat qui a fait naître la créance, peuvent être remises des choses qui n'ont aucun rapport avec cette dernière.

C'est d'ailleurs l'objection qui peut être adressée à la thèse de la connexité matérielle ; elle n'explique pas les droits de rétention reconnus par la loi dans des hypothèses où le *debitum cum re junctum* n'existe pas et où le seul lien entre la détention de la chose et la créance est le contrat qui les a fait naître, comme la rétention des pièces d'un dossier.

549. — Les choix opérés : l'évolution doctrinale. — Le mouvement vers l'avènement d'un principe général de rétention est né sous le signe de la connexité juridique. Aubry et Rau, qui en ont été les initiateurs (*supra*, n° 547), fondant le droit de rétention sur l'exception d'inexécution, ne pouvaient que le cantonner au domaine contractuel

(55) V. N. CATALA, *op. cit.*, n° 16.

auquel ils ont annexé, de façon quelque peu acrobatique, le domaine quasi contractuel.

Bien que leur doctrine ait exercé une influence profonde et durable, un choc en retour devait se produire. Dans un premier temps, on s'appliqua à bien distinguer le droit de rétention de l'exception d'inexécution (56). De cette distinction, un courant doctrinal déduisit qu'il fallait exclure la connexité juridique au profit de la seule connexité matérielle (57).

Cependant, la controverse devait prendre en compte les données législatives d'où émergent des droits de rétention correspondant tantôt à la connexité juridique, tantôt à la connexité matérielle. Aussi la plupart des auteurs ont-ils été conduits à reconnaître un rôle simultané aux deux sortes de connexité (58), mais avec bien des nuances. La prédominance de la connexité matérielle est toutefois affirmée par la doctrine la plus moderne (59) et nous nous rallions volontiers à l'opinion selon laquelle le droit de rétention est essentiellement justifié par la connexité matérielle et ne peut être justifié par la connexité juridique qu'accessoirement et dans la mesure où le créancier ne peut plus faire jouer l'exception *non adimpleti contractus* (60).

550. — Les choix opérés : la position jurisprudentielle. — Si, au début du siècle, la jurisprudence ne se référait guère qu'au critère de la connexité juridique, elle tend maintenant à faire jouer alternativement les deux critères, de sorte que si la connexité juridique fait défaut, la rétention peut être admise au nom de la connexité matérielle ou vice-versa.

On peut citer un arrêt de la Chambre commerciale comme particulièrement révélateur de cette position (61) ; des pièces de fonte brute avaient été remises à un façonnier par un client qui ne lui avait pas payé des travaux effectués précédemment sur d'autres pièces ; pour refuser le droit de rétention, les rédacteurs de l'arrêt ont eu soin de relever que la créance invoquée ne concernait pas les pièces détenues (absence de connexité matérielle) et qu'il n'était pas allégué que la créance et la remise des pièces résultaient d'un même contrat (absence de connexité juridique).

La jurisprudence n'a cependant pas poussé l'utilisation alternative des deux critères jusqu'à ses dernières limites, car elle n'a pas fait intervenir la connexité matérielle pour résoudre le problème dit de la renaissance du droit de rétention (v. *infra*, n° 567).

L'extension du domaine de la rétention légitime qui a été réalisée par le recours alternatif aux deux critères a été encore accrue par une tendance à prendre en considération non un contrat isolé, mais

---

(56) V. notamment R. Cassin, *L'exception tirée de l'inexécution dans les contrats synallagmatiques,* thèse, Paris, 1914, n° 111.

(57) R. Derrida, *op. cit.* — Rodière, note préc.

(58) V. Beudant par Voirin, XIII, n° 272. — Mazeaud et Chabas, n° 113 et s. — Marty, Raynaud et Jestaz, n° 41 et s. — Malaurie et Aynès, n° 446. — Simler et Delebecque, n° 413.

(59) V. F. Derrida, *op. cit.*, n° 58 et s.

(60) N. Catala, n°s 15 et 30.

(61) 29 janv. 1974 : *D.* 1974, 245.

une relation contractuelle englobant une chaîne de contrats. Ainsi, se targuant d'un contrat général d'entretien, un garagiste a pu retenir la totalité d'un parc automobile pour garantir le paiement des réparations effectuées sur un seul véhicule (62) ; de même, la rétention a été jugée légitime de la part d'un façonnier sur des machines qui lui avaient été remises pour qu'il puisse effectuer une série de travaux (63).

C. — L'attribution d'un droit de rétention par contrat

551. — Les parties à une convention ont-elles la possibilité d'attribuer à l'une d'elles un droit de rétention qui lui serait refusé par les règles qui gouvernent l'institution et, notamment, par l'exigence d'un lien de connexité ? Une jurisprudence clairsemée donne généralement une réponse positive ; celle de la doctrine est plus nuancée (64).

Une telle stipulation peut être intéressante pour des biens présentant une valeur marchande lorsqu'une constitution de gage est impossible. Ainsi, elle a été utilisée avec succès par un industriel qui traitait des tissus appartenant à des clients et qui désirait que le lot détenu serve de garantie pour le paiement du travail fait sur des lots déjà rendus (65). Elle l'est plus encore pour des documents sans valeur marchande et donc insusceptibles de mise en gage, tels que permis de conduire, carte grise, pièce d'un dossier d'une nature quelconque, qu'un créancier se fait remettre en vue de disposer d'une garantie (66).

Nous ne discernons pas de raison de mettre en doute la validité de principe du droit de rétention créé par la convention, surtout si l'on pense, comme nous, que cette prérogative n'est pas une véritable sûreté. Rien ne paraît s'opposer, en effet, à ce que la volonté des parties supplée à l'absence du lien de connexité (67). D'autre part, aucune règle générale n'interdit au débiteur de fournir au créancier un moyen de pression — ce qu'est le droit de rétention — pourvu que son consentement soit libre et éclairé.

§ 2. — Les conditions d'existence

Elles se réfèrent à la créance garantie (A), à la détention (B) et aux biens susceptibles d'être retenus (C).

---

(62) Soc., 9 janv. 1958 : *D.* 1958, 270.

(63) Civ. 3e, 20 nov. 1967 : *Bull. civ.* III, n° 372 ; *D.* 1972, somm. 22.

(64) V. les réticences de F. Derrida, *op. cit.*, n° 69 et s. et de G. Cornu, *Rev. trim dr. civ.* 1973, 789, qui exclut cette possibilité en cas de mandat.

(65) Douai, 26 juin 1956 : *J. agréés* 1958, 287. — *Contra :* Douai, 6 juin 1935 : Rec. Douai 1936, 32.

(66) V. en faveur de la validité, à propos de la rétention d'un dossier : Colmar, 30 janv. 1973 : *D.* 1973, somm. 99 et obs. Cornu préc. — Dans le même sens : Com., 16 mars 1965 : *Bull. civ.* III, n° 200 (sol. impl.), à propos de documents relatifs à un véhicule automobile.

(67) V. *contra :* F. Derrida, *op. cit.*, n° 70.

A. — Les conditions relatives à la créance garantie

552. — L'objet de la créance. — S'il était une véritable sûreté, le droit de rétention postulerait que la créance garantie soit une créance de somme d'argent, postulat auquel adhèrent certains (68). Moyen de pression pour obtenir l'exécution, le droit de rétention a vocation à conforter toute créance de faire ou de ne pas faire (69). C'est ainsi que, dans la pratique des locations mobilières, de brève durée, le bailleur se réserve le droit de retenir un document pour inciter le preneur à la restitution, combinaison qui n'a pas donné lieu, semble-t-il, à contentieux.

553. — La certitude de la créance. — Cette exigence est unanimement admise, car elle échappe à l'incidence des conceptions divergentes sur la nature du droit de rétention. Cet acte de justice privée ne peut être légitime que s'il est mis au service d'une créance incontestable en son principe (70). Ne répond pas à cette exigence une créance qui n'a pas été déclarée au passif d'une procédure collective (71), de même qu'une créance qui a été rejetée. La rétention, en l'absence d'une créance certaine, peut éventuellement être sanctionnée au titre de l'abus de confiance (72).

554. — L'exigibilité et la liquidité de la créance. — Cette double exigence, traditionnellement requise, ne s'impose pas avec la même force, surtout pour la seconde (73). On peut concevoir l'exercice d'un droit de rétention dans l'attente du moment où la créance deviendra exigible et/ou liquide. En réalité, il convient d'introduire ici nuances et distinctions.

S'il s'agit d'une créance contractuelle, l'octroi d'un terme emporte renonciation au droit de rétention ; cependant, les parties doivent pouvoir écarter cette conséquence (74).

S'il s'agit d'une créance extracontractuelle, il arrive assez souvent qu'elle ne soit pas liquide. Il faut reconnaître à son titulaire la faculté

---

(68) V. notamment WEILL, n° 132.

(69) En ce sens : N. CATALA, *op. cit.*, n° 4. — V. Cass., 5 déc. 1934 : *S.* 1935, 1, 46, qui a autorisé un établissement thermal à retenir la carte d'un client qui refusait de se plier à un contrôle.

(70) V. Civ., 3 mai 1966 : *D.* 1966, 649, note J. MAZEAUD. — Com., 14 juin 1988 : *Bull. civ.* IV, n° 199.

(71) V. Com., 27 avril 1978 : *D.* 1980, I.R. 291, obs. DERRIDA.

(72) V. par ex. Crim., 5 avril 1973 : *D.* 1973, somm. 81 ; *Bull. civ.* n° 177 ; *Rev. trim. dr. com.* 1973, 643, obs. BOUZAT. — Crim., 26 juin 1973 : *Bull. civ.* n° 297.

(73) V. notamment MARTY, RAYNAUD et JESTAZ, n° 30 et s.

(74) Un moratoire judiciaire qui ferait perdre à la créance son exigibilité ne devrait pas permettre de revenir sur un droit de rétention déjà acquis, v. Toulouse, 11 fév. 1977 : *D.* 1978, 206, note J. MESTRE ; *J.C.P.* 78, 18898, note VERSCHAEVE.

d'exercer la rétention à titre conservatoire durant le temps nécessaire à la liquidation, faute de quoi le droit de rétention serait privé de son efficacité. C'est le sens qu'il faut prêter à un arrêt de la Cour de cassation qui a admis que la décision statuant sur le bien-fondé d'une rétention pouvait la juger légitime dès lors que cette décision « rendait liquide et exigible » une créance qui était certaine (75).

B. — La détention

555. — La nécessité de la détention. — La détention est la condition fondamentale du droit de rétention, puisqu'il se réduit à la faculté de prolonger la mainmise physique sur une chose en dépit de la volonté contraire du propriétaire.

Cette mainmise, si elle peut être exercée en qualité de possesseur, est le plus souvent exercée à titre précaire, puisque pèse, par définition, sur le rétenteur une obligation de restitution, qu'elle procède d'un contrat, comme le dépôt ou le bail, ou d'une situation de fait, comme l'occupation.

L'emprise matérielle sur la chose qui caractérise la rétention n'est pas nécessairement directe ; elle peut être réalisée *corpore alieno*, c'est-à-dire par l'intermédiaire d'un préposé ou d'un tiers convenu. Dans l'éventualité de la détention par l'intermédiaire d'un préposé, le commettant peut opposer le droit de rétention au propriétaire, mais le préposé, que sa subordination prive du pouvoir sur la chose, ne saurait se prévaloir du droit de rétention à l'encontre du commettant.

556. — Les détentions fictives. — Si impérieuse que soit la nécessité de la détention, elle a été parfois éludée par le législateur. Lorsqu'il a créé des sûretés mobilières sans dépossession, il a entendu en assimiler certaines au gage traditionnel par le biais d'une fiction de possession, tantôt exprimée (gage sur véhicule automobile), tantôt implicite (warrants à domicile). La fiction de possession se prolonge logiquement dans un droit de rétention dont le caractère artificiel a été souligné (76) et est mis en évidence par la survenance de conflits entre rétenteurs fictifs et rétenteurs effectifs. La jurisprudence a consacré sans ambages la primauté de la détention réelle en permettant au garagiste réparateur de faire état de sa mainmise sur le véhicule à l'encontre du créancier bénéficiaire du gage sans dépossession, bien qu'il soit investi d'une possession fictive antérieure (77). De même, le droit des procédures collectives consacre une détention fictive du prix (v. *infra*, n° 561).

---

(75) V. Civ. 3e, 23 avril 1974 : *J.C.P.* 75, II, 18170, note THUILLIER ; *Rev. trim. dr. civ.* 1976, 164, obs. GIVERDON, à propos de la rétention effectuée par celui qui a construit sur le terrain d'autrui.

(76) V. F. DERRIDA, *La dématérialisation du droit de rétention* in *Mélanges Voirin*, p. 177 et s.

(77) V. Com., 11 juin 1969 : *D.* 1970, 244, note BIHR ; *Banque* 1971, 518, obs. MARIN.

557. — La régularité de la détention. — La jurisprudence n'a jamais admis un droit de rétention attaché à une détention acquise par un acte illicite, une fraude, voire une faute (78). Ses solutions ont été traduites avec quelque approximation par l'exigence selon laquelle le rétenteur devait être de bonne foi. L'expression avait été prise au sens que lui donne l'article 550 du Code civil : l'ignorance du vice du titre en vertu duquel la détention est exercée ; ainsi, le droit de rétention était refusé pour le remboursement de ses impenses à celui qui avait construit en connaissance de cause sur le terrain d'autrui (79). Cette position a été vivement critiquée, car il est illogique de reconnaître une créance au détenteur de mauvaise foi et de le priver de la garantie de paiement qu'il peut tirer de sa détention, critiques qui ont conduit à son abandon (80).

En réalité, comme on l'a judicieusement souligné (81), ce qu'il convient d'exiger c'est la régularité de la détention. Il est évident, en effet, qu'on ne peut pas admettre que la mainmise sur la chose fournisse une garantie si elle a été acquise par ruse, fraude ou, *a fortiori*, voie de fait.

C. — Les biens susceptibles de rétention

558. — Les choses corporelles. — Prolongement de la détention, le droit de rétention ne peut, comme elle, s'appliquer qu'à des biens corporels, qu'ils soient meubles ou immeubles. Encore faut-il poser une restriction pour les choses fongibles et, en particulier, pour les sommes d'argent. La personne qui reçoit la somme en devient propriétaire en assumant une dette de restitution ; à ce dernier titre, elle peut, selon l'éventualité, opposer la compensation ou l'exception *non adimpleti contractus*, mais ne saurait, à proprement parler, se prévaloir d'un droit de rétention.

Le postulat qui cantonne le droit de rétention aux biens corporels n'apparaît cependant pas comme un dogme. Il a subi des accrocs en jurisprudence (82) et sa valeur peut être mise en doute à l'égard de certains biens incorporels sur lesquels peut être exercé un pouvoir de fait qui présente quelque parenté avec la détention. Il en va ainsi du fonds de commerce, dont il a parfois été jugé qu'il pouvait être l'objet d'un droit de rétention (83), bien que le nantissement du fonds

---

(78) V. par ex. Civ. 2e, 28 fév. 1957 : *Bull. civ.* II, n° 189, à propos d'un agriculteur qui s'était fait remettre un cheval en raison du dommage causé à ses cultures.

(79) V. la jurisprudence citée par F. DERRIDA, *Encyclopédie Dalloz* préc., n° 48 et s.

(80) Civ. 3e, 23 avril 1974, préc. *supra*, n° 554, note 3. — Civ. 3e, 12 mars 1985 : *Bull. civ.* III, n° 50 ; *Rev. trim. dr. civ.* 1986, 377, obs. GIVERDON.

(81) SCAPEL, art. préc., n° 15.

(82) V. par ex. Com., 20 janv. 1965 : *Bull. civ.* III, n° 62, qui a admis la rétention sur le droit d'exploiter un contingent de mouture.

(83) V. par ex. Amiens, 11 juin 1964 : *D.* 1965, 355, note M. CABRILLAC.

ne confère pas un tel droit au créancier (84). Il en va ainsi des créances sur lesquelles le gagiste exerce une emprise en ce sens que le titulaire ne peut plus en recevoir le paiement, de sorte qu'on peut se demander si le gagiste ne bénéficierait pas d'un droit de rétention (85).

Les biens incorporels pour lesquels la question paraît se poser avec le plus d'acuité sont sans doute les valeurs mobilières depuis leur « dématérialisation ». Leur mise en gage interdit tout virement à un autre compte sans le consentement du gagiste qui, par là, semble bien en mesure d'exercer un droit de rétention.

559. — Les choses non commercialisables. — Si le droit de rétention était une sûreté, il ne pourrait porter que sur des biens disponibles dans le commerce, ayant une valeur marchande, aliénables et saisissables, puisqu'une sûreté se dénoue normalement par la réalisation. De telles conditions ont parfois été formulées en jurisprudence et mentionnées en doctrine (86).

Elles n'ont pas de raison d'être si l'on voit seulement dans le droit de rétention un moyen de pression tendant à l'exécution. Au demeurant, les textes comme la jurisprudence ne les ont pas prises en considération dans des hypothèses si nombreuses qu'on peut y voir non des exceptions mais, au contraire, l'application d'un principe général selon lequel une chose hors du commerce ou sans valeur intrinsèque peut être susceptible de rétention. Le législateur a accordé un droit de rétention sur les pièces d'un dossier aux avoués (et aux avocats postulants), aux notaires, aux huissiers. La jurisprudence (87) a reconnu la légitimité de la rétention de documents divers par les experts comptables, les syndics de copropriété, des mandataires quelconques ; elle a admis la rétention de documents administratifs, tels qu'un certificat de dédouanement, un procès-verbal des Mines relatif à un véhicule (88), une carte grise (89) ou des documents constituant des instruments de travail (90).

L'extension du droit de rétention aux choses dénuées de valeur intrinsèque doit souffrir la limite de l'ordre public, encore qu'il soit difficile d'en préciser le tracé. La donnée la plus importante est sans doute ici le respect de la personne humaine. Il interdit à l'évidence

---

(84) V. Com., 26 oct. 1971 : *D.* 1972, 61, note DERRIDA ; *J.C.P.* 72, II, 17058.

(85) V. en ce sens, à propos d'un marché de travaux publics : Paris, 25 janv. 1977 : *Rev. jurisp. com.* 1977, 224, note M. CABRILLAC. — *Contra :* Com., 28 janv. 1972 : *D.* 1972, 760, note KOERING-JOULIN.

(86) V. par ex. MARTY, RAYNAUD et JESTAZ, n° 34 ; WEILL, n° 133 et la jurisprudence citée.

(87) V. les décisions citées par SCAPEL, art. préc., n° 28 et s. — Pour des documents douaniers, v. Civ. 2e, 1er fév. 1989 : *J.C.P.* 89, éd. E, I, 18377.

(88) Com., 16 mars 1965 : *Bull. civ.* III, n° 200 ; *Rev. trim. dr. com.* 1965, 912, obs. HOUIN.

(89) V. Angers, 12 juill. 1971 : *Banque* 1972, 192, obs. L. MARTIN. — Montpellier, 23 déc. 1987 : *Rev. prop. com.* 1989, 235, obs. DUREUIL.

(90) Comme des partitions retenues par un chef d'orchestre : Amiens, 13 juin 1901 : *D.* 1901, 2, 412 ; *S.* 1902, 2, 283.

l'exercice d'une rétention sur l'être humain (91), même après sa mort (92), ainsi que la rétention sur les prothèses faites pour une personne déterminée (93). Le droit de rétention peut également être refusé au nom des droits de la personnalité, comme le droit moral de l'auteur (94). L'ordre public « politique » est également susceptible de contenir le droit de rétention ; il pourrait peut-être s'opposer à la rétention d'une carte d'identité, comme il pourrait justifier l'interdiction de retenir des minutes notariales (95).

§ 3. — Contenu, portée et extinction du droit de rétention

560. — La faculté de ne pas délivrer la chose. — C'est la seule prérogative que confère le droit de rétention qui, de la sorte, s'exerce sous la forme d'une exception opposée à une demande de délivrance.

La prolongation de la détention n'étant autorisée qu'à titre de garantie, le rétenteur, quand bien même il les aurait eus antérieurement, n'a ni l'usage, ni la jouissance de la chose. Il en va de même pour les fruits qu'elle pourrait produire auxquels s'étend automatiquement la rétention. Détenant la chose d'autrui, il doit veiller à sa conservation mais, la détenant légitimement, il ne répond que de la perte ou de la détérioration survenue par sa faute.

Le droit de rétention est généralement considéré comme un droit discrétionnaire, puisque sa finalité est justement de causer un préjudice au débiteur pour l'inciter à l'exécution (96). Il faut toutefois réserver l'hypothèse de la consignation par le débiteur du montant intégral de la créance, hypothèse dans laquelle le rétenteur causerait un préjudice au débiteur sans en tirer une utilité (97).

Exception opposable à une demande de restitution émanant du propriétaire de la chose, le droit de rétention ne peut être opposé au juge d'instruction (98),

---

(91) Il a fallu pourtant le faire juger ! Dijon, 17 janv. 1933 : *D.H.* 1933, 188.

(92) Trib. com. Seine, 20 déc. 1932, à propos de la rétention d'une entreprise de pompes funèbres sur un cadavre : *S.* 1933, 2, 44 ; *Gaz. Pal.* 1933, 1, 323.

(93) Civ. 1re, 11 déc. 1985 : *Bull. civ.* I, n° 348, à propos d'une prothèse dentaire. — Civ. 1re, 9 oct. 1985 : *Bull. civ.* I, n° 251, qui a été plus sévère car il s'agissait d'une prothèse qui n'avait pas été posée. — V. obs. R. PERROT : *Rev. trim. dr. civ.* 1986, 429.

(94) Encore faut-il que ce dernier n'ait pas accepté la divulgation de son œuvre : v. Civ. 2e, 4 juin 1971 : *D.* 1971, 489, concl. LINDON ; *J.C.P.* 71, II, 16913, note DURAND et LE TOURNEAU.

(95) Qui a été justifiée par l'exigence d'une chose aliénable : Toulouse, 29 déc. 1913 : *D.P.* 1914, 2, 191 ; *S.* 1915, 2, 22.

(96) V. Civ. 1re, 17 juin 1969 : *J.C.P.* 70, II, 16162, note N. CATALA. — V. cependant *contra*, à propos d'un document : Req., 5 nov. 1923 : *D.P.* 1924, 1, 11. — En ce sens : F. DERRIDA, *Encyclopédie Dalloz, op. cit.*, n° 86 ; N. CATALA, note préc.

(97) V. Grenoble, 11 juin 1970 : *D.* 1971, somm. 115. — Orléans, 18 avril 1974 : *J.C.P.* 74, IV, 337.

(98) Crim., 20 juin 1972 : *D.* 1972, 402, note LEMERCIER.

l'intérêt privé cédant le pas à la manifestation de la vérité. Se dessaisissant involontairement de la chose — en pratique un document —, le créancier ne perd pas son droit du fait de la remise au juge d'instruction ; celui-ci doit être considéré comme détenant pour le compte du créancier auquel le document doit être restitué à l'issue de la procédure.

Faut-il transposer ces règles au procès civil ? Les réponses doctrinales sont divergentes (99). Il semble que le droit de rétention doive fournir au créancier « un empêchement légitime » au sens de l'article 141 du Nouveau Code de procédure civile, dans le cas où la production serait utile au débiteur de la créance garantie ; s'il n'en était pas ainsi, on priverait, en effet, le créancier de son moyen de pression au moment où il serait efficace.

561. — L'absence de droit de préférence et de droit de suite. — Le droit de rétention ne confère aucun droit de préférence sur la valeur de la chose qui en est l'objet (si tant est qu'elle en ait, v. *supra*, n° 559). A l'inverse, cette chose peut être grevée de droits de préférence au profit de créanciers du propriétaire, qu'ils soient dotés d'un privilège général ou d'un privilège spécial (par ex. celui du conservateur), droits dont l'exercice se trouve paralysé *de facto*. De même, le rétenteur ne bénéficie pas de la prérogative accordée au gagiste, mode d'exercice du droit de préférence, qu'est la faculté de demander l'attribution de la chose à dire d'expert.

Il faut cependant remarquer que le droit de rétention peut déboucher sur une situation préférentielle en cas de liquidation judiciaire et dans l'éventualité où le liquidateur fait procéder à la vente. En effet, le droit de rétention est alors reporté de plein droit sur le prix en vertu de l'article 159, alinéa 4, de la loi de 1985. Cette règle nouvelle (100) dissimule, en réalité, la substitution d'un véritable privilège de premier rang au droit de rétention.

Le droit de rétention ne confère pas non plus un droit de suite, encore que cette proposition ne soit pas unanimement admise (101). Dans l'éventualité où le créancier se départit volontairement de la chose ou prend l'initiative d'une saisie-exécution (102), le droit s'éteint. Dans le cas d'un dessaisissement involontaire, le créancier ne peut pas revendiquer ; sans doute s'accorde-t-on à reconnaître qu'il peut exercer une réintégrande ou une action personnelle en restitution, mais ce sont là des actions qui assurent la protection de la situation de fait qu'est la détention et qui ne correspondent pas à l'exercice d'un droit de suite.

---

(99) Pour un état de la question, v. SCAPEL, art. préc., n° 49 et s.

(100) Elle a cependant un précédent indirect dans la jurisprudence antérieure à la loi du 13 juill. 1967, qui avait admis que, lorsque la vente du bien engagé était poursuivie par le syndic contre le gré du créancier gagiste, le droit de rétention se reportait sur le prix (Com., 4 juill. 1962 : *J.C.P.* 62, II, 12885, note NECTOUX. — 26 janv. 1963 : *J.C.P.* 63, II, 13131 ; *Rev. trim. dr. com.* 1963, 622, obs. HÉMARD.

(101) V. *contra :* WEILL, *op. cit.*, n° 140 ; BEUDANT par VOIRIN, XIII, n° 282 ; MAZEAUD et CHABAS, n° 128. — V. l'opinion plus nuancée de MARTY, RAYNAUD et JESTAZ, n° 56.

(102) V. Com., 15 janv. 1957 : *J.C.P.* 58, II, 10819, note E. BECQUÉ. — Civ. 1re, 10 oct. 1962 : *J.C.P.* 62, II, 12926 ; *D.* 1963, somm. 49.

On a cependant mis en doute l'absence de droit de suite en arguant de l'opposabilité *erga omnes* du droit de rétention que son titulaire peut faire valoir contre le tiers acquéreur, voire contre un propriétaire qui n'est pas l'ayant cause du débiteur (v. *infra*, n° 565). En réalité, cette opposabilité *erga omnes* qui, au demeurant, est contestable dans la seconde hypothèse, tient à la source du droit de rétention qui procède de la détention, situation de fait dont l'existence s'impose à tous. Elle n'est pas l'expression d'un véritable droit de suite qui permettrait au détenteur de saisir la chose entre quelques mains qu'elle se trouve, prérogative qu'il n'a indubitablement pas.

562. — L'indivisibilité du droit de rétention. — La faculté de refuser la restitution est unanimement reconnue comme indivisible. Le créancier peut conserver la totalité de la chose jusqu'au complet paiement sans qu'il ait à tenir compte du ou des paiements partiels faits par le débiteur (103). De même, en cas de division de la dette entre plusieurs débiteurs, le fait que certains se soient acquittés de leur part n'empêche pas le créancier de refuser la restitution de la totalité de la chose quand bien même elle serait matériellement divisible.

Cette règle de l'indivisibilité, qui s'applique aux différentes sûretés, se justifie ici par la nature du droit. Moyen de pression sur le débiteur en vue de l'inciter à s'acquitter de l'intégralité de sa dette, il exclut que s'établisse une proportion entre la créance garantie et la chose retenue. Il y a là une différence importante avec l'exception *non adimpleti contractus*, qui ne peut être invoquée que dans la mesure où l'obligation inexécutée est suffisamment importante.

563. — L'opposabilité aux créanciers du débiteur. — Cette opposabilité est indiscutée aussi bien à l'égard des créanciers chirographaires que des créanciers privilégiés (104), quand bien même il s'agirait d'un privilège spécial sur la chose (105). S'il ne fait pas obstacle à une saisie, le droit de rétention en perturbe toutefois l'exercice en ce sens que le rétenteur peut néanmoins conserver la chose et refuser de la remettre à l'adjudicataire, à moins qu'il n'accepte que le prix soit consigné à son profit (106).

564. — L'opposabilité en cas de procédure collective. — La survenance d'une procédure collective à l'encontre du débiteur vient quelque peu modifier le schéma précédent sans menacer pour autant la position du titulaire du droit de rétention (107). On a déjà vu (*supra*, n° 561) que, en cas de liquidation judiciaire, le liquidateur pouvait faire vendre

---

(103) V. par ex. Paris, 20 déc. 1938 : *D.C.* 1942, 168.

(104) V. par ex., sur l'opposabilité au Trésor : Com., 11 juin 1969 : *D.* 1970, 244, note BIHR.

(105) Sur le conflit entre rétenteur fictif et rétenteur effectif, v. *supra*, n° 556.

(106) V. Aix, 24 fév. 1976 et 20 fév. 1979 : *D.* 1980, I.R. 291, obs. DERRIDA.

(107) Il faut toutefois réserver l'éventualité où l'interprétation jurisprudentielle serait défavorable au rétenteur. Elle pourrait l'être d'abord en le sacrifiant aux intérêts des salariés invoquant leur superprivilège (v. en ce sens : DERRIDA, GODÉ et SORTAIS, *op. cit.*, n° 435-3. — *Contra :* DELEBECQUE, *Les sûretés dans les nouvelles procédures collectives : J.C.P.* 86, éd. N, I, 185, n° 8 ; M. CABRILLAC, *Les difficultés d'application de l'article 40 : Banque* 1986, p. 115). Elle pourrait l'être, ensuite, en englobant le droit de rétention dans les « garanties » susceptibles de la substitution prévue par la loi de 1985 (v. *supra*, n° 525), interprétation qui serait, à notre avis, inconciliable avec la règle du retrait moyennant paiement (L. 1985, art. 33, al. 2).

la chose, mais que le droit de rétention se reportait sur le prix. Pendant la période d'observation, en dépit de l'interdiction de payer les créances antérieures, l'administrateur, avec l'autorisation du juge-commissaire, peut régler la créance garantie afin de récupérer la chose si elle est nécessaire à la poursuite de l'activité (L. 1985, art. 33, al. 2).

Reste à savoir si le créancier conserve son droit de rétention en cas de vente de la chose dans le cadre du plan de continuation (art. L. 78) ou dans l'éventualité où la chose est englobée dans un plan de cession (art. L. 93). La réponse affirmative ne paraît pas douteuse pour le droit de rétention autonome ; elle pourrait être contestée pour le droit de rétention issu du gage, puisque les deux textes précités prévoient l'attribution du prix de vente ou d'une quote-part du prix de cession aux créanciers munis d'une sûreté spéciale, y compris d'un gage. Toutefois, une série d'arguments impressionnants militent en faveur de la persistance du droit de rétention : la matérialité de cette prérogative qui permet difficilement de la supprimer ; le fait que le législateur de 1985 l'ait respectée dans les autres circonstances de la procédure collective, alors qu'elle peut y être plus gênante, notamment pendant la période d'observation ; le fait qu'il n'ait pas prévu un contrepoids à sa disparition, comme en matière de liquidation judiciaire.

565. — L'opposabilité aux tiers. — L'opposabilité du droit de rétention à l'ayant cause à titre particulier devenu propriétaire de la chose retenue (ou titulaire d'un droit réel sur cette chose) après qu'elle a été remise au détenteur est indiscutable (108). L'ayant cause ne peut, en effet, prétendre à une créance de délivrance affranchie de la restriction que son auteur devait subir. En décider autrement ruinerait d'ailleurs l'efficacité du droit de rétention, puisqu'il suffirait d'une aliénation pour le mettre en échec.

La solution est moins certaine dans l'éventualité où la chose a été remise au rétenteur postérieurement à la transmission du droit réel sur la chose au tiers. On peut la contester, en effet, en arguant du fait que ce dernier a acquis le bien libre de cette charge qu'est le droit de rétention. D'une jurisprudence peu étoffée, il ressort toutefois une tendance favorable à l'opposabilité (109). Il faut rapprocher de cette hypothèse celle où la chose retenue appartient à une personne qui n'est pas l'ayant cause du débiteur de la créance assortie du droit de rétention. Dans un arrêt sur lequel on a beaucoup glosé, la Cour de cassation a autorisé le séquestre d'un mobilier à opposer son droit de rétention à la personne qui en avait été reconnue propriétaire, alors que les frais de séquestration avaient été mis à la charge de son adversaire (110) ; de même, le droit de rétention a été jugé

---

(108) V. Civ. 3e, 2 mars 1851 : *D.* 1851, 1, 65 ; *S.* 1851, 1, 305. — Com., 24 janv. 1973 : *Bull. civ.* IV, n° 40. — V. surtout Com., 11 juin 1969, cité *supra*, n° 563, note 104.

(109) V. par ex. Poitiers, 23 déc. 1935 : *D.H.* 1936, 107. — Angers, 12 juill. 1971 : *Banque* 1972, 192, obs. L. MARTIN.

(110) Civ. 1re, 22 mai 1962 : *D.* 1965, 60, note R. RODIÈRE. — Rappr. en sens contraire mais dans un autre cas de figure : Civ. 1re, 5 oct. 1966 : *Bull. civ.* I, n° 454 (sol. impl.).

opposable au fisc ou à l'administration des douanes en cas de confiscation pour fraude (111).

Pour justifier, voire pour limiter, l'opposabilité du droit de rétention dans ces deux dernières hypothèses, la doctrine a avancé les thèses les plus diverses — signe de la difficulté du problème — dont nous ne mentionnerons que les plus récentes. Pour certains, l'opposabilité *erga omnes* s'impose soit en raison de la nature de droit réel qu'ils prêtent au droit de rétention (112), soit en raison de l'autonomie qu'il revêt du fait qu'il naît directement de la loi (113). D'autres font appel à l'idée selon laquelle le droit de rétention est « une modalité objective » de l'obligation de délivrance qui devrait être indifférente à la personne du réclamant (114). Beaucoup sont néanmoins plus réticents et estiment que l'opposabilité *erga omnes* ne peut être consacrée qu'en cas de connexité matérielle où « la chose est en quelque sorte débitrice » (115).

Aucune de ces thèses n'est pleinement convaincante. L'opposabilité du droit de rétention au propriétaire étranger à la dette est en contradiction avec sa finalité, qui est de fournir à son bénéficiaire un moyen de pression sur son débiteur. Cette opposabilité réalise un détournement de l'institution, puisque le propriétaire est pratiquement astreint à payer la dette d'autrui, résultat qui devrait inviter à une position restrictive. La jurisprudence n'a fourni que des solutions empiriques qui restent à systématiser ; solutions qui, sans l'avouer, semblent tenir compte soit du fait que le propriétaire a profité des frais faits par le rétenteur, soit du désir de faire bénéficier le détenteur de la situation apparente qui existait lors de la remise de la chose.

566. — L'extinction. — Accessoire de la créance qu'il conforte, le droit de rétention s'éteint lorsque cette créance disparaît pour une raison quelconque, paiement, remise, prescription, etc.

De cette extinction dite par voie accessoire, il faut distinguer l'extinction par voie principale qui n'affecte que le droit de rétention, alors que survit la créance garantie avec toutes ses qualités (116).

C'est le phénomène qui se produit en cas de destruction ou de perte matérielle de la chose ; éventualité dans laquelle le rétenteur, contrairement au créancier muni d'une véritable sûreté réelle, ne peut prétendre à un droit de préférence sur l'indemnité d'assurance. C'est également le phénomène qui se produit lorsque le créancier renonce expressément au droit de rétention, que ce soit par anticipation ou que ce soit au moment où le propriétaire réclame sa chose. Mais la cause la plus topique et la plus importante d'extinction par voie principale est le dessaisissement volontaire. On justifie volontiers cette règle par l'idée de renonciation tacite, laquelle ne correspond pas forcément au mobile de celui qui se défait délibérément de la chose (117).

---

(111) V. Com., 16 juin 1964 : *D.* 1964, somm. 6. — Com., 27 mars 1968 : *Gaz. Pal.* 1968, 2, 168.

(112) BEUDANT par VOIRIN, XIII, n° 287. — RODIÈRE, note préc.

(113) MAZEAUD par CHABAS, n° 126.

(114) N. CATALA, art. préc., n° 23.

(115) MARTY, RAYNAUD et JESTAZ, n° 54. — *Adde* SIMLER et DELEBECQUE, n° 421. — DERRIDA, *Encyclopédie Dalloz, op. cit.*, n° 122.

(116) Ce qui permet à l'ex-détenteur de faire valoir le privilège dont cette créance est assortie, par exemple un privilège de conservateur : v. Com., 13 nov. 1962 : *J.C.P.* 62, II, 12976 ; *Gaz. Pal.* 1963, 1, 191.

(117) V. par ex. Com., 23 mai 1967 : *Bull. civ.* III, n° 202.

En réalité, cette cause d'extinction se fonde, d'une façon plus générale, sur l'essence même du droit de rétention ; faculté d'exploiter cette situation de fait qu'est la détention, il doit disparaître avec cette dernière, à moins que l'ex-détenteur n'ait été dépouillé contre son gré, ce qui lui laisse la possibilité — assez théorique — de récupérer la détention protégée en tant que telle (v. *supra*, n° 561).

L'abandon de la détention peut être réalisé par la simple remise matérielle, mais aussi par une saisie que le détenteur pratique sur lui-même, voie d'exécution qui a pour effet de placer la chose sous main de justice (118).

567. — La renaissance. — L'extinction par dessaisissement volontaire pose la question de savoir si, dans l'éventualité où la chose est à nouveau remise au créancier, celui-ci peut exercer le droit de rétention pour faire valoir la créance afférente à la première remise. Dans les prétoires, cette question se pose fréquemment à propos du garagiste impayé auquel le client confie son véhicule pour une nouvelle intervention. Le problème est délicat à résoudre (119), car il subit l'incidence des grandes options qui dominent la théorie du droit de rétention et, notamment, celle de la nature du lien de connexité entre la chose et la créance. Aussi n'est-il point étonnant que la jurisprudence lui donne encore des solutions confuses, voire contradictoires.

On peut cependant déceler dans les décisions de la Cour de cassation (120) une tendance constante à situer le problème dans la seule perspective de la connexité juridique (121), ce qui l'amène à poser le dilemme suivant : les remises successives ont-elles été effectuées en vertu de contrats ou de titres distincts ? Dans ce cas, le droit de rétention ne peut être exercé pour une créance antérieure à la dernière remise (122). Les remises successives ont-elles été effectuées en vertu d'un contrat ou d'un titre unique ? Dans ce cas, le droit de rétention, qui est indivisible, peut être exercé pour une créance antérieure à la dernière remise (123). La solution serait claire si, pour des raisons d'opportunité, la notion de convention unique n'était pas manipulée et, le plus souvent, artificiellement dilatée avec d'ailleurs les bénédictions de la doctrine (124). C'est ainsi que les tribunaux déduisent volontiers l'existence d'une convention unique de la simili-

---

(118) V. par ex. Com., 10 oct. 1962 : *J.C.P.* 62, II, 12926. — Notons que la saisie par un tiers ne fait pas perdre le droit de rétention, v. *supra*, n° 563.

(119) V. notamment CHABAS et CLAUX, *Disparition et renaissance du droit de rétention en cas de remise puis de restitution de la chose : D.* 1972, chron. 19 et s.

(120) Tendance qui a des antécédents très lointains, v. Cass., 9 déc. 1840 : *S.* 1841, 1, 33. — Req., 13 mai 1861 : *S.* 1861, 1, 865.

(121) Les juridictions du fond cependant font parfois appel à la connexité matérielle, v. par ex. Paris, 20 déc. 1938 : *D.C.* 1942, 168.

(122) Com., 23 juin 1964, préc. — Com., 4 déc. 1984 : *Bull. civ.* IV, n° 328.

(123) V. Civ. 1re, 25 avril 1967 : *Bull. civ.* I, n° 145. — Com., 20 nov. 1967 : *Bull. civ.* III, n° 372.

(124) V. N. CATALA, art. préc., n° 10. — MAZEAUD et CHABAS, n° 116.

tude des réparations successives effectuées sur un véhicule ou découvrent un contrat général d'entretien dans le fait que le client confiait habituellement son véhicule au même garagiste (125).

De telles contorsions sont peut-être inutiles. Dans bien des cas, en effet, comme celui du garagiste, il y a connexité matérielle ; si l'on admet qu'on peut prendre en considération ce type de connexité, il n'y a plus à se préoccuper du ou des titres en vertu desquels ont été faites les remises successives. Le fait que la créance soit née à l'occasion de la chose détenue suffit pour qu'elle soit garantie par le droit de rétention acquis lors de la dernière remise (126). La Cour de cassation ira-t-elle jusqu'à consacrer cette conséquence de la connexité matérielle ?

SECTION III

LES ACTIONS DIRECTES

568. — Présentation. — L'expression d'action directe est amphibologique. Elle peut être prise au sens large et désigner l'action dont dispose une personne à l'encontre d'une autre avec laquelle elle n'a qu'un rapport juridique médiat, telle l'action du mandant contre celui qui a contracté avec le mandataire, telle l'action de la victime du préposé contre le commettant, ou encore l'action du porteur d'un effet de commerce contre les signataires qui ont précédé son cédant. L'auteur d'une analyse pénétrante a qualifié de telles actions de « pseudo-actions directes » pour tenter de dissiper la confusion que projette sur la matière l'acception large de l'expression d'action directe (127).

Au sens étroit, technique peut-on dire, celui que nous retiendrons ici, l'action directe est le droit propre reconnu à une personne de se faire payer par le débiteur de son débiteur, alors qu'elle n'a aucun autre lien juridique avec le solvens que la prérogative qui lui est reconnue. Le terme d'action constitue une autre source de confusion, car la prérogative est un droit substantiel distinct de l'action en justice grâce à laquelle, éventuellement mais pas nécessairement, elle peut être mise en œuvre.

L'action directe se traduit ainsi par un droit exclusif sur cet élément de l'actif d'un débiteur qu'est sa créance sur une autre personne, le sujet passif de l'action directe. Elle est donc une atteinte à la

(125) V. les décisions passablement contradictoires citées par DERRIDA, *Encyclopédie Dalloz, op. cit.*, n° 127 et s.

(126) V. en ce sens CHABAS et CLAUX, art. préc., que nous ne suivons pas toutefois lorsqu'ils rattachent cette solution à la nature de droit réel du droit de rétention.

(127) M. COZIAN, *L'action directe,* thèse 1969, L.G.D.G., n° 61 et s.

loi du concours ; elle permet, d'autre part, à son titulaire de se prévaloir d'un contrat auquel il n'a pas été partie, dérogation au principe de l'effet relatif. De la sorte, l'action directe ne peut être qu'une faveur accordée par le législateur dont les dispositions doivent être placées sous le signe de l'interprétation stricte (128). Toutefois, il est permis à la jurisprudence de voir une action directe dans une règle que le législateur n'a pas présentée sous cette étiquette mais dont les données correspondent bien à cette institution. Tel est le cas de la plupart des vieilles actions directes, consacrées de façon subreptice, par exemple celle du bailleur contre le sous-locataire (C. civ., art. 1753).

569. — Diversité. — Les raisons qui ont conduit à attribuer des actions directes sont variées et semblables à celles qui ont justifié la concession de privilèges. Au demeurant, les deux garanties sont parfois cumulativement accordées.

Le législateur du XIXe siècle a été parcimonieux dans l'octroi d'actions directes ; celui du XXe a fait montre de plus de prodigalité, séduit qu'il a été par une technique qui ménage une priorité absolue beaucoup plus efficacement que ne peut le faire un privilège et qui est un facteur de simplification.

La prolifération des actions directes dissuade d'en dresser une liste exhaustive et l'on doit se borner à mentionner les plus importantes : celle, déjà évoquée, du bailleur contre le sous-locataire ; celle de la victime d'un fait dommageable contre l'assureur de son auteur (C. ass., art. 124-3) ; celle de l'avocat et de l'avoué contre la partie condamnée aux dépens (N.C.P.C., art. 699) ; celle des ouvriers d'une entreprise du bâtiment contre le maître de l'ouvrage (C. civ., art. 1798) ; celle du sous-traitant contre le maître de l'ouvrage (L. 31 déc. 1975, art. 12) (129) : celle du Trésor contre les débiteurs du contribuable (130) ; celle des hôpitaux contre les débiteurs des malades hospitalisés (C. santé publ., art. L. 708).

Les textes qui ont introduit des actions directes l'ont fait de façon pragmatique sans se conformer à un moule unique ; ils les ont modelées en fonction des besoins auxquels elles répondaient ou du contexte dans lequel elles s'enchâssaient et ils ont conféré à leurs divers bénéficiaires des droits plus ou moins étendus. De la sorte, « il n'y a pas une action directe, mais des actions directes » (131) ; faite en 1914, la constatation est plus que jamais d'actualité.

---

(128) V. STARCK, *Action directe, Encyclopédie Dalloz, Droit civil,* n° 46 et s. et la jurisprudence citée. — *Adde* COZIAN, *op. cit.*, n° 114 et s.

(129) La même loi prévoit le paiement direct du sous-traitant d'un marché public, garantie qui est plus énergique et dont la nature juridique, plus difficile à cerner, ne paraît pas être celle d'une sûreté.

(130) Cette action ressort de l'analyse de la procédure de l'avis à tiers détenteur prévue par l'art. L. 262 et s. du Livre proc. fisc., v. en ce sens : COZIAN, *op. cit.*, n° 189.

(131) H. SOLUS, *L'action directe et l'interprétation des articles 1753, 1798, 1994 du Code civil,* thèse, Paris, 1914, p. 2.

570. — Distinctions. — La doctrine moderne s'est néanmoins efforcée à la systématisation (132) et a proposé plusieurs classifications. On peut aisément distinguer, à l'instar des privilèges, les actions générales qui portent sur toutes les créances du débiteur (par ex. celle des hôpitaux ou du Trésor) et les actions spéciales, de beaucoup les plus nombreuses, qui portent sur une créance déterminée.

On peut aussi opposer les actions directes parfaites aux actions directes imparfaites. Une action directe est dite parfaite lorsque la créance est immobilisée de plein droit au profit du bénéficiaire dès son origine, de sorte que le créancier intermédiaire ne peut ni transférer sur la créance un droit opposable au bénéficiaire, ni en recevoir valablement le paiement (ex. : l'action directe de la victime contre l'assureur de responsabilité). La garantie particulièrement efficace que procure l'immobilisation *ab initio* est une faveur rarement accordée ; la plupart des actions directes sont imparfaites. Leur existence n'empêche pas le créancier intermédiaire de recevoir un paiement qui éteint la créance et, partant, l'action directe, ni de disposer de la créance et de transmettre à un tiers un droit sur celle-ci qui éclipse le droit du bénéficiaire. Ce n'est qu'à partir du moment où ce dernier prend l'initiative de poursuivre le débiteur de son débiteur que la créance est immobilisée à son profit. C'est, en particulier, le schéma des vieilles actions directes, celle du bailleur contre le sous-locataire, celle de l'ouvrier contre le maître de l'ouvrage. La réalité est toutefois moins manichéenne, car il arrive que le législateur se borne à restreindre le droit de disposition du créancier intermédiaire sans aller jusqu'à immobiliser la créance (v. l'art. 13-1 de la loi de 1975 sur la sous-traitance).

571. — L'action directe : privilège, garantie ou sûreté spécifique ? — Faveur légale qui permet à un créancier de se faire payer en priorité sur cet élément de l'actif du débiteur qu'est la créance de ce dernier contre le sujet passif, l'action directe produit un effet analogue à celui d'un privilège de premier rang. Est-ce à dire qu'elle peut être assimilée à un privilège ? Cette thèse a été brillamment soutenue par Labbé (133), qui l'a mise au service d'une croisade en faveur de la reconnaissance d'un privilège sur les créances introduites dans le patrimoine d'autrui ; la personne qui est à l'origine de l'apparition d'une créance au profit de son débiteur doit avoir sur elle un droit préférentiel, de même que plusieurs privilèges sont reconnus à ceux qui ont introduit une valeur dans le patrimoine d'autrui (v. *infra*, n° 646). La généralisation d'un tel privilège sur créance que Labbé appelait de ses vœux a été répudiée par le droit positif et l'assimilation de l'action directe à un privilège a été contestée par la doctrine, de plus en plus encline à y voir une garantie originale (134).

---

(132) V. SOLUS, STARCK, COZIAN, préc. — *Adde* PLANQUEEL, *Contribution à l'étude des actions directes,* thèse, Lille, 1935.

(133) *Des privilèges spéciaux sur créances : Rev. crit. lég. et jur.* 1876, 571 et s.

(134) V. notamment STARCK, *op. cit.*, n° 24. — COZIAN, *op. cit.*, n° 555. — MARTY et RAYNAUD, *Les obligations,* n° 692.

L'action directe nous semble pourtant mériter la qualification plus précise de sûreté, car elle répond aux critères de cette notion. Accessoire de la créance du bénéficiaire (135), elle a pour finalité exclusive de lui ménager un paiement préférentiel et ceci par la technique de l'affectation. Sûreté légale, elle n'est cependant pas un privilège, car elle est plus qu'un privilège en raison des droits propres et des facilités d'exécution qu'elle confère.

Droits propres car, d'une part, le bénéficiaire ne subit pas certaines des exceptions que le débiteur peut opposer au créancier intermédiaire, et sur ce point le régime des actions directes est très variable ; car, d'autre part, au moins à partir d'un certain moment, les actes de disposition sur la créance lui sont inopposables. Facilités d'exécution puisque le bénéficiaire est dispensé de saisir cet élément d'actif de son débiteur qu'est la créance et qu'il peut la recouvrer de plein droit auprès du sujet passif. Ces prérogatives, si elles interdisent de ne voir dans les actions directes que des privilèges, ne nous semblent pas suffisantes pour les exclure de la famille des sûretés.

SECTION IV

LES GARANTIES OFFERTES PAR LES SITUATIONS DE RÉCIPROCITÉ

572. — Présentation. — Plusieurs mécanismes du droit des obligations ont pour conséquence d'affranchir un créancier de la loi du concours ; par là, ils lui procurent une position analogue à celle que ménage une sûreté réelle. En doctrine, on les englobe parfois sous l'appellation de « situations légales privilégiées » (136), appellation quelque peu fallacieuse dans la mesure où on leur refuse la qualification de sûretés, ce qui est généralement le cas.

Le trait commun de ces mécanismes est qu'ils s'inscrivent dans le cadre d'une situation de réciprocité (137), qu'ils visent à ordonner harmonieusement les rapports de deux personnes dont chacune est à la fois créancière et débitrice de l'autre, harmonie qui postule qu'il y ait exécution des deux créances croisées ou d'aucune d'entre elles.

---

(135) V. en ce sens : COZIAN, *op. cit.*, n° 329.

(136) V. notamment : MARTY, RAYNAUD et JESTAZ, n° 4 ; MAZEAUD, n° 57.

(137) Certains rangent aussi sous la bannière des « situations légales privilégiées » l'action paulienne qui ne correspond pas à une situation de réciprocité. Du fait que l'acte frauduleux est déclaré inopposable au créancier qui l'a contesté, celui-ci est le seul à pouvoir saisir les biens que cet acte avait fait sortir du patrimoine du débiteur. La situation préférentielle n'est ici qu'apparente et le créancier qui a triomphé à l'action paulienne est dans la même position que le créancier qui a été le seul à faire une saisie. Son paiement n'est que le prix de la course (au demeurant il peut être rejoint en cours d'instance) ; il n'a pas été soustrait à la loi du concours, mais il en a éludé le jeu par son initiative et sa célérité.

573. — L'exception *non adimpleti contractus*. — Elle peut être définie comme la faculté dont jouit une partie à un contrat synallagmatique d'ajourner l'exécution de son obligation tant que l'autre partie n'exécute pas la sienne, si du moins cette dernière est exigible.

Le cocontractant, quelle que soit la nature de la prestation qui lui est due, puise dans cette faculté un moyen de pression très proche du droit de rétention au point que la distinction est malaisée à faire (v. *supra*, n° 547). De surcroît, cette faculté, de façon indirecte, fait échapper le créancier d'une somme d'argent à la loi du concours en ce sens qu'elle l'autorise à ne fournir la prestation convenue que dans la mesure où il est payé.

L'exception d'inexécution a ainsi un effet de garantie, mais elle n'a pas pour autant la nature d'une sûreté dont elle est fort éloignée ; entre autres raisons, parce que son objectif n'est pas le paiement préférentiel, mais est d'inciter à l'exécution d'une obligation et de prémunir contre son inexécution.

574. — La résolution pour défaut de paiement. — L'action résolutoire ou la clause résolutoire permet à la partie à un contrat qui emporte transfert de propriété sur une chose de mettre le contrat à néant et de reprendre son bien lorsqu'il ne reçoit pas la contrepartie convenue. La résolution constitue donc une garantie très proche d'un privilège spécial, puisqu'elle participe de la technique de l'affectation, laquelle est particulièrement accusée en matière immobilière puisque la résolution efface les droits consentis aux tiers dans l'intervalle. C'est la raison pour laquelle le législateur a associé étroitement le sort de l'action résolutoire et celui du privilège du vendeur (v. *infra*, n°s 648 et 757).

Si l'on peut être tenté d'y voir une sûreté, d'autant qu'elle engendre un résultat économique équivalent, il faut sans doute résister à cette tentation. En effet, le jeu de la résolution fait disparaître rétroactivement la créance de somme d'argent et c'est en raison de cette disparition et non d'un paiement préférentiel ou d'une dation en paiement que le bénéficiaire de la résolution est soustrait à la loi du concours.

575. — La compensation. — Le mécanisme en vertu duquel deux créances réciproques de sommes d'argent ou de choses fongibles s'éteignent jusqu'à concurrence de la plus faible des deux fournit à leurs titulaires une garantie d'une puissante efficacité. Chacun d'eux est, en effet, payé comme s'il avait un droit de préférence exclusif sur cet élément de l'actif de son partenaire qu'est la créance dont il est le sujet passif.

Est-ce à dire que la compensation soit une sûreté ? On ne saurait l'admettre pour la compensation légale. Le paiement préférentiel n'est pas l'objectif exclusif, ni même primordial de la compensation légale. La finalité de ce mécanisme est avant tout la simplification ; il s'impose avec la force d'un processus naturel pour éviter l'inutilité, voire l'absurdité, que constituerait un double paiement. L'effet de garantie n'est qu'un effet secondaire, ce qui interdit de réduire l'institution à une sûreté.

La réponse est moins évidente pour la compensation judiciaire et la compensation conventionnelle car, le plus souvent, c'est bien le paiement préférentiel que recherche le plaideur qui sollicite l'une ou le contractant qui stipule l'autre, alors que leur créance ne remplit pas les conditions de la compensation légale. Ce n'est cependant pas une raison suffisante pour conclure à la qualification de sûreté, parce que le paiement préférentiel n'est pas l'objectif exclusif ; parce que ces deux types de compensation comportent un élément étranger au jeu d'une sûreté : l'abolition du terme ou du défaut de liquidité ; parce qu'enfin la compensation n'est pas un accessoire de la créance.

Toutefois, la convention des parties peut intégrer le mécanisme de la compensation dans un montage plus complexe qui constitue une sûreté par voie détournée. C'est l'éventualité où la situation de réciprocité est délibérément créée ; le titulaire d'une créance à terme ou conditionnelle se rend débiteur de son débiteur pour se ménager la garantie de sa créance ; telle est la technique de certaines formes de « gages-espèces » (v. *infra*, n° 697).

SECTION V

LES PSEUDO-SÛRETÉS : LES SÛRETÉS NÉGATIVES

576. — Diversité et utilité. — L'expression « sûretés négatives » est une appellation officieuse que la doctrine utilise pour embrasser diverses formules contractuelles restreignant la liberté d'action du débiteur ou l'astreignant à renseigner le créancier de façon à accroître les chances de paiement (138). Les sûretés négatives ne peuvent donc pas être définies avec précision et leur domaine ne peut que se prêter à une délimitation subjective et arbitraire.

Une conception par trop étriquée cantonnerait les sûretés négatives aux engagements des débiteurs de ne pas consentir de sûretés sur un bien ou sur l'ensemble de leurs biens. A l'opposé, selon une conception extensive, elles embrasseraient toutes les clauses tendant à accroître la sécurité du créancier ; c'est cette conception qui tend à prévaloir en doctrine (139), bien qu'il serait logique, à partir de l'épithète « néga-

---

(138) V. tout particulièrement Y. CHAPUT, *Les sûretés négatives,* in Ann. fac. dr. Clermont, 1974, fasc. 11, p. 167 et s.

(139) Outre Y. CHAPUT, préc., v. les auteurs suiv. adhérant à cette conception : RIVES-LANGE et CONTAMINE-RAYNAUD, *Droit bancaire,* n° 352 et s. ; Y. GUYON, *Le droit de regard du créancier sur le patrimoine et l'activité de son débiteur considéré comme une sûreté,* in *L'évolution du droit des sûretés,* n° spéc. *Rev. jurisp. com.* fév. 1982, p. 121 et s. — Pour une conception plus large encore, v. VASSEUR, *Les garanties indirectes du banquier, ibid.*, p. 104 et s., n° 3 et s.

tives », de ne retenir que les formules imposant une abstention au débiteur.

Les sûretés négatives sont surtout utilisées par les établissements de crédit, qui y recourent largement. Si leur efficacité est limitée, comme on le verra, elles présentent l'avantage de ne rien coûter tout en ménageant au prêteur, selon la modalité retenue, un « droit de veto » ou un « droit de regard » (140), qui peuvent être précieux. On peut ainsi les classer en fonction de l'avantage qu'elles procurent. Nous retiendrons cependant un autre clivage qui tient à la spécialité ou à la généralité de l'objet sur lequel porte l'engagement du débiteur.

§ 1. — Les sûretés négatives affectant un bien déterminé

577. — Description, effets et nature. — Le débiteur s'engage à ne pas faire, sans l'accord du créancier, certaines opérations sur un bien déterminé, le plus souvent celui dont le créancier a financé l'achat. Les opérations ainsi interdites sont soit cumulativement, soit sélectivement : l'aliénation, la constitution de sûretés, la concession d'un bail, d'une location-gérance, etc.

La clause visant l'aliénation peut être interprétée, en fonction de sa rédaction, comme une clause d'inaliénabilité ou comme un simple engagement de ne pas faire. Dans le premier cas, sa validité est douteuse (141), encore qu'on tende à admettre que la clause d'inaliénabilité insérée dans un acte à titre onéreux est valable à la double condition que pose l'article 900-1 du Code civil pour les actes à titre gratuit (142). La sanction de sa violation serait, alors, en règle générale, une nullité relative que seul le bénéficiaire pourrait invoquer, mais qui aurait pour effet de faire revenir le bien dans le patrimoine du débiteur au profit de tous ses créanciers. Dans l'hypothèse d'une clause affectant un meuble corporel, cette clause serait le plus souvent frappée d'inefficacité par le jeu de l'article 2279 du Code civil. Dans l'hypothèse d'une clause affectant un immeuble, celle-ci ne pourrait être opposée à l'acquéreur que dans la mesure où la publicité foncière aurait été faite (143), mais il semble que la sanction de la violation serait alors l'inopposabilité de l'aliénation au bénéficiaire, ce qui lui assurerait une position préférentielle par rapport aux autres créanciers.

Lorsque la clause n'est qu'un engagement de ne pas faire ou est interprétée comme telle, sa validité est incontestable (144) et sa transgression fait jouer les sanctions du droit commun. Le bénéficiaire

---

(140) Ces formules sont de Y. CHAPUT, *op. cit.*

(141) Pour un état de la question, v. Y. CHAPUT, *op. cit.*, 170 et s.

(142) V. notamment : MARTY et RAYNAUD, *Les biens,* n° 56-1.

(143) Sur ce point, v. Y. CHAPUT, *op. cit.*, p. 182.

(144) Sous réserve que l'engagement soit limité dans le temps.

peut obtenir la condamnation du débiteur à des dommages-intérêts et, éventuellement, la résolution du prêt, ce qui équivaut à la déchéance du terme (145), soit en vertu d'une stipulation en ce sens, soit par une décision judiciaire qui estimerait l'engagement comme suffisamment important (146). Le créancier peut également obtenir des dommages-intérêts du cocontractant de son débiteur qui a coopéré à la violation de son engagement s'il parvient à démontrer qu'il l'a fait en connaissance de cause.

Le fait que ces précautions contractuelles affectent un bien déterminé ne doit pas faire illusion ; elles ne constituent certainement pas de véritables sûretés. Elle ne font pas acquérir au stipulant un droit particulier sur le bien concerné, qui lui donnerait un avantage sur les autres créanciers ; elles ne répondent donc ni au critère de l'affectation, ni à celui de la finalité, le paiement préférentiel (v. *supra*, n° 503). Il faut cependant faire une réserve pour la clause d'inaliénabilité, à supposer que sa validité soit reconnue, dans la mesure où elle serait sanctionnée par l'inopposabilité au bénéficiaire, puisque celui-ci pourrait alors l'utiliser pour obtenir le paiement préférentiel de sa créance.

Ne visant qu'à maintenir un bien dans l'assiette du gage général du créancier, les formules contractuelles de ce type, si elles ne sont pas par là des sûretés (147), n'en sont pas moins des accessoires de la créance, puisqu'elles n'ont d'autre finalité que d'en renforcer la valeur économique. On doit en déduire qu'elles s'éteignent et se transmettent avec elle, encore qu'elles peuvent revêtir, éventuellement, un caractère *intuitu personae* assez fort pour faire obstacle à la transmission.

§ 2. — Les sûretés négatives affectant l'ensemble du patrimoine

578. — Description, effets et nature. — Le débiteur peut s'engager à ne pas modifier l'actif de son patrimoine ou à ne pas en augmenter le passif en contractant un emprunt ou un crédit-bail. Il peut également s'engager à informer son débiteur de certaines modifications qu'il apporterait à son patrimoine. Engagements valables pourvu qu'ils soient limités dans le temps.

---

(145) Mais la déchéance du terme ne saurait être appliquée directement sur la base de l'article 1188 du Code civil dès lors qu'on ne peut pas considérer les sûretés négatives comme de vraies sûretés.

(146) Lorsque le bénéficiaire est un établissement de crédit, la sanction peut être celle de l'article 60 de la loi du 24 janvier 1984 (fin du concours, même à durée déterminée, sans préavis) dans la mesure où la violation de l'engagement peut apparaître comme « un comportement gravement répréhensible », ce qui ne peut être le cas, pensons-nous, que s'il y a intention frauduleuse de la part du débiteur.

(147) Ni même des garanties dans l'acception étroite que certaines dispositions législatives tendent à donner au terme, v. notamment la substitution prévue par le droit des procédures collectives.

Les premières de ces stipulations ne sauraient être considérées comme des clauses d'inaliénabilité, car elles ne concernent pas un bien déterminé et s'analysent en un engagement de ne pas faire. Leur violation est donc sanctionnée par la condamnation du débiteur à des dommages-intérêts, éventuellement par la résolution du prêt dans lequel elles sont enchâssées (148). Ici encore, le bénéficiaire peut faire jouer la responsabilité du tiers contractant dont il parvient à démontrer qu'il s'est associé délibérément à la violation de la clause par le débiteur.

Les secondes apparaissent comme de classiques obligations de renseignement (149) dont la transgression ne peut entraîner de sanctions qu'à l'égard du débiteur.

Encore moins que les clauses affectant un bien déterminé, ces clauses ne peuvent accéder à la qualification de sûreté et même de garantie ; elles ne sont que des moyens tendant à la protection de l'assiette du droit de gage général ou des moyens permettant d'en surveiller l'évolution.

Il est permis néanmoins d'y voir des accessoires de la créance ; mais, comme elles concernent tout le patrimoine, qu'elles se traduisent par un droit de veto ou de regard, elles postulent une grande confiance faite par le débiteur au créancier, un *intuitus personae* qui rend impossible leur transmission de plein droit avec la créance (150).

---

(148) Pour le cas où le bénéficiaire de la clause est un établissement de crédit, v. *supra*, n° 577, note 146.

(149) V. en ce sens, Y. Chaput, *op. cit.*, p. 187.

(150) Rappr. Y. Guyon, *op. cit.*, n° 27, qui souligne l'indiscrétion, voire l'atteinte à la liberté qui peuvent résulter du droit de regard, expression à laquelle il donne une acception fort extensive.

LIVRE PREMIER

LA DIVERSITÉ DES SOURCES ET DES RÉGIMES

Titre I

LES SÛRETÉS ASSISES SUR UN ENSEMBLE DE BIENS

579. — Les privilèges généraux. — Il n'y a en droit français qu'un seul type de sûretés portant non sur un bien déterminé mais sur un ensemble fluctuant constitué par l'actif ou par un compartiment de l'actif du débiteur : le privilège général.

Sans doute certaines hypothèques légales, qualifiées de générales, peuvent-elles grever tous les immeubles du débiteur ; mais ce n'est là qu'une vocation abstraite. Elles ne prennent vie, en effet, qu'avec la formalité de la publication, laquelle est constituée par une inscription sur tel ou tel immeuble, de sorte qu'elles obéissent au régime des sûretés réelles portant sur un bien déterminé.

Sûreté légale accordée en raison de la qualité de la créance, le privilège général tient une place particulière dans le monde des sûretés, qui a déjà été évoquée (*supra*, n° 508). C'est une sûreté « en marge » parce qu'elle repose moins sur la technique de l'affectation, qui est profondément édulcorée lorsqu'elle est appliquée à un ensemble de biens fluctuant, que sur celle de la hiérarchie entre les créances.

580. — Fondements. — S'il est vrai que le fondement des privilèges réside dans la qualité de la créance, dans le postulat d'un mérite arbitré par le législateur, il serait superficiel de s'en tenir à cette seule idée qui cache une réalité plus complexe. La faveur est toujours faite au créancier, mais si elle lui est tantôt destinée, elle est parfois destinée au débiteur auquel cette garantie permet d'engager des dépenses que le législateur estime dignes d'un intérêt particulier ; par exemple, le privilège des frais funéraires n'a pas été conçu en faveur des entreprises de pompes funèbres mais des proches du défunt.

A opérer un classement entre les privilèges généraux sur la base de leur fondement, on est conduit à opposer ce qu'on peut appeler — faute de mieux — les privilèges de considération (privilège des salariés, du Trésor, de la Sécurité sociale, etc.) aux privilèges d'incitation, dont le menu fretin est abondant (privilège des fournitures de subsistance, des frais de dernière maladie, etc.) et d'où émerge le privilège de la procédure collective destiné à donner quelque crédit à l'entreprise en difficulté.

581. — La dualité des privilèges généraux. — De tels fondements impliquent logiquement que le tour de faveur soit attribué sur tous les biens du débiteur. Cette vocation naturelle des privilèges généraux à grever tout l'actif s'est toutefois heurtée au besoin de sécurité juridique. Sûreté occulte attachée automatiquement à une créance, le privilège général est dangereux pour les tiers et, par ricochet, pour le crédit du débiteur lui-même. Malgré ce, les privilèges généraux s'étaient multipliés depuis le Code civil et, d'autre part et surtout, l'évolution économique et sociale avait considérablement gonflé certaines créances privilégiées (celles du fisc et de la Sécurité sociale).

Cette situation avait paru intolérable dans le domaine immobilier. Avec la généralisation de la publicité foncière, on ne pouvait y accueillir de nombreux privilèges occultes garantissant des créances importantes. C'est la raison pour laquelle le décret du 4 janvier 1955, portant réforme de la publicité foncière, a cantonné les privilèges généraux au compartiment mobilier de l'actif et, sur le compartiment immobilier, leur a substitué des hypothèques légales qui ne deviennent efficaces qu'à partir de l'accomplissement de la formalité de publicité foncière.

Quelques rares privilèges, énumérés à l'article 2104 du Code civil (sur renvoi de l'art. 2107), ont néanmoins échappé à cette mesure drastique dont, ultérieurement, le législateur n'a pas craint de diminuer la portée en créant le privilège de la procédure collective (L. 25 janv. 1985, art. 40).

A la suite de cette évolution, il existe donc deux catégories de privilèges généraux : ceux, peu nombreux, qui le sont véritablement ; ceux, fort nombreux, qui ne sont assis que sur la généralité de l'actif mobilier.

582. — Nature juridique. — Les privilèges généraux sont-ils des droits réels ? La question donne lieu à une controverse toujours ouverte, mais qui demeure confinée au plan purement spéculatif. Sans doute pourrait-elle avoir une incidence concrète ; de sa solution dépend, en effet, l'existence ou l'absence d'un droit de suite au profit du titulaire du privilège général ; mais ce dernier problème ne peut guère se poser en pratique, soit en raison du régime de publicité foncière qui fait obstacle à l'exercice d'un droit de suite non publié, soit, pour les meubles corporels, en raison de la règle « en fait de meubles... ». Quelques rares décisions ont cependant été amenées à refuser le droit de suite (1), mais elles l'ont fait sans prendre parti sur la nature des privilèges généraux.

---

(1) V. la plus significative qui, à propos du privilège du Trésor, a exclu le droit de suite : Com., 10 juin 1960 : *Bull. civ.* III, n° 226. — V. *contra* : Paris, 14 avril 1926 : *D.H.* 1926, 272.

Pour certains, les privilèges généraux sont bien des droits réels malgré la généralité de leur assiette (2). D'autres leur reconnaissent cette qualification lorsqu'ils portent sur des immeubles, mais la leur contestent lorsqu'ils portent sur des meubles (3). Pour d'autres, enfin, le privilège général ne saurait être analysé en un droit réel (4).

Les vicissitudes historiques de la notion de privilège et l'unité qu'on lui prête indûment n'ont pas peu contribué à obscurcir le débat. Toutefois, la réponse négative s'impose si l'on ne veut pas méconnaître l'idée selon laquelle le droit réel ne peut porter que sur une chose existante et déterminée. Pour passer outre à ce postulat, il faudrait, à propos des biens acquis par le débiteur après la naissance de la créance, recourir à une analyse spécieuse : le droit réel naîtrait au moment de l'entrée du bien dans le patrimoine du débiteur. Analyse spécieuse, car le privilège ne naît qu'une fois, indivisiblement et, nécessairement, au moment même où naît la créance qu'il assortit, puisqu'il découle de la qualité de cette créance. En vérité, dans sa conception actuelle, le privilège général ne porte pas sur des biens, il porte sur la valeur d'une enveloppe (totalité de l'actif ou actif mobilier) dont le contenu n'est jamais précisé (5). La meilleure preuve en est que lorsque le titulaire exerce son privilège sur le contenu de l'enveloppe tel qu'il est à un moment donné, le privilège ne disparaît pas pour autant si la créance n'est pas totalement payée et il conserve sa vocation à s'exercer sur les biens qui entreront ultérieurement dans l'actif du débiteur. On est donc conduit à penser que le privilège général participe simplement de la nature du droit de gage général, dont il n'est qu'une modalité.

---

(2) Poplawski, thèse préc., n° 262 et s. — Beudant par Voirin, XIII, n° 292 et s. — Josserand, 141, n° 1545. — Planiol, Ripert et Becqué, XII, n° 252. — Mazeaud, n° 141.

(3) Aubry et Rau, III, § 256.

(4) V. Colin et Capitant, II, n° 1492 ; Weill, n° 152 ; Dagot, p. 147. — Rappr. Marty, Raynaud et Jestaz, n° 138 ; Malaurie et Aynès, n° 345.

(5) Contrairement à ce qui se passe pour les sûretés mobilières conventionnelles portant sur un stock de marchandises dont l'objet se trouve précisé lors de la réalisation, d'où l'analyse possible en un droit réel sous condition suspensive, qui ne peut être adoptée ici (v. *infra*, n° 727).

CHAPITRE I

LES PRIVILÈGES PORTANT SUR LA TOTALITÉ DE L'ACTIF

583. — Énumération. — Trois privilèges seulement accèdent à la totale généralité : celui des frais de justice, celui des salaires, celui des créances nées régulièrement après le jugement de redressement judiciaire (L. 1985, art. 40). Cette énumération masque cependant une réalité plus complexe, tant en raison du dédoublement du privilège des salaires que de la hiérarchie établie entre les créances de l'article 40.

Quant à l'ordre dans lequel elle est faite, il n'est pas un classement, lequel varie selon que le débiteur est *in bonis* ou sous le coup d'une procédure collective.

584. — Le tempérament à la généralité : la règle de subsidiarité. — La protection dont bénéficie traditionnellement la propriété immobilière et la vieille idée selon laquelle le débiteur engage tout particulièrement ses biens mobiliers se sont traduites dans la règle de la subsidiarité (C. civ., art. 2105). Celle-ci veut que le titulaire du privilège général n'exerce sa préférence sur le prix d'un immeuble qu'en cas d'insuffisance de l'actif mobilier.

Cette règle ne l'astreint cependant pas à « discuter » l'actif mobilier (1). C'est au contraire aux créanciers qui ont sur le prix de l'immeuble un droit de rang inférieur qu'il incombe de démontrer l'existence d'un actif mobilier suffisant pour payer le créancier à privilège général ou d'établir que ce dernier n'a pas été payé sur l'actif mobilier déjà réalisé en raison de sa négligence (2) ou de sa fraude (3).

L'article 2105 soumet à la règle de la subsidiarité les privilèges énumérés à l'article 2014 ; faut-il en inférer que le privilège de l'article 40

(1) Plusieurs procédés peuvent permettre de sauvegarder la situation des créanciers inscrits sur l'immeuble réalisé avant l'actif mobilier (v. PLANIOL, RIPERT et BECQUÉ, XII, n° 307), notamment la subrogation dans les droits du créancier à privilège général désintéressé sur le prix de l'immeuble.

(2) Bien que l'art. 2105 C. civ. vise le créancier « qui se présente », le titulaire du privilège général qui a déclaré sa créance n'a aucune démarche à faire pour être payé (Douai, 10 juin 1986 : *Gaz. Pal.* 1987, 1, 281).

(3) Civ., 24 fév. 1932 : *D.H.* 1932, 217. — Lyon, 12 juin 1984 : *Gaz. Pal.* 1984, J., 686.

de la loi de 1985, qui ne figure pas dans cette énumération, ne doit pas obéir à la règle ? Certains le professent en invoquant notamment le fait que la règle devrait être interprétée strictement car elle constituerait une dérogation au droit de gage général (4). L'argument est très discutable car le droit de gage général n'est pas directement en jeu et on peut lui opposer le principe d'interprétation stricte des privilèges qui conduit à interpréter... largement les restrictions mises à leur exercice. Si l'hésitation est permise, deux arguments militent toutefois en faveur d'une réponse affirmative : les fondements de la règle, si vieillis qu'ils soient, invitent à lui prêter une portée générale ; certaines créances garanties par le privilège de l'article 40 sont également garanties par les privilèges de l'article 2104 du Code civil, de sorte qu'une application globale de la subsidiarité a l'avantage d'éviter une application partielle qui serait source de difficultés inextricables.

585. — La conjugaison de la généralité et de l'indivisibilité du privilège. — L'indivisibilité est ce trait qui veut que le privilège s'exerce sur tout élément d'actif pour la totalité de la somme qu'il garantit. La règle est importante lorsque le débiteur a plusieurs immeubles, de sorte que le paiement de la totalité de la créance assortie du privilège général sur le prix de l'un d'eux désavantage les créanciers qui ont une hypothèque ou un privilège spécial sur cet immeuble et favorise les créanciers inscrits sur les autres immeubles.

En dépit de l'injustice qu'elle peut engendrer, l'indivisibilité doit produire sa conséquence logique et le juge ne peut pas, sans son accord, imposer au titulaire du privilège général un règlement proportionnel sur chaque immeuble du débiteur (5).

SECTION I

LE PRIVILÈGE DES FRAIS DE JUSTICE

586. — Fondement et nature. — Les frais de justice sont ceux engagés pour sauvegarder et réaliser l'actif du débiteur. Ménager à ces frais un règlement prioritaire sur le produit de la réalisation est à la fois logique, puisque l'opération de réalisation fait apparaître un solde net après déduction de ces frais, et équitable, puisque ces frais profitent à tous ceux qui viennent sur les sommes obtenues. Cette double considération explique les origines fort anciennes du

---

(4) V. Derrida, Godé et Sortais, note 482. — *Adde* Marty, Raynaud et Jestaz, n° 140.

(5) V. Paris, 20 oct. 1980 : *Gaz. Pal.* 1981, 1, 83, note Moreau. — Caen, 25 mai 1985 : *Gaz. Pal.* 1987, somm. 34. — Bejat et Lafarge, *Les problèmes posés par le privilège des salariés dans les procédures d'ordre : Gaz. Pal.* 1983, doctr. 181.

privilège, qui est actuellement prévu par l'article 2101, 1° (actif mobilier) et 2104, 1° (actif immobilier) du Code civil.

Mais est-ce un véritable privilège ? Nombre d'auteurs l'ont contesté en arguant que les frais de justice ne sont pas des dettes de la personne dont les biens sont réalisés, mais de ceux qui les ont avancés ; l'étiquette cacherait en réalité un droit de prélèvement *sui generis* (6). L'argument n'est pas décisif car, outre qu'une sûreté peut porter sur d'autres biens que ceux du débiteur, on peut penser que la personne dont les biens sont réalisés devient débitrice des frais de justice puisqu'elle doit en supporter la charge définitive (7).

587. — La notion de frais de justice. — Elle ne postule pas forcément une action en justice mais embrasse toute procédure au sens large, toute formalité destinée à préserver et à faire valoir le droit de gage général sans qu'il soit nécessaire que les frais soient exposés en exécution d'une obligation légale ou judiciaire (8).

Sont d'abord concernés les frais qui permettent la conservation juridique des biens du débiteur (scellés, inventaire, rémunération du séquestre, de l'administrateur et du liquidateur judiciaire et débours effectués par ces mandataires dans le cadre de leurs missions (9), frais de déplacement du juge-commissaire (10), frais d'action oblique, etc.), à l'exclusion des frais engagés pour la conservation matérielle des biens qui sont éventuellement garantis par des privilèges spéciaux (11).

Sont ensuite concernés les frais de réalisation des biens (saisie, vente forcée) et des procédures de répartition du prix. L'officier public chargé de la vente peut retenir ses frais avant d'en consigner le prix (ancien C.P.C., art. 657), règle qui lui assure une sorte de superprivilège par rapport aux autres frais de justice.

Quels qu'ils soient, ces frais doivent être faits dans l'intérêt commun des créanciers, intérêt qui doit être apprécié non au moment où ils sont engagés, mais au moment de la distribution du prix (12). Cette condition de l'existence du privilège est concrètement difficile à distinguer de l'exigence d'utilité qui en commande l'opposabilité.

---

(6) V. notamment PLANIOL, RIPERT et BECQUÉ, XII, n° 18 et les auteurs antérieurs cités par ces derniers.

(7) Par ex., c'est sur la personne en liquidation judiciaire que pèse la charge de la rémunération du liquidateur, même si elle est en fait supportée par ses créanciers.

(8) V. cependant *contra* : Caen, 12 avril 1973 : *D.* 1974, 499, note crit. SIGALAS, à propos d'une expertise comptable destinée à préparer le dépôt du bilan, expertise dont la rémunération n'a pas bénéficié du privilège.

(9) A l'exclusion de la T.V.A. qu'il a acquittée : Com., 30 mars 1980 : *Bull. civ.* IV, n° 313.

(10) V. l'art. 215-A de la loi du 25 janv. 1985 qui, prévoyant ce remboursement sur l'actif, paraît bien l'insérer dans le privilège des frais de justice.

(11) Le privilège mobilier pour frais de conservation et le privilège immobilier de l'architecte et de l'entrepreneur.

(12) V. Req., 17 sept. 1940 : *J.C.P.* 41, II, 1614, note E. BECQUÉ.

588. — L'exigence d'utilité et son incidence. — Imposée directement par le fondement du privilège, l'exigence d'utilité en est un élément-clef, car elle détermine à la fois le cercle des personnes auxquelles le privilège est opposable et son assiette.

Le privilège n'est opposable qu'aux créanciers qui ont profité des frais ; par exemple, le créancier qui a pris l'initiative d'une saisie-exécution peut opposer son privilège pour les frais occasionnés par cette mesure aux créanciers opposants qui participent à la répartition du prix ; en revanche, il ne peut pas l'opposer au bailleur d'immeuble qui fait valoir son propre privilège par la voie du référé, en dehors de la procédure de distribution.

Le privilège est général en raison de sa vocation à s'exercer sur tous les éléments d'actif. Si cette vocation s'épanouit parfois pleinement, pratiquement dans le cadre de la procédure collective (13) (ainsi le liquidateur peut faire valoir le privilège sur le prix de tout élément d'actif), elle est souvent contrariée par l'exigence d'utilité qui empêche d'invoquer le privilège sur d'autres biens que ceux à propos desquels les frais ont été exposés ; par exemple, le séquestre ne peut pas faire valoir le privilège sur des biens du débiteur qui ne lui ont pas été confiés, son intervention n'ayant pas été utile aux créanciers venant sur leur prix.

SECTION II

LE PRIVILÈGE DES SALAIRES

589. — Présentation. — Le privilège des salaires a une origine lointaine mais modeste ; il apparut au XVIIe siècle dans la jurisprudence du Châtelet qui en fit bénéficier les « domestiques des villes » auxquels les mœurs de l'époque ne permettaient guère d'exiger le paiement régulier de leurs gages. Repris par le Code civil avec un domaine presque aussi restreint, il fut étendu au fil d'interventions successives couronnées par la loi du 17 juin 1919 qui lui a donné une portée générale.

Cet élargissement reflète l'évolution de son fondement. L'idée originaire d'un contrepoids à la crainte révérentielle fit progressivement place aux considérations humanitaires et au respect attaché à la prestation de travail. Certains lui assignent encore un fondement prioritairement, voire exclusivement, alimentaire ; il ne correspond pas entièrement à son régime, notamment parce que les créances garanties ne

(13) V. par ex. Nîmes, 7 fév. 1973 : *D.* 1974, 224, qui a attribué la qualification de frais de justice, en se fondant sur l'utilité, à la rémunération d'un audit financier visant au redressement d'une entreprise mais ultérieurement en règlement judiciaire.

sont pas limitées aux besoins élémentaires et peuvent représenter des sommes considérables qui dépassent largement les bornes de l'indispensable. En réalité, le privilège repose maintenant sur l'idée plus générale selon laquelle, le travail n'étant pas une marchandise, sa rémunération mérite un traitement de faveur qui est la projection sur le terrain pécuniaire de la dignité de la personne humaine et de la protection qui lui est due.

Un tel fondement recèle une dynamique d'expansion en direction de toute fourniture de travail quel qu'en soit le cadre juridique. Le législateur y a partiellement cédé en étendant le privilège à la rémunération de certaines activités indépendantes telles que celles des façonniers et, de façon plus significative encore, celles des auteurs, compositeurs et artistes (14).

C'est justement parce que le privilège des articles 2101 et 2104 ne correspond pas à un fondement alimentaire que le législateur, en 1935, a jugé nécessaire de sacrifier pleinement à l'idée alimentaire en apportant une adjonction à l'édifice. En cas de procédure collective appliquée à l'employeur, une fraction restreinte de la créance salariale est gratifiée d'une priorité absolue, par ailleurs assortie de modalités de paiement rapides. C'est le « superprivilège », selon une appellation officieuse mais unanimement adoptée qui rend bien compte de la dualité de la sûreté légale dont est dotée la créance salariale (15).

590. — Insuffisance. — Le privilège ordinaire peut être inefficace faute d'un actif suffisant pour en permettre l'exercice. Cette donnée de fait est accentuée par le rang relativement défavorable concédé aux créances salariales sur l'actif mobilier, qui est souvent la seule richesse des entreprises (16), puisqu'elles sont notamment primées par certaines créances fiscales. Le superprivilège n'apporte à cette faiblesse qu'un remède partiel, qui lui aussi peut se révéler inefficace.

Aussi les idées mêmes qui sous-tendent les deux sûretés ont-elles conduit le législateur en 1973 — la débâcle de « Lip » dont les salariés étaient restés impayés ayant joué le rôle de catalyseur — à suppléer à leur carence par une collectivisation du risque de non-paiement des salaires. C'est sur la communauté des entreprises qu'est reporté ce risque par le jeu d'une assurance obligatoire, à telle enseigne qu'on a pu évoquer une sécurité sociale des salaires (17). La technique est

---

(14) L'art. 58 de la loi du 11 mars 1957 leur attribue le privilège des salaires pour garantir les redevances dues pour les trois dernières années à l'occasion de la cession, de l'exploitation ou de l'utilisation de leurs œuvres. La S.A.C.E.M. a qualité pour faire valoir ce privilège au nom de ses adhérents ; celui-ci s'étend à toutes les redevances d'origine contractuelle, v. Civ. 1re, 1er mars 1988 : *Bull. civ.* I, n° 60.

(15) On peut même parler d'une triade, puisque les créances résultant d'un travail fourni après le jugement d'ouverture bénéficient de la première classe du privilège de l'art. 40.

(16) La structure fort répandue, qui juxtapose à une société d'exploitation une S.C.I. propriétaire des « murs », y contribue largement.

(17) V. Derrida, *Vers la Sécurité sociale des salaires ; commentaire de la loi du 17 décembre 1973* : *D.* 1974, chron. 119 et s.

donc tout à fait différente de celle des sûretés, mais il y a une certaine imbrication entre cette garantie — théoriquement subsidiaire — et le double privilège des salariés.

Comme l'existence du superprivilège et le jeu de l'assurance obligatoire sont subordonnés à l'ouverture d'une procédure collective, l'évolution contemporaine a introduit une différence considérable qui, si elle est peut-être justifiée, n'est pas équitable dans la garantie du paiement des créances salariales (18) ; très énergique en cas de redressement judiciaire du débiteur, elle est fragile lorsqu'il est en déconfiture.

§ 1. — Le privilège ordinaire

591. — Les bénéficiaires. — Sous réserve des extensions déjà signalées, le privilège est accordé aux salariés et apprentis (C. trav., art. L. 143-7), catégories qui doivent être déterminées selon le critère général de la relation de travail, celui de la subordination ; d'où l'exclusion des mandataires et des représentants sociaux.

Le privilège des salariés a, par ailleurs, été octroyé à deux catégories de travailleurs non rémunérés auxquels le législateur a accordé une créance sur la succession du bénéficiaire de leur activité. Il s'agit d'abord de l'enfant qui a travaillé sur l'exploitation agricole du parent décédé, qui est ainsi garanti pour sa créance de « salaire différé » (D.-L. 29 sept. 1939, art. 73). Il s'agit ensuite du conjoint survivant du chef d'une entreprise commerciale ou artisanale ; s'il a participé à l'activité de l'entreprise pendant au moins dix ans, sans recevoir de rémunération, il a droit à une créance sur la succession, laquelle est assortie du privilège (L. n° 1008 du 31 déc. 1989, art. 14).

Les divers fondements que l'on peut prêter au privilège convergent pour exclure de son bénéfice les personnes morales, même si elles fournissent un travail dépendant (19).

En revanche, en dépit de la contestation élevée par certains auteurs au nom du fondement alimentaire, il est admis, depuis les origines, que le privilège soit transmis dans le cadre de la subrogation conventionnelle au tiers qui règle la créance salariale dans les conditions de l'article 1250 du Code civil (20), à l'exclusion toutefois de l'organisme d'assurance obligatoire (v. *infra*, n° 599). La solution est bénéfique car elle favorise l'octroi par les banques d'avances affectées au paiement des salariés.

592. — Les créances garanties : 1° Les rémunérations. — Le privilège couvre les rémunérations dues en vertu du contrat ou de la relation

---

(18) V. C. Saint-Alary, *L'efficacité des sûretés garantissant les créances salariales* : *Droit social* 1987, p. 848 et s.

(19) Req., 17 mars 1933 : *Gaz. Pal.* 1933, 1, 905 ; *S.* 1933, 1, 151.

(20) V. Req., 3 fév. 1936 : *S.* 1936, 1, 128. — V. J. Mestre, *La subrogation personnelle*, n° 457.

de travail, quelles que soient leurs modalités ou la qualification donnée par les parties (salaire fixe, salaire proportionnel, commissions, etc.), mais non la créance de participation aux fruits de l'expansion (21). Aux rémunérations, il faut assimiler les primes (d'ancienneté, de rendement, de condition de travail, etc.) qui sont considérées comme un élément du salaire si elles ont un caractère périodique ; mais, rançon du principe d'interprétation stricte, la créance de frais de remboursement et celle de restitution d'un dépôt ne bénéficient pas du privilège.

Le privilège a été étendu aux sommes dues par l'employeur dans le cadre de diverses formules qui ont été créées pour lutter contre le chômage (stage d'initiation à la vie professionnelle, L. n° 488 du 10 juill. 1989, art. 6 ; convention de conversion, L. n° 9 du 2 janv. 1990, art. 6).

Le privilège est limité à la rémunération des six derniers mois ; une limite plus favorable est cependant accordée aux « gens de service » : celle des salaires de l'année échue et de l'année courante. Comment interpréter la limitation aux six derniers mois : s'agit-il de ceux qui précèdent l'exercice du privilège ou l'ouverture de la procédure collective ? Ou s'agit-il des six derniers mois de travail, même s'ils ont pris fin avant l'exercice du privilège ou l'ouverture de la procédure collective ? La première solution qui avait prévalu est maintenant écartée par la jurisprudence (22).

593. — Les créances garanties : 2° Les indemnités. — Le domaine du privilège a été progressivement étendu par le législateur à diverses indemnités qui ne pouvaient pas entrer dans la notion stricte de salaires parce qu'elles ne correspondent pas directement à la rémunération d'une prestation de travail mais constituent une contrepartie à la fragilité de l'emploi.

Faute de pouvoir entrer dans les arcanes du droit du travail, on doit se borner à une simple énumération : l'indemnité de fin de contrat (C. trav., art. L. 122-3-4) et l'indemnité de précarité d'emploi (art. L. 124-4-4) ; l'indemnité due en raison de l'inobservation du délai-congé et l'indemnité compensatrice (art. L. 122-8 et L. 124-4-4) ; les indemnités de congés payés ; l'indemnité de licenciement, qu'elle soit due en vertu d'une convention collective, d'un accord collectif d'établissement, d'un règlement de travail, d'un usage ou d'une disposition du Code du travail (23). Cette dernière est privilégiée dans sa totalité jusqu'au plafond établi à propos du superprivilège (*infra*, n° 595) ; au-dessus de ce plafond, elle est privilégiée jusqu'à concurrence du quart de son montant.

Dans le silence du législateur, la question s'est posée de savoir si la règle limitant le privilège à la rémunération des six derniers mois devait s'appliquer à ces indemnités ; elle est aujourd'hui résolue par la négative (24).

---

(21) C. trav., art. L. 441-4, bien que cette créance soit couverte par l'assurance obligatoire (C. trav., art. 143-11-3).

(22) Soc., 15 mars 1983 : *D.* 1983, I.R. 342, obs. A. HONORAT ; *Bull. civ.* V, n° 159. — Sur l'interprétation antérieure défavorable au salarié, v. Com., 27 nov. 1963 : *D.* 1964, 6 ; *Rev. trim. dr. com.* 1964, 174, obs. HOUIN.

(23) Mais non d'un contrat individuel : v. Paris, 11 fév. 1988 : *D.* 1988, I.R. 85.

(24) Soc., 6 nov. 1968 : *Gaz. Pal.* 1969, 1, 22 ; *D.* 1969, somm. 52. — Soc., 5 fév. 1969 : *Bull. civ.* V, n° 76.

§ 2. — Le superprivilège

594. — Généralités. — Instauré par un décret-loi du 8 août 1935, prévu aujourd'hui par les articles L. 143-10 et 143-11 du Code du travail et l'article 129 de la loi du 25 janvier 1985, le superprivilège repose sur un fondement exclusivement alimentaire qui détermine l'ensemble des règles qui lui sont applicables. Certains n'y voient qu'une modalité plus favorable ou un renforcement du privilège ordinaire (25). L'analyse peut être contestée en raison du degré d'autonomie que présente le superprivilège ; il n'y a pas coïncidence exacte entre la nature des créances qu'il assortit et celle des créances simplement privilégiées ; le principe de subsidiarité ne lui est pas applicable.

Le législateur a, ici, indissolublement lié la priorité absolue au paiement à bref délai, second objectif qui ne peut guère être atteint que dans le cadre d'une organisation, ce qui explique que l'existence du superprivilège soit subordonnée à l'ouverture d'une procédure collective. La règle n'en comporte pas moins un certain illogisme, car le fondement alimentaire de l'institution aurait dû exclure une discrimination entre les salariés assise sur la position juridique des employeurs.

Ce fondement alimentaire fait-il obstacle à la subrogation conventionnelle au profit du tiers (26) qui a payé à la place de l'employeur ? La question a pu être posée avec plus d'acuité que pour le privilège ordinaire (v. *supra*, n° 591) ; elle a été également résolue de façon négative tant en raison de la généralité de la règle qui veut que le subrogé bénéficie des sûretés accessoires de la créance que de l'intérêt pratique qu'il y a à favoriser le paiement par un tiers (27).

595. — Étendue. — Le superprivilège garantit les créances « de toute nature » dues aux salariés et apprentis et le législateur précise qu'il s'agit non seulement du salaire mais aussi de ses accessoires, « notamment l'indemnité de fin de contrat mentionnée à l'article L. 122-3-5, l'indemnité pour inobservation du délai-congé mentionnée à l'article L. 122-8, l'indemnité compensatrice mentionnée à l'article L. 122-32-6 et l'indemnité de précarité d'emploi mentionnée à l'article L. 122-4-4 » (C. trav., art. L. 143-10, al. 3) ; il en va de même de l'indemnité due aux jeunes en stage d'initiation à la vie professionnelle (L. n° 488 du 10 juill. 1989, art. 5). Cette énumération, qui n'est pas limitative, laisse planer quelque incertitude sur le statut de l'indemnité de rupture abusive et de l'indemnité de licenciement (28).

---

(25) V. DERRIDA, *Le superprivilège des salariés* : *D.* 1973, chron. 59 et s. — SOINNE, *op. cit.*, n° 1041.

(26) Pour l'A.G.S., v. *infra*, n° 599.

(27) Com., 3 juin 1982 : *Bull. civ.* IV, n° 17 ; *D.* 1982, 483, note A. HONORAT ; *Banque* 1983, 197, obs. L. MARTIN. — Sur l'absence de subrogation dans les droits du salarié contre l'A.G.S., v. *infra*, n° 597.

(28) V. en faveur du caractère superprivilégié : SOINNE, n° 1043. — *Contra* : RIPERT et ROBLOT, n° 3247 ; D. NAZET-ALLOUCHE, *Droit du travail et procédure collective*, thèse dactyl., Montpellier, 1983, n° 247.

Ne sont garanties que les rémunérations dues pour les 60 derniers jours de travail pour les salariés et apprentis et les 90 derniers jours pour les V.R.P. (29). Cette limite soulève la même difficulté d'interprétation que celle rencontrée à propos du privilège ordinaire (v. *supra*, n° 592), qui a naturellement reçu la même solution. Les 60 ou 90 derniers jours doivent être entendus comme l'ultime période de travail accomplie par le salarié même si elle a pris fin avant le jugement d'ouverture de la procédure (30). En revanche, le superprivilège ne joue pas pour la rémunération du travail postérieur au jugement, laquelle est garantie par le privilège de la procédure (art. 40, 1°).

Le fondement alimentaire trouve son expression la plus significative dans une seconde limitation : le superprivilège n'est accordé que jusqu'à concurrence d'un plafond mensuel, identique pour tous les bénéficiaires. Fixé par le pouvoir réglementaire, il ne peut être inférieur au double du plafond mensuel retenu pour le calcul des cotisations de la Sécurité sociale ; le décret n° 237 du 13 mars 1974 (C. trav., art. R. 143-1) s'en est tenu à ce minimum. Ce plafond joue pour chaque période de trente jours (31). L'indemnité de congé payé est elle aussi limitée au double du plafond mensuel de la Sécurité sociale, mais cette limite joue de façon séparée (32). Les acomptes perçus au titre de la période concernée sont imputés sur la partie superprivilégiée de la rémunération qu'ils viennent donc réduire d'autant (33).

596. — Mise en œuvre. — Le superprivilège ne répond pas seulement à l'objectif de toute sûreté, le paiement par préférence, mais à un objectif particulier qui en fait plus qu'une sûreté, le paiement à bref délai, que le législateur s'est efforcé d'assurer en fonction du fondement alimentaire de l'institution (L. 25 janv. 1985, art. 129).

Sur les fonds disponibles ou les premières rentrées de fonds, l'administrateur, avant l'établissement du montant des créances, doit verser immédiatement aux salariés une provision correspondant à un mois de salaire jusqu'à concurrence du plafond réglementaire. Le reliquat des créances superprivilégiées doit être versé dans les dix jours du jugement d'ouverture. La règle exclut implicitement l'application du principe de la subsidiarité (34).

L'un et l'autre de ces versements sont faits sur ordonnance du juge-commissaire ; mais celui-ci n'a pas le pouvoir de réserver des fonds disponibles à un autre usage (35). Sous l'empire de la législation antérieure à 1985, la règle était tempérée par la priorité reconnue

(29) Pour ces derniers, art. L. 751-15 C. trav.

(30) Soc., 25 oct. 1972 : *D.* 1973, 218, note G. LYON-CAEN.

(31) Soit pour un salarié ordinaire : (Pl. S.S. × 2) + (Pl. S.S. × 2).

(32) Un salarié ordinaire peut donc prétendre au total à : (Pl. M. S.S. × 2) + (Pl. M. S.S. × 2) puis distinctement : Pl. M. S.S. × 2.

(33) Soc., 29 avril 1975 : *D.* 1975, 678, note DERRIDA.

(34) V. par ex. Bordeaux, 14 mars 1988 : *R.P.C.* 1989, 239, obs. DUREUIL.

(35) V., dans le cadre de la loi du 13 juill. 1967 : Paris, 25 nov. 1977 : *D.* 1978, I.R. 178, obs. A. HONORAT ; *J.C.P.*, 78, éd. C.I., I, 7159, n° 14, obs. CABRILLAC et VIVANT.

— non sans réticences et hésitations — aux dettes de la masse sur les dettes antérieures (36). Avec la disparition de ce tempérament, l'affectation des fonds disponibles au paiement des créances superprivilégiées a été critiquée parce qu'elle peut compromettre la poursuite de l'activité, et l'on a proposé d'y remédier par l'adoption d'une notion souple de fonds disponibles (37).

§ 3. — La garantie subsidiaire : l'assurance obligatoire

597. — Aperçu général. — Instaurée par la loi du 27 décembre 1973 (38), dont les dispositions figurent dans le Code du travail (art. L. 143-11-1 et s.), l'assurance obligatoire des salaires n'est pas une sûreté et n'a pas à être étudiée à ce titre. Les grandes lignes du système doivent néanmoins être évoquées pour en faire apparaître la corrélation avec le double privilège des salariés et pour permettre de préciser les sûretés dont bénéficie l'A.G.S. pour récupérer ses avances.

Ce sigle désigne « l'Association nationale pour la gestion du régime d'assurance des créances des salariés », appellation qui suffit à en indiquer l'objet. En réalité, l'A.G.S. a sous-traité aux A.S.S.E.D.I.C. la perception des cotisations, le versement des sommes dues et leur recouvrement.

L'assurance obligatoire pèse sur tous les employeurs susceptibles d'être mis en redressement judiciaire (commerçants, artisans, personnes morales de droit privé, agriculteurs) qui doivent payer une cotisation proportionnelle aux salaires versés. Elle profite à tous ceux qui ont la qualité de salarié ou d'apprenti, y compris les dirigeants sociaux qui ont un contrat de travail effectif, quand bien même leur employeur n'aurait pas satisfait à ses obligations à l'égard de l'A.G.S. En revanche, le législateur de 1985 a refusé le bénéfice de l'assurance au tiers subrogé dans les droits du salarié qu'il a payé (39).

La garantie est limitée pour toutes les créances cumulées d'un bénéficiaire à un montant fixé par voie réglementaire par référence au plafond mensuel retenu pour la cotisation d'assurance-chômage (40).

---

(36) Com., 13 nov. 1984 : *D.* 1985, I.R. 119, obs. DERRIDA ; *J.C.P.* 85, éd. E, I, 14880, n° 8.

(37) V. SOINNE, n° 1048.

(38) Modifiée par la loi du 27 déc. 1975 et surtout par celle du 25 janv. 1985 sur les procédures collectives.

(39) C. trav., art. L. 1436-11-7. Cette règle, qui n'est pas à l'abri de la critique parce qu'elle ne fait que retarder le paiement des salariés sans réel avantage pour l'A.G.S., a été prise en réaction contre la solution jurisprudentielle antérieure (Soc., 23 avril 1984 : *Bull. civ.* V, n° 141 ; *D.* 1984, I.R. 397, obs. HONORAT ; *J.C.P.* 85, éd. E, I, 14235, n° 7, obs. CABRILLAC et VIVANT) ; rappr. la solution inverse à propos du superprivilège, *supra,* n° 594.

(40) La réglementation est passablement complexe et distingue plusieurs cas de figure. Pour le plus général (contrat de travail antérieur de plus de six mois à l'ouverture de la procédure), le coefficient multiplicateur est de 13 (C. trav., art. D. 143-2).

Les créances couvertes par l'assurance sont déterminées par un critère général qui n'est pas celui de la nature salariale, mais celui — beaucoup plus large — du rattachement au contrat de travail (41).

En fonction de la période de travail, il faut distinguer trois catégories de créances bénéficiant du système :

1° les créances dues aux salariés à la date du jugement d'ouverture de toute procédure de redressement judiciaire ;

2° les créances résultant de la rupture des contrats de travail intervenant soit pendant la période d'observation, soit dans le mois suivant le jugement arrêtant le plan de redressement, soit dans la quinzaine du jugement de liquidation judiciaire ou pendant le maintien provisoire de l'activité autorisé par ce jugement ; ainsi se trouvent couvertes non seulement les indemnités de licenciement mais aussi les indemnités de fin de contrat à durée déterminée, l'indemnité conventionnelle de départ à la retraite, ainsi que les créances de participation aux fruits de l'expansion ;

3°lorsque la liquidation judiciaire est prononcée, les salaires et indemnités de congés payés dus pour la période d'observation, les quinze jours suivant le jugement et, éventuellement, pour la période de maintien provisoire de l'activité ; mais la rémunération assurée est limitée en toute hypothèse à un mois et demi de travail.

598. — Mise en œuvre. — L'A.G.S. n'intervient qu'en seconde position et sur la demande du réprésentant des créanciers. Celui-ci doit la saisir au terme du délai qui lui est imparti pour établir un relevé des créances d'une catégorie déterminée, lorsqu'il ne peut pas en payer le montant faute de fonds suffisants. L'A.G.S. dispose d'un délai très bref pour en faire l'avance au représentant des créanciers, qui reverse immédiatement les fonds à chaque salarié.

Le relevé des créances garanties par le superprivilège doit être établi dans les dix jours du jugement d'ouverture et l'avance doit être faite dans les cinq jours suivants.

Le relevé des autres sommes dues en exécution des contrats de travail pour la période antérieure au jugement d'ouverture doit être établi dans les trois mois et l'avance faite dans les huit jours suivants.

Les relevés des rémunérations dues en vertu des contrats de travail pour la période postérieure au jugement d'ouverture doivent être établis dans les dix jours suivant l'expiration des différentes périodes de garantie et l'avance faite dans les huit jours suivants.

599. — Les garanties du remboursement des avances de l'A.G.S. — Le droit commun aurait voulu que l'A.G.S. soit subrogée dans les créances des salariés que ses avances servent à payer et bénéficie ainsi des privilèges et des modalités de paiement rapides qui y sont attachées. De façon à éviter que le remboursement de l'A.G.S. ne nuise à la poursuite de l'exploitation, le législateur de 1985 a, pour certaines avances, soit exclu la subrogation, soit instauré un régime particulier.

Le droit commun demeure applicable aux avances correspondant à la partie superprivilégiée des créances, l'A.G.S. est donc subrogée

---

(41) V. notamment Soc., 4 fév. 1987 : *D.* 1987, I.R. 236, obs. HONORAT, qui a inclus dans la garantie le capital-décès dû à la succession du salarié.

dans le superprivilège (42). De même, elle est subrogée dans le privilège ordinaire pour les avances correspondant à la partie hors superprivilège des rémunérations acquises au jour de l'ouverture de la procédure (C. trav., art. L. 143-11-9). Toutefois, elle ne peut se prévaloir de la règle qui interdit d'appliquer des délais ou des remises aux créances garanties par le privilège des salaires (L. 1985, art. 76).

En ce qui concerne les avances faites pour payer les rémunérations du travail fourni au cours de la procédure et lorsque la liquidation judiciaire est prononcée (celles de l'art. L. 143-1-1, 3°), bien que la loi prévoie la subrogation, l'A.G.S. ne vient pas au rang des salariés tel que le fixe l'article 40-1° de la loi de 1985, mais vient à un rang inférieur et qui lui est propre (art. 40-4°). La subrogation est donc mutilée et l'A.G.S. est « gratifiée » d'un privilège personnel, beaucoup moins avantageux que celui des salariés, notamment parce qu'elle passe après les fournisseurs et les banquiers qui ont fait crédit à l'entreprise en difficulté.

Quant aux avances correspondant aux créances résultant de la rupture du contrat de travail, une fiction de la loi les considère comme des créances nées antérieurement au jugement d'ouverture. L'A.G.S. est bien subrogée dans les droits des salariés, mais elle est privée du privilège de la procédure et ne bénéficie que du privilège ordinaire.

SECTION III

LE PRIVILÈGE DE LA PROCÉDURE COLLECTIVE

600. — Genèse. — Une constante du droit des procédures collectives veut que les créances nées postérieurement au jugement d'ouverture et à l'occasion de la gestion du patrimoine du débiteur aient la priorité sur les créances antérieures. Jusqu'à la réforme de 1985, cette priorité était assurée par une technique spécifique greffée sur la masse des créanciers. Réunis dans ce groupement, les créanciers antérieurs, dits créanciers dans la masse, ne pouvaient être payés qu'après les créanciers postérieurs, dits créanciers de la masse ou créanciers sur la

(42) La subrogation n'est cependant pas admise par toutes les juridictions du fond et est contestée par certains auteurs (v. notamment : M. RAMACKERS, *Le superprivilège des salariés, la subrogation de l'A.G.S. et le redressement judiciaire : du mythe à la réalité ?* : *D.* 1989, chron. 301). Ces auteurs fondent leur opinion sur une lecture particulière de l'art. 40, al. 2-1° de la loi de 1985, qui viserait les salaires antérieurs non avancés par l'A.G.S., ce qui exclurait la subrogation au bénéfice des A.S.S.E.D.I.C. Cette lecture nous paraît inacceptable ; l'al. 2 de l'art. 40 ne concerne que des créances postérieures ; leur primauté sur les créances antérieures a été restreinte par l'al. 1er au profit du superprivilège et sans écarter le jeu du droit commun de la subrogation.

masse (43), règle maladroitement exprimée par l'article 13 de la loi du 13 juillet 1967.

Le législateur de 1985 a supprimé la masse, suppression qui symbolise l'effacement des créanciers antérieurs ; il a été contraint de poser, en conséquence, de façon directe et expresse la priorité des créanciers apparus postérieurement au jugement d'ouverture, règle énoncée par l'article 40 (44). Bien que le terme ne figure pas dans ce texte, les commentateurs y ont unanimement vu un véritable privilège général (45). Ce privilège présente cependant une physionomie particulière ; c'est ce qu'on pourrait appeler un privilège-cadre, puisque les créances qu'il garantit ne viennent pas au même rang, comme le voulait la règle antérieure, mais selon une hiérarchie largement ouverte et qui sera précisée ultérieurement (*infra*, n° 894). Le privilège ménage ainsi une primauté globale au sein de laquelle jouent des causes de préférence d'origine légale, conventionnelle ou judiciaire.

Au-delà de la mutation technique que constitue le remplacement de la notion de créances de ou sur la masse par un privilège général, la réforme a apporté deux différences concrètes et fort importantes. La première vient d'être évoquée, c'est la hiérarchie établie entre les créances postérieures. La seconde tient au renforcement de la préférence globale accordée à ces dernières ; en effet, le désir d'assurer la poursuite de l'activité en vue du sauvetage de l'entreprise a amené le législateur à donner le pas aux créanciers postérieurs sur les créanciers antérieurs munis d'une sûreté spéciale et ne bénéficiant pas d'un droit de rétention, ce qui a consommé le sacrifice des titulaires des privilèges spéciaux immobiliers et des hypothèques qui passaient avant les créanciers de la masse. L'innovation n'est guère favorable au crédit des entreprises en situation normale et canalise la recherche de garanties vers les sûretés frustes (sûretés comportant droit de rétention et sûretés-propriétés) au détriment des sûretés perfectionnées.

601. — Fondement. — Le fondement de la priorité des créanciers de ou sur la masse a été controversé. Certains y avaient vu une application analogique du privilège des frais de justice ou de celui de conserva-

(43) Les deux expressions correspondaient aux deux catégories de créances qui avaient été distinguées à la suite de l'affinement de l'analyse et de la reconnaissance d'un patrimoine de la masse, conséquence de sa personnalité morale. Les créances de la masse *stricto sensu* étaient celles qui pesaient sur elle à titre de sujet de droit ; les créances sur la masse étaient celles qu'elle devait payer en raison du fait qu'elle exerçait les droits et actions du débiteur. V. notamment : A. BRUNET, *Masse des créanciers et créanciers de la masse*, thèse Nancy, 1973 ; DERRIDA, *Les différentes catégories de créanciers dans les procédures collectives de règlement du passif* : *D.* 1974, chron. 287.

(44) Sur l'art. 40, v. PEYRAMAURE, *Redressement judiciaire. Le financement de la période d'observation (art. 40)* : *Gaz. Pal.* 1986, 2, doctr. 597 ; D. SCHMIDT, *Le financement de l'entreprise pendant la période d'observation* : *Rev. jurisp. com.*, n° spéc. fév. 1987, 19 ; M. CABRILLAC, *L'article 40 de la loi du 25 janvier 1985 et ses difficultés d'application* : *Banque* 1986, 115 ou *Rev. proc. coll.* 1986, 13 ; DERRIDA, *Le financement de la période d'observation (art. 40)* : *Rev. trim. dr. com.* 1986, n° spéc., p. 61.

(45) A s'en tenir aux ouvrages fondamentaux, v. en ce sens : SOINNE, *Traité* préc., n° 508 ; DERRIDA, GODÉ et SORTAIS, *op. cit.*, n° 315 ; MARTY, RAYNAUD et JESTAZ, n° 137 *ter* ; MALAURIE et AYNÈS, n° 465.

tion de la chose. D'autres l'ont rattachée à l'objectif assigné à la masse qui l'aurait conduit à prendre en charge le patrimoine du débiteur et donc le passif né à partir du jugement déclaratif. La reconnaissance de la personnalité morale de la masse avait fait surgir une nouvelle thèse, celle d'un passif propre assumé par ce sujet de droit dont les limites étaient demeurées incertaines. En réalité, la diversité des créances concernées ne permettait guère d'asseoir la priorité sur un fondement unique et celle-ci se justifiait essentiellement, mais impérativement, par deux considérations pratiques : la nécessité d'assurer le fonctionnement de la procédure avec les frais qu'il implique et celle de préserver le patrimoine du débiteur jusqu'au concordat ou à la liquidation.

Le fondement du privilège de l'article 40 se caractérise par la même complexité, encore qu'elle soit accrue par l'irruption de l'objectif du sauvetage de l'entreprise. Il répond à trois fonctions qui justifient sélectivement la primauté des créances garanties. Il s'agit d'abord de la fonction nouvelle : le privilège est l'instrument essentiel du financement de la poursuite de l'activité pendant la période d'observation, ce qui explique et le rang qui lui est donné et le classement établi en son sein. Il s'agit ensuite des fonctions traditionnelles : le privilège permet de faire fonctionner la procédure et ressortit à l'idée de frais de justice ; il concourt à la préservation de l'actif au profit des créanciers, fonction qui correspond à l'idée de conservation.

§ 1. — Les créances garanties

602. — La double condition. — L'attribution du privilège est subordonnée à deux conditions. Une condition chronologique d'abord : la créance doit être née dans une période comprise entre le jugement d'ouverture et une date limite qui, en raison de l'obscurité des textes, devra être précisée par l'interprétation jurisprudentielle. Une condition qualitative ensuite : la créance doit être née « régulièrement ».

Ces conditions sont les seules. L'attribution du privilège n'est pas liée à la poursuite de l'activité, comme pourrait le suggérer une lecture hâtive de l'article 40. De façon quelque peu maladroite, les rédacteurs de l'alinéa 1er de ce texte ont amalgamé deux règles : celle de la priorité des créances concernées et celle de leur paiement à l'échéance ; c'est uniquement pour cette dernière qu'est manifestement posée la condition de poursuite de l'activité. C'est à son égard, en effet, que la condition est logique ; dès lors que les rentrées régulières procurées par l'activité n'existent plus, il convient d'écarter la règle du paiement à l'échéance et de procéder à un règlement d'ensemble des créances de l'article 40 de façon à respecter le classement établi entre elles ; ce classement serait méconnu si les créances échues étaient payées avant les créances non encore exigibles. L'objectif de la condition de poursuite de l'activité en cantonne ainsi, de façon évidente, l'application à la règle du paiement à l'échéance.

A. — La condition chronologique : la date de naissance de la créance

603. — La naissance postérieure au jugement d'ouverture. — Le point de départ de la période dans laquelle doit se situer une créance pour bénéficier du privilège est très précis : c'est le jugement de redressement *stricto sensu*. Il ne peut soulever que des difficultés d'application relatives à la date à laquelle il convient de fixer la date de naissance d'une créance. Ces difficultés ne sont pas nouvelles et les solutions acquises sous l'empire de la loi ancienne pour opérer la ventilation entre créances dans la masse et créances de la masse sont transposables, notamment la formule générale selon laquelle la créance ne doit pas avoir une origine antérieure au jugement d'ouverture.

Il faut bien distinguer la naissance de la créance de son exigibilité et de l'acquisition des caractères de certitude et de liquidité. Ainsi, une créance de dommages-intérêts naît au jour du fait dommageable et non au jour de la décision accordant la réparation. En matière de contrats successifs poursuivis après le jugement de redressement, le privilège ne garantit que les créances afférentes aux prestations fournies postérieurement. Un arrêt de la Chambre commerciale du 8 novembre 1988 (46) a fait application de ce principe aux cotisations de Sécurité sociale relatives aux prestations de travail fournies antérieurement au jugement de redressement mais devenues exigibles postérieurement, cotisations auxquelles a été refusé le bénéfice de l'article 40 (47).

604. — La naissance antérieure à l'expiration de la période couverte par le privilège. — La détermination du moment à partir duquel le privilège de la procédure ne doit plus jouer constitue l'une des difficultés majeures soulevées par l'article 40. Une interprétation purement littérale conduirait à faire coïncider ce moment avec la fin de la période d'observation, puisque ce texte figure dans la rubrique qui est consacrée à cette dernière (48) ou, le cas échéant, avec la fin de la période de continuation de l'activité exceptionnellement autorisée en cas de liquidation judiciaire (L. 1985, art. 153).

Une telle interprétation serait inacceptable et est, en règle générale, repoussée par la doctrine (49). En effet, elle ne serait pas conforme aux objectifs assignés au privilège et elle ne correspondrait pas à

---

(46) *Bull. civ.* IV, n° 296 ; *D.* 1989, 36, note HONORAT.

(47) Sur les créances fiscales, v. B. SOINNE, *Les notions d'origine, de fait générateur et d'exigibilité en droit fiscal et dans le droit des procédures collectives* : *Rev. proc. coll.* 1987, n° 2, p. 1.

(48) Il n'y a là qu'un élément du problème plus général que pose la présence dans cette rubrique de plusieurs règles qui ont vocation naturelle à s'appliquer après la période d'observation et, notamment, après le prononcé de la liquidation judiciaire.

(49) V. notamment RIPERT et ROBLOT, n° 3063 ; DERRIDA, GODÉ et SORTAIS, n° 312 ; SOINNE, *Traité*, n° 511 ; CHAPUT, *op. cit.*, n° 3 ; JEANTIN, *op. cit.*, n° 670.

la volonté du législateur, encore que les travaux préparatoires révèlent une grande confusion sur ce point et qu'il semble que les pères de la réforme n'aient pas clairement discerné la nécessité d'adapter la durée d'application de l'article 40 aux diverses issues de la procédure (50). Un raisonnement mené à partir des fonctions dévolues au privilège conduit pourtant à donner à la période d'application de l'article 40 des termes différents en fonction des diverses solutions de la procédure.

En cas de liquidation judiciaire, des frais sont nécessaires pour conserver l'actif et le réaliser ; il est indispensable qu'ils soient privilégiés et l'article 40 doit s'appliquer jusqu'à la clôture de la procédure sans qu'il y ait lieu d'en limiter le jeu à l'hypothèse de la poursuite exceptionnelle de l'exploitation.

En cas d'adoption d'un plan de continuation, l'entreprise reprend une existence normale et son redressement doit être assuré par les délais et les remises dont elle a pu bénéficier, ainsi que par les mesures de gestion adoptées. Le moyen de financement artificiel qu'est le privilège n'a plus de raison d'être et son attribution aux créances nées au cours de l'exécution du plan, dont le volume risquerait d'être considérable, compromettrait le financement de la période d'observation. La période d'application du privilège devrait donc prendre fin au jour du jugement arrêtant le plan et non au terme assigné à l'exécution du plan (51).

En cas de cession portant sur la totalité de l'actif, il est évident que le privilège ne peut pas profiter aux créanciers nés du chef du repreneur, mais il semble qu'il devrait couvrir les frais de la procédure qui sont susceptibles d'être engagés ultérieurement (52). En cas de cession partielle, l'actif résiduel doit être conservé et liquidé, opérations qui font naître des créances pour lesquelles le privilège est nécessaire comme dans l'hypothèse de la liquidation judiciaire ; l'article 40 devrait donc s'appliquer jusqu'à la clôture des opérations, sans bénéficier naturellement aux créanciers du repreneur.

B. — La condition qualitative : la naissance régulière

605. — La notion de régularité. — En supprimant la masse, le législateur de 1985 a rendu caducs les critères — aussi complexes que subtils — qui permettaient d'opérer la ventilation entre le passif qui bénéficiait de la priorité et celui qui n'en bénéficiait pas (passif

---

(50) V. M. Cabrillac, art. préc., n° 6 et s.

(51) V. cependant en faveur de cette dernière solution : Versailles, 6 oct. 1988 : *D.* 1989, 155, note crit. Jeantin ; *J.C.P.* 89, éd. E, II, 15591, n° 9, obs. Cabrillac et Pétel, à propos d'une créance née au cours de l'exécution d'un plan ultérieurement résolu, cassé par Com., 3 avril 1990 : *D.* 1990, 385, note Jeantin.

(52) Il ne peut pratiquement s'agir que de frais de justice, qui, à défaut du privilège de la procédure, seraient assortis du privilège du droit commun, lequel ne leur permettrait d'être payés qu'après les créanciers de l'article 40.

antérieur et passif postérieur inopposable à la masse). Pour déterminer le passif prioritaire, il a donc eu recours à une nouvelle notion, celle de naissance régulière. En raison de l'organisation qui préside au redressement et à la liquidation judiciaires, la régularité doit s'apprécier ici en terme de pouvoirs ; la naissance est régulière quand elle se situe dans le cadre d'une activité que son auteur peut légitimement exercer, qu'il s'agisse du débiteur ou des agents de la procédure.

De ce point de vue, la réforme a fait surgir un problème inédit et non encore résolu. Il tient au fait que le débiteur, pendant la période d'observation, n'est pas forcément dessaisi ou assisté totalement ; il peut notamment conserver la gestion de son patrimoine privé ou entreprendre une activité étrangère à l'entreprise en difficulté. Les créances relatives à ce patrimoine ou à cette activité naissent dans le cadre des pouvoirs qui lui sont reconnus ; faut-il pour autant les faire bénéficier de l'article 40 ? La doctrine préconise généralement la solution négative (53). Elle serait justifiée, car il serait contraire aux objectifs de l'article 40 d'accorder le privilège à des créances qui ne correspondent ni à la poursuite de l'exploitation de l'entreprise, ni aux besoins de la procédure (54). La notion de naissance régulière devrait donc donner lieu à une interprétation restrictive, qui lui conférerait une acception particulière ; ne seraient considérées comme nées régulièrement que les créances exclusivement afférentes à l'entreprise en difficulté et au fonctionnement de la procédure.

606. — La régularité et l'origine de la créance. — Il était admis que le passif assumé par la masse pouvait être aussi bien de source extracontractuelle que de source contractuelle. La transposition de cette solution au passif de l'article 40 ne va pas sans difficultés. La condition de régularité, si elle peut s'appliquer aisément aux créances contractuelles et aux créances d'origine légale (celles du fisc et de la Sécurité sociale notamment), est mal adaptée aux créances quasi contractuelles et surtout délictuelles. On pourrait considérer, en effet, que ces créances, par essence même, naissent de façon irrégulière. On ne saurait cependant les exclure systématiquement du champ du privilège pour ce motif ; la doctrine s'accorde à le reconnaître (55). Des créances de restitution et des créances de réparation peuvent surgir à l'occasion de la poursuite de l'exploitation, voire du fonctionnement de la procédure ; il serait anormal et choquant que leurs titulaires ne soient pas payés selon la priorité reconnue aux créanciers postérieurs au nom de ces deux objectifs.

Pour surmonter la difficulté, il est possible, croyons-nous, de situer la régularité non par rapport au fait générateur de la créance (paiement de l'indu, enrichissement sans cause, fait dommageable, etc.), mais par rapport au cadre dans lequel ce fait s'est produit. Si c'est celui

(53) V. les auteurs cités *supra* n° 600, notes 44 et 45.

(54) Par ex., la créance fiscale constituée par la taxe mobilière relative au logement du débiteur ou la créance d'un entrepreneur qui a fait des réparations sur ce logement.

(55) V. les auteurs cités *supra* n° 600, note 45.

de la continuation de l'exploitation ou du fonctionnement de la procédure, la naissance de la créance devrait être considérée comme régulière. Par exemple, le paiement de l'indu devrait faire naître une créance assortie du privilège quand le versement est fait au débiteur qui a conservé des pouvoirs de gestion, mais non lorsqu'il a été complètement dessaisi. Par exemple encore, le privilège devrait couvrir la créance de réparation issue du fait dommageable du débiteur lorsqu'il survient à l'occasion de la tâche de gestion qui lui est confiée, mais non lorsqu'il survient à l'occasion d'une activité extérieure.

§ 2. — Le régime du privilège

607. — L'assiette. — Le privilège porte sur tous les biens mobiliers ou immobiliers appartenant au débiteur au moment du jugement d'ouverture ou qui y entrent ultérieurement. Cette assiette peut éventuellement être élargie aux biens appartenant à des tiers qui ont laissé s'écouler le délai de revendication et à des biens détenus en vertu de contrats de crédit-bail qui ne sont pas opposables aux créanciers faute d'avoir été publiés.

La seule incertitude relative à l'assiette concerne les sommes versées par les dirigeants sociaux en exécution d'une condamnation au comblement du passif ; elle tient à la disposition de l'article L. 180 selon laquelle elles doivent être réparties entre les créanciers au marc le franc. La règle procède à l'évidence du désir de revenir sur la jurisprudence qui avait admis l'exercice des privilèges du Trésor sur ces sommes (56) ; elle ne paraît pas apporter une exception à la primauté des créanciers postérieurs (57). Leur appliquer la loi du concours serait contraire à l'esprit de la législation de 1985 et ne serait justifié par aucun argument depuis qu'on ne peut plus faire valoir que ces sommes font partie du patrimoine propre de la masse (principal argument qui avait été avancé pour tenter d'éluder le privilège du Trésor). Il y a tout lieu de penser que les rédacteurs de l'article 180 ont posé la règle en fonction de l'hypothèse où les créances de l'article 40 sont déjà payées.

608. — L'exercice. — Tant que l'exploitation est poursuivie et dans la mesure où il y a des disponibilités suffisantes, les créances de l'article 40 doivent être payées à leur échéance ; au besoin, leurs titulaires, puisqu'ils ne sont pas soumis à la suspension des poursuites,

---

(56) V. Com., 7 mai 1979 : *D.* 1979, 431, note DERRIDA et SORTAIS ; *Rev. sociétés* 1980, 550, note HONORAT et GUETTA, qui avait rompu avec la solution antérieure (Com., 27 déc. 1964 : *D.* 1965, 129, note M. CABRILLAC) en vertu de laquelle ces sommes, tombant dans le patrimoine propre de la masse, ne se prêtaient pas à l'exercice des privilèges grevant l'actif du débiteur. L'art. 180 est l'une des rares satisfactions apportées aux créanciers chirographaires par la réforme de 1985.

(57) V. en faveur du jeu du privilège : RIPERT et ROBLOT, II, n° 3282 ; DERRIDA, GODÉ et SORTAIS, n° 316 ; SOINNE, n° 1263 ; CHAPUT, n° 400. — *Contra* : JEANTIN, n° 854.

peuvent mettre en œuvre une voie d'exécution (58). Le privilège joue donc de façon spontanée et sous la responsabilité de l'agent de la procédure qui a le pouvoir d'administration ; comme toutes les créances exigibles peuvent, par hypothèse, être payées, le classement interne établi entre ces créances n'a pas lieu de s'appliquer.

En revanche, lorsque l'exploitation est arrêtée (et donc avec elle les rentrées de fonds régulières), lorsque la liquidation judiciaire est déclarée ou un plan de cession adopté et, enfin, lorsque, en dépit de la poursuite de l'exploitation, les fonds disponibles ne permettent pas de payer toutes les créances échues, un règlement d'ensemble s'impose de façon à faire respecter le classement interne de l'article 40. C'est pourquoi le législateur a organisé, dans ces éventualités, une procédure de règlement du passif de l'article 40, une procédure particulière dans la procédure générale. L'instrument de cette organisation est une déclaration au greffe, qu'il faut se garder de confondre avec la publicité spéciale imposée aux créances du troisième rang et faute de laquelle elles ne peuvent bénéficier de ce rang avantageux (v. *infra*, n° 894).

Prévue par l'article 61 du décret du 27 décembre 1985 (complété par l'art. 122), cette déclaration incombe à l'administrateur (ou, le cas échéant, au débiteur), qui doit déposer au greffe du tribunal de la procédure la liste des créances de l'article 40 encore impayées ; cette formalité doit être effectuée dans un délai de deux mois qui court à compter de l'expiration de la période d'observation. Un avis du dépôt de cette liste est publié au B.O.D.A.C.C. La liste est communiquée au commissaire à l'exécution du plan, au liquidateur, ainsi qu'au mandataire désigné pour répartir le prix de la vente intervenue pendant la période d'observation ou pendant l'exécution d'un plan de continuation. Tout créancier peut en prendre connaissance. Tout intéressé peut élever une contestation par voie de déclaration au greffe, contestation qui est portée devant le tribunal de la procédure.

Le législateur n'a pas précisé la portée juridique de la liste des créances de l'article 40, portée sur laquelle on peut hésiter. A notre avis, le dispositif de l'article D. 61 apparaît comme une mesure d'ordre administratif destinée à faire connaître à un moment donné (celui de la distribution de deniers) les créances bénéficiant de l'article 40 ; mais non comme une mesure de publicité juridique nécessaire à la conservation du privilège (59). En effet, la démarche n'incombe pas aux créanciers qui n'ont pas à déclarer leurs créances privilégiées ;

---

(58) V. en ce sens Paris, 10 mars 1989 : *J.C.P.* 89, éd. E, II, 15591, n° 4, obs. CABRILLAC et PÉTEL. — Rappr. Aix, 27 mai 1988 : *J.C.P.* 88, éd. G, II, 21159, note PUTMAN, à propos d'une condamnation sous astreinte. Toutefois, les poursuites individuelles doivent, à notre avis, être suspendues quand se produit l'un des événements évoqués (cessation de l'activité, etc.) qui déclenche la procédure de règlement global ; rappr. en ce sens T.G.I. Tours, 20 janv. 1987 : *J.C.P.* 88, éd. E, II, 15209, n° 10.

(59) Rappr. en ce sens DERRIDA, GODÉ et SORTAIS (n° 314, note 475) pour lesquels l'expiration du délai n'entraîne aucune forclusion et la liste a seulement pour conséquence de priver le créancier qui n'y figure pas de participer à une répartition. — V. B. SOINNE (n° 513) qui se borne à énoncer que, faute d'être inscrit sur la liste, un créancier ne peut pas bénéficier du privilège sans indiquer si la possibilité de s'y faire inscrire lui demeure ouverte. — V. Rép. quest. écr. n° 821 : *J.O.* déb. Sénat 8 sept. 1988, p. 999 ; *J.C.P.* 88, éd. E, II, 15317, selon laquelle les poursuites des créanciers de l'art. 40 ne sont pas subordonnées au dépôt de la liste.

il serait donc inadmissible que l'absence de la créance sur la liste et que l'expiration du délai de deux mois soient sanctionnées par la forclusion et la perte du privilège. De la sorte, il faut permettre au créancier, à tout moment de la procédure collective, de « contester » la liste pour s'y faire admettre ; celle-ci ne doit pas être définitivement close tant que la procédure ne l'est pas elle-même. Le dispositif de l'article D. 61 devrait seulement avoir une double incidence juridique. En premier lieu, le créancier ne devrait pas pouvoir invoquer directement son privilège, mais devrait passer par la procédure d'admission sur la liste. En second lieu, au moment où une répartition de fonds est effectuée, seuls devraient pouvoir y participer au titre du privilège de l'article 40 les créanciers inscrits sur la liste (quitte à ce que la répartition soit ajournée lorsqu'une contestation sérieuse a été introduite).

CHAPITRE II

LES PRIVILÈGES GÉNÉRAUX MOBILIERS

609. — Généralités. — Si le législateur de 1955 (publicité foncière) a eu de bonnes raisons de réagir contre la prolifération des privilèges totalement généraux (v. *supra*, n° 581), parce qu'elle était incompatible avec un bon système de publicité foncière et nuisait au crédit immobilier, il n'a pas éprouvé le besoin de réagir contre la prolifération des privilèges généraux simplement mobiliers. Ceux-ci demeurent nombreux et des créations nouvelles sont encore enregistrées (1).

A vrai dire, dans ce domaine, ce n'est pas le nombre qui est gênant, car beaucoup d'entre eux sont désuets ou dépourvus d'importance pratique ; c'est l'ampleur des sommes garanties au profit de deux créanciers gargantuesques, le fisc et la Sécurité sociale qui, au mieux, ne laissent que quelques miettes aux créanciers chirographaires. Le malaise engendré par ce phénomène, quasi unanimement dénoncé, n'a suscité qu'une réaction timide du législateur qui a imposé une publicité des sommes garanties dont le jeu est susceptible de restreindre l'exercice du privilège.

La détermination de l'assiette des privilèges généraux mobiliers ne pose pas de problèmes spécifiques, puisqu'elle dépend des critères ordinaires qui président à la qualification de bien mobilier. Il suffit d'indiquer qu'une jurisprudence constante (2) permet au Trésor d'exercer son privilège sur le reliquat du prix de vente d'un immeuble après désintéressement des créanciers inscrits ; la solution est très contestable, à notre avis, puisque la vente fait apparaître la valeur du bien immobilier sur laquelle le fisc n'a pas de droit préférentiel.

En dépit de l'unité de cette catégorie de sûretés mais pour des raisons de commodité, il convient de distinguer les privilèges du droit privé et les privilèges du Trésor.

---

(1) V., en dernier lieu, le privilège du bénéficiaire d'un plan d'épargne-retraite sur les actifs des organismes de gestion (L., n° 416 du 17 juin 1987, art. 3).

(2) V. Cass., 12 juill. 1854 : *S.* 1854, 1, 569 ; *D.P.* 1854, 1, 303. — Com., 21 avril 1963 : *Bull. civ.* III, n° 212. — Com., 21 déc. 1964 : *Bull. civ.* III, n° 580 ; *Rev. trim. dr. com.* 1965, obs. HOUIN. — La question ne semble pas s'être posée pour les privilèges généraux du droit privé.

SECTION I

LES PRIVILÈGES DU DROIT PRIVÉ

610. — Architecture d'ensemble. — L'article 2101 du Code civil donne une énumération des privilèges généraux mobiliers dans l'ordre de leur classement. Les textes qui ont créé de nouveaux privilèges, depuis sa rédaction originaire, ont parfois été insérés dans l'article 2101 ; le plus souvent, ils lui sont restés extérieurs mais ont déterminé le rang du privilège nouveau par référence au classement de l'article 2101 (3). Ce procédé confère à la grille hiérarchique des privilèges généraux mobiliers une portée plus large qu'il n'y paraît.

Cette portée n'est cependant pas absolue car, d'une part, ne figurent pas dans cette grille (mais se combinent avec elle) les privilèges du Trésor et, d'autre part et surtout, cette grille est modifiée en cas de procédure collective du débiteur par l'incidence du superprivilège des salaires et du privilège de l'article 40.

Naturellement, sont intégrés dans la grille de l'article 2101 les privilèges totalement généraux sur lesquels il n'y a pas lieu de revenir : celui des frais de justice au premier rang et celui des salaires au quatrième rang. Il n'en reste ainsi qu'un seul qui soit digne d'une attention particulière, celui de la Sécurité sociale, qui voisine avec ce qu'on peut appeler les « petits privilèges » en raison de l'insignifiance des sommes garanties ou de l'étroitesse de leur domaine, voire de leur vétusté qui imposerait un échenillage auquel le législateur n'a guère procédé puisqu'il s'est borné à supprimer (privant ainsi les étudiants d'un motif d'hilarité !) le privilège des nourrices (4).

§ 1. — Les « petits privilèges »

611. — Les frais funéraires. — Placé au second rang, ce privilège d'incitation vise à assurer des inhumations décentes. Les frais funéraires étant de façon quelque peu fictive considérés comme des dettes de la succession, le privilège ne porte que sur l'actif mobilier du défunt, à l'exclusion de celui de l'héritier acceptant (5). Le privilège profite aussi bien à celui qui a fourni les services funéraires qu'à la personne qui a avancé les frais et qui bénéficie de la sûreté, non par subrogation mais directement en raison de la gestion d'affaires dont elle a pris l'initiative.

Confrontés à la notion de frais funéraires, seule directive donnée par le législateur pour déterminer les créances garanties, les tribunaux ont manifesté une tendance

---

(3) Ainsi le nouveau privilège signalé *supra*, n° 609, note 1 s'est vu attribuer le rang 6 *bis* de la grille.

(4) L. n° 505 du 17 mai 1977 qui a abrogé l'art. 175 C. santé publ.

(5) Civ., 22 oct. 1946 : *J.C.P.* 46, II, 3350, note E. Becqué ; *D.* 1947, 69.

— car on ne saurait parler d'une jurisprudence établie à propos de quelques décisions quasi centenaires — à la contenir dans une double et étroite limite. D'abord, ils n'y ont compris que les frais d'ensevelissement et de cérémonie (6), écartant les dépenses entraînées par le décès, frais de deuil, de concession et même, ce qui peut sembler excessif, de transport entre le lieu du décès et celui de la sépulture (7). Ensuite, se plaçant dans la logique d'une succession insolvable, ils n'ont pris en considération que les dépenses modestes, sans tenir compte de la position sociale du défunt (8).

612. — Les frais quelconques de dernière maladie. — L'extension de la Sécurité sociale et le succès des organismes mutualistes qui en complètent les prestations ont progressivement fait de ce privilège une pièce de musée, ce qui invite à ne le présenter que brièvement. Placé au troisième rang en raison de son fondement humanitaire, il profite à tous ceux qui ont concouru au traitement du malade, mais non à ceux qui ont avancé les frais, sinon par subrogation conventionnelle ; encore faut-il, règle bien discutable, que le malade soit le débiteur lui-même et non un membre de sa famille (9).

La notion de frais de maladie est relativement facile à cerner et la jurisprudence a eu simplement à préciser qu'elle n'englobait pas les frais de l'hébergement nécessité par le traitement (10).

La notion de dernière maladie a suscité bien des difficultés. Le législateur a dû intervenir, le 30 novembre 1892, pour ajouter au texte originaire « quelle qu'en ait été la terminaison », de façon à condamner l'interprétation — immorale — qui avait assimilé la dernière maladie à celle dont le malade meurt. Reste l'épineux problème de la maladie chronique coupée de rémissions sur lequel la jurisprudence est restée passablement obscure, mais que la doctrine contemporaine s'accorde à résoudre en proposant de n'y voir qu'une maladie unique dont les frais doivent être couverts par le privilège (11), d'autant que la créance des professionnels de la santé est rapidement prescrite (deux ans, art. 2272, al. 3 C. civ.).

613. — Les frais de subsistance. — C'est de beaucoup le plus important des petits privilèges, encore que la situation qu'il concerne soit plus fréquente que ne l'est en pratique son exercice, décalage qui tient probablement à la modicité des sommes garanties. Placé au cinquième rang de la hiérarchie de l'article 2101 du Code civil, ce privilège repose sur un fondement humanitaire, puisqu'il est destiné à favoriser la fourniture à crédit des biens indispensables. Ce fondement explique l'accord qui règne en doctrine et que tend à ratifier la jurisprudence, pour faire coïncider la notion de subsistances avec celle d'aliments telle qu'elle est entendue actuellement, de sorte que le privilège garantit les créances correspondant non seulement à la fourniture de nourriture mais aussi à la fourniture d'électricité, de chauffage, de vêtements, etc. (12), bref de tout ce qui est nécessaire à l'existence sans être luxueux, ligne de démarcation qui relève de l'appréciation souveraine des juges du fond.

---

(6) V. notamment Civ., 15 mars 1897 : *D.* 1897, 1, 280 ; *S.* 1897, 1, 40. — V. PLANIOL, RIPERT et BECQUÉ, XII, n° 27.

(7) V. Trib. civ. Seine, 20 janv. 1903 : *Gaz. Trib.* 1903, 1, 344.

(8) Bordeaux, 15 juill. 1903 : *D.* 1904, 2, 326.

(9) V. Cass., 3 août 1897 : *D.* 1898, 1, 394 ; *S.* 1900, 1, 39.

(10) Civ., 21 mars 1938 : *D.H.* 1938, 354 ; *S.* 1938, 1, 250. — V. une solution plus nuancée : Lyon, 13 fév. 1940 : *J.C.P.* 40, II, 1547, note E. BECQUÉ.

(11) V. notamment : MARTY, RAYNAUD et JESTAZ, n° 402 ; SIMLER et DELEBECQUE, n° 559.

(12) V. notamment Civ., 11 avril 1933 : *D.H.* 1933, 297 ; *Gaz. Pal.* 1933, 2, 137.

Les subsistances ne doivent pas être forcément destinées au débiteur lui-même, mais peuvent l'être à sa « famille », règle que les tribunaux tendent à interpréter largement (13) et qui se justifie par sa commodité, car il n'est guère possible de ventiler les fournitures en fonction de ceux qui en ont profité. Le privilège est limité au prix des fournitures de la dernière année, c'est-à-dire celles qui ont été faites au cours de l'année précédant l'ouverture de la procédure collective ou de la procédure d'ordre dans le cadre de laquelle il est invoqué.

A l'origine, ce privilège n'appartenait qu'aux « marchands et maîtres de pension », ce qui avait conduit les tribunaux à le refuser notamment aux cliniques (14) ; la loi du 6 juillet 1964 a supprimé cette restriction surannée en permettant à tout fournisseur de subsistances quel qu'il soit d'invoquer le privilège (15).

Pratiquant un déplorable mélange des genres, la loi d'orientation agricole du 4 juillet 1980 en a étendu le bénéfice aux agriculteurs qui font des livraisons dans le cadre d'un accord interprofessionnel à long terme homologué (16). Ainsi a été créé, de façon camouflée, un nouveau privilège général, puisqu'il repose sur un fondement très différent de celui qui justifie le privilège des subsistances, de sorte que cette extension n'est qu'une fiction qui ajoute au disparate de l'édifice des privilèges.

614. — Les créances des bénéficiaires d'opérations d'assurance et de capitalisation. — L'origine de ce privilège remonte à une loi du 17 mars 1905 qui l'avait instauré au profit des bénéficiaires de contrats d'assurance-vie. Généralisé par le décret-loi du 14 juin 1938, il est prévu actuellement par les articles L. 327-1 et suivants du Code des assurances ; il est accordé pour garantir les sommes dues par une entreprise française à son assuré ou affilié (17) en raison d'une opération d'assurance, d'épargne ou de capitalisation (18). Il porte sur tout l'actif mobilier de l'entreprise (19). L'importance de ce privilège est heureusement réduite, car le contrôle très serré auquel sont soumises les entreprises d'assurances, qui est la meilleure garantie pouvant être offerte aux assurés, ne lui laisse que peu d'occasions d'être invoqué.

615. — Le pécule des mineurs confiés à un établissement de bienfaisance. — Tout mineur confié à un établissement de bienfaisance privé dispose, en cas de fermeture de ce dernier, d'un privilège (complété par une hypothèque légale) pour le recouvrement de son pécule (C. famille, art. 121).

---

(13) Il peut s'agir de « domestiques » (Civ., 23 mars 1892 : *S.* 1892, 1, 129, sol. impl.) et de personnes qui ne sont pas créanciers alimentaires du débiteur.

(14) V. notamment Civ., 21 mars 1938 : *D.H.* 1938, 354.

(15) Les créanciers d'aliments ne sauraient bénéficier de ce privilège, en ce sens : T.G.I. Paris, 20 mars 1971 : *D.* 1972, somm. 13.

(16) La cour de Rennes a jugé que le privilège jouait même si le contrat d'intégration ne reproduisait pas les termes du contrat-type homologué, 21 janv. 1987 : *Rev. jurisp. com.* 1987, 269, note GALLET.

(17) Mais il ne garantit pas la compagnie qui se réassure, Cass., 17 mars 1952 : *Bull. civ.* I, n° 105.

(18) Il est complété par un privilège spécial sur les réserves mathématiques et les cautionnements. — Rappr. le privilège général octroyé aux bénéficiaires des plans d'épargne-retraite, *supra*, n° 609, note 1.

(19) V. Civ., 18 mai 1943 : *D.A.* 1943, 65 ; *S.* 1943, 1, 95.

616. — Les privilèges devenus inutiles. — Les trois privilèges prévus par l'article 2101, 6°, 7° et 8° ne peuvent être que mentionnés pour mémoire, car la généralisation de la Sécurité sociale les a pratiquement privés d'objet, soit qu'elle ait pris en charge les prestations donnant lieu à privilège, soit qu'elle ait été substituée aux organismes privilégiés pour recouvrer les cotisations concernées et qu'elle puisse faire valoir son propre privilège. Il s'agit du privilège des créances nées d'un accident du travail et des deux privilèges des allocations familiales (prestations et cotisations).

§ 2. — Le privilège de la Sécurité sociale

617. — Généralités. — Dès la création de la Sécurité sociale par l'ordonnance du 4 octobre 1945, les caisses ont été gratifiées, pour le recouvrement des cotisations, d'un privilège qui fut d'abord assimilé à celui des salariés, puis qui est devenu autonome tout en conservant le même rang que ce dernier. La référence au privilège des salariés ne doit pas masquer le fondement composite du privilège de la Sécurité sociale. Il constitue une mesure de protection de l'assuré social en permettant un meilleur financement des avantages que le système lui ménage ; ce fondement se rapproche de celui du privilège des salariés, mais en diffère par l'absence de toute considération alimentaire, ce qui explique que les cotisations correspondant au superprivilège ne bénéficient pas du rang de faveur de ce dernier (20). Mais le privilège de la Sécurité sociale repose également sur l'intérêt collectif des cotisants en visant à alléger la charge des impayés, fondement comparable à celui des privilèges fiscaux.

L'histoire de ce privilège a été mouvementée. Très rapidement, le volume des sommes garanties a conduit à le soumettre à un système de publicité, dont le champ d'application n'est cependant pas général (L. 1er sept. 1951). Il est devenu un privilège simplement mobilier, complété par une hypothèque légale, avec le décret sur la publicité foncière du 4 janvier 1955, qui a ainsi dissocié son sort de celui du privilège des salariés, ce qui marque bien que les fondements de ces deux sûretés ne sont pas identiques. Plusieurs interventions législatives postérieures ont étendu son domaine et modifié son régime (notamment l'ordonnance du 7 janv. 1959 et la loi n° 148 du 1er mars 1984). Il est actuellement prévu par les articles L. 243-4 et suivants du Code de la Sécurité sociale.

618. — Bénéficiaires. — Le cercle des bénéficiaires, composé à l'origine des caisses de Sécurité sociale, a été élargi aux institutions de retraite et de prévoyance qui fonctionnent parallèlement au régime général ou qui ont pour objet de procurer aux assurés sociaux des avantages supplémentaires ; élargissement que le législateur a réalisé soit en déclarant le privilège applicable aux cotisations de ces institutions, soit en leur octroyant un privilège analogue. A défaut d'une

(20) Même pour la part du salarié retenue par l'employeur, Soc., 28 janv. 1970 : *Bull. civ.* V, n° 63 ; *Rev. trim. dr. com.* 1971, 773, obs. HOUIN.

disposition particulière, le privilège de droit commun de l'article L. 243-4 est accordé aux institutions de retraite et de prévoyance mentionnées à l'article L. 731-1 (C. séc. soc., art. L. 731-3).

La subrogation dans le privilège de la Sécurité sociale est admise sans restriction.

619. — Créances garanties. — Sous réserve des dérogations concernant les régimes particuliers dans le détail desquelles il n'est pas possible d'entrer, le privilège garantit les cotisations pendant un an à compter de leur date d'exigibilité. Le principe d'interprétation stricte a amené la Cour de cassation à exclure de son champ les majorations de retard (21) ; il en irait de même, bien que ce soit plus discutable, pour les frais de recouvrement (22).

620. — Publicité. — On pourrait penser trouver ici un régime de publicité strictement parallèle à celui des privilèges du Trésor, puisque l'un et l'autre procèdent de la même réaction du législateur à l'égard d'un gonflement du volume des créances garanties tendant à absorber la totalité de l'actif mobilier. Néanmoins, en dépit de quelques analogies, le régime de publicité du privilège de la Sécurité sociale a une portée bien différente et plus large que celui des privilèges fiscaux.

D'abord, la sanction de l'obligation de publicité joue en la matière sans qu'il y ait à tenir compte du fait que le cotisant soit *in bonis* ou en redressement judiciaire, bien que la publicité ne soit nécessaire que pour les cotisations de personnes justiciables de la procédure collective (commerçants et personnes morales de droit privé), à l'exception cependant des artisans et des agriculteurs.

Ensuite, la publicité, qui doit être faite dans les trois mois suivant l'échéance de sorte que le privilège est toujours efficace pour les sommes venues à échéance depuis moins de trois mois (23), « conserve le privilège pendant deux années et trois mois à compter du jour où elle est effectuée » (C. séc. soc., art. L. 243-5). Cette règle avait été interprétée, à l'époque où elle était formulée de façon légèrement différente, comme permettant d'invoquer le privilège pour deux ans et trois mois de cotisations (24). Cette interprétation était incompatible avec la règle limitant le privilège à un an de cotisations. Il semble qu'il faille actuellement lui prêter la signification suivante : le privilège, qui ne garantit qu'un an de cotisations, peut être exercé pendant les vingt-sept mois qui suivent son inscription (25).

La publicité est réalisée par une inscription prise sur un registre spécial tenu au greffe du tribunal de commerce quel que soit le statut du cotisant. Elle doit

---

(21) V. Soc., 30 nov. 1951 : *D.* 1952, 121, note Voirin ; *S.* 1953, 1, 17, note Perrault-Charmoutier ; *J.C.P.* 52, II, 6676 ; *Rev. trim. dr. civ.* 1952, 86, obs. Solus.

(22) V. en ce sens : Trib. com. Manosque, 9 oct. 1973 : *D.* 1973, 729.

(23) V. Soc., 3 mai 1989 : *Bull. civ.* V, n° 332, rendu sous l'empire des textes antérieurs qui prévoyaient un délai de six mois.

(24) V. Com., 5 fév. 1958 : *J.C.P.* 58, II, 10511, note Nectoux.

(25) V. en ce sens : Marty, Raynaud et Jestaz, n° 404 ; Simler et Delebecque, n° 556 ; Mazeaud et Chabas, n° 158.

être requise avant l'expiration du délai de trois mois suivant la date d'exigibilité. Cette inscription ne peut pas être renouvelée. Le privilège est conservé au-delà du délai de deux ans et trois mois sur les biens qui sont saisis pendant ce laps de temps, pourvu qu'une mention de la saisie soit portée en marge de l'inscription pendant ledit délai.

Le jugement de redressement judiciaire fait obstacle à l'inscription des cotisations considérées comme des dettes antérieures ; mais le privilège doit pouvoir être inscrit pour les cotisations considérées comme des créances nées postérieurement, de façon à ce qu'il puisse être invoqué dans le cadre de l'article 40-5° de la loi de 1985.

SECTION II

LES PRIVILÈGES DU TRÉSOR

621. — Généralités. — Cantonnés à l'actif mobilier depuis le décret de 1955 mais complétés par des hypothèques légales (v. *supra*, n° 581 et *infra*, n° 798), les privilèges du Trésor n'en continuent pas moins à jouer un rôle de premier plan dans la vie des affaires tant en raison de leur classement avantageux que de l'ampleur des sommes qu'ils garantissent (26). Ils exercent notamment une influence profonde sur la pratique des sûretés mobilières conventionnelles, favorisant l'essor de celles qui peuvent en esquiver la primauté, en particulier par le jeu de la propriété ou de la rétention.

Le fait que le poids excessif des privilèges fiscaux et ses conséquences néfastes soient quasi unanimement déplorés n'a pas réussi à entamer le postulat sur lequel ils reposent : l'État (voire les collectivités locales), c'est nous et ses créances, profitant à tous, doivent être recouvrées avant les autres.

Les privilèges du Trésor sont régis par la législation fiscale ; le Code civil ne leur consacre qu'une seule disposition : « le Trésor public ne peut cependant obtenir de privilège au préjudice des droits antérieurement acquis à des tiers » (art. 2098, al. 2). Cette formule lapidaire aurait pu restreindre considérablement la portée pratique des privilèges fiscaux, si elle avait été interprétée comme une règle de classement donnant la préférence aux créances nées antérieurement ; mais, depuis un arrêt de principe du 27 juillet 1925 (27), la jurisprudence y voit seulement une règle de droit transitoire, applicable en cas de création d'un nouveau privilège.

On a pu se demander si la personnalité exceptionnelle du titulaire du privilège n'était pas susceptible de faire obstacle au jeu de la subrogation légale ou conventionnelle ; la jurisprudence n'a jamais admis cette dérogation au droit commun (28) ; mais la subrogation

(26) V. notamment COZIAN, *Le privilège du Trésor*, Litec, 1970.

(27) *D.P.* 1927, 1, 110, concl. LESCOUVÉ ; *S.* 1925, 1, 227 ; *Gaz. Pal.* 1925, 2, 564.

(28) V. J. MESTRE, thèse préc., n° 458 et s. et la jurisprudence citée par cet auteur.

ne saurait investir le solvens de celles des prérogatives du Trésor qui ont un caractère régalien (contrainte par corps, avis à tiers détenteur).

Les privilèges du Trésor sont si nombreux qu'une réponse ministérielle a avoué qu'il serait difficile d'en dresser une liste exhaustive (29). Nous nous contenterons d'en signaler les principaux en retenant la distinction, classique chez les fiscalistes, entre les privilèges fiscaux et les privilèges non fiscaux.

622. — Les privilèges fiscaux : 1° Énumération. — 1) Le privilège des contributions directes et taxes assimilées (C.G.I., art. 1920). Ce privilège couvre aussi bien les impôts d'État que les impôts locaux (30), ainsi que certaines taxes parafiscales lorsqu'elles viennent s'ajouter à un impôt direct (ex. la taxe perçue au profit des chambres de commerce).

2) Le privilège des taxes sur le chiffre d'affaires et des taxes assimilées (C.G.I., art. 1926).

Jusqu'à une époque récente, ces deux privilèges étaient soumis à péremption s'ils n'étaient pas exercés dans un délai de deux ans ; la règle a été supprimée par la loi n° 1403 du 29 décembre 1984 (art. 103-1).

3) Le privilège des contributions indirectes (C.G.I., art. 1927).

4) Le privilège des droits de timbre et d'enregistrement (C.G.I., art. 1929).

5) Le privilège des droits de douane (C. douanes, art. 379-1) : ce privilège couvre tous les droits que peut percevoir l'administration et toutes les pénalités y afférentes.

Pour les quatre premiers privilèges, la somme garantie est constituée non seulement par le principal et les frais de poursuite et d'expertise, mais aussi par les majorations et pénalités. La solution avait été dégagée en jurisprudence, non sans réticences doctrinales (31), pour le privilège des contributions directes ; elle a été posée pour les trois autres privilèges par la loi n° 1179 du 31 décembre 1981. En cas de redressement judiciaire, les pénalités ne sont cependant prises en compte que pour la période de six mois précédant le jugement d'ouverture (32).

---

(29) *J.O.* déb. Ass. nat., 25 janv. 1953 ; le phénomène concerne surtout, il est vrai, les privilèges spéciaux mobiliers.

(30) La taxe foncière bénéficie, en outre, d'un privilège spécial sur les récoltes et les revenus de l'immeuble.

(31) V. notamment COZIAN, *La majoration de 10 % pour paiement tardif de l'impôt n'est ni une pénalité, ni un intérêt de retard* : *J.C.P.* 69, I, 2288, et la jurisprudence citée.

(32) L'Administration soutient que cette règle a été abrogée par la loi de finances rect. du 31 déc. 1981, position très contestée par la doctrine (v. AMSELEK, *Les assauts répétés de l'administration contre les dispositions de l'article 1926 du C.G.I.* : *D.* 1983, chron. 259 et s. — Pour la position de l'administration, v. instr. D.G.I. 2 juill. 1982, n° 54.

623. — Les privilèges fiscaux : 2° Publicité. — L'instauration d'un régime de publicité obligatoire par la loi du 28 décembre 1966 (33) a été une modeste concession jetée en pâture à la vigoureuse contestation des privilèges fiscaux. Contrairement au régime ordinaire des privilèges, la publicité a été érigée ici en condition d'exercice ; en effet, faute d'être inscrites, les créances entrant dans le champ de la publicité obligatoire ne viennent qu'au rang des créances chirographaires (34). Toutefois, cette sanction ne joue que dans l'éventualité où une procédure de redressement judiciaire est ouverte contre le redevable. Corrélativement, la formalité de publicité n'est imposée que pour les créances sur les personnes justiciables de la procédure collective : commerçants, personnes morales de droit privé et artisans (pour ces derniers, v. en ce sens l'instruction C.P.-85-52-A, 1 à 23, du 19 avril 1985).

La publicité n'est pas obligatoire pour toutes les créances assorties des privilèges fiscaux ; quelques-unes y ont été soustraites, l'exception la plus notable vise les droits de timbre et d'enregistrement.

La publicité ne devient obligatoire que lorsque sont réunies deux conditions. Il faut que le redevable ait encouru une majoration pour retard (impôts directs) ou qu'un titre exécutoire ait été émis (autres impôts). D'autre part, les sommes dues doivent dépasser un seuil réglementaire (35) à la fin de chaque trimestre civil ; ce seuil ne joue pas sur l'ensemble des dettes fiscales du contribuable, mais sur chaque poste comptable (36).

Matériellement, la publicité est réalisée par une inscription prise sur un registre spécial tenu au greffe du T.G.I. ou du tribunal de commerce du domicile ou du siège social du contribuable. Depuis la loi de finances pour 1985, l'inscription n'est plus sujette à péremption et conserve le privilège tant que la créance n'est pas prescrite. L'inscription doit être prise au plus tard le 28 ou le 29 février pour les sommes dues au 31 décembre de l'année précédente, le 31 août pour les sommes dues au 30 juin de l'année en cours, le 30 novembre pour les sommes dues au 30 septembre de l'année en cours. Une nouvelle inscription doit être prise chaque trimestre si la situation fiscale du contribuable le justifie. Passés ces délais, l'inscription n'est plus recevable et le privilège est frappé d'inefficacité.

Lorsque le jugement ouvrant la procédure collective intervient au cours du délai, le fisc « conserve son privilège pour les créances qu'il n'était pas tenu d'inscrire à la date du jugement » et pour les créances mises en recouvrement postérieurement (art. 57, al. 2, de la loi du 25 janv. 1985, qui reproduit l'art. 33, al. 2, de la loi de 1967). Cette règle est interprétée comme permettant au fisc, pour les sommes concernées, de faire valoir son privilège par le seul jeu de la déclaration, en dehors de toute inscription qu'il devrait prendre postérieurement (37). Pour les créances correspondant à la période postérieure au jugement d'ouverture, le Trésor peut exercer son privilège dans le cadre de l'article 40-5° de la loi de 1985, mais il semble que cet exercice soit subordonné, le cas échéant, à l'accomplissement de la publicité (38).

---

(33) Modifiée par la loi du 1er mars 1984 (C.G.I., art. 1929 *quater*) et complétée par le décret n° 1124 du 22 déc. 1967.

(34) Com., 5 janv. 1988 : *Bull. civ.* IV, n° I.

(35) Il est actuellement de 100 000 F (arr. 18 mars 1985) ; au-dessous de ce seuil, une publicité facultative est autorisée.

(36) L'inscription est obligatoire au-dessous de ce seuil pour le tiers subrogé.

(37) V. Com., 2 mai 1989 : *Bull. civ.* IV, n° 141 ; *Les Petites Affiches* 15 sept. 1989, note DADOUCHE.

(38) En ce sens : SOINNE, *op. cit.*, n° 1104.

624. — Les privilèges non fiscaux. — Ils garantissent des créances qui ne sont pas de nature fiscale et que peuvent avoir l'État ou des personnes morales de droit public.

Pour certaines créances, le législateur a posé la règle qu'elles bénéficient des mêmes garanties (donc du privilège) que les contributions directes ou que les droits d'enregistrement ; ces créances n'ont plus guère d'importance pratique à l'exception des créances du Fonds de garantie automobile.

Pour d'autres créances, le législateur a instauré des privilèges généraux spécifiques, qui ne sont pas soumis à publicité et qui ont un rang moins avantageux que celui des privilèges fiscaux, puisqu'ils passent après les privilèges du droit civil : le privilège des frais de justice et des amendes pénales (D. n° 133 du 22 déc. 1964), le privilège des débets et déficits des comptables publics, le privilège de certaines créances de l'État ou d'établissements publics (par ex. l'O.N.I.C.) nées d'avances effectuées.

Titre II

LES SÛRETÉS ASSISES SUR UN BIEN MEUBLE

CHAPITRE I

LES PRIVILÈGES SPÉCIAUX MOBILIERS

625. — Présentation. — Les privilèges spéciaux mobiliers sont des sûretés attribuées automatiquement par la loi en raison de la qualité de la créance sur des biens mobiliers déterminés. Dans les termes quelque peu poussiéreux d'une rédaction qui date à quelques adjonctions près de 1804, l'article 2102 du Code civil énumère neuf privilèges de ce type. Il faut s'empresser d'en débusquer un faux : celui du créancier gagiste ; l'expression désigne malencontreusement le droit de préférence du gagiste, lequel, tirant sa sûreté d'un contrat, ne peut bénéficier de la sûreté légale qu'est incontestablement le privilège.

Si elle englobe les grands classiques, la liste de l'article 2102 ne représente qu'une faible partie des privilèges spéciaux mobiliers, car des textes particuliers les ont multipliés au point qu'il serait téméraire d'en vouloir dresser une liste exhaustive ; témérité que nous n'aurons pas, excluant systématiquement les privilèges du droit maritime, fluvial et aérien en raison du particularisme de leurs contextes et négligeant d'autres privilèges au domaine par trop étroit.

626. — Architecture. — L'ordre de la liste dressée par l'article 2102 n'a jamais été considéré comme un classement, contrairement à celui de l'article 2101 (v. *supra*, n° 610). En l'absence de directives législatives, la doctrine du XIXe siècle a reconstitué le puzzle des privilèges spéciaux en les ordonnant autour des trois fondements qu'elle a distingués et dont elle a tiré les clefs d'un classement (1). Force est donc de suivre cette tradition ; elle n'est d'ailleurs pas sans mérite, ni cohérence, mais présente l'inconvénient de l'ornière en sclérosant la matière. On distingue ainsi les privilèges fondés sur l'idée de gage, les privilèges fondés sur l'introduction d'une valeur dans le patrimoine du débiteur et le privilège fondé sur la conservation d'un bien. Malheureusement, la trilogie classique n'embrasse pas tous les privilèges, à telle enseigne

(1) A ce classement sont venus se superposer les classements propres à certains privilèges nouveaux dont le législateur a parfois précisé le rang ; citons, par ex., le privilège des sociétés d'attribution sur les parts des associés qui ne répondent pas aux appels de fonds, qui « l'emporte sur toutes sûretés conventionnelles ».

qu'il faut la compléter par une catégorie résiduelle et disparate qui ruine l'harmonie d'un édifice dont la reconstruction s'imposerait.

627. — Nature juridique. — Les privilèges spéciaux mobiliers sont-ils des droits réels ? La raison qui milite en faveur d'une réponse négative pour les privilèges généraux (*supra*, n° 582) ne se retrouve pas ici ; le privilège spécial porte sur un objet déterminé, trait qui permet d'y voir un droit réel (2).

Certains proposent cependant de nuancer la réponse en fonction de chaque privilège, car on ne peut guère refuser la nature de droit réel à quelques-uns d'entre eux, notamment ceux qui reposent sur l'idée de gage (3). D'autres sont hostiles à l'analyse de la « réalité », soit qu'ils proposent une solution commune aux privilèges généraux et spéciaux sans tenir compte de la différence de leurs assiettes, soit qu'ils invoquent d'autres arguments et notamment l'absence de droit de suite (4).

La question du droit de suite interfère, en forme de cercle vicieux, sur le problème de la nature des privilèges spéciaux, puisque la qualification de droits réels tend à leur attacher un droit de suite et qu'à l'inverse, la reconnaissance de cette prérogative milite en faveur de la thèse de la « réalité ». Or, cette question a été obscurcie par l'ombre de la règle « en fait de meubles... ». Il est incontestable que le titulaire du privilège, si du moins celui-ci porte sur un meuble corporel, ne puisse avoir un droit de suite complet ; mais peut-il bénéficier d'un droit de suite restreint par le jeu de l'article 2279 du Code civil ? Réserve faite des privilèges attachés au gage, le droit positif est incertain, car il ne peut être considéré comme fixé par quelques décisions anciennes, clairsemées et difficiles à interpréter, qui ont écarté le droit de suite (5).

En réalité, le débat s'est déroulé sous le signe de la confusion en raison de pesanteurs historiques (v. *supra*, n° 507) et de l'unité que l'on a voulu prêter à la notion de privilège. Dès lors que l'on constate que la loi affecte au paiement d'une créance un bien déterminé, il faut admettre qu'elle tisse ce lien direct entre l'homme et la chose qui caractérise le droit réel. Le bénéfice d'un droit de suite au profit du titulaire du privilège en découle, même s'il n'existe guère que dans son principe, s'il est concrètement paralysé par le régime des meubles corporels.

---

(2) V. notamment : Planiol, Ripert et Becqué, XII, n° 233 et s. — Beudant par Voirin, XIII, n° 292. — Marty, Raynaud et Jestaz, n° 528. — Poplawski, *op. cit.*, p. 288 et s.

(3) Aubry et Rau, III, § 256, p. 156. — Tissier, note *S.* 1900, 2, 217.

(4) Colin et Capitant, II, n° 1496. — Weill, n° 152.

(5) V. notamment Civ., 19 fév. 1894 : *D.P.* 1894, 1, 413 ; *S.* 1895, 1, 457, note Wahl. — Req., 21 déc. 1910 : *D.* 1912, 1, 23 ; *S.* 1912, 1, 189.

SECTION I

LES PRIVILÈGES FONDÉS SUR L'IDÉE DE GAGE

628. — Généralités. — Selon une analyse traditionnelle, plusieurs privilèges sont accordés parce que, dans l'intention des parties ou conformément à un usage, les biens sur lesquels ils portent sont constitués en gage au profit du contractant créancier de la prestation pécuniaire. Le fondement du gage tacite revêt un relief tout particulier, à la fois parce qu'il donne une parfaite homogénéité à ce groupe de privilèges et parce qu'il a une incidence considérable sur leur régime.

Il a cependant été contesté par certains qui ont préféré asseoir ces privilèges sur l'idée d'affectation (6). Cette idée nous paraît insuffisante puisqu'elle est commune à toute sûreté réelle ; mais, surtout, s'il est vrai qu'il est généralement artificiel de fonder une règle sur la volonté présumée des parties, tel n'est pas le cas en l'occurrence, où cette volonté est loin d'être fictive. Pour ne prendre qu'un exemple, l'hôtelier serait incontestablement enclin à faire payer la chambre d'avance s'il n'avait pas un droit préférentiel sur les bagages qui y sont déposés. Par ailleurs, l'idée de gage correspond à une donnée factuelle objective : un certain pouvoir de fait du titulaire du privilège sur les biens grevés (7), proche de celui du créancier gagiste en possession, voire identique dans certains cas. Puisque le contrat fait naître une situation matérielle voisine de celle du gage, il est naturel qu'elle soit mise à profit et qu'on en tire une garantie pour le créancier, non pas tant dans son intérêt personnel que pour permettre au bénéficiaire de la prestation en nature d'en différer le paiement ; la plupart des privilèges de ce groupe peuvent, en effet, être considérés comme des privilèges d'incitation.

Le plus utilisé d'entre eux est celui du bailleur d'immeuble, qui appelle ainsi plus de développements que les autres.

§ 1. — Le privilège du bailleur d'immeuble

629. — Évolution. — La protection du bailleur d'immeuble contre l'insolvabilité de son locataire a des origines lointaines, puisque le droit romain lui accordait une hypothèque sur les meubles introduits

(6) V. notamment : PLANIOL, RIPERT et BECQUÉ, XII, n° 140 ; MAZEAUD, n° 164. — Rappr. MALINVAUD, *Le privilège du bailleur d'immeuble et les meubles qui n'appartiennent pas au preneur* in *Mélanges Voirin*, p. 578 et s., n° 8, qui récuse l'idée de gage pour lui substituer celle de mesure en faveur du crédit du locataire, ce à quoi l'on peut objecter que les deux idées, loin de s'exclure, sont complémentaires.

(7) V. MALAURIE et AYNÈS, n° 440.

dans les lieux loués, déjà fondée sur la volonté tacite des parties. Ce n'est toutefois que dans le droit coutumier qu'apparaît l'ancêtre direct de notre privilège, en contrepoint de son allergie à la notion d'hypothèque mobilière.

L'article 2102-1° du Code civil a consacré l'acquis de l'ancien droit ; postérieurement, l'intervention législative s'est exercée dans des sens divergents en élargissant le cercle des bénéficiaires et en restreignant le montant des créances garanties.

A. — Bénéficiaires

630. — Bailleurs. — Le privilège est accordé à tout bailleur d'immeuble. Peu importe la destination des lieux loués, bail rural, bail commercial, bail à usage professionnel ou d'habitation. Peu importe la forme du bail, bail écrit ou verbal, qui retentit cependant sur l'importance de la créance garantie. Peu importe la nature du bail, bail ordinaire ou bail emphytéotique. Peu importe la qualité du bailleur, propriétaire, usufruitier ou locataire principal, l'éventualité de la sous-location donnant naissance à la superposition des privilèges du bailleur et du sous-bailleur. Le privilège s'éteint lorsque le bailleur perd sa qualité, notamment en cas de vente de l'immeuble, car il ne peut plus alors être considéré comme possesseur des meubles garnissant les lieux (8).

Le cercle des bénéficiaires ne présente que deux incertitudes. La première concerne les locations en meublé ; les tribunaux sont divisés (encore que rarement saisis, car l'assiette ne peut de toute façon qu'être fort mince, voire inexistante), de même que la doctrine où l'opinion favorable au privilège ne cesse toutefois de gagner du terrain (9).

La seconde concerne le crédit-bailleur immobilier, auquel une jurisprudence encore en formation tend à refuser le privilège (10) en s'appuyant sur la position de principe de la Cour de cassation qui, en raison du caractère complexe de l'opération, l'a soustraite au statut des baux commerciaux. Ce caractère complexe ne devrait pas faire obstacle à l'application du droit commun du bail — puisque les parties ont emprunté le moule de la location — lorsque ses dispositions ne sont pas incompatibles avec l'opération de crédit ; or, tel est bien le cas du privilège.

631. — Propriétaires subissant une occupation. — La loi du 25 août 1948 a modifié l'article 2102, 1°, du Code civil pour attribuer

(8) V. Req., 14 déc. 1892 : *S.* 1893, 1, 169, note LABBÉ ; *D.* 1894, 1, 265, note LEBRET.

(9) En ce sens : MARTY, RAYNAUD et JESTAZ, n° 417 ; WEILL, n° 184 ; MAZEAUD, n° 168. — Trib. civ. Compiègne, 10 déc. 1895 : *S.* 1910, 2, 189. — V. *contra* : Trib. civ., 17 déc. 1910, même réf.

(10) V. Paris, 17 janv. 1985 : *J.C.P.* 85, éd. C.I., II, 14551, note crit. M. BEY. — Paris, 5 mars 1985 : *D.* 1985, I.R. 492, obs. A. HONORAT. — V. en sens défavorable : MALAURIE et AYNÈS, n° 440.

le privilège au propriétaire dont l'immeuble est occupé en l'absence d'un bail (11). La règle vise notamment l'occupation sans titre (12) et l'occupation en vertu d'une réquisition (C. constr. et hab., art. L. 641-1). Doctrine et jurisprudence s'accordent pour admettre que l'État ne peut y prétendre pour les concessions du domaine public.

B. — Créances garanties

632. — Nature. — Le principe général est que le privilège garantit toutes les créances nées de l'occupation des lieux. Il s'agit donc, d'abord, des loyers et fermages, ainsi que des indemnités d'occupation ; ensuite, des charges locatives dont le propriétaire ou bailleur a fait l'avance ; enfin, des réparations locatives que le locataire a été amené à régler et des créances accessoires « concernant l'exécution du bail » (13), c'est-à-dire des sommes dues par le preneur en raison de l'inexécution de ses obligations (par ex., travaux ou restitutions mis à sa charge).

633. — Étendue. — Animé par le souci de ne pas compromettre le crédit du locataire, essentiellement dans l'éventualité où il exerce dans les lieux une activité professionnelle, et par celui de ne pas conférer au bailleur un avantage excessif qui l'inciterait à ne pas se préoccuper de la perception régulière des loyers au détriment des autres créanciers, le législateur a limité le montant des sommes garanties. Ces restrictions ne s'appliquent qu'aux loyers et fermages *stricto sensu* et non aux autres sommes dues par le preneur ; elles varient selon la qualification du bail.

Pour les baux urbains, le privilège garantit tous les loyers échus et non atteints par la prescription quinquennale, ceux de l'année courante et de l'année à échoir, lorsque le bail n'a pas date certaine. Par année courante, on admet généralement qu'il faut entendre, non l'année calendaire mais la période comprise entre l'anniversaire de l'entrée dans les lieux et la saisie (14). Cette limite est écartée et le propriétaire peut prétendre au privilège pour tous les loyers à échoir lorsque le bail a date certaine, qualité qui élimine la possibilité d'une collusion frauduleuse entre les deux parties au détriment des autres créanciers. En contrepartie, lorsque le bailleur fait valoir le privilège pour les loyers à percevoir jusqu'à l'expiration du bail, les autres créanciers ont la possibilité de relouer les lieux à leur profit, une fois le bailleur désintéressé ; possibilité difficilement utilisable au plan

---

(11) Sur la possibilité qui lui est maintenant reconnue de recourir à la saisie-gagerie : Civ. 1re, 31 mars 1965 : *D.* 1965, 472, note A.B. ; *Rev. trim. dr. civ.* 1965, 727, obs. RAYNAUD.

(12) V., par ex., pour un appartement utilisé par la famille d'un « failli » : Grenoble, 1er mars 1961 : *D.* 1961, somm. 93.

(13) Sur la notion d'accessoire en l'occurrence, v. VOIRIN, note *D.* 1950, 487.

(14) V. en ce sens PLANIOL, RIPERT et BECQUÉ, XII, n° 147. On ne peut citer aucune jurisprudence ; la solution est très généralement admise pour les baux commerciaux dans le cadre de la procédure collective, encore qu'elle ne soit étayée que sur quelques décisions du fond fort anciennes, v. SOINNE, n° 1118.

concret et qui, au demeurant, peut être mise en échec par l'exercice de la faculté de résiliation qui appartient au bailleur.

Pour les baux ruraux, la restriction est plus sévère puisque le bailleur n'est privilégié que pour les deux dernières années échues, l'année courante et l'année suivante.

634. — Incidence du redressement judiciaire du preneur. — Comme l'avaient fait les textes qui l'ont précédée, la loi du 25 janvier 1985 restreint considérablement le jeu du privilège.

Pour la période antérieure au jugement d'ouverture, l'article 39, alinéa 1er, cantonne le privilège aux deux dernières années de loyers, c'est-à-dire celles qui précèdent immédiatement le jugement et non plus, comme le voulait la règle antérieure, les deux dernières années échues. Si le bail est résilié, s'y ajoute « l'année courante pour tout ce qui concerne l'exécution du bail et les dommages-intérêts qui pourront lui être attribués » (art. 39, al. 2). Pour les loyers, l'année courante se trouve en fait englobée dans les deux dernières années visées par l'alinéa 1er (15) ; en revanche, la règle étend la garantie aux autres créances échues durant l'année courante et à l'indemnité de résiliation qui pourrait être due au bailleur. Ces restrictions ne concernent que les baux des immeubles affectés à l'usage de l'entreprise et non ceux des immeubles affectés à l'habitation du débiteur (16).

Pour la période postérieure au jugement d'ouverture et dans la mesure où le bail est continué, le privilège subsiste mais la situation du bailleur est triplement affectée. D'abord, est écartée la règle qui lui permet de faire valoir son privilège pour les loyers à échoir jusqu'à l'expiration du contrat, à moins que les sûretés qui lui ont été données lors du contrat ne soient pas maintenues ou que celles qui lui ont été fournies depuis l'ouverture de la procédure ne soient pas jugées suffisantes (art. 39, al. 3). Par sûretés, nous pensons qu'il faut entendre non seulement le privilège lui-même (hypothèse où les meubles garnissant les lieux deviennent insuffisants) mais encore toutes autres sûretés réelles ou personnelles consenties lors de la conclusion du bail (17). Ensuite, il ne peut opposer le privilège aux créanciers postérieurs que dans la mesure où ces derniers viennent comme lui au dernier rang de l'article 40 (18). Enfin, il ne peut l'exercer sur le produit de la vente des biens garnissant les lieux loués lorsqu'elle a été autorisée par le juge-commissaire (sur cette diminution de l'assiette, v. *infra*, n° 637).

---

(15) Ceci résulte de la notion d'année courante entendue comme la période comprise entre l'anniversaire de l'entrée dans les lieux et le jugement d'ouverture, v. en ce sens : RIPERT et ROBLOT, II, n° 3267 ; SOINNE, n° 1118. — *Contra* : DERRIDA, GODÉ et SORTAIS, n° 305, note 460 *bis*.

(16) D'où le problème pour les locaux mixtes, qui devrait être résolu par l'application du principe « l'accessoire suit le principal ».

(17) Ceci par application du principe selon lequel les contrats en cours doivent être continués aux conditions antérieures.

(18) Naturellement, le bailleur bénéficie du privilège de l'art. 40 sur les biens qui n'entrent pas dans l'assiette de son privilège spécial.

C. — Meubles grevés

635. — Règle générale. — Elle est exprimée dans une formule héritée de l'ancien droit : le privilège porte sur « tout ce qui garnit la maison ou la ferme », sans qu'il y ait à distinguer selon que les biens ont été introduits lors de l'entrée en jouissance ou postérieurement. L'affinement jurisprudentiel et doctrinal de la formule, inscrit dans la logique du fondement du gage tacite, lui a donné un champ moins étendu que celui que lui assignerait sa lettre.

Sont d'abord exclus les meubles incorporels parce qu'insusceptibles de possession ; en dépit de leur nature immatérielle, certains n'en ont pas moins leur siège dans l'immeuble loué ; il en va ainsi du fonds de commerce (19), mais ce n'est pas un bien assez monolithique pour écarter de l'assiette du privilège le matériel et les marchandises (20).

Sont ensuite exclus les meubles dont on peut considérer qu'ils ne garnissent pas les lieux loués, parce que leur présence est sans rapport direct avec l'occupation de ces derniers et que le bailleur ne peut normalement pas les tenir pour affectés à la garantie de ses créances. Tel est le cas des billets de banque, des valeurs incorporées dans des titres, contrairement aux meubles meublants, aux biens mis au service de l'immeuble (21), à la vaisselle et au linge de maison, voire aux objets d'art (22). Bien qu'assez théorique (quel est le bailleur qui a la chance de les saisir ?), le cas des bijoux a été fort discuté ; la doctrine moderne s'accorde pour les soustraire, répudiant les distinctions bien byzantines antérieurement proposées (23). Cette évolution est le signe de la remontée de l'idée de gage tacite, car la solution est commandée par le fait que le preneur ne peut raisonnablement pas compter sur des biens qui peuvent être aussi aisément soustraits à son emprise, dont il n'a pu apprécier la valeur lors de leur entrée dans les lieux (il y a tant de faux !) et que la prudence conduit de plus en plus à ne pas laisser dans un logement.

En revanche, on tend à répudier aujourd'hui l'exigence de la permanence du meuble dans les lieux loués qu'un courant jurisprudentiel avait cru pouvoir déduire du verbe « garnir » (24). Elle n'a d'ailleurs

---

(19) V. Paris, 14 mai 1930 : *D.H.* 1931, somm. 27 ; *Gaz. Pal.* 1930, 2, 162.

(20) Req., 19 janv. 1938 : *D.H.* 1938, 1, 162 ; *S.* 1938, 1, 366.

(21) Il faut remarquer que l'immobilisation par destination ne peut pas se produire puisque ces biens n'appartiennent pas au propriétaire des « murs ». — V. cependant Colmar, 13 janv. 1966 : *J.C.P.* 67, II, 14971, note crit. WIEDERKEHR, qui à tort a exclu du privilège une installation de chauffage central placée par le preneur.

(22) V. Civ., 12 mai 1969 : *D.* 1970, 43, note MALINVAUD.

(23) V. MARTY, RAYNAUD et JESTAZ, n° 424 ; MAZEAUD, n° 169 ; SIMLER et DELEBECQUE, n° 582.

(24) V. par ex. Civ., 10 nov. 1964 : *D.* 1965, 305 ; *J.C.P.* 65, II, 14071, note R.D. (meuble « présent à titre momentané »). — Req., 13 août 1872 : *D.P.* 1872, 1, 466, note GUILLEMARD ; *S.* 1873, 1, 121 (meuble « introduit en passant »).

jamais pleinement triomphé, puisqu'une solution constante place dans l'assiette du privilège les marchandises destinées à la revente (25). L'exigence est, en réalité, une application maladroite de l'idée selon laquelle un lien doit exister entre la présence du meuble et l'occupation du local ; le passage momentané peut parfois être le signe de l'inexistence de ce lien, mais on ne saurait l'ériger en critère général.

Conformément au droit commun des sûretés réelles, en cas de sinistre affectant les biens grevés, le privilège s'exerce sur l'indemnité due par l'assureur de dommage ou par l'assureur du risque locatif et devrait, à notre avis, s'exercer sur l'indemnité de responsabilité due par un tiers.

636. — Élargissement en matière de baux ruraux. — L'assiette du privilège est, en ce domaine, l'objet d'une double extension.

L'article 2102-1° l'enrichit de « tout ce qui sert à l'exploitation de la ferme ». Cette disposition a été interprétée par la jurisprudence non comme une précision apportée à la règle générale, mais comme une disposition autonome permettant au bailleur d'exercer son privilège sur les biens, matériel ou animaux, ne se trouvant pas dans les lieux loués, mais dans des lieux appartenant au preneur (26), voire à un autre bailleur (27), ce qui fait naître un concours entre les privilèges respectifs des deux bailleurs.

L'assiette comprend également « les fruits de la récolte de l'année », disposition ici encore interprétée comme éliminant la condition de la présence dans les lieux loués (28).

Cette double extension de l'assiette cache, en réalité, l'octroi au bailleur d'un privilège distinct de celui du droit commun et qui s'y ajoute. Il ne repose pas, en effet, sur l'idée de gage tacite, mais procède de l'unité de l'exploitation agricole. En mettant sa terre à la disposition de l'exploitant, le bailleur introduit une valeur dans l'exploitation et a vocation à être payé par préférence sur les éléments patrimoniaux qui s'y rattachent, qu'il exerce ou non sur ces derniers une emprise matérielle.

637. — Amenuisement en cas de redressement judiciaire. — La survenance du redressement judiciaire du preneur, si elle n'a pas d'effet direct sur l'assiette du privilège, n'en ouvre pas moins une perspective de diminution. L'administrateur peut, avec l'autorisation du juge-commissaire, vendre les meubles garnissant les lieux loués : 1° lorsqu'ils sont soumis à dépérissement prochain ou à dépréciation imminente ; 2° lorsqu'ils sont dispendieux à conserver ; 3° lorsque leur réalisation

---

(25) Req., 9 nov. 1869 : *D.* 1870, 1, 313 ; *S.* 1870, 1, 60. — Civ., 24 nov. 1880 : *S.* 1883, 1, 29.

(26) Cass., 22 mars 1893 : *D.P.* 1894, 1, 129, rapp. ROUSSELIER ; *S.* 1893, 1, 453, note TISSIER.

(27) Cass., 13 mars 1950 : *D.* 1950, 415.

(28) Cass., 8 juill. 1901 : *D.P.* 1901, 1, 500 ; *S.* 1902, 1, 81, note TISSIER.

ne met pas en cause l'existence du fonds de commerce ou le maintien de garanties suffisantes pour le bailleur (L. 1985, art. 39, al. 4).

Le bailleur ne peut exercer son privilège sur le prix de vente qu'après le jugement adoptant un plan de redressement ou le jugement de liquidation (L. 1985, art. 34).

638. — Meubles appartenant à des tiers. — Considéré comme étant en possession des meubles garnissant les lieux loués, le bailleur, à l'instar du gagiste et par application de l'article 2279 du Code civil, peut exercer son privilège sur les meubles appartenant à des tiers ; encore faut-il qu'il soit de bonne foi et qu'il ne s'agisse pas de meubles perdus ou volés, lesquels sont susceptibles d'être revendiqués pendant trois ans (29).

Cette prérogative a sécrété une pratique destinée à l'écarter : la notification au bailleur de la propriété du tiers, notification qui peut être faite par un moyen quelconque et qui rend le bailleur de mauvaise foi. Toutefois, conformément au principe général, la bonne foi ne doit exister qu'au moment où le meuble est introduit dans le local, ce qui rend inopérante la notification faite postérieurement (30). La règle générale est ici sévère et la solution proposée en doctrine (31), qui consisterait à apprécier la bonne ou mauvaise foi au moment où le bailleur (qui est souvent averti par la notification) apprend l'entrée du meuble dans les lieux, serait certainement opportune, mais elle ne repose sur aucune base textuelle.

En revanche, l'apposition sur le meuble d'une plaque signalant la propriété du tiers ne constitue pas un procédé efficace. Pour que la mauvaise foi du bailleur en résulte, il faudrait établir qu'il a vu la plaque et ceci au moment de l'entrée dans les lieux.

En dehors de ces procédés, la mauvaise foi du bailleur peut être établie par tous moyens, et notamment par présomption de fait. Ainsi, la jurisprudence déduit habituellement la mauvaise foi du bailleur de sa connaissance de la profession du preneur qui l'amène à recevoir des biens des tiers, par exemple pour les réparer ou les exposer (32).

Lorsque le meuble est détenu en vertu d'un contrat de crédit-bail, la propriété de l'établissement de crédit ne peut être opposée au bailleur que si la publicité a été faite avant l'entrée dans les lieux, sauf à établir que le bailleur en avait personnellement connaissance dès ce moment.

---

(29) V. MALINVAUD, *Le privilège du bailleur et les meubles qui n'appartiennent pas au preneur* in *Mélanges Voirin*, 196e, p. 578 et s. — V. Civ. 1re, 12 mai 1969, préc. — Civ. 3e, 4 fév. 1976 : *Bull. civ.* III, n° 47 ; *D.* 1973, I.R. 123 et sur renvoi : Orléans, 9 mars 1978 : *D.* 1979, I.R. 99 ; *J.C.P.* 79, IV, 282. — Paris, 6 janv. 1984 : *D.* 1984, I.R. 146. — Rappr. C. civ., art. 1813, qui pose une application de la règle générale à propos du cheptel donné au fermier d'autrui. Il faut noter que le bailleur n'a pas le devoir de vérifier la propriété des meubles : Orléans, 9 mars 1978, préc.

(30) Soc., 13 fév. 1953 : *Bull. civ.* IV, n° 143.

(31) V. MALINVAUD, note préc. : *D.* 1970, 43.

(32) Cass., 18 août 1872 : *D.P.* 1872, 1, 466 ; *S.* 1873, 1, 121. — Nancy, 23 déc. 1937 : *D.H.* 1938, 142. — Civ. 1re, 12 mai 1969, préc.

639. — Meubles du sous-locataire. — Lorsque la sous-location est régulière, le bailleur principal dispose d'une action directe contre le sous-locataire qui lui est redevable des loyers dus au moment de la saisie (C. civ., art. 1753) ; c'est donc dans cette limite que le bailleur principal peut exercer son privilège sur les meubles du sous-locataire. Au-delà, il ne le peut pas, parce qu'il ne peut être assimilé à un possesseur de bonne foi de ces meubles.

Lorsque la sous-location est irrégulière, elle ne produit aucun effet à l'égard du bailleur principal. Celui-ci peut donc, pour les sommes dues par le locataire principal, faire valoir son privilège sur les meubles du sous-locataire, parce qu'ils garnissent les lieux loués et que, par définition, il en est en possession de bonne foi (33). Au cas où le sous-locataire serait en redressement judiciaire, le bailleur principal ne subirait pas les restrictions issues de cette situation, parce que le sous-locataire est à son égard un tiers dont il peut méconnaître la propriété en raison de sa possession.

D. — Prérogatives du bailleur

640. — L'emprise du bailleur sur les meubles garnissant les lieux loués, si elle permet de l'assimiler à un gagiste en possession, est néanmoins insuffisante pour le soustraire au risque d'un déplacement réalisé en dehors de sa volonté. Pour l'en protéger, le législateur lui a accordé deux prérogatives : un droit de suite moins limité que celui dont bénéficie le titulaire d'un droit réel mobilier ; une voie d'exécution susceptible de paralyser le déplacement.

Aux termes de l'article 2102-1° du Code civil, le bailleur peut revendiquer les biens grevés contre le tiers détenteur, fût-il de bonne foi ; ceci dans un délai de quinze jours (mobilier de maison) ou de quarante jours (mobilier de ferme). Si le tiers est de mauvaise foi, c'est le délai du droit commun qui est applicable. Cette revendication n'est que l'exercice du droit de suite attaché au droit réel de garantie du bailleur ; elle peut être mise en œuvre par une saisie-revendication. La revendication n'est possible que dans la mesure où les meubles restant dans les lieux loués ont une valeur insuffisante pour garantir la créance du bailleur. Lorsque le tiers a acquis les meubles chez un marchand ou sur un marché, le bailleur doit lui en rembourser le prix.

Les aléas de cette revendication rendent d'autant lus précieuse la faculté accordée au bailleur de s'opposer au déplacement des meubles, faculté qui apparaît comme une modalité particulière du droit de rétention que le bailleur ne peut matériellement pas exercer, ne détenant que par personne interposée. Pour l'exploiter, le législateur a mis à sa disposition une mesure conservatoire spéciale : la saisie-gagerie.

---

(33) Req., 11 avril 1892 : *D.P.* 1892, 1, 345, note DE LOYNES ; *S.* 1892, 1, 433, note LABBÉ.

Protection contre le déménagement « à la cloche de bois », la saisie-gagerie, prévue par les articles 819 et suivants de l'ancien Code de procédure civile, est une procédure simplifiée qui permet d'interdire le déplacement des meubles grevés par le privilège (34). Pour l'engager, le bailleur doit être créancier de loyers échus, mais la saisie effectuée n'a pas besoin d'être renouvelée pour assurer la garantie des loyers venant postérieurement à échéance (35). Il n'est pas nécessaire que le recouvrement de la créance soit en péril (36), mais le bailleur engagerait sa responsabilité pour le préjudice causé au crédit ou à la réputation du preneur s'il intentait inconsidérément cette saisie, notamment dans l'éventualité où il resterait dans les lieux des meubles suffisants pour garantir les créances privilégiées (37).

La procédure débute par un commandement de payer signifié au locataire ; un jour franc après, sans autre formalité, l'huissier peut procéder à la saisie. Si bref que soit le délai, le bailleur peut craindre qu'il soit mis à profit pour enlever les meubles ; aussi lui est-il loisible de solliciter, par voie de requête, une autorisation de saisir qui peut être utilisée sans délai.

La saisie-gagerie a pour seul effet de placer les meubles sous main de justice et d'interdire de les déplacer ; le locataire qui passerait outre serait passible des peines qui sanctionnent le délit de détournement de gage (C. pén., art. 400). La mainlevée peut être ordonnée en cas de paiement, mais elle ne peut pas l'être moyennant consignation (38). Si le bailleur impayé entend obtenir la vente forcée, il doit intenter une instance en validité qui opère conversion en saisie-exécution.

§ 2. — Les autres privilèges

641. — Le privilège de l'hôtelier. — Les termes désuets sous lesquels il apparaît dans les tables de la loi (C. civ., art. 2012-5°) contraste avec une actualité avivée par le développement du tourisme que ne doit pas masquer une absence de contentieux explicable par la modicité des sommes concernées et surtout par le jeu fruste de la rétention (39). Très proche de celui du bailleur, ce privilège est fondé plus nettement

(34) Pour le détail de cette procédure, v. M. DONNIER, *Voies d'exécution et procédures de distribution*, Litec, 1988, n° 323 et s.

(35) V. Civ. 1re, 14 avril 1964 : *Bull. civ.* I, n° 189, sur l'accès à cette saisie pour faire valoir le droit sur les indemnités d'occupation ; v. *supra*, n° 631, note 1.

(36) Civ. 3e, 18 oct. 1978 : *D.* 1980, 51, note FÉNAUX ; *J.C.P.* 78, IV, 351. — Lyon, 20 mars 1980 : *D.* 1981, 382, note PRÉVAULT.

(37) Civ. 1re, 11 juill. 1967 : *D.* 1967, somm. 117.

(38) V. Paris, 25 fév. 1966 : *D.* 1967, 94 ; *Rev. trim. dr. civ.* 1967, 474, obs. RAYNAUD.

(39) Ainsi est peu appliquée une loi du 31 mars 1898 qui réglemente la procédure de vente des objets abandonnés par les voyageurs.

encore sur l'idée de gage tacite, fondement qui trace un domaine naturel aux créances garanties et aux biens grevés.

L'« aubergiste » (mais non l'exploitant d'un restaurant) en bénéficie pour les créances nées du contrat d'hôtellerie : prix du logement, éventuellement de la nourriture, des prestations annexes (garage, téléphone...) et, le cas échéant, indemnités ; mais le privilège ne garantit pas les créances nées de rapports distincts qui ont pu se nouer à l'occasion du séjour (par exemple une vente de marchandises). Peu importe la durée du séjour, encore que certains professent que le terme de voyageur implique qu'il soit limité. En revanche, en cas de séjours successifs, le fondement du privilège conduit à décider que les créances correspondant aux séjours antérieurs ne sont pas privilégiées sur les effets introduits lors du séjour actuel (40).

Par effets, il faut entendre tous les biens apportés par le voyageur, y compris, selon l'opinion dominante, le numéraire. S'ils appartiennent à des tiers, l'hôtelier peut néanmoins faire valoir son privilège s'il était de bonne foi au moment où ils ont été introduits dans son établissement.

Présent sur les lieux, l'hôtelier a sur les effets grevés un pouvoir de fait beaucoup plus fort que celui du bailleur, ce qui lui permet d'exercer un véritable droit de rétention. Si, néanmoins, ceux-ci sont enlevés à son insu, il ne bénéficie pas, comme le bailleur, d'une règle particulière lui accordant un droit de suite (41) ; mais il doit, à notre avis, pouvoir revendiquer dans les termes des articles 2279, alinéa 2, et 2280 du Code civil. En effet, s'il n'est pas victime d'un vol, puisque le voyageur ne fait que soustraire sa chose, il n'en est pas moins dépouillé frauduleusement de la possession légitime, ce qui doit suffire à justifier l'application de règles dont l'esprit vise la dépossession involontaire.

642. — Le privilège du transporteur. — Comme l'avait fait l'ancien droit, l'article 2102-6° gratifie le transporteur d'un privilège sur les biens transportés. Cette faveur a parfois été expliquée par ce qu'on appelle aujourd'hui « la valeur ajoutée » qui résulte de l'acheminement du bien à l'endroit où il doit être utilisé (42). Le transporteur pourrait certes bénéficier d'un privilège à ce titre, mais celui qui lui est accordé paraît découler avec beaucoup plus de force de la conjugaison de la situation matérielle et de la volonté probable des parties, la détention de la chose transportée s'accompagnant de l'intention de l'affecter au paiement du transport ; l'idée de gage tacite trouve ici un plein épanouissement et il serait artificiel de la négliger.

---

(40) V. cependant *contra* : Paris, 1er fév. 1867 : *S.* 1867, 2, 80, mais dans l'hypothèse d'une interruption au cours de la période convenue par les parties.

(41) V. cependant en faveur de l'extension de la règle : SIMLER et DELEBECQUE, n° 588. — Rappr. l'opinion plus nuancée de PLANIOL, RIPERT et BECQUÉ, XII, n° 238.

(42) V. notamment POPLAWSKI, *op. cit.*, p. 219 et la doctrine antérieure citée par cet auteur.

Le privilège ne résulte que d'un contrat de transport, quel que soit l'engin utilisé, qu'une rémunération soit ou non stipulée. Il ne saurait être étendu à des contrats impliquant un déplacement mais inassimilables au transport parce que comportant des prestations spécifiques, tel le contrat de remorquage ou de louage de véhicule (43). Il en va de même pour la commission de transport, à laquelle est attaché un privilège autonome (v. *infra*, n° 643) ; toutefois, le commissionnaire peut invoquer le privilège du voiturier quand il assure lui-même une partie du transport et que cette prestation est l'élément principal du contrat (44). Le contrat de déménagement a donné lieu à des solutions nuancées qui reflètent les hésitations qui se manifestent, d'une façon générale, à situer ce contrat par rapport au contrat de transport ; l'existence du privilège dépend de l'importance proportionnelle du déplacement d'une part, et des opérations d'emballage et de manutention d'autre part (45). La logique voudrait, croyons-nous, que, dès lors que le déménageur effectue lui-même le transport, il bénéficie du privilège par application de la règle de l'accessoire ; les autres prestations, en effet, quelle que soit l'ampleur de leur coût, n'ont d'autre finalité que de faciliter le déplacement.

L'assiette du privilège est déterminée sans problème par le jeu de la remise en vue du transport, complété par le principe général qui gouverne cette famille de privilèges et qui veut que l'entrée en possession de bonne foi en permette l'exercice sur les biens des tiers. Est garantie la créance du prix du transport et des accessoires tels que les frais de conservation et droits de douane avancés par le transporteur. En principe, le privilège ne peut être exercé sur les biens remis en vue d'un transport pour les créances résultant de transports antérieurs ; la règle est cependant tempérée par la notion « d'unité d'expédition », qui est admise lorsque les divers déplacement ont été effectués en vertu d'un contrat unique et constituent une opération indivisible (46). En cas de transport dit « successif » (éventualité du déplacement réalisé par le relais de plusieurs transporteurs), le privilège s'éteint pour chacun d'eux lorsqu'il remet la chose au suivant.

Le transporteur, étant pleinement détenteur, dispose d'un droit de rétention. En cas de dépossession involontaire, il faut lui reconnaître le droit de suite du droit commun en matière mobilière.

643. — Le privilège du commissionnaire. — Tout commissionnaire, quel que soit l'objet de la commission, dispose d'un privilège sur les marchandises déposées ou consignées par le donneur d'ordre ou

(43) Paris, 21 fév. 1873 : *D.* 1876, 2, 33 ; *S.* 1874, 2, 278 (remorquage). — Req., 20 juin 1922 : *D.P.* 1923, 1, 186 ; *S.* 1923, 1, 345, note SOLUS (louage de véhicule).

(44) Civ., 9 mai 1944 : *J.C.P.* 44, II, 2728, note P.L.P.

(45) Sur la qualification du contrat de déménagement, v. RODIÈRE, *Droit des transports*, II, n° 356 et s.

(46) Req., 1er juill. 1924 : *D.P.* 1924, 1, 180, note CÉLICE ; sur cette notion, v. RODIÈRE, *ibid.*, n° 483.

qui lui sont expédiées (47) sur ses instructions (C. com., art. 95). Il s'étend aux marchandises qui n'appartiendraient pas au donneur d'ordre dès lors que le commissionnaire en est entré en possession de bonne foi (48).

Fondé avec une particulière netteté sur l'idée de gage tacite (l'art. 95 se réfère expressément à une règle du gage), ce privilège présente deux différences avec celui du transporteur, qui lui est proche. D'abord, il garantit toutes les créances du commissionnaire contre le commettant — avances, frais de toute sorte, intérêts, rémunération — et pas seulement celles qui sont afférentes aux marchandises détenues (49). Ensuite, lorsque le commissionnaire est chargé de la vente, il n'a pas besoin de recourir à une procédure d'exécution et peut se rembourser directement par prélèvement sur le produit de la vente (art. 95, al. 4).

644. — Le privilège du syndicat des copropriétaires. — L'article 19, alinéa 5, de la loi du 10 juillet 1965 accorde au syndicat des copropriétaires un privilège qu'il assimile à celui du bailleur d'immeuble ; privilège doublé par une hypothèque légale. Il garantit les créances de toute nature que le syndicat peut avoir sur un copropriétaire et grève les meubles qu'il a introduits dans son local.

Cette assimilation législative est malencontreuse, car ce privilège ne peut être fondé sur l'idée de gage. D'abord, en effet, le syndicat, contrairement au bailleur, n'est pas conduit à faire crédit en fonction des meubles introduits dans les lieux. D'autre part, lorsque le local est loué, le privilège ne porte pas sur les meubles du preneur mais sur les loyers. Ce privilège s'explique, en réalité, par la connexité existant entre les créances du syndicat et la propriété du local.

La référence artificielle au privilège du bailleur jette quelque doute sur le régime du privilège du syndicat des copropriétaires ; on se demande s'il doit bénéficier des mesures conservatoires et voies d'exécution attachées au premier et s'il doit subir les mêmes restrictions que celui-ci en cas de procédure collective appliquée au copropriétaire (50).

645. — Privilèges divers et pseudo-privilèges. — La liste des privilèges fondés sur l'idée de gage tacite ne se limite pas à ceux qui viennent

---

(47) Le commissionnaire est considéré comme en possession dès lors qu'il est porteur légitime d'un titre de transport qui lui permet de retirer les marchandises : Cass., 30 janv. 1850 : *D.P.* 1850, 1, 51.

(48) Com., 12 nov. 1964 : *Bull. civ.* III, n° 493. — Com., 15 juill. 1970 : *D.* 1971, 252 (*a contrario*).

(49) V. Com., 19 juin 1978 : *D.* 1983, I.R. 122, obs. MERCADAL et la jurisprudence citée. — Com., 26 fév. 1975 : *Bull. civ.* IV, n° 63 ; *Rev. trim. dr. com.* 1975, 372, obs. HÉMARD. De la sorte, le privilège garantit le solde du compte courant qui est souvent établi entre commettant et commissionnaire.

(50) V. *contra* : Trib. com. Paris, 18 fév. 1971 : *Gaz. Pal.* 1971, 2, 431, note MORAND.

d'être présentés ; elle en comporte d'autres dont l'intérêt est trop réduit pour qu'ils méritent d'être évoqués. Mentionnons, à titre d'exemples, le privilège de l'exploitant des magasins généraux (v. *infra*, n° 671) sur les marchandises déposées, le privilège des professionnels sur les objets qui leur ont été confiés et qui n'ont pas été retirés dans le délai d'un an (L. 31 déc. 1903), et encore, pour sacrifier au folklore et bien que son rattachement à ce groupe soit contestable, le privilège accordé au propriétaire sur les animaux divaguant sur son fonds (C. rur., art. 200).

La liste est indûment grossie par une présentation critiquable, imputable ou au législateur ou à la doctrine, qui y fait figurer des garanties, fort importantes en pratique, qui sont de véritables gages ; la confusion procède du fait qu'elles sont constituées en exécution d'une obligation imposée par la loi. La distinction est ténue mais réelle, puisque le bien, une somme d'argent, est remis uniquement pour garantir des créances déterminées et qu'il est remis volontairement, le constituant pouvant s'abstenir de le faire quitte à perdre l'avantage dont l'octroi est subordonné à la constitution de la garantie. Ces gages présentent le trait commun de conférer un droit de préférence plus avantageux que celui attribué en règle générale au créancier gagiste.

Tel est le cas du cautionnement pour « faits de charge » que le législateur a mentionné parmi les privilèges spéciaux mobiliers (C. civ., art. 2102-7°). Ce cautionnement est imposé aux comptables des deniers publics, à certaines catégories d'officiers ministériels (notaires, avoués, etc.), à certains comptables d'organismes privés d'intérêt général (51). La somme déposée et ses intérêts sont affectés exclusivement aux victimes (y compris l'État) des actes fautifs et dommageables commis dans l'exercice des fonctions (52).

Tel est encore le cas du cautionnement imposé dans le cadre du contrôle judiciaire (C. proc. pén., art. 142). Il faut réserver la fraction du dépôt qui garantit la représentation de l'inculpé, du prévenu ou de l'accusé aux actes de la procédure, qui a la nature d'une mesure de contrainte. En revanche, la partie du dépôt qui garantit les sommes éventuellement dues par la personne mise sous contrôle judiciaire apparaît bien comme mise en gage. Ces sommes sont affectées exclusivement au paiement de créances limitativement énumérées entre lesquelles la loi a établi un classement : 1° les frais avancés par la partie civile, les dommages causés par l'infraction et les dettes alimentaires lorsque le déposant est poursuivi pour défaut de paiement de ces dernières ; 2° les frais avancés par la partie publique ; 3° les amendes.

---

(51) Ce cautionnement n'a plus guère d'importance depuis qu'a été ouverte à l'intéressé la faculté d'y substituer l'affiliation à une société de caution mutuelle ou à une caisse de garantie.

(52) Le tiers qui prête la somme déposée bénéficie sur elle d'un privilège (la qualification est ici exacte) dit de second ordre puisqu'il passe après les victimes (L. 25 nivôse an XIII et 6 ventôse an XIII).

Tel est enfin le cas de la consignation d'une somme (53) par la partie saisie-arrêtée qui a demandé le cantonnement. L'article 567, alinéa 3, de l'ancien Code de procédure civile dispose « qu'un privilège exclusif » est accordé sur cette somme au créancier saisissant afin de garantir les créances pour le recouvrement desquelles la saisie-arrêt a été opérée. Le terme de privilège recouvre en réalité le droit de préférence afférent au gage établi par le dépôt de la somme entre les mains du tiers convenu en contrepartie de la mainlevée partielle. Le législateur a d'ailleurs implicitement reconnu cette nature à la consignation de l'article 567 en l'englobant dans les sûretés nulles de plein droit parce que constituées pendant la période suspecte pour garantir une dette antérieure, alors que les privilèges échappent à cette nullité.

SECTION II

LES PRIVILÈGES FONDÉS SUR L'INTRODUCTION D'UNE VALEUR DANS LE PATRIMOINE DU DÉBITEUR

646. — Généralités. — Un certain nombre de privilèges spéciaux participent d'une même idée, laquelle est fort simple : si une personne a enrichi le patrimoine d'autrui par une prestation dont elle n'a pas été réglée, il est équitable qu'elle le soit par priorité sur la valeur qui a accru l'actif du débiteur. Cette idée est loin d'avoir la même netteté et la même force que celle de gage tacite. Le législateur n'en a pas fait l'application délibérée et systématique qui l'aurait érigée en principe général ; un tel principe aurait d'ailleurs été dangereux car trop extensif en raison de la multitude des créances nées de prestations qui augmentent l'actif du débiteur. L'idée n'est qu'une explication et une justification fournies par la doctrine postérieure au Code civil pour donner quelque cohérence à une floraison de privilèges apparus au cours des siècles et créés pour répondre à des besoins variés. C'est ainsi, par exemple, que le privilège des sous-traitants pour fourniture de guerre a été conçu en 1806 sur fond de bruit de bottes, tandis que celui du fournisseur d'engrais est venu, en 1936, au secours d'une agriculture en crise.

Le plus naturel et le plus général est celui du vendeur de meubles qui, malgré son inefficacité, mérite une étude plus attentive.

---

(53) La possibilité de consigner des marchandises est incertaine en droit positif, v. PERROT, obs. sur Cass., 16 juill. 1976 : *Rev. trim. dr. civ.* 1977, 195. — Sur l'exclusion du privilège dans l'éventualité d'un accord de consignation, v. Aix, 22 janv. 1987 : *Gaz. Pal.* 19-21 juin 1988.

§ 1. — Le privilège du vendeur de meubles

647. — Évolution. — La longue histoire de ce privilège est celle de rapports marqués par la confusion faite avec la revendication. En droit romain, le vendeur conservait la propriété, et donc l'action en revendication, jusqu'à complet paiement du prix, sauf en cas de stipulation d'un terme, éventualité dans laquelle le souci de protéger le vendeur avait donné naissance au privilège.

Après une longue éclipse, le privilège ressurgit au XVIe siècle ; l'évolution qui a détaché le transfert de propriété du paiement du prix, pour le situer d'abord lors de la livraison, puis lors de la rencontre des consentements, a conduit à étendre le privilège au vendeur au comptant sans pour autant que soit consacré le corollaire logique du nouveau moment assigné au transfert de propriété : la disparition de la revendication dont l'ancien droit s'est borné à limiter l'exercice.

Dans ce sillage, les rédacteurs du Code civil, par l'article 2102-4°, ont consacré l'antinomie que constitue la coexistence du privilège et de la revendication. Pour surmonter la contradiction et se libérer d'une méprise, fille de l'Histoire, on a donné une interprétation particulière de la revendication en la matière : c'est celle de la possession qui permet au vendeur de récupérer son bien pour exercer sur lui son droit de rétention. De la sorte, la protection du vendeur est assurée par deux prérogatives distinctes mais étroitement liées auxquelles s'ajoutent celles qui résultent du droit commun contractuel ; protection complexe dont il convient de dresser le tableau avant de donner quelques précisions sur le privilège.

648. — Panorama de la protection du vendeur impayé. — Jusqu'à la livraison, le vendeur au comptant impayé peut exercer un droit de rétention. Après la livraison, comme tout contractant, il peut demander la résolution, ce qui lui permet de revendiquer la chose vendue en qualité de propriétaire, revendication qui risque de se heurter aux obstacles classiques : entrée en possession d'un tiers de bonne foi, transformation du bien ou perte de son identité, ouverture de la procédure collective de l'acheteur.

La voie de la résolution est une voie longue qui accroît considérablement le risque de survenance de l'un de ces obstacles, d'où l'intérêt de la revendication spéciale de l'article 2102 du Code civil offerte au vendeur au comptant. On considère généralement qu'est revendiquée la détention en vue de la rétention, ou, de façon elliptique, la rétention elle-même. L'analyse est contestée au motif que le droit de rétention s'éteint, selon la règle générale, avec la livraison ; aussi, pour certains, serait-on en présence « d'une sorte de droit de repentir » (54). L'objection n'est pas dirimante dans la mesure où l'on admet la renaissance du droit de rétention (v. *supra*, n° 567).

(54) MALAURIE et AYNÈS, n° 443.

Pour que le vendeur impayé puisse faire valoir cette faculté de revendication particulière, il faut : 1° que le meuble soit encore en la possession de l'acheteur ; 2° qu'il soit resté dans le même état que lors de la livraison ; 3° que l'acheteur entré en possession ne soit pas sous le coup d'une procédure collective. Ces trois conditions sont également mises à l'exercice du privilège et seront précisées à son sujet. S'y ajoute une condition spécifique : la revendication doit être exercée dans un délai de huit jours à compter de la livraison. La brièveté de ce délai préfix, legs de l'ancien droit qui sacrifie à l'idée de solvabilité apparente, prive la faculté concédée au vendeur d'une grande partie de la portée pratique qu'elle pourrait avoir.

Cette revendication est mise en œuvre par la saisie-revendication des articles 826 et suivants de l'ancien Code de procédure civile et a pour seul effet de permettre au vendeur de récupérer la détention. Ce n'est qu'une mesure conservatoire (encore que l'abstention des deux parties la transforme souvent *de facto* en solution définitive) grâce à laquelle les intérêts du vendeur sont matériellement ménagés, soit dans l'éventualité où il faut valoir son privilège, soit dans l'éventualité où il agit en résolution.

649. — Domaine du privilège. — Le privilège est accordé à tout vendeur de biens mobiliers quels qu'ils soient, même incorporels, malgré l'exigence de la possession posée par l'article 2102 (55). Il est accordé également à l'échangiste qui accepte une soulte, solution qui procède du renvoi que fait l'article 1707 du Code civil aux « autres règles de la vente » (56).

Toutefois, certaines ventes, en raison du particularisme de leur objet, donnent lieu à des privilèges soumis à des régimes dérogatoires. Le plus important est celui du vendeur du fonds de commerce (L. 17 mars 1909) ; la publicité à laquelle la loi l'a soumis devrait le rendre particulièrement efficace, notamment par le droit de suite complet qu'il confère ; mais cette efficacité est malencontreusement compromise par un système complexe de fractionnement du prix qui aboutit à une réduction de son assiette naturelle.

Il faut également mentionner le privilège du cédant d'un office ministériel, qui porte sur « la finance de l'office » ; le cédant ne peut le faire valoir qu'à l'occasion d'une revente spontanée, car il est privé de la faculté de poursuivre la vente forcée (57).

En revanche, le vendeur de véhicule automobile bénéficie du privilège du droit commun, bien qu'il ait la faculté de se ménager une garantie beaucoup plus énergique en inscrivant le « gage légal » que la loi met à sa disposition (v. *infra*, n° 706 et s.).

---

(55) La doctrine est unanime sur ce point. V. en jurisprudence : Paris, 11 juin 1862 : *S.* 1862, 2, 164.

(56) En ce sens : Paris, 21 oct. 1932 : *D.H.* 1933, 577.

(57) Planiol, Ripert et Becqué, XII, n° 190.

Le privilège du vendeur garantit la créance du prix (ou de la soulte), ses intérêts et les autres accessoires tels que les frais de contrat, mais non les dommages-intérêts consécutifs au défaut de paiement ou la somme due en vertu d'une clause pénale.

650. — Assiette. — Naturellement, elle est constituée par la chose vendue et livrée ou, en cas de sinistre, par certaines indemnités de remplacement, comme le veut la règle générale. L'important ici est qu'elle peut être affectée, voire supprimée par le jeu de plusieurs événements.

1) La transmission de la possession à un tiers de bonne foi. Que cette transmission soit effectuée dans le cadre d'une aliénation ou dans celui d'une mise en gage, elle a pour effet de faire sortir le bien de l'assiette, tant en raison des termes de l'article 2102 (meubles « encore en la possession du débiteur ») que de la règle « en fait de meubles... », dont le tiers peut se prévaloir. Dans l'hypothèse de la revente, il est unanimement admis que le privilège est reporté sur la créance du prix tant qu'il n'a pas été payé (58). Le problème du report en cas de seconde revente est âprement débattu en doctrine (59) ; il nous semble devoir être résolu négativement, car l'admettre reviendrait à permettre l'exercice d'un droit de suite contre le premier sous-acquéreur de bonne foi, puisque la créance de la seconde revente se trouve dans son patrimoine. Dans l'hypothèse d'une constitution de gage, le vendeur doit récupérer la possibilité d'exercer le privilège si le bien est désengagé, désengagement qu'il peut au besoin poursuivre par la voie oblique.

Il convient de remarquer que, dans l'éventualité où le tiers est entré en possession de mauvaise foi, le bien demeure dans l'assiette, si du moins l'on admet que le privilège confère un droit de suite (v. *supra*, n° 627).

2) L'aliénation sans livraison. Ce cas de figure donne lieu à controverses. Certains auteurs professent que le privilège ne peut pas être exercé (60) ; ils se fondent sur l'exigence de l'article 2102 qui veut que le meuble soit encore en « la possession » de l'acheteur combinée avec le fait que l'aliénation transforme le vendeur en simple détenteur. En réalité, le terme de possession a vraisemblablement été employé ici au sens de détention, et comme le sous-acquéreur ne peut pas, par définition, se prévaloir de la règle de l'article 2279 du Code civil, il doit être sacrifié au vendeur initial dont le droit réel est antérieur au sien (61).

---

(58) V. PLANIOL, RIPERT et BECQUÉ, XII, n° 246. — MARTY, RAYNAUD et JESTAZ, n° 442 ; WEILL, n° 224.

(59) Pour un état de la question, v. PLANIOL, RIPERT et BECQUÉ, *loc. cit.*, auteurs favorables à la solution positive.

(60) V. WEILL, n° 224 ; MAZEAUD, n° 194 ; DAGOT, p. 203.

(61) V. PLANIOL, RIPERT et BECQUÉ, XII, n° 245 ; v. les références à la doctrine antérieure favorable à cette solution.

3) L'immobilisation. Le meuble vendu sort de l'assiette du privilège lorsqu'il est incorporé dans un immeuble, car cette opération lui fait perdre son identité. En revanche, il y demeure lorsqu'il est simplement immobilisé par destination. Ce n'est donc pas la transformation juridique de l'immobilisation qui fait obstacle au privilège, mais le fait matériel de l'incorporation ; il en résulte que le privilège est perdu même si l'immeuble dans lequel le meuble a été incorporé n'est pas la propriété de l'acheteur, de sorte que l'immobilisation n'a pas pu se produire (62).

4) La transformation et la confusion. Le privilège ne peut plus être exercé, car l'objet du droit perd son identité ou ne peut pas être individualisé lorsque le meuble subit une transformation matérielle qui le rend méconnaissable, lorsqu'il est irréversiblement incorporé dans un autre bien mobilier et, enfin, lorsqu'il est stocké avec d'autres biens identiques (63). Les solutions actuellement dégagées à propos de la réserve de propriété (v. *infra*, n° 735) par une jurisprudence particulièrement abondante et dont la tendance générale est bienveillante au vendeur, ont vocation à s'étendre au privilège, puisque le problème de l'identité de l'objet se pose à son sujet dans les mêmes termes.

651. — Incidence du redressement judiciaire de l'acheteur. — Le vendeur de meubles qui a livré avant l'ouverture de la procédure a été traditionnellement sacrifié par le droit de la faillite sur l'autel de l'idée de solvabilité apparente. Cette tradition s'est maintenue, bien qu'elle ait été totalement contournée par le sort favorable fait à la réserve de propriété depuis 1980. Le redressement judiciaire de l'acheteur fait disparaître le privilège, de même qu'il interdit la revendication de l'article 2102-5° et l'action en résolution (L. 1985, art. 116), ainsi que le jeu d'une clause de résolution pour défaut de paiement du prix qui n'est pas acquis avant le jugement d'ouverture (L. 1985, art. 37, al. 5).

Lorsque la remise des marchandises vendues n'a pas été « effectuée dans les magasins de l'acheteur », la situation du vendeur est beaucoup plus favorable. Il conserve son droit de rétention et n'est tenu de livrer que moyennant paiement. Son droit de rétention est conforté par la faculté de revendiquer les marchandises en cours de route ; cette revendication dite *in transitu*, qui est de même nature que la revendication de l'article 2102-5° du Code civil, doit être faite dans un délai de trois mois à compter du jugement de redressement (64).

En cas de vente conclue après le jugement d'ouverture, si du moins elle est régulière, le vendeur bénéficie du privilège de l'article 40 au

(62) Rappr. en ce sens, à propos de la réserve de propriété : Com., 6 janv. 1987 : *D.* 1987, 242, note PRÉVAUT ; *J.C.P.* 87, éd. E, I, 16619, n° 14, obs. CABRILLAC et VIVANT.

(63) V. Com., 9 oct. 1967 : *Bull. civ.* III, n° 312. — Com., 9 juill. 1979, *ibid.*, n° 230.

(64) Sur la notion d'entrée dans les magasins et sur les conditions de la revendication *in transitu*, v. RIPERT et ROBLOT, II, n° 3151 et s. ; SOINNE, n° 87 et s.

cinquième rang. Il peut faire valoir le privilège du vendeur à l'égard des autres créanciers du cinquième rang aux conditions ordinaires (65).

652. — L'inefficacité de la protection légale et ses conséquences. — La vanité des garanties légales est manifeste ; écartées dans l'éventualité où le vendeur en a le plus besoin, celle de la procédure collective de l'acheteur, celles-ci se heurtent dans l'hypothèse où ce dernier est *in bonis* à des obstacles qui sont le plus souvent infranchissables. Cette situation a été de plus en plus considérée comme inacceptable. Si l'édifice est néanmoins resté intact, il n'est plus qu'un décor en trompe-l'œil. La réaction en faveur du vendeur s'était d'abord manifestée dans la création de sûretés contractuelles sans dépossession destinées à favoriser la vente à crédit : ainsi le gage légal sur l'automobile apparu en 1934, le nantissement du matériel professionnel introduit par la loi du 18 janvier 1951. Mais elle a pris un tour décisif avec la loi du 12 mai 1980 qui, en cas de procédure collective de l'acheteur, a admis la revendication fondée sur une clause de réserve de propriété. La facilité avec laquelle les vendeurs peuvent se ménager cette garantie l'ont rendue systématique et presque aussi fréquente qu'une garantie légale. L'ostracisme à l'égard du vendeur a été ainsi insidieusement gommé et notre droit est *de facto* revenu à la vieille règle romaine du transfert de la propriété réalisée par le complet paiement, ce qui n'est peut-être pas le signe d'un progrès.

§ 2. — Les autres privilèges

653. — Les privilèges sur le prix de la récolte et des ustensiles agricoles. — L'article 2102-1°, alinéa 4, présente un écheveau de privilèges relatifs à l'exploitation agricole, écheveau passablement emmêlé au double plan de l'assiette et des créances garanties et dont les fils n'ont pas tous une utilité évidente.

Les fournisseurs de semences, engrais, amendements et de produits de traitement les plus divers, outre le privilège ordinaire du vendeur sur les fournitures elles-mêmes, disposent d'un privilège distinct sur le prix de la récolte obtenue grâce à ces fournitures ; c'est là une sorte d'aménagement du privilège du droit commun, qui le fait échapper à l'avatar de la transformation.

Il existe également un privilège sur le prix de la récolte de l'année pour garantir les frais de récolte. Cette règle opère extension du privilège au profit de tous ceux qui ont contribué à la récolte (de sorte que la liste pseudo-limitative des produits dressée par le code est inutile) ; elle intéresse donc les fournisseurs d'autres produits (66) et ceux qui ont effectué une prestation de travail, soit à titre indépendant (par ex. un entrepreneur de battage), soit à titre de salarié, le privilège spécial s'ajoutant alors au privilège général.

Enfin, le fournisseur et le réparateur d'un « ustensile » agricole ont un privilège sur le prix de cet ustensile, privilège dont on pourrait faire l'économie, puisque ces créanciers pourraient prétendre respectivement au privilège du vendeur et à celui du conservateur.

---

(65) Comme il n'est pas atteint par la suspension des poursuites, il doit pouvoir également intenter la revendication de l'art. 2102 C. civ.

(66) Par ex., le fournisseur de barriques pour une récolte de vin : Bordeaux, 5 août 1896 : *D.P.* 1897, 2, 400.

654. — Le privilège des ouvriers et fournisseurs des titulaires de marchés publics. — Par une savoureuse rémanence du texte qui l'a instauré, il est encore souvent désigné sous le nom de « privilège de pluviôse » (décret du 26 an II), bien qu'il soit plus prosaïquement prévu par l'article 143-6 du Code du travail et réglementé par les articles 193 et suivants du Code des marchés de l'État et l'article 344 du Code des marchés des collectivités locales (67). Il n'est plus discuté aujourd'hui que le traitement réservé aux ouvriers et fournisseurs leur confère un véritable privilège (68). Son existence est subordonnée à une condition fondamentale : la conclusion d'un marché de travaux publics, qualification qui ne peut être précisée ici.

Ce privilège est accordé, au premier rang, aux créances salariales sur l'entrepreneur ; c'est là une garantie complémentaire de celles du droit commun, qui peut se révéler précieuse pour la partie des salaires qui ne bénéficie pas du superprivilège, car le privilège spécial a un rang plus avantageux que le privilège général.

Ce privilège est accordé, au second rang, au fournisseur de l'entrepreneur, mais non au fournisseur du fournisseur (69). L'article 194 du code précité dispose que ce dernier ne peut s'en prévaloir que s'il justifie d'un agrément exprès donné par l'autorité compétente et porté sur le registre des agréments. Les modalités de l'agrément et de la tenue du registre doivent être fixées par décret ; ceux qui ont été promulgués ne couvrent pas tout le domaine des marchés publics, de sorte que la formalité ne peut pas toujours être respectée (et souvent ne l'est pas par négligence ou manque d'information, quand elle pourrait l'être). Une jurisprudence libérale admet que le défaut d'agrément et d'inscription, s'il interdit au fournisseur de se prévaloir du privilège à l'égard du créancier bénéficiaire d'un nantissement sur le marché (v. *infra*, n° 689), ne l'empêche pas de l'opposer aux autres créanciers du fournisseur, et donc de l'invoquer dans la « faillite » de ce dernier (70).

Aux fournisseurs sont assimilés les sous-traitants par une jurisprudence ancienne et constante (71). Bien que ces derniers n'aient plus besoin de faire valoir le privilège depuis que la loi du 31 décembre 1975 les a fait bénéficier du paiement direct, cette assimilation demeure intéressante car, dans l'hypothèse où le sous-traitant n'a pas été agréé, il n'a pas droit au paiement direct, alors qu'il peut opposer le privilège sauf aux créanciers nantis.

---

(67) Sur ce privilège, v. notamment : ROUYER-HAMERAY, *Le privilège des fournisseurs des entreprises de travaux publics* : *D.* 1964, chron. 61 et s. — DELEAU-DESAYES, *Le privilège des ouvriers, fournisseurs et sous-traitants de l'entrepreneur de travaux publics* : *Rev. Syndics* 1971, 185. — FLÉCHEUX, *La protection du sous-traitant (le privilège de Pluviôse)* : *J.C.P.* 73, I, 2514.

(68) V. Pau, 30 janv. 1981 : *Rev. jurispr. com.* 1982, 316, et la note P. DE FONTBRESSIN pour un état de la question.

(69) Civ. 1re, 16 mai 1979 : *Bull. civ.* I, n° 145 ; *J.C.P.* 79, IV, 237 ; *D.* 1979, I.R. 409.

(70) V. Com., 11 juill. 1983 : *D.* 1984, I.R. 97, obs. HONORAT et les réf. aux décisions antérieures. — Com., 24 janv. 1989 : *Bull. civ.* IV, n° 36.

(71) Req., 13 mars 1889 : *S.* 1889, 1, 263. — Com., 11 juill. 1983, préc.

L'assiette du privilège est constituée par les sommes dues par l'Administration à l'entrepreneur au titre du marché qui a donné lieu à la prestation de travail, à la fourniture ou à la sous-traitance et non à d'autres marchés (72), à l'exclusion du cautionnement versé par le titulaire du marché (73).

Le privilège disparaît avec le paiement fait par l'Administration à l'entrepreneur. Mais le créancier peut se prémunir contre ce risque en formant opposition, par un moyen quelconque, auprès du comptable public (74). Certaines décisions ont même admis que la production (actuellement la déclaration) dans la procédure collective de l'entrepreneur suffisait à sauvegarder le privilège (75).

Un privilège très proche de celui des fournisseurs, au point qu'il n'en est guère qu'une variante, a été institué pour garantir les fournitures faites par les sous-traitants dans les marchés passés par le ministère de « la Guerre ». Il date du décret du 12 décembre 1806, toujours en vigueur, plus connu sous une appellation évocatrice de l'épopée impériale : « décret de Posen ». Il a été étendu aux sous-traitants de la Marine militaire par une loi du 21 janvier 1941. Ce privilège est subordonné à l'agrément du sous-traitant par l'Administration.

655. — Le privilège factice de la victime sur l'indemnité d'assurance-responsabilité. — Les droits de la victime sur l'indemnité d'assurance due par l'assureur de responsabilité de l'auteur du dommage sont le fruit d'une gestation par étapes, affectée d'une confusion entre la technique du privilège, d'une part, et celle de l'action directe prolongée par l'indisponibilité, d'autre part. La confusion est telle que, alors que la loi consacre un privilège en ce domaine, son existence réelle peut être sérieusement mise en doute, car il s'est trouvé éliminé *de facto* par la seconde technique.

La racine de la confusion plonge dans la première intervention législative, la loi du 19 février 1889 relative à l'assurance-incendie couvrant le risque locatif et le recours des voisins. Ce texte, abrogé par la suite, avait posé que l'assuré ne pouvait toucher l'indemnité tant que la victime n'aurait pas été désintéressée. La règle, empiriquement formulée, avait ainsi admis une action directe au profit de la victime ; mais elle a été analysée par les auteurs de l'époque en un privilège.

Cette analyse explique que la technique du privilège ait été officiellement adoptée par la loi du 28 mai 1913 en matière d'assurance contre les accidents, disposition qui a été insérée dans l'article 2102 du Code

---

(72) Com., 4 juill. 1949 : *D.* 1949, 459.

(73) Civ., 4 mars 1889 : *D.P.* 1889, 1, 427 ; *S.* 1890, 1, 75.

(74) V. Com., 21 oct. 1952 : *S.* 1953, 1, 87 ; *Rev. trim. dr. com.* 1953, 493, obs. HOUIN. — Com., 20 déc. 1982 : *Bull. civ.* IV, n° 243.

(75) Com., 20 déc. 1982 : *Bull. civ.* IV, n° 243. — Paris, 10 mai 1971 : *J.C.P.* 73, II, 15295 *bis*. Cette solution est critiquée par certains (v. SOINNE, n° 1112) ; elle est pourtant justifiée, croyons-nous, non par l'existence d'un droit de suite (en ce sens, P. DE FONTBRESSIN, note préc.) qui ne pourrait que disparaître avec le paiement, mais par l'idée fort simple que l'organe de la procédure, dès lors qu'il est prévenu de l'existence du privilège, ne peut toucher le prix du marché que pour le compte du titulaire du privilège.

civil au 8° et qui y figure toujours ; ce privilège pouvait être fondé sur l'idée d'introduction d'une valeur dans le patrimoine du débiteur.

L'article 53 de la loi du 13 juillet 1930, devenu l'article L. 124-3 du Code des assurances, a généralisé la règle adoptée par la loi de 1889 en l'étendant à la victime de tout dommage quel qu'il soit ; l'assureur ne peut pas payer la somme qu'il doit à un autre que le tiers lésé tant que ce dernier n'a pas été désintéressé des conséquences pécuniaires du fait dommageable de l'assuré.

Cette disposition ne saurait s'analyser en un privilège et, par ailleurs, nous semble incompatible avec la survie du privilège de l'article 2102-8° (76). En effet, un privilège ne peut porter que sur un élément de l'actif du débiteur (sous réserve du jeu de l'apparence) ; or, la règle posée en 1930 fait obstacle à l'entrée de la créance contre l'assureur dans le patrimoine du débiteur, laquelle est subordonnée à une condition suspensive, le dédommagement de la victime. Si cette condition se réalise, la créance de la victime à laquelle serait attaché le privilège se trouve par définition éteinte.

656. — Privilèges divers. — Présenter une liste complète des privilèges fondés sur l'idée d'introduction d'une valeur dans le patrimoine du débiteur serait une tâche quelque peu vaine et néanmoins ambitieuse, tant en raison de leur prolifération que du domaine très pointu de la plupart d'entre eux, et, enfin, de la somnolence, voire de la désuétude, qui les affecte pour des raisons variées. On doit donc se borner à n'en mentionner que quelques-uns.

L'auxiliaire salarié de l'ouvrier à domicile est privilégié, pour les créances nées de son contrat de travail, sur les sommes dues par le donneur d'ordre à l'ouvrier à domicile (C. civ., art. 2102-9°).

L'article 3 et l'article 8 de la loi n° 579 du 16 juillet 1971 attribuent respectivement aux sociétés immobilières de construction et aux sociétés d'attribution un privilège sur les parts sociales de leurs membres ; il garantit, à un rang avantageux (77), les sommes dues au titre des « appels de fonds ».

Certains établissements de crédit à statut particulier (Crédit foncier de France, Caisses de crédit agricole, C.E.P.M.E., etc.) ont été gratifiés de privilèges par les textes qui les régissent. Citons, à titre d'exemple, l'un des privilèges du Crédit foncier, celui qui porte sur les revenus des immeubles hypothéqués à son profit lorsqu'il en est séquestre (D.-L. 28 fév. 1852, art. 30).

Parmi les nombreux privilèges spéciaux du Trésor, quelques-uns (seuls des esprits malintentionnés s'en étonneront) sont fondés sur

---

(76) V. en ce sens . MAZEAUD, n° 200 ; HÉBRAUD, *L'action directe de la victime d'un dommage contre l'assureur* : *Rev. crit. lég. jur.* 1931, 488 et s. Un argument indirect en ce sens peut être tiré de la jurisprudence qui reconnaît la survie du droit de la victime contre l'assureur à l'extinction de sa créance contre l'assuré par le jeu d'une procédure collective (Com., 21 juill. 1987 : *D.* 1987, 521, note DERRIDA).

(77) Sur ce rang, v. T.G.I. Paris, 27 nov. 1979 : *J.C.P.* 81, II, 19553, note CHARTIER ; *Rev. dr. imm.* 1980, 333, note DAGOT.

l'idée d'introduction d'une valeur : le privilège sur les récoltes et revenus des terrains drainés qui garantit les prêts consentis pour les travaux de drainage (L. 17 juill. 1856), le privilège des taxes dues aux collectivités locales ou aux concessionnaires des canaux d'irrigation par les propriétaires riverains, qui s'exerce sur les récoltes, loyers et revenus des terrains irrigués (L. 31 mars 1933, art. 11).

SECTION III

LE PRIVILÈGE POUR FRAIS DE CONSERVATION

657. — Fondement et autonomie. — Le fondement du privilège octroyé à celui qui a fait des frais pour la conservation de la chose d'autrui est proche de celui des privilèges accordés à ceux qui ont introduit une valeur dans le patrimoine du débiteur ; si proche que certains rattachent le premier au groupe des seconds (78). Entre les deux, cependant, bien qu'ils participent du même souci d'équité, se trouvent les différences qui séparent la sauvegarde de la valeur ajoutée ; elles ne sont pas négligeables au point d'être gommées.

La sauvegarde est un impératif d'intérêt collectif (la disparition d'un bien est *a priori* un gaspillage préjudiciable à la communauté), alors que la valeur ajoutée n'est qu'un passage d'un patrimoine dans un autre, collectivement neutre. Par ailleurs, la sauvegarde correspond à des actes relativement précis, parce qu'elle est une notion d'ordre physique, tandis que l'introduction d'une valeur est plus difficile à appréhender, car elle est une notion d'ordre économique.

Ces différences expliquent que le droit positif ait consacré, par une règle générale (79), la conservation de la chose comme cause de préférence (C. civ., art. 2102-3°) et se soit refusé à adopter la même attitude à l'égard de la valeur ajoutée, se bornant à l'accueillir dans les figures juridiques où elle est le plus topique. De la sorte, l'idée d'introduction d'une valeur n'a été que le dénominateur commun d'un groupe de privilèges, alors que la portée générale donnée à l'idée de sauvegarde a permis d'éviter une constellation de privilèges et a fait de celui du conservateur un privilège générique, seul de son espèce (80). La force d'expansion de cette idée aurait dû lui ménager un prolongement direct dans le domaine immobilier. Une conception étriquée de la conservation de l'immeuble l'a réduit au privilège des architectes et entrepreneurs (v. *infra*, n° 769).

---

(78) V. notamment : BEUDANT par VOIRIN, XIII, n° 499 ; MALAURIE et AYNÈS, n° 441.

(79) Les origines en sont lointaines ; le Digeste, déjà, donnait une portée générale au privilège des frais de conservation lorsqu'ils étaient faits sur une maison ou un navire.

(80) V. cependant *supra*, n° 653, l'inutile privilège du réparateur d'ustensiles agricoles.

Le privilège des frais de conservation est sans nul doute le plus vivant et le plus important des privilèges spéciaux mobiliers, traits qui tiennent non seulement à sa généralité, mais aussi à la nature qui voue les « choses » à un dépérissement qui n'est éludé ou différé qu'au prix d'efforts constants.

§ 1. — Domaine

658. — La chose et les frais. — La seule exigence requise de la chose est sa nature mobilière. Ce peut être un bien corporel, chose inanimée, voire un animal (81). Ce peut être un bien incorporel, tel un fonds de commerce, une créance, un droit pécuniaire (82), etc.

Le concept de chose et le caractère spécial du privilège se conjuguent pour en refuser le bénéfice à celui qui a conservé non une chose déterminée, mais l'actif d'un patrimoine ; c'est le cas, par exemple, de l'expert-comptable qui a établi les comptes sociaux (83).

Quant aux « frais », ils embrassent la rémunération des fournitures matérielles et des prestations de services qui ont contribué à la conservation de la chose. La nécessité d'un lien de causalité entre la dépense engagée et la conservation ne met pas un obstacle de principe à l'octroi du privilège à la personne qui a prêté les fonds pour régler les dépenses de conservation, mais conduit le plus souvent à le lui refuser, soit faute d'une destination bien précisée de la somme prêtée (84), soit parce que le prêt est postérieur à la dépense (85).

Le lien de causalité intervient également, mais pas exclusivement, dans le problème de savoir si les honoraires de l'avocat peuvent être assortis du privilège, lequel ne se pose que lorsque son intervention a concerné un meuble déterminé et non le patrimoine du débiteur (v. Com., 18 juill. 1974 : *D.* 1975, 182). Problème fort complexe, sur lequel la jurisprudence est divisée (86) et dont l'interrogation fondamentale porte sur la nature d'acte de conservation de l'activité de l'avocat, que certains mettent en doute en estimant qu'elle n'a pas le degré de nécessité et d'urgence suffisant (v. notamment Thuillier, *Réflexions sur la notion de conservation dans le privilège du conservateur* : *J.C.P.* 68, I, 2167, n° 26 ; v. *contra* :

---

(81) V. par ex. Civ., 14 fév. 1900 : *D.P.* 1900, 1, 75.

(82) V. par ex. Civ., 29 nov. 1937 : *D.H.* 1938, 49 (fonds de commerce). — Req., 12 juill. 1939 : *S.* 1941, 1, 137 ; *D.H.* 1939, 453 (concession administrative). — Paris, 9 mars 1931 : *S.* 1933, 2, 32 (brevet). — Civ., 1er mai 1922 : *D.P.* 1925, 1, 173 (créance).

(83) Aix, 21 déc. 1972 : *D.* 1973, 409. — Caen, 12 avril 1973 : *D.* 1974, 499, note SIGALAS.

(84) V. Civ., 30 janv. 1939 : *Gaz. Pal.* 1939, 1, 591 ; *D.H.* 1939, 161 ; *S.* 1941, 1, 177, note LESCOT.

(85) Com., 3 déc. 1952 : *D.* 1953, 75.

(86) V. en sens favorable : Trib. civ. Auxerre, 27 déc. 1922 : *S.* 1923, 2, 145, note SOLUS ; Lyon, 28 nov. 1955 : *J.C.P.* 55, II, 9160, note G.M. ; *Gaz. Pal.* 1956, 1, 136 ; Paris, 6 déc. 1973 : *Gaz. Pal.* 1975, 1, 358. — V. en sens contraire : Paris, 26 fév. 1908 : *S.* 1909, 2, 297, note WAHL ; Trib. civ. Seine, 28 fév. 1943 : *S.* 1943, 2, 201 ; Rennes, 28 mars 1979 : *D.* 1980, I.R. 60. — Rappr. Com., 18 juill. 1974 : *Bull. civ.* IV, n° 235, qui semble admettre le principe, mais qui en écarte l'application faute d'une chose conservée déterminée.

Planiol, Ripert et Becqué, t. XII, n° 185). Dès lors que l'on admet que la chose peut être une créance ou un droit pécuniaire, il semble qu'il faille admettre que le conseil et la plaidoirie répondent à la notion d'acte de conservation (87).

659. — La conservation. — Le domaine du privilège dépend pour une large part de la notion de conservation ; or, celle-ci n'a pas la simplicité qu'on pourrait lui prêter à première vue. La conception purement physique de la conservation a paru insuffisante, d'où une ouverture sur l'économique dont les critères restent encore à déterminer. Les frontières du privilège sont ainsi passablement incertaines et ne peuvent pas être dégagées avec précision d'une jurisprudence abondante mais tâtonnante et qui se dérobe à la systématisation (88).

Dans une acception stricte, qui trace le domaine minimal et incontesté du privilège, conserver la chose consiste à la mettre à l'abri d'un risque susceptible de la faire disparaître en totalité ou en partie ; risque qui doit être déterminé et imminent, de sorte que l'urgence est présentée en doctrine et en jurisprudence comme une condition de la conservation. On peut néanmoins se demander si la condition de la nécessité ne serait pas plus appropriée et l'on peut observer que l'urgence n'est pas toujours requise dans les décisions les plus récentes (89). Ainsi comprise, la conservation se distingue aisément de l'amélioration et, *a fortiori*, de la création (90), interventions qui apportent une plus-value au lieu d'éviter une disparition ou une détérioration. Par ailleurs, elle n'englobe pas toutes les réparations, laissant en dehors de son champ celles qui ne font que concourir à l'entretien de la chose ou en permettre le bon fonctionnement.

Cette notion exclusivement matérielle de conservation est généralement ressentie comme trop étroite, car elle méconnaît la réalité économique ; peu importe, en effet, de préserver l'existence ou l'intégrité de la chose si l'on ne conserve pas l'utilité qu'elle peut présenter. Aussi l'idée a-t-elle été émise depuis longtemps que la conservation doit embrasser les actes qui ont pour objet d'éviter que « la chose ne devienne impropre à l'usage qui lui donne sa valeur » (91) ou, selon une formule volontiers employée en jurisprudence, les interventions sans lesquelles « la chose aurait cessé de remplir sa destination ». Il est évident que l'usage ne doit pas être confondu avec l'exploitation

---

(87) Les honoraires d'assistance dans une procédure pénale bénéficient d'un privilège général qui passe avant celui du Trésor (L. 5 sept. 1807, art. 2 et 4) et qui peut être invoqué même en cas de procédure collective du prévenu (Com., 20 oct. 1959 : *D.* 1960, 154, note CRÉMIEUX ; *J.C.P.* 60, II, 11369, note NECTOUX.

(88) Le caractère d'acte de conservation est apprécié souverainement par les juges du fond, mais la Cour de cassation exerce un contrôle indirect en les astreignant à préciser en quoi les dépenses privilégiées ont conservé la chose : Com., 11 déc. 1968 : *Bull. civ.* IV, n° 356. — Com., 16 juin 1969 : *ibid.*, n° 223.

(89) V. par ex. les décisions citées *infra*, note 92. — Rappr. Com., 5 janv. 1981 : *Bull. civ.* IV, n° 2, qui exclut la nécessité de circonstances exceptionnelles.

(90) V. par ex. Paris, 9 juin 1980 : *Rev. jurispr. com.* 1981, 98, note J.L.F., qui a refusé de privilégier les frais de mise sur support définitif d'un enregistrement sonore comme ayant concouru à la création de la chose.

(91) AUBRY et RAU, III, n° 118.

dont les frais sont tout à fait étrangers au fondement sur lequel repose le privilège (92). Il est plus délicat de faire le départ entre les frais qui conservent l'usage et ceux qui améliorent la chose. La distinction est subordonnée à l'usage ou la destination qu'il convient de prendre en considération.

Pour promouvoir une large extension de la notion de conservation, et donner au privilège une fonction économique de nature à favoriser la modernisation, on a proposé de tenir compte aussi bien de l'usage spécifique que de l'usage générique (93). L'usage générique est celui qui est commun à toutes les choses d'un même type (on donne l'exemple de la navigation pour un navire) ; l'englober dans la conservation ne réalise qu'une extension très limitée de la notion. C'est ce que fait la jurisprudence, encore qu'elle n'emploie pas l'expression ; ainsi le remplacement du moteur d'une automobile est un acte de conservation et non d'amélioration (94), l'usage générique d'une automobile étant de rouler. L'usage spécifique est celui qui correspond à une utilisation particulière de la chose (par ex., la pêche pour un navire) ; de la sorte, le privilège serait étendu aux dépenses faites pour adapter la chose à la destination que son propriétaire a entendu lui donner.

La thèse de l'usage spécifique, qui est discutée en doctrine (95), n'a pas été accueillie en jurisprudence, du moins directement. Elle est sans doute trop empreinte de subjectivité. Pour concilier le privilège et la réalité économique, il faudrait, croyons-nous, prendre en considération non la destination voulue par le propriétaire, mais la destination qui peut, le cas échéant, être impérieusement imposée par l'évolution technique ou économique, la destination sans laquelle la chose n'aurait plus aucune utilité ou ne pourrait servir qu'à un coût insupportable. Il ne serait contraire ni à l'article 2102-3°, ni au principe d'interprétation stricte que l'adaptation d'une machine totalement obsolète qui, sans cette intervention, n'aurait d'autre destin que la casse ou le musée, soit tenue pour un acte de conservation.

Les décisions rendues à propos des frais d'installation d'équipements radio-électriques sur les navires illustrent l'imprécision et peut-être la timidité de la jurisprudence dont elles font cependant apparaître une certaine évolution. La Cour de cassation a refusé de considérer ces dépenses comme des frais de conservation au motif qu'elles rendaient simplement l'exploitation des navires « plus rentable » (96) ou

---

(92) V., parmi bien d'autres : Com., 22 juin 1961 : *Bull. civ.* III, n° 284 ; Com., 16 mai 1966 : *D.* 1967, 139, note BOURDON.

(93) C. FOULON-PIGANIOL, *Modernisation et conservation de la chose : l'interprétation de l'art. 2102-3° du C. civ.* : *D.* 1966, chron. 143 et s. — *Adde* : THUILLIER, *Réflexions sur la notion de conservation dans le privilège du conservateur* : *J.C.P.* 68, I, 2167.

(94) Com., 12 janv. 1988 : *D.* 1988, I.R. 31 ; *Bull. civ.* IV, n° 23.

(95) V. notamment MARTY, RAYNAUD et JESTAZ, n° 455.

(96) Com., 8 mai 1961 : *D.* 1962, 2, note RODIÈRE ; *Rev. trim. dr. com.* 1961, 697, obs. DE JUGLART ; *Rev. trim. dr. civ.* 1962, 133, obs. SOLUS.

« plus sûre » (97). A la même époque, elle a fait néanmoins une exception dans l'éventualité où l'installation était devenue réglementairement obligatoire, car le navire, qui n'aurait pas bénéficié du permis de naviguer, « serait devenu impropre à l'usage auquel il était destiné » (98), consécration implicite de l'idée d'usage générique. Postérieurement, sans reprendre la référence traditionnelle à un péril déterminé, elle a approuvé les juges du fond qui avaient admis le privilège en constatant que « les installations litigieuses permettaient de prévenir la perte totale ou partielle des navires » (99). Mais cet arrêt ne consacre vraisemblablement pas la conception extensive de la conservation que ses termes pourraient accréditer, car il a été rendu dans une espèce où les équipements étaient réglementairement obligatoires. Il n'en demeure pas moins que, avec son prédécesseur de 1962, il témoigne d'une orientation favorable à l'idée de conservation économique.

§ 2. — Fonctionnement

660. — L'assiette. — Contrairement à la règle admise pour le privilège des architectes et entrepreneurs (v. *infra*, n° 771), le privilège porte sur la totalité de la chose conservée et non sur la seule plus-value que lui a procurée l'intervention du créancier.

Encore faut-il que la chose puisse être identifiée comme celle qui a bénéficié des frais de conservation (100), identification à laquelle sa transformation peut éventuellement, mais pas nécessairement, faire obstacle.

Dans l'hypothèse où la chose a subi un sinistre, le droit du créancier privilégié est reporté sur l'indemnité d'assurance, voire sur d'autres indemnités.

661. — Les prérogatives du conservateur. — Le conservateur bénéficie d'un droit de préférence dont le rang sera ultérieurement précisé. Bien souvent, son intervention l'amène à détenir la chose, ce qui lui procure la garantie plus efficace du droit de rétention. Cette coïncidence de fait entre les deux garanties est susceptible d'engendrer une confusion à propos des règles qui leur sont respectivement applicables, confusion qu'il importe de dissiper. En cas d'interventions successives et distinctes, le droit de rétention ne peut, en principe, être invoqué que pour la créance née à l'occasion de la dernière détention (v. *supra*, n° 567). Cette limitation ne doit pas s'appliquer au privilège

(97) Com., 18 mars 1963 : *Bull. civ.* III, n° 160. — Com., 2 fév. 1965 : *ibid.*, n° 87.

(98) Com., 31 janv. 1962 : *Bull. civ.* III, n° 16.

(99) Com., 9 oct. 1984 : *Bull. civ.* IV, n° 259 ; *Rev. trim. dr. civ.* 1985, 746, obs. GIVERDON et SALVAGE-GEREST.

(100) Com., 30 oct. 1968 : *Bull. civ.* IV, n° 300.

qui peut être exercé pour toutes les créances successives qui ont le caractère de dépenses de conservation (101).

Le conservateur bénéficie, pensons-nous, d'un droit de suite limité par le jeu de l'article 2279 du Code civil (v. *supra*, n° 627).

SECTION IV

LES PRIVILÈGES REPOSANT SUR D'AUTRES FONDEMENTS

662. — Présentation générale. — Un certain nombre de privilèges qui, pour la plupart, ont un domaine très étroit, ne peuvent être rattachés aux trois catégories traditionnelles. Leurs fondements sont divers, encore que, bien souvent, ils ne peuvent être justifiés que par le lien dc connexité existant entre la créance garantie et le bien grevé. Le rang de ces privilèges est habituellement déterminé par les textes qui les ont octroyés (qu'il faut parfois fortement solliciter). Il serait fastidieux d'en faire le recensement ; nous nous bornerons à en mentionner quelques-uns à titre d'exemples.

Les plus nombreux sont des privilèges du Trésor. On peut citer : le privilège des taxes foncières et taxes assimilées, qui porte sur les récoltes, loyers et revenus de l'immeuble assujetti (C.G.I., art. 1920, § 2-2°) ; le privilège des associations syndicales autorisées qui garantit les cotisations qu'elles perçoivent et qui est assis sur les récoltes, loyers et revenus des terrains situés dans leur périmètre (L. 5 août 1911, art. 2) ; le privilège de l'État sur les parts de caisses régionales de Crédit agricole qui garantit les avances et prêts consentis à l'aide de fonds publics (C. rural, art. 724).

Certains sont des privilèges de droit privé, comme celui qui est accordé aux propriétaires de terrains temporairement occupés pour cause de travaux publics ; il garantit les indemnités qui leur sont dues de ce fait et a pour assiette les sommes déposées dans les caisses publiques en vue d'être versées aux entrepreneurs (L. 29 déc. 1892, art. 18). Dans ce domaine, le seul privilège qui présente quelque importance est celui de la séparation des patrimoines.

663. — Le privilège de la séparation des patrimoines. — L'acceptation pure et simple d'une succession par un héritier insolvable compromet le paiement des créanciers du défunt et des légataires de sommes d'argent. Le législateur a entendu les prémunir contre ce danger en leur accordant le bénéfice dit de la séparation des patrimoines (C. civ., art. 878 et s.), expression fallacieuse car la règle ne se traduit pas par un véritable isolement du patrimoine du défunt, mais par une priorité sur l'acte successoral.

Contrairement à l'opinion soutenue par une partie de la doctrine du siècle dernier (influencée par les antécédents historiques d'une institution qui remonte au droit romain), les auteurs admettent aujourd'hui

(101) Civ., 13 nov. 1962 : *J.C.P.* 63, II, 12976, note J.A. ; *Gaz. Pal.* 1962, 1, 191.

que cette priorité constitue un authentique privilège (102), nature que le législateur a expressément consacrée dans le domaine immobilier (v. C. civ., art. 2103-6°). En dépit des apparences, c'est un privilège spécial, car il porte non sur une masse fluctuante mais sur chacun des biens figurant dans la succession envisagé isolément. Ce privilège revêt néanmoins une physionomie particulière, car il est accordé uniformément, mais non collectivement, à tous les créanciers successoraux et, au second rang, à tous les légataires de sommes d'argent, ceci uniquement pour leur permettre de primer les créanciers personnels de l'héritier et sans modifier les causes de préférence qui peuvent exister entre eux.

La séparation doit être « demandée » par le créancier ou le légataire (C. civ., art. 878). Comme la loi ne soumet cette demande à aucune forme, elle peut résulter de toute manifestation de volonté par laquelle le créancier réclame le paiement prioritaire, notamment au moment de la réalisation d'un bien, comme de l'exercice d'une mesure conservatoire. Au demeurant, la jurisprudence admet que le privilège joue automatiquement d'abord lorsque la succession a été déclarée vacante et qu'un héritier se présente ultérieurement, ensuite lorsqu'une procédure collective est ouverte contre le *de cujus* après le décès, enfin lorsque la succession a été acceptée sous bénéfice d'inventaire (quand bien même l'acceptation bénéficiaire ne serait le fait que d'un seul héritier). En réalité, dans ces trois hypothèses, la confusion des patrimoines ne se produit pas, de sorte que les créanciers successoraux évitent le concours avec les créanciers personnels de l'héritier.

En matière mobilière, le privilège est soumis à une prescription de trois ans qui court à compter de l'ouverture de la succession (C. civ., art. 880, al. 1er), prescription fondée sur l'idée qu'une confusion se produit assez rapidement entre l'actif mobilier du défunt et celui de l'héritier.

---

(102) V. notamment PLANIOL et RIPERT, t. IV, par MAURY et VIALLETON, n° 454. — MARTY et RAYNAUD, *Successions et libéralités*, n° 229. — TERRÉ et LEQUETTE, *Successions et libéralités*, 2e éd., n° 766.

CHAPITRE II

LE GAGE AVEC DÉPOSSESSION

664. — Généralités. — Le gage traditionnel — l'épithète est volontiers employée pour désigner le gage avec dépossession, seule forme véritable de gage (sur la notion de gage, v. *supra*, n° 509) — souffre d'une fâcheuse image de marque. Elle tient essentiellement à la lourde sujétion que constitue le transfert de possession qui apparaît comme une technique désuète ; elle tient peut-être aussi à la vision balzacienne de l'usurier prêteur sur gages. Pourtant, c'est une sûreté très utilisée, plus que ne le laisserait croire sa mauvaise réputation. S'il n'occupe qu'une place restreinte dans les relations civiles, il n'en va pas de même dans la vie des affaires (1). On n'a pas pu y négliger le gisement de garanties formé par les biens mobiliers dont la valeur est de plus en plus considérable, ceci d'autant moins que l'efficacité du gage s'est comparativement renforcée (2). Au demeurant, l'inconvénient de la dépossession peut être minoré par certains aménagements et, par ailleurs, ne se fait guère sentir pour les meubles incorporels.

Le gage a été pendant longtemps une sûreté exclusivement contractuelle ; il peut maintenant être ordonné par décision de justice, mais n'est guère imposée que la mise en gage d'espèces ou de valeurs mobilières (C. civ., art. 2075, réd. 5 juill. 1972).

C'est en fonction des meubles corporels qu'a été construit le régime général du gage (sect. I), alors que la nature de certains biens impose des modalités particulières dont les principales doivent être présentées (sect. II).

---

(1) V. l'importante contribution au droit du gage : *Le gage commercial*, ouvrage collectif sous la direction de J. HAMEL, Dalloz, 1953.

(2) V. notamment : HÉMARD, *La restauration des droits du créancier-gagiste en matière commerciale par la jurisprudence française* in *Mélanges Secrétan*, 1964, p. 95 et s. Cette restauration a été respectée par la loi sur le redressement et la liquidation judiciaires, alors que celle-ci a maltraité d'autres sûretés.

SECTION I

LE RÉGIME GÉNÉRAL DU GAGE

Il est dominé par une donnée qui conditionne la naissance et la pérennité de la sûreté : la dépossession (§ 1), dont l'étude doit naturellement précéder celle de la constitution (§ 2) et des effets (§ 3).

§ 1. — L'exigence de la dépossession

A. — Le principe

665. — La triple fonction de la dépossession. — Il importe de bien dégager les divers rôles que tient la dépossession du constituant dans le mécanisme du gage, aussi bien pour éclairer la portée de l'exigence et les aménagements qu'elle peut recevoir que pour comprendre les solutions de remplacement adoptées dans les gages sans dépossession.

La fonction primordiale est naturellement de donner au créancier l'assurance de pouvoir faire valoir ses droits sur le bien nanti au moment venu. Sans elle, le créancier risquerait fort de ne pas retrouver matériellement le bien (qu'il soit dissimulé ou qu'il soit transformé), soit de le retrouver entre les mains d'un tiers acquéreur protégé, s'il s'agit d'un meuble corporel, par la règle de l'article 2279 du Code civil. Ainsi, la dépossession fait en quelque sorte fonction de pré-saisie conservatoire.

La seconde fonction est d'ordre publicitaire. Dans un régime de propriété et de droits réels inorganisé, comme l'est en règle générale celui des biens mobiliers, la seule manifestation extérieure du droit est le fait matériel de la détention, d'où l'importance qu'y revêtent la possession et l'apparence. La dépossession est donc le moyen de prévenir le public que le bien est grevé d'un droit au profit d'une autre personne, qu'il n'est plus, du moins entièrement, dans son patrimoine, qu'il n'est plus un élément de sa solvabilité apparente. C'est donc grâce au dessaisissement que le droit du créancier-gagiste n'est pas occulte et peut être sans inconvénient opposé aux tiers. La dépossession a donc un rôle de publicité matérielle.

La troisième fonction est plus négligée dans l'analyse doctrinale, bien qu'elle ne soit pas pour autant négligeable, même si elle n'est pas toujours nécessaire. Le plus souvent, les biens mobiliers ne sont pas ou sont mal individualisés ; c'est le dessaisissement qui permet de déterminer l'objet du droit réel de gage avec la précision suffisante pour qu'il puisse s'établir. Lorsque le constituant veut donner en nantissement une partie d'un stock de marchandises rigoureusement identiques, le droit du créancier ne pourrait naître, faute d'un objet déterminé, si les marchandises qui lui sont affectées n'étaient pas isolées des autres et désignées par la remise au créancier. La dépossession joue, en l'occurrence, un rôle comparable à celui que tient, dans la vente de choses fongibles, la livraison qui permet le transfert de propriété.

666. — La portée de l'exigence : 1° La dépossession initiale. — Elle est déterminée par l'article 2076 du Code civil : « Le privilège ne subsiste sur le gage qu'autant que ce gage a été mis et est resté en la possession du créancier... », formule reprise par l'article 92, alinéa 1er, du Code de commerce. Ce texte, dont la rédaction est équivoque, pose deux règles distinctes : celle de la mise en possession initiale du créancier ; celle de la permanence de la possession de ce dernier.

La double exigence s'applique non seulement aux meubles corporels mais aussi aux meubles incorporels. On peut s'en étonner, puisque ces derniers ne peuvent être l'objet d'une véritable possession ; c'est, en réalité, un substitut de la possession qui, au prix d'un abus de langage, est ici pris en considération : le pouvoir de fait susceptible d'être exercé sur ces meubles, comme, par exemple, le pouvoir de percevoir une créance ou celui de faire valoir les prérogatives attachées aux parts sociales.

La première règle a suscité une controverse : le gage est-il un contrat réel qui se forme par la remise de la chose faute de laquelle le contrat serait nul ? Ou bien la remise n'est-elle qu'une condition d'opposabilité aux tiers de sorte que, en son absence, le contrat serait valable *inter partes* ? Le premier terme de l'alternative a reçu l'aval de la jurisprudence (3), mais il n'est pas certain que cette jurisprudence serait réitérée à l'heure actuelle, car une doctrine de plus en plus fournie récuse l'existence même d'une catégorie de contrats qui se formeraient par la remise de la chose (4).

Ce débat n'a guère d'importance pratique. D'une part, on admet unanimement la validité de la promesse de gage et donc de l'obligation du promettant de transférer la possession au bénéficiaire ; or, si le contrat de gage sans remise est tenu pour valable *inter partes*, il emporte la même obligation (5) ; s'il n'est pas tenu pour valable,

---

(3) V. Cass., 18 mai 1898 : *D.P.* 1900, 1, 481, note SARRUT ; *S.* 1898, 1, 433, note LYON-CAEN. — Com., 12 nov. 1958 : *Bull. civ.* III, n° 387.

(4) V. notamment, à propos du gage, PLANIOL, RIPERT et BECQUÉ, XII, n° 86 ; MARTY, RAYNAUD et JESTAZ, n° 78 ; MAZEAUD, n° 66. — V. cependant *contra* : MALAURIE et AYNÈS, n° 405.

(5) V. Cass., 25 mars 1851 : *D.P.* 1854, 5, 498. — Il est, par ailleurs, admis que la créance peut être postérieure au contrat : v. Cass., 21 mars 1938 : *D.H.* 1938, 257. — Pour un état de la question, v. M.-J. JOBARD-BACHELIER, *Existe-t-il encore des contrats réels en droit français ? Ou la valeur des promesses de contrat réel en droit positif* : *Rev. trim. dr. civ.* 1985, 1 et s., n° 43 et s.

il doit être requalifié en promesse de gage (6). D'autre part, il est bien certain que le droit réel de gage (baptisé bien fâcheusement « privilège » par les rédacteurs du code) ne peut naître qu'avec la remise de la chose. La dépossession n'est pas une simple condition d'opposabilité aux tiers du droit réel (ce qu'elle pourrait être si elle n'avait qu'une fonction publicitaire) mais la condition même de son existence, règle exceptionnelle sans doute mais que justifient les autres fonctions de la dépossession.

667. — La portée de l'exigence : 2° La dépossession permanente. — Ces fonctions ne seraient pas assurées si la dépossession n'était requise qu'au moment de la constitution ; c'est pourquoi l'article 2076 en fait une nécessité permanente. De la sorte, la restitution de l'objet nanti au propriétaire (mais non la perte ou le vol, v. *infra*, n° 678) fait disparaître le droit de gage, même si elle est momentanée, et constitue une cause d'extinction propre à cette sûreté.

Si logique qu'elle soit, la règle se révèle souvent très gênante. Aussi la jurisprudence l'a-t-elle quelque peu assouplie, mais de façon empirique de sorte que les critères de la reprise provisoire ne mettant pas fin au gage sont incertains. Cette reprise doit être exclusive de toute intention frauduleuse ; elle doit être, semble-t-il, justifiée par l'intérêt des deux parties ; ainsi la plupart des décisions favorables à la survie du gage ont été rendues dans l'éventualité où la reprise avait été faite pour apporter aux marchandises nanties les soins nécessaires (7). Cependant, ce critère n'est pas toujours respecté et la reprise a été également tolérée pour permettre au constituant d'exercer un droit (8).

668. — La faculté de substitution. — Les parties peuvent convenir, dans l'acte constitutif ou postérieurement, que le constituant pourra remplacer le bien engagé par un autre bien. La validité de cette stipulation n'est pas douteuse, mais son exécution a pour effet, en règle générale, d'éteindre le gage primitif et de faire naître à la date du remplacement un second gage dont la validité n'est pas assurée, notamment en raison du jeu de la période suspecte.

Toutefois, lorsque le gage porte sur des choses naturellement fongibles, il est admis en jurisprudence que le gage originaire survit au remplacement pourvu qu'il ait été convenu entre les parties (9). L'arrêt de principe de 1915 a fondé cette solution de la pérennité du gage sur la subrogation réelle, fondement qui, comme la solution elle-même, a été vivement critiqué en raison notamment de l'antinomie entre

---

(6) V. Req., 2 août 1880 : *D.P.* 1880, 1, 453.

(7) Req., 11 avril 1933 : *S.* 1933, 1, 248. — V. la contre-épreuve : Req., 28 mai 1910 : *S.* 1910, 1, 488.

(8) Req., 18 oct. 1898 : *S.* 1899, 1, 172.

(9) V. Req., 10 mars 1915 : *D.P.* 1916, 1, 242, note L.S. ; *S.* 1916, 1, 5, note Lyon-Caen ; cet arrêt a été rendu au sujet d'un warrant des magasins généraux mais, comme il n'y avait alors aucune règle particulière en ce domaine, il a eu une portée générale et valeur d'un arrêt de principe. — Angers, 26 mars 1985 : *D.* 1986, 537, note Contamine-Raynaud ; *Rev. jurispr. com.* 1985, 232, note Grafmeyer.

subrogation et fongibilité (10). Néanmoins, comme on l'a excellemment démontré (11), du fait de la dépossession, les choses fongibles remises en gage deviennent des choses individualisées de sorte qu'elles peuvent se prêter à une subrogation réelle ; la faculté de substitution doit cependant être circonscrite aux choses fongibles par leur nature, car la permanence du gage, destinée à protéger la situation des tiers, ne peut s'accommoder que d'une permutation entre des biens strictement semblables.

Les avantages économiques de la faculté de substitution sont manifestes, puisqu'elle permet de parer au dépérissement et, paradoxalement, d'assurer la permanence en valeur du gage. Aussi est-elle expressément consacrée par le législateur dans certaines formes particulières de nantissement, comme le warrant des magasins généraux (Ord. 6 août 1945, art. 20, réd. 30 sept. 1953) ou le nantissement des valeurs mobilières (L. 3 janv. 1983, art. 29, qui rend même la substitution automatique sauf convention contraire).

B. — La mise en œuvre

669. — Le transfert de la possession au créancier. — La dépossession est réalisée par la tradition, autrement dit la remise de la chose au gagiste. Celui-ci reçoit non une simple détention, mais une véritable possession qu'il exerce en qualité de titulaire d'un droit réel accessoire et en concurrence avec celle qu'exerce, par son intermédiaire, le constituant en qualité de propriétaire (12).

La remise doit être effective ; le gage ne saurait naître d'une tradition feinte qu'organiserait le contrat et qui laisserait la chose au constituant à titre précaire (constitut possessoire), ni d'une tradition symbolique faite par le truchement d'un document administratif ou de droit privé relatif à la chose qui serait remis au créancier à la place de cette dernière (13) ; en revanche, le transfert d'un titre représentatif des marchandises et qui permet de les appréhender a la valeur d'une remise (rappr. *infra*, n° 693). De même, le gage ne saurait naître de la seule apposition sur le bien d'une plaque ou pancarte indiquant qu'il est nanti.

Lorsque l'objet du gage est un meuble incoporel, il ne peut pas, par définition, se prêter à une remise matérielle. Celle-ci est remplacée par des subterfuges variables et qui s'efforcent de transmettre au gagiste un pouvoir de fait v. *infra*, n°s 686, 690, 694).

---

(10) V. LYON-CAEN, note préc. ; PLANIOL, RIPERT et BECQUÉ, XII, n° 89. — V. *contra* : HÉMARD, *Les contrats commerciaux*, t. I, Sirey, 1953, n° 493 ; MALAURIE et AYNÈS, n° 407.

(11) V. P. VEAUX-FOURNERIE, *Fongibilité et subrogation réelle en matière de gage commercial*, in *Le gage commercial*, *op. cit.*, p. 135 et s.

(12) Sur les conséquences de cette possession, v. *infra*, n° 678.

(13) Par ex. une carte grise : v. en ce sens Trib. com. Avignon, 13 déc. 1963 : *Gaz. Pal.* 1964, 1, 251 ; *Banque*, 1964, 849, obs. MARIN ; *Rev. trim. dr. com.* 1964, 377, obs. HÉMARD.

670. — La dépossession sans déplacement matériel. — Depuis longtemps, la pratique s'est efforcée, non sans succès, de mettre sur pied des combinaisons de nature à satisfaire l'exigence du transfert de la possession tout en évitant le déplacement des marchandises, efforts développés dans les secteurs de marchandises pondéreuses ou demandant des soins particuliers (bois, peaux, par ex.).

Le pivot de ces formules est constitué par un bail que le gagiste se fait consentir sur le local dans lequel les marchandises sont entreposées. A lui seul, le bail ne peut réaliser qu'une tradition feinte parce qu'il ne prive pas le constituant du pouvoir de fait et qu'il n'a aucun effet publicitaire (14).

Pour surmonter ces deux obstacles, la combinaison doit être enrichie d'autres éléments qui, conjugués au bail (15), permettent à la jurisprudence de reconnaître la validité du gage. Le premier obstacle peut être éliminé par la remise des clefs au gagiste, surtout s'il est seul à les détenir. Le second peut l'être soit par un gardiennage effectué de façon notoire et effective, ou mieux, par des pancartes ou affiches, bien visibles, apposées sur les locaux et indiquant la mise en gage ou le nom du locataire (16).

Les ingrédients de la combinaison ne sont pas stéréotypés et les tribunaux ont, au cas par cas, à apprécier s'ils sont suffisants pour réaliser une dépossession effective et notoire.

671. — La dépossession par l'intermédiaire d'un tiers convenu. — La remise peut être faite à un tiers désigné d'un commun accord par les parties et qui détient le bien pour leur compte. Cette modalité — l'entiercement, pour reprendre une vieille appellation — est prévue par les articles 2076 du Code civil et 92, alinéa 1er, du Code de commerce. Elle offre non seulement des avantages matériels évidents, mais aussi un avantage juridique : elle permet de constituer plusieurs gages sur le même bien, le rang des titulaires étant déterminé par la date de naissance de leurs droits respectifs.

L'entiercement peut être utilisé conjointement avec une combinaison évitant le déplacement, pourvu que la dépossession soit effective et apparente (17) ; à moins qu'il ait reçu un mandat précis sur ce point, il ne semble pas que le tiers convenu engage sa responsabilité s'il n'a pas pris les mesures pour que ce double caractère soit respecté.

A l'exception du débiteur ou de l'un de ses préposés, toute personne capable de s'obliger peut jouer le rôle de tiers convenu. La validité du nantissement ainsi constitué est subordonnée à l'acceptation par le tiers convenu de la mission de conserver le bien pour le compte

---

(14) V. Com., 19 mars 1969 : *Bull. civ.* IV, n° 105. — Com., 5 fév. 1979 : *D.* 1980, I.R. 85, obs. VASSEUR ; *Rev. trim. dr. com.* 1980, 817, obs. HÉMARD.

(15) Ce dernier fût-il symbolique : Req., 23 mai 1927 : *S.* 1928, 1, 96, note BOUCART.

(16) Req., 23 mai 1927, préc. — Alger, 17 juin 1958 : *Banque*, 1961, 314, obs. MARIN. — Com., 12 janv. 1958 : *Bull. civ.* III, n° 287 (*a contrario*).

(17) Com., 3 nov. 1980 : *Bull. civ.* IV, n° 359.

des parties, acceptation qui peut être prouvée selon les termes du droit commun (18). Le rôle de tiers convenu peut être tenu par la personne qui détenait déjà le bien à un titre quelconque (dépôt, usufruit, etc.), mais, pour opérer l'interversion de titre, il ne suffit pas de lui notifier le gage, il faut également obtenir son acceptation (19).

Une dérogation à l'exigence de l'acceptation est apportée par l'article 92, alinéa 2, du Code de commerce, qui dispose que le créancier est réputé en possession des marchandises lorsqu'elles sont à sa disposition à la douane ou dans un dépôt public ou lorsqu'il en est saisi par un connaissement ou une lettre de voiture (20).

Une application particulière de l'entiercement est constituée par le warrantage des magasins généraux (21). Ces derniers sont des établissements privés agréés par l'administration et habilités à recevoir des dépôts de marchandises effectués par des professionnels. Ils délivrent un titre double : le récépissé-warrant, titre à ordre représentatif des marchandises ; en effet, le porteur légitime est propriétaire de ces dernières et peut les retirer.

En endossant le warrant, après l'avoir détaché, et en faisant transcrire ce premier endossement sur le registre du magasin général, le déposant constitue un gage au profit de l'endossataire pour garantir la créance mobilisée dans le warrant, qui n'est qu'une forme particulière de billet à ordre. Le magasin général joue ainsi le rôle de tiers convenu et ne délivrera les marchandises au porteur du récépissé que dans la mesure où il a remboursé le porteur du warrant ou consigné la somme correspondante.

§ 2. — La constitution

Les conditions qu'elle requiert doivent être envisagées sur le double terrain du fond (A) et de la forme (B).

A. — Les conditions de fond

672. — La créance garantie et l'objet du gage. — Une créance est le support nécessaire du droit réel accessoire qu'est le gage, mais toute créance peut jouer ce rôle. Peu importe qu'elle soit sur le constituant lui-même ou sur un tiers dont le constituant se porte « caution réelle » (C. civ., art. 2077, v. *supra*, n° 339) pour le débiteur. Peu importe que la créance soit conditionnelle, et même éventuelle.

Tout bien mobilier, pourvu qu'il soit dans le commerce et ne soit pas frappé d'inaliénabilité (notamment dans le cadre d'un plan de continuation, v. L. 25 janv. 1985, art. 70), peut être donné en gage,

---

(18) V. notamment Civ. 1re, 24 nov. 1976 : *Bull. civ.* I, n° 368.

(19) Cass., 3 août 1896 : *D.P.* 1897, 1, 209, note GUENÉE ; *S.* 1897, 1, 85. — Paris, 17 mai 1935 : *Gaz. Pal.* 1935, 2, 503.

(20) On parle alors de « tiers reconnu » par la loi, puisque c'est sur cette qualité qu'est fondée la dispense d'acceptation : v. J. HÉMARD, *Du gage commercial constitué par l'intermédiaire d'un tiers* : *Ann. dr. com.* 1902, 101.

(21) Il est régi par l'ordonnance du 6 août 1945 et son décret d'application daté du même jour.

qu'il soit corporel ou incorporel, qu'il soit un corps certain ou une chose fongible, voire consomptible. Il faut observer que les choses fongibles se trouvent individualisées par le transfert de la possession (d'où l'intérêt de la faculté de substitution, v. *supra*, n° 668) et ne demeurent telles que dans la mesure où le gagiste a été autorisé à en disposer, convention qui ne se rencontre guère que dans le gage des sommes d'argent (v. *infra*, n° 695 et s.).

Toutefois, il est douteux qu'un gage ordinaire puisse être constitué sur un navire, un bateau, un aéronef et un fonds de commerce, biens susceptibles de sûretés sans dépossession spécialement aménagées par la loi et à vocation générale (v. cependant en sens affirmatif : Trib. corr. Seine, 30 avril 1958 : *Rev. trim. dr. com.* 1959, obs. crit. de Juglart). La réponse négative nous paraît imposée par le régime particulier de droits réels sous lesquels ces biens sont placés et par la protection des tiers qui seraient menacés par une sûreté qui ne s'y insère pas. En revanche, la mise en gage d'un véhicule automobile et d'un bien d'équipement reste incontestablement possible, car les sûretés sans dépossession dont ces biens peuvent être l'objet n'ont qu'une vocation particulière (financement de l'achat) et leur régime de droits réels est celui du droit commun.

Le problème important que pose l'objet est celui de la validité du gage des choses futures, problème lié à celui de la portée de l'exigence de la dépossession (v. *supra*, n° 666). Pour les meubles corporels, cette exigence paraît incontournable ; le droit réel de gage ne peut, de toute façon, naître qu'avec la remise de la chose, donc postérieurement au moment où elle est devenue une chose actuelle. Le contrat de gage visant une chose future, à admettre qu'il soit valable, ne se distinguerait pas d'une promesse de gage.

Pour les meubles incorporels, la solution négative est loin de s'imposer avec la même force et la thèse de la validité ne cesse de progresser en doctrine et en jurisprudence (22) et le législateur l'a consacrée dans des cas particuliers (23). Aucun obstacle sérieux ne semble s'opposer au nantissement d'un meuble incorporel à venir, dès lors qu'il peut être déterminé lors du contrat et que la formalité qui remplace la dépossession peut être effectuée (24). Peuvent notamment satisfaire à cette double condition les créances éventuelles et c'est d'ailleurs à leur sujet que le problème revêt un tour pratique.

673. — Le constituant. — Toute personne peut donner un bien en gage, mais cette faculté est naturellement subordonnée aux exigences du droit commun : le constituant doit être propriétaire (ou usufruitier), avoir la capacité et le pouvoir de constituer une sûreté.

1) Si le défaut de propriété est sanctionné par la nullité du contrat et par la faculté de revendication du véritable propriétaire, cette double

---

(22) V. J. MESTRE, *Le gage des choses futures* : *D.* 1982, chron. 141 et s. et la jurisprudence citée par cet auteur dont l'étude s'applique cumulativement au gage traditionnel et au gage sans dépossession.

(23) V. notamment la loi n° 1 du 2 janv. 1981 dans sa rédaction du 24 janv. 1984, qui permet de donner en nantissement par bordereau Dailly des créances résultant d'un acte à intervenir et d'un montant encore indéterminé.

(24) Rappr. la position plus extensive de J. MESTRE, *op. cit.*

sanction peut être inopérante lorsque le bien est un meuble corporel. Le créancier doit, en effet, bénéficier de la protection accordée à toute personne entrée en possession de bonne foi. Il peut donc opposer la règle de l'article 2279 du Code civil au propriétaire revendiquant qui s'était volontairement dessaisi (25) ; de la sorte, le gagiste a un droit préférable à celui du vendeur sous réserve de propriété (26). En revanche, dans l'éventualité où il a été victime d'une perte ou d'un vol, le *verus dominus* peut revendiquer pendant trois ans sans avoir à désintéresser le gagiste (27), puisque la condition de l'article 2280 (achat chez un marchand de choses pareilles) n'est pas remplie.

2) La capacité requise n'est pas seulement celle de s'obliger mais encore celle d'aliéner le bien concerné ; exigence logique puisque le constituant établit un droit réel qui limite les prérogatives attachées à la propriété ; faute de cette capacité, le gage est entaché d'une nullité relative.

Par application de la même idée, un mandat général n'habilite pas à constituer un gage, acte qui requiert un mandat spécial (28).

En cas de redressement judiciaire, la constitution de gage est interdite tant au débiteur qu'à l'administrateur et est entachée d'une nullité absolue, sanction civile qui peut se conjuguer avec des sanctions pénales ; une mise en gage ne peut être effectuée qu'avec l'autorisation spéciale du juge-commissaire (L. 25 janv. 1985, art. 33).

674. — Le gagiste. — Toute personne peut se faire consentir un gage ; la capacité requise est celle de s'obliger.

Toutefois, cette faculté est limitée par l'article 411 du Code pénal qui réprime l'établissement ou la tenue de maisons de prêt sur gages non autorisées (29) ; l'autorisation n'est accordée qu'aux caisses de crédit municipal (les ex-monts de piété) et aux magasins généraux. Arme contre les usuriers d'antan qui exploitaient les difficultés des particuliers, cette infraction vise néanmoins, en principe, les prêts sur gage commerciaux. Son caractère quelque peu suranné incite la jurisprudence et les autorités judiciaires à en faire une application parcimonieuse. C'est ainsi, notamment, qu'ont été exclus du domaine

---

(25) V. notamment Cass., 19 juin 1928 : *D.P.* 1929, 1, 45 ; *S.* 1932, 1, 15.

(26) V. *infra*, n° 733, note 15.

(27) V. Civ., 11 mai 1898 : *D.P.* 1898, 1, 504 ; *S.* 1898, 1, 481, note TISSIER. — V. également Douai, 21 oct. 1982 : *Gaz. Pal.* 1983, somm. 133, à propos d'une caisse de crédit municipal et en dépit d'une disposition contraire insérée dans le règlement de la caisse qui a été jugée inopposable au *verus dominus*. — V. *contra* : MARTY et RAYNAUD, *Les biens*, n° 398.

(28) V. Cass., 14 juin 1948 : *J.C.P.* 48, II, 4534, note E. BECQUÉ. — Versailles, 24 juin 1988 : *D.* 1988, I.R. 241. Les pouvoirs des représentants sociaux sur ce point sont déterminés par des règles propres à chaque type de société (pour les S.A., v. LANGLADE, *Le pouvoir de fournir des sûretés dans les sociétés anonymes* : *Rev. trim. dr. com.* 1979, 355).

(29) Il réprime aussi les opérations sur les récépissés délivrés par les caisses de crédit municipal.

de l'article 411 les nantissements de titres, de valeurs mobilières et de meubles incorporels (30).

Ce délit correctionnel est un délit d'habitude, le gage occasionnel est licite. Il implique un « prêt », de sorte que la pratique du gage est permise pour garantir une créance de restitution ou d'indemnisation.

B. — Les formalités

675. — Le gage civil : l'exigence d'un écrit. — Outre le dessaisissement du constituant, la mise en gage requiert l'établissement d'un écrit, aussi bien pour les meubles corporels (C. civ., art. 2074) que pour les meubles incorporels (C. civ., art. 2075) dès lors que la créance garantie ou l'objet engagé a une valeur supérieure à 5 000 F.

Cet écrit doit être un acte authentique ou un acte sous seing privé « dûment enregistré » ; la jurisprudence a cependant assoupli la règle en admettant un écrit ayant acquis date certaine par un autre moyen que l'enregistrement (31). Il doit mentionner la somme due ou, dans l'éventualité où celle-ci est indéterminée, la cause de la créance garantie sans qu'il soit nécessaire de l'évaluer. Il doit aussi préciser l'espèce et la nature des biens donnés en gage, précision qui peut cependant être apportée par un état annexé pourvu qu'il ait date certaine.

L'exigence d'un écrit revêtu d'une date certaine est née à la fin du XVIe siècle du souci de protéger le débiteur contre l'usure ; mais, dès l'ancien droit, un autre objectif a pris le pas : la prévention de la fraude consistant à établir un gage fictif de façon à soustraire des biens aux créanciers, notamment — ce qui est devenu rétrospectivement paradoxal depuis l'avènement du régime propre au gage commercial — dans la perspective d'une faillite imminente (32). Cette évolution qu'a subie le fondement de la règle explique la portée qui lui a été attribuée dès le XVIIe siècle et qui est encore la sienne.

L'écrit n'est plus requis, comme il l'a été à l'origine, à titre de condition de validité du gage. Celui-ci n'est pas un contrat solennel et doit produire ses effets entre les parties en l'absence d'un écrit conforme aux dispositions légales. L'écrit est seulement requis comme mode de preuve (avec les dispenses du droit commun) et surtout comme condition d'opposabilité aux tiers, ce que le législateur a maladroitement traduit en énonçant que « le privilège n'a lieu à l'égard des tiers qu'autant qu'un écrit a été dressé ». Par tiers, il faut entendre ici non seulement les personnes qui ont acquis un droit sur les biens concernés mais aussi les créanciers chirographaires du constituant.

---

(30) Crim., 15 avril 1876 : *D.* 1876, 1, 104 ; *S.* 1876, 1, 234. — Civ. 1re, 25 mai 1976 : *Bull. civ.* I, n° 201.

(31) V. Civ., 18 fév. 1858 : *D.* 1858, 1, 125 ; *S.* 1858, 1, 365. — Civ., 18 juin 1950 : *D.* 1951, 125.

(32) Sur cette évolution, v. J. FOYER, *Le principe du gage avec dépossession. La loi de 1863 et ses précédents*, in *Le gage commercial*, préc., p. 19 et s.

Les mentions que doit porter l'écrit — dont la suffisance est laissée à l'appréciation du juge du fond (33) — permettent d'assurer le respect du principe de la spécialité du gage tant au regard de la créance garantie qu'au regard des biens grevés (sur la faculté de substitution, v. *supra*, n° 668).

676. — Le gage commercial : la dispense d'écrit. — La valeur et l'importance prises par les actifs mobiliers à la suite de la première révolution industrielle ont conduit le législateur à soustraire en partie le gage commercial au droit commun ; il fallait, en effet, permettre aux commerçants de tirer crédit de ces actifs dans des conditions plus simples et moins onéreuses que celles du droit civil. La loi du 23 mai 1863, dont les dispositions ont été insérées dans les articles 91 à 93 du Code de commerce, a répondu à ce besoin (34).

Cette intervention a conféré une grande importance à la qualification de civil ou commercial appliquée au gage. Selon l'opinion unanime, le critère doit en être fourni non par la qualité des parties ou la nature des biens nantis, mais par le caractère de la créance garantie, puisque le gage n'en est que l'accessoire (35). Si la créance n'est pas commerciale à l'égard des deux parties, la qualification ne peut être qu'unique, car il n'est pas concevable d'appliquer distributivement les règles du gage civil et celles du gage commercial. Elle dépend alors du caractère de la créance envisagée passivement ; le gage est commercial si la dette est née pour les besoins d'une activité commerciale ou correspond à un acte de commerce. Ainsi, le gage constitué par une caution réelle non commerçante est commercial s'il garantit une dette contractée par le débiteur principal dans l'exercice de son commerce (36).

Sur le terrain de la constitution de la sûreté, le désir de faciliter le crédit des entreprises a refoulé le souci de prévenir la fraude, phénomène d'autant plus remarquable que ce souci s'était essentiellement manifesté à l'égard des commerçants. L'article 91, alinéa 1er, dispose que, à l'égard des parties comme des tiers, le gage « se constate » conformément à l'article 109 du Code de commerce, c'est-à-dire par tous moyens. Cette dispense d'écrit ne concerne pas seulement la preuve du gage, mais aussi son opposabilité aux tiers, laquelle n'est subordonnée qu'au dessaisissement du constituant (37).

---

(33) V. Civ. 1re, 25 mai 1976 : *Bull. civ.* I, n° 20.

(34) Sur cette réforme, v. J. Foyer, *op. cit.*, p. 45 et s.

(35) V. Marty, Raynaud et Jestaz, n° 81 ; Malaurie et Aynès, n° 404 ; Ripert et Roblot, II, n° 2599. — V. Com., 23 oct. 1984 : *Bull. civ.* IV, n° 278.

(36) V. Com., 5 fév. 1962 : *Bull. civ.* III, n° 72 ; *Banque* 1962, 704, obs. Marin. — Com., 11 juin 1974 : *Bull. civ.* IV, n° 190 ; *Banque* 1975, 92, obs. L. Martin.

(37) V., par ex., pour un gage établi par témoignages : Civ., 9 janv. 1905 : *S.* 1905, 1, 117 ; par une correspondance : Com., 10 fév. 1964 : *Bull. civ.* III, n° 62 ; par les livres de commerce : Com., 25 fév. 1975, cité note 5 ; par présomptions tirées des circonstances de la remise : Req., 11 avril 1933 : *S.* 1933, 1, 248.

La règle s'applique en principe à tout gage commercial, qu'il porte sur des meubles corporels, y compris les titres au porteur (38), ou qu'il porte sur des meubles incorporels (39). Cependant, le domaine de la règle est, en réalité, moins étendu car plusieurs catégories de meubles incorporels obéissent à des régimes particuliers qui imposent la rédaction d'un écrit (créance à personne dénommée, parts d'intérêts, etc.).

La dispense d'écrit engendre deux conséquences fort importantes. En premier lieu, elle écarte pratiquement le principe de la spécialité de la créance garantie, principe auquel la mention de la créance dans l'écrit assure, en matière civile, une stricte application. Le nantissement commercial peut être général (40) ; il peut garantir des créances indéterminées ou des créances à venir (41). Il appartient au juge du fond de déterminer les créances que les parties ont entendu assortir du gage qu'elles ont établi (42). En second lieu, elle introduit la possibilité d'un gage tacite ; il est ainsi permis d'analyser en un nantissement une disposition contractuelle à laquelle les parties n'ont pas donné cette qualification (43).

§ 3. — Les effets

Si le créancier bénéficie de multiples prérogatives (A), le transfert de la possession l'astreint à des obligations (B) et retentit sur les causes d'extinction de la sûreté (C).

A. — Les prérogatives du gagiste

677. — Le droit de rétention. — Du fait de sa possession, qu'elle soit directe ou exercée par l'intermédiaire d'un tiers convenu, le gagiste bénéficie d'un droit de rétention sur le bien nanti. Cette prérogative, qui résulte de la théorie générale de la rétention, lui est expressément reconnue par l'article 2082, alinéa 1er, du Code civil. Le droit de rétention peut être opposé au constituant, à la personne à laquelle il a aliéné la chose, ainsi qu'à ses créanciers ; il ne souffre de restrictions qu'en cas de redressement judiciaire (v. *supra*, n° 564).

---

(38) Com., 25 fév. 1975 : *Bull. civ.* IV, n° 61 ; *Rev. trim. dr. com.* 1975, 337, obs. CABRILLAC et RIVES-LANGE.

(39) V. Com., 20 juin 1984 : *Bull. civ.* IV, n° 204, au sujet de parts de sociétés civiles nanties avant la loi du 4 janv. 1978.

(40) V. J. FOYER, *op. cit.*, p. 54.

(41) V. Paris, 4 avril 1935 : *D.P.* 1936, 2, 34 ; *S.* 1935, 12. — Rouen, 20 déc. 1905 : *D.P.* 1980, 2, 177, note THALLER.

(42) V. Com., 15 mai 1979 : *Bull. civ.* IV, n° 158, dans une espèce où les juges du fond avaient interprété restrictivement la volonté des parties.

(43) V. par ex. Req., 3 fév. 1937 : *D.H.* 1937, 165.

Comme le veut la règle générale, le droit de rétention du gagiste est indivisible. La particularité ici est une extension de l'indivisibilité, qui n'est guère justifiée et qui ne peut s'expliquer que par la persistance d'une tradition qui remonte au droit romain. L'article 2082, alinéa 2, pose, en effet, que le droit de rétention peut être exercé, sans stipulation spéciale, sur la base d'une dette contractée postérieurement à la constitution du gage et devenue exigible avant le paiement de la dette pour la garantie de laquelle le gage a été constitué. Ce texte introduit une distorsion curieuse entre le domaine du gage qui est circonscrit à la créance convenue et le domaine du droit de rétention qui est élargi aux créances contractées postérieurement et qui ne sont pas assorties du droit réel de gage. On comprend dès lors que la jurisprudence l'interprète restrictivement ; elle en refuse notamment le bénéfice lorsque les créances successives sont garanties par des gages distincts (44).

678. — La protection possessoire et le droit de suite. — En sa qualité de possesseur, le gagiste peut, selon une jurisprudence constante (45), se prévaloir de l'article 2279 du Code civil lorsque le bien est un meuble corporel, ce qui lui permet de s'opposer à la revendication du propriétaire au mépris des droits duquel le bien a été donné en gage (v. *supra*, n° 673).

En sa qualité de titulaire d'un droit réel, le gagiste peut, si du moins il a conservé la possession, s'opposer à la revendication de l'acquéreur du bien et, à l'inverse, faire valoir ses prérogatives à son égard, comme, par exemple, demander l'attribution en propriété à dire d'expert.

En la même qualité, il peut revendiquer le bien nanti contre la personne entre les mains de laquelle il se trouve. Toutefois, comme le dessaisissement volontaire lui fait perdre son droit réel, la revendication ne lui est ouverte qu'en cas de perte ou de vol. Lorsque le bien nanti est un meuble corporel, ce droit de suite est limité par le jeu de la règle « en fait de meubles... » dont le tiers entré en possession de bonne foi peut se prévaloir à son égard.

La protection de la possession du gagiste et de son droit réel se prolonge sur le terrain pénal par une incrimination particulière : le délit de détournement de gage. L'article 400, alinéa 5, du Code pénal frappe de peines correctionnelles le constituant ou le tiers qui s'est emparé du bien engagé ou qui l'a détruit.

679. — Les autres prérogatives (renvoi). — Ce sont le droit de préférence, dont le rang sera précisé ultérieurement (n° 872 et s.) et la faculté — si précieuse — d'obtenir l'attribution en propriété du bien nanti (v. *infra*, n° 946 et s.).

---

(44) V. Com., 26 mai 1975 : *Bull. civ.* IV, n° 138 ; *D.* 1975, I.R. 180.

(45) V. notamment : Req., 12 mars 1888 : *D.P.* 1888, 1, 404 ; *S.* 1888, 1, 264 ; *Grands arrêts Capitant*, n° 88. — Cass., 19 juin 1928 : *D.P.* 1929, 1, 45 ; *S.* 1932, 1, 15.

B. — Les obligations afférentes au bien nanti

680. — L'usage et la conservation. — L'existence de deux droits concurrents sur le bien engagé et le transfert de la possession à seule fin de garantie impose un impératif : le maintien du bien en l'état. Il se traduit par plusieurs obligations qui pèsent sur le créancier ou le tiers convenu.

Obligations de ne pas faire d'abord, dont le principe est posé par l'article 2079 du Code civil, qui assimile la dépossession à un dépôt : ne pas disposer de la chose, ne pas en user ou la mettre au service d'un tiers (46) ; la nocivité économique de la règle, talon d'Achille du gage, n'est pas à souligner. Toutefois, conçue dans le seul intérêt du constituant, elle n'est pas d'ordre public et la convention des parties peut y déroger. Par ailleurs, on professe parfois qu'elle ne s'applique pas lorsque le gage porte sur des choses fongibles. En réalité, le transfert de la possession fait disparaître le plus souvent la fongibilité, de sorte que l'exception ne joue que dans le gage de sommes d'argent (v. *infra*, n° 695) ou lorsque les parties l'ont stipulée.

Ainsi privé de la jouissance, le gagiste n'a pas droit aux fruits et est comptable à l'égard du constituant de ceux qu'il est amené à percevoir, règle très importante dans le nantissement des valeurs mobilières.

Obligations de faire ensuite : prodiguer à la chose les soins qu'elle nécessite et que précise, le cas échéant, une stipulation du contrat (47), ce qui est fréquent en cas d'entiercement ; obligation qui n'astreint pas, estime-t-on, le créancier ou le tiers convenu à assurer les biens nantis (48). Lorsque ces soins ont entraîné des dépenses nécessaires ou utiles, ces derniers ont droit à leur remboursement dans les termes du droit commun.

L'obligation de conservation peut soulever des difficultés lorsque le gage porte sur des biens menacés de dépérissement. Bien que certains le professent (49), le créancier ou le tiers convenu n'est pas tenu de les aliéner, mais seulement d'aviser le constituant. Toutefois, il peut légitimement procéder à la vente, l'intérêt commun des deux parties justifiant une dérogation à l'interdiction générale. La Cour de cassation a jugé qu'il devait alors restituer une somme égale à la valeur des marchandises aliénées appréciée au jour de la restitution (50). Une telle solution est adéquate dans l'hypothèse où le gage comporte une faculté de substitution ; dans ce cas, en effet, le gagiste doit restituer une quantité de marchandises équivalente à la quantité reçue ou, à défaut, la valeur de cette quantité déterminée au jour de l'exécution de l'obligation. La solution n'est pas adéquate en dehors

---

(46) V., par ex., à propos d'un prêt : Com., 26 mai 1961 : *Bull. civ.* III, n° 237 ; *Rev. trim. dr. com.* 1962, 292, obs. HÉMARD.

(47) V. Paris, 8 déc. 1983 : *D.* 1984, I.R. 52.

(48) En ce sens : HÉMARD, traité préc., n° 501.

(49) V. MARTY, RAYNAUD et JESTAZ, n° 90. — V. *contra* : Colmar, 16 nov. 1937 : *Gaz. Pal.* 1938, 1, 24 ; HÉMARD, traité préc., n° 501.

(50) Com., 3 déc. 1957 : *Gaz. Pal.* 1958, 1, 244.

de la faculté de substitution, éventualité dans laquelle les droits respectifs des parties se reporte, par le jeu d'une subrogation, sur le prix de la vente qui a été imposée par les circonstances.

Le gagiste et le tiers convenu qui méconnaissent les obligations relatives à la conservation engagent leur responsabilité contractuelle dans les termes du droit commun. Le gagiste peut également être condamné à la restitution anticipée du bien nanti sans que le débiteur perde le bénéfice du terme (C. civ., art. 2082, al. 1er), ce qui fait disparaître sa sûreté.

En outre, le gagiste et le tiers convenu s'exposent aux peines de l'abus de confiance en cas de détournement des biens engagés, qu'ils les aient aliénés sans l'autorisation du constituant ou qu'ils les aient dissipés (51).

681. — La restitution. — Le gagiste ou le tiers convenu est tenu de restituer les biens nantis lorsque la créance garantie est complètement payée, ainsi que, le cas échéant, les dépenses nécessaires et utiles qui sont garanties sinon par le gage, du moins par le droit de rétention autonome. C'est donc à partir du jour où le débiteur s'est totalement acquitté que commence à courir la prescription de l'obligation de restitution.

En raison de l'indivisibilité du gage, principe posé par l'article 2083 du Code civil et qui joue même en cas de division successorale de la dette, le paiement partiel n'astreint pas à la restitution partielle qui serait envisageable dans l'éventualité où l'assiette serait susceptible d'être fractionnée, par exemple un lot de marchandises ; mais, comme l'indivisibilité n'est conçue que dans l'intérêt du créancier, la convention des parties peut en décider autrement, ce qui se révèle fort utile dans la vie des affaires.

La restitution porte sur les biens remis et les fruits ou produits qui ont pu être perçus ou sur les biens venus en remplacement au cas où la faculté de substitution a été utilisée (sur la restitution dans l'hypothèse de la vente de biens menacés de dépérissement, v. *supra*, n° 680). Si le gage a été constitué sur des choses fongibles dont le gagiste a pu se servir, ce dernier doit restituer la même quantité de choses de la même nature.

Le défaut de restitution, la restitution incomplète ou le retard engage la responsabilité du créancier ou du tiers convenu dans les conditions du droit commun (52). En fait, dans les deux premières éventualités, la sanction de l'obligation de restitution est absorbée par celle de l'obligation de conservation dont la méconnaissance a empêché la restitution.

---

(51) V. Crim., 8 mars 1935 : *Gaz. Pal.* 1935, 1, 871. — Crim., 19 juin 1936 : *S.* 1936, 1, 315.

(52) Sur la réparation intégrale du préjudice et donc du manque à gagner subi par le constituant, v. Com., 26 mai 1961, préc.

C. — L'extinction

682. — L'extinction à titre accessoire. — Sa nature d'accessoire veut que le gage s'éteigne lorsque la créance qu'il garantit s'éteint pour une raison quelconque. Il faut remarquer que cette raison ne peut pas être la prescription ; celle-ci ne court pas, en effet, tant que le gagiste ou le tiers convenu demeure en possession, ce qui, selon une interprétation traditionnelle (53), équivaut à une reconnaissance de dette tacite et permanente de la part du constituant.

L'extinction à titre accessoire laisse survivre le droit de rétention pour garantir la ou les créances qui ont pu être contractées postérieurement à la constitution au profit du gagiste (v. *supra*, n° 677).

683. — L'extinction à titre principal. — Le gage peut s'éteindre alors que demeure la créance qu'il assortissait. Ce phénomène peut être d'abord le fruit de la volonté du gagiste qui restitue le bien nanti (v. *supra*, n° 667). Il peut aussi être le fait d'une décision de justice : la décision qui condamne le débiteur à la restitution en raison de l'abus qu'il a commis (v. *supra*, n° 680) ; celle qui impose une substitution de garantie dans le cadre d'une procédure collective (v. *supra*, n° 525) ; c'est la décision elle-même et non son exécution qui met fin au gage, car elle intervertit le titre auquel le créancier détient la chose. Ce phénomène se produit, enfin, en cas de perte de l'objet engagé, sous réserve de l'exercice du droit de préférence sur certaines indemnités qui peuvent être dues à cette occasion.

SECTION II

LES MODALITÉS PARTICULIÈRES

684. — Vue panoramique. — Des aménagements ou des dérogations ont été apportés, en grand nombre, au régime général du gage avec dépossession. Ils procèdent de deux sources différentes et d'un débit inégal.

La source parcimonieuse (heureusement !) est la qualité de certains créanciers auxquels le législateur a entendu ménager des faveurs ; mentionnons les caisses de crédit municipal (principe posé par l'art. 2084 C. civ. et le décret n° 622 du 20 mai 1955), la Banque de France (L. n° 7 du 3 janv. 1973, art. 29 et 38), le Crédit foncier de France (D. 28 juin 1856). Les domaines respectifs de ces régimes sont trop étroits pour qu'ils puissent être étudiés ici.

---

(53) V. PLANIOL, RIPERT et BECQUÉ, XII, n° 112 et les références à la doctrine antérieure.

La source abondante est la nature du bien qui a imposé ou permis des adaptations apportées au régime général ; nous ne retiendrons que les principales.

§ 1. — Le nantissement des créances à personne dénommée

685. — Généralités. — Cet élément patrimonial qu'est la créance de somme d'argent, voire la créance de livraison de marchandises, est d'autant plus voué à servir le crédit de son titulaire que celui-ci ne peut en tirer aucune utilité jusqu'à l'échéance. Le gage traditionnel a répondu depuis fort longtemps à cette vocation grâce à une transposition à ce bien incorporel du mécanisme du transfert de la dépossession (sur la notion même de possession en la matière, v. *supra*, n° 666).

Toutefois, le nantissement des créances a été et est de plus en plus concurrencé par des garanties qui font appel aux techniques les plus diverses (cession, délégation, stipulation pour autrui, escompte, etc.). Ces garanties, dont la plupart reposent sur un transfert de propriété au profit du titulaire de la créance garantie, sont plus simples à constituer et d'une efficacité plus grande ; aussi ne laissent-elles qu'une place réduite, même si elle n'est pas négligeable, au nantissement traditionnel.

On a souligné l'hétérogénéité de ces garanties et l'incohérence qu'elles ont introduite dans notre système juridique (54). Un remède radical a été proposé : l'instauration d'une hypothèque mobilière à domaine général qui s'étendrait aux créances ; cette proposition a l'attrait d'un parc à la française, mais elle implique une reconstruction totale du droit des sûretés dont la perspective est bien hypothétique et dont on peut, par ailleurs, se demander si elle parviendrait à refouler l'expansion de la propriété-sûreté.

686. — La constitution. — Toute créance peut être l'objet d'un nantissement, serait-elle éventuelle, comme on l'a vu à propos du problème de la mise en gage des choses futures qui se pose ici avec le plus d'acuité (v. *supra*, n° 672).

Lorsque le gage est civil, il doit donner lieu à l'établissement d'un écrit conformément à la règle générale (v. *supra*, n° 672). Lorsque le gage est commercial, bénéficie-t-il de la dispense d'écrit du droit commun ? La logique le voudrait, car rien ne justifie sur ce point une discrimination entre les créances et les autres biens (55) ; néanmoins, en raison du renvoi équivoque que fait l'article 91, alinéa 4, du Code de commerce à l'article 2075 du Code civil, la Cour de cassation a, à plusieurs reprises, consacré l'exigence de l'écrit revêtu de la date certaine (56), décisions, il est vrai, anciennes dont on peut se demander si elles ne constituent pas une jurisprudence obsolète.

---

(54) D. Legeais, *Les garanties conventionnelles sur créances*, Économica, 1986, avant-propos J. Stoufflet, préf. P. Rémy.

(55) En ce sens : Ripert et Roblot, II, n° 2604 ; Thaller et Percerou, *Traité de droit commercial*, n° 1017. — V. *contra* : Hémard, traité préc., n° 488 ; Wahl, *Traité de droit commercial*, n° 1377.

(56) V. Cass., 27 nov. 1865 : *D.P.* 1866, 1, 56 ; *S.* 1866, 1, 60. — Req. 13 avril 1879 : *S.* 1881, 1, 157. — Comp. Civ., 27 déc. 1904 : *D.P.* 1906, 1, 145, dont la solution est équivoque.

Quant au transfert de la possession, il est réalisé par des procédés empruntés à la cession de créance ; soit par la signification par acte extrajudiciaire du nantissement au débiteur de la créance engagée, soit par l'acceptation de ce dernier exprimée dans un acte authentique. L'admission de ce second procédé, qui avait été l'œuvre de la jurisprudence, a été consacrée par la loi n° 525 du 12 juillet 1980 qui a retouché l'article 2075. Bien qu'on l'ait contesté (57), l'une ou l'autre de ces formalités tient de façon satisfaisante le rôle qu'assume la tradition dans le gage des meubles corporels. Elle fait perdre, en effet, à son titulaire le pouvoir de fait sur la créance — la « mainmise » —, puisque le débiteur ne peut plus s'aquitter valablement entre ses mains. Par ailleurs, elle remplit une fonction publicitaire en ce sens que, dans l'éventualité où la créance est engagée au profit de plusieurs personnes, ce sont les dates respectives des significations ou actes authentiques qui déterminent leurs droits ; fonction publicitaire qu'elle assume imparfaitement, il faut l'avouer, car la formalité est inapte à prévenir le public de l'existence du gage (58).

La dépossession postule-t-elle un élément supplémentaire : la remise au gagiste ou à un tiers convenu de l'écrit constatant la créance ? Une jurisprudence traditionnelle en avait posé l'exigence (59), interprétation qui, de plus en plus, était vivement critiquée (60). La nécessité de la remise du document probatoire ne repose, en effet, sur aucune justification sérieuse. Elle ne fait pas perdre au constituant le pouvoir sur la créance, résultat au demeurant atteint par la signification. D'autre part, sa portée publicitaire est très réduite ; elle n'empêche pas nécessairement le créancier, qui peut disposer de plusieurs titres, de donner en gage la même créance à plusieurs personnes. En revanche, la règle conduisait, résultat déplorable, à faire obstacle au nantissement des créances qui n'étaient pas constatées par écrit, éventualité fréquente dans la vie des affaires qu'a multipliée le développement de l'informatique. Ces critiques ont trouvé un couronnement dans un arrêt de la Cour de cassation du 10 mai 1983 (61), qui a largement tempéré l'exigence en jugeant qu'elle n'était pas de mise quand « la tradition (de l'écrit) est matériellement impossible », solution qui n'est probablement qu'une première étape vers l'abolition complète de la règle.

687. — Les effets. — Si, pour la constitution du gage, l'adaptation du droit commun est relativement aisée, elle se révèle beaucoup plus difficile lorsqu'il s'agit d'en déterminer les effets. Le législateur n'a

(57) D. LEGEAIS, *op. cit.*, n° 61 et s.

(58) Le nantissement des créances est ainsi une sûreté occulte, tare que relativise le développement des sûretés-propriétés (réserve de propriété et cession par bordereau Dailly).

(59) Req., 11 juin 1846 : *D.P.* 1846, 1, 252. — Civ., 20 janv. 1886 : *D.P.* 1886, 1, 305, note LYON-CAEN. — Civ., 27 janv. 1908 : *D.P.* 1910, 1, 522 ; *S.* 1910, 1, 537, note NAQUET.

(60) Pour un état de la question, v. D. LEGEAIS, *op. cit.*, n° 65 et s.

(61) *Bull. civ.* I, n° 141 ; *D.* 1984, 433, note LÉGIER et I.R. 82, obs. VASSEUR ; *Rép. Defrénois* 1983, p. 1394, note PIÉDELIÈVRE.

édicté qu'une règle particulière : l'article 2081 du Code civil habilite le gagiste à percevoir les intérêts de la créance nantie et l'astreint à les imputer soit sur les intérêts qui peuvent lui être dus, soit, à défaut, sur le capital de sa propre créance.

En revanche, le législateur ne s'est pas préoccupé des problèmes épineux que fait surgir l'échéance de la créance donnée en gage (62), problèmes qui se posent en termes différents en fonction de la chronologie des échéances respectives des deux créances impliquées dans le rapport juridique.

1) L'échéance de la créance engagée est antérieure à celle de la créance garantie. Le constituant ne peut pas percevoir seul le montant de la créance, car il disposerait ainsi d'un bien dont il s'est dessaisi. Quant au bénéficiaire, il ne peut pas s'approprier la somme car cet acte équivaudrait à une réalisation du gage alors que la créance garantie n'est pas exigible ; il n'est pas habilité non plus à recevoir seul le paiement, puisqu'il n'a pas un droit exclusif sur la créance (63). De la sorte, le paiement ne peut être reçu que conjointement par le constituant et le gagiste, ou par un mandataire commun.

Pour assurer la survie du gage, les parties doivent consigner la somme (64) ou l'isoler dans un compte spécial, ce qui permet le jeu de la subrogation réelle. Elles peuvent convenir d'en faire un emploi, mais c'est alors un nouveau gage qui est constitué avec toutes les conséquences que comporte cette analyse (respect des formalités de constitution, impossibilité de se prévaloir de la date du gage originaire). En revanche, si le constituant laisse la somme à la disposition du gagiste, le gage s'éteint, car il faut considérer qu'il y a paiement de la créance garantie avec renonciation au bénéfice du terme. Le gage s'éteint également lorsque le gagiste laisse la somme à la disposition du constituant, comme le veut le principe de la permanence de la dépossession.

Le plus souvent, les actes de nantissement contiennent des clauses conférant au gagiste le droit de percevoir le paiement soit à titre de mandataire, soit à titre de délégataire. Constituent-elles des pactes commissoires entachés de nullité ? La jurisprudence a refusé cette qualification (65) en se fondant notamment sur l'idée qu'elles s'appliquent non au droit de créance lui-même mais aux deniers provenant

(62) Nous n'évoquerons pas les problèmes des pouvoirs et des devoirs que peut avoir le gagiste à propos de la conservation de la créance, v. D. LEGEAIS, *op. cit.*, n° 100 et s.

(63) V. *contra* : D. LEGEAIS, *op. cit.*, n° 105, qui fonde ce pouvoir sur l'obligation de conservation ; en raison de l'existence de droits concurrents, le gagiste pourrait tout au plus, croyons-nous, obtenir, en cas de péril, une autorisation judiciaire suppléant au défaut de consentement du constituant.

(64) V. PLANIOL, RIPERT et BECQUE, XII, n° 117 ; MARTY, RAYNAUD et JESTAZ, n° 90.

(65) On ne peut guère, il est vrai, citer que deux décisions de la Cour de cassation : Civ., 21 mars 1910 : *S.* 1913, 1, 145, note NAQUET, au sujet d'une délégation, mais la solution n'est qu'implicite, et Civ., 30 mai 1947 : *S.* 1947, 1, 140 ; *Rev. trim. dr. com.* 1948, 128, obs. HÉMARD, qui est plus significative.

d'un paiement extinctif. On ne saurait en déduire, comme certains l'ont fait hâtivement (66), que la prohibition des pactes commissoires est écartée en matière de nantissement des créances (67), puisque c'est la qualification seulement qui a été rejetée. Elle peut l'être à bon escient quand la clause fait appel au mandat, puisque le gagiste perçoit alors les fonds pour le compte de ceux qui peuvent y prétendre, le constituant et ses créanciers bénéficiaires d'un droit de préférence primant celui du gagiste.

2) L'échéance de la créance engagée est postérieure à celle de la créance garantie. En théorie, le gagiste doit recourir aux modes de réalisation du droit commun : ventes aux enchères ou attribution à dires d'experts (68). Le premier et, à un degré moindre, le second de ces modes sont tout à fait inadaptés à la situation, parce qu'ils imposent des formalités lourdes et onéreuses sans qu'elles soient véritablement utiles.

La pratique s'efforce de tourner la difficulté en insérant dans les contrats constitutifs une clause de cession ou de délégation conditionnelle, la condition étant le défaut de paiement de la créance garantie. De telles clauses paraissent bien constituer des pactes commissoires prohibés ; mais leur utilité est telle que la doctrine plaide vigoureusement en leur faveur (69). La jurisprudence n'a pas eu à se prononcer sur leur validité ; ce phénomène s'explique probablement par le fait que les constituants ne tireraient aucun bénéfice concret de leur annulation.

688. — Les régimes spéciaux : 1° Le nantissement des créances professionnelles. — Depuis la loi n° 1 du 2 janvier 1981, modifiée par la loi « bancaire » du 24 janvier 1984, les établissements de crédit peuvent obtenir la cession ou le nantissement de créances professionnelles grâce à une formalité fort simple : l'établissement d'un bordereau dit « Dailly » (70) ; ce document doit être daté et signé par le cédant ou le constituant et indiquer la nature de l'opération (cession ou nantissement) ; il peut regrouper plusieurs créances qu'il énumère ou qu'il désigne par référence à un support informatique où elles sont constatées. Le débiteur de la créance cédée ou nantie n'est pas

(66) V. Weill, n° 98. — Groslière, *Gage, Encyclopédie Dalloz Dr. civ.*, n° 190. — Rieg, *J.-Cl. civ.*, art. 2071-2085, n° 1402.

(67) V. en ce sens : Wiederkehr, *Pactes commissoires et sûretés conventionnelles* in *Mélanges Jauffret*, p. 668 et s. ; D. Legeais, *op. cit.*, n° 164. — Comp. Marty, Raynaud et Jestaz, n° 102.

(68) Sur la possibilité de recourir à ce mode de réalisation pour une créance, v. *infra*, n° 948.

(69) Beudant par Voirin, XIII, n° 223 ; Planiol, Ripert et Becqué, XII, n° 121, note 6 ; Weill, n° 98 ; Malaurie et Aynès, n° 426. — V. *contra* : D. Legeais, *op. cit.*, n° 162 et s.

(70) C'est l'appellation que la pratique a spontanément adoptée en l'empruntant au patronyme du parlementaire qui avait présenté le rapport sur la proposition de loi qu'il avait déposée ; appellation utile car le terme générique « bordereau » est ressenti comme insuffisant pour désigner un document aussi spécifique.

nécessairement prévenu, mais peut éventuellement l'être à tout moment par une notification faite par un moyen quelconque, laquelle renforce la position de l'établissement de crédit. La seule remise du bordereau suffit à constituer le gage entre les parties et à l'égard des tiers.

Ce système ne peut être utilisé que pour les créances sur des personnes morales de droit public ou de droit privé et les créances sur des personnes physiques nées dans l'exercice de leur activité professionnelle.

Les établissements de crédit n'ont pas manqué d'exploiter sur une grande échelle la faveur qui leur a été ainsi octroyée ; mais ils ont délaissé le nantissement — ce qui invite à ne pas entrer dans le détail de son régime — au profit de la cession. Cette politique était inévitable dès lors que la loi (art. 1er-1) les autorise à se faire céder les créances professionnelles à titre de garantie, autrement dit à se faire consentir une sûreté-propriété qui leur confère la priorité absolue (v. *supra*, n° 530), alors que le nantissement les exposerait à passer après les créanciers qui, aux termes du droit commun, ont un rang préférable à celui du gagiste.

689. — Les régimes spéciaux : 2° Le nantissement des marchés publics. — Aux entreprises partenaires de l'État ou des collectivités publiques qui désiraient obtenir des avances sur les marchés en cours, le nantissement du droit commun n'offrait qu'une piètre ressource. Le droit administratif et les pratiques de l'administration multipliaient les obstacles et les incertitudes alors que l'efficacité de la sûreté était menacée par l'existence de privilèges occultes propres aux travaux publics. Pour remédier à cette situation, un décret-loi du 30 octobre 1935 a doté le nantissement des marchés publics d'un régime particulier, alors que la créance issue d'un marché privé est justiciable du droit commun du nantissement des créances ; les dispositions de ce décret, maintes fois modifiées et notamment par le décret n° 1285 du 3 décembre 1985, figurent actuellement dans le Code des marchés publics (art. 187 et s.).

S'il a joué un rôle très important, le nantissement des marchés publics est maintenant supplanté par la cession par bordereau Dailly (71), garantie plus simple à constituer et qui assure au créancier une position beaucoup plus avantageuse (72) ; cette évolution invite à ne pas préciser le régime de cette sûreté.

---

(71) Les décrets nos 1285 et 1288 du 3 déc. 1985 ont précisé et facilité l'adaptation de la cession par bordereau Dailly aux créances de marchés publics.

(72) Ceci d'autant plus que le créancier nanti ne peut prétendre à l'attribution judiciaire de la créance en cas d'opposition d'un créancier d'un rang préférable (Com., 4 mai 1981 : *D.* 1981, 489, note DERRIDA), solution qui amorçait déjà le déclin de ce nantissement (v. BACHELOT, *Un cas exemplaire : le dépérissement du nantissement de marché* : *Banque* 1981, 1405. — SOINNE, *Le nantissement sur marché public ; dépérissement définitif ou rémission* : *J.C.P.* 81, I, 13637).

§ 2. — Le nantissement des parts sociales

690. — Les parts de sociétés civiles. — Si le principe même en a été discuté, à une certaine époque, tant en raison de l'*intuitus personae* que de la difficulté de satisfaire à l'exigence de la dépossession, le nantissement des parts de sociétés civiles a pris, de nos jours, un essort considérable ; il procède en grande partie du développement des sociétés civiles immobilières ; la « pierre » se profile derrière cette sûreté mobilière.

Traditionnellement, ce nantissement était constitué comme celui des créances (signification à la société ou acceptation de cette dernière dans un acte authentique). A cette formalité, la loi du 4 janvier 1978 a ajouté (73) une publicité faite au registre du commerce et des sociétés (C. civ., art. 1866, al. 2), dont les modalités sont précisées par les articles 53 à 57 du décret n° 704 du 3 juillet 1978. La loi indique que la date de cette publicité détermine le rang des créanciers nantis, d'où la tentation de considérer que c'est là sa seule incidence et qu'elle n'est pas une condition d'opposabilité du nantissement aux tiers (74). Cette tentation doit être repoussée ; le législateur a manifestement entendu assigner à cette publicité le rôle de la dépossession, comme en témoigne l'alinéa 3 de l'article 1866 où l'on retrouve l'écho de l'article 2076 ; au demeurant, il serait insolite qu'une mention au R.C.S. ne soit pas assortie d'une telle sanction, d'autant qu'elle est la sanction minimale de toute sûreté soumise à une publicité juridique.

La compatibilité entre la valeur économique du nantissement et l'*intuitus personae* est ménagée par un faisceau de règles posées par les articles 1867 et 1868 du Code civil. La réalisation forcée doit être notifiée un mois avant à la société et aux associés. Le consentement des associés au projet de nantissement vaut agrément de l'éventuel cessionnaire en cas de vente forcée. Qu'il y ait ou non agrément, chaque associé ou la société peut se substituer à l'acquéreur dans les cinq jours de la vente. Quand il n'y a pas agrément, la société peut également décider la dissolution ou l'acquisition des parts évaluées à dires d'expert.

691. — Les parts de sociétés commerciales. — Le terme de parts est ici pris dans son sens étroit (parts de sociétés de personnes et de S.A.R.L.), car le nantissement des actions n'est qu'une application du nantissement des valeurs mobilières (v. *infra*, n° 634). Curieusement et malencontreusement, le législateur de 1978 n'a pas érigé en règle générale le régime qu'il a instauré pour les parts de sociétés civiles, alors qu'il avait ainsi l'occasion de dissiper l'incertitude qui préside

---

(73) Il a cependant été jugé que le nantissement était régulièrement constitué en l'absence de signification dès lors que le gérant avait fait connaître au créancier qu'il avait été inscrit sur le registre de la société : Com., 20 juin 1984 : *Bull. civ.* IV, n° 204.

(74) V. en ce sens : Paris, 29 oct. 1987 : *D.* 1987, I.R. 262, qui en a déduit qu'il fallait admettre l'attribution judiciaire au profit du créancier nanti, alors que la société n'avait pas été immatriculée.

à la constitution du nantissement des parts de sociétés commerciales (75) et d'assujettir ce dernier à une véritable publicité.

Il a toujours été admis que le nantissement des parts devait être constitué comme celui des créances ordinaires, ce qui postule donc une formalité minimale, la signification à la société ou son acceptation dans un acte authentique. En matière de cession de parts, la signification peut désormais être remplacée par le dépôt d'un original de l'acte de cession au siège social contre remise par le gérant d'une attestation de dépôt (L. 24 juill. 1966, art. 20, réd. du 5 janv. 1988) ; il semble que cette équivalence doive être étendue aux nantissements (76).

Cette formalité est-elle suffisante ? Certaines décisions ont exigé en outre la remise de l'original ou d'une expédition des statuts par analogie avec la remise du titre qui était requise pour la mise en gage des créances (77). Il y a tout lieu de penser que cette exigence est périmée depuis l'arrêt de principe qui a aboli la nécessité d'une remise du titre (v. *supra*, n° 686) ; celle des statuts était encore plus critiquable, car elle ne réalise en rien une dépossession et n'en remplit aucune des fonctions.

Le nantissement des parts de S.A.R.L. donne lieu à une réglementation proche (mais non identique) de celle qui a été signalée à propos des sociétés civiles et destinée à concilier la réalisation et l'*intuitus personae* (v. L. 24 juill. 1966, art. 46).

§ 3. — Le nantissement des titres et des valeurs mobilières

692. — Le nantissement des titres au porteur. — Le titre au porteur est un écrit dont la détention confère les droits que déterminent sa nature et les mentions qu'il porte. Ces droits sont donc attachés au support matériel, phénomène d'incorporation de droits dans un document qui fait du titre au porteur un meuble corporel qui se transmet par tradition. De la sorte, sa mise en gage ne pose aucun problème spécifique et relève entièrement du régime général du gage des meubles corporels.

L'application la plus importante en pratique concerne les bons de caisse anonymes depuis que la dématérialisation des valeurs mobilières a considérablement amputé le domaine des véritables titres au porteur. L'appellation de titres au porteur — doublement fallacieuse — a, cependant et malencontreusement, été maintenue pour désigner les valeurs mobilières susceptibles d'être admises en S.I.C.O.V.A.M. (v. *infra*, n° 694), lesquelles ne sont pas des meubles corporels et ne peuvent être mises en gage que selon des modalités adaptées à leur nature.

---

(75) V. H. Chassery, *Le nantissement des parts sociales* : *Rev. trim. dr. com.* 1977, 435.

(76) Rappr. en ce sens : Com., 20 juin 1984 : préc. *supra*, n° 690, note 73.

(77) V. par ex. : T.G.I. Seine, 3 nov. 1967 : *Gaz. Pal.* 1968, 1, 269 ; *D.* 1968, somm. 54.

693. — Le nantissement des titres à ordre. — Le titre à ordre est l'écrit qui confère à la personne qu'il désigne des droits de nature variable (droit au paiement d'une somme d'argent, droit sur une créance, sur des marchandises, etc.). La caractéristique fondamentale du titre à ordre est de se transmettre par endossement, c'est-à-dire par la remise de l'écrit revêtu d'une mention signée du cédant et indiquant la transmission au cessionnaire. Ainsi, le bénéficiaire des droits attachés au titre, le porteur légitime, est celui que fait apparaître la chaîne des endossements, laquelle doit être ininterrompue (78).

En dépit de l'incorporation de droits dans l'écrit, le titre à ordre ne relève pas du statut des meubles corporels, car le porteur n'est pas investi de ces droits par le seul fait de la détention mais par sa désignation en cette qualité. Il en résulte que le nantissement du titre à ordre ne peut pas être constitué selon le schéma général mais selon un procédé adapté à son mécanisme. Ce procédé est celui de l'endossement pignoratif qui consiste à préciser dans la mention d'endos, par une formule quelconque (valeur en garantie ou valeur en gage, par exemple), que le titre est remis en gage, et non en propriété, au nouveau porteur. Cette formalité est suffisante et ne doit pas être accompagnée de la rédaction d'un écrit ayant date certaine même si le gage a le caractère civil (79).

Les parties peuvent également réaliser une mise en gage par un endossement translatif ; mais, par application de la théorie de la simulation, si elle est valable entre elles, elle est inopposable aux tiers (80).

Lorsque le titre est un effet de commerce, le gagiste peut exercer les droits qui y sont attachés et, notamment, recouvrer l'effet pour prélever sur son montant la somme qui lui est due (C. com., art. 91, al. 5), mais non transmettre la propriété du titre (81).

Un titre à ordre est soumis à une réglementation particulière : la copie exécutoire à ordre qui constate une créance garantie par une hypothèque ou un privilège spécial immobilier (v. *infra*, n° 856).

694. — Le nantissement des valeurs mobilières. — Il tient une place considérable dans la vie des affaires, notamment en raison de deux de ses applications qui sont de pratique quotidienne : « l'avance sur titres » consentie par les établissements de crédit (au besoin à leur clientèle civile) ; la couverture en valeurs mobilières (plutôt qu'en numéraire) constituées pour garantir des opérations sur les marchés à terme.

La constitution de ce nantissement a subi une révolution avec la dématérialisation des valeurs mobilières décidée par l'article 94-II de la loi de finances du 30 décembre 1981. Dans le régime antérieur,

---

(78) V. Roblot, *Endossement*, *Encyclopédie Dalloz Dr. com.*

(79) V. Com., 26 janv. 1971 : *Bull. civ.* IV, n° 24 ; *Rev. trim. dr. com.* 1971, 1051, obs. Cabrillac et Rives-Lange.

(80) V. Com., 14 mars 1989 : *Bull. civ.* IV, n° 83 ; *Rev. trim. dr. com.* 1989, obs. Cabrillac et Teyssié.

(81) Com., 14 mars 1989, préc.

elle se faisait selon trois modalités correspondant aux trois formes que le titre pouvait revêtir. Le titre au porteur était nanti dans les formes du droit commun des meubles corporels ; le titre nominatif par un transfert de garantie sur le registre de l'établissement émetteur ; le titre déposé en S.I.C.O.V.A.M. par la rédaction d'un acte mentionnant la date du dépôt et l'établissement dépositaire, acte qui devait être signifié à ce dernier.

La dématérialisation a eu pour effet d'uniformiser le mode de constitution, uniformisation qui n'est que la conséquence de la proche parenté de ce qu'on continue à appeler, par un abus de langage, la forme nominative et la forme au porteur, qui, toutes les deux, reposent sur la notion de valeur scripturale (82). Aux termes de l'article 29, alinéa 1er, de la loi n° 1 du 3 janvier 1983, le nantissement est établi par une déclaration du titulaire du compte où figurent les valeurs mentionnant la créance garantie et les titres grevés, déclaration datée et signée, mais qui n'est pas soumise à enregistrement, même quand le gage est civil. Bien que la loi ne le précise pas, il faut admettre que la déclaration doit être notifiée, par un moyen quelconque, à la personne morale émettrice, si elle tient le compte, ou, dans le cas contraire, à l'intermédiaire habilité. En effet, le teneur du compte a l'obligation de virer les valeurs données en gage à un compte spécial ouvert au nom du propriétaire-constituant et de délivrer au créancier-gagiste une attestation de gage (art. 29, al. 2). Le législateur ne précise pas les sanctions de l'inobservation de ces formalités et la question est d'autant plus délicate qu'il a posé que le nantissement était constitué par la déclaration tant à l'égard de la personne morale émettrice que des tiers. Il ne semble pas que le défaut d'inscription à un compte spécial puisse être sanctionné par l'inopposabilité (83) ; il n'en va pas de même, croyons-nous, de l'absence de notification, car le teneur de compte joue le rôle de tiers convenu et l'on conçoit mal que le gage puisse être opposable sans que ce dernier ait été avisé ; au demeurant, faute de cette interprétation, l'absence de date certaine de la déclaration ouvrirait la porte à une fraude trop facile.

Par application de l'article 2081 du Code civil (v. *supra*, n° 687), mais sous réserve d'une convention contraire, le gagiste encaisse les dividendes et intérêts pour en imputer le montant sur ce qui lui est dû (84). La mise en gage ne fait pas obstacle à l'exercice par le constituant des droits non pécuniaires attachés au titre et notamment à celui du droit de vote.

Le gage s'étend, sauf convention contraire, à toutes les titres « venant en substitution ou en complément des titres initialement grevés, que

---

(82) V. ROBLOT, *La dématérialisation des valeurs mobilières*, A.N.S.A., 1984, n° 18.

(83) V. ROBLOT, *La dématérialisation...* préc., n° 21. — V. cependant MARTY, RAYNAUD et JESTAZ, n° 76, note 1, qui professent que le nantissement est constitué par la délivrance de l'attestation.

(84) Sur cette règle et ses difficultés d'application, v. DERRUPPÉ, *Le nantissement des valeurs mobilières*, in *Le gage commercial*, préc., n° 25 et s.

ce soit par échange, regroupement, division, attribution gratuite, souscription ou autrement » (art. 29, al. 3).

La réalisation du gage peut, le cas échéant, se faire par la vente en bourse sans qu'il soit nécessaire de procéder à une mise aux enchères.

§ 4. — Le nantissement des sommes d'argent

695. — Généralités. — Au premier abord, il peut paraître surprenant que l'argent qui permet la satisfaction d'un besoin immédiat soit utilisé comme objet de sûreté ; pourtant, le gage et les garanties constitués sur des sommes d'argent sont d'un emploi fréquent et diversifié. Leur domaine d'élection, mais non leur domaine exclusif, est la garantie des créances éventuelles ou conditionnelles, ceci aussi bien dans la vie courante (par exemple, cautionnement versé par le locataire pour garantir la restitution de l'objet mobilier loué) que dans la vie des affaires (par exemple, couverture d'une opération à terme). A la diversité des utilisations fait écho celle des appellations de la pratique, qui tend à brouiller les cartes, dépôt de garantie, cautionnement, retenue de garantie, couverture, etc., outre l'expression à tonalité plus doctrinale et à laquelle on prête une portée générale de gage-espèces, expression qui n'est pas très heureuse lorsque l'objet du gage est de la monnaie scripturale.

Le nantissement des sommes d'argent, dont la doctrine a passablement négligé l'étude, est protéiforme, comme l'est l'argent lui-même, et certaines de ses applications s'éloignent des canons ordinaires au point de sortir du domaine du véritable gage. Il n'y a donc pas un schéma unique, mais plusieurs qui dépendent de la qualité du gagiste.

696. — Le nantissement au profit d'un créancier quelconque. — Une distinction s'impose selon que les fonds sont remis directement au créancier ou que le gage est constitué sur des fonds déposés en banque.

1) Le nantissement par remise directe. C'est l'éventualité dans laquelle le constituant verse la somme au gagiste soit sous forme de billets de banque, soit sous forme de monnaie scripturale par chèque ou virement à son compte. Il faut observer que toute remise de fonds pour garantir une créance n'est pas nécessairement qualifiée de gage ; elle peut être tenue pour un paiement anticipé de la créance garantie, en particulier quand celle-ci est certaine sans être exigible (85).

Le bien remis en garantie étant nécessairement fongible (86), le créancier en devient propriétaire à charge de restitution et peut en disposer.

---

(85) C'est le cas, par exemple, des loyers, v. en ce sens : DUPICHOT, obs. sous Com., 28 juin 1983 : *Gaz. Pal.* 1984, pan. 24. — V. un ex. d'analyse en un paiement anticipé : Com., 3 nov. 1970 : *Bull. civ.* IV, n° 286.

(86) La monnaie scripturale est fongible par essence ; les billets de banque pourraient être traités par les parties comme des corps certains grâce à leur numérotation, mais c'est là une hypothèse d'école.

Pour rendre compte de ce phénomène, on recourt à l'expression de gage irrégulier par analogie avec le dépôt irrégulier (87), on pourrait aussi parler de quasi-gage par analogie avec le quasi-usufruit. Ces expressions montrent bien que l'on n'est pas en présence d'un authentique gage, bien que la jurisprudence pénale ne recule pas devant cette qualification (88), mais d'une sûreté-propriété. On doit en déduire que les formalités requises pour la constitution du gage ne sont pas nécessaires et que la remise (fût-ce sous sa forme scripturale) est suffisante. Propriétaire des fonds reçus, le créancier a, par là-même, un droit exclusif sur ces derniers. La dette de restitution qu'il a contractée est appelée à se compenser avec la créance garantie, quand bien même le constituant serait sous le coup d'une procédure collective puisqu'il y a connexité entre elles (89). La sûreté est ainsi réalisée par un moyen qui ne requiert aucune formalité et qui assure à son titulaire la priorité absolue ; mais il n'y a là qu'une faculté et ce dernier a la possibilité de recourir aux modes de réalisation du droit commun (90).

2) La mise en gage d'un dépôt bancaire. C'est l'éventualité dans laquelle un banquier accepte de jouer le rôle de tiers convenu, soit qu'il reçoive les fonds du constituant à cet effet, soit que les fonds soient déjà inscrits dans un compte de ce dernier sur lequel ils seront prélevés. Cette opération entre parfaitement dans le moule du gage ordinaire. La dépossession est réalisée par le transfert des fonds dans un compte à affectation spéciale, un compte bloqué (qui peut éventuellement produire intérêts). Le constituant ne peut pas faire de retrait sur ce compte et son solde n'est pas susceptible, du fait de son affectation, d'entrer en compensation avec ceux des autres comptes du constituant ou toute autre créance que le banquier pourrait avoir sur lui.

Contrairement au cas de figure précédent, le créancier n'a pas sur les fonds un droit exclusif, mais seulement le « privilège » du gagiste. Il peut éviter d'être primé par les créanciers de rang préférable en demandant l'attribution judiciaire (91).

Cette formule peut-elle être analysée en un nantissement de créance (celle du constituant déposant sur la banque) ou en un nantissement de monnaie scripturale, problème qui n'a pas été tranché en jurisprudence ? L'enjeu concret du débat est pourtant considérable, qui concerne les formalités de constitution ; la première analyse impose l'éta-

---

(87) V. BEUDANT par VOIRIN, XIII, n° 155 ; PLANIOL, RIPERT et BECQUÉ, XII, n° 77 ; WEILL, n° 77.

(88) Pour appliquer les peines de l'abus de confiance, v. Crim., 12 déc. 1890 : *D.P.* 1891, 1, 325. — Crim., 9 juill. 1953 : *D.* 1953, 556.

(89) Rappr. Cass., 16 juin 1936 : *S.* 1936, 1, 140 ; *D.* 1936, 443.

(90) V. Com., 29 mars 1989 : *D.* 1989, 457, note D. MARTIN, qui a autorisé une banque à produire pour la totalité de sa créance à titre privilégié (et non pour le reliquat après compensation à titre chirographaire) de façon à éviter l'arrêt du cours des intérêts qui ne concernait, sous l'empire de la loi de 1967, que les créances chirographaires.

(91) La solution de la Cour de cassation, qui a jugé que l'expertise était inutile pour des valeurs cotées en bourse (1er juill. 1856 : *S.* 1856, 1, 785 ; *D.P.* 1856, 1, 274), s'impose ici avec encore plus d'évidence.

blissement d'un écrit ayant date certaine et la signification à la banque, lourdes formalités qui sont superfétatoires avec la seconde analyse. On considère de plus en plus volontiers que la monnaie scripturale constituée par les avoirs en comptes bancaires a une existence autonome et ne peut pas être réduite à une simple créance sur la banque ; qu'elle est un bien susceptible d'être transmis par un jeu d'écritures équivalant à la tradition (92). Une telle conception devrait conduire au triomphe de la seconde analyse.

697. — Le nantissement au profit du banquier dépositaire. — C'est l'éventualité où, pour garantir une créance déterminée, le banquier se fait consentir un nantissement sur des fonds qu'il porte dans un compte spécial. On retrouve ici le dilemme évoqué au numéro précédent : l'opération correspond-elle à un nantissement de créance (93), le banquier recevant en gage une créance sur lui-même, ou correspond-elle à un nantissement de monnaie scripturale ? Le problème n'a pas d'incidence sur la valeur de la sûreté, car, de toute façon, le banquier a une dette de restitution qu'il peut compenser avec la créance garantie lorsqu'elle vient à échéance, ce qui lui assure une priorité absolue. En revanche, il laisse planer l'incertitude sur les formalités que requiert la constitution d'un tel gage, comme dans le cas de figure précédent.

Cette incertitude incite les banques à délaisser le nantissement, lorsque les modalités de l'opération le leur permet, pour recourir à des conventions de compensation ou à des conventions d'unité ou de fusion de comptes, qui ne sont soumises à aucun formalisme et dont la jurisprudence a reconnu la validité et l'opposabilité aux tiers (94).

---

(92) V. RIVES-LANGE, *La monnaie scripturale* in *Mélanges H. Cabrillac*, p. 405 et s. — RIVES-LANGE et CONTAMINE-RAYNAUD, *Droit bancaire*, n° 241. C'est la conception consacrée par la jurisprudence lorsqu'elle admet la possibilité d'un don manuel réalisé par un virement.

(93) V. en ce sens : APPRILL, *Le nantissement des créances et des comptes* in *Le gage commercial*, ouv. coll. préc., p. 502 et 504.

(94) V. APPRILL, *op. cit.*, p. 506 et s. — D. MARTIN, *Des techniques d'affectation en garantie des soldes de comptes bancaires* : *D.* 1987, chron. 229. — RIVES-LANGE et CONTAMINE-RAYNAUD, *op. cit.*, n° 58 et la jurisprudence citée par ces auteurs.

CHAPITRE III

LES HYPOTHÈQUES MOBILIÈRES ET LES GAGES SANS DÉPOSSESSION

698. — Généralités. — Les inconvénients de la dépossession et l'importance économique prise par certains biens mobiliers ont fait fleurir une large palette de sûretés sans dépossession susceptibles d'être établies par contrat. Ce mouvement, qui s'est déroulé pendant près d'un siècle (1), a donné naissance à une famille de sûretés mobilières un peu disparate, car le législateur l'a composée de façon ponctuelle au fil d'opportunités ou de besoins précis sans viser à une architecture d'ensemble.

Ces sûretés présentent néanmoins un trait commun : la dépossession y est remplacée par une publicité juridique consistant en une inscription prise auprès d'un organisme déterminé. Ce procédé fait connaître la sûreté d'une façon qui paraît suffisante pour qu'elle soit opposable aux créanciers du constituant, mais il ne remplit pas les autres fonctions assumées par la dépossession dans le gage traditionnel (sur ces fonctions, v. *supra*, n° 665).

La première est de donner au créancier l'assurance qu'il pourra réaliser le bien grevé à l'échéance. Pour lui donner néanmoins cette assurance, il faut lui octroyer un droit de suite complet, c'est-à-dire lui permettre de saisir le bien grevé entre les mains d'un tiers détenteur sans que celui-ci puisse se prévaloir de la règle « en fait de meubles, la possession vaut titre » ; mais le droit de suite ne peut être accordé dans sa plénitude que si le bien est placé dans un régime de propriété et de droits réels organisé où la possession ne joue pas son rôle habituel. Un tel régime n'est concevable que pour les meubles qui présentent une individualité accusée, une valeur importante et dont l'usage est notoire (2). Le navire, le bateau de rivière, l'aéronef, le

(1) De 1874, création de l'hypothèque maritime, à 1951, création du nantissement du matériel professionnel. Sur ces sûretés, v. ROBLOT, *Les sûretés mobilières sans déplacement* in *Mélanges Ripert*, II, p. 362 et s. ; l'ouvrage collectif préc., *Le gage commercial* ; M. CABRILLAC, *La protection des créanciers dans les sûretés mobilières conventionnelles sans dépossession*, thèse, 1954.

(2) La publicité est une formalité trop lourde si le meuble a peu de valeur ; elle renseigne mal s'il est difficile à individualiser ; elle est inopérante et négligée si son usage demeure caché.

fonds de commerce, le film cinématographique et même le véhicule automobile répondent à cette exigence, d'où la création de sûretés propres à chacun de ces biens et qui s'apparentent par le droit de suite complet qu'elles confèrent (3).

Elles se distinguent par là des sûretés assises sur les meubles corporels ordinaires qui n'offrent qu'un droit de suite limité par la règle de l'article 2279 du Code civil et qui ne protège guère le créancier contre le détournement du bien grevé. Aussi l'absence de dépossession y est-elle palliée par un expédient : une obligation de conservation imposée au débiteur, dont le respect est assuré par des sanctions correctionnelles, substitut qui présente la fragilité de ce qui est subordonné à l'honnêteté, fût-elle étayée par la crainte (émoussée) du gendarme.

La dépossession tient encore un autre rôle que le législateur a laissé ici vacant : elle assure l'individualisation des biens grevés qu'elle sépare des biens semblables que pourrait détenir le constituant. Faute de cette individualisation, les sûretés susceptibles de s'appliquer à des meubles fongibles ne portent pas, par la force des choses, sur des biens déterminés mais sur des quantités abstraites, situation qui modifie l'obligation du constituant tenu de maintenir le stock donné en garantie au niveau convenu et qui exclut toute possibilité de droit de suite.

699. — Nature juridique. — Nul ne conteste que les trois sûretés qualifiées d'hypothèques par le législateur (maritime, fluviale et aérienne) méritent cette qualification. La nature juridique des autres sûretés, baptisées gage, nantissement ou warrant et assorties d'une fiction de dépossession exprimée ou implicite, donnent lieu à une controverse doctrinale qui gravite autour du dilemme : gage ou hypothèque (4). On a déjà vu (v. *supra*, n° 510) qu'on ne pouvait adhérer à la qualification du législateur qu'en considérant que la dépossession n'est pas de l'essence du gage, qu'elle n'en est qu'une modalité épisodique. Une telle position nous paraît critiquable car elle conduit à retrancher de la notion de gage l'élément qui lui donne sa spécificité et sa cohérence, l'élément qui, pour le moins, est à la base des principales règles qui gouvernent cette sûreté. Il y a un fossé entre le gage traditionnel et les sûretés sans dépossession, un fossé qu'une fiction ne saurait combler, car un artifice ne peut jouer le même rôle qu'un fait matériel aussi brutal que la mainmise sur la chose.

---

(3) Le nantissement des droits de propriété industrielle et des signes distinctifs (brevets, marques, etc.), que nous n'étudierons pas, pourrait être ajouté à cette liste. Il s'agit, en effet, de sûretés sans dépossession, bien que le législateur ne les ait pas organisées comme telles ; mais cette nature résulte directement des régimes de publicité auxquels ils sont soumis et qui assurent l'opposabilité des droits en dehors de toute manifestation matérielle. Ces biens ne sont guère nantis à titre isolé, mais sont fréquemment englobés dans le nantissement du fonds de commerce.

(4) Outre les auteurs qui ont pris parti à propos d'une sûreté déterminée, v. notamment en faveur du gage : BEUDANT par VOIRIN, XIII, n° 177, et 147, 149, 169 ; MARTY, RAYNAUD et JESTAZ, n° 468. — En faveur de l'hypothèque : PLANIOL, RIPERT et BECQUÉ, XII, n° 253 et s. ; RIPERT et ROBLOT, II, n° 2598 ; M. CABRILLAC, *op. cit.* — Pour une opinion plus nuancée, v. MALAURIE et AYNÈS, n° 430 et s. ; DAGOT, p. 230 ; SIMLER et DELEBECQUE, n° 483 et s.

Au contraire, la nature hypothécaire de ces sûretés paraît pouvoir être admise sans difficulté. L'antinomie entre l'hypothèque et les meubles n'est qu'un accident de l'histoire. La marque de l'hypothèque, droit réel sur la valeur le plus affiné, est de ne donner aucune prérogative matérielle à son titulaire et d'être exclusivement manifestée par une publicité juridique, caractéristiques que l'on retrouve dans les sûretés mobilières contractuelles sans dépossession. Si certaines d'entre elles n'attribuent qu'un droit de suite tronqué, cette donnée n'est pas incompatible avec leur nature hypothécaire, puisqu'elle découle de la nature de meubles corporels des biens auxquels elles s'appliquent.

Sur le terrain du droit positif, la controverse n'a qu'un intérêt restreint. D'abord, parce que la législation est généralement assez complète pour permettre à l'interprète d'éluder le dilemme. Ensuite, parce que, bon gré mal gré, on doit tenir compte de la volonté du législateur d'aligner ces sûretés sur le gage traditionnel — et en particulier celles qui comportent une fiction de dépossession explicite —, volonté qu'a respectée la jurisprudence (5).

Sur le plan spéculatif, elle a, en revanche, un intérêt certain, car on peut imputer à l'attitude du législateur bien des difficultés que suscitent ces sûretés ou des malfaçons qu'elles présentent ; aussi conviendrait-il, croyons-nous, de réviser cette attitude si une rénovation du droit des sûretés était entreprise (6).

SECTION I

LES SÛRETÉS CONFÉRANT UN DROIT DE SUITE COMPLET

Le droit de suite complet est l'apanage des trois hypothèques sur les engins de transport (§ 1), du nantissement du fonds de commerce (§ 2), du gage des véhicules automobiles (§ 3) et du nantissement des films cinématographiques (§ 4).

§ 1. — Les hypothèques sur les engins de transport

700. — L'hypothèque maritime. — Elle est actuellement régie par les dispositions de la loi du 3 janvier 1967 portant statut du navire et de son décret d'application n° 967 du 27 octobre 1967 ; mais sa création remonte à une loi du 10 décembre 1874, qui a exploité le

(5) Ainsi, elle a ouvert aux titulaires de ces sûretés la faculté de demander l'attribution judiciaire de l'objet grevé, v. *infra*, n° 948.

(6) V. en faveur d'une hypothèque mobilière généralisée mais réservée aux entreprises, D. Legeais, *op. cit.*, n° 627 et s.

régime de droits réels sous lequel le navire avait pu être placé, grâce à son individualisation par son nom et son tonnage et grâce à sa domiciliation au port d'attache. Redessiné en 1967, le statut des navires et bâtiments assimilés ayant donné lieu à un acte de francisation (7) est caractérisé par une publicité des droits réels faite au bureau de douane dans le ressort duquel se trouve le port d'attache (ou le lieu de construction), publicité sanctionnée par l'inopposabilité à tous et pas seulement aux tiers au sens de la publicité foncière. L'hypothèque y trouve sa place naturelle.

D'origine exclusivement contractuelle, elle peut être constituée par acte sous seing privé, sur un navire ou bâtiment de mer ou sur une part indivise. Au prix de formalités supplémentaires, elle peut être constituée lorsqu'ils sont en construction. La publicité revêt la forme d'une inscription prise sur un registre spécial tenu au bureau de douane géographiquement compétent ; mention en est faite sur la fiche matricule du navire.

L'hypothèque maritime est gouvernée par des règles proches de celles de l'hypothèque immobilière sous réserve de quelques différences qu'impose le particularisme du droit maritime. Elle confère un droit de préférence que relativise l'existence de privilèges propres au droit maritime ; sa publicité permet l'exercice d'un droit de suite complet dont l'acquéreur du navire peut s'affranchir par une procédure de purge.

701. — L'hypothèque fluviale. — Si l'hypothèque maritime a été la fille d'un régime de droits réels préexistant, c'est un processus inverse qui s'est déroulé dans le domaine fluvial. Le désir d'offrir à l'armement un instrument de garantie efficace a conduit le législateur à créer un régime de droits réels là où il n'y avait que des obligations administratives, de façon à permettre l'hypothèque des bateaux de navigation intérieure. Ce fut l'œuvre de la loi du 5 juillet 1917, dont les dispositions, modifiées depuis, figurent actuellement dans le Code des voies navigables et de la navigation intérieure (art. 95 et s.).

Cette législation pose le principe selon lequel les actes et jugements translatifs ou déclaratifs de droits réels sur le bateau ne sont opposables aux tiers qu'à partir de la publicité. Cette publicité peut être organisée grâce à l'individualisation et à la localisation du bateau qui résultent d'une formalité administrative : l'immatriculation obligatoire (8) auprès d'un des bureaux des Ponts et Chaussées. La publicité est tenue au greffe du tribunal de commerce dans le ressort duquel se trouve le bureau d'immatriculation.

L'hypothèque insérée dans ce schéma fonctionne selon des règles analogues à celles de l'hypothèque maritime.

702. — L'hypothèque aérienne. — Depuis la loi du 31 mai 1924, l'aéronef — puisqu'il faut se résigner à cette appellation officielle —

(7) La francisation est la décision administrative qui attribue au navire le pavillon français.

(8) Elle n'est imposée que pour les bateaux jaugeant plus de 20 tonnes, seuls susceptibles d'hypothèque.

appartenant à un Français est soumis à une immatriculation obligatoire prise sur un registre unique tenu par le ministère chargé de l'Aviation civile ; cette formalité lui assure une individualisation que d'autres mesures tendent à faire respecter.

La formalité administrative est ici liée à la publicité juridique ; en effet, sur le registre unique sont portés les transferts et constitutions de droits réels. La valeur de l'inscription est très forte, puisqu'elle vaut titre (C. aviation, art. L. 121-7). Parmi ces droits réels figure une hypothèque dont la création remonte à l'origine du système et qui obéit, à quelques détails près, aux mêmes règles que celles qui gouvernent l'hypothèque fluviale.

§ 2. — Le nantissement du fonds de commerce

703. — Généralités. — Dès qu'ils ont pris conscience de l'existence et de la valeur de ce bien composite qu'est le fonds de commerce, les commerçants ont cherché à en faire un instrument de crédit (9) et il est symptomatique de constater que le premier texte qui l'ait concerné ait eu exclusivement pour objet de créer une sûreté réelle : la loi du 1er mars 1898 sur le nantissement, rapidement remplacée par la loi du 17 mars 1909 consacrée aussi à la vente et qui est demeurée le siège de la matière.

Plus que tout autre bien, le fonds de commerce se rebelle à la dépossession, et parce qu'il est un instrument de travail dont le constituant ne peut se priver, et surtout parce que sa survivance est liée à l'exploitation, laquelle n'est guère concevable dans le cadre de la dépossession. A l'inverse, il se prête fort bien à une sûreté sans dépossession, car l'individualité qu'il a par essence et sa localisation dans l'espace, son « siège » (c'est l'un des paradoxes de ce bien incorporel) permettent d'organiser à son sujet une publicité satisfaisante.

Cette sûreté, bien que le législateur l'ait qualifiée de nantissement, présente les caractéristiques fondamentales de l'hypothèque de sorte que sa nature hypothécaire n'est que peu contestée en doctrine (10). Ceci ne veut pas dire que les lacunes de la loi de 1909 doivent nécessairement être comblées par référence à l'hypothèque immobilière (11), car on doit tenir compte de la spécificité du fonds et des règles aussi particulières qu'insuffisantes qui président au transfert des droits réels sur ce bien. Cette nature hypothécaire a néanmoins trouvé une consécration indirecte, mais très nette, avec la création d'un nantissement judiciaire qui n'est guère que l'extension au fonds de commerce du mécanisme de l'hypothèque judiciaire conservatoire.

(9) Sur ces tentatives de la pratique, v. M. CABRILLAC, thèse préc., n° 20.

(10) V. notamment en ce sens : PLANIOL, RIPERT et BECQUÉ, XII, n° 254 ; BEUDANT par VOIRIN, XIII, n° 243 ; RIPERT et ROBLOT, I, n° 631 ; MALAURIE et AYNÈS, n° 433 ; DERRIDA, note *D.* 1975, 271. — V. cependant *contra* : COHEN, *Traité théorique et pratique du fonds de commerce*, n° 745.

(11) Sur ces lacunes, v. M. CABRILLAC, *op. cit.*, n° 36 et s.

Bien qu'il soit très pratiqué, le nantissement du fonds est une sûreté peu prisée dans le monde des affaires ; cette mésestime tient à une raison juridique, la priorité du Trésor (12) et surtout à une raison économique : la valeur du fonds est fonction de son aptitude à générer des bénéfices, aptitude qui risque d'être faible ou nulle lorsque la réalisation se révèle nécessaire.

704. — Aperçu sommaire sur le nantissement conventionnel. — Il est constitué par acte authentique ou par acte sous seing privé enregistré. Son assiette comprend nécessairement l'enseigne et le nom commercial, le droit au bail (s'il y a lieu), la clientèle et l'achalandage. La convention des parties peut l'étendre aux brevets, aux marques de fabrique (13) et aux autres éléments incorporels, ainsi qu'au matériel et à l'outillage à condition qu'ils ne soient pas immeubles par destination (14). Contrairement au privilège du vendeur, le nantissement ne peut jamais porter sur les marchandises.

La publicité doit être faite dans les quinze jours de l'acte, faute de quoi celui-ci devient caduc. Elle consiste en une inscription prise sur un registre *ad hoc* tenu au greffe du tribunal de commerce du lieu de situation du fonds, registre sur lequel est également inscrit le privilège du vendeur (lequel prend rang au jour de la vente s'il est inscrit dans le délai légal).

Le créancier nanti est privé de deux prérogatives qui appartiennent au titulaire du gage ordinaire : le droit de rétention, puisqu'il ne détient pas le fonds, fût-ce fictivement ; la faculté de demander l'attribution judiciaire qui lui est expressément refusée par la loi (art. 8, al. 2). Il bénéficie d'un droit de préférence (sur son rang, v. *infra*, n°s 875, 890) et d'un droit de suite dont l'acquéreur peut s'affranchir par une procédure de purge que le législateur a calquée sur celle de l'hypothèque immobilière. Ces droits ne peuvent s'exercer que sur le fonds envisagé globalement et non sur des éléments qui en sont détachés ; l'aliénation d'un élément isolé est l'un des dangers spécifiques auxquels est exposé le créancier nanti du fait du caractère composite du bien grevé.

Le législateur a posé des règles destinées à le prémunir contre certains d'entre eux : la résiliation du bail, la saisie d'un élément isolé et le déplacement du fonds qui peut en compromettre la valeur ou rendre la publicité inopérante lorsque le fonds est transféré dans un autre ressort. Pour renforcer cette protection, la jurisprudence a appliqué le délit de l'article 400, alinéa 5, au constituant qui fait disparaître des éléments du fonds, bien que ce délit ait été manifestement conçu pour réprimer les agissements d'un gagiste qui a transféré la possession (15).

705. — Aperçu sommaire sur le nantissement judiciaire. — Le nantissement judiciaire créé par la loi du 12 novembre 1955 (art. 53 et s. de l'anc. C. proc. civ.) est accordé aux mêmes conditions que l'hypothèque conservatoire (v. *infra*, n° 806 et s.). Peu importe donc que la créance litigieuse soit sans rapport avec l'exploitation commerciale ou qu'il s'agisse d'une créance civile ; la nature de la créance ne retentit que sur la compétence de la juridiction appelée à autoriser l'inscription provisoire, juridiction civile ou commerciale. Le mécanisme de l'inscription provisoire et de l'inscription définitive est également le même et sera étudié à propos de l'hypothèque ; il suffit de signaler la seule différence : l'inscription provisoire doit être prise, à peine de nullité, dans les quinze jours de l'ordonnance

---

(12) V. Com., 26 oct. 1971 : *D.* 1972, 61, note DERRIDA ; *J.C.P.* 72, II, 17058, priorité qui ne peut pas être contournée par l'attribution judiciaire.

(13) Pour ces deux catégories de biens, le nantissement doit également être publié à l'I.N.P.I. sous la sanction de l'inopposabilité aux tiers.

(14) Le propriétaire du fonds également propriétaire des « murs » ne peut offrir qu'un nantissement de valeur réduite tant à cause de l'absence de droit au bail que de l'impossibilité d'y inclure le matériel immobilisé.

(15) Crim., 25 juill. 1912 : *S.* 1914, 1, 116, note ROUX. — Crim., 25 nov. 1927 : *S.* 1929, 1, 153, note ROUX.

portant autorisation, règle qui respecte le parallélisme avec le nantissement conventionnel.

Une fois inscrit, le nantissement judiciaire produit les mêmes effets que le nantissement conventionnel. La seule particularité est que l'assiette, ne pouvant être déterminée par les parties, comprend tous les éléments incorporels (à l'exception des droits de propriété industrielle) ainsi que le matériel et l'outillage.

§ 3. — Le gage des véhicules automobiles achetés à crédit

706. — Généralités. — L'automobile est chose fongible et vagabonde par sa nature ; elle devient un bien individualisé et doté d'un point d'attache par la grâce de l'Administration. Le propriétaire est en effet tenu, lors de sa mise en circulation, de faire immatriculer le véhicule à la préfecture du département de sa résidence et de circuler muni du récépissé qui lui est remis, la carte grise ; une nouvelle immatriculation doit être demandée en cas de changement de propriétaire et de transfert de la résidence dans un autre département (D. 10 juill. 1954). Ce régime purement administratif (16) a une incidence indirecte sur le droit privé par la sûreté sans dépossession dont il a facilité la création.

Celle-ci se situe à l'aube du développement de la vente à crédit des automobiles qui avait fait ressortir le besoin d'une protection particulière du vendeur ou du bailleur de fonds destinés à financer l'achat, que les carences du droit commun (17) exposaient par trop à l'insolvabilité de l'acheteur. Ce fut l'œuvre de la loi du 29 décembre 1934, dite loi Malingre, remplacée, avec de menus amendements, par le décret n° 968 du 30 septembre 1953 (18).

En dépit de ses malfaçons, ce « système extravagant », pour reprendre le mot d'un contemporain (19), a connu une singulière fortune liée à l'essor de l'achat à crédit des véhicules auquel il a lui-même contribué. Depuis quelques années cependant, cette fortune est contrariée par la faveur croissante que connaît le crédit-bail automobile.

« Système extravagant », car le législateur a entendu offrir aux intéressés plus qu'un gage sans dépossession : un gage avec dépossession fictive ; il a posé, en effet, que, par la délivrance du reçu remis à l'occasion de la publicité, « le créancier sera réputé avoir conservé la marchandise en sa possession » (art. 2, al. 3). La nature hypothé-

---

(16) Ni l'immatriculation, ni la carte grise ne valent titre de propriété et l'automobile reste soumise au statut des meubles corporels. Sur la possibilité d'exercer un droit de rétention sur la carte grise, v. *supra*, n° 559.

(17) Rappr. *supra*, n°s 648 et 652. — Sur ces carences et les efforts de la pratique antérieurs à la loi de 1934 pour y suppléer, v. C. Lapp, *La loi Malingre*, in *Le gage commercial*, ouv. coll. préc., p. 211 et s. — *Adde* M. Cabrillac, *op. cit.*, n° 21 et s.

(18) Modifié par D. 20 mai 1955 ; des circulaires administratives ont précisé les modalités d'application de ces textes (Circ. 27 oct. 1965).

(19) Josserand, *Traité de droit civil*, II, n° 1069. La loi de 1934 a été saluée par des commentaires féroces, v. les réf. in M. Cabrillac, *op. cit.*, n° 21.

caire de la sûreté (20) est ainsi battue en brêche par un artifice dont l'interprète a dû tirer les conséquences, ce qui n'est pas allé sans incohérences et difficultés.

Ce gage est qualifié de légal en ce sens qu'il est attaché de plein droit à tout contrat de vente à crédit ou de financement d'un achat d'automobile. Il n'est pourtant pas, croyons-nous, une véritable sûreté légale, car sa constitution requiert une formalité — l'écrit enregistré — qui dépend de la volonté des parties et que la qualification de sûreté légale serait incompatible avec la fiction de dépossession.

707. — Le champ d'application. — Le gage du décret de 1953 peut être constitué sur tout véhicule ou engin, qu'il soit acheté neuf ou d'occasion, assujetti à l'immatriculation obligatoire (véhicule automobile, tracteur agricole ou routier, cycle à moteur, remorque tractée) à l'exception des véhicules circulant en franchise temporaire des droits de douane.

Il ne peut être constitué qu'au profit du vendeur à crédit (21), du prêteur de deniers qui finance l'achat, du cessionnaire de la créance du prix de vente, de l'escompteur d'effets de commerce émis pour le règlement de l'achat ou de l'emprunt, ainsi que de l'avaliseur qui a été contraint de payer (22). Dans l'éventualité où la vente est annulée, le prêt et le gage survivent (23), si du moins le prêteur n'a pas connu l'illégalité qui entachait la vente (24) et s'il ne s'agit pas d'un crédit à la consommation (L. n° 22 du 10 janv. 1978, art. 9, al. 2).

Le recours au gage n'est qu'une faculté pour le vendeur, de sorte que l'existence de cette sûreté ne nous paraît pas s'opposer à la possibilité de stipuler une réserve de propriété (25) ou de constituer un gage ordinaire (v. *supra*, n° 672).

708. — La constitution et la publicité. — La constitution résulte de l'établissement d'un acte notarié ou sous seing privé enregistré constatant la vente ou le prêt consenti en vue de l'achat et précisant les caractéristiques du véhicule. Cette formalité est nécessaire même si le gage a le caractère commercial.

La publicité consiste en une inscription prise sur un registre spécial tenu par l'administration préfectorale ; celle-ci vérifie si le véhicule est bien immatriculé au nom du débiteur et s'il n'a pas été l'objet

---

(20) V. notamment en faveur de cette nature : PLANIOL, RIPERT et BECQUÉ, XII, n° 272 *ter* ; HÉMARD, *Les droits du créancier au profit duquel un véhicule a été constitué en gage* : *D.* 1963, chron. 49 ; RIPERT et ROBLOT, II, n° 2613. — *Contra* : BEUDANT par VOIRIN, XIII, n° 199 ; SIMLER et DELEBECQUE, n° 485 ; MALAURIE et AYNÈS, n° 434, qui l'assimilent à un privilège. — Pour une opinion nuancée, v. MARTY, RAYNAUD et JESTAZ, n° 468.

(21) Le gage est nul lorsqu'il a été institué sur la base d'une vente fictive : v. Civ. 1re, 31 janv. 1989 : *Bull. civ.* I, n° 49.

(22) V. Com., 27 juin 1967 : *Bull. civ.* III, n° 263 (sol. impl.).

(23) V. Com., 21 mars 1972 : *J.C.P.* 72, II, 17400, note SAYAG.

(24) Com., 3 déc. 1973 : *Bull. civ.* IV, n° 349. — Com., 11 déc. 1978, *ibid.*, n° 305.

(25) V. *infra*, n° 73.

d'une autre inscription de gage (car la pluralité d'inscriptions paraît être exclue par la fiction de possession). L'inscription doit être prise dans les trois mois de la délivrance de la carte grise (sans pour autant rétroagir au jour de la vente ou du prêt), mais ne peut plus l'être après le jugement déclarant le débiteur en redressement judiciaire conformément au principe général. Un reçu est délivré au créancier gagiste, délivrance dont on sait qu'elle l'investit d'une possession fictive.

L'inscription est périmée au terme d'un délai de cinq ans, mais le créancier, avant l'expiration de ce délai, peut en demander le renouvellement pour cinq nouvelles années. La radiation est opérée sur présentation d'un acte de mainlevée, d'une quittance pour solde de tout compte ou d'une décision de justice constatant l'extinction de la dette. L'inscription d'un gage ne fait pas obstacle à une nouvelle immatriculation, que ce soit au profit du débiteur dans un autre département ou que ce soit au profit d'un tiers ; la mention du gage est reportée sur la nouvelle immatriculation. La communication au public est faite sous la forme du certificat de gage ou de non-gage qui est délivré à tout requérant.

La responsabilité de l'administration est engagée en cas d'inobservation des obligations qui lui incombent dans la gestion de ce système publicitaire (26).

709. — Les obligations du débiteur. — Le débiteur a l'obligation de veiller à la conservation du véhicule et de le remettre au gagiste qui lui en fait la demande à la suite du défaut de paiement et en vue de la réalisation. Dans le silence des textes, on admet néanmoins que le gagiste a la faculté d'aliéner le véhicule, puisque l'aliénation ne menace pas directement la situation du gagiste en raison de son droit de suite (27), du moins à partir du moment où la publicité a été faite. Comme aucune procédure de purge n'a été prévue par le législateur, carence regrettable, l'aliénation ne peut guère, en pratique, être faite qu'avec l'accord du gagiste (28), que l'acquéreur serait bien insouciant de ne pas rechercher. Dans l'éventualité de la mise en fourrière et de l'inertie du débiteur, les droits du gagiste sont préservés par la réglementation administrative (29).

La violation des obligations du débiteur est énergiquement sanctionnée grâce à une jurisprudence hardie qui a inclus le gage automobile dans le champ de l'article 400, alinéa 5, du Code pénal, bien que ce texte ait été conçu pour réprimer les agissements d'un débiteur privé de la mainmise sur la chose. Les applications de l'article 400, alinéa 5, sont nombreuses, variées et fondées sur une conception extensive de la notion de détournement de gage. La plus courante réprime le fait pour le débiteur de ne pas remettre le véhicule au prêteur

---

(26) V. notamment Cons. d'État, 13 juill. 1962 : *Lebon*, p. 498 ; *Banque* 1963, 561, obs. MARIN ; *Rev. trim. dr. com.* 1969, 291, obs. HÉMARD, à propos de l'inscription d'un second gage à la suite de la radiation d'un premier.

(27) En ce sens : HAMEL, LAGARDE et JAUFFRET, n° 1321 ; SOMMADE, *La vente à crédit*, Litec, 1959, n° 628 ; LAPP, *op. cit.*, p. 237.

(28) Il est cependant concevable de contraindre le gagiste à donner mainlevée moyennant consignation de la somme qui lui est due, v. Montpellier, 20 fév. 1951 : *Banque* 1951, 636, obs. MARIN.

(29) V. D. n° 823 du 6 sept. 1972, art. 5 et s.

impayé qui l'a sommé de le faire (30). Le délit est retenu même lorsque le gage n'est pas encore inscrit (31) ou lorsqu'il l'est irrégulièrement (32).

710. — Le droit de rétention du créancier. — De la possession fictive du gagiste, la jurisprudence a logiquement déduit l'existence à son profit d'un droit de rétention, si difficile qu'il soit de reconnaître cette prérogative à une personne qui n'a pas la mainmise effective sur la chose (33). Cette prérogative lui est précieuse, car elle lui permet de s'opposer à la vente poursuivie par un créancier de rang préférable comme notamment le Trésor (34). Ce droit de rétention peut même être opposé à l'administration en cas de confiscation du véhicule et se reporte sur le prix de la vente effectuée par cette dernière (35). Le report sur le prix se produit également lorsque l'automobile est réalisée par le liquidateur au cas où le débiteur a été mis en liquidation judiciaire (v. *supra*, n° 561).

Conformément au droit commun, le droit de rétention est perdu lorsque le gagiste se dessaisit volontairement, c'est-à-dire, en l'occurrence, lorsqu'il provoque lui-même la vente forcée du véhicule (36) ou lorsqu'il donne son accord à la vente poursuivie par un tiers ou ne s'y oppose pas (37).

Détenteur fictif, le gagiste est susceptible de se heurter à un détenteur effectif, en particulier le garagiste auquel le débiteur a confié le véhicule en vue de le réparer, qui entend aussi se prévaloir d'un droit de rétention ; la jurisprudence lui a reconnu la possibilité de l'opposer au gagiste, consacrant la prééminence de la détention matérielle sur la détention fictive (v. *supra*, n° 556).

711. — Les autres prérogatives du créancier. — Le gage automobile confère un droit de préférence dont le rang est celui du gage ordinaire et qui subit le même aménagement en cas de réalisation par le liquidateur judiciaire (v. *infra*, n° 895). Pour éviter la priorité des créanciers mieux traités, le gagiste peut obtenir l'attribution judiciaire du véhicule (v. *infra*, n° 948).

---

(30) Crim., 18 janv. 1950 : *J.C.P.* 50, II, 5422, note Gruffy ; *S.* 1950, 1, 193, note Légal. — Crim., 6 mai 1975 : *Gaz. Pal.* 1975, 2, 205 ; *Rev. trim. dr. com.* 1976, 199, obs. Bouzat.

(31) Ceci permet de sanctionner l'aliénation de l'automobile réalisée avant l'inscription : Crim., 2 fév. 1935 : *Gaz. Pal.* 1935, 1, 369.

(32) Crim., 10 mars 1976 : *Bull. crim.* n° 89 ; *J.C.P.* 76, IV, 156 ; *Gaz. Pal.* 1976, 2, 460.

(33) V. en particulier Derrida, *La dématérialisation du droit de rétention* in *Mélanges Voirin*, p. 177 et s.

(34) Com., 15 janv. 1957, 1re esp. : *J.C.P.* 57, II, 10006, note E. Becqué ; *D.* 1957, 267, note Hémard ; *Rev. trim. dr. civ.* 1957, 556, note Solus.

(35) Com., 28 mars 1968 : *Gaz. Pal.* 1968, 2, 168 ; *D.* 1968, 709. — Com., 13 janv. 1987 : *D.* 1988, somm. 73, obs. Derrida.

(36) Com., 15 janv. 1957, 2e à 5e esp. : *J.C.P.* 57, II, 10006. — Com., 16 mars 1960 : *Bull. civ.* III, n° 100.

(37) Com., 12 juin 1963 : *Bull. civ.* III, n° 233 ; *J.C.P.* 64, IV, 102.

Conformément à la règle générale, le droit de préférence s'exerce sur l'indemnité d'assurance due en cas de perte ou de vol du véhicule (v. *infra*, n° 940 et s.).

Le gage automobile confère également un droit de suite complet qui permet au créancier de reprendre le véhicule entre quelques mains qu'il se trouve. Cette prérogative ne lui est pas expressément attribuée par la loi, mais résulte inéluctablement de la possession fictive dont il est investi. Elle implique, en effet, que tout autre que lui ne peut être que détenteur du véhicule, du moins à son égard, un détenteur auquel il peut opposer le titre que lui confère sa possession. Par le jeu de la fiction, l'article 2279 se trouve écarté, car la condition de possession qu'il pose ne peut être satisfaite. Cette source insolite et baroque du droit de suite complet explique que, si la majorité de la doctrine (38) en reconnaît l'existence, certains (39) la récusent en invoquant notamment la primauté reconnue par la jurisprudence, en matière de droit de rétention, au détenteur effectif (v. *supra*, n° 556), mais la référence n'est pas déterminante, car la qualité de détenteur est suffisante pour exercer un droit de rétention. Le droit de suite dans sa plénitude est généralement admis par la jurisprudence (40).

Le créancier qui n'a pas encore fait inscrire son gage ne peut pas jouir d'un droit de suite, quand bien même le tiers acquéreur aurait connu l'existence de la sûreté, puisque c'est la publicité qui l'investit de la possession fictive et qui rend le gage opposable aux tiers (41).

§ 4. — Le nantissement des films cinématographiques

712. — Le contexte. — Le film est un bien d'une nature complexe puisqu'il apparaît sous la forme d'un meuble corporel (négatif et copies) et d'un meuble incorporel (droits d'auteur), bien qu'il ait paru nécessaire de le doter d'une organisation d'ensemble embrassant la propriété et tous les droits dont il peut être l'objet. Cette organisation date d'une loi du 22 février 1944, dont les dispositions, ainsi que celles de son décret d'application (29 fév. 1944), ont été reprises dans le Code de l'industrie cinématographique.

L'épine dorsale en est constituée par une publicité de tous les actes et jugements relatifs aux films destinés à la projection publique ; elle

(38) PLANIOL, RIPERT et BECQUÉ, XII, n° 279 *ter*. — BEUDANT par VOIRIN, XIII, n°s 187 et 191. — RIPERT et ROBLOT, II, n° 2617. — WEILL, n° 118. — DAGOT, p. 241. — HÉMARD, traité préc., n° 199.

(39) MARTY, RAYNAUD et JESTAZ, n° 476. — BIHR, art. préc. — *Adde* HAMEL, LAGARDE et JAUFFRET, n° 1321. — FARGEAUD, *Le gage sans dépossession comme instrument de crédit et le Marché Commun*, n° 79.

(40) V. notamment Com., 12 déc. 1966 : *Bull. civ.* III, n° 478. — T.G.I. Lyon, 13 nov. 1973 : *J.C.P.* 74, I, 3888.

(41) En ce sens : Versailles, 5 mai 1988 : *D.* 1988, I.R. 173.

prend la forme d'une inscription sur un registre public tenu par le Centre national de la cinématographie. Elle s'effectue par référence aux titres des films qui doivent être préalablement déposés. Les actes, et partant les droits, non publiés sont inopposables aux tiers, entendus ici comme tous ceux qui ont intérêt à les méconnaître et pas forcément ceux qui ont un droit publié sur le film (42).

En forgeant le statut du film, le législateur de 1944 n'a pas manqué d'y introduire la sûreté sans dépossession qu'il permettait, de façon à fournir un instrument de crédit — dont le besoin était pressant — de nature à permettre aux producteurs de financer la réalisation et la commercialisation. Cette sûreté, il lui a donné la qualification de nantissement (43), bien que sa nature hypothécaire soit à peu près unanimement reconnue.

713. — Aperçu sommaire. — Le nantissement est constitué par le producteur du film ; un écrit est nécessaire pour permettre la publicité qui le rend opposable aux tiers. Il porte, au gré des parties, sur la totalité de l'œuvre ou sur l'un quelconque de ses éléments (C.I.C., art. 33) ; il peut être constitué sur un film à réaliser pourvu que le titre en ait été déposé. Aucune exigence n'est requise de la créance garantie, qui n'est pas forcément liée au financement du film.

Le créancier nanti jouit d'un droit de préférence dont il est admis, dans le silence des textes, que le rang est celui d'un gagiste ordinaire (44). L'originalité accusée de cette sûreté tient à une adjonction au droit de préférence, appelée improprement « délégation de recettes » (C.I.C., art. 33-3°), dont la nature est controversée (45). Cette prérogative, dont il est investi de plein droit sauf clause contraire, lui ouvre une action directe contre les exploitants grâce à laquelle il peut se faire payer sur les recettes du film, mais, selon une jurisprudence contestable (46), en subissant la priorité des créanciers privilégiés de rang préférable qui ont fait opposition.

Ne pouvant bénéficier d'un droit de rétention, faute d'une possession réelle ou fictive, le créancier nanti dispose d'un droit de suite sans restriction, puisque le film échappe à la règle de l'article 2279 du Code civil. Le législateur le lui a reconnu implicitement en organisant une procédure de purge selon le moule traditionnel.

---

(42) V. Com., 16 nov. 1971 : *Bull. civ.* IV, n° 277.

(43) Sur cette sûreté, v. LYON-CAEN et LAVIGNE, *Traité théorique et pratique du droit du cinéma français et comparé*, L.G.D.J., 1957. — J. PATARIN, *Le nantissement sur les films cinématographiques*, in *Le gage commercial*, ouv. coll. préc., p. 346 et s.

(44) Trib. civ. Seine, 27 fév. 1957 : *J.C.P.* 57, éd. C.I., II, 9921 ; *Rev. trim. dr. com.* 1957, 995, obs. HÉMARD. — Paris, 12 déc. 1964 : *Gaz. Pal.* 1965, 1, 349 ; *D.* 1965, 586, note CABRILLAC.

(45) V. P. et I. GAUTHIER, *Un certain regard sur la délégation de recettes* : *Images jur.* 1er juill. 1988.

(46) Paris, 12 déc. 1964, préc.

SECTION II

LES SÛRETÉS CONFÉRANT UN DROIT DE SUITE RESTREINT

Entrent dans cette catégorie : le nantissement des biens d'équipement professionnel (§ 1), le warrant agricole lorsqu'il porte sur un corps certain (§ 2) et le warrant hôtelier (§ 3).

§ 1. — Le nantissement des biens d'équipement professionnel

714. — Présentation. — A l'époque où la réserve de propriété était inopérante (quels que soient les efforts faits par la pratique pour l'introduire sous des formes camouflées), le vendeur à crédit ou l'établissement de crédit qui finançait l'opération ne disposait d'aucune garantie sérieuse sur le bien concerné, puisque le privilège du vendeur de meuble ne lui était d'aucun secours et que le gage traditionnel était tout à fait incompatible avec les besoins de l'acheteur. Cette carence nuisait à l'effort de reconstitution et de modernisation entrepris au lendemain de la Seconde guerre mondiale. Une loi du 18 janvier 1951, complétée par un décret du 17 février 1951 (47), y a porté remède en créant le nantissement des biens d'équipement professionnel (48). L'appellation montre que, ici encore, le législateur a suivi l'ornière du gage, sans toutefois recourir à une fiction de possession ; la nature hypothécaire de cette sûreté en est d'autant plus accusée, bien qu'elle soit contestée par une partie de la doctrine (49).

Le nantissement de la loi de 1951 a fait une brillante carrière ; elle s'explique tant par l'ampleur du besoin auquel il a répondu que par le rang avantageux qu'il confère et qui permet à son titulaire de primer le fisc et la Sécurité sociale. Depuis quelques années cependant, il souffre quelque peu de l'irruption sur la scène des garanties

---

(47) Textes modifiés par des décrets du 20 mai 1955 et du 26 déc. 1955, par une ordonnance du 23 sept. 1958 et par une loi du 19 déc. 1969.

(48) Sur cette sûreté, v. notamment : CORNU, *La loi du 18 janvier 1951 relative au nantissement de l'outillage et du matériel d'équipement*, in *Le gage commercial*, ouv. coll. préc., p. 112 et s. — JAUFFRET, *La loi du 18 janvier 1951 sur le nantissement de l'outillage et du matériel d'équipement* : *Rev. trim. dr. com.* 1951, 201 et s. — RIPERT, *Le nantissement de l'outillage et du matériel d'équipement* : *D.* 1951, chron. 41 et s. — ROBLOT, *Le nantissement de l'outillage et du matériel d'équipement* : *Dr. social* 1951, 289 et s. — SOMMADE, *La vente à crédit*, Litec, 1959.

(49) V. notamment, en faveur du gage : HÉMARD, traité préc., n° 667 ; JAUFFRET, art. préc., n° 7 ; SIMLER et DELEBECQUE, n° 497. — En faveur de l'hypothèque : RIPERT, art. préc., nos 1 et 6 ; ROBLOT, art. préc., p. 365.

de deux rivaux compétitifs : le crédit-bail (mode de financement plus souple au regard de la réglementation de la vente à crédit) et la réserve de propriété dont il est admis qu'elle peut grever les biens d'équipement professionnel (50).

Offert aux seuls professionnels mais pas seulement aux commerçants, le nantissement de la loi de 1951 peut avoir le caractère civil ou commercial selon la nature de l'entreprise pour les besoins de laquelle le bien est acheté. La qualification est importante, car elle entraîne des modalités de publicité et de réalisation différentes.

715. — Domaine. — Il est doublement limité. D'abord, les créances garanties ne peuvent être que les créances nées d'opérations d'achat à crédit (51), créance du vendeur, créance du prêteur des fonds, créances des cautions, donneurs d'aval ou garants cambiaires qui ont payé les effets de commerce émis dans le cadre de l'opération.

Ensuite, les biens grevés ne peuvent être que de « l'outillage et du matériel d'équipement professionnel » ; encore faut-il en exclure les biens pour lesquels une sûreté sans dépossession a été spécialement aménagée, véhicules et engins de transport (52). C'est donc le critère subjectif de la destination professionnelle qui détermine essentiellement le champ de la sûreté et qui en conditionne la validité. Il est néanmoins interprété largement par la jurisprudence qui admet la validité d'un nantissement portant sur un matériel destiné à la revente (53). Peu importe que le matériel soit acheté neuf ou d'occasion.

716. — Constitution et publicité. — Qu'il soit civil ou commercial, le nantissement doit être constitué, à peine de nullité, par acte authentique ou sous seing privé enregistré. Cet acte est l'acte de vente lui-même lorsque le crédit est consenti par le vendeur. Il doit être passé au plus tard dans les deux mois de la livraison, exigence sanctionnée par la nullité et qui vise au respect de la règle limitant cette sûreté au financement d'un achat à crédit. L'acte doit décrire l'objet du nantissement avec une précision suffisante pour permettre de l'identifier (54).

La publicité, qui est une condition de validité et pas seulement d'opposabilité aux tiers, consiste en une inscription prise sur un registre

---

(50) V. *infra*, n° 730.

(51) La résolution de la vente devrait logiquement entraîner la caducité du nantissement, v. cependant *contra* : Montpellier, 22 mars 1984 : *J.C.P.* 84, II, 20320, note crit. CABRILLAC.

(52) L. 1951, art. 19 ; règle dont la Chambre commerciale a déduit que le nantissement ne pouvait pas être constitué sur un matériel incorporé à un navire : 1er juin 1970 : *D.* 1970, 681, note RODIÈRE.

(53) Com., 15 mars 1971 : *Bull. civ.* IV, n° 72 ; *Rev. trim. dr. com.* 1972, 157, obs. HÉMARD.

(54) Exigence abandonnée à l'appréciation des juges du fond : Com., 12 nov. 1969 : *D.* 1970, 254 ; *J.C.P.* 70, II, 16230, note J.A.

spécial (55) tenu au greffe du tribunal de commerce, même pour les nantissements civils. L'inscription qui ne peut plus être requise après le jugement plaçant le débiteur en redressement judiciaire, doit être prise, à peine de nullité, dans les quinze jours de l'acte constitutif.

Le greffe géographiquement compétent est celui du domicile du débiteur quand le nantissement est civil et, dans le cas contraire, celui dans le ressort duquel est situé le fonds de commerce ou la succursale à laquelle le bien est affecté. Le délai de quinze jours, qui coexiste avec celui de deux mois (v. Montpellier, 2 nov. 1960 : *D.* 1964, 256, note M. Cabrillac) conduit souvent à effectuer la publicité avant la livraison, ce qui ne va pas sans soulever des difficultés. Pour les réduire, le législateur a astreint le débiteur, sous peine de déchéance du terme, à notifier au créancier, dans la quinzaine de la livraison, la date et le lieu où celle-ci est intervenue, lorsque l'un ou l'autre ne sont pas conformes aux prévisions du contrat ; dans la quinzaine suivant cette notification, le créancier doit requérir une mention en marge de la date et du lieu de livraison, faute de quoi le nantissement est inopposable (L. 1951, art. 3, al. 3 et 4, réd. 19 déc. 1969). Cette sanction ne s'applique que lorsque le créancier a reçu la notification (56).

Tout requérant peut obtenir un état des inscriptions.

L'inscription conserve « le privilège » pendant cinq ans pour le principal et deux années d'intérêts. Elle peut donner lieu à deux renouvellements successifs de cinq ans chacun. La radiation peut être effectuée à l'amiable sur présentation d'un acte authentique ; elle peut être ordonnée par le tribunal de commerce (même si le nantissement est civil) du lieu où l'inscription a été prise.

En cas de déplacement du fonds de commerce dans un autre ressort ou d'affectation du matériel à un autre établissement en dehors du ressort, la publicité n'est plus susceptible de renseigner convenablement. C'est pourquoi le législateur de 1951 a déclaré applicables, en l'occurrence, les règles de l'article 13 de la loi de 1909 sur le fonds de commerce. Le débiteur doit notifier le déplacement au créancier qui doit prendre une nouvelle inscription bénéficiant de la date de la première. Les sanctions de ces règles sont incertaines et très controversées en doctrine (57).

717. — Les obligations du débiteur. — L'absence de dépossession trouve un contrepoids dans le faisceau d'obligations mises à la charge du débiteur et dans la sévérité de leurs sanctions. Ce dernier doit veiller à la conservation du bien et le restituer à la demande du créancier impayé. Il doit s'abstenir de la déplacer sans autorisation ; il ne peut pas l'aliéner sans le consentement du créancier ou l'autorisation du juge des référés commerciaux (L. 1951, art. 7). D'une façon plus générale, il lui est interdit de mettre en possession du bien un tiers qui pourrait se prévaloir de l'article 2279 à l'encontre du créancier.

La violation de ces obligations entraîne la déchéance du terme et, en règle générale, à l'exception de l'obligation de veiller à la conservation matérielle, est constitutive du délit de détournement de matériel

(55) Y sont aussi inscrites les décisions d'inaliénabilité de biens d'équipement prises dans le cadre d'un plan de continuation (D. 17 fév. 1951, art. 8 et s., réd. 27 déc. 1985). Cette innovation constitue une ébauche d'un système de publicité à portée générale appliqué aux biens d'équipement.

(56) Com., 10 janv. 1983 : *J.C.P.* 84, II, 20231, note HÉMARD ; *Rev. trim. dr. com.* 1984, 725.

(57) Pour un état de la question, v. DESDEVISES, *J.-Cl. Entreprise individuelle et fonds de commerce*, fasc. 3240, n° 136 et s.

nanti, spécialement fulminé par l'article 21 de la loi de 1951 qui lui déclare applicables les peines de l'abus de confiance (58).

718. — Les prérogatives du créancier nanti. — Le créancier nanti dispose d'un droit de préférence dont le rang sera précisé ultérieurement et qui s'exerce éventuellement sur l'indemnité d'assurance due à la suite du sinistre subi par le bien, voire sur d'autres indemnités (v. *infra*, n° 940 et s.).

En revanche, contrairement au titulaire du nantissement sur véhicule automobile, le créancier n'a pas un droit de rétention, puisqu'il n'est pas investi d'une possession fictive, ce qui n'a pas empêché de lui reconnaître la faculté d'obtenir l'attribution judiciaire (v. *infra*, n° 948).

Titulaire d'un droit réel, il doit disposer d'un droit de suite, mais le législateur n'a pas entendu le soustraire au droit commun de sorte que ce droit est restreint par le jeu de la règle « en fait de meubles... ». Il ne peut donc revendiquer que contre le tiers dont il établit la mauvaise foi, la publicité par inscription n'étant pas assez fiable pour faire peser sur le tiers détenteur une présomption de mauvaise foi (59). Toutefois, le créancier peut se ménager un droit de suite complet grâce à une mesure de publicité matérielle, qui est facultative (60) : l'apposition sur le bien d'une plaque indiquant la date, le lieu et le numéro de l'inscription du nantissement (L. 1951, art. 4 et 7). La présence sur le bien de cette manifestation tangible du droit réel de garantie constitue le tiers détenteur de mauvaise foi, de sorte que ce droit de suite n'apparaît pas comme une exception à la règle de l'article 2279, mais comme une application particulière. Le procédé de la plaque est quelque peu illusoire, car le débiteur ou le détenteur peut aisément la faire disparaître, encore que la suppression de la plaque soit constitutive du délit de détournement de l'article 21.

Corollaire du droit de suite, une procédure de purge a été prévue sous la forme d'un renvoi aux dispositions régissant la purge des sûretés inscrites sur le fonds de commerce, mais elle n'est pas applicable aux nantissements civils. En pratique, cette procédure n'est pas utilisée, car, on l'a vu, l'aliénation est soumise à l'accord du créancier qui le subordonne à des dispositions variables de nature à préserver sa situation (61).

---

(58) Pour les applications, v. Crim., 26 mars 1963 : *Bull. civ.* n° 130 (déplacement sans autorisation). — Crim., 14 déc. 1967 : *Bull. civ.* n° 137 ; *J.C.P.* 68, IV, 10 (dissimulation chez un tiers).

(59) Trib. com. Nancy, 13 mars 1962 : *J.C.P.* 62, éd. N, II, 12789, note J.A. ; *Rev. trim. dr. com.* 1962, 730.

(60) Mais pas pour le constituant qui est tenu de s'y soumettre, si le créancier le demande, et s'expose au délit de l'art. 21 en la refusant.

(61) Des renvois à la loi de 1909 procurent au créancier nanti deux prérogatives de portée mineure : il doit recevoir notification de la résiliation du bail des « murs » et notification de la réalisation forcée d'éléments isolés du fonds, réalisation qui rend sa créance exigible.

§ 2. — Le warrant agricole sur corps certains

719. — Présentation. — Premier en date des warrants à domicile, le warrant agricole a fait son apparition avec une loi du 18 juillet 1898, rapidement remplacée en raison de ses insuffisances par la loi du 30 avril 1906, qui est encore le siège de la matière, mais à laquelle le décret-loi du 28 septembre 1935 a apporté d'importantes modifications. Ainsi est offert un moyen de crédit aux exploitants agricoles qui ne peuvent pratiquement recourir au gage ordinaire, ni pour leur matériel dont ils ne peuvent se séparer, ni pour leurs récoltes dont les établissements de crédit ne pourraient guère assumer le stockage et la conservation, fût-ce par l'intermédiaire d'un tiers convenu.

Inspirée du warrant des magasins généraux, la sûreté de la loi de 1906 garantit une créance mobilisée dans un billet à ordre, d'où le terme de warrant qui désigne l'effet de commerce incorporant la créance et la sûreté qui lui est indissociablement liée. La nature juridique de cette sûreté se prête à la controverse générale déjà évoquée (v. *supra*, n° 699). Le législateur l'a conçue comme un gage, bien qu'il n'ait pas fait expressément appel à une fiction de dépossession, fiction qu'a dégagée sans ambages la jurisprudence (62). Si force est d'en tirer les conséquences dans la mesure du possible, la véritable nature du warrant agricole n'en est pas moins, croyons-nous, celle d'une hypothèque et il eût été préférable de le traiter comme tel.

Les interventions législatives successives ont élargi le cercle des biens susceptibles d'être warrantés, qui se caractérise par son hétérogénéité ; il embrasse à la fois, en effet, les instruments de l'exploitation et ses produits, y compris les récoltes pendantes ; donc des corps certains dont l'individualité permet l'établissement d'un droit réel dès la constitution, mais aussi des choses fongibles qui, faute de dépossession, restent non individualisées et sur lesquelles le droit réel de garantie ne peut être établi, du moins *ab initio*. Le législateur n'a pas pris conscience de cette donnée fondamentale et a édicté un régime unique ; mais, par la force des choses, il se révèle divergent et on est conduit à distinguer un warrant sur corps certains et un warrant sur choses fongibles.

Le premier correspond, en règle générale, aux matériels de l'exploitation, le second aux récoltes et au bétail ; mais la frontière entre les deux types de warrant n'est pas rigide, car, dans une certaine mesure,

(62) « Le warrant agricole, rendu public par la transcription, est la représentation légale de la chose warrantée et confère au porteur une possession équivalente à la possession réelle » (Civ., 22 avril 1918 : *D.* 1919, 1, 33, note Capitant ; *S.* 1919, 1, 153, note Lyon-Caen), arrêt qui en a déduit que le warrantiste avait un droit préférable à celui de l'acheteur antérieur à la constitution mais qui n'avait pas pris livraison. — *Adde* dans le même sens : Civ., 22 déc. 1947 : *J.C.P.* 48, II, 4229, note E. Becqué. — V. pour l'exclusion des règles applicables à l'hypothèque : Civ. 1re, 2 déc. 1975 : *J.C.P.* 76, IV, 34.

la volonté des parties peut l'infléchir en recourant à un procédé assurant l'individualisation des choses fongibles, par exemple le bétail peut être individualisé par un marquage, le vin par le récipient dans lequel il est contenu, etc.

Le warrant agricole a la fausse réputation d'être peu utilisé, sans doute à cause de la lenteur avec laquelle il s'est acclimaté. En réalité, son rôle est considérable, mais sectoriel ; les agriculteurs y recourent sur une grande échelle pour les produits qu'ils doivent conserver ou dont la commercialisation s'étire, comme notamment le vin. La prééminence économique appartient ainsi au second type. Le warrant sur corps certain tient une place plus réduite, sans être négligeable, car il est supplanté par le nantissement de la loi de 1951, par le gage automobile et, maintenant, par la réserve de propriété.

720. — Domaine. — Le warrant est circonscrit dans les frontières naturelles que lui trace sa vocation agricole et dont la transgression est sanctionnée par la nullité (63). Frontière des personnes d'abord, le constituant ne peut être qu'un exploitant agricole, personne physique ou personne morale, qu'il exploite en qualité de propriétaire, de fermier ou de métayer. Des dérogations ont cependant été introduites au profit des sociétés coopératives agricoles et des S.I.C.A. (C. rur., art. R. 533-3). Frontière des choses ensuite ; le warrant ne peut porter que sur les biens en relation avec l'exploitation : le matériel quel qu'il soit, même s'il est immobilisé par nature ou par destination, les produits de l'exploitation, y compris les animaux, enfin les récoltes pendantes.

Une troisième frontière est plus indécise, celle de la créance garantie. La mobilisation dans un effet de commerce postule une créance certaine, la vocation du warrant une créance relative à l'exploitation ; mais cette créance doit-elle être issue d'un « emprunt », comme le voudrait la lettre du texte ? La réponse affirmative donnée par certaines décisions du fond ne s'impose pas d'évidence et semble condamnée par la Cour de cassation qui a admis la validité d'un warrant constitué pour garantir une dette antérieure (64).

721. — Constitution et publicité. — La constitution de la sûreté résulte de l'émission du titre, lequel peut être établi, soit par le greffier du tribunal d'instance, soit par les parties elles-mêmes. Il doit porter, à peine de nullité, les mentions énumérées à l'article 3 de la loi de 1906 et qui permettent notamment d'identifier les biens warrantés et la créance garantie.

Lorsque l'emprunteur n'est pas propriétaire du fonds exploité, l'établissement du titre doit, sauf accord du prêteur, être précédé de l'envoi d'un avis au propriétaire, ce qui permet à celui-ci de faire opposition pour sauvegarder dans une certaine mesure son privilège de bailleur

---

(63) V. Com., 3 mars 1969 : *D.* 1970, 439. — Com., 5 juill. 1984 : *Bull. civ.* IV, n° 219 ; *Rev. trim. dr. civ.* 1985, 745, obs. GIVERDON et SALVAGE-GEREST, qui a admis la responsabilité du constituant non agriculteur.

(64) Civ. 1re, 28 fév. 1966 : *D.* 1966, somm. 54 : *Bull. civ.* I, n° 147.

(v. *infra*, n° 886), privilège qu'il conserve intégralement si cette formalité est omise.

Valable *inter partes* (65), le warrant n'est opposable aux tiers (y compris aux créanciers chirographaires de l'emprunteur) qu'à compter de sa transcription sur le registre spécial tenu au greffe du tribunal d'instance du lieu de situation des biens grevés.

L'inscription conserve la sûreté pendant cinq ans, mais peut être renouvelée. La radiation en est opérée sur justification du remboursement de la créance ou sur mainlevée régulière. Un état des inscriptions est communiqué à tout requérant.

Chaque endossataire doit, dans les huit jours, aviser le greffier de la transmission ; faute de cette formalité, le débiteur pourra proposer le remboursement anticipé au dernier porteur connu. Une dispense d'avis peut être portée sur le titre ; elle vaut renonciation du débiteur à la facûlté de remboursement anticipé.

722. — Les obligations et prérogatives du débiteur. — Le débiteur doit garder en sa possession les objets warrantés et veiller à leur conservation matérielle (66). S'il lui est permis de les vendre à l'amiable (67), il doit s'abstenir de les livrer sans l'accord du porteur, puisque les droits de ce dernier seraient mis en échec du fait de l'entrée en possession d'un tiers de bonne foi. Dès lors que le warrant est assis sur des corps certains, le débiteur ne peut procéder à leur remplacement que dans la mesure où a été stipulée une faculté de substitution (rappr. *supra*, n° 668 et *infra*, n° 726).

Au plan civil, la violation de ces obligations est sanctionnée par la déchéance du terme et la responsabilité du débiteur. Au plan pénal, la destruction, la dissipation et le détournement des biens warrantés sont constitutifs d'un délit correctionnel spécialement prévu par l'article 14 de la loi de 1906 et passible des peines de l'abus de confiance.

De façon à permettre la commercialisation des récoltes, le législateur a octroyé au débiteur une faculté de remboursement avant le terme convenu, faculté qu'il peut néanmoins exercer quel que soit l'objet du warrant. Les modalités en sont précisées par l'article 8, alinéa 3.

723. — Les prérogatives du porteur. — Outre les droits afférents à la nature cambiaire de la créance dont il est titulaire, le porteur jouit des prérogatives du gagiste ordinaire.

Considéré comme en possession fictive depuis l'arrêt de principe du 22 avril 1918 (v. *supra*, n° 719), il peut exercer un droit de rétention dont le caractère artificiel limite la portée ; s'il lui permet de s'opposer à la livraison des biens warrantés à un acheteur, ce droit ne peut

---

(65) Civ. 1re, 27 fév. 1985 : *Bull. civ.* I, n° 83 ; *D.* 1985, I.R. 298.

(66) Il ne peut pas inclure les frais qu'il a engagés dans les frais de vente qui viennent en déduction du prix attribué au porteur ; de même, il ne peut prétendre au privilège du conservateur qui, au demeurant, ne paraît pas pouvoir primer celui du porteur, v. en ce sens : Com., 28 fév. 1989 : *Bull. civ.* IV, n° 76 ; *Rev. jurispr. com.* 1989, 310, note DUBLANCHE.

(67) Le débiteur engage sa responsabilité à l'égard de l'acheteur s'il n'obtient pas la mainlevée du warrant à la date prévue pour la livraison : Com., 27 mai 1986 : *D.* 1986, I.R. 320.

être invoqué contre le tiers entré en possession ou contre le détenteur, par exemple un réparateur, bénéficiaire d'un droit de rétention effectif.

Le porteur bénéficie d'un droit de préférence plus avantageux que celui du gagiste ordinaire (v. *infra*, n° 875) et qui est gouverné par des règles particulières en cas de conflit avec le bailleur d'immeuble et avec les créanciers inscrits sur l'immeuble.

Il dispose enfin d'un droit de suite restreint par le jeu de l'article 2279 du Code civil, sur lequel la possession fictive que lui a reconnue la jurisprudence n'a pas d'incidence. Il en va de même de la publicité qui, s'appliquant à des biens qu'il est malaisé d'identifier et qui sont l'objet de transactions courantes, ne saurait à elle seule établir la mauvaise foi du tiers détenteur (68).

§ 3. — Le warrant hôtelier

724. — Offert aux exploitants d'hôtels pour leur permettre de donner en garantie les actifs mobiliers qu'ils sont amenés à utiliser, le warrant hôtelier est apparu avec une loi du 8 août 1913, modifiée par une loi du 17 mars 1915. La plupart de ses dispositions reproduisent celles de la loi de 1906 (69), de sorte que le warrant hôtelier est très proche du warrant agricole sur corps certains. C'est là une raison pour ne pas évoquer son régime, à laquelle s'ajoute le fait que ce warrant a été à peu près totalement négligé par la pratique, contrairement à son aîné. L'explication du phénomène est simple : il ne peut être assis que sur des biens d'équipement, qu'il s'agisse du mobilier commercial ou du matériel servant à l'exploitation ; dès lors, il fait double emploi avec le nantissement de 1951 que les établissements de crédit lui préfèrent ne serait-ce qu'en raison du rang plus avantageux que confère ce dernier.

SECTION III

LES SÛRETÉS SUR DES STOCKS DE CHOSES FONGIBLES

725. — Énumération. — Plusieurs sûretés offrent ce trait commun d'être assises sur une quantité abstraite de marchandises d'une qualité donnée, trait qui leur confère une grande originalité et qui est riche de conséquences. La fiction de possession et l'alignement sur le gage traditionnel n'en sont que plus scabreux, alors que la qualification

---

(68) V. en ce sens : Trib. inst. Le Puy, 23 oct. 1965 : *Gaz. Pal.* 1966, 1, 82.

(69) Mais naturellement, la publicité est effectuée au greffe du tribunal de commerce. Sur cette sûreté, v. VIVIER, *Les précédents du warrant industriel, le warrant hôtelier, le warrant pétrolier et le warrant des stocks de guerre*, in *Le gage commercial*, ouv. coll. préc., 300 et s.

d'hypothèque aurait été plus appropriée à cette singularité de l'objet. Ces sûretés sont toutes des warrants dont la constitution implique donc l'émission du titre à ordre dans lequel sont incorporés la créance garantie et le gage qui l'assortit. Il s'agit du warrant agricole sur choses fongibles et des sûretés sur les vins qui en constituent des variantes, ainsi que de trois warrants à domaines restreints, qui ont été conçus sur le modèle du warrant agricole (70).

1) Le warrant agricole sur choses fongibles et les sûretés sur le vin. On a vu — et il est inutile d'y revenir — que, en dépit de l'uniformité de la réglementation, force était de distinguer deux types de warrant agricole, le second type qui, d'une façon générale, porte sur les fruits de l'exploitation, revêtant une importance pratique beaucoup plus grande (v. *supra*, n° 719).

Cette importance culmine dans le secteur vinicole sous l'effet conjugué d'une surproduction endémique et des contraintes de la nature qui ne permettent de commercialiser que longtemps après la récolte. L'ampleur du phénomène, qui est occulté par l'indigence du contentieux dans lequel on peut voir le signe du bon fonctionnement du système, invite à signaler les particularités que présente le warrantage des vins (71).

L'une est la possibilité qu'a le porteur de notifier le warrant à l'Administration des contributions indirectes qui ne délivrera pas le titre de mouvement nécessaire à la circulation du vin. Ainsi, la quantité warrantée se trouvera bloquée chez le viticulteur ou dans la cave coopérative, de sorte que la rétention est ici effective et la protection du porteur très forte.

La seconde particularité tient à l'existence, à côté du warrant de la loi de 1906, d'une sûreté propre au vin et qui n'en est guère qu'une variante plus simple. Intitulée par le législateur « engagement de garantie » (décret-loi du 23 oct. 1935, dont les dispositions modifiées depuis figurent dans le C. du vin, art. 56 et s.), cette sûreté n'en est pas moins appelée communément warrant et souvent confondue avec sa sœur de 1906, ce qui est d'autant plus explicable qu'elle postule l'émission d'un titre à ordre et confère le même droit de préférence. La différence tient à la formalité qui conditionne l'opposabilité aux tiers : une transcription au bureau des Contributions indirectes (qui naturellement astreint ce dernier à bloquer la quantité engagée) ; comme l'administration ne communique pas les engagements de garantie au public, cette sûreté est occulte et c'est sa caractéristique principale. La pratique utilise à peu près exclusivement cette seconde formule, parce qu'elle est moins coûteuse ; elle ne recourt au warrant *stricto sensu* que pour les récoltes sur souches, qui ne peuvent être l'objet d'un engagement de garantie.

2) Le warrant pétrolier. Il a été institué par une loi du 21 avril 1932 pour faciliter le financement des stocks de produits pétroliers que les importateurs sont astreints à constituer. Le bénéfice en est donc réservé aux titulaires d'autorisation d'importation. En pratique, ceux-ci sont de puissantes entreprises qui n'ont pas besoin de donner cette garantie à leurs bailleurs de fonds, de sorte que ce warrant est délaissé (72).

---

(70) Dont, bien entendu, le législateur s'est écarté en confiant la tenue de la publicité aux greffiers des tribunaux de commerce.

(71) V. A. JAUFFRET, *Les sûretés réelles sur le vin* in *Mélanges Voirin*, p. 423 et s. — *Adde* Nîmes, 13 nov. 1968 : *D.* 1969, 207, note CABRILLAC.

(72) Sur ce warrant et les warrants évoqués à sa suite, v. ROBLOT, *Les effets de commerce*, n° 569 et s. — VIVIER, art. préc. — J. DURAND, *Le warrant industriel*, in *Le gage commercial*, ouv. coll. préc.

3) Le warrant des stocks de guerre. Son appellation et sa date de naissance (D.-L. 24 juin 1939) en indiquent la finalité : permettre aux industriels d'emprunter sur les stocks nécessaires à la Défense nationale qu'ils s'engageaient à constituer. Le succès qu'a connu cette sûreté à ses débuts n'a heureusement plus de raison d'être et le décret-loi de 1939, qui est toujours en vigueur, est entré en sommeil.

4) Le warrant industriel. C'est un enfant de la pénurie, qui lui a néanmoins survécu en tant qu'instrument du dirigisme économique. La loi du 12 septembre 1940 l'a créé, en vue de la réanimation de l'activité économique, au profit d'industriels titulaires d'une « lettre d'agrément », document qui invite le destinataire à entreprendre la fabrication de certains produits correspondant à des besoins impérieux. L'exigence de la lettre d'agrément avait été levée par une législation provisoire qui n'a pas été reconduite. Cette sûreté a connu une exploitation importante à certaines époques ; ce sont des temps révolus.

726. — L'incidence de la fongibilité sur les obligations du débiteur. — Le fait que les warrants qui viennent d'être recensés portent sur des marchandises naturellement fongibles et sont constitués sans qu'aucune opération matérielle ne précise quelles sont les marchandises affectées en garantie parmi celles que détient le débiteur a une profonde incidence sur les obligations de ce dernier. Leurs objets sont différents de ceux des obligations qu'assume le constituant d'un warrant sur corps certain et leur importance plus grande encore.

Ici, le débiteur ne doit pas conserver des biens déterminés, il doit conserver la quantité convenue de marchandises du genre et de la qualité prévus par le contrat, autrement dit, il doit maintenir en permanence un stock d'un niveau minimal au moins égal à la quantité stipulée. De la sorte — et c'est l'élément le plus spécifique du régime de ces warrants —, il bénéficie automatiquement d'une faculté de remplacement (de renouvellement, serait-il préférable de dire), même dans le silence de la législation (73), faculté qu'il n'est pas nécessaire de stipuler dans l'acte constitutif (74), contrairement à la faculté de substitution admise dans le gage ordinaire (v. *supra*, n° 668). La rotation du stock peut, d'ailleurs, être une obligation pour le constituant dans la mesure où il est composé de marchandises sujettes à dépérissement ; c'est là la forme particulière que revêt en l'occurrence l'obligation de veiller à la sauvegarde matérielle des biens warrantés.

Le législateur a prévu parfois des aménagements à la règle du maintien du stock ; ainsi, il l'a renforcée en matière de warrant pétrolier en imposant au constituant une maintenance en valeur, ce qui l'astreint à augmenter la quantité lorsque le prix diminue ; ainsi, il l'a allégée

---

(73) C'est le cas de la loi sur le warrant agricole.

(74) V. en ce sens : Agen, 27 fév. 1985 : *J.C.P.* 86, II, 20604, note SOHM-BOURGEOIS, à propos d'un warrant agricole sur des produits frais et des boîtes de conserve. Cet arrêt a été confirmé par Com., 15 juill. 1986 : *D.* 1987, somm. 293, obs. VASSEUR, sans que la Cour de cassation ait eu à se prononcer sur l'existence de plein droit de la faculté de remplacement. Parmi les auteurs qui font état de cette faculté, v. tout particulièrement P. VEAUX-FOURNERIE, art. préc. *supra*, n° 668, note 3, n° 13 et s.

pour les stocks de guerre en prévoyant la possibilité d'un délai pour procéder à la reconstitution.

La physionomie particulière des obligations imposées au débiteur retentit, par voie de conséquence, sur le délit de destruction ou de détournement de biens warrantés (spécialement prévu pour chacun des warrants de ce type). Ce délit est consommé lorsque le débiteur ne détient plus la quantité convenue pour une raison qui lui est imputable.

727. — L'incidence de la fongibilité sur les prérogatives du créancier. — Au moment de la constitution du warrant, le créancier n'acquiert pas un droit réel de garantie, du moins un droit pur et simple. De l'avis général, le droit réel postule, en effet, un objet déterminé ; le créancier ne peut donc prétendre à un *jus in re* sur une quantité abstraite, sur des marchandises qui forment une masse fluctuante et qui n'ont pas été séparées des marchandises du même genre détenues par le constituant.

Concrètement, il en résulte que le créancier n'a pas de droit de suite sur les marchandises ; il ne peut les revendiquer contre un tiers quand bien même celui-ci serait entré en possession de mauvaise foi.

Au plan de la théorie, le droit du créancier est malaisé à qualifier. Certains tendent à y voir « un gage en valeur » (75) ; l'expression n'a aucune signification juridique précise ; elle n'est guère que descriptive et le terme de gage suscite des réserves. Il est permis de penser que ce droit est bien un droit réel de garantie, mais un droit dont la naissance n'est qu'éventuelle, car elle est subordonnée à la réalisation de la sûreté par le créancier. Cette opération conduit à mesurer et à mettre à part les marchandises sur lesquelles le créancier entend exercer son droit de préférence ou sa faculté d'attribution judiciaire (76) ; la détermination de l'objet ainsi faite permet au droit réel de garantie de s'établir. Toutefois, la naissance du droit réel a un effet rétroactif puisque son opposabilité remonte à la date de la transcription du warrant. On peut en déduire que, à partir de cette date, le créancier est investi d'un droit réel sous condition suspensive, l'événement futur et incertain étant la spécification de l'objet (77).

---

(75) V. notamment : P. VEAUX-FOURNERIE, *op. cit.*, n° 23.

(76) En raison de la volonté du législateur d'assimiler ces warrants au gage, il faut reconnaître la faculté de demander l'attribution au créancier.

(77) Pour une présentation plus détaillée de cette thèse, v. M. CABRILLAC, *op. cit.*, n° 233 et s.

CHAPITRE IV

LA RÉSERVE DE PROPRIÉTÉ

728. — Généralités. — La réserve de propriété a déjà été présentée afin d'en faire apparaître la nature de véritable sûreté (v. *supra*, n° 532). L'admission de ce postulat conduit à lui consacrer de plus amples développements. C'est d'autant plus nécessaire qu'elle a conquis une place de premier plan dans la vie des affaires, place qu'explique aisément le fait qu'elle peut être établie facilement, sans frais ni gêne pour les parties. Ces avantages ne vont pas sans rançon et l'on pourrait discuter à perte de vue sur les rayons et les ombres de la sûreté vedette du XXe siècle finissant.

Au plan macroéconomique, ses détracteurs l'accusent de trop favoriser le crédit inter-entreprises (mais est-il malsain ? C'est un autre débat...) et de compromettre le redressement des entreprises en difficulté qu'elle prive de la plus grande partie de leur actif mobilier (mais les fournisseurs doivent-ils faire les frais du redressement ou permettre le paiement des créances fiscales et sociales ?).

Au plan de la sécurité du crédit et des transactions, on reproche à la réserve de propriété d'être une sûreté occulte. Ce reproche peut être tempéré car elle ne met pas en péril les droits acquis par les tiers sur les biens grevés, du moins s'ils sont des meubles corporels, et d'autre part, sa généralisation est telle que les partenaires de l'acheteur peuvent en subodorer l'existence.

Au plan de l'organisation du crédit, elle ébranle la hiérarchie préexistante entre les créanciers et, plus particulièrement, atteint les privilèges généraux dont elle vide l'assiette. Résultat bénéfique pour ceux qui contestent cette hiérarchie ; résultat pernicieux pour ceux — ils sont rares — qui s'en satisfont.

Au plan strictement juridique, le grief le plus grave qu'on peut lui imputer est d'être une sûreté aléatoire dont l'efficacité de principe — très grande puisqu'elle confère une priorité absolue — est tributaire du hasard, ce qui défie la logique et l'équité. La propriété réservée est un billet de loterie gratuit ; le vendeur est gagnant s'il retrouve le bien en nature ou si le prix de revente n'a pas été versé ; il est perdant dans l'éventualité contraire, sans qu'il puisse avoir une influence sur ces dénouements.

729. — La complexité du régime. — Le jeu de la réserve de propriété n'a été réglementé que dans le cadre des procédures collectives, ce qui a polarisé l'attention sur les règles spécifiques auxquelles il est soumis. Pourtant, la réserve de propriété peut être stipulée à l'égard d'un acheteur qui n'est pas exposé à ces procédures ou produire ses effets à l'égard d'un acheteur encore *in bonis*. Dans ces éventualités, elle n'obéit qu'à la théorie générale des obligations et à celle des droits réels.

On est donc en présence d'un régime complexe et il faut bien distinguer parmi ses éléments ceux qui s'appliquent en toutes circonstances et ceux qui ne s'appliquent qu'en cas de redressement judiciaire de l'acheteur, distinction qui sera faite à propos de chaque règle.

SECTION I

LA CONSTITUTION

730. — Les biens susceptibles de réserve de propriété. — En droit commun, la réserve de propriété peut couvrir tout bien vendu avec paiement à terme ou paiement comptant après livraison. Peu importe qu'il s'agisse d'un bien corporel ou incorporel ou qu'il s'agisse de choses fongibles dès lors qu'elles sont individualisées par la livraison.

Le droit des procédures collectives limite la revendication fondée sur la réserve de propriété aux « marchandises » (L. 1985, art. 121). La jurisprudence, d'une façon générale, s'est refusée à donner à ce terme l'acception étroite qu'on pourrait lui prêter et qui aurait exclu du champ d'application de la sûreté les meubles incorporels (1) et les biens d'équipement professionnel, bien que pour ces derniers, le vendeur dispose de la sûreté spécifique créée par la loi du 18 janvier 1951 (2).

731. — La nécessité d'une mention écrite acceptée par l'acheteur. — En droit commun, la mention de la clause dans un acte écrit n'est requise que sur le terrain probatoire avec les exceptions admises en règle générale. Le droit des procédures collectives pose d'exigence d'un écrit dont on s'accorde à reconnaître qu'elle est une exigence d'opposabilité ; son objectif est de protéger les créanciers de l'acheteur en limitant les risques de fraude (3).

---

(1) Rappr., à propos de ce bien complexe qu'est un logiciel, Trib. com. Nanterre, 31 mai 1988 : *J.C.P.* 88, éd. E, II, 15344, n° 16, obs. CABRILLAC et VIVANT.

(2) Une tentative en sens contraire a été brisée par la Chambre commerciale : 13 mars 1985 : *D.* 1986, I.R. 169, obs. DERRIDA.

(3) Le législateur a également imposé de faire figurer les marchandises grevées de réserve de propriété sur une ligne distincte au bilan de l'acheteur ; il en va de même des créances du prix au bilan du vendeur (L. 12 mai 1980, art. 3) ; mais la violation de ces règles n'a aucune incidence sur l'opposabilité de la réserve de propriété.

La notion d'écrit au sens de l'article 121 de la loi de 1985 a reçu une interprétation libérale qui a été justifiée par le fondement assigné à la règle. Point n'est besoin d'un acte sous seing privé signé des deux parties, ni même d'un écrit spécialement rédigé pour la vente du bien grevé de la clause, cette dernière pouvant figurer dans des conditions générales de vente. La présence de la clause dans un document commercial quelconque est donc suffisante, bon de commande ou de livraison, facture, télex, etc. (4).

L'acceptation de la clause n'est pas nécessairement expresse ; elle peut résulter du fait que l'acheteur a reçu sans protester le document mentionnant la réserve de propriété (5).

Encore faut-il être sûr que celui-ci ait pu en prendre connaissance et en apprécier la portée. Sur ce point, la jurisprudence tend à se montrer moins libérale et à introduire un formalisme de la présentation en excluant l'accord de l'acheteur lorsque la clause n'est pas écrite en caractères suffisamment apparents ou lorsque la rédaction n'en est pas assez claire ou précise (6). Les relations commerciales existant antérieurement ont une incidence sur l'appréciation de l'acceptation de l'acheteur, soit pour l'admettre lorsqu'il a reçu le document après la livraison mais avait reçu des documents similaires à l'occasion de livraisons précédentes, soit pour l'écarter lorsqu'elle a été brusquement introduite dans les conditions générales de vente (7).

732. — Le moment de l'établissement de l'écrit et de l'acceptation. — L'écrit portant réserve de propriété doit, au regard du droit des procédures collectives, être établi au plus tard au moment de la livraison ; la règle vient prolonger l'exigence d'un écrit qui serait impuissante à protéger les tiers s'il pouvait être établi jusqu'à la revendication. L'accord de l'acheteur doit également, en principe, intervenir avant ce moment butoir. La règle est cependant quelque peu tempérée par le fait qu'on admet que l'acceptation peut résulter du silence, manifestation de volonté qui se produit après la livraison dans l'éven-

---

(4) V. par ex. Com., 11 juill. 1983 : *Rev. jurispr. com.* 1984, 255, note GALLET ; *Rép. Defrénois* 1984, 656, note A. HONORAT. — Com., 11 mai 1984 : *D.* 1985, I.R. 1, obs. DERRIDA. — Com., 10 fév. 1987 : *Bull. civ.* IV, n° 36 ; *Rev. trim. dr. com.* 1988, 119, obs. HÉMARD et BOULOC.

(5) V. par ex. Com., 12 déc. 1984 : *Bull. civ.* IV, n° 347 ; *D.* 1985, I.R. 255, obs. DERRIDA. — Com., 5 nov. 1985 : *Bull. civ.* IV, n° 258. — Com., 9 juin 1987 : *Bull. civ.* IV, n° 141 ; *Rev. trim. dr. com.* 1988, 487, obs. HÉMARD et BOULOC.

(6) La question relève de l'appréciation souveraine des juges du fond dont les décisions sont assez contrastées (v. leur présentation par F. PÉROCHON, thèse préc., n° 184) ; mais la Chambre commerciale paraît avoir approuvé le principe d'une typographie suffisamment apparente (v. notamment Com., 1er oct. 1985 : *Bull. civ.* IV, n° 222. — 12 déc. 1985, *ibid.*, n° 348 ; *D.* 1986, I.R. 56. Il est généralement jugé que la rédaction en langue étrangère ne suffit pas à exclure l'acceptation de l'acheteur, v. par ex. Paris, 28 janv. 1986 : *D.* 1988, somm. 8, obs. DERRIDA.

(7) V. par ex., pour la première incidence : Agen, 21 juin 1983 : *Gaz. Pal.* 1984, 1, 20. — Rouen, 1er mars 1984 : *Gaz. Pal.* 1984, 1,343 ; *D.* 1985, I.R. 1, obs. DERRIDA ; *J.C.P.* 85, éd. E, I, 14004, n° 14, obs. CABRILLAC et VIVANT ; v. F. PÉROCHON, thèse préc., n° 188 et s.

tualité fréquente où le document contractuel (bon, facture) est remis simultanément (8).

En retenant la livraison comme limite temporelle, le législateur a permis l'établissement de la réserve de propriété après la conclusion du contrat de vente, lequel a opéré transfert de propriété si l'objet en est un corps certain. Cette possibilité ne va pas sans soulever des difficultés d'analyse au plan de la théorie et pose le problème de la stipulation intervenue au cours de la période suspecte qui serait peut-être entachée de nullité sur la base de l'article 107-6° de la loi de 1985 (9), nullité qui nous semble exclue puisque le législateur a pris une précaution spécifique en exigeant l'écrit au plus tard au moment de la livraison, ce qui apparaît comme une dérogation à la règle générale.

L'écrit n'est pas nécessairement daté et la preuve du moment où il a été établi, dont la charge pèse sur le vendeur, peut être rapportée par tous les moyens, la date qu'il peut porter n'ouvrant qu'une présomption simple selon la règle générale (10).

SECTION III

LES EFFETS

733. — Les droits et obligations des parties. — L'analyse juridique de la situation issue de la réserve de propriété a alimenté une ample controverse qui ne peut être évoquée ici (11), d'autant que sa portée pratique est limitée. La subordination du transfert de propriété au complet paiement est-elle une condition, un terme, ou relève-t-elle d'un autre mécanisme ? « Relation suspensive » (12) en tous cas, encore que quelques plumes isolées lui aient prêté une nature résolutoire.

Les éléments concrets de la situation échappent à ces divergences de l'analyse. Le droit de propriété demeure dans le patrimoine du vendeur, lequel doit, en conséquence, supporter les risques (13) à moins

---

(8) Rappr. Com., 11 juill. 1983 : *Bull. civ.* IV, n° 215. — V. en faveur de cette solution : R. JUAN, *Quatre ans de jurisprudence sur la clause de réserve de propriété* : *Cah. dr. entr.* 1987-4, p. 16.

(9) V. en ce sens : DERRIDA, chron. préc. : *D.* 1980, n° 21, mais sur un autre fondement. — Rappr. l'opinion plus nuancée de F. PÉROCHON, *op. cit.*, n° 203 et s.

(10) V. en ce sens : Rennes, 10 fév. 1983 : *Gaz. Pal.* 1983, 1, 161. — Nancy, 12 juill. 1983 : *D.* 1985, I.R. 3, conf. par Com., 13 mars 1985 : *D.* 1986, I.R. 169, obs. DERRIDA.

(11) Pour un état de la question, v. MARTY, RAYNAUD et JESTAZ, n° 549 et s. ; F. PÉROCHON, thèse préc., n° 25 et s.

(12) L'expression est de F. PÉROCHON, *loc. cit.*

(13) V. le célèbre arrêt *Mécarex* : Com., 20 nov. 1979 : *Bull. civ.* IV, n° 300 et, sur renvoi : Metz, 29 oct. 1980 : *J.C.P.* 81, II, 19615, note Ghestin ; *Rev. trim. dr. com.* 1980, 43, art. VON BREITENSTEIN ; en conséquence, le vendeur doit rendre les acomptes.

qu'une stipulation, devenue de plus en plus fréquente et dont la validité n'est pas douteuse, les mettent à la charge de l'acheteur à partir de la livraison. Le complet paiement fait passer automatiquement la propriété sur la tête de l'acheteur ; il en va de même de l'extinction de la créance du prix, solution qui découle directement du caractère d'accessoire reconnu à la propriété réservée.

L'acheteur reçoit les biens vendus en qualité de détenteur et au titre du contrat de vente, ce qui, en cas de détournement, le soustrait à l'incrimination d'abus de confiance. Il a, en principe, l'obligation de conserver la chose comme tout détenteur du bien d'autrui (14) ; il doit donc s'abstenir de l'aliéner ou de la transformer. Toutefois, lorsqu'il s'agit de marchandises, et non de biens d'équipement, l'existence de cette obligation peut être discutée, à moins qu'elle ne soit spécialement stipulée, puisque, dans l'intention des parties, les marchandises vendues sont destinées à être utilisées conformément à l'activité professionnelle de l'acquéreur. De toute façon, le vendeur n'est pas protégé contre la méconnaissance de cette obligation ; la transformation fait obstacle à sa revendication ; il en va de même de la remise du bien corporel à un acquéreur de bonne foi, qu'elle soit faite dans le cadre d'un gage (15) ou d'une vente (16) ; d'où la contrepartie que lui a attribuée le droit des procédures collectives en lui permettant de revendiquer le prix de revente.

734. — La transmission. — Par plusieurs arrêts de principe déjà évoqués (v. *supra*, n° 528), la Cour de cassation a posé que la propriété réservée était transmise de plein droit avec la créance du prix, solution fondée sur la qualité d'accessoire de la créance qu'elle a reconnue à cette garantie. Il résulte de ce fondement que la transmission se produit quel que soit le mode de transfert de la créance. La volonté des parties peut cependant écarter la transmission, mais cette stipulation a pour effet de stériliser la réserve de propriété ; en effet, le vendeur ne peut plus exercer la revendication dès lors qu'il n'est plus créancier du prix (17).

En raison de ce lien entre la réserve de propriété et la créance du prix, cette sûreté ne peut pas être transmise à titre principal en vue de garantir une autre créance.

Lorsque n'est transférée qu'une fraction de la créance, il faut admettre, croyons-nous, que la propriété réservée demeure au cédant, car

---

(14) Ce n'est qu'une obligation de moyen, v. arrêt *Mécarex* préc.

(15) V. Paris, 21 nov. 1984 : *Rev. jurispr. com.* 1985, 299, note D. VIDAL. — Paris, 10 avril 1986 : *Gaz. Pal.* 1987, 1, somm. 114. — Paris, 2 oct. 1987 : *Banque* 1987, 1208.

(16) Com., 1er oct. 1985 : *Bull. civ.* IV, n° 224 ; *Rev. trim. dr. com.* 1986, 553, obs. HÉMARD et BOULOC. — Com., 19 mai 1987 : *D.* 1988, somm. 12, obs. DERRIDA ; *Rev. trim. dr. com.* 1988, 285, obs. HÉMARD et BOULOC.

(17) V. par ex. Trib. com. Bordeaux, 17 déc. 1987 : *J.C.P.* 88, éd. E, II, 15221, n° 5, obs. CABRILLAC et VIVANT. Il faut observer que la réserve de propriété n'est pas pour autant perdue et que la revendication est réouverte au vendeur s'il est réinvesti de la créance du prix par le jeu d'un recours du cessionnaire.

on peut présumer, sauf stipulation contraire, qu'il a entendu conserver cette garantie. Lorsque la créance est transmise à plusieurs personnes, la propriété réservée et la revendication sont indivisibles (18) ; les marchandises ne peuvent être réclamées que par l'ensemble des ayants droit (19).

SECTION III

LA RÉALISATION

Le vendeur réalise sa sûreté par une revendication qui, selon les circonstances, porte sur le bien grevé lui-même (§ 1) ou porte sur la créance qui lui est substituée (§ 2).

§ 1. — La revendication du bien grevé

735. — La condition générale : l'existence en nature. — Les marchandises grevées « peuvent être revendiquées à condition qu'elles se retrouvent en nature... » (L. 25 janv. 1985, art. 121). Formulée dans le cadre des procédures collectives, cette exigence est un élément du droit commun de la revendication des choses mobilières, laquelle postule que le bien réclamé soit celui-là même sur lequel le revendicant avait un droit de propriété ; l'article 121 n'a fait que donner une traduction de cette donnée logique.

La seule particularité du droit des procédures collectives est que l'existence en nature au moment du jugement d'ouverture fixe le droit du bénéficiaire de la propriété réservée avant même la revendication ; de la sorte, si les marchandises disparaissent ou sont transformées par la suite, le propriétaire doit être indemnisé et devient, à ce titre, créancier de la procédure avec le privilège de l'article 40 (20).

La condition d'existence en nature, qui rend la sûreté hasardeuse, donne lieu à un abondant contentieux qui, schématiquement, se développe soit au sujet de l'identité entre la chose revendiquée et la chose vendue, soit en cas de transformation ou encore en cas d'incorporation dans un autre bien. La jurisprudence témoigne d'une orientation de plus en plus favorable au vendeur (21). C'est ainsi que, dans l'hypo-

(18) V. l'arrêt *Coudray* du 15 mars 1988, cité *supra*, n° 528, note 2.

(19) Sur l'ensemble de la question, v. F. PÉROCHON, *op. cit.*, n° 157 et s.

(20) V. Com., 26 mai 1985 : *D.* 1985, I.R. 258. — Com., 30 oct. 1985 : *D.* 1986, I.R. 171, obs. DERRIDA. — Com., 9 juin 1987 : *Bull. civ.* IV, n° 142 ; *Rev. trim. dr. com.* 1988, 120, obs. HÉMARD et BOULOC.

(21) Sur cette jurisprudence, v. notamment R. JUAN, *Quatre ans de jurisprudence sur la clause de réserve de propriété* : *Cah. dr. entr.* 1987-4. — F. PÉROCHON, *op. cit.*, n° 210 et s.

thèse de la vente d'une chose fongible qui est demeurée telle, elle admet que ce dernier peut reprendre la quantité de cette chose retrouvée chez l'acheteur dès lors qu'il n'y a pas eu de livraison postérieure de la part d'un autre fournisseur (22). Quant à la transformation, elle est entendue étroitement ; un traitement effectué sur la marchandise ne fait pas obstacle à la revendication lorsqu'il n'empêche pas de l'identifier et qu'il n'a pas été trop coûteux (23). De même, la reprise de la chose demeure possible en dépit de son incorporation dans un ensemble lorsqu'elle peut en être retirée aisément et sans dommages sérieux (24).

736. — Les conditions particulières du droit des procédures collectives. — L'ouverture d'une procédure collective à l'encontre de l'acheteur a pour effet de soumettre l'exercice de la revendication à une condition positive et à une condition négative.

Aux termes de l'article 115 de la loi de 1985, la revendication doit être exercée dans un délai de trois mois qui court à compter du jugement d'ouverture et qui a la nature d'un délai préfix (25). Il n'est pas nécessaire que le propriétaire ait déclaré la créance, possibilité qui lui est cependant ouverte (26).

La condition négative est l'absence d'une offre de paiement faite par l'administrateur (ou par le débiteur autorisé dans la procédure simplifiée) ; le paiement peut être immédiat ou à une échéance fixée par le juge-commissaire et qui ne peut être postérieure à l'issue de la période d'observation (L. 1985, art. 121). Dans l'éventualité d'un paiement différé, l'administrateur doit le garantir (27), garantie qui peut être constituée par une caution bancaire ; la créance doit alors être considérée comme une créance de l'article 40, puisqu'elle naît d'une offre postérieure à l'ouverture de la procédure.

737. — Les effets de la revendication. — L'exercice de la revendication fait naître une situation complexe dont l'analyse, particulièrement malaisée à faire, donne lieu à de profondes divergences doctrinales.

---

(22) V. notamment Com., 3 juill. 1986 : *Bull. civ.* IV, n° 114, à propos d'une vente de fuel.

(23) Com., 17 mai 1988 : *Bull. civ.* IV, n° 166, à propos de bois étuvés et tronçonnés par l'acheteur, décision qui a condamné le vendeur à payer le coût du traitement.

(24) V. par ex. Com., 8 déc. 1987 : *Bull. civ.* IV, n° 269 ; *D.* 1988, I.R. 5. — V. pour un exemple d'incorporation excluant l'existence en nature : Com., 6 janv. 1987 : *D.* 1987, 242, note PRÉVAULT ; *J.C.P.* 87, éd. E, I, 16619, n° 14, obs. CABRILLAC et VIVANT.

(25) V. par ex. Com., 18 avril 1985 : *Bull. civ.* IV, n° 116. La compétence appartient aussi bien au juge-commissaire qu'au tribunal lui-même (v. Com., 3 mars 1987 : *Bull. civ.* IV, n° 59) ou, si les conditions générales de sa compétence sont satisfaites, au juge des référés (v. Com., 21 fév. 1984 : *Bull. civ.* IV, n° 73 ; *D.* 1985, I.R. 4, obs. DERRIDA.

(26) Com., 1er oct. 1985 : *D.* 1986, I.R. 169, obs. DERRIDA.

(27) Prise à la lettre, la règle devrait fermer la possibilité du paiement différé au débiteur dépourvu d'administrateur. — V. *contra* : RIPERT et ROBLOT, n° 3163 ; F. PÉROCHON, *op. cit.*, n° 269.

Leur ampleur interdit de les présenter et l'on doit se borner à signaler les solutions concrètes adoptées par la jurisprudence.

La revendication n'entraîne pas la résolution de la vente (28), résolution qui, par ailleurs, ne peut pas être demandée lorsque l'acheteur est en redressement judiciaire (29). Il est admis que le vendeur ou la personne à laquelle la créance a été transférée, s'il retrouve la totalité de l'objet vendu, doit restituer les acomptes perçus (30). Toutefois, comme il peut être créancier de dommages-intérêts dus à raison du préjudice que lui cause l'inexécution, créance qui doit être déclarée (31), il doit pouvoir invoquer la compensation entre sa dette de restitution et sa créance d'indemnité en raison du lien de connexité existant entre ces deux obligations (32).

Le revendiquant a la faculté de revendre à un tiers la chose récupérée, ce qui est un moyen de réaliser la sûreté ; en effet, même si le contrat de vente survit, il y a pour le moins renonciation de l'acheteur originaire à en demander l'exécution dès lors qu'il n'a pas arrêté la revendication par une offre de paiement. On a professé que le revendiquant liquidait ainsi l'opération de sorte qu'il resterait créancier de la différence entre le prix de la première vente et celui de la seconde qui serait inférieur, mais en serait débiteur si le prix de la revente était plus élevé (33) ; cette thèse nous paraît se heurter au fait que le revendiquant récupère la propriété sans restriction.

§ 2. — La revendication de la créance substituée au bien vendu

738. — La revendication de la créance du prix de revente. — Une disposition de la loi sur la procédure collective permet au bénéficiaire de la propriété réservée de revendiquer « le prix ou la partie du prix des marchandises... qui n'a pas été payé, ni réglé en valeur, ni compensé en compte courant entre le débiteur et l'acheteur » (L. 1985, art. 122). La formule est élisive, car la revendication porte en réalité sur la créance du prix, ce qui postule que cette dernière soit entrée dans le patrimoine du vendeur originaire par le jeu d'une subrogation

---

(28) Com., 1er oct. 1985, préc. — Pour une démonstration brillante, v. P. Jestaz, *La réserve de propriété ou la vente éclatée* in *Mélanges D. Holleaux,* Litec, 1990, p. 227-235.

(29) V. en faveur d'une résolution sans intervention du juge : M. Storck, *Revendication des marchandises et sort d'un contrat de vente conclu avec une clause de réserve de propriété* : *D.* 1988, chron. 131.

(30) V. par ex. Versailles, 20 mai 1987 : *D.* 1988, somm. 8. — Toulouse, 28 juill. 1987 : *D.* 1988, somm. 67, obs. Derrida. On doit reconnaître à l'acheteur le droit de retenir la chose jusqu'à restitution des acomptes (en ce sens : Derrida, *op. cit.*).

(31) V. Com., 22 juill. 1986 : *Bull. civ.* IV, n° 170 ; *D.* 1988, somm. 67, obs. Derrida.

(32) V. par ex. Versailles, 20 mai 1987, préc.

(33) D. Schmidt, J. Hemmelé, L. Chopard, *La vente de son bien par le créancier propriétaire (contribution à l'étude de la clause de réserve de propriété)* : *J.C.P.* 88, éd. E, II, 15309.

réelle (34). La règle ne confère donc pas à ce dernier une action directe contre le sous-acquéreur. Elle lui permet de revendiquer dans la limite de la somme dont il est encore créancier ; si le prix de revente est insuffisant, il reste créancier du reliquat, somme qu'il doit déclarer dans la procédure.

Palliant la paralysie du droit de suite du bénéficiaire de la propriété réservée par le jeu de l'article 2279, la revendication de la créance du prix est soumise aux mêmes conditions que celle du bien vendu lui-même. Elle ne peut être exercée que « dans la mesure où les marchandises existaient encore en nature dans le patrimoine du débiteur lors de l'ouverture de la procédure collective » (35). Cette directive exclut la revendication lorsque le bien vendu a été transformé par l'acheteur originaire ; mais on s'accorde à reconnaître qu'elle ne doit pas l'exclure lorsqu'il a été livré au sous-acheteur avant le jugement d'ouverture, car ce serait priver la règle d'une grande partie de son intérêt et que c'est justement la livraison qui empêche le vendeur initial de faire valoir son droit de propriété à l'encontre de l'acheteur de bonne foi (36).

Lorsque l'acheteur originaire a transféré la créance à un tiers, notamment un banquier escompteur, un conflit surgit entre ce dernier et le bénéficiaire de la clause de réserve de propriété ; c'est ce dernier qui doit l'emporter, car l'acheteur n'a pu transmettre la créance que grevée, dès sa naissance, de la menace de revendication, même si cette revendication n'est devenue possible qu'après la transmission du fait de la survenance du jugement de redressement judiciaire (37).

Lorsque l'acheteur-revendeur n'est pas sous le coup de la procédure collective, le bénéficiaire de la propriété réservée peut-il revendiquer la créance du prix de revente ? La question suscite une controverse trop complexe pour qu'il nous soit permis de l'évoquer (38), contro-

(34) V. Com., 8 mars 1988 : *Bull. civ.* IV, n° 99. — Une partie de la doctrine récuse le principe de cette subrogation, v. notamment D. MARTIN, J.-L. RIVES-LANGE, cités *infra*, note 37. — V. en sa faveur, MALAURIE et AYNÈS, n° 754.

(35) Com., 27 mai 1986 : *Bull. civ.* IV, n° 102 ; *D.* 1988, somm. 63, obs. DERRIDA.

(36) V. DERRIDA, obs. préc. — J. MESTRE, note *D.* 1985, 186. — F. PÉROCHON, *op. cit.*, n° 295. — SOINNE, n° 890. Les juridictions du fond ont tranché le problème dans des sens divergents : v. par ex. Paris, 18 mai 1987 : *D.* 1988, somm. 64, obs. DERRIDA, qui a exclu la revendication. — V. en sens contraire les réf. données par les auteurs préc. — Rappr. l'arrêt préc. du 8 mars 1988 qui a cassé une décision parce qu'elle avait refusé la revendication au motif que les marchandises avaient déjà été livrées au moment de la demande.

(37) V. l'arrêt de principe : Com., 20 juin 1989 : *D.* 1989, 760, note PÉROCHON ; *Banque* 1989, 760, obs. RIVES-LANGE ; *Rev. jurispr. com.* 1989, 364, note GALLET ; *Rev. trim. dr. com.* 1989, 702, obs. CABRILLAC et TEYSSIÉ. — V. en sens contraire : D. MARTIN, *Du conflit relatif à la créance du prix de revente d'une marchandise acquise sous réserve de propriété* : *D.* 1986, chron. 323 ; ZÉNATI, note *D.* 1988, 74. — Pour un argumentaire en faveur de cette solution, v. CABRILLAC, *Réserve de propriété, bordereau Dailly et créance du prix de revente* : *D.* 1986, chron. 225.

(38) Pour un état de la question, v. F. PÉROCHON, *op. cit.*, n° 286 et s., auteur hostile à la solution affirmative.

verse que la jurisprudence n'a pas eu l'occasion de trancher. Bornons-nous à indiquer que, si l'on prête à la propriété réservée la nature d'une véritable sûreté, on est enclin à admettre l'affirmative ; dès lors que le bénéficiaire ne peut pratiquement pas faire valoir un droit de suite, il doit pouvoir appréhender la valeur de la chose grevée, apparue sous la forme du prix de revente.

739. — La revendication de la créance d'indemnité. — En cas de destruction du bien vendu, la Chambre commerciale, par un arrêt du 1er octobre 1985 (39), a reconnu au bénéficiaire de la propriété réservée le droit d'appréhender l'indemnité d'assurance due en vertu d'un contrat d'assurance-dommages conclu par le débiteur ; elle a jugé que l'indemnité n'était pas entrée dans le patrimoine de ce dernier et se trouvait subrogée au bien vendu (40). Un tel fondement devrait normalement conduire à reconnaître au vendeur un droit sur toute indemnité due à la suite de la disparition de l'objet de la vente (v. *infra*, n° 941).

---

(39) *Bull. civ.* IV, n° 222 ; *D.* 1986, 246, note M. CABRILLAC.

(40) Le vendeur n'avait pas invoqué l'art. 121-13 C. ass., de sorte que la Cour de cassation n'a pas eu à se prononcer sur l'application de ce texte à la réserve de propriété, laquelle suppose qu'on lui reconnaisse la nature de sûreté.

Titre III

LES SÛRETÉS ASSISES SUR UN BIEN IMMOBILIER

740. — Vue panoramique. — Parmi les sûretés visant au paiement préférentiel sur la valeur d'un immeuble, il convient d'isoler les privilèges pleinement généraux ; ce ne sont pas, en effet, des sûretés spécifiquement immobilières, car ils ne grèvent l'immeuble qu'en tant qu'élément d'actif de la masse fluctuante qu'est le patrimoine. Sont, au contraire, des sûretés spécifiquement immobilières les privilèges spéciaux immobiliers, l'hypothèque conventionnelle, l'hypothèque conservatoire et l'antichrèse ; ceci non en raison de leur nature qui est ou serait adaptable aux biens mobiliers, mais en raison du fait qu'ils grèvent l'immeuble en tant que tel.

Cet éventail est le fruit de la conjonction de deux facteurs. Celui de la technique d'affectation, d'abord, qui aboutit à la coexistence d'une sûreté avec dépossession, l'antichrèse, à côté des sûretés sans dépossession que permettent de faire fonctionner aisément la nature et le statut des biens immobiliers. Le facteur de l'origine, ensuite, qui explique la multiplicité des sûretés sans dépossession.

L'éventail aurait pu être plus resserré, car privilèges spéciaux et hypothèques légales sont de même essence et ne se distinguent guère que par la date à laquelle ils prennent rang. A l'inverse, il est virtuellement plus large. En effet, aucun obstacle ne paraît s'opposer à l'utilisation de la réserve de propriété dans les ventes immobilières (1). Son utilité serait manifeste en cas de redressement judiciaire de l'acheteur, car elle permettrait au vendeur d'éluder les conséquences catastrophi-

(1) V. la démonstration convaincante de F. DERRIDA, *A propos de la clause de réserve de propriété dans les ventes immobilières à crédit* : *Rép. Defrénois* 1989, art. 1089, p. 1089 et s.

ques de plusieurs règles de la procédure collective qui se traduisent par une détérioration de sa position : arrêt des inscriptions lorsque la publicité foncière n'a pas encore été effectuée ; dans le cas contraire, paralysie de l'action résolutoire et priorité du privilège de l'article 40 sur celui du vendeur. Pourtant la clause de réserve de propriété n'est guère utilisée par la pratique (2) et la profession notariale témoigne beaucoup de réticences à son égard (3). Nous ne lui consacrerons donc pas de développements particuliers.

La diversité des sûretés spécifiquement immobilières n'est que relative ; elle se manifeste essentiellement dans leurs sources (chap. II), mais leur objet (chap. I) et leur régime (chap. III) n'en sont pas moins, en majeure partie, gouvernés par des règles communes.

---

(2) Sous réserve des clauses fréquentes qui repoussent le transfert de propriété à la signature de l'acte notarié ; mais ces stipulations ne peuvent pas toujours être assimilées à de simples réserves de propriété. Au demeurant, elles procèdent moins du désir de ménager une garantie au vendeur que du désir d'inciter l'acquéreur à signer rapidement et de celui de faire coïncider le transfert de propriété et la prise de possession.

(3) V. la note de l'Institut juridique du Conseil supérieur du notariat : *J.C.P.* 86, éd. N, I, prat. 9976.

CHAPITRE I

L'OBJET DES SÛRETÉS IMMOBILIÈRES

741. — Une notion à deux degrés. — Comme on l'a vu (*supra*, n° 503), la technique de la sûreté réelle repose sur l'affectation d'une valeur patrimoniale au paiement d'une créance, valeur représentée par le droit qu'a le débiteur sur un bien. Il en résulte que, dans une stricte analyse, la sûreté est assise sur le droit et ne porte sur le bien qu'au second degré, à travers le droit, qui peut être un droit de propriété mais aussi un droit réel démembré ; dans ce dernier cas, la valeur du droit et celle du bien ne coïncident pas. Dans le domaine mobilier, ce phénomène est quelque peu estompé parce que le droit sur le bien n'est guère qu'un droit de propriété, de sorte que la valeur du droit et celle du bien tendent à se confondre. Au contraire, il prend beaucoup plus de relief dans le domaine immobilier, la propriété s'y prêtant à des démembrements plus nombreux et les droits réels démembrés y revêtant plus d'importance.

Pour préciser l'objet des sûretés immobilières, il est donc nécessaire de se placer sur un double plan, celui des droits qui sont susceptibles de supporter des sûretés et celui des biens immobiliers, sur lesquels peuvent porter ces droits.

SECTION I

LES DROITS SUSCEPTIBLES DE SÛRETÉS IMMOBILIÈRES

Certains droits seulement peuvent supporter des sûretés immobilières (§ 1), encore faut-il préciser si cette possibilité est compatible avec les modalités qui peuvent les assortir (§ 2).

§ 1. — La nature des droits

742. — Le critère général. — Destinées à permettre le paiement préférentiel, ce qui postule que le créancier puisse faire apparaître la valeur de l'objet par une vente forcée, les sûretés peuvent porter sur tous les droits réels susceptibles d'être vendus isolément, mais sur ceux-ci seulement.

743. — Les applications. — Elles peuvent donc s'établir non seulement sur la pleine propriété, mais aussi sur la nue-propriété et sur l'usufruit « pendant sa durée » (C. civ., art. 2118, pour les hypothèques). En pratique, cette dernière possibilité est peu utilisée, car une telle sûreté a la fragilité de la vie humaine puisqu'elle s'éteint avec l'usufruitier.

Elles peuvent également porter sur le droit de superficie, sur l'emphytéose, sur le bail à construction (L. 16 déc. 1964, art. 3), sur la concession d'une mine (C. minier, art. 36) ou d'énergie hydraulique (L. 16 oct. 1919, art. 21), car ces droits sont considérés comme des droits réels et peuvent être l'objet d'une aliénation autonome.

En revanche, une sûreté réelle ne peut être établie sur un droit d'usage ou sur un droit d'habitation, puisqu'ils sont incessibles, ni sur une servitude active ou un droit de mitoyenneté, en dépit de la valeur qu'ils peuvent avoir, car ces droits ne peuvent pas être détachés du fonds dominant et vendus isolément. La règle comporte toutefois une exception pour le droit de mitoyenneté, dont on admet que celui qui le cède dispose du privilège du vendeur d'immeuble (v. *infra*, n° 758).

Il est concevable d'établir une hypothèque sur une sûreté immobilière ; cette formule, admise par l'ancien droit, permettrait à un créancier de venir en priorité sur la somme attribuée à son débiteur en sa qualité de créancier hypothécaire. Un souci de simplification a conduit à la prohiber (ancien C. proc. civ., art. 775), prohibition sans inconvénient pratique car diverses combinaisons, qui seront évoquées ultérieurement, permettent de tirer crédit de l'hypothèque (nantissement de la créance garantie, cession, subrogation, v. *infra*, n° 854 et s.).

§ 2. — Les modalités des droits

744. — Les droits indivis. — Un immeuble indivis peut être grevé de sûretés, mais ces sûretés ont une valeur bien différente selon les conditions qui président à leur établissement, lesquelles conduisent à une distinction primordiale (1).

1) Les sûretés nées du chef de tous les indivisaires. C'est le cas d'une hypothèque conventionnelle consentie par tous les copropriétai-

(1) V. Dagot, *L'hypothèque de l'immeuble indivis* : *J.C.P.* 80, I, 2994.

res ou par certains d'entre eux avec une habilitation (C. civ., art. 815-4) ou une autorisation judiciaire (C. civ., art. 815-5), d'un privilège de vendeur sur l'immeuble acquis indivisément, d'une hypothèque légale ou judiciaire garantissant une dette pesant sur tous les coindivisaires. Ces sûretés produisent leurs effets complets quel que soit le sort de l'immeuble dans le partage. Posée à propos de l'hypothèque conventionne par la loi du 31 décembre 1910 (C. civ., art. 2125, al. 2), qui a été votée en réaction contre la jurisprudence antérieure (2), la règle doit avoir une portée générale et s'étendre aux autres sûretés.

2) Les sûretés nées du chef d'un coindivisaire. On admet que le droit indivis sur l'immeuble, bien qu'il ne soit pas susceptible de saisie (3), peut être l'objet d'une sûreté (4). Son efficacité est variable en fonction des dénouements que peut connaître la situation d'indivision.

a) Si elle prend fin par un partage opérant attribution à un indivisaire, le sort de la sûreté est directement déterminé par l'effet déclaratif du partage. Elle devient caduque lorsque l'immeuble est mis au lot d'un autre coindivisaire que le débiteur (5), puisque celui-ci est réputé n'avoir jamais eu aucun droit sur l'immeuble ; à l'inverse, elle est confortée si l'immeuble est mis au lot de l'indivisaire du chef duquel elle est née, puisqu'il est réputé avoir eu un droit exclusif sur l'immeuble depuis le début de l'indivision. Toutefois, comme la sûreté ne porte que sur la part indivise (si, du moins, en cas d'hypothèque conventionnelle, le constituant n'a pas entendu l'établir sur l'immeuble lui-même, v. *infra*, directions de recherches), elle est restreinte à la fraction qu'avait le débiteur dans l'indivision ; par exemple, elle n'affecte qu'un tiers de l'immeuble.

L'application de cette règle suscite une difficulté lorsque l'immeuble est matériellement divisé entre les copartageants ; faut-il appliquer la quotité de l'indivision sur la portion reçue par le débiteur ou faut-il l'appliquer sur l'immeuble tout entier ? Soit, par exemple, deux indivisaires à parts égales ; la sûreté grève-t-elle la moitié de la portion d'immeuble reçue par le débiteur ou grève-t-elle cette portion intégralement dans la mesure où elle ne représente pas plus de la moitié de l'immeuble ? C'est en faveur de cette seconde solution que s'est prononcée la Cour de cassation (6).

b) Si l'indivision prend fin par une vente de l'immeuble, la sûreté produit ses effets sur la part qu'avait le débiteur, puisqu'il est resté propriétaire de cette part jusqu'à l'aliénation.

---

(2) Celle-ci, faisant une stricte application de l'effet déclaratif du partage, ne reconnaissait l'efficacité de l'hypothèque que dans la mesure de la part indivise du constituant qui avait reçu l'immeuble dans son lot : v. Civ., 12 janv. 1909 : *D.* 1910, 1, 23, note DE LOYNES ; *S.* 1909, 1, 361, note WAHL.

(3) L'insaisissabilité de la part indivise n'est pas incontournable en raison de la faculté qu'a le créancier de provoquer le partage.

(4) V. pour l'hypothèque conservatoire : Com., 2 nov. 1983 : *J.C.P.* 85, I, 20354, note JOLY. — Civ. 1re, 20 oct. 1982 : *Bull. civ.* I, n° 297. — Pour l'hypothèque conventionnelle : Civ. 3e, 29 nov. 1989 : *D.* 1989, I.R. 324.

(5) V. Civ. 1re, 26 oct. 1976 : *Bull. civ.* I, n° 307 ; *Rép. Defrénois* 1977, art. 31467, note CHAMPENOIS. — Civ. 3e, 7 mai 1986 : *J.C.P.* 87, II, 20737, note DAGOT.

(6) Civ. 3e, 21 oct. 1980 : *J.C.P.* 81, éd. N, 57, note crit. STEMMER.

c) Si l'indivision prend fin par une licitation au profit d'un tiers, le titulaire de la sûreté pourra la faire valoir sur le prix, dans la mesure où il est attribué au débiteur et dans cette mesure seulement ; ainsi le veut la célèbre jurisprudence *Chollet-Dumoulin* (7) qui a fait application de l'effet déclaratif du partage à la créance sur l'adjudicataire venant remplacer l'immeuble dans la masse à partager.

DIRECTIONS DE RECHERCHES

Le régime de l'indivision est très préjudiciable au crédit de l'indivisaire, d'où l'effort de la pratique notariale pour en amender quelque peu les effets, effort par définition circonscrit à l'hypothèque conventionnelle. On peut consulter avec fruit sur ce point l'étude précitée de M. Dagot et l'article de P. Catala *L'indivision* : *Rép. Defrénois* 1981, art. 32597, n° 128 et s.

Les stipulations les plus fréquentes consistent à rendre nécessaire la présence du créancier hypothécaire au partage et à lui consentir une cession ou une délégation conditionnelle portant sur les sommes que le constituant pourrait éventuellement recevoir au titre du partage. Pour contourner la règle qui limite l'étendue de l'hypothèque de la part indivise à la quotité de cette dernière, les actes portent constitution d'une hypothèque sur l'immeuble lui-même, assortie de la condition suspensive de la mise au lot du constituant. La validité de cette combinaison, bien qu'elle ne soit pas à l'abri de la discussion (l'indivisaire n'aurait qu'un droit éventuel sur la totalité), est généralement admise, ne serait-ce qu'en raison de son incontestable utilité. On a même préconisé de tenir la condition suspensive pour sous-entendue, de sorte que l'hypothèque consentie par un seul indivisaire le serait *a priori* sur la totalité de l'immeuble et non sur sa part indivise (P. Catala, *loc. cit.*).

745. — Les droits conditionnels. — Une sûreté immobilière peut être établie sur un droit conditionnel et, naturellement, se trouve affectée de la même condition, qu'elle soit suspensive ou résolutoire. Énoncée à propos de l'hypothèque conventionnelle (C. civ., art. 2125), la règle a une portée générale et gouverne toutes les sûretés.

A l'hypothèque sous condition suspensive, on assimile aujourd'hui (8) l'hypothèque née du chef du vendeur à réméré pendant l'intervalle entre la vente et l'exercice de la faculté de rachat ; le retour du droit dans le patrimoine du vendeur a pour effet de valider cette hypothèque.

746. — Les droits à venir : 1° Position de la question et principe de la prohibition. — Dans quelle mesure une sûreté immobilière peut-elle porter sur des droits à venir ? Par cette expression, qui exclut les droits sous condition suspensive, il faut entendre les droits appelés à entrer éventuellement dans le patrimoine du débiteur, que l'éventualité repose sur une donnée précise (lien de parenté permettant d'espérer une dévolution successorale, promesse de vente...) ou qu'elle soit purement hypothétique.

La question ne peut se poser que pour les hypothèques conventionnelles. En effet, les privilèges spéciaux et les hypothèques légales spé-

(7) Ch. réunies, 5 déc. 1907 : *D.P.* 1908, 1, 116, note Colin ; *S.* 1908, 1, 5, note Lyon-Caen, concl. Baudouin ; *Grands arrêts Capitant*, n° 241.

(8) V. en ce sens : Planiol, Ripert et Becqué, t. XII, n° 372 et les réf. données par ces auteurs.

ciales affectent, par hypothèse, un droit que le débiteur a déjà acquis ou qu'il acquiert simultanément à leur naissance. Quant aux hypothèques générales, elles s'étendent par essence aux droits immobiliers au fur et à mesure de leur entrée dans l'actif du débiteur.

Le Code civil prohibe l'hypothèque conventionnelle des immeubles à venir, prohibition sanctionnée par la nullité absolue (art. 2130, al. 1er). On prête à la règle de multiples fondements : application de la condition de propriété requise du constituant ; aspect particulier de la prohibition des pactes sur succession future ; plus généralement, nécessité de protéger le constituant trop enclin à engager des biens sur lesquels il n'a que des « espérances » ; incompatibilité de l'hypothèque des biens à venir avec une bonne organisation foncière. Aucun de ces fondements n'est vraiment déterminant (9) et l'on peut notamment récuser la justification tirée de l'organisation foncière ; la formule est sans inconvénient sur ce plan en raison de la spécialité de l'inscription, d'une inscription qui ne peut être prise qu'après la publication de l'acte d'acquisition du constituant et qui prend rang à sa date (10). En réalité, l'hypothèque des biens à venir souffre d'une image balzacienne, celle de l'usurier qui exploite les besoins ou l'impatience de l'héritier présomptif. Cette image n'a, heureusement, pas totalement occulté les utilisations saines dont elle est susceptible et le législateur a apporté des exceptions à la prohibition.

747. — Les droits à venir : 2° Les exceptions. — Le Code civil autorise l'hypothèque des biens futurs dans trois cas.

1) L'insuffisance des biens présents (C. civ., art. 2130, al. 2). C'est l'éventualité où les immeubles actuels du débiteur ont une valeur inférieure à la créance ou sont déjà trop grevés pour la garantir efficacement. La jurisprudence a refusé d'étendre l'exception à l'hypothèse où le débiteur n'a pas d'immeubles (11), ce qui aurait pratiquement vidé de toute portée le principe de la prohibition. Le constituant peut affecter un immeuble déterminé ou tous ses immeubles à venir (12). La formule n'est guère utilisée que comme un complément à une hypothèque ordinaire sous forme d'une stipulation insérée dans l'acte constitutif de cette dernière, mais elle peut l'être de façon autonome. La validité de la constitution est subordonnée à une condition de forme : une déclaration des parties reconnaissant l'insuffisance, déclaration dont la véracité peut être contestée par tout intéressé.

2) La perte et la dégradation fortuites d'un immeuble grevé (C. civ., art. 2131). Lorsqu'un immeuble grevé d'une hypothèque ou d'un privilège spécial subit un sinistre ou une dégradation matérielle qui

---

(9) V. une étude critique de la règle : S. TANAGHO, *L'hypothèque des biens à venir* : *Rev. trim. dr. civ.* 1970, 441 et s.

(10) V. Req., 4 mars 1902 : *D.* 1902, 1, 214 ; *S.* 1902, 1, 161, note DE LOYNES.

(11) V. notamment : Civ., 30 janv. 1872 : *D.* 1874, 1, 99 ; *S.* 1873, 1, 404.

(12) Possibilité qui constitue une dérogation au principe de la spécialité de l'hypothèque conventionnelle, dérogation sans grande portée pratique en raison du principe de la spécialité de l'inscription.

en rend la valeur insuffisante pour garantir la créance (13), celle-ci doit être remboursée à moins que ne soit fournie une hypothèque complémentaire qui peut porter sur des biens à venir. Théoriquement, le choix appartient au débiteur, mais, en fait, le créancier peut contester le sérieux de l'offre qui lui est faite et on ne peut guère le contraindre à accepter une garantie aussi aléatoire. L'exception a donc peu d'importance, d'autant qu'il faut bien remarquer que la faculté n'est pas ouverte lorsque la créance était déjà exigible au moment du sinistre ou lorsque celui-ci n'est pas dû à une cause étrangère mais au fait du débiteur, qui est sanctionné par la déchéance du terme (C. civ., art. 1188).

3) Le bâtiment à construire sur le terrain d'autrui (C. civ., art. 2133, al. 2). La construction élevée par le propriétaire du terrain entre dans l'assiette de l'hypothèque antérieurement constituée (v. *infra*, n° 753) ; mais ce phénomène d'accession ne se produit pas quand le droit sur le sol et le droit sur la construction sont dissociés. Pour permettre, dans ce cas, l'hypothèque d'un bâtiment à édifier ou en cours d'édification, le décret du 4 janvier 1955 sur la publicité foncière a inséré un alinéa 2 dans l'article 2133, aux termes duquel la personne qui possède « un droit actuel » à construire sur le fonds d'autrui peut constituer une hypothèque sur le bâtiment dont la construction est commencée ou seulement projetée. Cette exception à la prohibition a une importance concrète considérable, notamment parce qu'elle offre un moyen de crédit à celui qui achète un appartement à construire ou à celui qui est investi d'un droit de superficie.

Mais est-ce vraiment une exception ? Certains le contestent en observant que le droit du constituant est déjà né lorsqu'il consent l'hypothèque (14). Il est bien certain que, économiquement, l'argument est pertinent, car, ici, le constituant engage une réalité et non une espérance. Juridiquement, il semble que la réponse ne puisse pas être donnée globalement ; elle dépend de la nature du « droit actuel », qui peut être tantôt réelle (par ex. droit de superficie), tantôt personnelle (par ex. droit du titulaire d'un contrat de vente à terme au sens de l'art. 1601-2 C. civ.) ; l'exception est véritable dans la seconde hypothèse puisqu'il y a bien hypothèque d'un droit réel qui n'est pas encore acquis.

Quoi qu'il en soit, cette hypothèque présente une spécificité par rapport aux deux cas traditionnels, spécificité qui se manifeste sur le terrain de la publicité foncière et, par là, à propos de la date à laquelle elle devient opposable. Elle peut, en effet, être le plus souvent inscrite dès la constitution, car l'acte qui a fait naître « le droit actuel » a pu déjà être publié (par ex. la vente à terme d'un appartement).

---

(13) Pour apprécier cette condition, il faut tenir compte de l'indemnité d'assurance éventuellement due et qui doit être attribuée au créancier (v. *infra*, n° 940).

(14) DAGOT, *op. cit.*, p. 329.

SECTION II

LES BIENS SUSCEPTIBLES DE SÛRETÉS IMMOBILIÈRES

748. — Les termes du problème. — Le problème peut paraître simple et appeler une lapalissade en guise de réponse : les immeubles sous certaines conditions ; en réalité, il est complexe. Qu'elle soit générale ou spéciale (15), la sûreté immobilière porte effectivement, par le jeu de la spécialité de l'inscription, sur un immeuble déterminé. Cet immeuble constitue ce qu'on peut appeler le support fondamental de la sûreté et il convient de préciser les immeubles aptes à jouer ce rôle. Mais à ce support fondamental sont susceptibles de s'ajouter ou de se substituer des éléments variés sur lesquels le titulaire de la sûreté peut faire valoir des droits ; c'est ce phénomène qui rend plus malaisée la tâche de déterminer les biens susceptibles d'être grevés.

§ 1. — Le support fondamental

749. — L'immeuble par nature. — L'immeuble désigné comme l'objet de la sûreté doit être un immeuble par nature ; seul, en effet, un immeuble de ce type a l'existence autonome et le statut invariable que postule l'établissement de la sûreté réelle. L'immeuble par destination ne peut pas, pris isolément, être grevé d'une sûreté réelle ; il peut simplement entrer dans l'assiette d'une sûreté par son rattachement (précaire) au support fondamental (v. *infra*, n° 751).

750. — L'immeuble dans le commerce. — La finalité de la sûreté veut que le bien grevé puisse être vendu, au besoin sous la contrainte, pour permettre l'exercice du droit de préférence ; d'où la règle selon laquelle la sûreté immobilière ne peut être établie que sur un immeuble « dans le commerce ». Énoncée à propos de l'hypothèque conventionnelle par l'article 2118 du Code civil, elle doit être étendue, en raison de son fondement, aux autres sûretés. Ne peuvent donc être grevés les immeubles inaliénables et/ou insaisissables ; c'est le cas des immeubles du domaine public, des biens de famille insaisissables (L. 12 juill. 1909), des immeubles frappés d'une clause d'inaliénabilité valable et, c'est le cas le plus important, des immeubles déclarés inaliénables par un plan de continuation (L. 25 janv. 1985, art. 70).

Toutefois, le champ d'application et la portée de la règle ne vont pas sans incertitudes et contestations. D'abord, comme la clause ou

(15) Il faut observer que le terme d'assiette comporte quelque équivoque. Il peut être pris sur le plan abstrait et exprimer la vocation d'une sûreté à porter sur l'actif immobilier ou sur tel immeuble ; mais il peut être pris aussi sur le plan concret et désigner les éléments sur lesquels s'exercent les droits du titulaire de telle sûreté.

la mesure d'inaliénabilité est temporaire, on peut se demander si une hypothèque ne peut pas être prise pendant sa durée, ce qui permettrait de la réaliser lorsque l'inaliénabilité aurait pris fin (16). Ensuite, il faut remarquer que la règle s'impose avec moins de force lorsque l'immeuble est seulement insaisissable ; le propriétaire peut, en effet, l'aliéner volontairement, ce qui fournirait au créancier inscrit l'occasion d'exercer un droit de préférence afférent à une sûreté qui serait moins inutile qu'on ne le dit (17).

§ 2. — Les biens rattachés

751. — Les accessoires. — La sûreté immobilière s'étend aux accessoires de l'immeuble grevé existant lors de sa naissance, s'ils sont réputés immeubles (C. civ., art. 2118) et dans la mesure où ils appartiennent au même propriétaire.

La règle concerne les accessoires matériels, c'est-à-dire les immeubles par destination, d'où un conflit possible entre sûretés immobilières et sûretés mobilières (v. *infra*, n° 887 et s.). Elle concerne aussi les accessoires juridiques, servitudes actives, droit de mitoyenneté..., bref tous les droits réels démembrés inaptes à supporter une sûreté à titre principal, ainsi que les droits de plantation de vignes (18).

Le détachement de l'immeuble par destination le fait sortir de l'assiette de la sûreté, mais, d'une part, le créancier inscrit peut s'opposer à la livraison (19) et, d'autre part, dispose d'un droit de préférence

---

(16) V. en ce sens : Civ. 1re, 9 oct. 1985 : *Bull. civ.* I, n° 252 ; *Rép. Defrénois* 1987, 499, obs. AYNÈS, qui a admis l'inscription d'une hypothèque judiciaire, car « elle ne tient pas en échec une clause d'inaliénabilité, parce qu'elle ne permet pas une saisie ». — V. *contra* : Civ. 3e, 29 juin 1983 : *Bull. civ.* III, n° 152 ; *Rev. dr. immob.* 1984, 221, obs. DAGOT.

(17) V. Req., 18 déc. 1893 : *S.* 1894, 1, 456, qui a admis l'inscription d'une hypothèque judiciaire sur un immeuble du domaine privé d'une commune. Il faut noter qu'une hypothèque légale peut être inscrite sur un bien de famille insaisissable (L. 1909, art. 5).

(18) La nature juridique des droits de plantation de vignes n'a pas été dégagée ; on peut être tenté par la qualification de droits réels, puisqu'ils permettent un mode d'usage d'une parcelle de terre, mode refusé à ceux qui n'en bénéficient pas. Cette qualification fournirait une réponse positive à la question de savoir s'ils entrent dans l'assiette de la sûreté grevant le sol, réponse plus difficile à donner si elle n'était pas retenue. La question a actuellement une grande importance pratique en raison des primes d'arrachage qui sont attribuées contre renonciation aux droits de plantation. Le créancier inscrit peut-il faire valoir son droit sur ces primes ? Deux décisions ont donné une solution affirmative (Trib. civ. Nîmes, 27 nov. 1957 : *J.C.P.* 58, II, 10689, note crit. E. BECQUÉ. — Bordeaux, 19 juin 1986 : *D.* 1987, 295, note D. DENIS) avec des justifications diverses et pas pleinement convaincantes. Le fondement de la réponse positive peut être simple, encore qu'il faille le nuancer en fonction de la segmentation de la prime (1° contrepartie de la perte des droits de plantation ; 2° subvention de reconversion). Le droit de planter la vigne représente une partie de la valeur de la parcelle dont il est l'accessoire ; la renonciation à ce droit fait apparaître cette valeur sous la forme de la prime ; les créanciers inscrits ont donc vocation à exercer leur droit de préférence sur la partie de la prime correspondant à la renonciation.

(19) C'est l'acquisition de l'élément devenu mobilier par un tiers de bonne foi qui met en échec le droit du créancier inscrit, v. PLANIOL, RIPERT et BECQUÉ, XII, n° 383 et les réf. jurisprudentielles.

sur le prix de l'aliénation (20). Quant aux accessoires juridiques, leur aliénation qui, en règle générale, est soumise à publicité, est inopposable aux créanciers inscrits antérieurement (21).

752. — Les fruits et produits. — Tant qu'ils sont pendants, ils font corps avec le sol et sont donc, *ipso facto*, grevés comme lui par la sûreté. Quand ils sont matériellement détachés, les fruits et produits prennent une nature mobilière et sortent de l'assiette de la sûreté. Toutefois, comme l'aliénation des produits porte atteinte à la substance de l'immeuble et fait apparaître une partie de sa valeur, le créancier inscrit peut exercer son droit de préférence sur le prix (22). Reste l'éventualité d'une vente sur pied ; pour les produits, la jurisprudence la considère comme inopposable aux créanciers inscrits (23), qui peuvent faire obstacle à l'exécution ou prendre d'autres mesures conservatoires.

753. — Les améliorations. — La sûreté immobilière s'étend aux « améliorations survenues à l'immeuble » (C. civ., art. 2133, à propos de l'hypothèque conventionnelle), expression benoîte qui ne doit pas dissimuler la portée considérable de la règle (24). Est amélioration, en effet, tout ce qui est ajouté au support fondamental originaire. L'amélioration peut donc être une construction susceptible d'avoir beaucoup plus de valeur que le sol initialement grevé (25). Plus modestement, l'amélioration peut être un accessoire, qu'il soit matériel ou immatériel.

§ 3. — Les biens substitués

754. — Les immeubles subrogés. — En vertu de dispositions ponctuelles, mais non d'une règle générale (26), l'assiette de la sûreté immobilière peut être l'objet de mutations par subrogations réelles (27).

---

(20) V. Civ., 1er mai 1906 : *D.* 1909, 1, 345 ; *S.* 1909, 1, 9, note NAQUET.

(21) V. PLANIOL, RIPERT et BECQUÉ, *loc. cit.*

(22) Req., 18 janv. 1933 : *D.* 1933, 1, 193, note FRÉJAVILLE ; *S.* 1933, 1, 201, note ESMEIN ; *Rev. trim. dr. civ.* 1933, 527, obs. SOLUS. — Civ., 2 juin 1934 : *D.* 1935, 1, 65, note FRÉJAVILLE ; *Gaz. Pal.* 1934, 2, 239.

(23) V. req., 18 janv. 1933 : *D.* 1933, 1, 193, note FRÉJAVILLE ; *S.* 1933, 1, 201, note ESMEIN ; *Gaz. Pal.* 1933, 1, 664. — Civ., 2 juin 1934 : *D.* 1935, 1, 65, note FRÉJAVILLE ; *S.* 1934, 1, 270 ; *Gaz. Pal.* 1934, 2, 239.

(24) L'extension de la règle au privilège du vendeur et à celui du copartageant a été contestée au nom de leur fondement (v. AUBRY et RAU, t. III, § 284). — V. en faveur de l'extension : Req., 15 juill. 1867 : *D.* 1868, 1, 269 ; *S.* 1868, 1, 9. — Lyon, 15 oct. 1924 : *D.H.* 1924, 708.

(25) Pour des applications, v. Paris, 19 mars 1935 : *D.H.* 1935, 321. — Paris, 19 mai 1931 : *D.H.* 1932, somm. 26.

(26) C'est ainsi qu'en cas d'échange ordinaire, la sûreté n'est pas reportée sur l'immeuble acquis par le débiteur.

(27) V. RANOUIL, *La subrogation réelle en droit civil français*, L.G.D.J., 1985, p. 280 et s.

L'une de ces dispositions figure dans l'article 2133 du Code civil et concerne les constructions édifiées sur le terrain d'autrui (v. *supra*, n° 743) ; si ces constructions sont détruites, la sûreté est reportée de plein droit sur les constructions élevées en remplacement. Cette solution s'explique par le fait que, faute d'avoir un droit assis sur le sol, le titulaire de la sûreté ne bénéficie pas du phénomène d'accession qui vient normalement préserver la position du créancier inscrit en cas de destruction d'un bâtiment suivie de sa réédification.

Les autres dispositions figurent dans la législation quelque peu foisonnante qui impose le remembrement rural ou urbain, ou qui tend à le favoriser, ou qui vise à la rénovation urbaine. Elles prévoient le transfert de plein droit des sûretés grevant les immeubles concernés sur les immeubles attribués aux débiteurs dans le cadre de l'opération de restructuration. Nous ne pouvons les détailler ; bornons-nous à citer l'article 81 du Code rural sur le remembrement obligatoire (28).

755. — Les sommes représentatives de la valeur de l'immeuble. — Le titulaire de la sûreté immobilière peut exercer son droit de préférence sur l'indemnité d'expropriation pour cause d'utilité publique (C. expr., art. 12-3), ainsi que sur les indemnités d'assurance, voire sur d'autres indemnités (v. *infra*, n° 940 et s.). La doctrine dominante voit dans ces règles des cas de subrogation.

Il est permis de penser qu'il s'agit moins d'authentiques subrogations que d'un phénomène qui tient à l'essence même de la sûreté réelle. L'affectation de la valeur d'un bien qui caractérise la sûreté doit permettre au titulaire d'appréhender cette valeur lorsqu'elle apparaît non pas seulement sous la forme d'un prix, mais encore sous une autre forme, fût-ce partiellement. Cette analyse tend à étendre l'assiette de la sûreté à toutes les sommes représentant la valeur du bien grevé (29).

---

(28) V. ATIAS et LINOTTE, *Le remembrement rural*, Litec, 1980, p. 124 et s.

(29) Rappr. le droit reconnu par certaines décisions au créancier hypothécaire sur la prime d'arrachage de vignes (*supra*, n° 751, note 18), qui correspond à cette analyse.

CHAPITRE II

LES DIVERSES SÛRETÉS IMMOBILIÈRES

L'ampleur de l'éventail des sûretés immobilières a déjà été soulignée (v. *supra*, n° 740) ; il sera parcouru selon l'ordre, quelque peu arbitraire, qui a été annoncé.

SECTION I

LES PRIVILÈGES SPÉCIAUX

756. — Panorama. — Les privilèges spéciaux immobiliers, on l'a déjà souligné (n° 740), constituent une catégorie de sûretés dont l'autonomie est très réduite. En effet, leur source et leur fonctionnement sont identiques à ceux des hypothèques légales, au point que certains leur appliquent l'expression d'hypothèques privilégiées. Ils ne se distinguent des hypothèques légales que par la rétroactivité de leur inscription qui remonte à la date de l'acte ou de l'événement qui les fait naître ; la rétroactivité est d'ailleurs subordonnée au respect d'un délai déterminé et, après son expiration, le privilège, qui peut encore être inscrit, « dégénère en hypothèque », selon la formule consacrée, ce qui est sans doute le signe de sa véritable nature.

Ce trait spécifique, pour être le seul, n'en est pas moins générateur d'une certaine insécurité. C'est pourquoi la rénovation de la publicité foncière réalisée par le décret du 4 janvier 1955, qui a éliminé du secteur immobilier la plupart des privilèges généraux (v. *supra*, n° 581), a parallèlement transformé en hypothèques légales les privilèges spéciaux immobiliers octroyés par des textes particuliers et par la législation fiscale. Elle n'a laissé subsister que les privilèges traditionnels à large portée qu'avait consacrés le Code civil dans l'article 2103 auxquels est venu s'ajouter depuis lors le privilège de l'accédant à la propriété.

La survie de ces privilèges n'est pas incompatible avec une bonne organisation de la propriété immobilière, car la menace que constitue la rétroactivité est plus théorique qu'effective, tant en raison de la brièveté des délais impartis pour les inscrire utilement que du fait que les intéressés peuvent soupçonner l'existence des privilèges non encore inscrits.

L'article 2103, dans sa rédaction actuelle, présente une liste de sept privilèges (1) dans un ordre qui n'a aucune incidence sur leur classement et que nous ne respecterons pas, privilèges dont l'importance pratique est inégale, nulle pour certains (celui des architectes et entrepreneurs), énorme pour d'autres (celui du vendeur et, plus encore, celui du prêteur en vue d'une acquisition immobilière).

Abstraction faite du privilège de séparation des patrimoines, qui puise sa justification dans des données propres au droit successoral, ces privilèges ont un fondement commun : ils sont accordés à un créancier parce qu'il a introduit une valeur dans le patrimoine du débiteur.

§ 1. — Le privilège du vendeur d'immeuble

757. — Tableau des garanties du vendeur d'immeuble. — Le privilège du vendeur d'immeuble est une création des rédacteurs du Code civil, création apparente, car ils n'ont fait que donner une qualification nouvelle à une sûreté déjà en place à la fin de l'ancien droit. La propriété de l'immeuble n'était transférée à l'acheteur qu'après paiement du prix, ce qui suffisait à protéger le vendeur, sauf dans l'hypothèse où il accordait un terme et où la propriété était transférée immédiatement. Dans ce cas, la pratique avait imaginé d'insérer dans l'acte de vente une clause portant constitution d'une hypothèque grevant l'immeuble dès son entrée dans le patrimoine de l'acheteur ; devenue de style, puis considérée comme sous-entendue, cette clause avait introduit une sûreté automatique dans laquelle on retrouve tous les traits de notre actuel privilège.

Prévu par l'article 2103-1°, celui-ci coexiste avec les autres garanties que le vendeur peut puiser dans le droit commun : éventuellement, l'exception *non adimpleti contractus* qui lui permet de ne pas délivrer l'immeuble, et, en toutes hypothèses, l'action en résolution pour défaut de paiement du prix. Le souci de faciliter la circulation de l'immeuble et celui d'une bonne organisation de la publicité foncière ont conduit à assigner à l'action résolutoire pour défaut de paiement et au privilège un destin commun (2), du moins dans un sens car le privilège peut survivre à l'action résolutoire, notamment en cas de procédure collective. L'action résolutoire ne peut pas être exercée lorsque le privilège

(1) Le lecteur ne trouvera cependant que six rubriques, car le privilège du prêteur de deniers qui a payé ou remboursé les ouvriers ayant effectué des travaux immobiliers, totalement délaissé, ne sera signalé qu'incidemment (v. *infra*, n° 770).

(2) La règle plonge ses racines dans l'ancien droit ; le décret forcé nettoyait aussi l'action résolutoire. La loi du 2 juin 1841 la ressuscita ; celle du 23 mars 1855 sur la publicité foncière l'étendit à la vente volontaire.

est éteint ou n'est pas inscrit dans le délai utile (C. civ., art. 2108, al. 2) ; l'action résolutoire n'est toutefois irrecevable qu'à l'égard des tiers au sens de la publicité foncière et demeure ouverte à l'encontre de l'acheteur, si du moins il est *in bonis*.

Lorsque l'acheteur n'est pas exposé à la procédure collective, ces garanties sont assez efficaces pour rendre inutile le recours à la technique de la réserve de propriété, du moins à partir du moment où l'acte notarié est dressé (3). Lorsque l'acheteur y est exposé, ces garanties risquent fort d'être illusoires. La résolution pour défaut de paiement du prix ne peut plus être obtenue ; quant au privilège, il est primé par le privilège général de la procédure collective. Cette mutation a conduit à prédire un essor de la réserve de propriété immobilière (4) que la pratique ne semble pas confirmer.

758. — L'attribution du privilège. — Le privilège naît de tout contrat de vente immobilière quel qu'il soit, vente amiable ou aux enchères, vente au comptant ou à terme, vente d'un immeuble à construire. A la vente, il faut assimiler les contrats qui emportent transfert d'un droit immobilier moyennant une contrepartie partielle en argent qui peut être analysée comme une portion de prix ; cette condition n'est pas satisfaite lorsque la contrepartie apparaît sous la forme d'une autre prestation (5). Le privilège naît donc d'un échange et d'une dation en paiement lorsque l'un des contractants est tenu de verser une soulte, ou encore d'un apport en société lorsque l'apporteur reçoit une rémunération en argent en sus des parts sociales.

En revanche, la donation avec charge ne confère pas le privilège en vertu de l'idée que la charge, fût-elle sous la forme d'une somme d'argent, ne peut être assimilée à un prix partiel. Pour une autre raison, le privilège ne peut être invoqué par l'acheteur à réméré pour sa créance de remboursement ; l'exercice du réméré se traduit, en effet, par la résolution de la vente et non par la réalisation d'une vente nouvelle (6).

Conformément à un principe général déjà présenté (v. *supra*, n° 742), le privilège ne découle que de contrats portant transfert de droits réels immobiliers susceptibles d'être réalisés isolément. La jurispru-

(3) Les actes sous seing privé diffèrent souvent le transfert de propriété à la date de l'acte authentique, mais cette pratique, manifestation de la formation par étapes de la vente immobilière, n'a pas pour seule finalité la garantie du paiement du prix. — V. DAGOT, *La clause de réserve de propriété et l'avant-contrat en matière de vente* : *J.C.P.* 80, éd. N, 7554.

(4) V. DERRIDA, GODÉ et SORTAIS, *op. cit.*, n° 248, note 349. — V. *supra*, n° 740.

(5) V. Civ. 3e, 17 mars 1981 : *Bull. civ.* III, n° 56 ; *Rev. dr. immob.* 1981, 537, obs. DAGOT, à propos d'une obligation de construire. — Civ. 3e, 6 janv. 1982 : *Bull. civ.* III, n° 4 ; *Rev. dr. immob.* 1982, 545, obs. DAGOT, à propos d'une créance immobilière (mais oui, on en rencontre !).

(6) V. PLANIOL, RIPERT et BECQUÉ, t. XII, n° 629 et s. — BEUDANT par VOIRIN, t. XIV, n° 594 et la jurispr. citée par ces auteurs.

dence a cependant admis ici une dérogation au profit du vendeur de la mitoyenneté (7) qu'elle a refusé d'étendre à celui de la servitude (8).

La vente d'un immeuble par destination ou d'un meuble par anticipation, telle une récolte sur pieds, ne donne pas naissance au privilège du vendeur d'immeuble mais à celui du vendeur de meuble, puisque le bien transféré est considéré comme un bien mobilier.

759. — Le fonctionnement du privilège. — Le privilège porte sur le droit aliéné (pleine propriété, usufruit, nue-propriété, etc.) et grève l'immeuble correspondant. En dépit de réticences doctrinales — car la solution ne correspond pas à son fondement —, la jurisprudence a admis qu'il doit s'étendre aux améliorations apportées à l'immeuble quand bien même s'il s'agit de constructions nouvelles (9).

Il garantit la créance du prix encore due telle que la constate l'acte de vente ; de la sorte se trouve exclu le supplément de prix qui est ajouté par contre-lettre. Cette garantie joue lorsque le prix est stipulé sous forme de rente, même si elle est prévue au profit d'un tiers qui devient titulaire du privilège (10).

Le privilège couvre également les accessoires du prix, notamment les intérêts légaux ou conventionnels dans les limites de l'article 2151 du Code civil (v. *infra*, n° 830), ainsi que les frais du contrat dont le vendeur a dû faire l'avance mais la jurisprudence exige qu'ils soient expressément mentionnés dans l'acte (11). En revanche, le vendeur ne peut prétendre au privilège pour récupérer les dommages-intérêts qui pourraient lui être dus en cas de résolution de la vente, puisque celle-ci anéantit le privilège.

Le privilège doit être inscrit dans le délai de deux mois à compter de l'acte de vente, moyennant quoi il rétroagit à la date de ce dernier ; passé ce délai, il peut être inscrit mais dégénère en hypothèque car il ne prend rang qu'à la date de son inscription (v. *infra*, n° 899 et s.). En cas de vente d'immeuble à construire, le délai de deux mois court à compter de l'acte authentique constatant l'achèvement des travaux, mais le privilège n'en prend pas moins rang à la date de l'acte de vente.

Le privilège confère un droit de préférence qui sera étudié ultérieurement (v. *infra*, n° 897 et s.) et produit les effets attachés à toute sûreté immobilière spéciale.

---

(7) Req., 10 avril 1889 : *D.* 1889, 1, 321, note BRÉSILLION ; *S.* 1889, 1, 401, note LABBÉ. Le privilège s'exerce sur la partie du prix de l'immeuble au profit duquel la mitoyenneté a été acquise, partie correspondant à la valeur de la mitoyenneté, mais permet-il de faire vendre cet immeuble ?

(8) Paris, 10 mai 1898 : *D.* 1898, 2, 497, note PLANIOL ; *S.* 1900, 2, 137, note TISSIER. Cette discrimination ne peut guère être justifiée de façon déterminante.

(9) V. Req., 15 juill. 1867 : *D.* 1868, 1, 269 ; *S.* 1868, 1, 9. — Lyon, 15 oct. 1924 : *D.H.* 1924, 708.

(10) V. Req., 1er août 1904 : *D.* 1908, 1, 457 ; *S.* 1907, 1, 73.

(11) Req., 17 nov. 1936 : *D.H.* 1937, 86. — Civ. 1re, 25 juin 1954 : *Bull. civ.* I, n° 197.

§ 2. — Le privilège du prêteur de deniers pour une acquisition immobilière

760. — Présentation. — Point n'est besoin de souligner l'importance pratique de cette sûreté, puisque chacun sait que l'acquisition des immeubles à usage d'habitation est le plus souvent financée, au moins en partie, par des prêts consentis par les établissements de crédit et qu'il en va de même de l'acquisition des immeubles à usage commercial, à un degré moindre cependant en raison de l'essor de la formule concurrente du crédit-bail.

La nature de ce privilège, tel que l'avait établi le texte originaire de l'article 2103-2° du Code civil, avait suscité une controverse : privilège autonome pour certains, alors que, pour d'autres, il n'était que le privilège du vendeur transmis par voie de subrogation, comme en témoignait le fait que les formalités requises par l'ancien article 2103-2° étaient identiques à celles de l'article 1250-2° du Code civil. Le débat a été clôturé par la nouvelle rédaction de l'article 2103-2°, donnée par la loi du 16 juillet 1971, qui consacre l'existence du privilège « même en l'absence de subrogation » (12).

L'enjeu concret de la controverse était considérable et concernait essentiellement les intérêts. Si le prêteur ne bénéficiait que du privilège du vendeur par voie de subrogation, il ne pouvait pas faire valoir un droit de préférence pour les intérêts au taux conventionnel stipulés dans le contrat de prêt, mais seulement pour les intérêts au taux légal, le plus souvent largement inférieur au taux du marché. La consécration du privilège est donc une conquête des établissements de crédit qui y puise la garantie des sommes dues au titre des intérêts contractuels.

761. — L'attribution. — En dépit de son autonomie, le privilège postule, par essence, un contrat de vente immobilière ou un contrat assimilé et est donc subordonné à une condition qui doit être interprétée de la même façon que celle qui préside à l'octroi du privilège du vendeur (v. *supra*, n° 758). Il postule également un prêt dont le montant doit être affecté au paiement de l'acquisition. Le prêt n'est pas forcément concomitant à la vente ; il peut certainement être antérieur et même être postérieur (13).

A ces conditions de fond s'ajoute une double formalité que n'a pas supprimée la réforme de 1971 en écartant la thèse de la subrogation : l'emprunt et la quittance du vendeur auquel les fonds doivent être versés doivent être constatés par acte notarié ; le contrat de prêt doit mentionner que la somme est destinée à l'acquisition de l'immeuble et la quittance que le paiement du prix a été effectué avec la

---

(12) V. Thibierge, *L'autonomie du privilège de prêteur de deniers et les prêts à l'acquisition immobilière : Rép. Defrénois* 1971, art. 30007, p. 1281.

(13) V. en ce sens la vigoureuse démonstration de M. Dagot, *Naissance du privilège de prêteur de deniers* : *J.C.P.* 87, I, 3296.

somme empruntée. Comme ces formalités sont destinées à permettre le contrôle des règles de fond qui président à la naissance du privilège, il semble qu'elles ne constituent pas une condition d'existence du privilège mais une condition d'opposabilité (14).

762. — Le fonctionnement. — Comme celui du vendeur, le privilège du prêteur de deniers grève l'immeuble acquis et ses accessoires (15). Il garantit la somme prêtée et ses intérêts au taux stipulé dans la limite de l'article 2151 du Code civil.

Il doit être inscrit dans le même délai que le privilège du vendeur et rétroagit, lui aussi, à la date de la vente, ce qui peut faire surgir un conflit avec le vendeur qui a consenti un terme pour la partie du prix laissée en dehors de l'emprunt. Dès lors qu'il est posé que les droits du prêteur ne procèdent pas d'une subrogation, les deux antagonistes devraient, croyons-nous, venir à égalité (16) ; toutefois, bien des auteurs professent que la primauté appartient au vendeur (17), puisqu'il est le premier à introduire un bien dans le patrimoine du débiteur ; cet argument n'est pas décisif car cette introduction n'aurait pas lieu sans le concours du prêteur et la loi situe l'opposabilité des deux opérations au même moment. La jurisprudence n'a pas eu l'occasion de trancher ce conflit en raison de la précaution que prennent habituellement les établissements de crédit, qui se font consentir une cession d'antériorité par le vendeur.

La précaution ne serait pas suffisante car ce dernier conserve le bénéfice de l'action résolutoire pour défaut de paiement, action qui, par définition, ne peut pas appartenir au prêteur dès lors qu'il n'est pas subrogé dans les droits du vendeur. C'est pourquoi les établissements de crédit exigent également, soit une subrogation dans l'action résolutoire, soit une renonciation du vendeur à cette action ; la seconde formule est préférable en raison de la règle selon laquelle la subrogation ne peut nuire au créancier qui n'a été payé qu'en partie (18).

---

(14) Rappr. en ce sens . Civ. 3e, 18 fév. 1987 : *Bull. civ.* III, n° 31 ; *Rép. Defrénois* 1987, art. 34120, obs. AYNÈS, décision qui n'a pas admis la décharge de la caution sur la base de l'article 2037, qui se prévalait de l'absence de quittance ; elle a jugé que cette absence n'empêchait pas le privilège de jouer dès lors que les tiers n'en contestaient pas l'existence.

(15) En cas de résolution de la vente pour une cause quelconque, le privilège disparaît-il ? V. en sens négatif : T.G.I. Paris, 19 avril 1982 : *Gaz. Pal.* 1982, 1, somm. 181 ; cette décision, qui s'est fondée sur l'autonomie du privilège, a été critiquée (DAGOT, *Rev. dr. immob.* 1983, 488 ; MALAURIE et AYNÈS, n° 701). Si elle est contraire à la logique abstraite de la résolution, elle n'en est pas moins concrètement opportune et peut-être justifiée par l'idée selon laquelle ce privilège est un effet attaché par la loi par un acte auquel le vendeur a participé en acceptant le versement du prêteur.

(16) En ce sens : MARTY, RAYNAUD et JESTAZ, n° 253 ; RÉMY, *La subrogation du prêteur de deniers dans l'action résolutoire du vendeur d'immeuble* : *J.C.P.* 78, éd. N, I, 79, n° 2.

(17) V. MALAURIE et AYNÈS, n° 701 ; THÉRY, n° 130, WEILL, n° 407.

(18) V. RÉMY, art. préc. ; DAGOT, *La renonciation anticipée à l'action résolutoire de la vente d'immeuble* : *J.C.P.* 86, éd. N, 361. Il faut observer que, lorsque le vendeur a été intégralement payé, la subrogation peut être plus avantageuse pour le prêteur qui y trouve le moyen d'éviter la réalisation par vente forcée.

Abstraction faite de ces particularités, le privilège du prêteur de deniers produit les effets ordinaires des sûretés immobilières spéciales (v. *infra*, n° 839 et s.).

§ 3. — Le privilège du titulaire d'un contrat de location-accession

763. — Le contexte. — Ce privilège, dernier né de la famille, est attaché au contrat de location-accession à la propriété immobilière tel que l'organise la loi n° 595 du 12 juillet 1984 (19). Ce contrat conjugue des formules classiques (bail, promesse de vente et opération de capitalisation), mais est l'objet d'une réglementation *sui generis* de sorte que le privilège ne saurait naître de combinaisons analogues qui n'entreraient pas dans le cadre strict de cette réglementation. L'idée générale qui préside à cette dernière est de permettre au locataire d'un logement d'en acquérir la propriété dans la mesure où il le désire et au terme d'une période convenue. Durant cette période, l'accédant verse une redevance qui se décompose en deux éléments : l'une correspond au montant d'un loyer ordinaire ; l'autre à un versement anticipé d'une partie du prix de l'achat éventuel qui a été préalablement fixé.

Dans l'éventualité de la résiliation du contrat avant le terme stipulé et dans l'éventualité où l'accédant n'exerce pas sa faculté d'achat, le propriétaire est tenu de lui rembourser les sommes versées au titre du paiement anticipé. Pour garantir ce remboursement, la loi de 1984 prévoit deux sûretés : un cautionnement consenti par un organisme habilité et un privilège sur l'immeuble occupé qui a été inséré dans la liste de l'article 2103 du Code civil (20).

764. — L'attribution et le régime. — Ce privilège est subordonné à des conditions insolites, qui portent quelque peu atteinte à la caractéristique de l'attribution automatique, puisqu'elles sont sous l'influence de la volonté des intéressés. La première est que les sommes payables avant le transfert de propriété ne doivent pas excéder 50 % de la valeur de l'immeuble. La seconde est que l'immeuble ne doit pas être grevé d'un privilège spécial ou d'une hypothèque de rang préférable, à moins que le titulaire ne consente à une cession de rang au profit de l'accédant (L. 1984, art. 16). Si l'une de ces conditions n'est pas remplie, la créance de remboursement doit être obligatoirement garantie par le cautionnement (à peine de nullité du contrat d'accession-location) et le privilège ne naît pas. Si ces conditions sont remplies mais que, néanmoins, le propriétaire a fourni un cautionne-

(19) Sur cette loi, v. notamment : MALINVAUD et JESTAZ, *L'accession à la propriété par le contrat de location-accession* : *D.* 1985, chron. 273.

(20) Sur ce privilège, v. DAGOT, *Un nouveau privilège immobilier, le privilège de l'accédant* : *J.C.P.* 85, éd. N, I, 75. Il faut noter que le privilège n'est pas attribué lorsque le propriétaire relève du secteur public (art. 17), sa qualité tenant lieu de garantie.

ment, on peut se demander si l'accédant bénéficie du privilège ; on peut le penser puisque ces conditions sont posées dans l'intérêt de ce dernier et que le cautionnement est obligatoire lorsqu'il y a lieu de craindre que le privilège ne sera pas assez efficace.

Le privilège de l'accédant doit être inscrit dans les deux mois de la date du contrat de location-accession et rétroagit à cette date, faute de quoi il dégénère en hypothèque ; ce point de départ ne soulève pas de difficulté puisque le contrat doit être notarié. Le privilège grève l'immeuble objet du contrat et garantit la créance de remboursement telle que la déterminent les articles 10 et suivants de la loi de 1984. Ses effets obéissent au droit commun des sûretés immobilières spéciales.

§ 4. — Le privilège du copartageant

765. — Présentation. — Bien qu'il ne soit qu'une opération de répartition de biens indivis, le partage peut faire naître des obligations entre les parties prenantes, soit en raison des procédés employés pour équilibrer les lots, soit en raison des techniques d'attribution. Un copartageant devient ainsi créancier parce qu'il a introduit un bien dans le patrimoine d'un autre copartageant, ce qui justifie le privilège spécial prévu par l'article 2103-2° du Code civil, qui a pris la suite de l'hypothèque tacite qu'avait consacrée l'ancien droit. Cette justification est renforcée par le principe d'égalité qui règne sur le partage et qui postule que le recouvrement des créances destinées à équilibrer les lots soit le mieux assuré possible.

La logique voudrait que ce privilège portât aussi sur les meubles et l'on s'accorde à déplorer cette faille dans la protection du copartageant, fruit du vieux préjugé de l'insignifiance des biens mobiliers.

766. — L'attribution. — Le privilège est attaché à tout partage incluant un ou des immeubles, quelle que soit la source de l'indivision — dévolution successorale, dissolution d'une communauté conjugale, achat en commun (21), dissolution d'une société (22) —, quelle que soit la forme du partage (amiable ou judiciaire) ou ses modalités (partage d'ascendant).

Au partage *stricto sensu* sont assimilés les actes à titre onéreux qui mettent fin à l'indivision. C'est le cas de la licitation au profit d'un copartageant, la vente aux enchères n'apparaissant que comme le moyen de faire apparaître la valeur du bien mis dans son lot ; de la cession des droits indivis sur un bien à un autre indivisaire ;

---

(21) V. Paris, 13 juin 1967 : *D.* 1968, 88, note VOIRIN.

(22) Il a été jugé que, en cas de partage englobant des biens successoraux et des biens d'une autre origine, le privilège sur les immeubles héréditaires ne s'étendait pas à la garantie due à propos des immeubles hors la succession : Civ., 6 avril 1881 : *D.P.* 1881, 1, 358. La solution est discutable, car les sources de l'indivision devraient être sans influence quand les parties ont entendu procéder à un partage unique et global.

de la cession des droits successifs à un autre héritier. Dans toutes ces hypothèses, c'est le privilège du copartageant et non celui du vendeur qui est attribué à l'indivisaire créancier.

L'incertitude plane sur la naissance du privilège lorsque le partage ou l'acte assimilé ne met fin à l'indivision que partiellement ; ainsi, un héritier cède ses droits successifs à l'un des autres cohéritiers ; ainsi, des coindivisaires attribuent sa part à l'un d'entre eux qui désire se retirer. La qualification de partage est dans ce cas controversée ; cette controverse rejaillit sur l'existence du privilège qui a été parfois admise (23), parfois refusée (24) sans que se dégage en jurisprudence une règle de principe.

767. — L'étendue. — Le partage est une opération tantôt bilatérale, tantôt multilatérale et une opération qui fait appel à des techniques variables. Ce double trait se traduit par une particularité relative à l'étendue du privilège. On y constate une interférence entre les créances garanties et les immeubles grevés ; il convient donc de préciser l'étendue du privilège sans distinguer ces deux plans selon le modèle habituel mais en passant en revue les divers cas de figure que l'on peut rencontrer.

1) Le privilège garantit la soulte (25), c'est-à-dire la somme due au copartageant qui reçoit des biens d'une valeur inférieure à celle de sa part dans l'indivision ; il garantit, en outre, les intérêts de la soulte dans la limite de l'article 2151 du Code civil. Il grève les immeubles mis au lot du ou des débiteurs de la soulte ; en dépit des termes de l'article 2103-3°, il ne grève donc tous les immeubles indivis que lorsque la soulte est due à un copartageant par tous les autres ; accessoire de la créance, le privilège ne peut pas, en effet, porter sur les immeubles attribués au copartageant non débiteur.

2) Le privilège garantit le prix de la licitation lorsque l'immeuble est adjugé à un copartageant et porte sur l'immeuble licité.

3) Le privilège garantit le recours du copartageant évincé d'un bien, qu'il soit meuble ou immeuble, mis dans son lot, recours qui postule que la cause d'éviction soit antérieure au partage. Il est alors assis sur les immeubles mis aux lots des autres copartageants ; mais le recours ne peut être exercé pour le tout sur l'immeuble d'un seul copartageant, car la créance du copartageant évincé est une créance divise dès sa naissance.

4) Le privilège garantit l'indemnité due par le copartageant successible qui a reçu une libéralité excédant la quotité disponible et qui est dispensé du rapport en nature sur la base de l'article 866 du Code civil. Dans ce cas, il affecte les immeubles donnés ou légués au débiteur

---

(23) Civ., 26 juin 1893 : *D.P.* 1896, 1, 548 ; *S.* 1896, 1, 481, note Wahl.

(24) V. Req., 3 déc. 1890 : *D.P.* 1891, 1, 219 ; *S.* 1891, 1, 417. — Civ., 4 mars 1891 : *D.P.* 1891, 1, 313 ; *S.* 1894, 1, 411.

(25) La vieille expression « retour de lot » employée par le code et qui lui est synonyme est tombée en désuétude.

de l'indemnité, bien qu'ils ne soient pas inclus dans la masse partageable, outre les immeubles qui ont été mis dans son lot (26).

La question de savoir si cette liste est limitative est controversée. Certains professent que le privilège doit s'étendre à toutes les créances issues du partage (27). La question est théorique, car la liste paraît bien englober toutes les créances auxquelles le partage peut donner naissance (28).

768. — Le fonctionnement. — Le privilège doit être inscrit dans un délai de deux mois qui court à compter soit de l'acte de partage, soit de l'adjudication par licitation, soit de l'acte fixant l'indemnité prévue par l'article 866 du Code civil (art. 2109). Inscrit à temps, il prend rang à la date de l'acte qui lui donne naissance, sinon il dégénère en hypothèque.

Il produit les effets attachés d'une façon générale aux sûretés immobilières spéciales.

§ 5. — Le privilège des architectes et entrepreneurs

769. — Présentation. — L'idée selon laquelle celui qui a conservé un bien du débiteur a fait des frais profitables aux autres créanciers aurait pu justifier l'existence d'un privilège spécial immobilier strictement symétrique du privilège mobilier du conservateur (v. *supra*, n° 657). Pour diverses raisons, le droit positif n'a pas sacrifié à cette logique et a façonné un privilège qui peut en être rapproché mais qui est sensiblement différent. Le privilège de l'article 2103-4° dit traditionnellement des architectes et entrepreneurs, est à la fois plus restreint (il ne profite qu'aux professionnels du bâtiment et ne leur permet d'appréhender que la plus-value apportée à l'immeuble) et plus large (il ne garantit pas seulement les frais de conservation).

La pratique a accentué le divorce entre le mobilier et l'immobilier en délaissant presque totalement cette garantie. Le phénomène procède de l'une des formalités auxquelles le privilège est subordonné : l'établissement d'un procès-verbal avant les travaux. Formalité lourde et qui, surtout, se heurte à un obstacle psychologique : son accomplissement témoignerait de la défiance du professionnel à l'égard de son client. On peut s'accommoder de cette situation, cependant regrettable, grâce au palliatif que constitue l'hypothèque conservatoire. L'inexploitation de ce privilège invite à ne lui consacrer que des développements succincts.

---

(26) En fait, il ne peut guère y en avoir et c'est la raison pour laquelle le législateur a étendu le privilège aux immeubles donnés ou légués.

(27) V. MAZEAUD par CHABAS, *op. cit.*, n° 344 ; WEILL, n° 416. Tel n'est pas le cas de la condamnation prononcée pour recel successoral : v. Civ., 9 août 1882 : *D.P.* 1883, 1, 134 ; *S.* 1883, 1, 402.

(28) On cite le cas de la créance du copartageant qui a dû payer une dette successorale au delà de sa part, parce qu'elle était garantie par une hypothèque prise sur un immeuble mis dans son lot, mais ce n'est là qu'une application de la garantie d'éviction.

770. — Le domaine. — Le privilège est accordé à ceux qui effectuent des travaux relatifs aux « bâtiments, canaux et autres ouvrages » ; il postule un contrat liant directement l'auteur des travaux au propriétaire de l'immeuble, ce qui exclut de son champ les sous-traitants et les employés de l'entrepreneur principal. Par une disposition spéciale (art. 2103-5°), il bénéficie également, sans qu'il soit besoin de subrogation, aux prêteurs qui ont « payé ou remboursé les ouvriers » ; on peut voir dans cette règle la consécration d'un privilège autonome à l'instar de celui qui est accordé au prêteur de deniers en vue d'une acquisition immobilière (v. *supra*, n° 756, note 1).

Peu importe la nature des travaux, réparations mais aussi améliorations ou constructions nouvelles, de sorte, on l'a vu, que le privilège ne correspond pas à la seule idée de conservation. Il suffit que les travaux soient relatifs aux bâtiments (ou canaux), ce qui laisse en dehors du champ de la garantie les travaux de traitement du sol, tels que drainages ou nivelages (souvent garantis par une hypothèque légale).

Le privilège peut être invoqué pour toutes les sommes dues par le maître de l'ouvrage en vertu du contrat conclu avec l'architecte ou l'entrepreneur, sommes auxquelles s'ajoutent les intérêts dans la limite de l'article 2151 du Code civil, ainsi que les frais d'expertise et d'inscription.

771. — Le mécanisme. — Il est très complexe, complexité engendrée par la mise en œuvre du principe qui veut que le privilège ne s'exerce que sur la plus-value procurée à l'immeuble par les travaux. Pour la constater, deux procès-verbaux doivent être établis par un technicien désigné par le T.G.I., formalités auxquelles est subordonnée la naissance même du privilège (29). Le premier, qui doit être dressé et inscrit avant les travaux (30), est destiné à présenter un état des lieux (sur le rang du privilège qui ne dépend pas de cette inscription, v. *infra*, n° 900). Le second, qui doit être dressé et publié dans les six mois de l'achèvement des travaux, est destiné à mesurer l'apport ainsi fait.

Si le privilège grève l'immeuble objet des travaux tout entier, le droit de préférence ne peut être invoqué que pour la partie du prix qui correspond à la plus-value et dans la mesure où celle-ci existe au moment de l'aliénation. De la sorte, la plus-value constatée à la fin des travaux constitue le maximum auquel peut prétendre l'architecte ou l'entrepreneur, maximum qui est réduit, le cas échéant, à la plus-value subsistant lors de l'aliénation.

---

(29) V. notamment Civ., 11 juill. 1855 : *D.P.* 1856, 1, 9 ; *S.* 1855, 1, 699. — Req., 9 janv. 1945 : *J.C.P.* 45, éd. N, II, 2908, à propos du second P.V.

(30) S'il est dressé alors que les travaux ont commencé, la jurisprudence admet cependant qu'il garantit les travaux effectués postérieurement à la publicité foncière : v. Ch. réunies, 31 janv. 1898 : *D.* 1898, I, 233, note DE LOYNES ; *S.* 1898, 1, 257, note DEMANTE. — Req., 6 déc. 1943 : *D.A.* 1944, 46 ; *S.* 1944, 1, 44. — Civ. 1re, 21 nov. 1955 : *J.C.P.* 55, II, 9004.

Les autres prérogatives du titulaire et son droit de suite sont ceux du droit commun des sûretés spéciales mobilières.

§ 6. — Le privilège de la séparation des patrimoines

772. — Nature et fondement. — Le privilège de la séparation des patrimoines a déjà été évoqué au titre des sûretés mobilières (v. *supra*, n° 663) puisqu'il porte aussi bien sur les meubles que sur les immeubles de la succession et qu'il constitue une réponse globale du droit positif, choisie de préférence à d'autres (31), au problème que pose la transmission d'une succession solvable à un héritier insolvable. C'est toutefois dans le domaine immobilier que ce privilège s'épanouit pleinement et qu'il revêt le plus d'importance, tant en raison du poids économique de l'immeuble que de l'efficacité que lui assure la publicité foncière. Nous ne reviendrons pas sur la nature de la séparation des patrimoines ; si l'on a mis en doute qu'elle soit un véritable privilège (32), cette qualification est maintenant généralement admise et, en matière immobilière, a été officiellement consacrée par le décret du 4 janvier 1955 qui a fait figurer le privilège dans la liste de l'article 2103-6°.

On professe volontiers que ce privilège, comme les autres privilèges immobiliers, repose sur l'idée d'introduction d'un bien dans le patrimoine du débiteur (33) ; la dévolution successorale accroît le patrimoine de l'héritier et l'accroît d'autant plus que les créances du défunt n'ont pas été payées. Prêter un tel fondement au privilège, qui, au demeurant, n'explique pas qu'il soit attribué aux légataires est quelque peu artificiel. En réalité, la technique du privilège a été utilisée pour respecter le principe de la confusion des patrimoines (c'est pourquoi on peut regretter l'appellation fallacieuse qui lui est donnée) tout en limitant certains effets pervers. Ces limites procèdent de deux idées différentes correspondant aux deux catégories de bénéficiaires. Si un créancier doit subir les fluctuations du patrimoine du débiteur, il ne doit pas subir la fluctuation qui n'est pas imputable à la personne à laquelle il a fait confiance et qu'engendre la dévolution successorale. Quant au privilège des légataires, il a pour fondement le respect dû aux dernières volontés, lesquelles seraient méconnues si les créanciers personnels de l'héritier venaient en concours avec les légataires.

773. — Le domaine. — Ce privilège appartient, en premier lieu, à tous les créanciers du défunt, mais non aux créanciers personnels des héritiers (34) ; aux premiers, il faut assimiler les créanciers apparus

---

(31) V. notamment : MARTY et RAYNAUD, *Les successions et les libéralités*, n° 238 et s. — TERRÉ et LEQUETTE, *Les successions et les libéralités*, n° 745 et s.

(32) L'enjeu principal du débat était le droit de suite du séparatiste, que la jurisprudence avait reconnu (Req., 27 juill. 1870 : *D.* 1871, 1, 352 ; *S.* 1872, 1, 153, note LABBÉ) et qui est maintenant incontestable.

(33) V. notamment : MARTY, RAYNAUD et JESTAZ, n° 262 ; DAGOT, p. 409.

(34) Lesquels ne peuvent se défendre contre l'acceptation d'une succession insolvable par un héritier solvable que par le biais d'une action paulienne.

au titre des charges héréditaires (35). Il garantit le capital et les intérêts sans que joue la limite générale posée par l'article 2151. Peu importe que la créance ne soit pas liquide ou exigible, qu'elle soit conditionnelle, qu'elle soit déjà assortie d'une sûreté. Un créancier hypothécaire peut avoir intérêt à inscrire le privilège, soit pour venir sur un autre immeuble au cas où son gage hypothécaire serait insuffisant, soit pour obtenir la garantie des intérêts au-delà de trois années.

Il appartient en second lieu aux légataires de sommes d'argent (36). Les légataires de corps certains n'ont pas besoin de cette protection, puisqu'ils ne viennent pas en concours avec les créanciers des successeurs.

774. — Le fonctionnement. — Le privilège grève tous les immeubles de la succession, mais il n'est pas pour autant un privilège général, car il ne porte pas sur une masse fluctuante mais sur chacun des immeubles figurant dans le patrimoine du *de cujus* au jour du décès et envisagé isolément. Ce caractère spécial est renforcé par la nécessité de prendre une inscription sur chacun des immeubles sur lesquels le titulaire entend exercer son privilège.

Il a déjà été signalé que le privilège jouait de plein droit en cas d'acceptation sous bénéfice d'inventaire, de vacance de la succession lorsqu'un héritier se présente par la suite, de procédure collective appliquée au *de cujus* après le décès. En réalité, dans ces éventualités, il y a une véritable séparation des patrimoines, qui produit le même effet que le privilège. En dehors d'elles, la séparation doit être « demandée », ce qui signifie que le titulaire invoque son droit de préférence par une manifestation de volonté quelconque.

L'opposabilité du privilège aux tiers est subordonnée à une inscription, prise dans les quatre mois à compter de l'ouverture de la succession ; prise dans le délai, elle rétroagit à cette date ; prise postérieurement, elle ne prend rang qu'à sa date (C. civ., art. 2111).

Le jeu du privilège s'éloigne quelque peu du schéma habituel en raison des trois particularités importantes qu'il présente. 1° Il confère à son titulaire la préférence sur les créanciers de l'héritier, mais non sur les créanciers successoraux qui ont pris une inscription tardive (37). La règle s'inscrit dans la logique de cette sûreté mais a ceci d'immoral que les créanciers diligents « tirent les marrons du feu » pour les créanciers négligents ; aussi sa mise en œuvre s'est-elle révélée délicate lorsqu'une hypothèque a été inscrite postérieurement du chef de l'héritier. Plusieurs modalités d'application ont été conçues dans le détail desquelles il n'est pas possible d'entrer (38). 2° Les créanciers de la succession, dans la mesure où ils ont pris inscription, passent avant

(35) Sur cette notion, v. Maury et Vialleton, *Successions*, n° 355.

(36) Lesquels bénéficient également d'une hypothèque légale (C. civ., art. 2121-4°).

(37) Selon une jurisprudence bien établie depuis l'arrêt préc. de la Ch. des requêtes du 27 juill. 1870.

(38) Sur ces modalités, v. Maury et Vialleton, *op. cit.*, n° 462. — Marty et Raynaud, *op. cit.*, n° 234. — Terré et Lequette, n° 779.

les légataires par application du principe *nemo liberalis, nisi liberatus.* 3° Le privilège est soustrait au principe de l'indivisibilité ; il naît congénitalement divisé, en effet, car il garantit une créance qui est divisée de plein droit par le décès (C. civ., art. 1220). Un créancier ne peut donc faire valoir son droit de préférence sur l'immeuble mis au lot d'un cohéritier que pour la fraction de la dette incombant à ce dernier (39).

SECTION II

L'HYPOTHÈQUE CONVENTIONNELLE

775. — Les rayons et les ombres de l'hypothèque conventionnelle. — L'hypothèque est un merveilleux mécanisme de garantie, qui a été développé par l'esprit rationaliste à partir des XVIe et XVIIe siècles. Son embellie a coïncidé, dans tous les pays occidentaux, avec l'enrichissement général et les grands efforts de développement immobilier et de construction qui ont alors été déployés. Les principales étapes en sont naturellement la seconde moitié des XIXe et XXe siècles, la deuxième période étant accentuée par la reconstruction d'après-guerre et la résorption de la crise du logement des années 1950, ainsi que par l'amélioration de l'habitat depuis les années 1970.

L'hypothèque permet de garantir efficacement le financement de la construction immobilière, et plus généralement de développer le crédit bancaire à moyen et long termes. Le crédit hypothécaire revêt en pratique une certaine autonomie qui explique que des établissements de crédit soient spécialisés en ce domaine. Cette pratique demandant une adaptation aux procédures nationales de constitution des hypothèques et de réalisation des immeubles, les établissements qui sont spécialisés ont bien de la peine à s'implanter dans un autre pays, même au sein de la C.E.E. Ce cloisonnement des marchés est contraire à l'esprit du marché commun (40). La Commission des Communautés européennes a proposé un projet de directive sur le crédit hypothécaire (41), selon lequel la liberté d'établissement actuellement affirmée mais impraticable serait rendue effective par la possibilité pour l'établissement de crédit d'accorder les crédits hypothécaires selon les méthodes de son pays d'origine, l'État d'implantation devant faciliter cette pratique. Mais l'hypothèque resterait soumise au droit du pays de situation de l'immeuble.

Mais dans le même temps, l'hypothèque est affaiblie par deux maux juridiques :

1) Les lois sur les procédures collectives. Les lois de 1967 et 1985, et la jurisprudence à partir de 1970 affaiblissent puis suppriment la

---

(39) V. notamment : Civ., 10 juill. 1893 : *D.* 1894, 1, 57, note DE LOYNES ; *S.* 1894, 1, 177, note TISSIER. La solution confère un intérêt pratique à l'hypothèque légale du légataire.

(40) En voir une description par F. HENROT, *Europe financière 1992, Le crédit hypothécaire à l'épreuve* : *Banque* 1987, p. 1154.

(41) Projet du 4 fév. 1985 modifié le 22 mai 1987. Il existe une « Fédération hypothécaire auprès de la C.E.E. », produisant chaque année d'instructifs rapports.

protection des créanciers hypothécaires. Prétexte est pris de « sauver » des entrepreneurs incapables ou des ensembles de biens de production mal organisés et ayant fait la preuve de leur inefficacité. On impose alors aux créanciers hypothécaires, qui ont pourtant aidé dans le passé ces entrepreneurs par leurs crédits, de suspendre les poursuites en remboursement, de produire ou déclarer leur créance, alors qu'elle est déjà publiée, et d'attendre un paiement collectif qui ne viendra jamais. La loi cherche même à faire disparaître la créance hypothécaire par l'imposition d'un délai ridiculement bref de déclaration et par l'affirmation obscure d'une disparition du droit de poursuite dans certains cas (L. 1985, art. 169).

2) L'engorgement des conservations hypothécaires qui ne peuvent donner une information qu'après un délai de trois semaines à un mois et demi (42). L'utilité de l'hypothèque en souffre, même si son utilisation reste importante, faute de mieux.

L'effet nocif de l'intervention publique ne se limite pas à déprécier le régime juridique de la sûreté ; il peut aussi déprécier la valeur de l'immeuble grevé, et donc l'objet de la sûreté. Ainsi en est-il des plans d'urbanisme et d'occupation des sols, des Z.I.F. et ex-Z.A.C., ou du coefficient d'occupation des sols et de son plafond légal de densité (43). De même en est-il de l'application d'impôts d'une lourdeur dissuasive lors de la vente de l'immeuble, et notamment de la T.V.A. (44).

Indépendamment de l'intervention publique, le risque le plus grave pour le créancier, mais somme toute beaucoup plus rare, est celui d'une quasi-impossibilité de trouver des acheteurs pour le bien grevé. Il se produit lorsque le marché immobilier d'une région est sinistré (45) ou lorsqu'il n'existe pas en raison de la faible valeur des terres (46).

---

(42) La publicité foncière présente d'abord pour l'État une utilité de contrôle de police fiscale des citoyens, en parallèle avec le cadastre. Il a donc tendance à négliger le service public d'information qu'elle rend et, malgré son monopole, n'investit pas les sommes nécessaires à l'organisation d'une information pourtant primordiale pour la libre cessibilité des biens.

(43) A. Piédelièvre, *L'efficacité de la garantie hypothécaire* in *Mélanges Flour* : *Rép. Defrénois* 1979, p. 367 et s., spéc. p. 370-371.

(44) P. Barabé, *Le créancier hypothécaire face à la boulimie fiscale* : *Les Petites Affiches* 25 avril 1986, n° spéc. ; *Les garanties du financement*, p. 65-69. — V. Cons. d'État, 4 mai 1988.

(45) Par ex. des programmes immobiliers en bordure de mer ou en haute montagne, en raison de la surabondance de ces constructions et du déclin relatif de ces activités de loisir, donnent lieu à des ventes sur saisies à des prix très bas (40 000 ou 50 000 F pour un trois pièces) ; ce peut être pire dans des quartiers peu attractifs ou dans des villes abandonnées pour des raisons économiques, comme aux U.S.A. ou au Canada.

(46) G. Pince explique ainsi l'absence de l'hypothèque dans les pays d'Afrique francophone où elle a pourtant été organisée, et la possibilité de son utilisation lorsque des programmes de développement agro-fonciers d'irrigation (barrages, canaux primaires, drains) valorisent les terres *(Techniques de crédit, garanties foncières et développement*, in R. Verdier et A. Rochegude (dir.), *Systèmes fonciers à la ville et au village, Afrique noire francophone*, L'Harmattan, Paris, 1986, p. 202 et 211).

En revanche, deux critiques courantes mais peu fondées doivent être écartées.

1) L'efficacité de l'hypothèque, hors des procédures collectives, est mise en doute au motif des défauts graves de la saisie immobilière, seul moyen d'exécution forcée de l'hypothèque. L'affirmation doit être nuancée car la saisie immobilière fonctionne en général correctement (47), et car ce sont surtout les incidents dont la procédure peut être émaillée qui ont un effet dilatoire, mais ils ne sont pas systématiques (48). Toutefois, deux inconvénients extérieurs à la saisie l'accompagnent : d'une part, le manque d'attrait et de qualité des biens vendus (49) ou plus simplement la décote entre le coût de construction et la valeur vénale (50) ; d'autre part, et surtout, la procédure d'ordre (classement des créanciers privilégiés), fort longue et qui mérite seule en fait les critiques dirigées contre la saisie immobilière. Le projet de réforme des voies d'exécution, soumis au Parlement en 1989, tentera d'apporter des remèdes à ces maux.

Quant à la prétendue insuffisance des publicités judiciaires (51), il faut la tempérer du fait qu'elle touche très efficacement les professionnels les plus susceptibles d'enchérir, marchands de biens et organismes de crédit, qui par leurs filiales se préoccupent du recyclage des biens dont ils ont financé la construction ou l'achat (52).

2) Le coût trop élevé de la constitution de l'hypothèque. Les frais les plus importants sont ceux que l'État impose sans autre justification que la taxe. Et la comparaison avec le coût d'un cautionnement professionnel a montré que pour les crédits à long terme d'un certain montant, l'hypothèque était moins onéreuse (53).

---

(47) La vente publique intervient en moyenne dans les neuf mois du premier acte de poursuite.

(48) A. Piédelièvre, *L'efficacité de la garantie hypothécaire* in *Mélanges Flour* : *Rép. Defrénois* 1979, p. 378-379, relève judicieusement les raisons contingentes du lent règlement de ces difficultés.

(49) Ce défaut n'est pas systématique. Lorsque le bien est attrayant, il arrive même que le prix d'adjudication soit supérieur à celui du marché. Mais il faut bien reconnaître que la vente aux enchères est le seul moyen de cession des biens de pauvre qualité. Ceci explique que les efforts de vente sur le marché normal n'aient que de maigres résultats. Il est ainsi constaté que la possibilité de conversion de la saisie immobilière en vente amiable est fort peu sollicitée par les débiteurs (à Paris, moins de 2 % des saisies en 1983 : Me J. Guillou, *Le crédit immobilier*, 81e Congrès des notaires, Lyon, 1985, t. II, p. 1433). De même, le Marché immobilier des notaires, phase de vente amiable préalable à la vente judiciaire, n'absorbe que les immeubles de qualité et reverse ensuite dans les salles des criées le plus grand nombre des immeubles concernés (en voir la description dans le rapport de Me X. Ginon, *Les sûretés réelles traditionnelles*, 82e Congrès des notaires, Nice, 1986, sur *Les garanties du financement*, spéc. p. 369 et 445-451).

(50) P. Lancereau, *Les prêts immobiliers cautionnés* : *Gaz. Pal.* 1987, 2, doctr. 687, indique que la valeur marchande de la maison finie peut n'être que de 50 % du coût du terrain et des travaux (p. 689). Et la vente aux enchères peut ne donner qu'un prix d'adjudication du tiers du coût total, alors que les créances garanties sont de 80 à 90 % de ce coût.

(51) Le second aspect, l'insuffisance des publicités, a fait l'objet d'initiatives tendant à le résoudre : publicité par Minitel (service kiosque 3615 SOFTEL, par ex.) des ventes judiciaires dans le ressort de quelques tribunaux par des sociétés privées, dont l'efficacité n'est pas considérable.

(52) Les ventes publiques sont ainsi un bon exemple du rôle absolument nécessaire des spéculateurs en économie libre. Eux seuls permettent, par la prévision de meilleure revente qu'ils font, d'attendre qu'un candidat à une meilleure utilisation du bien se porte acheteur. Cette meilleure utilisation, si elle advient, profitera à la collectivité tout entière. Sinon, seul le spéculateur ou l'acheteur en pâtira.

(53) M. Dagot, *Sûretés réelles contre sûretés personnelles* : *J.C.P.* 86, éd. N, doctr. 93. — V. une démonstration inverse par P. Lancereau, *Les prêts immobiliers cautionnés* : *Gaz. Pal.* 1987, 2, doctr. 687.

776. — L'utilisation pratique de l'hypothèque. — Le mot est largement utilisé, empruntant à la sûreté tantôt la connotation favorable d'un partage des avantages d'un bien (54), tantôt son effet de charge imposant des contraintes ou reflet de contraintes antérieures (55).

Le constituant en premier y trouve avantage. Il conserve l'utilité du bien et sa maîtrise totale *(usus, fructus et abusus)*, puisqu'il ne confère qu'un droit sur la valeur. La seule limite à sa liberté est d'éviter de diminuer cette valeur de l'immeuble grevé. En raison de l'absence de dépossession, il peut obtenir plusieurs crédits dont la somme atteint la valeur totale du bien. Le cumul d'hypothèques sur le même bien est fréquent (56). L'hypothèque, par les qualités qu'elle déploie, donne confiance aux prêteurs et facilite l'obtention du crédit (57).

Les tiers et les autres créanciers trouvent également avantage à l'hypothèque. Ils sont informés par sa publicité, et le classement entre hypothèques est simple puisqu'il repose sur l'ancienneté. Seul le conflit avec d'autres droits concurrents fait problème. Quant au tiers acquéreur du bien grevé, il doit certes supporter l'hypothèque, car elle emporte droit de suite. Mais informé de son existence, il a pu en conserver le montant par déduction du prix d'achat et paye donc au créancier hypothécaire ce qu'il aurait payé au vendeur. Si la publicité n'a pas été faite, il est libéré.

Enfin *le créancier titulaire* de l'hypothèque trouve avantage à cette sûreté car elle lui confère un droit de préférence de rang correct hormis le cas de procédure collective. Cette prérogative rend la vente forcée (et l'ordre) utile ; elle permet plus souvent encore les désintéres-

---

(54) Le pape Jean-Paul II a rappelé dans son discours de Puebla, à destination des propriétaires terriens d'Amérique latine, que la propriété privée était grevée d'une *hypothèque sociale*, signifiant la nécessité de son exploitation, pour atteindre la solidarité, et rappelant implicitement que toute exploitation des biens profite à la communauté entière. S'y retrouve le sens de part future d'un bienfait, comme dans l'Eucharistie, ou de possibilité de posséder ce que l'on n'a pas, comme dans la définition de la foi de la Lettre aux Hébreux. Plus économiquement, la propriété privée *accompagnée d'un libre marché* réalisent ensemble une allocation optimale des ressources, et donc réalisent le bien commun. L'*hypothèque sociale* concerne davantage la nécessité d'un libre marché des terres et biens de production que la terre ou les biens eux-mêmes.

(55) Ainsi dira-t-on que le succès ou l'avenir d'un projet est hypothéqué par tel de ses caractères.

(56) Cette faculté a facilité l'accession à la propriété immobilière en permettant à l'emprunteur d'additionner des prêts d'organismes différents, à des taux et conditions différents mais dont les plus avantageux sont limités à une fraction du coût d'achat ou de construction. Il y a là application de la théorie de l'offre, l'offre de crédit encouragée par une bonne sûreté pouvant permettre le développement de tout un secteur économique. L'hypothèque immobilière a permis la construction d'habitations (aux U.S.A., l'assimilation est telle entre crédit et hypothèque que la sûreté (*mortgage*, qui est la traduction d'hypothèque) sert à désigner le prêt immobilier ; de même le warrant viticole (hypothèque sur les récoltes) a sauvé la viticulture.

(57) C'est ainsi que l'escroquerie des assignats fut réalisée par l'État, notamment grâce à l'idée qu'ils étaient « gagés » sur les biens nationalisés et ainsi garantis par une sorte d' « hypothèque ». Ils sont même présentés parfois comme « une véritable cédule hypothécaire ».

sements lors de la vente amiable, par anticipation. La souplesse de l'hypothèque est aussi une cause de son attrait : elle peut garantir toutes les créances, même par exemple les crédits de trésorerie des entreprises. Mais en général elle garantit surtout les crédits à moyen et long termes en raison du coût et des délais d'inscription ; les prêts hypothécaires notariés (à trois ans en général) sont un type original de crédits ne reposant que sur l'hypothèque. La Caisse de refinancement hypothécaire, l'organisation du marché hypothécaire (58) et aujourd'hui la titrisation des créances même hypothécaires et leur cession par simple bordereau (59), facilitent la mobilisation des créances hypothécaires ; le créancier peut ainsi, en cas de besoin de liquidité pendant la durée des crédits hypothécaires, se refinancer en cédant la créance et la garantie hypothécaire qui en assure le remboursement (60).

DIRECTIONS DE RECHERCHES

Le poids des organismes publics dans la prise de garantie hypothécaire est plus important en France que dans les autres pays comparables. Les statistiques et graphiques établis par la Fédération hypothécaire auprès de la C.E.E. (doc. Hypostat'88, p. 15-20) montrent un secteur public consentant 35 % des prêts hypothécaires en France, contre 25 % en Espagne, 20 % en Allemagne et 3 % en Angleterre.

Le poids des organismes publics va de pair avec un moindre développement de ce type de crédit, beaucoup plus utilisé dans certains pays où il rend de grands services aux particuliers et aux P.M.E. (61), comme en Allemagne ou aux U.S.A.

777. — Histoire de l'hypothèque. — L'histoire de l'hypothèque est liée à celle de la *pratique* plus qu'à un développement théorique préconçu.

— La *Grèce* ne nous a guère laissé que le nom d'hypothèque, formé sur l'idée d'une soumission du bien grevé à la dette garantie (62).

— A *Rome*, on note simplement une timide apparition de l'hypothèque, dans la période classique (– 50 à fin IIIe s.), et surtout à partir du premier siècle, mais la question est controversée. L'hypothèque y était une sûreté sans dépossession et sans publicité, portant aussi bien sur les meubles que sur les immeubles. Peut-être trop dangereuse,

(58) Il a été organisé par les pouvoirs publics en 1966, favorisé par la loi du 31 déc. 1969 sur la cession simplifiée des créances hypothécaires et révisé par celle du 11 juill. 1985. — V. D. SAGLIO, *Le nouveau marché hypothécaire : Banque* 1986, p. 31.

(59) L. 23 déc. 1988 et décret d'application du 9 mars 1989, spéc. art. 2. — Aux U.S.A., la technique dite de titrisation a commencé avec les *mortgages*, regroupés (titrisés) en des *mortgages passthrough certificates*, puis en des *mortgages backed securities* (v. l'analyse économique de ces procédures par M. NUSSENBAUM, *Nouveaux produits hypothécaires américains* : *Banque* 1988, p. 537).

(60) Le rôle de cette mobilisation des créances hypothécaires dans l'économie est fort important, en raison de la longueur des prêts hypothécaires et des ressources des établissements de crédit qui sont en général beaucoup plus courtes.

(61) Pour lesquelles v. A. SAYAG et C. JAUFFRET-SPINOSI, *L'entreprise personnelle*, t, I, Litec, 1978, p. 55 et s.

(62) P. MALAURIE et L. AYNÈS, 2e éd., n° 650.

elle ne connut semble-t-il pas un fort développement. A la même époque et dans l'Égypte romaine, une publicité immobilière était organisée (63), la seule que l'on connaisse pour l'antiquité, mais on ne sait pas si elle a favorisé le développement de l'hypothèque.

— Au *Moyen Age*, on perd la trace de l'hypothèque ou d'une sûreté comparable ; seules les sûretés avec dépossession sont utilisées (64), et ce n'est que vers la fin de cette époque (XIIIe ou XIVe s.) que, dans le midi et dans certaines coutumes du nord ou de l'ouest, l'hypothèque mobilière comme immobilière réapparaît (65).

— Au *XVIe siècle* est généralisée *l'obligatio bonorum*, qui est attachée à tous les actes notariés (66) ; elle porte au début sur tous les biens du débiteur, puis sera lentement limitée aux immeubles. Notre hypothèque garde de cette époque son caractère d'acte notarié et le terme d'« obligation » que lui conserve la pratique notariale contemporaine. Des systèmes de publicité sont organisés dans certaines provinces (67).

— *Révolution :* la création de la publicité foncière sera tout autant un échec que les tentatives nombreuses et répétées du pouvoir royal dans les siècles précédents. Certes, les esprits étaient mûrs à la fin du XVIIIe siècle, le rationalisme ayant triomphé, ce qui n'était pas le cas auparavant. Mais la ruine économique était le fruit du centralisme et les moyens de la publicité ne furent jamais trouvés. En même temps (68) fut décrétée la possibilité de mobiliser des hypothèques grâce aux cédules hypothécaires, titres représentant la garantie, qui étaient cessibles par endossement. Ni l'une ni l'autre de ces réformes de papier ne sera effective (69), témoignant seulement d'une faveur pour l'hypothèque et d'une incapacité des juristes et politiques d'alors à en organiser le régime.

— *Code civil :* pour des raisons pratiques, seules sont publiées les donations et les hypothèques conventionnelles ; les hypothèques légales restent occultes, or elles sont nombreuses et générales (elles portent sur tous les biens). Bien qu'elles ne garantissent que des sommes raisonnables, le fisc n'ayant encore que peu d'hypothèques légales et que des créances modestes, elles gênent le crédit.

---

(63) Depuis le Ier siècle, des fonctionnaires tenaient une « Bibliothèque des acquisitions » conservant les contrats de transfert de propriété et de constitution d'hypothèque.

(64) Sur cette éclipse du Ve au XVIe s., v. J. LEAUTE, *Les éclipses et les renaissances d'institutions en droit civil français*, thèse, Paris, Anc. imp. Cour d'appel, 1946, p. 119, et spéc. note 96, p. 120, sur la controverse doctrinale sur la question de savoir si l'*obligatio bonorum* du XVIe est une création originale ou une reprise de l'hypothèque romaine.

(65) Sur cette évolution encore mal cernée, v. J. BRISSAUD, *Le créancier « premier saisissant » dans l'ancien droit français*, P.U.F., 1972, p. 32, 42 et s.

(66) Elle s'est, semble-t-il, développée à partir du XIIIe s., lentement. — G. MARTY, P. RAYNAUD et P. JESTAZ, 1987, n° 145.

(67) P. RAYNAUD et A. PIÉDELIÈVRE, *Encycl. Dalloz, Rép. dr. civ., V° Hypothèque*, n° 10.

(68) Par la loi de 1795 (9 messidor an III).

(69) Les cédules hypothécaires seront même abrogées en 1798, trois ans après.

— *Réforme de 1855* (L. 23 mars, aujourd'hui abrogée) : la publicité reste une condition d'opposabilité, en dépit du choix prussien d'en faire une condition de validité. Elle est étendue à toutes les aliénations immobilières, mais les sûretés réelles autres que les hypothèques conventionnelles restent occultes. Néanmoins, en ces périodes d'intense construction immobilière, la publicité des cessions favorise le crédit et la confiance dans les mécanismes de garantie.

— *Réforme de 1955* (D. 4 janv., source actuelle de la publicité foncière) : la publicité est étendue à la quasi-totalité des droits réels immobiliers, lors de leur création ou de leur transfert, à l'exception de l'usucapion et de quelques privilèges généraux ou fiscaux. Ainsi les hypothèques légales et les privilèges immobiliers sont enfin soumis à publicité, leur régime s'assimilant largement à celui de l'hypothèque conventionnelle. Presque toutes les opérations sur les immeubles sont donc connues et classées par ordre de date ; la sécurité de l'hypothèque découle de ce classement lié à l'ancienneté de l'inscription. On conserve à la publicité un rôle de simple opposabilité, dont on se rend compte qu'il est amplement suffisant et aussi efficace que celui de validation des droits réels (70).

La définition de l'hypothèque que nous avons retenue insiste sur le fait qu'elle est un droit sur un droit et non sur un immeuble, donc un droit réel au second degré (71). Plus précisément encore, elle est un droit sur la valeur du droit (72). On est donc passé de l'affectation d'un bien à *« l'affectation préférentielle d'une valeur à provenir de certains éléments... du patrimoine du débiteur »* (73). Au-delà d'une définition abstraite, l'étude des caractères essentiels de l'hypothèque conventionnelle (§ 1) et des modalités de sa constitution (§ 2) permet d'en mesurer la richesse et les particularités.

§ 1. — Caractères de l'hypothèque conventionnelle

778. — L'hypothèque conventionnelle présente quatre caractères essentiels : elle est réelle (A), accessoire (B), indivisible (C) et spéciale.

(70) Une validation soumise à des administrations, comme en Allemagne, Suisse et Autriche, Angleterre (pour partie) ou Australie, dépend trop de ces administrations et de leurs défauts congénitaux : lenteur, lourdeur, irresponsabilité et coût élevé.

(71) La tournure est empruntée au traité de PLANIOL et RIPERT par E. BECQUÉ, t. XII, 1953, n° 328.

(72) V. *supra*, n° 503 et 741.

(73) Formule qu'E. BECQUÉ, dans sa préface à la thèse de M. CABRILLAC, utilisait pour les sûretés mobilières mais qui est aussi vraie pour la conception de l'hypothèque (*La protection du créancier dans les sûretés mobilières, conventionnelles sans dépossession*, Sirey, 1954, préf., p. 2). Sur cette évolution de l'affectation en matière de sûreté réelle, v. S. GUINCHARD, *L'affectation des biens en droit privé français*, L.G.D.J., 1976, n° 202, p. 173. — Compr. S. QUINCARLET qui, dans sa thèse de 1937, développant la présentation par E. BECQUÉ dans le t. XII du PLANIOL et RIPERT de 1927, expliquait déjà le gage comme une affectation de la valeur et non du bien lui-même (*La notion de gage en droit privé français*, Imp. Ségalas-Bérou, Bordeaux, 1937, p. 317 et s., 347, etc.).

Les trois premiers sont communs aux sûretés réelles et ont déjà été examinés dans leur généralité en étudiant la notion de sûreté réelle (74) ; seules les conséquences particulières en seront développées ici. La spécialité, limite importante au champ d'application de l'hypothèque conventionnelle, mérite l'attention (D).

A. — L'hypothèque est un droit réel

779. — Bien qu'elle soit accessoire d'un droit personnel (créance), elle est un droit réel car son objet est constitué par la valeur d'un bien et non par une prestation d'un débiteur. Ce caractère réel appelle quatre précisions.

Le *droit de préférence* qui y est attaché est sa conséquence majeure. Inhérent à l'hypothèque, il existe dès que l'hypothèque est constituée et il *s'applique dès que la valeur apparaît* (versement de l'indemnité d'assurance ; paiement du prix de vente, etc.). Parce que l'hypothèque est un droit réel, le créancier a une vocation *directe* à recevoir cette valeur, sans qu'il soit besoin de l'intermédiation d'une personne ou d'une subrogation (v. *infra*, n° 839).

Une autre conséquence, bien nécessaire, du caractère réel est le *droit de suite* (C. civ., art. 2166) qui permet au créancier d'exercer son droit sur la valeur du bien quel qu'en soit le détenteur ou le propriétaire. Ainsi sont atténués les risques qui naissent de l'absence de déplacement de la dépossession du bien grevé. Mais ce droit de suite nécessite une information afin d'éviter la spoliation de tiers acquéreurs (v. *infra*, n° 849 et s.).

B. — L'hypothèque est un droit accessoire

780. — En conséquence, elle n'existe que pour garantir une créance. La créance est le plus souvent préalable ou concomitante. Elle peut aussi être postérieure, car on peut constituer une hypothèque garantissant des créances futures, par exemple l'hypothèque garantissant une ouverture de crédit (75) ou le solde débiteur d'un compte courant (76).

(74) V. *supra*, n° 1520, pour le caractère réel ; n° 1570 pour le caractère accessoire et n° 1568 pour l'indivisibilité.

(75) Communément admise, et que la Cour de cassation accepta nettement en 1848 (Civ., 21 nov. 1848 : *D.* 1849, 1, 275 ; *S.* 1850, 1, 91) : « attendu que celui qui accepte une ouverture de crédit contracte immédiatement l'obligation de rembourser les sommes qui lui seront délivrées, que cette obligation est autorisée par l'art. 1130 C. civ. ; qu'à la vérité elle est subordonnée à la réalisation des fonds promis, mais que dès que ces fonds sont délivrés, le contrat a toute sa force et doit recevoir son exécution sans qu'il soit besoin d'un acte nouveau ; que ce n'est point là une obligation potestative dans le sens de l'art. 1174 C. civ., mais seulement l'obligation conditionnelle autorisée par l'art. 1168 sauf réduction aux termes de l'art. 2132, pour le cas où la somme promise ne serait pas versée intégralement ; qu'il suit de là qu'à quelque époque que les fonds promis par les demandeurs à Jaquet lui aient été délivrés, l'acte d'ouverture de crédit a dû recevoir son entier effet ».

(76) Civ., 3 fév. 1937 : *D.H.* 1937, 177 ; *S.* 1937, 1, 225.

Certains estiment nécessaire que les créances soient en germe, mais la question n'a pas grand intérêt. L'hypothèque ne sera parfaite que lorsque la créance naîtra ; toutefois, elle prendra rang à sa date d'inscription, qui peut être fort antérieure.

Par ce qu'elle est accessoire, l'hypothèque suit le sort de la créance garantie. Elle est transmise en même temps qu'elle, automatiquement (subrogation) ou volontairement (v. *infra*, n° 854 et s.). De même, l'hypothèque s'éteint avec la créance (v. *infra*, n° 862 et s.).

DIRECTIONS DE RECHERCHES

781. — La garantie hypothécaire indépendante. — Le droit suisse et le droit allemand admettent l'hypothèque indépendante des créances (77). Ces sûretés abstraites sont la plupart du temps constituées pour garantir un prêt, et sont donc reliées à une créance. Mais elles ont l'avantage de l'indépendance, comme la garantie indépendante diffère du cautionnement : les moyens de défense que le débiteur pourrait opposer au créancier, tels que la nullité du contrat principal, une diminution de sa dette qui annule une compensation ou une extinction de la créance garantie, sont inopposables sur le terrain de l'hypothèque. Il n'est pas exclu que l'harmonisation des droits européens du crédit ne favorise la circulation de ce modèle et ne conduise à faire naître de telles garanties abstraites dans notre droit.

D'ailleurs, l'hypothèque « sur soi-même » n'est pas tout à fait inconnue en droit français : le tiers acquéreur d'immeubles hypothéqués qui paie les créanciers est subrogé dans leurs hypothèques et acquiert ainsi une hypothèque sur sa propre chose (C. civ., art. 1251-2°).

C. — L'hypothèque conventionnelle est indivisible

782. — L'indivisibilité de l'assiette. — Ce caractère important de l'hypothèque, qu'elle a diffusé sur les autres sûretés réelles, en fait une sûreté forte : *Hypotheca est tota in toto et tota in qualibet parte*. Le principe, déjà mis en forme par Dumoulin, est repris par l'article 2114, alinéa 2, du Code civil.

Cette indivisibilité protège le créancier, qui seul peut l'invoquer et seul peut y renoncer, en grevant tous les immeubles désignés, en garantie de toute la créance.

L'indivisibilité de tous les immeubles désignés, dite indivisibilité de l'assiette, est une règle simple : chaque fraction du ou des immeubles grevés répond de la totalité de la dette. Lorsque l'hypothèque est assise sur un seul immeuble, chaque portion de l'immeuble répond de toute la dette. En conséquence, le créancier peut en saisir la portion qu'il désire. La division ultérieure du bien est sans effet sur cette possibilité : en cas de partage, chaque héritier qui reçoit une part

(77) Cédules hypothécaires du code civil suisse, art. 842 et s. ; dette foncière du B.G.B., Eigentünergrundschuld, art. 1191 et 1192.

de l'immeuble est tenu de la totalité de la dette ; en cas de lotissement ou de copropriété, chaque lot est tenu de la totalité de la dette. La même solution s'impose lorsqu'il s'agit d'une division du droit grevé par démembrement de l'usufruit et de la nue-propriété. Lorsque l'hypothèque est assise sur plusieurs immeubles, chaque immeuble répond de la totalité de la dette : le créancier peut donc choisir l'immeuble sur lequel il fera porter son action (78). Il est limité seulement par une éventuelle fraude au détriment d'un créancier de second rang qui peut s'estimer lésé, le choix du poursuivant pouvant lui nuire volontairement ou avantager un autre créancier de second rang, et par quelques règles de procédure de la saisie immobilière (v. *infra*, n° 902).

L'indivisibilité au regard de la créance est tout aussi avantageuse (79). La division active de la créance par décès du créancier, cession partielle ou division dès l'origine (certains pools bancaires) permet néanmoins à chacun des créanciers (héritier, cédant et cessionnaire) de saisir la totalité de l'immeuble hypothéqué (80). La division passive de la dette par décès du débiteur n'affecte en rien la situation du créancier hypothécaire, pas plus que le partage des biens grevés. Si l'immeuble grevé est affecté à un seul héritier, qui ne supporte pourtant que sa quote-part de la dette, il demeure néanmoins tenu du tout (avec recours contre les autres) en raison de l'hypothèque. Si plusieurs immeubles hypothéqués sont répartis entre les cohéritiers, chacun des immeubles garantit toute la créance ; mais pour le surplus de sa part de dette, chaque cohéritier est tiers détenteur, ayant bénéfice de discussion.

D. — L'hypothèque conventionnelle est spéciale

783. — Pour préserver le crédit du débiteur, l'hypothèque conventionnelle ne peut porter que sur un ou plusieurs biens particuliers et spécifiés et n'en peut garantir qu'une ou plusieurs créances spécifiées. Seule l'hypothèque conventionnelle est expressément soumise

---

(78) Civ. 3e, 15 fév. 1972, reprenant une jurisprudence constante, a formulé ainsi la solution : « Vu les art. 2114, 1382, 1383 du Code civil, attendu qu'en vertu du principe de l'indivisibilité consacré par le premier de ces textes, le créancier dont l'hypothèque s'étend à plusieurs immeubles est en droit de choisir celui des immeubles sur le prix duquel il doit être colloqué pour la totalité de sa créance, sans que les créanciers ayant sur le même immeuble des hypothèques postérieures en rang puissent le contraindre à diviser sa demande de collocation pour la faire porter proportionnellement sur le prix de tous les immeubles qui lui sont affectés ;

« Que cette faculté d'option ne saurait être refusée que si elle est exercée frauduleusement ou sans intérêt légitime »...

(79) V. *supra*, n° 1568, ainsi que le cas du paiement partiel qui est traité par analogie.

(80) La règle est écrite seulement pour le gage (C. civ., art. 2083, al. 2) mais est étendue à l'hypothèque.

à la spécialité (81), et elle l'est lourdement puisque la spécialité est double : spécialité des créances (C. civ., art. 2132) et spécialité de l'assiette (C. civ., art. 2129) (82).

La *spécialité des créances garanties* impose des exigences déjà pesantes : mention de la somme (en principal seulement) correspondant à une créance déterminée ou déterminable. La jurisprudence les alourdit, sans raison logique ni motif exprimé, en ne validant que les contrats d'hypothèque mentionnant *la cause* de la créance garantie (83). C'est pourquoi l'on trouve dans les actes notariés cette mention sibylline « pour prêt consenti » qui semble être généralement conçue comme suffisante et prend un peu figure de clause de style (84).

Pour les créances seulement déterminables, par exemple une ouverture de crédit, une évaluation est nécessaire, mais seulement pour permettre l'inscription. Cette

---

(81) Les hypothèques légales ou judiciaires ne le sont pas, et la spécialité est prévue dans le Code civil au titre des seules hypothèques conventionnelles. Mais il faut bien voir que les hypothèques légales sont attachées par la loi à certaines catégories de créances seulement, celles dont les caractères justifient l'octroi d'une telle protection : créance d'un époux sur l'autre à l'occasion de leurs relations matrimoniales, créance de l'État pour le remboursement de l'avance consentie à certains sinistrés, créance de l'État pour le recouvrement de l'indemnité de plus-value contre le propriétaire de l'immeuble réquisitionné, etc. ; de même, l'hypothèque judiciaire ne garantit que les sommes mentionnées dans un jugement. Il y a donc une spécialité de fait, qui respecte l'idée de protection du débiteur inspirant la spécialité de droit de l'hypothèque conventionnelle.

(82) Auxquelles est ajoutée la spécialité de l'inscription (*infra*, n° 828) qui frappe toutes les hypothèques, même légales ou judiciaires, et assure une protection des tiers, à la différence de la spécialité de l'hypothèque conventionnelle qui vise à protéger le constituant.

(83) Civ., 6 fév. 1939 : *D.* 1939, 1, 53, note J. PLASSARD ; *S.* 1941, 1, 145, note R. RODIÈRE : « Attendu que, si l'art. 2132 C. civ. n'exige pas, en termes explicites, la mention de la cause de la créance garantie pour la validité de l'hypothèque conventionnelle, il n'en est pas moins vrai qu'en vertu du principe de la spécialité de la créance hypothécaire, cette créance doit être déterminée expressément ou par voie de référence dans l'acte constitutif ».

(84) Il ne faut pas aller au-delà de la raison d'être de la spécialité et exiger, comme le font certains praticiens, que chaque hypothèque ne garantisse qu'une seule créance, ce qu'ils appellent le « principe » d'unicité de l'hypothèque. La spécialité a pour but de ménager le crédit du débiteur en empêchant qu'une hypothèque ne soit accordée pour garantir toutes les dettes que le constituant aurait, dans l'avenir, avec le créancier bénéficiaire, par exemple son banquier. Mais si la créance est spécifiée, l'hypothèque peut garantir plusieurs créances, et des créances à venir, par exemple la créance éventuelle et future du solde débiteur d'un compte-courant, ou une ouverture de crédit, ou des livraisons futures déterminées ou même éventuelles mais prévues dans un contrat-cadre. En revanche, elle ne peut pas garantir le prix de livraisons dont l'existence est totalement aléatoire parce que les parties sont convenues d'entrer en relations d'affaires mais sans autrement formaliser leurs obligations réciproques ; de là l'intérêt d'établir un compte-courant entre les parties. — Comp. l'admission en droit japonais d'une hypothèque garantissant des créances qu'il n'est même pas besoin d'indiquer lors de la constitution, dite « netéhiteau » de l'art. 398-2, al. 2, C. civ. (A. YAMANOME, *Les sûretés japonaises, différences et ressemblances avec les sûretés françaises* : *Les Petites Affiches* 21 oct. 1987, p. 28-31, spéc. p. 29). — Comp. également la Höchstbetragshypotek, art. 1190 B.G.B. allemand.

évaluation est un acte unilatéral, que l'article 2132 C. civ. n'exige que dans le bordereau d'inscription rédigé par le créancier et que celui-ci peut modifier seul. En pratique toutefois, l'évaluation est souvent faite dans l'acte notarié (85), en précisant qu'elle est faite aux seules fins de publicité. Cette précaution rejoint la finalité de la spécialité qui est d'informer et de protéger le constituant. Elle a aussi l'avantage pour le créancier de priver ce constituant, ainsi pleinement informé, de la possibilité de demander ultérieurement la réduction de cette somme.

Si les obligations découlant de la spécialité ne sont pas respectées, l'article 2132 du Code civil fulmine l'annulation de l'acte constitutif d'hypothèque. L'action en annulation n'est ouverte, selon la majorité des auteurs, qu'au seul constituant puisque lui seul est protégé par l'exigence d'une spécialité.

La *spécialité de l'assiette* impose de désigner précisément l'immeuble dans l'acte. Le but visé est de protéger le crédit du constituant en ne grevant que les immeubles jugés nécessaires après énumération. Il faut lutter contre le caractère indolore de l'hypothèque qui découle de l'absence de dépossession, et donc contre la facilité consistant à donner en gage l'ensemble de ses immeubles (86).

En pratique, l'acte contient une énumération des parcelles cadastrales, une indication des tenants et des aboutissants et une description détaillée du ou des immeubles.

Le Code civil exigeait seulement la précision de la nature et de la situation de l'immeuble ; la jurisprudence interprétait souplement cette exigence en acceptant par exemple des désignations telles que « tous les immeubles du débiteur dans une commune ». Le décret de 1955 a ajouté dans l'article 2129 C. civ. le renvoi à l'article 2146 : par ce renvoi, il impose une désignation individuelle de chaque immeuble. Ces exigences de désignation, bien restrictives, facilitent de toute façon la rédaction des bordereaux d'inscription pour lesquels l'exigence de désignation individuelle est posée par ledit article 2146 C. civ. Mais la sanction en est différente : si la désignation est insuffisante dans le bordereau, il est toujours possible de faire une nouvelle inscription. En revanche, si la désignation est insuffisante dans l'acte, celui-ci est annulable.

Toutefois, l'article 2129 du C. civ. permet de régulariser une mention insuffisante par un acte authentique postérieur. Cette procédure est utilisée notamment lorsque des informations manquaient lors de la rédaction de l'acte constitutif d'hypothèque : bâtiment en construction, terrain en cours d'identification par une procédure de bornage, etc., et est donc rare en pratique (87).

§ 2. — La création de l'hypothèque conventionnelle

784. — Le rôle fondamental du notaire et sa responsabilité. — La création de l'hypothèque, ainsi d'ailleurs que sa conservation, sont marquées par le rôle qu'y tient le notaire. Il bénéficie d'un monopole,

(85) M. Dagot, p. 345.

(86) M. Dagot, p. 343.

(87) M. Dagot, p. 345.

mal formulé par l'article 2127 du Code civil (88), qui en fait le seul rédacteur du contrat constitutif d'hypothèque conventionnelle. Parmi toutes les sûretés, réelles ou personnelles, l'hypothèque est la seule dont le contrat soit ainsi soumis à un formalisme étroit. Ce monopole est en effet pour partie le fruit de l'évolution historique de l'hypothèque, issue de l'*obligatio bonorum* attachée aux actes notariés. Il est aussi motivé de nos jours par le souhait de l'administration de la publicité foncière de n'avoir à traiter qu'avec un nombre réduit de personnes, sur lesquelles elle a des moyens de pression. Il découle enfin de la confusion souvent faite entre l'utilité d'un spécialiste dans une matière technique et l'interdiction faite à d'autres de la pratiquer (89). Ainsi, par exemple, le Conseil d'État, reflétant ces erreurs, est-il d'avis qu'il n'est pas possible de constituer hypothèque par acte administratif (90) ; aucun acte authentique autre qu'un acte notarié n'est recevable (91).

Ce monopole a pour conséquence importante de justifier la garantie très lourde que les tribunaux imposent aux notaires :

— garantie de toute erreur de rédaction ; par exemple, une erreur de désignation de l'immeuble, ou des parties, ou l'oubli de la cause de l'hypothèque ; et garantie en cas de manquement au devoir de conseil ;

— garantie de la publicité foncière (92), et éventuellement de son renouvellement (93), ce qui est très important en pratique ;

---

(88) Le monopole tient autant à la position de la communauté des juristes qu'au texte légal. Là où il prévoit deux notaires, on admet aujourd'hui qu'un seul suffise, sans témoin. Là où il parle d'acte authentique, terme générique, on admet que seule l'espèce notariée soit recevable.

(89) Le monopole n'est que peu contesté, en raison de la compétence indéniable des notaires en ce domaine et de l'avantage substantiel de la formule exécutoire attachée à leurs actes. Son absence ne changerait guère la pratique ; seules les hypothèques pour créance éventuelle seraient plus facilement constituées, notamment par les banquiers. On se contente souvent en ce cas d'une promesse sous seing privé d'hypothèque, sans aucune valeur.

(90) Avis rendu le 26 juin 1975, qui n'excepte que les cas expressément prévus par la loi : gestion des biens domaniaux ; marchés de l'État (lois de 1790 et 1793 ! La Terreur a encore du bon ; il est seulement regrettable que la majorité des juristes pensent que ces textes sont encore en vigueur : P. RAYNAUD et A. PIÉDELIÈVRE, *Encycl. Dalloz, Rép. dr. civ. V° Hypothèque conventionnelle*, n°s 15-17). La solution est bonne, c'est la motivation qui ne l'est pas. — G. MARTY, P. RAYNAUD et P. JESTAZ, 1987, n° 188.

(91) Mais les jugements de condamnation emportant hypothèque légale, il serait possible par un faux procès d'obtenir une hypothèque « conventionnelle » sans passer par un notaire. Un simple P.V. de conciliation suffirait même, sans qu'un jugement soit nécessaire ; l'art. 131 N.C.P.C. affirme qu'ils « valent titre exécutoire », abrogeant l'ancien art. 54, al. 2, qui ne leur donnait que « force d'obligation privée » pour éviter la constitution d'hypothèque.

(92) Civ. 1re, 2 août 1950 : *Bull. civ.* I, n° 185, p. 143.

(93) Les tribunaux sont plus flottants, demandent un mandat mais se contentent d'un mandat tacite : Req., 7 juin 1910 : *D.P.* 1911, 1, 292. — Civ. 1re, 25 mai 1982 : *Bull. civ.* I, n° 190. — Civ. 1re, 25 juin 1984 : *J.C.P.* 86, II, 20563, note M. DAGOT, et du même auteur, sur les conditions de l'obligation du notaire, note *J.C.P.* 80, II, 19421.

— garantie de la valeur du bien grevé (94), qui rend le notaire responsable d'une insuffisance de valeur de l'immeuble. Cette responsabilité est imposée même au notaire qui n'a pas « négocié » le prêt et n'est donc pas au courant des conditions du contrat. Mais le notaire ne doit pas garantie d'une dépréciation imprévisible lors de la constitution (95).

Au delà de cette condition essentielle de forme (A), l'hypothèque conventionnelle n'est valablement constituée que par l'expression d'une volonté des parties (B), émanant de personnes capables et ayant pouvoir de le faire (C).

A. — La forme notariée

785. — La protection du constituant. Domaine et conséquences. — L'exigence d'un acte notarié pour la validité de l'hypothèque (C. civ., art. 2127) est considérée, dans la communauté des juristes, comme destinée à protéger le seul débiteur constituant. Cette analyse emporte quatre conséquences : la procuration doit être notariée, l'acceptation du créancier n'a pas besoin d'être notariée, le dépôt d'un acte sous seing privé chez un notaire doit être renforcé et la promesse d'hypothèque sous seing privé est inefficace.

Toutefois, et par une curieuse dichotomie, la nullité sanctionnant le défaut d'authenticité est communément considérée comme absolue (96), référence étant faite au vice de forme plus qu'à la finalité de protection.

786. — La forme notariée de la procuration. — Puisque la forme notariée est destinée à protéger le constituant, la procuration que celui-ci donne à un tiers pour constituer l'hypothèque à sa place doit également être notariée. La règle est générale pour tous les formalismes de protection et se comprend aisément : l'attention du constituant doit être attirée au moment où il s'engage, donc au moment où il donne mandat de constituer la sûreté ; il en est de même de l'utilité

---

(94) Civ., 21 avril 1971 : *Bull. civ.* I, n° 125 ; *D.* 1971, p. 565. — Civ. 1re, 21 mai 1985 : *Bull. civ.* I, n° 155.

(95) Civ. 1re, 2 fév. 1970 : *Bull. civ.* I, n° 43, p. 35 ; *D.* 1970, somm. 71. L'expertise de l'immeuble hypothéqué avait révélé que sa valeur au jour du contrat était d'au moins le double de la créance garantie.

(96) Civ., 7 fév. 1854 : *D.P.* 1854, 1, 49 et la note crit., exposant évolution et controverse ; *S.* 1854, 1, 322. C'est l'arrêt de revirement de la Cour de cassation affirmant le principe de l'authenticité nécessaire de la procuration ; le caractère absolu de la nullité est implicite. — Civ. 2e, 10 oct. 1979 : *Bull. civ.* II, n° 235, p. 161, qui affirme explicitement le caractère absolu de la nullité et applique l'hypothèque constituée sur procuration donnée par une résolution d'assemblée générale de société, nulle pour être sous seing privé. L'art. 1844-2 C. civ. a renversé la seconde solution.

des conseils qu'il doit recevoir du notaire (97). Ces raisons expliquent pourquoi il n'est pas jugé nécessaire que le créancier soit présent lors de la rédaction de l'acte notarié de procuration.

Quand le débiteur est une société, la formule est allégée. Pour que la société, personne morale, donne mandat à ses représentants légaux de constituer l'hypothèque, il faudrait logiquement que les statuts soient notariés ou que la délibération spéciale soit notariée. Pour éviter cette lourdeur, l'article 1844-2 du Code civil prévoit qu'un pouvoir sous seing privé suffit, pour tout mandataire. Cette disposition, qui ne concerne que les sociétés, peut être étendue, en raison de sa justification de simplification, à toutes les personnes morales.

787. — L'acceptation de l'hypothèque par le créancier. — L'hypothèque est bien un contrat, nécessitant l'accord des deux parties, débiteur-constituant d'une part et créancier-bénéficiaire d'autre part. Mais le contrat est unilatéral, seul le constituant ayant des obligations. Comme pour toutes les sûretés, le consentement du créancier est donc facilement présumé, à partir d'une expression tacite. Le seul fait de procéder à quelques actes conservatoires de la sûreté, tels que l'inscription, ou de l'invoquer, suffit à établir la volonté du créancier lors de l'acte.

Plus souplement encore, les tribunaux ont jugé avec bon sens que la forme notariée, destinée essentiellement à protéger le constituant, n'était pas requise pour le consentement du créancier (98). Celui-ci peut donc donner mandat sous seing privé d'accepter la constitution de l'hypothèque. Un tel mandat est extrêmement fréquent en pratique, tous les créanciers institutionnels tels les établissements de crédit ou le Crédit foncier y ayant recours. Le créancier peut également, ce qui est plus rare, accepter l'hypothèque après sa rédaction notariée, dans un acte sous seing privé.

788. — La validation d'une constitution par contrat sous seing privé. — Un acte sous seing privé par lequel un débiteur a constitué une hypothèque ne peut valablement permettre la constitution de celle-ci que s'il est déposé au rang des minutes d'un notaire avec reconnaissance d'écriture et de signature par le constituant (99). Le simple dépôt ne suffit donc pas, solution qui est autant un rempart du monopole

---

(97) Civ., 7 fév. 1854, préc. La motivation en est explicite : « Attendu qu'un contrat hypothécaire fait en vertu de la procuration sous seing privé du débiteur ne constate pas en forme authentique le consentement de celui-ci à la création de l'hypothèque ; que ce consentement résulte, en ce cas, du mandat sous seing privé, dont l'écriture et la signature pourraient être méconnues ; que le consentement du débiteur étant l'élément essentiel de la convention hypothécaire, si ce débiteur a stipulé par un mandataire, la procuration doit participer de l'authenticité du contrat même ; que ces deux actes forment ensemble un tout indivisible et sont soumis aux mêmes conditions ». La Cour de cassation en déduisit que la constitution d'hypothèque faite par le fils avec mandat sous seing privé de son père était nulle.

(98) Solution très nette et très tôt adoptée : Req., 5 août 1839, *Jurispr. gén.*, *V° Privilèges et hypothèques*, n° 1260. — Req., 4 déc. 1867 : *S.* 1868, 1, 252. — Req., 3 nov. 1903 : *D.* 1906, 1, 529 ; *S.* 1909, 1, 389.

(99) Civ., 3 déc. 1889 : *D.* 1890, 1, 105 ; *S.* 1891, 1, 525, qui impose les formalités inhabituelles de reconnaissance d'écriture et de signature.

des notaires qu'une tentative de protection du constituant. En pratique, la dissuasion résulte surtout de la réglementation ratifaire, le tarif du dépôt étant le même que celui de la rédaction de l'acte entier (100).

789. — L'inefficacité de la promesse d'hypothèque sous seing privé. — Cette promesse est valable (101) mais elle ne peut pas conduire à une constitution de l'hypothèque sans l'accord renouvelé du constituant. L'engagement inexécuté se résout seulement en dommages-intérêts, solution de peu d'utilité pour un créancier qui a déjà une créance et cherche seulement à en garantir l'exécution (102). Le juge refuse l'exécution forcée, ne serait-ce qu'en exigeant que le constituant signe l'acte notarié. De même la possibilité, acceptée dans la vente d'immeuble, de substituer le jugement à l'acte notarié rencontre l'hostilité de la majorité des juristes. Il est vrai que dans la vente, l'authenticité n'est requise qu'à des fins de publicité foncière alors que dans l'hypothèque elle est requise à fin de validité. La condamnation à une astreinte est discutée mais devrait être acceptée.

790. — L'anachronique article 2128 du Code civil. — Fossile nationaliste dans notre législation, l'article 2128 dispose que seuls les notaires français peuvent donner des hypothèques valables sur des biens en France. Les contrats conclus à l'étranger sont ainsi exclus de la règle *locus regit actum*. Son abrogation est souhaitée de longue date (103).

L'exception qu'ouvre la compétence des consuls en matière notariale doit donc être entendue largement, tant envers les Français (Ord. sur la marine de 1681, Ord. et note min. de 1833) qu'au bénéfice des étrangers (quelques pays d'Europe et d'Amérique du Sud) (104).

Enfin le Traité de Rome devrait pouvoir être, selon son esprit, un des traités visés à l'article 2128 C. civ. qui font exception à la restriction française. L'article 50 de la Convention de Bruxelles de 1986 sur la compétence et l'exécution permet déjà de rendre exécutoires les actes authentiques reçus dans un État contractant par simple ordonnance d'exequatur sur requête, qui ne peut être refusée *que si l'exécution de l'acte authentique est contraire à l'ordre public de l'État requis*, ce qui ne saurait être le cas.

B. — La volonté des parties

791. — Portée. — Les exigences de forme ne diminuent pas le rôle de la volonté des parties. Elles ont au contraire pour but de la protéger. Le principe suivant lequel l'hypothèque conventionnelle repose sur la volonté des parties lui confère beaucoup de souplesse.

---

(100) N° 39 du Tableau I des actes notariés, annexe du décret modifié du 8 mars 1978 portant fixation du tarif des notaires : « Si le dépôt est fait par toutes les personnes qui ont signé l'acte déposé avec reconnaissance de leurs signatures, l'émolument est celui auquel aurait donné lieu l'acte authentique contenant la même convention », au lieu d'un émolument de moitié dans les autres cas.

(101) Req., 5 nov. 1860 : *D.* 1861, 1, 301 ; *S.* 1861, 1, 858.

(102) Certes le créancier pourra inscrire l'hypothèque légale des jugements de condamnation, mais son rang sera souvent tardif et son montant ne couvrira que les dommages-intérêts.

(103) PLANIOL et RIPERT par E. BECQUÉ, t. XII, 1953, n° 459.

(104) E. BECQUÉ, *op. cit.*, n°s 456 et 457. — *Contra* : M. DAGOT, *Les sûretés*, P.U.F., 1981, p. 314, qui souligne qu'en pratique seules les procurations sont établies à l'étranger par les consuls.

Lors de la constitution, les parties déterminent librement les créances garanties, leur évaluation, le nombre de biens grevés ; de même peuvent-elles en fixer le rang, car on peut constituer une hypothèque de deuxième ou de troisième rang ; ce cas se produit lorsque plusieurs créanciers contribuent au financement d'un même immeuble, ce qui est fréquent en pratique.

Après la constitution, les parties, ou le créancier avec un tiers, peuvent procéder à des opérations de cession de rang ou de subrogation dans l'hypothèque (v. *infra*, n° 857 et s.).

C. — La capacité et les pouvoirs de constituer hypothèque

792. — L'hypothèque est un acte d'aliénation. — L'hypothèque est un acte grave pour le débiteur puisqu'elle incite le créancier à saisir l'immeuble et surtout parce qu'elle lui confère un droit sur la valeur de l'immeuble grevé. Le débiteur aliène une partie de ses prérogatives et offre un droit direct sur cette valeur (105).

L'hypothèque est donc classée parmi les acte de disposition et soumise aux conditions sévères de capacité et de pouvoir des actes d'aliénation les plus graves (C. civ., art. 2124). Ces conditions sont même renforcées dans certains cas pour compenser le caractère indolore de l'hypothèque, qui ne diminue ni la jouissance ni la gestion quotidienne du bien (106).

793. — Les exigences protectrices des incapables. — Le représentant de l'incapable ne peut agir qu'avec l'autorisation du conseil de famille (tuteur, C. civ., art. 457, al. 2), du juge des tutelles (administrateur sous contrôle judiciaire, C. civ., art. 389-6) ou du conjoint [(administrateur légal, C. civ., art. 389-5) (107)] (108).

Comme dans tout régime de protection des incapables, l'absence des procédures légales substituant la capacité justifie une annulation à la demande du seul bénéficiaire de la protection.

---

(105) Comp. avec plus de réserves G. MARTY, P. RAYNAUD et P. JESTAZ, 1987, n° 172 pour lesquels « pratiquement la constitution d'hypothèque équivaut à une aliénation partielle ».

(106) Outre les restrictions exposées au texte, la loi n° 88-13 d'amélioration de la décentralisation *(sic)* interdit au preneur emphytéotique d'un bien public de consentir une hypothèque sur son droit réel pour une créance autre que « les emprunts contractés par le preneur en vue de financer la réalisation ou l'amélioration des ouvrages situés sur le bien loué » (art. 13-III-2°). Cette incapacité protège la collectivité territoriale propriétaire du bien.

(107) Un contrôle abusif des décisions relevant de la sphère parentale et de la vie privée impose de soumettre les emprunts au nom de tout enfant mineur, même ayant ses deux parents, à l'autorisation du juge des tutelles (même art., al. 3). L'hypothèque, garantie sans contrepartie, est donc plus facile à consentir qu'un engagement de rembourser des sommes reçues.

(108) P. THÉRY, 1988, n° 119, rejette toute possibilité d'un cautionnement réel par un incapable en conséquence de l'affirmation que le cautionnement est interdit aux incapables (n° 21). La question mérite peut-être plus de nuances.

794. — Les exigences protectrices de la famille légitime. — Pour protéger la famille légitime contre un endettement excessif qui affaiblirait ses capacités de perpétuation de la société, le législateur contemporain retrouve parfois les accents du Sénatus-consulte velléien pour permettre l'annulation d'une constitution d'hypothèque qui serait consentie par un seul époux.

Quel que soit le régime matrimonial, le logement conjugal est protégé contre les actes de disposition *des droits par lesquels est assuré le logement de la famille* (C. civ., art. 215, al. 3) par l'exigence du consentement des deux époux. L'hypothèque doit être incluse dans ces actes, puisqu'elle est analysée en un acte de disposition de la valeur du bien grevé (C. civ., art. 2124) et qu'elle facilite la saisie. L'annulation de l'hypothèque consentie par un seul époux peut être demandée par l'autre dans l'année de la connaissance de l'hypothèque (même art.).

C'est seulement en cas de communauté légale que les biens communs doivent être hypothéqués par les deux époux ensemble (C. civ., art. 1424). L'hypothèque consentie par un seul des époux sur des immeubles communs peut être annulée à la demande de l'autre (C. civ., art. 1427) formée dans les deux ans de la connaissance de l'hypothèque (109).

795. — Les exigences protectrices des créanciers d'un débiteur défaillant. — Lorsque la situation d'un débiteur s'aggrave au point que des procédures soient engagées contre lui, la constitution de nouvelles hypothèques est rendue inefficace tant pour protéger les créanciers que pour faciliter la liquidation des comptes :

— en cas de saisie de l'immeuble grevé, le débiteur est *de facto* privé de la possibilité de consentir une hypothèque sur l'immeuble car son inscription ne sera pas prise en considération dans la répartition du prix ;

— en cas de procédure collective, l'hypothèque est soumise à l'autorisation du juge-commissaire pendant la continuation d'activité du redressement judiciaire (110) et est rendue impossible par le dessaisissement qui assortit la liquidation judiciaire (111). De même, en cas de redressement civil, la constitution d'hypothèque ne peut être faite qu'avec l'autorisation du juge (L. 31 déc. 1989, art. 11, al. 5).

En outre et dans un autre but, les hypothèques consenties dans la période suspecte précédant une procédure collective peuvent être annulées si elles garantissent une dette antérieure (v. *infra*, n° 520).

---

(109) L'emprunt consenti dans les mêmes conditions est valable mais n'engage que les biens propres, comme le cautionnement donné par une personne mariée sous le régime de la communauté : V. *supra*, n°s 142 et 144.

(110) L. 25 janv. 1985, art. 33.

(111) L. 25 janv. 1985, art. 152.

SECTION III

LES HYPOTHÈQUES LÉGALES

796. — Caractéristiques majeures. — Les hypothèques légales sont des sûretés réelles sur les immeubles qui sont créées par la loi, exactement comme les privilèges immobiliers avec lesquels elles ont en commun nature et régime juridiques, à la seule différence de la date d'effet de leur inscription (112). On retrouve donc pour les hypothèques légales la même justification d'octroi que les privilèges : la protection particulière d'un créancier, tel que le gagnant d'un procès, l'incapable ou un époux contre l'autre (113). On retrouve surtout les mêmes abus au bénéfice de l'État.

Comme les privilèges, les hypothèques légales sont *fort nombreuses* (114), et l'État qui les distribue se réserve la part du lion. La faiblesse coupable d'un législateur qui se confond avec l'administration a conduit à la multiplication des hypothèques au profit de toutes les formes de l'État : fisc, douanes, Sécurité sociale, Trésor, administrations diverses et tentaculaires. En outre, le nombre des hypothèques légales a été accru en 1955 par la « dégradation » en hypothèque de la plupart des privilèges généraux, mesure d'assainissement simplement relative.

Comme pour les privilèges, les créances garanties étaient peu élevées jusqu'à la multiplication des hypothèques fiscales qui, allant de pair avec la considérable augmentation des impôts et prélèvements obligatoire depuis les années 50, garantissent aujourd'hui des sommes importantes.

Comme toutes les sûretés réelles immobilières, les hypothèques légales doivent être publiées pour être opposables aux autres créanciers, ce qui était déjà le cas avant la généralisation de cette obligation en 1955.

Le régime juridique des hypothèques légales est calqué sur celui de l'hypothèque conventionnelle et nous n'étudierons ici que ses particularités. Ces dernières portent surtout sur les bénéficiaires de ces

---

(112) *Supra*, n° 740. L'inscription de l'hypothèque légale prend effet, comme pour toutes les sûretés réelles immobilières, à son jour tandis que celle du privilège prend effet au jour de la naissance de la créance garantie, soit quelques semaines avant. S'il est inscrit trop tard, il « dégénère » en hypothèque légale.

(113) On disait même, avant 1955, que les hypothèques légales étaient octroyées davantage en considération de la personne du créancier que les privilèges qui l'étaient surtout en considération de la créance « en elle-même, sans égard à la personne du créancier » in M. PLANIOL et G. RIPERT par E. BECQUÉ, t. XII, 1927, n° 465 et les auteurs cités.

(114) Le recensement effectué par G. LÉGIER, *Hypothèques légales, J.-Cl. civ.*, art. 2021, est impressionnant ! V. aussi P. RAYNAUD et A. PIÉDELIÈVRE, *Encycl. Dalloz, Rép. dr. civ. V° Hypothèque légale*, n°s 7 et 8.

hypothèques légales, que le législateur désigne expressément, et sur les immeubles grevés, car les hypothèques légales n'obéissent pas entièrement au principe de spécialité (115).

797. — L'évolution des hypothèques légales. — L'article 2121 du Code civil est le reflet de cette évolution. En 1804 il disposait : « Les droits et créances auxquels l'hypothèque légale est attribuée sont... ». Aujourd'hui il dispose : « Indépendamment des hypothèques légales résultant d'autres codes ou de lois particulières, les droits et créances auxquels l'hypothèque légale est attribuée sont... ». La balkanisation de l'hypothèque légale est justifiée par la publicité à laquelle elle a toujours été soumise, malgré le défaut de la généralité de son assiette.

La publicité des hypothèques légales était affirmée dès le Code civil (art. 2134) dont la rédaction originaire est pratiquement celle de l'actuel alinéa premier. Mais les privilèges étaient occultes. Pour alléger la charge pesant sur les débiteurs, et dans un effort louable qui atteint même le fisc et la Sécurité sociale, le législateur décida que les privilèges généraux seraient modifiés, à l'exception de celui des salariés et de celui des frais de justice. Ils furent scindés en deux sûretés réelles : sur les immeubles une hypothèque légale, soumise à publicité (116) ; sur les meubles un privilège général mobilier, demeuré occulte (117). L'inscription de toutes ces hypothèques légales doit être faite à la Conservation des hypothèques du lieu de l'immeuble sur lequel le créancier veut les inscrire.

L'assiette des hypothèques légales est très large puisqu'elles sont générales par principe et grèvent tous les immeubles présents et futurs du débiteur, sauf disposition contraire (C. civ., art. 2122). Cette caractéristique issue du droit commun antérieur à la Révolution fut alors conservée au seul profit des douanes (loi de 1791), de la femme mariée et du pupille (C. civ. originaire, art. 2135). Avec le développement de l'État-providence dans l'entre-deux-guerres, les privilèges généraux furent multipliés à son profit. Lorsque ces privilèges furent cantonnés aux meubles en 1955 et remplacés sur les immeubles par des hypothèques légales, celles-ci restèrent bien sûr générales. La multiplicité des hypothèques légales du Trésor est égale à celle de ses privilèges (118), et leur poids est globalement de très loin le plus lourd (119). La généralité de l'assiette n'est toutefois pas de la nature des hypothèques légales ; certaines ne grèvent qu'un ou des immeubles précis (120), parfois désignés par le juge qui autorise l'acte déclenchant l'hypothèque légale (121).

L'abus par le créancier hypothécaire d'inscriptions sur les immeubles du débiteur est contrecarré par la possibilité ouverte au débiteur de demander en justice la réduction de ces inscriptions à ce qui est nécessaire pour garantir les créances (art. 2161-2162 C. civ. pour le cas général ; art. 2163 à 2165 C. civ. qui en assouplissent le régime pour les hypothèques d'un époux ou de l'incapable).

---

(115) L'assiette des hypothèques légales est en général l'ensemble des immeubles du débiteur (mais la spécialité des inscriptions demeure).

(116) Cette hypothèque légale est instaurée par l'art. 2121-5° C. civ. qui énumère, par renvoi à certains alinéas de l'art. 2101 C. civ., ceux des créanciers bénéficiaires d'un privilège général mobilier qui reçoivent aussi une hypothèque légale.

(117) *Supra*, n° 581.

(118) M. Cozian, *Généralités sur les privilèges du trésor : J.-Cl. civ.*, art. 2098, n° 10.

(119) Il faut y ajouter l'hypothèque au profit de la Sécurité sociale sous toutes ses formes et pour toutes ses créances (C. séc. soc., art. L. 138 et 139).

(120) Notamment « en matière rurale, de construction, d'urbanisme ou d'habitation » : G. Légier, *Hypothèques légales : J.-Cl. civ.*, art. 2021, n° 13.

(121) C. civ., art. 2138, pour l'époux auquel les pouvoirs de gestion ou cogestion de la communauté sont retirés (v. la critique de cette hypothèque depuis la réforme de 1985 par F. Terré et P. Simler, *Régimes matrimoniaux*, Dalloz, 1989, n° 511). — V. aussi art. 2143, al. 3, C. civ.

La présentation des hypothèques légales ne peut, dans un manuel, les passer toutes en revue tant est grand le nombre des hypothèques du fisc, de la Sécurité sociale ou des organismes touchant à l'urbanisme. Et l'État en crée tous les jours, en prévoyant même une contre les bénéficiaires du R.M.I. ! Toutes n'ont d'ailleurs pas le même degré d'utilisation, celles des incapables ou du légataire étant rares (C. civ., art. 2121, 2° et 4°) (122). Seules seront ici évoquées six des hypothèques légales les plus apparentes, celles du fisc, des douanes, de la Sécurité sociale, des jugements de condamnation, du syndicat des copropriétaires et celle des époux.

798. — Les hypothèques légales du fisc. — L'article 1929 *ter* du C.G.I. organise un régime général, régime d'une très large portée, sans protection pour les citoyens. L'article 1929-2° et 3° du même code offre au fisc quelques petites hypothèques complémentaires pour les droits de succession, dont le montant est considérable puisqu'ils transfèrent à l'État jusqu'à 60 % de la succession, ou contre les groupements forestiers ! Les douanes ont aussi leur hypothèque légale, garantissant le paiement des droits simples (C. douanes, art. 379-2).

Créée en 1958 sans contrôle législatif (123), l'hypothèque légale du fisc garantit les « impositions de toutes natures et amendes fiscales ». Une si large couverture des créances garanties est abusive, comme en témoignent les privilèges correspondants qui ne garantissent pas les amendes et qui sont instaurés par catégories d'impôts, directs, indirects et sur le chiffre d'affaires (124). Mais il faut rappeler le principe fondamental d'interprétation stricte des sûretés légales et donc l'impossibilité d'étendre cette hypothèque à d'autres créances que celles d'imposition.

L'hypothèque légale du fisc est assise sur tous les immeubles du citoyen frappé par l'impôt, sur tout le territoire national. Le fisc soutient que cette hypothèque légale frapperait les biens des cautions du contribuable, ce qui est bien sûr dénué de fondement, l'article 1929 *ter* C.G.I. ne le précisant pas et les sûretés légales étant d'interprétation stricte. Mais si un tribunal rejetait la prétention de l'Administration, sa pratique habituelle jouerait peut-être, consistant à modifier le texte (en l'espèce, l'art. 1929 *ter* C.G.I.) dans une loi de finances suivante. L'arbitraire est courant en cette matière.

Comme si cela n'était pas naturel, le même texte précise que l'hypothèque doit être inscrite à la Conservation des hypothèques, et qu'elle ne peut l'être qu'à partir du moment où la créance existe (mise en recouvrement de l'impôt, date de la majoration, etc.). Il faut ajouter que dès que la créance s'éteint par prescription triennale, l'inscription est interdite. Le citoyen poursuivi peut bien sûr s'adresser aux tribunaux pour tenter d'obtenir la réduction de l'inscription selon le droit commun des articles 2161 et 2162 C. civ. (v. *infra*, n° 838).

Par une exception inadmissible que les tribunaux s'empressent de rendre effective, les hypothèques légales (sauf celle des époux) ne sont pas annulées comme toutes les autres hypothèques garantissant une créance antérieure qui sont inscrites pendant la période suspecte précédant une procédure collective (125). Cette règle légale bénéficie surtout au fisc et à la Sécurité sociale.

---

(122) Ce qui est d'ailleurs une bonne chose, au moins pour l'hypothèque des incapables, car cette sûreté peut dissuader d'accepter les fonctions de tuteur (Rappr. M. DAGOT, *Les sûretés*, P.U.F., 1981, p. 360).

(123) Ord. n° 1372 du 29 déc. 1958, art. 8.

(124) C.G.I., art. 1920, 1926 et 1927.

(125) Art. 107-6°, L. 25 janv. 1985 sur le redressement judiciaire.

799. — L'hypothèque légale de la Sécurité sociale. — Mal définie par l'article L. 139, alinéa 4, du Code de la Sécurité sociale, cette hypothèque légale y reçoit la même étendue que le privilège mobilier de l'article L. 138 déjà étudié (v. *supra*, n° 617 et s.). Ce privilège garantit seulement un an de cotisation et quoi que tente la Sécurité sociale pour éviter cette limite (126), celle-ci s'impose *a fortiori* en application de la règle d'interprétation stricte des sûretés légales (sur l'inscription, v. *infra*, n° 827, note 8).

800. — L'hypothèque légale des jugements de condamnation. — C'est une hypothèque légale à l'usage des citoyens, qui revêt une considérable importance pratique car elle permet au créancier chirographaire qui a obtenu confirmation en justice de la réalité de son droit de le faire exécuter, à un rang intéressant, sur les immeubles du débiteur récalcitrant (127). Elle est aujourd'hui indissociable de l'hypothèque judiciaire conservatoire créée en 1955 qui en est une prénotation et lui permet de prendre rang à l'époque du début du contentieux judiciaire et non à son issue (v. *infra*, n° 806) (128). Cette hypothèque est dite à tort « judiciaire » par l'article 2123 du Code civil qui l'instaure. C'est en fait une hypothèque légale qui s'attache automatiquement, par décision du législateur, à tout jugement de condamnation.

DIRECTIONS DE RECHERCHES

801. — Quelle est la légitimité du principe d'une hypothèque attachée aux jugements ? — Cette faveur a beau être ancienne (l'art. 53 de l'Ord. de Moulins de 1566 la reprend des coutumes) et donnée à celui qui est dans son droit, elle fut critiquée par certains (129), notamment durant le XIXe s. Depuis la spécialité de l'inscription et avec la spoliation par l'inflation, les « critiques qui ont pu être formulées sont de nos jours désuètes » (130). La pratique révèle que le créancier est plus enclin à un accord moratoire en cours de procès quand il a pris hypothèque judiciaire conservatoire et peut faire constater en justice sa créance, qui sera alors assortie d'une hypothèque judiciaire.

Les critiques ont aujourd'hui évolué en même temps que la gestion de la justice. Son encombrement a conduit les juridictions à hâter l'examen des dossiers, sur le thème de l'évacuation. Si le juste est difficilement accessible à l'humain, il l'est plus encore quand la sérénité manque. Peut-on continuer d'attacher une hypothèque à des jugements moins fondés ? Pour répondre, ne faut-il pas aussi remettre

---

(126) V. G. Légier, *Hypothèques légales : J.-Cl. civ.*, art. 2021, n° 138.

(127) Les établissements de crédit y sont assez sensibles et prennent soin de solliciter contre un débiteur défaillant une hypothèque judiciaire conservatoire au début de la procédure pour ensuite inscrire rétroactivement l'hypothèque légale.

(128) Elle n'est qu'économiquement indissociable mais peut très bien l'être juridiquement. L'hypothèque légale peut être inscrite sans qu'une hypothèque judiciaire conservatoire ait été préalablement inscrite. Elle peut même être inscrite indépendamment d'une hypothèque judiciaire conservatoire antérieure, notamment en cas d'inscription tardive ; elle ne prendra alors rang qu'à sa date et non à celle de l'hypothèque judiciaire conservatoire (v. *infra*, n° 812).

(129) E. Becqué, in M. Planiol et G. Ripert, t. XII, n° 559, dit que « l'hypothèque judiciaire est une des institutions les plus discutées de notre droit civil ». Il présente les arguments *pro* et *contra* (nos 559 et 560) pour conclure à la nécessité de son maintien (n° 564).

(130) M. Dagot, p. 381.

les institutions à leur place ? L'hypothèque est-elle comparable à la formule exécutoire, qui seule permet les saisies, et avec l'octroi aveugle de l'exécution provisoire ?

Le vrai danger ne vient-il pas des abus de l'hypothèque par les créanciers surpuissants, tels les douanes ou la Sécurité sociale, qui prétendent se l'octroyer sans aucun contrôle et sans que le prétendu débiteur ait pu être entendu par un tribunal indépendant (v. n° suivant) ?

802. — Les créances garanties. — L'hypothèque légale est spéciale quant à la créance garantie ; seule est garantie la créance examinée en justice et avalisée par le juge, après la possibilité d'un débat contradictoire :

— une condamnation est nécessaire, mais le mot est entendu dans son sens le plus neutre. Sont admis les jugements constatant seulement l'existence d'une obligation, par exemple un partage (131), ou une obligation conditionnelle ou qui n'est pas liquidée (132). Il est communément admis que les décisions gracieuses n'emportent pas condamnation et ne font donc pas naître l'hypothèque légale ;

— il faut un jugement, ou une sentence arbitrale après exequatur. En revanche, il n'est pas admissible dans un État de droit que cette hypothèque assortisse les contraintes que se délivrent à elles-mêmes certaines administrations (133), sans aucun débat contradictoire préalable (134). L'article 6 de la Convention européenne des droits de l'homme reflète les principes généraux qui s'y opposent (135) et les lois françaises qui affirment le contraire violent ces principes et sont arbitraires (136) ;

— un jugement provisoire suffit ; il n'y a en effet pas de risque d'abus puisque l'hypothèque est accessoire de la créance et que si la créance n'est pas exécutoire, l'hypothèque ne l'est pas non plus ;

(131) Civ., 4 janv. 1911 : *D.* 1911, 1, 249, note M. PLANIOL ; *S.* 1914, 1, 462.

(132) Certains critiquent cette interprétation large, contraire au principe d'interprétation stricte (M. PLANIOL et G. RIPERT, par E. BECQUÉ, t. XII, 1953, n°s 575-580). Pourtant l'assimilation paraît fondée car la création d'un droit (jugement constitutif) ou sa constatation (jugement déclaratif) ne sont que deux facettes du même acte de condamnation. De plus, l'affectation d'une garantie à une créance en germe ne confère à cette garantie aucun caractère différent de celui de la créance puisqu'elle en est l'accessoire.

(133) Fisc, douanes ou Sécurité sociale par exemple.

(134) *Contra* : un avis du Conseil d'État des 16-25 thermidor an XII, évidemment sans valeur bien que promulgué (en 1811, en pleine période de guerres) car donné par l'administration elle-même. — P. MALAURIE et L. AYNÈS, 2e éd., n° 706. — V. les distinctions restrictives que tentent M. PLANIOL et G. RIPERT par E. BECQUÉ, t. XII, 1953, n° 591, à la suite de la Cour de cassation.

(135) Sur le sens du droit à un procès équitable, signifiant le respect de l'égalité des armes et du contradictoire, et sur son application par la Cour européenne des droits de l'homme à des prestations sociales (aff. *Feldbrugge* et aff. *Demeuland*, 29 mai 1986), v. F. SUDRE, *Droit international et européen des droits de l'homme*, P.U.F., 1989, n°s 148 et 146.

(136) C. douanes, art. 379 et C. séc. soc., art. L. 167-1. — V. G. MARTY, P. RAYNAUD et P. JESTAZ, 1987, n° 239.

— le jugement doit émaner d'une juridiction française. Une décision étrangère doit être exequaturée (137), et c'est l'ordonnance d'exequatur qui emporte hypothèque (138). De façon très discutable, l'administration affirme que les décisions des tribunaux administratifs emportent hypothèque légale (C. trib. adm., art. L. 8) ;

— le jugement doit-il être contentieux ? Du constat que les décisions gracieuses ne sauraient emporter hypothèque, les auteurs affirment que les jugements doivent trancher un contentieux ; c'est excessif. La solution était peut-être renforcée par le souci de ne pas attacher l'hypothèque aux procès-verbaux de conciliation des juges de paix au motif bien artificiel qu'il n'y avait que constat de l'accord des parties et non condamnation. La disparition de cette institution doit permettre d'attacher à toutes les transactions en justice l'hypothèque légale, d'autant que la loi donne force exécutoire au procès-verbal les constatant (139), cette force exécutoire étant bien plus lourde de conséquences que l'hypothèque. Et à propos du jugement d'homologation d'un partage, Planiol soulignait bien qu'il importait peu que la décision de justice crée ou constate simplement un droit : toutes deux emportent hypothèque (140). De même les injonctions de payer, même rendues sans opposition du débiteur, et les jugements par défaut emportent hypothèque légale (141).

• Assiette : tous les immeubles du débiteur, l'hypothèque étant générale. Mais son inscription est spéciale et doit être prise sur chaque immeuble en particulier. Le débiteur peut toujours demander la réduction selon le droit commun de l'article 2161 du Code civil.

803. — L'hypothèque du syndicat des copropriétaires. — Elle est établie par l'article 19 de la loi du 10 juillet 1965, reprenant l'idée d'une sûreté réelle légale instaurée par la loi de 1938 sur la copropriété.

• Créances garanties : de toute nature, à condition de découler du fonctionnement de la copropriété ; ce sont surtout les charges de copropriété qui en bénéficient, l'hypothèque pouvant être inscrite dans les cinq ans au maximum. Les sommes ne sont guère élevées en pratique, mais cette hypothèque peut être utile pour assurer le paiement de la copropriété lors de la vente amiable ou forcée du

---

(137) Une décision étrangère ne peut être exécutoire directement que grâce à une convention bilatérale de reconnaissance mutuelle d'exécution directe et elle ne peut emporter hypothèque que si le pays dans lequel se trouve la juridiction étrangère organise une telle hypothèque.

(138) Cette ordonnance est obtenue après un examen simplifié s'il s'agit d'un jugement émanant d'un État membre de la Convention de Bruxelles de 1968 (art. 31 et s.), ou plus détaillé dans le cas contraire, mais qui n'affecte pas le fond.

(139) N.C.P.C., art. 131. L'art. 51 de la Convention de Bruxelles les fait bénéficier du régime normal d'exequatur simplifié.

(140) Note au *D.* 1911, 1, p. 249, sous l'arrêt de principe préc. Civ., 4 janv. 1911.

(141) Les auteurs classiques admettaient sans hésitation que les jugements clôturant un procès fictivement contentieux, dits jugements d'expédient, jugements convenus ou d'accord, emportent hypothèque. Le respect d'une apparence suffirait (M. PLANIOL et G. RIPERT par E. BECQUÉ, t. XII, 1953, n° 574 et réf.).

lot d'un copropriétaire longtemps négligent, à condition que les sûretés réelles des établissements de crédit n'absorbent pas tout le prix. La nécessité d'une inscription, qui doit être modifiée à chaque augmentation des créances, ce qui se produit régulièrement pour les charges qui sont périodiques, en atténue toutefois la commodité, et donc l'efficacité dans la mesure où les syndics ne l'inscrivent qu'avec parcimonie.

• Assiette : le lot du débiteur seulement, cette hypothèque étant spéciale tant pour les créances garanties que pour l'assiette.

804. — L'hypothèque des époux. — D'origine fort ancienne, elle a aujourd'hui changé de raison d'être et ne couvre plus les mêmes réalités. Les articles 2136 à 2141 du Code civil en déterminent le régime. Profondément modifiée par la loi de 1965 et encore réduite par la loi du 23 décembre 1985, elle est surtout utilisée aujourd'hui dans les divorces contentieux pour causer un préjudice au conjoint haï et donne lieu à de vifs débats judiciaires (142). Seule subsiste une hypothèque judiciaire conservatoire des époux (143), variante élargie de celle de droit commun mais qui ne requiert pas toujours une autorisation judiciaire. Il faut souhaiter que la dernière étape de l'évolution, celle de la suppression totale de cette hypothèque, intervienne rapidement (144). Aujourd'hui encore, l'hypothèque légale des époux est conférée dans deux cas (outre la participation aux acquêts) :

— « l'un des époux introduit une demande en justice tendant à faire constater une créance contre son conjoint » (C. civ., art. 2137) ; cas de liquidation du régime matrimonial, de pension ou rente après divorce, de remboursement d'avances, de liquidation d'opérations communes, etc. L'époux peut inscrire son hypothèque sur tous les biens du conjoint en produisant simplement un certificat automatiquement établi par le greffe et l'acte judiciaire de demande (assignation ou conclusions) ;

— l'un des époux demande en justice l'autorisation de remplacer l'autre pour les actes de cogestion ou de gestion de ses propres, en raison de l'inaptitude ou de l'hostilité de l'autre (C. civ., art. 2138). Le juge peut autoriser l'inscription d'une hypothèque au bénéfice du défendeur sur les biens du demandeur.

Historiquement, l'hypothèque légale des époux est un avatar de l'hypothèque légale de la femme mariée. Le mari avait, dans notre civilisation, l'habitude de gérer les biens du ménage et jusqu'en 1965 le pouvoir de gérer seul la communauté ; et tous les maris n'étant pas efficaces ou honnêtes, le législateur depuis la Rome classique protégeait la femme en lui donnant sur les immeubles communs et sur les propres du mari une hypothèque occulte et sans limite (145). Ces dix-huit

---

(142) La suppression en 1985 de l'hypothèque légale de la femme (ex. art. 2135 C. civ.) n'a guère eu d'influence sur ces pratiques.

(143) Certes le régime de participation aux acquêts ouvre encore droit à l'hypothèque légale ancienne (C. civ., art. 2136), mais ce régime d'utilisation confidentielle ou expérimentale restera une maigre source d'hypothèques légales.

(144) Conformément au vœu des auteurs qui ne trouvent à cette hypothèque légale d'autre fondement que nostalgique : M. Dagot, p. 349.

(145) P. Voirin pouvait écrire en 1948 « sous des formes et avec une étendue variables, pareille prérogative a existé de tout temps en faveur de la femme mariée » (R. Beudant, *Cours de droit civil français*, t. XIV, n° 724).

siècles de protection de la femme furent d'un faible poids face à l'impératif moderne d'égalité juridique des sexes. La réforme des régimes matrimoniaux de 1965 réduisit cette faveur en permettant seulement à la femme d'inscrire l'hypothèque légale, ce qui en diminua fortement l'efficacité puisqu'elle ne prenait rang que lorsque la situation obérée du ménage conduisait la femme à cette précaution, que d'autres créanciers avaient prise avant elle. La loi de 1985 la supprima.

Cette réforme de 1965 étendit aussi aux deux époux l'attribution de cette garantie lorsque les difficultés ou conflits du ménage conduisent un époux à demander un transfert de pouvoirs (C. civ., art. 2138) (146). Seule cette hypothèque fut maintenue en 1985.

805. — Les créances garanties. — Article 2136 du Code civil : créance éventuelle de participation à la liquidation du régime de la participation aux acquêts, qui n'est guère adopté ;

— article 2137 du Code civil : créance d'un époux qui intente un procès à son conjoint ; c'est un mécanisme d'hypothèque provisoire, comme l'hypothèque judiciaire conservatoire, mais sans que le demandeur ait besoin d'une autorisation préalable (147) ;

— article 2138 du Code civil : créance éventuelle de l'époux inapte dont les pouvoirs de gestion sont transférés au conjoint, selon les articles 1426 et 1429 du Code civil ; il faut alors une autorisation judiciaire préalable pour inscrire l'hypothèque. Cette décision « fixe la somme pour laquelle il sera pris inscription et désigne les immeubles qui en seront grevés » ;

— article 14 de la loi n° 1008 du 31 décembre 1989 : créance du conjoint survivant du chef d'une entreprise commerciale ou artisanale qui a participé à l'exploitation, bien qu'il dispose aussi du privilège général des salariés (v. *supra*, n° 591).

• Assiette : tous les immeubles de l'époux prétendu débiteur, étant précisé que lorsqu'une autorisation judiciaire est nécessaire, elle détermine cette assiette. Dans le cas de l'hypothèque garantissant une créance dont le paiement est demandé en justice (C. civ., art. 2137), il faut considérer que les immeubles grevés sont indisponibles, en application de l'article 2092-3 du Code civil, application par analogie car il vise seulement l'hypothèque judiciaire conservatoire du Code de procédure civile ; l'hypothèque de l'article 2137 et l'hypothèque judiciaire conservatoire ayant la même finalité, et la raison d'être de l'indisponibilité se retrouvant à l'identique dans les deux cas, l'analogie s'impose (148).

• Conventions sur l'hypothèque : elles étaient très nombreuses au temps où l'hypothèque de la femme mariée était occulte et générale, avant 1955. Les notaires, pour maintenir le crédit du couple, organisaient la cession par la femme de ses avantages au créancier. Aujourd'hui

(146) V. A. Piédelièvre, *Les règles particulières à l'hypothèque légale des époux* : *Rev. trim. dr. civ.* 1968, 229.

(147) Sur les différences et ressemblances entre les deux, v. P. Raynaud et A. Piédelièvre, *Encyclopédie Dalloz, Rép. dr. civ.*, V° *Hypothèque légale*, n°s 60-62 ; avec réserve toutefois sur la conclusion que ces auteurs tirent du silence de la loi sur l'indisponibilité de l'immeuble grevé.

(148) Cette solution est controversée, et la réforme des voies d'exécution en chantier risque de la faire disparaître en supprimant l'indisponibilité.

ces pratiques n'ont plus d'intérêt, puisqu'il suffit de ne pas inscrire l'hypothèque légale avant le créancier pour que celui-ci ait un rang préférable. Bien que ces conventions aient disparu, les articles 2139 et 2140 du Code civil reprennent dans le vide les solutions antérieures : la cession de rang ou la subrogation sont possibles si le contrat de mariage ne les interdit pas ; elles peuvent même être autorisées par le juge contre la volonté de l'époux créancier.

SECTION IV

L'HYPOTHÈQUE JUDICIAIRE CONSERVATOIRE

806. — Nature et traits essentiels. — En 1955, une nouvelle technique de garantie est créée par le législateur (placée dans les art. 48 et s. de l'ancien C.P.C.), dont le succès suscite vite la controverse : il s'agit d'une véritable hypothèque judiciaire, puisqu'elle naît d'une autorisation du juge.

Deux visages étroitement imbriqués de cette hypothèque alimentent la controverse. L'un est celui de palliatif de la lenteur des procès et du manque de protection contre l'organisation de l'insolvabilité ; l'hypothèque judiciaire conservatoire rééquilibre les chances. L'autre visage est celui d'une mesure provisoire facilement obtenue d'un juge débordé qui permet d'emmuyer le débiteur en bloquant ou entravant la vente des immeubles grevés, sans que la perspective du débat judiciaire soit réellement envisagée ; l'hypothèque judiciaire conservatoire serait un moyen de pression, de chantage, un abus de puissance. Il est vrai que ce second visage n'est apparu qu'à l'expérience (149) ; il serait excessif de lui donner trop d'importance. Dans la plupart des cas, le créancier qui demande l'autorisation d'inscrire une hypothèque judiciaire conservatoire cherche à la fois à préserver une créance dont il demandera l'exécution en justice si l'hypothèque ne suffit pas, et un moyen de pression montrant sa détermination. Si les juges donnent aisément l'autorisation, c'est toujours après un contrôle de la satisfaction apparente des conditions légales et en sachant qu'il leur sera aisément référé d'un abus. Le large octroi de ces autorisations n'est-il pas la preuve que le *plerumque fit* correspond à des situations normales, car si les abus s'étaient multipliés les juges n'auraient pas manqué d'être plus sourcilleux ? L'hypothèque judiciaire conservatoire a ainsi pris l'allure de la providence de toute personne qui est créancière d'un débiteur récalcitrant. Les banquiers et autres créanciers institutionnels en usent largement.

---

(149) M. DONNIER, *Réflexions sur l'hypothèque judiciaire conservatoire* : *D.* 1961, chron. 79.

Parallèlement, cette hypothèque judiciaire conservatoire est devenue la bête noire des notaires. La controverse qu'ils ont lancée, fort vive, ne concerne pas tant l'institution elle-même qu'un de ses effets seconds : l'indisponibilité de l'immeuble grevé (v. *infra*, n° 813 sur sa justification). Les partisans de la suppression de cette indisponibilité affirment que la Cour ce cassation aurait condamné l'inaliénabilité ou l'indisponibilité (150) alors que la question est loin d'être tranchée (151) (v. *infra*, n° 813).

L'institution est récente puisqu'elle fut créée par une loi du 12 novembre 1955 (152), avec deux objectifs :

— compenser pour le créancier qui est obligé de recourir à la justice l'allongement des procédures judiciaires (en raison de l'encombrement des juridictions). L'hypothèque légale des jugements de condamnation devenait peu efficace si, au jour du jugement, le débiteur avait consenti d'autres sûretés ou avait vendu ses biens immobiliers ;

— éviter, même en dehors de toute procédure judiciaire, que le débiteur n'organise son insolvabilité (153).

Le mécanisme est simple ; ses effets sont doubles, pour atteindre les deux objectifs. Le créancier peut inscrire, après en avoir demandé et obtenu l'autorisation en justice, une hypothèque *provisoire* qui fixe la date à laquelle l'hypothèque légale du jugement de condamnation prendra rang. L'inscription peut ainsi être prise avant le procès ou à son début. Après le procès, l'hypothèque légale qui garantit la condamnation (éventuelle) du débiteur sera inscrite, mais au lieu de prendre rang à sa date elle rétroagira à celle de l'hypothèque judiciaire conservatoire et se substituera à elle. Si le créancier n'obtient pas la condamnation demandée, l'hypothèque judiciaire conservatoire disparaîtra.

Pour satisfaire le second objectif, l'article 2092-3, alinéa 3, du Code civil ajoute aux mesures conservatoires de la loi de 1955 l'indisponibilité de l'immeuble grevé : cette forme d'inaliénabilité évite les complications et prépare la saisie (qui a le même effet d'indisponibilité). Ce sont des mesures conservatoires, qui ont pour finalité de maintenir en l'état les situations sous examen judiciaire.

Trois étapes majeures ponctuent donc l'obtention et la mise en œuvre d'une hypothèque judiciaire conservatoire : l'autorisation judiciaire, l'inscription et la procédure au fond conduisant à la condamnation.

---

(150) P. MALAURIE et L. AYNÈS, 2e éd., n° 558.

(151) G. MARTY, P. RAYNAUD et P. JESTAZ, n° 279.

(152) Cette loi de 1955, créant trois mesures conservatoires (la saisie conservatoire, le nantissement conservatoire du fonds de commerce et l'hypothèque judiciaire conservatoire) est insérée dans les art. 48 et s. de l'ancien Code de procédure civile. La réforme en cours des voies d'exécution modifiera la forme et le fonds de cette réglementation.

(153) Ce thème, revenu à la mode dans les années 70-80, a donné lieu à l'incrimination de cette opération (C. pén., art. 404-1, par la loi du 8 juill. 1983), solution dépourvue d'efficacité pratique pour l'instant.

§ 1. — L'autorisation judiciaire

807. — Les deux conditions. — Fort souples, les deux conditions de l'autorisation judiciaire sont néanmoins suffisantes pour contrôler l'évidence de la nécessité d'une mesure conservatoire. Le créancier doit établir qu'il est bien créancier, au moins en devenir, et qu'il y a quelque urgence à maintenir la situation actuelle du débiteur.

• *1re condition :* « une créance paraissant fondée en son principe ». Ce minimum exigé par l'article 48 du Code de procédure civile est très souplement interprété par les tribunaux, à juste titre. La casuistique est ample :

— créance contestée : même une contestation sérieuse n'empêche pas l'autorisation, car la discussion sera tranchée par le jugement à intervenir ;

— créance conditionnelle : elle semble bien être fondée en son principe (154), dans la mesure où les parties savent qu'il suffit de la survenance d'un événement pour parfaire le lien d'obligation. L'hypothèque judiciaire conservatoire remplit pleinement sa fonction de mesure conservatoire dans l'attente de cet événement ;

— créance parfaite : le créancier titulaire d'une créance certaine, liquide et exigible peut *a fortiori* utiliser l'hypothèque judiciaire conservatoire ; il le peut même s'il a un titre exécutoire (155) ;

— créance non pas d'argent mais en nature : l'hypothèque peut être autorisée en ce cas, les notions de créance et de péril étant indépendantes du mode d'exécution de l'obligation, ainsi d'ailleurs que l'utilité d'une mesure conservatoire (156) ; seul le terme de recouvrement, dans l'article 48 du Code de procédure civile, pourrait faire hésiter mais son utilisation fortuite ne peut faire obstacle à la finalité de protection du créancier qui se dégage de l'ensemble du texte.

Le plus souvent, la créance est celle d'un banquier qui a octroyé un crédit ou d'un commerçant dont la facture n'est pas payée. Le juge est saisi par la procédure unilatérale d'une requête et effectue essentiellement un contrôle de forme.

• *2e condition :* il faut que le recouvrement de la créance soit en péril et qu'il y ait urgence. L'appréciation par le juge de ces caractères,

---

(154) *Contra* : G. MARTY, P. RAYNAUD et P. JESTAZ, n° 275.

(155) Civ. 3e, 20 fév. 1979 : *Bull. civ.* III, n° 38, p. 29 ; *D.* 1979, p. 403, note E.E. FRANCK ; *J.C.P.* 79, II, 19229, note H.T. ; *Rev. trim. dr. civ.* 1979, p. 205 et 676, obs. R. PERROT ; *Rev. dr. immob.* 1979, p. 485, obs. M. DAGOT. — Civ. 1re, 13 nov. 1980 : *D.* 1981, I.R. 148, obs. P. JULIEN.

(156) Comp. Bordeaux, 25 mars 1966 : *Gaz. Pal.* 1966, 1, 385 ; *D.* 1966, somm. 96 ; *Rev. trim. dr. civ.* 1966, p. 857, obs. P. RAYNAUD, qui affirme que la créance doit porter sur une somme d'argent avant de refuxer à l'État l'autorisation d'inscrire une hypothèque judiciaire conservatoire sur les biens des légataires car la créance découlant de l'éventuelle annulation d'un testament mystique était trop éventuelle et à échéance trop lointaine.

souvent confondus, est souveraine. Elle est fort variable, même si les juges se montrent en général assez accommodants.

808. — La procédure d'autorisation. — L'article 48, alinéa 2, du Code de procédure civile précise qu'il s'agit d'une procédure sur requête. Son caractère unilatéral, hors la présence du débiteur, peut surprendre. Il est justifié par deux considérations. La première est la nécessité d'éviter d'informer le débiteur qu'une mesure conservatoire est en gestation contre lui car il pourrait organiser son insolvabilité. La seconde est la certitude que le débiteur peut éviter toute injustice en saisissant le même juge aussitôt qu'il sera averti de l'inscription, afin d'en obtenir la mainlevée s'il dispose d'arguments pour cela.

La compétence est ouverte par l'article 54 du Code de procédure civile au président du tribunal de grande instance par principe, ou à celui du tribunal d'instance si la créance est inférieure à 30 000 F. L'article 56 élargit cette compétence au président du tribunal de commerce lorsque la créance est commerciale ou le débiteur commerçant (157).

L'autorisation est donnée par une ordonnance qui doit impérativement indiquer la somme garantie et le délai pour agir au fond (art. 48). Mais si l'ordre législatif est impératif, il n'est pas sanctionné et l'absence de ces mentions laisse toute validité à l'autorisation, et une grande liberté au créancier. Cette ordonnance est exécutoire sur minute (158). L'article 55 impose au créancier de la signifier dans les quinze jours à son débiteur, sans que le défaut de notification soit une cause d'invalidation (159).

809. — La contestation de l'autorisation. — Il est essentiel de permettre au débiteur de faire entendre ses arguments par le juge qui a autorisé l'inscription de l'hypothèque judiciaire conservatoire. La procédure a été jusque-là unilatérale, afin d'éviter que le débiteur de mauvaise foi ne prépare son insolvabilité ou ne publie une vente avant l'inscription de l'hypothèque. Une fois le rang et l'opposabilité assurés, la contestation peut intervenir.

C'est le droit commun du référé qui permet cette saisine du juge (160). En effet, l'ordonnance d'autorisation est une mesure provisoire, par nature rapportable et modifiable. Le juge peut la retirer, étant mieux informé de la réalité par la requête en référé ou les conclusions du

(157) Le Premier président de la cour d'appel a-t-il cette compétence en cause d'appel, sur la base de l'art. 958 N.C.P.C. ? Jurisprudence et doctrine sont partagées, dans une controverse d'ordre trop procédural pour être évoquée ici.

(158) N.C.P.C., art. 495.

(159) Il n'y a en effet que peu de gêne pour le débiteur, tant qu'il ne souhaite pas conférer de sûreté réelle. Il pourra rapidement saisir le juge des référés en ce cas.

(160) N.C.P.C., art. 497. L'art. 50, al. 2, ancien C.P.C. affirmait déjà la solution, à une époque où le régime du référé sur ordonnance n'était pas clairement fixé. Il n'ajoute rien.

débiteur (161), sur l'absence de fondement de la créance, sur son extinction par paiement ou par compensation, sur les autres garanties qui ôtent tout péril, ou sur tout autre élément de fait ou de droit jusqu'alors ignoré. Il peut aussi réduire le montant de la créance garantie, ou cantonner à un ou certains immeubles l'autorisation d'inscription.

Une possibilité particulière de référé est ouverte même si les conditions de l'autorisation sont réunies (ancien C.P.C., art. 50). Elle vise à obtenir la substitution à l'hypothèque de la consignation d'une somme d'argent, ce qui permet de ménager au créancier une sécurité suffisante en éliminant la gêne que constitue l'hypothèque. Le juge peut alors lever l'hypothèque, la cantonner à un immeuble ou réduire le montant de la créance garantie. L'article 54, dernier alinéa, de l'ancien Code de procédure civile pose difficulté en limitant le cantonnement par une double condition : les immeubles grevés doivent avoir une valeur « notoirement supérieure au montant des sommes inscrites » et le débiteur doit offrir des immeubles d'une « valeur double du montant de cette somme ». La Cour de cassation semble appliquer ce texte comme une restriction des pouvoirs du juge qui ne peut cantonner sans une demande du débiteur (162) et sans donner les éléments de son évaluation des immeubles (163).

Il n'y a pas de délai pour agir en contestation, la gêne pour le débiteur pouvant surgir longtemps après la notification de l'autorisation, surtout si le créancier n'a pas inscrit son hypothèque immédiatement. C'est pourquoi l'exigence de l'article 50, alinéa 1er *in fine* de l'ancien Code de procédure civile, d'un référé « dans le mois de la signification du procès-verbal » doit être limitée au cas de saisie conservatoire et n'a pas à être appliquée à l'hypothèque (164).

L'assignation au fond ne prive pas le juge des référés de cette compétence (165). Le président du tribunal de commerce est compétent comme celui du tribunal d'instance ou celui du tribunal de grande instance, dans la mesure où il a donné l'autorisation d'inscription.

§ 2. — L'inscription provisoire

810. — L'absence de délai. — Aucun délai particulier n'est imposé au créancier bénéficiaire de l'autorisation d'inscrire son hypothèque judiciaire conservatoire. L'inscription peut être prise quand bon semble

(161) Ou de tout tiers intéressé, selon le « droit commun de la recevabilité des demandes en justice » : P. JULIEN, *Le point sur l'hypothèque judiciaire conservatoire* in *Mélanges Raynaud*, Dalloz 1985, n° 4 *in fine*, p. 322.

(162) D'office il ne peut rien : Civ. 2e, 9 fév. 1983 : *Gaz. Pal.* 1983, pan. 166.

(163) Civ. 2e, 15 juin 1973 : *Bull. civ.* II, n° 195.

(164) Comp. P. JULIEN, art. préc., n° 8, p. 326, qui applique ce délai à la seule demande en rétractation de l'autorisation, avec deux arrêts d'appel.

(165) N.C.P.C., art. 497. — Civ. 2e, 28 oct. 1982 : *Gaz. Pal.* 1983, pan. 66, note A.P. (radiation). — Paris, 3 déc. 1984 : *D.* 1985, I.R. 102 (réduction).

au créancier, ce qui est légitime car cette inscription est lourdement taxée par l'État et ne se justifie parfois que si son rang paraît utile ou si l'immeuble est insuffisant, après vérification.

La controverse fut vive, car l'article 53, al. 2, ancien C.P.C. prévoit un délai de quinze jours pour le cas de nantissement judiciaire conservatoire de fonds de commerce. Fallait-il étendre cette contrainte à l'hypothèque judiciaire conservatoire, sur la base de l'analogie entre sûretés réelles conservatoires (166) ? Fallait-il au contraire relever le particularisme du nantissement de fonds de commerce, et expliquer l'article 53, al. 2, ancien C.P.C. par référence au nantissement conventionnel du vendeur, qui doit être inscrit dans les quinze jours (L. 1909, art. 11) ? Fort légitimement, et pour conserver à l'hypothèque judiciaire conservatoire son efficacité, doctrine majoritaire et Cour de cassation rejettent toute idée d'un délai maximum de validité de l'autorisation judiciaire d'inscription (167).

811. — Les formalités de l'inscription et ses effets. — Ce sont celles du droit commun (168), auxquelles est ajoutée la signification de l'ordonnance au débiteur dans les quinze jours de l'inscription (ancien C.P.C., art. 55). Mais aucune sanction n'est prévue en cas d'absence de signification qui ne cause pas de grief.

Les effets de l'inscription sont particuliers. Comme toute inscription, elle donne rang à sa date et rend l'hypothèque opposable aux autres titulaires de droits réels sur l'immeuble. Mais elle conserve ainsi l'hypothèque pendant trois ans seulement. Avant l'expiration de ce délai, l'inscription provisoire doit être renouvelée (169) ou bien être remplacée par l'inscription définitive que permettra la décision judiciaire condamnant le débiteur. Cette particularité est justifiée par le désir de ne pas rendre définitive la mesure provisoire et de laisser s'éteindre sans frais une inscription infondée.

Une autre particularité est de rendre l'immeuble grevé *indisponible* (C. civ., art. 2092-3, al. 1er et 3). Le débiteur ne peut pas le vendre (170). L'interdiction va plus loin que le régime normal de toutes les hypothèques, qui est de rendre la vente inopposable au créancier inscrit. Ici le créancier peut faire annuler la vente, sauf à donner son consentement à cette opération. La mesure conservatoire se transforme en moyen de pression. C'est le seul dont dispose le créancier pour éviter que le débiteur n'organise son insolvabilité. Fort gênante, cette mesure est critiquée par les notaires et la Cour de cassation, sensible à cette insistante pression, a pu sembler affirmer, en 1983, le contraire de l'article 2092-3 du Code civil. Son arrêt obscur et non motivé ne peut emporter la conviction (v. *infra*, la direction de recherches n° 813).

(166) P. JULIEN, art. préc., n° 2, p. 321, ajoute l'argument de la sécurité du commerce juridique pour soutenir fortement l'imposition de ce délai.

(167) Civ. 2e, 5 mars 1986 : *D.* 1986, 328, note J. PRÉVAULT, et I.R. 226, obs. P. JULIEN ; *J.C.P.* 86, IV. 139.

(168) L'art. 54 qui les énumère renvoie d'ailleurs à l'art. 2148 C. civ. Il ajoute simplement les mentions du bordereau qui sont relatives à l'ordonnance d'autorisation.

(169) Ce renouvellement doit intervenir tous les trois ans, en fonction de la durée de la procédure au fond. Il est l'occasion pour l'État de prélever un impôt élevé et injustifié.

(170) Il peut en revanche le louer, les baux étant seulement inopposables au créancier inscrit : art. 2092-3, al. 2, C. civ., appliqué sans hésitation par Civ. 3e, 19 juill. 1988 : *J.C.P.* 88, IV, 349 . *Rev. dr. immob.* 1989, p. 86 ; solution critiquée par P. SIMLER et P. DELEBECQUE, n° 303 *in fine*, note 1, p. 297.

La radiation de l'inscription provisoire obéit à un régime également spécial : le juge des référés a compétence pour l'ordonner, par exception à l'article 2157 du Code civil. La solution est logique et la seule résistance à vaincre fut celle des conservateurs des hypothèques ! De la même façon, la réduction ou le cantonnement de l'inscription provisoire sont faciles, sur production de l'ordonnance les prononçant.

§ 3. — La procédure au fond

812. — L'utilité ou la nécessité de cette procédure ? — Il est dans la logique de l'institution que le créancier tente cette procédure. Elle sera nécessaire si le juge, dans son autorisation d'inscription, a imposé un délai pour assigner au fond (ceci est assez rare en pratique) ; en ce cas, l'absence d'assignation emporte annulation de l'hypothèque judiciaire conservatoire. Mais en cas de silence de l'ordonnance sur ce point, le créancier n'est pas obligé d'assigner. S'il dispose déjà d'un titre exécutoire, cela se conçoit ; si le débiteur veut opposer des moyens sérieux, il pourra le faire par opposition au commandement de saisie immobilière. Si le créancier n'a qu'un titre sous seing privé, il peut néanmoins souhaiter ne pas aller en justice, usant de l'hypothèque judiciaire conservatoire comme d'une protection contre les mesures d'organisation de son insolvabilité par le débiteur et comme d'un moyen de négociation sur le paiement de la dette, ses modalités et son montant par exemple.

Si le procès a été lancé et aboutit à la condamnation du débiteur, le créancier pourra inscrire son hypothèque légale attachée aux jugements de condamnation. Il devra le faire dans les deux mois de la date à laquelle le jugement a acquis force de chose jugée (171) et, en ce cas, l'hypothèque légale rétroagira à la date d'inscription de l'hypothèque judiciaire conservatoire (172). C'est là l'effet essentiel, au plan de la publicité, de l'hypothèque judiciaire conservatoire, qui offre les traits d'une prénotation (173). Cet effet n'est attaché qu'à une inscription de l'hypothèque légale prise dans le délai de deux mois du jour où le jugement de condamnation a acquis autorité de

(171) C'est à l'expiration des délais de recours suspensifs d'exécution : appel ou opposition pour un jugement, opposition pour un arrêt. Mais un arrêt d'appel contradictoire a immédiatement force de chose jugée. Pour éviter la forclusion, le créancier inscrit parfois avant la passation en force de chose jugée, ou même à la suite d'un jugement frappé d'appel. Il le peut.

(172) Pour une restriction apportée à cette rétroactivité, au nom du « principe de l'effet relatif » de la publicité foncière, par la Cour de cassation, v. Civ. 3e, 13 mai 1987 : *Bull. civ.* III, n° 103, p. 61 ; *Gaz. Pal.* 1988, 1, 100, note A. PIÉDELIÈVRE ; *J.C.P.* 87, éd. N, II, p. 277, note FRÉMONT. L'inscription est privée d'effet tant que le titre du débiteur n'est pas publié.

(173) M. DAGOT y voit à juste titre une « application incontestable de la prénotation en droit français », puisqu'il y a « succession de deux publicités dont les effets sont ceux de la deuxième... mais dont la date à laquelle se produisent les effets n'est autre que celle de l'inscription provisoire » *(Le temps et la publicité foncière* in *Mélanges Hébraud*, Université sciences soc. Toulouse, 1981, p. 229-230. — V. aussi ROCHE, *La prénotation* : *Rev. trim. dr. civ.* 1965, p. 22 et s., spéc. p. 25 ; et les réf. citées par Bordeaux, 25 mars 1966 : *Gaz. Pal.* 1966, 1, 385.

la chose jugée. Si le créancier laisse s'écouler le délai et inscrit postérieurement son hypothèque légale, celle-ci est parfaitement valable mais ne prend rang qu'à sa date (174).

DIRECTIONS DE RECHERCHES

813. — Opportunité de l'indisponibilité. — Lors même de la création, en 1955, de mesures provisoires, « l'indisponibilité » a été conçue par le législateur comme un moyen, *provisoire*, d'empêcher l'organisation de l'insolvabilité.

L'effet d'indisponibilité était prévu à l'origine dans l'article 56 C.P.C. et a été transposé, en 1972, dans l'article 2092-3 C. civ. (qui n'a fait que reprendre les solutions antérieures de la jurisprudence).

Le terme d'indisponibilité employé dans cet article n'a pas de sens juridique spécial et concerne en réalité une inaliénabilité : le débiteur ne peut constituer aucun droit réel et ne peut surtout pas vendre l'immeuble. Les notaires sont hostiles à cet obstacle. La controverse est nourrie.

• Arguments *contra* :

— *arguments d'autorité :* Civ. 3ᵉ, 2 nov. 1983 (175) aurait rejeté l'indisponibilité au motif que depuis 1972 l'inscription provisoire « n'a plus pour effet de créer... une indisponibilité qui, aux termes de l'article 2092-3 C. civ., ne résulte que de la saisie ». La solution est ambiguë puisqu'elle va à l'encontre de l'esprit et de la lettre du texte (176), et surtout très conjoncturelle puisqu'elle a pour but en l'espèce de permettre l'inscription d'une hypothèque judiciaire conservatoire sur un immeuble indivis en écartant pour défaut de pertinence l'art. 815-17 C. civ. qui interdit la saisie d'une part indivise (177) :

— *arguments d'opportunité :* l'hypothèque judiciaire conservatoire gêne le travail des notaires ; elle favorise les abus des créanciers, et même le chantage de certains d'entre eux qui obtiennent un paiement préférentiel ;

— *arguments de logique :* le dernier créancier inscrit peut alors être payé en premier, ce qui est illogique (178) ;

— *autres solutions préférables :* non pas l'annulation de la vente mais une simple inopposabilité, comme en droit commun de l'hypothèque (179). L'acte notarié de

---

(174) Des créanciers subséquents tentaient de la faire annuler au motif bien futile que toute inscription était impossible après l'expiration du délai. C'est confondre l'inscription et le droit de créance lui-même. L'inscription de l'hypothèque légale des jugements de condamnation est possible dès lors que la créance existe, indépendamment de celle de l'hypothèque judiciaire conservatoire ; v. en ce sens les remarques lucides de M. DAGOT sous Rouen, 25 sept. 1984 : *J.C.P.* 86, II, 20590.

(175) *Bull. civ.* III, n° 212 ; *J.C.P.* 85, II, 20354, note crit. A. JOLY ; *Rép. Defrénois* 1984, p. 1072, obs. crit. J.-L. AUBERT et 1985, p. 54, note approb. P. THÉRY ; *Rev. trim. dr. civ.* 1984, p. 174, obs. approb. R. PERROT ; *Rev. dr. immob.* 1984, p. 222, obs. approb. M. DAGOT.

(176) J.-L. AUBERT, note sous l'arrêt au *Rép. Defrénois* 1984, p. 1072. Mais bien des auteurs lui accordent néanmoins valeur de principe (P. JULIEN, *Le point sur l'hypothèque judiciaire conservatoire* in *Mélanges Raynaud*, Dalloz 1985, n° 5, p. 323), s'abritant parfois derrière l'autorité de la juridiction (J. LAFOND, *Feu l'inscription d'hypothèque judiciaire provisoire* : *J.C.P.* 84, éd. N, I, p. 339).

(177) Pour ces raisons, G. MARTY, P. RAYNAUD et P. JESTAZ, n° 279 *in fine*, limitent au cas d'espèce la portée de l'arrêt.

(178) P. MALAURIE et L. AYNÈS, 2ᵉ éd., n° 708, très hostiles à l'indisponibilité au cas particulier, en font un argument déterminant.

(179) Solution proposée par P. LAROCHE DE ROUSSANE, *L'inscription provisoire d'hypothèque emporte-t-elle l'inaliénabilité de l'immeuble qui en est grevé ?* : *Rép. Defrénois* 1975, p. 1153. Elle traduit la situation du créancier pour les auteurs qui font de l'arrêt de 1983 une décision de principe. — V. aussi P. SIMLER et P. DELEBECQUE, n° 303, citant R. PERROT (note sous l'arrêt à la *Rev. trim. dr. civ.* 1984, p. 174) qui affirme la suffisante protection du créancier par le droit commun.

vente peut alors être rédigé et publié, si l'acheteur accepte de devenir débiteur, avec la qualité de tiers détenteur de l'immeuble hypothéqué, ou si le notaire consigne sur le prix de vente les fonds équivalents à la créance inscrite.

Une autre façon de dire que l'on doit supprimer l'inaliénabilité consiste à soutenir que l'hypothèque judiciaire conservatoire doit être remise à son rang, comme l'hypothèque de droit commun dont elle partage la nature (180).

• Arguments *pro* :

— *arguments de texte :* l'article 2092-3, al. 3, qui n'est qu'une consolidation de l'ancien article 56 C.P.C., est clair : la lettre et l'esprit de la loi convergent pour rendre l'immeuble inaliénable (ou indisponible selon le sens commun) (181) ;

— *arguments d'opportunité :* l'hypothèque judiciaire conservatoire est le *seul moyen efficace* dans notre droit d'éviter l'organisation frauduleuse de l'insolvabilité. La proposition d'une simple inopposabilité est insuffisante, car la poursuite d'un tiers détenteur est plus difficile ; et le créancier, qui n'a pas encore titre, ne peut le poursuivre immédiatement. Même la consignation n'est pas satisfaisante car elle n'emporte pas affectation privilégiée des fonds, que tout autre créancier peut saisir-arrêter ;

— *arguments de logique :* tout créancier peut solliciter une hypothèque judiciaire conservatoire pour son effet d'inaliénabilité, même s'il est déjà inscrit (182). Ce n'est pas le dernier qui est payé en premier, mais le plus diligent, ce qui est la logique du droit *(jura vigilentibus pro sunt)* et du paiement, prix de la course.

En outre, la rigueur de l'inaliénabilité est limitée dans le temps puisqu'elle ne dure qu'autant que la procédure au fond, qui peut être rendue obligatoire si le juge le veut. La balance des avantages et des coûts est favorable à cette protection des créanciers (183).

• Solution proposée :

L'indisponibilité de l'immeuble grevé doit être maintenue, et les ventes consenties après l'hypothèque doivent être annulées. Cette solution d'apparence sévère est en réalité équilibrée par les nombreux garde-fous instaurés par la loi :

1) le contrôle judiciaire, qui est possible à trois moments :

— lors de la requête (le juge contrôle la créance, le péril du recouvrement et l'urgence) ;

— à tout instant par référé à l'initiative du débiteur ; ce référé est aisé à mettre en œuvre et le débiteur peut obtenir un retrait de l'autorisation (art. 48, dernier al.), fréquemment ordonné lorsque le créancier a abusé ;

— à l'occasion de la procédure au fond, où la créance invoquée est scrutée et éventuellement annulée.

2) le cautionnement dont le juge peut exiger la fourniture par le créancier (C.P.C., art. 48, al. 3) ;

3) la facilité de la radiation de l'hypothèque judiciaire conservatoire (v. *supra*).

En conséquence, l'inaliénabilité n'est qu'un épouvantail que l'on peut aisément déshabiller. *Le meilleur moyen est de demander au*

---

(180) P. Théry, n° 141, p. 176 et n° 132, p. 172 *in pr.* Cet auteur est favorable à la simple inopposabilité.

(181) Même certains défenseurs de la seule inopposabilité admettent élégamment que leur position est *contra legem* : P. Malaurie et L. Aynès, 2e éd., n° 708 ; P. Théry, n° 132, p. 172, *in pr.* V. surtout la démonstration de A. Joly dans sa note vivement critique sous l'arrêt de 1983 : *J.C.P.* 85, II, 20354.

(182) V. par ex. Civ. 1re, 31 janv. 1984 : *Rev. crit. dr. int. publ.* 1984, p. 638, note Y. Lequette, qui autorise un époux ayant déjà inscrit provisoirement son hypothèque légale à inscrire en sus une hypothèque judiciaire conservatoire.

(183) Il est regrettable que le projet de loi réformant les mesures d'exécution, à la préparation duquel ont collaboré en 1988-1989 principalement ceux des auteurs qui avaient exprimé leur opposition à l'inaliénabilité, rejette cet effet.

juge d'ordonner la radiation en offrant la consignation du montant de la créance contestée (184). Les droits du créancier sont alors garantis par le gage qu'il tient de la loi sur cette somme (C. civ., art. 2075-1) ; il y a substitution de sûreté, avantageuse pour toutes les parties (185).

SECTION V

L'ANTICHRÈSE

814. — Présentation. - L'antichrèse est l'application à l'immeuble de la technique du gage avec dépossession ; application cependant plus complexe qu'en matière mobilière, car elle emporte affectation des loyers en paiement des intérêts, voire du capital, de la créance garantie avec la contrepartie d'une obligation d'entretenir l'immeuble mise à la charge de l'antichrésiste.

D'origine grecque (186), acclimatée en droit romain, cette sûreté est née du désir de conférer au créancier un droit direct sur les revenus d'un immeuble pour assurer le paiement des intérêts. L'ancien droit avait proscrit la formule comme contraire à la prohibition du prêt à intérêt. Elle était néanmoins utilisée dans le Midi ; aussi les rédacteurs du Code civil ont-ils ajouté à leur projet en lui consacrant quelques dispositions maladroites (art. 2085 et s.). La conception initiale de l'antichrèse avait jeté la suspicion sur sa nature de droit réel immobilier ; mais l'évolution postérieure ayant donné le pas à l'affectation de l'immeuble sur celle de ses revenus, cette nature est unanimement reconnue aujourd'hui.

Sûreté archaïque, qui se traduit par de lourdes sujétions pour l'une et l'autre des parties, l'antichrèse est depuis longtemps délaissée au profit de l'hypothèque et, dans une faible mesure, de garanties contractuellement aménagées (v. *infra*, n° 815). Faut-il pour autant la reléguer au rang de pièce de musée ? Il serait imprudent de le faire, car l'atteinte portée à l'efficacité de l'hypothèque par le droit des procédures collectives pourrait donner un second souffle à cette piètre rivale (187), si du moins on admet que le droit de rétention de l'anti-

(184) Demandé en référé, cet ordre de radiation sera vite obtenu ; son exécution par le conservateur des hypothèques sera plus longue, mais ceci ne devrait pas ralentir une vente en cours.

(185) A noter que l'art. 2075-1 C. civ. est inapplicable à la consignation spontanée que proposent les tenants de l'inopposabilité.

(186) Le mot grec *αντιχρησις* désignait le fait de jouir d'une chose à la place d'une autre.

(187) Sur l'avenir de l'antichrèse, v. MARTY, RAYNAUD et JESTAZ, n° 107 ; THÉRY, n° 317 ; LEJEUNE, *Une sûreté nouvelle : l'antichrèse-bail* : *J. not.* 1986, 571 ; D. MARTIN, *L'antichrèse* : *J.C.P.* 87, éd. N, I, 299, n° 2 ; R. TENDLER, *L'antichrèse, mythe ou réalité ?* : *D.* 1989, chron. 143.

chrésiste se reporte sur le prix de l'immeuble (188). Cette perspective — qui ne serait qu'un aspect de la revanche des sûretés frustes sur les sûretés perfectionnées — invite à lui prêter une certaine attention.

815. — Les difficultés de qualification. — Il n'est pas toujours aisé de distinguer l'antichrèse de certaines combinaisons forgées par la pratique, combinaisons qui s'efforcent de procurer, par des voies détournées, les avantages de cette sûreté tout en éliminant les inconvénients. La distinction a été portée sur le terrain contentieux, car la qualification d'antichrèse est revendiquée par la partie qui cherche à obtenir l'annulation du contrat en se fondant sur la prohibition des pactes commissoires qui frappe l'antichrèse (C. civ., art. 2088).

La solution négative s'impose d'évidence pour l'association d'une hypothèque et d'une cession des loyers de l'immeuble grevé. Le prêteur ne perçoit ici les loyers qu'en vertu d'un droit de créance et non d'un droit direct sur l'immeuble et, d'autre part, la combinaison ne lui confère aucun droit de rétention (189).

Cette association peut être enrichie d'un troisième élément, qui pose avec plus d'acuité le problème de la qualification : une promesse unilatérale de vendre l'immeuble qui peut être levée à l'échéance du prêt. En règle générale mais non de manière absolue, la jurisprudence refuse la qualification d'antichrèse et l'annulation sur le fondement de la prohibition des pactes commissoires, estimant que rien n'interdit une telle construction et que la condition de dépossession requise de l'antichrèse n'est pas remplie (190).

Le problème est plus délicat à trancher en cas de vente à réméré utilisée comme moyen de garantir un prêt. La qualification d'antichrèse est souvent mais non systématiquement retenue par la jurisprudence (191). Les décisions sont fondées sur l'intention des parties qu'elles s'efforcent de déceler à partir de divers indices ; le plus significatif paraît être la stipulation d'un prix de rachat nettement inférieur à la valeur de l'immeuble.

---

(188) Ce qui lui permet d'éviter la primauté du privilège de l'art. 40, v. *infra*, n° 822.

(189) Elle présente cependant un avantage sur l'antichrèse : la cession de loyers jusqu'à trois ans est opposable aux tiers sans qu'il soit nécessaire de la publier au bureau des hypothèques.

(190) V. Civ. 1re, 25 mars 1957 : *Bull. civ.* I, n° 149 ; *Gaz. Pal.* 1957, 2, 24. — Civ. 1re, 26 déc. 1961 : *D.* 1962, 381, note VOIRIN. — Civ. 1re, 26 mars 1966 : *Bull. civ.* I, n° 203. — T.G.I. Nancy, 18 déc. 1975 : *J.C.P.* 75, II, 18370, note GOUBEAUX ; *Rép. Defrénois* 1976, art. 31077, obs. AUBERT ; *Rev. trim. dr. civ.* 1977, 154, obs. GIVERDON, confirmé par Nancy, 8 juin 1977 : *J.C.P.* 78, II, 18847. — V. *contra* : Civ. 1re, 5 nov. 1958 : *Bull. civ.* I, n° 476. — Sur cette jurisprudence, v. C. MOULY, *Juris-Cl. civil*, art. 2085 à 2091, n° 27 et s.

(191) V. en faveur de la qualification d'antichrèse : Civ. 1re, 25 juin 1956 : *Bull. civ.* I, n° 257 ; Civ. 2e, 12 mai 1965 : *Bull. civ.* II, n° 415. — V. en sens contraire : Civ. 1re, 5 fév. 1958 : *Bull. civ.* I, n° 78 ; Civ. 1re, 28 avril 1964 : *Bull. civ.* I, n° 220.

§ 1. — La constitution

816. — Les conditions de fond et de forme. — L'antichrèse est de source exclusivement conventionnelle. Son objet (droit grevé et immeuble sur lequel elle est assise) ne présente pas de particularité par rapport aux autres sûretés immobilières (v. *supra*, n° 741 et s.) (192). Il en va de même de la capacité requise du constituant (v. *supra*, n° 792 et s.).

L'article 2085 du Code civil, qui dispose que « l'antichrèse ne s'établit que par écrit », a toujours été considéré comme posant une exigence de preuve et non une exigence de validité (193). Cette interprétation a une portée pratique restreinte, car les parties ne peuvent faire l'économie d'un acte notarié si elles veulent publier l'acte constitutif pour le rendre opposable aux tiers.

817. — La dépossession du constituant. — Elle fait naître un débat symétrique de celui qui a été évoqué à propos du gage mobilier (v. *supra*, n° 666) et dont on a vu qu'il a une portée pratique limitée : est-elle une condition d'existence ou une condition d'opposabilité ? Question derrière laquelle se profile celle de savoir si l'antichrèse est un contrat réel ou consensuel. Une donnée particulière intervient cependant ici : les fonctions dévolues à la dépossession y ont beaucoup moins d'importance que dans le gage mobilier. La nature immobilière du bien grevé minimise la fonction de protection contre le détournement et rend inutile la fonction d'individualisation ; quant à la fonction publicitaire, elle est suffisamment assurée par l'inscription. Cette constatation est un argument supplémentaire pour refuser la thèse du contrat réel (194). Elle peut même conduire à s'évader du dilemme et à ne pas voir dans la dépossession une condition d'opposabilité ; elle n'apparaît guère que comme une mesure d'aménagement des rapports des parties.

La modestie, voire l'inutilité, des fonctions assumées ici par la dépossession ont une incidence sur son mode de réalisation et, concrètement, c'est là l'élément primordial. Le transfert de la possession peut être matériel, effectif ; l'immeuble est mis à la disposition du créancier qui peut en jouir directement ou le louer ; il peut aussi être mis à la disposition d'un tiers convenu qui en jouit pour le compte du créancier. Le transfert peut être simplement juridique, symbolique ; il ne peut en être autrement d'ailleurs lorsque l'immeuble est déjà

---

(192) A cette réserve près que le code ne prohibe pas l'antichrèse des immeubles à venir.

(193) V. not. : Beudant par Voirin, n° 230 ; Planiol, Ripert et Becqué, XII, n° 285 ; Marty, Raynaud et Jestaz, n° 111.

(194) C'était la thèse classique, v. Beudant par Voirin, n° 231 ; Planiol, Ripert et Becqué, XII, n° 286. — V. cependant *contra* : Aubry et Rau, VI, § 431, n° 242 ; elle est encore soutenue, v. Mazeaud, n° 96, mais de plus en plus répudiée, v. Marty, Raynaud et Jestaz, n° 110 ; Dagot, p. 273.

loué. De la sorte, se trouve posée la question controversée de savoir si l'immeuble peut être loué au constituant lui-même ; question importante, car la réponse affirmative favoriserait le renouveau que l'on prédit à l'antichrèse. Une telle réponse doit être donnée (195), car la location au constituant n'est qu'un mode d'exercice du droit de jouissance de l'antichrésiste et ce mode n'est pas de nature à dissimuler aux tiers le droit de ce dernier puisqu'il est soumis à la publicité foncière.

818. — La publicité. — L'antichrèse est soumise à la publicité foncière sur la base de la règle générale qui y assujettit « toute constitution de droits réels immobiliers... » (D. 4 janv. 1955, art. 28-1°). Cette exigence est sanctionnée par l'inopposabilité aux tiers au sens du décret de 1955, ainsi qu'aux créanciers du constituant par analogie avec la solution qui a prévalu pour les autres sûretés immobilières spéciales et pour les mêmes raisons (v. *infra*, n° 824).

§ 2. — Les effets

819. — La jouissance de l'immeuble. — C'est l'effet le plus topique de l'antichrèse que le droit du créancier de jouir de l'immeuble soit en l'utilisant personnellement, soit en le louant. L'exploitation n'est pas seulement un droit mais aussi une obligation dont le principe a été déduit de l'affectation des revenus de l'immeuble à l'amortissement de la dette du constituant. On ne saurait cependant l'ériger en obligation de résultat, ce qui dénaturerait l'institution, de sorte que la responsabilité de l'antichrésiste ne saurait être engagée si la location était irréalisable ou si l'exploitation personnelle exigeait des efforts ou des frais excessifs.

La jouissance a pour corollaire l'obligation pour l'antichrésiste de pourvoir à l'entretien de l'immeuble et de payer les contributions et charges annuelles, sauf convention contraire (C. civ., art. 2086). Les dépenses ainsi faites ne lui incombent que dans la limite des revenus de l'immeuble ; si elles les dépassent, il a une action en répétition contre le constituant (196). La jurisprudence lui a reconnu, en outre, le droit au remboursement de la plus-value résultant des améliorations qu'il a apportées à l'immeuble.

S'il n'y a pas renoncé, l'antichrésiste peut « contraindre le débiteur à reprendre la jouissance de l'immeuble » (C. civ., art. 2087). Les conséquences de l'exercice de cette faculté sont incertaines : éteint-il la sûreté (197) ? Ou, comme nous sommes enclins à le penser (198),

---

(195) V. en ce sens : MARTY, RAYNAUD et JESTAZ, *loc. cit.* ; LEJEUNE, art. préc. ; D. MARTIN, art. préc. ; THÉRY, n° 320 ; TENDLER, art. préc.

(196) V. BEUDANT par VOIRIN, n° 241 ; PLANIOL, RIPERT et BECQUÉ, XII, n° 301.

(197) V. not. en ce sens : PLANIOL, RIPERT et BECQUÉ, XII, n° 303.

(198) Comme il est toujours permis de renoncer à une sûreté, l'art. 2087 serait inutile s'il n'était pas interprété ainsi, interprétation que permet, par ailleurs, le caractère supplétif de l'obligation de pourvoir à l'entretien et aux charges.

laisse-t-il survivre le droit réel de garantie avec ses attributs normaux, droit de préférence et droit de suite ?

820. — L'affectation des revenus. — Les revenus de l'immeuble engagé (loyers ou prix de l'occupation) doivent être affectés en priorité au paiement des charges annuelles et aux frais d'entretien, ensuite au paiement des intérêts de la dette (C. civ., art. 2085). Il est permis aux parties de stipuler une compensation forfaitaire entre les revenus et les intérêts (C. civ., art. 2089), mais celle-ci doit respecter la prohibition de l'usure. L'excédent est imputé sur le capital. Ces imputations doivent être faites par périodes annuelles. En autorisant la compensation forfaitaire et la libre répartition des charges d'entretien, le législateur paraît bien n'avoir attribué à l'ensemble de ces règles qu'un caractère supplétif.

821. — Le droit de rétention. — Consacré par l'article 2087 du Code civil, cet attribut normal du gage avec dépossession peut être invoqué par l'antichrésiste tant qu'il n'a pas obtenu le paiement intégral (car il est indivisible) de la créance garantie, ainsi que des créances qu'il peut acquérir à l'occasion de la détention (par application du droit commun, car il y a à la fois connexité juridique et connexité matérielle).

Ce droit ne peut pas être opposé aux créanciers inscrits sur l'immeuble avant la publication de l'antichrèse, mais il peut être opposé à toute autre personne, notamment créanciers inscrits postérieurement et tiers acquéreur. Il est particulièrement précieux à l'égard de ce dernier, lequel ne peut pas procéder à la purge en se bornant à offrir le prix d'acquisition, mais doit payer intégralement l'antichrésiste pour prendre possession de l'immeuble.

Dans l'éventualité de l'ouverture de la procédure collective du constituant, le sort de ce droit de rétention présente encore, comme le droit de rétention en général, quelques incertitudes. Pendant la période d'observation, l'antichrésiste peut indéniablement s'en prévaloir, sauf pour l'administrateur à payer la créance garantie (199). Si l'immeuble est vendu dans le cadre d'un plan de continuation ou englobé dans un plan de cession, il semble que l'antichrésiste conserve son droit de rétention nonobstant les articles 78 et 93 de la loi de 1985 (v. *supra*, n° 564). En cas de liquidation judiciaire, la question se pose de savoir si l'article L. 159 est applicable à l'antichrèse et, en particulier, son alinéa 4 qui prévoit le report du droit de rétention sur le prix de la vente poursuivie par le liquidateur ; question cruciale, car elle est la clef du conflit entre l'antichrésiste et les créanciers de l'article 40 et que de sa réponse dépend ainsi l'avantage que pourrait présenter l'antichrèse sur l'hypothèque et, donc, l'avenir de la première. La réponse affirmative s'impose et est généralement admise (200).

---

(199) Sur le problème de savoir s'il fait obstacle à la substitution de garantie, v. *supra*, n° 525.

(200) V. DERRIDA, GODÉ et SORTAIS, *op. cit.*, n° 314 ; D. MARTIN, art. préc., n° 14 ; THÉRY, n° 322, mais avec une restriction au cas où il y aurait un créancier inscrit de rang préférable.

L'article 159 vise, outre le gage (dont l'antichrèsè n'est qu'une forme), le droit de rétention d'une façon générale, fût-il autonome ; rien ne permet donc d'exclure le droit de rétention de l'antichrésiste de son domaine.

822. — Le droit de préférence et le droit de suite. — L'existence d'un droit de préférence sur la valeur de l'immeuble au profit de l'antichrésiste est depuis longtemps unanimement reconnue en doctrine comme en jurisprudence (201) et les réticences qui procédaient de la conception originaire de cette sûreté appartiennent à un passé révolu. Cette prérogative n'est guère intéressante, car l'antichrésiste peut obtenir un paiement avec priorité absolue grâce à son droit de rétention (sauf en présence de créanciers hypothécaires ou privilégiés inscrits avant lui). Il n'a donc pas intérêt à prendre l'initiative de la réalisation, car son droit de préférence ne lui permet pas d'esquiver la priorité des privilèges totalement généraux. Il faut noter qu'il ne peut pas l'esquiver indirectement en demandant l'attribution judiciaire de l'immeuble engagé, faculté dont on s'accorde à reconnaître qu'elle lui est refusée par l'article 2088 (202).

L'existence d'un droit de suite au profit de l'antichrésiste a été également contestée pour la même raison et pour d'autres plus actuelles. On rencontre là une zone obscure de l'antichrèse, tare qui n'est pas rédhibitoire, car la question n'est guère que d'école. Il est certain que l'antichrésiste ne peut revendiquer l'immeuble dont il s'est dépossédé volontairement. Dans l'éventualité d'une dépossession involontaire, il bénéficie des actions possessoires, protection qui rend le droit de suite inutile. Il faut néanmoins lui reconnaître cette prérogative (203), qui pourrait lui permettre de saisir l'immeuble entre les mains du possesseur, puisqu'elle est l'attribut normal d'un droit réel immobilier.

---

(201) V. l'arrêt de principe : Cass., 31 mars 1851 : *D.P.* 1851, 1, 65.

(202) V. Marty, Raynaud et Jestaz, n° 117 ; Planiol, Ripert et Becqué, XII, n° 297 ; Théry, n° 323. En réalité, la formulation de l'art. 2088, qui vise « l'expropriation par les voies légales » n'est pas décisive, car l'attribution judiciaire peut apparaître comme une voie légale, mais le fondement de l'art. 2078 (v. *infra*, n° 947) et les difficultés d'évaluation d'un immeuble invitent à une interprétation qui respecte « l'aura » de la propriété immobilière.

(203) V. cependant l'opinion de l'un des auteurs de cet ouvrage, C. Mouly, *op. cit.*, n° 93, défavorable au droit de suite.

CHAPITRE III

LE RÉGIME DES SÛRETÉS RÉELLES IMMOBILIÈRES

823. — Généralités. — La marque essentielle du régime des sûretés réelles immobilières tient à l'influence de leur publicité (l'on dit inscription par tradition, mais le sens général est le même) (1). Cette influence est originale puisqu'elle ne concerne que les sûretés immobilières. Elle est générale, puisqu'elle les concerne pratiquement toutes. Elle est décisive puisqu'une sûreté non publiée est inopposable aux autres créanciers, et donc perd sa fonction de priorité.

La conservation des sûretés réelles immobilières dépend essentiellement de l'inscription et du renouvellement de l'inscription de l'hypothèque (sect. I) ; le créancier doit aussi surveiller les actes de son débiteur ou poursuivre le tiers acquéreur : les effets de sa sûreté le lui permettent (sect. II).

En outre, le créancier est obligé, en cas de procédure collective du débiteur, de faire une déclaration de créance dans les deux mois de la publicité du jugement d'ouverture. Cette déclaration sera suivie d'une vérification, vérification qui est pourtant inutile lorsque la créance résulte d'un titre notarié, comme l'hypothèque conventionnelle.

Les autres aspects du régime sont plus habituels : transmission de la sûreté avec la créance garantie (sect. III) et extinction (sect. V), à l'exception de l'originale division de la sûreté au cas assez spécial de transfert de la dette (sect. IV).

SECTION I

LA PUBLICITÉ

824. — Inscription et renouvellement. — C'est l'opération la plus importante, car elle détermine l'opposabilité de l'hypothèque aux tiers. Faute de publicité, celle-ci demeure totalement inefficace (2). En effet,

---

(1) La publicité foncière s'effectue soit par la publication de l'acte entier (remise d'une copie ou photocopie), qui a remplacé la transcription, soit par l'inscription des mentions essentielles dans les registres et fiches de service. C'est la forme de publicité retenue pour les sûretés réelles immobilières : l'acte n'est pas publié en entier, le créancier remettant un bordereau contenant les indications essentielles.

(2) Il faut faire une réserve pour l'antichrèse en raison des effets importants qu'elle produit entre les parties et qui, naturellement, ne sont pas subordonnés à la publicité.

non seulement la sûreté ne peut pas être invoquée à l'égard des tiers au sens de la publicité foncière (ceux qui ont inscrit un droit réel sur l'immeuble, acquéreurs, créanciers titulaires d'un privilège spécial ou d'une hypothèque, etc.), mais encore elle ne peut être invoquée à l'égard des créanciers chirographaires, comme l'a admis constamment la jurisprudence depuis un très vieil arrêt de principe (3).

L'inscription coûte assez cher (4) et ce coût est le plus souvent supporté par le débiteur. Il explique que l'inscription soit parfois retardée quand le débiteur est très solvable et quand les relations entre le créancier et le débiteur sont bonnes. Il est donc important de savoir quand il faut la requérir, et surtout jusqu'à quand elle demeure possible (§ 1). Au-delà, quelques précisions sont utiles sur les modalités de l'obtention de l'inscription (§ 2) et sur son montant (§ 3).

§ 1. — Quand peut-on inscrire une sûreté réelle immobilière ?

Plus précisément, pour quelles sûretés d'abord et à quel moment ensuite peut-on l'inscrire ?

825. — Les sûretés susceptibles d'inscription. — L'inscription peut être requise pour toutes les sûretés immobilières, depuis 1955 : les hypothèques légales, les hypothèques judiciaires, les privilèges immobiliers et l'antichrèse (5).

En revanche, la publicité de la transmission de l'hypothèque par subrogation n'a pas besoin d'être publiée, car ce n'est pas un droit réel nouveau mais le même droit qui survit (6). L'inscription de la subrogation est seulement un moyen d'information mais n'est pas une condition d'opposabilité ; son absence n'a pas de conséquence.

826. — Le moment de l'inscription. — Le principe est simple : il est préférable d'inscrire une sûreté réelle immobilière le plus vite possible pour deux raisons impérieuses. D'abord l'inscription détermine le rang de la sûreté, et il est toujours à craindre qu'un autre créancier vienne inscrire sa sûreté. Ensuite l'inscription peut devenir inefficace, si elle est faite après « l'arrêt » du cours des inscriptions. Cet « arrêt » des inscriptions survient pour l'une des trois causes énumérées par l'article 2147 du Code civil : la vente de l'immeuble ; l'acceptation sous bénéfice d'inventaire de la succession du débiteur ; la saisie ou le redressement judiciaire (7).

N.B. : En pratique, les conservateurs ne procèdent pas à un véritable « arrêt » du cours des inscriptions et se contentent d'enregistrer l'inscription pour éviter

(3) Req., 11 juin 1817 : *S.* 1818, 1, 328.

(4) Par ex. l'inscription d'une créance d'1,5 million de francs coûte plus de 10 000 F.

(5) Mais non les privilèges généraux (salaires, justice) qui ne portent que subsidiairement sur les immeubles.

(6) V. *infra*, n° 855 (mention en marge de la subrogation).

(7) V. également L. 25 janv. 1985, art. 57.

toute responsabilité ; la doctrine les approuve, à l'exception de M. Dagot qui souhaite que les inscriptions soient refusées après la survenance des événements de l'article 2147 C. civ.

S'y ajoute le risque d'annulation de l'hypothèque conventionnelle, légale ou judiciaire inscrite pendant la période suspecte précédant une procédure collective du débiteur (hypothèque garantissant des créances antérieures : L. 25 janv. 1985, art. 107-6° et 7°).

Ce principe, sans portée coercitive au cas général, connaît une sanction plus sévère dans d'autres hypothèses :

— parfois l'inscription n'est possible que pendant un certain délai : hypothèque légale des époux, un an après la dissolution de la participation aux acquêts (C. civ., art. 2136, al. 4) ; hypothèque légale du pupille, un an après sa majorité ou la mainlevée de la tutelle (C. civ., art. 2144) ;

— d'autres fois, l'inscription après un certain délai est possible mais n'aura pas les mêmes effets. Le privilège inscrit après le délai prévu (en général deux mois) dégénère en hypothèque et prend rang seulement à sa date au lieu de rétroagir au jour de naissance de la créance ; l'hypothèque légale des jugements de condamnation ne prend rang à la date de l'inscription provisoire que si elle est inscrite dans les deux mois (v. *supra*, n° 812).

Il demeure néanmoins possible aux parties de courir les risques ci-dessus évoqués. Par exemple, les contrats de mariage prévoient de retarder l'inscription de l'hypothèque légale du conjoint ; les donations avec charge retardent parfois l'inscription de l'hypothèque garantissant le paiement au donateur de la rente au jour où il le jugera bon.

§ 2. — Comment peut-on inscrire une sûreté réelle immobilière ?

827. — L'établissement du bordereau. — Dans les sûretés réelles immobilières conventionnelles, par principe la responsabilité de procéder à l'inscription pèse sur le notaire. C'est une conséquence du monopole de rédaction des contrats d'hypothèque accordé à cette profession, conséquence qui a été imposée par les tribunaux. Plus généralement, le mandataire professionnel rédacteur de l'acte qui fait naître une sûreté réelle, même légale comme un privilège du vendeur d'immeuble ou du prêteur de deniers, est censé avoir reçu mandat de procéder à l'inscription.

Mais tout créancier peut lui-même requérir cette inscription. Il suffit de déposer son titre (C. civ., art. 2148, al. 1er) (8) et de remplir et

(8) Le titulaire d'une hypothèque légale, lorsqu'il n'en est pas dispensé, peut avoir quelque difficulté à présenter un titre. C'est notamment le cas de la Sécurité sociale ; elle devrait, à notre avis, pouvoir prendre inscription sur présentation du dernier bordereau de versement, titre émanant de l'employeur qui établit l'existence d'une créance contre lui acquise dans son principe.

déposer un bordereau, en deux exemplaires, à la conservation des hypothèques. L'un est conservé par ce service et l'autre est restitué au créancier avec le numéro de classement (9).

Les mentions obligatoires du bordereau sont énoncées par l'article 2148 C. civ. (noter l'obligation d'élire domicile dans le ressort du T.G.I., pour l'envoi des notifications de purge ou de radiation).

828. — La spécialité de l'inscription. — Cette spécialité est propre à l'inscription et frappe toutes les sûretés réelles immobilières. Dans le cas de l'hypothèque conventionnelle, elle complète la spécialité de droit commun de l'hypothèque elle-même. Elle a un double contenu.

La spécialité de l'assiette impose au créancier d'individualiser les immeubles grevés. Par exemple, l'hypothèque légale qui porte sur tous les immeubles du débiteur ne peut être inscrite que sur chaque immeuble que le créancier souhaite grever.

La spécialité de la créance impose au créancier de chiffrer la créance garantie. Si la créance n'est pas liquide (par exemple en cas de responsabilité éventuelle du débiteur, d'hypothèque légale du conjoint ou du pupille, etc.), le créancier doit faire une estimation à seule fin de publicité. Cette estimation entre alors dans le régime général du montant de l'inscription.

§ 3. — Pour quel montant peut-on inscrire une sûreté réelle immobilière ?

829. — Le principal. — Le créancier doit indiquer le montant garanti, et cette indication détermine la mesure dans laquelle la sûreté sera opposable aux tiers. Si la créance est liquide, il suffit d'indiquer son montant. Si elle ne l'est pas, il devra évaluer ce montant. Par exemple, le créancier d'une rente viagère dont le montant périodique est fixé mais non la durée doit néanmoins indiquer une valeur globale, ce qui l'invite à réfléchir sur sa longévité ! De même une rente annuelle dont le montant est fonction de la production du bien donné ou vendu devra être évaluée. De même encore, la créance éventuelle (solde de compte courant ; responsabilité du débiteur, etc.). Seul le cas de montant indexé laissera une indétermination du montant inscrit : le créancier doit seulement indiquer le principal et le mécanisme d'indexation mais n'a pas besoin d'évaluer le résultat de cette indexation. La solution est logique puisque l'indexation a notamment pour but de pallier l'impossibilité de prévoir l'évolution de la monnaie.

L'évaluation demandée au créancier constituera *le maximum* opposable aux tiers. La surévaluation est possible pour le créancier, mais deux mesures tempèrent cette liberté.

---

(9) La formalité simplifiée du bordereau n'est pas utilisable pour l'antichrèse, qui relève de la publicité de droit commun des actes constitutifs de droits réels.

— D'abord le coût de l'inscription : si les frais d'inscription sont à la charge du créancier (hypothèque judiciaire conservatoire, ou hypothèque légale), le coût d'une surévaluation pèsera sur lui ; s'ils sont à la charge du débiteur (charge d'une donation ou prix d'une vente converti en rente), une évaluation à seule fin de publicité est généralement faite dans l'acte.

— Ensuite, il est permis au débiteur d'agir en réduction de l'inscription (C. civ., art. 2162, v. *infra*, n° 838).

830. — Les intérêts. — Comme le principal, le créancier doit indiquer le montant des intérêts déjà échus. Cette indication nécessite donc qu'il procède à leur calcul, ce qui n'est pas toujours aisé.

Quant aux intérêts à échoir, le créancier doit en indiquer le taux (C. civ., art. 2151). Pour éviter une augmentation trop grande de la dette garantie, ils ne sont garantis que pour un maximum de trois ans ; ce sont les trois dernières années, en remontant à compter du jour du paiement. Pour garantir les années précédentes, le créancier peut prendre des inscriptions complémentaires du montant des intérêts échus ; ces inscriptions ne prennent rang qu'à leur date.

831. — Les accessoires. — Ce sont essentiellement les frais de recouvrement et de procédure, ou les frais de conservation du bien grevé (prime d'assurances payée par le créancier par exemple). Leur évaluation est toujours nécessaire. En pratique on les évalue forfaitairement à 10 % du capital.

§ 4. — Comment l'inscription d'une sûreté réelle immobilière disparaît-elle ?

832. — Une fois inscrite, la sûreté réelle va demeurer dans les fiches du service de publicité foncière et toute information délivrée à propos de l'immeuble en fera état. Le crédit du débiteur en est diminué. Cette conséquence peut être légitime, le propriétaire du bien grevé étant réellement débiteur des sommes inscrites. Elle peut aussi ne plus correspondre exactement à la réalité. Le débiteur peut par exemple contester l'étendue de la créance inscrite par le créancier titulaire d'une hypothèque légale ou d'une hypothèque judiciaire conservatoire. La dette peut aussi être éteinte progressivement par les remboursements périodiques que fait le débiteur ; mais elle reste inscrite pour le montant global et diminue donc le crédit du débiteur.

Pour tenir compte des intérêts divergents du créancier, des tiers et du débiteur, le régime de l'inscription prévoit trois sortes de disparition : une disparition automatique, par l'effet du temps (A) ; une disparition conventionnelle, par l'accord des parties (B) ; une disparition judiciaire, à la demande du seul débiteur (C).

A. — Disparition automatique de l'inscription

Le législateur a organisé une péremption au terme d'un certain délai. Elle nécessite pour le créancier de renouveler son inscription dans certains cas.

833. — La péremption. — Le principe est simple : l'inscription se périme *deux ans* après la dernière échéance de la créance (C. civ., art. 2154). Passé cette date, la sûreté est considérée comme n'étant pas inscrite et comme ne l'ayant jamais été. Les autres créanciers n'ont donc plus à en tenir compte.

La réglementation du délai est due à une réforme de 1967, dix ans après le décret de 1955 qui a réorganisé toute la publicité foncière. On a néanmoins conservé de façon illogique un maximum de validité de trente-cinq ans pour toutes les inscriptions, vestige du régime antérieur.

Les créances qui n'ont pas de terme certain ou dont l'échéance est déjà survenue sont soumises à un délai de péremption fixé par le créancier, dans un *maximum de dix ans*.

Les hypothèques judiciaires conservatoires et les assignations sont soumises à une péremption abrégée de trois ans.

DIRECTIONS DE RECHERCHES

834. — La justification de la péremption. — Cette dernière ne fait pas l'unanimité.

• *Pro :* — elle est utile, dans un système personnel de publicité, afin de limiter dans le temps les recherches effectuées au nom des propriétaires antérieurs ;

— surtout elle dispense de procéder à une mainlevée et une radiation, puisque dans la plupart des cas le débiteur paye son dû et n'a guère besoin d'obtenir la suppression de l'inscription dans les vingt-quatre mois qui suivent. La radiation est toujours coûteuse pour le débiteur ; s'il fallait l'effectuer pour toutes les inscriptions, elle serait lourde pour l'administration ;

— elle augmente la sécurité en clarifiant le fichier.

• *Contra :* — en pratique, les hypothèques sont éteintes et radiées à chaque cession du bien, par paiement ; il y a donc peu d'hypothèques encore inscrites alors que la créance est éteinte ;

— le système français est tout aussi réel que personnel ; laisser subsister une inscription sur la fiche d'immeuble ne pose aucun problème ;

— la radiation est chère à cause de l'administration ; une gestion informatique en supprimerait le coût ;

— la péremption n'augmente pas la sécurité du créancier, bien au contraire ;

— la prescription de droit commun suffirait amplement.

835. — Le renouvellement de l'inscription. — Pour éviter que la péremption ne prive sa sûreté d'opposabilité aux tiers, le créancier est contraint de la renouveler avant que l'inscription précédente ne soit périmée. La forme du renouvellement et la durée de son efficacité sont les mêmes que pour l'inscription originaire. Le moment en est prévu par l'article 2154-1 du Code civil : il doit avoir lieu avant la péremption.

Il faut également rappeler la solution injustifiée de l'article 2154-1, alinéa 3, du Code civil qui impose que l'inscription soit en vigueur *jusqu'au paiement* (ou la consignation) alors qu'un maintien d'efficacité jusqu'à l'apparition de la valeur eût suffi.

Les pièges du défaut de renouvellement sont aggravés par deux solutions très dangereuses de la jurisprudence. D'une part, le notaire n'a pas mandat tacite de renouveler (10) et le créancier doit donc lui donner un mandat exprès. D'autre part, dans les procédures collectives, l'admission de la créance au passif ne dispense pas du renouvellement (11). Seul le paiement ou la consignation du prix de vente de l'immeuble par le syndic permettent de ne pas renouveler.

B. — Disparition conventionnelle de l'inscription

836. — L'accord du créancier à la suppression de l'inscription prend le nom de mainlevée. Elle conduit à la radiation, qui interviendra par mention en marge de l'inscription, sur les fiches de la publicité foncière.

Le débiteur peut à tout moment la demander au créancier, pour tout ou partie de l'inscription (12). L'article 2158 du Code civil impose sans raison sérieuse une forme spéciale : la mainlevée doit être donnée par acte authentique.

Le seul problème important concerne le pouvoir requis du créancier pour donner mainlevée. Pour l'apprécier, la mainlevée sans paiement doit être distinguée des autres. En effet, la mainlevée qui constate simplement l'extinction de la créance ne requiert pas de capacité spéciale. Elle est la conséquence du paiement (au sens large) et ne nécessite que la capacité de recevoir le paiement, c'est-à-dire une incapacité de droit commun. Au contraire, la mainlevée sans paiement s'analyse en une renonciation à la créance ou en une remise de la sûreté. Elle nécessite chez celui qui la donne le pouvoir de disposer du droit réel immobilier qu'est l'hypothèque ou le privilège abandonné. Par exemple, le gérant d'une société ou le représentant d'un incapable doivent obtenir un mandat spécial à cette fin.

Le conservateur doit vérifier ce pouvoir : cette règle protectrice du créancier est une solution traditionnelle maintenue par les tribunaux (13) en dépit de l'article 2158, alinéa 2, du Code civil.

---

(10) Civ. 1re, 25 mai 1982 : *Bull. civ.* I, n° 190 ; *Rép. Defrénois* 1982, p. 1619, note J.-L. AUBERT.

(11) Com., 23 fév. 1981 : *Bull. civ.* IV, n° 97, p. 74 ; *Rép. Defrénois* 1981, n° 32666, obs. A. HONORAT ; *Rev. dr. immob.* 1981, p. 538, obs. M. DAGOT : « nonobstant l'autorité de la chose jugée attachée à l'arrêté définitif des créances... l'admission à titre hypothécaire... ne dispense pas (le créancier) d'observer les règles légales imposées pour la conservation de (son) hypothèque ».

(12) Les créanciers professionnels ne répondent pas toujours avec la célérité souhaitable.

(13) Civ. 3e, 16 juill. 1975 : *D.* 1975, p. 593, note E.E. FRANK.

C. — Disparition judiciaire de l'inscription

837. — La disparition totale par radiation. — La loi organise la possibilité et la procédure de la radiation judiciaire, qui reste caractérisée par l'intervention du juge. Celui-ci a pour rôle de constater l'extinction de la créance garantie ou celle de l'hypothèque, et en conséquence d'ordonner que l'inscription soit privée d'effet pour l'avenir en dépit de la résistance ou de la passivité du créancier. Le conservateur des hypothèques n'est en effet jamais juge du fond, c'est-à-dire du bien-fondé des affirmations des parties sur la validité de l'inscription. Seul le juge judiciaire a ce pouvoir.

L'article 2160 du Code civil énumère les cas de radiation judiciaire et la pratique les utilise tous. Cette radiation est prononcée soit parce que l'inscription est nulle (la loi parle d'inscription infondée ou de titre irrégulier), soit parce que la sûreté est « effacée par les voies légales », soit parce que la créance est éteinte (la loi parle de titre éteint ou soldé).

La procédure se déroule devant le tribunal de grande instance du lieu de l'immeuble, qui a seul compétence. La jurisprudence refuse compétence au juge des référés (14). Cette solution ne trouve pas de justification textuelle puisque l'article 2157 du Code civil ne l'interdit pas et que le juge des référés est le juge de l'évidence, qui est parfois flagrante en matière d'inscription abusive. Mais cette solution trouve une justification de bon sens dans le fait que la difficulté soulevée par une radiation judiciaire est importante et que les solutions données en référé sont souvent bâclées.

Toutefois cette solution ne concerne pas l'hypothèque judiciaire conservatoire ; autorisée par le président du T.G.I. par ordonnance sur requête, elle peut être radiée par décision du même juge statuant contradictoirement, et donc en référé (v. *supra*, n° 811, *in fine*) (15).

838. — La disparition partielle par cantonnement ou réduction judiciaires. — Le cantonnement est régi par l'article 2161 du Code civil ; il permet au juge de limiter l'assiette de l'inscription, c'est-à-dire le nombre des immeubles grevés. Il ne concerne que les hypothèques légales et les hypothèques judiciaires (toutes), puisque ce sont des hypothèques dans lesquelles le débiteur n'a pas consenti à la détermination de l'assiette. Il n'est possible que si la créance est inférieure à la moitié de la valeur des immeubles.

---

(14) Civ. 1re, 9 mars 1977 : *Bull. civ.* I, n° 128 ; *J.C.P.* 78, II, 18977, note G. GOUBEAUX ; *Rép. Defrénois* 1977, p. 1261, obs. J.-L. AUBERT ; *Rev. dr. immob.* 1979, p. 104, obs. M. DAGOT.

(15) Les conservateurs, qui ne sont pas juristes, ont longtemps résisté parce qu'ils ne voulaient pas faire la distinction entre la radiation en référé d'une hypothèque légale ou conventionnelle et la radiation en référé d'une hypothèque judiciaire conservatoire. Aujourd'hui la solution est acquise.

La réduction des créances garanties : elle est possible dans tous les cas, et sans condition (C. civ., art. 2162). Elle est notamment décidée lorsque l'évaluation faite par le créancier a été excessive (notamment pour les créances indéterminées) ou lorsque le créancier refuse de donner une mainlevée partielle alors qu'un paiement partiel a été effectué.

SECTION II

LES EFFETS DES SÛRETÉS RÉELLES IMMOBILIÈRES

839. — Les prérogatives du créancier titulaire d'une sûreté réelle immobilière. — Le créancier titulaire d'une hypothèque, d'un privilège immobilier spécial (16) ou d'une antichrèse a un droit direct sur la valeur de l'immeuble grevé. L'effet majeur de toute sûreté réelle est de lui donner une priorité de paiement en lui affectant cette valeur. Cet effet est dénommé droit de préférence. Comme la majorité des sûretés réelles immobilières n'emportent pas dépossession, plusieurs sûretés peuvent grever le même immeuble. Le conflit des priorités se règle par un classement. L'étude du droit de préférence et des classements sera menée plus loin et globalement, car ce droit de préférence est commun à toutes les sûretés réelles (v. *infra*, n° 897 et s.).

Pour faire apparaître le prix de l'immeuble et être payé dessus, le créancier titulaire d'une sûreté réelle immobilière peut déclencher une saisie immobilière (v. *infra*, n° 905 et s., Les poursuites individuelles). Tout créancier, même chirographaire, peut en réalité le faire. Mais le créancier chirographaire sera primé lors du paiement par les créanciers bénéficiant d'une sûreté réelle (17), puisque le prix est réparti en fonction des causes de préférence.

La conservation de cette priorité de paiement sur la valeur du bien oriente les autres règles du régime des sûretés réelles immobilières (18). Car le droit de préférence ne peut s'exercer que lors de l'apparition de la valeur de l'immeuble : vente volontaire ou sur saisie, ou encore

(16) Les privilèges généraux ne portent sur les immeubles qu'au cas d'insuffisance des meubles (C. civ., art. 2105). Le créancier qui en bénéficie a les mêmes prérogatives que le créancier hypothécaire contre le propriétaire de l'immeuble, mais les exerce rarement. En revanche, ces privilèges généraux ne donnant pas de droit de suite, le titulaire n'a aucune prérogative contre le tiers acquéreur.

(17) Le droit français rejette l'idée d'un privilège du premier saisissant. Seules quelques coutumes l'acceptaient : J. BRISSAUD, *Le créancier « premier saisissant » dans l'ancien droit français*, P.U.F., 1972.

(18) Sauf en cas de procédure collective où les solutions adoptées durant les deux dernières décennies ont eu pour but de ravaler le créancier disposant d'une sûreté au sort du créancier de base, puis de malmener tous les créanciers. La vigilance ne suffit plus en ce cas à éviter la spoliation légale (v. *infra*, n° 903).

paiement d'une indemnité d'assurance. Jusque-là il faut maintenir cette valeur intacte. Le propriétaire de l'immeuble grevé, resté en possession, pourrait y porter atteinte. Pour l'éviter, la sûreté réelle deploie des effets restrictifs contre le propriétaire (§ 1). Le propriétaire peut aussi céder son droit sur l'immeuble à un acheteur ou un donataire : il fallait maintenir le créancier dans ses droits contre ce tiers acquéreur, ce qui est réalisé par la reconnaissance d'un droit de suite (§ 2).

§ 1. — Les effets à l'égard du propriétaire

840. — Le terme de propriétaire vise seulement la situation la plus fréquente dans laquelle le débiteur offre lui-même une sûreté réelle sur un immeuble dont il est propriétaire. Il n'est pas pleinement exact puisque les sûretés réelles peuvent porter sur le seul usufruit ou la seule nue-propriété et plus généralement sur un droit réel ; mais il n'y a pas de terme exact qui soit suffisamment général, celui de constituant ne concernant que les sûretés conventionnelles et celui de débiteur n'incluant pas la caution réelle. Mais leur statut étant le même, l'assimilation au propriétaire n'est pas gênante.

Tant que la valeur de l'immeuble grevé n'est pas apparue ou que la réalisation de cet immeuble n'est pas amorcée, le créancier est protégé contre les actes du débiteur qui diminueraient la valeur du droit grevé (A). Lorsque la réalisation forcée de l'immeuble est amorcée, la valeur de l'immeuble et de ses accessoires est cristallisée et protégée par un ensemble de règles techniques qui font peser sur le débiteur des contraintes beaucoup plus fortes (B).

A. — Les effets avant la réalisation

841. — L'équilibre des protections. — Avant que la créance garantie soit exigible, le régime des effets des sûretés réelles immobilières est gouverné par deux directives antinomiques. D'une part, réduire au mieux la gêne du débiteur, puisque le choix a été fait de le laisser en possession afin qu'il exploite l'immeuble grevé. D'autre part, préserver la valeur du bien, puisqu'elle est affectée au créancier en garantie de sa créance. Le débiteur ne doit rien faire qui diminue cette valeur, mais doit disposer d'une liberté de manœuvre suffisante pour exploiter le bien. Ainsi qu'on l'a écrit judicieusement, « le propriétaire devient en quelque sorte comptable de cette valeur » (19). Ses prérogatives sur le bien sont limitées d'autant : son *usus* est limité par l'obligation de jouir en bon père de famille ; son *fructus* est limité dans l'avenir par l'interdiction de percevoir les loyers avec trop d'avance ; son *abusus* est limité par l'interdiction d'aliéner les produits ou de détruire le bien.

---

(19) P. Théry, n° 181.

L'équilibre est recherché par l'inopposabilité au créancier de certains droits constitués par le débiteur, baux (1°) et perception anticipée des fruits (2°), et par la possibilité pour le créancier de s'opposer à certains actes matériels tels l'extraction de produits, la séparation de meubles qui étaient intégrés à l'immeuble ou la destruction (3°).

842. — 1° La constitution de baux. — L'octroi d'un bail à un locataire est un acte apparemment moins grave que la vente de l'immeuble. Il est pourtant réglementé car il peut diminuer fortement la valeur de l'immeuble. Un immeuble occupé par un locataire qui peut y rester pendant de nombreuses années est vendu moins cher et plus difficilement qu'un immeuble libre, sauf les immeubles de bureaux ou de rapport spécialement conçus à cet effet. L'équilibre est difficile à trouver entre la permission de conclure les baux, actes d'exploitation normal, et la protection du créancier contre une trop forte dépréciation. Le législateur a choisi d'intervenir, usant du critère de la durée qui, seul, est un peu fruste, et de la sanction de l'inopposabilité. Les baux de longue durée ont pour cela été soumis au régime de la publicité foncière, étant ainsi les seuls droits personnels dont la publication soit requise. Il faut distinguer (20).

Les baux d'une durée initiale inférieure à douze ans sont toujours opposables au créancier, qui doit les respecter et surtout qui doit respecter leur renouvellement forcé lorsqu'il est imposé par le législateur. Peu importe que le bail ait été conclu avant ou après l'inscription de la sûreté réelle immobilière. Mais il faut toutefois que le bail ait acquis date certaine avant le commandement de saisie immobilière (21), afin d'éviter les fraudes.

Les baux d'une durée à douze ans sont soumis à un régime restrictif. Consentis avant l'inscription de la sûreté réelle immobilière, ils ne sont opposables au créancier pour toute leur durée que s'ils ont eux-mêmes été publiés (D. 4 janv. 1955, art. 28-1°-b). A défaut, ils ne sont opposables que pour douze ans. Pour décompter des douze années, les tribunaux retiennent un système complexe mais équilibré. Seule la tranche de douze ans en cours lors de l'inscription de la sûreté réelle immobilière est opposable au créancier, jusqu'à son expiration. Le bail est donc découpé en tranches de douze ans à partir de l'entrée en jouissance, et le reliquat non encore écoulé de la tranche en cours est opposable (22). Consentis après l'inscription de la sûreté, ces baux

---

(20) Sur l'influence de la publicité foncière en la matière, v. M. DAGOT, *Les sûretés*, p. 449.

(21) Req., 8 avril 1863 : *D.P.* 1863, 1, 411 ; *S.* 1863, 1, 372.

(22) Req., 20 août 1940 : *J.C.P.* 40, II, 1542, note E. BECQUÉ ; *D.C.* 1942, 49, note crit. R. RODIÈRE ; *S.* 1941, 1, 15. Certains auteurs ont critiqué cette solution, préférant opposer le bail au créancier pendant douze ans à compter de l'inscription de sa sûreté, au motif que le conflit entre le créancier et le locataire ne naissait qu'au jour de cette inscription (R. RODIÈRE, note préc. ; A. WEILL, *La sanction du défaut de transcription pour les baux de plus de dix-huit ans* : *D.* 1949, chron. 73 et note au *D.* 1952, 2, 234 sous Toulouse, 7 nov. 1950).

supérieurs à douze ans ne sont opposables que pour douze ans, qu'ils soient publiés ou non (23).

Dans tous les cas le créancier peut demander, dans la procédure de saisie, que la durée du bail soit limitée au temps à courir selon le régime ci-dessus, limitation dont bénéficiera l'adjudicataire. Cette demande est rare car les baux de plus de douze ans sont rares, les législations du XXe siècle ayant multiplié les renouvellements forcés de baux de six ou neuf ans contre lesquels le créancier est impuissant.

843. — 2° La perception anticipée des fruits. — Il est possible de vendre par anticipation les récoltes à venir (fruits naturels et artificiels), tout comme il est possible de percevoir d'avance les loyers à venir (fruits civils). Des conventions de cet ordre sont peu fréquentes et portent rarement sur plus d'une année. Pour des durées plus longues, on peut suspecter la fraude ou même, sans cela, constater que l'opération diminue la valeur de l'immeuble.

Le législateur en a partiellement tiré les conséquences en soumettant ces perceptions par anticipation des seuls fruits civils (loyers et fermages) à un régime repris de celui des baux (même art. 28, 1°, *b* D. 4 janv. 1955). Les loyers et fermages ne peuvent être perçus par avance que pour un maximum de trois ans ; au-delà, la clause imposant cette perception anticipée est soumise à publicité et son opposabilité est limitée à trois ans (24). Le locataire devrait donc payer une deuxième fois au créancier inscrit. La cession ou la délégation (25) des loyers, plus fréquente que la perception anticipée, est soumise au même régime.

844. — 3° Les autres actes diminuant la valeur du bien. — Selon l'idée générale qui fonde les sûretés réelles, la valeur du bien grevé est affectée au créancier. Le débiteur peut exploiter le bien, même le vendre, mais non en diminuer la valeur dans des circonstances telles que le créancier reste dépourvu de protection. Sa protection essentielle résulte du droit de suite sur l'immeuble. Tout démembrement de l'immeuble ou toute cession même gratuite ne diminue pas en principe les droits du créancier puisque l'acquéreur du bien ou de sa fraction sera tenu de la totalité de la dette à titre de tiers détenteur (v. *infra*, n° 849). En revanche, lorsque l'opération consiste à transformer une partie de l'immeuble en meuble, le créancier n'a plus le droit de suite puisque la présomption de titre que l'article 2279 du Code civil confère au tiers détenteur du meuble s'y oppose.

Ce phénomène de transformation d'une partie de l'immeuble en meuble est réalisé à chaque perception de fruits naturels. Tant qu'ils sont attachés à la terre, ils sont immeubles et donc grevés par la

---

(23) Req., 8 avril 1863, préc.

(24) Sur les subtilités du régime en fonction des dates respectives de la convention et de la sûreté, v. PLANIOL, RIPERT et BECQUÉ, t. XIII, n° 924 ; C. MOULY, *J.-Cl. civil*, art. 2114-2117 (hypothèque), nos 243-246.

(25) Que Civ., 29 déc. 1947 (*J.C.P.* 48, II, 4131, note CAVARROC ; *D.* 1949, p. 167) assimile justement à la cession, seule visée au texte réglementaire.

sûreté réelle. Dès qu'ils sont détachés, ils deviennent meubles et sortent de son assiette. Mais l'opération est admise car elle est économiquement saine : elle procède de l'exploitation normale du bien ; elle donne au débiteur des moyens de rembourser sa dette ; elle ne diminue pas définitivement la valeur de l'immeuble puisque les fruits sont régénérés (26).

Ce même phénomène de transformation est plus dangereux lorsqu'il affecte des parties de l'immeuble qui ne se régénèrent pas. Ainsi les terres ou graviers d'une carrière, ou les coupes à blanc d'une forêt (27). Ces parties d'immeuble sont alors juridiquement des produits et non plus des fruits. Le débiteur n'a pas la possibilité de les céder puisqu'il a affecté leur valeur au créancier inscrit et qu'en les cédant il les transforme en meubles et les met hors de sa portée. Plus exactement, en cédant ces produits, il fait apparaître la valeur d'une partie de l'immeuble sur laquelle le droit de préférence du créancier peut être exercé, puisqu'il porte sur cette valeur depuis sa constitution.

L'idée de protection de la valeur du droit grevé est au centre du débat, depuis qu'Aubry et Rau ont résumé les actes interdits au débiteur par cette formule, ensuite reprise en jurisprudence : « Le propriétaire de l'immeuble hypothéqué ne peut, au détriment des droits du créancier hypothécaire, faire aucun acte de disposition matérielle ou juridique qui, directement ou de sa nature même, aurait pour conséquence de diminuer la valeur de cet immeuble » (28).

Le législateur n'a rien prévu pour cette situation, mais les tribunaux, sur poursuite des créanciers vigilants, ont consacré la protection du créancier dès la deuxième moitié du XIXe siècle. Est ainsi généralisé le principe d'autorisation du créancier à effectuer *tout acte conservatoire de sa sûreté ou de la valeur qu'elle lui affecte.*

Le créancier peut donc surveiller les actes matériels du débiteur et solliciter toutes les mesures conservatoires lui permettant d'éviter

---

(26) C. Mouly, *J.-Cl. civil*, art. 2114-2117 (hypothèque), nos 249-250.

(27) Les forêts sont un merveilleux exemple de distinction des fruits et des produits. L'exploitation normale par coupe des arbres en âge de l'être « à intervalles réguliers, zone par zone, selon un aménagement qui assure la conservation de la forêt » par régénération (Civ. 1re, 16 juill. 1974 : *Bull. civ.* I, n° 199) est libre pour le débiteur : ce sont des fruits. Le créancier n'a aucun droit sur les arbres abattus et le débiteur peut librement les vendre : Civ., 5 juill. 1880 : *D.* 1880, 1, 321 ; *S.* 1881, 1, 105. Au contraire, la coupe de la totalité des arbres en fait des produits, car il n'y aura ni exploitation future avant longtemps, ni régénération. L'acte est interdit par la sûreté réelle, car il aurait « pour conséquence forcée la diminution de la valeur de l'immeuble hypothéqué » (Civ., 2 juin 1934 : *D.P.* 1934, 1, 65, note M. Fréjaville ; *D.H.* 1934, 395 ; *Gaz. Pal.* 1934, 2, 239). Mais la coupe d'un taillis, qui n'a pas la valeur d'une forêt, sera toujours permise.

(28) C. Aubry et C. Rau, *Cours de droit civil français*, 4e éd., t. III, 1869, § 286, p. 427. — Rappr. Aix, 18 août 1907 et Req., 24 mai 1900 : *D.P.* 1900, 1, 489. — Req., 18 janv. 1933 : *D.P.* 1933, 1, 193, note M. Fréjaville ; *S.* 1933, 1, 201, note P. Esmein ; *Gaz. Pal.* 1933, 1, 664 ; *Rev. trim. dr. civ.* 1933, 527, obs. H. Solus. — Civ., 2 juin 1934, préc. — V. aussi : M. Nast, *De l'étendue du droit pour le propriétaire d'un immeuble hypothéqué de l'administrer et de l'exploiter* : *Rép. gén. not. et enreg.* 1934, p. 93 et s. et 125 et s., art. 24101 et 24112. — Comp. G. Marty, P. Raynaud et P. Jestaz, n° 292.

que des fractions d'immeuble ne disparaissent ou que leur prix ne soit versé au débiteur. Le créancier peut obtenir en justice :

— que l'extraction des produits soit interdite (29), par une injonction judiciaire au constituant de cesser ces opérations ;

— que les produits soient placés sous séquestre s'ils ne sont pas encore entre les mains de l'acquéreur (30) ;

— que le prix que le tiers acquéreur s'apprête à payer lui soit affecté ; il sera bien inspiré de faire une saisie-arrêt, entre les mains du tiers, du prix des meubles vendus, ou de demander le séquestre du prix (31) ;

— que le prix reçu par le débiteur et encore saisissable, par exemple sur son compte bancaire ou entre ses mains, lui soit affecté.

Si le créancier intervient après cette dernière étape, il n'a plus guère de protection. S'il détient une sûreté conventionnelle, il peut toutefois, comme à tout moment dès l'extraction de meubles, déclencher la déchéance du terme par application de l'article 1188 du Code civil (32) et opérer immédiatement une saisie immobilière. Le commandement de saisie immobilière porte sur les produits et les immeubles par destination encore attachés à l'immeuble et immobilise les fruits. C'est à la fois une sanction des actes passés et une protection contre une nouvelle diminution de la valeur.

Dans tous les cas, le créancier a intérêt à faire connaître son opposition au tiers acquéreur, cette information empêchant ce dernier d'invoquer pour l'avenir l'article 2279 du Code civil puisqu'il aura alors connaissance de l'absence de titre du débiteur-vendeur (33). Mais on ne saurait interpréter son silence comme une renonciation tacite à son droit de préférence (34).

En pratique, le contentieux est assez rare car il faut que le créancier ait connaissance des actes suffisamment à temps pour mettre en œuvre des mesures conservatoires.

En outre, ces actes posent souvent un problème de qualification juridique : le constituant va souvent consentir un « bail » à l'acheteur, pour éviter de faire paraître l'opération de vente ; or les baux sont opposables jusqu'à douze ans au créancier hypothécaire. Toutefois, le juge peut requalifier l'opération : entre

---

(29) Agen, 17 juin 1889, *Pandectes françaises* 1889, 2, 181. — M. FRÉJAVILLE, *Des meubles par anticipation*, thèse, Paris, 1927, p. 223, 235 et 236.

(30) Req., 10 juin 1841 : *S.* 1841, 1, 484. — Req., 18 janv. 1933, préc.

(31) Civ. 1re, 16 juill. 1974 : *Bull. civ.* I, n° 199.

(32) Cet article prive du bénéfice du terme le débiteur qui a « par son fait... diminué les sûretés qu'il avait données par le contrat à son créancier ». L'art. 2131 C. civ. reprend l'idée en termes légèrement plus restrictifs pour les hypothèques conventionnelles ; il est principalement écrit à propos de l'hypothèque des biens à venir.

(33) M. FRÉJAVILLE, note préc. au *D.P.* 1933, 1, 193. — *Contra* : G. MARTY, P. RAYNAUD et P. JESTAZ, n° 292, pour des raisons d'opportunité qui ne nous paraissent pas fondées.

(34) *Contra* : Com., 18 mai 1978 : *Bull. civ.* IV, n° 138 ; *Rev. dr. immob.* 1979, p. 237, obs. M. DAGOT.

les parties, c'est une vente de meubles par anticipation ; envers les tiers, dont le créancier hypothécaire, c'est une vente d'immeuble. En conséquence, elle lui est inopposable puisqu'elle n'est pas publiée.

L'aliénation séparée des immeubles par destination que le débiteur a mis au service de l'immeuble grevé (35) doit être soumise au même régime que l'extraction des produits (36), malgré quelques hésitations reposant sur l'idée que le débiteur peut défaire ce qu'il a fait (l'attachement du meuble à l'immeuble) (37). La séparation des ornements, machines ou bétail, qui sont des immeubles par destination, est donc interdite.

La destruction de tout ou partie de l'immeuble peut-elle être assimilée à l'extraction de produits ? Comme pour la qualification des produits, il faudra se référer aux conséquences économiques de l'opération. Si la destruction augmente la valeur (suppression de masures et de ruines ; destruction pour reconstruire), elle doit être permise. Si elle diminue cette valeur, elle est interdite.

La division de l'immeuble grevé reçoit une solution identique sans qu'influent, comme l'avaient cru certains arrêts du début du XIXe siècle, les inconvénients qui résultent pour le créancier de la nécessité de poursuivre plusieurs débiteurs et de participer à plusieurs ordres (38). Les opérations rentables de lotissement en seraient trop entravées, par exemple.

845. — Inaliénabilité. — Une seule sûreté réelle emporte inaliénabilité de l'immeuble grevé : l'hypothèque judiciaire conservatoire (v. *supra*, n°s 806 et 813). Cette conséquence, objet de bien des contestations, découle de sa nature de mesure conservatoire et non de celle de sûreté. Elle reste donc exceptionnelle.

Pourtant, l'inaliénabilité évite au créancier les inconvénients de l'action contre un tiers détenteur, dont nous verrons qu'elle est moins aisée que celle qui lui est ouverte contre le débiteur (v. *infra*, n° 853). Elle pourrait donc être exigée par le créancier dans les sûretés conventionnelles et réalisée par une clause parfaitement valable, et opposable dès sa publication à la Conservation des hypothèques. Mais l'hostilité qu'entretient contre l'inaliénabilité la pratique notariale, passage obligé pour les sûretés immobilières conventionnelles, nous a gardé d'une résurgence des biens de mainmorte, dont la nocivité économique (un meilleur exploitant ne peut acquérir) égale l'injustice (maintien des situations acquises) et fait douter les auteurs de la solidité de ses fondements (39).

---

(35) Sont des immeubles par destination les ornements de valeur tels que statue, sculpture, trumeau ou création artistique spéciale pour une pièce ; machine-outil dans une usine ; bétail affecté à une ferme, etc., lorsqu'ils ont été attachés ou affectés au service de l'immeuble par le propriétaire des deux.

(36) C. MOULY, *J.-Cl. civil,* art. 2114-2117 (hypothèque), n°s 264-267. M. FRÉJAVILLE, thèse préc.

(37) PLANIOL, RIPERT et BECQUÉ, t. XIII, n° 902.

(38) En ce sens PLANIOL, RIPERT et BECQUÉ, t. XIII, n° 900.

(39) C. BEUDANT par P. VOIRIN, t. XIV, n° 1185 *in fine* ; P. VOIRIN, note sous Guadeloupe, 29 avril 1935 : *D.P.* 1937, 2, 1.

B. — Les effets lors de la réalisation

846. — Les conditions et les conséquences de la réalisation forcée (saisie ou procédure collective). — La raison d'être d'une sûreté réelle est de donner au créancier un moyen d'être payé sur le prix d'une chose dont la valeur lui a été affectée. La saisie immobilière est la procédure normale destinée à faire apparaître cette valeur. Le redressement ou la liquidation judiciaires sont des procédures collectives de nature exceptionnelle, mais d'emploi fort courant, qui n'ont plus pour finalité le paiement du créancier par réalisation de l'immeuble mais qui peuvent parfois y conduire.

Pour protéger le débiteur, la saisie n'est possible que sur titre exécutoire (40), et après qu'un commandement de payer a permis au débiteur d'arrêter la poursuite en payant sa dette. Elle sera menée sous surveillance de justice. Les procédures collectives sont censées être plus protectrices encore : elles ne sont ouvertes que par un jugement, et le créancier est aujourd'hui découragé de le solliciter ; en outre, un administrateur ou un mandataire-liquidateur est nommé, la réalisation forcée des immeubles n'intervenant que lors de la cession de l'entreprise en bloc ou par fractions, ou par la vente isolée sous contrôle d'un juge.

Pour protéger le créancier, la saisie stoppe dès le commandement de payer les opérations nuisibles que le débiteur pourrait entreprendre. En revanche, le prononcé d'un redressement judiciaire n'interdit pas les actes de dépréciation pendant la période d'observation. Le débiteur étant le plus souvent laissé à la tête de ses biens ou de l'entreprise, il a loisir d'augmenter le passif, de diminuer l'actif, de constituer des baux ou de percevoir et dilapider les fruits, et même de démanteler l'immeuble (41). Le créancier est paralysé, le contrôle judiciaire symbolique, et le débiteur émancipé. L'issue la plus fréquente de la période d'observation est la liquidation judiciaire. Le débiteur est alors dessaisi et la vente des actifs, dont les éventuels immeubles, sera lentement faite par le mandataire-liquidateur (v. *infra*, n° 936).

La saisie immobilière est orientée vers la recherche d'un prix de vente sur lequel le créancier exercera son droit de préférence. La

---

(40) L'hypothèque conventionnelle étant obligatoirement notariée (C. civ., art. 2127), elle est nécessairement assortie de la formule exécutoire. Les créanciers titulaires d'hypothèques légales ou de privilèges, et qui n'auraient pas un titre exécutoire doivent, comme les créanciers chirographaires, obtenir un jugement confirmant leur créance avant de pratiquer la saisie. Ils peuvent l'obtenir par la procédure simplifiée de l'injonction de payer. Ils peuvent aussi se protéger pendant la procédure par l'inscription d'une hypothèque judiciaire conservatoire, dont le seul effet recherché sera l'inaliénabilité de l'immeuble sur lequel ils sont déjà inscrits.

(41) On voit mal, dans le contexte actuel, un créancier obtenir protection contre l'aliénation des immeubles par destination. Certes, en cas de vente de l'immeuble par nature, le prix est consigné à la C.D.C. (L. 25 janv. 1985, art. 34, et D., art. 102), mais le paiement n'est pas accordé immédiatement au créancier, par brimade et pour appliquer un plan qui ne prévoyait peut-être pas cette vente.

phase d'apparition de ce prix, valeur objective de l'immeuble, est la procédure de saisie proprement dite. La phase de classement des créanciers et de distribution du prix est la procédure d'ordre (v. *infra*, n° 909, La répartition du prix de vente d'un bien immobilier). Ces deux procédures sont incluses dans le projet global de réforme des voies d'exécution, en cours d'achèvement en 1990.

Le redressement judiciaire n'est plus orienté vers le paiement des créanciers et ce n'est qu'à l'occasion d'une cession, dont le prix est parfois dérisoire, qu'une somme sera dégagée sur laquelle le créancier titulaire d'une sûreté réelle sera éventuellement colloqué, en fonction de l'état vérifié des créances et du plan de cession ! La liquidation judiciaire est accessoirement orientée vers le paiement des créanciers, le prix résultant des opérations de liquidation étant distribué selon l'état vérifié des créances. L'orientation des procédures collectives françaises apparaissant de plus en plus catastrophique, comme en témoignent les statistiques et commentaires fournis par les tribunaux de commerce, il faut souhaiter une révision de la loi du 25 janvier 1985.

847. — Effets des sûretés réelles immobilières après le commandement de payer valant saisie immobilière. — Ce mode de réalisation forcée présuppose que le débiteur soit défaillant, ce qui justifie une protection accrue des créanciers. En outre, l'imminence des calculs de créances et de prix conduit à cristalliser la situation, au jour de la publication du commandement de payer valant saisie immobilière, pour empêcher le débiteur de conférer à des tiers des droits qui, sans être opposables aux créanciers inscrits antérieurement à la saisie, compliqueraient la liquidation.

Le débiteur, laissé en possession de l'immeuble, en est le séquestre judiciaire (ancien C.P.C., art. 681), c'est-à-dire le gardien. Mais le créancier inscrit est protégé par les quatre effets de la saisie, effets qui sont communs à tous les créanciers, y compris chirographaires :

• 1er effet : l'immobilisation des fruits naturels qui seront vendus avec l'immeuble (ancien C.P.C., art. 682) et des fruits civils qui seront ajoutés au prix (art. 685) ;

• 2e effet : les baux passés sur l'immeuble sont opposables seulement s'ils ont une date certaine antérieure à la saisie ; tout bail postérieur ou sans date certaine est inopposable et le locataire se retrouve sans droit ni titre (ancien C.P.C., art. 684) ;

• 3e effet : l'annulation de toute vente ou constitution de droit réel postérieure au commandement de payer (ancien C.P.C., art. 686, al. 1er). L'inaliénabilité découlant de toute saisie est d'ailleurs affirmée solennellement par l'article 2092-3 du Code civil ;

• 4e effet : l'inscription d'une nouvelle sûreté réelle sera inopposable aux créanciers saisissants, et ne permettra donc pas la collocation sur le prix de la vente à intervenir (ancien C.P.C., art. 686, al. 2).

Hormis cela, les sûretés réelles n'emportent pas d'effet particulier pendant la saisie, même pas celui de faire surenchère du 10e du prix d'adjudication, procédure qui est ouverte à toute personne (ancien C.P.C., art. 708).

Le créancier peut tenter d'éviter la saisie et d'organiser une vente amiable par une convention spéciale conclue avec le débiteur (v. *supra*, n° 524, et *infra*, n° 907). Cette convention, dite « clause de voie parée », est interdite par l'article 742 de l'ancien Code de procédure civile lorsqu'elle est incluse dans le contrat ayant fait naître la créance (42). Conclue postérieurement elle est valable, mais reste fort rare, malgré les efforts des notaires (43), comme est rare la conversion de la saisie en vente volontaire ouverte par l'article 744 de l'ancien Code de procédure civile.

Le pacte commissoire est un autre moyen d'éviter le passage par la saisie (v. *supra*, n° 524, et *infra*, n° 907). Il organise l'attribution de l'immeuble au créancier à titre de paiement pour le cas de défaillance du débiteur dans l'exécution normale de sa dette. Sa prohibition est certaine en cas d'antichrèse (C. civ., art. 2088). Mais elle est limitée à l'insertion du pacte commissoire dans le contrat créant la dette, et n'est pas transposée par la jurisprudence aux sûretés sans dépossession, comme l'hypothèque (44), semble-t-il parce que le risque d'appropriation indue est moindre. Bien des auteurs sont plus dubitatifs (45), et la pratique reste quasiment absente du débat.

848. — Effets des sûretés réelles immobilières après le jugement ouvrant une procédure collective. — Les sûretés réelles n'offrent plus aujourd'hui de protection ou de régime particulier dans une procédure collective (46). Tous les créanciers, privilégiés comme chirographaires, sont ramenés au même statut de misère. Toute poursuite leur est interdite pendant la période d'observation (L. 25 janv. 1985, art. 47) et même, après son échec, pendant les trois premiers mois de la liquidation judiciaire (v. *infra*, n° 935). Ce n'est qu'alors, si le mandataire liquidateur n'a pas procédé à la vente de l'immeuble, qu'ils peuvent poursuivre la vente publique, ce qu'ils font rarement (art. 161).

---

(42) Civ., 25 mars 1903 : *D.P.* 1904, 1, 273. — Civ., 26 déc. 1961 : *D.* 1962, p. 381, note P. Voirin.

(43) La profession propose aux créanciers institutionnels des conventions de préparation d'un rééchelonnement de la dette des débiteurs en difficulté, essentiellement des acquéreurs de logements à crédit, et une vente amiable à la suite d'une publicité organisée nationalement : v. la présentation de ces propositions et la description du *Marché immobilier des notaires*, ainsi que le texte des conventions entre le Conseil supérieur du notariat et le Crédit foncier de France, par Me X. Ginon, *Les sûretés réelles traditionnelles*, in *Les garanties du financement*, 82e Congrès (Nice, 1986), p. 367-378 et 439-451. Le succès n'est pas, semble-t-il, à la hauteur des espérances.

(44) Civ. 1re, 26 déc. 1961 : *Bull. civ.* I, n° 622 ; *D.* 1962, p. 381, note P. Voirin ; *Rev. trim. dr. civ.* 1962, p. 518, obs. G. Cornu. — Civ. 1re, 22 mars 1966 : *Bull. civ.* I, nos 201 et 203. — G. Wiederkehr, *Pacte commissoire et sûretés conventionnelles* in *Mélanges Jauffret*, Presses univ. Aix 1974, p. 663-665, qui souligne que le refus de l'extension par analogie de l'antichrèse à l'hypothèque n'est pas motivé par la Cour de cassation.

(45) P. Simler et P. Delebecque, n° 314 ; M. Dagot, *Les sûretés*, p. 453.

(46) En voir le constat détaillé *in* F. Derrida, P. Godé et J.-P. Sortais, 2e éd., n° 427 et s. ; P. Delebecque, *Les sûretés dans les nouvelles procédures collectives* : *J.C.P.* 86, éd. N, I, p. 185 ; C. Mouly, *La situation des créanciers antérieurs* : *Rev. jur. com.* n° spéc., fév. 1987, *Le redressement judiciaire de l'entreprise*, p. 139.

Ils ne peuvent pas intervenir dans la préparation du plan destiné à les spolier, et les délais de paiement sont « uniformes » (art. 74), c'est-à-dire que les créanciers privilégiés sont ravalés au rang de chirographaires.

L'inscription d'une sûreté antérieure est prohibée (art. 57) (47), comme en cas de saisie, mais celle d'une sûreté nouvelle est possible, sur autorisation du juge-commissaire (art. 33, al. 2) (48). A la différence de la saisie, cette paralysie n'empêche pas l'aggravation du sort des créanciers inscrits puisque le privilège de la procédure (art. 40) vient primer tous les créanciers antérieurs.

Enfin le juge peut arbitrairement substituer une sûreté à celle que le créancier avait, au cas de réalisation du bien grevé sans paiement (art. 34, al. 2, et 78, al. 3). Summum de la dérision, cette substitution peut être une chance si la sûreté nouvelle est un cautionnement bancaire (49).

§ 2. — Les effets à l'égard du tiers acquéreur : le droit de suite

849. — Les fondements et les fonctions du droit de suite. — Le droit de suite protège la sûreté avant l'apparition de la valeur, tant que cette valeur est encore recelée dans l'immeuble (50). Il permet, comme son nom l'indique, de suivre l'immeuble entre les mains d'un autre que le débiteur, de le saisir et de faire ainsi apparaître une valeur sur laquelle le droit de préférence sera exercé.

Le droit de suite est un élément fondamental de la sûreté réelle, qui lui est consubstantiel. En effet, toute sûreté réelle affecte au créancier la valeur de l'immeuble ou du meuble qui est offert en garantie. Elle lui donne un droit direct et immédiat sur cet aspect de la chose, comme la propriété donne un droit direct et immédiat sur la totalité de la chose, composée de l'utilité et de la valeur. Dans certaines sûretés, telle l'hypothèque, ou les gages sans dépossession dont nous avons vu qu'ils ont pour la plupart la nature d'hypothèque, le débiteur conserve l'utilité du bien et parfois le pouvoir d'en disposer en le cédant à un tiers. Mais la valeur de ce bien, déjà donnée en garantie au créancier, ne peut pas être transmise à nouveau par le débiteur à un tiers. Le droit de suite est la technique juridique qui permet de traduire dans les faits, en cas de circulation du bien grevé, cette affectation de la valeur au créancier. Dans les sûretés réelles immobiliè-

(47) Sauf une dérogation de faible ampleur pour l'inscription du vendeur du fonds de commerce, art. 57, al. 3.

(48) M. Dagot, *Publicité foncière et redressement judiciaire* : *J.C.P.* 86, I, 3262.

(49) F. Derrida, P. Godé et J.-P. Sortais, 2e éd., n° 431.

(50) Après l'apparition de la valeur, le droit du créancier s'exerce automatiquement sur le prix de vente ou sur l'indemnité d'assurance ou d'expropriation.

res, le droit de suite est pleinement efficace et permettra systématiquement au créancier de faire saisir le bien entre les mains du tiers tant qu'il n'aura pas été payé. Dans les sûretés mobilières, la règle « en fait de meubles, la possession vaut titre » de l'article 2279 du Code civil peut faire obstacle plus ou moins fortement au droit de suite (51). La mise en œuvre du droit de suite sera plus simple en matière immobilière, puisque le rôle de la possession est éclipsé par celui de la publicité foncière et qu'il n'y a aucun problème de déplacement du bien ou de changement de loi, à la suite du passage d'une frontière (52).

Cette différence de régime du droit de suite en matières mobilière et immobilière illustre la recherche d'équilibre dont il est le reflet. Deux protections sont en conflit, celle du créancier qui nécessite l'indisponibilité du bien ou un fort droit de suite et celle de la liberté de circulation des biens, favorable au débiteur et au tiers acquéreur, qui nécessite une restriction ou même la suppression du droit de suite. Cet équilibre se traduit dans les fonctions que remplit le droit de suite attaché aux sûretés réelles immobilières :

— permettre la saisie entre les mains du tiers détenteur, lorsque la créance est exigible et impayée. Le tiers est tenu de la dette hypothécairement, ou encore *propter rem*, tandis que le débiteur en reste tenu personnellement ;

— ouvrir cette saisie sans rendre l'immeuble inaliénable ;

— donner une protection supérieure à celle des créanciers chirographaires, qui ne peuvent pas suivre l'immeuble car l'entrave à la circulation des biens serait trop forte. Ce supplément de protection a été qualifié de façon un peu excessive de *sûreté spéciale* (53).

850. — La nature et le domaine du droit de suite. — Prérogative attachée à tout droit réel, le droit de suite permet au titulaire de récupérer la plénitude de son droit contre un tiers qui l'usurperait. Lorsqu'il s'agit de sûretés, c'est-à-dire de droits réels qui confèrent simplement un droit sur la valeur, et surtout lorsque ces sûretés laissent au débiteur la possession et la faculté d'aliéner l'utilité du bien, le droit de suite a pour fonction pratiquement unique de faire jouer ce droit sur la valeur contre le nouveau propriétaire. L'on continue à parler de tiers détenteur, comme en cas de droit de suite exercé par le propriétaire contre un possesseur illégitime, alors qu'il serait plus exact de parler de tiers acquéreur (54).

Prérogative perturbante des droits de l'acquéreur, le droit de suite n'est concevable que si cet acquéreur est informé de son existence

---

(51) V. *supra*, n° 698. La mesure dans laquelle la protection du tiers acquéreur fait échec au droit de suite permet de classer les sûretés réelles mobilières : M. CABRILLAC, *op. cit.*, n°s VII et VIII, p. 14-16, et *passim*.

(52) Seuls restent communs, et aussi mal résolus pour les sûretés mobilières que pour les sûretés immobilières, les problèmes de changement de nature du bien, le meuble devenant immeuble par destination et inversement.

(53) C. BEUDANT par P. VOIRIN, t. XIV, n° 1020, II.

(54) M. DAGOT, *Les sûretés*, P.U.F., 1981, p. 460.

lors de l'acquisition ou est susceptible de l'être. Pour les immeubles, le régime de publicité foncière remplit parfaitement cette fonction et permet d'attacher le droit de suite à toutes les sûretés réelles immobilières publiées (55). Pour les meubles, la solution est plus délicate et le droit de suite s'exercera lorsque certaines conditions sont réunies : un meuble individualisable, dont l'usage soit notoire et la valeur élevée, et sur lequel une publicité soit organisée (56).

Les privilèges généraux n'étant pas des droits réels (v. *supra*, n° 582), ils n'emportent pas droit de suite sur les immeubles du débiteur, qu'ils ne grèvent d'ailleurs que subsidiairement, à défaut de meubles.

En revanche, toutes les autres sûretés réelles immobilières offrent cette protection. L'article 2166 du Code civil affirme l'existence d'un droit de suite pour les sûretés immobilières inscrites, visant nommément les privilèges et hypothèques (57). L'antichrèse, plus encore que les autres sûretés réelles, emporte droit de suite puisqu'elle est publiée et qu'elle confère la possession et un droit de rétention.

Le droit de suite n'a de raison d'être que tant que la valeur de l'immeuble n'est pas apparue. Si cette valeur est concrétisée en un prix ou une indemnité sur lesquels le droit de préférence puisse être exercé, la sûreté réelle remplit sa fonction et s'éteint. Ainsi en est-il lorsque le débiteur est exproprié, sur l'indemnité d'expropriation (58) ; ou lorsque la vente sur saisie est effectuée (59). De même, le tiers acquéreur peut spontanément désintéresser les créanciers avec le prix de vente et ainsi échapper au droit de suite. Cette dernière pratique nécessite l'accord des parties, acquéreur et créanciers. Il est le plus souvent obtenu et cette solution est de loin la plus fréquente (60). Elle permet à l'acquéreur de donner à ses propres créanciers, et notamment au banquier qui lui a prêté l'argent nécessaire à l'acquisition, un immeuble vierge de toute inscription de sûreté du chef du précédent propriétaire. Elle n'est pas trop gênante pour les créanciers qui sont immédiatement payés, et retrouvent la disponibilité de leur argent ; l'éventuelle perte de rentabilité du placement est généralement compensée par une indemnité de remboursement anticipé. La sûreté réelle et son droit de suite, ayant rempli leur fonction, disparaissent, en même temps que la créance (61).

---

(55) Les privilèges généraux, qui ne sont pas publiés, rencontrent un premier obstacle au bénéfice du droit de suite.

(56) M. CABRILLAC, *La protection du créancier*..., préc., n°s 2 à 7.

(57) En ces termes « Les créanciers ayant privilège ou hypothèque inscrits sur un immeuble le suivent en quelques mains qu'il passe... ».

(58) L'on dit que l'expropriation purge les sûretés réelles (v. *infra*, n° 915) ; la formule n'est exacte que dans la mesure où la surenchère est interdite au créancier. Mais il ne faut pas oublier l'effet de paiement automatique sur l'indemnité.

(59) *Ibid.* — V. aussi les ventes dans le cadre de la liquidation judiciaire, n° suivant.

(60) *Infra*, n° 921.

(61) Sur les modalités pratiques de l'opération, v. G. MARTY, P. RAYNAUD et P. JESTAZ, n° 310.

Il est au contraire une situation où le droit de suite est impuissant : l'aliénation séparée des accessoires de l'immeuble, qui étaient des immeubles par destination. Cette alinéation les transforme en meubles et le droit de suite est alors mutilé par la règle de protection de l'acquéreur de bonne foi : « en fait de meubles, la possession vaut titre » de l'article 2279 du Code civil (62). Le créancier n'a de salut que dans sa vigilance et dans le blocage des opérations de vente ou du prix. Le droit de suite ne lui est d'aucun secours, sauf s'il a informé l'acquéreur de son opposition à la vente, supprimant la bonne foi de ce dernier qui seule permet d'invoquer l'article 2279 du Code civil.

DIRECTIONS DE RECHERCHES

851. — Le droit de suite dans les procédures collectives. — La législation des faillites a toujours pâti d'imprécisions ou de rédactions malhabiles, rançon des manipulations auxquelles se livre le législateur et qui augmentent avec ces dernières. La loi du 25 janvier 1985 nous gratifie donc d'une large provende, dans laquelle le droit de suite est malmené (63).

Dans la liquidation judiciaire, certains cas sont aisés à résoudre, d'autres le sont moins :

— vente par adjudication aux enchères publiques, à la barre du tribunal : c'est la procédure de principe (L. 25 janv. 1985, art. 154, al. 1er). Comme en droit commun, elle purge les sûretés réelles ;

— vente par adjudication amiable sur autorisation motivée du juge-commissaire (art. 154, al. 2), devant un notaire dit le décret (art. 132) qui limite ainsi les possibilités. Les mêmes textes disposent qu'elle emporte purge, ce qui implique l'extinction du droit de suite ;

— vente de gré à gré sur autorisation motivée du juge-commissaire (art. 154, al. 2), dont il n'est pas précisé qu'elle purge les sûretés réelles. Le droit de suite permet-il au créancier impayé de faire revendre le bien aux enchères (64) ? Il n'y a guère de raisons de le priver de ce droit, qui le place dans la situation du paiement partiel par le tiers acquéreur (v. *infra*, n° 853). Il peut aussi renoncer à cette prérogative, comme au solde de sa créance, comme on l'admet couramment pour les ventes amiables hors procédure collective ;

— vente globale d'unités de production, dans lesquelles est compris un immeuble. Elle est faite suivant une procédure spéciale d'appel d'offres (art. 155), les biens résiduels étant vendus isolément ou en bloc (art. 156). Les mêmes problèmes que pour la vente amiable se posent. Le silence de l'art. 155 sur la purge est parfois interprété, par *a contrario* de l'article 93, comme l'indication que la cession globale n'emporte pas purge et laisse donc survivre le droit de suite (65) ; se

---

(62) V. *supra*, n° 844, 3° les autres actes diminuant la valeur du bien.

(63) G. DAUBLON, *La loi du 25 janvier 1985 relative au redressement et à la liquidation judiciaires des entreprises et les ventes d'immeubles* : *Rép. Defrénois* 1986, p. 817. — J.-M. CALENDINI, *La vente des immeubles du débiteur en liquidation judiciaire* : *Les Petites Affiches* 25 avril 1986. — V. aussi, à propos de l'exercice du droit de préférence, *infra*, n° 930 et s.

(64) Les ouvrages généraux sont discrets : P. SIMLER et P. DELEBECQUE, n° 347. — G. MARTY, P. RAYNAUD et P. JESTAZ, n° 293 d). — Y. CHAPUT, *Droit du redressement et de la liquidation judiciaires des entreprises*, P.U.F., 1987, n° 277. — M. JEANTIN, *Droit commercial, Instruments de paiement, entreprises en difficulté*, Dalloz, 1988, n° 767. — G. RIPERT et R. ROBLOT, t. II, n° 3229. — F. DERRIDA, P. GODÉ et J.-P. SORTAIS, 2e éd., nos 207 et 208-5.

(65) F. DERRIDA, P. GODÉ et J.-P. SORTAIS, 2e éd., n° 210 *in fine*. — G. RIPERT et R. ROBLOT, t. II, n° 3230.

décider sur ce seul argument serait faire beaucoup de crédit à un législateur qui ne le mérite pas. D'autres arguments peuvent être avancés : le souhait général de supprimer les recours contre la décision du juge-commissaire de vente en bloc, surtout ceux des créanciers, milite pour la purge (66) ; le souhait d'éviter que la cession en bloc dans une liquidation ne prenne la place d'un plan de cession dans un redressement (67), conduit au contraire à maintenir le droit de suite pour rendre la cession en bloc moins attrayante que le plan de cession. Mais l'on peut trouver ces manipulations déplacées, bien que conformes à l'esprit de la législation de 1985.

Dans le redressement judiciaire, certains cas aussi sont difficiles :

— vente inopinée pendant la période d'observation : l'article 34 de la loi du 25 janvier 1985, prévoyant l'hypothèse, règle le sort du droit de préférence mais non celui du droit de suite ; l'article 102, alinéa 2, du décret d'application affirme que « le prix est payé après l'accomplissement des formalités de purge des hypothèques prescrites par les articles 2181 et suivants du Code civil ». Il faut donc appliquer le droit commun : la vente aux enchères emporte purge, sauf substitution de garantie (art. 34, al. 2). La vente amiable n'emporte pas purge automatique ; l'acquéreur peut déclencher la purge (il est certes privé de la possibilité de payer les créanciers, mais la consignation du prix imposée par l'art. 34 peut être jugée équivalente). S'il omet de procéder à la purge et que certains créanciers inscrits restent impayés, ils conservent leur droit de suite (68), comme en cas de paiement partiel, c'est-à-dire qu'ils restent primés par les sûretés réelles dans lesquelles l'acquéreur est subrogé ;

— vente pendant le plan de continuation-redressement : les immeubles peuvent être vendus librement s'ils n'ont pas été déclarés inaliénables par le tribunal (art. 70), ce que celui-ci oubliera souvent et que les créanciers ne pourront pas lui demander puisqu'ils sont baillonnés. L'article 78, qui envisage cette vente, est muet sur le droit de suite, mais l'article 102 du décret y fait référence. La situation (69) est donc la même qu'au cas précédent (70), les deux articles étant d'ailleurs parallèles ;

— cession de l'entreprise : l'article 93, alinéa 3, de la loi du 25 janvier 1985 régit partiellement le droit de suite. Il dispose que « jusqu'au paiement complet du prix, qui emporte purge des inscriptions grevant les biens compris dans la cession, les créanciers bénéficiant d'un droit de suite ne peuvent l'exercer qu'en cas d'aliénation du bien cédé par le cessionnaire ». L'article 108 du décret prévoit angéliquement que le cessionnaire informe le commissaire de cette sous-aliénation interdite et que le commissaire informe lui-même les créanciers.

Ces textes provoquent la confusion :

• On déduit généralement de l'article 93, alinéa 3, qu'il laisse subsister le droit de suite jusqu'au paiement de la dernière fraction du prix, mais qu'il est gelé contre le repreneur et contre lui seul, le maintien du droit de suite contre le sous-acquéreur semblant destiné à conforter l'inaliénabilité dont l'article 89 frappe les biens cédés (71). Mais pourquoi avoir prévu le maintien du droit de suite contre le sous-acquéreur ? Puisque l'immeuble est inaliénable, la vente sera annulée (art. 89, al. 3) et l'immeuble reviendra entre les mains du repreneur. Si le maintien du droit de suite vise la revente autorisée par le tribunal, le sous-acquéreur, confiant dans l'autorisation du tribunal, sera en fait grugé et obligé de payer une deuxième fois sur les poursuites des créanciers inscrits dont il aura cru les droits éteints. La loi n'a pu vouloir cela.

---

(66) Auquel M. Jeantin attache grande importance, *op. cit.*, n° 766.

(67) Même auteur, n° 764 *in fine*.

(68) G. Marty, P. Raynaud et P. Jestaz, n° 311.

(69) A laquelle il faut ajouter par analogie l'immeuble compris dans une cession partielle d'actif (L. 25 janv. 1985, art. 79) bien que le décret n'y fasse pas référence.

(70) G. Marty, P. Raynaud et P. Jestaz, n° 311.

(71) G. Marty, P. Raynaud et P. Jestaz, *ibid.* — Y. Chaput, *Le droit du redressement...*, P.U.F., n° 234. — G. Ripert et R. Roblot, t. II, n° 3204. — M. Jeantin, *op. cit.*, n° 742 *in fine*.

• Ne peut-on alors prétendre que les deux propositions de l'article 93, alinéa 3, sont contradictoires, la première déclarant que l'inscription est purgée et la deuxième disant que le droit de suite s'exerce contre le sous-acquéreur en cas d'aliénation du bien cédé ? Le droit de suite ne peut à la fois disparaître et être exercé, ou bien disparaître et renaître. Dans les deux cas, si l'on accepte l'idée d'une purge automatique attachée à la cession, le sous-acquéreur n'aurait aucune information sur la sûreté, qui lui serait donc inopposable. L'article 93, alinéa 3 *in fine* ne pourrait la faire renaître. Dépourvu de sens, ce texte est inapplicable, y compris dans la purge dont il fait mention.

• La dernière proposition de cet article ne constate-t-elle pas simplement l'évidence : le droit de suite ne peut être exercé qu'en cas d'aliénation du bien grevé ? Pour lui donner un sens, ne peut-on interpréter les premiers mots de l'alinéa 3 (« jusqu'au paiement complet du prix ») comme signifiant « jusqu'au paiement complet de la créance », c'est-à-dire du prix dû au créancier inscrit par le débiteur en redressement judiciaire ? La purge de l'inscription n'interviendrait qu'après ce complet paiement, comme il est de droit. L'on éviterait alors de spolier les créanciers ou le sous-acquéreur sur la base de textes abscons.

• Le repreneur peut-il renoncer au bénéfice de l'article 93, alinéa 3, par exemple en complément d'un engagement de payer tout le passif du débiteur en redressement judiciaire, engagement qui serait garanti par les sûretés qui subsisteraient ? La purge automatique est parfois considérée comme une règle d'ordre public qui bénéficie tout autant au débiteur qu'aux créanciers ayant inscrit un titre postérieurement à l'événement emportant purge ; mais la qualification est discutable. Bien qu'en cas de redressement judiciaire il puisse y avoir des créanciers postérieurs, puisque l'article 33 de la loi permet d'inscrire des hypothèques pendant la période d'observation avec l'autorisation du juge-commissaire, la renonciation serait utile. On s'accorde en effet à accepter un engagement par le repreneur de payer le passif vérifié (72).

Autre problème : le maintien de la sûreté réelle grevant le matériel et l'outillage, que l'article 93, alinéa 2, prévoit pour le nantissement de la loi de 1951, n'est-il pas transposable au bénéfice du créancier titulaire d'une sûreté réelle immobilière qui grève ledit matériel devenu immeuble par destination ? L'analogie paraît s'imposer.

Lorsqu'il peut jouer, le droit de suite a pour but de déclencher l'apparition de la valeur et l'exercice du droit de préférence. Les créanciers poursuivent l'immeuble « pour être colloqués ou payés... » dit l'article 2166 du Code civil, ce qui explique ses conditions et les modalités de son exercice.

852. — Les conditions du droit de suite. — La personne contre laquelle le droit de suite est exercé est désignée par la publicité foncière, qui vient ici modifier quelque peu le jeu du droit civil. En pure logique tout acquéreur de l'immeuble, ou même tout détenteur autre que le débiteur, inscrit ou non, devrait être l'objet des poursuites qu'ouvre le droit de suite, selon le régime particulier qui leur est affecté. Mais comme les sûretés réelles immobilières sont inscrites sur les fiches de publicité foncière, les créanciers titulaires de ces sûretés peuvent ignorer tout acquéreur ou détenteur qui n'est pas lui-même inscrit. Lorsque l'acquéreur ou détenteur n'est pas inscrit, les créanciers peuvent saisir l'immeuble *comme si* le détenteur en était le débiteur. Lorsque l'acquéreur est inscrit, ils ne peuvent user que

(72) Y. CHAPUT, *Le droit du redressement...*, P.U.F., n° 233.

de la procédure ouverte par le droit de suite. L'acquéreur bénéficie alors de certaines protections.

Ce tiers doit être vraiment un tiers, c'est-à-dire qu'il ne doit pas être ayant cause universel du débiteur, par exemple un héritier (73), qui est assimilé au débiteur lui-même. La caution réelle, qui est tenue *propter rem*, a toutefois pris un engagement personnel envers le créancier auquel elle a conféré une sûreté réelle. Elle n'est donc pas un tiers acquéreur et ce n'est pas le droit de suite qui est exercé contre elle mais une saisie de droit commun, aménagée par certaines règles du cautionnement (74) ; elle n'a pas la faculté de purger. De même un acquéreur de l'immeuble hypothéqué qui reprend la dette du débiteur constituant, par exemple par une substitution dans le même prêt bancaire, n'est plus un tiers envers le créancier garanti. Il fera l'objet d'une procédure de droit commun (75).

Le créancier titulaire d'une sûreté réelle ne peut opposer son droit de suite que si sa sûreté a été inscrite avant le transfert de la propriété au tiers acquéreur. C'est donc la date d'inscription qui détermine l'existence du droit de suite (76).

La créance garantie doit être exigible pour que le droit de suite puisse être exercé. Ceci est de pure logique, puisque le droit de suite a pour vocation de permettre l'exercice du droit de préférence, et que ce droit de préférence ne peut jouer que lorsque la créance est exigible. L'article 2167 du Code civil rappelle pour cela que le tiers acquéreur « jouit des termes et délais accordés au débiteur originaire ». En pratique, l'aliénation est fréquemment citée au nombre des causes de déchéance conventionnelle du terme. La créance devient donc exigible. Sinon le créancier garanti devra attendre l'échéance, à moins que l'acheteur ne souhaite le désintéresser avant.

Une dernière condition découle de la procédure de saisie imposée pour l'exercice du droit de suite : le créancier doit détenir un titre exécutoire.

853. — L'exercice du droit de suite. — Il prend obligatoirement la forme d'une procédure de saisie immobilière (77), agrémentée de quelques aménagements destinés à protéger le tiers acquéreur.

Le tiers acquéreur bénéficie d'abord des protections de droit commun contre la vente forcée que lui impose le saisissant exerçant son droit de suite :

— exceptions et moyens de défense liés à la dette garantie (paiement, compensation, prescription, nullité, etc.) ou à la sûreté réelle (vice de constitution, vice ou péremption de l'inscription, etc.) ;

(73) Y compris un héritier acceptant sous bénéfice d'inventaire, et le légataire universel ou à titre universel.

(74) Sa situation hybride fait que nombre d'auteurs l'assimilent au tiers détenteur. Sur son régime, v. *supra*, n° 342.

(75) P. Théry, n° 188.

(76) C'est pourquoi, en pratique, le prix n'est payé au vendeur qu'après la publicité de la vente. Ceci n'éviterait pas le cas d'un privilège inscrit quelques jours après et rétroagissant avant la vente, mais la lenteur des opérations et la brièveté de la rétroactivité (en général deux mois) évitent cet inconvénient.

(77) En voir le schéma général *infra*, n° 905 et s.

— exception de la garantie que peut lui devoir le créancier poursuivant, s'il est l'ayant droit de son vendeur, puisque « qui doit garantie ne peut évincer » ;

— faculté de payer, sur la sommation spéciale qui lui est faite au début de la procédure de « payer ou délaisser » (C. civ., art. 2169) (78). Le tiers acquéreur adoptera ce parti s'il n'a pas encore payé le débiteur-vendeur du montant des créances inscrites. Il pourra même préférer payer une seconde fois si l'opération demeure avantageuse pour lui. Il pourra aussi préférer payer pour jouir de la subrogation personnelle ; puisqu'il paie la dette d'autrui, il bénéficie contre le vrai débiteur de la subrogation légale de l'article 1251 C. civ. (79). Il prend donc la place des créanciers payés, dans l'ordre des sûretés inscrites. S'il paie les premiers créanciers, pour un montant équivalant à peu près à une valeur d'adjudication de l'immeuble, les derniers créanciers qu'il ne paierait pas n'ont plus avantage à faire saisir l'immeuble, puisqu'en tout état de cause ils ne seront pas payés ;

— vente aux enchères (avec extinction de trois feux et adjudication au dernier enchérisseur), s'il choisit la passivité et le déroulement complet du droit de suite. Il sera alors exproprié, mais si le prix est supérieur aux créances inscrites, le solde lui revient. Si le tiers acquéreur avait payé le prix en tout ou partie à son vendeur, il a contre lui une action en garantie d'éviction, issue du contrat de vente ; elle lui permet même d'obtenir réparation de ses préjudices annexes. Contre le débiteur, il dispose des actions subrogatoires lui donnant tous les droits des créanciers désintéressés (80).

C'est par quatre protections spéciales du tiers acquéreur, dont trois de portée limitée, que l'exercice du droit de suite se distingue de la saisie immobilière contre le débiteur :

— faculté de délaisser l'immeuble : les articles 2172 et s. C. civ. en donnent les modalités et l'article 2169 C. civ. précise que le commandement de payer doit rappeler sa possibilité. Le parti n'a pour intérêt que de permettre au tiers acquéreur d'éviter l'infamie d'une saisie faite à son nom. Mais la saisie sera poursuivie au nom d'un curateur (C. civ., art. 2174). Le délaissement n'est ouvert que si le prix est insuffisant pour payer les créanciers (81) et si le tiers acquéreur a la capacité d'aliéner (C. civ., art. 2172). Il peut être rétracté, contre paiement des créanciers, jusqu'à l'adjudication (C. civ., art. 2173) ;

— bénéfice de discussion : le législateur offre au tiers détenteur le même répit qu'à la caution simple, lui permettant par renvoi au cautionnement de retarder la poursuite jusqu'à la preuve que le débiteur n'a pas « d'autres immeubles hypothéqués à la même dette » susceptibles de saisie (C. civ., art. 2170). La limite de cette protection tient dans les conditions restrictives de sa mise en œuvre (v. *supra*, n° 323), alors que l'absence de contrat entre le créancier et le tiers détenteur empêchait qu'il y soit renoncé trop systématiquement comme dans les cautionnements ;

— indemnisation des améliorations : à la différence du débiteur originaire, qui ne reçoit aucune indemnité, le tiers détenteur sera indemnisé des améliorations qu'il a faites, sans distinction de leur finalité, pourvu qu'elles aient apporté une plus-value. Donc même les améliorations somptuaires seront prises en compte. La distraction de la somme due du prix d'adjudication s'impose (82) ;

---

(78) Cette sommation est faite en parallèle au commandement valant saisie fait au débiteur.

(79) La subrogation générale de l'al. 3 aurait suffi, mais ses conséquences très fortes en l'espèce ont conduit à donner au tiers acquéreur une subrogation spéciale, par l'al. 2 du même article.

(80) Sauf les recours contre la caution du débiteur, que les juristes protègent parce qu'elle n'a pas d'intérêt à la dette alors que le tiers acquéreur en a un, ayant le plus souvent acquis l'immeuble sans en avoir payé le prix et disposant en outre de la faculté de purger (v. *supra*, n° 342).

(81) Condition jurisprudentielle : Req., 1er juill. 1850 : *D.* 1850, 1, 177 ; *S.* 1853, 1, 303, rapport MESNARD.

(82) PLANIOL, RIPERT et BECQUÉ, t. XIII, n° 1175. — Civ., 14 nov. 1881 : *D.P.* 1882, 1, 168 ; *S.* 1882, 1, 257.

— procédure de purge, à l'initiative de l'acquéreur, par laquelle il garde l'immeuble, met le prix à la disposition des créanciers inscrits, et obtient l'extinction et la radiation de toutes les inscriptions, même si le prix ne permet pas de tous les payer. Cette procédure est étudiée avec le droit de préférence, puisqu'elle est l'occasion de le faire jouer (v. *infra*, n° 911 et s.).

Ainsi, le droit de suite apparaît comme une technique équilibrée de protection ; protection des prérogatives que la sûreté réelle confère au créancier d'une part, et protection de la circulation des biens et des droits de l'acquéreur d'un bien grevé, d'autre part. Mieux encore, le droit de suite fait partie de ces institutions dont le mérite est tel qu'il dissuade les adversaires de s'y exposer. Sa seule existence incite l'acquéreur à éviter que le créancier hypothécaire ne fasse vendre le bien qu'il vient d'acheter, et pour cela à user de l'une des deux puissantes techniques à sa disposition : le désintéressement amiable, de loin le plus fréquent (83), et la purge, plus rare mais néanmoins plus usitée que la saisie.

SECTION III

LA TRANSMISSION

854. — Les deux sortes de transmission. — En sa qualité d'accessoire de la créance, la sûreté immobilière spéciale suit normalement le sort de cette dernière. Ce phénomène est normalement qualifié de transmission à titre accessoire par opposition à la transmission à titre principal, opération complexe qui consiste à affecter la sûreté à la garantie d'une autre créance.

§ 1. — La transmission à titre accessoire

855. — Le droit commun. — Toute transmission de la créance garantie entraîne de plein droit, en règle générale, transmission de la sûreté spéciale qui l'assortissait. Ce résultat se produit aussi bien en cas de transmission universelle qu'en cas de transmission à titre particulier ; dans ce dernier cas, ce résultat se produit que la transmission soit réalisée par le jeu d'une cession de créance du droit commun, d'une cession par bordereau Dailly, d'une subrogation légale ou conventionnelle (84).

(83) Son avantage pour le tiers acquéreur est évident. Mais il est également intéressant pour les créanciers car la saisie immobilière est lourde et ne permet guère d'atteindre des prix élevés ; en outre, le créancier risque d'être adjudicataire et surtout la procédure d'ordre qui la suit est fort longue.

(84) V. MAUBRU, *La transmission de l'hypothèque*, thèse, Toulouse, 1974.

Ce n'est là que l'application de l'adage « l'accessoire suit le principal », de sorte que la transmission du privilège ou de l'hypothèque n'est pas soumise à une condition de validité particulière et qu'il suffit que soient satisfaites les conditions de forme et de fond requises de l'acte emportant transfert de la créance garantie.

La transmission de la sûreté doit être mentionnée en marge de l'inscription par application de l'article 2149, alinéa 1er, du Code civil, qui soumet à cette formalité toutes les modifications survenant dans la personne du créancier bénéficiaire. Son inobservation doit-elle être sanctionnée par l'inopposabilité aux tiers ? La question avait été résolue de façon divergente par la Troisième chambre civile (85), qui avait opiné en faveur de l'inopposabilité, et la Chambre commerciale qui avait repoussé cette sanction (86). Un ample débat s'était ouvert au sein de la doctrine, dont une partie était hostile à la sanction de l'inopposabilité qu'elle estimait inappropriée (87). On peut notamment faire valoir à son encontre que la mention en marge n'est pas une mesure destinée à protéger les tiers qui, de toute façon, doivent s'incliner devant la sûreté demeurée inscrite au nom du cédant ; que c'est une mesure d'information visant à assurer un meilleur fonctionnement du jeu de la sûreté et ceci surtout dans l'intérêt de son titulaire ; qu'en particulier, grâce à la mention marginale, il peut recevoir les offres à fin de purge et n'est pas exposé à une mainlevée accordée par l'ancien titulaire. Cette divergence a pris fin avec un arrêt de la Troisième chambre civile du 16 juillet 1987 (88), qui a rallié la position de la Chambre commerciale.

856. — La transmission par un titre négociable. — Pour éviter les formalités lourdes et onéreuses des modes de transmission du droit civil, la pratique commerciale avait exploité les possibilités offertes par les titres négociables. Elle aurait pu recourir directement aux effets de commerce (89), mais leur utilisation comportant quelques inconvénients, elle avait préféré en adapter la technique. Elle avait imaginé de porter une clause à ordre ou au porteur sur la grosse, c'est-à-dire sur la copie de la minute revêtue de la clause exécutoire. L'endossement ou la tradition permettait ainsi de transmettre la créance et la sûreté

---

(85) V. Civ., 18 mars 1974 : *Bull. civ.* III, n° 126 ; *Rép. Defrénois* 1974, art. 30675, note FRANK. — 2 fév. 1982 : *D.* 1982, 306, note FRANK ; *Rev. trim. dr. civ.* 1982, 623, obs. GIVERDON ; *Rev. dr. immob.* 1982, 274, obs. DAGOT.

(86) 7 déc. 1981 : *Bull. civ.* IV, n° 427 ; *D.* 1983, I.R. 2, obs. DERRIDA.

(87) V. contre l'inopposabilité : DAGOT, obs. préc. ; GHESTIN, note sous T.G.I. Bordeaux, 13 fév. 1969 : *D.* 1969, 334 ; MAUBRU, *op. cit.*, n° 163 ; M. GAUBERT, *La publicité foncière, cette mal-aimée* in *Mélanges Flour*, 1979, p. 241 ; AYNÈS, note citée *infra*. — *Adde* : THÉRY, n° 220. — V. en sa faveur : FRANK, notes préc. ; MAZEAUD et CHABAS, n° 605.

(88) *Bull. civ.* III, n° 145 ; *Rép. Defrénois* 1987, art. 34120, note AYNÈS. — *Adde* : Civ. 3e, 20 déc. 1989 : *J.C.P.* 90, éd. E, I, 19552. — Rappr. dans le même sens, à propos de la copie exécutoire : Civ. 3e, 17 juin 1987, cité au n° suivant, note 94.

(89) Le transfert de la créance constitutive de la provision emporte de plein droit transfert de l'hypothèque qui la garantit, v. Cass., 20 juin 1854 : *D.P.* 1854, 1, 305 ; *S.* 1854, 1, 593.

sans l'intervention du notaire. Le procédé de la grosse à ordre ou au porteur, dont la validité avait été reconnue par la jurisprudence, n'était pas sans danger pour le preneur qui, faute de l'intervention notariale, risquait d'être mal renseigné sur l'efficacité de la sûreté, tant au plan économique qu'au plan juridique (risque de préemption de l'inscription, notamment). Le procédé était également préjudiciable au fisc, puisqu'il permettait des placements occultes. Ces inconvénients (illustrés par certains « sinistres ») sont à la source de l'importante réforme réalisée par la loi n° 519 du 15 juin 1976 (90).

Les promoteurs de ce texte ont entendu limiter l'utilisation des titres négociables en représentation des créances hypothécaires ou privilégiées (91) et la réglementer strictement dans le dessein de protéger les usagers. Toutefois, ils n'ont pas voulu que la circulation de ces créances au sein des professionnels du crédit s'en trouve gênée. Ces impératifs contradictoires les ont conduits à instaurer une dualité de régimes en fonction de la personnalité des cessionnaires, personnes quelconques ou établissement de crédit. Ces régimes sont complexes et nous ne pouvons qu'en présenter les grandes lignes. Signalons auparavant que la réforme a été l'occasion de substituer au terme archaïque de grosse celui de copie exécutoire qui désigne le même document.

1) Le régime général

La créance assortie d'une sûreté immobilière ne peut pas être incorporée dans un effet de commerce, ni dans une copie exécutoire au porteur. Le seul procédé valable de transmission par titre est donc celui de la copie exécutoire à ordre. Ce titre, qui ne peut être établi que si l'acte constatant la créance le prévoit (92), est soumis à un formalisme strict qui se manifeste dans l'exigence de multiples mentions. La créance peut être fractionnée et donner lieu à l'établissement de plusieurs copies exécutoires. L'endossement doit être obligatoirement constaté par un notaire et notifié, dans les formes prescrites, au débiteur (à peine d'inopposabilité) et au notaire rédacteur de l'acte constatant la créance (à peine de nullité) si ce n'est pas ce dernier qui constate l'endossement. Le notaire rédacteur reporte l'endossement sur l'original de sorte que le titulaire de la sûreté est toujours connu (93), ce qui élimine les problèmes que pourraient poser le paiement et la purge. Les parties peuvent néanmoins, dans l'acte constitutif, désigner un notaire ou un établissement de crédit chargé de recevoir le paiement ; l'endossement doit alors lui être notifié, à peine d'inopposabilité.

---

(90) Sur cette réforme, v. particulièrement DAGOT, *La transmission des créances hypothécaires (loi du 15 juin 1976)*, Litec, 1977.

(91) La loi de 1976 ne s'applique pas aux créances garanties par une hypothèque sur un navire, un bateau ou un aéronef, ce qui n'empêche pas d'établir une copie exécutoire pour mobiliser ces créances.

(92) Ou un acte postérieur « rédigé à sa suite ».

(93) Ceci permet au porteur de la copie, en cas de perte, d'en obtenir un duplicata.

L'endossement prend effet à l'égard des tiers, soit à la date de la notification adressée au débiteur (94), soit, le cas échéant, à la date de la notification adressée à l'établissement ou au notaire chargé de recevoir le paiement. Il transfère la créance et la sûreté et fait jouer la règle de l'inopposabilité des exceptions, mais n'entraîne pas la garantie solidaire des endosseurs successifs.

2) La transmission au profit d'un établissement de crédit

Pour les raisons précédemment évoquées, elle se caractérise par un sensible allégement du formalisme dans l'exploitation de la copie exécutoire et, d'autre part, par la possibilité de recourir aux effets de commerce.

Un établissement de crédit peut se faire transmettre une créance hypothécaire ou privilégiée par une copie exécutoire à ordre ; ce mode de transmission n'en est pas moins dérogatoire, car les mentions requises du titre sont très réduites et, surtout, il n'est pas exigé que l'endossement soit constaté par un notaire et soit l'objet des notifications imposées par le droit commun ; il prend donc effet à sa date. Le preneur peut rester inconnu dès lors que l'acte constitutif a désigné un notaire ou un établissement de crédit pour recevoir ou réclamer le paiement pour le compte de celui-ci (paiement qui peut être obtenu sans que la copie exécutoire soit présentée).

Un établissement de crédit peut également se faire transmettre des créances hypothécaires ou privilégiées par la remise d'un effet de commerce, qu'il peut par la suite endosser dans les conditions ordinaires mais exclusivement au profit d'un autre établissement de crédit. Cette faculté n'est ouverte que si elle est stipulée dans l'acte constatant la créance et son usage exclut celui de la copie exécutoire. Ici encore, le paiement doit être reçu par un établissement de crédit ou un notaire désigné dans l'acte constitutif.

Si simple qu'en soit la mise en œuvre, la technique des effets de commerce aurait encore été trop lourde pour les établissements de crédit désireux de tirer parti de leurs créances éligibles au marché hypothécaire. Aussi le législateur de 1976 leur a-t-il permis d'utiliser, comme ils pouvaient le faire antérieurement, la technique de « mise à disposition » prévue par l'ordonnance n° 838 du 28 septembre 1967 et par l'article 16 de la loi n° 1263 du 31 décembre 1969 (v. *supra*, n° 530).

§ 2. — La transmission à titre principal

857. — Généralités. — L'importance de l'hypothèque légale de la femme mariée, sa généralité et son rang favorable avaient conduit

(94) L'opposabilité aux tiers de la transmission de la sûreté n'est pas subordonnée à l'inscription en marge prévue par l'art. 2149 du C. civ. ; v. Civ. 3e, 17 juin 1987 : *Bull. civ.* III, n° 127. Le législateur n'a pas précisé si la date de la notification devait se situer lors de l'envoi ou lors de la réception de la lettre recommandée ; il semble préférable de retenir le premier terme de l'alternative, v. en ce sens : DAGOT, *op. cit.*, n° 236.

la pratique à imaginer diverses conventions destinées à rétablir le crédit du mari, soit en neutralisant cette hypothèque (renonciation), soit en la mettant au service des créances contractées par ce dernier. Les conventions relatives à l'hypothèque de la femme mariée avaient donné lieu à une réglementation spécifique qui a disparu avec la réforme de la publicité foncière réalisée par le décret du 4 janvier 1955 ; elles ont perdu toute utilité depuis que cette hypothèque n'est plus guère qu'une prérogative symbolique (v. *supra*, n° 804).

Les combinaisons forgées dans ce cadre en ont débordé ; elles ont connu et connaissent encore, à propos des privilèges et hypothèques nés au profit d'une personne quelconque, une utilisation qui n'est pas négligeable bien qu'elle soit sans commune mesure avec l'exploitation qui en avait été faite à propos de l'hypothèque de la femme mariée. Elles sont cependant restées à l'abri de toute intervention législative, alors que la jurisprudence en a reconnu la validité depuis longtemps.

858. — La subrogation dans la sûreté. — C'est la convention par laquelle le titulaire de la sûreté concède les droits qui en découlent à une autre personne pour garantir une créance qu'a cette dernière sur le propriétaire de l'immeuble grevé. Il ne s'agit pas d'une véritable subrogation personnelle (dont les conditions ne seraient pas remplies), mais de la mise à la disposition du subrogé de la sûreté réelle appartenant au subrogeant, d'une substitution dans le bénéfice de cette sûreté (95) ; la combinaison est proche de l'hypothèque sur l'hypothèque (v. *supra*, n° 743).

La convention n'est soumise à aucune condition de forme particulière. Conformément à l'article 2149 du Code civil, une mention doit être portée en marge de l'inscription ; mais l'inobservation de cette formalité n'est plus sanctionnée par l'inopposabilité aux tiers selon le dernier état de la jurisprudence (v. *supra*, n° 855).

Du fait que le subrogé n'est substitué que dans le bénéfice de la sûreté et non dans la créance du subrogeant, les droits qu'il acquiert sont subordonnés à cette créance qui reste le support de la sûreté. Il ne peut donc faire valoir son droit de préférence au-delà de la somme due à ce dernier, même si sa propre créance est d'un montant plus élevé. A l'inverse, si elle est d'un montant plus faible, le subrogeant peut exercer un droit de préférence pour la différence. Si la créance du subrogeant s'éteint, les droits du subrogé s'éteignent corrélativement ; c'est la grande faiblesse de la combinaison (96).

859. — La cession de priorité. — Dite aussi cession d'antériorité, c'est la convention par laquelle deux créanciers inscrits sur le même immeuble décident d'intervertir leurs rangs respectifs ; elle n'affecte donc que les droits de préférence à l'exclusion des autres prérogatives

(95) V. l'analyse de PLANIOL, RIPERT et BECQUÉ, XIII, n° 1303.

(96) La pratique l'atténue parfois en ajoutant à la convention un nantissement de la créance du subrogeant au profit du subrogé, ce qui fait obstacle au paiement du premier.

attachées aux sûretés. Ce n'est qu'un échange de rangs. Cette convention ne peut pas nuire aux tiers et, en particulier, aux autres créanciers inscrits sur l'immeuble (97), puisque, ici encore, les droits de préférence échangés demeurent subordonnés aux créances qu'ils garantissaient initialement et qui sont restées dans les patrimoines respectifs des parties. Il s'ensuit que le cessionnaire n'est colloqué au rang avantageux qu'il a acquis que dans la mesure où la créance du cédant n'est pas éteinte et que dans la limite de son montant, ainsi que dans la limite du montant de sa propre créance (98). Si la somme due au cessionnaire est inférieure à la créance du cédant, ce dernier est colloqué au rang qu'il a cédé pour la différence. En dehors de cette éventualité, le cédant vient au rang inférieur qu'avait le cessionnaire et dans la limite du montant de la créance de celui-ci.

La cession d'antériorité n'est soumise à aucune condition de validité particulière (sur l'application de l'art. 2149 du C. civ. et la sanction de l'absence de mention en marge, v. *supra*, n° 855).

De la cession d'antériorité, on peut rapprocher une convention qui produit un résultat assez voisin, la promesse d'abstention (v. *infra*, n° 865), bien qu'elle en soit théoriquement bien différente, puisqu'elle ne réalise pas une transmission du droit de préférence.

SECTION IV

LE TRANSFERT DE LA DETTE GARANTIE ET LA DIVISION DE LA SÛRETÉ

860. — La dissociation de la sûreté et de la dette garantie et ses inconvénients. — Par le jeu de l'opposabilité aux tiers du droit réel de garantie et de l'indivisibilité d'une part, et en raison du principe selon lequel les dettes afférentes à l'immeuble ne sont pas transmises avec lui d'autre part, la charge de la sûreté et la dette se trouvent fréquemment dissociées. Il en va ainsi en cas de transmission universelle au profit de plusieurs héritiers ; la sûreté continue de grever, pour la totalité de la somme, l'immeuble mis au lot d'un cohéritier en dépit de la division de la dette entre tous les ayants droit (v. *supra*, n° 521). Il en va ainsi en cas de transmission de l'immeuble à titre particulier ; l'acquéreur est tenu en tant que détenteur s'il

(97) Elle pourrait cependant nuire à un créancier bénéficiaire d'une inscription intercalaire dans l'hypothèse où le cédant aurait une sûreté sur un autre immeuble dont l'exercice lui assurerait le paiement de sa créance ; pour éviter ce résultat, la Cour de cassation a dans ce cas réduit les droits du cessionnaire, v. Req., 31 janv. 1883 : *D.* 1883, 1, 316 ; *S.* 1884, 1, 321. — Rappr. *infra*, n° 902.

(98) V. notamment Civ. 3e, 23 janv. 1973 : *J.C.P.* 75, II, 18302, note BEZ ; *D.* 1973, 427, note FRANK ; *Rev. trim. dr. civ.* 1975, 748, obs. GIVERDON.

n'a pas procédé à la purge, alors que la dette incombe toujours à l'ancien propriétaire.

Cette dissociation n'est pas de nature à favoriser le crédit et les opérations immobilières. Ainsi, lorsqu'une personne a acheté un immeuble grâce à un prêt privilégié ou hypothécaire et désire le revendre lorsque le prêt est en cours d'amortissement, elle peut réaliser plus facilement ce projet dans la mesure où elle peut transférer la dette de remboursement au nouvel acquéreur, assortie de la même sûreté. De façon plus impérieuse encore, lorsqu'un promoteur a emprunté pour financer la construction d'un ensemble immobilier destiné à être vendu par lots, il est souhaitable qu'il puisse transférer à l'acquéreur de chaque lot la fraction du prêt correspondante et que la sûreté qu'il a constituée continue de grever le lot, mais seulement pour cette fraction. La fluidité du marché immobilier postulait que la rigidité découlant des grandes règles évoquées soit quelque peu tempérée.

861. — Les remèdes apportés. — Une première intervention législative a répondu aux besoins de la pratique, mais de façon sélective, puisqu'elle ne concerne que les prêts spéciaux à la construction consentis par le Crédit foncier de France ou le Sous-comptoir des entrepreneurs. En vertu de l'article 9 du décret n° 563 du 9 mai 1955 (devenu l'art. 311-8 C. constr. et hab.), qui a consacré une hypothèse exceptionnelle de cession de dette (99), le prêt est transféré de plein droit aux acquéreurs successifs de l'immeuble, alors que l'emprunteur initial et les propriétaires intermédiaires en sont libérés. L'hypothèque qui le garantit demeure, mais, par dérogation au principe général, si l'immeuble est fractionné, elle pèse sur chaque lot pour la part du prêt mis à la charge de l'acquéreur (100).

Des règles analogues ont été posées par la loi n° 547 du 7 juillet 1967 (insérée dans le C. civ., art. 1601-4), en cas de cession des droits nés d'une vente d'immeuble à construire.

Une solution de portée générale a été introduite par l'article 46 de la loi n° 579 du 16 juillet 1971, qui a ajouté un alinéa à l'article 1279 du Code civil ; elle est moins audacieuse parce qu'elle nécessite l'accord des divers intéressés (101). Lorsqu'un prêt est transféré à l'acquéreur d'un immeuble par le jeu d'une novation par changement de débiteur, les parties peuvent convenir de maintenir le privilège ou l'hypothèque qui l'assortissait et qui conserve ainsi son rang. Ici encore, la sûreté peut être divisée corrélativement au prêt, lorsque l'immeuble est scindé en lots. De la sorte, en dépit du principe, la division de l'hypothèque est devenue une opération quotidienne de la pratique notariale.

---

(99) Pour une analyse de l'opération, v. AYNÈS, *La cession de contrat*, Économica, 1984, n° 284 et s.

(100) V. H. MAZEAUD, *La vente d'un logement hypothéqué en garantie d'un prêt à la construction* in *Mélanges Juliot de la Morandière*, p. 367 et s.

(101) V. DAGOT, *La novation par changement de débiteur et le droit hypothécaire* : *J.C.P.* 75, I, 2693.

SECTION V

L'EXTINCTION

862. — Les deux modes d'extinction. — Selon le schéma, nécessairement commun à toutes les sûretés spéciales, parce qu'il est impérativement dicté par leur nature de droit réel accessoire, l'hypothèque ou le privilège prend fin lorsque s'éteint la créance garantie, mais peut aussi disparaître par voie principale, selon la formule consacrée, c'est-à-dire sous l'effet d'un événement qui ne met fin qu'à l'existence du droit réel.

Bien que, concrètement, le rapprochement soit tentant, il faut bien distinguer l'extinction de la sûreté de l'extinction de son inscription. Si l'inscription d'une sûreté éteinte devient sans valeur et doit être radiée, la proposition inverse est exclue ; la péremption ou la radiation de l'inscription ne porte pas atteinte à l'existence de la sûreté que le titulaire a la possibilité de réinscrire. La distinction est, il est vrai, quelque peu théorique, tant parce que ce dernier peut être victime d'un événement arrêtant le cours des inscriptions que parce que, ne prenant rang qu'à sa date, la nouvelle inscription peut rendre sa sûreté inefficace.

§ 1. — L'extinction consécutive à l'extinction de la créance garantie

863. — L'extinction par le paiement. — Le paiement de la créance garantie fait corrélativement disparaître la sûreté (102) ; encore faut-il qu'il soit total, car, en raison de la règle de l'indivisibilité, la sûreté continue de grever intégralement l'immeuble pour garantir le reliquat impayé, si minime soit-il.

Cet effet extinctif ne se produit pas lorsque le paiement est associé à une subrogation légale ou conventionnelle ; la sûreté est transmise au tiers qui effectue le paiement pour garantir la créance qu'il acquiert contre le subrogeant (v. *supra*, n° 855).

864. — L'extinction par une autre cause. — Tout acte ou événement qui a pour effet d'éteindre la créance garantie, que son titulaire obtienne ou non satisfaction, fait disparaître l'hypothèque ou le privilège ; c'est le cas de la prescription, de la dation en paiement, de la remise de dette, de la compensation, de la confusion, de la novation (C.

---

(102) Pour une application, v. Cass. 23 janv. 1973 : *D.* 1973, 427, note FRANK ; *J.C.P.* 75, II, 18032, note BEZ ; *Rép. Defrénois,* art. 30442, n° 47, note AUBERT.

civ., art. 2180). L'extinction doit être définitive ; l'annulation ou la résolution de l'acte portant extinction fait revivre la sûreté (103). L'efficacité de ce rétablissement peut cependant être contrariée par le jeu de la publicité foncière ; si l'inscription a été radiée, le créancier ne peut que requérir une nouvelle inscription qui prend rang à sa date. Certains de ces modes d'extinction appellent des précisions ; d'autres sont susceptibles de laisser survivre la sûreté.

La renonciation à la prescription par le débiteur ou le propriétaire de l'immeuble grevé n'empêche pas les autres créanciers ou tout intéressé de s'en prévaloir (C. civ., art. 2225).

En cas de novation par changement l'objet ou de cause, la sûreté s'éteint mais l'article 1278 du Code civil permet aux parties de réserver la sûreté avec son rang pour l'affecter à la garantie de la créance nouvelle (104). La réserve n'est valable que si elle est expressément stipulée dans l'acte portant novation et doit ainsi lui être contemporaine. Cette faculté est ouverte aussi bien pour les sûretés légales que pour les sûretés conventionnelles, bien qu'il ne soit pas très logique d'utiliser une sûreté accordée en considération de la qualité de la créance à la garantie d'une autre créance.

En cas de novation par changement de débiteur, la sûreté ne peut par définition être transportée sur un immeuble du nouveau débiteur, impossibilité dont le législateur a pris acte (C. civ., art. 1279). La logique de cette règle s'estompe quand la novation s'accompagne de l'acquisition de l'immeuble grevé par le nouveau débiteur, alors que cette éventualité en accuse les inconvénients pratiques, ce qui explique les dérogations que le législateur contemporain lui a apportées (v. *supra*, n° 861).

En cas de compensation, celui qui a néanmoins payé sa dette, parce qu'il avait une juste cause d'ignorer sa créance sur l'autre partie, conserve le bénéfice de la sûreté qui garantit la créance en répétition de l'indu dont il dispose.

§ 2. — L'extinction indépendante de la créance

865. — La renonciation. — Le titulaire de la sûreté peut y renoncer sans pour autant faire abandon de la créance. Pour produire un effet extinctif, la renonciation doit être faite *erga omnes*, être « purement abdicative ».

---

(103) La solution est cependant discutée pour la dation en paiement au motif qu'elle constituerait une novation par changement d'objet. Pour un état de la question, v. PLANIOL, RIPERT et BECQUÉ, XIII, n° 1314.

(104) L'application la plus importante de cette double règle est faite à propos du compte courant ; la créance garantie est novée du fait de son entrée en compte et la sûreté se trouve éteinte (v. Com., 10 juill. 1949 : *J.C.P.* 49, II, 5106, note H. CABRILLAC), mais les correspondants peuvent convenir de reporter la sûreté sur le solde du compte.

Cette exigence est concrètement importante en raison de la convention de renonciation *in favorem*, quelquefois utilisée en pratique où elle est connue sous le nom de promesse d'abstention. Le titulaire du privilège ou de l'hypothèque renonce à se prévaloir de son droit de préférence au profit d'un créancier inscrit après lui (voire d'un créancier chirographaire). Cet accord n'éteint pas la sûreté que le promettant conserve et qu'il peut invoquer si l'exercice de son droit de préférence ne doit pas nuire au bénéficiaire de la promesse, par exemple dans l'éventualité où le prix de l'immeuble serait absorbé par des créanciers de rang intermédiaire, de sorte que le bénéficiaire ne toucherait rien, même si le promettant ne demandait pas à être colloqué. La promesse d'abstention produit un résultat proche de celui qu'engendre la cession d'antériorité (v. *supra*, n° 859) ; il est cependant moins énergique, puisque le rang du promettant n'est pas transmis au bénéficiaire, qui n'en profite que par ricochet, mais il est néanmoins plus étendu, car le bénéficiaire fait valoir son droit de préférence pour le montant de sa créance, alors que dans la cession d'antériorité, il ne peut le faire valoir que dans la limite de la créance du cédant.

La renonciation cause d'extinction est donc théoriquement un acte unilatéral ; en fait, il n'est guère concevable qu'une renonciation même abdicative ne soit pas faite pour satisfaire telle ou telle personne de sorte qu'elle s'enchâsse dans une convention. Elle requiert de son auteur la libre disposition de la créance garantie, dont la perte de la sûreté compromet le recouvrement, et la capacité d'aliéner un droit immobilier. La renonciation ne requiert aucune forme particulière, mais pour en tirer la conséquence normale — la mainlevée de la sûreté —, il sera nécessaire de la constater par acte notarié.

866. — La prescription du droit réel. — Le droit réel d'hypothèque ou de privilège spécial est susceptible de s'éteindre isolément par le jeu de la prescription. Ce mode d'extinction suppose, notamment depuis la généralisation de la publicité foncière, un concours de circonstances si exceptionnel qu'il apparaît comme une hypothèse d'école. Cette constatation invite à ne pas entrer dans le détail d'un régime passablement complexe (105).

L'hypothèque ou le privilège s'éteint indirectement par l'effet d'une prescription acquisitive qui ne peut jouer qu'au profit du tiers détenteur de l'immeuble grevé, mais non du constituant lui-même. Ses conditions sont, en principe, celles de la prescription acquisitive de la propriété (délai de trente ans ou, en cas de juste titre et de bonne foi, délai de dix ou vingt ans). Les deux prescriptions ne se confondent pas et peuvent fonctionner de façon différente, car leurs conditions ne sont pas appréciées à l'égard des mêmes personnes ; la prescription de la propriété court, en effet, à l'encontre du véritable propriétaire, alors que la prescription de l'affranchissement de la sûreté court à l'encontre du créancier qui en est titulaire.

Le point de départ du délai n'est pas le même ; pour la prescription de la sûreté, il ne peut de toute façon, selon une jurisprudence ancienne et constante (106), courir tant que la créance n'est pas échue (c'est l'une des raisons de la rareté

---

(105) Sur ce régime, v. notamment : PLANIOL, RIPERT et BECQUÉ, XIII, n° 1326 et s.

(106) V. notamment : Civ., 8 janv. 1900 : *D.P.* 1900, 1, 103 ; *S.* 1900, 1, 224.

de ce mode d'extinction). Pour bénéficier du délai abrégé, le tiers détenteur doit être de bonne foi, c'est-à-dire ignorer l'existence de la sûreté. On enseignait en doctrine que la bonne foi n'était pas incompatible avec la publicité de cette dernière et on peut citer quelques décisions anciennes en ce sens. Une telle position paraît aujourd'hui bien surannée et difficilement conciliable avec notre conception actuelle de la publicité foncière.

867. — La confusion des qualités. — En principe, lorsque le créancier hypothécaire ou privilégié acquiert l'immeuble, la sûreté s'éteint par « consolidation ». Toutefois, ce phénomène ne se produit pas lorsqu'il y a d'autres créanciers inscrits. La jurisprudence a admis ce cas d'hypothèque sur son propre bien (107) de façon à préserver la situation de l'acquéreur qui peut avoir intérêt à se prévaloir de sa sûreté. Celle-ci lui permet, par exemple, en cas de purge, de se payer à son rang sur la somme qu'il offre aux créanciers inscrits ; ou bien elle lui permet de s'abstenir de procéder à la purge s'il a une créance hypothécaire de premier rang bien supérieure à la valeur de l'immeuble.

868. — La perte de l'objet. — On a déjà rencontré l'ambivalence du terme d'objet en matière de sûretés immobilières (v. *supra*, n° 741). Il désigne d'abord le droit immobilier sur lequel la sûreté est établie. S'il s'agit d'un droit réel démembré, il est temporaire de sorte que la sûreté prend fin lorsqu'il expire ; ainsi, par exemple et notamment, l'hypothèque sur l'usufruit s'éteint lorsque l'usufruitier décède.

L'objet désigne aussi l'immeuble grevé par la sûreté. La perte de l'immeuble est rarement une cause d'extinction. Il faut d'abord, en effet, que la perte soit totale, ce qui ne peut se produire que lorsque la sûreté ne grève pas le sol mais seulement des constructions. Par ailleurs, la perte fait très fréquemment apparaître une créance d'indemnité d'assurance, voire une autre créance indemnitaire sur laquelle le titulaire de la sûreté peut faire valoir son droit de préférence (v. *infra*, n° 940 et s.).

869. — L'épuisement des fonds en cas de purge. — La purge n'est pas en elle-même un mode d'extinction par voie principale. Si elle met fin au droit de suite, elle laisse survivre le droit de préférence qui, en cas de dénouement heureux, s'éteint par voie accessoire consécutivement au paiement de la créance. Toutefois, elle éteint par voie principale les sûretés de ceux qui ne sont pas colloqués utilement (ancien C.P.C., art. 759).

870. — La substitution de garantie. — En introduisant la substitution de garantie dans l'arsenal des mesures mises au service du sauvetage de l'entreprise (v. *supra*, n° 525), la loi du 25 janvier 1985 a créé une nouvelle cause d'extinction par voie principale. Que la substitution résulte de l'acceptation du créancier ou qu'elle lui soit imposée par décision de justice, elle n'éteint l'hypothèque ou le privilège qu'après « constitution » de la garantie substituée (D. 27 déc. 1985, art. 56

---

(107) V. notamment : Civ., 12 fév. 1900 : *D.P.* 1902, 1, 177.

et 100). Le moment précis de l'extinction dépend donc de la nature de cette dernière. S'il s'agit d'une sûreté soumise à publicité, il faut admettre, croyons-nous, que l'extinction ne se produit qu'à compter de l'inscription de cette dernière. Sans doute la sûreté de remplacement est-elle constituée *stricto sensu* antérieurement, mais il serait contraire à l'esprit de la loi que le créancier perde la sûreté originaire avant que l'efficacité juridique de la sûreté substituée ne soit certaine. Les frais de radiation de la sûreté initiale et ceux d'inscription de la sûreté nouvelle incombent à la personne que désigne la décision de justice (D. préc., art. 56 et 100) ou à la personne que désigne la proposition faite au créancier, lorsque celui-ci accepte spontanément la substitution.

LIVRE II

L'UNITÉ D'OBJECTIF : LE PAIEMENT PRÉFÉRENTIEL

Titre I

LA HIÉRARCHIE DES DROITS DE PRÉFÉRENCE

871. — Les deux clefs. — La clef primordiale est la distinction meubles-immeubles, puisqu'à ces deux catégories de biens correspondent des sûretés différentes. On se trouve donc en présence de deux hiérarchies parallèles qui constituent le droit commun. Ce classement du droit commun, sans être totalement écarté, est sensiblement modifié dans l'éventualité la plus importante, celle où le débiteur est sous le coup d'une procédure collective, seconde clef de la hiérarchie.

CHAPITRE I

LE CLASSEMENT SUR LES BIENS MEUBLES

SECTION I

LE CLASSEMENT DU DROIT COMMUN

§ 1. — Les conflits entre les privilèges généraux et les sûretés spéciales

A. — Les conflits entre privilèges généraux et privilèges spéciaux

872. — La règle de la primauté des privilèges spéciaux. — Aucune disposition du Code civil ne permet de déterminer une préséance entre les deux catégories de privilèges. Ce vide avait développé une controverse doctrinale au début du XIXe siècle qu'un arrêt de la Cour de cassation du 20 mars 1849 (1) a tranchée en faveur des privilèges spéciaux en se fondant sur le principe *generi per speciem derogatur*. Cette solution a été constamment réaffirmée (2) ; mais la jurisprudence a renoncé à la fonder sur un adage qui ferait de la primauté une primauté de nature et qui lui donnerait une portée absolue, peu compatible avec les exceptions de plus en plus nombreuses qui lui ont été apportées. La primauté est maintenant fondée sur les qualités respectives des créances en conflit et la priorité est justifiée, pour chaque privilège spécial, par la raison qui en justifie l'existence. Il demeure cependant que la priorité des privilèges spéciaux est moins menaçante pour les privilèges généraux que la solution inverse, de sorte que celle-ci ne devrait être admise que pour des motifs totalement péremptoires.

---

(1) Req., 20 mars 1849 : *D.P.* 1849, 1, 250 ; *S.* 1850, 1, 106 ; *Grands arrêts Capitant*, n° 194.

(2) Civ., 18 juin 1889 : *D.* 1889, 1, 399. — Com., 25 oct. 1976 : *Bull. civ.* IV, n° 267 ; *D.* 1977, 380, note TAISNE.

873. — Les exceptions. — 1) Le privilège des frais de justice. Le premier rang lui est reconnu en raison du fait que ces frais sont avancés dans l'intérêt commun de tous les créanciers, condition qui détermine strictement les créances privilégiées. La règle, bien qu'elle soit fort ancienne, est donc compatible avec le fondement actuel de la primauté des privilèges spéciaux.

2) Les privilèges du Trésor dits de premier rang. Ainsi que nous l'avons plusieurs fois souligné, par l'importance des sommes qu'elle concerne, cette exception constitue une donnée majeure de la pratique des sûretés réelles sur laquelle elle exerce une influence considérable. Ces privilèges viennent directement après les frais de justice, d'où l'appellation officieuse de premier rang, par opposition aux privilèges dits de second rang qui passent non seulement après les privilèges spéciaux, mais encore après les privilèges généraux du droit civil.

Les privilèges de premier rang sont les privilèges fiscaux suivants : contributions directes et taxes assimilées, taxes sur le chiffre d'affaires, taxes départementales et communales assimilées aux contributions directes, droits d'enregistrement et de timbre, contributions indirectes (3) ; s'y ajoutent le privilège du Fonds de garantie automobile et celui de l'Office national interprofessionnel des céréales. En principe, le privilège de l'administration des douanes appartient au groupe des privilèges de second rang, mais cette interprétation traditionnelle a peut-être été remise en cause par un arrêt récent (4).

La primauté de ces privilèges a été reconnue en dépit de l'article 2098, alinéa 2, du Code civil qui réserve les droits acquis par des tiers ; selon une interprétation peu respectueuse de la pensée des rédacteurs de cette disposition, elle ne protège les tiers que dans l'éventualité de la création d'un nouveau privilège (5).

Cette primauté doit cependant comporter une exception au profit du privilège pour frais de conservation, exception que légitime l'idée selon laquelle ces frais ont profité au Trésor (6).

B. — Les conflits entre privilèges généraux et sûretés conventionnelles

874. — Les conflits avec le gage traditionnel. — Le droit de préférence du gagiste, que le législateur a malencontreusement qualifié de privilège, vient au même rang que les privilèges spéciaux ; primé par

---

(3) Il est cependant primé par le privilège du bailleur d'immeuble, mais pour six mois de loyer seulement (C.G.I., art. 1927) ; on retrouve la même règle pour le privilège des douanes.

(4) Com., 13 avril 1972 : *Bull. civ.* IV, n° 102, qui a admis qu'il primait le créancier nanti sur le fonds de commerce.

(5) V. Civ., 2 déc. 1862 : *D.P.* 1862, 1, 513. — Civ., 27 juill. 1925 : *D.P.* 1926, 1, 110.

(6) V. COZIAN, *J.-Cl. civ.*, art. 2098, n° 115. — THUILLIER, *Encyclopédie Dalloz, Dr. civ.*, *Privilèges mobiliers*, n° 261 et les réf. données par ces auteurs.

les frais de justice et les privilèges fiscaux (7), il passe avant les privilèges du droit civil ; mais le handicap des privilèges fiscaux peut être contourné grâce au droit de rétention et à la faculté d'obtenir l'attribution du bien engagé en propriété.

875. — Les conflits avec les autres sûretés. — Le droit de préférence conféré par les trois hypothèques sur les engins de transport a un rang déterminé par des dispositions spéciales, dans le détail desquelles il n'est pas possible d'entrer. Le schéma général est le suivant : si ces hypothèques sont primées par les privilèges propres au droit maritime, fluvial ou aérien, elles ont la priorité sur les privilèges fiscaux et sur ceux du droit civil, à l'exception du privilège des frais de justice.

Quant aux autres sûretés, elles obéissent *a priori* à la règle générale, ne serait-ce que parce qu'elles sont alignées sur le gage avec dépossession. Elles priment donc les privilèges du droit civil mais passent après le privilège des frais de justice et les privilèges fiscaux ; tel est le cas du nantissement du fonds de commerce (8), du film cinématographique (9), et du gage du vendeur du véhicule automobile (10).

Toutefois, certaines d'entre elles bénéficient d'un régime de faveur à l'égard des privilèges fiscaux. Une primauté totale est reconnue au nantissement du matériel professionnel (L. 18 janv. 1951, art. 9). Le warrant agricole (L. 30 avril 1906, art. 12) et le warrant hôtelier (L. 8 août 1913, art. 12) ne sont primés que par le privilège des contributions directes. Les dispositions ambiguës de la législation sur les warrants pétrolier et industriel (L. 21 avril 1932, art. 10, et L. 12 sept. 1940, art. 11) ont ouvert une controverse doctrinale (11) que la jurisprudence n'a pas eu l'occasion de trancher et qui devrait l'être, croyons-nous, au détriment des privilèges fiscaux, sauf à priver ces dispositions de toute signification.

Pour d'autres sûretés, enfin, le législateur a édicté un classement spécifique qui ne leur est pas toujours favorable par rapport à celui du droit commun ; citons à titre d'exemple celui du nantissement des marchés publics qui vient après les privilèges du Trésor (C. marchés publ., art. 193).

---

(7) Une exception est faite pour le warrant des magasins généraux qui ne subit que la priorité des contributions indirectes et des droits de douane dus pour la marchandise (Ord. 6 août 1945, art. 28) ; sur le rang inférieur des autres privilèges fiscaux, v. Com., 3 nov. 1952 : *Bull. civ.* II, n° 331 ; *Rev. trim. dr. com.* 1953, 749, obs. HOUIN).

(8) V. Com., 26 oct. 1971 : *J.C.P.* 72, II, 17058 ; *D.* 1972, 61, note DERRIDA.

(9) Sur le rang préférable du fisc. v. Paris, 12 déc. 1964 : *Gaz. Pal.* 1965, I, 349 ; *D.* 1965, 586, note M. CABRILLAC.

(10) V. Com., 15 janv. 1957 : *J.C.P.* 57, II, 10006, note E. BECQUÉ ; *D.* 1957, 267, note HÉMARD, mais le créancier nanti peut opposer un droit de rétention au fisc (même déc.), dont il a été admis qu'il se reportait sur le prix de la vente forcée à laquelle il n'avait pas consenti, Com., 4 juill. 1962 : *J.C.P.* 62, II, 12885, note NECTOUX.

(11) V. en faveur de la primauté des privilèges fiscaux : ROBLOT, *Les effets de commerce*, n° 576 ; PLANIOL, RIPERT et BECQUÉ, XII, n° 218. *Contra* : MARTY, RAYNAUD et JESTAZ, n° 518 ; HAMEL, LAGARDE et JAUFFRET, n° 1313.

C. — Les conflits entre privilèges généraux et sûretés nées du chef du précédent propriétaire

876. — Lorsque l'objet d'une sûreté a été aliéné et que celle-ci confère un droit de suite qui n'a pas été purgé, un conflit peut naître entre le titulaire de cette sûreté (par définition spéciale) et les privilèges nés du chef de l'acquéreur, en particulier les privilèges généraux qui passent avant les sûretés spéciales. La primauté est reconnue à la sûreté née du chef du précédent propriétaire. En effet, le titulaire du privilège né du chef de l'acquéreur ne peut pas avoir plus de droits que ce dernier ; comme lui, il doit s'incliner devant un droit réel qui grevait déjà le bien lorsqu'il est entré dans le patrimoine de l'acquéreur et dans l'assiette du privilège (12).

§ 2. — Les conflits entre les divers privilèges généraux

877. — Le classement. — La hiérarchie entre les divers privilèges généraux est bien établie et échappe à toute discussion de principe :

— les frais de justice ;

— les privilèges du Trésor de premier rang ;

— les privilèges du droit civil dans l'ordre où les énumère l'article 2101 du Code civil ;

— les privilèges du Trésor de second rang.

§ 3. — Les conflits entre les sûretés spéciales

A. — Les conflits entre les divers privilèges spéciaux

878. — Les données générales. — Le Code civil n'a pas énuméré les privilèges spéciaux dans l'ordre de leurs rangs et ne donne aucune règle générale qui déterminerait leur classement, sinon cette directive commune à tous les privilèges qui invite à prendre en considération la qualité des privilèges (art. 2096). La jurisprudence a donc dû établir une hiérarchie, ce qu'elle a fait, soit en dilatant des règles ponctuelles posées par le législateur, soit en arbitrant entre les intérêts ménagés par les divers privilèges, ce qui l'a amenée à combiner la qualité des créances avec leurs dates de naissance.

---

(12) V. notamment Com., 15 avril 1975 : *D.* 1975, 571, note DERRIDA, qui a accordé la priorité au créancier bénéficiaire d'un nantissement sur un fonds de commerce constitué par le vendeur, lequel se trouvait en conflit avec le Trésor qui invoquait son privilège pour les créances fiscales de l'acquéreur.

La clef majeure de la hiérarchie est constituée par la répartition des privilèges spéciaux en trois groupes, en fonction de leur fondement : idée de gage, conservation de la chose, introduction d'une valeur dans le patrimoine du débiteur (v. *supra*, n° 626 et s.). Mais cette clef est insuffisante tant en raison de l'existence de privilèges qui ne peuvent être intégrés dans l'un des trois groupes qu'en raison de la possibilité de conflits au sein du même groupe ; de la sorte, la jurisprudence a dû faire appel à des critères complémentaires.

879. — Les conflits entre les privilèges fondés sur l'idée de gage et ceux fondés sur l'introduction d'une valeur. — Dans le cas particulier du heurt entre le bailleur d'immeuble et le vendeur de meuble, le code a donné la préférence au premier à moins qu'il soit établi que celui-ci ait su que les biens garnissant les lieux loués n'appartenaient pas au locataire (art. 2102-4°, al. 3). La règle n'est qu'une application de l'effet attaché, d'une façon générale, à la possession de bonne foi des meubles corporels. On s'est donc accordé pour l'étendre à tous les privilèges reposant sur l'idée de gage (13). Le fait que le créancier assimilé à un gagiste sache que le bien n'a pas été payé ne suffit pas à le rendre de mauvaise foi (14).

Le législateur a cependant apporté une exception à la primauté du bailleur ; elle profite au vendeur d'ustensiles agricoles, de semences, d'engrais et produits de traitement (art. 2102-1°, al. 4, réd. du 24 mars 1936). On en a donné plusieurs justifications ; il s'agit en réalité de favoriser le crédit de l'exploitant et c'est là un aspect du phénomène plus général de la prééminence reconnue à l'exploitation sur la propriété.

880. — Les conflits entre les privilèges fondés sur l'idée de gage et le privilège du conservateur. — Une considération fort simple s'est imposée ici : le créancier assimilé à un gagiste doit subir la priorité du conservateur dans la mesure où il a profité directement de l'intervention de ce dernier ; cette considération a conduit à tenir compte de la date à laquelle ont été faits les frais de conservation. Le conservateur doit l'emporter si son intervention est postérieure à l'entrée en possession (15) ; il doit au contraire s'incliner si elle est antérieure, puisque le créancier considéré comme gagiste a reçu un bien qu'il pouvait croire libre de toute charge. Application dérivée de l'article 2279, la règle est subordonnée à la bonne foi du pseudo-gagiste, donc à son ignorance du privilège du conservateur lors de son entrée en possession (16).

881. — Les conflits entre les privilèges fondés sur l'idée d'introduction d'une valeur et le privilège du conservateur. — Ils sont toujours

---

(13) V. par ex. Com., 15 déc. 1947 : *D.* 1948, 112. — Com., 8 juill. 1981 : *Bull. civ.* IV, n° 311, à propos d'un commissionnaire de transport.

(14) V. Com., 8 juill. 1981, préc. — L'interprétation contraire prévalait autrefois, v. Civ., 25 nov. 1907 : *D.P.* 1909, 1, 57, note DE LOYNES.

(15) V. Civ., 25 nov. 1907, préc.

(16) Civ., 13 juill. 1913 : *D.P.* 1915, 1, 65, note DE LOYNES.

résolus en faveur du conservateur (17). En effet, qu'elle soit antérieure ou postérieure à l'introduction de la chose dans le patrimoine du débiteur, l'intervention du conservateur a profité au créancier introducteur et il est donc équitable que le premier soit payé avant le second. Le législateur a consacré cette idée dans un cas particulier : l'article 2102-1°, alinéa 4, donne la priorité au privilège pour frais de récolte par rapport au privilège du bailleur d'immeuble sur les récoltes (qui n'est pas fondé sur l'idée de gage mais sur l'idée d'introduction d'une valeur).

882. — Les conflits entre privilèges d'un même groupe. — Comme il n'y a qu'un privilège fondé sur l'idée de conservation, ces conflits ne peuvent surgir qu'au sein des deux autres groupes. Au demeurant, ils ne peuvent être qu'exceptionnels, ce qui explique que la jurisprudence n'ait pas eu l'occasion de consacrer le principe de solution unanimement avancé en doctrine : *prior tempore, potior jure*. Au sein du premier groupe, c'est le créancier entré ou censé être entré en possession le premier qui doit triompher ; au sein du second, c'est le créancier dont la créance est la plus ancienne.

883. — Les conflits relatifs à des privilèges extérieurs aux trois groupes traditionnels. — Il s'agit d'abord des privilèges spéciaux du Trésor. Certains d'entre eux passent avant les privilèges du droit privé ; c'est le cas du privilège fiscal de la taxe foncière et des divers privilèges non fiscaux qui lui sont assimilés ; ces derniers garantissent le plus souvent des travaux d'amélioration foncière (par exemple, le privilège des taxes dues aux associations syndicales autorisées). Les autres privilèges spéciaux du Trésor viennent normalement après les privilèges spéciaux du droit privé, encore que les dispositions particulières qui fixent leur rang puissent parfois prêter à hésitation ou à controverse.

Il s'agit ensuite des privilèges de droit privé que leur fondement ne permet pas de ranger dans l'un des trois groupes. Ici encore, le classement est normalement donné par le texte qui octroie le privilège. Sa portée n'en est pas toujours très claire ; fréquemment, il accorde une priorité absolue (par exemple, le privilège que l'art. 18 de la loi du 29 déc. 1892 confère aux propriétaires de terrains occupés en exécution de travaux publics s'exerce « de préférence à tous les créanciers »), qui peut se heurter à la priorité absolue attribuée à un autre privilège. En pratique, en raison de l'étroitesse de l'assiette des privilèges en cause, ce conflit ne peut guère se produire (18). Il devrait être résolu par une appréciation de la qualité respective des deux privilèges.

---

(17) V. PLANIOL, RIPERT et BECQUÉ, XII, n° 228 et les réf. données ; MARTY, RAYNAUD et JESTAZ, n° 506.

(18) Le conflit est plus fréquent avec un privilège général primant les privilèges spéciaux et souvent résolu en faveur de ce dernier.

B. — Les conflits entre les sûretés contractuelles

884. — Les conflits entre le gage ordinaire et une sûreté sans dépossession. — Ils ne peuvent apparaître que dans l'éventualité où le bien remis au gagiste était déjà grevé d'une sûreté sans dépossession. En règle générale, le gagiste bénéficie de la prééminence par application de la règle « en fait de meubles... » et dans la mesure où sa mauvaise foi n'est pas démontrée ; son droit l'emporte sur celui du propriétaire en cas de constitution *a non domino*, il doit *a fortiori* l'emporter sur un droit réel de garantie. Toutefois, il ne devrait pas en aller ainsi lorsque le gagiste ordinaire se heurte au bénéficiaire d'un nantissement inscrit sur un véhicule automobile ; l'efficacité attribuée à cette publicité (v. *supra*, n° 711) le constitue, en effet, de mauvaise foi et on ne saurait invoquer, comme le font certains, l'idée selon laquelle la rétention réelle doit l'emporter sur la possession fictive ; cette idée, admise dans d'autres conflits (v. *supra*, n° 556), ne saurait aller à l'encontre de la règle qui veut que la publicité rende le tiers acquéreur de mauvaise foi.

885. — Les conflits entre les diverses sûretés sans dépossession. — Ils se focalisent sur les biens d'équipement professionnel, qui sont susceptibles d'être grevés du nantissement de la loi de 1951 et d'autres sûretés sans dépossession.

Le conflit est inévitable avec le nantissement du fonds de commerce et a été harmonieusement réglé par le législateur. L'article 9 de la loi de 1951 donne la préséance au bénéficiaire du nantissement prévu par cette loi, pourvu qu'il ait signifié au créancier nanti sur le fonds une copie de l'acte constitutif dans les deux mois de sa conclusion. La règle peut être assise sur plusieurs fondements, notamment sur l'idée qu'une sûreté à assiette étroite doit être préférée à une sûreté à assiette plus large. Le créancier nanti sur le fonds, ainsi avisé, peut demander la déchéance du terme sur la base de l'article 1188 du Code civil.

Le conflit serait concevable avec l'hypothèque maritime, fluviale ou aérienne, lorsque le matériel est incorporé à l'engin de transport ; mais une jurisprudence discutable l'a éliminé en tenant pour nul, dans cette éventualité, le nantissement de la loi de 1951 (19).

Le conflit peut, enfin, opposer ce nantissement à un warrant agricole ou un warrant hôtelier. Conflit entre deux sûretés soumises à publicité juridique, il doit être résolu en faveur de la première inscrite, qui sera le plus souvent le nantissement de 1951.

---

(19) Com., 1er juin 1970 : *D.* 1970, 681, note RODIÈRE ; *Dr. mar. fr.* 1971, 131, note CALAIS-AULOY, arrêt qui s'est fondé sur l'art. 19 de la loi de 1951 qui exclut du champ d'application du nantissement les engins de transport.

C. — Les conflits entre les privilèges spéciaux et les sûretés contractuelles

886. — Si l'on réserve les conflits relatifs aux hypothèques sur les engins de transport, que nous n'évoquerons pas car ils donnent lieu à une hiérarchie particulière du fait de l'existence de privilèges spécifiques, ces conflits sont dominés par un principe général : les sûretés en jeu confèrent un droit de préférence assimilable aux privilèges fondés sur l'idée de gage, de sorte que leur sont transposables les solutions dégagées en matière de conflits entre privilèges spéciaux. Ainsi, le titulaire du gage automobile est primé par le conservateur lorsque les frais sont postérieurs à l'inscription (20) ; il en va de même du bénéficiaire d'un nantissement sur film (21) et du nantissement du fonds de commerce (22) lequel, sur le matériel, est primé par le bailleur d'immeuble (23).

Le plus souvent, le législateur a précisé le classement, précision qui n'est pas toujours dérogatoire au droit commun du gage ; ainsi le conservateur est préféré au créancier nanti selon la loi de 1951 (art. 9), mais il ne peut s'agir que des frais postérieurs à la constitution.

La loi de 1906 sur le warrant agricole donne au porteur la préférence sur tous les privilèges spéciaux (24), à l'exception de celui du bailleur d'immeuble. Toutefois, le bailleur ne peut lui opposer son privilège lorsqu'il y a renoncé ou lorsque, régulièrement avisé du projet de warrantage, il n'a pas fait opposition dans la huitaine et selon les formes légales (art. 2). Des règles semblables sont applicables au warrant hôtelier.

Les lois que le warrant pétrolier et le warrant industriel disposent que le porteur doit être payé par préférence à tout créancier ; en raison de l'assimilation au gage, la formule ne semble pas suffisante pour exclure la priorité des frais de conservation faits postérieurement à la constitution et des créances du bailleur d'immeuble (25).

---

(20) Civ. 1re, 13 nov. 1962 : *Gaz. Pal.* 1963, I, 191 ; *J.C.P.* 63, II, 12976. — Com., 4 fév. 1980 : *D.* 1980, I.R. 478, obs. A. Honorat ; *D.* 1982, 189, note Agostini.

(21) V. Trib. com. Seine, 19 janv. 1959 : *D.* 1959, somm. 37.

(22) Civ., 29 nov. 1937 : *Gaz. Pal.* 1938, I, 192.

(23) Toutefois, ce dernier ne peut faire opposition que pour les loyers échus (L. 17 mars 1909, art. 3, al. 5), ce qui restreint indirectement son privilège.

(24) Il est néanmoins douteux que cette disposition exclue la priorité des frais de conservation postérieurs à la constitution. — V. cependant en faveur de l'exclusion : Com., 28 fév. 1989, cité *supra*, n° 722, note 66.

(25) V. en ce sens : Roblot, *Les effets de commerce*, n° 580 ; Hémard, traité préc., n° 578.

D. — Les conflits entre les sûretés mobilières et les sûretés immobilières

887. — Les sûretés mobilières soumises à inscription. — L'immobilisation par nature ou par destination et la mobilisation par anticipation (opération sur une récolte pendante) sont la source de conflits entre les sûretés mobilières spéciales et les hypothèques et privilèges immobiliers.

Lorsque la sûreté mobilière en cause est soumise à une publicité juridique, c'est l'antériorité de la date de son inscription par rapport à celle de l'inscription de la sûreté immobilière qui détermine le classement. L'article 2134, alinéa 4, du Code civil pose la règle pour les warrants, mais il faut lui reconnaître une portée générale puisqu'elle découle de la logique de la publicité juridique.

Pour prévenir les fraudes que cette solution pourrait faciliter, la législation sur le warrant agricole astreint le constituant à mentionner dans l'acte si les biens warrantés sont ou non grevés d'une sûreté immobilière (L. 1906, art. 3) ; symétriquement, le notaire doit indiquer dans l'acte constitutif d'hypothèque si l'assiette englobe ou non des biens warrantés (art. 6). La jurisprudence a sanctionné énergiquement la violation de ces formalités en décidant que le porteur du warrant, en dépit de l'antériorité de son inscription, ne pouvait pas l'opposer au créancier inscrit sur l'immeuble (26).

Une règle dérogatoire a été édictée pour le nantissement du matériel professionnel. Le droit de préférence du créancier nanti subsiste — et prime donc celui du créancier inscrit sur l'immeuble — lorsque le matériel devient immeuble par destination (L. 1951, art. 8). Dans le cas de figure inverse, matériel déjà immobilisé par destination au moment de la constitution du nantissement, ce dernier est opposable au créancier inscrit sur l'immeuble dans la mesure où il lui a été signifié dans les deux mois de la conclusion (art. 9).

Quant au conflit qui pourrait porter sur le matériel du fonds de commerce immobilisé par destination, il a été éliminé par une jurisprudence discutable ; elle a jugé que le matériel immobilisé était par le fait même exclu de l'assiette du nantissement ou du privilège du vendeur du fonds (27).

Le conflit entre une sûreté immobilière et le gage sur véhicule automobile semble impossible en raison de la possession fictive du gagiste dont il faut admettre qu'elle fait obstacle au jeu de l'immobilisation par destination.

888. — Les sûretés mobilières non soumises à inscription. — Il ne peut s'agir que des privilèges spéciaux, puisque le phénomène d'immobilisation ne peut pas se produire tant que le créancier bénéficiaire

---

(26) Civ. 3e, 28 janv. 1975 : *Rép. Defrénois* 1975, art. 30935, p. 773, note FRANK.

(27) Cass., 20 janv. 1913 : *Gaz. Pal.* 1913, I, 213. — Cass., 28 juill. 1937 : *Gaz. Pal.* 1937, 2, 639. — Cass., 27 juin 1944 : *J.C.P.* 45, II, 2782, note TOUJAS.

d'un gage ordinaire demeure en possession et que le gage s'éteint dans le cas contraire ; encore faut-il exclure, pour la même raison, les privilèges fondés sur l'idée de gage.

Le conflit ne peut surgir quand le meuble grevé est l'objet d'une immobilisation par nature, ce qui lui fait perdre son identité.

En va-t-il de même en cas d'immobilisation par destination ? C'est la position de la jurisprudence dominante (28) qui se fonde sur l'article 2131, alinéa 1er, du Code civil en vertu duquel l'hypothèque s'étend à toutes les améliorations apportées à l'immeuble qu'elle grève. Il est permis de contester cette solution, car l'immobilisation par destination n'est qu'une fiction qui ne fait pas perdre au meuble concerné son identité et sa nature (29). Le privilège devrait donc subsister, croyons-nous, et le conflit avec la sûreté immobilière devrait être résolu par application de l'idée selon laquelle une sûreté à assiette étroite doit l'emporter sur une sûreté à assiette plus large ou encore par la prééminence reconnue, en raison de leur fondement, aux privilèges du conservateur ou de ceux qui ont introduit une valeur dans le patrimoine du débiteur.

§ 4. — Les conflits entre des sûretés identiques

889. — Les conflits entre les bénéficiaires du même privilège. — L'article 2097 du Code civil pose un principe général de solution : « Les créanciers privilégiés qui sont dans le même rang sont payés par concurrence ». Ce principe s'applique sans discussion aux privilèges généraux et il n'y est dérogé que pour le privilège de la procédure collective (v. *infra*, n° 894) et pour le privilège des frais de justice (30).

En revanche, bien que l'article 2097 ne distingue pas entre privilèges généraux et privilèges spéciaux, la doctrine admet unanimement qu'il faut l'écarter pour ces derniers et propose un classement en fonction de critères sur lesquels l'accord est également unanime. Si le privilège invoqué par deux ou plusieurs créanciers est fondé sur l'idée de gage, la hiérarchie doit être établie d'après les dates d'entrée en possession ; s'il est fondé sur l'idée d'introduction d'une valeur, d'après les dates de naissance de la créance.

Pour le privilège du conservateur, la logique recommande la solution contraire : le classement doit être fait dans l'ordre inverse des dates de naissance des créances de frais. Si la chose n'avait pas été sauvegardée par l'intervenant postérieur, l'intervenant antérieur aurait vu l'ob-

---

(28) Req., 11 janv. 1887 : *D.P.* 1887, 1, 394 ; *S.* 1887, 1, 154. — Paris, 13 mai 1936 : *D.H.* 1936, 384. — V. en ce sens : MARTY, RAYNAUD et JESTAZ, n° 304.

(29) V. en ce sens : BEUDANT par VOIRIN, XIII, n° 501 ; Trib. com. Saint-Étienne, 16 oct. 1929 : *Gaz. Pal.* 1929, II, 1007.

(30) L'officier ministériel qui a procédé à la vente prélève ce qui lui est dû et passe ainsi avant les autres créanciers de frais de justice, v. *supra*, n° 587.

jet de son droit disparaître ou sa valeur s'amoindrir ; il est donc normal et équitable qu'il s'incline devant le premier.

Pour les privilèges qui n'entrent pas dans les trois catégories traditionnelles, il convient de chercher si le fondement ou le régime de chacun d'eux ne conduit pas à une solution de classement (31) et, à défaut, d'appliquer la loi du concours. Le privilège de la séparation des patrimoines offre une bonne illustration de cette démarche ; un classement s'impose d'évidence : créanciers, puis légataires ; mais aucune hiérarchie ne s'impose en cas de conflit entre les créanciers chirographaires du défunt ou en cas de conflit entre les légataires.

890. — Les conflits entre les bénéficiaires de la même sûreté contractuelle. — Le conflit entre plusieurs titulaires de gages avec dépossession est possible lorsque la chose est entre les mains d'un tiers convenu (et c'est un des intérêts de cette modalité) ; le classement doit être fait dans l'ordre des dates de constitution.

Quant au conflit entre titulaires d'une même sûreté sans dépossession, il est naturellement dénoué par l'ordre des dates d'inscription.

SECTION II

LES MODIFICATIONS APPORTÉES PAR LE DROIT DES PROCÉDURES COLLECTIVES

891. — Généralités. — L'ouverture d'une procédure de redressement judiciaire à l'endroit du débiteur a des incidences multiples et variées sur la situation des créanciers qui bénéficient d'une sûreté mobilière. Elle peut affecter l'existence même de la sûreté, que celle-ci soit perdue de plein droit (privilège du vendeur de meuble, *supra*, n° 651) ou qu'elle soit annulée sur la base de la période suspecte. Elle affecte l'opposabilité de la sûreté qui n'est pas encore publiée et qui ne peut plus l'être (v. *supra*, n° 520) ou son efficacité en limitant l'étendue de la créance garantie (privilège du bailleur d'immeuble, *supra*, n° 637).

La survenance de la procédure collective a aussi pour conséquence de modifier sensiblement le classement du droit commun. Une modification générale et inéluctable procède de l'irruption de deux privilèges généraux qui se superposent à ceux du droit commun. Une modification ponctuelle et éventuelle tient au surclassement dont peut bénéficier le gagiste.

---

(31) Par exemple, on ne décèle aucune raison qui inviterait à établir un ordre entre les propriétaires bénéficiaires du privilège garantissant les indemnités de dommages causés en exécution de travaux publics (v. *supra*, n° 662).

§ 1. — Les privilèges généraux spécifiques à la procédure collective

892. — Le superprivilège des salariés. — On a déjà vu comment, dans l'éventualité du redressement judiciaire de l'employeur, une priorité absolue avait été accordée aux créances salariales (v. *supra*, n° 594). Son classement ne souffre guère de difficultés puisque sa primauté sur le privilège des créances de la procédure est expressément consacrée par la loi de 1985 (art. 40, al. 1er), règle qu'il faut rapprocher de la jurisprudence antérieure qui lui avait donné le pas sur les créances de la masse (32). De même, la loi de 1985 a mis indirectement fin à l'incertitude qui planait sur le conflit entre le superprivilège et les hypothèques sur les engins de transport (33) ; primées par le privilège de l'article 40, ces dernières ne sauraient passer avant le superprivilège, puisque celui-ci a la préséance sur le privilège de l'article 40 (34).

La primauté du superprivilège des salariés n'est toutefois pas aussi absolue qu'on pourrait le croire ; il doit, en effet, s'incliner devant les sûretés-propriétés (réserve de propriété et cession-garantie faite par bordereau Dailly), qu'elles aient été constituée avant ou après le jugement d'ouverture ; il doit aussi s'incliner devant le droit reconnu au créancier gagiste et au rétenteur sur le prix de vente du bien grevé.

893. — Le privilège de la procédure collective. 1° Le classement externe. — Par rapport aux autres sûretés, le classement de ce privilège est fort simple. Il prime toutes les créances qui ont une origine antérieure à l'ouverture de la procédure, à l'exception des créances assorties du superprivilège. Quant aux créances qui ont une origine postérieure, ou bien elles entrent dans le cadre de l'article 40 et donnent lieu au classement interne qu'il prévoit, ou bien elles n'y entrent pas et sont nécessairement primées par lui.

Restent ici encore les francs-tireurs, c'est-à-dire les créanciers munis d'une sûreté-propriété et, le cas échéant, le gagiste et le rétenteur qui ont une priorité absolue, que leur garantie ait été constituée avant ou après le jugement de redressement.

894. — Le privilège de la procédure collective. 2° Le classement interne. — Le privilège de l'article 40 est un « privilège-cadre » (v. *supra*, n° 600) qui garantit des créances de nature différente et de sources diverses ; aussi ces créances ne sont pas également traitées

---

(32) V. Com., 26 avril 1979 : *J.C.P.* 82, II, 19724, note A. MARTIN-SERF ; *D.* 1980, I.R. 7, obs. DERRIDA.

(33) V. en faveur du superprivilège : Trib. com. Pointe-à-Pitre, 20 fév. 1981 : *J.C.P.* 81, II, 19598, note LE GALL. — En faveur de l'hypothèque aérienne : T.G.I. Le Puy, 21 nov. 1986 : *ibid.*, 1987, II, 20756, note LE GALL ; *D.* 1988, somm. 74, obs. DERRIDA.

(34) En ce sens : DERRIDA, *D.* 1988, obs. préc.

et le législateur a établi entre elles une hiérarchie particulière ; elle est complexe puisqu'elle comprend cinq rangs et que le cinquième rang n'a qu'une unité formelle car les créances qui y sont regroupées ne viennent pas en concours mais sont payées dans l'ordre du droit commun. Il convient donc de préciser les cinq paliers de ce classement interne.

1) « Les créances de salaires dont le montant n'a pas été avancé en application des articles L. 143-11-1 à L. 143-11-3 du Code du travail ». Ce sont les rémunérations des prestations de travail fournies pendant la période d'observation et, en cas de liquidation judiciaire, jusqu'au licenciement du salarié. Selon certains auteurs, le terme de salaires devrait être entendu au sens strict et ne pas inclure les autres créances issues du contrat de travail et notamment les indemnités de rupture (35) ; cette interprétation nous paraît difficilement compatible avec la référence aux articles L. 143-11-1 et suivants qui ne visent pas que les salaires *stricto sensu* (36).

2) Les frais de justice. Il faut admettre qu'ils ne peuvent bénéficier du second rang que s'ils répondent aux conditions du droit commun (v. *supra*, n° 587 et s.) ; si la qualification est ainsi écartée, la créance ne doit être payée qu'avec les créances chirographaires en queue du cinquième rang. En plaçant les frais de justice après les créances salariales, le législateur a rendu leur recouvrement aléatoire, ce qui peut nuire au bon fonctionnement de la procédure.

3) Les prêts consentis par les établissements de crédit et les créances nées des contrats continués dont les cocontractants ont accepté un paiement différé. Ce rang avantageux est l'élément essentiel du dispositif qui tend à assurer le financement de la poursuite de l'exploitation. En dépit de son objectif, la règle ne profite pas à tous les fournisseurs mais seulement à ceux qui sont astreints, sur la base de l'article L. 37, à continuer un contrat en cours et qui consentent des délais de paiement plus longs que ceux qui avaient été convenus. Aucune cause de préférence ne joue au sein de ce groupe de créanciers qui viennent donc en concours.

Le domaine de ce sous-privilège pose quelques problèmes au sujet des crédits bancaires. D'abord, faut-il entendre le terme de « prêt » au sens étroit ? Nous ne le pensons pas (37), car ce qui est déterminant ici c'est la qualité du bailleur des fonds et, d'autre part, il serait déraisonnable d'imposer aux intéressés une formule qui n'est guère utilisée en pratique et de les détourner des types de concours courants, tels que le découvert ou l'escompte. Question plus délicate : lorsque, conformément à la jurisprudence qui s'est dégagée, un établissement est astreint à poursuivre un concours antérieur, peut-il, pour les sommes prêtées postérieurement, bénéficier du rang trois ? Bien qu'elle ne découle pas de façon évidente des termes de la loi, la réponse affirmative est recommandée par diverses

---

(35) V. en ce sens : DERRIDA, GODÉ et SORTAIS, *op. cit.*, n° 317 ; RIPERT et ROBLOT, II, n° 3066 ; GUYON, *op. cit.*, n° 1255. — Sur une interprétation particulière de ce 1), v. *supra*, n° 599, note 42.

(36) V. en ce sens : SOINNE, *op. cit.*, n° 531.

(37) V. les réticences de DERRIDA, GODÉ et SORTAIS, *op. cit.*, note 492 *bis*. — *Adde* : D. SCHMIDT, *Le financement de l'entreprise pendant la phase d'observation* in *Le redressement judiciaire de l'entreprise* : *Rev. jurisp. com.*, n° spéc. fév. 1987, p. 23.

raisons que nous ne pouvons détailler (notamment par l'idée que le concours n'est réalisé que lorsqu'il est utilisé, de sorte qu'il apparaît comme postérieur au jugement d'ouverture même s'il est fait en exécution d'une promesse antérieure). Peut-être faut-il voir une consécration indirecte de cette réponse affirmative dans l'arrêt de la Chambre commerciale qui a attribué compétence exclusive au juge-commissaire pour contraindre le banquier à continuer ses concours (38), solution qui la rend conciliable avec les dispositions de l'article 40-3°.

L'accès au troisième rang est subordonné à deux conditions. En premier lieu, le prêt et les délais de paiement doivent être autorisés par le juge-commissaire, autorisation qui ne doit être donnée que « dans la limite nécessaire à la poursuite de l'activité ». En second lieu, ils doivent faire l'objet d'une publicité particulière. La sanction de l'une et l'autre de ces conditions n'a pas été précisée par le législateur ; il est évident que l'attribution de ce rang favorable est subordonnée à leur satisfaction ; comme, d'autre part, la créance n'en est pas moins née régulièrement après le jugement d'ouverture, la sanction qui s'impose est la rétrogradation au rang cinq (39).

La publicité est faite, selon les cas, au R.C.S., au Répertoire des métiers ou au registre spécial tenu au greffe du T.G.I. (art. D. 60) à la diligence du greffier.

4) Les sommes dont le montant a été avancé par l'A.G.S. en application du 3° de l'article L. 143-11-1 du Code du travail (v. *supra*, n° 597). La subrogation de l'organisme payeur dans les droits du salarié aurait dû lui donner accès au rang un ; ce rang spécifique constitue donc une dérogation au droit commun qui le pénalise (v. *supra*, n° 599).

5) Les autres créances selon leur rang. C'est en quelque sorte le régime ordinaire des créances de la procédure qui sont ainsi regroupées dans un sous-ensemble au sein duquel s'applique la hiérarchie du droit commun avec ses sûretés légales, conventionnelles et judiciaires (mais non, comme on l'a souligné, les sûretés-propriétés qui bénéficient d'une primauté absolue en marge du classement de l'article 40).

La validité des hypothèques et nantissements contractuels est subordonnée à l'autorisation du juge-commissaire (art. L. 33, al. 2), faute de laquelle les créances correspondantes doivent venir à la fin du cinquième rang avec les autres créances chirographaires. L'inscription d'une hypothèque ou d'un nantissement judiciaire paraît possible, puisque le créancier de l'article 40 jouit du droit de poursuite individuelle (40). Reste à savoir si la jurisprudence entérinera le résultat, assez discutable, du jeu des sûretés judiciaires : le sacrifice imposé aux créanciers inscrits avant le jugement d'ouverture, au nom de la poursuite de l'exploitation et au profit global des créanciers de la procédure, ne profiterait qu'à quelques-uns d'entre eux, les plus âpres et les plus avisés.

---

(38) Com., 21 déc. 1987 : *Bull. civ.* IV, n° 282 ; *D.* 1988, I.R. 13.

(39) En ce sens : DERRIDA, GODÉ et SORTAIS, *op. cit.*, n° 317 ; SOINNE, *op. cit.*, n° 531.

(40) En ce sens : SOINNE, *loc. cit.*

§ 2. — L'incidence du droit de rétention sur le classement

895. — Le surclassement éventuel du gagiste en possession. — Le droit de rétention attaché au gage traditionnel peut permettre à son titulaire de paralyser la réalisation de l'objet grevé. Pour éviter ce résultat préjudiciable à l'entreprise en difficulté comme au gagiste lui-même, la loi autorise l'administrateur, puis le liquidateur, à retirer le gage en payant la dette garantie (art. L. 33, al. 2, *supra*, n° 564). Si cette possibilité n'a pas été exploitée, le sort du gagiste varie selon la solution de la procédure.

En cas de continuation de l'entreprise et lorsque le bien est vendu, la règle générale veut que les créanciers qui ont une sûreté sur ce bien reçoivent les dividendes à échoir suivant l'ordre de préférence existant entre eux (art. L. 78). Ce texte, qui n'y fait aucune allusion, ne saurait priver le créancier gagiste de son droit de rétention, qu'il doit pouvoir opposer à l'acheteur (41). Si un plan de cession est adopté, le bien engagé est transmis au cessionnaire, mais, ici encore, on doit décider que le droit de rétention est opposable à ce dernier (42).

Ce n'est donc que dans l'hypothèse de la liquidation judiciaire qu'un changement est apporté dans la situation du gagiste. Dans les six mois du jugement qui la prononce, si le gagiste n'a pas pris l'initiative de la réalisation, le liquidateur doit demander au juge-commissaire l'autorisation d'y procéder, autorisation qu'il doit notifier au créancier quinze jours avant la réalisation ; le droit de rétention est alors reporté sur le prix dans la limite de la créance garantie (art. L. 159) ; grâce à ce mécanisme, le gagiste bénéficie de la priorité absolue que lui accordait la loi antérieure. En revanche, lorsque le créancier gagiste prend l'initiative de la réalisation, il ne vient qu'à son rang normal.

La règle du report du droit de rétention sur le prix ne s'applique par définition qu'au gage avec dépossession, auquel il faut assimiler le gage sur véhicule automobile en raison de la possession fictive dont le créancier est expressément investi.

896. — La préférence attribuée au rétenteur ordinaire. — Si l'administrateur n'a pas fait usage de la faculté ouverte par l'article 33, alinéa 2, le titulaire du droit de rétention non lié à un gage en conserve le bénéfice en cas d'adoption d'un plan de continuation ou de cession.

---

(41) V. en ce sens : RIPERT et ROBLOT, II, n° 3191 ; rappr. SOINNE, n° 767, qui professe que le droit de rétention doit être reporté sur le prix ; ce serait la solution logique, mais peut-elle être étendue à d'autres hypothèses que celles prévues par le législateur ?

(42) V. en ce sens : D. MARTIN, *De la survie du gage à la cession de l'entreprise* : *Rev. jurisp. com.* 1987, 81 ; *De la rétention d'actif en cas de cession de l'entreprise* : *Gaz. Pal.* 1988, doctr. 67. — CRÉDOT, *La cession de l'entreprise et le droit de rétention* : *Les Petites Affiches* 1987, n° 68, p. 12.

Si la liquidation judiciaire est prononcée, la situation du rétenteur est assimilée par l'article L. 159 à celle du gagiste ; si le bien est vendu contre son gré, il doit s'en dessaisir mais bénéficie du report de son droit sur le prix. La règle cache, en réalité, l'attribution d'un véritable privilège de premier rang à ce créancier chirographaire qu'était le rétenteur.

CHAPITRE II

LE CLASSEMENT SUR LES BIENS IMMOBILIERS

SECTION I

LE CLASSEMENT DU DROIT COMMUN

897. — Généralités. — La hiérarchie des sûretés immobilières est moins complexe que celle des sûretés mobilières ; le phénomène tient au nombre réduit des privilèges en matière immobilière et à l'incidence de la publicité foncière.

Il convient de distinguer d'une part, les conflits entre privilèges généraux et sûretés inscrites et, d'autre part, les conflits pouvant surgir au sein des sûretés inscrites ; une troisième catégorie de conflits a déjà été étudiée (v. *supra*, n° 887 et s.), ceux qui opposent les sûretés immobilières aux sûretés mobilières spéciales.

§ 1. — Les conflits entre les privilèges généraux et les sûretés inscrites sur l'immeuble

898. — La primauté des privilèges généraux. — Les privilèges portant sur la totalité de l'actif (celui des frais de justice et celui des salariés) passent avant les sûretés inscrites sur l'immeuble (C. civ., art. 2105), qu'il s'agisse des privilèges spéciaux, de l'hypothèque ou de l'antichrèse (1). Toutefois, cette primauté ne joue qu'à l'égard des sûretés inscrites du chef du débiteur des créances privilégiées. Les sûretés inscrites du chef d'un propriétaire antérieur priment les privilèges généraux des créanciers des propriétaires subséquents ; en effet, lorsque l'immeuble est entré dans le patrimoine de ces derniers, il

(1) L'antichrésiste peut cependant mettre cette priorité en échec grâce à son droit de rétention.

y est entré déjà grevé de sûretés inscrites, opposables au nouveau propriétaire et donc à ces créanciers.

La primauté des privilèges généraux est tempérée par le principe de subsidiarité qui a été précédemment évoqué (v. *supra*, n° 584).

§ 2. — Les conflits entre sûretés inscrites

899. — La règle générale. — Si le législateur donne plusieurs règles de classement correspondant à divers conflits (notamment art. 2095, 2103, 2134 C. civ.), un critère général n'en émerge pas moins, celui de l'ordre chronologique rectifié. Chaque sûreté prend rang à une date donnée, date qui est soit celle de son inscription (hypothèque et antichrèse) (2), soit celle de l'acte qui lui a donné naissance à laquelle rétroagit l'inscription (privilèges spéciaux) ; exceptionnellement, la date est différée par rapport à celle de l'inscription ; c'est le cas de l'hypothèque légale de l'époux marié sous le régime de participation aux acquêts qui ne prend rang qu'à compter de la dissolution du régime ou de la demande de liquidation anticipée alors qu'elle est inscrite antérieurement (C. civ., art. 2136, al. 3).

Il résulte du critère chronologique que les privilèges spéciaux priment normalement les hypothèques nées du chef du même auteur. En effet, l'événement qui les a fait naître (vente, partage, dévolution successorale), dont la date détermine leur rang, a fait entrer le bien dans le patrimoine du constituant ou lui a permis d'acquérir la propriété exclusive ; les hypothèques nées du chef de ce dernier ont par définition une date d'inscription postérieure.

Ce phénomène ne se produit cependant pas pour le privilège du copartageant dans un cas particulier : il doit s'incliner devant l'hypothèque inscrite du chef du coindivisaire, avant le partage, sur un immeuble mis au lot de ce dernier ; en effet, cette hypothèque se trouve rétroactivement confortée à sa date d'inscription (v. *supra*, n° 744). Le phénomène aurait pu également ne pas se produire pour le privilège de l'accédant, mais la loi a paré à cette éventualité en le subordonnant à l'absence de sûretés inscrites sur l'immeuble ou à la cession de leur antériorité au profit de l'accédant (v. *supra*, n° 764).

En revanche, le critère chronologique veut que les privilèges inscrits du chef du propriétaire actuel soient primés par les sûretés inscrites du chef des propriétaires précédents, puisque ces sûretés ont par définition une date antérieure.

900. — Les exceptions. — Un seul privilège bénéficie d'une primauté qui procède d'une autre cause : celui des architectes et entrepreneurs.

---

(2) Même si la créance n'était encore qu'éventuelle ou conditionnelle à cette date, v., à propos de l'hypothèque garantissant une ouverture de crédit en compte courant : Civ., 3 fév. 1937 : *D.H.* 1937, 177.

Accordé en raison de la plus-value apportée à l'immeuble, qui a profité à tous les créanciers inscrits sur ce dernier, il confère une priorité absolue, même à l'égard des sûretés inscrites avant et notamment celles inscrites du chef des précédents propriétaires. Cette primauté n'est pas gênante en raison de la règle qui limite l'exercice du privilège à la partie du prix correspondant à la plus-value.

Une autre exception concerne le privilège de la séparation des patrimoines, dont le droit de préférence, qui a déjà été évoqué, présente une physionomie très particulière (v. *supra*, n° 774).

901. — Les difficultés d'application : 1° Les sûretés affectées de la même date. — L'identité de date de prise d'effet d'un privilège spécial et d'une hypothèque donne lieu à un conflit qui doit être résolu par la règle générale conférant la priorité aux privilèges spéciaux.

L'identité de dates ne peut être que très rare entre privilèges spéciaux sous réserve du cas déjà rencontré (v. *supra*, n° 762) du privilège du vendeur et de celui du prêteur de deniers. On ne peut guère envisager que l'éventualité de deux privilèges de copartageants inscrits sur l'immeuble mis au lot d'un troisième ; ces privilèges doivent venir en concours. Plus fréquent peut être le conflit entre des hypothèques inscrites le même jour. La règle du concours, qui avait été posée à l'origine (C. civ., ancien art. 2147), a fait place, depuis la réforme du 4 janvier 1955, à un classement particulier donné par l'article 2134, alinéa 2 et suivants du Code civil. L'hypothèque légale prime l'hypothèque conventionnelle ou judiciaire. Entre les hypothèques conventionnelles et judiciaires, la priorité appartient au créancier dont le titre est le plus ancien. La règle du concours demeure applicable d'abord en cas de conflit entre hypothèques légales, ensuite en cas de conflit entre hypothèques conventionnelles ou judiciaires inscrites sur la base de titres portant la même date.

902. — Les difficultés d'application : 2° Les hypothèques multiples. — Expression officieuse et commode, les « hypothèques multiples » désignent les hypothèques inscrites sur plusieurs immeubles pour garantir la même créance. Ce cas de figure pose un problème lorsque l'un ou tous les immeubles concernés sont grevés d'hypothèques de rang inférieur au profit d'un ou de divers créanciers dits à hypothèque unique. L'exercice du droit de préférence du créancier à hypothèque multiple sur un immeuble déterminé retentit, en effet, sur le sort des créanciers inscrits sur cet immeuble et sur celui des créanciers inscrits sur les autres. Ainsi, Primus a inscrit une hypothèque sur l'immeuble A et sur l'immeuble B ; postérieurement, Secundus a inscrit une hypothèque sur A et Tertius sur B. Si Primus poursuit le recouvrement de sa créance sur le prix de A, il désavantage Secundus au profit de Tertius qui pourra venir en rang utile sur B.

L'indivisibilité de l'hypothèque engendre une règle de principe qui tend à consacrer ce résultat injuste : le créancier à hypothèques multiples a le libre choix ; il ne peut pas être contraint à diviser ses poursuites, ni à les exercer sur l'immeuble qui n'est pas grevé d'une hypothèque unique, ni encore à les exercer sur l'immeuble grevé de l'hypothèque unique inscrite en dernier lieu (3).

La jurisprudence s'est efforcée de limiter ce résultat en tempérant la liberté de choix du créancier à hypothèques multiples. Le premier tempérament est l'application de la théorie de l'abus de droit. Il ne peut pas exercer son droit sur le prix d'un immeuble plutôt que sur celui d'un autre s'il le fait avec l'intention de nuire à un créancier à hypothèque unique ou même s'il lui porte tort sans pouvoir faire état d'un intérêt sérieux (4).

Le second tempérament joue dans l'éventualité où les divers immeubles sont situés dans le même ressort et sont réalisés ; une procédure d'ordre unique peut alors être ouverte, ce qui permet de prendre en considération la situation des créanciers à hypothèque unique ; mais selon quelle modalité ? Deux méthodes, en effet, sont concevables entre lesquelles la jurisprudence n'a pas pris nettement parti. La première consiste à colloquer le créancier à hypothèque multiple sur chaque immeuble pour une fraction de sa créance proportionnelle au prix (5) ; on lui reproche d'aboutir à traiter sur un pied d'égalité les créanciers à hypothèque unique. La seconde consiste à colloquer le créancier à hypothèques multiples d'abord sur l'immeuble grevé de l'hypothèque unique affectée de la date la plus tardive (6) ; on lui reproche d'arbitrer entre les hypothèques uniques en fonction de leurs dates respectives d'inscription, alors que ce critère ne devrait départager que des créanciers inscrits sur le même immeuble. Outre que cette dernière méthode peut parfois produire un résultat inacceptable (7), la critique qui lui est faite nous paraît déterminante, alors qu'il n'est pas choquant de placer sur le même plan des créanciers qui ne sont pas directement en conflit et qu'on entend collectivement protéger contre les conséquences d'un choix arbitraire du créancier à hypothèques multiples.

---

(3) V. notamment : Civ. 3e, 15 fév. 1972 : *D.* 1972, 463, note E.F.

(4) V. Civ., 18 juill. 1893 : *D.P.* 1894, 1, 113. — Civ., 9 mai 1905 : *D.P.* 1909, 1, 225, note DE LOYNES ; *S.* 1906, 1, 489, note BERNARD. — Civ., 7 fév. 1949 : *S.* 1949, 1, 144 ; *Rev. trim. dr. civ.* 1950, 104, obs. RAYNAUD.

(5) V. en ce sens mais dans des espèces où le créancier à hypothèques multiples avait donné son consentement : Civ., 26 déc. 1853 : *D.* 1855, 1, 200 ; *S.* 1854, 1, 86. — Civ., 7 fév. 1949, préc. — En faveur de cette solution : WEILL, n° 476.

(6) En ce sens : Req., 5 août 1847 : *D.* 1847, 1, 304 ; *S.* 1847, 1, 832. — Bordeaux, 8 avril 1908 : *D.* 1911, 2, 377 ; *S.* 1912, 2, 102. — En faveur de cette solution : PLANIOL, RIPERT et BECQUÉ, t. XIII, n° 1000 ; BEUDANT par VOIRIN, t. XIV, n° 923.

(7) Si le prix de l'immeuble sur lequel le créancier à hypothèques multiples n'est pas colloqué est supérieur au montant de la créance garantie par l'hypothèque unique, le reliquat va aux créanciers chirographaires alors que le créancier inscrit sur l'immeuble dont le prix est attribué au créancier à hypothèques multiples n'est pas payé.

SECTION II

LES MODIFICATIONS APPORTÉES PAR LE DROIT DES PROCÉDURES COLLECTIVES

903. — La priorité du privilège de la procédure sur les créanciers inscrits sur l'immeuble. — Le privilège de l'article 40 de la loi de 1985 prime les privilèges spéciaux et hypothèques inscrits sur l'immeuble. Le classement est donc le suivant : 1) superprivilège des salariés, 2) privilège de l'article 40, 3) privilège des salaires, 4) sûretés inscrites sur l'immeuble. Toutefois, bien que le texte ne le précise pas, cette priorité ne doit pas jouer à l'égard des sûretés inscrites du chef d'un propriétaire antérieur, puisque l'article 40 ne confère un droit préférentiel qu'à l'égard des créanciers de l'entreprise en difficulté.

904. — La combinaison du privilège de la procédure et d'une sûreté immobilière. — Une créance de l'article 40 peut être assortie d'un privilège spécial immobilier ou d'une hypothèque conventionnelle, judiciaire ou légale. Cette sûreté confère à son titulaire le droit d'être payé par préférence aux autres créances du cinquième rang de l'article 40, mais de celles-là seulement. Il n'en doit pas moins subir la priorité des créances des quatre premiers rangs. Naturellement et bien que ce résultat soit paradoxal, il passe, en vertu de l'article 40, avant les créanciers inscrits antérieurement à l'ouverture de la procédure.

La sûreté immobilière ne saurait jouer au sein du rang trois. Ainsi, les deux banquiers qui bénéficient de ce rang parce qu'ils ont consenti des prêts autorisés par le juge-commissaire, doivent venir en concours, sans qu'il y ait à tenir compte de l'hypothèque que l'un d'eux a pu obtenir.

Titre II

L'EXERCICE DU DROIT DE PRÉFÉRENCE

CHAPITRE I

L'EXERCICE DU DROIT DE PRÉFÉRENCE DANS LE CADRE D'UNE VENTE FORCÉE ISOLÉE

905. — Les poursuites individuelles. — Lorsque le débiteur défaillant n'est pas sous le coup d'une procédure collective, le créancier muni d'une sûreté réelle peut, afin d'exercer son droit de préférence, faire apparaître la valeur du bien grevé en provoquant la vente judiciaire de celui-ci. Ce moyen est considéré comme le mode de réalisation du droit commun ; présentation qui n'est pas inexacte, mais qui, actuellement, correspond mal à la réalité statistique ; en effet, depuis que le domaine de la procédure collective a été étendu aux personnes morales de droit privé, aux artisans et aux agriculteurs, les poursuites individuelles ne sont plus le mode de réalisation habituel d'une sûreté.

Ce mode est doublement ponctuel ; il l'est quant aux biens qui sont réalisés isolément ; il l'est quant aux créanciers car ne profite de la réalisation que celui qui a pris l'initiative de la poursuite ou qui s'y est joint. Cette atomisation des poursuites n'est pas une donnée qui s'impose d'évidence et l'on peut fort bien concevoir, comme le montre le droit comparé, une procédure globale qui organiserait l'insolvabilité d'une personne et en tirerait les conséquences en présidant à la réalisation de tout son actif au profit de tous ses créanciers.

En recourant à la vente forcée, un créancier n'utilise pas une prérogative inhérente à la sûreté réelle mais une prérogative inhérente à la créance elle-même, qu'elle soit assortie d'une cause de préférence ou qu'elle soit chirographaire. De la sorte, celui qui prend l'initiative de la poursuite ne jouit de ce fait d'aucun avantage et tout créancier, pourvu que sa créance soit certaine, liquide et exigible, peut prendre le train en marche en faisant opposition au paiement du prix ou en intervenant dans la procédure de répartition tant qu'elle n'est pas parvenue à son dénouement.

De la vente forcée provoquée par un créancier, on peut rapprocher cette vente forcée que constitue l'expropriation pour cause d'utilité publique, puisqu'elle aussi fournit aux créanciers inscrits sur l'immeuble l'occasion d'exercer leurs droits de préférence sur sa valeur représentée par l'indemnité d'expropriation (C. expr., art. L. 12-3 ; sur la purge que réalise d'expropriation, v. *infra*, n° 915).

906. — Les saisies et la vente aux enchères. — Normalement, la vente forcée est le couronnement de l'une des diverses saisies organisées par la loi et correspondant à la nature du bien réalisé (saisie immobilière, saisie-exécution, saisie-arrêt, etc.), saisies dont l'étude n'entre pas dans le cadre de cet ouvrage et relève de la matière des voies d'exécution.

Toutefois, la saisie n'est pas toujours un préalable nécessaire à la vente forcée. Le créancier titulaire d'un gage traditionnel peut directement, étant en possession du bien grevé, faire procéder à la vente aux enchères. La même possibilité est ouverte au titulaire d'un gage sans dépossession si le débiteur lui remet spontanément le bien grevé, comme il a le devoir (pénalement sanctionné) de le faire. En revanche, elle ne l'est pas pour l'antichrèse qui doit être réalisée par le jeu d'une saisie immobilière.

Lorsque le gage a le caractère civil, le créancier, même s'il est muni d'un titre exécutoire, doit faire ordonner la vente par le tribunal en mettant en cause le constituant (1). Lorsque le gage a le caractère commercial, il suffit au gagiste d'adresser, par acte d'huissier, au constituant une mise en demeure d'avoir à payer, à l'expiration d'un délai de huitaine (2), et il peut être procédé à la vente (C. com., art. 93). Cette règle s'applique au gage automobile et au nantissement du matériel professionnel même lorsqu'ils ont le caractère civil (3). Un régime voisin, caractérisé aussi par la dispense d'autorisation judiciaire et moins formaliste (le commandement de payer peut être fait par lettre recommandée avec A.R.), a été prévu pour les warrants à domicile (v. notamment l'art. 11 de la loi de 1906 relative au warrant agricole).

Que la saisie soit nécessaire ou non, la vente doit toujours avoir lieu aux enchères publiques (sauf pour le nantissement des valeurs mobilières cotées en bourse), enchères dont les modalités varient en fonction de la nature du bien. Cependant, selon une procédure bien définie et si le saisi y consent, la saisie immobilière peut être convertie en vente volontaire. En matière de gage, on admet que le juge des référés peut ordonner la vente amiable en cas de nécessité (4).

907. — Les aménagements contractuels. — La prohibition des pactes commissoires et des clauses de voie parée a déjà été évoquée à propos du régime de base des sûretés (v. *supra*, n° 524). Comme cette double interdiction a pour objectif la protection du constituant, l'idée a prévalu qu'elle devait s'arrêter à partir du moment où ce dernier n'est plus en position de faiblesse, c'est-à-dire après le contrat qui a fait naître la sûreté. La jurisprudence a sacrifié à cette idée et a consacré

(1) Les caisses de crédit municipal sont dispensées de l'autorisation judiciaire.

(2) La règle exclut, en principe, l'octroi d'un délai de grâce, v. Com., 10 déc. 1979 : *Bull. civ.* IV, n° 328 ; *D.* 1980, I.R. 386, obs. VASSEUR. — Versailles, 17 nov. 1986 : *D.* 1988, 95, note PRÉVAULT.

(3) V. Versailles, 17 nov. 1986, préc.

(4) V. notamment : PLANIOL, RIPERT et BECQUÉ, XII, n° 119 et la jurisprudence citée ; de toute façon, s'agissant d'un meuble corporel, la violation des formalités ne peut être sanctionnée que par des dommages-intérêts auxquels s'expose le poursuivant, ce qui suppose la démonstration d'un préjudice qui n'est pas toujours évident, v. notamment Cass., 2 déc. 1903 : *D.P.* 1905, 1, 9, note GUÉNÉE ; *S.* 1906, 1, 321, note WAHL.

la validité des conventions postérieures à la constitution qui prévoient l'attribution du bien grevé au créancier ou qui l'autorisent à s'affranchir des formes légales, notamment du mandat de vendre à l'amiable donné par le débiteur au créancier (5).

Bien qu'elles soient dangereuses pour les créanciers étrangers à l'accord, ces solutions sont globalement bénéfiques, car le postulat selon lequel les formes légales permettent d'obtenir le meilleur prix est souvent démenti, ces formes étant souvent la source de frais élevés et parfois disproportionnés par rapport à la valeur du bien grevé.

908. — La répartition du prix de vente d'un bien mobilier. — Elle est faite dans le cadre d'une distribution par contribution à laquelle il y a lieu de procéder, dès lors qu'il y a plusieurs créanciers saisissants et que le produit de la vente est insuffisant pour les payer tous. Le terme de contribution est quelque peu fallacieux, puisqu'il se réfère à la situation des créanciers chirographaires, qui « contribuent » à l'insuffisance de la somme en recevant une fraction du montant de leurs créances déterminée par la proportion entre les sommes réclamées et la somme à distribuer (paiement au marc le franc). Or, le plus souvent, les créanciers saisissants disposent d'une cause de préférence qui astreint à établir un classement entre eux.

Ce classement peut être dressé par la voie contractuelle ; c'est la contribution amiable qui requiert le consentement de tous les intéressés (y compris le débiteur saisi). Cet accord doit être constaté par un écrit quelconque et communiqué au professionnel ou à la personne qui détient les fonds ; il emporte délégation au profit de chaque création de la partie du prix qui lui revient. A partir de cette délégation, qui fait sortir les fonds du patrimoine du débiteur, les oppositions ne sont plus recevables.

A défaut de contribution amiable, doit s'ouvrir une procédure de distribution par contribution (6). La compétence appartient soit au tribunal d'instance lorsque la somme à répartir est inférieure à 13 000 F (7), soit au tribunal de grande instance, un juge-commissaire, dit juge aux contributions, étant alors chargé de proposer la répartition.

La procédure doit être précédée de la consignation de la somme par le professionnel ou la personne qui la détient. Elle s'ouvre à la requête d'un créancier saisissant. Au vu des productions des créanciers, lesquelles ne sont plus recevables après le mois qui suit les

(5) Sur cette jurisprudence, v. WIEDERKEHR, art. préc., p. 671 ; M. STORCK, *L'aménagement conventionnel de la procédure de réalisation du gage* : *Les Petites Affiches*, 30 oct. 1987, p. 29 et s. — V. notamment Civ., 25 mars 1903 : *D.* 1904, 1, 273, à propos d'une promesse de vente conditionnelle consentie postérieurement au créancier hypothécaire. — Civ. 1re, 17 nov. 1959 : *Bull. civ.* I, n° 480 ; *Gaz. Pal.* 1960, 1, 62 ; *D.* 1960, somm. 37, à propos du pacte commissoire relatif à un gage consenti lors du renouvellement du prêt. — Com., 13 janv. 1965 : *J.C.P.* 66, II, 14469, note R.D.M. — Rappr. Rouen, 26 nov. 1971 : *D.* 1971, 429, note HÉMARD.

(6) Pour les détails de cette procédure, v. M. DONNIER, *op. cit.*, n° 1381 et s.

(7) Le tribunal d'instance est compétent quelle que soit l'importance de la somme lorsqu'elle provient d'une saisie-arrêt des traitements et salaires.

sommations aux créanciers qui se sont manifestés, le juge-commissaire dresse un état de collocation provisoire. Cet état devient définitif par le jeu d'une ordonnance de clôture s'il n'y a pas de contredit ou après le jugement du tribunal rendu sur le ou les contredits (8). Un bordereau de collocation est alors délivré à chaque créancier qui lui permet de retirer la somme qui lui a été attribuée.

909. — La répartition du prix de vente d'un bien immobilier. — Elle est faite grâce à la procédure d'ordre. Comme son appellation l'indique, cette procédure a pour objet exclusif le classement des créanciers. Elle est donc exclue au profit de la procédure de distribution par contribution dans deux éventualités exceptionnelles : celle où il n'y a pas de créanciers inscrits sur l'immeuble ; celle, moins rare, où, après paiement des créanciers inscrits, apparaît un reliquat auquel prétendent d'autres créanciers. Par ailleurs, la procédure d'ordre peut être évitée par un contrat conclu entre tous les intéressés (saisissants, créanciers inscrits, saisi et adjudicataire), contrat auquel on donne le nom d'ordre consensuel.

La procédure d'ordre est de la compétence exclusive du tribunal de grande instance et, plus particulièrement, du juge investi de façon permanente de cette mission, le juge aux ordres. Elle se caractérise par une grande complexité qui procède du désir qu'a éprouvé le législateur de protéger la propriété et le crédit immobiliers, protection qui trouve sa rançon dans la lenteur, les possibilités d'exploitation dilatoire et les frais qu'elle entraîne (9).

Le législateur s'est cependant efforcé de réduire ces inconvénients en instaurant un système gigogne ; le première pièce en est l'ordre amiable, étape obligatoire qui peut être définitive, mais qui, en cas d'échec, est suivie par l'ordre judiciaire. Le principe de l'ordre amiable est celui d'une concertation entre les créanciers inscrits que doit tenter le juge aux ordres, à la suite de l'ouverture de la procédure sur la requête du créancier saisissant ou, à défaut, du créancier le plus diligent. Si cette tentative aboutit, ce qui suppose l'accord de tous les créanciers inscrits sur un classement, le juge rend une ordonnance de règlement amiable (10). C'est un acte juridictionnel (11) qui ne peut pas être assimilé au simple contrat qu'est l'ordre consensuel. A défaut d'accord, le juge constate l'insuccès de sa tentative dans un procès-verbal et ouvre l'ordre judiciaire, lequel débouche, au terme

(8) Le tribunal de grande instance statue à charge d'appel lorsque le montant de la créance contestée dépasse 13 000 F.

(9) Pour les détails de cette procédure, v. M. Donnier, *op. cit.*, n° 1270 et s.

(10) Le juge peut cependant arrêter un ordre partiel (qui admet les créances venant avant la créance qui suscite une difficulté) ou un ordre conditionnel (qui établit deux classements en fonction de la contestation qui est élevée), l'ordre judiciaire n'étant ouvert que sur la créance litigieuse.

(11) V. l'analyse séduisante du doyen Vincent, *op. cit.*, n° 337, selon laquelle il s'agit d'un « jugement convenu ou d'expédient » rendu au terme d'un ordre judiciaire « simplifié et allégé ».

d'une procédure fertile en incidents, sur un règlement imposé aux créanciers (12).

Le règlement amiable et le règlement judiciaire ont l'autorité de la chose jugée (13) et produisent les mêmes effets. Leur exécution donne lieu à la délivrance à chaque créancier d'un bordereau de collocation revêtu de la formule exécutoire. Il entraîne, par délégation imparfaite, transfert au bénéficiaire de la créance du prix de l'immeuble dans la mesure de la somme qui lui a été reconnue. A partir de ce moment, les intérêts ne courent plus contre le saisi, mais contre l'adjudicataire ou la C.D.C. s'il y a eu consignation du prix (14). Les inscriptions des créanciers qui ne viennent pas en rang utile sont rayées sur présentation du procès-verbal du règlement délivré par le greffier en application de l'idée selon laquelle l'adjudication purge tous les privilèges et hypothèques.

---

(12) A fin de simplification, lorsqu'il y a moins de quatre créanciers inscrits, le classement est fait par le tribunal lui-même, c'est la procédure dite d'ordre à l'audience ou au jugement.

(13) Les voies de recours contre le règlement amiable, qui sont l'objet de dispositions fragmentaires, donnent lieu à controverses. Le règlement judiciaire est susceptible d'opposition devant le tribunal, dont le jugement peut être porté devant la cour (d'où trois degrés de juridiction).

(14) Contrairement à la règle posée pour la procédure de contribution, la consignation du prix n'est pas un préalable nécessaire dans la procédure d'offre.

CHAPITRE II

L'EXERCICE DU DROIT DE PRÉFÉRENCE À LA SUITE D'UNE ALIÉNATION VOLONTAIRE

910. — Généralités. — L'aliénation volontaire du bien grevé par le débiteur *in bonis* en fait apparaître la valeur, soit sous la forme d'un prix, soit sous celle d'une évaluation ; cet événement pourrait donc être l'occasion pour le titulaire de la sûreté d'exercer son droit de préférence ; il ne l'est cependant pas de façon générale et automatique. Bien des raisons s'y opposent, qui se conjuguent parfois, notamment le terme dont la créance garantie est assortie ; le droit de suite qui préserve la position du titulaire de la sûreté, si du moins il est complet et efficace ; le droit de rétention qui, par une autre technique, aboutit au même résultat, etc.

L'existence d'une sûreté susceptible de survivre à l'aliénation n'en est pas moins une entrave à la libre circulation des biens, une entrave économiquement malsaine ; elle fait, en effet, peser sur le candidat à l'acquisition soit la menace d'une revendication, soit la menace de ne pouvoir entrer en possession du bien, de sorte qu'il n'est pas incité à acquérir ou à le faire dans des conditions normales. Envisagée sous l'angle de l'intérêt général économique, une bonne sûreté est celle que l'acquéreur peut éliminer au moment de l'acquisition en désintéressant le titulaire. La voie du progrès est passée ici par l'élaboration — tâtonnante — d'un procédé permettant d'atteindre cet objectif et auquel on a donné le nom de purge.

Toutefois, accorder à l'acquéreur la faculté de purger n'est pas utile ou opportun pour toutes les sûretés et, par ailleurs, l'aménagement d'une procédure de purge n'est pas toujours réalisable, en particulier quand la sûreté est occulte. Aussi l'aliénation volontaire donne-t-elle lieu à une classification particulière entre les sûretés, que nous n'avons pas rencontrée jusqu'ici ; elle oppose les sûretés assorties d'une faculté de purge aux sûretés qui ne le sont pas.

SECTION I

L'EXERCICE DU DROIT DE PRÉFÉRENCE À L'OCCASION D'UNE PROCÉDURE DE PURGE

Une procédure générale permet de purger les sûretés immobilières (§ 1) alors que des procédures particulières permettent de purger certaines seulement des sûretés mobilières (§ 2).

§ 1. — La purge des hypothèques et privilèges immobiliers

911. — Présentation. — La purge est un contrepoids au droit de suite, imaginé pour favoriser la circulation juridique des immeubles en permettant aux acquéreurs de les affranchir des sûretés qui les obèrent et de dissiper ainsi la menace d'une revendication. Le principe en repose sur la proposition faite par l'acquéreur aux titulaires d'hypothèques et de privilèges spéciaux (1) d'exercer leurs droits sur le prix d'acquisition ou sur la valeur de l'immeuble ; leur acceptation éteint leurs sûretés ; leur refus les contraint à une procédure dont ils assument le risque et qui est destinée à faire apparaître la valeur réelle de l'immeuble.

La purge répond à un besoin qui s'est fait sentir très tôt. Ses origines plongent dans le droit romain et elle a été laborieusement mise au point par l'ancien droit. Le problème majeur qu'elle pose est de libérer l'immeuble sans trop froisser les droits des créanciers. L'objectif était difficile à atteindre lorsque l'immeuble pouvait être grevé de sûretés occultes et qu'il fallait avertir leurs bénéficiaires du projet de l'acquéreur (2). Il l'est beaucoup moins depuis que le décret du 4 janvier 1955 sur la publicité foncière a généralisé la nécessité d'une inscription pour toute sûreté conférant le droit de suite. Cette grande réforme (3) a permis de ne conserver qu'une procédure de purge simplifiée, prévue par les articles 2181 et suivants du Code civil ; simplicité toute relative en raison des précautions prises en faveur des créanciers inscrits.

Imposée à ces derniers, la purge n'est qu'une faculté pour l'acquéreur ; faculté dont il convient de préciser les contours avant d'en décrire la procédure, plus ou moins complexe selon l'attitude des créanciers.

A. — La faculté de purger

912. — La condition positive : l'acquisition. — La faculté de purger est accordée exclusivement à celui qui acquiert sur un immeuble la

(1) Les privilèges généraux portant sur les immeubles n'ont pas à être purgés puisque, ne conférant pas le droit de suite, ils ne constituent pas une menace pour l'acquéreur. Ceci ne veut pas dire que la purge ne concerne pas leurs titulaires, puisqu'elle leur fournit l'occasion d'exercer leur droit de préférence sur la valeur de l'immeuble si du moins ils ont connaissance de sa vente, droit redoutable pour les créanciers munis d'une hypothèque ou d'un privilège spécial (v. *supra*, n° 898).

(2) D'où le recours à une saisie simulée, dite « décret volontaire », couronnée, comme le « décret forcé » (saisie réelle), par une adjudication nettoyant l'immeuble des sûretés qui pesaient sur lui.

(3) Dont le législateur du 25 janv. 1985 a fâcheusement méconnu l'esprit en créant le privilège général de l'art. 40 ; ce privilège n'a cependant pas d'incidence sur la procédure de purge en raison des règles propres à la vente amiable dans le cadre de la procédure collective (v. notamment *infra*, n°s 930, 932, 936).

propriété ou un droit réel susceptible d'hypothèque (nue-propriété, usufruit, emphytéose). L'acquéreur d'une part indivise de l'immeuble ne peut bénéficier de cette faculté, contrairement à celui qui acquiert privativement une fraction de l'immeuble après qu'il a été divisé.

L'acquisition peut être à titre onéreux (achat, échange, apport en société, dation en paiement) comme à titre gratuit (donation, legs particulier). Si elle est affectée d'une condition résolutoire, la faculté de purger n'en est pas moins ouverte, alors qu'elle ne l'est pas si la condition est suspensive.

La faculté est refusée à toute autre personne que l'acquéreur et en particulier à la caution réelle.

913. — La condition négative : l'absence d'engagement personnel. — Il ne suffit pas d'être acquéreur pour pouvoir purger, encore faut-il ne pas être personnellement tenu à la dette. L'exigence exclut le codébiteur solidaire ou la caution de la dette garantie par une sûreté inscrite sur l'immeuble. Elle exclut aussi l'héritier et le légataire universel ou à titre universel ; toutefois, la jurisprudence, mettant fin à une grande controverse, a reconnu la faculté de purger à l'héritier acceptant sous bénéfice d'inventaire qui se porte adjudicataire de l'immeuble, solution qui se fonde sur l'idée de séparation des patrimoines (4).

La faculté de purger est également refusée à la personne qui, sans être tenue personnellement à la dette, a l'obligation de garantir une sûreté inscrite sur l'immeuble ; tel est notamment le cas de l'héritier qui a payé sa part de la dette hypothécaire ou privilégiée et qui reçoit dans son lot l'immeuble grevé de la sûreté garantissant encore la part de la dette incombant à un autre héritier.

914. — L'extinction de la faculté. — La faculté de purger n'est enfermée dans aucun délai d'exercice qui courrait à compter de l'acquisition. Elle est donc conservée tant qu'aucun créancier ne se manifeste. En revanche, lorsqu'un créancier inscrit exerce son droit de suite en adressant à l'acquéreur une sommation de payer ou de délaisser, l'acquéreur dispose d'un délai de trente jours pour entreprendre la purge (adresser les offres) ; au terme de ce délai, qui court à compter de la première sommation en date, si plusieurs créanciers ont accompli cette démarche, la faculté de purge est perdue si la procédure n'a pas été entreprise.

La faculté s'éteint également par la renonciation de l'acquéreur, dont on admet qu'elle peut être invoquée par les créanciers inscrits même si elle a été stipulée dans les rapports entre acquéreur et vendeur. La renonciation n'est soumise à aucune condition de forme.

915. — Les purges de plein droit. — Certaines aliénations ne donnent pas naissance à la faculté de purger parce qu'elles ont automatiquement pour effet d'éteindre les sûretés inscrites sur l'immeuble ;

---

(4) Ch. réunies, 12 janv. 1876 : *D.P.* 1876, 1, 152 ; *S.* 1876, 1, 81, *Grands arrêts Capitant*, n° 197.

on dit traditionnellement qu'elles « valent purge ». Leur dénominateur commun est de faire apparaître un prix qui ne peut pas être remis en cause par les créanciers, soit parce que ce prix a été fixé dans des conditions qui font présumer que c'est le meilleur prix qui puisse être obtenu, soit parce que la nature de l'aliénation ne s'accommoderait pas de la faculté de surenchère inhérente à la procédure de purge.

A la première raison se rattache l'adjudication sur saisie immobilière ; c'est la version moderne du « décret forcé » de l'ancien droit qui « nettoyait » l'immeuble de toutes les sûretés, la protection des créanciers étant suffisamment assurée par la possibilité de surenchère dont ils jouissent à l'occasion de cette voie d'exécution. La purge est réalisée par la publication du jugement d'adjudication (ancien C.P.C., art. 717, al. 3). S'y rattache aussi, avec la même justification, l'adjudication sur surenchère, que la vente soit forcée ou volontaire (dans ce dernier cas, v. cependant la difficulté que soulèvent les hypothèques inscrites du chef du tiers acquéreur évincé, *infra*, n° 920), mais non l'adjudication sur folle enchère (ancien C.P.C., art. 741-b).

A la seconde raison correspond l'expropriation pour cause d'utilité publique ; elle a pour effet de transférer les droits des créanciers inscrits sur l'indemnité (C. expr., art. 12-3), ce qui contraint l'administration à leur verser la somme ou à la consigner, l'ordonnance d'expropriation réalisant la purge. A l'expropriation est assimilée la cession amiable consentie après la déclaration d'utilité publique.

Participent de l'une et de l'autre raisons les aliénations valant purge prévues par la législation des procédures collectives : vente par le liquidateur (v. *infra*, n° 936), plan de cession englobant un immeuble (v. *infra*, n° 903), encore que le meilleur prix a fort peu de chances d'être obtenu dans cette éventualité, mais non vente d'une « unité de production » incluant un immeuble (v. *infra*, n° 937).

B. — La procédure de purge

916. — Les notifications et offres à fin de purge. — Ce sont des actes solennels et complexes (car les offres ne constituent qu'un élément des notifications) qui sont destinés à faire connaître aux créanciers les propositions de l'acquéreur et à les éclairer pour leur permettre de prendre une décision. Cette formalité ne peut être effectuée par l'acquéreur que postérieurement à la publication de son titre au bureau des hypothèques, ce qui postule que le titre de son auteur ait déjà été publié.

Une notification doit être adressée à chaque créancier inscrit sur l'immeuble avant la publication du titre de l'acquéreur, ainsi qu'à tout créancier bénéficiaire d'un privilège spécial qui peut encore prendre utilement inscription (5).

---

(5) Dans l'éventualité où la créance garantie a été transmise, la notification doit être faite au nouveau titulaire s'il a fait mentionner la transmission en marge de l'inscription ; à défaut, elle doit être faite au créancier originaire.

Si un créancier n'a pas reçu la notification, sa situation dépend de l'origine de l'omission. Si elle est imputable au conservateur des hypothèques qui a délivré à l'acquéreur un état des inscriptions incomplet, la purge n'en est pas moins opérante à son égard ; il ne peut qu'exercer son droit de préférence sur le prix, s'il est prévenu à temps, ou, à défaut, agir en responsabilité contre le conservateur des hypothèques. Dans le cas contraire, l'omission ne peut qu'être imputable à l'acquéreur ou à ses mandataires ; la purge laisse survivre la sûreté du créancier qui n'a pas reçu la notification et qui peut donc exercer son droit de suite contre tout détenteur de l'immeuble.

La notification est faite par acte d'huissier, signifié au domicile élu dans l'inscription ; elle doit porter constitution d'avocat près le tribunal de grande instance géographiquement compétent. Elle doit contenir l'engagement, sans condition ni restriction, de payer une somme déterminée, somme qui est soit l'intégralité du prix d'achat, soit, en cas d'acquisition à titre gratuit, la valeur de l'immeuble que l'intéressé fixe librement, liberté qui est sans danger pour les créanciers en raison de leur faculté de surenchère.

La notification doit être accompagnée d'un extrait de l'acte d'acquisition, d'un certificat de publication de cet acte et d'un tableau des inscriptions prises sur l'immeuble. Ce dernier document, dont la présentation est réglementée, est particulièrement précieux pour les créanciers, puisqu'il permet à chacun d'eux de savoir si et dans quelle mesure il sera payé, sous réserve de l'irruption d'un créancier à privilège général prioritaire.

La notification produit des effets importants. Outre l'alternative qu'elle offre aux créanciers, elle fait naître à la charge de l'acquéreur, qui jusque-là n'était tenu que *propter rem*, un engagement personnel à l'égard des créanciers, engagement circonscrit dans la double limite, d'une part, de la somme qu'il a proposée, majorée des intérêts courant à partir de ce moment jusqu'au paiement ou à la consignation, et, d'autre part, des créances garanties. Cet engagement personnel, parce qu'il est fondé sur le paiement du prix, n'empêche cependant pas l'acquéreur à titre onéreux d'opposer aux créanciers les exceptions dont il dispose à l'égard du vendeur, par exemple une réduction de prix à la suite d'une éviction partielle.

917. — L'alternative ouverte aux créanciers : 1° L'acceptation. — La notification fait courir un délai de quarante jours imparti à chaque créancier pour opter entre l'acceptation des offres et l'exercice de sa faculté de surenchère auquel le contraint nécessairement son refus. L'acceptation peut être expresse, mais elle est le plus souvent tacite et résulte du fait que le délai a expiré sans que le créancier ait fait une réquisition de mise aux enchères. L'acceptation doit être donnée par tous les créanciers et il suffit que l'un d'eux ait requis la mise aux enchères pour que les offres deviennent globalement caduques.

L'acceptation fixe définitivement la valeur de l'immeuble et astreint l'acquéreur, soit à payer directement la somme convenue aux créanciers même si leurs créances étaient affectées d'un terme non échu, soit à la consigner. La répartition du prix peut être faite par l'acquéreur avec l'accord de tous les créanciers et, en particulier, de ceux qui ne seront pas ou seront insuffisamment payés, dont il doit obtenir qu'ils consentent à la radiation de leurs inscriptions. A défaut, une procédure d'ordre doit être ouverte à la demande du créancier le plus diligent, au terme de laquelle les inscriptions seront radiées (v. *supra*, n° 909).

A partir du moment où la totalité de la somme due est payée ou consignée, le droit de suite des créanciers inscrits est éteint (sous la réserve déjà indiquée n° 916), aussi bien celui des créanciers intégralement réglés que celui des créanciers qui ne le sont pas en raison de leur rang défavorable.

918. — 2° Le refus et la surenchère. — Tout créancier inscrit (6) bénéficiant du droit de suite, s'il entend refuser la proposition de l'acquéreur, doit demander la mise en vente de l'immeuble aux enchères publiques. Dans le délai préfix déjà signalé, le créancier doit faire une réquisition de mise aux enchères au greffe du tribunal de grande instance et la signifier par acte d'huissier au débiteur principal, à l'avocat du tiers acquéreur et au précédent propriétaire. L'immeuble sera vendu sur une mise à prix fixée à la somme proposée majorée du dixième (surenchère *stricto sensu*). Le créancier sera obligé de payer ce prix s'il n'y a pas une enchère plus élevée ; il y a là une menace dissuasive qui explique la rareté de la surenchère. Pour garantir l'engagement qu'il assume ainsi, le créancier surenchérisseur doit fournir une caution (C. civ., art. 2185) dont le tribunal apprécie la solvabilité ou un cautionnement en argent, obligation dont l'État est dispensé.

En cas de vente complexe, c'est-à-dire portant globalement sur plusieurs immeubles ou sur un immeuble et des meubles, le tiers acquéreur a dû procéder à une ventilation du prix dans les offres qu'il a faites et le créancier inscrit peut limiter la surenchère à un immeuble déterminé (C. civ., art. 2192).

A la suite de l'exercice de la surenchère, l'immeuble est vendu aux enchères publiques selon les formes ordinaires de la vente forcée. Il est adjugé, soit au créancier surenchérisseur s'il n'y a pas une enchère plus élevée, soit au plus offrant ; celui-ci peut être le tiers acquéreur lui-même, soit une autre personne, éventualité qui ne va pas sans susciter de grandes difficultés.

919. — L'adjudication au profit du tiers acquéreur. — Ce dénouement simplifie considérablement la situation, car l'adjudication, qui n'est pas translative de propriété, conforte rétroactivement le droit que l'acquéreur tenait de son titre. Il est considéré comme ayant

(6) Même s'il n'a pas reçu les notifications. Notons que la faculté de surenchère n'est pas d'ordre public et qu'un créancier peut y renoncer valablement ; mais à partir du moment où il l'a requise, il ne peut plus se désister, car il porterait tort aux autres créanciers pour lesquels la réquisition de mise aux enchères était inutile, puisque déjà faite, et qui auraient laissé passer le délai pour la former.

été propriétaire de l'immeuble dès l'acquisition amiable, ce qui valide tous les droits qu'il a pu consentir sur ce dernier entre l'acquisition et l'adjudication.

Ce dénouement, outre la purge qu'il réalise, l'oblige cependant à verser un supplément de prix. Pour le récupérer, il dispose, d'une part, d'une action en garantie contre son auteur et, d'autre part, d'un recours subrogatoire contre le débiteur principal dont il a payé ainsi la dette.

En revanche, si le prix d'adjudication est supérieur au montant des créances inscrites, le tiers acquéreur conserve la différence à laquelle ni le vendeur, ni ses autres créanciers ne peuvent prétendre, puisque l'immeuble est définitivement sorti du patrimoine du vendeur au jour de l'aliénation amiable.

920. — L'adjudication au profit d'une autre personne. — Elle pose le problème fort délicat de la propriété de l'immeuble dans l'intervalle entre l'acquisition amiable et l'adjudication, problème qui a donné lieu à une grande controverse à la fin du siècle dernier. La jurisprudence lui a apporté une solution pragmatique qui défie la logique mais qu'elle a élaborée pour ménager les divers intérêts en présence. Elle a posé le principe selon lequel l'immeuble passe directement du patrimoine du propriétaire originaire dans celui de l'adjudicataire, de sorte que le droit du tiers acquéreur évincé se trouve rétroactivement anéanti (7) ; néanmoins, elle s'est refusée à tirer toutes les conséquences de cette résolution rétroactive. Il convient donc de présenter les conséquences admises et celles qui sont écartées avant d'évoquer les indemnisations auxquelles l'éviction peut donner droit.

1) Les conséquences attachées à la résolution rétroactive

La première est que les droits consentis sur l'immeuble par l'acquéreur évincé deviennent caducs (8) ; il en va ainsi en particulier des hypothèques que ce dernier a constituées et qui ont été inscrites avant le jugement d'adjudication. C'est là le principal avantage de la construction jurisprudentielle et sa justification majeure au plan de l'opportunité. En effet, ces hypothèques, n'étant pas incluses dans la procédure de purge, survivraient à l'adjudication, résultat qui serait inadmissible et compromettrait le succès de la vente aux enchères.

La seconde conséquence est de priver le tiers évincé de toute vocation sur le reliquat du prix qui pourrait apparaître après paiement des créanciers inscrits ; ce reliquat appartient au propriétaire originaire et peut être saisi par les créanciers chirographaires de ce dernier (9).

---

(7) V. Req., 13 déc. 1887 : *D.P.* 1888, 1, 337, note GLASSON ; *S.* 1889, 1, 473 ; *Grands arrêts Capitant*, n° 198. — V. antérieurement : Civ., 10 avril 1848 : *D.P.* 1848, 1, 160 ; *S.* 1848, 1, 357. — Et postérieurement : Civ., 18 nov. 1924 : *D.P.* 1925, 1, 125, note MATTER ; *S.* 1925, 1, 193.

(8) Req., 13 déc. 1887, préc.

(9) Req., 15 déc. 1862 : *D.P.* 1863, 1, 161 ; *S.* 1863, 1, 57.

2) Les conséquences de la résolution rétroactive écartées

Les hypothèques nées du chef du propriétaire originaire ne peuvent pas être utilement inscrites dans l'intervalle entre l'acquisition amiable et l'adjudication (10) ; la solution s'impose pour la même raison que celle qui a conduit à éliminer les hypothèques nées du chef du tiers évincé : l'adjudicataire doit recevoir l'immeuble affranchi de toutes sûretés, or ces hypothèques survivraient, puisqu'elles ne sont pas visées par la procédure de purge. De la sorte, la publicité du titre d'acquisition, malgré sa résolution, arrête le cours des inscriptions.

Ce titre produit également d'autres effets. Il permet à l'acquéreur de recourir en garantie contre son cédant (11). D'autre part, l'acquéreur évincé, en dépit de la rétroactivité de la résolution, conserve les fruits qu'il a perçus (12).

3) Les indemnisations consécutives à l'éviction

Le tiers acquéreur ne doit pas être lésé par une éviction qui ne lui est pas imputable ; aussi l'adjudicataire a-t-il l'obligation (qui s'ajoute à celle de payer le prix) de lui verser les frais et « coûts loyaux » du contrat d'acquisition, de la publicité foncière et de la procédure de purge (C. civ., art. 2188).

D'autre part, le tiers acquéreur peut réclamer aux créanciers inscrits une indemnisation pour les améliorations qu'il a pu apporter à l'immeuble, puisqu'ils en ont profité dans la mesure de leur paiement. A l'inverse, le tiers évincé peut être amené à verser une indemnisation pour les détériorations qu'il a pu causer à l'immeuble, indemnisation qui est due aux créanciers inscrits s'ils n'ont pas été intégralement réglés ou, s'ils l'ont été, qui est due à l'adjudicataire.

DIRECTIONS DE RECHERCHES

Quelque peu poussiéreuse et d'un intérêt concret limité en raison de la rareté de la surenchère, la question de la propriété de l'immeuble dans l'intervalle entre l'acquisition amiable et l'adjudication n'en est pas moins une « belle question », tant par la controverse passionnée qu'elle a suscitée en doctrine (pour un état, v. Planiol, Ripert et Becqué, XIII, n° 1292 et s.) que par le spectaculaire exemple qu'elle offre d'une rébellion de la jurisprudence contre la logique déductive.

La solution de la résolution rétroactive de l'acquisition peut se recommander d'un argument de texte (l'art. 2188 semble la sous-entendre) et d'un argument d'analogie (en cas de surenchère exercée dans le cadre d'une saisie immobilière, les droits du premier adjudicataire sont rétroactivement effacés). Entre autres reproches, on lui a fait celui d'introduire une différence de situation en fonction de l'attitude du tiers acquéreur : s'il se laisse exproprier, son titre n'est pas résolu (v. *supra*, n° 853), alors qu'il l'est s'il prend l'initiative de la purge.

Il est permis d'estimer que l'argument de texte et l'argument d'analogie sont bien ténus pour justifier la mise à néant d'un titre d'acquisition qui a bel et bien existé, que les créanciers surenchérisseurs ne contestent pas et qui a été le socle de la procédure de purge et donc de la surenchère. Le vice majeur de la construction

---

(10) Civ., 26 juill. 1894 : *D.P.* 1894, 1, 281, note DE LOYNES ; *S.* 1894, 1, 408.

(11) Req., 15 déc. 1862, préc.

(12) Civ., 18 nov. 1924, préc.

jurisprudentielle n'est cependant pas là mais dans la contradiction qu'elle recèle en faisant produire des effets à un titre qu'elle tient pour résolu, ainsi que dans l'anomalie qu'elle présente et que constitue l'impossibilité pour qui que ce soit de constituer des droits sur l'immeuble pendant la période intérimaire (il n'est pas pendant l'intervalle l'objet d'une véritable propriété).

Reste aussi le paradoxe de cette construction. La résolution répond surtout à une nécessité pratique : éliminer les hypothèques nées du chef du tiers acquéreur ; or, la jurisprudence et la doctrine refusent d'admettre que ces hypothèques soient purgées par l'adjudication parce que leurs titulaires ne sont pas impliqués dans la procédure, donc dans un souci de protection ; mais ce souci de protection reste purement abstrait et se retourne contre eux, puisque, en définitive, leurs sûretés sont éliminées par un moyen plus brutal que la purge, car il ne leur laisse pas la chance de venir sur le reliquat du prix d'adjudication au cas où il en apparaîtrait un après paiement des créanciers inscrits du chef du propriétaire originaire, solution qui serait équitable et qui pourrait reposer sur un fondement juridique solide.

Dès lors, on peut se demander si la solution harmonieuse ne consisterait pas à renoncer à l'analyse de la résolution rétroactive et donc à l'anéantissement des droits constitués du chef du tiers acquéreur ; de reconnaître que l'adjudication sur surenchère vaut purge de toutes les sûretés inscrites parce qu'elle ménage la garantie d'un juste prix, même aux créanciers qui n'ont pas reçu de notification (ne peut-on voir dans la règle posée à propos de la saisie immobilière l'application d'un principe général ?) ; les créanciers inscrits du chef du tiers acquéreur, ainsi privés de leur droit de suite, exerceraient éventuellement leur droit de préférence sur le prix d'adjudication dans la mesure où il n'aurait pas été absorbé par les créanciers inscrits — par définition avant eux — du chef du propriétaire originaire.

C. — Les moyens permettant d'éviter la procédure de purge

921. — La procédure de purge est rarement utilisée. Bien souvent, l'immeuble n'est grevé que d'une seule ou d'un nombre réduit de sûretés, circonstance qui favorise un accord entre leurs titulaires et l'acquéreur. Cet accord est également favorisé par l'existence même de la procédure de purge, dont il convient de souligner qu'elle est fort utile indépendamment de son emploi, car elle constitue une arme dissuasive au profit de l'acquéreur, arme qui incite les créanciers inscrits à donner leur assentiment à l'une des combinaisons imaginées par la pratique pour concilier le droit de suite et la sécurité de l'acquéreur. Cette conciliation est susceptible d'être réalisée par deux moyens diamétralement opposés.

Le premier consiste à laisser survivre la sûreté, mais en transférant à l'acquéreur la dette qu'elle garantit, charge qu'il assume en contrepartie d'une minoration du prix d'acquisition. La technique à laquelle il est fait appel pour réaliser le transfert est généralement celle de la délégation (parfaite ou imparfaite) ; elle requiert l'accord des trois parties intéressées et, concrètement, n'est réalisable que s'il n'y a guère qu'un ou deux créanciers inscrits. Cet accord peut être assez aisément obtenu car il peut être avantageux pour chacune des parties ; l'acquéreur profite du crédit consenti à son auteur ; le créancier inscrit n'est pas remboursé avant terme et n'a pas ainsi à faire les frais d'un nouveau placement de ses fonds ; le vendeur obtient l'apurement de la situation dans un délai beaucoup plus rapide que s'il était procédé à la purge.

Le second moyen vise à obtenir le même résultat que la procédure de purge par un processus beaucoup plus simple ; aussi le qualifie-t-on volontiers de « purge amiable » ou de « purge officieuse ». Il ne peut guère être employé que lorsque les créances garanties sont exigibles. Le prix de l'aliénation est remis au notaire qui en donne quittance et propose aux créanciers de les désintéresser sur cette somme moyennant mainlevée des inscriptions. Naturellement, la proposition a de fortes chances d'être accueillie lorsque le prix est suffisant pour payer intégralement tous les créanciers inscrits ; dans le cas contraire, le succès de la combinaison est aléatoire.

Ce procédé comporte un risque pour l'acquéreur : celui d'une saisie-arrêt du prix par les autres créanciers du vendeur qui obtiendraient que la somme leur soit attribuée, de sorte que l'acquéreur, bien qu'il ait payé, resterait exposé au droit de suite des créanciers inscrits. Pour parer à ce danger, la pratique a imaginé d'insérer dans l'acte de vente une constitution de nantissement sur le prix au profit des créanciers inscrits avec mise sous séquestre chez le notaire qui reçoit mission de le proposer à ces derniers et, en cas de refus, d'entreprendre la procédure de purge. Ce palliatif ne va pas lui-même sans danger (par exemple, nullité du nantissement en raison de la période suspecte). Il semble qu'il soit devenu inutile depuis que la Cour de cassation a jugé que le droit de préférence des créanciers inscrits pouvait s'exercer sur le prix déposé chez le notaire (13), jurisprudence dont la portée et la valeur sont cependant sujettes à discussion.

DIRECTIONS DE RECHERCHES

La pratique de la purge officieuse est incontestablement bénéfique par l'économie de temps et de frais qu'elle permet de réaliser, aussi faut-il se féliciter de la position prise par la Cour de cassation en 1978 et 1979 qui l'a confortée. Son fondement et sa portée sont néanmoins controversés, de sorte que certains se demandent s'il est prudent d'abandonner le subterfuge du nantissement-séquestre (v. notamment Fadlallah, *La vente volontaire d'immeubles* : *Rép. Defrénois* 1982, art. 32798, n° 20. — V. *contra* : G. Morin, note préc. ; Stemmer, note préc.).

Certains ont présenté cette jurisprudence comme la consécration de la validité d'une purge sans formalisme grâce au consentement des créanciers inscrits et qui serait opposable aux chirographaires (v. Théry, *op. cit.*, n° 202) ; c'est une analyse descriptive qui ne suffit pas à la justifier et qui ne résout pas le problème du sort des fonds déposés en cas de refus des créanciers inscrits.

Il est permis, croyons-nous, de la justifier par l'idée selon laquelle le créancier hypothécaire ou privilégié a un droit assis sur la valeur de l'immeuble qui lui permet d'appréhender cette valeur chaque fois qu'elle apparaît. Cette thèse est contestée en raison du droit de suite des créanciers inscrits qui leur rend l'aliénation indifférente (Théry, *loc. cit.* ; rappr. Malaurie et Aynès, n° 691) ; ce à quoi on peut rétorquer qu'ils disposent d'un choix entre la conservation du droit de suite

---

(13) V. Civ. 3e, 17 janv. 1978 : *J.C.P.* 78, éd. N, II, 147, note STEMMER et BOST ; *D.* 1978, 605, note SOULEAU ; *Rev. dr. immob.* 1979, 366, obs. DAGOT. — Civ. 2e, 16 fév. 1978 : *J.C.P.* 78, éd. N, II, 275. — Civ. 3e, 27 fév. 1979 : *J.C.P.* 80, éd. N, 9, obs. STEMMER ; *Rép. Defrénois* 1979, art. 32128, note MORIN ; *Rev. dr. immob.* 1980, 193, obs. DAGOT. — Civ. 3e, 8 janv. 1980 : *Rép. Defrénois* 1980, art. 32347 ; *D.* 1980, 368, rapp. FRANCK ; *Rev. dr. immob.* 1980, préc.

et l'appréhension de la valeur, qui vaut renonciation au droit de suite. C'est justement sur cette alternative que se greffe le problème concret ; au cas où les créanciers inscrits optent pour la conservation du droit de suite, comment justifier l'impossibilité pour les créanciers chirographaires de saisir les fonds déposés ?

Une explication ingénieuse a été proposée : l'acquéreur ne paye qu'à la condition que les créanciers inscrits acceptent le prix et donnent mainlevée ; tant que la condition est pendante, l'acquéreur n'a qu'un droit sous condition suspensive, ce qui fait obstacle à la saisie des créanciers. On a reproché à cette explication l'artifice que constituerait la condition (Théry, *loc. cit.*) ; elle est pourtant très naturelle de la part de l'acquéreur exposé à un double paiement.

Loin d'être inconciliable avec la thèse de l'appréhension de la valeur de l'immeuble lors de son apparition, cette explication la complète. Dès lors que cette appréhension est facultative et qu'une alternative est ouverte aux créanciers inscrits, l'entrée du prix dans le patrimoine de l'acquéreur doit, très normalement, être subordonnée au choix fait par les créanciers inscrits.

§ 2. — Les purges en matière mobilière

922. — La purge des sûretés inscrites sur le fonds de commerce. — Les articles 22 et 23 de la loi du 17 mars 1909 ont instauré une procédure de purge des privilèges de vendeurs et des nantissements inscrits sur le fonds de commerce. Les dispositions en sont, d'une façon générale, empruntées à la purge des sûretés immobilières. Nous ne mentionnerons donc que les particularités qu'a introduites le législateur de 1909 et qui procèdent essentiellement de la nature du fonds et des règles dérogatoires qui gouvernent la vente de ce bien.

La faculté de purger est ouverte aux mêmes conditions qu'en matière immobilière ; mais la purge de plein droit a un domaine plus large puisqu'elle ne résulte pas seulement des ventes forcées aux enchères publiques, mais aussi des ventes volontaires ordonnées judiciairement et faites aux enchères publiques avec signification aux créanciers inscrits de prendre communication du cahier des charges. En revanche, aucune différence n'est à relever à propos des cessions valant purges admises par la législation sur les procédures collectives.

La procédure commence par les notifications adressées aux créanciers inscrits ; elles ne présentent qu'un trait original : le prix global doit y être ventilé entre chaque élément du fonds, exigence posée à peine de nullité.

Le créancier inscrit qui refuse les offres (14) est astreint à former une surenchère du dixième (chiffre à comparer à la surenchère du sixième ouverte aux autres créanciers qui ont fait opposition). Cette surenchère, qui doit être faite dans la quinzaine de la notification à fin de purge, s'applique seulement au prix des éléments incorporels. Le matériel et les marchandises seront obligatoirement repris par l'adjudicataire au prix fixé par une expertise amiable ou judiciaire dans

(14) Il peut y avoir renonciation tacite au droit de suite et donc à la faculté de surenchère ; tel est le cas lorsqu'un créancier adhère au choix du séquestre et accepte de participer à une répartition amiable du prix. — V. Paris, 4 fév. 1987 : *D.* 1987, I.R. 40. — 19 oct. 1962 : *Rev. trim. dr. com.* 1963, 286, obs. JAUFFRET.

laquelle peuvent intervenir contradictoirement le vendeur, l'acquéreur surenchéri et l'adjudicataire.

La situation de l'acquéreur à partir de la signification de mise aux enchères est ici précisée par la loi : s'il est entré en possession du fonds, il est administrateur séquestre (15) et ne peut plus accomplir valablement d'actes de disposition (art. 23, al. 3) ; néanmoins, ces actes se trouvent validés s'il est déclaré adjudicataire.

Lorsque le fonds est adjugé à une tierce personne, le droit de propriété et le titre (16) sont rétroactivement résolus avec les mêmes conséquences et les mêmes limites qu'en matière immobilière. Toutefois, la question de savoir s'il peut conserver les revenus se pose en termes particuliers en raison de la qualité d'administrateur séquestre qui lui est attribuée et qui semble devoir y faire obstacle. La doctrine est partagée sur ce problème qui n'a pas été résolu en jurisprudence.

923. — Les autres procédures de purge. — Les sûretés inscrites sur le navire, le bateau de rivière et l'aéronef peuvent être purgées selon des procédures prévues par les textes relatifs à chacun de ces engins de transport, procédures calquées sur celle de la purge immobilière.

Le nantissement du matériel professionnel peut être purgé selon la procédure aménagée par la loi de 1909 relative au fonds de commerce à laquelle renvoie l'article 10 de la loi de 1951. Toutefois, la faculté de purger n'est pas ouverte lorsque le constituant n'a pas la qualité de commerçant (L. 1951, art. 16) ; on peut déplorer cette différence qui n'est guère justifiée.

Le nantissement des films est également susceptible d'être purgé selon les modalités prévues par l'article 48 du Code de l'industrie cinématographique qui reproduit à peu près les dispositions relatives à la purge des sûretés inscrites sur le fonds de commerce ; la seule particularité notable est que la vente sur surenchère doit se dérouler devant le tribunal de commerce de Paris.

SECTION II

L'EXERCICE DU DROIT DE PRÉFÉRENCE RÉSULTANT DES SÛRETÉS INSUSCEPTIBLES DE PURGE

924. — Panorama. — Dès lors que l'acquéreur d'un bien grevé d'une sûreté n'a pas à sa disposition une procédure de purge, on pourrait penser que l'aliénation ne fournit pas au titulaire de la sûreté l'occasion d'exercer son droit de préférence, bien qu'elle fasse apparaî-

---

(15) On admet qu'il peut demander, à tout moment, la désignation d'un autre administrateur ; c'est alors au surenchérisseur à avancer les sommes nécessaires à l'exploitation du fonds (v. Trib. com. Nantes, 17 fév. 1912 : *Rev. not.* 1912, 457.

(16) Il en résulte que l'acquéreur n'est pas tenu d'une obligation de non-concurrence.

tre la valeur du bien. Néanmoins, ce résultat ne correspond pas toujours à la réalité, laquelle est fort complexe. Si certaines sûretés, par leurs techniques mêmes, ne font pas place à l'exercice du droit de préférence, d'autres s'y prêtent ou peuvent s'y prêter ou encore ménagent un paiement au créancier. Ainsi, il est impossible de dégager une règle d'ensemble et force est de passer en revue les sûretés insusceptibles de purge.

925. — Les privilèges. — Le trait caractéristique du privilège général est de porter sur une masse fluctuante ; l'aliénation d'un bien le fait donc sortir de l'assiette de la sûreté cependant qu'y entre la créance du prix. Sur ce nouvel élément, le titulaire peut éventuellement exercer son droit de préférence, mais il ne le fait pas véritablement à l'occasion de l'aliénation ; il le fait en utilisant une voie d'exécution (saisie-arrêt) qui est étrangère à cette circonstance et qui ne lui est ouverte que si sa créance est exigible.

Pour les privilèges spéciaux mobiliers, des distinctions doivent être faites. L'exercice du droit de préférence n'est pas possible sur le prix d'un bien grevé d'un privilège fondé sur l'idée de gage (v. *infra*, n° 926). Il n'en va pas de même en cas d'aliénation d'un bien grevé d'un privilège reposant sur un autre fondement. La créance du prix vient prendre la place du bien grevé dans le patrimoine du débiteur, de sorte que, grâce à la subrogation réelle (17), le titulaire peut prétendre se faire payer par priorité sur cette créance (18). Cependant, ici encore, il n'y a qu'une virtualité, car le créancier privilégié doit entreprendre des poursuites et ne peut le faire que dans la mesure où sa créance est exigible.

926. — Le gage avec dépossession. — L'aliénation ne menace pas le créancier gagiste puisqu'il est en possession (faute de quoi il aurait perdu son droit de préférence) et peut opposer son droit de rétention à l'acquéreur. On touche là à la tare économique du gage qui frappe d'une sorte d'indisponibilité de fait le bien grevé qu'il est difficile de céder à une personne qui n'aura pas la possibilité de l'affranchir du gage sans l'accord du gagiste. Ce dernier peut, il est vrai, accepter d'être payé, combinaison qui ne correspond pas tant à l'exercice de son droit de préférence qu'à la renonciation monnayée à son droit de rétention.

La législation sur le warrant des magasins généraux, on l'a vu (n° 671), pour pallier cet inconvénient, autorise l'acquéreur à prendre possession des biens engagés en consignant la somme qu'ils garantissent ; procédé

---

(17) V. H. Capitant, *Essai sur la subrogation réelle* : *Rev. trim. dr. com.* 1919, p. 409 : « Tout créancier qui a sur un bien un droit de préférence non prolongé par un droit de suite peut en cas de vente amiable du bien exercer son droit de préférence sur la créance du prix ». En l'occurrence, le créancier n'a qu'un droit de suite théorique, paralysé qu'il est par le jeu de l'art. 2279.

(18) V. en ce sens : Civ., 19 fév. 1894 : *S.* 1895, 1, 457, note Wahl ; *D.P.* 1894, 1, 413 à propos du privilège du vendeur. — *Adde* Weill, n° 224 ; Marty, Raynaud et Jestaz, n° 442.

qui s'apparente à une procédure de purge, mais qui n'en est pas une véritable, car l'élimination de la sûreté n'est pas faite sur la base du prix d'acquisition, mais sur celle de la créance garantie, ce qui le rend inutilisable si le premier est inférieur à la seconde.

927. — Les gages sans dépossession. — La possession fictive reconnue au bénéficiaire du gage sur véhicule automobile le place théoriquement dans la même position que le bénéficiaire d'un gage traditionnel ; aussi le législateur n'a-t-il pas doté cette sûreté d'une procédure de purge. Il y a incontestablement là une malfaçon ; elle tient au refus de reconnaître à cette sûreté sa véritable nature hypothécaire. Pourvu d'un droit de suite complet et d'un droit de rétention fictif (dont l'exercice peut se heurter à des difficultés matérielles), le gagiste ne peut prétendre à un droit de préférence sur le prix de l'aliénation volontaire. Celle-ci ne peut s'effectuer dans des conditions satisfaisantes, car l'acquéreur n'a d'autre moyen de dégager le véhicule que d'obtenir l'accord du créancier en le désintéressant, ce qui suppose que le prix d'acquisition soit au moins aussi élevé que la créance garantie.

Pour les warrants portant sur des corps certains, il faut admettre, pensons-nous, que l'aliénation suivie de la livraison (laquelle est interdite au débiteur, puisque c'est elle qui compromet la sûreté) permet au warrantiste d'exercer son droit de préférence sur le prix. En effet, dès lors que son droit de suite est paralysé par le jeu de l'article 2279 du Code civil, il doit bénéficier de la subrogation réelle. Pour les warrants sur stocks de choses fongibles, ce raisonnement se heurte au fait qu'ils portent sur une quantité abstraite ; ainsi, la quantité livrée n'est pas directement grevée d'un droit de préférence qui se reporterait par subrogation sur la créance du prix.

Pour l'une et l'autre forme de ces warrants à domicile, il aurait été concevable d'octroyer une faculté de purge à l'acquéreur. Le législateur s'est borné à accorder au débiteur une faculté de remboursement anticipé, de façon à faciliter la circulation des biens warrantés. Ce procédé ne permet pas au créancier d'exercer, à proprement parler, son droit de préférence, puisqu'il est remboursé intégralement quelle que soit la valeur des biens et que sa créance s'éteint de ce fait.

928. — La réserve de propriété. — L'aliénation par l'acheteur sous réserve de propriété, placée ultérieurement sous le coup d'une procédure collective, permet au vendeur de revendiquer la créance du prix de revente (v. *supra*, n° 738), ce qui n'est que le mode d'exercice de son droit de préférence. La question de savoir si la même possibilité est ouverte au vendeur lorsque l'acheteur-revendeur est *in bonis* demeure encore incertaine.

CHAPITRE III

L'EXERCICE DU DROIT DE PRÉFÉRENCE DANS LE CADRE DE LA PROCÉDURE COLLECTIVE

Le droit de préférence subit, en cas de procédure collective, des vicissitudes diverses en fonction du déroulement et des solutions susceptibles d'être adoptées : période d'observation (sect. I), plan de continuation (sect. II), plan de cession (sect. III), liquidation judiciaire (sect. IV).

SECTION I

LA PARALYSIE DU DROIT DE PRÉFÉRENCE PENDANT LA PÉRIODE D'OBSERVATION

929. — Le principe. — L'effet moratoire du jugement de redressement, l'interdiction de payer les dettes antérieures et l'arrêt des poursuites individuelles se conjuguent pour rendre radicalement impossible l'exercice du droit de préférence pendant la période d'observation.

Une exception indirecte est apportée à cette règle générale au profit du créancier titulaire d'un droit de rétention autonome ou d'un gage conférant un droit de rétention (v. *supra*, n° 564).

930. — L'adaptation du principe en cas de vente du bien grevé. — La paralysie du droit de préférence doit être conciliée avec la survie de la sûreté, conciliation qui se révèle nécessaire lorsque le bien grevé est vendu par l'administrateur ou le débiteur, comme la loi leur en donne la possibilité pourvu qu'ils aient l'autorisation du juge-commissaire (art. 33, al. 2) ; tel est l'objectif de l'article L. 34. La quote-part du prix doit être versée à la C.D.C. et les créanciers titulaires d'une sûreté spéciale sur le bien vendu pourront exercer leur droit de préférence sur cette somme après l'adoption du plan ou le prononcé de la liquidation judiciaire. Comme ce dépôt est ordonné par la loi et non par le juge, la doctrine estime généralement qu'il n'emporte pas affectation spéciale au profit des créanciers concernés (1) ; cette solution est fort dangereuse pour eux, car, lorsqu'ils pourront exercer leur droit de préférence, ils risquent d'être primés par les créanciers titulaires de privilèges généraux, et notamment ceux de l'article 40. Aussi ont-ils tout intérêt à accepter, si elle leur est faite, la proposition de substitution de garantie que prévoit l'article 34, alinéa 2 (v. *supra*, n° 526, et sur la purge, n° 851).

En cas de cession ou de liquidation, sous réserve de ce risque, le droit de préférence, par la suite, peut être exercé sans rencontrer d'obstacle. Il n'en va pas de même en cas d'adoption d'un plan de continuation en raison des délais de paiement uniformes imposés aux créanciers. Les créanciers titulaires d'une sûreté spéciale sont néanmoins payés nonobstant ces délais mais avec la restriction introduite par l'article L. 78 (v. *infra*, n° 932).

SECTION II

L'EXERCICE DU DROIT DE PRÉFÉRENCE EN CAS DE PLAN DE CONTINUATION

931. — La situation générale. — Si le plan est correctement exécuté, le créancier muni d'une sûreté spéciale n'a pas l'occasion de faire valoir son droit de préférence ; il est payé aux échéances prévues par le plan. S'il ne l'est pas, la défaillance du débiteur doit se traduire, le plus souvent, par la résolution du plan prononcée en vertu de l'article L. 80 ; les créanciers sont alors appelés à invoquer leurs sûretés dans le cadre de la liquidation judiciaire ou de la cession qui fait suite à la résolution. Dans l'éventualité où la résolution n'est pas prononcée, comme l'arrêt des voies d'exécution individuelles n'a plus de raison d'être après l'adoption du plan et des délais qu'il impose, le créancier impayé peut saisir le bien grevé et exercer son droit de préférence dans les conditions du droit commun (2).

932. — La situation particulière de la vente du bien grevé. — La vente du bien grevé en faisant apparaître la valeur, les créanciers qui ont sur ce bien une sûreté spéciale et les créanciers titulaires d'un privilège général doivent pouvoir faire valoir leurs droits ; l'article L. 78 l'admet, mais avec une restriction. Ce texte s'applique à l'occasion d'une vente volontaire que le plan a pu prévoir ou que le débiteur a toute latitude de consentir dès lors que le bien n'est pas frappé

(1) V. DERRIDA, GODÉ et SORTAIS, *op. cit.*, n° 288, note 416. — MARTY, RAYNAUD et JESTAZ, n° 293 *bis*.

(2) Si le plan a frappé le bien d'inaliénabilité temporaire, cette mesure ne devrait pas faire obstacle à l'exercice d'un droit réel acquis antérieurement.

d'inaliénabilité temporaire par le plan. Il doit aussi s'appliquer, croyons-nous, en cas de vente forcée à la suite d'une saisie entreprise par un créancier antérieur ou postérieur à l'ouverture de la procédure.

En posant que les créanciers bénéficiaires d'une sûreté spéciale ou d'un privilège général « sont payés sur le prix... » et « reçoivent les dividendes à échoir d'après le plan, réduits en fonction du paiement anticipé... », l'article 78 édicte une règle dont l'interprétation prête à controverses. Pour certains, elle signifierait que les créanciers sont payés immédiatement dans la mesure du possible et que, pour le reliquat de leur créance, ils sont payés au moment de l'échéance du plan, déduction faite de la somme déjà perçue (3). Cette interprétation, qui se fonde sur la lettre du texte, ne paraît pas conforme à son esprit ; par ailleurs, elle rendrait inutile l'article 78, car la solution résulterait de toute façon des principes généraux. Il semble, en réalité, que le législateur, pour respecter le principe des délais uniformes, ait entendu faire payer aux créanciers l'avantage du paiement anticipé sous la forme d'une réduction de leurs créances (4). Pour déterminer le montant de cette réduction, faute d'indication du législateur, il paraît logique de recourir à un calcul actuariel, tel qu'il est pratiqué dans les opérations d'assurance-capitalisation ; reste à savoir s'il faut prendre pour base le taux d'intérêt légal ou le taux moyen en vigueur dans les opérations de ce type au moment du paiement, seconde solution qui nous semble la plus équitable.

Les modalités d'exercice du droit de préférence dans cette éventualité sont réglementées par l'article D. 102. En cas de vente mobilière, le prix ou la quote-part du prix correspondant aux créances garanties doit être versé à la C.D.C. Le commissaire à l'exécution du plan (ou à défaut un mandataire *ad hoc* désigné par le tribunal) répartit la somme entre les créanciers et procède à la radiation des inscriptions (5). En cas de vente immobilière, le prix est versé après les formalités de purge des hypothèques et réparti selon la procédure d'ordre spécialement aménagée dans l'éventualité de la procédure collective (art. D. 140 et s. ; v. *infra*, n° 936).

SECTION III

L'EXERCICE DU DROIT DE PRÉFÉRENCE EN CAS DE PLAN DE CESSION

933. — La cession totale. — L'adoption de cette solution entraîne déchéance du terme ; les créanciers titulaires d'une sûreté spéciale peuvent donc exercer leur droit de préférence sur le prix de cession

(3) V. SOINNE, *op. cit.*, n° 768.

(4) V. en ce sens : DERRIDA, GODÉ et SORTAIS, n° 438 ; CHAPUT, *Les solutions du redressement judiciaire* : *J.-Cl. com.*, fasc. 2410, n° 61.

(5) La réclamation contre la répartition doit être portée devant le juge-commissaire (art. D. 25) ou, s'il a cessé ses fonctions, devant le président du tribunal, semble-t-il.

Le problème naît ici de la globalité du prix qu'il faut concilier avec l'assiette spéciale de la sûreté. Il est résolu par l'article L. 93, alinéa 1er, qui astreint le tribunal à affecter une quote-part du prix à chaque bien grevé d'une ou de plusieurs sûretés spéciales (6). Les créanciers sont payés sur cette quote-part sous réserve de la priorité des privilèges généraux dont ils doivent subir la priorité si la fraction « libre » du prix est insuffisante pour les remplir de leurs droits. C'est au commissaire à l'exécution du plan qu'il appartient de procéder à la répartition de la somme correspondant à un actif mobilier (art. L. 92) ; celle qui correspond à un actif immobilier est répartie selon la procédure d'ordre prévue par les articles D. 141 et suivants (art. D. 104, al. 2).

La question de savoir si la cession emporte purge a été réglée par le législateur de façon indéchiffrable (v. *supra*, n° 851).

Ces règles ne s'appliquent pas au nantissement du matériel professionnel, la créance de financement étant transmise au cessionnaire (art. L. 93, al. 2). En revanche, ces règles ne peuvent pas être éludées par une substitution de garantie, à l'instar de la règle posée en cas de continuation, mesure par définition exclue puisque la cession permet de réaliser la sûreté.

934. — La cession partielle. — La cession partielle sans continuation de l'entreprise ne pose pas de problèmes spécifiques, puisque l'actif exclu de la cession doit être réalisé et son produit réparti selon les règles posées pour la liquidation judiciaire (art. L. 81, al. 4).

Il n'en va pas de même de la cession d'une branche d'activité faite dans le cadre d'un plan de continuation de l'entreprise. L'article 69 la soumet, par renvoi, aux articles L. 82 à 90 et 93, alinéa 2. L'exclusion du système de l'affectation d'une quote-part aux créanciers à sûretés spéciales (art. L. 93, al. 1er) et de la purge réalisée par le complet paiement (art. 93, al. 3) est pour le moins surprenante et malencontreuse. Il n'est d'autre solution que d'appliquer l'article L. 78 et son appendice, l'article D. 102 (v. *supra*, n° 932), ce qui doit astreindre le tribunal, bien que la loi ne le prévoie pas, à affecter une quote-part du prix de cession à chaque bien grevé et qui, par ailleurs, ouvre la porte à une difficulté inextricable qui peut apparaître si un créancier exerce la faculté de surenchère (7).

---

(6) En raison du régime restrictif des voies de recours contre le jugement de cession, les créanciers ne peuvent pas — et c'est regrettable — contester la ventilation du prix global en dépit de l'incidence directe qu'elle a sur leur situation ; ventilation pour laquelle le tribunal n'est pas tenu de recourir à une expertise.

(7) Rappr. SOINNE, *op. cit.*, n° 776.

SECTION IV

L'EXERCICE DU DROIT DE PRÉFÉRENCE EN CAS DE LIQUIDATION JUDICIAIRE

935. — L'initiative de la réalisation. — Durant les trois mois qui suivent le jugement de liquidation (délai qui coïncide avec la période maximale pendant laquelle la continuation de l'exploitation peut être autorisée), l'initiative de la réalisation appartient exclusivement au liquidateur (8), bien que ce jugement ait pour effet de rendre toutes les créances exigibles. La règle ne fait cependant pas obstacle à l'exercice par le gagiste de la faculté de demander l'attribution en propriété du bien grevé.

Passé ce délai et dans la mesure où le liquidateur n'a pas « entrepris la liquidation » (9), le créancier titulaire d'une sûreté spéciale et le Trésor pour ses créances privilégiées recouvrent la faculté d'exercer des poursuites individuelles (art. L. 161). Ils peuvent saisir les biens grevés même si leur créance n'a pas encore été admise pourvu qu'elle ait été déclarée (sur l'incidence du fait que la réalisation est entreprise par le liquidateur ou par le créancier gagiste, v. *supra*, n° 895).

Lors de la distribution du prix, les sommes correspondant aux créances qui n'ont pas encore été admises définitivement doivent être mises en réserve.

936. — La réalisation des immeubles et la répartition de leurs prix. — La vente doit être ordonnée par le juge-commissaire à la demande du liquidateur ou d'un créancier poursuivant. En principe, la vente doit s'effectuer selon les formes prescrites en matière de saisie immobilière, principe illusoire puisque le juge-commissaire est investi de très larges pouvoirs sur ce point et peut autoriser une vente par adjudication amiable ou une vente de gré à gré (art. L. 154).

Si la modalité retenue est celle de l'adjudication, l'ordonnance du juge-commissaire est substituée, dans la procédure de saisie, au commandement ; elle doit donc être notifiée au débiteur et aux créanciers inscrits à la diligence du greffier et être publiée au bureau des hypothè-

(8) Il faut cependant réserver le cas — incertain et épineux — des créanciers de l'art. 40. La faculté de poursuite individuelle dont ils jouissent pendant la période d'observation se prolonge-t-elle au-delà du jugement de liquidation ? Aucun texte ne la condamne, mais leur règlement, dès lors qu'il ne peut plus être effectué à l'échéance, implique un classement entre ces créanciers qui n'est guère compatible avec l'exercice de saisies individuelles.

(9) Le terme « entreprendre » paraît impliquer une démarche officielle, en pratique la saisine du juge-commissaire pour ordonner la vente (pour une conception plus large, v. SOINNE, *op. cit.*, n° 1134).

ques à la diligence du liquidateur ou du poursuivant (art. D. 126). C'est au juge-commissaire qu'il appartient de fixer la mise à prix, les conditions essentielles de la vente, et même les modalités de la publicité. L'adjudication emporte purge des sûretés inscrites sur l'immeuble.

Si c'est la formule de la vente de gré à gré qui est choisie, l'ordonnance, qui doit être notifiée au débiteur et aux créanciers inscrits, doit déterminer le prix de l'immeuble et les conditions du contrat. L'acte ou les actes nécessaires sont passés par le liquidateur. Cette forme de vente n'emporte pas purge des sûretés inscrites de sorte que l'acquéreur doit y procéder dans les conditions du droit commun.

Quelle que soit la forme de la vente, le prix en est réparti suivant une procédure d'ordre spécifique à la procédure collective et réglementée par les articles 140 et suivants du décret du 27 décembre 1985.

Son trait le plus original par rapport au droit commun est le rôle qu'y joue le liquidateur auquel est confiée la tâche d'établir le classement. Ce dernier dresse donc un état des collocations qui, déposé au greffe du tribunal de la procédure, est l'objet de plusieurs mesures de publicité. La plus importante est une insertion au *B.O.D.A.C.C.*, car elle fait courir un délai de trente jours pendant lesquels l'ordre peut être contesté par la voie d'une déclaration au greffe du T.G.I. géographiquement compétent. Avec cet incident, on rentre dans le giron du droit commun, car il est tranché par le T.G.I. conformément aux articles 761 et suivants du C.P.C. anc.

S'il n'y a pas de contestation, le liquidateur doit régler les créanciers dans les quinze jours qui suivent l'expiration du délai de contestation. Dans le cas contraire, le règlement peut néanmoins intervenir dans les conditions du droit commun (mise en réserve des sommes suffisantes pour payer les créances contestées, v. *supra*, n° 909). Quant aux créances contestées à tort, elles doivent être réglées, s'il y a lieu, dans les huit jours qui suivent l'expiration du délai d'appel ou, en cas d'appel, dans les huit jours de la signification de l'arrêt. Si les inscriptions ne donnent pas lieu à une radiation amiable, la radiation est ordonnée, selon la procédure instaurée par le décret, par le juge des ordres qui peut être saisi par le liquidateur ou l'acquéreur (art. D. 145 et s.).

937. — La réalisation des unités de production et la répartition de leurs prix. — Une « unité de production » (10) peut — simple faculté — être l'objet d'une cession globale effectuée à la suite d'offres suscitées par le liquidateur (art. L. 155). Ce dernier choisit l'offre en fonction des critères que détermine la loi et la cession est ordonnée par le juge-commissaire. Cette modalité, qui se rapproche de la cession d'une branche d'activité (v. *supra*, n° 934) sans pour autant se confondre avec elle, pose le même problème que cette dernière solution : comment concilier le prix global et le droit de préférence d'un créancier sur un bien isolé ? Il est résolu par le même principe : l'ordonnance du juge-commissaire doit affecter une quote-part du prix à chacun des biens cédés. Toutefois, le principe n'est pas ici complété par la

---

(10) L'imprécision de cette notion nécessiterait une interprétation jurisprudentielle, mais elle ne paraît pas pouvoir être donnée en raison de l'art. L. 173-2° qui prohibe toute voie de recours contre les jugements statuant sur le recours formé contre les ordonnances du juge-commissaire : v. Com., 20 déc. 1988 : *J.C.P.* 89, éd. E, II, 15468, n° 10, obs. CABRILLAC.

règle selon laquelle la cession emporte purge. Sous réserve d'un accord des créanciers à sûreté spéciale pour donner mainlevée (notamment des créanciers inscrits sur le fonds de commerce), la procédure de purge semble donc nécessaire (v. *supra*, n° 850) avec le risque d'une surenchère susceptible de remettre en cause la cession globale (puisqu'elle a été faite en considération de tous les biens reliés à l'unité de production).

La répartition de la quote-part du prix est effectuée selon les règles posées au sujet de la vente isolée d'un immeuble ou d'un meuble.

938. — La réalisation des autres biens et la répartition de leurs prix. — A moins qu'elle ne soit poursuivie par un créancier saisissant, la vente, ici encore, doit être ordonnée par le juge-commissaire qui a le choix entre la formule des enchères et celle du gré à gré et qui, quel que soit son choix, en détermine les modalités (art. L. 156). S'il opte pour la seconde formule, il peut demander que le projet d'acte lui soit soumis pour vérifier que les conditions qu'il a posées sont respectées. Naturellement, la vente amiable n'emporte pas purge des sûretés et l'acquéreur doit recourir à la procédure ordinaire applicable au bien concerné s'il n'obtient pas l'accord des créanciers titulaires d'une sûreté inscrite.

Lorsque le liquidateur a pris l'initiative de la réalisation, le prix doit être déposé à la C.D.C. et c'est à ce dernier qu'il appartient de le répartir entre les créanciers titulaires de sûretés suivant leurs rangs respectifs. La loi précise, en effet, qu'il « établit l'ordre des créanciers » (art. L. 148), ce qui lui confère une prérogative qui relève normalement du pouvoir judiciaire. S'il rencontre une difficulté dans le classement qu'il doit opérer, il semble qu'il puisse la faire trancher par le juge-commissaire en raison de la mission générale impartie à ce dernier. La prérogative dévolue au liquidateur est d'autant plus lourde à assumer que la jurisprudence lui refuse le droit à répétition de l'indu lorsqu'il a réglé un créancier qui ne venait pas en rang utile (11). Le créancier dont le droit de préférence n'a pas été respecté dispose d'un recours indirect sous la forme d'une action en responsabilité contre le liquidateur (12).

939. — Les droits du créancier à sûreté spéciale dans les répartitions générales. — La sûreté spéciale n'est qu'un accessoire supplémentaire qui n'empêche pas son titulaire d'exercer les droits fondamentaux attachés à la créance ; il a donc vocation à participer aux répartitions faites aux créanciers chirographaires, qu'elles soient antérieures ou postérieures à l'exercice de son droit de préférence sur la valeur du bien objet de sa sûreté. Encore faut-il concilier cette vocation avec l'avantage qu'il tire de cette dernière ; tel est l'objectif des dispositions

---

(11) V., sous l'empire de la législation antérieure : Com., 26 nov. 1985 : *D.* 1986, I.R. 240, obs. HONORAT, conf. Paris, 6 juill. 1984 : *Rev. trim. dr. civ.* 1985, 170, obs. J. MESTRE.

(12) Rappr. la jurisprudence dégagée sous l'empire de la législation antérieure *in* SOINNE, *op. cit.*, n° 1184.

contenues dans les articles L. 162 à 165. Ces dispositions qui, dans le régime antérieur, ne s'appliquaient qu'aux créanciers inscrits sur les immeubles, concernent maintenant tous les créanciers à sûreté spéciale.

Lorsque la répartition du prix d'un bien grevé intervient avant une distribution générale, le créancier à sûreté spéciale participe naturellement à cette dernière pour la fraction de sa créance qui n'a pas pu être payée, voire pour la totalité s'il n'est pas venu en rang utile.

Lorsqu'une distribution générale est faite avant la répartition du prix d'un bien grevé de sûretés spéciales, les créanciers titulaires de ces sûretés reçoivent un dividende au prorata de leur créance totale. Si, par la suite, le créancier à sûreté spéciale peut être intégralement payé sur le prix du bien grevé, le dividende qu'il a perçu vient en déduction de la somme qui lui revient. Dans l'éventualité où ce créancier ne peut être rempli que partiellement, la situation est réglée par une sorte de reconstitution fictive de ce qui se serait passé si la distribution générale était intervenue après la répartition spéciale. Le créancier n'aurait participé à la répartition générale que sur la base de la fraction impayée de sa créance et non sur sa totalité ; aussi la différence entre le dividende effectivement reçu et le dividende moindre auquel il aurait eu droit est imputée sur la somme à laquelle il peut prétendre à titre préférentiel, déduction qui grossit la masse de la distribution générale (13).

(13) Prenons l'exemple d'une créance de 12 000 F garantie par une sûreté spéciale. Une répartition générale de 50 000 F intervient alors que le passif est de 200 000 F ; le titulaire de la sûreté reçoit un dividende de 25 %, soit 3 000 F. Le bien est vendu 7 000 F frais déduits. Si la répartition générale avait été postérieure, le titulaire y aurait participé sur la base de 5 000 F (12 000 – 7 000), mais le dividende aurait été plus élevé, 25,9 %, car il aurait fallu déduire du passif 7 000 F ; il aurait été de 1 295 F. Sur les 7 000 F auxquels il peut prétendre, on retiendra donc au titulaire 1 705 F (3 000 – 1 295).

CHAPITRE IV

L'EXERCICE DU DROIT DE PRÉFÉRENCE À LA SUITE D'UN SINISTRE

Un sinistre peut donner lieu au versement de diverses indemnités. Si le créancier titulaire d'une sûreté sur le bien qu'il a affecté jouit de la faculté d'exercer son droit de préférence sur les indemnités d'assurance (sect. I), la même faculté ne lui est malencontreusement pas reconnue sur les autres indemnités, du moins en règle générale (sect. II).

SECTION I

L'EXERCICE DU DROIT DE PRÉFÉRENCE SUR LES INDEMNITÉS D'ASSURANCE

940. — La règle et son fondement. — Lorsque les biens grevés subissent un sinistre, les indemnités d'assurance dues en conséquence « sont attribuées, sans qu'il soit besoin de délégation expresse, aux créanciers privilégiés ou hypothécaires, suivant leur rang ». La règle, qui est posée aujourd'hui par l'article 121-13 du Code des assurances, a été introduite par la loi du 19 février 1889 (1) ; sa rédaction, qui remonte à cette date, porte la marque de l'état du droit antérieur. La jurisprudence n'avait pas admis les créanciers munis d'une sûreté à exercer leurs droits de préférence sur les indemnités d'assurance ; la pratique avait réagi en insérant dans les contrats constitutifs d'hypothèque une stipulation portant délégation au profit du créancier de la créance éventuelle sur l'assureur, d'où l'allusion de l'article 121-13 à ce mécanisme.

Est-ce à dire que le droit sur l'indemnité soit fondé sur une délégation légale ? Certains auteurs l'ont professé (2) ; mais cette thèse se heurte au fait que les créanciers viennent selon leur rang et non dans l'ordre des dates des délégations comme il se devrait. Aussi la majorité

---

(1) Elle avait eu un précédent ponctuel avec la loi du 28 mai 1858 sur le warrant des magasins généraux qui avait attribué l'indemnité au porteur.

(2) V. notamment AUBRY et RAU, t. III, § 261.

de la doctrine (3) explique-t-elle la règle comme une subrogation réelle, passant outre à l'objection selon laquelle il n'y aurait pas corrélation entre le bien et l'indemnité, celle-ci étant la contrepartie des primes versées.

Pour notre part, nous sommes enclins à voir dans la règle une conséquence de la nature même de la sûreté réelle, droit assis sur valeur qui doit permettre au titulaire de l'appréhender lorsqu'elle apparaît sous une forme quelconque, fût-ce accidentellement, et tel est bien le cas de la somme due par l'assureur même si elle est réduite par une stipulation de la police.

Ce fondement est proche de celui de la subrogation (4) ; ce n'est néanmoins pas une nuance car il donne à la règle une vocation à une portée générale que ne lui confère pas la subrogation dont on conteste qu'elle puisse se produire sans texte.

941. — Le domaine de la règle. — Il doit être précisé sur ses deux frontières. En premier lieu, celle des indemnités attribuées aux créanciers. Ce sont toutes les indemnités d'assurance dommage, quel que soit le risque pris en charge. Ce sont aussi les indemnités dues en vertu d'un contrat d'assurance responsabilité couvrant le risque locatif (v. *infra*, n° 945) ou couvrant le risque de perte ou de détérioration d'un bien déterminé assumé par un détenteur précaire. Peu importe que l'indemnité soit due à la suite d'un sinistre total ou partiel (5).

En second lieu, la frontière des sûretés concernées. L'article 121-13 vise les privilèges (donc aussi bien les généraux que les spéciaux) et les hypothèques, ce qui englobe le gage (6), puisque le droit de préférence du créancier nanti est officiellement appelé privilège. Au-delà des termes employés, il faut admettre que la règle constitue un élément du régime de base des sûretés réelles et doit s'appliquer à toutes les garanties qui méritent cette qualification (7). Cette solution s'impose avec force si l'on retient le fondement de l'appréhension de la valeur du bien grevé apparue du fait du sinistre. Si l'on retient le fondement de la subrogation, celle-ci peut être justifiée par l'idée que le législateur, en recourant aux termes de privilèges et d'hypothèques, a entendu appliquer la règle à toutes les sûretés reconnues comme telles.

---

(3) Beudant par Voirin, t. XIII, n° 365. — Planiol, Ripert et Becqué, t. XIII, n° 972. — Malaurie et Aynès, n° 696. — Marty, Raynaud et Jestaz, n° 287. — Picard et Besson, *Les assurances terrestres en droit français*, t. I, n° 275. — G. Durry, *Hypothèque et assurance*, dans l'ouv. coll. préc., *Rev. jurisp. com.* 1982, n° spéc., p. 30.

(4) Il explique mieux que cette dernière la solution selon laquelle le droit du créancier s'exerce même lorsque le bien grevé n'est que partiellement détruit.

(5) V. notamment : Civ. 1re, 6 oct. 1971 : *J.C.P.* 71, IV, 253 ; *D.* 1972, 294. — Sur le problème particulier que pose l'attribution de l'indemnité d'assurance au porteur d'un warrant sur stock de choses fongibles, v. M. Cabrillac, thèse préc., n° 270.

(6) La règle est reprise dans chacun des textes qui ont créé des warrants à domicile.

(7) Il faut indubitablement en exclure le droit de rétention — même si, contrairement à notre opinion, on lui reconnaît la nature d'une véritable sûreté — car il ne confère pas un droit de préférence.

Depuis qu'une intervention législative a précisé la situation pour les sûretés inscrites sur le navire (8), le problème du champ d'application de la règle ne pouvait guère se poser que pour la réserve de propriété. Un arrêt de principe de la Chambre commerciale daté du 1er octobre 1985 (9), dont la motivation est difficilement déchiffrable, a reconnu au bénéficiaire de la clause le droit d'appréhender l'indemnité d'assurance, mais il ne l'a pas fait sur la base de l'article 121-13 et a justifié cette prérogative en énonçant que l'indemnité n'entrait pas dans le patrimoine de l'acheteur.

942. — La portée : le droit propre des créanciers. — La jurisprudence a déduit de l'article 121-13 que le titulaire de la sûreté avait un droit propre contre l'assureur, droit qu'il peut naturellement faire valoir par une action directe (10). Cette solution, — qui est critiquée par une partie de la doctrine —, met les créanciers à l'abri des exceptions qui peuvent naître au profit de l'assureur postérieurement au moment de l'acquisition du droit propre, qui se situe lors du sinistre. De la sorte, l'assureur ne peut pas leur opposer la compensation pour les primes venant à échéance après cette date ou les déchéances qui sanctionnent l'obligation de déclaration du sinistre (11). En revanche, l'assureur peut leur opposer les exceptions nées antérieurement au sinistre, comme, notamment, les exclusions de risque et les limitations de garantie prévues par la police, la suspension de garantie acquise avant le sinistre, la compensation pour les primes échues antérieurement, etc. (12).

943. — La mise en œuvre. — L'indemnité est attribuée de plein droit aux créanciers munis d'une sûreté sans qu'il soit nécessaire qu'ils accomplissent une formalité quelconque. Ils peuvent cependant renoncer à cette prérogative et ceci même avant le sinistre ; en revanche, le caractère automatique de l'attribution est considéré comme d'ordre public de sorte que la police ne pourrait subordonner la conservation de leur droit à l'accomplissement d'une formalité (13).

L'attribution postule, si la sûreté est soumise à publicité, que l'inscription ait été prise avant le sinistre et ne soit pas périmée, puisque

---

(8) Elle est restée incertaine à la suite de l'abrogation de la loi de 1889 par la loi du 13 juill. 1930, inapplicable aux assurances maritimes. L'incertitude a pris fin avec la loi du 3 janv. 1967 sur le statut des navires ; y figurent des règles particulières, fort complexes, qui attribuent sur les indemnités d'assurance des droits plus étendus aux créanciers hypothécaires qu'aux créanciers privilégiés.

(9) V. *supra*, n° 533, note 25.

(10) V. notamment : Civ., 4 déc. 1946 : *D.* 1947, 25, note P.L.P. ; *J.C.P.* 47, II, 3546 ; *R.G.A.T.* 1947, 62. — V. PICARD et BESSON, *L'action directe des créances privilégiées et hypothécaires* : *R.G.A.T.* 1935, 853.

(11) V. Civ., 4 déc. 1946, préc. — Civ. 1re, 8 nov. 1978 : *R.G.A.T* 1979, 489. L'assureur a alors un recours contre son assuré.

(12) V. par. ex. Civ. 1re, 4 juill. 1978 : *J.C.P.* 79, II, 19131, note BESSON. — Le créancier peut être prémuni contre ce danger par une stipulation de la police, dite clause ou avenant hypothécaire, acquise moyennant un supplément de prime : v. DURRY, art. préc., p. 32.

(13) V. Civ., 25 mai 1943 : *J.C.P.* 43, II, 2498, note P.L.P. ; *D.C.* 1944, 25, note BESSON. — *Adde* : PICARD et BESSON, traité préc., I, n° 281.

l'attribution permet au créancier d'exercer un droit de préférence qui doit être opposable aux autres créanciers.

Dans l'éventualité d'une créance échue ou dans l'éventualité fréquente de la déchéance du terme (C. civ., art. 2131, 1188, liquidation judiciaire, stipulation contractuelle, etc.), le créancier peut percevoir immédiatement la somme due ; dans le cas contraire, elle doit être consignée par l'assureur. Si plusieurs créanciers se manifestent et qu'un accord unanime ne se fait pas, il y a lieu d'ouvrir, selon la nature du bien, une procédure d'ordre ou de distribution par contribution.

Le caractère automatique de l'attribution doit être concilié avec le fait que l'assureur peut ignorer l'existence de la sûreté ; aussi l'alinéa 2 de l'article 121-13 dispose-t-il que « les paiements faits de bonne foi avant opposition sont valables ». L'opposition n'est en l'occurrence qu'un moyen de signaler à l'assureur l'existence de la sûreté pour renverser la présomption de bonne foi ; elle n'est donc soumise à aucune forme et peut résulter d'une lettre ordinaire ou d'une déclaration verbale dont le créancier parvient à rapporter la preuve (14). Elle peut être faite à titre éventuel avant la survenance du sinistre. Pour la même raison, elle n'est pas une formalité nécessaire et il est loisible au créancier d'établir que l'assureur connaissait l'existence de la sûreté par un autre moyen (15).

Ces traits de l'opposition ont posé la question de savoir si l'assureur ne devait pas être réputé connaître la sûreté du seul fait qu'elle a été inscrite. La Cour de cassation lui a donné une réponse négative dans plusieurs arrêts de principe rendus à propos de gages sur automobiles (16) mais dont la portée s'étend à toutes les sûretés soumises à publicité juridique. Elle l'a fondée sur l'idée selon laquelle l'assureur n'est pas un tiers au sens de la publicité réelle, auquel l'inscription rendrait la sûreté opposable de sorte que doit s'appliquer exclusivement l'alinéa 2 de l'article 121-13.

SECTION II

L'ABSENCE DE DROIT DE PRÉFÉRENCE SUR LES AUTRES INDEMNITÉS

944. — Le principe. — Le sinistre qui affecte le bien grevé donne souvent lieu au versement d'une indemnité par un tiers responsable

---

(14) V. par ex., à propos de déclarations verbales : Req., 15 janv. 1901 : *D.P.* 1901, 1, 102. — Paris, 17 juill. 1951 : *D.* 1951, 674, note LALOU ; *J.C.P.* 52, II, 6776, note A.B.

(15) V. Civ. 1re, 6 oct. 1971 : *J.C.P.* 71, IV, 235 ; *D.* 1972, 294, à propos d'une sûreté mentionnée dans la police.

(16) Civ. 1re, 17 juin 1969 : *D.* 1970, 21, note BESSON ; *J.C.P.* 69, IV, 206 ; *Banque* 1970, 191, obs. MARIN ; *Rev. trim. dr. com.* 1969, 1078, obs. HÉMARD. — *Adde* : P. BIHR, *L'opposabilité aux tiers du gage sur véhicules automobiles* : *D.* 1970, chron. 69 et s.

et, parfois, à une indemnisation collective par l'État. En règle générale, la jurisprudence ne reconnaît pas aux titulaires de sûretés un droit de préférence sur ces sommes (17). Cette solution est fondée sur un argument de texte et un argument de fond. En consacrant le droit de préférence des créanciers dans certains cas particuliers, le législateur aurait implicitement posé qu'ils n'auraient pas une vocation générale à faire valoir leur priorité sur les indemnités réparatrices du sinistre, vocation qui aurait rendu ces règles inutiles. Le dommage subi par les titulaires de sûretés procède de l'insolvabilité du débiteur et ce n'est qu'indirectement que le sinistre les atteint.

Il est permis de penser que ces arguments ne sont pas déterminants et qu'il y aurait un motif plus puissant d'adopter la règle contraire. L'indemnité de réparation n'est que la forme sous laquelle apparaît la valeur de la chose à la suite de sa perte ou de sa détérioration ; il serait donc dans la logique du concept de sûreté que le créancier appréhende la somme représentant une valeur sur laquelle il a vocation à se faire payer prioritairement (18). De ce point de vue, il n'y a aucune différence de nature entre l'indemnité d'assurance et l'indemnité due par un tiers responsable ou celle versée au titre de la solidarité nationale. On peut au demeurant observer qu'il est paradoxal que le sinistre avantage les créanciers chirographaires au détriment des titulaires de sûretés en substituant la loi du concours à la loi du classement.

945. — Les exceptions. — L'alinéa 3 de l'article 121-13 du Code des assurances, reprenant une règle introduite par la loi de 1889, attribue de plein droit aux titulaires de sûretés réelles sur l'immeuble l'indemnité de responsabilité due, en cas d'incendie, par le locataire (C. civ., art. 1733) ou par le voisin (C. civ., art. 1382). Le domaine limité de cette dérogation à la solution générale accuse l'illogisme du droit positif ; rien ne justifie, en effet, que les créanciers ne bénéficient pas de la même prérogative à l'occasion d'autres sinistres, par exemple à l'occasion d'un incendie allumé par une personne qui n'est ni un locataire, ni un voisin.

Le bénéficiaire d'une hypothèque maritime peut exercer son droit de préférence sur diverses indemnités de responsabilité dues au propriétaire du navire, notamment à la suite d'accident, d'avarie commune, d'opération d'assistance ou de sauvetage (L. 3 janv. 1967, art. 47).

Les textes de circonstance qui ont accordé une indemnisation sur les fonds publics aux victimes d'un événement de portée générale ont bien souvent reconnu le droit de préférence des titulaires de sûretés sur les sommes allouées ; par exemple, l'article 35 de la loi du 28 octobre 1946 relative aux dommages de guerre avait posé que les

---

(17) Req., 31 déc. 1862 : *D.P.* 1863, 1, 423 ; *S.* 1863, 1, 531. — Req., 12 mars 1877 : *D.P.* 1877, 1, 97 ; *S.* 1877, 1, 206. — Aix, 30 juill. 1940 : *J.C.P.* 40, II, 1519.

(18) Rappr. en faveur de cette solution PLANIOL, RIPERT et BECQUÉ, t. XIII, n° 966, mais qui la justifient par le recours à la subrogation et la qualité de victime directe du titulaire de la sûreté.

droits des créanciers privilégiés et hypothécaires seraient reportés sur les indemnités accordées ; citons encore l'exemple plus récent de la loi n° 632 du 15 juillet 1970 sur l'indemnisation des rapatriés, dont l'article 51 consacre également le droit de préférence des créanciers titulaires de sûretés.

CHAPITRE V

L'EXERCICE DU DROIT DE PRÉFÉRENCE PAR DES MODES INDIRECTS

Le droit de préférence résultant de certaines sûretés peut s'exercer autrement que par l'appréhension de la somme représentative de la valeur du bien grevé, donc de façon indirecte, que ce soit en raison de la faculté d'attribution judiciaire (sect. I) ou d'autres possibilités (sect. II).

SECTION I

L'ATTRIBUTION JUDICIAIRE

946. — Présentation. — L'article 2078, alinéa 1er du Code civil offre au créancier gagiste désireux de réaliser sa sûreté une alternative entre la vente aux enchères et l'attribution du bien grevé en propriété, ordonnée en justice d'après une estimation faite par expert. Le second terme de l'alternative est conçu comme une voie plus rapide et moins coûteuse ; le premier avantage est fallacieux, surtout lorsque le gage est commercial (v. *supra*, n° 906) ; le second est largement compromis par les frais d'expertise. L'attribution judiciaire n'en connaît pas moins une grande faveur ; elle est due non pas à ses qualités en tant que mode de réalisation, mais à l'incidence qu'elle a sur la hiérarchie des créanciers. Grâce à elle, en effet, le gagiste élude la primauté des privilèges du Trésor, ce qui explique que la croissance du volume des créances fiscales ait réveillé la belle au bois dormant qu'elle a été pendant longtemps.

L'illogisme d'une règle qui fait varier la hiérarchie des créanciers en fonction du mode de réalisation choisi par l'un d'eux pourrait conduire à la critiquer. On ne s'y hasarde guère et nous ne le ferons pas, participant à la fronde contre le poids excessif des privilèges fiscaux qu'elle permet de contourner.

L'attribution judiciaire s'analyse en un paiement de la créance garantie sous la forme d'une dation imposée au débiteur ; de la sorte, si l'estimation du bien est supérieure au montant de la créance, le gagiste est tenu de verser la différence et, à l'inverse, reste créancier du reliquat si l'estimation est inférieure au montant de sa créance (1). C'est donc bien un droit de préférence sur la valeur du bien grevé qu'il exerce par ce moyen indirect. Exercice en nature dont la rançon est lourde pour lui, puisqu'il assume la charge et les aléas d'une revente dont le prix risque d'être inférieur à l'estimation de l'expert.

Demander l'attribution judiciaire n'est qu'une faculté que le gagiste est entièrement libre d'exploiter ou de ne pas exploiter, notamment à l'égard de la caution (2). Comme elle est conçue en sa faveur, sa renonciation doit être valable, fût-elle consentie dans l'acte constitutif.

947. — Le fondement. — Il a une importance capitale car il commande le domaine qu'il convient d'assigner à ce mode de réalisation. Or, il est loin d'être évident et prête à controverses.

La recherche de l'intention du législateur n'est guère éclairante en raison de l'évolution, voire du bouleversement, du contexte depuis l'époque où la règle a été formulée. Les rédacteurs du Code civil semblent l'avoir posée pour tenir compte du fait que les objets nantis peuvent avoir une faible valeur qui ne justifie pas toujours les frais et complications d'une vente judiciaire. Peut-être aussi ont-ils voulu atténuer les conséquences de la prohibition des pactes commissoires en permettant un transfert de propriété au profit du gagiste sous le contrôle judiciaire. Il n'en demeure pas moins qu'ils ont pris la règle en fonction du seul type de gage alors en vigueur, le gage avec dépossession conférant un droit de rétention, de sorte qu'on ne peut exclure qu'ils aient lié l'attribution judiciaire à cette prérogative.

Pour une partie de la doctrine moderne (3), il y a une corrélation nécessaire entre les deux et l'attribution en propriété ne serait, en quelque sorte, qu'un appendice du droit de rétention. Il est indéniable que ce mode de réalisation offre une issue harmonieuse à l'impasse dans laquelle l'exercice du droit de rétention enferme les intéressés ; mais y a-t-il là une raison suffisante pour faire du droit de rétention le fondement de l'article 2078, alinéa 1er ?

Nous ne le pensons pas. On peut d'abord observer que cette thèse, si on en développait la logique, conduirait à accorder la faculté d'attribution judiciaire aux titulaires de droits de rétention qui ne sont pas gagistes. On peut, ensuite, formuler une objection plus décisive. Il serait concevable que l'attribution en propriété soit un mode de réalisation général, applicable à toutes les sûretés. Pourquoi est-elle écartée pour les sûretés immobilières (même pour l'antichrèse qui confère

(1) V. Com., 9 fév. 1988 : *Rev. proc. coll.* 1988, 299, obs. DUREUIL.

(2) V. Com., 3 nov. 1983 : *J.C.P.* 84, II, 20234, note MESTRE.

(3) V. tout particulièrement : F. DERRIDA, trav. cités au n° suivant. — *Adde* : MARTY, RAYNAUD et JESTAZ, n° 98 ; DELEBECQUE, *Les sûretés dans les nouvelles procédures collectives* : *J.C.P.* 86, éd. N, I, 185, n° 24.

un droit de rétention, v. *supra*, n° 821) et pourquoi est-elle admise pour le gage mobilier ? La différence n'est ni arbitraire, ni illogique et conserve une valeur actuelle, car elle tient aux caractéristiques des biens grevés. Offrir un mode de réalisation rapide et peu coûteux (même si ce double objectif reste théorique) apparaît comme un objectif opportun quand le bien grevé a peu de valeur ou est sujet à dépréciation ou à dépérissement à bref délai. L'éventualité peut se rencontrer dans le domaine mobilier (4) et non dans le domaine immobilier, ce qui justifie une discrimination que renforce, en outre, la vieille tradition de la protection de la propriété immobilière qui s'accommoderait mal d'un procédé de réalisation qui offre moins de garantie que la vente judiciaire.

948. — Domaine. — La réglementation propre au gage commercial introduite par la loi du 23 mai 1863 (C. com., art. 93) ne mentionne pas l'attribution en propriété de sorte que son application aux gages présentant ce caractère a pu être mise en doute. La solution affirmative a prévalu, car il aurait été paradoxal de déduire d'un texte visant à améliorer la situation du gagiste l'exclusion d'une prérogative que lui attribue le droit commun (5).

Beaucoup plus controversé est le second problème que pose le champ d'application de l'article 2078, alinéa 1er : dans le silence du législateur, dont il ne s'est départi qu'à propos du nantissement du fonds de commerce (6), s'étend-il aux divers gages sans dépossession et aux gages sur biens incorporels ? Cette extension a été contestée par ceux qui ne voient dans ce mode de réalisation qu'un prolongement du droit de rétention. A juste titre, croyons-nous pour les raisons précédemment évoquées (n° 947), la jurisprudence n'a pas consacré cette thèse ; elle admet que tout gage, qu'il soit sans dépossession ou que son objet incorporel ne permette pas une véritable rétention, comporte la faculté d'obtenir l'attribution judiciaire (7).

Les partisans de cette thèse n'ont pas désarmé et invoquent aujourd'hui l'article 159 de la loi du 25 janvier 1985, relatif à la liquidation judiciaire, dont ils soutiennent qu'il subordonne la faculté de demander

---

(4) Il est significatif à cet égard que le législateur ait spécialement exclu l'attribution pour le créancier nanti sur le fonds de commerce, bien qui a généralement une valeur importante.

(5) V. Com., 31 mai 1960 : *J.C.P.* 60, II, 11676, note NECTOUX ; *D.* 1960, 601, note GUYON ; *Rev. trim. dr. com.* 1960, 623, obs. HÉMARD et 649, obs. HOUIN. — Com., 11 mai 1976 : *J.C.P.* 76, II, 18452, note RODIÈRE. — Pour un état de la question, v. FOYER, art. préc., in *Le gage commercial*, p. 65.

(6) L. 17 mars 1909, art. 8.

(7) V. notamment, pour le nantissement du matériel professionnel : Ass. plén., 26 oct. 1984 : *D.* 1985, 33, concl. CABANNES, note DERRIDA ; *Gaz. Pal.* 1985, 1, 236, note CHARTIER ; *J.C.P.* 85, II, 20432, rapp. VIENNOIS, note CORLAY ; *J.C.P.* 84, éd. E, II, 14486, note SYNVET. — Com., 9 janv. 1961 : *Bull. civ.* III, n° 15, pour le nantissement automobile. — Com., 28 avril 1987 : *D.* 1988, somm. 73, obs. DERRIDA, pour le nantissement de marché privé. — V. cependant la solution contraire pour le nantissement de marché public : Com., 4 mai 1981 : *D.* 1981, 489, note DERRIDA, solution dont on peut penser qu'elle est périmée depuis l'arrêt préc. de l'Ass. plén.

l'attribution à l'existence d'un droit de rétention (8). En réalité, ce texte subordonne seulement au droit de rétention le droit exclusif du créancier sur le prix du bien grevé, mais il réserve sans restriction à ce dernier la faculté de demander l'attribution (9).

949. — Mise en œuvre. — Si le gagiste a une option entre les deux modes de réalisation, son choix en faveur de l'attribution en propriété est irréversible et il ne peut plus demander la mise aux enchères à partir du moment où la décision ordonnant l'attribution est passée en force de chose jugée (10). A l'inverse, il ne peut plus demander l'attribution lorsque la vente a été définitivement ordonnée ou, en cas de gage commercial, jusqu'à la mise aux enchères.

La compétence juridictionnelle est déterminée par le droit commun. On admet que l'attribution peut éventuellement être ordonnée par le juge des référés (11). La juridiction saisie a, dans une certaine mesure, compétence liée en ce sens qu'elle ne peut pas refuser d'ordonner l'attribution si le gage et la créance garantie ne sont pas contestés. La désignation d'un expert (12) est, en principe, obligatoire ; la jurisprudence déroge cependant à cette règle lorsque les biens nantis sont des valeurs mobilières négociables en bourse (13).

Le jugement, qui opère transfert de propriété (14), doit dessaisir le tribunal qui n'a pas à statuer sur le rapport de l'expert (15). Il a néanmoins été jugé que le tribunal pouvait être saisi d'une contestation et modifier le chiffre retenu (16). Cette décision nous semble critiquable (17) : l'expert joue ici le rôle du tiers chargé de déterminer le prix que vise l'article 1592 du Code civil, de sorte que les solutions dégagées à propos de ce texte doivent être transposées. L'expert intervient comme mandataire ; le prix qu'il retient doit être définitif sous réserve d'une annulation pour vice du consentement ; sa responsabilité pourrait éventuellement être engagée.

---

(8) V. Derrida, Godé et Sortais, *op. cit.*, n° 446 ; Marty, Raynaud et Jestaz, n° 98 ; Ripert et Roblot, n° 3262. — *Contra* : Soinne, *op. cit.*, n° 1171 ; Théry, *op. cit.*, n° 262.

(9) La Cour de cassation vient de se prononcer en ce sens : Com., 6 mars 1990 : *D.* 1990, 311, note Derrida ; *J.C.P.* 90, éd. E, II (sous presse) et nos obs. — V. la décision censurée : Bastia, 21 avril 1988 : *D.* 1988, somm. 384, obs. A. Honorat.

(10) V. en ce sens : Lyon, 16 oct. 1980 : *J.C.P.* 81, IV, 376.

(11) V. notamment Planiol, Ripert et Becqué, t. XII, n° 120. — Paris, 28 déc. 1909 : *S.* 1910, 2, 169.

(12) Le pluriel employé par l'art. 2078 n'a jamais été interprété comme astreignant le tribunal à désigner plusieurs experts.

(13) V. Civ., 1er juill. 1856 : *D.* 1856, 1, 274 ; *S.* 1856, 1, 785. — Req., 4 avril 1866 : *D.* 1867, 1, 33 ; *S.* 1866, 1, 433.

(14) On en déduit que, s'il y a lieu à paiement d'une soulte, le constituant dispose des garanties du vendeur, action en résolution et privilège : v. notamment Planiol, Ripert et Becqué, n° 120.

(15) V. en ce sens : Lyon, 16 oct. 1980, préc.

(16) V. Lyon, 5 mars 1971 : *Rev. jurisp. com.* 1971, 207. — Lyon, 16 oct. 1980, préc.

(17) Rappr. les critiques de E. Massin, *Mise en garde sur les conditions d'attribution du gage par les tribunaux* : *Rev. jurisp. com.* 1971, 207.

Les problèmes que peut poser la pluralité de gagistes sur un même objet n'ont pas été prévus par la loi et n'ont pas donné lieu à jurisprudence. Il faut admettre que celui qui jouit du premier rang (par la date de constitution ou celle de l'inscription) a seul la faculté d'invoquer l'article 2078 ; les autres ne semblent pas pouvoir s'opposer à ce mode de réalisation et ne peuvent que se faire payer sur la soulte éventuellement due. Au cas où plusieurs gagistes viennent au même rang, ils doivent pouvoir se faire attribuer la propriété indivisément.

La survenance d'une procédure collective appliquée au constituant a des incidences majeures sur la faculté de demander l'attribution. Elle ne peut pas être exercée pendant la période d'observation en raison de l'interdiction du paiement des dettes antérieures et de l'arrêt des poursuites individuelles (18). En cas de plan de continuation, elle est paralysée jusqu'à l'expiration des délais de paiement imposés aux créanciers. En cas de plan de cession, elle est exclue par le jeu de l'article L. 93 (v. *supra*, n° 933).

En revanche, en cas de liquidation judiciaire, la faculté peut être utilisée par le gagiste dès qu'il a déclaré sa créance, sans attendre qu'elle soit définitivement admise. Si la créance est rejetée par la suite, il devra restituer le bien ou sa valeur ; si elle n'est admise que partiellement, il devra verser la différence entre la somme qui lui est due et la valeur d'attribution (art. L. 159, al. 3). Toutefois, il a été jugé que l'attribution n'était pas possible tant que les créanciers de l'article 40 n'avaient pas été désintéressés, ceci en raison de la priorité absolue qui leur est accordée (19). Cette solution ne nous paraît pas acceptable, d'une part, parce que l'article L. 159 ne fait aucune réserve sur ce point, d'autre part et surtout, parce qu'il n'a jamais été admis que le droit à l'attribution soit écarté par la présence de créanciers à rang préférable et que, à admettre cette règle, on ne pourrait logiquement en limiter le bénéfice aux créanciers de l'article 40, de sorte qu'elle aboutirait pratiquement à la suppression de la faculté d'attribution.

SECTION II

LES AUTRES MODES INDIRECTS

950. — La revendication. — C'est le mode de réalisation qu'impose la notion de sûreté-propriété. Lorsqu'elle est faite en vertu d'une clause de réserve de propriété et que le bénéficiaire reprend le bien en nature, il n'y en a pas moins exercice indirect d'un droit de préférence, puisque

(18) V. en ce sens : Montpellier, 4 fév. 1988 : *Rev. proc. coll.* 1989, 156, obs. C. SAINT-ALARY.

(19) Bastia, 21 avril 1988 : *D.* 1988, somm. 384, obs. A. HONORAT.

le revendiquant, tenu de restituer les acomptes, ne fait valoir son droit que dans la mesure de la partie du prix dont il est encore créancier (v. *supra*, n° 737). L'exercice du droit de préférence est plus direct lorsque la revendication porte sur le prix de revente que le titulaire de la clause ne peut appréhender que dans la limite de ce qui lui est dû (v. *supra*, n° 738). Il en va de même en cas de cession de créance professionnelle faite à titre de garantie et sans stipulation de prix : l'établissement de crédit ne peut se faire payer sur la créance cédée que dans la mesure de ce qui lui est dû (v. *supra*, n° 530).

951. — La compensation. — C'est le mode de réalisation des nantissements de sommes d'argent, sommes sur lesquelles les créanciers gagistes exercent, par ce biais, leur droit de préférence, la compensation ne jouant qu'à la hauteur de leurs créances (v. *supra*, n° 695 et s.).

OUVRAGES CITÉS PAR LE SEUL NOM D'AUTEUR

AUBRY et RAU, par Ponsard, *Droit civil français*, t. III, Litec, 7e éd., 1968.

BEUDANT, *Cours de droit civil français*, t. XIII et XIV par Voirin, Rousseau, 2e éd., 1948.

DAGOT, *Les sûretés*, P.U.F., 1981.

DERRIDA, GODÉ et SORTAIS, *Redressement et liquidation judiciaires des entreprises*, Dalloz, 2e éd., 1986.

MALAURIE et AYNÈS, *Les sûretés*, Cujas, 2e éd., 1986.

MARTY et RAYNAUD, *Les sûretés - La publicité foncière*, avec JESTAZ, Sirey, 2e éd., 1987.

MAZEAUD (H., L. et J.), *Sûretés, publicité foncière*, vol. I par CHABAS et RANOUIL, Montchrétien, 6e éd., 1988.

PLANIOL et RIPERT, *Traité pratique de droit civil français*, t. XII et XIII par E. BECQUÉ, L.G.D.J., 2e éd., 1953.

RIPERT et ROBLOT, *Traité de droit commercial*, t. I, L.G.D.J., 13e éd., 1989 ; t. II, L.G.D.J., 11e éd., 1988.

SIMLER, *Le cautionnement*, Litec, 1982.

SIMLER et DELEBECQUE, *Les sûretés, la publicité foncière*, Dalloz, 1989.

SOINNE, *Traité théorique et pratique des procédures collectives*, Litec, 1987.

THÉRY, *Sûretés et publicité foncière*, P.U.F., 1988.

INDEX ALPHABÉTIQUE

(Les chiffres renvoient aux numéros des paragraphes)

C

R

S

T

U

V

W

TABLE DES MATIÈRES

PREMIÈRE PARTIE
LES SÛRETÉS PERSONNELLES

LIVRE I
LE CAUTIONNEMENT (Régime de base)

TITRE I
LES RÈGLES GÉNÉRALES DU CAUTIONNEMENT

TITRE II

LES RÈGLES SPÉCIFIQUES DE CHAQUE TYPE DE CAUTIONNEMENT

LIVRE II

LES RÉGIMES SPÉCIAUX DE SÛRETÉS PERSONNELLES

TITRE I

LES SÛRETÉS ACCESSOIRES

TITRE II

LES SÛRETÉS INDÉPENDANTES

LIVRE PREMIER
LA DIVERSITÉ DES SOURCES ET DES RÉGIMES

TITRE I
LES SÛRETÉS ASSISES SUR UN ENSEMBLE DE BIENS

TITRE III

LES SÛRETÉS ASSISES SUR UN BIEN IMMOBILIER

LIVRE II

L'UNITÉ D'OBJECTIF : LE PAIEMENT PRÉFÉRENTIEL

TITRE I

LA HIÉRARCHIE DES DROITS DE PRÉFÉRENCE

TITRE II

L'EXERCICE DU DROIT DE PRÉFÉRENCE

5220 - Imprimerie LUSSAUD
85200 Fontenay-le-Comte
Dépôt légal octobre 1990
n° 2245